北京西城年鉴

BEIJING XICHENG NIANJIAN

2012

北京市西城区地方志编纂委员会办公室　编

北京出版集团公司
北　京　出　版　社

图书在版编目（CIP）数据

北京西城年鉴. 2012 / 北京市西城区地方志编纂委员会办公室编. — 北京 : 北京出版社, 2012. 12
ISBN 978 - 7 - 200 - 09437 - 4

Ⅰ. ①北… Ⅱ. ①北… Ⅲ. ①西城区—2012—年鉴
Ⅳ. ①Z521. 3

中国版本图书馆 CIP 数据核字(2012)第 241588 号

责任编辑 张秋跃
责任印制 宋 超
美术编辑 孙 勇
版式设计 北京公交印刷有限公司

北京西城年鉴 2012
BEIJING XICHENG NIANJIAN 2012
北京市西城区地方志编纂委员会办公室 编
*
北京出版集团公司
北 京 出 版 社 出 版
（北京北三环中路 6 号）
邮政编码：100120
网 址：www . bph . com . cn
北京出版集团公司总发行
北京华联印刷有限公司印刷
*
787 毫米 × 1092 毫米 16 开本 39. 375 印张 彩插 28 页 1152 千字
2012 年 12 月第 1 版 2012 年 12 月第 1 次印刷
ISBN 978 - 7 - 200 - 09437 - 4
定价：180. 00 元
质量监督电话：010 - 58572393

《北京西城年鉴》编辑部

编 辑 说 明

一、《北京西城年鉴》是一部综合性资料性工具书，在中共北京市西城区委和西城区人民政府的领导下，由区地方志编纂委员会办公室主持编纂。

二、《北京西城年鉴》以邓小平理论和“三个代表”重要思想为指导，贯彻落实科学发展观，遵循实事求是的原则，科学、客观地反映实际情况，为领导决策提供可资参考的依据，为各行各业提供有价值的资料，为各方面人士了解西城、研究西城提供最新信息。

三、《北京西城年鉴》从2000年开始，逐年编纂出版。当年出版的年鉴，全面记述上一年度西城区在各条战线、各个方面所发生的重大事件和新的情况，系统汇集重要的文献。以记述西城区属各系统、各单位情况为主，对境域内中央、市属有关单位适当记述。

四、《北京西城年鉴》采用文章和条目两种体裁，以条目体为主，用规范的语体文、记述体，直陈其事，文字力求言简意赅。文内一般直书月、日，不再书写上一年度年份。

五、《北京西城年鉴（2012）》记述2011年1月1日至12月31日期间情况，设有特载、专文、大事记、党派、政权政协、群众团体、政法军事、综合经济管理、工业商业、金融、城市建设、交通邮电公用事业、城市管理、科技教育、文化旅游体育卫生、社会生活、街道、人物、统计资料、附录共20个一级栏目。一级栏目下设二级栏目，二级栏目下设分目，分目下设条目。

六、《北京西城年鉴（2012）》收有西城区党、政、军、各民主党派、各人民团体、街道、部分企业负责人名录，驻区部分单位负责人名录，以及获国家、中央部委、北京市奖励与荣誉称号的单位和个人名单。所列均以2011年内为限。

七、《北京西城年鉴（2012)》所选文章和条目，均由各部门、各单位确定专人撰写，并经主管负责人审核。统计资料由区统计局提供。照片由各单位及区新闻中心提供。

八、《北京西城年鉴（2012)》由《北京西城年鉴》编辑部负责编辑，进行文字加工和版式设计。编辑部设在西城区地方志编纂委员会。

九、《北京西城年鉴（2012)》在编辑出版工作中，得到了全区各单位和社会各界的大力支持和帮助，在此一并表示感谢。由于编辑水平所限，疏漏与不足在所难免，恳请广大读者批评指正。

11月8日，中共中央总书记、国家主席、中央军委主席胡锦涛在西城区中南海选区怀仁堂投票站投票选举新一届西城区人大代表

9月6日，中共中央政治局常委、中央精神文明建设指导委员会主任李长春（中）到西城区调研

11月4日，中共中央政治局委员、中央书记处书记、中央组织部部长李源潮（中）到西城区调研

6月13日，中共中央政治局委员、北京市委书记刘淇（右一）到非公企业金华骨专科医院调研党建工作

11月3日，中共北京市委副书记、市长郭金龙（前排左四）参观金博会西城展区

4月18日，中共北京市委常委、常务副市长吉林（右二）出席西城区综合行政服务中心落成启用仪式，并与工作人员交谈

西城区纪念中国共产党成立90周年大会

中国共产党北京市西城区第十一次代表大会

中国共产党北京市西城区第十一届委员会第一次全体会议

北京市西城区第十五届人民代表大会第一次会议

中国人民政治协商会议北京市西城区第十三届委员会第一次会议

中共北京市西城区纪律检查委员会全体会议

区委书记王宁代表中共西城区第十届委员会作工作报告

区长王少峰到新浪微博与网民互动交流

区领导签订严肃换届纪律公开承诺书

199名考生参加西城区副处级领导职位竞争上岗笔试

区委组织部开通党建微博

区第二期处级领导干部一年制研修班学员在贵州息烽集中营参观展览

大栅栏老字号企业党建沙龙

6万名社会领域党员亮身份服务群众

张贴区人大换届选举宣传画

张榜公布选民名单

和平门选区选民踊跃投票

当选的区人大代表与选民“面对面”

“颂歌献给党”红色经典演唱会

西城区妇联举办“党的光辉照我家”纪念建党90周年文艺汇演

社区党员群众绣党旗，为党的生日献礼

西城区民族宗教侨界群众庆祝中国共产党成立90周年文艺演出

爱在西城颁奖典礼

社区志愿者学雷锋服务

交通引导员为市民发放文明出行宣传册

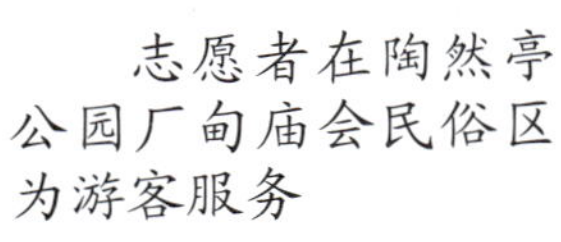

志愿者在陶然亭公园厂甸庙会民俗区为游客服务

京畿道社区居民召开北京精神座谈会

北京市宣武师范学校附属第一小学的同学们自发地开展北京精神新童谣创编活动

金融街社区教育学校与街道联合推出北京精神少儿读本

展览路街道组织“长幼齐挥笔，共谱北京精神”书画活动

“冬季征兵宣传日”活动

什刹海社区张贴拥军海报

展览路街道与武警一支队战士慰问社区居民

广安门内街道慰问武警七支队十二中队

“5·12”国家防灾减灾日丰汇园社区地震应急疏散演练

旅游客运安全宣传咨询活动

民警进学校向小学生宣传安全燃放烟花爆竹知识

老舍茶馆举行消防演习

“6·25”全国土地日宣传活动

“6·26”国际禁毒日宣传活动

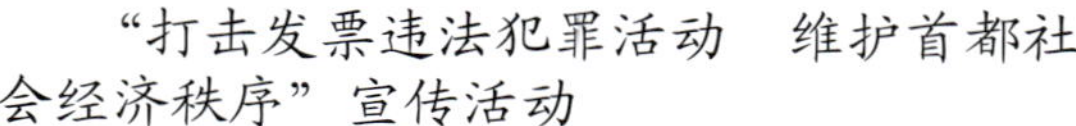

“打击发票违法犯罪活动 维护首都社会经济秩序”宣传活动

2011年节水宣传周

大栅栏商业街文化运动会

金融街街道社区体育活动中心揭牌

西城区首届“健康杯”中小学生乒乓球比赛

全民健身健步行

西城区体育局承办“2011年亚—欧全明星乒乓球对抗赛（中国站）”比赛

北京大学公共卫生学院教学科研基地正式在西城区卫生局揭牌成立

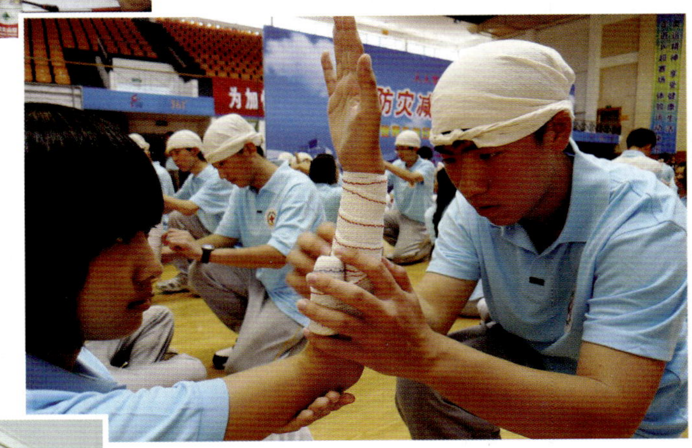

红十字青少年示范外伤紧急包扎

社区卫生服务站方便群众就医

2万名老人可享受优惠体检

西城区与山东省威海市缔结友好市区

西城区与内蒙古自治区通辽市缔结友好市区

第二十八届全国部分城区文化馆馆际交流会在西城召开

澳门特区政府新闻发布考察团参观什刹海

老挝政府总理到长安商场购物

中欧青年代表团到西城区参观志愿服务项目

国际青少年参观大栅栏文化商业街

目 录

特 载

专 文

大事记

党 派

政权 政协

群众团体

政法 军事

综合经济管理

工业　商业

金　融

城市建设

交通　邮电　公用事业

城市管理

科技　教育

文化　旅游　体育　卫生

社会生活

街　道

人　物

统计资料

附　录

索　引

特 载

创新发展理念 创造美好生活 努力建设“活力魅力和谐”新西城

2011年12月5日中国共产党北京市西城区第十一次代表大会

中共西城区委书记 王 宁

各位代表、同志们：

中共北京市西城区第十一次代表大会，是我们在深入贯彻落实科学发展观、全力推进“十二五”进程新形势下召开的一次承前启后、继往开来的重要会议。这次会议的主要任务是，认真总结过去五年的工作，明确今后五年的目标任务，选举产生新一届区委和区纪委，进一步统一思想、振奋精神，推动区域经济社会实现又好又快发展。

下面，我代表中共北京市西城区委员会向大会报告工作，请予审议。

一、过去五年工作回顾

第十次党代会以来，在市委的坚强领导下，区委认真贯彻落实党的十七大及历次全会精神，团结带领全区人民，抢抓机遇、开拓进取，圆满完成各项目标任务以及北京奥运会、残奥会、国庆60周年、建党90周年等重大活动的服务保障工作，顺利实现区划调整平稳过渡，各项事业长足进步，区域发展成效显著。

过去的五年，是牢牢把握机遇、主动接受考验，统筹发展能力稳步提升的五年。五年来，区委紧紧抓住一系列重大历史机遇，坚持把战略谋划放在各项工作首位，先后制定并实施了迎奥运文明行动计划和环境建设规划、贯彻落实“三个北京”行动计划实施方案等重大举措。在圆满完成各项服务保障任务的同时，注重把科学发展的理念贯穿到全区各个领域、各项工作中去，以重大机遇带动区域发展。认真贯彻中央和北京市关于首都功能核心区行政区划调整的重大决策部署，以高度的政治责任感，深入细致地做好新区组建各项工作，加快思想、感情、资源、工作的全方位融合，确保了经济社会持续快速发展。进一步深化对区情特点和资源禀赋的认识，在“十二五”规划中明确新的功能定位，提出“服务立区、金融强区、文化兴区”发展战略，规划“一核一带多园区”空间布局，为区域发展奠定了坚实的思想基础。

过去的五年，是坚持科学发展、努力转变方式，区域经济实现又好又快发展的五年。五年来，区委认真落实中央、北京市宏观调控措施，主动应对国际金融危机挑战，切实做好“保增长、保民生、保稳定”各项工作，实现了经济增长速度与结构、质量、效益的有机统一。坚持不懈地实施以金融为核心的现代服务业发展战略，坚定不移地推进金融街建设，金融业辐射带动作用进一步增强，成为首都经济发展的重要力量。2011年，全区金融业增加值占全市金融业增加值的近50%；金融业资产规模达到55.5万亿元，占全市金融业总资产的近80%，占全国的一半以上。推动产业结构优化升级、现代商业与传统商业实现共同繁荣，都市特色旅游业健康发展，文化创意和高新技术产业影响力不断扩大，逐步形成以现代服务业为主体、多元产业为支撑的产业体系。准确把握区域经济特点和发展阶段特征，坚持增量资源开发与存量资源盘活并重，发展空间拓展与产业布局调整同步，区域承载力和资源利用率不断提升，功能区产业集聚效应和品牌特色更加突显。什刹海烟袋斜街被评为“中国历史文化名街”，大栅栏被命名为全国首个“中华老字号集聚区”，马连道荣获“中国茶叶第一街”称号。不断完善国有资产监管体系，充分发挥区属国有企业在区域经济社会发展中的重要作用。加大对非公有制经济和中小企业的扶持力度，完善服务机制，区域发展环境不断优化。2011年，地区生产总值预计突破2100亿元，比2006年增加近1000亿元，年均增长超过10%；区级财政收入预计完成270亿元，比2006年增加约180亿元，年均增长超过23%；社会消费品零售额预计达到685亿元，比2006年增加369亿元，年均增长超过16%。

过去的五年，是着眼内涵提升、促进全面发展，地区文化软实力显著增强的五年。五年来，区委始终坚持“以文化育文明”的发展理念，大力加强社会主义核心价值体系建设，广泛开展多种形式的主题实践教育和群众文化活动，驻区单位和广大群众对地区的认同感不断提高、凝聚力不断增强。统筹推进历史文化名城保护与城市现代化发展，历史文化街区、各类文物和非物质文化遗产得到有效保护和传承。始终把创建全国文明城区作为提升区域发展品质的重要载体，努力构建共驻共建共享的文明城区建设工作格局，深入推进双拥、民族、宗教、侨务、对台等工作，市民文明素质和社会文明程度不断提高。顺利通过全国文明城区复查。第七次蝉联“全国双拥模范城（区）”。高度重视、大力推进科技、教育、文化、卫生、体育等各项社会事业全面、优质、均衡发展，先后被评为“国家可持续发展先进示范区”、“全国数字城市建设示范区”、“全国法制宣传教育先进区”、“全国社区教育示范区”、“全国首批试点健康城区”以及“第二届全国未成年人思想道德建设工作先进城区”。

过去的五年，是贴近居民需求、持续改善民生，和谐社会建设取得重要进展的五年。五年来，区委着力从解决群众最关心、最直接、最现实的利益问题入手，大力加强公共服务体系建设，群众生活水平显著提升。2011年，居民人均可支配收入预计达到34480元，比2006年增加14354元，年均增长11.4%。累计投入促进就业资金2亿多元，帮助12万余名失业人员实现就业。积极推进养老和医疗保障制度全覆盖，完善综合救助工作格局，加快对接安置房和保障性住房建设，确保群众能够充分享受到社会保障和基本公共服务。切实加强社会服务管理创新，初步形成了“党委领导、政府负责、社会协同、公众参与”的社会管理格局。累计投入近6亿元改善社区基础设施和服务条件，便民服务体系进一步完善，被评为“全国和谐社区建设示范城区”。深入开展“平安西城”建设，加强流动人口服务管理，积极探索以群众工作统揽信访工作新模式，建立健全领导干部接访、多元化社会矛盾调解和打防管控一体化等工作机制，持续开展对治安重点地区和突出违法犯罪的打击整治，巩固了安定和谐的大好局面。

过去的五年，是全面加强党的领导、广泛凝聚合力，党建科学化水平大幅提高的五年。五年来，区委坚持以改革创新精神推进党的执政能力建设和先进性建设，总揽全局、协调各方，不断增强应对复杂局面的能力。高度重视党的思想建设，扎实开展深入学习实践科学发展观和“创先争优”主题教育活动，党员队伍思想素质和理论水平明显提高。深化干部人事制度改革，开展“五型”领导班子创建活动，推进干部选拔任用工作科学化、民主化、制度化，各级领导班子和干部队伍建设进一步加强。大力推进基层党建工作创新，扩大党组织覆盖面，基层党组织创造力、凝聚力和战斗力不断增强。积极推进党代表任期制，党内民主进一步扩大。认真落实党风廉政建设责任制，扎实推进惩治和预防腐败体系建设，深入开展区委权力公开透明运行和防止利益冲突试点，严肃查处违法违纪案件，反腐倡廉工作取得显著成效。积极支持区人大、区政府、区政协履行职责、开展工作，广泛凝聚各民主党派、工商联和无党派人士力量，充分发挥工、青、妇等群团组织作用，组织动员全区人民参与区域建设发展，建立健全专家顾问组织，广泛听取意见建议，区委决策的科学化、民主化水平进一步提高。

五年来成绩的取得，是全区各级党组织和广大党员干部开拓创新、锐意进取的结果，是驻区单位、部队和全区人民齐心协力、共同奋斗的结果，是各民主党派、工商联、无党派人士、人民团体以及各界人士关心、支持、帮助的结果。在此，我代表区委向所有为区域发展做出贡献的同志们、朋友们表示衷心的感谢，并致以崇高的敬意！

同志们！多年来的探索和实践，给我们留下了非常宝贵的经验，也留下了极其重要的启示。我们深刻体会到：

必须始终坚持服务首都的职责。要牢牢把握区域功能定位和发展要求，不断强化首都意识和首善意识，把履行“四个服务”职责作为首要任务。实践证明，只有把区域发展融入首都发展大局，才能真正将资源优势转化为发展优势，始终保持强大的发展动力。

必须始终坚定科学发展的信心与决心。要牢牢抓住核心优势不放松，坚持发展目标不动摇，不断完善以金融主导产业带动经济发展、以功能区建设带动区域发展的模式。实践证明，只要我们对区域发展充满信心，咬定青山不放松，就一定能够开辟科学发展新境界。

必须始终将执政为民的理念融入到各项实际工作中去。要满怀对人民群众的深厚感情，诚心诚意为人民谋利益，努力为群众创造更多的福祉。实践证明，只有牢记人民利益高于一切，才能真正赢得群众的理解、信任和支持，成为群众的贴心人。

必须始终保持奋发有为的精神状态。要坚定对党的忠诚和对事业的热爱，不图虚名、务实稳健，不畏艰辛、埋头苦干，努力开创奋勇争先的工作局面。实践证明，只有保持良好的精神状态，才能最广泛地凝聚社会各界的力量，最充分地调动方方面面的积极性，攻克难关，创造一流业绩。

必须始终坚持加强和改进党的领导。要着力加强领导班子和干部队伍建设，大力改进工作作风，充分发挥党组织战斗堡垒作用和党员先锋模范作用。实践证明，没有党的坚强领导，就没有全区一盘棋、上下一条心的大好局面，就没有科学的发展和事业的成功。

这些经验是全区广大党员群众团结奋进、开拓创新的实践积累，是历届区委推动区域发展的深刻总结，经验弥足珍贵，我们要倍加珍惜、长期坚持，将这笔宝贵的财富转化为推动西城长远发展的动力。

二、今后五年指导思想和奋斗目标

深刻认清形势，明确发展方向，牢牢把握机遇，积极应对挑战，对西城区在更高水平上实现新发展至关重要。

纵观新形势，未来五年，我们仍处于可以大有作为的重要战略机遇期。一方面，区划调整后，西城区发展空间更加广阔，区域资源更加丰富，市委、市政府以及广大群众对西城的期望值也更高了。另一方面，复杂多变和快速发展的国际国内形势也对我们提出了新的更高的要求。中央强调，要坚持发展硬道理，以科学发展为主题、以加快转变经济发展方式为主线，在发展中促转变、在转变中求发展。这要求我们必须进一步加快区域发展步伐、提升经济社会发展质量。前不久召开的党的十七届六中全会关于文化建设的战略部署，再次强调了坚持走中国特色社会主义文化发展道路，建设社会主义文化强国的发展方向，为我们全面加强文化建设、加快推动区域文化大发展大繁荣提供了难得的历史机遇。市委也明确提出“人文北京、科技北京、绿色北京”的发展战略和“加快向中国特色世界城市迈进”的目标要求，对我们加速国际化进程、提升城市品质提出了更高的标准。明年将召开党的十八大和市第十一次党代会，中央和市委将对经济社会发展及党的建设进行全面部署。这些要求，既是我们的发展方向，也是难得的发展机遇。作为首都功能核心区，西城区有责任、有义务、也有能力在首都推动新一轮科学发展中争当“排头兵”和“火炬手”。

在看到机遇和优势的同时，我们也必须清醒地认识到区域发展面临的突出矛盾和瓶颈问题：产业发展需求与空间资源制约的矛盾依然比较突出，在优化产业结构、促进投资和重大项目落地等方面还需要进一步加大力度；同步推进历史文化名城保护与城市功能完善的问题还没有真正破解，特别是在人口疏解的思路和方式方法上还需要努力创新突破；面对群众多层次、多样化的新要求与新期待，广大党员干部在做好群众工作、促进社会和谐等方面还需要进一步加强。这些问题都需要我们高度重视，不断强化忧患意识和创新意识，科学把握发展规律，主动适应环境变化，切实增强加快发展的使命感、责任感和紧迫感，努力在首都建设中国特色世界城市进程中发挥更大作用。

今后五年全区党的工作指导思想是：高举中国特色社会主义伟大旗帜，以邓小平理论和“三个代表”重要思想为指导，深入贯彻落实科学发展观和党的十七大、十八大精神，坚持科学发展主题，坚持“人文北京、科技北京、绿色北京”发展方向，按照建设“四个示范区”的要求，大力实施“服务立区、金融强区、文化兴区”发展战略，全面夯实党的执政基础，以更高的标准创造城市美好生活，努力建设“活力、魅力、和谐”新西城。

创造城市美好生活，努力建设“活力、魅力、和谐”新西城的发展目标与“十二五”规划一脉相承，是“人文北京、科技北京、绿色北京”发展战略在西城区的生动实践，也是我们站在新的历史起点上推动科学发展的新要求和全区人民过上更好生活的新期待，更是我们必须为之不懈奋斗的总目标。

——建设活力西城，就是要立足区域功能定位与资源优势，争科学发展之先，创和谐社会之优，加快形成全社会创新活力迸发的生动局面。综合经济实力明显增强，地区生产总值年均增长8%，区级财政收入年均增长9%，社会消费品零售额年均增长10%；发展质量明显提高，产业结构和空间布局更加优化，高端产业和总部经济优势进一步扩大，金融主导产业发展动力不断增强、核心优势更加突显，以现代服务业为主体的产业体系进一步完善；国家可持续发展先进示范区建设全面推进，自主创新能力不断提升，科技创新与文化创新“双轮驱动”显著增强；各领域改革深入推进，基本形成有利于科学发展的体制机制。

——建设魅力西城，就是要突出区域特色，坚持高品位、精品化，打造文化内涵丰富、品牌特色突出、人文气息浓厚、国际交往活跃的整体形象。公共文化服务体系更加完善，社会风尚积极健康，地区精神不断凝聚，文明程度显著提升，社会充满人文关爱；优秀传统文化得到良好传承，历史文化名城焕发新的风采，区域文化软实力显著提升；城市功能更加完善，基础设施承载力显著增强，精细化管理水平进一步提高，城市环境更加宜居；社会事业发展水平不断提升，基本公共服务均等化和社会保障一体化全面实现；国际化进程进一步加快，地区吸引力不断增强。

——建设和谐西城，就是要坚持统筹发展、绿色发展、和谐发展，推动建立人口资源环境协调、各项事业有机统一、社会成员团结和睦的发展格局。改善民生成效显著，发展成果广泛共享，居民生活质量不断提高，困难群众基本生活得到有效保障，居民人均可支配收入年均增长8%，城镇登记失业率控制在2.8%以内；社会法治化水平进一步提升，民主政治进一步发展，利益协调机制更加健全，平安建设全面加强，区域更加安定有序；区域发展协调性显著增强，初步形成功能区发展优势互补、不同区域之间均衡发展的局面；旧城人口疏解有序推进，人口服务管理更加完善，基本建成资源节约型和环境友好型社会。

创造城市美好生活，建设“活力、魅力、和谐”新西城，要着力把握好五个关系：

——必须把握好区域发展与服务首都的关系。在推动区域发展过程中，时刻牢记服务首都的职责和要求，坚持首善工作标准，坚持共驻共建共享的发展理念，充分发挥首都功能核心区的资源优势，努力在服务国家和首都发展中实现区域新繁荣。

——必须把握好加快发展与提升品质的关系。坚持发展不动摇，以更宽的视野、更高的境界、更大的气魄，推动改革创新、加快发展步伐，在保持总量增长的同时，更加注重优化结构、提升品质，努力在首都建设中国特色世界城市进程中发挥表率作用。

——必须把握好促进发展与维护稳定的关系。把促进发展作为第一要务，把维护稳定作为第一责任，通过发展夯实物质基础、增强精神力量，在发展中促进和谐、维护稳定；通过履行维护首都稳定职责，为区域发展营造良好环境、提供有力保障。

——必须把握好实现发展与改善民生的关系。坚持发展为了人民，走包容性发展道路，把保障和改善民生作为推动发展的根本动力、作为区委各项工作的出发点和落脚点，更加注重社会公平正义，使发展成果更好地惠及群众，让全区人民享受高品质的幸福生活。

——必须把握好事业发展与党的建设的关系。既要紧紧围绕促进区域发展来推进党的建设，更要不断提高党的执政能力、保持和发展党的先进性，以加强和改进党的建设推进各项事业发展，使党始终成为推动事业发展的坚强领导核心。

三、未来五年经济社会发展主要任务

今后五年，要牢牢扭住经济建设这个中心，以文化为区域凝聚力和创造力的重要源泉，以保障和改善民生为基础，以社会服务管理创新和城市现代化建设为有力支撑，努力推进经济社会全面、协调、可持续发展。

（一）加快产业结构优化升级，全面提升区域经济发展质量

认真贯彻落实中央宏观调控措施，按照首都经济发展要求，在巩固主导产业和总部经济优势的同时，着力推进产业结构调整，保持区域经济发展好中求快、优中求进。

巩固扩大金融产业核心优势。继续做大做强金融产业，加快建设具有国际影响力的金融中心。坚持建设与置换并举，在更大空间范围内统筹金融街发展，积极推进项目前期准备工作，加快审批进度，争取一批新的重大项目和投资落地。建立金融街与各功能区联动机制，加快广安产业园重点项目建设和产业承接，进一步拓展德胜科技园金融后台服务功能，不断提升金融街作为首都金融主中心区的影响力。完善金融产业链条，吸引国内外知名金融机构和大型企业总部入驻，培育会计、法律、资讯等金融配套服务，支持债券、金融衍生品等要素市场发展，积极争取新兴

金融交易市场落户。完善促进金融产业发展的政策措施，大力吸引高端金融人才，健全国际化配套设施，加快金融街国际化进程。

构建结构合理、融合发展的现代产业体系。优化提升产业能级、促进产业深度融合，推动现代服务业的发展提速、比重提高、效益提升。通过政策引导、市场调节，逐步淘汰不适应区域发展要求的产业形态，使产业结构更加合理。充分发挥中关村德胜科技园政策优势，建立多种形式的产学研合作机制，推动重大科技成果转化落地，促进高新技术产业稳步发展，不断提高自主创新能力。把扩内需、促消费作为加快转变经济发展方式的重要内容，进一步增强西单商业区的时尚品牌影响力，提升大栅栏传统商业区老字号集聚优势，扩大马连道茶交易市场辐射力，鼓励发展黄金珠宝等特色消费，深度开发文化旅游，提升旅游业品质。着力培育多元消费，形成更多新的经济增长点，进一步增强消费对经济发展的拉动力。

营造区域发展良好环境。把提升区域软环境作为加快发展的硬要求，着力完善政策、创新服务手段，为企业搭建优质的发展平台。加大对金融、科技、文化创意等重点产业的综合扶持，落实支持非公有制经济和中小企业发展的各项政策，促进总部企业与中小企业互动发展。各职能部门和窗口单位要立足企业需求，创新服务模式，提高服务效能，完善与高端产业发展相匹配的高品质、多元化服务体系，全面提升服务水平。加强对外交流，扩大国际交往。在功能区发展、基础设施建设和公共服务等领域，加大政府投资力度，加强社会投资引导，完善重大项目管理和推进机制，做好辖区中央、市级项目服务工作，进一步增强投资拉动作用。

（二）提高文化自觉和文化自信，推动文化大发展大繁荣

坚持社会主义先进文化前进方向，紧紧围绕首都“建设具有重大国际影响力的国家文化中心”的目标，着力促进文化要素集聚、文化事业繁荣、文化产业发展，推动西城区向文化强区迈进。

提升社会文明程度。把社会主义核心价值体系建设与塑造城市精神结合起来，深入开展践行“北京精神”宣传教育活动，进一步总结提炼“西城精神”，巩固全区人民团结奋斗的共同思想基础。加强社会诚信体系建设，实施公共文明引导行动，关注未成年人思想道德教育，营造积极向上、健康文明的社会风尚。大力推进文明城区建设，深化内涵、丰富载体，不断提升区域公共文明程度。立足人民群众日益增长的精神文化需求，全面推进公共文化服务体系建设，完善社区文化中心，使群众基本文化权益得到保障，社会文化生活更加丰富多彩。

激发文化发展活力。深化文化体制改革，完善文化创意产业促进政策，实施重大项目带动战略，积极推进文化与金融、科技等产业的深度融合，培育文化创意产业品牌。加快文化创意产业集聚区建设，大力发展新闻出版、艺术品交易、文化旅游、文化演出、工业和城市设计等产业，逐步形成以大型企业为龙头、以各类企业为支撑的文化创意产业发展格局。重点推进天桥演艺区建设，促进演艺产业聚集，打造具有国际水准的首都核心演艺区。鼓励创作更多有时代特色的文化精品，广泛开展国际文化交流合作，努力使我区成为展示中华优秀文化的窗口和荟萃世界文化经典的舞台。

推进历史文化名城保护。坚持以保护古都风貌为核心、整体保护和分类保护相结合，努力探索形成符合首都发展要求、具有西城特色的历史文化名城保护模式。按照全市历史文化名城保护“一轴一线”的总体要求，加快实施什刹海——地安门风貌保护工程，提升阜景街历史文化景观，贯通大栅栏——琉璃厂文化长廊，振兴历史文脉。大力推进什刹海、大栅栏、白塔寺等地区整体保护试点，认真总结经验、形成模式，有序推进风貌保护和人口疏解。深入实施文物“三解”工程，加快会馆、名人故居、寺庙等历史文化资源的腾退、修缮，挖掘其浓厚的文化内涵，做到又要有文、还要有物，更好地发挥文化教育功能。建立区级非物质文化遗产展示平台和保护基地，全面弘扬优秀传统文化、促进文化交流。

（三）着力保障和改善民生，不断提高人民群众生活水平

大力推进公共服务资源整合与民生政策统一对接，加快基本公共服务均等化和社会保障一体化进程，努力使改革发展成果惠及全体人民。

促进人的全面发展。进一步加大投入力度、科学统筹资源，高水平促进社会事业发展。坚持教育优先发展，全面落实中长期教育改革和发展规划，巩固基础教育在全市的领先地位，稳步推进教育体制改革，狠抓名师、名校长和骨干教师团队建设，加快实施教育基础设施重大项目，促进各级各类教育优质均衡发展，率先建成首都学习型城市示范区。推进“健康西城”建设，普及健康知识，深入开展形式多样的健康促进和全民健身活动。深化医药卫生体制改革，增强公共卫生服务能力，构建“三横四纵两平台”的新型医疗卫生服务格局，基本形成“社区首诊、分级就诊、双向转诊、康复在社区”的服务模式，为群众提供优质的医疗卫生服务。

保障群众基本生活。牢固树立就业是民生之本的理念，健全公共就业服务体系，加大对“零就业家庭”等就业困难群众的帮扶力度，创建充分就业社区，不断提高就业服务水平。维护劳动者合法权益，构建和谐劳动关系。健全多层次社会保险体系，完善社会救助政策，推进社会保障人群全覆盖。积极应对人口老龄化问题，加快构建以居家为基础、社区为依托、机构为支撑的养老服务体系，让老年人安享晚年。加快社会福利制度向适度普惠型转变，认真做好残疾人工作，大力发展公益慈善事业，切实保障困难群众基本生活，努力营造充满关爱的社会氛围。加大食品药品安全监管力度，让群众吃上“放心菜”、“放心药”。

改善居民居住环境。把改善居民居住条件和生活环境作为民生工作的重中之重，坚持政府主导，高起点、高水平做好老旧小区的综合改造，从根本上解决简易楼的居住安全问题，统筹做好老旧小区住宅楼内外的水、电、气、热和架空线等基础设施改造，实施平房院落和街巷胡同综合整治，全面改善居民生活环境。加强回迁项目的协调推进，确保居民早日实现回迁安置。全力做好住房保障工作，积极筹措各类保障性房源，加快推进安置房建设，完善配套公共服务设施和长效管理运行机制，加强廉租房、公租房的后期管理，切实解决中低收入家庭的住房困难。

（四）加强社会服务管理创新，营造安定和谐的社会环境

持续深化社会服务管理创新工作，着力促进社会公平正义，巩固区域和谐稳定大局，全面提高群众的安全感、幸福感和参与度。

开创社会建设新局面。以探索新时期社会建设新模式为核心，加强对全区社会建设工作的统筹协调，建立社会责任激励机制，激发公众参与热情。完善“全面感知、快速传达、积极响应”的“全响应”社会服务管理模式，基本建成信息化网络支撑平台和工作运行平台，形成政府、社会与市民有效沟通、良性互动的局面。积极发挥街道在社区建设中统筹协调、融通资源的作用，支持枢纽型社会组织健康有序发展，加大政府购买社会组织服务力度，大力培育一批公益类、慈善类社会组织，全面发挥社区工作者和志愿者在为民服务中的积极作用，建立健全社会动员机制，广泛凝聚社会建设力量。

夯实和谐社区建设基础。积极推进“六型”社区建设，着力完善社区治理模式，大力发展基层民主，畅通民意表达和利益诉求渠道，提升群众自我管理、自我服务的能力，形成社会管理人人参与、和谐社会人人共享的良好局面。以群众需求为导向，逐步完善社区服务设施和便民服务体系，积极打造“四大民生服务圈”和“一刻钟便民服务圈”，促进社区服务功能全面拓展，使群众生活更方便、更舒适、更贴心。

营造安定团结的社会环境。牢固树立“西城无小事”的意识，把维护稳定作为加强和创新社会管理的重要内容。高度重视新时期群众工作，加强流动人口服务管理，切实维护和保障群众合法权益。注重源头预防，继续完善人民调解、行政调解、司法调解、社会调解和信访代理体系有效衔接的大调解工作格局，健全社会矛盾排查调处工作机制，带着对人民群众的深厚感情依法妥善处理好各类问题，努力将矛盾纠纷化解在基层，化解在萌芽状态。认真落实社会治安综合治理措施，完善社会治安防控体系，严密防范和依法打击违法犯罪活动，确保社会安全稳定。全面实施“六五”普法规划，拓展和规范法律服务，营造人人自觉学法守法用法的良好社会氛围。增强全民国防观念和国家安全意识，巩固双拥共建成果。

（五）大力完善城市功能，提升城市品质和管理效能

立足城市可持续发展，统筹城市规划、建设与管理，不断优化城市布局、拓展城市功能、完善服务管理，努力建设环境优美、管理高效、舒适宜居的现代化城区。

优化城市布局，提高空间利用水平。按照“一核一带多园区”的空间布局，坚持以功能区建设为重点带动城市发展。充分发挥规划引导作用，进一步明确各功能区的建设发展方向，突出功能区发展的整体性，实现功能区特色发展、融合互补、良性互动。完善功能区管理体制和工作机制，统筹推进功能区重大项目建设。加大土地储备力度，强化存量资源利用，积极推动功能置换，提高空间资源利用效率。

拓展城市功能，提升城市环境品质。加强基础设施建设，进一步向老旧平房区倾斜，完善市政设施日常维护与应急处置机制，集中力量缓解交通瓶颈问题，推进规划道路路网建设，推进智能交通体系、静态交通管理和胡同“微循环”建设，提倡绿色出行。持续开展城市公共空间环境综合整治，着力解决违法建设等痼疾顽症，加快打造木樨地——永定门“水道”景观、地安门——永定门（中轴线西翼）“文道”景观以及新街口——开阳桥“商道”景观，实施南滨河公园等环境改造工程，推动重点地区、重点大街环境品质提升。加强节能减排，加大空气污染防治力度，因地制宜拓展城市绿化空间，深入推进生活垃圾分类处理，加快构建资源节约型和环境友好型社会。

创新服务管理，提高城市运行效能。坚持依靠科技手段，创新服务管理方式，推动管理重心下移，提高城市管理精细化水平，完善“统筹推进、职责清晰、综合执法、部门联动”的工作机制。加大社会力量参与城市管理力度，进一步完善热点问题投诉处理系统。强化现代信息技术应用，构建快速反应、安全运行的城市运行保障体系。深入推进“三网融合”、物联网等现代科技在城市管理中的应用，完善数字西城地理信息平台，提高监测预警水平。加强城市公共安全管理，严格落实安全生产责任，有效应对公共安全突发事件和各类重大事故，确保城市运行安全高效。

四、全面推进新时期党的建设新的伟大工程

实现未来五年发展目标，关键在于加强党的领导。我们必须以改革创新精神全面推进党的建设，努力使党的政治优势和组织优势转化为推动发展的强大力量。

（一）着力固本强基，保持和发展党的先进性

先进性是马克思主义政党的生命所系、力量所在。要强化理论武装，积极引导广大党员干部深入学习和掌握中国特色社会主义理论体系，进一步增强坚持中国特色社会主义制度的自觉性和坚定性。加强学习型党组织建设，完善党委（党组）中心组学习制度，健全学习考核和激励机制，创新学习载体，大力营造重视学习、崇尚学习、坚持学习的良好氛围。提高发展党员质量，改善党员队伍结构，建立健全教育、管理、服务党员的长效机制，积极探索党员发挥作用的新途径、新办法，引导广大党员不断增强党员意识、保持先进性。优化组织设置，扩大组织覆盖，创新活动方式，健全“创先争优”长效机制。积极探索党组织在商务楼宇及社会工作领域有效发挥作用的载体和途径，加大非公经济组织和新社会组织党建工作力度。要为长期工作在一线，处于推动发展、促进和谐、解决矛盾、破解难题最前沿的基层干部开展工作创造良好条件，营造真正重视、真情关怀、真心培养，多理解、多帮助、多支持的氛围。

（二）抓班子带队伍，不断提高执政能力

各级领导班子和干部队伍是党执政活动的组织者、实践者。要以全面提高领导水平和执政能力为核心加强领导班子建设，改进思想作风，优化班子配备，健全考核评价机制，把各级领导班子建设成为朝气蓬勃、奋发有为、团结和谐的坚强领导集体。要坚持正确的选人用人导向，健全干部选拔任用机制，重群众公认，但不简单以推荐票数取人；重干部“四化”，但不简单以年龄文凭取人；重工作业绩，但不简单以一时一事取人；重公开选拔，但不简单以考试成绩取人；重资历经验，但不简单以任职年限取人。要通过全方位的考察，真正把那些政治坚定、有真才实学、实绩突出、群众公认、履职尽责的干部选拔出来，大胆提拔、放心使用。积极拓宽干部实践锻炼的领域，综合运用轮岗交流、挂职锻炼等多种方式，把有发展潜力、积极进取、踏实苦干的干部，安排到关键岗位、艰苦环境和重大工程的一线去砥砺品质、锻炼作风、增长才干。全面实施人才强区战略，完善人才体制机制，优化人才服务环境，培养用好区域内现有人才，积极引进国际一流高端、领军人才，努力为区域发展提供智力支持和人才保障。

（三）努力开拓创新，加快领导方式转变

转变领导方式是加快发展方式转变的重要保障,是实现科学执政、民主执政、依法执政的有效途径。一是要把转变体现在把握方向、谋划全局上。区委及全区党的各级领导班子要充分发挥领导核心作用，切实加强和改进对经济社会重大事务的综合协调，确保中央的方针政策和市委的决策部署全面贯彻落实。二是要把转变体现在解放思想上。勇于改变落后僵化的思维模式，敢于突破制约科学发展的观念障碍，善于创造性地开展工作，不断提高战略思维、创新思维、辩证思维能力，增强工作的系统性和预见性。三是要把转变体现在增强宗旨意识上。高度重视并切实做好新形势下群众工作，真诚倾听群众呼声，真实反映群众愿望，真情关心群众疾苦，问政于民、问需于民、问计于民，使我们的工作获得最广泛、最可靠、最牢固的群众基础和力量源泉。四是要把转变体现在改进工作作风上。必须善于谋划、主动作为，肯动脑筋、善动脑筋，抓住发展新优势，把握发展主动权；必须求真务实、埋头苦干，多一些思考、少一些浮躁，多一些实干、少一些应酬，努力实现各项工作新建树、新

突破；必须满怀激情、一往无前，带着昂扬向上、忘我拼搏的激情干事业、抓发展，创造出实实在在的工作业绩来。

（四）加强民主政治建设，凝聚区域发展合力

巩固和营造政通人和、生动活泼的政治局面是各级党委的重要任务。坚持以党章为根本、以民主集中制为核心，不断完善党的领导方式和执政方式，积极稳妥推进党务公开，保障党员主体地位和民主权利。坚持和完善人民代表大会制度，支持和保证区人大及其常委会充分行使好宪法和法律赋予的各项职权，依法履行职能，注重发挥人大代表的主体作用。坚持和完善中国共产党领导的多党合作和政治协商制度，积极推进政治协商、民主监督、参政议政的制度化、规范化、程序化建设，支持政协组织、政协委员更好地发挥作用。广泛凝聚各民主党派、工商联、无党派人士和民族宗教界等各界人士力量，充分发挥工会、共青团、妇联、科协、社科联、侨联、文联等人民团体以及离退休老党员、老干部的作用，形成推动区域发展的强大合力。加强党对政府工作的领导，不断提高政府公信力。坚持司法为民、公正司法，保证审判机关、检察机关依法独立公正行使职能，发挥司法机关维护公平正义的职能作用。

（五）加强自身建设，提高拒腐防变能力

进一步规范党的代表大会、全委会、常委会议事规则和决策程序，落实常委会向全委会、全委会向党代表大会负责、定期报告工作并接受监督的制度，巩固和扩大权力公开透明运行试点成果。充分认识反腐败斗争的长期性、复杂性、艰巨性，坚持标本兼治、惩防并举，严格落实党风廉政建设责任制，深化廉政风险防控管理机制。加强对人民群众反映强烈的突出问题的专项治理，加大违纪违法案件查处力度，坚决惩处腐败分子。各级领导干部都要时刻牢记，我们手中的权力是人民赋予的，行使权力就必须为人民服务、对人民负责并自觉接受人民监督，决不能把权力变成牟取个人或少数人私利的工具。各级领导干部都要自重、自省、自警、自励，带头落实廉洁自律的各项规定，做到立身不忘做人之本、为政不移公仆之心、用权不谋一己之私，永葆共产党人政治本色。

各位代表、同志们！

新的时代赋予我们更加光荣的使命，新的职责赋予我们更加艰巨的任务。让我们紧密团结在以胡锦涛同志为总书记的党中央周围，在市委的坚强领导下，以邓小平理论和“三个代表”重要思想为指导，深入贯彻落实科学发展观，团结带领全区人民，全面推进“活力、魅力、和谐”新西城建设，以更加扎实而努力的工作迎接党的十八大的胜利召开！

政府工作报告

2011年12月15北京市西城区第十五届人民代表大会第一次会议

西城区人民政府代理区长　王少峰

各位代表：

现在，我代表西城区人民政府向大会报告工作，请予审议，并请各位政协委员提出意见。

一、过去五年工作回顾

过去的五年，是极不平凡的五年，是我们抢抓重大机遇、应对复杂形势、实现区域跨越发展的五年。在市委、市政府和区委的领导下，区政府深入贯彻落实科学发展观，依靠团结全区人民，有效应对国际金融危机，积极做好北京奥运会、残奥会、国庆60周年、建党90周年等重大活动服务保障，顺利推进区划调整和区域融合，圆满完成“十一五”规划目标任务，实现“十二五”良好开局。

——区域经济发展实现新跨越。五年来，区政府牢牢把握首都经济发展方向，以功能区建设为依托，坚持扩大增量与盘活存量并重，着力打造发展平台，提升服务水平，区域经济综合实力显著增强，基本形成了以金融业为核心，以高新技术产业、文化创意产业、商贸和旅游业为重点的现代产业体系。2011年地区生产总值预计突破2100亿元，比2006年增加近1000亿元，年均增长超过10%；区级财政收入预计完成270亿元，比2006年增加约180亿元，年均增长超过 23%；社会消费品零售额预计完成 685 亿元，比 2006 年增加 369 亿元，年均增长超过 16%；第三产业增加值预计占 GDP 的 90%左右，其中，金融业增加值占全区 GDP 的 40%以上，占全市金融业增加值的近 50%。以金融街为主体的金融资产规模达到 55.5 万亿元，占全市金融业总资产的近 80%，占全国的 50%以上，为建设具有国际影响力的金融中心奠定了基础。功能区产业集聚效应和品牌特色更加凸显，德胜科技园和广安产业园成为科技产业和创意产业的重要载体,西单现代商业区的品牌影响力不断提升，什刹海地区成为国内外著名的文化旅游休闲区，大栅栏被命名为全国首个“中华老字号集聚区”，琉璃厂被评为“中国文房四宝文化第一街”，马连道荣获“中国茶叶第一街”称号。加大服务发展力度，成立了对外联络服务办公室、金融服务办公室等机构，推行全程办事代理制，加强对非公经济和中小企业的扶持，为各级各类企业发展创造了良好环境。

——人民生活水平迈上新台阶。五年来，区政府累计投入 500 多亿元，实施办实事项目 221 件，着力保障和改善民生，使发展成果更好地惠及广大群众。2011 年居民人均可支配收入预计达到 34480 元，比 2006 年增加 14354 元，年均增长 11.4%。加大对就业困难群体的帮扶力度，城镇登记失业率保持在 2%以内，登记失业人员就业率达到 60%以上，零就业家庭保持动态“脱零”。实现了养老、医疗保障全覆盖，社保基金征缴率保持在 98%以上。全面落实低保政策，困难群体权益得到有效保障。成立捐赠物资调配中心，在全区所有街道都建立了慈善分会，形成募捐、救助和志愿服务“三位一体”运作模式，五年累计发放各类救助资金 4 亿元。深入落实“九养”政策，建成老年餐桌 364 个、托老所 255 个。完成 102 栋塔式住宅楼的无障碍设施改造，建成 64 个残疾人“温馨家园”和 22 家职业康复劳动站，实现康复服务全覆盖。不断改善居民居住环境，累计整治 91 条胡同、解危修缮 2 万多间房屋，完成 10.2 万户“煤改电”、7.3 万户“一户一水表”、4.6 万户“一户一电表”、3.8 万户老楼通天然气和 1000 余户老楼供暖设施改造。启动昌平回龙观一期、丰台张仪村、房山长阳、大兴亦庄等安置房和保障性住房项目建设，多渠道改善了 14866 户家庭居住条件。推进“菜篮子”工程建设，新建 58 家社区便利店，改造提升 31 家社区菜市场，加强食品药品安全监管，食品安全抽检合格率稳定在 95%以上，切实保障了群众生活必需品供应。

——城市服务功能实现新提升。五年来，区政府着力完善基础设施，提升环境品质，城市面貌明显改善。全面完成了 4、6、8 号轨道交通沿线站点和西长安街道路拓宽拆迁，新建改造煤市街等道路 343 条，完成 133 条道路疏堵和微循环改造以及 216 条道路的无障碍设施改造。基本形成了“三纵七横”供水干线格局和雨水管道分流系统，供热管网覆盖全区主要道路，金融街等 4 座消防站和德内、大栅栏变电站建成并投入使用。着力加强历史文化名城保护，成立了区历史文化名城保护委员会，加强对什刹海、大栅栏等文保区的整体保护，恢复烟袋斜街历史风貌，完成大栅栏街改造，建成琉璃厂艺术廊桥，实施了旧城保护和居民住房改善工程。扎实开展“五大秩序”整治行动，实施 33 处“城中村”、“边角地”整治，推进架空线入地和城市景观建设，累计新建改建绿地 210.2 公顷，实现全区无燃煤锅炉目标，金融街片区绿化项目和什刹海文保区环境整治项目获得“中国人居环境范例奖”。截至 11 月底，全区二级和好于二级天数达到 258 天，较 2006 年同期增加 39 天。建立城市管理、应急指挥、政务值班、非紧急救助“四位一体”的城市运行管理模式，全面推行城市环境分类分级管理，我区被评为“全国数字城市建设示范区”。加强对人员密集场所、建筑工地、地下空间和消防重点领域的安全监管，圆满完成重大活动期间的城市运行和安全保障工作。

——各项社会事业取得新进展。五年来，区政府坚持从群众需求出发，加大投入，整合资源，促进社会事业蓬勃发展。发挥科技对经济社会发展的引领作用，实施了一批重点科技示范项目。依法保证教育经费“三个增长”，教育教学质量稳步提升，基础教育水平保持全市领先，职业教育资源整合稳步推进，终身教育体系更加健全，完成了 20 所学校改扩建和 360 处校址的加固改造。公共卫生服务体系进一步完善，建成 15 个社区卫生服务中心和 78 个社区卫生服务站，全面落实社区卫生收支两条线改革和药品零差率销售，实现多点式转诊预约服务，开展区域医疗服务共同体和家庭医生式服务模式试点，全区共组建 257 个家庭医生式服务团队，签约群众 28.1 万人。举全区之力开展文明城区创建，市民文明素质和社会文明程度不断提高。大力宣传“宣南文化”，广泛开展群众文化活动，实施“1121”工程，推广“一街一品”模式，形成了一批知名活动品牌。腾退修缮广福观、法源寺等 57 处文物古建，建立全市首个非物质文化遗产展示中心，完成非物质文化遗产普查。积极创建体育生活化社区，建立个性化健身指导体系。开展社区健康生育全程服务，受到广大群众的欢迎和认可。认真做好外事、优抚安置、妇女儿童、档案史志、防震减灾、第六次全国人口普查等各项工作。我区先后荣获“全国文明城区”、“全国双拥模范城（区）”、“国家可持续发展先进示范区”、“全国社区教育示范区”、“全国人口和计划生育工作综合改革示范区”、“全国法制宣传教育先进区”、“全国推动厂务公开民主管理工作先进单位”等称号。

——社会服务管理迈出新步伐。五年来，按照“党委领导、政府负责、社会协同、公众参与”的要求，全面推进社会服务管理创新，初步形成体系健全、运行顺畅的社会管理格局。组建了社会工作专门机构，搭建五大工作体系，累计投入近6亿元改善社区基础设施和服务条件，顺利完成第六、第七届居委会换届选举工作，全面实行“社区事务听证会”制度，社区自治水平进一步提高，被评为“全国和谐社区建设示范区”。积极构建区、街、社区三级公共服务平台，开展“一刻钟社区便民服务圈”试点，社区商业服务网络基本实现全覆盖。在全市率先引入社会组织孵化器，对社会组织承担公益类、便民类服务项目给予补贴。扎实开展矛盾纠纷排查化解，探索以群众工作统揽信访工作新模式，坚持领导接访、包案处理重点矛盾等制度，切实化解了一批突出信访问题。创新人口服务管理模式，组建了区、街两级流动人口服务管理机构。在全市率先启动政府机构投保公众责任保险工作，分散政府公共事务风险，有效维护了社会公众利益。健全打防结合的社会治安防控体系，严厉打击违法犯罪活动，加强治安重点地区的清理整治，建立街道综治维稳中心，整合基层维稳工作力量，确保了社会安全稳定。积极做好民族、宗教、侨务、对台工作，牛街“民族特色服务体系”工作经验在全国得到推广。

——推动改革创新实现新突破。五年来，区政府不断强化改革创新意识，加大改革力度，推进体制机制创新，区域发展活力进一步增强。加快政府机构改革，调整组建区人力社保局、区住建委、区市政市容委、区功能街区产业发展促进局等部门。依法精简行政审批事项，合理简化审批环节，健全网上审批、并联审批机制，有效提升审批效率。不断完善投融资体制，充分利用政府投融资平台，引导社会资本支持重点领域项目建设。率先实施国有资本经营预算管理体系改革，完成金融街集团、华兴新业、华方公司、华远集团改制和广安控股重组，聚德华天、菜百、张一元等一批参控股企业得到迅速发展，区属国有企业资产总规模由2006年的520亿元增加到1600亿元，对区域发展的支撑和服务作用日益明显。完善外经贸投资服务体系，新增外商投资企业419家，实际利用外资31.5亿美元。积极扩大对外交流，加强与内蒙古、西藏、新疆等地对口支援。借助“京港洽谈会”、“北京金博会”、“北京文博会”等活动，加强区域品牌、产业品牌宣传推介，地区影响力进一步扩大。

在推动区域经济社会全面发展的过程中，我们高度重视政府自身建设，坚持依法行政、科学行政、民主行政，努力建设法治政府。深入研究编制区“十二五”规划，谋划区域发展宏伟蓝图。认真执行区人大及其常委会的各项决议、决定，落实重大事项向区人大报告、向区政协通报制度，累计办复人大议案和建议1175件、政协提案1847件。特别是区划调整以来，我们认真贯彻落实市委市政府决策部署，顺利完成政府组建和部门整合工作，强化建章立制，组建区委区政府专家顾问团，建成第三代综合行政服务中心，深入开展“作风建设年”活动，积极推进政风行风建设和行政效能监察，政府服务管理水平进一步提升。

各位代表，过去五年，是区域综合实力显著提升、城市面貌明显改善、人民群众得到更多实惠的五年。这些成绩的取得，是市委、市政府和区委正确领导的结果，是全区人民共同努力的结果，是驻区单位、各界人士大力支持的结果。在此，我代表区政府，向支持、帮助我们工作的人大代表、政协委员、各民主党派、工商联和无党派人士、各人民团体以及社会各界，向驻区中央、市属单位和解放军、武警官兵、公安干警，向所有关心、参与西城建设的同志们、朋友们，表示衷心的感谢，并致以崇高的敬意！

在肯定成绩的同时，我们也清醒地认识到区域发展中还存在一些问题和不足：产业空间置换难度较大，强化金融优势、推进产业结构优化升级的任务还很艰巨；旧城区人口和功能疏解进展缓慢，城市精细化管理水平有待提高，交通拥堵、部分居民居住条件差等问题已成为当前亟待解决的现实问题；区域发展的软环境和文化软实力有待进一步提升；公共服务资源分布还不均衡，社会服务管理还不能完全满足居民群众多层次、多样化的需求，等等。这些问题，已引起我们的高度重视，将在今后的工作中认真研究，采取有效措施，逐步加以解决。

二、未来五年的总体要求、发展目标和主要任务

今后五年，是西城区深入贯彻落实科学发展观、优化提升区域发展品质的重要阶段，也是全面实施“十二五”规划、推动区域经济社会又好又快发展的重要时期。我们要认真落实区第十一次党代会精神，准确把握当前的新形势和新任务，努力探索一条体现时代特征、首都特点和西城特色的科学发展之路。

以更高的标准创造城市美好生活，建设“活力、魅力、和谐”新西城是未来五年我们必须牢牢把握的奋斗目标。这一奋斗目标与“十二五”规划一脉相承，是北京建设中国特色世界城市的客观要求，是全面落实“人文北京、科技北京、绿色北京”发展战略的具体体现。要大力发展充满活力的城市经济，营造开放包容的发展环境，构建多元融合的现代产业体系，建设更加符合首都功能核心区特点的服务型经济。要着力塑造充满魅力的城市环境，实现历史文化名城保护、城市建设管理与人居环境改善的有机统一，促进人口资源环境可持续发展，不断提升城市宜居水平。要努力营造温馨和谐的城市氛围，培育城市人文精神，展现城市文明风采，完善公共服务体系，使城市发展更好地服务居民生活。

加快转变经济发展方式、提升发展品质是未来五年我们必须贯穿始终的工作主线。加快转变经济发展方式是一场深刻变革，必须贯穿于全区经济社会发展的全过程。要处理好不同产业之间的关系，继续巩固和提升金融业的经济贡献力和产业辐射力，促进金融与其他产业的融合对接，实现产业之间的协同发展。要处理好增量与存量的关系，以存量盘活带动产业优化升级，以增量引进拓展发展空间，不断满足企业发展需求，提高产业承载力和竞争力。要处理好要素驱动与创新驱动的关系，在集约利用资源的同时，更加注重通过科技创新、文化创新、管理创新来解决区域发展后劲问题，全面提升经济发展质量和效益。

满足全区人民的新期待、切实保障和改善民生是未来五年我们必须切实抓好的头等大事。保障和改善民生，是政府工作的根本出发点和落脚点。要依托城市功能完善来改善民生，加强旧城基础设施建设，加大环境综合整治力度，为居民群众创造舒适宜居的生活环境。要依托功能区建设来改善民生，在功能区布局和产业发展上统筹考虑民生问题，使群众更充分地融入到首都建设中国特色世界城市的进程中来。要依托公共服务提升来改善民生，加快推进基本公共服务均等化和社会保障一体化，不断满足全区居民群众日益增长的多层次、多样化需求。要依托社会救助体系的完善来改善民生，加大特殊困难群体帮扶力度，使发展成果惠及每一位居民。

落实区域功能定位、加快融合发展是未来五年我们必须着力抓好的重要任务。区划调整为西城发展带来了新的优势和机遇，同时也对我们各项工作提出了新的要求。要按照区域功能定位和“一核一带多园区”的产业空间布局，坚持统筹推进、组团发展，实现功能区之间的优势互补。要加快资源整合，促进金融、科技、文化等优势资源与产业有效对接，把资源优势转化为发展优势和竞争优势。要统筹面向群众的各项公共服务政策，加强部门联动，实现全方位融合，使群众生活更方便、更舒心。

实现西城区的发展蓝图，新一届政府肩负着历史重任。今后五年，政府工作的总体要求是：高举中国特色社会主义伟大旗帜，以邓小平理论和“三个代表”重要思想为指导，深入贯彻落实科学发展观和党的十七大、十八大精神，按照区第十一次党代会部署，牢牢把握科学发展主题和加快转变经济发展方式主线，坚持“服务立区、金融强区、文化兴区”战略，着力提高经济发展质量，着力提升城市品质，着力保障和改善民生，着力创新社会服务管理，着力加强政府自身建设，全面完成“十二五”规划目标任务，以更高的标准创造城市美好生活，努力建设“活力、魅力、和谐”新西城。

今后五年全区经济社会发展的主要目标是：地区生产总值年均增长8%左右；区级财政收入年均增长9%左右；社会消费品零售额年均增长10%左右；居民人均可支配收入年均增长8%左右；城镇登记失业率控制在2.8%以内，登记失业人员就业率达到60%以上；万元GDP能耗降低率和空气质量完成市政府下达的指标。

根据以上要求，结合区第十一次党代会工作部署和《西城区国民经济和社会发展第十二个五年规划纲要》，今后五年全区经济社会发展的主要任务是：

（一）全面实施“服务立区”战略，努力建设“四个服务”示范区

立足首都功能核心区的区位特点和工作要求，坚持把服务贯穿于各项工作始终，不断创新服务理念，提升服务水平，通过打造良好的区域环境，切实为驻区单位和广大居民群众提供更加优质高效的服务。

一是着力打造和谐共享的社会环境。统筹经济与

社会协调发展，把提升公共服务、创新社会管理摆在突出位置，让全区居民群众共享改革发展成果。坚持教育优先发展，不断优化教育资源配置，完成学前教育三年行动计划，巩固提升基础教育优势，促进各级各类教育优质均衡发展。稳步推进教育体制改革，狠抓名师、名校长和骨干教师队伍建设，培养一批在全市乃至全国知名的领军人物。完善终身教育体系，率先建成首都学习型城市示范区。深化医药卫生体制改革和社区卫生综合配套改革，整合医疗卫生资源，积极构建“三横四纵两平台”的新型医疗卫生服务格局，广泛开展健康促进和全民健身活动，不断提高居民的健康水平。积极应对就业结构性矛盾，进一步扩大就业，提高就业质量。按照应保尽保、应救即救的原则，不断完善社会保障体系，率先形成覆盖全面、服务综合的社会保障和社会救助新格局，实现社会福利制度向适度普惠型转变。认真落实房地产调控政策，加快推进保障性住房建设。进一步加大食品、药品安全监管力度，确保群众吃得放心、用药安全。全面加强和谐社区建设，提高社会服务和社区自治水平，做好安全稳定各项工作，进一步增强群众的安全感。

二是着力打造更加优质的发展环境。立足首都城市国际化发展方向，坚持以开放促发展，不断拓宽国际交往范围和合作领域，优化发展环境，吸引更多跨国公司及地区总部入驻。高标准做好驻区单位和部队的服务工作，建立健全联系机制，协调解决实际问题，配合落实中央、市级重大项目。创新工作机制,完善和利用好各类绿色通道，保证重点项目投资落地。健全人才服务体系，加快推进高端金融人才集聚区建设，为各类人才发挥作用搭建平台，形成尊重人才的良好氛围，让各类人才活力竞相迸发。积极推进政务公开和行政审批制度改革，优化工作流程，提高服务效率，营造高效、透明的政务环境。完善政府投融资平台，强化产业政策引导，落实各项优惠政策，为企业发展营造良好的环境。

三是着力打造友好宜居的城市环境。按照北京建设中国特色世界城市要求，统筹城市规划、建设与管理，努力建设环境优美、管理高效、舒适宜居的现代化中心城区。加快基础设施建设，形成“十二横九纵”的路网结构，改善道路微循环系统，完善停车设施，建设自行车及步行系统，有效缓解区域交通压力。分类分级推进城市环境建设，加强重点地区和街巷综合整治，拓展城市绿化空间，大力推广节水、节能和废旧物品回收利用技术，深入开展垃圾分类处理，努力建设资源节约型和环境友好型城区。提高人口服务管理水平，适度调控人口规模，形成与城市功能相适应的人口发展格局。推进城市管理重心下移，发挥街道统筹辖区发展的基础性作用，创新城市管理体制机制，综合运用智能化、网络化、系统化手段，逐步建立精细、高效、安全、统一的现代城市运行体系，不断提升城市管理水平。

（二）全面实施“金融强区”战略，不断完善高端服务业体系

坚持高端化、功能化、国际化发展方向，把做大做强金融业作为加快转变经济发展方式的重要举措，带动产业多元融合发展，逐步淘汰不适应区域发展要求的产业形态，形成结构合理、产业高端的现代产业体系。

一是进一步扩大金融业影响力。巩固金融总部优势，拓展金融服务功能，把金融街建设成为资讯发达、环境优美、交易活跃、服务完善的具有国际影响力的金融中心。强化国家金融管理、决策、信息和服务中心功能，加大对金融中介服务机构支持力度，积极培育要素市场，进一步完善金融产业链条。大力推进金融街建设，挖掘核心区资源潜力，加快广安产业园产业承接，拓展德胜科技园金融后台服务功能，完善商业配套和综合服务设施，逐步形成更大范围的金融产业区。加强与国际金融中心城市的合作与交流，培育独具特色的金融文化。发挥金融服务区域发展的作用，推动金融与文化、科技的融合发展，进一步提升区域综合竞争力。

二是不断强化科技创新驱动作用。抓住中关村先行先试改革的有利契机，依托德胜科技园和广安产业园，加快科技研发、文化创意、金融和商务服务等产业发展，着力培育新的经济增长点。积极推进德胜科技园西区扩展和广安产业园开发建设，完善基础设施和配套服务设施，加快改造周边环境，增强园区服务功能。研究制定有关政策措施，通过项目资金配套、贷款贴息、法人奖励、专利资助等方式，推动园区企业快速发展。鼓励科研院所、科技型企业建立技术研发平台，强化科技创新和技术集成应用，切实增强科技对产业发展的支撑和引领作用。

三是着力提升商贸旅游业发展水平。紧紧抓住扩内需、促消费机遇，积极构建功能完善、品质卓越、舒适便捷的服务体系，促进商贸、旅游业向精品化、特色化、便利化方向发展。依托西单、西外等商业区发展时尚消费，推动业态优化升级，不断提升品牌影响力。切实做强特色消费，促进大栅栏传统商业繁荣发展，着力打造马连道茶业交易中心。加强对老字号的保护、传承和利用，在资金、政策、项目引进以及手续办理等方面给予大力支持。不断完善便民消费，推进生活服务业发展。大力发展传统文化旅游和都市旅游，完善旅游服务体系，开发具有区域特色的旅游产品，促进旅游产业内涵式发展。

（三）全面实施“文化兴区”战略，加快打造传统与现代融合发展的文化中心

认真贯彻落实党的十七届六中全会精神，坚持社会主义先进文化发展方向，紧紧围绕北京“建设具有重大国际影响力的国家文化中心”目标，依托丰富的区域文化资源，以高度的文化自觉和文化自信推动文化大发展大繁荣，不断增强区域文化软实力。

一是培育健康向上的城市公共文明。把社会主义核心价值体系融入精神文明建设全过程，深入践行“北京精神”，加强社会公德、职业道德、家庭美德、个人品德教育，完善文明城区建设长效机制，在全社会形成积极向上的精神追求和健康文明的生活方式。实施《全民科学素质行动计划纲要》，深入开展特色科普活动，不断提升市民科学文化素养。夯实三级公共文化服务体系，构建多层次文化服务网络。积极开展丰富多彩的文体活动，集中打造一批具有西城特色的品牌活动，创作一批以西城为背景地的文艺精品，满足群众日益增长的多元文化需求。

二是提升历史文化名城保护水平。坚持有效保护、合理利用、适度发展原则，努力探索旧城保护和文化传承相结合的特色发展模式，实现古都风貌与现代文明协调统一。进一步完善历史文化名城保护工作机制，构建“政府主导、专家指导、居民参与、社会协同”的工作格局。重点保护中轴线和阜景地区历史文脉，分类推进历史文化街区保护，积极实施文物“解危、解放、解读”工程，更好地保护和传承非物质文化遗产。着力破解历史文化名城保护的实现途径问题，在努力保护历史风貌的同时，下大力气改善旧城区居民居住条件。深度挖掘历史文化内涵，集中打造北京中轴线西翼文化带，展现首都中心城区风采。

三是增强区域文化发展活力。加快区属文化单位改革，创新文化管理机制。积极推进中国北京出版创意产业园区、国家数字版权产业基地、天桥演艺区和琉璃厂文化创意产业集聚区建设，完善配套设施和服务体系，引进一批有影响力的文化产业项目。整合区域文化资源，实施项目带动和品牌引领，大力发展新闻出版、艺术品交易、文化旅游、文化演出、工业和城市设计等产业，逐步形成以大型企业为龙头、以各类企业为支撑的文化创意产业发展格局。加强政府资金引导，构建以企业投资为主体、多种融资形式互补的文化创意产业投融资体系，积极培养和引进文化领域高端人才，为文化创意产业发展提供有力保障。

三、2012年政府工作安排

2012年是新一届政府届首之年，是“十二五”规划实施的关键之年，我们将迎来党的十八大和市第十一次党代会的胜利召开。做好2012年工作，责任重大。我们要切实增强使命感、责任感、紧迫感，开拓创新，狠抓落实，推动区域经济社会发展实现新突破。

2012年全区经济社会发展的主要目标是：地区生产总值同比增长9%左右；区级财政收入同比增长9%左右；居民人均可支配收入同比增长8%左右；城镇登记失业率控制在2%以内，登记失业人员就业率达到60%以上；万元GDP能耗降低率和空气质量完成市政府下达的指标。

重点做好以下几方面工作：

（一）实施重点功能区建设工程，促进经济质量提升和产业结构优化

加快金融街建设步伐，启动华嘉小区、菜西地块搬迁，推进广安一期、新兴盛、35中新址搬迁和月坛南街、丰盛DE区项目建设改造，协助做好金融街G6、E1、国家知识产权局、国家药监局等中央、市级重点项目建设，举办金融街建设20周年系列活动。推进德胜科技园扩区工作，完成中国设计交易市场一期建设改造工程。做好老佛爷百货集团亚洲旗舰店进驻西单工作，加快图书大厦二期项目进度。启动天桥演艺区剧场等重点项目，促进演艺产业聚集。推进大栅栏中华老字号集聚区、新华1949国际创意设计产业园建设，启动琉璃厂艺术大厦建设。成立区旅游发展委员会，加强重点旅游线路、旅游产品开发，办好西单国际时尚年会、大栅栏旅游购物节、什刹海文化旅游节、马连道国际茶文化节、西城电子商务节等活动，有效拉动区域消费。进一步推进国有资本经营预算管理体系改革，支持区属国有企业发展壮大。加大对非公经济和中小企业扶持力度，完善中小企业项目管理库和配套政策，多渠道解决中小企业融资问题。

（二）实施城市承载力提升工程，不断完善城市功能

基本完成地铁7号线拆迁，实现西直门内大街、新街口北大街开工建设，启动南横东街东口等15条交通疏堵工程，续建和新建马连道南街、槐柏树后街等15条道路微循环工程，完成黄寺大街等60条道路大中修。完善自行车专用道和步行系统，启动宣武艺园立体车库项目，推进月坛体育场、白云观西侧地下停车库工程。建设菜市口、桃园220千伏变电站和马连道110千伏变电站，加快实施老旧管网改造。完善“四位一体”城市管理模式，推进无线网络、物联网等技术应用，提高城市精细化管理水平。开展企业安全生产标准化建设，抓好地下空间综合整治和有效利用，加大消防安全监管力度，加强应急管理，切实保障城市安全运行。

（三）实施城市环境靓丽工程，提升城市环境水平

加强金融街、什刹海、大栅栏、琉璃厂等重点地区环境建设，加快打造木樨地至永定门滨河道景观、地安门至永定门文化轴景观和新街口至开阳桥商业街景观，做好长安街沿线、前三门大街等地区夜景照明设施改造。继续推进国二招周边、三庙前街等“城中村”、“边角地”环境整治项目，实施架空线入地工程，加大对违法建设、违法广告和渣土乱堆乱放等痼疾顽症的检查督办力度。加强节能减排工作，开展复兴医院等单位合同能源管理，完成5000户居民取暖“煤改电”工程，实施22项雨水利用工程，做好53个小区垃圾分类达标试点。新建和改造绿地9.3公顷，完成屋顶绿化2万平方米、垂直绿化2000延米，实行“全天候道路保洁”，确保全区二级和好于二级天数完成市政府下达的指标。

（四）实施文化品质提升工程，增强区域文化软实力

大力弘扬传统美德，深入开展“北京精神”进单位、进学校、进家庭宣传实践活动，进一步巩固文明城区建设成果。完善公共文化服务体系，加强文化基础设施建设，充实文化工作者队伍，推进区域文化资源共享，办好“西城文化节”、“景山合唱节”等文化活动，不断丰富群众文化生活。全面加强社区文化、学校文化、机关文化、企业文化建设，大力宣传“京味”文化和优秀传统文化，扩大对外文化交流，营造浓郁的文化氛围。实施什刹海环境改造和品质提升工程，加快杨梅竹斜街、白塔寺地区保护和居民住房改善试点进度，推进法源寺文保区整体规划和大栅栏C、H地块项目建设。启动普济寺、观音寺的腾退修缮，做好会馆、名人故居的保护和利用，完成全区可移动文物普查工作。加强非物质文化遗产传承人队伍建设，促进非物质文化遗产传承与发展。建立文化创意产业人才库和专项资金支持项目库，完善孵化园与集聚区对接机制，促进文化创意产业快速健康发展。

（五）实施公共服务能力提升工程，促进社会事业蓬勃发展

积极推进重点科技项目实施，加强基层科普设施建设。完成与市政府签订的义务教育均衡发展任务，新建5个校长工作室，加大教师在职培养力度，在学校多样化发展、创新人才培养等方面进行有效探索。全面推进素质教育，进一步做好减负工作。启动三帆中学等9个中小学教学楼翻建工程，确保回民幼儿园等5所幼儿园年内投入使用。完善校园安全防范体系，强化校车安全管理。组建区医药卫生协调委员会，推进社区卫生综合配套改革，推广医疗服务共同体和家庭医生式服务模式，加快公共卫生大厦、家庭健康保健中心、宣武中医院二期、新街口社区卫生服务中心等项目建设。深入开展国家级中医治未病保健服务试点区各项工作，建立未成年人心理健康辅导站，健全居民健康监测体系。积极倡导体育生活化，完善群众体育设施，广泛开展全民健身活动。抓好人口和家庭服务中心建设，健全西城幸福家庭生命全周期服务体系。继续加强双拥共建工作，巩固“全国双拥模范城（区）”创建成果。

（六）实施惠民便民工程，切实改善居民生活

针对群众普遍关心的住房、就业、养老、停车、买菜等热点、难点问题，采取有效措施，为群众排忧解难。大力推进老旧小区和房屋建筑抗震节能综合改造，从根本上解决简易楼的居住安全问题，彻底改善月坛北街17号楼、南横西街96号南楼的居住条件。加快百万庄21号院、右安门28号院等回迁项目建设，实现昌平回龙观二期、丰台大红门、丰台南苑、石景山酱菜厂等保障性住房项目全面开工。探索社区就业服务网格化管理，确保充分就业社区创建率达到65%以上。进一步拓宽“社区爱心服务一卡通”功能，积极打造区综合养老服务中心，实现西景苑老年公寓开工。对姚家井等31个小区和木樨地北里等50条街巷胡同实施环境综合整治，完成1.2万户平房院“一户一表”和40条街巷、5处小区、600处平房雨污水户线改造，换装老旧小区节水器具1500套件。开展食品药品安全专项整治，抓好“药品安全百千万”工程和“菜篮子”工程，加强生活必需品价格监测和供应保障，落实相关补贴政策，努力维持物价稳定。倡导机关、企业单位停车设施对外开放，实行错时停车，强化停车管理，缓解群众停车难问题。

（七）实施社会服务管理创新工程，营造和谐稳定的社会氛围

建立社会服务管理综合信息系统和一体化工作平台，研究制定“全响应”社会服务管理指标体系，稳定和充实社会工作人才队伍。大力推进“六型”社区建设，建立居民需求常态化调查机制和监督评价机制，做好社区居委会换届工作。发挥社会建设专项资金带动作用，做实社会组织孵化中心，安排一批政府购买公共服务项目，引导和支持社会组织发展壮大。进一步推进公费医疗与职工医疗保险并轨，扩大工伤保险、生育保险覆盖范围，调整居民养老金待遇，实现社保业务就近办理，加快推进救助站标准化项目建设。加强流动人口服务管理，推进实有人口服务管理全覆盖。健全多元社会矛盾调解体系，深化群众工作统揽信访工作机制，拓宽民意诉求渠道，加强矛盾纠纷源头预防，积极化解突出信访问题，完善社会治安防控体系和区、街两级维稳格局。加强民族、宗教、侨务、对台工作，巩固团结和睦、共促发展的良好局面。

（八）实施政府自身建设工程，不断提升行政能力和工作水平

牢固树立服务为民的理念，加大公共财政向社会民生领域倾斜力度，努力构建更加完善的综合行政服务体系，切实推进规范服务、便民服务、亲切服务。一是全面加强基础建设，结合“三定”方案的实施，进一步理顺政府部门的职能关系，实现政府部门集中办公，完善区街财政体制和管理机制。二是深入抓好行政能力建设，加大改革创新力度，健全完善行政审批服务、重大项目指挥协调等机制，努力提升公务员队伍的素质和能力，确保重点工作和各项民生服务落到实处。三是继续深化法治政府建设，认真执行区人大及其常委会的决议、决定，虚心听取区政协对政府工作的意见，切实做好人大议案、建议和政协提案办理工作；严格依法行政，深化政务公开，建立健全居民代表评议政府工作机制，自觉接受法律监督、民主监督和群众监督。四是扎实推进勤政廉政建设，加大行政效能监察和审计监督力度，切实解决群众反映强烈的突出问题。要坚持积极作为、主动作为，禁止不作为、乱作为；要坚持统筹联动，禁止推诿扯皮；要坚持实事求是，禁止浮躁虚夸；要坚持勤俭节约，禁止铺张浪费，不断提高政府的执行力和公信力。

各位代表，在新的历史起点上推动西城科学发展，实现对人民群众的庄严承诺，我们深感责任重大，任务艰巨，使命光荣。让我们更加紧密地团结在以胡锦涛同志为总书记的党中央周围，在市委、市政府和区委的领导下，敢于担当、敢于碰硬、敢于创新、敢于胜利，全面推进“活力、魅力、和谐”新西城建设，以扎实而努力的工作迎接党的十八大胜利召开！

北京市西城区人民代表大会常务委员会工作报告

2011年12月17日北京市西城区第十五届人民代表大会第一次会议

西城区人大常委会主任　王敏荣

各位代表：

现在，我受区人大常委会的委托向大会报告工作，请予审议。

过去五年工作回顾

过去的五年，是认真实践科学发展观、发挥人民代表大会制度优势、促进区域科学发展的五年，是深入贯彻实施监督法等法律法规、落实市委和区委人大工作会议精神、推动人大工作创新发展的五年。这五年的工作由原西城区十四届人大常委会、原宣武区十四届人大常委会和区人大（临时）常委会的工作组成。在这不平凡的五年中，我们共同经历了筹办北京奥运会、残奥会，迎接新中国成立60周年、建党90周年，以及行政区划调整、创建全国文明城区等多件大事。在区委的领导下，区人大常委会坚持党的领导、人民当家作主与依法治区的有机统一，全面落实区人民代表大会的各项决议，紧紧围绕全区工作大局，依法履行职责，把关系全区改革发展稳定的重大问题和关系人民群众切身利益的突出问题作为工作重点，把发挥代表作用与强化常委会监督工作相结合，不断提高工作质量和实效。五年来，先后召开了常委会会议72次，听取和审议有关议题243项，作出决议、决定和审议意见书58项，任免国家机关工作人员1053人次。常委会组成人员和广大代表始终牢记全区人民的信任和重托，以高度负责的精神、良好的工作状态，认真履行职责，为圆满完成全区各项重要任务贡献了自己的智慧和力量。

一、坚持围绕大局履行职能，保障全区中心工作和重点工作顺利开展

区人大常委会坚持把履行监督职能融入全区工作大局中，每年围绕全区中心工作确定专项监督议题，综合运用工作评议、代表视察、跟踪监督等方法，进一步发挥代表作用，不断深化专项工作监督，增强了监督实效。

创新和完善工作方式，加大重点工作监督力度。围绕关系奥运、国庆60周年服务保障和民生等重点工作加强监督，把代表评议引入常委会监督工作中，先后组织代表就环境整治和奥运景观布置、社区公共服务和居民自治等工作开展评议。在评议基础上，召开常委会会议进行审议并提出审议意见，推动了有关工作的落实。几年来，先后听取和审议了区政府关于可持续发展示范区建设、城市环境建设、奥运训练场馆建设、安全生产、公共文化设施建设、社会救助体系建设、完善区属医疗卫生机构公共卫生规划与政策支撑机制、加快解决入园难问题等40项工作报告。同时，注重加强跟踪监督，连续几年听取区政府关于住房基本保障试点和危旧房改造、社区卫生服务站建设等情况的报告，不仅推进了住房保障、社区卫生服务等工作的深入开展，也为北京市出台相关办法提供了参考。主任会议先后听取了区政府关于推进科技创新体系建设、学习型城区及终身教育体系建设、办学体制改革试点校调整、构建新型医疗卫生服务体系、区域医疗卫生共同体建设，以及加强物价监管、城市管理监督、房屋普查、物业管理、就业和再就业、民族宗教等方面的工作报告。各有关委员会还围绕科技、教育、体育、文化和卫生事业发展、治安整治工作情况、街巷院落综合修缮等工作组织视察、深入调研，提出改进工作建议，加强与“一府两院”沟通协调，推动相关工作取得了新的进展。

加强代表议案办理，切实推动城市建设和民生问题的解决。重视通过代表议案办理推进区域发展，先后听取和审议了区政府关于以奥运环境建设为契机提升我区城市形象、启动大栅栏西街综合整治项目、推进平房保护区“煤改电”工程、建立和完善基本住房保障制度、非物质文化遗产保护、居家养老社会组织建设、推进和谐社区建设等19项议案办理情况的报告，并且坚持每年对上一年度议案办理结果进行追踪检查，与区政府充分沟通协调，形成办理合力，支持并促进了区域发展和民生改善。

二、积极推动法律法规实施，努力营造良好法治环境

坚持依法治区、推进法治建设是区人大常委会的重要职责。常委会紧密结合我区实际，深入开展司法工作监督和执法检查，有效地推动了法律法规的实施，保障了社会公平正义。

加强司法工作监督，维护群众合法权益。常委会先后听取和审议了区法院开展执行工作、便民诉讼、知识产权审判、司法救助等工作报告，区检察院开展诉讼监督、预防和惩治职务犯罪、人民监督员工作、检务公开、未成年人案件公诉方式改革及犯罪预防等工作报告。积极推进依法治区，开展了对“五五”普法规划实施、政府依法行政、机构改革、社区矫正等方面工作情况的检查和监督，作出了关于进一步加强法制宣传教育、推进法治建设的决议，有力地促进了相关工作的开展。主任会议听取了区法院加强制度建设强化内部监督，区检察院加强诉讼监督等工作情况的报告。组织代表旁听法院公开案件的审理，开展相关视察和座谈，推动完善监督机制，维护了司法公正。加强对司法人员履职情况的监督，先后接受了区法院30名审判员、区检察院28名检察员的书面述职。加强信访工作，截至2011年11月，受理群众来信、来访、来电及电子邮件2188件，目前已全部办复。

加大执法检查力度，推动法律法规的实施。认真贯彻监督法，抓住群众反映突出、社会普遍关注的热点问题，深入开展执法检查，规范检查主体和工作程序，积极探索有效检查方式。连续三年以常委会为主体，吸收各有关委员会和街道联组代表参加，组成执法检查组，先后围绕食品安全、安全生产、绿化等法律法规的实施情况开展了执法检查。通过明查暗访、听取和审议执法检查报告，监督审议意见的落实，促进了执法机关依法行政、改进工作。同时采取联合、联动、跟踪检查等方式，加大执法检查力度。连续三年坚持开展教育执法检查，连续两年组织教科文卫、财经、城建、内务司法等委员会，联合开展食品卫生与安全、清真食品生产经营等有关法律法规实施情况的执法检查，支持区政府及相关部门加强食品安全监管，提升了食品卫生与安全的执法、监管水平。受市人大常委会委托，市、区上下联动，先后就劳动合同法、农产品质量安全法、水污染防治法、药品管理法、交通安全法、未成年人保护法、城市规划条例、学前教育条例、少数民族权益保障条例、物业管理条例等20多部法律法规的贯彻实施开展了一系列视察检查，组织代表和有关部门参与了市人大常委会对137项地方性法规的清理工作，完成了对15部法规草案的立法调研，提出了相关意见和建议，为立法机关提供了参考。

三、加强计划预算监督，促进经济社会协调发展

围绕计划、预算执行情况开展监督是人大常委会的法定职能。区人大常委会注重研究关系区域经济社会发展的重大问题，努力把握立足人大职能推动科学发展的结合点和着力点，切实履行计划预算监督和决定重大事项的职责。

高度关注区域长远发展。认真落实监督法要求，把监督中长期规划的编制和实施作为工作重点，广泛动员代表参与，首次开展了对五年规划实施情况的监督，听取和审议了区“十一五”规划中期评估报告，全面客观地分析评价了规划实施中取得的成绩和存在的问题，提出了统筹谋划、充分调动各方面积极因素、确保规划目标及各项任务圆满完成的意见和建议。在监督区“十一五”规划顺利实现的同时，组织代表全程参与区“十二五”规划的编制工作。在规划编制前期参与重点课题调研，在中期组织专题研讨会提出意见和建议，在后期先后组织财经委员会、常委会、各街道联组会议，对规划纲要的主要内容进行审议。在代表大会审查批准规划后，积极推动规划的落实，常委会听取和审议了区“十二五”规划各专项规划编制工作进展情况的报告，主任会议听取了各功能街区“十二五”期间发展规划编制情况的报告。围绕规划提出的“服务立区、金融强区、文化兴区”战略，举办了代表论坛，组织代表深入研讨，发挥人大优势，凝聚代表智慧，全力推进“三区”战略的实施。

依法监督计划预算的执行。依据监督法、预算法、审计法等法律法规，以计划预算的执行、经济社会发展的重大项目建设及重要投资支出为重点开展监督。每年审议批准区政府上一年度财政决算、审计工作报告，听取和审议区政府关于审计查出问题整改情况的报告、本年度半年和1至10月计划预算执行及调整情况的报告，并对下一年度计划、预算报告的主要内容进行初步审议。开展部门预算监督，每年听取区教委、区卫生局部门预算编制情况的报告，先后对区统计局、区体育局等7个单位部门预算执行情况进行了检查，促进了部门预算编制和执行的规范化管理。拓展监督领域，积极推进了对政府投资、政府债务、政府采购、国有资产监管等重点工作的监督。关注重点地区发展和区域经济资源状况，先后听取了区政府关于护国寺地区环境整治和业态调整、开展第二次全国经济普查、城市建设发展思路和规划、广安产业园开发项目规划、特色商业发展和文化旅游业发展等方面工作情况的报告。

四、全面加强代表工作，保障代表依法履职

区人大常委会认真落实市委和区委关于加强和改进代表工作的文件精神，充分发挥各委员会和各街道人大工作机构的作用，不断深化对代表执行职务性质特点的认识，完善代表服务工作机制，改进服务工作，保障了代表依法行使权力。

完善区、街联动代表工作格局。建立了由区人大常委会统一领导、各委员会充分发挥作用、代表联络部门综合协调、街道人大工作机构为基础的代表工作格局。坚持代表列席常委会会议制度和重要工作向代表通报制度，通过召开代表通报会，举办代表论坛，编发公报、《代表通讯》、《西城人大》等刊物，帮助代表了解人大工作和全区性重要工作的进展情况，保障代表知情知政。各工作机构紧紧围绕全区中心工作和区人大常委会议题，组织代表参加视察、执法检查、专项工作评议等活动，促进了代表对常委会工作的深度参与。各委员会、各街道人大工作机构共组织代表活动1077次，参加代表13740人次。

加强代表建议办理工作。始终把涉及区域经济发展和群众切身利益、代表和群众普遍关注的建议作为重点，坚持主任和副主任牵头督办、各工作委员会分类督办、代表工作机构整体督办的工作模式，通过完善督办协调机制、集中研究处理难点问题、组织代表专题视察、建议办理监督员全程跟踪等措施，抓好交办、督办和检查落实，努力提高办理质量和实效。五年来，区人民代表大会会议期间，受理代表建议（含议案转为建议办理件）1213件，已全部办复。区政府高度重视代表建议，每年专门召开会议提出办理要求，切实解决了代表和群众反映的重点难点问题。区法院、区检察院专门召开座谈会认真听取代表的意见，不断深化代表建议办理工作。目前，已落实解决或正在解决的代表建议约70%，还有些难度较大，已列入计划逐步解决。

认真做好市人大代表联络服务工作。落实市人大常委会的部署和安排，圆满完成了我区选举市十三届人大代表及组织参加市人代会的服务保障工作。坚持邀请市人大代表参与区人大及其常委会和各街道联组的会议活动，加强了市、区人大代表之间的联系。每年组织市人大代表年中活动和会前活动，并就首都经济社会发展、重点功能街区建设等方面情况开展视察和座谈。发挥市、区人大代表的作用，连续多年在市人代会上就加快南城发展问题提出议案，促进了市政府有关文件的形成，为区域发展赢得了机遇。

畅通渠道，密切代表与选民的联系。在街道和社区公示了代表联系方式，积极推进代表接待日、代表联系选民等工作，组织代表参与地区性、群众性、公益性活动，进一步畅通了代表了解民意、反映民声的渠道。在107个社区建立了代表联络员制度，通过街道人大工作机构聘请代表担任社区议事会成员、组织代表向选民述职等活动，增强了代表履职的自觉性和主动性。

五、发挥人大职能作用，在区划调整中保持工作连续性

区划调整是关系区域长远发展的一件大事。为深入贯彻国务院关于北京市行政区划调整的批复精神，全面落实市委、市人大常委会的决定和要求，在区委的领导下，全体区人大代表自觉维护全区工作大局，统一思想，提高认识，依法履行人大职能。

推进人大工作融合，保持了人大工作的连续性。组织区人大代表开展走访、交流座谈、视察调研，帮助代表认识新区情，促进了工作的有机融合。在全体区人大代表的共同努力下，成功召开了区人民代表大会（临时）第一次会议，决定了区人大常委会组成人员，选举产生了“一府两院”领导成员，圆满完成了预定的各项议程。新的区人大常委会产生后，迅速召开了常委会会议，决定任命了区人大常委会、区政府各工作部门负责人，区法院、区检察院有关负责人，以及区法院审判委员会委员、审判员、人民陪审员，区检察院检察委员会委员、检察员等584人，为顺利实现区划调整平稳过渡奠定了基础。同时，本着抓重点，求实效的原则，认真研究调整了监督工作安排，保持了人大监督的连续性。

六、加强常委会及机关自身建设，不断提升履职能力

加强自身建设是人大常委会依法履行职责、充分发挥职能作用的基础和保证。面对新形势、新任务、新要求，区人大常委会注重强化政治意识、责任意识、民主意识和团结共事意识，着力加强自身建设，工作能力和水平有了新提高。

加强理论学习和研究，进一步提高了把握工作规律、依法履行职责的能力。常委会始终把加强政治理论和人大业务学习放在自身建设的首位，坚持抓好学习、调研等基础性工作，紧密结合实际开展学习研讨活动。一是组织常委会及机关党员干部落实中央和市委的重要会议精神，按照区委的统一部署和要求，集中时间和精力，深入开展学习实践科学发展观教育活动，进一步增强了贯彻落实科学发展观、做好人大工作的自觉性和坚定性，明确了在人大工作中贯彻落实科学发展观的着力点。二是以提高依法履职能力为出发点，建立了会前学法制度，组织学习了宪法、监督法、代表法、选举法、安全生产法等30多部法律法规，进一步提高了依法办事的能力。三是围绕纪念改革开放30周年和区人大设立常委会30周年，组织报告会、研讨会，加强对人大工作和区情的学习研究。围绕人民代表大会制度的理论与实践、围绕全区中心工作和重点工作开展了深入细致的调查研究，把调研工作贯穿于听取和审议专项工作报告、开展执法检查等履职过程的始终，在贯彻落实监督法、推进地区民主政治建设、推动重点区域建设、改善民生等方面形成了一批调研成果，为区委决策提供了参考，也为区域发展和民主政治建设留下了宝贵财富。四是进一步拓展对外交往渠道，加强了与友好市、区人大常委会的工作交流，组织代表团参加京津沪渝四市八区人大工作交流会、全国二十三城市（区）人大常委会联席会议、全国十三城区人大工作联席会等，交流了工作经验，促进了区人大工作的改进和加强。

认真贯彻市委人大工作会议精神，进一步加强自身建设。协助区委筹备召开了人大工作会议，研究制定了加强和改进人大工作的意见，全力推进组织建设，调整完善了区人大常委会机关工作机构设置。区划调整后，认真落实区委关于加强思想、感情、资源、工作四个方面全方位融合的要求，坚持讲政治、讲责任、讲和谐、讲纪律，组织完成了工作机构的合并，进一步加强了干部队伍建设，保证了常委会及机关各项工作的顺利开展。注重推进制度建设，研究制定了常委会议事规则、主任会议议事规则等制度，完善了议事决策机制和工作程序。加强人大信息公开和宣传工作，通过人大网站、人大刊物及时公开区人大常委会履职情况，增强了工作透明度。

根据市人大常委会的统一部署，组织开展了区十五届人大代表选举工作。在区委领导下，我们坚持发扬民主，切实尊重和保障选民的选举权利，严格依法办事，精心组织，周密安排，切实抓好选举各阶段、各环节的工作，广泛动员广大选民依法参加选举，圆满完成了区人大代表换届选举任务。全区共有825380位选民参加了投票选举，参选率为98.2%，比上届有所提高。胡锦涛等党和国家领导人参加了我区的投票选举。经过全区选民投票，依法选举产生了418名区人大代表。新一届区人大代表的知识结构进一步优化，整体素质进一步提高，更具代表性、群众性和广泛性。我们相信，新一届区人大代表肩负全区人民的重托，一定会不辱使命、继往开来、奋发有为，在推进西城区经济社会发展中发挥更大的作用。

各位代表，五年来，我们立足区域发展实际，不断创新，勇于实践，各项工作取得了明显成效。回顾过去，我们取得的每一点进展和成效，都体现了区委对人大工作的正确领导和关心重视，凝聚着区人大常委会和全体人大代表的集体智慧和力量，蕴含着“一府两院”组成人员对人大工作的密切配合和共同努力，同时也承载了全区广大人民的信任、支持和帮助。在此，我代表区人大常委会，向全体代表和全区人民，向区“一府两院”和驻区单位，向所有新老人大工作者和所有关心、支持人大工作的同志们、朋友们表示崇高的敬意和衷心的感谢！

五年来的实践，使我们对坚持中国特色社会主义政治发展道路、发展社会主义民主政治有了更深刻的认识，对坚持和完善人民代表大会制度、做好人大工作有了更深切的体会。

第一，必须坚持党的领导，保持人大工作正确的政治方向。党的领导是人民当家作主和依法治国的根本保证。区人大常委会始终坚持把党的领导、人民当家作主和依法治区的有机统一贯穿于人大各项工作中，坚持重大问题、重要事项向区委请示报告制度，自觉从全局高度深入思考、准确定位、主动作为，努力把党的主张、区委的决策部署通过法定程序转化为人民的意志，在区委“总揽全局、协调各方”的领导格局中充分发挥区人大常委会的职能作用，使党的路线、方针、政策贯彻落实到人大各项工作中。

第二，必须坚持人民代表大会制度，保证人民当家作主。人民代表大会制度是人民当家作主的重要途径和最高实现形式。区人大常委会始终坚持把开好人民代表大会、保障人民当家作主作为常委会的重要职责，高度重视做好会前的调研、各项报告的初步审议等准备工作，精心做好会议的组织工作，完善议事程序，规范议事行为，提高会议审议质量和效率，保证大会依法行使决定权，充分反映民意，体现和维护人民群众的根本利益。

第三，必须坚持围绕中心、服务大局，保证常委会工作与全区中心工作协调一致。区人大常委会始终坚持围绕全区中心工作和关系改革发展稳定、关系群众切身利益的突出问题，从人大工作的定位和特点出发，集中力量，突出重点，使人大监督与促进民生改善、保障公民权利、实现区域发展的长远目标紧密结合，推动改革和发展的成果惠及全区人民。坚持从全局出发妥善安排工作，把握工作的着力点和进程，与“一府两院”工作协调一致，形成共同促进区域科学发展的合力。

第四，必须坚持结合实际落实监督法，完善人大工作方式。区人大常委会把创造性的贯彻实施监督法作为人大工作的主线，勇于探索和实践，形成了许多有价值的认识和做法。一方面按照法律要求认真规范履职行为，另一方面在现有法律框架下，结合实际完善工作方式，在决定重大事项，加强计划预算监督、专项工作监督、执法检查，促进审议意见落实，推进人大工作公开等方面创新工作机制、工作方法，健全和完善工作制度，促进和提高了人大工作质量和实效。

第五，必须坚持依靠代表，充分发挥代表的主体作用。代表是国家权力机关的主体，具有广泛的群众基础，是促进区域发展的重要力量。区人大常委会始终坚持依靠代表开展工作，注重通过代表连民心、集民智，组织代表参加专项工作评议、执法检查、视察调研等活动，拓展代表有序参与常委会工作的渠道，把发挥代表作用与强化常委会监督有机结合，为代表依法履职、切实发挥作用提供了良好服务和保障。

今后五年工作建议

各位代表，今后五年是全面实施区“十二五”规划，进一步提升发展水平、完善首都功能核心区区域功能的关键时期。刚刚闭幕的西城区第十一次党代会明确了今后五年推进区域科学发展的总体思路和奋斗目标，并提出要以更高的标准创造城市美好生活，努力建设“活力、魅力、和谐”新西城。在区委的领导下，新一届区人大及其常委会将继续坚定不移地以科学发展观统领人大工作全局，依法履行职能，不断深化对人大工作新情况、新特点的认识，与时俱进，继往开来，进一步开创人大工作的新局面。

第一，自觉坚持和依靠党的领导，把握人大工作正确的政治方向。要把坚持党的领导、充分发扬民主和严格依法办事有机统一起来，把贯彻党的方针政策同依法行使职权统一起来，把对党负责和对人民负责统一起来，充分发挥人大常委会党组和人大代表中的党员作用，通过法定程序使党的主张和决策部署得到落实。继续坚持重大事项向区委请示报告制度，完善沟通协调机制，稳步推进依法决定重大事项和重要人事任免工作。

第二，发挥人大制度优势，营造良好民主法治环境。深刻认识人大及其常委会在民主法制建设中肩负的重要使命，强化首都意识、首善意识和首创意识，探索完善适合国家权力机关特点、充满活力的组织制度和运行机制，继续做好人民代表大会的会议组织工作，进一步规范会议程序，提升会议各项报告和审议发言的质量。切实维护会议各项决议、决定的法律效力，推动会议决议、决定的贯彻落实，保障人民当家作主权利的顺利实现。大力弘扬社会主义法治精神，推进依法治区工作落到实处。

第三，坚持围绕大局履行职责，不断改进和加强监督工作。继续深入贯彻实施监督法，依法履行监督权，紧紧围绕全区改革发展稳定中的重点问题，围绕关系群众利益的难点问题和社会普遍关注的热点问题，加大监督力度。科学确定监督议题，突出监督重点，完善工作方式，创新工作方法。充分发挥人大监督优势，综合运用听取和审议专项工作报告、计划预算监督、执法检查、视察、询问和质询等方式，加强对区“十二五”规划实施和全区重点工作开展情况的监督，支持和促进区域科学发展。

第四，要认真做好代表工作，充分发挥代表的主体作用。把加强代表工作、组织好闭会期间的代表活动作为重要的基础性工作来抓，不断改进和加强代表工作。组织好代表的学习、培训、交流活动，帮助代表提高人大业务素质和履职能力。建立充满生机和活力的代表活动机制，从组织上、制度上、内容上采取措施，增强代表活动实效。扩大代表对区人大常委会工作的有序参与，加强人大信息、宣传工作，完善信息化服务平台，保障代表知情知政。加强代表议案、建议办理工作，进一步完善交办、督办工作机制，监督重要议案、建议的办理结果，切实提高办理质量和实效。

第五，要坚持不懈地加强常委会自身建设，不断提高议事效率和工作水平。加强对党的路线方针政策、宪法和法律法规以及人大业务知识的学习，进一步加大决策前的调查研究力度，不断提高区人大常委会议事决策和依法履职的能力。推进各项工作的制度化和规范化，努力使各项工作体现时代性，更富创造性。适应新形势下人大工作的需要，加强区人大常委会机关建设和干部队伍建设，认真践行“北京精神”，创新工作理念、工作方法，改进工作作风，提高服务保障工作水平。

各位代表，人大代表既是一种崇高荣誉，更是一份神圣使命和光荣责任。面对新的形势，希望新一届区人大代表牢固树立对党、对人民、对法律高度忠诚的思想，牢记坚持人民代表大会制度、推进民主法制建设的根本任务，坚持依法履职、为民履职，积极参与各项工作，为推进区域科学发展、建设和谐社会首善之区做出应有的贡献。

各位代表，本次大会将依法产生西城区第十五届人大常委会。我们相信，在区委的领导下，新一届区人大及其常委会一定会肩负起全区人民的厚望和重托，以锐意进取的工作精神和扎实显著的工作成效，为建设“活力、魅力、和谐”新西城做出新的贡献，用实际行动迎接党的十八大胜利召开！

中国人民政治协商会议
北京市西城区委员会常务委员会工作报告

2011年12月13日政协北京市西城区第十三届委员会第一次会议

西城区政协副主席　王瑞珠

一、五年主要工作回顾

五年来，在区委的领导和市政协的指导下，区政协常委会始终高举中国特色社会主义伟大旗帜，以邓小平理论和“三个代表”重要思想为指导，深入贯彻落实科学发展观，牢牢把握团结和民主两大主题，围绕全区发展大局，认真履行政治协商、民主监督、参政议政职能，不断推进人民政协事业发展，为筹办北京奥运会、国庆60周年、庆祝中国共产党成立90周年、纪念辛亥革命100周年等重大活动做出了积极贡献，为圆满完成“十一五”规划目标任务和制定“十二五”规划纲要、顺利完成区划调整任务、全面推进服务立区金融强区文化兴区发展战略、实现区域经济社会又好又快发展发挥了重要作用。过去五年的工作由原政协西城区第十二届委员会、原政协宣武区第十二届委员会和政协西城区委员会（临时）的工作组成。

（一）协商议政富有成效

人民政协的政治协商是中国共产党领导的多党合作和政治协商制度的重要体现。五年来，区政协注重多层次、多形式履行政治协商职能，通过全体会议、常委会议、主席会议和议政会议，对全区重要问题在决策之前和决策执行过程中，进行广泛的协商讨论，提出了很多有价值的意见建议，为党委和政府科学决策、民主决策提供了重要依据和参考。

政协全体会议对全局性重大决策和重要工作集中协商。每年对政府工作报告及其它事关全局的重要事项进行广泛协商，围绕迎办奥运、国庆60周年庆祝活动、应对国际金融危机冲击、编制“十二五”规划纲要、促进区域融合发展等重大任务和重要工作进行协商讨论，形成“协商意见”，送交区委、区政府研究参考。

常委会议、主席会议对重要问题进行专题协商。五年来，共召开常委会议65次，主席会议50次，专题通报协商会议9次。选取区政府重点项目投资计划安排、重点功能区建设、促进义务教育均衡发展、促进困难群体就业等重点工作和重要民生问题进行通报协商。经过充分协商讨论，形成了关于金融街可持续发展、广安产业园规划建设、居家养老服务工作等18件常委会建议案。

议政会议对专项工作深入讨论。按照每年年初确定的议政主题，召开秘书长会议进行沟通协调。各党派团体高度重视，深入调研，形成集体智慧，在会上发表真知灼见。区委区政府相关部门负责同志到会听取意见建议。五年来，先后就加强社区医疗卫生服务、加强城市环境治理等12项具体工作，与区委统战部联合召开议政会议，并编印《议政会发言汇编》，提交相关部门参考。

积极推进政治协商制度建设。配合区委制定《关于加强人民政协政治协商制度建设的意见》，对开展政治协商的主要内容、实践形式、基本程序等做出了具体明确的规定，进一步推进了政治协商工作的制度化、规范化、程序化。区委召开了全区第三次政协工作会议，就落实这一《意见》进行专题动员部署。为加强政协工作，专门为政协机关增加了编制，增设了机构，新增了专门委员会工作五室、六室。

（二）民主监督实效增强

人民政协的民主监督是我国社会主义监督体系的重要组成部分。区政协常委会认真组织各党派团体和政协委员开展民主监督工作，坚持实事求是、依章运作、服务发展、重点跟进，在完善建议案、调研报告、提案、委员视察等监督形式基础上，创新政协民主监督的新方法，工作实效进一步增强。

充分发挥两个监督小组的职能作用。财政预算民主监督小组坚持每年两次通报、座谈全区财政预算执行情况和财政收支审计情况。社会治安综合治理民主监督小组围绕迎办奥运、国庆60周年等重大任务开展通报视察活动。两个民主监督小组以有效的组织形式，固定的委员队伍，规范的工作机制，增强了监督工作的专业性。

重视发挥特约监督员的经常性监督作用。区政协有88名委员担任廉政监督员，26名委员担任特邀监察员，18名委员担任人民陪审员。都能坚持原则、认真履职，实事求是地反映问题，提出中肯的批评建议。

积极开展民主评议活动。组织政协委员对政府职能部门和司法机关的工作，在调查研究的基础上，按照组织筹备、实施评议、整改总结3个程序进行民主评议，肯定成绩、指出问题、提出建议，在促进政府部门和司法机关改进工作作风上发挥了积极作用。

认真开展“明察暗访”活动。组织政协委员和党派成员，开展“明察暗访”活动，是区政协开展监督工作的特色和亮点。察访范围已扩展到政法系统、政府职能部门，重点是为民服务窗口。对委员们通过“明察暗访”提出的意见建议，区委区政府领导给予了高度重视，责成相关部门及时研究制定整改措施，并作为全区文明机关达标活动考核评比的依据之一。

（三）提案工作特色突出

政协提案是政协委员履行职能最直接、最有效的方式。各党派团体和政协委员充分运用提案履行政协职能。五年共提出提案2434件，经审查立案2257件，其中党派、团体提案182件，界别提案41件，委员提案2034件。评选表彰优秀提案346件。通过党政有关部门的认真办理，促进了决策的科学化、民主化，促进了我区经济发展和社会进步。

五年来，区政协始终以“全面提高提案工作水平”为目标，勇于探索创新，树特色、展活力、呈亮点，提案工作的科学化水平得到全面提升。在提高提案质量方面，突出一个“严”字。坚持全会前征集提案线索，印发提案参考题目和案例选编，开展提案咨询活动，在提案征集和审查上下功夫，做到征集提案严要求，审查立案严标准。在完善提案工作机制方面，突出一个“新”字。不断拓展新领域，扩充新渠道，推广新方法，制定新制度。在增强提案办理实效方面，突出一个“实”字。做到领导重视抓落实，联合督办促落实，跟踪检查盯落实。在扩大提案工作社会影响方面，突出一个“广”字。借助新闻媒体广报道，依托政协平台广宣传，发挥政协优势广交流。

（四）履职活动丰富多样

人民政协的参政议政是政协履行职能的重要形式。区政协始终坚持围绕中心、服务大局的履职原则，开展了形式多样、内容丰富的履职活动。

认真开展专题调研。围绕区委区政府中心工作，精心选题，组织有关党派和政协委员开展专题调研，通过情况通报、实地调查和座谈研讨活动，对全区“十二五”时期发展战略、金融中心区建设、交通基础设施建设、民生问题、历史文化名城保护和利用、生态环境建设等14项重点课题，进行深入调研、充分论证，形成专题调研报告26篇。

认真组织视察活动。坚持把通报视察作为促进政府部门工作落实和委员了解区情的重要载体，做到年初审定工作计划，主席办公会督促检查，班子成员参与视察。五年来，开展常委会集体视察和主席集体视察33次，专门委员会通报视察212次。区划调整后，组织政协委员，围绕促进思想、感情、资源、工作四个融合，开展了广泛的视察座谈活动。

认真做好反映社情民意信息工作。组建特邀信息员队伍，定期发布信息报送参考要点，定期召开信息工作会议。政协委员积极通过信息反映问题、提出建议，为党政部门提供信息和建议2500余条，被市区信息部门采用572条，其中市、区领导批示54条。

扎实开展委员区域活动和街道联络组活动。各活动小组详细制定工作计划，开展地区发展情况通报、地区重点工作视察，开设知北京、爱首都知识讲座，开展慰问困难群众、扶残助残活动，全会前讨论修改区政府工作报告等。

注重做好宣传和文史工作。重视利用新闻媒体宣传政协工作，介绍政协活动，登载委员建议，宣扬委员风采，扩大政协影响。参与举办“北京城区历史文化传承论坛”，编辑出版《砖塔胡同》、《宣武文史》、《西城史迹—辛亥前后三十年》等10余本文史书籍，编发《知学》杂志32期。

（五）统一战线团结巩固

巩固和壮大爱国统一战线，促进和谐社会建设，是人民政协的重要职责。区政协把团结民主的主题贯穿于各项履职活动之中，为维护稳定、促进和谐多做工作。

重视发挥各党派团体在政协工作中的重要作用。认真贯彻落实《中共中央关于进一步加强中国共产党领导的多党合作和政治协商制度建设的意见》，努力营造民主协商、平等议事的良好氛围，充分尊重和支持各党派团体在政协履行职能。注重发挥各党派团体的专业优势和作用，联合开展协商议政、专项调研、通报视察、明察暗访等活动。

密切与各党派团体和政协委员的联系沟通。主席班子定期走访各党派团体，交流沟通，征求意见。班子成员坚持走访慰问委员，关心委员的思想、工作和生活，听取委员对区政协工作的意见建议。积极与委员所在单位联系沟通，争取委员单位对政协工作和委员履职的理解和支持。

通过举办活动增进感情。借助改革开放30周年、成功举办奥运会、国庆60周年、庆祝中国共产党成立90周年和纪念辛亥革命100周年等有利契机，举办形式多样、丰富多彩的庆祝纪念活动和宣传征文活动。举办各界人士迎新春茶话会，国庆、中秋联谊会，开展“三八”妇女节、教师节、重阳节等节日的迎庆、座谈和联谊活动，进一步增进了了解，加深了感情。

（六）自身建设不断加强

抓好区政协自身建设是开展政协工作、履行政协职能的基础和保障。区政协常委会不断加强班子自身建设、委员队伍建设、政协机关建设和履行职能的制度化、规范化、程序化建设，努力提高工作水平和工作质量。

顺利组建政协北京市西城区委员会（临时）。按照市委区委要求，成功召开政协北京市西城区委员会（临时）第一次全体会议，选举产生了新的领导班子及成员。新的常委会组成后，进一步规范了全体会议、常委会议、秘书长会议等6项规章制度，结合实际重新设置了提案委员会、经济科技委员会等8个专门委员会。团结带领区政协委员，拥护区划调整、宣传区划调整，积极为实现融合发展建言献策，迅速形成工作合力，开创了政协工作新局面。

认真开展学习研讨活动。通过报告会、专题座谈、知识讲座、参观交流等多种形式，组织政协委员和机关干部深入学习贯彻中共十七大精神和胡锦涛同志在庆祝人民政协成立60周年大会上的重要讲话，学习政协理论，增强做好政协工作的使命感和责任感。坚持每年开展政协工作理论和实践的研讨活动，先后以加强专门委员会建设、界别建设、委员主体作用、政治协商工作等为主题召开了研讨会。

加强常委会班子建设。制定了《关于加强常委会自身建设的意见》，修订常委会议、主席会议工作规则，着力提高主席会议和常委会议质量。班子成员带头履行职责，不断改进作风，较好发挥了集体领导作用。

加强专门委员会、界别和委员队伍建设。根据政协工作实际，调整专门委员会工作室，完善专门委员会工作制度，提升专门委员会工作质量。健全界别工作机制，开展具有界别特点的活动。建立委员履职登记制度，委员参加政协议政会、研讨会。

加强政协机关建设。组织机关干部认真开展学习实践科学发展观、创建文明机关等活动。重视做好干部任职使用选配工作和后备干部培养工作。着力规范机关工作制度，政协机关的工作秩序和服务水平更加规范高效。

各位委员，五年来，区政协工作取得了很大的成绩和进步。这些成绩和进步，是在区委的正确领导和市政协有力指导下，是在区人大、区政府的支持帮助下，是在各党派团体和政协委员的共同努力下，是在全区人民以及社会各方面的关心支持下取得的。在这里，我代表区政协常委会向北京市政协，向区委、区人大、区政府，向各党派团体和政协委员，向支持帮助政协工作的同志们、朋友们表示衷心的感谢和崇高的敬意！

回顾过去，在看到成绩和进步的同时，我们还要看到存在的差距和不足。一是帮助委员了解区情，积极为委员知情参政创造条件，需要进一步深入；二是抓好委员队伍建设，更广泛地调动委员积极性，更好地发挥委员主体作用，需要进一步加强；三是机关干部队伍为委员服务的能力水平还需要进一步提高。这些问题需要在今后工作中认真加以研究和改进。

二、主要工作体会

五年来，经过我们大家的共同努力，在全区形成了区委重视、政府支持、政协主动、各方配合、社会关注政协工作的良好局面，积累了一些经验体会。概括起来，主要有以下五个方面：

第一，必须不断巩固人民政协的共同思想政治基础

人民政协作为大团结大联合的组织，涵盖各党派、各团体、各民族、各阶层和各界人士。五年的工作实践充分证明，人民政协团结联合的范围越宽、程度越深，越需要坚持中国共产党的领导，坚持团结和民主两大主题。在思想上同心同德，以中国特色社会主义理论体系增进共识；在目标上同心同向，以全面

建设小康社会和中华民族伟大复兴宏伟目标坚定信念；在行动上同心同行，以推动科学发展、促进社会和谐的生动实践汇聚力量。

第二，必须突出团结和民主两大主题

牢牢把握团结和民主两大主题，切实贯穿于人民政协工作的各个方面，团结一切可以团结的力量，调动一切可以调动的积极因素。支持鼓励各党派团体和政协委员参与全区重大事项的讨论协商，为他们更好地履行职能、发挥作用提供更广阔的平台，创造更便利的条件。坚持民主协商、求同存异的工作原则，尊重多数、照顾少数，广开言路、集思广益，发挥政协智力雄厚的优势，促进政府决策的科学化和民主化。营造团结民主的工作氛围，加强团结合作，形成融洽和谐、生动活泼的良好局面。

第三，必须把促进发展作为政协履行职能的第一要务

广泛发动和组织各党派团体和政协委员，紧紧围绕“服务立区、金融强区、文化兴区”发展战略，在转变经济发展方式、建设重点功能区、发展重点产业方面，在加快危旧房改造、保护古都风貌方面，在正确处理经济发展与社会全面进步的关系、城市建设与城市管理的关系方面，不断加大调查研究、建言献策的力度，为推动全区经济社会发展发挥了人民政协应有的作用。

第四，必须为维护最广大人民的根本利益发挥重要作用

以人为本、履职为民是人民政协固有属性的体现，是人民政协履行职能的应有之义。区政协常委会坚持把履行政协职能的实践与最广大人民的根本利益紧密联系起来，常谋富民之策，常为利民之举。加强反映社情民意信息工作和提案工作，充分反映民意，广泛集中民智。坚持深入实际、深入基层、深入群众，及时了解社会生活中的重要情况和群众关注的热点问题，如实反映人民群众的意见和要求，协助党和政府做好协调关系、化解矛盾、理顺情绪的工作，促进各方面利益关系的妥善处理，使全区人民共享改革发展成果，巩固和发展安定和谐的政治局面。

第五，必须以改革创新精神推进人民政协工作

区政协始终坚持在继承中开拓，在创新中发展。继承和保持历届政协在长期实践中积累形成的优良传统，坚持行之有效的方式方法，并在实践过程中不断创新。根据全区年度工作重点，确定政协工作总体思路，研究筹划重点工作和重大活动，做到与区委区政府重点工作合拍，增强各项履职活动的针对性、实效性。规范和充实政治协商的形式和内容，提高政治协商工作的质量。

三、对十三届区政协的几点建议

各位委员，今后五年是我区坚持“服务立区、金融强区、文化兴区”战略，进一步提高发展质量、提升城市品质，全面完成“十二五”规划目标任务的重要时期。刚刚闭幕的中共西城区第十一次党代会明确了今后五年推进区域科学发展的奋斗目标、总体思路，提出要以更高的标准创造城市美好生活，努力建设“活力、魅力、和谐”新西城。新的形势、新的任务对区政协工作提出了新的更高要求，新一届区政协及其常委会，要在中共西城区委的领导和北京市政协的指导下，团结依靠各党派团体和政协委员，与时俱进，开拓创新，不断开创人民政协事业的新局面，为推进西城区又好又快发展、创建城市美好生活发挥重要作用，做出新的贡献。

（一）要紧紧围绕全区工作大局履行职能，在促进科学发展上有新作为

着眼加快发展履行职能是政协工作的首要任务。要紧紧围绕全区中心工作，瞄准发展第一要务，切实把中共西城区委确定的目标任务和工作要求融入到区政协的全部工作之中。要紧紧围绕我区“十二五”时期经济社会发展中具有综合性、全局性、前瞻性的课题，充分发挥“智囊团”和“人才库”的作用，深入开展调查研究，向区委区政府提供更加有力的智力支持。要紧紧围绕西城文化大发展大繁荣、功能区建设、历史街区保护和重大项目推进、加强和创新社会管理等区域发展的关键环节和重点问题，通过调研、视察、建议案、提案和社情民意等形式，提出有针对性、有分量的思路和建议。

（二）要发扬民主、增进团结，在凝聚各方力量、促进和谐稳定中有新贡献

新形势、新目标、新任务，对做好群众工作、促进和谐稳定提出了更高要求。人民政协包容性强、联系广泛，要把发扬民主、增进团结、协调关系、化解矛盾作为履行职能的重要着力点。认真贯彻党的民族政策和宗教政策，充分发挥民族、宗教界委员的作用，促进民族团结、宗教和睦。坚持以人为本，高度关注民生，围绕人民群众普遍关心的城市面貌、生活环境、交通出行、社会保障等热点和难点问题开展调查研究，积极建言献策。要多渠道了解和反映社情民

意，协助区委、区政府统筹处理好各方面利益关系，做好化解矛盾、理顺情绪的工作。

（三）要积极推进政协工作制度化规范化程序化，在履行职能水平上有新提升

要加强人民政协理论建设，组织政协委员和机关干部，深入学习贯彻中共十七届六中全会和将于明年召开的中共十八大会议精神，认真学习领会胡锦涛同志在庆祝人民政协成立60周年大会上的重要讲话，用中国特色社会主义理论体系武装头脑。要加强区政协制度建设，认真贯彻落实市、区第三次政协工作会议精神和《中共西城区委关于加强人民政协政治协商制度建设的意见》。要积极探索适应区域发展新特点、委员履职新要求的科学方法，使政协工作更加贴近市情区情、更加贴近党政决策、更加贴近人民群众，切实增强政协工作的成效。

（四）要坚持求真务实、固本强基，在加强自身建设上有新进步

要注重加强政协委员队伍建设，强化学习培训工作，坚定理想信念，增强责任意识，打牢委员履行职责的思想基础和能力基础。要大力加强政协机关干部队伍建设，在推进学习型、服务型、创新型、和谐型机关建设中，以提高机关干部全局观念、服务意识为基础，全面提升干部的政治业务素质和统筹协调能力。要积极探索开展界别活动的新方法、新途径，充分调动各界别参政议政的积极性、创造性。要丰富专门委员会活动方式，整合专门委员会力量，完善联合开展重大调研视察活动的有效机制，探索更好发挥专门委员会作用的新渠道。

各位委员，我们衷心祝愿新一届区政协，在中共西城区委的领导和市政协的指导下，继续扎实工作、锐意进取、再创佳绩，为建设“活力、魅力、和谐”新西城做出新的更大的贡献！

中共北京市西城区纪律检查委员会向中共北京市西城区第十一次代表大会的工作报告

（2011年12月4日）

区委常委、区纪委书记 王力军

同志们：

我代表中国共产党北京市西城区纪律检查委员会，将区第十次党代会以来的党风廉政建设和反腐败工作情况，及今后工作建议向大会报告如下，请予审议。

一、过去五年的工作

区第十次党代会以来，在市纪委和区委、区政府的领导下，全区各级纪检监察组织以邓小平理论和“三个代表”重要思想为指导，深入贯彻落实科学发展观，坚持标本兼治、综合治理、惩防并举、注重预防的方针，全面履行纪检监察两项职能，紧紧围绕区域工作大局和中心任务，扎实推进惩治和预防腐败体系建设，狠抓各项工作任务的落实，党风廉政建设和反腐败工作取得了新的成效，为推动全区科学发展和维护社会和谐稳定提供了有力保证。

（一）加大监督检查力度，确保区委区政府重大决策部署的贯彻落实

围绕区“十一五”规划和转变经济发展方式、扩大内需促进经济增长政策实施，以及金融街拓展、广安产业园建设、保障性住房等政府投资重大项目加强监督检查，有力推动了各项决策部署落实到位。对奥运场馆建设和城市运行保障等工作实施全方位、全过程监督，保证了“廉洁办奥运、节俭办奥运”目标的实现。加强行政区划调整工作的纪律保障，强化对“六个严禁”执行情况的监督检查。认真开展国庆六十周年安保、安全生产、食品药品安全、环境综合整治、控制大气污染、公务员招录等重点工作的监督检查，促进各部门依法高效履行职责。深入开展工程建设领域突出问题专项治理，对发现的问题及时进行调查处理和督促整改。严明换届纪律，确保全区换届工作的风清气正。

(二) 加强教育和监督，促进领导干部廉洁从政

进一步完善反腐倡廉“大宣教”工作格局，坚持以处级领导干部为重点，深入开展警示教育和岗位廉政教育。结合深入学习实践科学发展观、作风建设年等活动，加强领导干部党性修养和作风建设，促进领导干部“讲党性、重品行、做表率”。依托区域特色文化资源扎实推进廉政文化建设，打造“红莲花”廉政文化品牌，建立了全市首个区县级廉政教育基地，宋庆龄故居、李大钊故居被列为“北京市反腐倡廉教育基地”。深入学习贯彻《党员领导干部廉洁从政若干准则》，严格执行领导干部报告个人有关事项、述职述廉等党内监督制度，对463名新任的处级实职领导干部进行了集体廉政谈话，诫勉谈话33人次。对87名处级干部进行了经济责任审计。积极开展防止利益冲突试点工作，进一步规范党员干部从政行为。加强和改进巡视工作，对40个区属单位开展了巡视，发现和纠正了一些领导班子和领导干部中存在的突出问题。对处级以上领导干部在企业兼职的问题进行了清理。深入开展“小金库”专项治理工作，发现并处理问题7起，涉案金额254万元，对相关责任人进行了严肃处理。认真落实厉行节约有关规定，加大对公务用车问题的治理力度，进一步压缩公用经费，严格控制因公出国（境）团组数量和规模，全区党政机关各项支出均低于控制目标。

(三) 坚持纠建并举，切实纠正损害群众利益的不正之风

围绕群众反映强烈的突出问题，深入开展教育乱收费、纠正医药购销和医疗服务不正之风等专项治理工作。以开展创建规范教育收费示范校活动为载体，完善相关制度，加大检查力度，教育收费行为进一步规范。结合医疗卫生体制改革有关部署，推进药品集中招标采购，加强对“药品零差率销售”、“收支两条线”规定落实情况的监督检查，规范药品和医疗服务价格收费行为。加强对保障性住房政策贯彻落实情况的监督检查，维护群众住房利益。加大对社保基金的监管力度。清理评比达标表彰活动，进一步开展企业治乱减负工作。深化“千家评政府”活动，完善“政风行风热线”信件办理机制，共答复办理群众来信2880件次。加大行政投诉工作力度，发挥直查快办职能，共受理和转办行政投诉案件841件次。围绕政府职能转变和重点工作任务落实，立项开展行政效能监察工作，促进了政府部门依法行政和公共服务水平的提高。

(四) 坚决查处违纪违法案件，保持惩治腐败的高压态势

建立信访三级集体排查机制，加大信访监督力度，发挥信访举报工作案源线索主渠道作用。加强对纪检监察对象的监管，创立违纪违法案件线索查询比对机制。注重办案基础化建设，完善反腐败协调工作机制，强化办案安全管理。五年来，共受理群众信访举报1820件次，初核违纪线索136件，立案92件，结案83件，其中涉及处级干部22人、科级干部18人；给予党政纪处分80人，其中给予开除党籍处分49人、开除公职处分15人；涉嫌犯罪移送司法机关查处19人；通过办案挽回直接经济损失3672.39万元。2007年以来连续四届获得全市纪检监察系统办案集体一等功。

(五) 坚持改革创新，推进源头治理工作

把构建惩治和预防腐败体系作为从源头上预防腐败的重要举措，制定了《西城区建立健全惩治和预防腐败体系2008-2012年实施办法》，明确目标要求，健全工作机制，切实抓好任务分解和落实。严格执行党风廉政建设责任制，通过自查和年终集中检查等方式，督促各级领导班子和领导干部认真履行职责，切实发挥党风廉政建设和反腐败任务牵头单位和协办单位的作用。加强廉政风险防控机制建设，组织全区各单位重点围绕“三重一大”等事项，全面查找廉政风险点，规范业务流程，制定防范措施，扎实推进廉政风险防控向区级领导班子和领导干部延伸，向科队站所和社区等基层单位延伸，实现了对公职人员的全覆盖。认真开展区委权力公开透明运行试点工作，探索建立区委决策权、执行权、监督权既相互协调又相互制约的公开透明运行模式。以推行政府信息公开、全程办事代理制和网上互联审批为重点，深化政务公开和行政审批制度改革，进一步理顺审批权限、规范审批行为、精简审批流程、提高审批效率。稳步推进党务公开、厂务公开和公共企事业单位办事公开。积极推进国有企业党风廉政建设。开展街道社区建立纪检监督组织试点工作。加大科技防腐力度，整合电子监察等系统功能，搭建纪检监察信息化工作平台，利用信息技术手段，实现了对政府部门网上办理事项及窗口单位工作人员履职情况的实时监督。

(六) 大力加强自身建设，不断提高纪检监察干部队伍的素质和能力

区纪委高度重视常委会领导班子的思想政治建设和民主集中制建设，坚持政治理论中心组学习制度，完善常委会调查研究、议事决策、务虚讨论等制度，提高了领导班子决策的科学化、民主化水平。开展“做党的忠诚卫士，当群众的贴心人”主题实践活动，强化纪检监察核心价值观和职业准则教育。以创建“学习型、服务型、廉洁型”机关试点活动为载体，结合创先争优活动，突出内强素质、外树形象，强化机关管理。健全区纪委机关及派驻纪检监察机构设置，建立完善干部资格准入、绩效管理、考核考评等机制，加大业务培训、竞争上岗和轮岗交流力度。结合行政区划调整，大力促进全区纪检监察队伍思想、感情、资源、工作的融合。

五年来，全区党风廉政建设和反腐败工作深入开展，反腐倡廉工作进一步制度化、规范化，具有西城特色的惩防体系框架基本形成，惩治腐败工作取得了明显成效，预防腐败的力度不断加大，人民群众的满意程度进一步提高。这些成绩的取得，得益于区委、区政府对反腐倡廉建设的高度重视和正确领导，得益于全区各部门各单位的齐抓共管和协调配合,得益于全区纪检监察干部的认真履职和辛勤努力，得益于广大党员干部和人民群众的大力支持和积极参与。

在肯定成绩的同时，我们也要清醒地认识到当前反腐败工作形势依然严峻，任务仍然艰巨。少数领导干部廉洁从政意识还不强，重点领域和关键环节的违纪违法案件还有发生；一些部门和工作人员在依法履职、工作效率、服务态度等方面仍存在突出问题；反腐倡廉制度建设和措施落实方面还存在薄弱环节，体制机制制度创新的力度还需进一步加大；纪检监察队伍建设还需要进一步加强，等等。对于这些问题，我们必须高度重视，采取有效措施，切实加以解决。

二、主要认识和体会

五年来的实践，使我们对反腐倡廉工作规律的认识不断深化，也在探索中获得了一些认识和体会：

（一）必须坚持与时俱进、改革创新，不断提高全区反腐倡廉建设的科学化水平

改革创新是深化反腐倡廉建设的活力之源，也是提高反腐倡廉建设科学化水平的重要途径。只有坚持解放思想、实事求是、与时俱进的思想路线，根据形势的发展变化，不断探索符合实际的新思路新办法新举措，才能使反腐倡廉建设适应时代要求、顺应人民期待、体现科学精神。要更加突出改革创新、更加强调前瞻思考，坚持以科学理论指导反腐倡廉建设，以科学制度保障反腐倡廉建设，以科学方法推进反腐倡廉建设，不断增强惩治和预防腐败的针对性、有效性。

（二）必须坚持围绕中心、服务大局，推动和保障科学发展

围绕改革发展稳定大局和全区中心任务来开展工作，是推进反腐倡廉建设的根本要求。只有自觉把反腐倡廉工作纳入经济社会发展的全局中去谋划，纪检监察工作才能与全区中心工作合拍，不断增强工作合力，使反腐倡廉建设与改革发展同步推进、良性互动。要紧紧围绕推进“服务立区、金融强区、文化兴区”战略实施，坚决纠正和查处违反科学发展观要求、影响社会和谐稳定、严重侵害群众利益的突出问题，努力从思想、作风、纪律上为贯彻落实区委、区政府的重大决策和改革措施提供有力保障。

（三）必须坚持以人为本、执政为民，维护人民群众的切身利益

以人为本、执政为民是党的性质和宗旨的集中体现，也是检验我们工作的根本标准。只有把坚持以人为本作为深入开展党风廉政建设和反腐败工作的基本理念，把维护和发展人民群众的根本利益作为党风廉政建设的出发点和落脚点，才能通过反腐倡廉推进党风政风建设，进一步密切党同人民群众的血肉联系，促进社会和谐稳定，巩固党执政的群众基础。要坚持把加大惩治腐败力度与依纪依法、安全文明办案结合起来，切实做到既严惩腐败分子，又保护党员干部的合法权益和干事创业的积极性。

（四）必须坚持标本兼治、惩防并举，加快完善区域惩治和预防腐败体系

建立健全惩治和预防腐败体系，是从源头上预防腐败的根本举措。要坚定不移地贯彻落实反腐倡廉战略方针，既抓紧治标，严惩各种腐败行为，有效遏制腐败现象，又着力治本，从源头上不断铲除腐败滋生蔓延的土壤。要惩防并举，既依纪依法严惩腐败分子，以起到警示、诫勉、震慑的作用，又实行防范在先、关口前移，切实做到惩治于已然、防患于未然。要以重点领域和关键环节的改革和制度建设为重点，统筹抓好教育、制度、监督、改革、纠风、惩治各项工作，既抓制度完善更抓制度落实，切实增强制度执行力，充分发挥惩防结合、综合治理的整体效能。

（五）必须坚持和完善反腐败领导体制、工作机制，形成推进反腐倡廉的整体合力

我区党风廉政建设和反腐败工作之所以能够持续稳定健康向前发展，关键在于区委、区政府对党风廉政建设和反腐败工作的高度重视和坚强有力的领导。只有坚持和完善党委统一领导、党政齐抓共管、纪委组织协调、部门各负其责、依靠群众支持和参与的反腐败领导体制和工作机制，才能确保反腐倡廉工作思想认识到位、组织领导到位、工作落实到位。要认真落实党风廉政建设责任制，进一步强化各级领导班子和领导干部抓党风廉政建设和反腐败工作的政治责任，充分发挥各方面的积极作用，形成协调一致、齐抓共管的整体合力，为深入开展反腐败斗争提供组织保证。

三、今后五年的工作建议

未来的五年，是全面完成“十二五”规划目标任务，大力实施“服务立区、金融强区、文化兴区”战略，努力建设“活力、魅力、和谐”新西城的关键时期，也是加快构建惩治和预防腐败体系的重要时期，反腐倡廉建设和纪检监察工作责任十分重大，任务十分艰巨。全区党风廉政建设和反腐败工作必须以邓小平理论、“三个代表”重要思想为指导，深入贯彻落实科学发展观，坚持标本兼治、综合治理、惩防并举、注重预防的方针，认真执行党风廉政建设责任制，切实加强以完善惩治和预防腐败体系为重点的反腐倡廉建设，着力解决反腐倡廉建设中群众反映强烈的突出问题，围绕中心、服务大局，改革创新、狠抓落实，不断提升反腐倡廉建设的科学化水平，为圆满完成区第十一次党代会确定的目标任务提供有力保证。

（一）加强监督检查，切实维护政令畅通

坚持把维护党的政治纪律摆在首位，加强对政治纪律执行情况的监督检查，坚决纠正有令不行、有禁不止的行为。紧紧围绕科学发展这个主题和加快转变经济发展方式这条主线，切实加强对区“十二五”规划确定的重要任务以及区委关于推进科学发展、保障和改善民生等一系列重大决策部署执行情况的监督检查，确保全区总体发展思路和重点工作任务落到实处。加强对职能部门履行职责情况的监督检查，督促其主动履行职责，自觉依法行政。对检查中发现的问题要责令整改，对违纪违法案件要严肃处理。

整合督查力量，建立健全定期检查、专项督查制度和纪律保障机制，将监督检查同调查研究、解决问题、化解矛盾、促进工作结合起来，及时解决和严肃查处违规违纪违法问题，增强监督检查工作的权威性和实效性。

（二）认真解决群众反映强烈的突出问题，着力营造和谐稳定的区域发展环境

围绕“十二五”时期各项目标任务，切实履行协助党委抓党风的重要职责。加强领导干部作风建设，引导和督促广大党员干部加强党性修养、锤炼政治品质、提升道德境界，把握正确的政治方向，严格执行党的纪律，自觉弘扬党的优良传统和作风，充分发挥领导干部的表率作用。坚持厉行节约，严格规范会务接待、公务用车、培训考察等事项，制止奢侈浪费。大力精简会议和文件，改进学风和文风。

加强机关作风建设，提高行政效能。以群众满意度为标准，以治庸治懒治散、提能增效为重点，深入整治作风建设方面的突出问题，增强广大干部主动服务、创新服务、优质服务的意识和敢于担当、勇于负责、一抓到底的责任感。完善政风行风热线工作机制，深化“千家评政府”活动，以与群众生产生活关系密切的窗口单位和科队站所为重点，加强内部管理，强化行政问责，切实解决不作为、慢作为、乱作为等问题。探索政府绩效管理监察工作，研究建立科学合理的绩效考评指标体系，完善考评方式方法，有效运用考评结果，切实提高行政绩效。

扎实推进国有企业、街道社区等基层单位党风廉政建设。教育和引导基层党员干部牢固树立遵纪守法、服务群众的意识，切实解决基层党员干部作风方面的突出问题。严格执行《国有企业领导人员廉洁从业若干规定》和企业领导人员经济责任审计规定，加强对企业“三重一大”决策制度执行情况的监督检查。推进社区纪检监督组织建设，建立健全社区民主议事决策制度和公开制度。积极探索非公有制经济组织和新社会组织开展反腐倡廉建设的途径和方法。

（三）以完善惩治和预防腐败体系建设为重点，大力推进反腐倡廉建设

始终突出惩防体系的全局性地位，把阶段性任务与战略性目标结合起来，加强整体规划，从解决突出问题入手，以重点工作的成效、关键环节的突破带动整体建设的推进，不断增强惩防体系建设的综合效应。

1.深化党风廉政教育。坚持以领导干部为重点，采取警示教育、主题教育、示范教育和岗位廉政风险教育等多种形式，深入开展以理想信念、党性党风党纪为主要内容的反腐倡廉宣传教育活动，引导广大党员干部坚定理想信念，牢固树立以人为本、执政为民的价值观和清正廉明、秉公用权的权力观，切实增强

拒腐防变、廉洁从政的自觉性。进一步创新载体、丰富手段、活跃形式，增强反腐倡廉教育的针对性、实效性。

大力推进廉政文化建设，结合“文化兴区”战略部署，充分利用革命历史遗迹等区域特色文化资源，发挥廉政教育基地和廉政文化示范点作用，拓展“红莲花”品牌效应,进一步扩大廉政文化的影响力，努力营造有利于反腐倡廉建设的思想观念和文化氛围，为深入开展党风廉政建设和反腐败工作提供思想保证、精神动力、舆论支持和文化支撑。

2.加大查办违纪违法案件工作力度。查办案件是反腐败最直接最有效的手段。坚持有腐必反、有案必查，严肃查办发生在领导机关和领导干部中滥用职权、贪污贿赂、腐化堕落、失职渎职案件，重点领域和关键环节中的违纪违法案件，严重违反政治纪律和组织人事纪律的案件；严肃查办严重侵害群众利益案件、群体性事件和重大责任事故背后的腐败案件；严肃查办商业贿赂案件，加大对行贿行为的处罚力度。健全区反腐败组织协调机制，加强案件查处的协作配合。改进和规范信访举报、案件审理和案件监督管理工作，建立健全腐败案件及时揭露、发现、查处机制，严格依纪依法、安全文明办案。加大案件剖析和警示教育力度，充分发挥查办案件的惩治和预防功能。

3.强化对权力运行的制约和监督。认真贯彻党内监督条例，坚持和完善述职述廉、民主生活会、廉政谈话、诫勉谈话和领导干部经济责任审计等制度，严格执行党员领导干部报告个人重大事项的规定，加强对民主集中制执行情况的监督检查。深化廉政风险防控管理工作，巩固和扩大区委权力公开透明运行试点工作成效，逐步建立健全科学有效的权力制约和协调机制。严格执行党政领导干部问责制。继续抓好防止利益冲突制度建设试点工作。进一步规范和加强巡视工作,强化巡视成果运用。深化基层党组织党务公开，切实保障党员主体地位和民主权利。加大政务公开、厂务公开和公共企事业单位办事公开力度，凡是涉及群众切身利益的决策和事项都要向社会公开，接受群众监督。坚持党内监督与党外监督、专门机关监督与群众监督相结合，注重发挥新闻舆论的监督作用。

4.坚决纠正损害群众利益的不正之风。会同有关部门认真解决群众反映强烈的拆迁、食品药品安全、环境保护、安全生产、专项基金和专项资金监管等方面的突出问题。进一步加强对社保基金、住房公积金、扶贫和救灾救济资金以及政府专项资金管理使用情况的监督检查。深入治理教育乱收费，纠正医药购销和医疗服务中的不正之风。切实治理各种加重企业负担的问题。建立和完善维护群众利益的长效机制，巩固纠风工作成果，坚决遏制反弹，努力把问题解决在萌芽状态。

5.深入推进改革和制度创新。配合和督促有关部门深化行政管理体制、干部人事制度和财税管理体制、投资体制、国有资产管理体制改革。进一步减少和规范行政审批事项，充分发挥电子监察系统的作用，促进行政审批公开、透明、廉洁、高效。规范干部选拔任用提名制度，建立健全干部选拔任用监督机制。加强财政性资金和社会公共资金管理，完善政府重大投资项目公示制和责任追究制。加大对项目审批、政府采购、资金拨付使用等政府投资重大项目的科学监管力度。

推进科技防腐机制建设。加快完善纪检监察工作平台，进一步扩展系统应用范围。结合廉政风险防范管理工作，梳理风险点，确定监察点，逐步建设对重点工作、重大资金、重大项目的网上监控系统。建立网上权力职权目录，固化权力运行过程，增强权力监督实效性。

（四）加强纪检监察干部队伍建设，提高履行职责的能力和水平

加强纪检监察干部队伍思想政治建设，认真学习中国特色社会主义理论体系，坚定理想信念，确保纪检监察工作始终保持正确的政治方向。加强纪检监察干部队伍能力建设，组织开展多种形式的教育培训，着力提高服务、保障和促进科学发展的能力，着力提高做好群众工作和维护社会和谐稳定的能力，着力提高有效防治腐败的能力。积极推进纪检监察派驻机构统一管理工作，切实发挥派驻机构对驻在部门领导班子及其成员的监督作用。加强纪检监察队伍作风建设，对纪检监察干部严格要求、严格教育、严格管理、严格监督，打造一支“忠诚为民、勤奋敬业、秉公执纪、求实创新”的纪检监察干部队伍。

同志们，区第十一次党代会为全区经济社会发展描绘出新的蓝图，也对我区反腐倡廉工作提出了新的任务和更高的要求。让我们在市纪委和区委的正确领导下，以创新的精神、务实的作风、昂扬的斗志，开拓进取，埋头苦干，不断取得党风廉政建设和反腐败斗争的新成效，为创造西城区更加美好的未来做出积极贡献。

关于北京市西城区2011年国民经济和社会发展计划执行情况及2012年国民经济和社会发展计划草案的报告

2011年12月15日北京市西城区第十五届人民代表大会第一次会议

西城区发展和改革委员会主任　吴向阳

各位代表：

我受西城区人民政府委托，向大会报告2011年国民经济和社会发展计划执行情况及2012年国民经济和社会发展计划草案，请予以审议，并请政协各位委员提出意见。

一、2011年国民经济和社会发展计划执行情况

今年是“十二五”开局之年。在区委的坚强领导下，在区人大的监督与指导下，全区紧紧围绕年初确定的目标，认真贯彻落实主题主线要求，扎实推进“服务立区、金融强区、文化兴区”战略，不断增强工作的主动性和针对性，经济平稳较快发展，社会事业全面进步，主要指标均达到计划目标要求，年度重点任务圆满完成，“十二五”实现良好开局。

（一）经济实现平稳较快增长

区域经济更具实力。在外部环境复杂多变、宏观经济增速逐季放缓的大背景下，全区坚持并深化打造平台、强化服务的思路，多措并举促增长，区域经济保持了较好的发展势头。初步预计，地区生产总值突破2100亿元，同比增长9%左右，增幅高于年度计划1个百分点；财政收入完成270亿元，同比增长25.6%左右，增幅高于年度计划16.6个百分点；社会消费品零售额完成685亿元，同比增长15.5%左右，增幅高于年度计划3.5个百分点；固定资产投资累计完成185亿元，完成计划的103%；城镇居民人均可支配收入完成34480元，同比增长8%左右，增幅完成计划目标；合同利用外资完成5.8亿美元，完成计划的116%；实际利用外资完成5.6亿美元，完成计划的112%。

产业发展更具竞争力。以金融为主导的现代服务业发展势头良好。其中，金融、批发和零售业、租赁和商务服务业实现较快增长。截至9月底，金融业实现增加值729.3亿元，同比增长13.9%，占全区GDP的65.2%，占北京市金融业增加值的57.5%；三级税收同比增长17.5%，区级税收同比增长26.1%。批发和零售业、租赁与商务服务业分别实现增加值195.5亿元和137.7亿元，分别增长11.8%和23.6%；三级税收分别增长82.2%和133.4%，区级税收分别增长44.2%和43.9%。在金银珠宝等消费热点的带动下，北京菜市口百货股份有限公司全年销售额突破百亿元。

功能街区发展更具活力。截至9月底，功能街区实现三级税收2008.5亿元，同比增长25.3%；实现区级税收158.3亿元，同比增长37%。金融街贡献突出，三级税收和区级税收占功能街区税收总额的比重分别达到90.6%和64.1%；产业聚集态势更加明显，中国人保集团、美国道富银行有限公司北京分行等24家知名金融机构落户金融街；拓展工作攻坚克难，取得很大进展，月坛南街项目居民回迁楼用地年底完成搬迁，丰盛DE等项目开工建设。德胜科技园产业发展亮点突出，园区内337家高新技术企业实现总收入和利润分别增长41.8%和96.7%；中国林业产权交易所推出首个国家级纸浆电子交易服务平台，促进了高端交易产业的发展。广安产业园一期城市规划方案设计和产业规划编制取得阶段性成果。琉璃厂被评为“中国文房四宝文化第一街”，艺术廊桥落成通行。西单商业区、大栅栏传统商业区、马连道茶叶特色商业区等街区稳步发展。烟袋斜街、大栅栏西街等7条商业街被评为市级特色商业街。护国寺街修缮改造后重新开街。

发展环境更具吸引力。统筹全区行政服务资源，建立功能明确、服务联动、覆盖全区的行政综合服务中心，行政办事效率明显提高。出台关于服务重点企业的实施办法。落实促进金融产业发展等相关政策，截至10月底，为中华联合财产保险等49家（次）企业提供支持1.9亿元。为中小企业提供融资服务，为有研稀土新材料股份有限公司等5家企业发行集合信托3800万元，为梅泰诺通信技术股份有限公司等42

家企业提供贷款担保3.3亿元。组建国有资本运营平台，成立北京市金融街资本运营中心，为重大项目建设提供了资金保障。借助“京港洽谈会”、“北京金博会”、“北京文博会”等活动，加强品牌宣传推介，地区影响力进一步扩大。

（二）城市服务能力显著提升

交通承载能力进一步增强。加快交通路网建设，畅通道路微循环系统，区域路网的通达性显著提升。基本完成地铁6、8号线站点拆迁。地铁7号线站点拆迁完成50%。西直门内大街、新街口北大街拆迁分别完成87%和91%。南横东街、右内大街竣工通车。对白广路、白云观街等60条道路进行大中修。东校场口南口疏堵工程、马连道周边等区域道路微循环改造完成。新建动物园停车场等16处停车场，新增车位1665个。

城市环境质量进一步改善。落实清洁空气行动计划，控制机动车污染排放，推进流动污染源监管，改造马连道中里、裕中西里燃煤锅炉，区域空气质量持续改善，截至11月底，全区二级和好于二级天数达到258天，占已有天数的77.3%。整治前三门大街等29条重点大街沿街立面以及国二招周边、三庙前街等地区“边角地”。推进全方位、全覆盖的绿化养护模式，新建绿地5.4公顷，完成计划的146%；改造绿地9.17公顷，完成计划的104%；建设屋顶绿化2.3万平方米，垂直绿化5300延长米。统一全区道路清扫作业标准、模式，可机扫道路机扫率达到100%。

城市管理水平进一步提高。完善城市管理、应急指挥、政务值班、非紧急救助“四位一体”的城市运行管理模式。全面推行城市环境分类分级管理。“数字西城地理空间框架建设项目”顺利通过国家级有关部门验收，荣获“全国数字城市建设示范区”和“2011中国城市信息化管理创新奖”。加大食品、药品安全专项整治和监督检查力度，抽验合格率分别达到98.4%和98.9%。加强对人员密集场所、建筑工地、地下空间等重要场所和消防等重点领域的安全监管，圆满完成建党90周年等重大活动的安保工作。完善城市应急指挥系统和应急预案，健全风险预警、监测评估、信息发布等工作机制，组织开展“世界急救日”应急救护综合演练，切实提高公众的防灾减灾意识和自救互救能力。

（三）区域文化蓬勃发展

深入贯彻落实十七届六中全会精神，结合实际情况，制订出台了新的文化发展政策措施，明确文化发展目标，全力推动区域文化大发展大繁荣。

公共文明水平显著提高。以“做文明有礼的北京人”为主题，深入践行“北京精神”，总结提炼“西城精神”，开展群众性精神文明创建工作，社会主义核心价值体系建设和未成年人思想道德建设扎实推进。圆满完成全国文明城区测评迎检工作。开展形式多样的群众文化活动，成功举办西城文化节，加快“1121”文化设施工程建设，大力提升“一街一品”、“一居一特”社区文化活动品牌影响力。

文化创意产业加速发展。完成天桥演艺区南区公建项目股权收购，演艺总部基地开工建设。出台《西城区关于促进文化创意产业发展的若干措施》，推动区域文化创意产业发展，凤凰新媒体等27家出版企业落户中国北京出版创意产业园区。截至9月底，全区艺术品交易、设计服务业等文化创意产业资产总计达到1033.8亿元，同比增长10.7%；收入和利润总额分别增长25.4%和39.5%。

文化保护工作稳步推进。成立西城区历史文化名城保护委员会，加强对什刹海、大栅栏等历史文化保护区的整体保护，对什刹海地区大、小金丝胡同等6条胡同环境进行综合整治，更新改造什刹海沿湖栏杆等公共设施。完成棍贝子府花园修缮设计方案、普济寺修缮立项审批和永佑庙的修缮任务。实施白塔寺药店削层工作。大栅栏C地块拆迁、杨梅竹斜街腾退年度计划任务圆满完成。启动劝业场保护修缮工程。加强非物质文化遗产的保护，截至10月底，累计有32个国家级项目、56个市级项目、134个区级项目进入非物质文化遗产名录。

（四）社会发展和惠民措施效果明显

就业和保障力度不断加大。截至9月底，全区城镇登记失业率为1.14%，城镇登记失业人员就业率达到63.91%，累计帮助82户82名零就业家庭成员实现就业。五项保险基金累计收入155.11亿元，同比增长22.2%。落实“九养”政策，签约为老服务单位累计达到700余家，建立养老（助残）餐桌累计364个、托老（残）所累计255个，居家养老服务补贴惠及4.8万人。扩大救助人群，社会救助金额达到1.9亿元。健全价格上涨与低收入群体生活保障联动机制，两次发放一次性临时生活补贴844万元。对符合条件的独生子女死亡家庭进行物质帮扶，在展览路等3个街道建立“新希望家园”，探索对特扶人群精神帮扶的有效途径。继续推进塔楼无障碍设施改造、“温馨家园”和职业康复劳动站建设，进一步提高对残疾人的服务水平。

社会事业发展水平不断提高。继续推进国家可持续发展示范区建设，加强知识产权保护，开展“中国设计市场交易促进平台的研发与应用”、“文保区房屋保护修缮节能环保技术集成示范”等项目研究，推进科技在民生领域的应用，增强科技引领支撑作用。累计认证国家级高新技术企业212家，其中新认证67家。推进各级各类教育均衡发展，积极发展学前教育，加强中小学教育教学管理，深化高中课程改革试验，推进高中示范校校长合作体建设，巩固基础教育优势。探索建立职教普教融通、中职高职衔接的职业教育发展模式。完成5所幼儿园的改扩建和北京四中等37处校址教学楼的加固改造。继续开展区域医疗共同体建设，实现多点式转诊预约服务。推进家庭医生式服务模式，组建257个家庭医生式服务团队，签约28万人。实行社区卫生服务中心24小时应急处置和延时服务。加快公共卫生大厦、家庭健康保健中心等项目建设。广泛开展健康教育促进活动，积极倡导体育生活化。举办西城区全民健身体育节等活动，群众体育活动丰富多彩。广安体育中心二期、三期工程竣工。

社会服务管理模式不断创新。落实《北京市社会服务管理创新行动方案》，探索构建“全响应”社会服务管理格局。探索建立民意民需调查机制，倾听群众呼声，了解社情民意。进一步完善社区网格化服务管理模式，加快推进“一刻钟社区便民服务圈”建设，广内西便门内社区等10个社区成为市级示范点。积极推进社区民主自治建设，落实社区议事协商会、居民接待日等制度。完善社会服务管理格局，引入社会组织孵化器，引导各类社会组织加强自身建设，增强服务社会能力。以社会治安综合治理为依托，构建网格化社会面防控体系，建立健全实有人口动态管理机制。扎实开展矛盾纠纷排查化解工作，探索用群众工作统揽信访工作新模式，健全完善“大调解、大化解”工作体系，畅通群众诉求表达渠道，切实化解了一批信访突出问题。推进创新型警务建设，健全打防结合的社会治安防控体系，强化基层维稳力量，持续开展治安重点地区和突出违法犯罪的打击整治，社会形势总体稳定。

惠民便民政策措施成效明显。大力改善居民居住生活环境，对虎坊路小区、平原里小区供热管网，以及天桥、椿树地区的老旧电线进行改造。完成2500户“一户一水表”工程和永定门西街8号等3座老楼通暖气改造。保障性安居工程建设进展顺利，房山长阳项目开工，丰台张仪村项目、昌平回龙观一期项目稳步推进。加大“菜篮子”工程建设力度，新增社区便民菜店15家。实施农贸市场蔬菜进场费减免政策，推进农超、农餐、场店对接，加强对粮、油、肉、蛋、菜等与群众生活密切相关商品的价格监测与检查，保障市场供应和价格基本稳定。

13个“十二五”综合规划和19个专项规划编制工作基本完成，为“十二五”规划纲要的实施提供了强有力的支撑。

总体上看，2011年全区实现了经济高开稳走、结构不断优化、民生不断改善的良好局面，成绩来之不易。但同时，发展过程中存在的一些问题应引起重视。如重点工程项目落地难、增强功能街区发展承载力、提升城市精细化管理水平、加快旧城区人口疏解等，对于这些问题我们将高度重视，并积极采取措施努力加以解决。

二、2012年发展面临的形势和国民经济和社会发展计划初步安排

2012年是党的十八大召开之年，是新一届区委区政府开局之年，准确把握发展态势，安排好全区经济社会发展计划至关重要。

2012年外部形势更加复杂。从大环境来看，全球经济下行风险继续加大，全国、北京市经济运行的不确定性和不稳定性增强，地区间、区县间发展竞争更趋激烈。从区域看，我区总部经济特征明显，金融业主导地位突出，与国内外发展关联度较高，受宏观环境和政策调整影响明显，加上区域空间资源的刚性约束，以及拆迁难、成本高等客观因素制约，明年区域经济继续保持较快增长的压力明显加大，需要我们强化分析、把握态势、主动应对、攻坚克难。

2012年有利因素也不少。国家将实施服务业增值税改革试点等积极财政政策和稳健货币政策，有利于发挥我区现代服务业发达的优势；市委市政府对金融街等重点功能街区的支持力度加大，将全面提速金融街建设，进一步提升我区优势产业的竞争力、带动力和辐射力；新一届区委、区政府开局之年的新思路、新举措，以及“十二五”规划的全面实施，进一步明确了发展的目标和路径，有利于推动区域经济社会又好又快发展。

2012年国民经济和社会发展计划安排的总体思路是：按照区第十一次党代会精神和政府工作的总体部署，牢牢把握科学发展主题和加快转变经济发展方式主线，坚定不移地实施“服务立区、金融强区、文化兴区”战略，高标准建设具有国际影响力的金融中心、高水平构建现代产业体系、高起点推动区域文化大发展大繁荣、高品质提升城市服务功能、高水准创新社会服务管理、高质量改善民生状况，确保区域经济社会平稳协调健康发展，迎接党的十八大胜利召开。

按照统筹兼顾、规划衔接的原则，2012年经济社会发展主要目标安排如下：

——地区生产总值增长9%左右；

——财政收入增长9%左右；

——固定资产投资完成180亿元左右；

——社会消费品零售总额增长11%左右；

——城镇居民人均可支配收入增长8%左右；

——城镇登记失业率控制在2%以内；

——万元GDP综合能耗降低率完成市下达指标；

以上各项指标在计划执行中，还将根据实际情况做出适当调整。

三、实现2012年经济社会发展计划的主要措施

针对复杂的外部形势，围绕全年目标任务，坚持早预判、早调度，坚持长远规划与近期安排相结合，全面有序实施“十二五”规划，切实将加快转变经济发展方式的长远目标落实到年度任务中。

（一）高标准建设具有国际影响力的金融中心

拓展发展空间。坚持拓展建设和资源置换并重的工作思路，启动华嘉小区、莱西地块搬迁，推进广安一期、大吉片项目搬迁和丰盛DE项目建设，完成新兴盛项目、三十五中新址搬迁，实现月坛南街项目全面开工和金融街E10项目、政协文史馆竣工。协助做好金融街G6、E1、国家知识产权局、国家药监局等中央、市级重点项目建设，力争实现开复工面积120万平方米。对金融街核心区及南礼士路、复兴门大街等区域的商务楼宇资源进行置换，建设主题鲜明、功能互补的金融集聚区，与金融街核心区实现差异化发展。完成广安产业园一期城市规划和产业规划，对产业园控制性详细规划进行调整。

加快产业聚集。坚持引进知名企业和要素市场建设并重的工作思路，吸引国内外知名金融机构和大型企业总部入驻，培育会计、法律、咨询等金融配套服务行业，积极争取金融交易市场落户，丰富金融产业链条。

优化发展环境。坚持政策引导和加强服务并重的工作思路，落实促进金融产业发展政策，搭建金融服务平台，完善服务企业机制，加快推进金融人才聚集，不断优化企业发展环境。以金融街建设20周年系列活动的举办为契机，开展形式多样的论坛，筹办北京市第八届金博会，加强金融街形象品牌宣传，提升金融街品牌影响力。

（二）高水平构建现代产业体系

推进功能街区特色发展。进一步完善德胜科技园政策、管理与服务的促进体系，加快政策区范围调整，统筹推进科技研发、文化创意、金融后台、工业设计等产业发展。围绕不同层次消费需求，提高消费市场细分水平，培育特色消费商圈。协助推进民族大世界修缮改造工程，加快推进图书大厦二期等项目建设，做好老佛爷百货集团亚洲旗舰店进驻西单的准备工作。加大政策支持力度，加快大栅栏中华老字号集聚区建设，吸引全国老字号企业入驻。发展主题特色酒店，加强什刹海、大栅栏等地区的旅游咨询服务和标识导览设施建设，办好什刹海旅游文化节等品牌的旅游推广活动，推动旅游产业快速发展。

加强产业与资本融合对接。培育知识产权、科技成果等公开流转市场，扶持各类股权投资、创业投资机构发展，进一步推动文化、科技与金融融合发展。完善企业上市工作联动机制，推动一批成长型、创新型、拥有自主知识产权的中小企业上市。引导和鼓励金融机构积极开发针对科技和文化企业的产品，增强对高新技术产业和文化创意产业的金融支持力度。

推动区属国有企业和中小企业发展壮大。进一步完善国有资本经营预算管理制度体系，支持区属国有企业发展壮大。加大对非公经济、中小企业和老字号企业的扶持力度，完善中小企业项目库，多途径解决中小企业融资难问题，促进符合区域功能定位的中小企业快速发展。

（三）高起点推动区域文化大发展大繁荣

加强公共文明建设。积极开展群众性精神文明创建活动和社会主义核心价值体系教育实践活动，大力推进公民道德建设和未成年人思想道德建设。深入开展践行“北京精神”、“西城精神”进单位、进学校、进家庭宣传学习实践活动，完善文明城区建设长效机制。大力发展公共文化事业，继续推进“1121”文化设施建设，举办西城文化节等活动，扩大“一街一品”社区文化活动品牌影响力，丰富群众的精神生活。

加快文化创意产业发展。进一步落实《西城区关于促进文化创意产业发展的若干措施》，建立文化创意产业人才库和项目库，促进新闻出版、艺术品交易、文化旅游、文化演出、工业设计等产业健康发展。建设天桥演艺区剧场等重点项目，吸引大中型演艺集团总部入驻。加快北京“设计之都”核心区建设，完成中国设计交易市场一期装修改造工程，做好中国北京出版创意产业园区服务工作，吸引各类知名创意企业集聚。争取国家版权局等行业部门政策支持，推进国家数字版权产业基地建设。启动新华1949国际创意设计产业园、琉璃厂艺术大厦项目建设。加快区属文化单位改革，创新文化管理机制。

加强文物保护修缮和利用。继续实施什刹海环湖环境改造和品质提升工程，启动普济寺、观音寺的腾退修缮工作。加快推进白塔寺地区居民住房改善试点。完成白塔寺药店削层。加快大栅栏C地块入市交易、H地块搬迁。开展全区馆藏珍贵文物普查工作，实现馆藏文物数字化管理与动态维护。落实《非物质文化遗产法》，继续完善非物质文化遗产项目名录及传承人名录体系，开展濒危项目的抢救性整理和挖掘工作，促进非物质文化遗产的传承和发展。

（四）高品质提升城市服务功能

实施交通畅通工程。基本完成地铁7号线拆迁，开工建设西直门内大街、新街口北大街，启动南横东街东口等15条交通疏堵工程，续建马连道南街、新建槐柏树后街等15条道路微循环工程，实施北纬路道路扩宽工程，完成黄寺大街等60条道路大中修，提高区域路网的系统性、连通性和可达性。完善自行车专用道、行人步行道和区域无障碍通道设施建设。加强静态交通设施建设，探索在老旧小区、胡同街巷建设停车设施，启动宣武艺园立体车库项目，推动月坛体育场、白云观西侧地下停车场建设。倡导和支持驻区机关、事业、企业单位向社会开放停车设施。制定交通应急预案，积极应对极端天气等突发事件。加强交通标志、标线、警示等道路安全设施建设。探索建立智能化交通管理系统，引导交通出行。

实施环境品质提升工程。加强金融街、什刹海、大栅栏、琉璃厂等重点地区环境建设。以重点线路为抓手，全面提升区域环境品质，重点打造木樨地至永定门的滨河道景观、地安门至永定门（中轴线）文化轴景观、新街口至开阳桥商业街景观。加强户外广告设置和夜景照明管理，做好长安街沿线、前三门大街等地区照明设施改造工程。继续推进国二招周边等“城中村”、“边角地”环境整治。实施架空线入地工程。拓展城市绿化空间，推进城市立体绿化，实施公共建筑屋顶绿化、建筑墙体垂直绿化，完成屋顶绿化2万平方米，垂直绿化2000延米，新建和改造绿地9.3公顷。落实清洁空气行动计划，加强机动车排放污染防治，在展览路街道、白纸坊街道开展扬尘控制试点工作，确保空气质量二级及好于二级天数完成市下达指标。积极推行生活垃圾全程分类处理，做好53个小区垃圾分类达标试点。完善道路联合作业、分项保洁作业模式，实行道路清扫分类分级管理，实现“全天候道路保洁”。做好安全防汛应急预案和管理工作。

实施惠民安居工程。建设菜市口、桃园220千伏变电站和马连道110千伏变电站。实施月坛北街17号楼、南横西街96号南楼等老旧小区和房屋建筑抗震节能综合改造。对姚家井等31个老旧小区和木樨地北里等50条街巷胡同进行综合整治。完成百万庄地区、南横西街老楼通暖气工程。改造马连道中里、黄寺大街23号等老旧小区供热管网。对1.2万户平房院“一户一表”和40条街巷、5处小区、600处平房雨污水户线实施改造，换装老旧小区节水器具1500套件。完成5000户居民冬季取暖清洁能源改造和22项雨水利用（中水）工程，为居民群众创造更加舒适方便的生活环境。加大保障性安居工程建设力度，实现昌平回龙观二期、大兴西红门、丰台南苑、石景山酱菜厂项目全面开工，扎实做好保障性住房配租配售和配套设施建设。加快百万庄21号院、右安门28号院等回迁项目建设。

实施城市精细化管理工程。继续大力推进城市分级分类管理。加强无线网络、物联网、云计算等现代信息技术的应用，提高城市运行管理对突发事件的快速反应能力，提升管理效能。加强企业安全生产标准化建设，做好建筑施工区域、人员密集场所、地下空间等重点领域的安全生产监管，继续推进安全质量标准化和事故隐患自查自报工作。加强应急管理，加大消防安全监管力度，保障城市安全运行。强化食品、药品安全监管责任，加大食品、药品安全专项整治力度，抓好“药品安全百千万”工程，确保群众吃上安全放心的食品、药品。

（五）高水准创新社会服务管理

推进科技教育持续发展。进一步加强国家可持续发展先进示范区建设，实施“西城数字旅游信息服务平台”等重点项目，促进重大科技成果转化落地。继续推进各类教育优质均衡发展，实施学前教育三年行动计划，巩固基础教育领先地位，加强名校长、名教师人才培养力度，新建5个校长工作室，推动职业教育、成人教育等全面发展。确保回民幼儿园等5所幼儿园年内投入使用，启动三帆中学等9所中小学教学楼翻建工程。完善终身教育体系，建设首都学习型城市示范区。

推动“健康西城”建设。组建西城区医药卫生协调委员会，探索公立医院改革。深化社区卫生综合配套改革，推广医疗服务共同体和家庭医生式服务模式。整合卫生系统医疗资源，加快宣武中医院二期、新街口社区卫生服务中心等项目建设。推进国家级“中医治未病”保健服务试点区建设，建立西城区未成年人心理健康辅导站。健全居民健康监测体系，广泛开展健康促进和全民健身活动。抓好人口和家庭服务中心项目建设，健全西城幸福家庭生命全周期服务体系。对广安体育中心四期工程进行控规调整。

推进社会服务管理创新。建立社会服务管理综合信息系统和工作平台，进一步完善网格化服务管理模式，大力推进“六型”社区建设。建立居民需求常态化调查机制和监督评价机制，加强民意需求的调查。完成社区居委会换届工作，夯实社区民主自治基础。建设20家区级“枢纽型”社会组织，做强做优社会组织孵化中心。统筹利用好社会建设专项资金，实施政府购买公共服务项目。加大对社会工作者人才队伍的专业培训。健全流动人口管理机制，实现实有人口服务管理全覆盖。完善群众工作统揽信访工作的机制，深入化解突出矛盾纠纷和信访积案。完善社会治安防控体系和区、街两级维稳格局，确保社会和谐稳定。

（六）高质量改善民生状况

加大就业促进力度。探索社区就业服务网格化管理，完善充分就业社区建设机制和困难群体就业帮扶机制，确保城镇登记失业率控制在2%以内，城镇登记失业人员就业率达到60%以上，“零就业家庭”实现动态脱零，充分就业社区创建率达到65%以上。加大社会保障力度。完善价格与社保标准联动机制，进一步提高最低工资、低保、养老等社保待遇标准。积极推进公费医疗改革，实现公费医疗与职工医保并轨。加快推进救助站标准化项目建设，健全社会救助工作机制，建立社会救助运行平台，加强对流浪乞讨精神病人、危重病人的救治以及流浪未成年人的救助保护工作，开展困难家庭个性化救助。提升机构养老、居家养老服务能力和水平，拓宽“爱心服务一卡通”服务功能，积极打造区综合养老服务中心，推进西景苑老年公寓建设。

确保市场供应和物价稳定。继续实施“菜篮子”工程建设，新建30个便民菜店，逐步形成以社区菜市场、超市、便民菜店三种渠道为主的“菜篮子”零售网络体系。全面加强市场价格监测，做好与城镇居民收入实际增速、生活必需品保障、低收入群体生活等方面的关联分析，积极落实相关补贴政策，保障困难群体生活。

各位代表：2012年是新一届政府届首之年，我们将在西城区委领导下，在区人大的监督支持下，深入贯彻科学发展观，全力推进“服务立区、金融强区、文化兴区”战略，进一步增强科学发展的责任感和紧迫感，解放思想、坚定信心、创新理念、求真务实，以更高标准创造城市美好生活，努力建设“活力、魅力、和谐”新西城！

关于北京市西城区2011年财政预算执行情况和2012年财政预算草案的报告

2011年12月15日北京市西城区第十五届人民代表大会第一次会议

西城区财政局局长　周慧来

各位代表：

我受西城区人民政府委托，向大会报告西城区2011年财政预算执行情况和2012年财政预算草案，请予审议。

一、2011年预算执行情况

2011年，全区各部门坚持以邓小平理论和“三个代表”重要思想为指导，深入贯彻落实科学发展观，充分发挥公共财政职能作用，全区经济和社会事业健康协调发展。全年财政收支预算执行情况良好，预算指标圆满完成。

（一）2011年财政收支总体预计情况

财政收入预计完成2700000万元，同比增加

549726万元、增长25.57%，完成区人大（临时）第二次会议批准的年度财政收入预算2344000万元的115.19%。

在财政收入完成2700000万元的基础上，减去向市财政的上解支出841879万元，加上市财政对我区的财力性转移支付和专项转移支付收入396448万元，以及动用以前年度结余135709万元，当年总财力预计为2390278万元。

财政支出预计完成2311500万元，同比下降7.07%，下降原因是2011年市专项转移支付资金规模低于同期。其中：区本级支出1984229万元，同比增长3.77%，完成区人大（临时）常委会第十一次会议批准的调整预算任务1984229万元的100.00%。

总财力与总支出相抵，当年结余预计为78778万元。其中：一般预算结余73102万元，用于增加预算稳定调节基金；基金预算结余5676万元。

（二）2011年财政预算执行主要特点

1.财政收入平稳较快增长，主体税种增收贡献突出

2011年，我区财政收入实现平稳较快增长。增收的主要原因：一是国家和北京市的经济运行态势良好，带动与经济发展关联度高的相关税种全面增长；二是土地增值税预征率提高、外资企业纳入城市维护建设税和教育费附加收入征收范围等税收政策调整，促进了以上税种实现较快增长；三是部分企业补缴历年境外投资收益企业所得税等一次性因素。但是，随着经济增速略为放缓，下半年我区财政收入增速逐期回落，全年财政收入呈现“前高后低”的增长态势。营业税、企业所得税、房产税、城市维护建设税和增值税五大主体税种支柱作用明显，五大税种预计完成2452200万元，占财政收入比重超过90%，拉动财政收入增长24个百分点。

2.财政支出结构更加优化，各项事业得到有力保障

一是推进各项社会事业建设。保障教育优先发展，全年拨付教育经费307089万元，实现教育投入依法增长，促进教育均衡发展和布局调整，开展校舍安全工程建设。全年科学技术支出31131万元，支持全区科技项目、科学普及和可持续发展等项目开展。文化和体育事业支出30221万元，用于组织开展各类文化体育活动，免费开放非物质文化遗产展览展示中心等。二是着力保障与改善民生。拨付4958万元用于发放城乡无社会保障老年居民福利养老金和落实“九养”政策，拨付4172万元用于全区就业经费和公益性就业组织补助经费，拨付12728万元用于落实城市居民最低生活保障政策。三是保障政府公共投资项目建设。拨付130000万元用于昌平回龙观、丰台张仪村定向安置房项目建设，拨付55500万元用于天桥演艺园区基建项目，拨付44326万元支持全区轨道交通及道路建设，拨付27000万元用于西四110千伏变电站拆迁项目。

3.财政各项改革不断深化，综合管理效能稳步提升

完善区街财政管理体制，对街道收入划分、基本需求、财力基数以及转移支付资金等方面进行重新测算，研究制定更加科学、规范，更符合区情的区街财政管理体制。对全区26个项目开展绩效考评，考评金额25511万元；对跨部门的3个项目实施绩效考评，体现了绩效评价工作由“点”到“面”的延伸。对65个项目开展财政投资评审，审减金额21500万元，审减率为10.68%。按照“撤销无效账户、减少低效账户、合并重复账户”的原则，对财政专户开展清理整顿工作，撤销区本级财政专户18个。对全区行政事业单位开展固定资产清查和不动产调查，涉及资产价值729000万元。加强报废资产处置管理，推进固定资产入场交易，通过北京产权交易所有限公司采取“拍卖、招投标、协议转让”等方式，处置行政事业单位报废资产原值6726万元，取得资产处置收益194万元。对全区728家单位开展“小金库”专项治理检查，着力构建和完善防治“小金库”的长效工作机制。按照“应采尽采”的原则，稳步扩大政府采购规模，完成政府采购预算110000万元，公开招标率达93%，比2010年提高2个百分点。创新社会管理形式，在全市范围内首次运用财政资金投保公众责任保险，提高政府抗风险能力，有效维护社会公众利益。

总体来看，我区2011年预算执行情况良好，各项财政改革逐步推进，预计财政收支预算均可圆满完成。但在看到成绩的同时，我们也清醒地认识到，在财政工作中仍然存在一些不容忽视的困难和问题。一是经济形势不明朗和收入中较多的一次性因素，使财政收入在高基数上的持续增长难度加大。二是预算管理制度仍不完善，预算支出责任制度尚不健全，距离以支出结果为导向的预算管理模式还有一定差距。三是各项财政改革之间的有效衔接不够，改革的整体合力尚未充分体现。针对上述问题，我们将进一步创新工作思路，完善工作机制，不断提高财政工作水平。

二、2012年财政公共预算草案编制说明

根据财政部和市财政局编制2012年财政预算的有关要求，结合全区的实际情况，西城区2012年预算草案编制的指导思想是：以邓小平理论和“三个代表”重要思想为指导，深入贯彻落实科学发展观，全面实施“服务立区、金融强区、文化兴区”发展战略，依托区域融合的新优势，努力促进经济结构调整和发展方式转变。坚持依法理财、统筹兼顾和增收节支的方针，加强财政科学管理，从严控制一般性支出，提高财政资金使用效益，促进社会和谐稳定与经济平稳较快发展。

根据上述指导思想，2012年全区财政收入拟安排2943000万元，比上年增长9%。全区财政总支出预计为2287008万元，其中：区级财力支出2187000万元，同比增长6.30%；市专项转移支付100008万元。

（一）2012年财政公共预算安排考虑的主要因素

1.根据经济发展形势，积极稳妥安排财政收入预算

2012年，中央和北京市将继续实施加快转变经济发展方式、调整优化产业结构的战略，经济稳定可持续发展的态势将进一步巩固，从而为财政增收创造了有利条件。但是，也应该看到，当前经济发展中仍然存在较多不确定因素。从外部环境看，主权债务危机尚未得到有效控制，国际经济环境较为复杂。从内部环境看，我国仍面临通胀形势严峻、内需拉动不强等压力，经济运行稳中有忧。这些都将使财政收入平稳较快增长面临严峻考验。此外，2011年的财政收入中存在翘尾入库和一次性入库税款约175000万元。综合考虑上述情况，根据收入预算编制应当实事求是、积极稳妥、留有余地的原则，2012年全区财政收入预计增长9%左右。

2.优化财政支出结构，促进全区社会事业全面发展

支出预算按照统筹兼顾、突出重点、有保有压的原则，2012年，全区财政支出安排主要考虑以下因素：一是保障民生领域的资金投入，确保教育、科学、计划生育等法定支出的依法增长和各项社会保障政策的及时落实；二是加强资金统筹力度，集中财力做好重点工程、重大项目、产业结构调整等资金保障工作；三是保持政府公共投资的适度规模，加快保障性住房建设和城市基础设施升级改造；四是坚持厉行节约，严格控制出国（境）费、车辆购置及运行费、公务接待费等一般性支出，切实降低行政运行成本。

（二）2012年财政收入主要项目预算情况

一般预算收入2924400万元，同比增长9.00%。其中：房产税225800万元，同比增长9.08%；车船税18600万元，同比增长9.41%；印花税69000万元，同比增长7.81%；增值税142000万元，同比增长9.23%；营业税1170000万元，同比增长9.35%；城市维护建设税212580万元，同比增长8.90%；城镇土地使用税15200万元，同比增长8.57%；土地增值税68000万元，同比增长9.68%；教育费附加收入53360万元，同比增长8.90%；企业所得税923000万元，同比增长8.59%；行政事业性收费等分级收入26860万元，同比增长8.31%。

政府性基金预算收入18600万元，同比增长9.41%。其中：残疾人就业保障金收入18000万元，廉租住房租金收入20万元，国有土地使用权出让收入580万元。

（三）2012年区级财力支出功能科目预算情况

根据财政部制定的《2012年政府收支分类科目》以及支出功能分类科目顺序，2012年区级财力支出情况如下：

一般预算支出安排2175025万元，其中：

1. 一般公共服务安排157858万元，主要用于党政机关及事业单位正常运转、依法履职经费，保障全区社会事业建设等重点项目开展和人口与计划生育事务的依法增长。

2.国防支出安排1836万元，主要用于预备役部队建设、国防动员和兵役征集。

3.公共安全安排88745万元，主要用于政法系统正常运转经费，保障政法装备配置和警用车辆更新等设施设备升级，促进基层派出所建设和社会安防工程整合。

4.教育支出安排218667万元，主要用于改善学校办学条件和教学设备配置达标，支持教育布局结构调整和特色校园建设等。

5.科学技术安排19357万元，主要用于可持续发展示范项目开展和提升信息化建设水平，开展科学普及活动，落实德胜科技园政策兑现资金和科技型中小企业创业资金。

6.文化体育与传媒安排23128万元，主要用于确保全区文化和体育场馆的正常运转，组织各类文体活动，丰富人民群众文化生活，加快文化创意产业发展，提升区域整体文化品质。

7.社会保障和就业安排264277万元，主要用于继

续落实养老助残政策，进一步完善社会化养老保障体系，落实城市最低生活保障、社会救助、优抚安置等方面的社会保障政策。

8.医疗卫生安排87400万元，主要用于加大对基层医疗机构支持力度，确保全区医疗保障制度改革平稳实施，保障公共卫生服务体系和医疗服务体系建设。

9.节能环保安排9295万元，主要用于环境监测、污染治理、能源节约利用，落实污染源排污状况普查经费。

10.城乡社区事务安排651716万元，主要用于市政、园林和环卫等部门正常作业经费，保障旧城保护与修缮、人口疏解及城市环境综合整治等工作顺利开展。

11.资源勘探电力信息等事务安排4259万元，主要用于国有资产监管、安全生产和支持中小企业发展。

12.商业服务业等事务安排1765万元，主要用于“菜篮子”工程和旅游事业发展。

13.住房保障支出安排42775万元，主要用于住房公积金补贴和提租补贴。

14.粮油物资管理事务安排2978万元，全部是按照市财政局要求建立的粮食风险金。

15.预备费安排68000万元，占财政支出的3%。

16.其他支出安排532969万元，主要是预留的基本建设资金、金融产业政策资金和援建资金等。

政府性基金预算支出安排11975万元，全部为残疾人就业保障金支出。

三、2012年国有资本经营预算草案编制说明

按照《关于推进地方开展国有资本经营预算工作的通知》(京财国资〔2011〕1220号)文件精神，将我区2012年国有资本经营预算首次提交本次会议审议。

(一) 2012年国有资本经营预算基本情况

2012年国有资本经营预算编报以北京市西城区人民政府国有资产监督管理委员会(以下简称区国资委)为国有资本经营预算单位，以区国资委直接监管的17家企业为预算编报单位。依据西城区“十二五”国民经济和社会发展规划，并结合当前区委中心工作要求以及国有经济布局和产业结构调整政策，2012年国有资本经营预算对符合产业政策的战略性新兴产业、技术创新和文化创意项目、具有良好市场发展前景的可持续发展项目以及节能减排与环保等有关项目给予重点支持，并安排资金用于解决国有企业历史遗留问题，促进企业健康协调发展。

(二) 2012年国有资本经营收支预算情况

根据《西城区国有资本收益收缴管理暂行办法》的有关规定，2012年我区国有资本经营预算收入预计完成7822万元，其中利润收入7692万元、股利股息收入130万元。

结合年度重点支出方向，按照以收定支、不列赤字的原则，2012年我区国有资本经营预算支出安排7650万元，按照支出功能分类科目分为：

1.建筑业企业国有资本经营预算支出安排3850万元，主要用于重要产业和重点企业转变经济发展方式，调整优化国有股权投资结构，支持企业做优做强。

2.工业和信息产业企业国有资本经营预算支出安排750万元，主要用于技术创新和设备更新改造。

3.商业流通企业国有资本经营预算支出安排2900万元，主要用于支持战略性新兴产业、文化创意产业发展及老字号企业保护。

4.其他国有资本经营预算支出安排150万元，主要用于国有资本经营预算管理及国有资产监管。

四、开拓创新，扎实工作，确保完成2012年预算任务

2012年是在新起点上推动西城区科学发展的重要之年。我们将按照区委的要求，全面推进“活力、魅力、和谐”新西城建设，充分发挥财政职能作用，服务经济社会发展大局，确保完成全年预算任务。

(一) 深化财源建设，确保财政收入平稳增长

将财源建设与产业结构调整有机结合，促进财政增收与经济发展实现良性互动。充分运用财税政策，完善以现代服务业为主体的产业体系，提升经济发展质量与财源建设水平。在巩固金融业主导地位的同时，加强对科技创新、文化创意、商务服务等新兴产业、特色产业的扶持引导，打造多元税收增长点。营造公平发展环境，加大对中小企业的财政扶持力度，提高企业市场竞争力。

完善组收工作机制，努力实现应收尽收。巩固财政、税务、工商等部门的沟通配合机制，建立健全高效顺畅的税源监控体系。提升非税收入规范化管理水平，加强非税收入征缴管理。强化对经济运行和财政收入形势的监测分析，提高数据分析质量，为科学决策奠定基础。

(二) 深化财力统筹，确保重点领域资金投入

坚持保障和改善民生，进一步调整和优化财政支

出结构，切实将财政资金进一步向教育、社会保障、就业、医疗卫生等重要民生领域倾斜，着力解决人民群众最关心、最直接、最现实的利益问题。支持可持续发展先进示范区项目开展，加强科学推广与普及，提高自主创新能力。贯彻落实十七届六中全会精神，加快文化体制机制改革创新，支持公共文化事业和文化创意产业发展，加强历史文化名城文物保护与修缮，开展多种多样的文体活动，丰富人民群众生活。

不断加大资金统筹力度，集中财力做好资金保障。加快推进公租住房、廉租房和定向安置房等保障性住房建设，加快实施旧城改造和人口疏解工程。支持房屋建筑抗震节能综合改造，完善城市道路微循环和常规疏堵。继续推进城市环境综合整治工程，改善城市居住环境。

（三）深化财政改革，提升财政预算管理水平

全面加强财政管理，提高科学化精细化水平。进一步完善定员定额标准体系，细化项目预算编制，提高预算编制的准确性、科学性。健全预算执行管理长效机制，提高预算执行的均衡性。规范政府采购行为，积极发挥政府采购政策引导功能。进一步完善资产配置处置标准，加强动态管理与监控，强化资产管理与预算管理的有机结合。继续推进国有资本经营预算工作，完善国有资本经营预算制度建设，提高国有资本经营预算规范化管理水平。稳步推进财政预决算信息公开工作，逐步细化公开内容，增强预算透明度。

牢固树立绩效理念，提升资金使用效益。将绩效管理贯穿于预算管理全过程，综合运用事前评估、投资评审、绩效评价、监督检查等手段，强化部门和单位在预算执行中的绩效理念和主体责任，促进预算编制与资金使用效益的有效结合。

各位代表，2012 年是新一届政府开局之年，我们将在区委的领导下，自觉接受区人大的指导和监督，虚心听取区政协的意见和建议，锐意进取，扎实工作，为促进西城区经济社会稳定发展做出积极贡献！

北京市西城区人民法院工作报告

2011 年 12 月 17 日北京市西城区第十五届人民代表大会第一次会议

西城区人民法院代理院长　安凤德

各位代表：

现在，我代表西城区人民法院向大会报告工作，请予审议。

五年工作的回顾

过去的五年，是区人民法院各项工作不断进步、全面发展，取得良好成绩的五年。五年来，区法院在区委、区人大及其常委会、市高院的领导、监督和指导下，全面贯彻党的十七大精神，深入落实科学发展观，坚持“三个至上”指导思想，围绕“为大局服务、为人民司法”工作主题，充分发挥审判职能，全力维护社会稳定，大力加强队伍建设，为区域发展提供了坚强有力的司法保障。

一、履行审判职能，确保社会和谐稳定

五年来，共受理各类案件 195595 件，审（执）结 191835 件，同比上升 23%和 27.1%。

（一）依法审理刑事案件，维护社会稳定。打击犯罪、维护稳定是刑事审判的首要任务。共审结刑事案件 5276 件，判处罪犯 8341 人。一是坚持严打方针不动摇。严厉打击盗窃、诈骗、故意伤害等严重危害人民群众生命及财产安全的犯罪，成功审结何某倒卖奥运门票案，孙某、伍某泄露国家秘密案等一批有影响的案件，判处五年以上有期徒刑罪犯 770 人，维护了社会稳定。二是贯彻宽严相济的刑事政策。对初犯、偶犯、犯罪情节轻微、社会危害性不大的犯罪分子，依法予以从轻、减轻处罚，共对 2085 名被告人宣告缓刑，促进了社会和谐。三是开展量刑规范化工作。细化量刑标准，规范情节适用，在庭审中引入量刑答辩程序，进一步统一了裁判尺度。

（二）依法审理民商事案件，服务发展大局。调节经济关系、化解社会矛盾是民商事审判的重要职能。共审结民商事案件 134287 件。一是妥善处理与

人民群众切身利益息息相关的劳动争议、医患纠纷、婚姻家庭等案件，促进家庭和睦、社会和谐。二是高度重视信用卡、房贷、车贷等案件的审理，促进区域经济健康有序发展。三是依法审理奇虎诉瑞星，贵州省安顺市文化局诉张艺谋等著作权、商标权案件，充分发挥司法对知识产权保护的主导作用。四是积极应对《侵权责任法》、《物权法》等法律法规颁布实施带来的新变化，切实保障当事人合法权益。

(三) 依法审理行政案件，密切政群关系。维护行政相对人合法权益、促进依法行政，是行政审判的主要工作。共审结行政案件2952件。一是强化司法审查对行政执法的监督作用。裁定被告改变具体行政行为、原告撤诉24件，判决撤销行政机关具体行政行为66件，维持行政机关决定和裁定驳回起诉681件。二是加大行政案件协调解决力度，稳妥解决了大量行政争议，密切了政群关系。2010年，通过协调机制解决行政案件439件，占行政案件的62%。三是制作“行政审判白皮书”，向有关部门通报，促进了依法行政水平的提高。

(四) 依法推进执行工作，维护胜诉权益。及时兑现胜诉当事人的合法权益是执行工作的最终目标。共执结案件49329件，执行标的额222亿8千余万元，执行标的到位率为67.3%。一是加大执行力度。想方设法查找被执行人及其财产，适时采取查封、扣押、拘留等强制措施，增强了执行威慑力。二是深化执行改革。推出分段执行、便民速执与专业执行相结合的新机制，提高了执行效率。三是积极开展清理执行积案、反规避执行等专项活动，共清理执行积案7367件，依法维护胜诉当事人的合法权益。

二、找准工作重心，服务区域发展大局

服从服务于区域发展大局，是区法院的重要使命。五年来，我院坚持从大局出发，努力为区域发展提供坚强有力的司法保障。

(一) 依法保障市、区重点工程的顺利进行。五年来，妥善处理了“西长安街道路拓宽”、“西城旧城保护和居民住房改善”、金融街拓展、地铁6号线、8号线等一批中央和市、区重点工程案件，全力推进重点工程顺利进行的同时，切实维护被拆迁人的合法权益。在案件审理、执行过程中,我院开通绿色通道，第一时间立案、送达，与被拆迁人谈话，快速审查。一方面，通过法制宣传、教育疏导和各方协调，促使被拆迁人主动搬迁；另一方面，对于未主动履行搬迁义务的被执行人，依法果断采取措施先予执行，确保了重点工程的顺利实施。

(二) 妥善处理涉金融纠纷案件。金融是我区的支柱产业，促进金融行业健康发展，是司法服务大局的重要方面。一是成立金融审判庭，专门审理金融类案件，提高了该类案件审理的专业化水平。二是建立金融危机监测点。就劳动争议案件、商事纠纷案件的变化情况进行分析，为相关部门提供意见和建议。三是针对涉金融机构消费贷款案件，总结典型案例，发布《个人消费贷款及信用卡案件审判白皮书》，为金融业的健康发展提供司法服务。

(三) 破解涉诉信访难题，促进社会和谐。化解矛盾、维护稳定是法院工作的重要目标。一是推出信访听证制度。对一些重大、疑难、复杂的信访案件，召开听证会，共同商讨解决信访问题的方法和意见，努力让信访人息诉罢访。二是集中开展“涉诉信访积案化解”和“进京重复访”案件化解等专项活动，多措并举，切实维护信访当事人的合法权益，化解信访积案173件。三是加大信访救助力度。对生活确有困难的信访人，通过司法救助帮助其解决实际困难。2010年，我院被评为北京市信访工作先进集体。

三、坚持以人为本，营造和谐诉讼氛围

为民是审判工作的基本价值取向。五年来，我院不断拓展便民途径，提高便民能力，切实解决群众在诉讼中的实际困难。

(一) 打造综合服务大厅，方便当事人诉讼。立案大厅是接待当事人的第一道窗口。我院推出了全方位、综合性的“1+8”服务。“1”是一排立案窗口，“8”是包括志愿者服务基地、心理咨询基地、人民调解工作室、专家解难窗口等8项便民服务。大学生志愿者服务基地，为来院群众提供了方便快捷的法律咨询、诉讼指导、代拟诉状等志愿服务；心理咨询基地，满足了部分当事人接受专业心理咨询辅导的特殊需求；人民调解工作室，给群众解决纠纷提供了多种选择。导诉台、双语接待、车辆信息查询窗口等便民举措也不断得到深入推进。各项便民服务，努力做到“进院有人迎，咨询有人答，材料有人收，困难有人帮”。2011年，我院被评为全国法院立案信访窗口建设工作先进单位。

(二) 搭建网上服务平台，减轻当事人诉累。把信息技术引入便民领域，是我院深化司法为民的积极尝试。2008年，我们推出了网上审判实务一揽子服务，率先在北京市法院系统为群众搭建了一个功能齐全、反应快捷、使用简便的服务平台。主要包括网上预约立案、法官在线答疑、网上信息查询等7项功能。群众足不出户，就可以进行立案预约、与法官交流、查询案件进程。尤其网上立案，实现了网上立案申请、审核与窗口立案的一键化对接。网站开通以来，成功立案8830件，共为202852名当事人提供了查询、咨询服务。中央电视台、法制日报等16家媒体对该平台进行了集中采访报道。

（三）创新为民思路，不断拓宽为民途径。一是推出立案法官评价系统。在立案接待窗口，由当事人通过评价器对立案法官的满意率进行四档评价，强化了当事人对法官的监督，提升了立案服务水平，推出一年来，共收到当事人有效评价4024次，平均满意率为97.4%。二是推出当事人合意选择主审法官制度。针对保险类案件专业性强的特点，通过提前公开法官信息，由案件各方当事人合意选择主审法官，增强了当事人对法官的信任，为案件的顺利解决奠定良好基础。三是推出开放式法庭。针对民事简易案件，在速裁部门打开审判区与办公区的门禁，将办公室搬到法庭，方便了当事人诉讼。

（四）延伸审判职能，积极参与综合治理。五年来，我院高度重视审判延伸工作，积极参与社会综合治理。一是不断加大法制宣传力度，发挥司法的教育功能。坚持举办法院开放日活动，开展法官进机关、进企业、进学校、进社区活动，共进行普法宣传500余次。二是注重对未成年人的司法保护。对依法判处非监禁刑的未成年犯，探索“庭前调查、心理矫治和社区矫正”的三合一教育机制；把未成年人在生活学习中经常遇到的法律问题，编写法律版“三字经”予以发布。三是不断加强司法建议工作。针对案件审理中发现的问题，及时向有关单位积极发出司法建议403件，帮助其建章立制，堵塞漏洞。

四、创新工作机制，确保司法公正高效

创新是推动审判事业发展的动力。五年来，我院坚持以改革促公正，向创新要效率，推出了多项改革举措。

（一）建立速裁机制，提高审判效率。立足于减轻群众诉累，探索建立了涵盖刑事、民商事、执行领域的速裁、速执格局。针对事实清楚、权利义务关系明确的案件，在保障司法公正的前提下，依法适用比简易程序更为简便快捷的方式审理案件。速裁机制的深入推进，促进了审判效率的大幅提高。2011年，民事案件的75%、商事案件的91%通过速裁模式审结；在适用速裁模式的商事审判庭，92%的案件在35日内审结。

（二）探索激励机制，提升审判质量。为充分调动干警的工作积极性、又好又快地审结案件，2009年，我院在民事领域推出了激励机制。一方面创新法官业绩的评价方法，在考核结案数量的同时，更注重案件质量、信访投诉等方面的考核，实行双轨制考核；另一方面创新激励手段，建立了“物质”、“精神”、“时间”多元化激励体系，激发了干警的工作热情，促进了审判质量和效果的全面提高。2011年，我院的一审服判息诉率为92.55%，位居全市基层法院前列。

（三）推出“四点一线”，构建大调解格局。建立诉讼与非诉讼衔接的多元化矛盾纠纷化解机制，是构建和谐社会的要求。2007年，我院结合实际，推出了“以构建和谐社会为主线，巡回法官进社区、人民调解进法院、司法行政齐联动、行业法院共调解”为内容的“四点一线”多元化纠纷解决新机制。五年来，该机制不断完善，2008年，在长安街街道设立巡回法官工作室；2009年，设立人民调解指导工作室；2010年，与国家法官学院共建了“ADR教学科研实践基地”。“四点一线”的深入推进，许多矛盾纠纷解决在了基层，化解在了诉前。中央政法委编发《政法动态》、《北京信息》，对该机制进行了专门介绍。

（四）加强审判管理，实现手段创新。加强审判管理，是实现公正与效率的重要途径。一是引入科技力量强化管理。在立案窗口安装视频系统，加强窗口监控；在法院内网定期发布审限警示，加强审限监控；对所有开庭审理的案件同步采集音像并归档留存，加强庭审监控。二是加强节点管理。设立诉讼服务办公室，针对立案、庭审和执行中的重要节点，统一收转诉讼材料、管理司法鉴定、办理诉讼保全，提高审判效率。三是开展案件评查专项活动。将上诉案件改判率、裁判文书质量等多个指标纳入法官业绩考核范围，完善案件质量评估体系；邀请人大代表、政协委员以及特邀监督员对案件进行监督评议，将评查整改落到实处。

五、加强队伍建设，不断提高整体素质

满足人民群众的新需求，开创各项工作的新局面，必须有一支政治坚定、业务精通、作风优良的队伍。加强队伍建设，始终是重中之重。

（一）开展主题实践活动，夯实思想政治基础。深入开展“学习实践科学发展观”、“社会主义法治理念教育”、“人民法官为人民”、“群众观点大讨论”、“创先争优”等一系列主题教育实践活动，弘扬“公正、廉洁、为民”的司法核心价值观，增强全体干警的大局意识、宗旨意识，为各项工作的开展奠定了坚实的思想基础。2010年，我院被评为北京市思想政治工作优秀单位。

（二）全面加强教育培训，提升队伍整体素质。坚持“服务审判、培养人才、促进发展”的原则，大规模开展全员分类分级分层培训。一是强化专题培训。结合岗位特点，针对审判实际需要，开展院庭长、审判员、书记员各类专题培训116次，培训干警9573人次。二是创新培训方式。针对新录用研究生、预备法官、初任法官，完善“体验制”锻炼、“带教制”学习、“指导制”实践三种形式，助力青年干警成长；三是加强调查研究。成功举办五届“西城法院前沿论坛”，共有26篇学术论文在市高院以上学术研讨会获奖。

（三）着力培养先进典型，树立法院良好形象。推动审判和其他各项工作的开展，离不开典型的示范引领作用。五年来，我院先后推出了亲民型、高效型、专家型法官的代表赵海、魏志斌和刘建勋。赵海同志深入社区巡回办案、指导民调，赢得群众好评，广受媒体关注。魏志斌同志办案数量多、结案周期短、案件质量高，荣获了“首都劳动奖章”和“全国法院办案标兵”称号。刘建勋同志既能办案又能研究，在全国保险案件审判中有较大影响，出版了多部个人专著。三种类型法官典型的培养，提升了西城法院的整体形象。

（四）加强反腐倡廉建设，筑牢拒腐防变防线。五年来，我院始终把反腐倡廉摆在队伍建设的突出位置来抓。一是严格贯彻落实“五个严禁”和法官任职回避等规定。规范干警的司法行为，努力从源头上防止司法腐败的发生。二是加强廉政风险防范体系建设。围绕审判执行权的运行过程，查找风险点、制定防范措施，取得了积极成效。三是推出作风投诉比较制。定期将被投诉情况进行通报，及时整改，提高群众对法院工作的满意度。四是建立廉政监察员制度。通过内部聘用廉政监察员，开展廉政教育、监督廉政法规的执行，提高干警的廉洁自律意识。2010年，在全国法院反腐倡廉建设创新经验交流会上，我院作了经验介绍。

（五）顺利完成融合任务，奠定良好工作局面。完成原宣武法院、西城法院的融合，形成发展合力，是我院的一项重要工作。一是在区委的领导、区人大的大力支持下，2010年8月，我院庭室机构设置、审判员以上人员任命全部到位，较快地完成了融合工作。二是在融合过程中，坚持案件承办法官不变、审判管理秩序不变、诉讼服务标准不变，确保了过渡期各项工作的顺利开展。三是整合、修订、增补原有的规章制度，推出了西城法院行政管理规范文件，修订了绩效考评办法，规范了日常管理，优化了绩效考核。

六、自觉接受监督，切实改进法院工作

坚持重大事项向区人大及其常委会报告制度，自觉将审判和其他各项工作置于人大及其常委会的监督之下。认真接受检察机关的法律监督，听取检察机关提出的意见和建议，共邀请检察长列席审委会21次。不断加强人大代表、政协委员联络工作，共邀请代表、委员到我院旁听案件审理、视察工作62次，办理代表建议、意见和提案12件。认真落实人民陪审员制度，建立人民陪审员考评激励机制，2011年一审普通程序案件陪审率在全市法院位居前列。主动将审判工作向社会公开，努力为群众旁听创造条件，不断加大裁判文书上网工作力度，共进行庭审图文及视频直播193次，各类媒体发稿19000余篇。

在全院干警的共同努力下，审判、执行和队伍建设取得了优异成绩，得到了社会各界的充分肯定。五年来，我院先后被评为北京市先进法院、全国先进法院，荣立集体一等功一次。上述成绩的取得，是区委的正确领导、区人大的有力监督、区政府、区政协和各有关部门大力支持的结果，也是人民代表充分发挥监督作用，鼎力支持的结果，在此，我代表西城法院全体干警向各位代表和社会各界表示衷心的感谢！

在取得成绩的同时，我们也清醒地看到，法院的工作与党和人民的要求还存在着差距。主要表现为：一是面对人民群众对司法工作的新期待，审判质量和效率有待进一步提高；二是面对服务区域发展大局的新要求，审判工作实现法律效果和社会效果有机统一的能力有待进一步强化；三是面对案件数量持续增多、审理难度越来越大的新情况，审判管理的科学化水平有待进一步提升；四是面对法院队伍年龄、知识结构的新变化，法官的整体素质还有待进一步加强。对于这些问题，我们将切实采取措施，努力加以解决。

2012年的主要任务

各位代表，今后五年，是我区全面实施十二五规划，推动区域经济社会在更高水平上又好又快发展的重要时期，司法服务区域发展的责任更大、任务更重。法院工作的总体思路是：认真贯彻落实党的十七大、十八大精神，以科学发展观为指导，坚持“为大局服务、为人民司法”的工作主题，充分发挥审判职能作用，为实现“服务立区、金融强区、文化兴区”战略，提供坚强有力的司法保障。2012年，重点做好以下工作：

一、围绕服务区域发展，进一步发挥审判职能

全面做好审判和执行工作，主动服务区域发展大局。全力维护社会稳定，大力支持重点工程建设。刑事审判将在依法惩处各类犯罪、发挥打击职能的同时，继续探索落实宽严相济刑事政策的措施。民商事审判将继续关注宏观政策变化引发的新纠纷，依法妥善审理涉及民生的案件。行政审判将妥善处理各种利益关系，促进行政机关依法行政，保护行政相对人合法权益。执行工作将进一步探索更有效的工作机制和方法，保障胜诉当事人债权的实现。进一步落实“调解优先、调判结合”的工作原则，完善诉讼与非诉讼相衔接的矛盾纠纷解决机制，推进社会管理创新，维护社会和谐稳定。

二、围绕促进司法为民，进一步拓展便民途径

坚持以人为本，继续完善各项便民利民举措，充分保障当事人诉讼权利的实现。深化立案综合服务大厅、网上便民服务平台的建设，提高司法便民的科技化、智能化水平。拓展司法公开的范围，继续做好裁判文书上网、庭审网络直播工作，不断增强审判工作的透明度。大力推进矛盾纠纷联动机制建设，努力从源头上化解纠纷。

三、围绕完善审判管理，进一步推进科技强院

落实上级法院“科技强院”的要求，进一步转变管理理念，强化信息技术手段的运用，推动审判管理制度和方式的创新。进一步探索审判管理办公室的职能定位，努力提高审判质量、效率和效果。进一步提高科技化手段在审判管理中的运用，实现各项审判工作指标的数据化管理，形成符合审判工作特点的绩效考评制度。进一步加大数字化法庭建设，更好地提升审判工作的规范化水平。

四、围绕提高司法能力，进一步加强队伍建设

继续加强社会主义法治理念的再学习再教育，深化“人民法官为人民”主题实践活动，不断转变工作作风、规范司法行为。加大对亲民型、高效型、专家型法官的宣传力度，力争推出在全国法院具有一定影响力的优秀法官代表。把反腐倡廉建设放在更加突出的位置，以更加扎实的工作，抓好廉政风险防控机制建设，确保司法廉洁。深化司法作风和法院文化建设，树立公正、廉洁、为民的核心价值观。

五、围绕改进自身工作，进一步主动接受监督

主动向区人大及其常委会报告法院的各项工作，增强接受监督的自觉性。健全接受检察机关法律监督的工作机制。积极拓展与人大代表、政协委员加强联络沟通的新途径，高度重视人大代表、政协委员的建议和提案，不断提高办理质量和效率。进一步提高人民陪审员的陪审率，依法保障其履行职责。

各位代表，新的一年即将来临，面对新形势、新任务，我院将在区委的领导、区人大及其常委会的监督、区政府、区政协以及各位代表的大力支持下，继续解放思想、开拓创新、振奋精神、扎实工作，努力实现各项工作的与时俱进，为建设“活力、魅力、和谐”新西城做出新的、更大的贡献。

北京市西城区人民检察院工作报告

2011年12月17日北京市西城区第十五届人民代表大会第一次会议

西城区人民检察院代理检察长　韩索华

各位代表：

现在，我代表西城区人民检察院向大会报告五年主要工作情况和2012年的工作安排，请予审议。

过去五年的主要工作

我院在区委和市检察院的领导下，在区人大及其常委会的监督和区政府、区政协的支持下，始终坚持以邓小平理论和“三个代表”重要思想为指导，认真贯彻落实党的十七大会议精神，深入实践科学发展观，紧紧围绕“十一五”发展规划和平安北京建设总体部署，充分发挥检察职能，以推进“三项重点工作”为着力点，努力为区域经济平稳较快发展、社会和谐稳定提供坚定的司法保障，各项工作也取得了较大成效。

一、依法行使检察职能，服务区域经济社会发展

五年来，检察机关始终围绕党和国家发展大局，深入分析政治和经济社会形势，以惩治犯罪和诉讼监督为着力点，充分履行检察职责。

（一）严格履行逮捕、公诉职能，维护区域安全稳定。五年来，批准、决定逮捕4328件5809人，依法提起公诉5175件7022人，确保办案法律效果、社会效果相统一。

突出打击重点，加大查办犯罪力度。始终保持对杀人、抢劫、绑架等严重暴力刑事犯罪高压态势，依法办理228件381人。深入推进打黑除恶专项斗争，铲除恶势力团伙6个，审查涉恶案件6件80人，重点查办了前门地区姜延国等19人恶势力犯罪团伙案件，有力地打击和震慑了黑恶势力犯罪。加大对涉众型经济犯罪案件的查处力度，依法办理28件51人，重点查办了涉案金额达6.6亿元的樊平川等6人非法经营期货案等，维护了区域经济秩序平稳有序发展。

妥善运用法律手段，提升办案质量和效果。优化轻刑快审，引导公安机关侦查取证提高案件质量，建议审判机关适用简易程序提高诉讼效率，五年来共适用轻刑快审机制办理案件390件436人。慎重适用强制措施、严格案件审查标准和程序，五年来不批准逮捕484件725人，不起诉141件220人。建立关键证人出庭经济补偿制度，做好证人出庭的动员和经济补偿工作，努力提高疑难复杂案件中关键证人的出庭率和出庭质量。如我院在办理史连英诈骗案中首次邀请关键证人当庭质证，取得了良好的庭审效果，《法制晚报》、人民网等多家媒体进行了现场报道。

加强涉林案件专属办理。按照市检察院统一部署，2008年起，我院负责全市涉及森林和野生动植物刑事案件的审查逮捕和起诉工作。通过在侦监、公诉等部门设立专案组，多部门协调配合，依法办理涉林案件76件117人，全部获法院有罪判决。

（二）有效打击职务犯罪，推进反腐倡廉建设。五年来，立案侦查职务犯罪207件248人，大案146件，要案89人，为国家挽回经济损失1.86亿元。

集中查处重点领域贪污贿赂犯罪。五年来，开展了打击治理商业贿赂、国有企业、民生、金融、教育等多领域职务犯罪专项行动，集中查办了国家工商行政管理总局外商投资企业注册局副局长刘伟受贿案、国家开发银行评审处副处长胡汉成受贿案、中央国家机关住房资金管理中心贷款管理处副处长节鹏受贿案、中国银河证券有限公司财务总监王长林贪污案、中国水利集团投资公司上海分公司总经理吴美荣贪污案等一批在全市有影响、有震动的大案、要案。我院也因此荣获全国优秀反贪污贿赂局，张京文同志获得全国十佳反贪局长、全国模范检察官等荣誉称号。

加强渎职侵权犯罪的查办力度。不断完善内部案件线索移送和侦查一体化工作机制，主要查办了国家食品药品监督管理局注册司司长曹文庄玩忽职守案、全国棉花市场王杰、金林元玩忽职守案。通过深挖泄密案件线索，先后立案侦查泄露国家医师资格考试、国家一级建筑师资格考试、国家宏观经济数据等泄密类案件14件14人，特别是今年以来重点查办了在全国有重大影响的泄露CPI经济数据专案，连续立案7件7人，得到党和国家领导人、高检院等领导的批示并获得市检院的表彰。

有效开展职务犯罪预防工作。依托区域职务犯罪预防网络，建立检察机关和各行业之间联席会议、举报线索定期分析、通报协查等制度，进一步强化职务犯罪预防效果。探索建立侦防一体化工作机制并得到高检院领导批示，通过深入发案单位开展同步预防，实现了侦查一案、教育一片、预防一线的工作目标。积极组织警示教育、廉政讲座等活动，促进干部廉洁自律，依法行政。不断完善“阳光工程”预防模式，与相关单位签订廉政责任书，共同创建“模范工程”、“精品工程”和“廉洁工程”。加强行贿犯罪档案查询机制建设，协助相关部门严格招投标准入门槛，自2010年以来向各投标单位出具查询结果告知函1108份，并将一起伪造我院查询专用章案件线索移送公安机关处理。

（三）大力开展诉讼监督，维护司法公平公正。始终坚持法律监督职能定位，不断强化监督意识、拓展监督渠道，大力开展监督活动。同时，市人大出台《关于加强人民检察院对诉讼活动的法律监督工作的决议》为检察机关深入推进诉讼监督工作提供了强大的助力，五年来我院在诉讼监督的力度和效能方面有较大提升。

不断加强立案和侦查活动监督。积极拓展立案监督渠道，与区政府法制办等单位合作建立起覆盖我区的行刑衔接体系，并在全市率先对辖区5个公安派出所开展法律监督试点工作，五年来共受理立案监督线索119件，向公安机关发出《要求说明不立案理由通知书》86份，要求立案38件65人；加大对遗漏严重犯罪分子的追加逮捕、追加起诉力度，共追捕、追诉94人，改变公安机关定性91件，增加犯罪事实647笔，发出纠正违法书53份，得到相关单位回函并改正。制定《西城区检察院提前介入公安机关侦查活动实施细则》，进一步规范和引导公安机关取证程序，有效解决案件定性、罪与非罪及逮捕必要性等争议问题，并对涉恶、团伙犯罪等重大疑难复杂案件做到全部提前介入，强化了对侦查活动的监督力度。

有力开展审判活动监督。五年来，提起刑事抗诉25件43人，上级院支持抗诉14件24人，法院改判7件9人。作为试点院稳步开展量刑建议改革，制定出台了《西城院实行量刑建议工作细则》，由“相对确定的量刑建议”逐步向“确定的量刑建议”推进，得到法院判决支持；五年来，受理民事、行政申诉485件，提请民事抗诉32件，上级院支持抗诉17件，发出再审检察建议16份，法院支持再审15件，对不服法院正确判决、裁定的申诉案件，着力做好息诉服判工作，维护司法权威。探索民事督促起诉制度，制定《西城院开展民事督促起诉工作的意见》，并积极走访驻区企业进行法制宣传，为进一步开展督促起诉工作奠定了基础，现经我院督促相关单位通过民事诉讼或其他方式已挽回国有资产损失60余万元。与区法院会签《关于检察院检察长列席法院审委会的制度》，对有争议的案件，检察长列席审委会讨论、研究，较好发挥了监督和沟通的平台作用。如通过列席民事审判委员会，我院成功促成了法院对12起民事案件启动再审程序。

依法开展刑罚执行和监管活动监督。始终将监管场所安全和维护在押人合法权益作为监督的重点，五年来开展羁押期限检察、执法监督检察、安全防范检察、交付执行检察等各专项监督千余次，并完成了驻所检察室与看守所监控、信息联网，做到实时动态监督，对于发现的安全隐患，及时向看守所提出口头建议，维护监管场所安全稳定；依托社区矫正检察官办公室，深入开展监外执行检察，建立未成年人、矫正期满、再犯可能性大、生活困难人员“四必谈”教育谈话机制。与区矫正帮教办、公安分局实行日常事项定期沟通，重点事项专题沟通，紧急事项及时沟通的“三通”机制，并完善重点人管控监督机制，规范日常、重点和敏感时期管控监督及突发事件处置流程，切实防止脱管、漏管、再犯罪情况的发生。

二、延伸检察工作触角，服务区域综治建设

五年来，我院不断在深化检察职能上下功夫，充分发挥检察机关参与社会管理职能，注重化解社会矛盾，推进社会管理创新，与社会各界共同为区域综治建设提供坚强保障。

（一）有效化解矛盾纠纷，全力促进社会和谐。五年来，接待群众来访5548人次，受理举报线索1684件，办理刑事申诉33件、刑事赔偿7件，发放举报奖励10.5万元。积极开展涉检信访积案排查工作，累积化解市级交办和挂账案件53件，全部实现了息诉罢访。完善信访工作制度，相继制定《涉检信访风险评估预警工作规定》、《妥善处理信访案件工作机制》等文件，重点在事前预防、事中调处、事后处置三个环节上下功夫，对可能发生的群体性、突发性事件，通过评估预警、外部联动、主动下访、应急处置等措施，做到“早发现、早报告、早控制、早解决”扎实做好检察环节矛盾化解工作。如我院成功化解了历时4年上访的许瑞林信访案件，取得了良好的息诉效果，以该案为题材排演的小品在全市多次展演宣传。通过不懈努力，五年来我院荣获全国文明接待室、全国文明接待窗口等荣誉称号。

（二）加强社会管理职能，推进区域平安建设。

全力以赴投入平安奥运和国庆安保工作。我院按照区委、区政府关于维护社会稳定的工作部署，坚决做到组织到位、保障有力，先后抽调干警600余人次参与安保和庆祝活动，与全区各界力量形成了有效维护社会治安秩序安全稳定的工作合力。

深入开展社会综合治理工作。将法律宣传职能与“五五普法”紧密衔接，积极开展“听呼声、走百家、送服务”、“检察开放日”等活动，深入社区、学校、企业等，针对人民群众的法律需求开展检察职能宣传。不断加强与基层群众的联系平台建设，2010年率先在辖区三个街道设立检察官办公室，做到检力下沉、窗口前移，一年来，我院在检察官办公室共投入检力二百余人次，受理群众举报、控告和申诉并提供法律咨询服务，赢得良好反响，该制度也取得了初步成效。结合自侦、公诉等部门查办案件帮助发案单位整章建制，五年以来发出各类检察建议448份，取得了良好效果。如我院向北京市卫生监督所发出的检察建议，促成了北京市卫生系统4部规章的出台，为发案单位提供了良好的法律服务。

依法做好未成年人的司法保护。进一步完善“诉中考察”、“品行指导”等未成年人司法处遇帮教体系，全市率先开展未成年在押人亲情会见制度，促进未成年人复归社会。选任19名优秀检察干警担任辖区中小学法制校长。并深入社区、学校开展“保障青少年权益、绿色上网校园行”、“牛街娃暑期法制教育”等系列活动。与西城区教委联合打造的“西检杯”中学生思想道德法律知识竞赛作为我院法制宣传的经典品牌已成功举办12届。这些举措在普及法律知识、帮教和预防未成年人犯罪方面取得突出效果，并逐步形成了对未成年人“教育、感化、挽救、维权、预防”于一体的保护机制。

三、加强检察机关自身建设，提高干警法律监督能力

我院始终以政治建设为核心，以队伍建设为根本，以专业化建设为方向，不断提升干警政治意识，改善队伍结构，提高整体素能，为正确履行法律监督职责提供组织保障。

（一）加强思想政治建设。深入学习、领会十七大会议精神，认真剖析我院队伍建设、执法作风、执法能力建设等方面存在的优势与不足，开展“以案析理”等活动，进一步端正执法行为，提升执法形象；积极开展“大学习、大讨论”活动，坚定中国特色社会主义检察事业的理想信念，深化社会主义法治理念，注重检察职业形象建设，不断提升整体执法水平；大力推进学习和实践科学发展观活动，以“检察人员受教育、法律监督上水平、执法为民见成效”为目标，通过理论学习、走访调研、完善机制，为推进各项检察工作科学发展奠定坚实基础；集中开展“创先争优党员作风建设年”、“恪守检察职业道德、促进公正廉洁执法”、“反特权思想、反霸道作风”等实践教育活动，引导全体干警牢固树立“忠诚、公正、清廉、文明”的职业道德，打牢公正执法的思想基础；以“发扬传统、坚定信念、执法为民”主题教育实践活动为平台，以“解放思想找差距、创新发展争一流”大讨论活动为契机，广泛征求完善检察工作的意见、建议，并大力弘扬爱岗敬业精神和执法为民理念，推动检察工作蓬勃发展。这期间，我院荣获全国政法系统优秀党员干警、全国“三八”红旗手等荣誉称号23人，获得市级个人奖励84人。

（二）加强检察队伍建设。不断强化领导班子自身建设，坚持党组理论中心组学习制度，用先进的理论武装头脑，严格执行重大事项集体讨论制度，提高领导班子科学民主决策水平；深入推进党风廉政建设，将廉政工作和自身反腐败作为“一把手”工作来抓，纳入领导干部目标管理，与业务工作同研究、同部署、同落实、同考核。以监督制约权力为核心，大力推进廉政风险防范管理工作机制，形成全过程管理，全方位防控的工作格局。认真开展党组权力公开透明运行机制建设，确保权力公开运行进一步程序化、制度化，并得到高检院督导组的充分肯定；强化教育培训力度，将岗位练兵、业务竞赛、专业培训常态化、规范化，在第四届全市检察机关技能比武16项竞赛中我院获得12项“十佳”称号。加大检察理论研究，积极组织检察基础理论和应用理论重点课题调研，五年来我院出版检察实务与理论研究书籍三部；优化检力资源配置，推进高素质、专业化检察人才队伍建设，五年来我院完成了45名中层后备干部、25名检察理论人才的选拔及32名检察员的选任和5名专职检委会委员配备工作，49名干警通过竞争上岗走上中层领导岗位，干部队伍结构进一步年轻化、科学化；稳步推进区域融合，扎实开展新西城院建设。按照市检察院和区委统一部署，及时传达上级精神，统一干警思想，深入对两院情况进行调研，制定科学合理的配置方案，与公安、法院就业务工作及时开展沟通协调，保证案件办理顺畅，并围绕新院建设和未来发展积极开展了“我与新西检大融合、大提升”讨论活动，迅速促进干警融合，顺利完成了新院筹建工作，我院整体精神面貌奋发向上，各项检察工作也开展得力。五年来，我院荣获最高人民检察院授予“集体一等功”、全国优秀基层检察院、全国检察宣传先进单位等荣誉称号14项，获得市级集体奖项51项。

四、坚持党的领导、自觉接受人大及社会各界的有效监督

坚决服从区委领导，紧紧围绕党的各项方针政策和区委的各项工作部署，自觉将检察工作纳入到全区经济社会发展稳定的大局中来谋划和推进。

主动接受人大及社会各界的监督，坚持定期向人大及常委会汇报工作制度，接受人大对检察工作的指导和监督，五年来向人大及常委会报告工作十余次，认真听取代表对检察工作的意见；建议，并将落实情况及时反馈，积极改进检察工作。高度重视代表、委员提案、建议权的行使，成立专办领导小组，制定办理工作方案，严格落实各环节各方责任，确保及时、准确答复代表、委员，得到了提案、建议人的充分肯定。不断完善接受外部监督的渠道和方式，五年来聘任人大代表、政协委员和社会各界人士47人担任我院特约监督员，定期参加我院检察开放日、中层岗位竞聘等业务、队伍建设活动，广泛听取社会各界的意见建议。积极实践人民监督员试点工作，五年来组织人民监督员监督“三类案件”18件19人，监督员全部同意我院处理意见。通过积极开展各项活动，主动征询、认真听取代表委员和监督员的意见、建议，不断促进检察工作向前发展。

在区委和市检院的正确领导、区人大及其常委会的有力监督和区政府、政协以及社会各界的大力支持下，五年来我院在业务建设、队伍建设、科技强检等方面得到显著提高。在此，我代表全院检察干警，向一直领导、监督、支持我院工作的有关部门和各位代表，致以崇高的敬意和衷心的感谢！

回顾过去五年的工作，我们也清醒地认识到在以下几方面还存在不足和问题：一是检察队伍整体素质和人员结构还需要提高和优化，检察专家人才和业务骨干的培养、管理和使用应进一步制度化、科学化。二是诉讼监督从广度和深度方面仍需深入挖掘，影响监督效能的薄弱环节要进一步强化，监督力度有待加强。三是创新的意识和能力需要进一步提升，推动检察工作科学发展的机制创新需要不断深化。四是做群众工作的能力和水平与人民群众对检察机关的新期待、新要求还不相适应，密切联系群众的渠道和方式仍较为单一。

2012年的工作安排

2012年是贯彻落实“十二五”规划的关键之年，是喜迎十八大召开之年，是贯彻落实十七届六中全会精神大力开展检察文化建设之年。我院将在区委和市检院的领导下，围绕西城区“服务立区、金融强区、文化兴区”的发展战略，全面履行法律监督职能，积极服务“活力、魅力、和谐”新西城建设，为党的十八大顺利召开创造和谐稳定的社会环境。

一、深化检察职能，服务区域经济社会科学发展

始终将维护社会稳定作为工作重心，严厉打击严重刑事犯罪和多发性侵财犯罪，不断提高审查逮捕、公诉案件质量与效率。综合运用释法析理、教育说服、经济赔偿等方式，全力化解矛盾纠纷，促进社会和谐稳定。围绕金融强区战略，突出查办和预防金融等领域职务犯罪，深入研究金融行业发展中的新问题、新情况，适时与相关单位建立预防网络平台，建立健全检察机关和各行业之间的联席会议、情况通报等制度，协助其做好廉政风险防范管理工作,积极服务和保障西城区经济社会平稳发展。

二、推进诉讼监督，提升法律监督效能

进一步强化监督意识、完善监督机制、加大监督力度，切实增强监督实效。加强刑事立案和侦查活动监督，进一步完善对派出所法律监督试点工作和行刑衔接工作，扩大监督范围，总结工作经验。加强刑事审判监督，继续推进检察长列席审委会和量刑建议工作。重点强化民事审判和行政诉讼检察监督，深入推进民事督促起诉制度落实，着力加强民事抗诉和再审检察建议工作。加强刑罚执行和监管活动监督，不断完善“阳光检务”进监区和约见驻所检察官等工作制度。

三、加强队伍建设，推动检察工作自身科学发展

坚持以党建带队建，积极推进检察人才和队伍专业化建设，提高干警政治素质和业务素质，促进检察工作整体水平提升。认真落实中央、市委、高检院和市院部署，积极开展检察文化建设，营造检察文化氛围，以此更好的丰富、发展和推动队伍建设。同时，大力加强党风廉政建设，发挥好自身反腐倡廉和内部监督制约机制的效能，着力提升理性、平和、文明、规范的执法水平。

四、自觉接受外部监督，保障检察工作健康发展

始终将检察工作置于人大和社会各界监督之中，不断拓宽监督渠道，深入推进检务公开，促进检察工作进一步公开、公正、透明。并以新一届人大代表履职为契机，进一步深化代表联络工作，充实代表联络队伍，增强专业化水平，创新代表联络工作机制，切实为人大及社会各界的监督服好务。

各位代表，在新的一年里，我院要在区委和市检察院的领导下，在区人大及其常委会的监督下，牢固树立大局意识、责任意识和发展意识，扎实奋进、创新有为，努力为我区经济又好又快发展、社会和谐稳定作出新的贡献！

北京市西城区国民经济和社会发展第十二个五年规划纲要（草案）

序　言

“十二五”时期（二〇一一年至二〇一五年），是北京市围绕建设中国特色世界城市目标，以更高的标准推动“人文北京、科技北京、绿色北京”建设的重要时期，是西城区深化区域融合、完善城市功能、提升发展品质、促进社会和谐的关键时期。《北京市西城区国民经济和社会发展第十二个五年规划纲要（草案）》（以下简称《规划纲要》）是首都功能核心区行政区划调整后，谋划新西城新发展的第一个重要规划。《规划纲要》主要阐明了区委、区政府的施政方针和战略意图，明确了“十二五”时期西城区发展的战略目标、重点任务和发展路径，是指导全区国民经济和社会发展的重要文件，是全区人民共同奋斗的行动纲领。《规划纲要》编制的主要依据是：《中共北京市委关于制定北京市国民经济和社会发展第十二个五年规划的建议》，《北京市国民经济和社会发展第十二个五年规划纲要》，《北京城市总体规划（2004年—2020年）》；《中共北京市西城区委关于制定西城区国民经济和社会发展第十二个五年规划的建议》。

第一篇　站在历史新起点

第一章　奠定发展新基础

“十一五”时期是西城区发展史上极不平凡的五年。在市委、市政府和区委的领导下，区政府团结带领全区人民，深入学习实践科学发展观，坚决贯彻落实国家、北京市的大政方针和一系列指示精神，圆满完成奥运会和新中国成立60周年庆祝活动服务保障任务，积极应对国际金融危机的巨大冲击和国内外环境的复杂变化，认真落实首都功能核心区行政区划调整的决策部署，全面完成“十一五”规划确定的主要目标任务，为“十二五”时期的发展奠定了良好基础。

区域经济实现新跨越。坚持科学发展，发挥区位优势，增强服务能力，推进结构调整，经济综合实力迈上新台阶。预计地区生产总值年均增长12.8%，人均地区生产总值超过2万美元，万元地区生产总值能耗完成市下达指标，财政收入年均增长24.7%。经济结构进一步优化，服务型、知识型、总部型经济特征更加突出，生产性服务业增加值占GDP比重接近70%，金融业增加值占GDP比重超过40%，文化创意产业增加值占GDP比重接近10%。重点功能区产业特色更加鲜明、发展优势更加突出。金融街聚集了全国金融业的优势资源以及一批国际知名金融机构和企业总部，国家金融管理中心的地位进一步巩固。

城市服务功能实现新提升。坚持高标准建设、高水平管理，加强基础设施建设，改善生态环境，提升城市管理服务水平，城市承载能力进一步增强。累计新建道路45条，新增道路长度30.8公里，道路通车里程达到198.6公里。基本形成“三纵七横”的供水干线格局和雨污管道分流的排水系统。德内及大栅栏变电站等投入使用，全区供电可靠率达到国内先进水平。供热管网基本覆盖各主要道路，居民和公共服务设施管道气化率显著提高。建成金融街、什刹海等4座消防站。加强环境建设，完成西单环境整治工程和地内大街等33处“城中村”、“边角地”改造。建立了“四位一体”城市运行管理模式，积极推广城市环境分类分级管理，实现城市常态管理与应急管理、城市管理与便民服务、城市运行监控与重点工作保障有机结合，确保了城市安全高效运转。

历史文化名城保护取得新成效。坚持整体保护和以人为本的原则，探索院落微循环改造、街巷胡同环境整治、历史文化保护区试点相结合的历史文化名城保护模式，促进古都风貌保护和人居环境改善。实施1504个院落修缮工程、176处低洼院落改造，完成2449户危房的解危修缮和7万余户居民的“一户一水表”改造工程。稳步推进什刹海烟袋斜街大小石碑地区小规模渐进式有机更新。修缮整治大栅栏商业步行街，腾退和修缮火神庙、广福观、中山会馆等一大批文物古迹。建立全市首个非物质文化遗产展示中心，84个项目被收入国家、市级非物质文化遗产名录，古都文化遗产得到有效保护传承。

社会民生工作取得新成就。坚持以人为本，切实把保障和改善民生摆在突出位置，增强公共服务能力，改善人民生活，着力加强社会建设，保持社会和谐稳定良好局面。国家可持续发展先进示范区建设稳步推进。积极推进中小学标准化和校安工程建设，教育结构和布局进一步优化，教育优势得到巩固。公共卫生服务体系不断完善，建成15个社区卫生服务中心和78个社区卫生服务站。城镇登记失业率控制在2%以内。综合救助体系初步形成，社会保障体系不断完善，区、街、居三级住房保障体系基本建立。推进社会服务管理创新，大力扶持社会组织，不断增强社区居民自治能力。民主法治建设不断加强。

改革开放取得新突破。贯彻落实国家和北京市的决策部署，顺利完成首都功能核心区行政区划调整，推进政府机构改革。组建区社会建设办公室、区人力资源和社会保障局，社会服务管理得到加强。成立区金融服务办公室和区功能街区产业发展促进局，进一步提升服务经济发展能力。实施“条专块统、重心下移”的城市管理改革，管理效能得到有效提升。行政审批制度改革迈出重要步伐，率先实现行政服务大厅“一站式”审批。公共财政、国有经济、医药卫生、科技、教育等领域改革取得新进展。扩大对外开放，累计进出口额达到2208.3亿美元，新设外商投资企业452家，外资企业及其分支机构774家，合同利用外资年均增长16.6%，实际利用外资年均增长44.8%。

“十一五”时期是区域综合实力提升最快、城市环境面貌变化最大、人民群众得实惠最多的五年，极大地增强了城市功能，提高了发展的影响力和竞争力，激发了广大群众推动科学发展、建设和谐社会的积极性和创造性，标志着区域发展进入了一个新的历史阶段。

第二章 面对发展新形势

纵观发展所面临的形势，未来五年区域发展仍处于大有作为的重要战略机遇期，面临着新的发展机遇和一系列有利条件。国家综合实力和首都城市影响力的提升，为我们在更广泛的领域开展多方面、多层次合作提供了重要机遇。加快转变发展方式，为实现区域全面协调可持续发展，提供了新的动力。行政区划调整后，核心功能更加突出，服务职责更加明确，特色优势更加鲜明，发展空间更加广阔，全区上下共谋发展、共促发展的氛围更加浓厚，为推动区域新发展奠定了良好基础。

与此同时，国际国内发展形势更趋复杂，外部环境不确定性因素增多，需要我们进一步冷静观察、沉着应对，集中力量解决好制约和影响区域发展的问题：地区间多层面竞争更加激烈，对高端要素和产业资源的竞争日益加剧，优化产业结构、提升经济品质还需要付出更大努力；历史文化名城保护的任务更加艰巨，需要更好地探索和创新保护利用模式；城市建设和运行管理的压力更加凸显，提高城市精细化管理水平、保障城市安全运行面临更大考验；教育、医疗、健康和人口老龄化等问题日益成为社会关注的焦点，协调多元利益诉求的难度加大，对公共服务能力提出了更高的要求；影响科学发展的矛盾依然存在，需继续加大改革攻坚的力度。

总之，“十二五”时期区域发展的机遇和挑战并存，机遇大于挑战。我们必须牢固树立紧抓机遇、加快发展的意识，深刻把握发展的趋势和规律，充分利用一切有利条件，积极解决突出矛盾和问题，争创发展新优势，在新的起点上推动区域又好又快发展。

第三章 明确发展新要求

在新的时期，我们面临新的发展环境和发展要求，必须积极应对各种挑战，创新发展思路，采取有效措施，努力开创全区发展的新局面。

要加快发展方式转变，统筹推进科学发展。加快转变发展方式是我国经济社会领域的一场深刻变革，将贯穿经济社会发展全过程。要把经济结构战略性调整作为加快转变发展方式的主攻方向，要把保护历史文化名城、传承历史文明、提升文化软实力作为加快转变发展方式的重要支撑，要把保障和改善民生作为加快转变发展方式的根本出发点和落脚点，要把完善城市功能作为加快转变发展方式的重要抓手，要把改革开放作为加快转变发展方式的强大动力，要把人才发展作为加快转变发展方式的基础性保障，提高发展的全面性、协调性和可持续性。

要着力提高服务能力，做好“四个服务”。做好“四个服务”，是中央赋予北京市的政治使命和重要职责，也是西城区的核心功能。要进一步增强做好“四个服务”的政治责任感，把做好“四个服务”作为履行职责的根本要求和促进发展的基本途径。要充分认识到区域内的单位和居民既是服务的对象又是发展的依靠力量，强化服务意识，以服务促发展。要充分依托首都功能核心区独特的资源优势，创新机制体制，形成共驻共建共享的发展合力。

要大力加强文化建设，提升综合竞争力。文化是一个民族的精神和灵魂，是国家发展和民族振兴的强大力量，也是构成区域综合竞争力的核心要素。得天独厚的文化资源禀赋，赋予了西城独特的发展优势，更增强了我们有效保护历史文化名城、提高文化影响力的紧迫感和责任感。要坚持社会主义先进文化前进方向，积极推进体制机制创新，加强历史文化名城保护，繁荣文化事业，大力发展文化创意产业，激发文化发展活力，不断满足人民群众日益增长的精神文化需求，进一步展现西城的人文魅力。

要创新城市发展理念，提高生活品质。生活品质是城市内涵式发展和包容性增长的核心，是实现城市发展模式转变的着力点。在当前城市总体发展架构已经确定的情况下，有效化解“大城市病”是“十二五”时期经济社会发展面临的迫切任务。要坚持以人为本的城市发展理念，立足有限空间重塑城市，加强基础设施建设，提高城市管理水平，保障城市高效安全运行，使城市功能日趋完善，居民居住条件不断改善，生活质量不断提高。

要提升公共服务供给能力，实现共享发展成果。加强公共服务供给能力建设，让人民群众共享改革发展丰硕成果，是构建和谐社会首善之区的必然要求。要立足于最大限度地满足人民群众对公共服务的多样化需求，采取有效措施，统筹公共服务资源，推动基本公共服务均等化、社会保障一体化，创造更多的优质公共产品，整体提升社会福祉。

第二篇 开创科学发展新局面

立足发展的新阶段、新特征和新要求，我们要坚持科学发展，深化改革开放，率先走出一条空间布局不断优化、区域经济持续发展、文化软实力和国际影响力不断提升、城市服务功能优化配置、社会和谐程度和宜居水平稳步提高的发展之路，全面开创西城科学发展新局面。

第四章 功能定位

根据首都功能核心区行政区划调整带来的新要求，结合资源禀赋和发展方向，西城区的功能定位是：

国家政治中心的主要载体。西城区是党和国家首脑机关所在地，是国家最高层次对外交往活动的主要发生地，是首都“四个服务”体现最直接、最集中的地区。要高标准、高水平地做好对中央机关、国家部委、驻京部队的服务保障，不断增强服务能力，创造一流的政务环境，提供安全稳定的社会环境和优美宜居的生态环境。

具有国际影响力的金融中心。西城区拥有丰富的金融发展资源。要依托国家金融管理中心地位，以金融街等重点功能区为载体，充分发挥国家金融决策、管理、结算、信息等资源优势，做大做强金融业，提升品牌价值，扩大国际影响力，不断增强金融服务首都、服务全国和服务国际的能力。

传统与现代融合发展的文化中心。西城区拥有深厚的历史文化底蕴和丰富的文化资源。要大力加强历史文化名城保护，传承历史文化，繁荣文化事业，壮大文化创意产业，巩固和提升首都文化的国际影响力和竞争力。

国内外知名的商业中心和旅游地区。西城区拥有国内知名的商业区，是传统风貌重要旅游地区。要充分挖掘区域资源优势，推动传统与现代的有机融合，提升商业、旅游业的规范化、特色化、国际化发展水平，努力建设品牌突出、品质优良、品位高雅的商业中心和都市旅游目的地。

和谐宜居健康的首都功能核心区。西城区是全国文明城区，拥有完善的城市基础设施和较高水平的公共服务。要坚持以人为本，促进基本公共服务均等化，推动绿色城区、智慧城区、健康城区建设，全面提升人居环境品质和公共服务水平。

第五章 指导思想和发展原则

高举中国特色社会主义伟大旗帜，以邓小平理论和“三个代表”重要思想为指导，深入贯彻落实科学发展观，牢牢把握区域融合的新优势、新机遇，坚持以科学发展为主题，坚持以加快转变经济发展方式为主线，坚持以改革创新为动力，坚持以改善民生为目的，全面实施“服务立区、金融强区、文化兴区”战略，努力把西城区建设成为“四个服务”示范区、高端服务业发展示范区、“人文北京、科技北京、绿色北京”示范区和社会和谐示范区，以更高的标准创造城市美好生活，在北京建设中国特色世界城市的进程中走在前列。

在未来发展中要遵循以下六个原则：

坚持融合发展。要深化对区域内不同地区基本情况和发展状况的认识，明确发展定位和工作重点，建立完善统筹协调机制，加快推进空间融通、资源融汇和文化、产业、体制机制的融合，努力推动区域又好又快发展。

坚持率先发展。要注重打牢工作基础、巩固发展优势，坚持工作的高标准，着力实现经济发展优质化、风貌保护精细化、社会建设人文化、城市面貌精致化，力争使全区各项工作走在全市前列，充分发挥首都功能核心区的引领示范作用。

坚持创新发展。要充分解放思想、深化改革，坚持与时俱进，勇于探索、敢于尝试、善于创新，在工作理念、工作机制和工作方式上，积极开辟新领域、创造新经验、展现新水平，使各项工作体现时代性、把握规律性、富于创造性。

坚持开放发展。要按照北京建设中国特色世界城市的要求，强化开放意识、培养世界眼光、开拓国际视野，以更加系统的全局观念、更加长远的战略思维，充分利用各方面资源优势促进区域发展，不断提高区域开放度和国际化水平。

坚持绿色发展。要注重区域人口、资源、环境的协调可持续发展，弘扬生态文明理念，加快转变经济发展方式，实施人口调控与功能疏解同步推进，大力发展循环经济，倡导低碳生活方式，切实推进资源节约型、环境友好型社会建设。

坚持共享发展。要始终坚持以人为本，彰显人的主体地位，全面提升社会建设水平，大力推进公共服务均等化，加强和完善社会管理，妥善协调各方面利益关系，促进社会公平正义。要不断完善区域资源的统筹协调整合机制和共驻共建共享机制，让全区人民共享改革发展成果、共享城市美好生活。

第六章　发展战略和空间布局

未来五年，要大力实施“服务立区、金融强区、文化兴区”发展战略，加快推动发展方式转变，全面提升城市发展品质。

实施“服务立区”战略。服务是西城区履行职责的根本要求和促进发展的基本途径，要将“服务”贯穿于全局，贯彻到各项工作的始终，不断强化服务意识，更新服务理念，创新服务举措，提升服务能力，提高服务质量，实现好首都功能核心区的定位要求。

实施“金融强区”战略。金融是西城区的主导产业和核心优势，要把做大做强金融业作为加快发展方式转变的重要举措，以金融的强大牵引力和辐射力带动产业走向高端、高效、高辐射，增强对经济社会发展的支撑能力，实现区域经济社会跨越式发展。

实施“文化兴区”战略。文化软实力是区域发展的重要支撑和持久动力，科技、教育等社会事业是文化建设的重要内容，要把文化建设与发展贯穿到经济社会发展的各领域和各环节，以文化的强大影响力和渗透力引导社会、教育人民、推动发展，实现经济、社会协调、可持续发展和人的全面进步。

在继承原有发展格局的基础上，按照推进产业发展、提升环境品质、服务人民生活的原则，全力构建“一核、一带、多园区”空间发展布局。

“一核”即以金融街为中心区，以德胜科技园、广安产业园为辐射区，以白塔寺、西单和南闹市口地区为配套区，集中力量打造以金融业为核心的经济增长极。充分发挥金融街功能集聚、政策集合、服务集成的效应，拓展产业发展空间，丰富产业内涵，完善基础设施，提升服务质量，努力建设具有国际影响力的金融中心。

“一带”即以什刹海、阜景街、大栅栏、琉璃厂、天桥等地区为重点，以国家大剧院、北京音乐厅等现代文化设施为依托的北京中轴线西翼文化带。“一带”是承接历史文化名城保护的主要载体，提升文化软实力的重要支撑，改善居民生活质量的着力点。要进一步加强基础设施建设和环境整治，有效疏解人口，适度植入产业，实现古都风貌保护、历史文化传承、人居环境改善和产业合理发展的相得益彰，建设融历史与现代为一体的新型文化发展带。

“多园区”即支撑“一核一带”发展的九个功能区。按照科技、文化、商业等领域划分，包括德胜科技园、广安产业园、什刹海历史文化保护区、阜景历史文化街区、琉璃厂艺术品交易中心区、天桥演艺区、西单商业区、大栅栏传统商业区和马连道茶叶特色商业区。

根据资源禀赋、产业特点和未来发展趋势，德胜科技园重点发展研发设计、文化创意、金融后台、高端交易等产业，建设有特色的自主创新示范园区。广安产业园重点发展高新技术、金融服务、文化创意等产业，建设新兴高端产业聚集区。什刹海历史文化保护区重点加强风貌保护和生态保护，改善人居环境，建成集文化旅游、特色商业、传统风貌展示、历史文化传承等功能为一体的人文生态风景区。阜景历史文化街区重点加强文物景观保护，整体恢复和重现街区

西城区一核一带多园区空间布局图

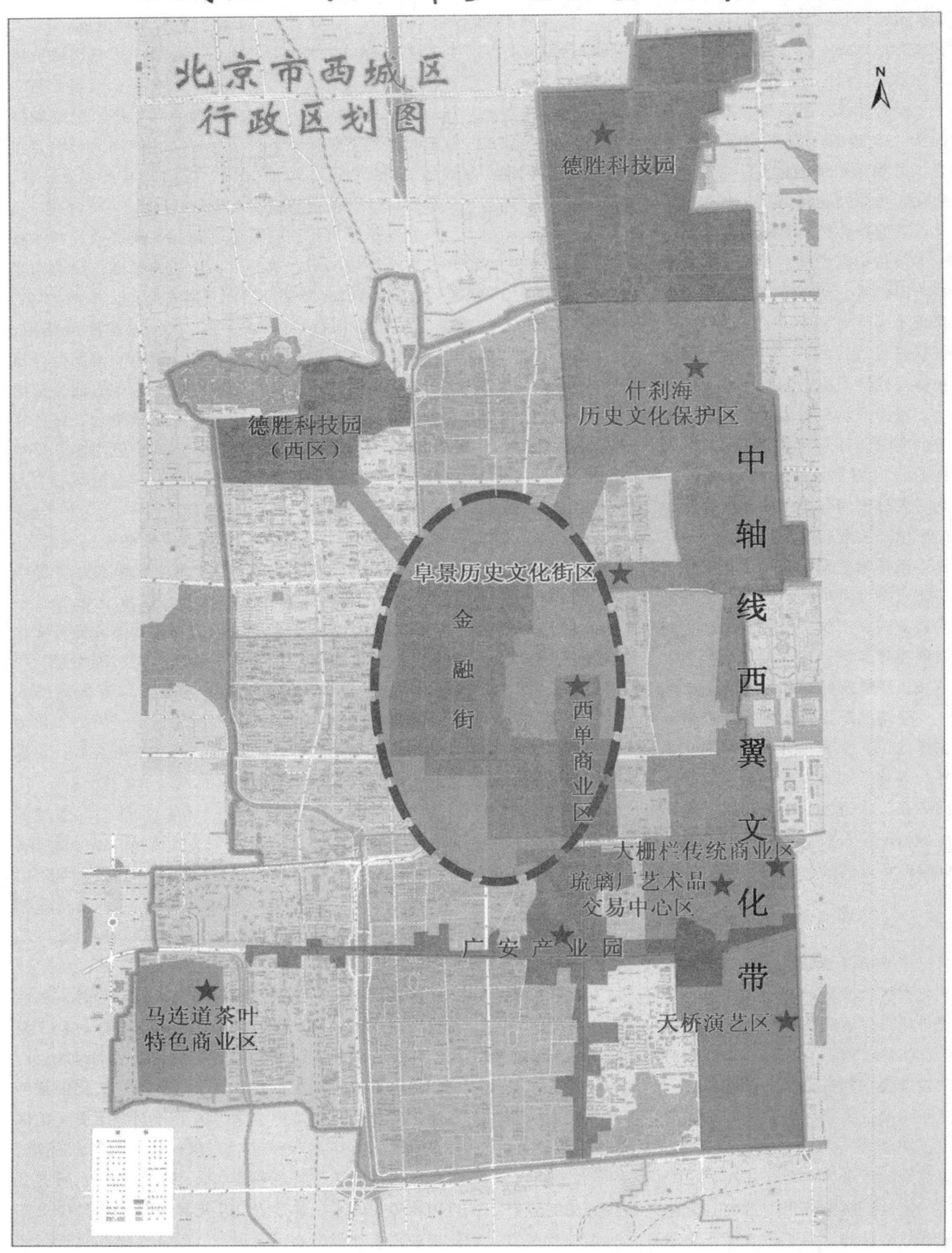

历史风貌，建设兼具旅游、休闲、文化交流等功能，展现北京多元文化交汇融合独特魅力的重要街区。琉璃厂艺术品交易中心区重点发展古玩艺术品交易、文化旅游等业态，打造艺术品交易聚集地。天桥演艺区重点发展文艺演出、文化展示、休闲体验和文化商务等业态，建设文化特色突出的演艺聚集区。西单商业区重点提升商业品质、优化购物环境、完善服务配套，建设集购物、休闲、娱乐为一体的时尚商业区。大栅栏传统商业区，建设集传统商业、旅游休闲、文化体验为一体的特色商业集聚区。马连道茶叶特色商业区重点提升文化品位、延伸产业链条、完善基础设施，建设集茶叶集中交易、茶文化展示和休闲、娱乐为一体的茶文化商贸区。

第七章　主要目标

综合考虑区域发展的外部环境和现实基础，“十二五”时期经济社会发展的主要目标是：

经济发展质量和水平迈上新台阶。率先形成较高水平的区域经济协调发展格局，经济特色更加突出，产业结构进一步优化升级，以现代服务业为主体的产业体系更加完善，与区域功能定位相适应的高端产业和总部经济优势进一步扩大，综合实力和竞争力显著增强。地区生产总值年均增长8%，财政收入年均增长9%，社会消费品零售额年均增长10%。

城市品位和文化魅力实现新提升。基础设施更加完善，交通更加顺畅，管理更加高效，环境更加优美，文化魅力和人文精神更加彰显，城市形象更加鲜明，文明城区建设成果进一步巩固。城市空气质量完成市下达的指标，食品抽检合格率高于全市平均水平，药品抽验合格率高于98%。

公共服务和社会建设达到新水平。率先实现基本公共服务均等化。社会保障体系更加完善，社会法治化水平进一步提升，民主政治进一步发展，社会治安综合治理和平安建设全面加强，社会利益协调机制更加健全，社会更加和谐稳定。城镇居民人均可支配收入年均增长8%，城镇登记失业率控制在2.8%以内。

区域人口资源环境协调发展实现新突破。人口规模得到合理调控，人口疏解有效、流动有序。国家可持续发展先进示范区建设全面推进，资源消耗得到有效降低，城市环境得到有效保护，资源节约型、环境友好型社会建设取得积极进展，可持续发展能力显著增强。万元GDP能耗降低率完成市下达的指标。

“十二五”规划主要目标安排

类别	指标名称	单位	目标	属性
经济发展	地区生产总值年均增速	%	8	预期性
	生产性服务业占GDP比重	%	>(70)	预期性
	人均GDP	美元	(30000)	预期性
	财政收入年均增速	%	9	约束性
	社会消费品年均零售额	%	10	预期性
	实际利用外资额	亿美元	[25]	预期性
	新增跨国公司地区总部及其分支机构	个	[20]	预期性
社会发展	居民人均可支配收入年均增速	%	8	预期性
	城镇登记失业率	%	<2.8	约束性
	城镇职工五项保险参保率	%	98	约束性
	亿元GDP生产安全事故死亡率降低	%	完成市下达指标	约束性
	食品抽检合格率	%	高于全市平均水平	约束性
	药品抽检合格率	%	>98	约束性
创新发展	专利申请量	件	保持逐年增长	预期性
	年技术交易额	万元	保持逐年增长	预期性
绿色发展	万元GDP综合能耗降低	%	完成市下达指标	约束性
	城市空气质量（二级和好于二级天数）	天	完成市下达指标	约束性

注：[ ]内为五年累计数，( )内为“十二五”期末数。

第三篇 提升经济品质

要立足区域功能定位，按照首都经济高端化、功能化、国际化的发展方向，加快经济发展方式转变，重点发展服务经济、总部经济和知识经济，积极发展非公经济、特色经济，逐步构建布局合理、特色突出、协调健康的以金融业为核心，以高新技术产业、文化创意产业、商业和旅游业为重点，传统优势产业和战略性新兴产业并重，多元共生融合发展的现代产业体系，不断提升产业的竞争力和辐射力，推动经济发展走向高端引领、创新驱动的轨道。

第八章 建设具有国际影响力的金融中心

紧紧抓住经济全球化、新兴市场崛起等带来的重大机遇，发挥国家金融管理中心和决策中心作用，增强金融资产配置能力，拓展金融服务功能，促进金融及相关要素聚集，提升金融服务和辐射带动周边发展的能力，建设具有国际影响力的金融中心。

集聚发展优势。充分发挥国家金融决策、管理、结算、信息等资源优势，强化融资结算、重组并购和资产管理等金融服务功能，积极吸引国内外知名金融机构和大型企业总部。大力发展新兴金融，积极吸引各类投资基金等新型金融机构，培育券商直投等新业态，抢占新兴金融和特色金融发展先机。积极吸引国际一流法律、会计、评估、咨询等中介机构，丰富金融产业链。

培育要素市场。强化债券发行中心和清算中心功能，巩固全国债券交易市场中心地位。支持金融衍生品市场发展，推进北京产权交易所、北京金融资产交易所、中国棉花交易所、中国林权交易所、北京环境交易所等要素市场发展壮大。推进中国知识产权交易中心发展。吸引场外交易市场管理机构落户。

拓展发展空间。坚持增量资源开发与存量资源盘活并重，加快金融街拓展，挖掘核心区资源潜力，提高空间承载力和利用率，努力满足企业发展需求。发挥德胜科技园和广安产业园的政策和空间优势，承接金融街产业溢出，构建金融辐射圈。突出西单商业区时尚特色，加速聚集商业龙头企业，引进国际品牌，提高品牌丰富度，增强商业配套服务功能。稳步推进白塔寺地区和南闹市口地区保护性修缮，依托文化资源优势，适度植入文化消费、休闲娱乐、商务服务等产业，增强综合配套服务功能。

提升服务品质。积极争取国家和北京市的支持，将金融街发展纳入国家金融产业发展战略，营造金融创新先行先试的政策环境。提高金融街国际化程度，筹办北京金融文化节、金融发展论坛，开展金融街品牌国际推介活动，搭建国际性、高层次的对话交流平台，使金融街成为国际性重大金融活动首选地之一。探索构建金融信息资讯平台，研究设立北京金融街指数，出版相关刊物，加强业界信息交流，提升金融信息服务。完善配套服务，加强道路建设，全面完成金融街地下交通工程并投入使用，实现金融街内外路网与城市主干路网的有机衔接。加强区域电讯及网络设施建设，实现双路由供电和无线网络全覆盖。

第九章 建设中关村国家自主创新示范区特色园

紧紧抓住建设中关村国家自主创新示范区的有利契机，推进德胜科技园扩区和广安产业园入区工作，制定产业和空间规划，强化政策支持，完善基础设施，提升服务功能，积极发展高新技术产业，促进中关村国家自主创新示范区特色园发展。

推动园区发展。德胜科技园重点发展研发设计、文化创意、金融后台、高端交易等产业，依托科技资源优势，建立多种形式的产学研合作机制，鼓励科研院所、科技型企业建立各种层级的技术研发平台，推进企业、科研院所依法转让科技成果。加快中国北京出版创意产业园区和中国设计交易市场的建设。超前谋划广安产业园空间布局，高水平设计标志性建筑，加快推动广安产业园开发建设，合理配置相关产业，推动电子信息、金融服务、文化创意、生物医药等企业总部的集聚，建设国家数字版权基地。

完善配套设施。统筹规划建设基础设施，探索多元化的基础设施建设投融资模式，逐步满足园区企业对水电气热、交通等基础设施的多样化需求。合理配置配套服务设施，吸引社会资本参与园区及周边地区商业餐饮、休闲娱乐等配套设施建设，增强园区服务功能。加快周边环境建设，优化城市景观，提升环境品质。

加强政策支持。健全跨部门联合工作机制，加快推进园区建设与产业促进工作。落实中关村系列先行先试改革政策，推进科技成果处置和收益权改革，开展股权激励个人所得税政策试点和科研项目及经费管理改革试点，做好高新技术企业认定工作。研究制定有关政策措施，通过项目资金配套、贷款贴息、法人奖励、获奖奖励、专利资助等方式，推动园区企业发展。鼓励和支持各类金融机构开展金融创新，吸引风险投资和创业投资机构落户，支持企业上市融资，促进资本与技术对接。积极协调解决企业发展过程中遇到的问题，为企业创造优质的服务环境。进一步激发科技企业、科研院所和科技人员创新创业的积极性和创造性，促进更多一流人才、一流成果涌现。

第十章 建设国内外知名的商业中心和旅游地区

立足发展新阶段，推动商业、旅游业向精品化、特色化、便利化方向发展，不断提升商业、旅游业的规范化、现代化、国际化水平，有效扩大消费，促进区域经济内涵式增长。

发展优势商业。增强西单商业区的品牌影响力，吸引国际知名商业企业落户，营造现代、国际、精品、动感、繁华的商业氛围，建设国际化、综合性、生态型现代商业中心区。扩大菜百的黄金珠宝交易优势和影响力，提升交易能力，延伸设计、展示、认证拍卖、商务服务等产业功能，探索建立黄金珠宝艺术品交易中心。着力调整商业业态，优化商业结构，不断提升区域发展品质。

做强特色商业。依托大栅栏传统商业区，吸引更多的老字号品牌入驻。引导老字号企业通过产品创新和营销创新，向主题化、多元化、体验化方向发展，增强中华老字号集聚区品牌影响力和对消费者的吸引力。完善马连道地区基础设施，优化商务环境，提升茶交易市场的辐射力，建设集产品展示、商贸洽谈、茶品拍卖、消费体验、文化交流为一体的茶业交易中心。积极推动特色街专业化、差异化发展，提升烟袋斜街、护国寺小吃街等街区品质，增强特色街发展活力。

完善便民商业。因地制宜发展社区商业，建设社区商业服务中心，提高社区商业便利程度。引进电子商务网络销售模式，促进网上销售与社区实体便利服务网点相结合。积极引入品牌零售、品牌餐饮、特色店铺和超市等连锁企业，促进现有社区商业业态升级。推进社区生活服务行业发展，满足居民消费需求。

提升旅游服务水平。突出区域历史文化特色，深入挖掘会馆、王府、胡同等资源，开发多种类型的旅游产品，促进文化旅游产业内涵式发展。加强酒店业标准化建设，发展主题特色酒店，引导社会旅馆向标准化、主题化、规模化发展，提高区域住宿业发展质量。发挥旅游企业营销主体作用，积极开发文化创意旅游商品，丰富特色旅游商品体系，促进消费结构升级。全面提升旅游基础设施和公共服务水平，加强旅游标识系统和导览系统标准化建设，科学布局“中心、站、点”三级旅游咨询服务网络，建成集旅游咨询、购物引导、文化展示、创意商品展卖于一体的多功能旅游服务咨询体系。

第十一章 促进产业融合发展

围绕拓展提升城市服务功能，推动总部经济与中小企业互动发展，促进金融、信息、科技、商务、流通等多种服务性产业共生融合发展，推进服务业转型升级。

促进总部与中小企业互动发展。进一步聚集企业总部，提升核心竞争力，重点在金融、文化创意、信息服务、商务服务和战略性新兴产业等领域引进国有、民营及外资企业总部，提升区域经济的影响力、辐射力和控制力。大力发展为总部经济提供相关配套服务的中小企业，鼓励为总部经济提供量身打造的专业化、精细化服务，形成以产品和服务为纽带的共生关系，促进总部经济与中小企业的良性互动。积极发展小额贷款、担保等类型的中小金融企业。统筹协调政府部门、中介组织等相关机构服务职能，建设中小企业发展服务平台，为中小企业提供信息、技术、人才、法律、融资等方面的服务。深入落实支持非公企业发展的各项政策，支持非公企业做大做强。

推动产业与资本对接。培育知识产权、科技成果等公开流转市场，扶持各类股权投资、创业投资机构发展，进一步推动文化、科技与金融融合发展。完善企业上市工作联动机制，推动一批成长型、创新型、拥有自主知识产权的中小企业上市。鼓励金融机构积极开发应用文化金融、科技金融产品，增强对高新技术产业和文化创意产业的金融支持力度。

鼓励企业运用新技术。支持企业开展技术创新，增强企业核心竞争力。运用科技手段提升商贸服务业、商务服务业、文化旅游业，推动区内企业应用电子商务，建设一批电子商务公共平台。鼓励企业在管理决策中运用信息技术提高资源整合能力，提高企业市场竞争能力。

丰富企业文化内涵。促进文化资源转变为文化资本，引导企业将文化资源、文化意识融入现代服务业发展的各个阶段和各个环节，增强现代金融、商贸、旅游等产业的文化底蕴。

第四篇 彰显文化魅力

坚持传承与发展并重，在加强历史文化名城保护的同时，更加注重历史文化的传承；在发展文化创意产业和文化事业的同时，更加注重提升城市整体文化功能；在坚持政府主导的同时，更加注重发挥市场机制的作用；在重视文化产品供给的同时，更加注重文化精神培育、社会风气塑造，进一步提升传统与现代融合发展的文化中心地位，使西城成为充满人文风采和文化魅力的城区。

第十二章 加强历史文化名城保护

坚持整体保护和积极保护的原则，不断完善与创新保护工作机制，尊重和保持旧城的传统空间格局与风貌，切实保护好历史文化名城。

保护中轴线和阜景地区的历史文脉。实施中轴线文化改造工程，统筹规划重塑鼓楼至地安门一线古都传统文化景观，按历史风貌改造街道两侧建筑物。贯通大栅栏、琉璃厂文化走廊，改善基础设施环境，扶持相关企业发展，促进街区古玩艺术品交易和文化旅游发展。加快推进天桥演艺区项目建设，全面彰显中轴线古都历史文化风采，振兴中轴线文脉。依托白塔寺、历代帝王庙和广济寺等节点，重现阜景街区历史文化景观。分步实施北海公园万佛楼、大佛殿建筑群等沿线历史遗存的修缮保护工程，挖掘文化内涵，呈现独具魅力和开放包容的城市形象。

分类推进历史文化街区保护。实施分类保护，实现保护与发展的有机统一。皇城历史文化保护区，按照严格控制、整体保护、突出特色的原则，加强对皇城及其周边历史文化保护区内的文物古迹、有历史文化价值的建筑或院落的保护、修缮、腾退和合理利用。以传统居住为主要功能的历史文化保护区，按照保护风貌、改善民生、有机更新的原则，重点推动西四北头条到八条、法源寺等地区小规模、渐进式有机更新，有效保护胡同肌理、院落格局、建筑形式等历史印迹；制定相关规范，使保护区内公共服务设施、市政公用设施的建筑形式、体量、色彩、标识等内容与区域文化风格相协调；加强胡同历史文化与非物质文化遗产的有机结合，丰富胡同、四合院的民俗文化内涵，保护老北京传统的居住环境和生活方式。以传统商业为主要功能的历史文化保护区，按照保护风貌、提升产业、完善功能的原则，合理发展符合区域风貌特点的文化旅游及其他服务业，修缮什刹海、白塔寺、南闹市口、大栅栏地区的四合院和胡同，恢复老街区历史风貌，展现京味文化特色，提升商业旅游功能。

探索文物保护利用模式。坚持保护为主、合理利用的原则，完成万寿兴隆寺、广化寺等文物保护单位的腾退修缮，探索文物的有效保护和积极利用模式，使之成为弘扬传统文化和促进公益性文化发展的重要载体。合理利用名人故居，挖掘历史资料，开展宣传普及活动，建设高水平现代化的名人故居博物馆。开发利用会馆资源，完成粤东新馆等一批会馆的腾退修缮，挖掘历史内涵，植入现代文化元素，适度承接公共文化服务功能。引导条件成熟的会馆承接高端文艺演出和展览展示，展现会馆文化魅力。在已经消失的会馆原址新建筑上刻印符号、挂牌标注，最大限度地保留历史文化信息。加强重点文物的消防工作，完善文物安全保护基础设施建设。

传承发展非物质文化遗产。完善区级非物质文化遗产名录、档案和数据库，明确保护范围和重点保护项目。建设非物质文化遗产传承博物馆和展示推广中心，推动具有较好产业化前景的非物质文化遗产项目合理开发，建立非物质文化遗产传承人的有效培养机制，在中小学开展非物质文化遗产传承活动，做好非物质文化遗产的保护与传承。

第十三章 壮大文化创意产业

立足区域文化资源优势，优化发展环境，实施项目带动和品牌引领，大力发展出版、艺术品交易、文化旅游、文化演艺、工业设计等产业，促进产业结构优化升级，提升产业整体发展水平和竞争力，将文化创意产业打造成为经济发展的新增长点。

促进特色文化创意产业发展。按照集聚发展、特色发展、协作发展的原则，积极吸引优势文化企业，着力扶持中小文化企业，形成以大型企业集团为龙头、各类中小企业为支撑的文化创意产业发展格局。巩固出版业传统优势，大力促进数字出版、网络出版、手机出版等新业态发展，推动跨行业交流合作。鼓励艺术品交易企业实现专业化、特色化和精品化经营，扩大交易规模，提升交易品质。依托国家级大型文化演出设施和专业艺术表演资源，改造旧剧场、旧建筑，形成一批有特色的演艺场所、基地，发展特色文化演出，将资源优势转化为产业竞争优势。鼓励工业、建筑、规划等领域的设计产业与关联产业间的沟通合作，加速设计成果转化为生产力。

加快文化创意产业集聚区建设。以中国出版集团、新华出版社等为依托，深化文化体制改革试点，建设完善中国北京出版创意产业园区。以国家大剧院、北京音乐厅为中心，鼓励引进国际、国内高水准的演出团体和优秀剧目，建设高端演艺产业带。推动琉璃厂和天桥地区融合发展，加快琉璃厂艺术大厦、国家艺术品交易中心等重点项目建设，形成艺术品交易聚集地。推进天桥演艺区及相关配套设施建设，促进文化演艺企业和机构聚集，形成集文艺演出、传统文化展示、休闲体验等功能于一体的演艺聚集地。

激发文化创造力。发挥区域文化底蕴深厚、文艺院团集聚、文化人才汇集的优势，鼓励有利于区域品牌塑造、形象价值提升的文学艺术作品创作。培养引进大批文化领域创新型、复合型、外向型等高端人才，为推动文化大发展大繁荣提供有力保障。加强政府资金引导，支持文化企业上市融资，鼓励金融机构发展知识产权质押贷款业务，完善文化企业融资担保机制，形成支持文化创意产业发展的投融资体系。

第十四章　增强公共文化服务能力

着力完善公共文化服务体系，提高公共文化服务能力，开展丰富多彩的文化活动，营造健康向上的社会环境，满足广大人民群众日益增长的多元文化需求。围绕“开放、融合、创新、和谐”的主题，培育社会文明风尚，塑造西城人文精神，增强地区发展活力。

加强公共文化设施建设。加强协调，积极配合有关部门做好北京图书大厦二期等重点项目建设，推进区文化中心、金融文化展示中心等文化设施建设。利用现代化科技手段，提升宣南文化博物馆等展陈水平。加强社区公共文化建设，继续推进“1121”文化设施建设工程，打造社区“15分钟文化服务圈”。利用文化馆、图书馆、博物馆等资源，开展文化辅导、培训等服务，加快信息网络平台建设，实现区域文化信息、资源共享。

构建多层次社会文化服务网络。充分吸引和利用社会各方面资源，增加社会文化服务供给。积极承办、协办国际国内重大文化活动，扩大国际文化交流，提升国际影响力。荟萃国内外演出，繁荣文化消费市场，展示深厚的京味文化。办好西城文化节、“百姓周末大舞台”、景山合唱节等特色文化活动，打造一批深受群众喜爱的公共文化服务品牌。加强街道文化建设，实现一个街道一个品牌的目标。

塑造城市人文精神。大力培育社会文明风尚，深入开展精神文明建设，加强社会主义核心价值体系的宣传和教育，形成全社会共同的理想信念、基本的道德规范。加强未成年人的思想道德教育长效机制建设，营造有利于青少年健康成长的良好社会环境。实施公共文明引导行动，推进社会诚信建设，广泛开展志愿服务，营造关爱友好、互助互信的良好社会氛围。深入开展文明城区创建活动，开创全国文明城区建设新局面。建设体现文化内涵的城市景观，展示城市发展脉络。

第五篇　完善城市功能

推动城市可持续发展，更加注重城市运行管理，更加注重解决交通拥堵等群众关心的重大问题，更加注重城市建设由设施建设向功能建设转变，统筹处理好局部与整体、地上与地下的关系，大幅提高基础设施的系统性、安全性和可靠性，更好地让城市服务于人民。

第十五章　改善人居环境品质

立足区域功能定位，提升基础设施服务保障能力，营造优良的人居环境，创造人与自然的良性互动氛围，塑造特色突出的城市形象，进一步提升城市品位。

高标准建设基础设施。提高城市电力保障能力，完成菜市口、桃园22万伏变电站以及丰盛、马连道11万伏变电站建设，逐步实现重点地区、重要单位的双路由供电。改造老旧供水管线，完善城市供水管网，保障供水安全，提高供水效率。完善城市排水系统，加快污水管网和处理设施建设，增强城市排水能力。推进分散、规模较小的供热源点改造，实现分区域联网运营，逐步形成中心大网与区域供热相结合的城区供热模式。以“三网融合”试点为契机，加强信息通信数据交换枢纽及区域光纤网、3G通信网、无线网的基础建设，完成主要功能街区重点企业用户的高速宽带接入，实现无线网络全覆盖。全面完成重点地区架空线入地工程。

创造城市美好环境。加强城市景观建设，引入高端设计机构参与城市设计，做好标志性区域景观和城市建筑物色彩规划设计，强化城市公共服务设施标准化设置和规范化管理，使城市家具与街景相协调，提升城市品质。推进主要大街两侧街巷环境治理，加强户外广告设置和夜景照明管理。加强城市色彩管理，通过树木花草丰富色彩，提升城市形象。拓展城市绿化空间，推进城市立体绿化，实施公共建筑屋顶绿化、建筑墙体垂直绿化和停车场绿化、道路立交桥绿化等，努力缓解城市热岛效应。积极推进南滨河公园建设，加快老旧居住区和胡同街巷的绿化改造，开展拆违增绿和见缝插绿，实现公园绿地500米半径居住区覆盖率80%的目标，满足居民就近生态休闲需求。

提高节能减排成效。完成广外红莲、裕中西里等地区集中燃煤锅炉的清洁燃料改造，继续实施老楼通气等安居工程。实施公共建筑节能，率先完成政府机构的节能改造，开展公务车节油、空调和数据中心节电工作。按照源头减量、资源化利用与末端治理并举的原则，积极推行生活垃圾全程分类处理，构建社区生活垃圾收运新模式，做好分类收集与分类运输的衔接，筹建固体废弃物中转站，推进生活垃圾资源化、减量化。大力实施大气污染阶段性治理措施，区域空气质量持续改善。继续实施雨污分流，推动初期雨水收集处理，提高雨水再生利用和中水供给能力，将再生水作为环境景观的主要水源。积极倡导低碳、节能、环保的消费模式和生活方式，加大节能产品推广应用力度，城市居民家庭节水器具普及率达到100%。

改善居民居住条件。加强老旧居民区环境整治，实施平房院落综合整治和街巷胡同综合改造修缮，统筹做好房屋修缮、水电气热等基础设施入户和户厕改造、低洼院改造等工程，完成简易楼、木结构中式楼的解危排险，消除危楼安全隐患，逐步实现旧城居民生活设施的现代化。加快推进昌平回龙观、房山长阳、大兴旧宫和海户新村、丰台张仪村等安置房建设，积极筹措各类保障性房源，加强廉租房、公共租赁住房的后期管理，切实解决中低收入家庭的住房困难。

第十六章　提高城市管理效能

巩固奥运城市运行保障成果，创新管理体制，综合运用智能化、网络化、系统化手段，完善以城市运行常态管理和城市应急管理为重点，以现代信息技术应用为支撑的安全运行、快速反应的城市运行保障体系。

健全管理体制机制。树立“大城管”理念，完善政府职能部门为主导、街道属地管理为枢纽、社会广泛参与的城市管理模式。推动城市管理、社会治安、交通、消防、安全生产等部门安全信息共享，构建综合协调指挥、部门分段负责、权属主体履责的管理责任体系，完善权责明确、运行高效、管理有序、监控有力、奖罚分明的城市管理运行机制，实现事后管理向事前管理转换。加强城市日常管理，推行环境分类分级管理模式，提升城市管理标准、作业、执法、监督四个层面的工作水平。强化城市应急管理，细化完善各类应急预案，提高城市动态监控、智能分析和快速反应能力。加强防震、防洪、消防等基础设施建设和应急设施、救灾队伍建设及物资储备，推进街道民防宣教中心建设，提升应急救援保障能力。

提高管理信息化水平。完善地理信息系统，加强地下空间和地面交通设施的信息管理，推进高精度空间数据库和城市三维模型建设。深化网格化管理模式，加强各管理区域的统筹协调，将网格化管理的应用扩展到生产、消防、房屋管理等领域，扩大智能化管理范围。依托市、区两级城市运行监测和图像监控等信息资源，加强重点地区人口、交通、公共设施等方面的动态监测，推进跨部门信息采集、交换和应用。

加强人口服务管理。落实人口总量调控的属地责任，统筹考虑城市发展空间、交通承载力、历史文化名城保护等因素，提升人口服务管理水平。健全“以证管人、以房管人、以业控人”有机结合的服务管理模式，严格执行户籍迁入和准入管理办法，实施居住证制度，加强流动人口实时动态监控。研究制定房屋租赁管理办法，提升出租房屋治安、消防、建筑结构等安全监督管理水平。加强地下空间安全使用管理。强化产业准入和市场管理，取缔无照经营，研究制定相关产业政策，开展重大投资项目人口影响和资源配置评估。提高流动人口服务水平，维护流动人口合法权益。积极推进旧城区人口疏解，完善疏解工作组织体系和推进机制，加快人口疏解安置房小区公共服务设施建设，引入优质教育、卫生、养老、社区服务等公共资源，实现区域功能和人口同步转移。

第十七章　增强交通通达能力

坚持高起点规划、高标准建设、高水平管理，加强立体交通路网建设，突破交通瓶颈，力争实现全区道路基本顺畅、停车有位、交通有序的目标。

加快立体交通路网建设。积极配合、协调推进地铁6、7、8、16号线等重点项目和西二环地下隧道建设。推进西单商业区地下空间开发利用。确保右内大街、南横东街建成通车，加快西直门内大街、新街口北大街、西河沿街、太平街二期等道路建设。完善丰盛胡同等重点地区的次干路、支路建设。完成人大西侧路、北中西街及南草厂南段、展览馆路等道路拓宽工程。打通车公庄北里中街、东教场路南口和马连道地区等的断头路，改善大栅栏、琉璃厂等重点地区道路微循环，提高区域路网的系统性、连通性和可达性。

规划建设和有效利用静态交通设施。充分利用区域地上、地下空间资源，建设月坛体育场、天桥地区等地下大型停车场。探索在重点地区、胡同、社区内建设一批简易式、机械式停车库和停车设施，增加停车供给。盘活社会停车设施资源，支持和引导机关、企业、事业单位和社区停车设施对外开放，实行错时停车，有效提高停车设施的周转率。

加强交通连接系统建设。改善公共交通换乘条件，在复兴门、阜成门、西直门等重要交通节点推行短途公交，在具备条件的中小学和单位试行校车、班车接送。在轨道交通沿线站点、公交周转站附近规划建设公共自行车服务系统，完善自行车专用道和行人步道网络，为步行者和骑车人的安全出行提供方便，提高绿色出行比例。建设沿复兴门——阜成门东侧的地下步廊，加快推动金融街地下环廊交通功能的实现。完成复兴门南大街、北礼士路与阜成门外大街路口、阜成门南大街行人过街天桥建设。完善区域无障碍通道和设施建设，进一步改善城市无障碍环境。

提高交通管理水平。成立区级交通管理机构，做好辖区交通组织协调工作。完善交通应急预案，积极应对极端天气等突发事件。优化交通组织设计，加强交通标志、标线、警示、隔离、护栏等道路交通安全设施建设，建立智能化交通管理系统，实现交通信号智能控制，及时发布路况、停车等动态交通信息，引导交通出行，提高道路通行效率。加大交通法规宣传力度，引导居民自觉遵守交通法规。

第六篇　共享社会和谐

以解决人民群众最关心、最直接、最现实的利益问题为重点，着力发展社会事业、完善社会服务管理、促进社会公平正义、增强社会活力，真正把改革发展成果体现在群众的生活质量和健康水平不断提高上，体现在群众享有的权益得到充分保障上。

第十八章　提供优质民生服务

按照政府保障基本需求、市场提供多样选择的原则，提高基本公共服务供给水平，逐步形成供求平衡、质量提升、结构优化、发展均衡、内容丰富、公众满意的基本公共服务格局。

推动教育优质均衡发展。坚持教育优先发展，全面落实中长期教育改革和发展规划纲要，深化基础教育综合改革，规范办学行为，全面推进素质教育。统筹优化中小学空间布局，创造条件分步解决“一校多址”问题，完成幼儿园、中小学校舍抗震加固，加强校园安全工作。加大对现有学前教育的管理扶持力度，扩大公办幼儿园规模，扶持民办幼儿园，采取多种形式满足学前教育需求。发挥名师、名校长和品牌校的辐射带动作用，推动优质教育资源共享和校际协作，提升师资水平。开展国内外教育合作交流，鼓励有条件的学校进行国际教育项目合作。以深化课程改革为重点，推动普通高中特色化和多样化发展。构建现代职业教育体系，加强产教结合，开展订单式培养，促进职业教育健康、可持续发展。加强社区教育网络建设，发展数字化远程教育系统，为各类群体提供个性化和方便可及的教育，在全市率先基本建成学习型城区。

加快健康西城建设。深入开展健康宣传和各类健康促进活动，普及健康知识，完善健康服务，营造健康环境，发展健康产业。广泛开展全民健身活动，大力发展现代都市休闲体育，弘扬民族民俗体育文化，完善街道科学健身个性化指导站。加强社区体育基础设施建设，实现社区体育健身场所设施全覆盖。深化医药卫生体制改革，建立辖区医疗卫生协调机制，优化整合卫生系统资源，继续完善突发公共卫生事件应急机制和医疗救治、疾病预防控制、卫生执法监督、公共卫生信息体系，进一步提升妇幼保健服务能力，加大重大动物疫病防控力度。以公立医疗卫生机构为主体，构建“三横四纵两平台”的新型医疗卫生服务格局。实施社区卫生综合配套改革，完善社区中医预防保健体系，加快社区卫生中心、服务站建设，基本形成“社区首诊、分级就诊、双向转诊、康复在社区”的医疗服务模式。引导社会资源积极参与医疗服务，鼓励社会资本建设各级各类医疗卫生机构，建立一所国际医院。落实计划生育政策，稳定适度低生育水平，有效降低人口出生缺陷发生率，提高出生人口素质。

营造安全稳定环境。加强对食品、药品、饮用水等生活必需品安全专项整治，保障安全消费。强化对人员密集场所等重点地区和消防安全等重点领域的隐患排查，制定地下空间管理办法，防止重特大事故发生。加强社会治安综合治理，严密防范和打击各种违法犯罪活动，维护社会稳定和谐。

第十九章　完善社会保障体系

坚持全覆盖、保基本、多层次、可持续的原则，着力完善就业和社会保障体系，提高社会福利水平，努力实现人人享有保障、待遇稳步提高的目标。

提供优质就业服务。完善就业促进政策，不断扩大就业。完善失业人员再就业补贴和免费培训政策，对企业安置困难群体实施特殊资金支持，完善零就业家庭动态管理和帮扶机制。大力开发社区公益性岗位，支持多种形式就业，鼓励自谋职业和自主创业。推进人才市场和劳动力市场的整合，搭建人力资源市场公共服务平台，强化职业指导、求职招聘等系列服务。完善职业技能培训体系，建立培训机构与职业教育院校联合培训机制。加快就业信息网络服务平台建设，实现失业人员信息与用工信息的有效对接。规范劳动用工，完善劳动关系协商制度，健全劳动监察机制，切实维护劳动者合法权益。

提高社会保障水平。完善社会保障网络，实现基本社会保障人群全覆盖。完善低收入家庭认定程序，对经认定的困难群体给予大病医疗、养老保险缴费全额补助。落实最低生活保障制度，继续落实“一老一小”、未就业人口、常住外埠人员的社会保障制度，实现应保尽保。全面推进社会保障卡应用，提高社会保障管理服务水平。

提升社会福利水平。完善社会救助政策，细化专项救助、临时救助、个性化救助实施办法，扩大救助覆盖面。培育和壮大社会慈善组织，发挥其社会救助的补充作用。健全残疾人社会保障和服务体系，建立集就业培训、职业康复、日间照料、重残人托养为一体的区级职业康复服务中心，推进残疾人温馨家园建设，营造残疾人平等参与社会生活的社会环境，努力实现残疾人康复有条件、在家有照料、出行无障碍、劳动有岗位的目标。积极为独生子女死亡家庭提供帮助和服务。建立完善社会化养老服务体系，推进跨区域的养老服务机构建设，完善居家养老服务，逐步形成居家养老为基础、社区服务为依托、机构养老为补充、社会服务支持的多层次养老服务格局。发展妇女儿童事业，完善孤残儿童福利保障机制，加强未成年人保护；开展关爱贫困母亲和单身母亲行动，维护妇女儿童合法权益。

第二十章 创新社会服务管理

积极整合社会各方资源，加强社会工作部门的统筹协调运行，创新社会服务管理机制，扩大社会参与，激发社会活力，维护社会公正公平，构建形成党委领导、政府负责、社会协同、公众参与的社会服务管理格局。

构建社会动员新机制。建立社会激励机制，积极倡导和引领乐善好施、扶贫济困、见义勇为的社会风尚。建立公共资源共享机制，鼓励和引导辖区机关、企事业单位公共设施向社会开放，增加公共服务资源供给。健全社会工作者队伍管理机制，按照分类指导、分层培养的整体思路，发展壮大社会工作人才队伍。完善志愿者组织协调和动员机制，建立志愿者和社工联动机制，到2015年实现公众志愿服务参与率达到20%以上，全区社区志愿者人数达到社区常住人口的15%。

发展壮大社会组织。加大对社会组织培育扶持力度，培育发展一批符合社会需求的公益社会服务机构。积极探索建立公益资金募集使用机制，切实解决社会组织资金匮乏的问题。构建“枢纽型”社会组织工作体系，逐步实现政社分开、分级分类管理，进一步提高社会组织为公众提供服务的能力。完善区、街两级社会组织服务平台，建立社会组织的联络、合作机制，积极引导驻区国际社会组织和全国性行业协会参与区域建设。

推进和谐社区建设。全面落实《关于加强和改进城市社区居民委员会建设工作的意见》。完善社区治理模式，构建以党组织为核心、以居委会为载体、以服务站为依托、以社会组织为补充、居民广泛参与的现代社区治理格局。完善社区服务设施，采取多种方式逐步实现社区办公和服务用房达标。落实社区基本公共服务指导目录要求，建设“一刻钟社区服务圈”，全面推进社区规范化和社区公共服务平台建设。在商务楼宇积极推动“五站合一”。健全社区矫正和帮教安置工作体系，聚合社区、社会组织、志愿者力量，建设“阳光中途之家”，提高社区矫正效能。加强少数民族集中居住区服务网点和生活配套设施建设，凸显民族文化特色，巩固和发展平等、团结、互助、和谐的民族关系。

创新公共服务供给模式。创造条件让社会组织、企业和公民更广泛地参与公共事务管理和服务。更多更好地利用社会资源，逐步形成多元开放、有序竞争的公共服务供给格局，增强公共服务的供给能力。通过项目购买、补贴、奖励等多种形式，扩大政府购买公共服务项目范围，逐步实现公共服务社会化、专业化，提升公共服务的质量和效率。整合律师、公证、法律服务工作者、志愿者等资源，提供法律顾问、矛盾调处、法制宣传等法律服务，加大对老年人、残疾人等群体的法律援助，深化和丰富法律服务功能，满足群众日益增长的法律服务需求。

构建社会矛盾调解机制。进一步完善人民调解、劳动争议调解、司法调解和行政调解的联动机制，形成“大调解”工作格局。深化以巡回法官进社区，人民调解进法院、进派出所，司法行政齐联动，法院行业共调解为内容的机制，拓展调解领域，强化法律效力，规范联动程序，加大非诉调解力度。建立完善基层人民调解组织，基本形成以区人民调解中心为枢纽，以街道人民调解委员会为骨干，社区调解为基础，新型的行业性、区域性、专业性调解委员会为补充的上下联动、优势互补的多元调解组织体系，发挥调解人员的民间性和灵活性作用，及时发现并化解矛盾。建立区信访代理中心、各部门和街道信访代理分中心、社区居委会信访代理工作站三级全程代理机构，为信访人提供便捷高效服务。

第二十一章 加强民主法治建设

发展社会主义民主政治，加强法制建设，坚持依法治区，畅通民主参与渠道，建设法治型政府。

加强民主政治建设。坚决执行区人大及其常委会决议，自觉接受区人大的法律监督、工作监督和区政协的民主监督，积极听取各民主党派、工商联、无党派人士的意见建议，认真办理人大代表议案、建议和政协委员提案，不断改进政府工作。积极支持工会、共青团、妇联等人民团体工作。巩固和发展最广泛的爱国统一战线，全面落实党的民族政策，加强民族团结，切实做好侨务和港澳台工作。依法管理宗教事务，发挥宗教爱国组织和爱国人士作用，深入开展和谐寺、观、教堂创建活动。

加强法治政府建设。全面推进政府各项工作向依法决策、依法管理、依法运行转变，切实做到合法行政、合理行政、程序正当、高效便民、诚实守信、权责统一。积极开展“六五”普法工作，加大法制宣传教育力度，提高全民法律素质和法治观念，提高领导干部依法行政的意识和能力。加强和改进制度建设，建立健全规范性文件制定、清理、备案的监督管理制度。坚持科学民主依法决策，重大决策征询政府专家顾问意见，规范行政决策程序，完善重大决策的风险评估、跟踪反馈和责任追究制度。进一步加强和改善行政执法工作，坚持严格、规范、公正、文明执法，切实提高执法效率。全面推进政务公开，加大政府信息公开力度。加强对推进依法行政工作的督促指导、监督检查和舆论宣传，把依法行政考核纳入政府目标考核、绩效考核评价体系，强化行政监督和问责。

畅通民主参与渠道。建立健全重大事项社会公示制度，完善居民参与制度，推行公开听证制度和社情民意反馈制度。增强基层行政组织与居民间的互动，鼓励居民参与公共政策的决策、实施、监督和评价的全过程。建立沟通机制，定期主动向居民、企业征询意见、解释政策和回答问题，对公众提出的问题和要求及时处理和反馈。

第七篇 深化改革开放

深化行政管理体制改革，创新政府服务管理体制，转变政府职能，建设服务型政府，优化发展环境，提升区域国际化水平。

第二十二章 建设服务型政府

按照精简、统一、效能的原则和决策、执行、监督相协调的要求，以提高行政效能和服务水平为核心，着力转变政府职能，创新政府服务管理，创造优良的行政环境，推进服务型政府建设。

推进政府职能转变。根据市政府下放事权的新要求，优化机构设置，建立健全有利于科学发展和适应区域功能定位的管理体制。创新政府服务管理，以提高行政效能为核心，以强化服务民生为重点，突破行政管理的条块分割，构建智能型行政服务体系，增强政府履职能力。

加强行政服务体系建设。依托西城区综合行政服务中心，建立政府信息资源共享机制，推进信息共享和业务协同。建立标准化服务体系，加强对办公大厅窗口工作人员管理，规范行政审批行为，优化工作流程，提高审批效率。拓展和完善政府网上服务大厅功能，提高网络平台的服务水平，为社会提供方便、快捷、透明的网上公共服务。

完善行政绩效评价体系。建立符合科学发展要求的综合评价和政府绩效考核体系，科学制定考核标准，定期公布考核结果，营造安全、便捷、高效的服务环境。完善“千家企业评政府”制度，开展网上监督，委托第三方机构进行绩效评估，确保绩效评价的客观、公正。

加强公务员队伍建设。按照政治坚定、业务精通、清正廉洁、作风优良的要求，树立大局意识，培育国际化视角，提高履职能力，提升服务水平。加强作风建设，树立执政为民意识，提高政治理论素养，努力提升依法行政、规范服务的业务能力和办事水平。加强勤政廉政建设，按照标本兼治、综合治理、惩防并举、注重预防的要求，建立健全教育、制度、监督并重的惩治和预防腐败体系。

第二十三章　推进重点领域改革

按照完善社会主义市场经济体制的总体要求，从解决困扰发展的体制机制矛盾入手，把握重点领域和关键环节，稳步推进各项改革，为落实科学发展观提供体制机制保障。

建设规范透明公共财政。深化“收支两条线”管理改革，完善全口径预算管理体系。建立预算编制、执行、监督相互分离、相互制衡的机制，强化预算支出约束和预算执行监督，推行预算公开制度，增强预算透明度。深化部门预算、国库集中收付、政府采购、绩效考评等管理制度改革，提高财政资金使用效益。做好财政资金平衡保障和风险管理，坚持收支平衡原则，强化政府债务管理，健全债务风险预警体系，增强风险控制能力。

深化投融资体制改革。加强政府投资管理，健全政府投资决策机制和项目法人约束机制，逐步推行政府投资项目公示制度和投资信息发布制度，完善投资监管体系。完善政府投融资平台，规范备案管理，支持重点、关键领域的产业项目建设，进一步落实企业投资自主权。鼓励和引导社会资本进入城市基础设施、公共服务等领域，建立市场主导型投融资体制。

分类推进事业单位改革。积极稳妥地推进事业单位分类改革，对主要承担行政职能的事业单位将其行政职能划归行政机构，对主要从事生产经营活动的事业单位将其改制为企业，对主要从事公益服务的事业单位，强化公益属性。落实事业单位法人自主权，在人事管理、绩效激励等改革方面取得明显进展。

完善国有资产管理体制。深化国有企业改革，提高公司治理水平，提升核心竞争力。加快推进国有资产资本化、资本证券化进程，探索国有资本股权投资途径，将国有资产管理和资本运营相结合，实现国有资产保值增值。逐步建立科学完备的国有资产监督管理体制和运行机制，实现决策科学化、监督立体化、管理信息化。加大国有企业高级经营管理人才市场化选聘力度，完善区属国有企业经营者业绩考核机制和激励约束机制。规范国有资本经营预算支出行为，健全国有资本经营预算管理制度。充分发挥区属国有企业在推动区域经济发展和构建和谐社会进程中的积极作用，促进国有企业履行好社会责任。

第二十四章　提高区域开放水平

积极适应对外开放新形势，深化国内、国际交流合作，增强开放对城市经济社会发展的拉动作用，以开放促发展。

提高国际经贸交流合作水平。创新服务机制，优化投资环境，构筑招商引资平台，在不断提高引资质量的基础上进一步扩大利用外资规模。吸引更多跨国公司及地区总部入驻。

拓宽国际交往范围和合作领域。扩大区域国际交往覆盖面，拓宽友好城市交往范围和合作领域，加强在科技、文化、教育、体育、环境、城市管理等方面的交流合作。引导、鼓励、支持社会各界参与友好城市交流，推进民间交往，邀请国际文化组织筹办国际文化活动，举办国际性会议、展览和艺术交流等活动，促进合作共赢。

推进区域国际化进程。完善国际化居住环境，加快国际化社区建设，推进物业管理模式和标准与国际接轨。广泛开展群众性学外语、用外语活动，宣传外事礼仪知识，营造国际化城市所需要的语言环境和文化氛围。完善政府网站和公共服务网站的多语种界面，在重点地区、主要公共场所实现多语种标识全覆盖。

深化国内区域合作。加强与港澳台地区经贸交流合作。做好对内蒙古、西藏、新疆等地的对口支援。深化区县合作，积极推进联合办学、跨地区远程医疗等资源共享，加强养老、住房保障等公共服务领域的合作，促进共同发展。

第八篇　规划保障措施

建立健全规划实施保障机制，加强统筹协调，严格组织管理，把握好规划实施的重点和时序，分阶段稳步推进，确保规划顺利实施。

第二十五章　完善配套保障措施

实现未来五年发展目标，需要不断完善规划实施机制，探索建立符合西城区科学发展战略要求的绩效管理体系，进一步提高政府的统筹调控和灵活应对能力，确保各项重点目标任务按照规划分步实施、全面实现。

构建政策协调机制。围绕产业发展、历史文化名城保护、民生保障、人口调控管理、资源节约、环境保护等重点领域和关键环节，做好政策制定、实施和绩效评估，给市场主体以正确导向和合理预期。坚持“区别对待、有进有退”的产业政策导向，完善产业发展政策体系，扩大产业政策集成效应，引导产业集群发展和布局优化。

加强财政资金保障。编制实施好年度财政预算，为规划实施和目标任务完成提供有力的资金保障。积极组织财政收入，增强财政保障和支付能力。不断优化财政支出结构，建立财政支出优先满足社会公共需求的保障机制，加大义务教育、医疗卫生、社会保障、公共安全、生态环境等领域的财政投入力度。合理安排基本建设预算，保障城市建设和发展需要。厉行勤俭节约，严格控制行政成本。

合理利用土地资源。坚持优化增量、盘活存量，加强土地资源管理，提高土地集约节约利用水平。统筹开发、合理利用地上地下空间，引导各类设施高效用地，推动空间资源的可持续发展。优化土地供应结构，发挥市场在土地资源配置中的基础性作用，优先保障重点功能区开发、公共服务改善、重大基础设施和产业项目等领域的土地需求。

创新人才发展机制。坚持服务发展、人才优先、以用为本、创新机制、高端引领、整体开发的原则，创新人才培养、引进、使用、评价机制，完善人才薪酬、社保、医疗、住房、子女教育等配套服务措施。搭建集群化发展平台，建立高端化服务体系，大力引进和培养一批经济社会发展领域亟需的高端领军人才、紧缺专门人才、创新型人才。统筹推进金融、文化、高新技术等各类人才队伍建设，培养和造就一支数量充足、结构优化、素质一流、富于创新的国际化人才队伍。积极营造尊重人才、尊重创造的社会氛围，关心爱护、用好用活现有人才，激发各类人才创造活力，提高人才效能，为区域发展提供坚强的人才保障和广泛的智力支持。

第二十六章　推动重大项目建设

积极推动重大项目建设，组织实施好一批关系全局和长远发展的重大项目，通过项目实施促进规划落实。

建立和完善项目储备库。积极梳理和筛选规划涉及的重点项目，合理安排公共服务设施、市政基础设施和产业项目，纳入年度投资计划，推荐重大项目进入市级项目储备库。优先安排列入“城南行动计划”的基础设施和环境整治等项目，积极争取市级政策、资金支持。

积极推进项目建设。发挥规划指导作用，加强重大项目的总体设计和规划。积极听取各方意见，深入开展项目前期论证。坚持建设项目招投标制度，完善政府投资项目代建制。探索项目多元化主体投资运营模式，推行收费性基础设施项目采取PPP、BOT等模式。加强项目审计工作，认真做好政府投资项目的监督和稽查，提高政府资金使用效率。

第二十七章　加强规划实施管理

按照统筹协调、分工负责的原则，完善规划体系，分解落实规划目标任务，加强督促、检查和绩效评价，动员全社会共同参与，确保规划顺利实施。

完善规划体系。加强规划体系建设，注重规划衔接，形成以规划纲要为主导、综合规划为支撑、专项规划为基础，层次分明、功能清晰的规划体系。更加注重规划体系的灵活性，充分调动各部门的积极性和创造性，鼓励相关职能部门根据自身发展需求制定专项规划，并纳入规划体系。

分解落实目标任务。全面落实《规划纲要》确定的指标体系和重点任务，按照稳步推进、分类管理原则，将规划指标和任务分解、落实到各个政府部门。合理安排规划实施的阶段重点和建设步骤，围绕《规划纲要》目标和任务，制定年度发展计划，明确进度要求，确保规划目标、任务的最终完成。

落实评价考核监督制度。健全规划的年度、中期评估制度，将规划实施目标分解到年度计划，列入政府督查考核，与部门工作绩效挂钩。加强规划实施的过程跟踪和效果分析，对规划进行动态调整和修订，建立发展规划绩效考核持续改进机制，重点加强调控目标的监测预警。

规划实施调整。本《规划纲要》经西城区人民代表大会（临时）批准后，由西城区人民政府组织实施。规划执行期间，如遇经济社会环境或其它重要因素发生重大变化，导致规划不能正常实施时，由区政府提出调整方案，报请区人大常委会批准实施。

（责任编辑　华大友）

专 文

关于基层群众工作体制机制问题的研究

区委书记 王 宁

坚持做好群众工作，促进各项事业发展，是我们党的优良传统。当前，随着改革开放的不断深化，人民群众利益需求呈现多样化趋势，各种社会矛盾比较集中地涌现出来，加强和创新群众工作显得尤为迫切。西城区作为首都功能核心区，做好群众工作、促进社会和谐更是重中之重。因此，积极探索新形势下群众工作的机制、方式，切实维护区域和谐稳定，是摆在区委、区政府面前的重要而紧迫的任务。

一、西城区群众工作的基本现状

近年来，西城区委、区政府高度重视群众工作，准确把握区域特点，深入探索群众工作的基本规律，推动了群众工作扎实有效开展。

(一) 主要特点

一是体现首都管理特色。作为首都重要的功能核心区，西城区的群众工作影响面广，直接关系到首都的改革发展稳定，具有很强的示范性和导向性。为此，区委、区政府始终牢固树立首都意识，坚持站在首都全局的高度来谋划和推进群众工作，把群众路线贯穿到各项工作中，不断提高群众工作的领导力和组织力，夯实群众工作基础，为区域发展激发活力、凝聚合力、提供动力。始终坚持首善标准，不断推进基层群众工作创新，形成了一批好的经验和有效机制，比如月坛街道的楼门院长信息沟通系统、展览路街道的区域化党建格局、广内街道的智慧社区、牛街街道的民族团结经验等。始终立足首都特点，强化“开放建区”理念，建立健全共建共享机制，在服务好驻区单位的同时，鼓励驻区单位参与社区建设，开放服务设施，为辖区群众提供更加优质的服务，形成了“条块结合、资源共享、优势互补、共驻共建”的群众工作新局面。

二是呈现鲜明服务导向。西城区是首都“四个服务”体现最直接、最集中的地区。做好服务，不仅是保障首都大局的需要，也是全区群众的热切期待。特别是近年来随着西城区经济的快速发展，群众的物质文化需求呈现出多样化、多层次的特点，对政府的公共服务提出了更新更高的要求，需要政府在满足群众基本公共服务需求的同时，提供更多个性化、专业化的服务。针对这一新的特点，区委、区政府坚持把改善民生、服务群众摆在突出位置，逐年加大向民生领域的投入力度，不断完善公共服务体系，着力解决民生突出问题，让群众享受更多的发展成果。在重大项目建设上，优先推动涉及民生项目的落实，为群众生产和生活提供便利。在落实国家和北京市相关政策的基础上，探索建立区域性惠民政策，加大向社会购买服务力度，满足群众对高品质社会服务的要求。

三是凸现利益关系协调。经过多年的发展，西城区已成为金融资本相对密集的区域，利益主体趋于多样化，群众的利益诉求更加多元化，给全区群众工作提出新的要求。特别是区划调整后，西城区经济社会发展进入一个新阶段，既是区域融合发展、科学发展的重要战略机遇期，也是利益格局调整、社会问题增多的矛盾凸显期。从群众反映的问题来看，涉及城市拆迁、城市管理、民生保障等多个方面、多个领域，协调好各种关系、及时化解各类矛盾，成为当前全区群众工作的重要内容。区委、区政府把维护群众利益、促进社会和谐稳定作为首要责任，注重兼顾不同群体的利益，实现相互促进和共同发展。加强和完善党委、政府主导的维护群众权益机制，实行重大项目、重点工程安全稳定风险评估，既确保工程顺利推进，又充分保护群众利益。针对信访突出问题，分别成立专项工作组，协同相关部门及时解决，有效维护了群众的合法权益。

四是实现社会资源整合。随着群众工作的深入开展，社会组织和民间力量发展迅速。目前西城区社会组织达到3118个，其中社团144个、民办非企业单位413个、社区社会组织备案复核团队2561个，日益成为协同党委、政府开展群众工作的重要力量。西城区在全市率先设立社会建设专项资金，成立社会组织孵化中心，引导和支持社会力量参与社会建设、社会事务，提供社会服务，为构建和谐社会注入了新的活力。建立健全社会组织管理体系，搭建“五联、五会、多中心”的社会工作运行体系。规范志愿服务流程，探索社区、社团、社工“三社联动”，社工、义工和楼门（院）长“两工一长互动”的多元参与工作机制，形成区、街、社区三级志愿服务网络，拥有各类志愿服务队伍1000余支，志愿者人数达到15.48万人，年服务人数达到20万人次。社会组织和志愿者队伍在改善民生、社会服务方面做了大量工作，发挥了积极作用。

（二）工作体制和机制

在体制方面，主要有三个层面：一是群众工作的根本体制，即党委领导下的群众工作体制。区委充分发挥领导核心作用，定期研究群众工作的重大问题，建立健全联系群众的各项制度，加强对群众工作的统筹领导。二是群众工作的基本体制，即政府负责的各项群众工作体制。区政府将群众工作的各项任务贯穿落实到经济社会发展的各个领域，将群众关心的重点难点问题纳入折子工程，细化分解到各部门、各单位，明确时限，督促解决。三是群众工作的具体体制，即各部门、各单位及有关组织开展群众工作的各项工作制度和安排。比如：成立区社工委和社会办，加强对社会建设的组织协调；成立区群众工作部，用群众工作统揽信访工作等。

在机制方面，主要有四个方面：一是立体化的矛盾排查化解机制。成立了“一委一办三中心”，即西城区人民内部矛盾调处委员会及办公室，行政诉求调处中心、社会矛盾纠纷调解中心、矛盾调处督察督办中心；建立两级处理信访突出问题及群体性事件联席会议制度，构建行政调解、司法调解、人民调解相衔接的多元调解体系，实施信访全程代理，有效化解社会矛盾。二是整体化的民生保障机制。建立区域就业服务体系、全覆盖的社会保障体系、科学化的综合救助体系和多元化的养老助残服务体系，不断提升民生工作的制度化、规范化水平。三是“全响应”的社会服务管理模式。探索建立区社会服务管理指挥中心，并在街道层面建立相应的指挥分中心，通过信息整合，实现网络连通、信息共享，建立集应急处置、城市管理、综治维稳、民生服务、社会参与为一体的城市社会服务管理体系。四是智能化的综合服务机制。建立区级综合行政服务中心，借助互联网、物联网等先进技术，整合街道、职能部门的行政服务功能，搭建起上下衔接、设施一流、高效运转的综合服务平台，为单位和居民提供智能化和人性化的行政服务。

（三）面临的主要问题

当前，西城区进入新的发展阶段，群众工作出现一些新情况、新问题，在更高水平上推动群众工作面临新的考验。

一是基层组织作用的发挥与工作重心下移的要求不相适应。群众工作的基础在街道社区。随着社会管理重心的不断下移，街道社区在履行属地管理责任、做好群众工作方面承担了更加繁重的任务。但从目前来看，街道与各专业部门之间的条块关系有待进一步理顺；社区自治水平不高，社会动员能力不够，在主动了解群众需求、提高服务群众能力方面还有待进一步加强。

二是群众工作的统筹力度与群众利益诉求的多元化、复杂化不相适应。从当前群众的利益诉求来看，历史问题与现实问题相互交织，处置难度不断加大，单靠街道或者某个部门难以解决，需要在区级层面加强统筹，建立部门联动机制，促进问题及时有效解决。近年来，我们成立了区社工委和群众工作部，在统筹协调方面发挥了积极作用，各街道及相关部门也探索建立了许多行之有效的工作机制。但如何在此基础上进一步整合制度资源，建立上下衔接、部门联动、科学规范、运转顺畅的群众工作平台，还需要深入研究探索。

三是群众工作方式手段的相对单一与提高群众工作科学化水平的要求不相适应。虽然近年来我们在创新群众工作的方式方法上进行了许多尝试，也形成了一些有益的经验。但总体上看，目前开展群众工作的方式仍以行政手段和思想工作为主，许多干部受传统思维束缚，还不习惯于运用经济、法律、心理等手段来协调关系、化解矛盾。只有不断转变工作理念，创新工作方式手段，才能实现群众工作水平的不断提升。

四是政府职能转变的步伐与群众工作主体多元化的趋势不相适应。目前，随着群众工作领域的不断拓展，群众工作已不单纯是党委、政府和基层自治组织的事情，一些专业性的社会组织和民间组织也开始介入社会管理和群众工作。但受管理体制、经费来源等因素影响，社会组织的作用尚未得到充分发挥。如何进一步处理好政社关系，加快转变政府职能，更好地规范引导社会组织发挥作用，将是一个亟待研究的新课题。

五是公共服务体系建设水平与群众多样化、多层次的需求不相适应。改善和保障民生关系群众切身利益，深受居民群众关注。西城区近年来在改善民生方面加大投入，在扩大公共服务覆盖面、提升公共服务水平方面做了大量工作。但区划调整后，由于区域发展不均衡、政策口径不统一等原因，群众对优质公共服务资源均衡覆盖的需求比较强烈。因此，需要加快推进基本公共服务均等化和优质化，进一步解决好群众关心的教育、医疗、住房、养老等突出问题，夯实社会和谐的基础。

二、做好新形势下基层群众工作的基本要求

党的十七届五中全会上明确提出做好新形势下群众工作这个重大课题，胡锦涛总书记和习近平副主席也多次强调，群众工作是社会管理的基础性、经常性、根本性工作。这既为我们做好群众工作指明了方向，也提出了更高要求。

（一）坚持以人为本，把贯彻党的群众路线作为群众工作的主线

群众路线是我们党在革命和建设过程中逐步形成的，也是党长期坚持的一个基本路线。做好新时期基层群众工作，最根本的是要把群众路线贯穿于各项工作的全过程。

一是践行党的宗旨。要始终把服务群众摆在基层工作的首位，努力做到问需于民、问政于民、问计于民，同广大人民群众心连心、同呼吸、共命运，真心为群众着想，全力为群众造福，办好顺民意、解民忧、惠民生的实事，实现好、维护好、发展好广大人民群众的根本利益。

二是密切联系群众。机关工作要重心下移，更直接、更方便地与群众建立联系，领导干部要定期深入基层，了解群众疾苦，倾听群众呼声，帮助解决困难。建立社情民意反映机制，使广大群众的呼声能及时有效地反映到决策层面。

三是转变工作作风。发扬深入基层、深入群众、深入调查研究的优良传统，拿出更多的时间和精力到基层去、到一线去、到条件较差和情况复杂的地方去，察实情、办实事、求实效，做到谋划发展思路向群众问计，查找问题听取群众意见，落实发展任务靠群众努力，衡量发展成效由群众评判。

（二）坚持公平正义，把维护群众合法权益作为群众工作的着力点

群众工作的核心是正确处理人民内部矛盾。要把公平正义作为基层群众工作的底线，切实维护好群众合法权益。

一是多为群众办实事。各级党组织和广大党员干部要站到群众的角度考虑问题、化解矛盾，公平合理地对待每一位基层群众，公平合理地制定各项工作制度，脚踏实地，苦干实干，多为群众排忧解难，给群众带来更多的实惠。

二是多为群众解难题。坚决反对和克服形式主义、官僚主义，一定要把解决群众的实际问题、实际困难作为一切工作的基点，抓紧抓好，抓深抓透，以实实在在的工作成绩密切党群关系，赢得群众的拥护和信赖。

三是抓好利益关系协调。随着改革发展不断向纵深推进，许多利益关系和社会矛盾往往汇集在基层。基层党组织和党员干部要更加关注群众利益问题，善于协调好各方面的利益关系，解决好群众最关心、最直接、最现实的利益问题。

（三）坚持统筹协调，把整体推动作为群众工作的基本方式

要不断健全党委领导、政府负责、社会协同、公众参与的工作格局，统筹推进群众工作开展。

一是形成整体合力。加强和改进新形势下党对群众工作的领导，切实发挥党委的领导核心作用，发挥基层党组织的战斗堡垒作用。同时，政府、人大、政协、人民团体以及社会组织，也要加强协调配合，共同做好群众工作。

二是实现全面对接。树立全局观念，把群众工作融入区域经济社会发展的各个领域，通过提升区域经济综合实力来发展好群众的根本利益，通过加强和创新社会服务管理来实现好、维护好群众的根本利益，真正把群众工作的各项要求落实到具体工作中。

三是进行系统谋划。对群众工作进行全面梳理，做好长远规划，建立整体化的工作机制，综合运用行

政、经济、法律、心理等多种手段，解决群众面临的实际问题，提高群众工作的整体水平。

（四）坚持社会协同，把广泛参与作为推动群众工作的重要依托

群众工作离不开各方参与。在实践中，要进一步发动广大群众积极参与，发挥社会组织的积极作用，提高群众自我服务能力。

一是注重推动社区自治。街道、社区党组织要把扩大基层民主作为服务群众、满足群众政治参与的重要途径，领导和组织群众参与社区建设和管理，使居民群众在社区各项事务中当家做主。加强社区居委会建设，发挥居委会在群众工作中的基础作用。

二是注重培育社会组织。加强政策和资金的扶持，改进对社会组织的管理方式，扩大政府购买服务的范围，逐步引导各类社会组织拓宽服务领域、提高服务水平，为群众提供更多专业化、规范化和优质化的服务。

三是注重发挥志愿者作用。在推动群众工作中，要发挥志愿者的特殊优势，让广大志愿者来自群众，服务群众。大力发展专业化志愿者队伍，引导各方面的专业人才加入到志愿者队伍，提高志愿者服务的专业化水平。

三、做好新形势下基层群众工作的对策措施

做好新时期基层群众工作，要认真贯彻落实中央关于群众工作的重大决策部署，结合实际，因地制宜地开展群众工作，通过创新来提升群众工作水平。

（一）更新观念，以正确理念引领基层群众工作

做好新时期基层群众工作，必须敢于在观念上破除一些片面的认识，把各方面的工作举措置于科学的理论基础之上。

一是破除“重管理、轻服务”的思想，强化服务意识。随着经济社会快速转型，群众在经济社会发展中的主人翁意识不断增强，群众对服务的需求越来越强烈。在这种情况下，基层群众工作的主导意识不再是管理而是服务，不能把群众作为管理对象，而应当作为服务对象。广大干部要牢固树立公仆意识，尊重群众、相信群众，与群众平等沟通，多以心交心、多换位思考，急群众所急，忧群众所忧，成为群众的知心人、暖心人、贴心人。

二是走出“重短期、轻长远”的误区，树立统筹意识。随着利益格局深刻调整，维护群众利益面临的情况更加复杂。在调整各种利益关系时，广大群众不仅关心自身最直接、最现实的利益，也非常关注长远利益，特别是一些非经济利益。为此，要在对待群众利益问题上，不能只关注群众的短期利益而忽视长期利益，更不能为了现实利益，牺牲群众的长远利益。要树立“群众利益无小事”的观念，自觉地把群众呼声作为第一信号，把群众需要作为第一选择，把群众满意作为第一标准，尽心尽力把涉及群众利益的事情办好。

三是摆脱“重经验、轻创新”的束缚，增强创新意识。在一些人看来，做好基层群众工作的空间不大、作为有限，难以有什么创新。但无论从全国的情况看，还是从西城的实际讲，这种认识都是不对的。从全国看，各地新理念、新实践层出不穷，比如兰州的“民情流水线”、深圳的“网络问政”等。从西城来看，广外街道的“五星级和谐社区”创建、广内街道的“智慧社区”建设、金融街街道东太平街社区的“五色爱心卡”服务、什刹海街道柳荫街社区“献点爱心、尽点责任、提点建议、干点实事、做点奉献、送点温暖”的“点点工程”等，都是为群众办实事的典型。在今后工作中，要及时总结经验，敢于善于创新，创造性地开展群众工作。

（二）健全机制，搭建基层群众工作新平台

健全工作机制是做好基层群众工作的重要保证。要通过理顺关系、健全机制，不断提高群众工作的规范化、制度化水平。

一是健全民意表达机制。充分发挥人大、政协、人民团体、基层党组织的民意汇集功能，发挥各类中介机构和社会团体的沟通协调功能，使民意能够得到及时、全面、顺畅表达。建立区领导和职能部门联系街道社区制度，严格执行领导干部接待来访制度，开展人民建议征集活动，广泛倾听群众的意见和建议。大力发展网上信访，推进网上受理、办理、答复、反馈机制，进一步提高信访事项的办结率和时效性。拓宽反映民意的信息渠道，探索建立专门的“人民调查员”队伍，搭建有效的群众工作信息库和信息平台，为科学决策提供依据。

二是健全矛盾预警机制。定期对可能影响社会稳定的各种因素开展排查，特别是针对重大地区、重点领域和重点人群，集中开展矛盾纠纷预先排查，提前制定解决方案。整合司法、维稳、信访、群团等资源，建立信息沟通交流机制，共同做好信访稳控工作，做到早发现、早报告、早控制、早解决。建立社会矛盾风险评估机制，对社会矛盾状态、基层组织处置能力做出正确评估，把风险预测评估作为制定政

策、实施项目的前置程序和必备条件，尽最大可能将矛盾解决在基层、化解在萌芽状态。建立和完善社会心理预警指标系统，及时化解突发社会事件或自然灾害带来的心理恐慌。

三是健全权利救济机制。强化信访的救济职能，继续推行“连民心恳谈室”、“民意诉求受理站”等行之有效的工作模式，采取与信访人聊天、心理咨询、法律咨询等多种形式，与信访人多方沟通情况，在化解矛盾纠纷的同时解开信访人心结，切实达到“事心双解”。从找错、析错、纠错、防错等环节入手，查找存在的突出问题，严格落实问责制度，建立操作简便、运行有效的纠错机制，积极化解积案，切实维护群众的合法权益。

四是健全公共政策机制。从发达国家的社会政策的演进来看，以资产为基础的政策将逐步代替以收入为基础的政策。这种政策充分利用现代金融证券手段，强调使每个人逐步拥有个人资产，包括金融财富、有形资产、人力资本、信誉资本、政治参与度等，体现了更多的包容性。比如：加拿大的个人发展账户，澳大利亚、乌干达的穷人配额储蓄项目、英国的储蓄通道和儿童信托基金等，在解决基层民众的困难方面发挥了重要作用。西城区有着丰富的金融资源，在推动金融服务社会民生方面，具有得天独厚的优势。要积极学习和借鉴发达国家的经验，充分利用好金融、证券、保险等手段，为公共政策服务。

（三）创新方式方法，不断提升基层群众工作水平

在开展群众工作方面，既要坚持好长期以来形成的行之有效的方式方法，也要结合新的形势，积极探索创新，提高工作的实效性和针对性。

一是运用时空定位的方法。在时间上，要把制度化的规范与群众的日常生活结合起来，既要解决好当前的紧迫问题，也要注意建立长效机制。特别是对于历史积案不能急于求成，要深入做好调查研究，积极稳妥地逐步解决。在空间上，要把一些好的经验、做法逐步推广到更大的区域，形成良好的社会风尚；对于影响范围大的问题，及时有效化解，尽量避免事态的扩大化。

二是利用节点控制的方法。认真分析容易引发社会矛盾的重要节点，提前做好各种应急预案，确保出现问题及时应对、妥善处置。抓好重大会议、重要节庆的节点，深入细致做好稳控工作和矛盾排查化解，防止群体性事件发生。抓好重大政策出台的节点，特别是对于关系群众生产生活的政策，出台前要广泛征求各界人士意见，实施过程中做好跟踪和反馈，结合群众意见进行调整完善。抓好重大工程建设的节点，在城市建设、征收拆迁等问题上，认真做好政策宣讲和补偿工作，维护好群众的切身利益。

三是采用逆向双轨的方法。政治安定与社会和谐，离不开上下之间的互通与互动。当前要把重点放到下情上达上来，突出信息的“逆向”传导，积极转变工作作风，建立党员干部与群众日常化、制度化的联系沟通机制。通过党员干部主动下访，加强与群众面对面的沟通交流，及时了解民情、听取民意、关注民需，提供政策信息，帮助群众解决实际问题，更好地赢得群众的理解和支持。

四是使用信息技术手段。充分整合利用现有资源，整体设计全区“全响应”社会服务管理信息平台，实现不同层级之间的互联互通、信息共享和业务协同，形成“了解—处置—回复—反馈”的闭环系统。在区级层面，建立全响应社会服务管理指挥中心，实现公共服务、社会服务、城市管理、社会管理四项功能的有机融合。在街道层面，对德胜、金融街、月坛、广内等街道在信息化建设的经验进行总结，整合多个业务系统，搭建统一指挥平台。在社区层面，逐步推广应用移动智能终端和楼门院长信息管理系统等技术，为社情民意从感知到快速处理提供有效的技术支撑。

五是应用社会心理疏导的方法。综合考虑社会、心理、环境等各方面的因素，建立常态化的社会心理干预机制，可由专业人员到社区、家庭开展心理风险因素评估，对心理、精神上有隐患的人群进行了解，提前化解可能造成公共危害的各种风险。建立干群互信机制，改善干群关系，更好地开展群众心理疏导工作，促进社会和谐稳定。

金融街国际化发展思路研究

区委副书记、区长　王少峰

“十二五”时期，我国国民经济的持续增长、人民币国际化进程的加快和北京市城市经济发展方式的转变，要求金融街在国际化进程中通过有效手段引领、支撑和促进西城区经济社会全面发展，率先建成国际金融中心和世界城市的核心功能区。作为北京市国际金融主中心区，金融街的国际化进程对于北京建设具有国际影响力的金融中心和新兴的世界城市具有关键作用。

一、西城区金融街国际化发展现状及面临问题

（一）金融街发展现状

1. 总体概况

1993年，国务院批复《北京城市总体规划（1991年—2010年）》，明确提出建设金融街，规划占地面积1.18平方公里、建筑面积400万平方米。2007年，北京市批准金融街拓展为2.59平方公里，主要涉及西长安街两侧53公顷，二环路西侧53公顷，太平桥大街东侧35公顷。

2010年，全区地区生产总值1988.1亿元，居北京市第三位。其中第三产业比重就达到89.6%，现代服务业比重为70%左右。以金融街建设拓展为载体，不断促进高端要素和总部的聚集，积极提升基础设施和产业配套服务水平。2010年末，以金融街为主体的金融主导产业占GDP比重达到41.2%，占全市金融业增加值的比重达到44.6%。金融业资产规模已经达到50.4万亿元，占全市金融业总资产的近80%，占全国的一半以上；金融从业人员15.6万人，占北京市金融从业人员的半数以上。

经过近20年的建设与发展，金融街已经成为集决策监管、资产管理、支付结算、信息交流、标准制订为一体的国家金融管理中心。

2. 产业发展

金融街作为我国金融高级单元最为集中的区域，产业发展充分体现出总部型、高端型、跨国型等特点。拥有金融监管机构（一行三会）、银行类金融机构30家，保险类机构38家，全国金融结算中心及要素市场11家，大型企业总部80余家，外资金融机构100余家，资产管理及证券、基金、股权投资类机构70余家。

3. 配套设施

按照国际一流标准规划建设城市环境和配套设施。包括中心广场、花园绿地（3万平方米）、地下交通体系、购物中心、国际会议中心和五星级酒店（威斯汀酒店、利兹酒店、洲际酒店）、公寓及金融家俱乐部等。2008年金融街荣获“美国城市土地协会(ULI)全球卓越大奖”和“中国人居环境范例奖”。

（二）国际化发展中面临的问题

目前，金融街和世界上成熟的金融中心相比，无论在市场规模、生态环境、专业服务、产业链条等方面，都存在着较大的差距。

1.空间发展资源受限

金融街由于规划空间相对狭小，受到限高等方面的制约，楼层实际最高标准为80米，直接导致资源承载能力相对较弱。同时，由土地资源稀缺衍生出的商务成本较高、建设综合成本不断攀升等矛盾，对进一步提升产业发展承载力也造成了较大压力。

2. 产业集聚规模不足

金融街与每日外汇交易量不少于100亿美元的国际金融中心相比，国际化程度亟待提高。在金融业相关的配套服务体系方面，区域内中资机构中目前还没有一家规模类似麦肯锡和普华永道等具有国际影响力的咨询服务机构。同时，金融产业链条还没有理顺，产业规模体量的不足直接限制了金融街通过金融产业发展辐射国内外金融市场的能力和范围。

3. 管理水平有待提升

金融街在管理体制没有上升到市级层面，更需要国家级政策的支持。在管理手段上尚没有可以实现对金融街产业、企业等信息查询、统计分析，并且缺乏24小时免费无线网络服务等国际化服务设施，一定程度上限制了国际化水平的提升。

4. 服务设施仍需完善

从各大国际金融中心的各类功能性建筑面积所占比重来看，北京金融街与金融功能区的国际标准存在

较大差距。从国际通行标准看，写字楼:住宅商业配套:交通绿地往往为50:20:20:10，而金融街功能区办公面积与其他配套设施的比例分别为75:10:10:5；从配套设施的结构看，在餐饮、酒店、住宅、娱乐、休闲等商务服务方面都与国际金融中心尚有较大差距。

5. 国际交流亟待扩大

金融街由于空间有限，高层次、成机制、跨文化等多元化的国际性交流活动较为缺乏。金融街虽然历史悠久，但限于办公空间，文化的发掘、整理、传承和交融等并不系统渗入，缺乏展示中国民俗工艺、金融文化、人文历史的多元文化中心和京城时尚的品牌地标。缺乏国际层面的交流沟通机制，尚未建立定期交流合作机制。

二、世界城市建设带给金融街国际化的机遇和挑战

当前，世界经济复苏的不确定性和复杂的全球形势，为形成国际金融经济新格局带来了机遇。后金融危机时期，中国在经济上的崛起将为金融街通过国际化进程建设具有国际影响力的金融中心创造良好的外部机遇和发展动力。同时，在北京市建设具有国际影响力的金融中心战略目标下，金融街已经迈入重要的战略机遇期。

（一）北京建设世界城市与金融街国际化的机遇

1. 金融街作为首都金融主中心区的定位机遇

2008年4月，市委、市政府正式发布《关于促进首都金融业发展的意见》，全市六大高端产业功能区之中，金融街对北京建设世界城市的决定性作用最大。要抓住北京建设世界城市需要进一步强化其国际金融中心地位的有利时机，深入推进国际化进程。

2. 后金融危机时代金融创新的机遇

国际金融中心，不仅仅是跨国金融机构的聚集中心，同时也是金融产品和金融服务的创新中心。围绕要素市场、债券市场和期货市场三大市场建设，加快推进金融创新，是金融街国际化面临的重大发展机遇。

3. 金融街管理人才高地的发展机遇

北京市是全球性人才高地，区域内聚集了国内外一流的行政管理人才、银行金融保险管理人才、新闻出版文化艺术管理人才。金融街在全球性、高端管理型人才的挖掘和运用上大有可为。

4. 新一轮产业革命中产业融合发展的新机遇

面对增量发展空间极为有限、产业结构调整空间狭小的发展现实，抢抓新一轮产业革命中产业融合发展的新机遇就成为必由之路。尤其要深入挖掘地区部委集聚、总部集聚、传媒集聚的独特优势，要积极推进金融创新与文化创意的联姻，要变地区交通拥堵的不利因素为有利因素。

5. 功能区由点状布局向带状拓展的新机遇

随着全市“十二五”规划的全面展开，未来北京重点功能区的建设将逐步由目前的点状分散布局向带状延伸拓展转变。金融街需要抓住这一发展机遇，妥善处理好推动生产性服务业聚集填充和生活性服务业有机疏散二者之间的关系，拓展区域内部重点功能区发展的空间和能级，有效化解发展空间不足的矛盾。

（二）世界城市进程中金融街国际化面临的挑战

1. 金融街与世界城市中心区的主要差距

金融街与世界城市中心区服务全球市场的功能定位之间存在明显差距。表现为国家金融管理中心与国际金融中心的差距、国内企业总部与跨国公司总部的差距、潜在信息源中心与信息发布中心的差距、西城功能初次定型化与世界城市中心城区再造化之间的差距。

2. 世界城市建设对金融街国际化进程的突出挑战

北京建设世界城市对金融街国际化的挑战突出体现在：区县竞争加剧的挑战、金融市场体系先天不足的挑战、区域人居环境改善与产业能级提升的挑战。

三、金融街国际化的发展思路

在“十二五”时期，金融街的国际化进程，需要在遵循国际金融中心形成一般规律和城市国际化一般路径的基础上，充分发挥中国特色经济制度的优势，以金融街在项目建设、产业集聚、管理服务、社会发展和品牌提升等系统性工作的基础上，寻找出符合国情、市情、区情的发展思路。金融街国际化的总体发展思路，可以概括为“一二三四五”发展思路。通过这一思路，系统、长期、全面、深入地推进金融街融入全球国际金融发展的大潮。一个目标即以建设新兴国际金融中心区为目标；两把抓手即政府推动和市场拉动；三项原则即区域整合化、双向国际化、创新试点化；四步战略即一融、二联、三接、四定的国际化具体步骤；五条路径即项目建设、产业集聚、管理服务、社会发展、品牌提升。

（一）一个目标

通过金融街的发展引领西城区和北京市的发展，以建设中国金融资讯中心、全球财富管理中心、国际金融交流中心和金融文化集聚中心为支撑，从北京金融中心到国家金融中枢，再到全球人民币交易中心，在区域性国际金融中心的基础上发展金融集聚和辐射功能，最终分步骤、分阶段、分路径、分战略建成国际金融中心。

（二）两把抓手

发挥政府推动和市场拉动两个动力源，通过规划管理和政策引导统筹全球化下市场的资源配置功能，在空间布局、产业整合、管理提升等方面科学推进金融街的国际化。其中，以政府推动为主要抓手。

（三）三项原则

金融街的国际化进程，应注意把握区域整合化、双向国际化、创新试点化三项原则。区域整合化：即始终意识到金融街的国际化并非仅指金融街2.59平方公里的国际化，而是以金融街为核心，逐步引领西城、北京乃至中国发展进程的国际化。双向国际化：金融街的国际化不仅指引进跨国公司总部和世界500强，更要注重我国本土企业逐步形成金融集团并走向世界的发展历程，并给予全力扶持。创新试点化：从国情市情区情出发，通过筹建“国家金融综合配套改革试验区”、人民币跨境结算试点和离岸金融中心等政策试点区域，突破并深入推进金融街的国际化进程。

（四）四步战略

通过一融、二联、三接、四定的国际化具体步骤，分时序、分重点建设北京金融中心、国家金融中枢、人民币交易中心和国际金融中心。

1. 一融，融合西城，建设北京金融中心

一融：指在西城区范围内融合广安产业园、西单商业区等功能区域，实现以金融产业为核心的产业配套和产业辐射体系，逐步形成金融街发展高地，建设北京金融中心。设立市级“金融街国际化领导办公室”（以下简称“国际办”），建立市级联席会议协调制度，统筹金融街国际化发展事宜，以金融街为中心区，以德胜科技园、广安产业园为辐射区，以白塔寺、西单和南闹市口地区为配套区，集中力量打造以金融业为核心的经济增长极。通过拓展区建设使金融街核心区和拓展区集中顶级或大型金融、非金融机构、专业服务机构，提高核心区的承载力和区域竞争力。

2. 二联，联手CBD，建设国家金融中枢

二联：指在北京市范围内联手北京CBD、丽泽商务区等金融功能区，通过体制机制建设，实现功能互补，共同建设国家金融综合配套改革示范区，逐步形成国家金融中枢。北京CBD国际金融资源的富集在客观上对金融街外资金融机构的引进起着竞争和分流作用，而且由于市场发展机制作用，短时间内这种态势不会改变。从地理区位上看，金融街正处于CBD和丽泽金融区发展的十字交汇处，具有天然的资源核心配置优势。

由国际办协调，建立金融街、CBD、丽泽金融区的联合发展机制，统筹北京金融资源，可以趁“十二五”期间北京建设“国家金融综合配套改革示范区”的机遇，以建设中国金融资讯中心、全球财富管理中心、国际金融交流中心和金融文化集聚中心为平台，共同建设“国家金融综合配套改革试验区”，逐步形成国家金融中枢。

3. 三接，对接香港，建设全球人民币交易中心

三接：指在地理空间、产业发展、国际交流等方面全面对接香港，以金融街的国家金融中枢和香港的人民币结算中心为基础，逐步建设全球人民币交易中心。中国金融改革开放加快推进,金融街有望成为人民币国际化战略实施的平台。建议设立京港人民币兑换绿色通道。在京港两地分设京港人民币兑换绿色通道办事处，从政策和市场两个角度进行互补，共同推动跨境人民币交易进程。进一步拓展金融市场广度和深度。着力加强金融市场体系建设，不断丰富金融市场产品和工具，加快开发固定收益类产品，加快推出新的能源类大宗产品期货。设立企业人民币结算中心。在金融街设立人民币结算中心，提供完善的人民币结算、银行间清算及配套金融服务。加快建设人民币跨境投融资平台。稳步扩大金融市场对外开放，扩大境外人民币回流北京的渠道,确立金融街在全球的人民币资产交易、定价和清算中心地位。

4. 四定，实现定位，建设新兴国际金融中心

四定：指在人民币国际化进程全面深化、金融产业辐射逐步扩大的基础上，逐步实现金融街亚洲新兴金融中心的发展定位，全面建成国际金融中心。在人民币交易中心的基础上，把金融街发展提升成为国家发展战略，筹建离岸金融中心，并逐步发展成为新兴的国际金融中心。考虑利用地区优势，争取政策支持，推动建立离岸金融中心，深化推进跨境贸易人民币结算试点工作，探索境外人民币资金的流动和交易机制，积极拓展海外人民币投资渠道，发展人民币离岸市场。离岸中心对于人民币国际化意义重大。在资本项下仍须管制的背景下，跨境贸易等在境外形成的人民币长头寸可以汇集到离岸中心，并以某种形式和境内建立联系，形成回流安排。建立离岸金融市场对我国金融走向国际化具有重大意义。发展离岸金融业

务，能够促进我国金融业的服务水平和监管机制完善，积极推动金融体系与国际标准接轨，还能够促进离岸金融市场所在地的就业机会，获得大量外汇收入，为国内外过剩资金寻找出口，提高区域金融竞争力。

（五）五条路径

实现金融街的国际化，要从项目建设、产业集聚、管理服务、社会发展、品牌提升等五个方面着手，全面推进。

1. 项目建设

（1）重点推进项目建设

金融街区拟建设项目：月坛南街项目、金融街E区项目、三十五中项目、复兴门项目、阜成门项目、月坛体育场地下空间利用项目、借助北京建工学院迁建解决金融街拓展安置用地。纳入协调范围的社会投资项目：丰盛D、E区项目、西单美晟项目、北丰BCD项目、中国人民银行办公楼项目。资源置换项目：金融街1号、首都时代广场、月坛大厦收购。

（2）加快环境改造建设

改善大栅栏、琉璃厂等地区的道路微循环，改造无障碍设施道路75条。加大交通疏堵力度，完善交通组织功能。加强宣传引导，设立双语标识牌，有效缓解交通拥堵压力与停车难问题。开展对新建平房区、近期搬迁改造的历史文化保护区、重要文化街和游览胡同院落进行雨污水分流改造，不断改善和提升商业、旅游价值和居住居民的生活质量。修建内城景观水系内循环系统，实现清水流动，提升游览观赏的品质。

（3）加快道路交通设施建设

加强道路建设，全面实施金融街地下交通系统二期工程以及重点地区的次干路、支路建设。协助启动西二环路地下隧道建设，缓解通行压力。规划建设月坛体育馆地下大型停车场，建立统一停车管理智能系统，积极盘活社会停车设施资源。加强交通连接系统建设，改善地面交通间、轨道间、轨道与地面间换乘条件。规划建设沿复兴门–阜成门东侧的地下步廊，加快推动金融街地下环廊交通功能的实现。

2. 产业集聚

（1）优化企业经营环境

研究设立北京金融街金融指数，出版相关刊物，探索构建金融信息资讯平台，形成金融信息集聚区，打造信息腹地。大力吸引具有国际知名度的市场中介机构，积极培育发展律师、会计师、IT专家等专家支持服务和其他服务，提升专业化服务水平，服务驻区企业提高运作效率和竞争力的需要。搭建金融服务平台，主要在人才薪酬、税收、社会保障、医疗、子女入学等方面为金融企业提供“一站式”的方便、快捷、透明的政府服务，打造“世界级高端金融人才聚集示范区”。

（2）推动金融市场建设

推动保险交易市场建设。通过吸引再保险公司及建立保险交易平台，形成全国范围内的保险交易市场。积极吸引国际性再保险公司在金融街设立分公司，开展业务。争取获得保监会支持，在金融街建立类似劳合社的多元化经营主体、公平竞争的再保险交易市场。推动产权市场建设。加强区域合作，拓宽融资渠道和交易方式，完善中介服务、法律法规和监管体系，将产权市场做大做强。具体措施包括：加强区域合作；拓宽融资渠道和交易方式；提供完善的中介服务体系；完善法律法规和监管体系。加快创业投资中心建设。逐步放开投资限制，深化股权代办转让试点，凭借金融大环境优势，做成北方地区的创业投资中心。具体措施包括：逐步放开投资限制；深化股权代办转让试点；培养专业管理能力。

（3）培育金融产业链条

重点发展投资银行、基金管理公司、资产管理公司、货币经纪公司、融资租赁公司、企业集团财务公司等有利于增强市场功能的机构。培育和吸引具有综合经营能力和国际竞争力的金融控股集团。完善金融中介市场，努力使金融中介机构的数量、服务水平与国际接轨。加快PE（私募股权基金中心）的建设。借助金融管理中心和总部机构云集的优势，吸引PE的设立和入驻，同时与监管部门建立顺畅的沟通平台，争取政策支持，为PE创造良好的发展环境。

（4）建设四大中心

建设中国金融资讯中心。在现有国家级金融管理机构的基础上，通过建设国际金融数据库、建设综合性金融资讯发布平台、发布国际金融指数、开展国际金融咨询服务，加强与国际货币基金组织等国际组织的合作与交流，打造金融资讯中心。建设全球财富管理中心。通过设立专项基金扩规模、引导产业基金进西城、加大金融人才引进力度、降低资产管理业务的交易费用，结合金融街现状，以资产管理为出发点，建设财富管理中心。建设国际金融交流中心。建设中国金融大厦作为地标性建筑。联合国际货币基金组织、联合国计划开发署等国际组织，建立常态交流协作机制和业务问询机制，定期开展高层论坛等对话活动以应对全球金融形势波动，深入推进国际金融交流活动。建设金融文化中心。设立全球金融文化论坛，沟通北京CBD的外资金融企业和金融街的中国金融公司，共同设立金融文化中心，彰显中国文化特色，通过文化产业的发展推动金融街国际化的发展进程。

(5) 推行国际金融发展政策

金融中心发展的“先行先试”政策。优先在金融街建立国际化发展实验区，建设高品质国际化项目，设置国际化标识系统和服务标准，建立国际化、现代化的公共服务平台和呼叫中心，为金融街开展国际化业务提供方便。试点建立金融街高端人才资助计划，鼓励高端人才进入金融街。在金融街建立高端服务业发展实验区，鼓励高档金融会所、现代商业、国际会议中心、五星级酒店、高等级服务设施等进驻金融街。

金融业发展的鼓励政策。对金融街建设的“六大”重点产业采取鼓励政策，吸引国内外优秀企业落户金融街。对符合条件的企业优先提供土地和建设安排，提供租金和税收优惠政策，并且提供优质、便捷的服务。对于重要企业要纳入“先试先行”政策范围，特事特办，为重要企业发展提供良好的环境。尤其要重视国际知名中介机构和金融科技和创新机构进驻金融街。

金融中心发展的限制政策。限制发展与金融业关联度较低的产业，控制区域内的居住功能，疏散原有平房区人口，重新安排土地利用和建设。淘汰区域内的低端产业，在金融街中心地区清理一批与金融关系不密切、经营水平较低的企业，关闭清理一批低端服务业，腾退一些空间供金融业及其高端配套产业发展。在政策上长期限制低端产业进入，保持区域产业的高端特性。

(6) 实施外资金融激励政策

对于外资的鼓励政策是引进国际金融机构入驻的有效途径。目前初步计划调整和补充的政策内容包括四个方面：一是增加一次性资本金的补助层级。二是提升购租房补贴金额。三是对高管人员个税的政策进行提升。四是加大对重要法人化金融市场组织、金融中介机构和金融文化宣传交流组织的扶植力度。

3. 管理服务

建立金融资讯发布平台。充分发挥金融监管所在区域的优势，加强权威的金融政策、金融市场和国际金融动态信息的发布，使金融街成为国家金融信息发布的平台。优化金融产业结构。通过环境优化、政策支持、服务保障等措施来吸引国内外知名金融机构总部和地区性总部入驻，加大对金融专业服务机构的支持力度，提升金融专业服务水平。建立国际化发展体系。着眼于引入国际知名企业，支持国际知名金融组织与研究机构在金融街举办论坛、研讨会等活动，加强“城际合作”，建立国际金融人才培训和认证体系。塑造金融街独特文化。深入发掘金融街及周边区域的历史文化资源，形成具有北京特色的金融文化。培育和扶植金融媒体，多视角展示和传播金融街丰富多彩的金融文化。完善金融服务体系。通过免费巴士的方式连通金融街和西单，降低两地交通成本。加强金融街地区信息工程建设，实现免费无线网络全覆盖。组织金融街论坛和境外推广系列活动，打造金融街区域的品牌和知名度。

4. 社会发展

打造公共服务平台，提供全方位国际化服务。专门开辟金融街功能区服务平台，此平台不仅要有为金融街金融机构公共服务的内容，还要有国际化社会事务咨询服务的内容，可由现有的各金融街服务机构根据各自的职能，建立不同的模块，为金融机构、金融人才提供全方位、现代化、国际化服务。

整合国际化服务协调机构，提高服务管理功能。以主动服务为导向，强化政府服务职能定位，以形成合力为导向，强化政府相关部门的协同协作，形成联合行政格局。成立一个比较权威的机构，统一负责金融街管理服务体系建设，负责沟通协调，落实对金融街的各项服务职能，共同打造金融街国际化综合服务平台。

集成人事人才政策，提高国际人才集聚能力。积极用好、用足“居住证”和“引进金融人才”的政策，加大公开招聘金融人才力度，吸引国内外高素质人才流入金融街，加强与国内外金融机构的交流与合作，探索利用国内外金融智力资源。加大税收优惠政策，提供人性化服务，提供丰富多样的国际培训，实施金融人才环境建设工程，发挥金融人才服务中心的作用。

5. 品牌提升

加强金融街品牌建设。通过拓展建设地标性建筑，突出金融主中心区形象。组建金融街品牌经营机构，负责金融街品牌的研究、定位、规划、维护和经营。建设海外中国金融文化学院，利用其文化传播体系不断推动西城的国际化。

加强国际合作组织交流。不断拓宽与驻区社会组织和全国性行业协会联系渠道，创新联络载体，扩大区域各级各类社会组织的合作交流。充分发挥区、街社会组织联合会的平台作用，建立参与地区建设社会组织的长效联络机制，积极引导驻区国际社会组织和全国性行业协会参与区域建设。

建设国际人文景观。坚持规划先行、高标准打造街区景观，引入顶级设计机构参与街区设计，加快推进标志性区域景观和建筑物色彩规划设计，强化公共服务设施标准化设置和规范化管理加强街区色彩管理，通过树木花草丰富色彩，提升街区形象。深入挖掘区域的历史沿革、典故传说、名人故事等文化内涵，通过园林小品、雕塑装饰等街区景观，展示金融街发展脉络，打造历史与现代交相辉映的标志性街区。

四、金融街国际化发展的保障机制

（一）组织保障

成立由市级领导牵头，区委、区政府统一领导，相关部、委、办、局、街道参与的金融街国际化领导小组，全面指导、统筹协调金融街国际化工作。成立金融街国际化领导小组办公室（即国际办），有效整合区域服务金融的资源，建立与国家、北京市、相关政府部门、金融机构的沟通协调机制，凝聚政府服务金融企业发展的强大合力。根据金融街建设与发展需要，创新工作组织形式。加强对行业协会商会等市场组织的业务指导和监督管理，有效发挥其纽带和桥梁作用。逐步形成科学规范、统筹有序、权责明确、务实高效的组织保障体制机制。

（二）政策保障

深化落实《中共北京市委北京市人民政府关于促进首都金融业发展的意见》（京发〔2008〕8号）和《北京市人民政府关于金融促进首都经济发展的意见》（京政发〔2009〕7号）。紧跟金融市场发展和市场竞争形势，适时调整促进金融产业发展政策，完善以机构聚集、市场构造、金融创新、产业引导为主要支持方向，以人才聚集为核心的全方位产业促进政策支持体系。改进政策操作流程，创新政策手段，完善政策落实机制，建立政策落实情况反馈机制，确保政策落实到位。

（三）人才保障

加快构建金融人才高地，为推进金融中心建设提供人才保障和智力支撑。制定金融业人才战略，优化人才引进、人才培养工作流程，在居留、医疗、健身、子女入学等方面为高层次人才创造便利条件。制定实施人才激励政策，增强对关键岗位、核心骨干人才的吸引力度。大力推进金融人才的国际化，积极实施海内外优秀金融人才引进计划，鼓励企业引进通晓国际惯例，具有丰富专业经验、良好金融背景的海外金融人才。推进金融人才培训，加强国际金融培训合作，加快培育本土化的实用型、复合型金融人才。建立“不求所有，但求所用”的高端金融人才柔性引进机制，加强金融人才的国际和地区间交流，促进协作发展。

（四）重大项目保障

积极推动重大项目的建设，实现“以规划确定项目，以项目落实规划”。组织有关部门对规划涉及的项目进行梳理和筛选，经区政府审议后分级分类纳入项目储备库，作为年度投资计划的备选项目。不断创新项目建设模式，注重项目的综合性、兼容性，做好前期规划设计、论证、审批工作，精心组织项目实施。坚持和完善项目建设的招投标制度和项目代建制，加强项目的审计工作，依法接受项目建设相关部门的监督检查。

（五）实施动态评估

在金融街国际化领导小组统筹下，按照分工落实、分阶段推进、系统化实施的原则，将规划目标任务按年度分解落实到各相关部门，并纳入部门年度工作计划。建立规划落实情况反馈机制与考核评估机制，对预期性目标进行动态监测和评估，对约束性目标任务进行评估和考核，切实推进规划落实。

（责任编辑　马忠良）

大事记

2011年西城区大事记

1月

7日 北京中关村德胜科技园协会成立。

☆ 西城区首个足球历史文化馆——千禧园足球历史文化馆成立。

10日 西城区举行社区服务平台服务功能覆盖全区暨“创造城市美好生活，提升社区服务品质——82203331为您服务”宣传启动仪式。

12日 西城区人民代表大会（临时）第二次会议开幕。

13日 中国残疾人联合会副理事长程凯带领全国部分省市地区残联理事长到慧馨园，参观学习展览路街道残疾人托养工作新模式。

21日 2011年西城区首届“健康杯”（北京华天杯）中小学生阳光体育乒乓球比赛开幕。

☆ 西城区首个群众原创的主题晚会——“什刹海情韵”在全国政协礼堂举办。

25日 西城区四套班子领导参加春节走访慰问活动，共为驻区部队和困难群众送去慰问金250万元。

26日 市委副书记、市政协主席王安顺慰问中国伊斯兰教协会和法源寺。

2月

1日 中共中央政治局常委、中央政法委书记周永康到府右街派出所慰问民警。

2日 2011北京厂甸庙会和第十六届大观园红楼庙会开幕。

14日 西城区召开领导干部会议，区四套班子领导出席会议。

17日 西城区与中国版权保护中心举行推进创建国家数字版权产业基地合作协议签约仪式，标志着国家数字版权产业基地落户西城区进入实质性阶段。

☆ 西城区政府与中国民生银行总行营业部战略合作协议正式签约。

22日 西城区首家小额贷款公司国旭小额贷款公司开业。

☆ 欧盟青年代表团及中方青年代表一行40余人到西城区志愿服务基地——宋庆龄故居参观考察。

23日 西城区纪委全体会议暨全区党风廉政建设工作会议召开。

☆ 西城区综治委第一次全体（扩大）会议召开。

25日 “爱在西城”2010年度颁奖典礼在梅兰芳大剧院举行。

27日 中共中央政治局委员、北京市委书记刘淇到西城区检查专项维稳工作。

3月

2日 由西城区体育局承办的“2011年亚—欧全明星乒乓球对抗赛（中国站）”在北京月坛体育馆开幕。

6日 市领导刘淇、王安顺、傅政华、刘敬民到西城区检查专项维稳工作。

8日 首都女金融家协会在金融街成立。

16日 西城区四套班子领导出席西城区与广西南宁市合作框架协议签约仪式。

17日 西城区文明城区建设暨双拥工作动员大会召开。

☆ 西城区总工会第一次代表大会召开。

21日 市领导刘淇、郭金龙、王安顺、李士祥、梁伟、傅政华、丁向阳就“创新社会管理服务，推进首都社会建设”主题到月坛街道调研。

23日 内蒙古自治区党政代表团到北京金融街考

察调研。市领导郭金龙、王安顺、吉林、苟仲文，区领导张建东、苏东陪同调研。

24日 广东省委考察团到西城区调研。市领导梁伟、丁向阳，区领导范宝陪同调研。

29日 中国文联党组书记赵实一行到金融街社区教育学校，调研西城区基层文联建设情况。

30日 月坛街道在全区率先开展社区信息化建设试点工作。

30日 副市长刘敬民调研西长安街沿线、前三门大街、朝阜路环境建设工作。

31日 市领导梁伟、程红到西城区调研社区商业工作情况。

4月

1日 西城区建立全国首个残疾人信息无障碍社区服务示范点。

☆ 西城区首份以“融爱西城”为主题的农民工手机报开通。

2日 全国人大常委会副委员长李建国、司马义·铁力瓦尔地到前门西大街参加义务植树活动。

13日 西城区历史文化名城保护委员会成立大会召开。

14日 西城区与英国贸易投资总署签署合作备忘录。市领导郭金龙，伦敦金融城市长 Michael Bear、英国驻华大使 Sebastian Wood、金融城行政副参赞 Fiona Wolff 和中国金融组主管 Scott Strain，区领导张建东、苏东出席签约仪式。

15日 美国驻华大使洪博培携夫人到牛街礼拜寺参观访问。

☆ 由北京市华夏女子中学、北京师范大学附属实验中学、北京市第十四中学和北京市第一六一中学4所学校组成的“华夏女子中学办学联合体”成立。

16日 市委常委、市委宣传部部长、副市长鲁炜一行，到金融街社区教育学校暨少年宫视察工作。

18日 市委常委、常务副市长吉林出席西城区综合行政服务中心落成启用仪式。

23日 西城区与山东省威海市签署《缔结友好区市关系协议书》。

25日 西城区公务用车问题专项治理工作启动。

26日 教育部副部长刘利民到西城教育研修学院调研西城教育研修网。

☆ 西城区社科联第一次代表大会召开。

27日 设在西城经济科学大学暨西城区社区学院的“北京市西城区市民终身学习成果认证中心”正式揭牌，标志着全国首个市民终身学习成果认证制度启动。

28日 2011年世界九球北京公开赛在月坛体育馆开赛。

☆ 西城区全区实行城市环境分类分级管理。

29日 国家文物局局长单霁翔与国际古迹遗址协会副主席郭旃等实地考察北京旧城中轴线。

☆ 副市长程红出席在大栅栏街举行的市级特色商业街授牌暨2011年迎“五一”特色街消费周启动仪式。

☆ 西城区庆祝“五一”国际劳动节表彰大会在西城区文化中心举行。

5月

5日 西城区红十字会应急救护知识培训中心挂牌成立。

9日 西城区旅游行业协会成立大会暨第一次全体会员大会召开。

☆ 西城区与房山区合作发展协议签字仪式举行。

10日 西城区红十字会第一次会员代表大会召开。

☆ 2011年西城全民健身体育节暨北京西城国际金融体育康乐节开幕。

16日 西城区与内蒙古赤峰市喀喇沁旗对口帮扶合作座谈会召开。

18日 西城区第二轮修志工作大会召开。

19日 西城区第一次妇女代表大会召开。

21日 西城区科学技术协会第一次代表大会召开。

23日 民政部部长李立国带队到西城区调研社会服务管理创新工作。

24日 中华海峡两岸文化产经科技促进会秘书长邱正生调研西城区文化创意产业发展工作。

☆ 西城区残疾人联合会第一次代表大会召开。

25日 市长郭金龙到新街口街道西四北八条37号院、地铁6号线1期09标段（平安里站）工程现场检查老城区危旧房屋改造和防汛工作。

30日 全国政协副主席林文漪、商务部副部长姜增伟、副市长程红等出席2011北京西单国际时尚年会开幕式。

☆ 市人大常委会主任杜德印到西城区调研推进全国文化中心建设工作。

6月

1日 由北京三十五中金帆民乐团、昌平二中金帆民乐团、安慧里中心小学金帆民乐团组成的中国大陆首家“金帆百人华乐团”揭牌。

11日 副市长洪峰参加在西城区举行的2011年全国节能宣传周暨北京市节能宣传周启动仪式。

☆ 致公党西城区第一次代表大会召开。

12日 西城区成立全市首个城区慈善义工协会。

☆ 民盟西城区第一次代表大会召开。

13日 市委书记刘淇到西城区调研区域化党建工作。

14日 市人大常委会主任杜德印到西城区调研国家和民族文化遗产保护及传承工作。

☆ 西城区各界人士庆祝中国共产党成立90周年座谈会召开。

15日 西城区开通全国首家基层党建微博群——北京西城党建微博群。

17日 第十届什刹海文化旅游节在宋庆龄故居举行开幕仪式。

18日 民进西城区第一次代表大会召开。

19日 九三学社西城区第一次代表大会召开。

22日 西城区文联第一次代表大会召开。

23日 农工党西城区第一次代表大会召开。

25日 台盟西城区第一次代表大会召开。

28日 西城区纪念中国共产党成立90周年大会召开。

☆ 西城区人力资源和社会保障学会第一次会员代表大会召开。

☆ 西城区全面启动“家庭医生式服务推进月”宣传活动，并确定启动日所在周为启动周。

☆ 中国盲文图书馆新馆在西城区建成开馆。

7月

1日 西城区委宣传部“北京西城”微博平台正式上线。

☆ 西城区全面启动社区爱心一卡通的发放和使用工作，“以卡代券”服务覆盖全区15个街道。

2日 西城区第一次归侨侨眷代表大会召开。

3日 民建西城区第一次代表大会召开。

5日 琉璃厂艺术廊桥落成。

8日至14日 西城区党政代表团赴西藏拉萨访问，并出席拉萨市民服务中心入驻运行启动仪式。

10日 民革西城区第一次代表大会召开。

11日 第一创业摩根大通证券有限责任公司在北京金融街举行开业仪式。

12日 共青团北京市西城区第一次代表大会召开。

13日 北京大学公共卫生学院教学科研基地在西城区卫生局揭牌成立。

☆ 国际计生联总干事麦里斯到西城区青春健康中心，考察青春健康教育工作。

14日 西城区城管研究会成立大会暨第一次会员代表大会召开。

18日 应国务院总理温家宝邀请到访的伊拉克总理马利基一行10余人到牛街礼拜寺参观访问。

19日 苏格兰皇家银行集团入华逾百年暨中国区业务平台搭建成功庆典仪式举行。

☆ 西城区“京味旅游网”开通。

21日 西城区第六次全国人口普查总结表彰会召开。

23日 13个国家的50名非洲法语国家外交官参观考察牛街礼拜寺、空竹博物馆、宣南文化博物馆等地。

26日 内蒙古呼和浩特市代表团到西城区考察社会服务管理创新工作。

28日 由中央文明办、人力资源和社会保障部、农业部、国资委、全国总工会、共青团中央、全国妇联、全国工商联八部委主办，中国志愿服务基金会承办的“共享和谐·文明西城——西城区关爱农民工、关爱空巢老人志愿服务活动”启动仪式在天桥市民广场举行。

8月

4日 中共北京市西城区委召开全体会议。

5日 西城区婚庆文化产业商会成立大会暨第一届会员大会召开。

11日 西城区四套班子领导出席《怀柔区与西城区战略合作框架协议》签订仪式。

16日 大栅栏老字号旅游购物节开幕。

18日 由中国商业联合会、市商务委员会和西城区政府共同主办的“中国中华老字号博览会（2011·北京）”在北京展览馆开幕。

18日至20日 迎接中央文明委全国文明城区复查测评。

30日 西城区召开“五五”普法总结表彰暨“六五”普法动员部署会。

9月

5日、6日、8日 中共中央政治局常委、中央文明委主任李长春就深化文化体制改革、推动文化大发展大繁荣等到西城区进行调研。

☆ 17时16分，大茶叶胡同富国里菜市场煤气罐爆炸引发火灾，过火面积约1000平方米，无人员伤亡。18时28分，现场明火被扑灭。

8日 “月邀五洲·情满西城”辛卯年中秋夜国际联谊会在北京大观园举办。

☆ 西城区教育系统庆祝教师节大会召开。

15日 西城区举行“百名社科专家进西城”活动启动仪式。

☆ 西城区选举委员会金融街地区分会选举宣传日活动在金融街购物中心广场举行。市委常委、市委组织部部长、市委换届选举领导小组组长吕锡文，市人大常委会副主任、市委换届选举领导小组副组长赵凤山带队参加。

19日 中国轻工业联合会和中国文房四宝协会联合发文，授予琉璃厂街“中国文房四宝文化第一街”称号。

20日 “数字西城地理空间框架”项目通过国家测绘地理信息局验收并发布，西城区被国家测绘地理信息局授予“全国数字城市建设示范区”称号。

21日 2011年北京马连道茶文化节在国家话剧院开幕。

27日 西城区首家街道级养老活动中心——金融街益寿园养老服务中心揭牌。

☆ 西城区红十字会侨联工作委员会成立大会召开。

☆ 西城区各界人士纪念辛亥革命100周年座谈会在宋庆龄故居召开。

28日 西城区在北京市率先实施政府机构公众责任保险。

29日 “华彩奉献”文艺晚会暨2011西城文化节开幕式在北京展览馆剧场举行。

10月

8日 新疆乌鲁木齐市沙伊巴克区领导到西城区访问。

18日 中国造血干细胞捐献者资料库北京管理中心西城工作站成立。

21日 由西城区政府主办的“E时代I西城”首届北京西城电子商务节开幕。

23日 《北京京剧百科全书》出版座谈会暨首发式在北京湖广会馆举行。

27日 西城区与内蒙古自治区通辽市缔结友好区市。

28日 瑞士蒙特勒市市长洛朗·维利到西城区考察交流。

☆ “天桥演艺区”项目正式启动。

29日 2011年北京空竹文化节暨第二届中国“广内杯”空竹邀请赛开幕。

30日 “2012吃在北京——中国国际食尚潮流盛典系列活动”启动。

11月

3日 市长郭金龙出席在北京展览馆举行的第七届金融博览会暨2011中国国际金融年度论坛。

4日 中共中央政治局委员、中央书记处书记、组织部部长李源潮到西城工商分局展览路所调研创先争优活动。

10日 北京市西城区行业调解工作站在西城法院揭牌成立。

11日 中央巡视组组长徐光春率领中央巡视组一行到金融街社区教育学校巡视考察。

18日 西城区召开区委全体（扩大）会议。

24日 市委书记刘淇到西城区考察老旧小区改造情况。

12月

3日 全市首家老北京传统商业博物馆在老舍茶馆开馆。

5日至8日 中共北京市西城区第十一次代表大会开幕。

8日 西城区纪委第十一届一次全体会议召开。

12日 西城区旧城保护定向安置房昌平回龙观项目一期027地块主体结构工程封顶仪式在项目施工现场举行。

13日 政协北京市西城区第十三届委员会第一次会议开幕。

15日至19日 西城区第十五届人民代表大会第一次会议召开。选出西城区新一届人大常委会和人民政府。

22日 西城区获“健康北京建设贡献奖”。

27日 西城区“三定”工作会议召开。

注：☆表示与上一条同日

（责任编辑 郝慧芳）

党 派

中国共产党北京市西城区委员会

概 述

年内，中国共产党北京市西城区委员会在中共北京市委的领导下，深入学习党的十七大及历次全会精神，全面贯彻落实科学发展观，牢牢把握首都核心区的区域功能定位和发展要求，团结带领全区人民，抢抓机遇、开拓进取，圆满完成庆祝建党90周年各项活动，全区经济、政治、文化、社会建设和党的建设取得了长足进步，区域发展成效显著。

立足功能定位，牢记职责使命，科学谋划区域发展蓝图。区委立足于首都核心功能区的职责定位，不断强化首都意识和首善意识，切实把履行好“四个服务”作为首要任务。年内组织召开中国共产党北京市西城区第十一次代表大会。会议总结过去5年区委的工作，深入分析西城区新的功能定位和发展形势，研究确立“服务立区、金融强区、文化兴区”的发展战略，规划部署“一核一带多园区”的空间布局，明确提出“以更高的标准创造城市美好生活，努力建设‘活力、魅力、和谐’新西城”的奋斗目标。会议经过充分酝酿，民主选举产生中共北京市西城区第十一届委员会和中共北京市西城区第十一届纪律检查委员会，为区域未来发展奠定了坚实的思想基础和组织保障。

坚持科学发展，努力转变方式，区域经济优势不断凸显。区委着力推进以金融为核心的现代服务业发展战略，坚定不移地推进金融街建设，金融业辐射带动作用进一步增强，成为首都经济发展的重要力量。2011年，全区金融业增加值占全市金融业增加值的近50%；金融业资产规模达到55.5万亿元，占全市金融业总资产的近80%，占全国的一半以上。大力推动产业结构优化升级、现代商业与传统商业实现共同繁荣，都市特色旅游业健康发展，文化创意和高新技术产业影响力不断扩大，逐步形成以现代服务业为主体、多元产业为支撑的产业体系。准确把握区域经济特点和发展阶段特征，坚持增量资源开发与存量资源盘活并重，发展空间拓展与产业布局调整同步，区域承载力和资源利用率不断提升，功能区产业集聚效应和品牌特色更加突显。2011年，地区生产总值达到2302亿元，比2006年增加1078.6亿元，年均增长13.5%；区级财政收入完成281.5亿元，比2006年增加189亿元，年均增长24.9%；社会消费品零售额完成688.9亿元，比2006年增加373.1亿元，年均增长16.9%。

着眼内涵提升，促进全面发展，地区文化软实力不断增强。区委始终坚持“以文化育文明”的发展理念，大力加强社会主义核心价值体系建设，广泛开展多种形式的主题实践教育和群众文化活动，驻区单位和广大群众对地区的认同感不断提高、凝聚力不断增强。分步实施大栅栏地区的保护与建设，积极推进琉璃厂艺术大厦、艺术廊桥项目建设，统筹推进历史文化名城保护与城市现代化发展。始终把创建全国文明城区作为提升区域发展品质的重要载体，努力构建共驻共建共享的文明城区建设工作格局，深入推进双拥、民族、宗教、侨务、对台等工作，市民文明素质和社会文明程度不断提高。顺利通过全国文明城区复查。第七次蝉联“全国双拥模范城（区）”。高度重视、大力推进科技、教育、文化、卫生、体育等各项社会事业全面、优质、均衡发展。

贴近群众需求，持续改善民生，和谐社会建设工作不断加强。区委着力从解决群众最关心、最直接、最现实的利益问题入手，大力加强公共服务体系建设，群众生活水平显著提升。2011年，居民人均可支配收入35740元，比2006年增加15524元，年均增长12.2%。累计投入促进就业资金2亿多元，帮助12万余名失业人员实现就业。积极推进养老和医疗保障制度全覆盖，完善综合救助工作格局，加快昌平回龙观、丰台张仪村、房山长阳等对接安置房和保障性住房建设，确保群众能够充分享受到社会保障和基本公共服务。着力建设集社会服务、城市管理、综治维稳功能于一体的“社会服务管理工作体系信息化支撑系统”，不断完善全面感知、快速传达、积极响应的“全响应”社会服务管理模式。大力解决群众身边的环境问题，积极推进老旧小区、平房胡同修缮改造，累计投入近6亿元改善社区基础设施和服务条件，便民服务体系进一步完善。深入开展“平安西城”建设，全面启动“六五”普法工作，组建区委群众工作部，积极探索以群众工作统揽信访工作新模式，建立健全领导干部接访、多元化社会矛盾调解和打防管控一体化等工作机制，持续开展对治安重点地区和突出违法犯罪的打击整治，巩固了安定和谐的大好局面。

加强党的领导，广泛凝聚合力，党建科学化水平不断提高。区委坚持以改革创新精神推进党的执政能力建设和先进性建设，总揽全局、协调各方，不断增强应对复杂局面的能力。高度重视党的思想建设，深入开展“创先争优”主题教育活动，党员队伍思想素质和理论水平明显提高。深入细致地做好换届工作，深化干部人事制度改革，推进干部选拔任用工作科学化、民主化、制度化，各级领导班子和干部队伍建设进一步加强。大力推进基层党建工作创新，扩大党组织覆盖面，基层党组织创造力、凝聚力和战斗力不断增强。积极推进党代表任期制，党内民主进一步扩大。认真落实党风廉政建设责任制，扎实推进惩治和预防腐败体系建设，深入开展区委权力公开透明运行和防止利益冲突试点，严肃查处违法违纪案件，反腐倡廉工作取得显著成效。积极支持区人大、区政府、区政协履行职责、开展工作，广泛凝聚各民主党派、工商联和无党派人士力量，充分发挥工、青、妇等群团组织作用，组织动员全区人民参与区域建设发展，建立健全专家顾问组织，广泛听取意见建议，区委决策的科学化、民主化水平进一步提高。

（王　琪）

区委主要工作和重大活动

【中央领导调研工作】 3月1日，国务院医改办主任孙志刚、国家发改委有关领导到西城区调研，市领导丁向阳，区领导张建东、梁昌新陪同。4月2日，全国人大常委会副委员长李建国、司马义·铁力瓦尔地到西城区前门西大街参加义务植树活动。5月22日，商务部副部长姜增伟到西城区调研商业工作，区领导王宁、郭怀刚陪同。5月23日，民政部部长李立国到西城区调研社会服务管理创新工作，市领导丁向阳，区领导王宁、马兰霞、程军、范宝陪同。5月30日，2011北京西单国际时尚年会举行开幕式，全国政协副主席林文漪、商务部副部长姜增伟、副市长程红，区领导王宁、张建东、王祥杰、马兰霞、杜灵欣、刘洋、程军、解建军、吴元增、苏东、郭怀刚出席开幕式。9月5日和8日，李长春就深化文化体制改革、推动文化大发展大繁荣等来区进行调研，市领导刘淇等，区领导王宁、王少峰等陪同。11月3日，中央巡视组到德胜社区卫生服务中心调研，市领导丁向阳，区领导王少峰陪同。11月11日，中央巡视组组长徐光春带领中央巡视组围绕“贯彻中央全会精神，推动首都文化大发展大繁荣”主题到西城区调研，市领导吕锡文，区领导王宁、王少峰、程军陪同。11月17日，全国人大财经委主任石秀诗到什刹海地区调研旅游发展情况，市领导吴世雄、丁向阳，区领导王少峰、郭怀刚陪同。

（张　静）

【市领导调研工作】 1月25日，西城区举办2011年金融街新春团拜会，市领导黎晓宏，区领导王宁、王敏荣、王祥杰、刘跃平、马兰霞、王力军、杜灵欣、程军、苏东出席活动。1月27日，傅政华出席义达里社区军警民春节“连心饺”活动暨西长安街派出所“开门评警”启动仪式。2月17

日，傅政华到西城区“上元灯会”现场检查指挥安保工作，陈思源陪同。2月27日，刘淇到西城区检查专项维稳工作，区领导王宁、张建东、刘跃平、陈思源、程军、苏东陪同。3月14日，市领导牛有成到西城区调研统战工作，王宁、曹长胜、程军陪同。3月21日，刘淇、郭金龙、王安顺、李士祥、梁伟、傅政华、丁向阳到西城区就“创新社会管理服务，推进首都社会建设”主题进行调研，王宁、张建东、刘跃平、马兰霞、陈思源、程军、范宝陪同。3月23日，内蒙古自治区党政代表团到金融街调研，市领导郭金龙、王安顺、吉林、苟仲文，区领导王宁、张建东、程军、苏东陪同。3月24日，广东省委考察团到西城区调研，市领导梁伟、丁向阳，区领导王宁、马兰霞、程军、范宝陪同。3月30日，刘敬民到西长安街沿线、前三门大街、朝阜路调研环境建设工作，范宝陪同。3月31日，梁伟、程红到西城区调研社区商业工作情况，张建东、郭怀刚陪同。4月14日，西城区与英国贸易投资总署签署合作备忘录，市领导郭金龙，区领导张建东、苏东出席签约仪式。4月16日，鲁炜到西城区湖广会馆、北京空竹博物馆、金融街社区教育学校和历代帝王庙专题调研，王宁、张建东、刘洋、程军、王粤陪同。4月18日，吉林出席西城区综合行政服务中心落成启用仪式，王宁、张建东陪同。4月29日，傅政华到西城公安分局调研爱民爱警试点工作，陈思源陪同。4月29日，程红出席市级特色商业街授牌暨2011年迎“五一”特色街消费周启动仪式，区领导郭怀刚陪同。5月12日，市领导梁伟、刘敬民到西城区参加“5·12”社区地震应急疏散演练活动，区领导张建东、梁昌新陪同。5月25日，市领导郭金龙、夏占义到西城区检查防汛工作，区领导王宁、程军、范宝、李岩陪同。5月26日，市领导陈刚到什刹海调研历史文化保护区烟袋斜街旧城保护与人口疏解工作，区领导王宁、程军、苏东陪同。6月4日至5日，王安顺到西城区检查节日安保工作，刘跃平、陈思源陪同。6月14日，杜德印到西城区调研国家和民族文化遗产保护及传承工作，张建东、杨有成、王粤陪同。6月11日，2011年全国节能宣传周暨北京市节能宣传周启动仪式在西城区举行，市领导洪峰，区领导梁昌新参加活动。6月18日，首都老干部纪念中国共产党成立90周年歌咏大会在西城区举行，解放军总政治部、中央和市领导刘淇、李源潮、李继耐、沈跃跃、魏亮、吕锡文、李士祥、鲁炜、李凤山、王成志，区领导王宁、张建东、王力军、程军出席大会并观看演出。6月21日，刘敬民到西外南路地区调研，苏东陪同。6月22日，傅政华出席立案公开宣传日西城分会场活动并到二龙路派出所调研，陈思源陪同。6月23日，市领导王安顺、傅政华、沈宝昌到西城区走访慰问北京市优秀公安干警，区领导王宁、陈思源、程军陪同。6月30日，刘敬民到西外南路地区调研，苏东陪同。7月11日，第一创业摩根大通证券有限责任公司举行开业仪式，北京金融服务领导小组常务副组长、市政协副主席黎晓宏，区领导王宁、苏东出席活动。7月28日，刘敬民到西城区调研行政调解工作，苏东陪同。8月18日，刘敬民到西直门地区检查综合整治工作，苏东陪同。8月18日，程红出席“中国中华老字号博览会(2011·北京)”开幕式，区领导王少峰、郭怀刚陪同。8月26日，丁向阳到西城区调研，王宁、王少峰、程军、梁昌新、范宝、郭怀刚陪同。9月8日，西城区举行“月邀五洲情满西城”——辛卯年中秋国际联谊会，市领导鲁炜及区四套班子领导出席活动。9月11日，西城区举办“月下欢歌”2011年中秋赏月文化游园会，市领导鲁炜，区领导王宁、刘洋、程军、梁昌新、郭怀刚出席活动。9月15日，西城区开展人大换届选举宣传日活动，市领导吕锡文、赵凤山，区领导王宁、王敏荣分别到西城区中心宣传站及各分会宣传站参加活动。9月16日，刘淇、王安顺、吉林、李士祥到西城区调研。区领导王宁、刘跃平、杜灵欣、苏东、陈思源、程军陪同。9月21日，2011北京马连道国际茶文化节开幕，市领导王永庆及西城区四套班子部分领导出席活动。9月24日，鲁炜到西城区调研天桥演艺园区建设情况，王少峰、刘洋陪同。9月29日，市领导刘敬民，区四套班子领导出席“华彩奉献”文艺晚会暨2011西城文化节开幕式。10月8日，北京市“629”工程房屋征收指挥部召开房屋征收启动大会，市领导陈刚，区领导王宁、王少峰、刘跃平、王力军、曹长胜、杜灵欣、章冬梅、刘洋、陈思源、解建军、李岩出席会议。10月13日，陈刚到什刹海街道调研区域保护工作，王少峰、苏东陪同。10月17日，王安顺到西城区金融街专项维稳指挥部检查中共十七届六中全会安保和专项维稳工作，刘跃平、陈思源陪同。10月21日，刘淇、郭金龙、吉林、李士祥、鲁炜、陈刚到什刹海街道调研，王宁、王少峰、苏东、程军陪同。10月24日，刘淇、杜德印、吕锡文、李士祥、鲁炜、赵凤山到牛街街道检查指导人大代表换届选举工作，王宁、王少峰、王敏荣、刘跃平、程军陪同。10月26日，程红出席护国寺特色街开街仪式，王少峰、苏东、刘永先、郭怀刚、孙硕同行。10月27日，吕锡文到西城区调研金融街建设情况，王宁、王少峰、苏东、孙硕陪同。11月3日，第七届北京国际金融博览会开幕，市领导郭金龙，区领导王少峰、杜灵欣、苏东、孙硕出席。11月11日，中央巡视组到西城区调研，市领导吕锡文，区领导王宁、王少峰、程军陪同。11月15日，北京市“629”工程指挥部召开房屋征收工作阶段总结会，市领导陈刚，区领导王宁、王少峰、刘跃平、王力军、曹长胜、章冬梅、陈思源、杨有成、李岩出席会议。11月22日，市领导刘敬民，区四套班子领导出席“2011菜百炫彩盛典”晚会。11月24日，刘淇、郭金龙、李士祥、陈刚就“发展惠民生，喜迎中共十八大”主题到西城区调研，王宁、王少峰、程军、李岩陪同。12月29日，苟仲文率北京市督查组对西城区“护航”行动工作进行督导，王宁、王少峰、吴铁男陪同。

（张 静）

【区委全会】 8月4日，中共北京市西城区委召开全体会议。王宁主持会议。王少峰传达市委关于召开区县党代表大会的部署和要求。会议审议通过《关于召开中国共产党北京市西城区第十一次代表大会的决议》，拟定于12月上旬召开中国共产党北京市西城区第十一次代表大会。区委委员、候补委员出席会议。

（刘 嫄）

【区委全体扩大会议】 11月18日，中共北京市西城区委召开全体扩大会议。会议的主要任务是：对2011年干部选拔任用工作进行“一报告两评议”；报告区第十一次党代表大会筹备工作情况；报告全区党费收缴、使用和管理情况；听取关于新一届区级领导班子人事安排方案的通报和第十一届区委委员、候补委员、区纪委委员候选人预备人选的说明；审议并原则通过提交区第十一次党代表大会表决的区委工作报告（审议稿）、区纪委工作报告（审议稿）；审议并原则通过区第十一次党代表大会选举办法（草案）；审议通过区第十一次党代表大会代表团分团情况及各代表团召集人建议人选名单（草案）；审议并原则通过区第十一次党代表大会主席团、主席团常务委员会、秘书长、副秘书长、代表资格审查委员会建议人选名单（草案）；审议通过区第十一次党代表大会列席人员和邀请人员建议名单（草案）；审议通过区第十一次党代表大会日程（草案）；审议通过区第十一次党代表大会秘书处机构及工作职责。会议决定于12月5日至8日召开西城区第十一次党代表大会。王宁主持会议。区委委员、候补委员出席会议，区纪委常委、区属单位党政主要领导列席会议。

（刘 嫄）

【十一次党代会】 12月5日至8日，中国共产党北京市西城区第十一次代表大会召开。应到代表400人、实到380人。选举产生中共北京市西城区第十一届委员会和中共北京市西城区第十一届纪律检查委员会；无记名投票差额选举产生41名区委委员、9名区委候补委员，29名纪律检查委员会委员。表决通过了关于中共北京市西城区委员会工作报告的决议和中共北京市西城区纪律检查委员会工作报告的决议。审议批准了王宁代表区委作的题为《创新发展理念、创造美好生活，努力建设“活力魅力和谐”新西城》的报告和区纪委工作报告。

（刘 嫄）

【十一届一次全体会议】 12月8日，中共北京市西城区第十一届委员会召开第一次全体会议。会议主要任务是：无记名投票差额选举产生中共北京市西城区第十一届委员会常务委员会委员13人；选举产生区委书记1人、副书记2人。会议审议通过新一届中共北京市西城区纪律检查委员会书记、副书记、常务委员会委员人选。王宁主持会议。新当选的十一届区委委员、候补委员出席会议，新一届区纪委委员列席会议。

（刘 嫄）

【区委常委会议】 年内，共召开区委常委会议32次，完成议题151个。其中，重大决策类93个，约占61.6%；常规议题36个，约占23.8%；干部任免类议题22个，约占14.6%。常委会议贯彻落实党的十七大和十七届五中、六中全会精神，以科学发展为主题，以加快转变经济发展方式为主线，全面贯彻落实中央和市委关于文化大发展大繁荣的决策部署，就加强区委自身建设、做好中国共产党成立90周年庆祝活动服务保障工作、保持经济平稳较快增长、进一步改善民生、加强党的建设、召开西城区第十一次党代会等重大问题进行深入研究，做出了一系列决策和部署。常委会议集体学习了中央、市委有关严肃换届纪律要求、市委十届九次全会精神、全国党委秘书长会议精神和中共十七届六中全会精神等，讨论通过了西城区相关的贯彻实施意见；研究通过了西城区部分事业单位纳入规范管理和工资财政统发工作方案、区委权力公开透明运行工作、区党代表列席区委重要会议制度、深化医疗卫生体制改革实施方案、用群众工作统揽信访工作的意见等；研究部署了西城区庆祝建党90周年服务保障、西城区历史文化名城保护、贯彻落实“人文北京、科技北京、绿色北京”行动计划实施方案、2011年西城区全国文明城区创建与迎检工作方案等全区性重大工作。

（刘 嫄）

区委办公室工作

【概况】 中共北京市西城区委办公室（简称区委办）是区委的综合办事部门。内设综合组、信息组、秘书组、会议组、联络组、文书组、督查室、机要室、行政后勤组，在职人员59人。年内，区委办重视内部建设，抓学习、提素质，以“读好书”活动为引领，全面提升办公室人员的理论水平和业务能力；抓制度、促规范，建章立制，梳理和规范了办公室各项工作制度，优化工作流程，明确工作职能，提高工作效率；抓活动、聚合力，以党组织建设为抓手，以创先争优活动为载体，以纪念建党90周年为主线，不断提高党员的素质，增进融合，激发活力。区委办始终把“追求卓越，永无止境”作为各项工作追求的目标，围绕中心，认真做好承上启下、沟通内外、协调左右的工作，在服务大局中发挥重要的职能作用，在精神文明创建活动中，被评为市级“文明单位”。

地址：西城区二龙路27号

邮编：100032

电话：88064211

（张 静）

【综合与联络协调】 年内，围绕保障区委“总揽全局、协调各方”,建立了“四办主任”周一例会和“六办主任”月会制度。坚持常委会议题计划管理制度，确保重大决策的实施。围绕区委权力公开试点，编制了区委全会、常委会、4名区委常委职权目录，合计47项，绘制权力运行流程图46张，规范了运行程序，对权力的正确运行和规范行使起到了重要的保证作用。围绕中心抓好协调工作。协调服务中央、市委、市政府及市有关部门领导的工作调研、座谈、大型活动15批次。统筹安排区委主要领导专题调研28次。组织服务区委主要领导出席全区专题会议、重大活动380余次。协调处理信访和上访430批次1251人次。班子成员协调协助有关单位解决基层和群众反映的问题36件次，走访慰问各界群众28人次。

（张 静）

【信息工作】 年内，信息工作紧紧围绕中央、市委、区委工作大局，贯彻西城区在新的高度上大力实施“服务立区、金融强区、文化兴区”战略，创新信息工作机制，共向市委信息处报送信息701条，被《北京信息》采用135条；刊发《西城信息》（普刊）144期5611条，《今日报纸摘要》249期5441条。获得市、区领导批示的信息共计36条。

（贾 刚）

【秘书工作】 年内，围绕区委重大工作部署，发挥以文辅政的作用，参与全区性重要会议和区委领导讲话的起草、修改工作，全年完成区委领导重要文稿126篇。参与区权力公开运行等调研课题的研究，完成全区建章立制工作，收录64项涉及全局性的全区和专项工作制度，编辑印制《北京市西城区规章制度汇编（一）（二）》，并发放全区各单位。

（王 琪）

【会议服务与管理】 全年组织筹备区委常委会议32次，专题会议6次，书记碰头会34次，组织服务上级电视电话会议、全区领导干部会等区级重要会议18次；完成2次区委全会、3次区换届领导小组会、半年工作会，特别是圆满完成了西城区第十一次党代会的筹备、组织和服务保障工作。起草了《区委常委会2011年工作要点》和《区委常委会2011年议题计划》，并以此为依托，重点抓好上会议题的审核、管理工作，并及时编发区委常委会、专题会会议纪要。完善区委常委会、专题会、书记碰头会、全区重要会议的审批和服务工作规范，有效提升会议服务专业化、规范化、精细化水平。

（刘　娜）

【公文制发与办理】 年内，审核制发京西文17件、京西发22件、京西办发32件、京西办文3件，京西办字3件、无号文8件，共计85件。经审核不予发文1件。共处理各类文件5954件，其中有区委主要领导和区委办公室主要领导批示的文件1343件；流转文件1200余件，处理涉密文件518件，处理区委主要领导的来信260余封，确保公文流转“零停留”。负责区委办公室档案归档和管理工作，共计归档793件。

（李　彬）

【督查与建议提案办理】 年内，区委督查工作围绕市委、区委的重要决策，按照市委、区委主要领导的批示精神，分阶段对全区重点工作任务和专项工作进行督查，按时完成30项区委重点工作、12件市委和区委领导重要批示事项的承办工作。做好督查刊物编辑工作，全年共开展联合督查16次，编辑督查普刊10期，专刊9期、专报17期。办理建议提案53件，其中原西城区人大建议6件，政协党派团体提案26件，提案办理工作于5月底全部完成，办结率为100%。

（赵　越）

【行政后勤保障】 年内，切实做好全年的预算管理和使用工作，及时进行财务分析，并向领导提出合理化建议，每月与区委各部门核对经费使用情况，按规定完成了全年经费的预算、使用和决算工作。加强办公设备、办公用品的使用管理，建立办公用品及耗材台账，做到采购有经手、入库有验收、出库有签字，采购和储备物品做到科学、合理，避免浪费。加强区委固定资产核查，对区委18个部门、几十种设备、1000多万元固定资产进行核查，做到账实相符，及时了解部门新增设备和淘汰设备情况，按规定进行管理。加强车辆管理，完善和落实区委车辆维修、加油、使用管理制度，规范行政用车，确保领导和办公室工作正常用车。结合老干部实际，做到政治上关心、生活上照顾，切实落实老干部政治生活两项待遇。

（张志金）

组织工作

【概况】 中共北京市西城区委组织部（简称区委组织部）是区委主管党的组织工作、干部工作和人才工作的职能部门，内设办公室、干部考核任免组、干部管理组、干部监督组、干部教育组、人才组、组织组、党员教育组、党代表联络室、调研宣传组，在职人员48人。年内，全区各级党组织和组织部门围绕区域新的发展目标和中心工作，不断提高组织工作科学化水平，以纪念建党90周年为契机，以做好区级领导班子换届的各项服务保障工作为重点，加强班子配备和干部教育培训，提高领导区域科学发展的能力；深化干部人事制度改革，提高选人用人公信度；深入开展创先争优活动，加强基层党建工作精细化管理；实施人才发展规划，推动人才生态区建设；强化组织部门自身建设，发挥部门优势，为抓住战略机遇期，实现西城区“十二五”发展目标、建设中国特色世界城市示范区提供坚强组织保证。

地址：西城区二龙路27号

邮编：100032

电话：88064079

（胡　彬）

【创先争优活动】 年内，以“促进区域融合，激发发展活力，推动首都功能核心区建设”为主题，以全面推进“活力、魅力、和谐新西城”目标为主线，全区3928个基层党组织，9万多名党员进入创先争优深化发展阶段和巩固提高阶段。开展“辉煌90年，共建新西城”系列主题教育月活动。举办中华世纪坛西城分场“讲述党员身边的故事”主题党日活动。组织全区近2万余名党员群众参观中华世纪坛“一切为了人民”展览。召开纪念中国共产党成立90周年暨表彰大会，命名一批基层党建示范点，表彰一批先进基层党组织和优秀个人，资助一批党建创新精品项目，汇集一批优秀党建调研课题。组织开展“党的建设与创先争优活动”征文活动，共征集1236篇论文，评选出44篇优秀论文。开展以党员公开承诺、领导干部点评、党员群众评议为主要内容的“创先争优，从我做起”主题实践活动，不断深化窗口单位为民服务、公开承诺、岗位示范、志愿服务和重大工程建设等活动。拓展全区基层党组织和党员“双向承诺”活动，深化领导干部联系点制度，结合重点工程、重大项目，重新梳理调整局处级党员领导干部创先争优联系点1200多个。广大共产党员立足岗位，参加“双学双比双提高”网络教育活动，在岗位实践中服务发展、服务群众。

（刘开平）

【严肃换届纪律】　为贯彻中央和市委落实“5个严禁、17个不准和5个一律”的要求，制发《西城区严肃换届纪律主题学习教育活动工作方案》和《西城区严肃换届纪律工作安排》，召开西城区严肃换届纪律主题学习教育活动启动大会，对严肃换届纪律工作进行全面部署。形成与区纪委分工协作的监督工作机制，建立严肃换届纪律工作联席会制度，建立“12380”24小时电话举报、信访举报和网上举报“三位一体”的监督举报体系，制定《违反换届纪律查核专办制度》。组织严肃换届纪律专题理论中心组学习，邀请中组部干部监督局领导就《严肃换届纪律学习读本》的内容进行讲解。组织各单位开展严肃换届纪律知识集中学习活动，印发《严肃换届纪律学习读本》、《严肃换届纪律提示卡》、《严肃换届纪律工作流程图》等资料。建立换届纪律宣传短信平台，向全区局、处级干部累计发放短信8600余条，确保严肃换届纪律知晓率达到100%。分层次开展严肃换届纪律承诺活动，区委书记王宁代表区委签订集体承诺，全体局级干部、局级后备、处级干部及纪委、组织部干部签订了个人守纪承诺书。分类分层开展严肃换届纪律谈心谈话活动，王宁代表区委与局、处级干部进行一次严肃换届纪律教育集体谈话；区四套班子主要领导和班子成员，班子成员和分管局级副职后备干部分别谈话；结合“组织部长联系单位”活动，组织部长与联系单位领导班子成员分别谈心谈话，增强纪律观念，净化换届风气。在迎接市委换届风气督查组检查工作中，积极与督查组进行沟通协调，制定详细的迎检方案，并按检查要求做好4大类资料的收集整理准备工作，包括区委、组织部、纪委研究严肃换届纪律工作的纪要、文件及批示，严肃换届纪律主题教育学习方案，严肃换届纪律工作的实施方案及纪委、组织部严肃换届纪律工作联席会制度，编印下发的各类学习材料、警示材料等。完成《西城区严肃换届纪律工作情况汇报》及局级领导约谈提纲的撰写。开展督学促学活动，以通知、电话、短信督促各级党员领导干部学习文件，做好参加测试及电话访谈准备。在考察组入驻后完成了见面会、个别约谈、测试评议的组织工作。

（石　鹏）

【处级领导班子和干部队伍建设】　年内，按照换届需要，选配干部充实到街道、人大政协机关、相关委办局、群团组织和民主党派，为换届做好人事安排准备。针对部分班子职位空缺和结构不合理的情况，统筹考虑各处级班子的年龄结构、知识结构及职位需求，结合领导干部的经历、专长、性格，加大了处级干部尤其是正处职干部的调整交流力度。重点推进街道间的跨地域交流、机关和基层一线干部的双向交流、不同系统之间的跨部门横向交流和发展潜力大、任职经历单一干部的培养性交流。全年，区委共对85个班子进行调整，其中涉及党政正职的班子56个。区委常委会共讨论决定提任处级干部148人，其中正处职11人、副处职39人、调研员10人、副调研员88人。此外，交流干部155人，办理退休30人。

（袁　泉）

【深化干部人事制度改革】　年内，制作《处级干部任免工作流程图》，规范处级干部选任工作程序。研究制定《北京市西城区委常委会讨论任免区委管理干部实行票决制的实施办法（试行）》，并会同区人力社保局在全区范围内全面实行科级干部任免票决制；研究制定《关于在全委会扩大范围内民主推荐干部的实施办法》，选拔街道正职、直属部门正职时在全委扩大范围内进行民主推荐，全年共对14个正处级领导职位进行民主推荐。

（袁　泉）

【竞争性选拔处级领导干部】　5月至6月，面向全区439名副处级后备干部，提供19个副处级领导职位竞争上岗。强调基层工作经历，特别是报考街道职位的要有一定街道工作经历，体现区委对街道基层一线干部成长的关心。在履历评估中注重任职经历和工作业绩，更体现了对任职时间较长科长和业绩突出干部的肯定。在笔试试题设计上，针对不同职位的特点要求设计不同的试题。试卷制题、印刷、封存、运输和考场拆封都有区纪委监察局专人全程监督，笔试的监考人员，由区纪委、区委组织部干部和区领导人才考评中心专业人员担任；区纪委和区委组织部领导进行考场巡查。全区共有206名后备干部报名参加笔试，97名干部进入面试，38名干部被列为考察对象，民主测评7700人次，最终选拔出19名年富力强的后备干部走上了领导岗位。

（袁　泉）

【引进“80后”年轻干部】　4月至6月，根据市委组织部关于选配“80后”进街道班子的精神和统一部署，经过审核个人履历、面试座谈、组织考察等几个环节，层层筛选、优中选优，从首都高校、央企和垂直管理单位引进10名干部，从区内提拔2名、交流1名符合条件的干部，共计选配13名“80后”优秀年轻干部进入街道班子，全区15个街道已全部配齐“80后”班子成员。全区“80后”副处级领导干部达到20人。

（袁　泉）

【干部选拔任用满意度调查】 6月至7月，区委组织部委托区统计局参照中组部的民意测评方式，对全区78家党政机关、11家事业单位、15家企业进行了组织工作满意度民意调查，按照比例共抽取1788个有效样本。深入了解全区基层单位干部选拔任用工作的情况和问题，特别是各单位科级干部选拔任用情况和存在的突出问题。结合满意度调查结果，督促相关单位认真查找问题，促进工作整改。

（罗艳丽）

【“一报告两评议”工作】 11月18日，区委常委、组织部部长章冬梅向全委会报告2011年干部选拔任用工作情况。全委会成员，人大常委会、政府、政协领导班子成员，纪委常委会成员，人民法院、人民检察院、党委工作部门、政府工作部门、人民团体的主要领导和常务副职，对全区干部选拔任用工作和区委新选拔任用和交流的处级正职领导干部进行民主评议。市委组织部派人参加“一报告两评议”工作并回收民主评议表。12月，在全区有干部任免权的党政机关、街道、企事业单位开展干部选拔任用“一报告两评议”工作，全区152家单位，6885人参加评议工作，测评新选拔任用科级领导干部511名，其中区管处级班子84个，参评人数3804人，测评新选拔任用科级领导干部264名。区委组织部、区国资委、区教育工委、区卫生工委及时向被评议单位书面反馈民主评议结果和评议中收到的意见建议。各有关单位对民主评议结果进行分析并研究提出加强和改进工作的措施。

（罗艳丽）

【团职军转干部安置】 年内，市军转办下达西城区团职军转干部安置计划指标为34人，市军转办向西城区移交档案36份。最终有26名团职军转干部报到上岗，10名团职军转干部档案退回市军转办。

（石　鹏）

【公务员统计工作】 年内，组织区委各部门及群团、人大、法院、检察院的人事干部对其本部门的所有人员情况进行重新梳理和补充，及时维护好公务员全员库中的人员信息，为公务员统计工作打好基础。与西城经科大协调，为公务员统计工作提供计算机网络环境，进行一对一培训。采用分批统计等方法，组织所属32家单位上机汇总数据，保证了年统工作的顺利完成。

（韩晓鹏）

【干部在线学习】 年内，为做好干部在线学习的督学促学工作，坚持及时对照全区干部库调整参加在线学习人员名单，保证将每一位符合条件的干部纳入在线学习系统。对在线学习工作做到早通知、早布置，勤检查、勤督促，每季度向参学干部通报学时情况，年中向各单位下发督学通知，年底对未完成学时要求的领导干部进行电话督学，确保了全体参学人员按照要求完成每年在线学习不少于40学时的要求。全区参加在线学习的局级领导43人，处级领导919人，根据北京市干部在线学习中心的通报，考核通过率为100%，在16个区县中排名并列第一。

（张　意）

【处级领导干部领导力提升高校研修班】 3月，与北京大学继续教育学院举办“西城区处级领导干部领导力提升北京大学高级研修班”，为期6周240个学时，26个部门的30名处级领导干部参加脱产培训，培训内容涉及拓展训练与团队建设、党性修养与首都发展、公共管理与政府治理、社会管理创新、管理智慧与领导力提升、国学智慧与人文修养等7大模块、44门课程。10月，与清华大学继续教育学院举办“西城区处级领导干部领导力提升清华大学高级研修班”，为期6周240个学时，来自29个部门的30名处级领导干部参加脱产培训，培训内容涉及宏观视野、党性修养、社会管理创新、能力提升、城市管理等8大模块40门课程。

（严　俊）

【第二期处级领导干部一年制研修班开班】 9月1日，举办第二期处级领导干部一年制研修班开班仪式，18名处级领导干部参加培训。研修班分4个阶段进行，其中2011年进行3个阶段的学习。第一阶段，在国家行政学院进行3

个月的集中学习；第二阶段，赴新加坡进行21天的境外培训；第三阶段，围绕法制建设、城市建设与管理、社会建设与管理的主题，深入到区教委、区建委、区市政市容委、区委卫生工委、区委社会工委、区法院等20家单位，实地考察社区、职介中心、职业学校、卫生服务中心等10余家基层站点，开展广泛深入的区情调研月活动。

（于飞健）

【区人才工作领导小组会议】 4月26日召开，区委书记王宁，区委常委、副区长苏东等出席会议。区委常委、组织部部长王力军主持会议。与会人员观看了《北京人才工作巡礼——西城》专题片。审议通过《2011年全区人才工作领导小组重点安排》，重点做好“百名英才激励计划”和“百个优秀人才培养资助工程”，在集聚和开发高层次人才、引进和服务海外人才、人才激励、人才培养以及科技、文创等方面，加大政策创新和机制改革力度，完善22项政策措施，审议通过《“西城百名英才激励计划”实施办法》、《西城区优秀人才培养资助实施办法》、《关于建立西城区海外学人工作联席会制度的意见》及《成立“金融街人才特区”工作推进方案》。

（陈丹红）

【“百名英才”遴选活动】 年内，全区投入610万元用于“西城区百名英才激励计划”，根据各级各类人才的创造力、贡献力、影响力和发展潜力，共设立“西城杰出人才奖”、“西城突出贡献人才奖”、“西城优秀青年人才奖”3个奖项，遴选活动3年一次。经过“2审核+2评审+2公示+1投票”（457人报名、9万多人参与投票），王功伟等4人获得“西城杰出人才奖”、于启春等76人获得“西城突出贡献人才奖”、丁芬等20人获得“西城优秀青年人才奖”，其中，区域人才58人，区属人才42人。

（王 震）

【优秀人才项目资助工作】 年内，重新修订《西城区优秀人才培养资助实施办法》，进一步加大资助力度，在区财政设立专项经费，明确每年度投入500万元用于优秀人才资助工作。经过各单位组织推荐，共收到238项申请，其中集体项目26个，个人项目212个。经来自文化教育、卫生医疗、公共管理、社会工作、高新技术、人才测评等相关行业的13位专家组成区优秀人才资助专家评审会评审，确定资助102个优秀项目，资助金额达351万元，并要求受资助人所在单位按1:1以上配备经费。全年获市级资助9人，共获得市级资助经费30.5万元。

（倪 铮）

【政工职评工作】 年内，经北京市思想政治工作高级专业职务评审委员会评审同意，全区共有4人取得高级政工师任职资格。经西城区思想政治工作中级专业职务评审委员会评审，北京市思想政治工作专业职务评定工作领导小组办公室审核同意，36人取得政工师任职资格。经各单位思想政治工作初级评审委员会评审，西城区思想政治工作专业职务评定工作领导小组办公室审核同意，10人取得助理政工师任职资格。

（倪 铮）

【纪念中国共产党成立90周年表彰大会】 6月28日，在全国政协礼堂召开西城区纪念中国共产党成立90周年表彰大会，表彰先进基层党组织200个，优秀共产党员500名，优秀党务工作者200名，区域党建先进单位50个，区域党建先进工作者50个。区委副书记、区长张建东主持会议。区委书记王宁就深入开展创先争优活动、全面加强党的建设，努力实现西城区国民经济和社会发展“十二五”时期的宏伟目标，对全区各级党组织和广大党员提出要求。

（彭其宝）

【党内年度统计】 据2011年党统数据，全区共有基层党组织3928个，其中党委325个、党总支134个、党支部3469个。按领域划分，社区1257个，机关683个，事业单位653个，国有企业368个，非公有制企业726个，其他241个。全区共有党员94081名，其中在岗职工28730名、军人武警22名、学生366名、离退休56515名、其他8448名。女党员44845名，少数民族党员5228名。

（黑 毅）

【区党代表“三优”评选活动】 1月，在区委直属党（工）委和区党代会代表中广泛开展代表任期制优秀调研、优秀党课和优秀建言献策评选活动。从理论层面研讨党代表发挥作用的途径与形式，从实践层面探索党代表宣传和联系党员群众的渠道与方法，从工作层面提高党代表参政议政的意识与能力。活动共收集党代表论文、党课课件、建言献策200余篇，内容涉及基层党建、干部队伍建设、改善民生、社会经济建设等各个方面。

（王雯燕）

【“社会服务与管理”专题调研】 4月26日，组织部分区党代会代表前往月坛街道、广内街道，以社会养老、便民服务、社区建设为重点进行调研。代表们对街道、社区工作成效高度认可的同时，提出很多有针对性、实效性和可行性的意见建议。通过调研，强化了党代表意识，调动了党代表参与党内事务、履行代表职能的热情，有效落实了党代表的知情权，密切了代表与基层党员、群众的联系。

（王雯燕）

【党员教育培训工作】 继续贯彻落实《西城区关于进一步贯彻落实〈2009—2013年全国党员教育培训工作规划〉的实施意见》，不断深化区委示范培训、直属党（工）委重点培训、基层党组织全面培训三级培训模式。按照不同类型、不同层次、不同岗位党员的实际需求，明确各级党组织的培训职责，培训内容和培训学时。在各党（工）委抓好常规社区党组织书记培训、新党员培训、入党积极分子培训和党员创业就业技能培训的基础上，区委完成了入党积极分子和新党员示范培训，近200余人参加，确保全区党员教育培训全覆盖。组织全区广大党员群众观看电影《为您而歌》，大力宣传优秀组工干部李林森先进事迹，号召全区广大党员群众学习身边的榜样李玉琴，引领全体党员干部自觉投身全区创先争优活动。引导全区基层党组织开展“辉煌90年，共建新西城”系列主题教育月活动，组建“宣讲团”、开展“我身边优秀共产党员”事迹报告会、建立“党建微博”、充实三级党员电教片库等，有效提高了党员教育培训的时效性。

（刘开平）

【发展党员工作】 严格贯彻落实中央和市委关于发展党员的若干规定，遵循“坚持标准、保证质量、改善结构、慎重发展”的原则，严把党员发展关，全面规范发展程序，严格执行党员公示制和票决制，发展党员向一线倾斜。全年入党申请11183人，入党积极分子6236人，党员发展对象1460人，发展党员808人，其中发展女党员454人，占56.2%；发展少数民族党员39人，占4.8%；发展35岁以下党员465人，占57.5%；发展大专及以上学历党员624人，占77.2%；发展生产一线的党员716人，占88.6%；发展非公有制经济单位党员77人，占9.5%。

（仲　浩）

【党内激励关怀帮扶工作】 集中开展“共产党员献爱心”捐献活动，全区各级党组织积极响应，参与捐款党员45268人次，入党积极分子和群众17776人次，共募捐资金315万余元。关心和爱护基层干部、老党员、生活困难党员，开展“七一”和“两节”走访慰问活动，全年共帮扶困难党员和群众18236人次，结成各种帮扶对子2000多个，走访慰问老党员、困难党员和优秀党员共计1732人次，各级党组织投入帮扶资金620万余元。完善日常生活保障网，着力解决新中国成立前入党无工作老党员实际困难，由区管党费出资，将老党员每月的生活补助由513元提高到568元。构建临时救助网，与区慈善协会研究实施《西城区生活困难党员帮扶救助办法》，对困难党员实施人文经常性救助关怀。

（仲　浩）

【课题调研工作】 进行组织工作宣传专项调查研究，设定《组织工作宣传调查问卷》，在26个区委直属党（工）委中，采取抽样调查的方式开展专题调研，共发放问卷1200份，回收1142份，回收率达到95.25%，形成关于组织工作宣传的调研报告。协助完成区重点调研课题《建设西城人才生态区的发展路径与对策研究》，完成《关于增强干部教育培训针对性与实效性的调研报告》、《提升竞争性选拔领导干部工作科学化水平的探索与思考》等课题研究，组织全区组织系统开展调查研究工作，共完成调研课题24篇、案例调研44篇。

（冯永志）

【组工信息工作】 加强基层信息员队伍建设，召开信息员培训工作会4次，专题策划会2次。全年共收到、处理基层信息1340余条，编发稿件300余条。编发《西城组工动态》50期，编制手机版组工动态25期。全年向市委组织部上报信息70条，被市委组织部刊发28条，采用率40%。

（冯永志）

【组工宣传工作】 完善制度体系建设，制定《西城区委组织部新闻发布工作制度》、《加强网络宣传和舆情应对工作方案》、《党建微博群使用管理办法》和《网宣员管理办法》。加强网宣和舆情应对工作，成立西城区涉组涉干网络宣传和舆情应对工作领导小组，设立“网宣办”，组建了一支由区委组织部各组、室、中心，区委各直属党（工）委组织人事干部组成的网络宣传员队伍，共计42人，并进行针对性培训。统筹各类媒体资源，对市属主要报纸、杂志、电视、广播、网站等新闻媒体、各种专业媒体、《北京西城报》，按照媒体自身特点进行了系统梳理，加强与各媒体的日常沟通和联系。组织召开了“西城百名英才遴选活动”新闻发布会；在《北京西城报》开设“组织工作宣传专栏”，累计报道56篇；通过中央媒体报道30篇；通过市属媒体报道48篇；通过网络微博进行了3次微博直播，发表微博1000余篇；通过其他网络媒体报道近50余次。

（冯永志）

宣传工作

【概况】 中共北京市西城区委宣传部（简称区委宣传部）是区委主管意识形态工作的职能部门。内设办公室、理论教育组、综合宣传组、文化组（文创组）、对外宣传组（区新闻办公室）、舆情信息组、研究室及区思想政治工作研究会，在编人员29人。区文化创意产业领导小组办公室、区外宣工作领导小组办公室设在区委宣传部，区新闻中心归口区委宣传部管理，区精神文明建设委员会办公室挂靠区委宣传部，区文联、区社科联在区委的领导下由区委宣传部指导工作。区委宣传部主要职责是：负责全区党的思想理论建设、全区性的思想政治工作和干部群众思想教育工作；负责对区委、区政府中心任务宣传活动的策划及实施，指导协调全区各项宣传工作；负责全区新闻宣传和对外宣传工作；主抓全区文化创意产业工作；指导全区精神文明建设和文化建设；指导区新闻中心主办《北京西城报》和BTV－9《缤纷西城》电视栏目。年内，全区宣传思想文化战线坚持适应新区情、把握新要求、构建新格局、展现新面貌，抓住主题和主线，围绕庆祝建党90周年、宣传实施“十二五”规划、学习贯彻中共十七届六中全会精神、争创“全国文明城区”等重大主题和活动，加强理论武装、提高舆论引导能力、推进社会主义核心价值体系建设、促进区域文化大发展大繁荣，为新西城经济社会发展提供强大的思想保证、精神动力、舆论支持和文化条件，圆满完成各项工作任务。

地址：西城区二龙路27号
邮编：100032
电话：88064083

（谭凌子）

【厂甸、大观园庙会文化活动】 2月2日至7日，历时6天的北京厂甸庙会和第十六届北京大观园红楼庙会成功举办。厂甸庙会获由北京非物质文化遗产保护中心联合多家媒体共同主办的“北京春节庙会·灯会·文化活动”文化魅力奖，共接待游客35万人次。第十六届北京大观园红楼庙会共接待游客9.98万人次。

（孙丽莉）

【特约舆情信息员工作调研】 2月28日至3月1日，区委宣传部与区国资委、区委教育工委、区委卫生工委就扩大舆情信息收集渠道，提高舆情服务领导、服务决策的能力，组建特约舆情信息员队伍等进行调研。

（李 萌）

【清明节系列宣传文化教育活动】 3月下旬至4月上旬，按照市委要求，印发《关于转发〈中共北京市委宣传部关于2011年清明节系列宣传文化教育活动工作方案〉的通知》，全区各单位、各街道以及区爱国主义教育基地积极开展“祭先农 植五谷 播撒文明在北京”主题教育活动、清明节民俗知识展览等传统民俗类、文化文艺类、革命励志类、科技健身类等4大类近100项系列活动，参与群众达10余万人次。

（孙丽莉）

【庆祝建党90周年系列主题教育活动】 4月下旬至8月，在全区深入开展庆祝建党90周年系列主题教育活动。印发《中共北京市西城区委关于做好中国共产党成立90周年有关工作的通知》，组织开展“党在百姓心中”百姓宣讲活动，以讲述身边人、身边事，诠释共产党员的职责和使命，共组织宣讲120余场次，受众达10万余人次。举办“档案的见证·光辉的历程”档案资料展，回顾党的光辉岁月，展现新时期以改革创新精神全面推进党的建设新的伟大工程所取得的丰硕成果。组织开展“我身边的共产党员”主题征文活动，举办“红色历程·伟大的党”群众红歌会、“红色电影展映月”、“共产党员献爱心”

等群众性宣传教育活动。

（孙丽莉）

【舆情信息工作会】 4月22日召开。传达中宣部舆情信息工作会精神，总结2010年西城舆情工作情况，部署2011年舆情主要工作和舆情信息需求要点。

（李　萌）

【新闻发言人培训】 5月12日至13日举行区划调整后的第一期新闻发言人培训班。区委常委、宣传部部长刘洋出席并讲话。全区65个新闻发言人单位的130余名新闻发言人及联络员参加。市政府新闻办主任王惠、市网管办常务副主任佟力强、清华大学新闻与传播学院副院长史安斌教授为培训班授课，在提高舆论引导水平、接待媒体采访、处理突发事件以及网络新闻宣传等方面予以辅导，提高了与媒体打交道的能力。

（巨　菲）

【区文化创意产业领导小组工作会议】 6月7日召开。会议听取并审议《西城区文化创意产业领导小组机构设置及工作职责（讨论稿）》和《关于北京市西城区“十二五”时期文化创意产业发展规划编制情况的汇报》，听取并研究《关于设立西城区文化创意产业发展专项资金的汇报》、《关于申报2011年度北京市文化创意产业发展专项资金项目情况的汇报》和《关于组建西城区文化创意产业协会有关情况的汇报》。区委书记、领导小组组长王宁，区委副书记、区长、领导小组组长张建东，领导小组副组长杜灵欣、苏东、梁昌新、王粤出席会议。会议由区委常委、宣传部长、领导小组副组长刘洋主持。区文化创意产业领导小组各成员参加会议。

（唐宁翔）

【纪念建党90周年活动新闻发布会】 6月23日召开。区委新闻发言人、区委常委、宣传部部长刘洋对外发布了西城区纪念中国共产党成立90周年系列活动方案。新华社、《人民日报》、中国国际广播电台、《中国日报》、《北京日报》、北京电视台、香港《文汇报》、盖帝图片等26家境内外媒体到场。这是全市第一个区县党委新闻发布会。

（巨　菲）

【“北京西城”微博平台上线】 7月1日，由区委宣传部着力打造的“北京西城”微博平台正式上线。开通半年来，共编发微博519条，共计近4万字，吸引10万名读者。有效尝试微博直播等线上活动开展互联网宣传工作，并于11月17日作为唯一的区县政务微博成为北京微博发布厅的首批成员。

（巨　菲）

【“月邀五洲·情满西城”中秋联谊会】 9月8日，在北京大观园成功举办“月邀五洲·情满西城”辛卯年中秋夜国际联谊会。马达加斯加、孟加拉国等23个驻华大使馆的45名外交官，香港、澳门特区驻京办代表，美国商会、日本商会代表，国际劳工组织北京局（ILO）代表，长城友谊奖获得者代表等在京的54名外国专家，以及《亚洲经济周刊》、俄新社等驻京国际媒体约46家国际机构，共计150余人出席。

（孙丽莉）

【中秋节群众文化活动】 9月11日，2011年北京“卢沟晓月”中秋文化旅游节暨“月下欢歌”月坛祭月赏月群众文化活动启动仪式在月坛公园举办。市委常委、宣传部长、副市长鲁炜，副市长丁向阳出席并点亮“兔儿爷灯”，启动2011年北京“卢沟晓月”中秋文化旅游节。作为市中秋文化旅游节的重点活动之一，“月下欢歌”月坛祭月赏月群众文化活动共开展8项融入中国传统节日文化内涵的活动。市、区领导与在京生活工作的科学家、教育工作者、医务工作者、来京务工者、台胞侨属及社区居民群众共赏中秋之月，共观文艺演出。

（孙丽莉）

【中心组理论学习】 年内，制订全年中心组学习计划和安排，先后邀请中国社科院研究院研究员辛向阳、国家发改委宏观经济研究院副院长王一鸣等专家、领导，为区级理论学习中心组和全区处级领导干部，作了解读胡锦涛“七一”讲话、全国“两会”精神报告等相关讲座17场。加强对处级中心组的指导，建立全区中心组联络表，出台《2011年西城区干部理论学习安排意见》。编辑《学习参考》、开设网上中心组学习视频点播栏目。

（张　鹏）

【推进学习型党组织建设】 年内，制发《2011年西城区学习型党组织建设工作要点》，召开全区学习型党组织建设推进大会，总结交流经验，编发《西城区推进学习型党组织建设资料汇编》。设立推进学习型党组织建设简报，发布简报报送要点，定期推广典型，交流经验，全年编发47期。在全区范围内组织开展建设学习型党组织工作示范点和品牌活动认定工作，确定区城管大队党委等10个单位为“建设学习型党组织工作示范点”，“阅读，让生活更美好”等10项活动为“建设学习型党组织工作品牌活动”。在全市的学习型党组织建设评选中，区大栅栏街道、城管大队被评为市学习型党组织建设示范点，区社会工委“阅读，让生活更美好”被评为市学习型党组织建设品牌活动。面向全区开展党建知识竞赛。开设政务门户网学习型党组织建设专栏。西城区推进学习型党组织建设的经验在《北京支部生活》第5期和《前线》第6期刊登，同时被市委简报第9期、第35期刊用。

（张 鹏）

【理论宣讲工作】 成立区委讲师团，召开区委讲师团工作座谈会，以宽领域、多层次、菜单式的自主选课方式，开展宣讲200余场；坚持面向基层举办“西城讲坛”，完善政务短信平台信息发布机制，注重信息反馈，加强讲坛档案库建设，推动专家资源共享，全年累计举办75讲，涉及纪念建党90周年专题讲座11场，受众近10万人次；成立学习胡锦涛“七一”讲话精神宣讲团，制发《西城区学习贯彻胡锦涛同志在庆祝中国共产党成立90周年大会上的讲话》通知和实施方案，对全区党员干部的学习提出明确要求。

（张 鹏）

精神文明创建活动

【概况】 北京市西城区精神文明委员会办公室（简称区文明办）是西城区精神文明建设委员会的办事机构，负责协调承办全区精神文明建设的日常工作。内设综合组、创建组、宣教组、未成年人工作组，在职人员16人。年内，全区精神文明建设工作按照市委、市政府的部署，深入贯彻落实科学发展观，以社会主义核心价值体系建设为根本，以纪念建党90周年为契机，以“做文明有礼的北京人”为主线，突出抓好弘扬践行北京精神，全面实现道德引领战略和市民素质提升工程，深入推进文明城区建设和未成年人思想道德建设工作，实现城区文明程度和市民文明素质两个提升，在2011年全国文明城区复查测评中总成绩位居直辖市城区第一名。

地址：西城区广安门南街68号
邮编：100054
电话：83976215

（刘姿含）

【文明城区建设暨双拥工作大会】 3月17日，西城区文明城区建设暨双拥工作动员大会在全国政协礼堂举行。会议全面总结2010年文明城区建设工作情况，部署2011年文明城区建设和双拥工作任务，区属单位代表在会上发言。中直机关等驻区中央单位、部队的领导和代表，有关市属部门和单位的领导和代表，以及区委、区人大、区政府、区政协四套班子领导，全区机关干部、社区干部、环卫工人和志愿者代表，共计1000余人参加大会。

（刘姿含）

【思想道德建设工作】 年内，开展纪念建党90周年宣传工作，推进学习型党组织建设，弘扬时代精神，唱响时代主旋律，坚定中国特色社会主义的理想信念。以评选“全国道德模范”、“首都道德模范”和“首都精神文明建设奖”为契机，以做好“我推荐、我评议身边的好人”活动为抓手，在全区上下营造重品德、尊模范、学先进、讲奉献的良好道德氛围。所推荐的赵志良和李桓英分别获得第三届全国道德模范提名奖，周春荣获得首都道德模范提名奖。宋淑英等5人获中国文明网“中国好人”荣誉称号。以传统节日为载体，把经典文化、红色文化、民俗文化和各类先进人物高尚精神融入节日活动，志愿服务活动蓬勃发展。继续完善区、街道、社区三级“关心下一代工作委员会”工作机制，营造出有利于青少年健康成长的良好环境。在全区少年儿童中开展北京精神新童谣创编大赛，唱响宣师一附小开展的新童谣传唱品牌活动。

（刘姿含）

【文明城区创建工作】 年内，在全区各部门、各街道以及130多万西城人共同努力下，不断加强对薄弱环节的整治，促进难点问题的解决，确保创建工作整体推进。文明城区建设始终坚持着力解决人民群众最关心、最直接、最现实的利益问题，做好“四个服务”，使驻区单位和居民共享文明城区建设成果。开展治安秩序、市容环境秩序、市场经营秩序、交通秩序、旅游秩序“五大秩序”

整治行动，实施33处“城中村”、“边角地”整治。金融街片区绿化项目和什刹海文保区环境整治项目获得“中国人居环境范例奖”。推进交通基础设施建设，多渠道缓解交通拥堵现状，2011年缓解交通拥堵工作评价总分名列全市各区县第一名。开展“一刻钟社区便民服务圈”试点，社区商业服务网络基本实现全覆盖。健全打防结合的社会治安防控体系，建立街道综治维稳中心，整合基层维稳工作力量，确保社会安全稳定。经过首都文明委和中央文明委两轮考核，西城区在2011年全国文明城区复查中总成绩位居直辖市城区首位，文明城区建设水平继续保持全国领先水平。群众性精神文明创建活动扎实开展，西城区地方税务局机关、北京市北海幼儿园、北京市北海公园等3家单位获得第三批“全国文明单位”称号。

（刘姿含）

【“做文明有礼的北京人”活动】 年内，以“绿色出行文明交通从我做起”为主题，以“文明出行推动日”为活动载体，大力倡导市民选择绿色出行方式，全年共有16万余人次参与到“创建文明交通三街两路示范工程”活动中来。“垃圾减量垃圾分类从我做起”主题活动持续推进，开展垃圾减量垃圾分类进校园、进社会单位、进社区等主题宣传活动，全区198个社区实行垃圾分类。大力推进公共文明宣传，“消防连着你我他平安幸福进万家”主题宣传实践活动广泛开展。公共文明引导行动队伍整体素质得到提升，服务领域不断扩展。

（刘姿含）

【公共文明引导行动】 年内，根据首都文明办、市公共文明协调办以及区文明办有关公共文明引导行动工作部署，区公共文明协调办围绕“做文明有礼的北京人”一条主线；围绕“绿色出行文明交通从我做起”、“2011排队年，自觉排队每一天”两个主题；抓好“文明出行推动日活动”，“公共文明引导日活动”，“树品牌团队、创10年辉煌系列活动”；建设好公共文明引导员、自觉排队志愿者、基层组织管理、文明引导督察4支队伍；实现“自觉排队有突破、站台改善有突破、活动创新有突破、机制建设有突破、社会动员有突破”。全面推进各项公共文明引导行动，提高市民文明素质，培育社会文明风尚，扩大社会影响，营造良好的公共环境，提供优质的公共服务。全年，收到单位和乘客赠送锦旗13面，乘客来信、来电表扬140件次，群众来电话咨询323人次。

（刘姿含）

【未成年人思想道德建设】 年内，贯彻落实《中共中央国务院关于进一步加强和改进未成年人思想道德建设的若干意见》（中央8号文件），成立以区委书记为主任的未成年人思想道德建设工作协调委员会。制发西城区《关于深入推进未成年人思想道德建设工作意见》和《折子工程》。以新中国成立62周年、建党90周年为契机，利用法定节日、传统节日、重大事件纪念日，开展“永恒的雷锋，永远的爱”活动；“我爱我的祖国”主题教育实践活动；党史专家进校园活动；“瞭望杯”时事竞赛活动；“阳光下成长，与芭蕾共舞”文艺演出；新童谣创编大赛；“中小学课本剧大赛”、“西城区鲁迅奖章读书活动”、“小学生古诗词吟诵大赛”等活动。开展“做一个有道德人”教育实践活动，以“青少年假期回社区报道”制度为依托，举办主题鲜明、形式多样的青少年教育实践活动，不断打造社区教育活动品牌。实施以“责任、爱心、诚实、守信、宽容、礼让”为内容的“六德”教育，深化以“陶然娃”形象为目标的系列道德实践活动。完成北京市和中央文明办组织的未成年人思想道德建设测评工作并取得较好成绩。

（刘姿含）

统一战线工作

【概况】 中共北京市西城区委统一战线工作部（简称区委统战部）是中共西城区委主管统一战线工作的职能部门。内设办公室、党派一组、党派二组、联络一组、联络二组，西城区社会主义学院是区委统战部的直属事业单位。在职人员22人。年内，区委统战部贯彻中央、市、区有关会议精神，把握全区统一战线工作面临的新形势和新任务，深入分析区划调整后统战工作的特点和定位，围绕北京市和西城区工作大局，坚持以科学发展观为统领，以提高统一战线服务科学发展和实现自身科学发展的能力水平为核心，以加强多党合作和政治协商制度建设为重点，凝聚人心、汇聚力量，广泛动员和组织统一战线各界人士为全区经济社会科学发展和实现“十二五”规划良好开局的奋斗目标贡献力量。

地址：西城区二龙路27号

邮编：100032

电话：88064280

（崔萌政）

【接待市领导调研】 3月14日，市委常委、统战部部长牛有成到西城区调研社会领域统战工作，区委书记王宁，区委常委、区委统战部部长曹长胜，区委常委、区委办主任程军陪同调研。牛有成实地参观了天桥街道先农坛社区和太丰惠中大厦，听取区委统战部和天桥街道统战工作、楼宇党建工作开展情况的汇报，并进行座谈。王宁主持座谈会。牛有成充分肯定西城取得的工作成绩，提出要不断提高对统战工作重要作用、地位的认识，要以团结为手段，做好统一战线工作，要开展好社会领域统战工作。

（崔萌政）

【民主党派工作会议】 3月18日至19日，西城区民主党派工作会议召开,各民主党派筹委会成员80余人出席会议。区委统战部及各民主党派总结2010年的工作情况，交流2011年工作思路与安排，总结表彰2010年度民主党派调研、信息工作。

（崔萌政）

【统战工作会】 3月23日，西城区统战工作会召开。区委常委、区委统战部部长曹长胜，区委常委、常务副区长杜灵欣出席会议，副区长范宝主持会议。杜灵欣传达全国、北京市统战部长会议精神，区台办、区工商联、区侨联分别介绍2010年工作情况并部署2011年重点工作。曹长胜介绍2010年全区统战工作情况，部署2011年重点工作，就如何做好2011年全区统战工作提出要进一步深化对统一战线重要地位和作用的认识，切实增强做好统战工作的责任感和使命感；要坚持实现统一战线科学发展，助推全区“十二五”规划良好开局；要坚持统一领导，加强协调配合，形成全区做好统战工作的合力。

（崔萌政）

【庆祝建党90周年座谈会】 6月14日，区委统战部组织召开西城区各界人士庆祝中国共产党成立90周年座谈会。区委书记王宁出席座谈会并作重要讲话，区委常委、区委组织部部长王力军，区委常委、常务副区长杜灵欣，区委常委、区委宣传部部长刘洋，区委常委、区委办公室主任、区直机关工委书记程军，区人大副主任解建军，区政协副主席赵印春等出席座谈会。区委常委、区委统战部部长曹长胜主持会议。各民主党派区委、区委筹委会负责人，区工商联（临时）执委会负责人，西城区党外知识分子联谊会负责人，以及全区统一战线各界知名人士代表50余人参加座谈。王宁强调，重温中国共产党的90年光辉历史，要更加坚定地巩固党的统一战线与多党合作政治制度;要坚持发展壮大统一战线事业，推动经济社会发展;要充分发挥“同心”思想的巨大凝聚力，不断推进西城统一战线和多党合作事业的科学发展。

（崔萌政）

【统一战线服务社会管理专题调研】 5月至8月，成立以区委常委、区委统战部部长曹长胜为组长的调研小组，深入开展“统一战线服务社会管理”调研，系统总结全区社会领域统战工作开展情况和总体特点，进一步理解和把握统一战线与社会管理的联系，明确今后加强统一战线服务社会管理工作的思路。并在此基础上，以西城区为例，对区级统一战线如何更好地服务社会管理开展研讨，形成调研报告，获得中央统战部“2011全国统战理论研究优秀成果奖”。

（崔萌政）

【纪念辛亥革命100周年】 年内，区委统战部、区委宣传部、区台办以纪念辛亥革命100周年为主题，编辑出版《西城史迹——辛亥前后三十年》和画册《辛亥革命与北京西城》，开辟一条旅游线路，在民主党派成员中开展征文、座谈等系列纪念活动。9月27日，区委书记王宁，代区长王少峰，政协主席王祥杰，区委常委、宣传部部长刘洋，区委常委、区委办主任程军，区人大常委会副主任郑然，区政协副主席许伟出席“发扬辛亥革命精神建设美好西城——西城区各界人士纪念辛亥革命100周年座谈会”，区委常委、统战部部长曹长胜主持会议。王宁在座谈会强调，全区各界人士要把握辛亥革命历史内涵，继承辛亥革命精神遗产，弘扬爱国主义精神，坚定只有中国共产党才能领导中国、只有社会主义才能救中国的信念，坚持为中华民族的伟大复兴和祖国统一而努力奋斗的目标；凝聚各方力量，在转变经济发展方式上、在促进社会和谐上、在加强自身建设上形成合力，共创西城美好未来；深入挖掘辛亥革命文化遗产，做好保护工作，积极营造氛围，推进文化创新，推动西城文化繁荣发展。区政协副主席许伟、西城区民革副主委荣洋、许德珩后代许进、台属曹云健、团区委书记王丹作代表发言。

（崔萌政）

【教育培训工作】 年内,落实《2010—2020年党外代表人士教育培训改革和发展纲要》，依托西城区社会主义学院，开展统一战线教育培训工作。全年举办民主党派新成员培训班、新的社会阶层联谊会理事培训班、教育系统民主党派支部主任培训班、书记校长培训班、统战知识大讲堂系列培训和宗教政策学习班等共计25班（场），安排课程51讲，参加培训学员超过2000人次，组织拓展活动5次,参观学习5次,开展学习交流讨论20次,收到学员学习心得体会1200份。

（崔萌政）

【民主党派新一届区级组织筹建工作】 年内，按照中央和北京市的工作部署，中共西城区委、各民主党派市委和各民主党派区委筹委会协同完成西城区民主党派新一届区级组织筹建工作。

（崔萌政）

【坚持“双月座谈会”制度】 年内，围绕 “了解区情、关注发展”主题，共召开“双月座谈会”6次，邀请郭怀刚、苏东、梁昌新、杜灵欣、范宝、李岩等区领导分别就区域商务旅游、重点功能街区建设、卫生事业、教育事业、城市管理、城市建设等相关情况，向各民主党派、工商联、无党派、侨联、新阶层代表人士进行全面介绍，与会代表围绕西城区未来发展中的重点和难点问题建言献策。

（崔萌政）

【区政协换届工作】 年内，按照市委、区委对新一届政协换届工作的要求，结合西城区实际，制定《西城区第十三届政协换届工作方案》，与区委组织部共同制定区政协换届工作的意见，会同区政协分析委员的履职情况，协调与人大换届的关系，加强同各民主党派、人民团体的协商，与各系统、各单位沟通协调，保障西城区新一届政协换届工作顺利完成。

（崔萌政）

【坚持政治协商制度】 年内，推进多党合作的制度化、规范化、程序化建设。继续完善区委同各民主党派的协商、通报制度，听取各党派关于全区经济、社会发展的意见建议。与区政协联合召开“古都历史风貌保护”专题议政会，为民主党派、团体参政议政搭建平台。继续落实《区委统战部与民主党派区委联席会制度》，支持民主党派紧密结合区情开展调研。

（崔萌政）

【党外干部选拔任用工作】 年内，落实《北京市西城区“十二五”时期人才发展规划纲要》和《北京市西城区中长期人才发展规划纲要》(2011-2020年)，加强对全区党外人才的管理，形成培养党外干部的工作网络。定期召开组织部长、统战部长联席会，将党外后备干部的推荐、培养和日常考察纳入对行政单位一把手的考核机制，确保把更多优秀党外人士选拔到重要岗位。加强民主党派后备干部队伍建设，对后备干部人选进行调整、充实。按照《中共北京市西城区委组织部、区委统战部关于进一步做好党外干部工作的意见》，组织开展党外干部的选拔任用工作，对各单位科级以上党外干部进行调查摸底。

（崔萌政）

【指导工商联工作】 年内，制发《中共北京市西城区委、北京市西城区人民政府关于加强和改进新形势下工商联工作的实施意见》，加强对工商联工作的指导。完成区工商联换届工作，发挥工商联主渠道作用，引导新的社会阶层人士承担社会责任。

（崔萌政）

【民族宗教工作】 年内，以区域社会经济建设发展和社会和谐安全稳定为目标，贯彻党的民族宗教政策，提高服务能力水平，做好民族宗教各项工作。区委书记、区长亲临宗教活动场所和民族社区慰问宗教界代表人士、少数民族群众，区委书记碰头会、区委常委会、区长办公会专题听取全区民族宗教工作汇报。配合国家民委和市委总结牛街街道“打造民族特色服务新体系，构建多民族和谐社区”的经验。广泛开展民族团结宣传教育，宣传党的民族政策。协同民宗侨办加强学校民族团结教育工作，强化青少年教育基地建设。

（崔萌政）

【基层统战工作】 年内，组织基层统战干部开展交流考察活动，学习交流社区文化建设、环保、医疗、养老等先进工作经验。开展“黄埔工作进社区”活动，全区各街道共与36名老人结成对子，开展一对一走访、服务活动。配合市黄埔同学会完成《北京黄埔同学会代表人物集》21份资料收集整理工作。

（崔萌政）

【加强自身建设】 年内，健全和完善牵头协调机制，加强对全区统一战线系统工作的领导，统筹推进全区统战工作。加强统战干部理论学习和业务培训，切实提高统战干部队伍对新时期统战工作的认识和把握能力。发挥统战工作特色，以在党内促进民主建设、在党外人士中树立良好形象为目标，开展部门权力公开透明运行工作。加强作风建设，继续深入开展为统战人士办实事工作。做好统战人士的来信来访工作，为统战人士排忧解难，化解矛盾。深入统一战线各领域开展践行北京精神宣传教育活动，引导和教育各界统战人士做北京精神的践行者，为切实推动西城区的经济发展和社会建设作贡献，做好统战宣传和信息工作。

（崔萌政）

【联情联谊】 1月18日至19日，西城区举办宗教界人士新春团拜会，新的社会阶层人士迎新春团拜会，党外知识分子联谊会理事新春团拜会。8月22日，区委统战部组织举办区四套班子主要领导与各民主党派新一届区委主要负责人的座谈会。区委书记王宁，区人大主任王敏荣，区委副书记、代区长王少峰，区政协主席王祥杰，区委副书记刘跃平，区委常委、区委统战部部长曹长胜，区委常委、区委办主任程军出席座谈会。王宁对各党派成功完成新一届区委组建工作表示祝贺，希望牢固树立责任意识，不断加强自身建设，尽快适应角色转换，顺利开展工作，履行好参政党职责，为建设西城贡献力量。年内，王宁、王少峰、曹长胜、杜灵欣、程军等区领导走访了全区的五大宗教场所，对宗教界代表人士进行慰问，表达区委、区政府对他们的关心。

（崔萌政）

对台工作

【概况】 中共北京市西城区委台湾工作办公室、北京市西城区人民政府台湾事务办公室（简称区台办）是西城区委、区政府负责辖区涉台事务的工作机构，主要职能是“组织、指导、管理、协调、服务”辖区的对台工作，处理日常涉台事务，广泛动员社会各界人士积极做促进祖国统一工作，在职人员7人。年内，区台办利用区划调整后各方面资源优势，以纪念辛亥革命100周年为契机，开展多项涉台主题宣传教育工作；贯彻中共北京市委关于对台交流工作“南移下沉”、“深耕基层”的部署，开展形式多样的对台交流交往工作；通过为台资企业服务、优化涉台发展环境；通过创新工作机制，深入开展台胞台属服务工作；及时、妥善处理涉台突发事件，确保辖区涉台发展环境的稳定。年内，西城区台办被国台办评为《两岸关系》、《台湾工作通讯》刊物宣传工作先进单位。

地址：西城区二龙路27号

邮编：100032

电话：88064282

（丁震宇）

【对台工作领导小组扩大会议】 6月8日，西城区召开对台工作领导小组扩大会议。区对台工作领导小组成员、区台胞权益保障协调小组成员、各街道主管对台工作领导共60余人出席会议。区委常委、区委统战部部长曹长胜主持会议，副区长范宝传达市委书记刘淇在2011年北京市对台工作领导小组会议上的讲话精神以及常务副市长吉林在北京市台胞权益保障协调小组全体会议上的讲话精神；区台办主任明木江汇报西城区上年对台工作并介绍了西城区年内对台工作重点、全区涉台重大活动等。曹长胜在讲话中对全区对台工作提出三点要求：一是要认真学习贯彻中央和北京市委对台工作精神，重点把握为中央、北京市委对台工作大局服务、为西城区经济社会发展服务的工作定位；二是各单位要高度重视对台工作，把对台工作列入重要日程，加强对台工作领导；三是要整合资源、发挥优势，加强与台湾民众的交流交往，扎实推进新时期西城区各项对台工作。

（丁震宇）

【对台交流交往】 2月19日，由区委常委、区委统战部部长曹长胜任团长的“西城区社区管理考察团”赴台进行为期10天的交流考察，考察团成员包括区委统战部、区台办、区政府办、区人力社保局、区环境办、区信访局、区交通支队、区环卫中心、区侨联、区工商联和大栅栏街道领导共12人,考察团在台湾期间，围绕“城市环境建设与管理”考察主题，参访了台北市交通控制（信息）中心、台北市北投垃圾焚化厂、新竹文化创意产业园所属公司、高雄市新堀江永续发展协会，拜会了两岸经济合作促进会、台北经贸协会、台湾太平洋建设集团。7月22日，“西城区医疗服务与管理考察团”赴台进行为期10天的交流考察，考察团成员包括区卫生局、区人口计生委、区卫生监督所等相关单位共14人，考察团在台湾期间重点考察了台湾的社区医疗服务体系及管理。年内，区台办协助组织西城区拆迁指挥部“交流一团”和“交流二团”赴台交流考察；协助区教委组织了2个“教育学术参访团”，协助复兴医院组织“医院管理参访团”赴台交流；配合市台办交流任务，协助西城区教委组织学生和教师76人赴台参加“第四届中华文化快车—两岸师生元宵走街”活动；协助区文化委组织60人参加了由中国友好和平发展基金会组织的“2011年海峡两岸民俗庙会”活动。年内，区台办与相关部门协调配合，分别接待了台湾南部工商统一促进会大陆参访团、高雄義守大学教育参访团、台湾部分县市教师考察团、台湾金融业服务联合会、台北市文化基金会考察团等台湾团组及个人共100余人。年内，全区共组织7个团组，113人赴台交流考察，此外为479人办理了赴台审批手续，其中公职人员210人、学生121人、非公职人员148人。

（丁震宇）

【涉台教育】 为纪念辛亥革命100周年，缅怀孙中山先生，西城区台办与区委宣传部、区委统战部等单位共同开展“五个一”系列活动（出版一本史迹研究文集、开展一次征文活动、举办一个历史图片展、召开一次座谈会、开发一条红色旅游线路）。9月27日，由区台办承办的西城区各界人士纪念辛亥革命100周年座谈会在宋庆龄故居召开，区四套班子主要领导参会，区委书记王宁在座谈会上作重要讲话。年内，区台办结合“涉台教育宣传月”活动，邀请北京联合大学台湾研究院研究员、台湾问题专家刘红为全区干部群众、民主党派、台胞台属作台湾形势报告，为全区教育系统工作人员和街道社区干部群众进行了2次涉台知识培训。为进一步推动全区涉台教育工作的深入开展，区台办以“读‘两刊’百字感言”（“两刊”指《两岸关系》、《台湾工作通讯》）为主题开展涉台教育活动，征集稿件244篇，感言体裁有记叙文、诗歌、散文、歌曲等多种形式，同时在全区范围内开展两刊的征订工作。年内，区台办与区委统战部联合召开全区统战、对台干部培训会，介绍两岸关系形势和任务。年内，编辑印发《西城对台工作》特刊，展现区划调整后西城区对台工作的面貌。协助国台办新闻局和全国记者协会台港澳工作部接待海峡两岸记者共45人到湖广会馆进行“重走辛亥路”联合采访活动。年内向《中国台湾网》上报7条活动信息，向北京市台办上报工作信息40件。

（丁震宇）

【青少年涉台教育】 年内，西城区以青少年祖国宝岛台湾教育基地（简称“教育基地”）校为主，面向全区中小学校开展了“祖国宝岛——台湾，我爱你！”主题征文活动，共21所学校参与，400多名师生投稿，教育基地从中挑选出40篇优秀作品，编辑出版了征文集，内容涉及两岸青少年交流、台生教育、台湾游学等。为进一步做好台籍学生的教育、教学、管理工作，教育基地组织相关学校的校长、书记、对台干部前往台商比较集中的东莞参观考察台商子弟学校，重点了解台籍学生教育管理方面的做法和经验。区台办协助市台办在北京四中召开北京市青少年涉台教育基地工作会，并在会上介绍西城区开展青少年涉台教育的经验做法。针对会议要求，修订《西城区涉台教育基地学校审批和管理实施细则》，年内向市台办申报7所学校参选北京市涉台教育基地学校。

（丁震宇）

【对台经济】 1月上旬，区委常委、统战部部长曹长胜、副区长范宝分别走访北京君太太平洋百货有限公司、国泰人寿保险北京分公司等重点台资企业6家，并送去慰问品。区台办在日常工作中走访台资企业30余家，了解企业经营情况和存在问题。6月30日，区台办在大栅栏商业街举办“区长接待台商日”活动，20余位台商代表参观了老字号店铺；大栅栏街道领导介绍了商业街发展概况，范宝结合区划调整介绍了区“十二五”发展规划概况并与台商现场座谈；曹长胜与台商们在晚宴中进行交流。7月12日，由范宝带队，台商参加的考察团赴延庆，就生态涵养区发展与就业合作等事项与当地政府进行交流。7月15日，区台办协助区政协港澳台侨委员会组织20余位委员参观马连道茶城中的台资企业，了解企业发展经营中遇到的难点，区政协副主席姜昕华参加活动。7月30日，为加强西城区台商之间、台商与各职能部门之间的交流，区台办组织辖区台商代表、区部分职能部门领导共21人赴平谷区参观交流。11月10日，区台办组织区内部分台商到怀柔区参观考察。曹长胜、区台办领导及12位台商与怀柔区委书记张建东、怀柔区台办、招商局、东区管委会、雁栖区管委会的领导进行座谈交流，并参观雁栖开发区和中影基地。年内共协调解决台资企业问题16件。年内，区台办为加强台资企业与区领导及相关部门的沟通与联系，分别组织了新春、中秋和“三八”妇女节联情联谊活动，区委、区政府领导及区相关职能部门领导到会参加。

（丁震宇）

【台胞台属服务】 为了更深入贯彻落实中央关于做好台湾人民工作的精神，力争为台胞主动服务、靠前服务，西城区于8月9日成立了民办非企业社会组织—西城区台胞服务中心（简称“服务中心”）。服务中心成立后积极开展辖区台胞的摸底调查、联情联谊等工作。区台办根据当前两岸联姻逐年增多的情况，围绕两岸配偶和“海峡宝宝”的生活现状、所面临的新问题以及台湾对大陆配偶的服务等情况，通过深入两岸家庭，举办联谊活动开展调研工作，并组织撰写调研报告。年内，区台办在开展台胞台属新春、中秋联谊活动的同时走访慰问了21户年岁大、行动不便的重点上层台属，为他们送去了慰问品；9月13日至16日组织20位台胞台属赴山东枣庄台儿庄革命遗址参观考察；为关心台湾学生的在校生活，区台办领导于4月29日参加了在中央音乐学院读书的两位台湾学生毕业音乐会，并送去了鲜花和祝福；区台办在中秋节前夕看望慰问了18位在辖区内就读的台湾学生；在纪念辛亥革命100周年之际，与教委共同组织中小学台湾学生及家长70多人参观宋庆龄故居。年内，区台办共受理台胞台属信访案件7件，来访内容涉及房屋拆迁、邻里纠纷等。区台办及时与房管部门、街道等相关职能部门协调商议，帮助台属排忧解难。

（丁震宇）

【处理涉台突发事件】 年内，区台办与公安等有关部门协调配合，共处理涉台突发事件3起，确保了区域涉台环境安全稳定。

（丁震宇）

决策研究工作

【概况】 中共北京市西城区委、北京市西城区人民政府研究室（简称区研究室），是区委、区政府的决策研究部门。内设办公室、综合组、社会政治组、经济组和调研组，年内调出干部2人，调入干部10人，在职人员20人。区研究室切实加强部门自身建设，牢牢把握区域发展的新要求，立足“服务立区、金融强区、文化兴区”发展战略，自觉把调查研究工作和决策服务工作与区域发展目标要求结合起来，围绕全区“十二五”规划开局的各项任务和区委、区政府换届等中心工作，围绕区域发展中的重点难点问题，认真做好重要文稿起草工作，深入开展调查研究，做好区委、区政府专家顾问团服务联络工作，为领导决策提供参考依据，发挥领导参谋助手的作用，圆满完成全年各项工作任务。

地址：西城区二龙路27号

邮编：100032

电话：88064261

（高聚文）

【文稿起草工作】 印发《关于做好区委区政府主要领导讲话稿送审工作的通知》，规范报送程序、报送时间、报送内容等具体要求，保证了文稿起草的质量和效率。重点完成区第十一次党代会报告、区委全会报告、区政府工作报告，起草了全国文明城区创建、区委权力公开运行、府右街旧城保护及人口疏解项目等重点工作的文件、汇报和领导讲话稿，完成纪念建党90周年大会、全区经济形势分析会、全区领导干部大会等专项工作会议领导讲话，以及区委、区政府领导班子述职报告、区主要领导述职报告等各级各类文稿150多篇。

（高聚文）

【重点课题调研】 重点课题由区级领导主持，区研究室牵头，组织相关部门成立联合调研组负责实施，全年共完成21个重点课题。年内，承担由区委书记王宁主持的市委关注的重点调研课题《关于基层群众工作体制机制问题的研究》，探索新时期做好群众工作的新机制和新方法，边调研、边转化，启动了西城区用群众工作统揽信访工作试点，出台《关于用群众工作统揽信访工作，切实维护群众权益的意见》；承担由区长王少峰主持的市委关注的重点调研课题《金融街国际化发展思路研究》，提出金融街国际化发展的一融、二联、三接、四定的发展战略以及五条实现路径；承担由原区长张建东主持的市委关注的重点调研课题《新形势下推进历史文化名城保护的探索与思考》，对保护途径和模式进行了深入阐述，提出加强古都西翼历史文脉建设的工作思路。加强对各单位调研课题的调度和督促，组织调研工作联席会议协调相关部门共同开展关注课题调研，给予经费支持,全年共完成11个关注课题，形成一批有分析、有对策的调研成果。

（高聚文）

【调研制度建设】 建立完善全区调查研究工作联席会议制度。扩大成员单位范围，包括区委办公室、区委组织部、区委宣传部、区研究室、区人大研究室、区政府办公室、区政协研究室、区发改委、区科委等。办公室设在区研究室，主要负责制定全区调查研究工作计划，确定重点调研课题，落实调研任务，加强全区调研工作的组织、协调、指导，促进调研成果的转化与应用。建立健全课题管理制度。着力促进课题管理规范化、制度化、科学化，将课题分为重点课题、关注课题、处级单位党政主要领导课题三类，设立分级分类课题管理新模式。同时，坚持调研工作“一把手”负责制，形成全区四套班子领导及各单位主要领导亲自负责调研工作的良好格局。

（高聚文）

【调研队伍建设】 认真抓好专兼职调研干部培训，采取集中培训、专题培训及“以干代训”等方式，加强全区调研人才队伍建设。组织开展全区120余名调研干部参加的集中培训，邀请市委研究室巡视员康庆强作专题讲座，交流讨论调研工作经验，提高了培训的针对性和实效性。根据各单位需求，安排全区各部门调研干部到研究室进行3至6个月的“以干代训”，着力提高调研干部的素质和能力。围绕重点课题和调研工作，牵头开展讲座、外出考察等活动，进一步拓展了干部的视野。

（高聚文）

【决策咨询服务】 出台《中共北京市西城区委区政府专家顾问团章程》，完善专家顾问工作体制机制，与区委组织部共同组织了由46名专家学者组成的西城区委、区政府专家顾问团专家联谊会；采取多种方式积极向专家介绍区情，加深专家对西城的了解；实行专项工作组制度，按照综合经济、城市规划与历史文化名城保护、城市发展与城市管理、社会事业与社会建设、民主法治与党的建设五大领域开展决策咨询服务，发挥专家所长，提升决策建议的针对性。邀请部分专家参与金融街国际化等年度重点工作的战略研讨、重大课题论证和重大决策咨询等工作；配合规划分局成立了历史文化名城保护专家组，让顾问团成员参与到西城建设和发展中，推动调研决策水平的提升。充分利用信息化手段，与新华社、安邦资讯等机构合作，在区政务内网上创建专栏，实现决策信息资料的共享，提高了全区掌握信息资源的实效性和便捷性。

（高聚文）

【编发内部刊物】 年初，将《西城调研》改版为《西城调研与决策》。进一步创新办刊形式，借助专业办刊力量，创新办刊思路，丰富办刊内容，突出针对性、实效性、超前性，增强科学性与参考价值，为各级领导决策提供服务。同时，扩大参与途径，积极吸引各部门各单位、专家学者等参与投稿，为各方面优秀调研成果和意见建议提供展示平台。全年出版刊物21期，其中特刊2期。

（高聚文）

老干部工作

【概况】 中共北京市西城区委老干部局（简称区委老干部局）是西城区委管理全区离退休干部工作的职能部门。在职人员61人。离休干部1738人，处级以上退休干部2167人。易地安置干部109人，单建离休支部59个、单建退休支部37个、离退休混编支部47个，离休党员1299人。老干部工作紧紧围绕“凝心聚力促发展，精益服务求创新”的工作主线，加强离退休干部“两项建设”（思想政治建设和党支部建设），全面落实“两项待遇”（政治待遇、生活待遇）。在“人文北京、科技北京、绿色北京”建设中，发挥好离退休老干部的作用；加大老干部社区“四就近”工作力度，提升老干部管理服务水平；开展主题实践活动加强对老干部党校、老干部活动中心和老干部大学等学习活动阵地建设的指导，开展示范性学习阵地建设，各方面工作取得一定成效。

地址：西城区双槐里小区23号楼
邮编：100054
电话：83525651

（许薇冰）

【老干部领导小组（扩大）会】1月10日，召开区老干部工作领导小组（扩大）会。区委副书记、区老干部工作领导小组组长刘跃平参加会议，区委老干部工作领导小组副组长、区委常委、组织部部长王力军主持会议。领导小组成员和部分委、办、局负责人参加会议。会议传达北京市第24次老干部座谈会精神，总结2010年老干部工作，针对区划调整后的老干部工作，研究2011年老干部工作思路，部署老干部工作职能调整的有关工作，讨论并原则通过《北京市西城区离退休干部工作领导责任制》和《西城区离退休干部特困救助帮扶办法》。

（许薇冰）

【第24次老干部座谈会】 1月27日，召开区第24次老干部座谈会暨新春团拜会，贯彻落实北京市第24次老干部座谈会议精神，总结2010年老干部工作，部署2011年任务。市老干部局巡视员、副局长张庆朝，区领导王宁、张建东、王敏荣、王祥杰、刘跃平、马兰霞、杜灵欣、程军等参加会议，区委常委、组织部部长王力军主持会议。区委副书记刘跃平要求老干部工作以区划调整为契机，科学调整、促进融合，服务水平不断提升；围绕“凝心聚力促发展，精益服务求创新”这一工作主线，健全完善工作机制，打造过硬的老干部工作者队伍，加强离退休干部“两项建设”，全面落实“两项待遇”。区长张建东代表区委、区政府向老领导、老干部通报区情并致以节日的祝福。

（许薇冰）

【为老干部办实事】 区委、区政府和各单位先后投入大量资金为老干部办实事、办好事。修订完善《西城区离退休干部特困救助帮扶办法》，明确措施，规范流程，建立健全关爱帮扶机制，对参加革命早、长期身患重病、家庭困难较多的老干部加大帮扶力度。年内，对全区55名老干部予以救助，累计发放救助金26万余元。春节、国庆节及重要节日期间区四套班子领导和基层党政领导、老干部工作人员多次走访慰问老干部、老党员、老红军及老干部遗属，并送去慰问品和慰问金；区老干部局全年慰问长期卧床和生活困难老干部、易地安置的离休干部465人，发放慰问金258400元，支付120、999呼叫器年服务费200340元。

（许薇冰）

【离退休干部思想政治建设】 在纪念建党90周年之际，《西城区老干部思想政治工作研究会会刊》复刊，征集稿件100余篇，已编辑6期8万余字，发行近两万册。安排部署老干部认真学习党的历史，提出“写一篇文章，出一本文集，办一次会议”的倡议，共收到100余篇文章和诗歌，选出50余篇，编辑出版了25万字的《颂党恩抒豪情——纪念建党90周年文集》。组织参加市、区思想政治工作研究会举办的首都形势政策、国际热点、地区局势、胡锦涛“七一”讲话、中共十七届六中全会精神等时事政策学习活动。理事会成员参加北京市“纪念中国共产党成立90周年知识竞赛”和“纪念辛亥革命100周年知识竞赛”活动。全区各单位为老干部征订了《北京日报》、《中国老年》、《中国老年报》、《北京老干部》、《老同志之友》、《前线》、《北京西城报》、《西城区老干部报》等报刊。

（许薇冰）

【离退休干部党支部建设】 深化创先争优活动，全区离退休干部党支部和党员在创建“五好”支部，争当“四好”老干部活动中，评选出37个离退休干部先进党支部、112名离退休干部先进个人。“七一”前夕召开西城区老干部纪念建党90周年大会暨“四好”老干部和“五好”支部评选表彰大会。9月、10月共组织5批600多名老干部参加老干部党校读书班，100多名老干部参加七支部读书班。组织全区离休退休干部集体观看电影《杨善洲》，为老干部发放各种学习资料1000余册。

（许薇冰）

【利用社区资源做好离退休干部服务工作】 探索实行项目申请制，借鉴项目管理的运作机制，扎实推进社区“四就近”工作。通过项目申报、立项、实施和结项的推进流程，引导社区党组织在整合党建资源、改进工作方式、提高党组织凝聚力等方面创造性地开展社区离退休干部服务工作。对什刹海街道柳荫街社区党委申报的“柳荫老干部幸福驿站”等15个项目给予立项，并对项目及时开展评估检查、结项验收、评比奖励，提供资金支持。15个项目运转良好，在社区工作中充分发挥了引领示范作用。

（许薇冰）

【离退休干部工作培训和调研】 8月3日，召开区老干部工作总结暨经验交流会。区委办、卫生工委、西长安街街道、陶然亭街道等4家单位在会上作典型发言。局长田静总结半年来全区老干部工作，提出：要以“树优良作风，创优质服务，做优秀老干部工作者”主题实践活动为载体，开展“双优”评比活动，规范服务标准，健全考核机制。区老干部局完成市局2011年度老干部工作的调研课题申报和2011年度区处级领导调研课题上报。《关于社区“四就近”工作新模式的探索与思考》被市局评为2010年度老干部工作优秀调研报告。

（许薇冰）

【健康体检和健康休养】 4月至7月，组织全区老干部在北京市第二医院（北京老年病医院）进行年度健康体检，体检人数3000人左右。结合体检结果及时更新老干部健康档案库，为老干部早预防早治疗做实基础，也为健康休养做前期准备。10月下旬，组织82名局职老干部赴广西、广东两地考察。同期，组织12名局职老干部到北京朝阳区蟹岛休养。

（许薇冰）

【老干部文体活动】 全区老干部广泛开展“颂党恩抒豪情，添光彩乐晚年”纪念建党90周年主题系列活动。老干部局精心组织64名老干部进行为期2个月的集训，圆满完成了“颂歌献给党”首都老干部歌咏大会演出任务。106名老干部组成老干部方阵参加“西城区军民纪念建党90周年红色经典歌曲演唱会”。接待文化部、外交部、国家发改委和日本东京都市民友好代表团等十几个机关老干部社团及友好团体参观交流。4月，组织全区老干部扑克牌、麻将比赛，参加人数900多人。4月和9月，分别组织老干部钓鱼比赛。10月，组织全区老干部金秋趣味运动会，1000余名老干部参加比赛。

（许薇冰）

【贯彻落实责任制检查情况】 根据北京市老干部局关于对“老干部工作领导责任制”贯彻落实情况进行检查的通知要求，下半年，区老干部局对全区各单位贯彻落实离退休干部工作领导责任制情况进行检查，重点对国资委党委、椿树街道等15家单位进行抽查。被抽查的15家单位按照市、区第24次老干部座谈会精神，较好地贯彻落实了《西城区离退休干部工作领导责任制》。10月26日，市老干部局副局长刘向东等4人到区老干部局检查2011年西城区离退休干部工作领导责任制落实情况，与部分离退休干部进行座谈，老干部们对区老干部工作普遍满意，并就如何进一步做好老干部工作提出了意见和建议。刘向东指出西城老干部局以区划调整为契机，及时理顺老干部工作体系，建立健全工作机制，全面落实“两项待遇”，坚持定期通报制度，开展丰富多彩的活动，大力加强队伍建设，提高了老干部工作水平。

（许薇冰）

保密工作

【概况】 中共北京市西城区委保密委员会办公室、北京市西城区国家保密局（简称区国家保密局），是区委保密委员会的办事机构，是区政府保密管理工作的职能部门，区国家保密局由区委办公室管理。在职人员13人。年内，加强领导，明确责任，建立一级抓一级、层层抓落实的工作责任体系；开展保密法制宣传教育，增强宣传教育的针对性和实效性；抓规范管理，提升保密工作管理水平；突出涉密信息系统保密管理，依法履行了保密监管职能。2011年8月，区国家保密局被北京市西城区依法治区领导小组评为“2006—2010年北京市西城区法制宣传教育先进集体”。

地址：西城区二龙路27号

邮编：100032

电话：88064287

（石继鹏）

【保密管理责任制建设】 3月，区委保密委员会主任程军与区属114个单位主要领导签订2011年度《西城区保密工作管理责任书》。年内，修订、完善《西城保密工作规章制度》、《西城区领导干部保密工作责任制》、《西城区委保密委员会工作规则》、《西城区委保密委员会委员工作职责》等规章制度；与区委办公室联合印发《西城区机要保密工作手册》，规范机要文件和涉密载体的管理，与有关单位专题研究全区各单位办公废品的回收工作，要求各单位加强管理，严把涉密载体出口关。

（石继鹏）

【专项保密工作检查】 4月，为贯彻落实中央、市委领导关于保密工作重要批示精神和市委保密委关于组织开展专项保密检查的通知，区国家保密局按照区保密委领导要求，成立专项保密检查领导小组并和相关单位组成3个联合检查小组，制定检查方案，向各单位下发通知，要求认真按照规定的18项内容进行自查，并将自查报告送交区国家保密局。4月12日至21日，联合检查组分别对区属部分重点涉密单位、辖区内的国家秘密载体定点复制单位和军工认证企业进行了抽查。4月26日，中共北京市委保密委员会副主任、北京市政府办公厅副主任刘占兴带队的检查组来到西城区进行专项保密检查，区委常委、区委办公室主任、区委保密委员会主任程军参加会议，并就西城区专项保密检查工作进行汇报。

（石继鹏）

【高考考务保密工作】　全国普通高等教育考试前夕，为做好相关工作，区国家保密局召开全体人员会议，传达学习中共中央政治局委员、国务委员刘延东指示精神和2011年“全国普通高校招生考试工作电视电话会议”、“北京市教育考试招生工作电视电话会议”精神和西城区高考有关要求，制定《2011年西城区国家保密局高考保密检查工作方案》，成立以局领导为组长的检查小组；检查小组到区内2个教育考试中心、20个考点学校就落实试卷保密12项规定进行检查。6月7日、8日考试当天，派专人到区教育考试中心“高考指挥部”值班，在相关单位共同努力下，确保考试顺利进行。

（石继鹏）

【组织参观窃密泄密案例教育展】　9月，按照北京市国家保密局统一部署，区国家保密局成立工作领导小组，制定组织工作方案，分三批组织区领导、区属单位涉密人员、机关干部共310参观了由国家保密局等单位举办的窃密泄密案例教育展。

（石继鹏）

【对“三定”工作提出保密要求】　10月，全区各单位职能职责、内设机构和人员编制的规定工作（以下简称“三定”工作）即将开始之际，为做好其中保密工作管理，确保国家秘密安全，区国家保密局发出《关于做好西城区“三定”工作中的保密工作的通知》，要求各单位在“三定”工作中落实领导干部保密工作管理责任制，把保密工作同“三定”工作同部署、同检查、同落实，在制定“三定”工作方案中同步考虑保密工作措施，及时研究解决出现的问题，确保“三定工作”顺利开展；做好国家秘密载体在清理、移交、使用、保存、归档、销毁及涉密信息系统和设备使用的保密管理工作；各单位要对领导干部、涉密人员、专兼职保密干部进行保密法律法规的宣传教育，严肃保密纪律，认真进行保密自查，及时发现和消除泄密隐患。

（石继鹏）

【制定“六五”保密宣传教育规划】　12月，根据市、区“六五”保密法制宣传规划的要求，结合西城区保密工作实际，区委保密委员会办公室、区国家保密局制发《西城区“六五”保密法制宣传教育规划》，明确“六五”时期西城区保密工作的指导思想、工作目标、工作原则、主要任务、工作步骤、基本要求和保障措施。

（石继鹏）

【保密法律法规学习宣传教育】　年内，贯彻中央、市、区、保密委领导关于做好新形势下保密工作的重要批示，指导区属单位深入开展保密法律法规的宣传教育活动。一是在区委党校举办的处级干部培训班、中青年后备干部进修班播放保密教育光盘，发放保密宣传材料，共500名学员参加培训。二是更新补充西城区保密宣传网页内容，为全区广大干部学习保密法律法规搭建平台。三是借指导检查之机，对全区保密干部和重点涉密人员进行保密技能指导。全年为区属单位、国家秘密载体复制印刷定点单位、军工企业、废品物资回收公司、文化市场共发放保密教育读本1000册，宣传挂图500张，开展指导100人次。四是印制700册保密提醒台历，发放到全区各单位主管领导、保密干部、涉密人员手中。五是充分利用好《保密工作》和《西城保密工作》等刊物，宣传保密法律法规，扩大宣传面，强化保密意识。六是各单位发挥宣传栏、橱窗、简报、报纸、网络、电视、LED屏的媒介作用，营造浓厚的宣传氛围。七是对在全区范围内开展的“学法规、强素质、树形象”主题征文活动中收到的349篇征文进行评选表彰，组织奖13个，一等奖25篇，二等奖33篇，三等奖45篇；甄选出其中的38篇优秀稿件，编辑出版《“学法规、强素质、树形象”——西城区学习宣传〈保密法〉主题征文作品选编》880册，发到区属各单位。

（石继鹏）

【保密监督检查工作】　年内，对辖区内10家国家秘密载体复制印刷定点单位的保密管理情况逐一进行检查，做好年审注册登记工作；配合国家保密局做好2家国家秘密载体印刷复制定点单位的调研，为新华印刷厂和京华虎彩印刷有限公司办理了迁出手续。做好辖区内5家军工企业的保密年检工作。坚持每周四对报国寺文化市场开展保密检查，与文化、公安、商务委等单位建立长期联合执法机制，做好文化市场、再生资源回收部门的保密监管，把好出口关。此外，对区属各单位产生的国家秘密事项进行统计，做到定密准确，定期督导。多次到区旧城保护和居民住房改善工程指挥部就做好保密工作进行指导和座谈。在换届选举、“三定”工作和重大节日前印发通知，提出保密要求，对重点涉密单位进行保密工作检查。完成上一年度《西城年鉴》和《西城党史》的保密审查。全年共走访、检查、上门为区属单位指导约300次。

（石继鹏）

【保密技术防范工作】 年内，以建立健全管理台账为抓手，建立“保密基本情况数据库”，提高对保密工作的掌控能力。为落实市国家保密局关于加强涉密计算机系统管理的通知精神，对区属单位涉密网络、涉密计算机和移动存储介质进行详细统计，根据各类数据的变动情况，随时更新。同时，利用网络信息搜索器、涉密网检查工具、网络漏洞取证系统、上网监察取证系统等专用设备，对辖区内的办公网（含涉密网）和互联网开展保密检查，采取每周定期搜索和查看的方式，对区属各单位的上网信息进行浏览检查。协助有关单位做好涉密计算机网络保密技术指导、建设审批、区国家地理数据库、区内外网整合、政务资源信息共享平台建设的保密审查工作；协助相关单位做好信息公开工作中的保密工作，确保信息安全。

（石继鹏）

区直机关工委工作

【概况】 中共北京市西城区委区直属机关工作委员会（简称区直机关工委），是区委的派出机构，按照《中国共产党章程》和《中国共产党党和国家机关基层组织工作条例》的规定，在区委的领导下，主要负责区直属机关党的建设和思想政治工作。内设工委办公室、工委组织部、机关纪工委（内设监察科）、机关工会、机关团工委，在职人员18人。年内，推进党工团机构组建，圆满召开区直机关党代表会议，深入开展创先争优活动，筹备建党90周年系列庆祝活动，开展文明机关建设和先进典型推介等多项工作，党建工作科学化水平显著提高，在区域发展中发挥党组织和党员的先进模范作用。

地址：西城区二龙路27号

邮编：100032

电话：88064356

（王　敏）

【党工团机构组建】 年内，全面铺开直属机关党组织组建工作，确定区直机关党组织领导班子“公推直选”原则，共有6000多名党员、900多名群众和部分党外人士直接参加候选人公开推荐工作，71个直属党组织已组建完成66个，其中机关党委18个、机关党总支15个、直属党支部33个，各机关党委、总支所属支部组建完成200多个，选举结果满意率达98.8%、基本满意率达100%，公推直选认同度达100%。区直机关工会所属48个基层工会,已有28个单位全面完成组建工作，5个单位完成组建前期工作。完成区直机关38个直属团组织组建工作，基本实现机关共青团全覆盖，区直机关96.4%的团员参与投票。

（王　敏）

【建党90周年系列庆祝活动】 4月8日至5月20日，开展“党在我心中”征文活动，共收到论文150篇、感言182篇（条），并编印《党在我心中——西城区直机关纪念建党90周年优秀征文作品汇编》。5月17日，举办“职业精神在党旗下生辉”宣讲报告会，区委副书记刘跃平、区委宣传部部长刘洋与区直系统各单位主要领导、党组织负责人、党务干部200余人一同听取报告，弘扬机关广大党员干部立足本职、爱岗敬业的精神。6月15日，举办“红歌嘹亮——区直机关纪念建党90周年”歌咏比赛，共31支代表队参加预赛，20支代表队进入决赛，区委书记王宁和区委副书记马兰霞参加活动。7月1日，举办“红色经典阅读月”启动仪式，为基层购买下发《中国共产党党史简明读本》，为8879名机关党员发放读书卡，丰富广大干部的党性知识。9月1日，开展“听党课、学党史、跟党走”主题教育活动，广泛征集党日活动方案，区科委党总支、区国土局党总支、区直机关工委党支部等3篇党日活动方案被评为优秀。

（王　敏）

【区直机关党代表会议】 根据区委总体安排，制定区直机关出席区第十一次党代表大会代表选举工作方案，采用自下而上的方式进行区党代表推选工作。8月30日，组织各直属党组织书记、专职副书记及组织委员共180余人召开工作部署会。借助《机关简讯》、公告栏、政务网等宣传媒介，深入宣传严肃换届纪律文件精神和工作开展情况，引导广大党员干部职工统一思想、踏实工作。11月9日，中国共产党北京市西城区直属机关代表会议召开，225名与会代表对104名（含区委提名代表候选人15名）出席区第十一次党代会代表的预备人选进行选举，经充分讨论酝酿，以无记名投票差额选举的方式，选举产生86名代表，一次投票成功，为区党代表换届选举工作的进一步推进奠定了良好基础。

（王　敏）

【创先争优活动】　1月12日，举办“青年在创先争优路上先行”主题教育活动，通过讲座、参观、启动机关青年大讨论等形式，发动青年撰写理论文章和思想汇报近100篇，促进先进团组织、优秀团干部、优秀共青团员争创活动的深化落实。3月9日至10日，召开2011年党建工作会，总结2010年工作，部署2011年任务，区委常委、区直机关工委书记赵金花出席会议并讲话，区直机关工委委员、区直机关系统各单位主要领导、党组织书记及部分党务干部220余人参加会议。6月30日，召开创先争优表彰大会，区委常委、区委办主任、区直机关工委书记程军主持会议，区委副书记刘跃平出席会议并讲话，会议对先进基层党组织、优秀共产党员、优秀党务工作者进行表彰，播放自编党建短片《奋进的足迹》，制发《关于加强机关党建工作的意见》，区直系统各单位党政领导、党组织书记、副书记和委员及先进代表300余人参加会议。

（王　敏）

【学习型党组织建设】　2月15日，启动“青年学习角”计划，在法院、人社局、民政局3个基层团组织建立首批“青年学习角”，促进机关青年加强学习。3月9日，制发《区直机关2011年度理论学习计划》，发放各种学习书籍和光盘。3月25日，召开“‘机关青年公务员导师计划’推进会”，全面启动“机关青年公务员导师计划”，聘请导师、拜师总数达122人，确立业务课题154项。10月27日，举办学习型党组织建设、中共十七届六中全会精神专题报告会，邀请专家讲解“十二五”规划，帮助党员干部把握发展形势。机关工委撰写的《完善制度、扩大民主，积极推进机关党组织班子公推直选》文章被《北京组工通讯》刊载，《以科学发展观指导机关党务干部队伍建设》调研文章被市委党建书籍编录发行，处级领导调研课题《关于加强基层党组织民主建设的探讨》被区研究室列为年度17个重点课题之一，《完善基层选举制度，扩大党内基层民主》调研文章作为党建经验在全区组织工作会进行交流。6月2日至7月12日，组织基层党组织开展党建创新项目，区直机关工委的《发挥主体作用，推进党内民主》等4个单位的项目被区委组织部评为“基层党建创新项目”。6月6日至7月25日，指导基层党组织开展“西城区党建示范点”创建活动，区政府办机关党委、区法院机关党委、区审计局机关党总支等3个党组织获得该称号。

（王　敏）

【党员教育管理】　年内，采取综合辅导与专题辅导的方式，对70多个党组织的110多名党务干部开展业务培训4次，对500多名基层党支部书记、186名入党积极分子进行集中培训。针对区划调整后各单位党员发展工作实际，认真开展调查研究，及时启动党员发展工作，制定《区直机关党员发展工作责任追究办法》（试行），进一步规范党员发展工作。9月19日至23日、9月26日至30日，分别举办2期直属党委党员发展工作专项培训班，决定自2012年1月起，授权所属机关党委党员发展审批权。

（王　敏）

【权力公开透明运行】　年初，成立专项工作领导小组，形成《区直机关工委权力公开透明运行职权目录》，梳理出41类68项核心权力，绘制干部工作、经费使用、书记会重大事项、委员会重大事项4个方面的权力运行流程图，实行机关工委重大事务决策听证咨询制度、党内情况通报制度、事务例行公开制度，定期组织党员、群众对机关工委权力公开透明运行情况进行评议。

（王　敏）

【促进融合】　区划调整后，组织各类文娱活动，为干部感情交流搭建平台。1月30日，举办“2011年党政工团干部职工新春联欢会”，区领导与300余名干部参加。3月3日，举办“庆三八·花卉美”参观摄影活动，组织160余名女干部参观游览世界花卉大观园，对女干部在区域发展中勤奋工作和无私奉献表示慰问。5月4日，举办“识西城爱西城建西城”系列主题实践活动，开展组织“倾听西城”区情团课教育活动。9月16日，开展“触摸西城”案例设计大赛，征集基层团组织案例设计作品30余篇，引导广大青年为区域融合发展贡献力量。

10月17日至25日，举办区直机关系统职工足球比赛，副区长郭怀刚为比赛开球，共有12支代表队参加22场角逐。10月30日，发动400余名干部参加“八大处职工登山健步行”活动，引导广大干部职工增进感情促融合、增强素质促发展。11月29日，举办“探索西城”调研建言大赛，机关青年撰写调研文章和建议提案50余份，为新西城跨越发展献计献策。

(王　敏)

【文明机关创建】 重新修订、印发《西城区文明机关达标活动手册》，制发《2011年文明机关达标活动方案》，做好全国文明城区测评迎检各种材料的收集、整理和上报工作，并于6月16日至23日，发动区直机关干部1万人次，到15个街道参加城市清洁日活动，以实际行动营造文明、和谐、宜居的城市环境。

(王　敏)

【机关文化建设】 4月20日，举办机关文化建设报告会，就学习型党组织建设、机关文化建设作专题辅导报告，区直机关200余名机关干部聆听报告。经过机关工委不断发展完善、总结、提炼，形成“忠诚、聚力、发展、服务”的机关工委精神，以此为引领对机关党员干部职工开展人生观、价值观、事业观教育，积极创建团结和谐、风清气正的一流机关作风。年内，编印《机关简讯》16期，为各基层党组织搭建业务交流平台。

(王　敏)

【廉政建设】 1月初，常务副书记与副职、副职与科室负责人、科室负责人与科员分别签订党风廉政建设责任书。工委领导班子严格坚持民主集中制，对重大决策、重要干部任免、重要项目安排和大额度资金的使用都经过领导班子集体讨论决定。工委领导严格贯彻《领导干部廉洁从政》52条准则，认真执行领导干部重大事项报告制度，及时向组织上报收入、婚姻及房产的变化情况。6月13日，组织50多名处级和重点岗位党员干部参观反腐倡廉法制教育基地。建立廉政资料教育库，印发廉政日志，筑牢党员干部思想道德防线。开展廉政风险防范管理“回头看”活动，对廉政风险防范管理的主体、范围、内容、考核、追究等进行细化分解。年中，领导班子听取工委组织部、机关工会等部门关于党费、会费的收缴及使用情况，进一步严格程序、疏堵漏洞。

(王　敏)

【服务基层】 建立基层党建服务指导体系，做到9项常规党务工作电子模版化、精细化、规范化。做好工会会员入会、接转会员关系、收缴工会会费、会员信息采集工作，做好劳模管理、服务等工作。1月20日，联合广安中学举办“捐赠好书、关护成长”送书活动，向师生赠送图书近3400册。“元旦”、“春节”期间慰问70岁以上老党员572人，慰问生病困难党员36名，经费共计12万余元。4月14日，举办“如何教育好子女”专题辅导班，邀请北京第八中学校长张凤兰解读政策、传授技巧，全区230余名小升初、初升高的学生家长参加活动。6月15日至22日，组织740人开展“送温暖、献爱心”捐款活动，捐款达11.7万元。7月20日，开展“共产党员献爱心”捐款活动，共计捐款25万余元。11月2日，发动机关青年向青海果洛藏族自治州贫困家庭学生捐赠衣物棉被等近500件，学习用品100套。11月11日，联合团区委等部门启动“5050青年公务员爱心行动”关爱外来务工子女活动、“携手相牵、快乐成长”外来务工子女帮扶活动2项弱势儿童关护项目，与50名外来务工子女结为互助对子，与4所外来务工子女学校建立共建关系。

(王　敏)

社会建设工作

【概况】 中共北京市西城区委社会工作委员会（简称区委社会工委）为区委派出机构，北京市西城区社会建设工作办公室（简称区社会办）为区政府的工作部门，实行合署办公，统筹全区社会建设工作。内设办公室、党建科、社区建设科、社会组织科、社工人才科，在职人员31人。年内，区委社会工委、区社会办围绕“服务立区、金融强区、文化兴区”战略，从构建全响应社会服务管理创新体系，提升社区服务管理水平，推进社工队伍职业化、专业化进程，培育社会组织参与社会服务管理，优化社会领域党建服务管理格局五方面开展工作，强调政府组织、企业组织、社会组织、公民均作为主体参与社会服务和管理，加强基层民主自治、推进社区规范化建设。

地址：西城区西直门内大街275号
邮编：100035
电话：82141123

(栾德廷　赵培文)

【构建全响应社会服务管理格局】 年内，以“两大平台、三大工作领域”为框架体系构建全响应社会服务管理格局。两大平台：一是政府主导的社会服务管理网络，包括社会管理、社会服务、社会监督、社会防控4个类别的平台。二是党委领导下社会力量参与的社会服务、社会自治管理等类别的平台，提供政社合作、社社合作、志愿服务等社会力量参与社会服务管理的渠道和媒介。两个层面的网络平台相互贯通，及时响应，共同构成全响应社会服务管理格局的支持体系。三大工作领域：一是社会管理工作领域。以维稳为核心，实现城市网格精细化、全覆盖，构建社会矛盾多元化调解工作体系，最大限度减少不和谐因素。二是社会服务工作领域。以民生为核心，畅通民意诉求渠道，增强自治协同能力，最大限度地增加和谐因素。三是社会参与工作领域。以社会动员为核心，拓宽社会参与渠道、加强基层民主自治、保护公众合法权益，最大限度地激发社会活力。

（栾德廷　赵培文）

【完善社会服务管理工作响应链】 年内，社会服务管理工作形成纵向到底、横向到边的社会建设工作网络。统筹协调机制方面，完善社会建设领导小组联席会制度和街道工作例会制度，共同研究解决社会需求和热点、难点问题；社会领域党建方面，建立15个社会工作党委，202个商务楼宇社会工作站，1141个社会领域基层党组织，形成区委、街道工委、社区党委3层领导体系和区委社会工委、街道社会工作党委、社区党委、楼宇党组织4级工作体系；社区建设方面，完善社区党组织、社区居委会、社区服务站职能，构建社区党建、社区自治、社区服务“三位一体”的工作格局；社会组织方面，认定区总工会等11家第一批区级“枢纽型”社会组织，构建区、街两个层面“枢纽型”社会组织工作体系，推行区、街、居分类分级管理服务模式；社工队伍方面，深化“以会代所”工作模式，通过5家社工事务所吸纳45名专业人才，在养老、残疾人康复、心理支持、医务、社区建设等领域开展近30个专业服务项目。

（栾德廷　赵培文）

【推进社区资源共享】 年内，落实《西城区资源共享奖励办法（试行）》，开展了单位与社区资源共享特色项目，依托社会建设专项资金200万元，对参与共建、资源共享成效明显的广电总局新302食堂、北京市政府机关事务管理办公室、悦读时光书城、66117部队、北京市裕中中学、孟记车行等53个资源共享先进单位给予了奖励。资源共享奖励项目实施后，撬动了社区资源开放和共享的空间，激发了各驻区单位的社会责任意识，帮助政府解决了停车、买菜、空巢老年人就餐、群众文体活动场所不足等一些实际困难。

（栾德廷　林琼）

【推进社工队伍职业化、专业化进程】 年内，举办各类专业培训10个班次，投入培训经费近100万元，培训人员近2000人，完成培训课时500多个。有1200余人参加社会工作职业水平考试考前辅导，为189人办理了社会工作师注册证。实施“职业社工和社区工作者互助工程”，实现社区工作者社会工作专业知识普及性培训向实务能力培训的转变。完成了“一街一社工”的配置工作，制定购买专业社工岗位工作方案，各专业社工机构在职人员已达45人。以“会”为中心，发挥“枢纽”作用，统筹协调专业设岗工作；强化专业督导，建立以项目督导员为主体的多层级督导。成立区志愿者联合会，建立区志愿服务中心，具体负责落实联合会的决策。依托“志愿西城”网络信息管理平台，开展志愿者实名注册工作。建立志愿者培训讲师团，承担志愿服务项目的研发和志愿者的培训活动。建立统一激励措施，制定志愿服务时间累积和志愿者星级评定实施细则。为给社工机构提供经费支持，通过购买服务项目共为各社工机构申请了区社会建设专项资金266.878万元，通过申报优秀人才资助项目获得了资助资金26万元。

（栾德廷　贾鹏）

【培育社会组织参与社会服务管理】 年内，完善“枢纽型”社会组织工作体系。认定区总工会等11家单位为第一批区级“枢纽型”社会组织，凝聚本领域社会组织和各方面的社会力量参与社会建设。引导社会组织健康发展。完善社区社会组织备案登记制度，制定《西城区关于培育发展社区社会组织的指导意见》等文件。2011年1500万元社会建设专项资金共支持51个项目，其中27个是直接服务百姓的项目，占总支持项目的53%，覆盖了为老服务、青少年教育、家庭和谐、志愿服务、社会心理服务、流动人口管理等多个领域，涉及资金580万元。

（栾德廷　谢荣琼）

【抽查党员“亮身份”活动】　3月，对25个单位“亮身份”情况进行抽查，将好的经验、做法进行整理，制作了《让党员身份亮出来——西城区社会领域党组织和党员深入推进创先争优活动》，6月10日《北京西城报》头版头条以“6万社会领域党员亮身份服务群众”为题报道了此活动。

(李长川)

【评审党建创新项目】　评审确立社会领域党建创新项目50个，4月2日，按照每个项目2000元的标准，拨付项目启动资金10万元，包括商务楼宇、社区、两新组织，涉及15个街道和6个相关委办局。对项目实施记录管理制、中期评估制和结项验收制，对项目的评估通过第三方专家组评审，给出项目建议和综合评估报告。8月，组织专家对项目的实施进行了中期检查评估，根据评估结果分3个档次下拨中期支持资金24.2万元。

(李长川)

【“踏着先烈的足迹，知西城、爱西城”主题红色之旅活动】　4月20日，“踏着先烈的足迹知西城爱西城”红色之旅活动启动。历时13天，共组织约900余名社会领域党员和党务工作者，分两条路线参观了李大钊故居等8个西城境内的红色景点。并将10篇游记汇编成《足迹与声音——红色之旅活动记录》。

(李长川)

【推进街道公共服务大厅建设】　年内，开展街道公共服务大厅系统第六代街居服务管理系统升级改造工作，确定91个事项进入服务系统，71项社区办理事项在部分试点社区进行试点。完成了系统培训工作，并已正式上线进行试运行。

(林　琼)

【招录大学生社区工作者】　上半年区民政局、区委社会工委共同完成2011年大学生社区工作者招录工作。拟招录150人，实录143人。男性占19.3%，女性占80.7%；年龄最大的37岁，最小的21岁；中共党员（含预备党员）占71.0%，共青团员占24.1%，群众占4.8%；大专占6.2%，大学本科占28.3%，硕士研究生占65.5%；京籍考生占15.9%，非京籍考生占84.1%。7月1日新招录的社区工作者上岗。

(贾冬梅)

【社情民意调查】　10月下旬起，面向15个街道广泛征集社情民意，全面了解群众最急、最盼、最难、最怨的问题。民意调查显示，58%的意见建议集中在住房和生活环境的改善，35%的意见建议反映居民对停车、就医、子女就学、买菜、购物等生活需求。此项调查为区委、区政府科学决策，有针对性地开展基础设施建设，实施系列民生工程提供了参考。

(贾冬梅　赵书凯)

【面向社会公开招录社区工作者】　12月，由区委社会工委、区社会办牵头，面向社会公开招录社区工作者。招考工作按照“公开、平等、竞争、择优”的原则组织实施，严格网上报名、现场资格审核、笔试、面试、体检和政审等环节。有2600余人通过网上报名，1123人通过资格审查，1065人参加笔试。

(韩　英)

【国际社工日活动】　4月15日，区社会工作者联合会和区内睦友、悦群、仁助、厚朴、泓德中育5家专业社工事务所，以及30名专业社会工作者参加了2011北京社会公益活动周、第二届首都青少年公益节、国际社工日宣传活动。活动中，西城区的社工机构和专业社工们在现场向参会人员发放了联合会、事务所及项目介绍的宣传材料。联合会及各社工事务所的宣传展板也吸引了大家的目光，中国社会工作协会及市有关领导、专家教授和新闻媒体多次参观联合会的展区，与社工们进行交流和沟通。

(贾　鹏)

【社会工作骨干培训班】　11月30日，区委社会工委组织街道和专业社工机构的专业社工、社区工作者中获得社会工作职业水平证书并完成注册人员及优秀大学生社工共40人，参加中国社会工作协会社会工作骨干培训班。本次培训为期一周，主要进行社会工作与社会组织的关系，社会工作中的心理、社会因素及其影响，社会工作服务模式及督导，社会工作实务方法与技巧，社区社会工作理论与实务等方面的培训。

(贾　鹏)

【出台《西城区社会建设项目管理办法》】　年内，区社会办与区财政局以联合签发文件的形式出台了《西城区社会建设项目管理办法》。该办法确定了项目征集、评审、发布、监督管理以及考核评估等方面的范围、形式、流程，明晰了项目申报单位、项目承接单位、区社会办、区财政局等各项目相关方的责任和义务，对资金的预算编制、拨付方式、支出使用结余资金处理等均进行了规范。同时，办法中要求所有项目评估均采取第三方评审的方式，保证项目评估工作的公正性与专业化。

（谢荣琼）

【启动“社会心理健康服务体系建设”系列项目】　12月28日，“西城区社会心理健康服务体系建设”系列项目在北京市青年宫正式启动，该活动由共青团北京市委员会、区委、区政府主办，北京青年压力管理服务中心的心理专家代表和辖区社区代表、楼宇服务站代表、企业代表、社工代表、居民代表等140余人参加启动仪式。

（谢荣琼）

【启动第二期社会组织孵化项目】年内，启动第二批社会组织孵化项目，百德社区发展促进中心、美味书斋阅读推广中心、椿树惠佳丰为老服务中心、心语技能就业指导中心、清醒生活理性饮酒服务中心、四和仁爱社区服务中心6家公益性社会组织进驻西城区社会组织孵化中心，开始为期1年的孵化。

（谢荣琼）

【社会组织联合会参赛红歌会】　为庆祝中国共产党建党90周年，区社会组织联合会参与区社团办组织的红歌赛活动，共组织了15个社会组织会员单位，80余人参赛，圆满完成了组织红歌赛工作。

（谢荣琼）

【社会服务中心正式运行】　4月，区社会服务中心正式运行，中心位于西城区综合行政服务中心地下二层东侧，分为社会综合服务和健康咨询服务两大区域。社会综合服务区入驻社会组织“3会3中心”，即社会组织联合会、志愿者联合会、社工联合会和社会组织孵化中心、公益文化传播中心、社会领域党员服务中心；设有2室，即心理健康咨询室和法律援助服务室；4个服务窗口，即社会领域党员、社会组织、社工人才和志愿者服务窗口，负责接转党组织关系和提供咨询服务，业务主管单位是区社工委、区社会办、团区委。

（谢荣琼）

【免费开通“关爱家庭·关怀心灵”热线】　12月12日，由区委社会工委主办、区关爱家庭中心承办的“关爱家庭·关怀心灵”免费热线62251049（及13520943979短信服务）开通。帮助求助者释放积压的负面情绪，解决婚姻及家庭教育方面的困惑疑难，缓解人际关系的紧张状态，干预心理危机，促进社区稳定和社会和谐。咨询时间为周一至周五的早上9点至晚上6点。

（谢荣琼）

党校工作

【概况】　中共北京市西城区委员会党校（简称区委党校）、西城区行政学院，是中共西城区委直接领导下的培养党员领导干部和理论干部的学校，是党委的重要部门，是培训轮训党员领导干部的主渠道，是党的哲学社会科学研究机构。主要负责全区处级党政干部、中青年后备干部、企事业单位领导干部及公务员的教育培训工作。大专体制。内设校委办公室、党群办公室、教务一科、教务二科、科研室、政治学教研室、管理学教研室、社会学教研室、对外培训一科、对外培训二科、教学保障科、财务科、老干部科、总务科，并主办一所具有独立社会办学资格的培训学校—未来学校。在册教职员工89人，专职教师21人，其中，副教授12人。区委党校主要承担对全区党员领导干部进行系统的马克思主义基本理论教育和管理教育培训。包括处级领导干部进修班、中青年干部培训班、公务员初任培训班等主体班次。区委党校作为市委党校成人教育学院分院，开设了经济管理、行政管理、法律、会计、物业等大学本科及专科班。年内，区委党校按照党的十七大报告中对建设高素质干部队伍提出的要求，认真贯彻落实《中国共产党党校工作条例》和《干部教育培训工作条例(试行)》，不断加大教学改革力度，提高培训质量和实效。全年培训学员总计8330人次，圆满完成了西城区干部培训计划中确定的各项任务。继续承办北京市委党校成人教育学院原西城、原宣武分院大专及本科的党校学历教育。

地址：西城区南菜园49号
邮编：100054
电话：83975878

（张冬梅）

【领导干部理论进修班】　年内共举办处级干部理论进修班4期，来自区属各委、办、局的169名处级领导干部参加了集中脱产培训，公开选拔处级干部初任培训班1期（20人），处级专题班4期（3000人次），处级干部培训班区情调研月培训班1期（20人）。区委党校从建设世界城市的高度，以研究和探讨区域在改革开放和现代化建设中面临的现实问题等为重点，围绕北京市、西城区“十二五”经济社会发展目标和区委、区政府的中心工作，设计安排教学内容，按照新西城经济社会发展需要及首都功能核心区发展的新要求调整教学计划，邀请市、区的相关领导结合全市区域经济发展状况和西城区文化、经济社会发展等有关内容为学员进行专题讲座，并组织学员到金融街、宣南文化馆等地进行实地参观和现场教学。其间，推出学员课堂、学员论坛、调研建设世界城市、学习型组织建设现场教学等活动项目，突出授课和研讨并重的特点。联系教与学的实际，推进研究式教学，综合运用讲授式、案例式、模拟式、体验式等新的教学方法，探索新的培训方式，搭建新的教学平台。

（张冬梅）

【中青年干部培训班】 年内共举办2期中青年干部集中脱产培训班，来自区属各委、办、局的88名中青年干部参加围绕全国“两会”精神和北京市、西城区“十二五”经济社会发展目标，围绕推进社会主义经济理论、提高执政能力、加强党的建设等内容，安排理论授课结合当前形势任务及新西城经济社会发展需要，优化知识结构，提高推动科学发展的能力。

（张冬梅）

【处级干部专题培训】 年内，区委党校配合区委组织部开设处级领导专题培训班。采取自主选学的方式，结合区内干部实际需要，分别以社会科学、法律、文化建设、胡锦涛“七一”讲话精神为主题，开展为期1周的专题培训，参训处级干部3000人次。

（张冬梅）

【培训项目制管理】 按照《干部教育培训条例》和《党校工作条例》中科学化、制度化、规范化、人性化管理的要求，区委党校年内在各类主体培训中全面推行项目管理制度。培训项目小组由党校分管教学副校长、2~3名指导教师和1~2名班主任组成，分为教学组和管理组。采取分工负责的方式，通过工作项目化、项目具体化，全方位、多角度服务学员，有效提升了教学管理的专业化、规范化程度，保证了培训学习的实效性。

（张冬梅）

【公务员培训班】 年内，西城区行政学院共举办科级公务员任职培训班2期（85人），初任公务员培训班2期（184人）。针对公务员任职培训等需求，区委党校安排了公务员行为规范、公务员法等教学内容，着重加强对公务员的区情教育以及岗位履职所需的基本素质、基本技能和依法行政能力的培训。科级任职培训开展了依法行政、提高领导科学能力等培训，为建设高素质、专业化的公务员队伍奠定基础。

（张冬梅）

【党校学历教育】 区委党校继续承办北京市委党校成人教育学院原西城、原宣武分院大专及本科的学历教育。开设经济管理、行政管理、法律、会计、物业、经贸管理、人力资源管理7个专业。年内毕业765人，在校生1002人。按照中央、市委党校有关规范学历教育的要求，强化督学评估检查制度，加强教学管理人员的选聘和培训，规范了学历教育师资库和自管专业课程试卷库，全面实现了自管专业、特色化专业和教学管理的数字化、规范化。

（张冬梅）

【物业服务社会化管理】 年内，区委党校继续推进后勤服务社会化进程，通过政府招标引入校园物业社会管理机构，实现了党校会议及相关培训服务、保洁服务、绿地花木养护与管理、公共区域内公共设施的管理与各项设备设施维修保养全面社会化，着重加强消防器材的维护与管理，为党校的消防安全提供了有力的保障。

（张冬梅）

【科研工作】 年内，区委党校在探索科研与教学一体化、发挥理论优势和资源优势方面取得较大进展。明确了以理论性研究为基础，以应用性研究为重点的科研工作定位，发挥党校教师的区位优势，从基层党校实际出发开展科研活动。完成了市级课题“区委党校关于区划调整后加强基层党建的调研报告”、“提升领导干部应对媒体能力问题研究”、“北京市基层党校教师素质提升研究—以西城区委党校为例”3项；区级课题：“把握培训需求增强干部教育培训针对性与实效性—西城区处级干部及中青年处级后备干部教育培训需求调研报告”、“转变政府职能明确官办责任—什刹海历史文化保护区管理模式研究”2项；完成校内课题4项。全年共编辑出版《西城论坛》4期4000余册，《党校工作通讯》6期；全校发表专著1部；在国家核心期刊发表文章3篇；市级科研文章3篇；区级科研文章17篇。

（张冬梅）

【“献爱心”捐献活动】 12月16日，为弘扬北京精神，区委党校组织全体人员为北京市太阳村捐献衣物245余件。

（张冬梅）

【专业技术教师岗位设置实施】 年内，根据北京市人力资源和社会保障局、北京市教委《关于北京市党校系统高校教师职务聘任制的通知》等文件精神，区委党校实施了专业技术教师岗位设置和职务聘任工作。4名教师被聘为副教授，其余教师分别按照岗位入位。

（张冬梅）

党史资料征集及地方志工作

【概况】 中共北京市西城区委党史资料征集办公室、北京市西城区地方志编纂委员会办公室（简称区史志办），是区委、区政府主管党史、地方志工作的职能部门。内设综合协调科、党史资料征研科、志鉴编修科，在职人员16人。党史工作的主要职责是组织、指导全区党史工作开展，征集、整理、编纂全区党史资料，承担市委和区委部署的党史资料征研任务，开展地域党史资料编研；配合相关部门对党员、群众进行党史和革命史教育，面向社会开展党史宣传。年内，完成《中共北京市组织史资料丛书（1987—2010年）》（西城卷、宣武卷）、《西城回眸——北京西城老同志回忆》、《北京京剧百科全书》的编纂出版工作和《西城革命史辞典》资料稿的编写工作，《北京革命史百科全书》编纂工作进入审稿定稿与后期编辑阶段。地方志工作的主要职责是按照《地方志工作条例》和《北京市实施〈地方志工作条例〉办法》，依法组织、指导、督促和检查全区地方志工作开展；拟定地方志工作规划和编纂方案；组织编纂地方志书和地方综合年鉴；收集、整理、保存地方志文献和资料，组织整理旧志；组织开发利用地方志资源；推动地方志理论研究和学术交流，组织开展业务培训。年内，完成《北京西城年鉴（2011）》的编纂出版工作，启动全区第二轮修志工作，完成《西城区地方志工作规划（2011—2020年）》编制工作，完成《北京年鉴》西城部分供稿任务。

地址：西城区南菜园街51号

邮编：100054

电话：83975321

（郝慧芳）

【《中共北京市组织史资料丛书（1987—2010年）》（西城卷、宣武卷）出版工作】 3月3日，《中国共产党北京市组织史资料丛书（1987—2010）年》（西城卷、宣武卷）初稿审稿会召开。市委党史研究室主任兼丛书编辑部主任谢荫明等与编辑部全体同志交流审稿意见。区委常委、组织部部长王力军参加会议。编辑部根据会议精神，完善初稿。6月，《中国共产党北京市组织史资料丛书（1987—2010年）》（西城卷、宣武卷）由中央文献出版社出版发行。全书内容涉及区域党的组织、人大、政府、地方军事、政协、群团6大系统，包括文字叙述、组织机构沿革、领导人名录、统计图表4部分。收录单位为经区编办批准的有正式编制的副处级（含）以上的组织机构，包括区委、区政府直属事业单位。由北京市垂直管理的单位按要求收录书中。企业单位的收录，以2010年6月区国资委直接管理的企业为基础，适当追述。其中《西城卷》收录机构949个次，领导干部6454人次；《宣武卷》收录机构100多个，领导干部5300多人次。共计80万字，查阅档案资料近1万卷，复印档案材料、机构编制和干部任免文件达2.4万页，走访和电话咨询老领导、老同志、知情人400余次。整理档案资料167卷。7月14日，召开该书出版座谈会。市委党史研究室三处处长温卫东，区委常委、组织部部长王力军参加会议。会上编辑部介绍两部书的编纂情况。王力军结合两部书的出版，对做好西城区党史工作提出要求。

（曹国萍）

【《西城回眸——北京西城老同志回忆》编辑出版工作】 年底，《西城回眸——北京西城老同志回忆》由中共党史出版社出版发行。该书以图文并茂的形式收录了曾在原西城区、宣武区奋斗多年的离退休老同志的回忆文章95篇，图片103幅，共31万字。通过老同志回顾不同时期、不同行业、不同岗位的亲身经历，反映新中国成立以来，特别是改革开放新时期西城区发生的变化及取得的成就。

（曹国萍）

【《西城革命史辞典》编纂工作】 从9月起，在分析研究《西城革命史辞典》资料稿基础上，进一步挖掘西城区民主革命时期党史资源。采取分编负责原则，编辑部定期召开会议，针对词典资料收集、条目内容、撰写规范等问题进行研讨，并补充完善条目。年底，通过查阅党史专著、档案资料、文献、回忆录、报刊等，已完成700余条资料稿编写。

（曹国萍）

【《北京京剧百科全书》出版座谈会暨首发式】 10月23日，《北京京剧百科全书》出版座谈会暨首发式在湖广会馆举行。《北京京剧百科全书》主编段柄仁，西城区委书记王宁，百科全书界和京剧界专家学者以及市、区有关领导参加。该书以北京地域文化为背景，以“浓缩京剧历史，普及京剧知识，展示京剧风采，促进京剧传承”为宗旨，是全面展示京剧艺术和系统介绍京剧知识的大型专题类百科全书。设置京剧史、表演艺术、舞台美术、艺术造型、流派、人物、剧目、综合8个部分，共876个条目，版面字数约130万字，各类图片900余幅。条目和内容分析索引比为1∶5，包含近4400个可供检索的知识主题。

（曹国萍）

【编纂《北京革命史百科全书》】 年内，与市委党史研究室合作编研项目《北京革命史百科全书》编纂工作进入审稿定稿与后期编辑阶段。编辑部对各分支条目内容进行修改完善。《组织》、《人物》、《史迹》3个分支基本定稿。按分支送党史专家和市委党史研究室领导审稿。继续进行全书检索系统、条内参见系统、知识主题筛选以及大事年表编制工作，并进一步完善配图工作。

（曹国萍）

【党史宣传教育工作】 年内，以纪念中国共产党成立90周年为契机，充分利用西城区丰富的党史资源，借助报刊、电视台等媒体，以不同形式，多视角宣传党史。在《西城党建研究》、《北京西城报》、《西城追忆》等报刊上开辟“纪念建党90周年”专栏，以“党史钩沉”、“红色往事”、“中共党史之最”为主题，撰写“革命报人邵飘萍”“一二·九运动与西城”、“少年中国学会”、“阅微草堂的红色往事”、“第一个少数民族党支部”等30余篇专题文章；与区委组织部、区委宣传部、区文联等共同举办《党旗飘扬在西城》主题画展；配合区委宣传部、团区委等单位主办的“党在百姓心中”“青年先锋大讲堂”等宣传活动；为市委党史研究室拍摄的电视专题片《红色地图》、《追寻》以及“北京纪念建党90年大型展览”提供有关西城区的内容介绍；协助北京电视台青少频道《北京青年》栏目录制党史题材专题片“中共第一位女党员缪伯英”、“中共早期党员高君宇在西城地区从事的革命活动”。

（曹国萍）

【地方志工作规划研讨会】 在上年编制完成《西城区地方志工作规划（2011—2020年）》（简称《规划》）征求意见稿的基础上，1月13日至14日，区史志办组织召开《规划》研讨会，对《规划》征求意见稿进行专题研讨。区相关委办局、各街道办事处共33家单位主管领导参加。与会同志对《规划》整体结构和内容给予充分肯定，并结合本部门实际对征求意见稿提出修改意见建议。区史志办在吸纳、总结各单位意见建议的基础上，进一步完善《规划》内容。

（郝慧芳）

【年鉴工作会议】 2月24日，西城区年鉴工作会议召开。市地方志办公室副主任张恒彬、副区长梁昌新出席会议并讲话。全区199个参编单位的主管领导、组稿人和区年鉴编辑部的编辑共260余人参加会议。会议传达北京市年鉴工作会议暨《北京年鉴》创刊20周年纪念大会精神，总结《西城年鉴》、《宣武年鉴》创刊以来的工作，对区划调整后的第一部《西城年鉴》的编纂工作进行部署。印发了《北京西城年鉴（2011）编纂方案》和《北京西城年鉴（2011）编写规范》。会后，各参编单位组稿人员参加了业务培训。市年鉴社社长崔震作了“年鉴基础知识与稿件撰写”专题讲座，区年鉴编辑部编辑陈艳对《〈北京西城年鉴（2011）〉编纂方案》作了说明。

（郝慧芳）

【向《北京年鉴》供稿】 4月，按照市地方志办公室要求，区史志办完成向《北京年鉴》供稿工作，撰写“西城区情”约4700字，组稿“北京金融街”约2500字，并提供新西城图片15张，稿件刊于当年发行的《北京年鉴》，客观地反映了全区政治、经济、文化、社会等各方面的发展变化。

（郝慧芳）

【年鉴编纂出版工作】 年内，完成《北京西城年鉴（2011）》的编纂出版工作。该书全面系统地反映首都功能核心区调整前，原西城区、宣武区的情况；重点反映首都功能核心区调整后，新西城区各条战线贯彻国务院关于同意北京市调整部分行政区划的批复精神，推进新西城建设的历史进程。《北京西城年鉴（2011）》由199个单位参加编写，其中区属单位145个、辖区单位54个。全书110万字，一级栏目20个、二级栏目98个、三级栏目253个、条目2450条，其中特载10篇、大事记171条、专文2篇、表格36张、图片81张。

（郝慧芳）

【第二轮修志工作】 行政区划调整后，经北京市地方志编纂委员会办公室决定，西城区负责《北京市西城区志（1994—2010年）》、《北京市宣武区志（1995—2010年）》两部志书编纂工作，两部志书下限由2010年12月31日调整为2010年6月30日，并要求2015年底前完成编纂出版任务。年初，西城区地方志编纂委员会成立。编委会下设办公室和编辑部。全区各承编单位相应组建修志工作队伍，明确主笔和采编人员。区志编辑部在征求相关单位、部门和专家意见的基础上，拟订《北京市西城区志（1994—2010年）》、《北京市宣武区志（1995—2010年）》篇目，制定第二轮修志工作规范要求与说明。5月11日，制发《关于印发〈西城区第二轮地方志书编纂工作方案〉的通知》（京西办发〔2011〕11号），对全区二轮修志工作做出全面安排。5月18日，西城区第二轮修志工作大会召开。市地方志办公室主任王铁鹏，区委常委、常务副区长、区地方志编委会副主任杜灵欣等领导出席大会。全区各承编单位负责修志工作的主管领导和主要执笔人，以及区史志办和区志编辑部成员共200余人参加会议。会议简要总结回顾全区一轮修志工作，对行政区划调整后的新西城区第二轮修志工作进行动员部署。全区二轮修志工作分为收集整理资料、编写资料长编、编写入志初稿、志稿总纂和出版发行5个阶段进行。截至年底，全区大部分单位完成资料收集报送工作。全年区志编辑部共召开例会10次。

（郝慧芳）

【修志培训工作】 年内，区史志办把提高修志人员的业务能力放在修志工作的重要位置，牵头组织编修人员进行业务培训。一是组织区志编辑部人员进行培训。4月13日至14日，组织第二轮志书编辑部人员参加业务培训。市地方志办公室副主任谭烈飞、市地方志办公室区县志指导处处长高文瑞应邀作专题讲座。区志编辑部全体成员20余人参加培训。11月7日至8日，区史志办召开区志编辑部工作座谈会。对前一阶段的二轮修志工作进行总结分析，提出进一步推进工作的思路和建议。二是组织全区编修人员进行培训。5月31日，全区第二轮修志工作培训会召开。全区各承编单位负责第二轮修志工作的主要执笔人、采编员，以及区史志办和区志编辑部成员共300余人参加培训。市地方志办公室副主任谭烈飞、区志编辑部执行副主编牛建华分别作了题为“新方志的编纂”和“关于地方志资料的收集整理工作”的讲座。11月24日，全区二轮修志资料工作专题培训会召开。区志编辑部成员及全区各承编单位的主笔200余人参加了会议。会议对全区二轮修志工作启动后的资料收集情况进行了总结。牛建华从区志篇目的结构设置、资料的分类收集及注意事项、资料卡片填写规范等方面，对资料工作和资料卡片填写作了具体的要求和讲解，并就资料卡片填写现场解答部分主笔提出的问题。

（郝慧芳）

【建立地方志工作信息通报制度】 以全区二轮修志工作启动为契机，区志编辑部建立地方志工作信息通报制度，编辑印发《地方志工作信息》，全面掌握修志编鉴动态，总结交流经验做法，及时反映修志工作面临的情况和问题，为推进二轮修志工作、不断提高志书编纂水平、更好地服务经济社会发展提供参考和借鉴。全年共编辑印发《地方志工作信息》6期，向北京市地情资料网报送信息3条。

（郝慧芳）

巡视工作

【概况】 中共北京市西城区委巡视组（简称区委巡视组）、中共北京市西城区委巡视工作领导小组办公室（简称区委巡视办）。区划调整后，在职人员14人。年内，围绕中心、服务大局，以履行巡视职责、发挥职能作用、突出巡视监督重点为主线，先后对区民防局、区妇联、大栅栏街道、房管局、广外医院、宣房投公司、贯通集团等16个区属单位领导班子开展巡视工作，边巡边改，取得良好效果。通过巡视，了解掌握了基层单位的真实情况，解决了一些干部群众关心的问题，密切了党群干群关系，促进了单位的团结与和谐，并对推动单位的建设与发展起到积极的作用；为区委对处级领导班子和领导干部的监督管理，处级班子建设、干部队伍建设、思想作风建设和党风廉政建设决策提供参考、为区政府有关部门推进工作提供依据。年内，区委巡视组及巡视办公室全体干部落实区委、区政府的部署和要求，开展创先争优和“学习型服务型廉洁型”三型机关创建活动，加速融合，凝心聚力，较好的完成各项工作任务。

地址：西城区二龙路27号

邮编：100032

电话：88064115

（李宇涛）

【巡视工作领导小组成员调整】 7月，按照市委、区委的指示要求，中共西城区委巡视工作领导小组成员组成调整，领导小组组长由区委常委、纪委书记王力军担任，副组长由区委常委、组织部部长章冬梅和区委常委、办公室主任郭怀刚担任，其他组成人员也作了相关调整。年内，按照区委要求，以科学发展观为指导，科学统筹、周密部署、严格要求，认真审议巡视工作汇报，及时组织协调、妥善解决巡视工作中有关问题和重要事项，保证了区委巡视工作的规范有序开展。

（李宇涛）

【巡视动态】 年内，区委巡视组以加强对处级领导班子、领导干部，特别是对党政主要负责人的监督，以促进领导干部廉政勤政为中心，严格按照区委规定的巡视工作5项任务，完成对区民防局、区城管监察大队、区科委、区旅游局、区国资委、区城市管理监督指挥中心、团区委、区妇联、区残联、陶然亭街道、广外街道、大栅栏街道、广外医院、宣房投公司、贯通集团、房管局16个区属党政机关、街道和企事业单位领导班子的巡视。比较全面深入地了解和掌握了被巡视单位领导班子和领导干部基本情况，发现和澄清了一些突出问题，初步解决了基层单位一些干部群众反映的热点、难点问题，向被巡视单位提出合理的整改意见，促进被巡视单位的党风廉政建设和领导班子、领导干部队伍建设；向区委提出具有建设性的建议，为区委科学决策提供准确的参考依据。

（李宇涛）

【制度建设】 年内，区委巡视机构把完善巡视制度作为加强和改进巡视工作的重要内容，结合巡视工作标准化研究课题，进一步修改和完善相关配套制度，保证巡视工作的规范开展。

（李宇涛）

【机构建设】 年初，按照区委的要求，成立区委巡视三组，由4人组成。巡视三组的增设，充实了区委巡视力量，深入推动了巡视机构干部队伍建设。

（李宇涛）

【党支部建设】 年初，区委巡视机构按照领导小组的要求，党组织隶属关系从区委区直属机关工委划归为区纪委监察局党总支；进行了党支部换届选举，选举产生新的党支部。

（李宇涛）

【调查研究工作】 年内，区委巡视机构通过认真收集资料、广泛征求意见、组织召开巡视工作研讨会，围绕新西城建设与发展的总体要求，结合区委《关于实施〈中国共产党巡视工作条例（试行）〉的暂行办法》，对进一步加强和改进巡视工作进行深入研讨，开展《区委巡视工作标准化研究》和《西城区委巡视工作调查问卷信息化》调研，并在部分被巡视单位的巡视工作中试点进行问卷测评计算机读卡和统计结果电算化，提高工作效率和信息化程度，较好发挥了调查问卷的数据支撑作用。

（李宇涛）

纪检 监察

【概况】 中共北京市西城区纪律检查委员会（简称区纪委）与北京市西城区监察局（简称区监察局）合署办公。下设办公室、干部室、研究室、宣传教育室、廉洁自律室、信访室、案件检查室、案件审理室、执法监察室、纠正行业不正之风办公室、区行政投诉中心。在职人员59人。纪检监察工作主要职责是主管全区党的纪律检查工作和行政监察工作，贯彻落实党中央和市委、区委关于加强党风廉政建设和行政监察工作的决定；维护党的章程和其他党内法规，检查党的路线、方针、政策和决议的执行情况，监督检查国家政策和法律、法规以及决定、命令的执行情况；检查并处理检查、监察对象违反党的纪律案件，违反国家政策、法律、法规以及违反政纪的行为；受理党员和监察对象的控告和申诉等。年内，区纪委监察局发挥服务和保障全区中心工作的作用，加强对领导干部的教育和监督，加大案件查办力度，推进从源头上防治腐败，深化专项治理和纠风工作，不断提高纪检监察干部队伍的素质和能力。

地址：西城区二龙路27号

邮编：100032

电话：88064983

（吴　悦）

【区纪委全体会议暨全区党风廉政建设工作会议】 2月23日、24日举行。全会学习了胡锦涛的重要讲话和十七届中央纪委六次全会、市纪委十届七次全会和区委全会精神，总结上年全区党风廉政建设和反腐败工作，部署年内工作任务。全会审议通过区纪委书记作的《扎实推进党风廉政建设和反腐败工作，为西城区在新起点上科学发展提供有力保证》的工作报告和区纪委全会决议，表决通过《中共北京市西城区纪委全委会议事规则》。会议要求，全区纪检监察组织和纪检监察干部要紧紧围绕市纪委和区委、区政府各项部署，不断提高反腐倡廉建设科学化水平，为顺利实施“十二五”规划，全力推进“服务立区、金融强区、文化兴区”战略，促进西城区在新的起点上科学发展提供有力保证，以反腐倡廉建设的新成效迎接建党90周年。

（吴　悦）

【新一届区纪委领导班子选举产生】 12月5日至8日，在中共北京市西城区第十一次代表大会上，选举马东、马毅、马振岩、王力军、方葆青、田迪（女）、田玖龙、丛怒非（女）、刘青（女）、刘志峰、许振东、李颖（女）、李玉庆、李高霞（女）、杨扬（女）、杨建和、杨维民、张小来、张志强（回族）、张俊义、张德清、果玉成、周天林、厚荣利、袁世良、蒋春芳（回族）、韩星桥、程宏梅（女）、富丽荣（女、满族）共29人为中共北京市西城区纪律检查委员会委员。12月8日，区纪委第一次全体会议召开。会议选举王力军、杨建和、韩星桥、蒋春芳、马毅、李高霞、杨扬、袁世良、张俊义、刘青、马东为区纪委常委；选举王力军为区纪委书记，杨建和、韩星桥、蒋春芳为区纪委副书记。

（吴　悦）

【领导干部廉洁自律工作】 执行领导干部廉洁自律各项规定，落实领导干部报告个人有关事项、述职述廉等党内监督制度，开展《廉政准则》专项检查，组织全区60名新任处级干部观看警示片、签订廉洁从政承诺书、开展集中廉政谈话。总结巡视工作经验，深入贯彻《中国共产党巡视工作条例（试行）》，对区牛街街道、城管大队、贯通经贸公司等16个单位的20名党政“一把手”和74个班子成员的履职情况进行了巡视。加大对公务用车的治理力度，完善购置和更新车辆的审批制度、经费预算管理制度及执法执勤用车配备使用管理规定。严格控制因公出国（境）团组数量和规模。深入开展“小金库”专项治理，对20个单位进行重点抽查并对发现的违纪违法问题及时调查处理。

（吴　悦）

【区委权力公开透明运行工作】 3月，西城区被市纪委、市委组织部确定为全市区（县）委权力公开透明运行试点单位，按照“依法依规、全面系统、便捷可行”的原则，西城区委迅速启动试点工作，健全组织机构、制定实施方案，广泛开展动员，紧密结合区域实际，依据《党章》等党内法规梳理出区党代会权力3项、区委全委会权力8项、区委常委会权力36项以及区委常委会成员和区委各职能部门职权，明确区委职责权限，编制权力目录。从权力运行规律出发，以决策权、执行权、监督权为重点，绘制区委层面权力运行流程图164张，初步形成区委权力公开透明运行制度体系。建立公文及电视、网络、新闻等媒体多渠道公开模式，对涉及人民群众利益的重要事项、重要人事任免、重要党务工作情况进行全面公开。实施全面监督，建立400人的党代表和社会人士数据库，从中邀请相关人员列席区委全会、区委常委会和专题会；聘请30名社会监督员，加强日常监督；设立意见箱和监督电话，定期收集党员和群众监督意见，形成对区委权力公开透明运行的社会监督体系。

（吴　悦）

【党风廉政宣传教育】 结合纪念建党90周年，开展革命传统和党性党风教育。开展“以人为本、执政为民”主题教育，举办西城区预防职务犯罪展览。多方式、多平台开展党风廉政宣传教育，围绕工程建设领域职务犯罪典型案例，编辑《工程建设领域警示教育手册》印发全区；利用《北京西城报》“廉政聚焦”专栏、全区视频点播系统、《廉政北京》专刊等平台宣传西城区反腐倡廉建设工作动态；依托廉政教育基地，利用区域特色文化资源扎实推进廉政文化建设。

（吴　悦）

【信访监督和案件查处】 注重办案基础化建设，完善反腐败协调机制，健全安全办案制度规定，规范信访举报机制，提升案件突破能力和依纪依法、安全文明办案的能力。全年共受理信访举报273件次，新立案10件（其中大要案件7件），结案10件（含遗留案件），涉嫌犯罪移送司法机关查处3人；给予党纪政纪处分9人，其中处级3人、科级3人、一般人员3人。通过执纪办案，惩治和预防腐败的综合效益更加显现，为国家和集体挽回直接经济损失153.88余万元。

（吴　悦）

【落实党风廉政责任制】 年内，组织区级领导签订党风廉政建设责任书，强化“一岗双责”。根据《反腐败主要任务分工方案》提出的工作，加强具体指导，确保74项主要任务得到落实。制定《西城区关于认真贯彻落实党风廉政建设责任制形成惩治和预防腐败体系建设牵头单位和协办单位工作合力的实施意见》，整合力量，发挥牵头单位与协办单位的作用。

（吴　悦）

【廉政风险防范管理】 推进廉政风险防范管理工作向局级领导班子和领导干部的决策环节、执行环节、监督环节延伸，向基层具有公共权力重点岗位延伸。全面开展查找风险精准化、防范措施制度化、实时监督技防化、管理规范稽核化、顺应形势常新化的廉政风险防控管理“回头看”活动。开展动态化风险预警，并依托电子监察系统实施区、街、居网络三级警示，初步建立科技防控机制。

（吴　悦）

【监督检查工作】 切实加强监督检查，促进区“十二五”规划、加快转变经济发展方式等各项重大决策部署的贯彻落实。对金融街拓展、广安产业园建设、重点工程房屋征收、保障性住房等政府投资重大项目实施全程跟踪监督检查，及时发现和纠正存在的问题，确保项目建设和资金使用安全。加强对安全生产、食品药品安全、环境综合整治、控制大气污染等涉及民生重点工作的监督检查，促进各部门依法高效履行职责。加强对换届风气的监督检查，严明“5个严禁、17个不准和5个一律”的纪律要求，保证全区换届工作顺利进行。

（吴　悦）

【电子监察工作】 完成电子监察系统三期纪检监察工作平台和视频监控系统的建设，利用信息技术手段对进驻区行政服务大厅的39个窗口单位工作人员履职情况和301项行政审批及服务事项办理过程进行视频监控和自动监察，通过加强监督检查和督促落实整改，促进政府部门依法履职，提高服务质量和水平。推进电子监察系统四期建设的研究与立项工作，综合、扩展系统应用范围，将干部管理、信访案件转办、信访举报量分析、案件审理分析等纪检业务纳入建设范围，实现数据共用、资源整合。

（吴　悦）

【纠风工作】 加大对教育乱收费、医药购销和医疗服务不正之风的治理力度，严肃查处违规人员。创建网络化“三级联动、四位一体”的行政投诉新模式，全年受理行政投诉184件。开展“政风行风热线”工作，共办理热线信件500件次，为群众解决实际问题308个。改进“千家评政府”工作方式方法，将全区130个窗口单位和科队站所纳入评议范围，加大特邀监察员明察暗访力度，对发现的问题及时进行督促整改。

（吴　悦）

【防止利益冲突试点工作】 3月，被北京市纪委确定为全市防止利益冲突试点单位，围绕任职回避和离职后行为限制两个重点内容开展试点工作。以《廉政准则》和《公务员法》为基础，对全区近20年来颁布实施的35项制度、400项规定进行分类梳理、研究分析，并学习借鉴相关制度建设的成功经验，制定《西城区关于国家工作人员防止利益冲突行为规范（试行）》、《西城区关于国家工作人员防止利益冲突有关回避的暂行规定》、《西城区关于规范国家工作人员离职后行为的暂行规定》3项制度，在全区试运行。

（吴　悦）

【纪检监察系统自身建设】 完成区纪委领导班子换届工作。深入开展“学习型、服务型、廉洁型”机关创建活动，健全机关内部管理规章制度，加强对干部的教育和管理。加大竞争上岗、轮岗交流力度，增强了队伍活力。结合贯彻落实市纪委15号文件精神，规范派驻机构领导干部提名任免程序，调整39个政府部门监察机构设置。加强对基层纪检监察工作的指导和服务，开展建立街道社区纪检监察组织试点工作。坚持定期选派干部参加各类业务培训，围绕重点工作开展调查研究、学习交流、专题讲座等活动，提高了纪检监察干部的综合素质和工作能力。

（吴 悦）

民主党派 工商联

民革西城区委员会

【概况】 中国国民党革命委员会北京市西城区委员会（简称民革西城区委）下设6个专门委员会（经济委员会、祖国和平促进委员会、教科文卫体委员会、人口资源环境委员会、社会和法制委员会、妇女和青年工作委员会）。7月10日，召开民革西城区第一届党代会，选举产生新一届民革西城区委，有区委委员21人，其中主任委员1人、副主任委员5人、秘书长1人。截至年底，共有党员837人，支部28个。

地址：西城区辟才胡同宏英园17号楼

邮编：100032

电话：66179106

（雷湘方）

【参政议政】 年内，民革西城区委参加区政协召开的议政会1次、区委统战部召开的双月座谈会6次。召开调研工作会2次，重点课题研讨会2次，形成了3份调研报告，分别是《关于完善西城区区域金融产业发展政策的建议》、《关于西城区厂甸庙会“改址”引发的问题的建议》、《关于加强西城区与台湾金融合作的建议》，并形成3件党派提案，提交区政协十三届一次会议。民革西城区委向区政协、统战部及民革市委等有关部门上报意见和建议类信息70多条。

（雷湘方）

【思想建设】 年内，民革西城区委采取座谈会、报告会、研讨会、支部联合活动等多种形式，及时组织学习传达全国“两会”，市委、市政府，区委、区政府有关重大会议精神，采取专题研讨、辅导讲座、现场参观交流等多种形式组织学习，与西城区社会主义学院联合举办两期民主党派新成员学习班，学习社会主义核心价值体系，树立和践行社会主义核心价值观。组织区委骨干党员参加了民革中央主席周铁农关于如何“树立和践行社会主义核心价值体系”的专题报告，组织广大党员参加民革市委组织的各项学习交流和《团结报》学习与践行社会主义核心价值体系的主题征文活动。全年出版发行《西城民革》简讯5期。召开纪念中国共产党成立90周年座谈会，参加全国政协在人民大会堂举办的纪念辛亥革命100周年的纪念大会以及民革中央、民革市委和市委统战部、北京社会主义学院、区委统战部组织的一系列纪念辛亥革命100周年的活动。

（雷湘方）

【组织建设】 年内，新一届民革西城区委成立后，明确了主任、副主任分工，组建了6个专门工作委员会，增补了驻会副主任委员。发展新党员33人。民革西城区委先后组织8批党员参加民革市委以及西城区委统战部组织的各种学习班，各支部组织党员开展形式多样的学习教育活动。祖国统一专委会与多个支部联合组织“纪念辛亥革命100周年、学习胡锦涛总书记讲话”主题活动，90余人参加；多个支部组织党员到中国美术馆参观《百年风云壮志丹青——纪念辛亥革命100周年美术作品展》；有的支部走访孙中山在京足迹、参观宋庆龄故居、赴保定陆军军官学校参观、到海淀区温泉镇辛亥革命滦州起义纪念园缅怀革命先烈；有的支部开展“新农村建设”主题活动组织党员参观京郊新农村、参加医疗服务下乡和为社区居民义诊活动、邀请民革党员中的专家学者为党员作金融形势报告、开展与行动不便的老党员“结对子”活动等。截至年底，民革党员中有全国人大代

表1人，全国政协委员2人，市人大代表2人，市政协委员2人，西城区十五届人大代表2人，西城区十三届政协委员26人，国家特约工作人员1人，市特约工作人员4人，区特约工作人员10人，民革中央和市专委会委员30人。

（雷湘方）

【制度建设】 年内，民革西城区委对原有规章制度进行调整，进一步完善各项规章制度。制定了《全委会议事规则》、《主委会议事规则》、《专门工作委员会议事规则》等工作制度。

（雷湘方）

【祖统工作】 年内，民革西城区委组织3次台湾形势通报会。联合区台办，举办迎中秋、教师节、重阳节、国庆节“四节合一”的传统活动。组织20余名辛亥革命后代与黄埔后代参加纪念辛亥革命100周年、滦州起义遗址祭奠活动。参加民革北京市委宣传处、市档案局、区委统战部及区台办开展的纪念辛亥革命100周年系列活动，组织党员参加民革中央、市委统战部举办的纪念辛亥革命100年书画展。参加民革中央、民革市委、民革区委纪念辛亥革命100周年的征文，发表9篇文章和多篇诗歌。

（雷湘方）

【重要活动】 年内，民革西城区委与四川攀枝花民革一行10人共同交流两地民革工作经验体会，介绍《中山先生在北京留下的足迹》的研究成果，并就今后加强沟通联系交换了合作意向。组织党员到西城区交通支队慰问座谈，大家就交通道路问题提出意见和建议，得到支队领导班子的充分肯定和认可，同时对“爱国、创新、包容、厚德”的北京精神进行探讨，到西城区金融办进行调研，为西城区金融发展献计献策。春节前夕，先后组织两次慰问座谈会，组织全体区委委员家访慰问40余名老党员。“三八”节，邀请民革党员中的专家教授为党员作题为《如何防治心脑血管疾病》的讲座。

（雷湘方）

民盟西城区委员会

【概况】 中国民主同盟北京市西城区委员会（简称民盟西城区委）下设组织部、宣传部、调研部、统战理论研究室、教育委员会、文化艺术委员会、科技委员会、金融经济委员会、法律委员会、医疗卫生委员会、妇女委员会、青年委员会、老龄委员会。6月12日，召开民盟西城区第一次代表大会，选举产生25人组成的第一届委员会，会议通过《中国民主同盟北京市西城区第一次代表大会决议》，一届一次全委会选举产生新一届领导班子。截至年底，共有盟员1890人，基层委员会1个，支部69个。盟员中，有第十一届全国人大常委1人，第十一届全国政协委员5人，其中常委1人，第十三届市人大代表2人，第十一届市政协委员5人，第十五届区人大代表3人，第十三届区政协委员33人，其中副主席1人、常委8人。年内，3个支部被民盟中央评为先进集体、5人被评为先进个人；3人被民盟市委评为优秀信息员；民盟西城区委被中共西城区委统战部评为民主党派调研工作优秀组织奖、统战系统信息工作优秀单位。

地址：西城区辟才胡同宏英园17号楼
邮编：100032
电话：66135911

（李　新）

【参政议政】 年内，民盟西城区委参加区政协召开的议政会1次、区委统战部召开的双月座谈会6次。召开调研工作会2次，重点课题研讨会1次，完成《什刹海历史文化保护区文化旅游资源利用研究》、《关于新西城区实施金融强区战略的调研报告》、《关于改善西城区历史文化保护区居民生活质量的调研报告》、《弘扬茶文化、做强茶产业——马连道茶叶一条街的调研报告》、《抓紧完善制度、构建和谐社会》等调研报告。其中《什刹海历史文化保护区文化旅游资源利用研究》获西城区民主党派优秀调研成果一等奖。民盟西城区委在区政协第十三届一次会议上提交党派提案3件，参与提交界别提案13件，委员个人提案20件；提交盟员反映的社情民意信息219篇。其中党派提案《关于改善动物园服装批发市场经营环境的建议》被区政协评为年度优秀提案，另有优秀界别提案2件、优秀委员提案6件。

（李　新）

【组织建设】 年内，民盟西城区委发展新盟员69人，其中男36人、女33人，平均年龄37.7岁，发展比例3.7%，其中高、中级职称42人，大学本科以上学历67人。转入盟员2人，转出8人，自然死亡15人。对20个基层支部进行调整，一批年轻盟员走上主委领导岗位，增强了支部的活力。全区69个基层支部组织生活基本正常、健全，大部分基层支部的组织生活形式多样，并开展丰富多彩的活动。

（李 新）

【自身建设】 年内，民盟西城区委以纪念中国共产党成立90周年、辛亥革命100周年、中国民主同盟成立70周年、民盟市委成立65周年为契机，组织盟员参观“一切为了人民——北京市纪念中国共产党成立90周年展览”；参加纪念建党90周年、纪念辛亥革命100周年座谈会和征文活动，其中1人获西城区征文比赛二等奖、多人的征文刊载在《北京盟讯》上；组织盟员参加民盟中央成立70周年纪念大会及民盟市委成立65周年座谈会，以活动寓教育，加强对党史、中国近代史、盟章、盟史的学习和宣传。筹委会期间召开委员会议5次，委员扩大会议1次，第一次代表大会培训会议1次，对新一届民盟西城区委的成立工作进行研究和部署。第一届民盟西城区委召开主委会议5次，研究区委各项工作。举办民盟西城区委一届二次全委扩大会暨暑期培训班，承办“走进四中网校、了解远程教育”西城区民主党派机关干部单月学习日活动；组织领导班子成员参加中共市委统战部的培训，组织区委委员参加区委统战部和民盟市委举办的暑期学习班；组织新盟员参加民盟市委举办的新盟员学习班2次，参加区委统战部、区社院举行的各民主党派新成员学习班2次；组织盟员参加市政协、市委统战部、民盟市委组织的各类培训会、研讨会和座谈会。召开离任区委委员座谈会，畅谈经验体会并提出建议。召开《西城盟讯》编委会议2次，出版《中国民主同盟北京市西城区委筹委会》特刊、《中国民主同盟北京市西城区第一次代表大会》专刊、《西城盟讯》2期。老龄委员会举办眼科保健知识讲座，并免费为老年盟员检查眼底，召开月末谈心会6次，组织老龄委委员春游大观园、秋游植物园活动，重阳节期间组织200余位老盟员游览八大处公园登高望远。民盟西城区委为满80和90周岁的老盟员送生日蛋糕祝寿，并走访慰问盟员20多人。老龄委希盟舞蹈队获第三届北京市体育大会健美操比赛锻炼标准二级动作比赛一等奖、锻炼标准三级动作比赛一等奖、锻炼标准中老年组二级三等奖、锻炼标准自选动作三等奖。

（李 新）

【社会服务】 年内，民盟西城区委发挥教育、文化主界别的优势，4月，由民盟西城区委主委刘长铭担任校长的北京四中、盟员黄向伟担任校长的北京四中网校参与民盟中央开展的“农村教育烛光行动”，启动了远程教育烛光行动。4月27日，民盟西城区委筹委会举办慰问西城环卫工人专场文艺演出，来自中国歌剧舞剧院、中国评剧院、全总文工团、中国铁路文工团4个基层支部的20多位艺术家参加演出。11月30日，民盟西城区委与新街口街道联合开展帮扶残疾儿童活动，捐赠价值1.3万元的28套棉被与枕芯；民盟西城区委坚持慰问金融街宏汇园社区2户贫困残疾家庭，逢年过节为他们送去生活必需品；中铁文工团支部坚持到敬老院慰问孤寡老人；西城综合支部给在京新疆贫困大学生送去学习用品和御寒皮衣。

（李 新）

民建西城区委员会

【概况】 中国民主建国会北京市西城区委员会（简称民建西城区委）下设组织部、宣传部、参政议政部、信息部、社会服务部5个部，16个专委会。7月3日，召开民建西城区第一次代表大会，审议通过了民建西城区委筹委会工作报告，选举产生了民建西城区委第一届委员会。截至年底，民建西城区委共有委员22人，其中主任委员1人、副主任委员5人。共有支部22个、会员1659人。会员中，有全国政协委员1人，市人大代表2人，市政协委员3人，其中常委1人，区第十五届人大代表7人，区第十三届政协委员45人，其中副主席1人、常委8人，特邀监察员、监督员24人。

地址：西城区辟才胡同宏英园17号楼

邮编：100032

电话：66137941

（周卫青）

【参政议政】 年内，民建西城区委围绕区域经济和“十二五”规划的实施，开展调查研究，完成8篇调研报告，另与区政协联合起草了《关于西城区居家养老情况的调查报告》。在区政协（临时）第二次会议上，提出党派提案2件、委员提案44件，其中《关于打造“一体两翼”金融空间布局，实现金融强区的建议》、《关于广安产业园区发展的建议》获2011年度优秀党派团体提案；《关于应对社区售水设备加强卫生检疫监督的建议》、《关于改善老旧小区物业管理的建议》、《关于加速西城金融产业发展进程的建议》等9件提案获2011年度优秀委员提案。在政协和统战部联合召开的议政会上，民建西城区委作了《关于体现西城区文物古迹文化内涵与价值的思考》的发言。上报信息121条，被民建中央、民建市委、区委统战部采用33条，其中被民建中央采用6条，被市委统战部、市政协采用6条，1条信息受到市领导批示。

(周卫青)

【思想建设】 年内，民建西城区委落实民建市委开展社会主义核心价值体系教育活动的要求，组织学习中共十七大和十七届五中、六中全会精神，学习民建中央领导人重要讲话精神。以纪念中国共产党成立90周年、辛亥革命100周年、践行北京精神等活动为契机，组织会员参加民建市委的征文、诗歌、春联、心得体会座谈会等活动，有11篇征文、诗歌获奖，民建西城区委获征文、诗歌活动优秀组织奖。组织48人参加区委统战部民主党派新成员学习班，53人参加民建市委民主党派新会员学习班，10余人参加市委信息员培训班。

(周卫青)

【组织建设】 年内，民建西城区委发展会员56人，平均年龄36岁，发展率3.5%。会员1659人，平均年龄48岁，其中女会员占会员总数的35%；具有博士学位52人、硕士学位249人、学士学位的578人；合计大学本科学历以上879人，占会员总数的53%；具有高级职称的325人，占会员总数的20%；在企事业单位担任高管的318人，占会员总数的19%。

(周卫青)

【社会服务】 年内，民建西城区委书画专委会组织画家与奋斗小学开展“共庆教师节书画笔会”活动，与实验二小开展“迎十一小手拉大手书画笔会”活动，为什刹海旅游节提供书画作品10余件；慈善委员会向北京SOS儿童村捐赠现金10400元，用于春节节日家庭补助；企业家会员捐款6400元，分别于春节、重阳节慰问老工商业者每人100元，并赠送书法家会员的“福”字作品裱画；科技支部捐资5000元，资助黄山店小学10名优秀学生每人500元。

(周卫青)

【重要活动】 年内，民建西城区委召开民建西城会员新春联谊会、举办庆祝“三八”妇女节联谊活动，500多人参加，民建中央、民建市委、区委统战部领导应邀到会并讲话。

(周卫青)

民进西城区委员会

【概况】 中国民主促进会北京市西城区委员会（简称民进西城区委）下设组织部、宣传部、社会服务部、科技教育专委会、经济法制专委会、医药卫生专委会、老龄专委会。6月18日，召开民进西城区第一次代表大会，民进西城区委正式成立。会上选举产生了民进西城区第一届委员会委员21人。在民进西城区委一届一次全委会上，选举产生主任委员1人、副主任委员6人，任命秘书长1人、副秘书长1人。截至年底，共有基层支部45个、会员1096人。会员中有市人大代表2人，市政协委员4人，区人大代表6人，区政协委员25人，国家监察部特约监察员1人，市特约工作人员3人。年内，民进西城区委结合纪念中国共产党成立90周年、辛亥革命100周年，以新一届民进西城区委成立、区人大和区政协换届工作为重点，深化坚持中国特色社会主义道路理念，围绕西城区经济和社会发展中心工作，为实施“十二五”规划建言献策，发挥参政党职能作用。

地址：西城区辟才胡同宏英园17号楼

邮编：100032

电话：66137950

(胡　楠)

【参政议政】 年内，民进西城区委在西城区政协（临时）第二次会议上提交《关于北京高中新课程改革〈综合实践课程——社区服务〉实施的建议》和《关于加强全民学习、终身学习的学习型社会建设的建议》2件党派提案，其中《关于北京高中新课程改革〈综合实践课程——社区服务〉实施的建议》提案被区政协评为年度优秀提案。9件政协委员提案获优秀提案奖。1人在西城区政协和中共西城区委统战部召开的“历史文化名城保护工作”议政会上，以《加大教育宣传力度、拓展方法途径，提高全区人民历史文化名城保护意识》为题进行大会发言。截至年底，民进西城区委向中共西城区委提交了《西城区教育用地存在的问题与对策调研报告》、《西城区产业结构现状研究调研报告》、《建立房屋租赁监管、预警机制，健全税收征管体系，实现房屋租赁科学发展——

关于西城区热点地区房屋租赁情况的调研报告》；向民进市委和区委统战部报送信息209条。25个支部的会员向民进市委提交了203份建议案，内容涉及教育、医疗、城建、金融、城市管理等方面。担任特约监督、监察、督导工作人员的民进会员认真完成各自任务，履行职责。10多名会员参加西城区政协明察暗访工作。

（胡　楠）

【组织建设】 年内，民进西城区委共发展新会员28人，其中男11人、女17人，平均年龄40.4岁，高、中级职称22人，大学本科以上学历27人。转入会员1人，自然死亡3人。4月，原西城区的29个民进基层支部完成支委会换届。11月，新一届民进西城区委所属37个支部向民进区委和所在单位的党政领导提交了年度工作总结和下年工作计划。11月，完成《西城民进制度汇编》编撰工作，主要涉及10项制度、2项规定、6个条例。

（胡　楠）

【思想建设】 年内，民进西城区委以和谐理念为指导加强党派思想建设，通过思想引领促进党派内部和谐，开展多种学习教育活动，形成“用心谋发展、真诚讲团结、努力做贡献”的态势。1月，组织30余名会员参加民进西城区委与西城区教工委统战部、西城社院联合举办的学习班。3月，组织29名新会员参加与西城区社会主义学院联合举办的民主党派新成员学习班。7月，举办以“重温历史、以党为师、同心同行”为专题的暑期学习班，区委委员和中青年骨干会员50余人参加学习研讨。9月，举办庆“教师节、中秋节、国庆节——立足双岗、建功立业”经验交流座谈活动。年内，组织会员春游、参观匾额博物馆、摄影作品共享交流、“庆重阳节”等多项活动。全年约有200人次先后参加民进中央、民进市委、区委统战部等组织的北京市“两会”精神传达、中青年骨干培训、主题教育等各类学习、座谈、报告会。出版《西城民进》特刊1期、《西城民进》5期。

（胡　楠）

【总结表彰】 12月23日，民进西城区委召开总结暨表彰大会，总结部署工作，表彰先进支部10个、“西城民进”年度人物5人、先进个人45人，350余人参加。民进市委、区委统战部领导出席大会并致贺词。民进西城区委被民进市委评为新闻宣传、信息工作先进单位，区属西城中小幼联合一支部、三十一中支部被民进市委评为先进基层组织，2人被评为民进北京市委年度人物。

（胡　楠）

【社会服务】 年内，民进西城区委与天堂河戒毒康复中心合作开展“戒毒宣传教育进学校、进家庭、进社区、进街道的‘四进’活动”，组织全区会员开展“用书籍启迪智慧”——为天堂河戒毒康复中心捐书1300余册、建立流动读书馆活动。组织会员参加“文明创建我参与”社区义工志愿服务活动。各基层支部分别开展了为郊区农村送春联、为戒毒康复中心捐赠书画、为贵州捐建10个水窖、为身患重病学生募捐、为金榜打工子弟学校送温暖、为河北沙城扶贫支教、手拉手教学交流、走进社区为初三学生家长解答问题、法律咨询进社区、普及养生知识等社会服务活动。

（胡　楠）

农工党西城区委员会

【概况】 中国农工民主党北京市西城区委员会（简称农工党西城区委）下设参政议政工作委员会、老龄工作委员会、妇女工作委员会、社会服务工作委员会、青年工作委员会。6月23日，召开农工党北京市西城区第一次代表大会。会议听取并通过农工党西城区委筹委会工作报告，选举产生农工党西城区第一届委员会，通过《中国农工民主党北京市西城区第一次代表大会决议》，并在随后的一届一次委员会议上选举出新一届领导班子，共有委员21人，其中主任委员1人、副主任委员6人、秘书长1人。截至年底，发展新党员20人，有基层支部29个、党员909人。党员中市人大代表1人（常委），市政协委员1人（常委），区人大代表1人（常委），区政协委员31人（其中常委5人、副秘书长1人），市特约监察员1人，西城区特约监察员9人。

地址：西城区辟才胡同宏英园17号楼

邮编：100032

电话：66131161

（程意兰）

【参政议政】 年内，农工党西城区委筹委会《关于提升庙会文化品质的建议》、《关于民营医院（所）发展问题的调研和建议》、《关于恢复先农坛历史风貌的调研和建议》、《关于进一步加强食品安全监管的建议》、《关于西城区中学生校园门口安全管理的调研和建议》5篇调研报告，分获中共西城区委统战部党派调研报告二等奖、三等奖和优秀奖；在区政协、中共西城区委统战部召开的历史文化名城保护议政会上，作题为《对法源寺文保区保护性开发的思考和建议》的发言；召开信息工作会，总结部署工作、表彰先进、邀请区委统战部干部进行统战信息知识培训。新一届农工党西城区委成立后，在区政协（临时）第二次会议上，提交《关于西城区中学生校园门口安全管理的调研和建议》提案，被区政协评为党派团体优秀提案；《关于改善西城区社区卫生服务现状提升服务能力的建议》、《关于促进民营医院与公立医院联合发展的建议》、《关于在我区建筑和市政照明中推广使用LED的建议》、《关于在西单献血小屋设立醒目红十字宣传标志的建议》、《关于规范城区机动车停放的建议》5件提案被区政协评为委员优秀提案；在区政协十三届一次会议上，提交党派提案2件，涉及环境保护、社区卫生建设等方面；成立3个调研小组，完成《关于落实家庭医生责任制，提高社区卫生服务效能的调研和建议》、《关于建立健全西城区餐厨垃圾收运和处理体系的建议》、《西城区中学生学习压力现状的调研和建议》调研报告。年内，向农工党北京市委、区政协、中共西城区委统战部报送信息62条，其中建议类信息50条。

（程意兰）

【自身建设】 年内，农工党西城区委筹委会召开新党员见面会，介绍情况并进行信息工作培训；组织16人参加与西城区社会主义学院联合举办的民主党派新成员学习班。8月，召开全委扩大会议，邀请中央社会主义学院教授作胡锦涛总书记“七一”讲话辅导报告，审议通过农工党西城区委各项工作制度、农工党西城区委各级领导干部工作职责。年内，5个支部被农工党市委评为2009年至2010年度先进集体，86人被农工党市委评为2009年至2010年度优秀党员。编辑出版《西城农工》3期（其中1期为特刊）。

（程意兰）

【重要活动】 年内，农工党西城区委组织人员到天津玉佛宫参观考察，为开展相关调研提供借鉴和参考；召开年度工作总结会，总结部署工作，农工党市委、中共西城区委统战部等领导应邀出席并讲话，70余名党员代表参加会议。各支部组织党员参观周恩来邓颖超纪念馆、焦庄户地道战遗址纪念馆、革命圣地西柏坡，前往万安公墓祭奠李大钊烈士，赴山东聊城开展“弘扬中医药文化，促进民族医药发展”为主题的调研，并参观孔繁森纪念馆、看望慰问“低保户”、参观考察北京万辉双鹤药业有限责任公司生产基地等。

（程意兰）

【社会服务】 年内，农工党西城区委与农工党市委联合组织医学专家赴平顶山市矿区、社区，开展以“人居环境与健康”为主题的大型义诊咨询及健康知识讲座活动，700余人聆听讲座，6名医学专家为百余名群众进行3个多小时的义诊咨询。农工党西城区委赴河北迁钢，举办第23届中国“国际科学与和平周”暨“再进首钢送健康”义诊咨询活动，组织神经内科、心内科、外科、中医科、妇科、儿科、肿瘤科、肛肠科、按摩科、疼痛科的10名医学专家，义诊3个多小时，接待咨询400人次。在第四届“中国环境与健康”宣传周活动中，展览路医院支部组织党员两次到社区开展健康大讲堂活动并发放《人居环境与健康》宣传手册，为群众测量血压130人次；1人参加由中央统战部组织、中国红十字会等多家单位发起的“同心·共铸中国心”活动，前往西藏拉萨墨竹工卡县开展义诊咨询活动。

（程意兰）

致公党西城区委员会

【概况】 中国致公党北京市西城区委员会（简称致公党西城区委）下设办公室、参政议政专委会、社会服务专委会、文化工作专委会和14个党支部。6月11日，召开致公党西城区第一次党员代表大会，审议通过《中国致公党北京市西城区委筹委会工作报告》，选举产生17人组成的新一届委员会，在一届一次会议上，选举出由主委1人、副主委6人组成的领导班子。截至年底，共有党员416人，年内发展新党员22人、转入14人、转出3人、逝世4人。党员中有致公党中央委员2人，致公党市委委员6人（其中常委3人），全国人大代表1人，市人大代表3人，区人大代表4人，区政协委员20人（其中常委4人、副秘书长1人），各级特邀监察员、监督员、人民陪审员、审计员8人。

地址：西城区辟才胡同宏英园17号楼

邮编：100032

电话：66137949

（徐典文）

【参政议政】 年内，致公党西城区委和致公党西城区委筹委会参加区委统战部召开的双月座谈会6次；在区政协（临时）二次会议上提交党派提案2件、委员提案37件，其中《关于西城区居家养老问题及对策》被区政协评为党派团体优秀提案；《关于西城区低碳发展的建议》被评为科技界别优秀提案；《关于顺应老龄化社会进程做好社会服务工作的建议》、《关于加大对西城区环境污染企业处罚力度的建议》、《关于加强出租房管理的建议》、《根除陋习，远离胃病从口开始》、《关于进一步做好全民急救知识普及和培训提高城市急救水平的建议》5件提案被评为委员优秀提案；提交5篇调研报告，其中，《以企业创新引领产业升级，促进首都经济优化发展研究》获区委统战部2011年度民主党派调研成果三等奖，《关于西城区历史文化街区保护的调研报告》、《西长安街地区低保群众幸福指数调研》、《广安产业园征地拆迁问题调研报告》和《北京地区家庭经济困难毕业生就业问题探析》获优秀奖；报送各类信息226件，其中被致公党中央采用13件、被市政协采用7件、市政府领导批示1件、致公党市委采用47件、区委统战部采用9件。致公党西城区委被评为2011年度西城区统战信息工作优秀单位。

（徐典文）

【自身建设】 年内，致公党西城区委组织党员参加致公党市委和区委统战部举办的征文活动，选送征文12篇；组织40人参加市侨联、致公党市委组织的“侨心向党心”千人大合唱；组织党员参加西城区举办的《辛亥革命与西城》征文，1人获二等奖；致公党西城区委主委贺宏志作为特邀代表参加致公党中央宣传思想工作会议，在大会上作题为《树形象，展风采；凝人心，聚力量；存史料，资教化——致公党西城区委的宣传工作》典型发言，并被致公党中央评为宣传思想工作先进个人；致公党西城区委委员参加了中共西城区委统战部举办的民主党派区委委员培训班和致公党市委举办的干部学习班。举行元宵联欢会，总结工作、表彰先进，表演了文艺节目，200余人参加。坚持对生病、住院的党员和去世的老党员家属进行慰问，重阳节为60岁以上逢五逢十的老党员举行集体祝寿活动。对党支部进行调整，将原17个党支部整合为14个。

（徐典文）

【社会服务】 年内，致公党西城区委坚持开展与街道“共建结对子”活动，为月坛街道一名贫困家庭学生捐助高中学费3000元，并与区台盟共同组织11名医疗专家党员为社区居民义诊和健康咨询服务；重阳节组织党员中的医务人员慰问陶然亭敬老院，赠送慰问品并为30位老人进行健康咨询；坚持对四川省攀枝花市16名贫困彝族女童小学生进行一对一助学捐赠活动，16名党员捐款22400元；5名党员一对一帮扶贵州省毕节地区5名家庭贫困学生，捐助1500元；徐军联合北京光彩教育基金会，实施光彩助学计划，为北京地处水源保护区的密云县不老屯中学连续第三年捐资3万元，被市工商联评为“光彩公益之星”；周荣斌为致公党中央社会服务部捐助200个小学生书包，价值7000元；李琼向昌平区老干部、新街口社区、杭州妇幼保健院等赠送价值3万元的老年人和儿童文化、生活与卫生用品；李岱松赴新疆维吾尔自治区参加医疗专家大型义诊和培训活动；杨铁山资助湖南省凤凰县湘西苗族一名女学生生活、学习费用6000元；曹瑞芳为山东省蓬莱市村里集镇乡村道路修缮工程捐助2万元；吕彩霞向全区致公党党员赠送400册《万水朝东——中国政党制度全景》一书，价值15900余元；徐国兴向致公党西城区委捐赠200余册学生用书；方馨向四川绵阳地震灾区致公希望小学捐赠一批字帖，并亲自在该校指导学生学习书法。在2011年致公党市委社会服务工作会议上，致公党西城区委被评为社会服务先进集体、5个党支部被评为社会服务先进党支部、4人被评为社会服务突出贡献者、35人被评为社会服务先进工作者。

（徐典文）

九三学社西城区委员会

【概况】 九三学社北京市西城区委员会（简称九三学社西城区委）下设组织部、宣传部、参政议政委员会、社会工作委员会、青年工作委员会、老龄（妇女）工作委员会、咨询委员会。6月19日，召开九三学社西城区第一次代表大会，选举产生第一届委员会委员21人，在九三学社西城区委一届一次全委会上，选举产生主任委员1人、副主任委员6人，任命秘书长1人。截至年底，共有26个支社、社员1034人，其中大专以上学历占95%，高级职称占75%，退休人员占60%，平均年龄61岁，男女社员各占50%。社员中有全国政协委员1人，市人大代表2人，市政协委员5人，区人大代表8人，区政协委员29人，全国妇联执委1人，市特约监察员2人，区特约监察员11人，区青联委员3人。年内，九三学社西城区委被九三学社市委评为“创优争先”先进基层组织；5个支社被九三学社市委评为先进支社；40人被九三学社市委评为优秀社务工作者；66人被九三学社市委评为优秀社员；8人获九三学社市委突出贡献奖；18人获荣誉社员称号。

地址：西城区辟才胡同宏英园17号楼

邮编：100032

电话：66137947

（安　宇）

【参政议政】　年内，九三学社西城区委向中共西城区委统战部上报调研报告4篇，其中《拓展空间调研结构聚集人才推动金融街可持续发展》、《让历史文化遗产庇护西城区科学发展》获统战部调研报告三等奖，《关于打造前门——永定门旅游观光大道的建议》、《加强西城区“社区康复”建设尽早实现西城“人人享有康复”目标》获统战部调研报告优秀奖。《关于加强社区安全防灾的建议》提案，被区政协评为党派团体优秀提案奖。全年共上报信息142条，采用率48%。九三学社西城区委被九三学社市委评为信息优秀单位，1人被区委统战部评为优秀信息领导者，1人被区委统战部评为优秀信息员。

（安　宇）

【组织建设】　年内，九三学社西城区委发展新社员34人，平均年龄40岁，其中具有高级职称16人，具有研究生及以上学历的30人，女社员18人。按时完成22名区政协委员、1名区人大代表的推荐、填表、考察、公示工作。推举九三学社市委换届大会代表41名、市委委员候选人38名。

（安　宇）

【自身建设】　年内，新一届九三学社西城区委明确了领导分工、岗位职责，调整完善了工作机构，制定完善了会议、汇报、区委联系、财务管理及档案管理等制度，健全完善了全区社员资料库、大事记、文书档案。召开区委委员扩大会议，传达上级文件精神，交流开展党派工作的经验。举办新成员学习班、暑期培训班，学习胡锦涛总书记“七一”讲话、全国和北京市“两会”精神等。组织社员多次参加区委统战部、九三学社市委举办的报告会、学习讲座。组织社员参加征文、座谈、参观活动，收到征文22篇。编辑出版《西城九三——纪念建党90周年》专刊，收录社员撰写的稿件30篇。全年社员报送稿件80余篇，出刊《西城九三》4期。

（安　宇）

【社会服务】　年内，九三学社西城区委筹委会分别组织两次医学专家到天桥街道和月坛街道三里河民族团结社区开展学雷锋义诊咨询服务，40余人参加，接待义诊咨询200余人次。九三学社西城区委组织医药卫生支社的18名医学卫生专家，利用休息日到延庆县儒林街道温泉南区东里社区为居民义诊咨询服务，并针对心脑血管、糖尿病、高血压、骨关节等老年人常见病开展调研，延庆县电视台对义诊活动进行了报道。

（安　宇）

台盟西城区委员会

【概况】　台湾民主自治同盟北京市西城区委员会（简称台盟西城区委）下设调研工作组、信息工作组和简报工作组。6月25日，召开台盟西城区第一次代表大会，审议通过台盟西城区委筹委会工作报告，选举产生台盟西城区第一届委员会委员9人，在一届一次全委会议上，选举产生主任委员1人、副主任委员3人，其中1人兼任秘书长。年内，台盟西城区委有老年支部1个、中青年支部1个，盟员93人。盟员中有全国人大代表1人，全国政协委员3人，市人大代表1人（任常委），市政协委员4人（其中常委3人），区人大代表1人（任常委），区政协委员8人（其中常委2人），市城管执法局特邀监督员1人，区法院人民陪审员1人，区海外联谊会监审员1人，区政协特邀信息员2人，区政府特邀监督员1人，区统战信息特约联络员1人。

地址：西城区辟才胡同宏英园17号楼

邮编：100032

电话：66137952

（李　惠）

【参政议政】　年内，台盟西城区委筹委会在区政协（临时）第二次会议上，提交了《关于完善西城区养老体系，建设“夕阳苑”工程的建议》和《关于设立文物腾退专项经费解决居民搬迁问题的建议》两件党派提案，其中

《关于设立文物腾退专项经费解决居民搬迁问题的建议》被区政协评为党派团体优秀提案。在西城区历史文化名城保护工作议政会上，1名盟员代表作题为《树立大西城观念，统筹解决文化名城保护中的居民搬迁问题》的书面发言。台盟西城区委成立后，完成《加强社区保障，促进和谐社会建设——西城区社区卫生机构康复治疗环境现状及发展对策建议》调研报告，获2011年度西城区民主党派优秀调研成果二等奖；上报信息32条，被评为2011年度西城区统战信息工作优秀单位；2名盟员分别被评为区统战信息工作优秀领导者和优秀信息员。参加区政协召开的议政会1次、区委统战部召开的双月座谈会6次。参加监督检查工作，对椿树派出所和大栅栏工商所等5个政府职能部门进行明察暗访。

（李 惠）

【自身建设】 年内，台盟西城区委组织盟员参加台盟中央、台盟市委和统战部门举办的培训学习116人次；围绕学习胡锦涛总书记“七一”讲话、十七届六中全会精神、社会主义核心价值体系、纪念建党90周年、辛亥革命100周年以及党派发展史和区情动态等主题，组织盟员开展学习座谈、研讨、参观等活动32项；编辑《西城台盟工作月报》12期；选举产生出席台盟北京市第十次代表大会代表21人、推荐第十届台盟市委委员人选56人；召开年度总结会总结部署工作；组织盟员参观邮票博物馆、参加秋收采摘、“同心杯”登山比赛等活动，增强台盟组织凝聚力和盟员活力。

（李 惠）

【涉台工作】 年内，台盟西城区委以学习、报告会和座谈的形式，组织和引导盟员加深对海峡两岸发展趋势和对台工作方针政策的了解。4名盟员参加西城区“读《两刊》（《台湾工作通讯》和《两岸关系》）百字感言”为主题的涉台教育活动并撰写心得体会。有8名盟员报名成为首批西城区台胞服务中心志愿者（其中4人担任理事）。组织盟员到中央音乐学院与台生们进行座谈交流，观看两名台湾学生的毕业专场演奏会，并向她们赠送了纪念品。

（李 惠）

【社会服务】 年内，台盟西城区委筹委会与月坛街道签订共建协议，认领1名贫困学生的助学任务，对其在义务教育阶段每学期资助1000元，高中教育阶段每学期资助1500元。台盟西城区委联合台盟北京市委、西城区教委统战部、中央音乐学院向北京小学走读部捐赠一批乐器，支持该校的音乐教育和特长培养活动。参加由中华环保基金会与北京娱乐信报主办的春季助学义务植树活动。组织盟员为北京四中1名家庭困难学生捐款，送去助学金1000元及学习生活用品。

（李 惠）

西城区工商业联合会(商会)

【概况】 北京市西城区工商业联合会（简称区工商联）内设办公室、会员工作部、经济服务部、党建办公室4个部门，行政编制24人。截至年底，共有私营企业、个体工商户、“三胞”（港、澳、台）投资企业等各种经济成分的会员2475户，4户团体会员（区商业联合会、区私营个体协会、科技企业协会、老北京传统小吃延续发展协会）；15个街道分会，2个直属行业协会（马连道茶叶协会、西单婚纱摄影商会）；1个女企业家联谊会。9月18日，区工商联召开第九次会员代表大会暨商会成立大会，选举产生第九届执委会、第一届理事会及领导班子，其中区工商联名誉主席1人、主席1人、常务副主席1人、副主席22人、秘书长1人、执委105人；区商会名誉会长1人、会长1人、副会长24人、理事59人。年内，区工商联紧紧围绕“服务立区、金融强区、文化兴区”的发展战略，充分发挥职能作用，引导非公经济人士投身西城区经济社会建设，促进非公有制经济健康发展。

地址：西城区月坛南街32号
邮编：100045
电话：68524509

（王晓琪）

【主席工作会】 1月6日，区工商联召开主席工作会，区委常委、统战部部长曹长胜，区工商联主席王毓明，常务副主席杨秋及20名副主席出席。总结2010年工作、研究确定2011年工作计划，学习区委全会精神和中共中央、国务院关于《加强和改进新形势下工商联工作的意见》。

（王 璐）

【领导班子调整】 3月7日，区委组织部、统战部领导到区工商联宣布党组书记任命决定。区委常委、组织部部长王立军，区委常委、统战部部长曹长胜，区委组织部副部长何焕平和区工商联全体干部出席会议。何焕平宣布任命皮强担任区工商联党组书记的决定。

(王　璐)

【执委扩大会】　4月8日，区工商联召开2011年执委扩大会，市工商联副主席李燕平、区委统战部领导以及142名执委出席。会上，投票选举增补皮强为区工商联副主席；皮强传达区委全会精神及区委统战部工作会议精神，王毓明作工作报告；副主席赵爱平传达中共中央、国务院关于《加强和改进新形势下工商联工作的意见》；副主席李英俊宣读工商联会员企业获市、区精神文明单位及光彩事业先进单位表彰通报并颁奖。

(王　璐)

【庆祝建党90周年表彰会】　6月9日，区工商联非公有制企业党委召开庆祝建党90周年表彰会。党委所属基层党组织书记、受表彰的先进个人、新党员及邀请的非公有制企业家出席。会上对评选出的2010至2011年度5名先进基层党组织、3名优秀党务工作者、10名优秀共产党员及支持非公有制企业党建的企业家进行了表彰。

(雷亚林)

【融资服务主题日活动】　7月7日，区工商联举办金融服务主题日活动，为会员企业提供融资超市式服务。市工商联和区委统战部领导出席，23家金融机构和120家区工商联会员企业参加，金融机构设立展台，企业在现场和银行、担保机构进行自由交流。工商联什刹海商会与北京银行等达成四方合作意向。

(王　璐)

【街道分会工作座谈会】　11月15日，区工商联召开街道分会工作座谈会，16个街道分会及行业商会主管领导、会长参加会议，15个分会就一年来分会开展工商联工作进行经验交流。

(王　璐)

【新会员培训会】　11月30日，区工商联召开新会员培训会。120余名新会员参加培训班。会上，各街道分会专职干部分别介绍了分会新会员的基本情况和会员发展情况；秘书长霍彦利组织新会员学习了工商联章程、解读了中共中央、国务院关于《加强和改进新形势下工商联工作的意见》，民生银行、金正光彩担保有限公司、金正融通小额贷款有限公司为新会员介绍了针对工商联会员的特色融资产品。区工商联领导为新加入区工商联的企业法人代表颁发会员证书。

(王　璐)

【参政议政】　年内，区工商联领导参加区政协召开的议政会1次、区委统战部召开的双月座谈会6次。参与《西城区"十二五"时期中小企业发展促进规划》的制定。区工商联提案《关于加强对非公有制企业高层次人才的政策扶持的建议》获区政协2011年度党派团体优秀提案；会员中的政协委员提案《关于促进西城区低碳发展的建议》获区政协2011年度界别优秀提案；《贯彻〈司法部关于进一步加强和改进律师工作的意见〉，加强对律师的培养与重视》、《关于制定西城区地下可利用空间资源规划的建议》、《关于避免过度包装倡导环保低碳新生活的建议》获区政协2011年度委员优秀提案。完成30名新一届区政协委员的推荐、提名登记、公告公示和情况上报工作。

(王晓琪)

【获得荣誉】　年内，区工商联会员企业和会员中，和合谷餐饮管理有限公司党支部被评为全国和北京市先进基层党组织；爱义行汽车服务有限责任公司、共和基业投资有限公司、大唐万邦复制技术发展有限公司、国泰恒兴投资有限公司、基业达电气有限公司、格瑞纳健峰生物技术有限公司、凯伯特建设工程有限公司、老北京传统小吃延续发展协会、麻辣诱惑酒楼有限公司、中宣育会计师事务所有限责任公司10家企业被评为北京市光彩之星；和合谷餐饮管理有限公司赵申获"北京市优秀中国特色社会主义事业建设者"称号；3人被评为西城区百名杰出人才；76家企业被授予西城区文明单位，其中8家为首都文明单位；10家企业的内报内刊获市工商联优秀奖，4家企业的内报内刊获市工商联鼓励奖；1人被评为西城区支持非公有制企业党建的企业家。

(王晓琪)

【原工商业者工作】　年内，区工商联注意做好原工商业者工作，组织老会员参观纪晓岚故居，走访慰问老会员，共发放慰问金和困难补助33余万元。

(王晓琪)

(责任编辑　马忠良　沈建平)

政权　政协

北京市西城区人民代表大会常务委员会

【概况】　北京市西城区人民代表大会是西城区地方国家权力机关，区人大常委会是本级人民代表大会的常设机关，下设办公室、研究室、代表联络室、财政经济工作委员会、内务司法工作委员会、教科文卫工作委员会、城建环保工作委员会7个办事机构。在区委的领导下，区人大常委会坚持党的领导、人民当家做主与依法治区的有机统一，全面落实区人民代表大会的各项决议，紧紧围绕全区工作大局，依法履行职责，把关系全区改革发展稳定的重大问题和关系人民群众切身利益的突出问题作为工作重点，把发挥代表作用与强化常委会监督工作相结合，不断提高工作质量和实效。

地址：西城区广安门南街68号
邮编：100054
电话：83976304

（李　锟）

【西城区人大（临时）二次会议】　1月12日至14日，西城区人民代表大会（临时）第二次会议在全国政协礼堂举行。大会听取和审议区长张建东作的关于西城区人民政府工作报告，区人大（临时）常委会主任王敏荣作的人大（临时）常委会工作报告，区人民法院院长索宏钢作的人民法院工作报告，区人民检察院检察长顾军作的人民检察院工作报告；审查西城区国民经济和社会发展第十二个五年规划纲要草案，关于西城区2010年国民经济和社会发展计划执行情况与2011年国民经济和社会发展计划草案的报告，关于西城区2010年财政预算执行情况和2011年财政预算草案的报告。大会采取举手表决的方式通过关于西城区国民经济和社会发展第十二个五年规划纲要及纲要的决议，关于区2010年国民经济、社会发展计划执行情况和2011年国民经济、社会发展计划的决议，关于区2010年财政预算执行情况和2011年财政预算的决议，关于区人大（临时）常委会工作报告的决议，关于区人民法院工作报告的决议，关于区人民检察院工作报告的决议。会议期间，52个政府职能部门和法院、检察院接受了区人大代表提出的关于交通管理、城市建设、社会治安、劳动保障等方面的询问。会议还收到3件议案和166件建议。中共西城区委书记王宁在闭幕式上作重要讲话。

（李　锟）

【西城区第十五届人大一次会议】　12月15日至19日，区第十五届人民代表大会第一次会议在全国政协礼堂举行。会议选举刘跃平为西城区第十五届人大常委会主任，选举赵印春、刘永先、郑然、周慧来、俞强、席修明、王功伟为西城区第十五届人大常委会副主任，选举马炎等27人为西城区第十五届人大常委会委员，选举王少峰为西城区人民政府区长，选举苏东、梁昌新、陈宁、范宝、李岩、孙硕、吴铁男为西城区人民政府副区长，选举安凤德为西城区人民法院院长，选举韩索华为西城区人民检察院检察长；听取并审议西城区人民政府工作报告、西城区人大常委会工作报告、西城区人民法院工作报告、西城区人民检察院工作报告；审查西城区2011年国民经济、社会发展计划执行情况和2012年国民经济、社会发展计划草案的报告，西城区2011年财政预算执行情况和2012年财政预算草案。大会采取举手表决的方式，表决通过关于区人民政府工作报告的决议，关于区2011年国民经济、社会发展计划执行情况和2012年国民经济、社会发展计划的决议，关于区2011年财政预算执行情况和2012年财政预算的决议，关于区人大常委会工作报告的决议，关于区人民法院工作报告的决议，关于区人民检察院工作报告的决议。会议期间，52个政府职能部门和法院、检察院接受了区人大代表提出的关于交通管理、城市建设、社会治安、劳动保障等方面的询问326人次,询问事项达1468件。会议还收到9件议案和179件建议。中共西城区委书记王宁在闭幕式上作重要讲话。

（李　锟）

【西城区人大（临时）常委会会议】 西城区人大（临时）常委会第五次会议于3月17日召开。区人大（临时）常委会副主任单彩芝主持。会议讨论通过区人大（临时）常委会2011年工作要点和会议议题预安排，决定会后印发实施并向社会公布；传达了北京市十三届人大四次会议精神；审议并表决通过区检察院提请的人事任免事项，决定免去张泽、杜艳峰、李天忠、张睿、刘伟、刘全才、辛晓蕾、宋晓玲、牟丕武、张宁宇检察员职务及张泽检察委员会委员职务。西城区人大（临时）常委会第六次会议于5月31日召开。区人大（临时）常委会副主任解建军主持。会议听取和审议区政府关于西城区贯彻落实《北京市学前教育条例》加快解决入园难问题的报告，听取区人大（临时）常委会教科工作委员会的初步审议意见；听取关于西城区第六次全国人口普查情况的汇报；审议并表决通过区人大（临时）常委会、区政府、区法院提请的人事任免事项，决定免去王燕西城区社会建设工作办公室主任职务，免去滕新华西城区人民政府外事办公室主任职务，免去刘成东西城区安全生产监督管理局局长职务，免去薛经建西城区人民法院副院长、审判委员会委员、审判员职务，免去尹淑华西城区人民法院审判委员会专职委员、审判员职务，免去孔根棣等18人审判员职务；任命刘金耀为西城区人大（临时）常委会城建环保工作委员会主任，任命李红兵为西城区社会建设工作办公室主任，任命王干为西城区人民政府外事办公室主任，任命陈国红为西城区安全生产监督管理局局长，任命魏志斌为西城区人民法院民事审判第三庭副庭长，任命刘建勋为西城区人民法院民事审判第四庭副庭长。接受王干辞去西城区人民代表大会（临时）常务委员会委员职务的请求。西城区人大（临时）常委会第七次会议于6月23日召开。区人大（临时）常委会副主任杨有成主持。会议听取区财政局局长周慧来作的关于西城区2010年财政决算草案的报告和区审计局局长田迪作的关于2010年度西城区预算执行和其他财政收支情况的审计工作报告，听取区人大（临时）常委会财经委员会对两个报告的预先审议情况的汇报；表决通过关于批准西城区2010年财政决算的决议和关于批准2010年度西城区预算执行和其他财政收支情况的审计工作报告的决议。西城区人大（临时）常委会第八次会议于7月28日召开。区人大（临时）常委会主任王敏荣主持。会议听取和审议区司法局局长张才斐作的关于“五五”普法实施和“六五”普法进展情况的报告，听取区人大（临时）常委会内务司法委员会的初步审议意见；听取和审议区发改委主任吴向阳作的关于2011年上半年国民经济和社会发展计划执行情况的报告；听取和审议区财政局局长周慧来作的关于2011年上半年财政预算执行情况的报告；听取区人大（临时）常委会财政经济委员会的初步审议意见；审议并表决通过区政府领导人员的任免事项和区政府提请的人事任免事项，决定接受张建东辞去西城区人民政府区长职务的请求，报西城区人民代表大会备案；免去王粤西城区人民政府副区长职务，免去谷守元西城区监察局局长职务；任命王少峰为西城区人民政府副区长、代理区长；任命杨建和为西城区监察局局长。西城区人大（临时）常委会第九次会议于8月15日召开。区人大（临时）常委会副主任郑然主持。会议听取和审议区发改委主任吴向阳作的关于“十二五”规划各分项规划编制情况的报告，听取区人大（临时）常委会财经委员会的初步审议意见；审议并表决通过区人民代表大会（临时）常务委员会关于西城区人民代表大会换届选举的决定及西城区选举委员会组成人员名单；审议并表决通过区政府提请的人事任免事项，决定免去段占民西城区人力资源和社会保障局局长职务，免去李洪祥西城区民防局局长职务；任命郁治为西城区人力资源和社会保障局局长；任命贾旭辉为西城区民防局局长。西城区人大（临时）常委会第十次会议于10月14日召开。区人大（临时）常委会副主任解建军主持。会议审议并表决通过区人大（临时）常委会、区政府、区检察院提请的人事任免事项，决定任命陈宁为西城区人民政府副区长；任命孙硕为西城区人民政府副区长；接受索宏钢辞去西城区人民法院院长职务的请求，报西城区人民代表大会备案；任命安凤德为西城区人民法院副院长、代理院长；接受顾军辞去西城区人民检察院检察长职务的请求，报经北京市人民检察院检察长提请北京市人大常委会批准；任命韩索华为西城区人民检察院副检察长、代理检察长；免去陆惠民西城区人大（临时）常委会办公室主任职务；免去马炎西城区人大（临时）常委会办公室常务副主任职务；任命马炎为西城区人大（临时）常委会办公室主任；免去夏志文西城区人大（临时）常委会内务司法工作委员会主任职务；任命倪效仲为西城区人大（临时）常委会内务司法工作委员会主任；免去赵英汉西城区人大（临时）常委会教科工作委员会主任职务；免去孙静西城区人大（临时）常委会代表联络室常务副主任职务；任命孙静为西城区人大（临时）常委会教科文卫工作委员会主任；免去刘金耀西城区人大（临时）常委会城建环保工作委员会主任职务；任命曹立宏为西城区人大（临时）常委会城建环保工作委员会主任；免去徐斌西城区民政局局长职务；任命宋卫东为西城区民政局局长；免去滕力、金文胜、张婷、韩旸西城区人民检察院检察员职务；任命谢华安为西城区人民检察院检察委员会委员、检察员；任命严领先、赵岩、张伟、丁计魁、王姝、佟晓琳、张文秀、李满山、赵雯娜、任琛、李怀玉、刘珣、谭小颖、卫杰、胡乩生、王爱霞为西城区人民检察院检察员。西城区人大（临时）常委会第十一次会议于10月27日召开。区人大（临时）常委会副主任赵建军主持。会议听取和审议吴向阳作的关于2011年1至9月西城区国民经济和社会发展计划执行情况和计划调整的报告，听取和审议周慧来作的关于西城区2011年1至9月财政预算执行情况和调整预算的报告，听取区人大（临时）常委会财政经济委员会对两个报告的预先审议情况的汇报；听取区住建委主任吴铁男作的关于重大项目征收（拆迁）和保障性住房建设情况的报告，听取区人大（临时）常委会城建环保委员会关于重大项目征收（拆迁）推进和定向安置性住房建设工作的前期调研情况汇报；区审计局向常委会书面报告了关于2010年西城区预算执行和其他财政收支审计查出问题的整改情况。西城区人大（临时）常委会第十二次会议于11月22日召开。解建军主持。会议审议区政府、区人民检察院提请的人事任免议案，决定免去王春风西城区人民检察院副检察长、检委会委员、检察员职务；免去李红兵西城区社会建设工作办公室主任职务；任命艾丽为西城区社会建设工作办公室主任；免去颜华西城区统计局局长职务；任命郭启兴为西城区统计局局长。讨论并表决通过关于举行区十五届人大一次会议的决定草案，决定北京市西城区第十五届人民代表大会第一次会议于2011年12月15日召开。听取和审议代表资格审查委员会关于西城区第十五届人民代表大会代表资格的审查报告，同意将审查情况向区十五届人大一次会议报告。讨论大会议程草案，大会主席团、秘书长建议名单，议案审查委员会建议名单，国民经济、社会发展计划和财政预算审查委员会建议名单，讨论区十五届人大一次会议选举办法草案，同意将议程草案、各项名单和选举办法草案提交各代表联组讨论。讨论并决定列席区十五届人大一次会议的人员范围。听取并初步审议区政府关于2012年国民经济和社会发展计划草案及报告的主要内容，听取并初步审议区政府关于2012年财政预算草案及报告的主要内容。听取和审议区政府“关于对第十四届人民代表大会以来代表议案建议办理的实际落实情况进行复查的议案”办理和代表建议办理情况的报告，听取和审议区人大（临时）常委会代表联络室关于代表议案建议督办情况的报告。初步审议区人大（临时）常委会工作报告和区政府、区法院、区检察院工作报告，同意将这四项报告交各代表联组讨论。

（李　锟）

【区人大（临时）常委会主任会议】 西城区人大（临时）常委会第七次主任会议于2月21日召开。王敏荣主持。会议研究讨论区人大（临时）常委会2011年工作要点和会议议题预安排；研究召开“四长”联席会议的有关筹备工作。西城区人大（临时）常委会第八次主任会议于3月9日召开。王敏荣主持。会议听取区检察院关于人事任免议案的汇报，决定提交区人大（临时）常委会第五次会议审议；听取区人大（临时）第二次会议期间代表建议内容分析和办理意见的报告；讨论常委会2011年工作要点和会议议题预安排，决定提交区人大（临时）常委会第五次会议讨论；听取区人大（临时）常委会第五次会议有关议题准备情况的汇报，决定于3月17日召开区人大（临时）常委会第五次会议。西城区人大（临时）常委会第九次主任会议于4月12日召开。王敏荣主持。会议听取区文化委关于西城区第三次文物（保护）普查工作情况的报告；听取区发改委关于开展稳定物价工作情况的报告；听取区法院关于加强制度建设强化内部监督工作情况的报告；听取关于换届选举调研推演工作情况的报告；研究关于举办2011年代表论坛活动的方案（讨论稿），原则同意方案提出的有关内容；研究区人大（临时）常委会有关人事任免事项，决定提请区人大（临时）常委会第六次会议审议。西城区人大（临时）常委会第十次主任会议于5月5日召开。解建军主持。会议听取区委组织部、区法院关于人事任免议案的汇报，决定提交区人大（临时）常委会第六次会议审议；听取区民防局关于民防工作情况的汇报；听取区人大（临时）常委会第六次会议有关议题准备情况的汇报，决定于5月26日召开区人大（临时）常委会第六次会议。西城区人大（临时）常委会第十一次主任会议于6月9日召开。王敏荣主持。会议听取区国资委关于国有资产监督管理情况的报告；听取区卫生局关于卫生系统资源整合情况与发展工作情况的报告；听取区人大（临时）常委会第七次会议有关议题准备情况的汇报，决定于6月23日召开区人大（临时）常委会第七次会议。西城区人大（临时）常委会第十二次主任会议于7月14日召开。解建军主持。会议听取区委组织部关于人事任免议案的汇报，决定提交区人大（临时）常委会第八次会议审议；听取区检察院关于加强诉讼监督工作情况的报告；听取区科委关于贯彻落实《科技进步法》、推动科技惠及民生工作的报告；听取区政府、区市政市容委、西城交通支队关于代表建议办复情况的报告；会议听取区人大（临时）常委会第八次会议有关议题准备情况的汇报，决定于7月28日召开区人大（临时）常委会第八次会议。西城区人大（临时）常委会第十三次主任会议于7月25日召开。王敏荣主持。会议听取区委组织部关于人事任免议案的汇报，决定提交区人大（临时）常委会第八次会议审议；传达北京市人民代表大会常务委员会关于区县、乡镇人民代表大会换届选举有关事项的决定（草案）精神，研究换届选举相关准备工作；研究北京市西城区人大（临时）常委会关于进一步加强法制宣传教育、推进法治建设的决议（草案），决定修改后提交区人大（临时）常委会第八次会议表决。西城区人大（临时）常委会第十四次主任会议于8月3日召开。王敏荣主持。会议听取区市政市容管理委员会关于完善区域交通体系疏解拥堵问题规划与建设情况的报告；听取区民政局关于老龄事业发展的情况报告；研究西城区人民代表大会换届选举的有关事项；听取区人大（临时）常委会第九次会议有关议题准备情况的汇报，决定于8月16日召开区人大（临时）常委会第九次会议。西城区人大（临时）常委会第十五次主任会议于8月10日召开。王敏荣主持。会议听取区委组织部关于人事任免议案的汇报，决定提交区人大（临时）常委会第九次会议审议；研究讨论关于区人民代表大会换届选举有关事项；听取区人大（临时）常委会第九次会议有关议题准备情况的汇报，决定于8月15日召开区人大（临时）常委会第九次会议。西城区人大（临时）常委会第十六次主任会议于9月30日召开。王敏荣主持。会议听取区委组织部关于人事任免事项的情况介绍，决定提交区人大（临时）常委会第十次会议审议；听取区人大（临时）常委会第十次会议议题准备情况的汇报，决定于10月14日召开区人大（临时）常委会第十次会议。西城区人大（临时）常委会第十七次主任会议于10月13日召开。解建军主持。会议听取区检察院有关人事任免议案的汇报，决定提交区人大（临时）常委会第十次会议审议；听取区政府“关于抓紧制定各功能街区建设中长期规划的建议”办理情况的报告；听取区人大（临时）常委会第十一次会议有关议题准备情况的汇报，决定于10月27日召开区人大（临时）常委会第十一次会议。西城区人大（临时）常委会第十八次主任会议于10月13日召开。王敏荣主持。会议听取区委组织部关于区法院、区检察院、区人大（临时）常委会机关室委有关人事任免事项的情况介绍，决定提交区人大（临时）常委会第十次会议审议。西城区人大（临时）常委会第十九次主任会议于10月20日召开。王敏荣主持。会议研究区第十五届人民代表大会第一次会议筹备工作，讨论大会议程草案、大会工作日程草案和筹备工作日程草案，确定大会筹备工作机构各组负责人；会议学习中共十七届六中全会公报，传达中共西城区委常委会关于贯彻六中全会精神的工作部署，就区人大围绕推动区域文化大发展大繁荣开展工作进行了讨论。西城区人大（临时）常委会第二十次主任会议于11月3日召开。王敏荣主持。会议经过审议，决定接受王敏荣辞去西城区选举委员会主任职务的请求，接受俞强、王建华辞去西城区选委会委员的请求，同时决定由解建军主持区选举委员会后续工作，并将这项决定报区人大（临时）常委会备案。西城区人大（临时）常委会第二十一次主任会议于11月10日召开。王敏荣主持。会议听取区委组织部关于人事任免事项的情况介绍，听取区检察院关于人事任免议案的汇报，决定提交区人大（临时）常委会第十二次会议审议；听取区教委关于2012年部门预算编制情况的报告；听取区卫生局关于2012年部门预算编制情况的报告；研究西城区十五届人大一次会议有关事项，决定提交区人大（临时）常委会第十二次会议审议。

（李 锟）

【常委会工作】 创新和完善工作方式，加大重点工作监督力度。围绕关系民生的重点工作加强监督，常委会先后听取和审议区政府关于加快解决入园难问题、实施“五五”普法规划和开展“六五”普法工作情况、“十二五”规划各专项规划编制情况、旧城保护和改善居民生活环境情况等多项工作报告。主任会议先后听取区政府关于第三次文物（保护）普查工作、加强物价监管工作、民防工作、国有资产监督管理工作、构建新型医疗卫生服务体系工作、贯彻落实科技进步法，推动科技惠及民生工作、完善区域交通体系疏解交通拥堵问题的规划与建设等方面的工作报告。各有关委员会还围绕科技、教育、体育、文化和卫生事业发展、治安整治工作情况、街巷院落综合修缮等工作组织视察，深入调研，提出改进工作建议，加强与“一府两院”沟通协调，推动相关工作取得新的进展。

（李 锟）

【选举区第十五届人大代表工作】 根据宪法、选举法等有关法律规定，按照北京市第十三届人民代表大会常务委员会第二十六次会议关于区县、乡镇人民代表大会换届选举有关事项的决定和北京市西城区人大（临时）常委会第九次会议关于西城区人民代表大会换届选举的决定，选举西城区第十五届人民代表大会代表的工作自7月下旬开始至11月中旬完成。在准备工作阶段，区人大（临时）常委会依法做出关于换届选举工作的决定，区委转发区人大（临时）常委会党组关于换届选举工作的安排意见。成立由区委领导、区人大（临时）常委会领导及部分区政府领导组成的区人大换届选举工作领导小组。区人大（临时）常委会依法设立西城区选举委员会，下设办公室，设立15个地区选举分会、1个部队分会以及2个直属选区。各选举分会建立工作机构和选区工作组。区委、区人大（临时）常委会组织召开区人大换届选举工作会议进行动员部署。区选举委员会制发《北京市西城区人民代表大会代表换届选举工作方案》。抽调选举工作人员并进行培训。完成对辖区内人口、单位和选民情况调查摸底工作，划分了200个选区（含10个部队选区），依法分配了代表名额。在选民登记阶段，按照不漏、不重、不错的要求，区选委会举办了登记工作培训班。各选举分会和各选区坚持入户登记与设站登记相结合、选民登记与普法宣传相结合、选民登记与为民办实事相结合、选民登记与加强民族工作等相结合、选民登记与代表资源调查相结合，采取入户核对、走访单位等方式，用近一个半月时间，基本完成选民登记、选民名单核对和选民资格审查工作，填写了选民证，划编选民小组13535个。10月15日全区依法统一公布选民名单、投票时间和投票地点。选民补登工作延续至投票日当天。本次选举，西城区共登记选民840756人。在提名推荐、讨论协商和确定代表候选人阶段，严格按照法定程序，坚持公开、公平、公正，认真组织代表候选人提名推荐工作，选民10人以上联名推荐和西城区各政党、人民团体联合推荐的初步代表候选人共1474名。经过发扬民主、反复酝酿协商，区选举委员会依法确定618名正式代表候选人，其中中共党员比例与上届基本持平，妇女比例有所上升，基层一线代表候选人有所增加，整体结构符合选民的意愿，符合应选代表结构比例要求。在投票选举日的7日前，按选区公布了正式候选人名单及其基本情况。在投票选举阶段，全区共设立375个投票站和349个流动票箱。分层次对工作人员进行培训和组织演练，投票日当天有万余名工作人员参与投票的组织服务工作。整个投票选举过程，严格依法进行，秩序井然，200个选区全部一次选举成功。西城区各政党、人民团体联合推荐的58名代表候选人全部当选。在登记选民840756人中，有825380人参加了11月8

日的投票选举，参选率为98.2%。胡锦涛、江泽民、吴邦国、温家宝、贾庆林、李长春、习近平、李克强、贺国强、周永康等中央领导分别在中南海选区怀仁堂投票站、人民大会堂投票站、文津街选区紫光阁投票站、金融街第二选区全国政协机关投票站、大觉选区中纪委投票站参加投票或委托他人投票，选举西城区第十五届人大代表。胡锦涛在投票后接受记者采访时说，我很高兴作为北京市西城区的一名选民，前来参加区人大代表的选举投票。胡锦涛指出，人民代表大会制度是我们国家的根本政治制度。搞好地方人大代表换届选举，对于坚持和完善人民代表大会制度、保证人民当家做主，具有十分重要的意义。胡锦涛希望当选的同志牢记选民重托，密切联系群众，积极反映民意，依法履行职权，充分发挥人大代表应有作用。11月14日分别召开选举委员会和代表资格审查委员会会议，对选举结果和当选代表资格进行确认。11月15日，各选区依法公布当选代表名单并下发当选通知书。据初步统计，在当选的418名人大代表中：男283人，占67.7%；女135人，占32.3%。中共党员323人，占77.3%；民主党派33人，占7.9%；无党派人士62人，占14.8%。汉族373人，占89.2%；少数民族45人，占10.8%。研究生及以上192人，占45.9%；大学本科195人，占46.7%；大专及高职26人，占6.2%；中专职高及高中3人，占0.7%；初中及以下2人，占0.5%。35岁以下14人，占3.3%；36岁至55岁353人，占84.4%；56岁以上51人，占12.2%。中央单位143人，占34.2%；市属单位102人，占24.4%；区街属单位115人，占27.5%；其他单位58人，占13.9%。基层一线代表230人，占55.0%。新当选代表243人，占58.1%；连任代表175人，占41.9%。当选代表整体结构符合中央、市委提出的要求，女代表比例有所提高；基层一线代表大幅增加；中共党员代表、少数民族代表比例与上届原西城区基本持平。民主党派、无党派人士、归侨、宗教界人士及非公有制经济组织的人士均有一定数量的代表。

（李　锟）

【推动法律法规实施】 年内，主任会议听取区法院加强制度建设强化内部监督工作情况的报告和区检察院关于加强诉讼监督工作情况的报告。加大视察检查力度，推动法律法规的实施。贯彻监督法，抓住群众反映突出、社会普遍关注的热点问题，开展视察检查，规范检查主体和工作程序，探索有效检查方式。以常委会为主体，吸收各有关委员会和街道联组代表参加，先后围绕科技进步法、学前教育条例等法律法规的实施和实施“五五”普法规划开展“六五”普法工作的情况进行视察检查。通过多种方式监督审议意见的落实，促进区政府依法行政、改进工作。同时采取联合、联动、跟踪检查等方式，加大视察检查的力度。

（李　锟）

【加强计划预算监督】 落实监督法要求，把监督中长期规划的编制和实施作为工作重点，动员代表全程参与区“十二五”规划的编制工作。在规划编制前期参与重点课题调研，在中期组织专题研讨会提出意见和建议，在后期先后组织财经委员会、常委会、各街道联组会议，对规划纲要的主要内容进行审议。在代表大会审查批准规划后，推动规划的落实，常委会听取和审议了区“十二五”规划各专项规划编制工作进展情况的报告，主任会议听取了各功能街区“十二五”期间发展规划编制情况的报告。围绕规划提出的“服务立区、金融强区、文化兴区”战略，举办代表论坛，组织代表深入研讨，发挥人大优势，凝聚代表智慧，全力推进“三区”战略的实施。依据监督法、预算法、审计法等法律法规，以计划预算的执行、经济社会发展的重大项目建设及重要投资支出为重点开展监督。审议批准区政府2010年度财政决算、审计工作报告，听取和审议区政府关于审计查出问题整改情况的报告、2011年半年和1月至10月计划预算执行及调整情况的报告，并对2012年计划、预算报告的主要内容进行初步审议。

（李　锟）

【代表工作】 完善区、街联动代表工作格局。建立由区人大（临时）常委会统一领导、各委员会充分发挥作用、代表联络部门综合协调、街道人大工作机构为基础的代表工作格局。坚持代表列席常委会会议制度和重要工作向代表通报制度，通过召开代表通报会，举办代表论坛，编发公报、《代表通讯》、《西城人大》等刊物，帮助代表了解人大工作和全区性重要工作的进展情况，保障代表知情知政。各工作机构围绕全区中心工作和区人大（临时）常委会议题，组织代表参加视察、执法检查、专项工作评议等活动，促进代表对常委会工作的深度参与。把涉及区域经济发展和群众切身利益、代表和群众普遍关注的建议作为重点，坚持主任和副主任牵头督办、各工作委员会分类督办、代表工作机构整体督办的工作模式，通过完善督办协调机制、集中研究处理难点问题、组织代表专题视察、建议办理监督员全程跟踪等措施，抓好交办、督办和检查落实，提高办理质量和实效。区政府高度重视代表建议，专门召开会议提出办理要求，切实解决代表和群众反映的重点、难点问题。区法院、区检察院专门召开座谈会听取代表的意见，不断深化代表建议办理工作。做好市人大代表联络服务工作。落实市人大常委会的部署和安排，完成市十三届人大四次会议的服务保障工作。邀请市人大代表参与区人大（临时）常委会和各街道联组的会议活动，加强市、区人大代表之间的联系。组织市人大代表年中活动和会前活动，并就首都经济社会发展、重点功能街区建设等方面情况开展视察和座谈，发挥市、区人大代表的作用。畅通渠道，密切代表与选民的联系。在街道和社区公示代表联系方式，推进代表接待日、代表联系选民等工作，组织代表参与地区性、群众性、公益性活动，进一步畅通代表了解民意、反映民声的渠道。在107个社区建立代表联络员制度，通过街道人大工作机构聘请代表担任社区议事会成员、组织代表向选民述职等活动，增强代表履职的自觉性和主动性。

（李　锟）

【自身建设】　加强理论学习和研究，进一步提高把握工作规律、依法履行职责的能力。常委会始终把加强政治理论和人大业务学习放在自身建设的首位，坚持抓好学习、调研等基础性工作，结合实际开展学习研讨活动。围绕人民代表大会制度的理论与实践、围绕全区中心工作和重点工作开展调查研究，把调研工作贯穿于听取和审议专项工作报告、开展执法检查等履职过程的始终，在贯彻落实监督法、推进地区民主政治建设、推动重点区域建设、改善民生等方面形成一批调研成果。进一步拓展对外交往渠道，加强与友好市、区人大常委会的工作交流，组织代表团参加京津沪渝四市八区人大工作交流会、全国二十三城市（区）人大常委会联席会议、全国十三城区人大工作联席会等，交流工作经验，促进区人大（临时）常委会工作的改进和加强。贯彻市委人大工作会议精神和区委关于加强和改进人大工作的意见，进一步加强自身建设。落实区委关于区划调整后加强思想、感情、资源、工作四个方面全方位融合的要求，坚持讲政治、讲责任、讲和谐、讲纪律，组织完成工作机构的合并，进一步加强干部队伍建设，保证常委会及机关各项工作的顺利开展。注重推进制度建设，研究制定常委会议事规则、主任会议议事规则等制度，完善议事决策机制和工作程序。加强人大信息公开和宣传工作，通过人大网站、人大刊物及时公开区人大（临时）常委会履职情况，增强工作透明度。

（李　锟）

北京市西城区人民政府

概　述

年内，全区围绕年初确定的目标，贯彻落实主题主线要求，扎实推进“服务立区、金融强区、文化兴区”发展战略，不断增强工作的主动性和针对性，经济平稳较快发展，社会事业全面进步，主要指标均达到计划目标要求，年度重点任务圆满完成，“十二五”实现良好开局。

区域经济更具实力。在外部环境复杂多变、宏观经济增速逐季放缓的大背景下，全区坚持并深化打造平台、强化服务的思路，多措并举促增长，区域经济保持较好的发展势头。西城区生产总值实现2302亿元，比上年增长11.9%左右；财政收入完成281.5亿元，同口径比上年增长30.9%左右；社会消费品零售额完成688.9亿元，比上年增长16.1%左右；固定资产投资累计完成187.3亿元，比上年增长8.3%；城镇居民人均可支配收入35740元，同比增长8.6%；全区“三资”企业利用外资完成5.6亿美元，比上年下降12.5%。

产业发展更具竞争力。以金融

为主导的现代服务业发展势头良好。其中，金融、批发和零售业、租赁和商务服务业实现较快增长。全区金融机构各项人民币存款余额22858.1亿元，比年初增长17.3%，占全市各项人民币存款余额的32.7%。全区金融机构人民币贷款余额13476.3亿元，比年初增长17.5%，占全市各项人民币贷款余额的42.4%；营业税、房产税、增值税和企业所得税四大主体税种共完成231.4亿元，占本年度财政收入的82.2%，比上年增长28.7%。其中，营业税112.5亿元，比上年增长31%；房产税20.5亿元，比上年增长21.6%；增值税13.7亿元，比上年增长20%；企业所得税84.8亿元，比上年增长29%。

功能街区发展更具活力。截至年底，十大功能街区资产总计达26万亿元，占全区资产总和的43.2%；实现主营收入6616.8亿元，占全区比重的57.5%，实现行业利润1928.6亿元，占全区比重的67.9%；固定资产投资完成72.27亿元，占全区固定资产投资的38.6%。完成三级税收2170.1亿元，同比增长17.5%。文化创意产业蓬勃发展，实现主营收入222.2亿元，占全区文化创意产业总收入的44.1%。

发展环境更具吸引力。积极引导非公经济和中小企业发展。全年共对19家中小企业进行贷款担保，担保额10980万元。完成小额担保贷款项目16笔，担保金额138万元。推进集合融资，开展调研走访，了解中小企业需求，针对有融资需求的中小企业进行分类培训，对具备集合融资条件的企业加强整合与辅导，制定个性化分类指导推进计划。发行西城区第一期集合信托，满足了5家中小企业低成本融资3800万元的需求。组织企业积极申报国家、市各类专项资金，全年4家企业共获得资金支持970万元，完成12家企业项目备案。

交通承载能力进一步增强。加快交通路网建设，畅通道路微循环系统，区域路网的通达性显著提升。基本完成地铁6、8号线站点拆迁；地铁7号线站点拆迁完成50%。西直门内大街、新街口北大街拆迁分别完成87%和91%。南横东街、右安门内大街竣工通车。对白广路、白云观街等60条道路进行大中修。东校场口南口疏堵工程、马连道周边等区域道路微循环改造完成。新建动物园停车场等16处停车场，新增车位1665个。

城市环境质量进一步改善。落实清洁空气行动计划，控制机动车污染排放，推进流动污染源监管，改造马连道中里、裕中西里燃煤锅炉，区域空气质量持续改善，全区二级和好于二级天数达到282天，占已有天数的77.1%。整治前三门大街等29条重点大街沿街立面以及国务院第二招待所周边、三庙前街等地区“边角地”。推进全方位、全覆盖的绿化养护模式，新建绿地5.4公顷，完成计划的146%；改造绿地9.17公顷，完成计划的104%；建设屋顶绿化2.3万平方米，垂直绿化5300延长米。统一全区道路清扫作业标准、模式，可机扫道路机扫率达到100%。

城市管理水平进一步提高。完善城市管理、应急指挥、政务值班、非紧急救助“四位一体”的城市运行管理模式。全面推行城市环境分类分级管理。“数字西城地理空间框架建设项目”顺利通过国家级有关部门验收，获得“全国数字城市建设示范区”和“2011中国城市信息化管理创新奖”。加大食品、药品安全专项整治和监督检查力度，抽验合格率分别达到98.4%和98.9%。加强对人员密集场所、建筑工地、地下空间等重要场所和消防等重点领域的安全监管，圆满完成纪念建党90周年等重大活动的安保工作。完善城市应急指挥系统和应急预案，健全风险预警、监测评估、信息发布等工作机制，组织开展“世界急救日”应急救护综合演练，提高公众的防灾减灾意识和自救互救能力。

深入贯彻落实十七届六中全会精神，结合实际情况，制订出台新的文化发展政策措施，明确文化发展目标，全力推动区域文化大发展、大繁荣。

公共文明水平显著提高。以“做文明有礼的北京人”为主题，深入践行北京精神，总结提炼西城精神，开展群众性精神文明创建工作，社会主义核心价值体系建设和未成年人思想道德建设扎实推进。圆满完成全国文明城区测评迎检工作。开展形式多样的群众文化活动，成功举办西城文化节，加快“1121”文化设施工程建设，大力提升“一街一品”、“一居一特”社区文化活动品牌影响力。

文化创意产业加速发展。完成天桥演艺区南区公建项目股权收购，演艺总部基地开工建设。出台《西城区关于促进文化创意产业发展的若干措施》，推动区域文化创意产业发展，凤凰新媒体等27家出版企业落户中国北京出版创意产业园区。

文化保护工作稳步推进。成

立西城区历史文化名城保护委员会，加强对什刹海、大栅栏等历史文化保护区的整体保护，对什刹海地区大、小金丝胡同等6条胡同环境进行综合整治，更新改造什刹海沿湖栏杆等公共设施。完成棍贝子府花园修缮设计方案、普济寺修缮立项审批和永佑庙的修缮任务。实施白塔寺药店削层工作。完成大栅栏C地块拆迁、杨梅竹斜街腾退年度计划任务。启动劝业场保护修缮工程。区内有各级文物保护单位184处，其中全国重点文物保护单位32处，北京市文物保护单位74处。

就业和保障力度不断加大。全年投入促进就业资金6767万元，同比增加1358万元，增幅达25.1%。全区城镇登记失业率为1.01%，失业人员就业率为72.68%，就业困难人员实现就业15801人，完成全年任务指标的175.75%，并实现零就业家庭动态“脱零”。五项社会保险基金累计收缴210.4亿元，同比增长19.7%，收缴率均达到99%以上；为36.4万人调整基本养老金，人均增加220元，人均养老金达到2322元。统一原西城、宣武两区特困居民参加医保补助政策。落实城镇居民医疗保险待遇调整政策,扩大基本医疗保险药品报销范围。对64名患有重病、家庭生活困难的参保人员进行救助，支付救助金34.7万元。在全区78家社区卫生服务站全面开展知己健康和慢病管理工作，知己健康管理人群达到15138人，慢病管理人群达到20660人，试点人数名列全市第一。

社会事业发展水平不断提高。继续推进国家可持续发展示范区建设，加强知识产权保护，开展“中国设计市场交易促进平台的研发与应用”、“文保区房屋保护修缮节能环保技术集成示范”等项目研究，推进科技在民生领域的应用，增强科技引领支撑作用。累计认证国家级高新技术企业212家，其中新认证67家。推进各级各类教育均衡发展，积极发展学前教育，加强中小学教育教学管理，深化高中课程改革试验，推进高中示范校校长合作体建设，巩固基础教育优势。探索建立职教普教融通、中职高职衔接的职业教育发展模式。完成5所幼儿园的改扩建和北京四中等37处校址教学楼的加固改造。继续开展区域医疗共同体建设，实现多点式转诊预约服务。推进家庭医生式服务模式，组建257个家庭医生式服务团队，签约28万人。实行社区卫生服务中心24小时应急处置和延时服务。加快公共卫生大厦、家庭健康保健中心等项目建设。开展健康教育促进活动，倡导体育生活化。举办西城区全民健身体育节等活动，群众体育活动丰富多彩。广安体育中心二期、三期工程竣工。

社会服务管理模式不断创新。落实《北京市社会服务管理创新行动方案》，探索构建“全响应”社会服务管理格局。探索建立民意民需调查机制，倾听群众呼声，了解社情民意。进一步完善社区网格化服务管理模式，加快推进“一刻钟社区便民服务圈”建设，广安门内街道西便门内社区等10个社区成为市级示范点。推进社区民主自治建设，落实社区议事协商会、居民接待日等制度。完善社会服务管理格局，引入社会组织孵化器，引导各类社会组织加强自身建设，增强服务社会能力。以社会治安综合治理为依托，构建网格化社会面防控体系，建立健全实有人口动态管理机制。扎实开展矛盾纠纷排查化解工作，探索用群众工作统揽信访工作新模式，健全完善“大调解、大化解”工作体系，畅通群众诉求表达渠道，切实化解一批信访突出问题。推进创新型警务建设，健全打防结合的社会治安防控体系，强化基层维稳力量，持续开展治安重点地区和突出违法犯罪的打击整治，社会形势总体稳定。

惠民便民政策措施成效明显。大力改善居民居住生活环境，对虎坊路小区、平原里小区供热管网，以及天桥、椿树地区的老旧电线进行改造。完成2500户“一户一水表”工程和永定门西街8号等3座老楼通暖气改造。保障性安居工程建设进展顺利，房山区长阳项目开工，丰台区张仪村项目、昌平区回龙观一期项目稳步推进。加大“菜篮子”工程建设力度，新增社区便民菜店15家。实施农贸市场蔬菜进场费减免政策，推进农超、农餐、场店对接，加强对粮、油、肉、蛋、菜等与群众生活密切相关商品的价格监测与检查，保障市场供应和价格基本稳定。

13个“十二五”综合规划和19个专项规划编制工作基本完成，为“十二五”规划纲要的实施提供了强有力的支撑。

（于明艳）

区政府主要工作和重大活动

【区政府重要会议】 年内共召开28次区政府常务会议，安排研究

108项议题。2月11日第九次会议。议题：关于2010年人口和计划生育工作情况汇报及2011年工作要点、考核情况的说明；关于《2011年社会建设工作要点》有关情况的汇报；关于《西城区2011年在直接关系群众生活方面拟办重要实事》起草编制工作的汇报；关于2011年教委部门预算编制情况的汇报；关于2010年度西城区政府部门督查考核奖励工作情况的汇报；人事任免。2月22日第十次会议。议题：关于制定西城区行政服务体系建设1+4规范性文件情况的汇报；关于2010年全区安全生产工作情况的汇报。3月9日第十一次会议。议题：关于西城区政府2011年重要会议议题计划的汇报；关于西城区政府2011年重点工作目标分解的汇报；关于《北京市西城区行政强制执行办法》修改情况的汇报；关于召开西城区2011年城市环境建设工作会有关事宜的汇报；人事任免。3月23日第十二次会议。议题：关于西城区医改工作方案的汇报。3月30日第十三次会议。议题：关于西城区历史文化名城保护有关工作的汇报；关于广安产业园设计征集工作的汇报；人事任免。4月13日第十四次会议。议题：关于西城区2011年全国文明城区迎检与创建工作的汇报；关于《北京市西城区重大行政事项决策办法》起草情况的汇报；关于西城区贯彻“人文北京”行动计划有关情况的汇报；关于制定《北京市西城区贯彻落实“科技北京”行动计划实施方案》有关情况的汇报；关于西城区贯彻落实“绿色北京”行动计划（2010—2012）实施方案的汇报。4月20日第十五次会议。议题：关于西城区加快国际商贸中心示范区建设的汇报；关于制定《北京市西城区加强“菜篮子”系统工程建设保障市场供应的实施意见》的汇报；关于西城区第六次全国人口普查情况的汇报；关于印发《北京市西城区关于加快推进学前教育发展的意见》和《北京市西城区学前教育三年行动计划》的情况汇报；关于西城区2010年政府投资计划执行情况及2011年政府投资计划安排的汇报；人事任免。4月21日第十六次会议。议题：关于西城区信息化工作的汇报；关于西城区2011年第一季度安全生产形势及工作情况的汇报；关于2011年北京西单国际时尚年会工作方案的汇报。4月27日第十七次会议。议题：关于西城区第二轮修志工作情况的汇报；关于西城区第三次文物普查及第三批区级文物保护单位申报有关情况的汇报；关于2011年西城区文化节工作方案有关情况的汇报；关于统一对特困人员缴纳基本医疗保险实行缴费补助政策有关情况的汇报。5月18日第十八次会议。议题：关于审议西城区贯彻落实北京市学前教育条例加快解决入托难问题的报告的汇报；关于西城区2011年义务教育阶段入学工作实施办法的汇报。6月15日第十九次会议。议题：关于《西城区关于促进旅游业发展的实施意见》情况的汇报；关于修订《西城区人民政府关于促进残疾人事业发展的若干意见》的情况汇报；关于制定《西城区全民健身实施计划（2011—2015年）》有关情况的汇报；关于西城区清洁空气行动计划（2011—2015年大气污染控制措施）及2011年落实清洁空气行动计划实施方案的汇报；关于西城区2010年财政决算草案报告情况的汇报；关于2010年度西城区预算执行和其他财政收支审计情况的汇报；人事任免。7月6日第二十次会议。议题：关于《北京市西城区实施〈北京市禁止违法建设若干规定〉办法》起草情况的汇报；关于西城区“小金库”专项治理工作有关情况的汇报；关于2010年国有资本经营预算执行情况和2011年国有资本经营预算编制情况的汇报；关于解除聂杰英行政撤职处分有关情况的汇报；人事任免。7月13日第二十一次会议。议题：关于“五五”普法实施和“六五”普法进展情况的汇报。8月3日第二十二次会议。议题：关于上半年市区政府重要工作进展情况的汇报；关于西城区2011年上半年安全生产工作有关情况的汇报；关于西城区2011年1至6月食品安全工作的汇报；关于西城区进一步推进安全社区创建和促进工作的汇报；关于区级行政规范文件清理情况的汇报；关于对王强处置意见的汇报；人事任免。8月10日第二十三次会议。议题：关于《中共西城区委西城区人民政府关于加强和改进新形势下工商联工作的实施意见》的情况汇报。8月17日第二十四次会议。议题：关于西城区能源统计监测工作的汇报；关于进一步加强西城区药品安全监管及开展西城区药品安全百千万工程建设工作的汇报；关于西城区开展政府公众责任险试点工作的汇报；人事任免。8月24日第二十五次会议。议题：关于实施无线西城行动计划（2011—2013）的汇报；关于加快推进电子商务发展情况的汇报；关于西城区2011年上半年依法行政工作情况的汇报。9月21日第二十六次会议。议题：关于2011年人口和计划生育工作完成进度的汇报；关于西城区旅游工作情况的汇报；关于西城区第三批区级非物质文化遗产名录申报立项工作的汇报；人事任免。9月28日第二十七次会议。议题：关于《北京市629工程社会稳定风险评估报告》和《北京市629工程房屋征收决定》有关情况的汇报；关于《北京市西城区东绒线胡同49号北院项目社会稳定风险评估报告》和《北京市西城区东绒线胡同49号北院项目房屋征收决定》有关情况的汇报。10月14日第二十八次会议。议题：关于学习国务院总理温家宝《关于当前宏观经济形势和经济工作》一文；关于黄金周各项服务保障工作的汇报；关于开展年度人口抽样调查工作的汇报；关于2010年西城区预算执行和其他财政收支审计查出问题整改情况的汇报。10月26日第二十九次会议。议题：关于2011年1至9月份西城区国民经济和社会发展计划执行情况和计划调整情况的汇报；关于2011年1至9月财政预算执行情况和调整预算的汇报；人事任免。11月3日第三十次会议。议题：人事任免；学习《北京市行政问责办法》；关于西城区2011年第三季度安全生产形势及工作情况的汇报；关于《北京市西城区地理空间框架管理办法》有关情况的汇报。11月14日第三十一次会议。议题：学习《国务院办公厅关于保障性安居工程建设和管理的指导意见》和《北京市人民政府关于加强本市公共租赁住房建设和管理的通知》；学习《国务院关于加强法治政府建设的意见》；关于《北京市西城区加强法制政府建设规划》起草情况的汇报；关于西城区房屋建筑抗震节能综合改造工作实施方案的汇报；关于办理2011年区人大代表议案和建议工作的汇报；关于进藏兵优待安置政策有关情况的汇报；关于《西城区关于促进文化创意产业若干措施》情况的汇报。11月16日第三十二次会议。议题：学习《北京市安全生产条例》；关于2011年西城区政府工作报告起草情况的汇报；关于西城区2011年国民经济和社会发展计划执行情况及2012年国民经济和社会发展计划草案的汇报；关于西城区2011年财政预算执行情况和2012年财政预算草案的汇报。11月23日第三十三次会议。议题：关于《北京市西城区推进依法行政工作若干规定》等3项规定起草工作的汇报；关于《西城区关于保护和促进老字号发展的若干意见》编制起草工作的汇报；关于《北京市西城区关于制定加强市场主体住所登记管理的若干意见》起草情况的汇报；人事任免。12月9日第三十四次会议。议题：关于学习贯彻《北京市人民政府关于加强政府性债务管理的意见》；关于区政府有关部门安全生产工作职责有关情况的汇报；关于2012年西城区政府信息公开工作的汇报；关于《西城区关于服务重点企业的实施办法》及2010年度奖励重点企业兑现方案有关情况的汇报。12月22日第一次会议。议题：通报区长、副区长分工；关于2012年“千家企业评政府”工作情况的汇报；关于2012年“两会”建议提案有关情况的汇报；关于区街财政体制有关情况的汇报；关于西城区2011年面向社会公开招考养老（助残）员以及对现有养老（助残员）规范管理工作的汇报；关于近期重点工作的安排。12月30日第二次会议。议题：人事任免。

（石　萌）

【23件实事完成情况】　年初，区政府确定23件为群众拟办重要实事计划，在各主责单位的努力和协办单位的配合下，较好地完成了工作任务。有2件超额完成既定指标，有19件全面完成既定指标，有2件部分完成既定指标。（1）完成大修房屋1480间、2.12万平方米、涉及居民790户，解危修缮房屋1000间、1.5万平方米、涉及居民673户；完成800个院落的下水管线改造；对大栅栏等地区226处雨污水平房支户线及建功北里等2个老旧小区雨污水户线进行改造；完成3条街巷整治任务。（2）完成161栋楼房的综合修缮、28栋楼房的节能改造、32个老旧小区的下水管线等改造；屋面防水已全部完成6万平方米；电梯更新工程完成监理招标工作，已组织施工。（3）“一户一水表”完成2500户；完成老旧小区居民节水器具换装1500套件；虎坊路小区等2004户直管公房老旧电线改造工程全部完成。（4）完成63台老旧供暖设备改造、22726米内外管线改造；南礼士路5、8、9号楼97户老旧楼房暖气改造工程全部完成；供热老旧管网改造工程完成工程量的100%。（5）裕中西里、马连道“煤改气”工程完工，正式供暖。（6）马连道中街南北段、群力胡同等60条道路大修工程全部完工；东教场胡同、西兴盛、马连道等9条道路优化改造工程

全部完工；南横东街、右安门内大街完工通车。（7）由于道路改造、环境整治等原因，为避免重复建设，完成二类公厕修缮27座；完成14座清洁站的升级改造；新建公厕4座。（8）在130个居民小区实施垃圾分类达标工作，向其中的95个小区发放家用垃圾分类袋、分类桶和院内垃圾分类桶，并筹备首都博物馆“周四垃圾减量日”工作。（9）完成人民大学周边、广源小区前道路、白云观西侧等新建绿地2.76万平方米；共完成新建绿化工程5.4万平方米，其中屋顶绿化2.3万平方米。（10）13所学校校舍加固工程全部完工。（11）曙光幼儿园分园、棉花胡同幼儿园分园及信和嘉苑、红山世家、丽水莲花3个小区配套幼儿园投入使用。（12）15家社区卫生服务中心分别与6家大型医院签订协议书,建立预约转诊关系，针对不同的对接方式制定相应的预约转诊挂号流程，确保转诊路径畅通。在各社区卫生服务中心延长门诊服务时间至晚8点,“健康通”24小时提供健康咨询服务，并在西长安街、德胜、大栅栏3个社区卫生服务中心试点开展24小时应急处置服务。（13）12家窝沟封闭指定单位共为9291名适龄儿童进行了窝沟封闭。其中，区中小学卫生保健所、区疾控中心口腔保健科等6家单位使用流动口腔治疗设备进入71所小学校为适龄儿童开展免费窝沟封闭，为2357名儿童进行了复查。为社区高血压高危人群免费发放腰围尺和体重指数尺。利用全民健康生活方式日、结核病日等活动，组织开展以发放相关宣传品、咨询讲座等形式为主的健康宣传活动，向居民传播健康知识和技能。（14）投入30万元，本着“就近、就便、集中”的原则，为1500名无业贫困残疾人免费体检，对100户老残一体、孤寡重度残疾人困难家庭给予帮困服务。（15）为全区2830名无社会保障老年人每年免费体检一次；为599名低保老年人每两年免费体检一次；为60岁及以上11200名老年人开展优惠健康体检工作。（16）对区域内0岁至18岁，患有白血病、血友病、再生障碍性贫血、肾衰竭、恶性肿瘤等疾病，并有特殊困难的贫困患者家庭进行救助。对上报的困难家庭情况审核后，32户家庭得到了救助，共使用救助金81.2万元。（17）为有需求的行动不便的空巢老人及定抚定补优抚对象、伤残军人、军属、烈属提供上门理发服务11294人次，为没有洗澡条件的低保及低收入老人免费发放洗澡券1455人次，代换煤气6290人次，结算金额216290元。（18）依托“爱心家园”救助平台，为辖区内生活困难家庭发放爱心卡3013张。（19）广安门外街道的“林家铺子”马连道中里便民店、青年湖便民店，展览路街道的2家任我在线超市，新街口街道的北京福来康商贸中心便民菜点、慈善超市，大栅栏街道的大栅栏街道社区便民连锁店绿缘惠家便民超市，金融街街道的农垦农副产品砖塔直营店，白纸坊街道的枣林前街便民菜店，西长安街街道的东文昌便民菜店、东中便民菜店建成并开始营业。（20）指导开展儿童早教活动，受益群众3000余人；举办健康生育快乐园讲座90期，为1845人发放叶酸；为流动人口中8881名已婚育龄妇女一年提供两次免费孕期检查；为2000名困难独生子女家庭的父亲开展生殖健康检查；为死亡特扶家庭中有需求的65岁以上老人免费办理移动小帮手31部；为60岁以上特扶家庭体检102人；为流动人口图书角增配图书。（21）实施法律援助“双百工程”，分别为100名符合条件的老年人、残疾人提供法律援助上门服务；组织188家律师事务所与255个社区结对子，并配备1000名律师进社区免费为居民提供法律服务；组织开展公益法律讲座60余场；打造牛街西里二区、广外司法所、普法家园等10个精品社区普法阵地，组织公益法律讲座110场次；打造基层人民调解组织示范点15个，切实推进调解委员会规范化建设。（22）免费为群众组织公益展览56场、公益演出91场、公益讲座135场、公益数字电影654场。（23）为西城区区域内“全民健身工程”和由西城区组织的大型群众健身活动投保公众责任险。

（陈　星）

区政府办公室工作

【概况】　北京市西城区人民政府办公室（简称区政府办公室）是协助区领导处理区政府日常工作的政府工作部门，工作主要职责是：协助区政府领导组织起草或审核以区政府、区政府办公室名义发布的公文；负责区政府会议的会务组织工作；承接区政府各部门、各街道办事处以及其他机构请示（商洽）区政府的事项，提出审核意见，报请区政府领导审批；负责辖区内各类突发公共事件应急处置和日常管理、宣传教育和培训工作；组织修订本区突发公共事件总体应急预案，督促检查预案演习；负责区政府政务信息和区政府大事记的编发；负责督促、检查国务院以及市政府文件的执行落实情况；督促检查区政府文件、会议决定事项以及各级领导重要批示的落实情况，并跟踪调研，及时向区政府领导报告；负责便民热线电话以及区长信箱的管理工作；负责为区政府领导提供重要信息；负责组织区政府有关部门办理各级人大代表建议和政协委员提案；联系区人大、区政协相关工作；接待各级人大代表、政协委员视察工作；负责区政府系统综合事务的协调工作，协助安排区政府领导参加重要政务活动；负责区政府的公务接待工作；负责各部门、各街道各项工作的综合考核；负责推进、指导、协调、监督本区政府信息公开工作，具体承办区属行政机关的政府信息公开事宜；负责区政府办公室以及部分部门的人事、财务、公费医疗、固定资产管理和机要交换等工作；负责落实查抄政策界定善后工作及查抄办档案管理工作；负责对基层行政办公室的业务指导；承办上级机关和区政府领导交办的其他事项。年内，区政府办公室较好地完成了各项工作。

地址：西城区二龙路27号
邮编：100032
电话：88064311

（杨　真）

【文书和档案工作】 年内，起草编制全年区政府重点工作目标任务分解、为群众拟办重要实事等。办理各级各类公文共7989件。其中，以区政府和区政府办公室名义制发公文共450件；收文共7539件：请示类公文共1616件，市级呈批类和呈阅类公文共1598件，群众来信28件，信息刊物4297件。接收、办理机要文件和内部刊物共1382件，完成2408件密级文件、内部文件的销毁工作，清退机要文件186件。完成上年度文书档案归档3156件。

（于明艳）

【信息工作】 市情专报：全年共上报信息条目832条，被市政府信息处刊物《昨日市情》（专、普刊）采用144条；上报调研信息8期，被《昨日市情》特刊采用信息5期，被《政务交流》采用1期。完成市政府信息处约稿6条次，通过电话、发约稿函等形式向区属各单位约稿30余次，6条信息被市领导批示。调研信息：全年出刊70期，区领导批示5条次。《参阅信息》全年出刊40期，《安邦每日经济》出刊248期。改进《业务交流》刊物的编辑工作，共出刊8期。全年共处理各类信息6107条。年底，西城区政府被市政府评为优秀信息单位。

（杨　捷）

【政府信息公开】 年内，西城区共有69个部门承担政府信息公开工作，全区主动公开政府信息12392条，全文电子化率100%；公众访问“北京西城”网站“政府信息公开专栏”累计558060人次；全区共设政府信息公开查阅中心42个，各单位接受公民、法人及其他组织政府信息公开方面的咨询7165人次；全区各政府信息公开工作机构共受理政府信息公开申请313件，全部按期办结；因政府信息公开引发行政复议23件，行政诉讼35件，未出现败诉。

（程东炜）

【人大建议政协提案办理情况】 年内，西城区政府承办全国、市、区三级人大代表建议和政协委员提案共502件，其中全国政协委员提案2件，北京市人大代表建议22件，北京市政协党派提案1件，北京市政协委员提案18件，西城区人大代表议案1件，西城区人大代表建议154件，区政协委员提案304件，已全部按期办理完毕。

（张　晖）

【非紧急救助服务办理情况】 年内，北京市非紧急救助服务中心西城分中心共受理市民诉求22038件。其中，问题类20432件，咨询服务类1606件。市民来电反映的问题主要集中在：房屋修缮2881件，公共服务2397件，市政设施1792件，市容环卫1706件，园林绿化1606件，环境污染1043件，违章建筑972件，小区配套866件，市场管理821件，安全隐患724件，拆迁问题692件，施工管理524件，社保问题429件，交通管理428件，物业管理226件，其他问题3325件。交办率100%，结办率97%。

（杜金芝）

【应急管理】 加强制度建设。强化责任意识，狠抓“1+4+12+15”（1个应急委、4位一体、12个专项应急指挥部、15个街道）组织指挥体系建设。编制《西城区“十二五”时期应急体系发展规划》等规范性文本，推进《突发事件专项准备资金管理和使用办法》落实工作。在应急预案建设方面，开展22个专项应急预案和15个街道突发事件总体应急预案修订工作。完成16个区级专项应急预案和15个街道总体应急预案的修订工作。开展公共安全风险管理工作。针对宗教活动场所存在人群风险特点和人群风险管理的形势，对牛街、德胜清真寺等民族宗教场所进行实地调研，确定牛街礼拜寺为重点，采用计算机模拟手段对人群聚集过程和疏散过程进行仿真，提出监测和预警建议方案，开发相应的桌面演练课件。为预防和快速有序处置宗教场所突发事件做好准备工作，进一步推动西城区民族宗教场所各类活动的应急管理工作。创新实践，加强应急宣教培训工作。一是坚持新媒体与传统媒体相结合，巩固扩展应急宣教阵地。截至12月31日，共上报信息546条，采编519条，采编率95.05%，在年底考核中名列全市第一。创刊《西城应急报》（季刊），每期印制800份，下发到全区255个社区。二是强化应急培训。共举办全区规模10余次，1800余人次参加。制作10集“商务行业安全生产培训系列教学片”——《商家安全ABC》。全区12个专项应急指挥部、15个街道办事处和相关部门共组织各类应急宣教座谈、研讨、培训80余次，1万余人次参加。三是开展主题活动。制作社区防灾减灾宣教片1部，编排以防灾减灾、自救互救为主题的舞台剧1场。开展各种宣传活动300余场次，发放各种宣教材料50余种100余万份，参加人数20万余人次，承办各种应急宣传板报、展板400余块。四是推进应急志愿者队伍建设。制发《关于建立完善西城区应急志愿者队伍工作的实施意见》，引导社会公众注册。截至年底，全区已组建各类应急志愿者队伍31支，注册人数2300人。强化领导，科学统筹全区应急演练工作。重点开展“5·12”丰汇园地震应急疏散演练，并制作教学光盘，作为市区地震知识宣传教育材料向全市推广。同时，以“防灾减灾从我做起，应急管理从基层抓起”为题在《中国应急管理》杂志上发表文章，向全国应急系统推广，宣传具有西城特色的公共安全应急文化。年内，全区组织各类应急演练300余次。拓展功能，加强“四位一体”城市运行管理指挥机制（依托一个数字化系统平台实施统一指挥，将城市管理、应急指挥、政务值班、非紧急救助在内的城市运行综合性管理资源充分整合，有效提升城市管理、作业、执法、监督效能）和“物联网”指挥技术支撑体系建设。拓展“四位一体”指挥体系内容，强化信息收集、分析研判和监测预警工作，建立城市运行监测体系。西直门管委会和区应急办开展“西直门交通枢纽全时空立体监控”项目建设；区应急办与西城公安分局启动西城区公共图像四期项目建设，两项目全部纳入全区应急指挥系统，整合了全区视频监控系统。同时，制订《北京市西城区城市安全运行和应急管理领域物联网应用建设总体方案》，紧扣城市安全运行和应急管理应用需求，提出以点带面、逐步推进的物联网发展模式，为快速处理突发事件提供保障。着眼实际，推进应急保障体系建设。一是加强应急救援队伍建设。在建立一支装备齐全、反应灵敏、素质过硬的综合救援队伍的基础上，各专项应急指挥部办公室逐步建立、充实专项应急救援队伍。二是做好应急物资储备库建设。在应急物资储备库建设课题研究的基础上，各专项应急指挥部加强应急物资储备库建设。如：西城区城市公共设施事故应急专项指挥部根据各部门应急物资储备需要，建立公共设施应急抢险物资储备库、防汛抢险物资储备库、扫雪铲冰应急抢险物资储备库、预防病媒生物应急物资储备库。三是进一步规范、规划避难场所建设。一方面对马甸玫瑰园和先农坛神仓外绿地等9处占地面积32.55万平方米、可容纳15余万人口的区级应急避难场所进一步规范；另一方面，区民防、园林部门和各街道结合地区实际不断加强社区临时应急避难场所建设。

（冯春发　任丽颖）

综合行政服务

【概况】　北京市西城区综合行政服务中心（简称区行政服务中心）是区政府为企业法人和公众提供行政服务的机构。4月11日迁入西直门新址并开厅投入试运行，4月18日举行新中心落成启用仪式，正式开展对外服务。区行政服务中心有工作人员行政编人员18名，事业编人员15名，劳务派遣人员15名，其中行政机构正处级领导1名，副处级领导3名。下设“三组三中心”，即行政机构设置综合组、管理组、监督组“三个组”；事业机构设网络运维中心、行政事务综合受理中心、行政客户服务中心“三个分中心”。总建筑面积近1.5万平方米，有131个窗口、55个后台工位。集行政审批、社会管理、公共服务、效能监察于一体，并负责建立区、街、居三级联动行政服务业务联办运行体系的规划组织和业务指导，致力于为区域内办事人打造全方位、多元化、个性化的综合行政服务平台。

地址：西城区西直门内大街275号
邮编：100035
电话：82141600

（马浩淞）

【进驻部门完成工作情况】 截至12月30日，区行政服务中心总接待量为614562人次。其中受理150531件，咨询464031人次（窗口接待咨询276308人次，400-010-7070行政客户服务热线接待咨询45859人次，前台咨询141864人次）；平均每天接待总量为3532人次，其中咨询2667人次，接待受理865件。

（马浩淞）

【中心正式落成启用】 区行政服务中心按照“能进则进、应进必进、进则授权”的工作要求，确定区行政服务中心首批进驻33个部门和368项办理事项，对拟进驻的290名候选人员进行笔试、面试，组织227人参加进厅人员岗前集中培训班；统一设计印刷22个进驻部门纸介《告知单》113种类共94610份、《服务手册》2万份和《办事指南》5万份。4月18日，区行政服务中心举行落成启用仪式，仪式由区委常委、常务副区长杜灵欣主持。市委常委、常务副市长吉林和区委书记王宁为区行政服务中心落成启用揭牌。区委副书记、区长张建东和中国行政管理学会副会长高小平分别致辞。中国行政管理学会、北京市市委市政府相关部门领导、西城区四套班子领导、各委办局领导、部分人大代表和政协委员、进厅各单位的首席代表、驻区企业和居民代表等200余人参加仪式。

（马浩淞）

【加强窗口规范化建设】 一是加强组织领导，成立区行政服务中心联席会和考核领导小组，定期开会部署重点工作任务。二是落实首席代表工作例会制度，召开首席代表会11次。三是坚持落实“靠制度管人、按制度办事”的工作机制；建立和完善区行政服务中心日常管理规章制度14项，汇编下发窗口单位试行。四是成立由区行政服务中心、区监察局、各进驻部门首席代表组成的联合巡查小组，加强日常巡查力度。五是下发《巡查周报》30期，加强工作交流和信息反馈。六是落实政务公开，通过区行政服务中心办公门户网站、智能引导系统、双屏交互评价系统、大屏幕、24小时自助行政服务机和进驻部门专网以及区政务网对外公示。七是发挥特邀廉政监督员的作用，建立沟通联系机制，组织召开工作座谈会，征求人大代表、政协委员的意见和建议。八是开展“展风采、树形象”优质服务创建活动。活动从6月15日开始到12月31日截止。通过组织理论知识学习、开展业务技能培训、设立窗口单位领导接待日、设立窗口党员先锋岗、下发《行政服务文明用语规范》手册、开展“优质服务窗口”和“文明服务之星”评选等方式，持续改进窗口工作作风，不断提升优质服务水平。

（马浩淞）

【提升行政服务效能】 一是成立行政客户分中心，建立400-010-7070行政客户服务热线，统一标准解答办事人业务咨询。二是成立行政事务综合受理分中心，对办理业务量较少的非行政许可事项、企业照后代理事项进行综合受理。三是设立24小时自助行政服务机、网络自助服务网，开发智慧导引系统，方便办事人通过电子触摸屏和智能引导显示屏查询业务流程、提交材料、办理业务事项。四是建立信息化应用系统，实现身份证取号、二维码扫描，采集信息自动录入，方便办事人，减轻窗口工作人员的劳动强度，提高工作效率。五是推进三级联动行政服务体系建设试点工作。召开区三级联动行政服务体系建设试点工作座谈会，建立沟通联系机制,进行基层服务创新实践。从开厅运行至年底，区行政服务中心共收到办事人赠送的锦旗6面、表扬信29封；通过问卷调查统计,办事人满意率达95%，其中非常满意的占43%，满意的占52%。

（马浩淞）

【塑造一流行政文化】 发挥行政服务文化的导向、激励、凝聚、融合、规范功能，真正使行政文化“内化于心、固化于制、外化于形”，使工作人员为达成提供优质的行政服务这一目标而共同奋斗。一方面为进驻人员创造良好的办公条件，摆放绿植，美化环境，建立综合活动室、中午休息室、图书室，安排就餐保障，营造舒心、温馨的工作环境。另一方面加强中心文化建设，建立通讯员队伍,加强信息写作技能培训，编辑出版《西城行政服务》杂志，每月下发《西城行政服务信息》

专刊，全年出版发行《西城行政服务》8期，编辑下发《西城行政服务信息》专刊42期，为各部门开展工作经验交流、展示窗口风采提供了互动平台；加强窗口团队建设，成立香山读书会、瑜珈健身组、足球队、手工制作组、毽子活动组和摄影兴趣组等6个兴趣活动小组；组织开展多种多样的文体活动，举办第二届行政服务杯乒乓球比赛，“服务新形象，美丽新中心”行政服务杯摄影比赛，“赏居庸金秋，与健康同行”行政服务杯登山比赛，参加区直机关和工会组织的歌咏比赛、足球比赛，分别获得唱歌二等奖和足球第三名的好成绩。国家行政学院、北京市委党校都将西城区综合行政服务中心作为教学基地，国家行政学院新疆厅局干部培训班和中国民营企业发展战略研修班、中编办和全国组织机构代码管理中心分别在区行政服务中心进行现场教学。北京城市服务管理广播、中国新闻网、《人民日报》、《北京日报》、《北京晚报》、《北京青年报》等20余家媒体给予报道。年内，接待印度尼西亚国家代表团、柬埔寨国家代表团、澳门公务员研习班、中组部领导，中纪委、工信部、本市和外省市政府机构、行政服务中心以及本市有关区、县等单位、社会团体共105批次、近1700人次到区行政服务中心调研考察。

(马浩淞)

信息化管理

【概况】 北京市西城区人民政府信息化工作办公室（简称区政府信息办）既是西城区信息化工作领导小组的办事机构，又是负责本区信息化管理工作的区政府工作部门。年内，西城区信息化水平稳步提高，信息强政、信息惠民、信息兴业效果更加显著，信息化整体发展水平再上新台阶。西城区获得中国信息协会组织评选的“2011中国城市信息化管理创新奖”，被授予“北京市中小企业信用体系建设试验区”，被北京市无线电管理局授予2011年无线电管理工作优秀奖，西城区电子政务云应用支持平台被北京市经济和信息化委员会评为试点示范项目。西城区政务网站“综合行政服务中心”栏目获得“2011年中国政府网站网上办事类精品栏目”奖。

地址：西城区二龙路27号

邮编：100032

电话：88064481

(洪文渊　陈秋怡)

【西城区社区服务平台正式上线】 1月8日，西城区社区服务平台正式上线，整合区域内各种社会服务组织1000余家，提供家政、家电维修、心理慰藉等140项便民服务。平台搭载北京市96156社区服务平台，服务资源和功能共享，并与全区255个社区服务站对接，实现两级平台、三级管理；制定全区性的服务管理规范，实现服务标准的统一；倡导加盟的社会服务组织，积极开展公益服务，全面加强社区服务支撑体系的建设。国内多家单位以及澳大利亚、日本等国的客人对平台进行了考察访问。

(洪文渊　陈秋怡)

【市经信委领导到西城调研】 3月15日，北京市经济和信息化委员会（简称市经信委）信用处领导到西城区什刹海商业街调研。听取什刹海地区企业发展情况介绍。研究讨论“西城区什刹海商业街信用体系建设实施方案”：一是计划结合“什刹海商会优秀会员”评选活动，在企业中开展信用征信和咨询等服务；二是研究建立什刹海商业街电子商务网站；三是开展企业信用知识培训活动，提高企业内部信用管理水平；四是开展什刹海企业信用体系建设宣传工作，营造良好信用环境；五是拓展西城区融资平台建设与应用，与北京银行、北京首创担保公司探讨信用产品的利用方式，帮助中小企业解决贷款难等问题。

(洪文渊　陈秋怡)

【宽带小区验收工作】 3月18日，区政府信息办组织实施2010年度西城区宽带小区试点项目验收工作，市通信管理局设计施工管理处、市经信委网络安全管理处等相关领导及专家参加验收。年内全区参加验收的宽带小区试点共30个，均达到预期目标，全部验收合格。

(洪文渊　陈秋怡)

【第三代综合行政服务中心正式运行】 4月18日，西城区第三代综合行政服务中心正式运行，北京市常务副市长吉林、西城区区委书记王宁、区长张建东参加启用仪式。第三代综合行政服务中心采用智能化的物联网、互联网等信息技术，依托实体大厅、网上大厅、社区、自助机等多种渠道，为市民提供便捷服务，办理的事项涵盖行政审批、社会管理、公共服务、效能监察等300余种，市民依托综合行政服务大厅，实现“一站式”办理社保、就业、卫生等民生事项。综合行政服务中心设立了国内首个24小时自助行政服务机。第三代综合行政服务中心信息化建设获得国家信息协会2011中国城市信息化成果应用奖。自运行起，10余家电视与报纸媒体进行了报道，接待参观访问120批1721人次，得到全国各兄弟单位的认可。

（洪文渊 陈秋怡）

【西城区召开信息化工作大会】 5月5日，西城区召开信息化工作大会。会议由副区长王粤主持，北京市经济和信息化委员会副主任童腾飞，区委常委、常务副区长杜灵欣，区委常委、区委办公室主任程军等领导出席会议。在会上，通报表彰了2010年度信息化工作先进单位，区综合行政服务中心、广安门内街道办事处做典型发言，通报了区信息化工作领导小组调整情况，报告了西城区2010年信息化工作进展情况，并部署2011年信息化重点工作。杜灵欣结合全区中心工作对信息化工作提出三点意见。童腾飞做了重要讲话。全区95个单位的主要领导、信息化主管领导和信息化管理干部，以及街道、社区居委会代表等200余人参加会议。

（洪文渊 陈秋怡）

【广内街道“智慧社区”集成对外服务资源】 广安门内街道“智慧社区”网站整合已有的14个子系统以及政务外网、社区外网和所有对外服务资源，采用网站集群模式，网站拥有“智慧社区”专属域名，于5月20日正式上线运行，市民登录互联网，就可以全面了解街道的整体情况和“智慧社区”的服务、展示项目。11月23日，北京市副市长苟仲文、工信部信息化推进司副司长秦海等领导，在北京市社区信息化工作推进大会上，为广安门内街道等10个街道授予“北京市社区信息化综合示范街道”牌匾，该荣誉由北京市经信委、北京市民政局和北京市社会建设工作办公室联合评选认定。

（洪文渊 陈秋怡）

【合肥新站区管委会到西城调研】 6月22日，安徽省合肥市新站区管委会一行到西城区调研，区政府信息办工作人员介绍了西城区政府电子政务整体情况，以及政务门户系统、办公自动化系统和数字证书认证系统的功能和应用情况。双方就如何更好地开展电子政务建设和完善信息化整体规划进行了讨论交流。新站区管委会一行人认为，西城区信息化建设成果显著，建设、规划理念先进，为合肥新站区管委会信息化建设提供了宝贵经验。

（洪文渊 陈秋怡）

【区政府常务会研究无线西城工作】 8月24日，区政府常务会听取区政府信息办关于无线西城工作的汇报。区政府信息办汇报了无线西城行动计划（2011—2013）及中国移动、中国联通关于无线西城的实施方案。会议决定：由区政府信息办牵头开展无线西城的建设工作，加强与运营商的合作，制定每年的具体任务，提高无线西城的建设要求，体现“无线核心区”功能。

（洪文渊 陈秋怡）

【企业信用证书颁发活动】 8月29日，区政府信息办与大栅栏街道在大栅栏张一元茶庄联合召开大栅栏商业街企业信用证书颁发大会，总结了大栅栏商业街企业信用体系建设情况，对在信用评估中信用良好的企业进行表彰并颁发信用证书。市经信委与区商务委、西城工商分局等区企业信用体系建设成员单位的领导及11家获得企业信用证书的企业代表参加大会。10月10日，西城区对在信用评估中信用良好的马连道茶叶街30家企业进行表彰并颁发信用等级证书。

（洪文渊 陈秋怡）

【西城区获“2011中国城市信息化管理创新奖”】 9月24日，中国信息协会举办“2011中国城市信息化发展大会暨成果评选颁奖”活动，西城区凭借金宏工程、云计算数据中心、信息化互助行动、行政服务网上办事平台、纪检监察工作平台、“四位一体”城市运行管理系统、城管指挥调度管理体系、园林植物条码化管理系统、西单地区人员密集场所预警系统及示范工程和“智慧社区”等一系列信息化城市管理创新项目，获“2011中国城市信息化管理创新奖”。同时，西城区第三代行政服务中心建设项目获“2011中国城市信息化成果应用奖”。

（洪文渊 陈秋怡）

【首届北京西城电子商务节】 10月21日至31日，西城区举办首届北京西城电子商务节，商务部、工信部有关领导及市商务委、市经信委领导，区领导杨有成、郭怀刚、孙硕、袁双梅出席开幕式。本届电子商务节为期11天，举办包括西城电子商务节主旨报告会、西城电子商务洽谈会等一系列活动。“智慧西城”、“琉璃厂古玩艺术品交易网”等8个平台重点项目进行签约，公布进入“西城区电子商务服务体系”的企业名单并颁发证书；授予“金工宏洋大厦”为“西城区电子商务创业孵化基地”，“红旗业余大学”为“西城区电子商务培训基地”，“更香茗茶名优茶品网上商城及马连道实体店”和“柯岚艺术馆”为“西城区电子商务体验中心”。据不完全统计，活动中30余家企业销售额达15亿元，其中电子商务交易额近5000万元。本届电子商务节邀请各级政府、国内知名企业以及众多金融机构参与，对促进应用、提升业态、便民惠民、优化环境等方面都起到推进作用。

(洪文渊　陈秋怡)

【“智慧西城”信息化建设战略合作协议】　10月31日，西城区人民政府与中国联通北京市分公司共同签订“智慧西城”信息化建设战略合作协议。副区长郭怀刚和中国联通北京市分公司副总经理王传宝代表双方签约。区委副书记、代区长王少峰，市商务委副主任李薇薇、市经信委副巡视员姜毅群、工信部信息化推进司产业信息化处处长杨志刚、区人大常委会副主任杨有成等相关领导出席签约仪式。根据合作协议，双方将在基础网络资源建设提升、无线网络全面覆盖、重点信息化项目及物联网应用等方面进行合作。

(洪文渊　陈秋怡)

【西城区成为中小企业信用体系建设试验区】　11月23日，副市长苟仲文和中国人民银行征信管理局副局长苟文均出席“北京市中小企业信用体系建设试验区”授牌仪式，西城区成为首批“北京市中小企业信用体系建设试验区”之一。仪式由市经信委副主任靳伟主持，市经信委副巡视员姜毅群介绍北京市社会信用体系建设情况。

(洪文渊　陈秋怡)

【区政务网站获奖】　11月29日，由电子政务理事会、中国科学院《电子政务》杂志社主办的2011年政府网站集约化建设与精品栏目管理经验交流大会在海南省海口市召开。西城区政务网站“综合行政服务中心”栏目获“2011年中国政府网站网上办事类精品”栏目奖。该栏目开通预约办理、办事指南、表格下载、办理查询、个性化定制等在线服务，提升了网站全程“一站式”服务水平。

(洪文渊　陈秋怡)

【编制“十二五”信息化规划】　年内，为进一步编制好“十二五”时期信息化发展规划，区政府信息办组织召开规划征求意见会，区发改委、区教委、区科委等单位参会。同时组织召开专家论证会，邀请国家和北京市信息化专家组成员高新民、曲成义等进行研讨，专家肯定了以智慧城区作为西城区信息化长远发展的战略目标。区政府信息办认真研究各单位及专家的意见建议，逐条评估落实，修订规划。

(洪文渊　陈秋怡)

【区城市管理系统建设项目获奖】　12月，西城区城市管理系统建设项目通过住建部专家组验收，并获得住房和城乡建设部科技计划项目示范工程荣誉称号。该系统成功应用于城市运行的常态管理、应急指挥、预警监测和辅助决策支持，实现城市常态管理、应急指挥调度、政务值班、非紧急救助等政府层面的资源整合与共享，建立了“四位一体”的城市运行管理体系，全面提升了西城区的城市管理水平。成果达到国内领先水平，具有良好的示范作用。

(洪文渊　陈秋怡)

【全响应社会服务管理指挥中心建设】　年内，西城区在总结德胜街道“3+6+N”全响应社会服务管理新模式的基础上，兼顾其他相关街道已建成的信息化系统进行梳理、汇总和分析，整理出以社会服务、行政服务、城市管理和社会管理等功能为基础的街道全响应社会服务管理信息化平台。在德胜、广内、广外、月坛等街道开展全响应社会服务管理模式试点。

(洪文渊　陈秋怡)

劳动人事管理

【概况】　北京市西城区人力资源和社会保障局（简称区人力社保局，对外可以使用北京市西城区公务员局名称开展工作）是负责本区人力资源和社会保障的区政府工作部门。主要职责：贯彻国家和本市人力资源和社会保障的法律、法规、规章和政策；负责本区促进就业工作，完善公共就业服务体系；负责管理辖区社会保险工作，贯彻社会保险规定；负责管理本区机关事业单位人员工资、福利和分配制度改革工作；指导本区事业单位人事制度改革，管理本区专业技术职称工作；负责高层次人才选拔、培养和管理服务；负责管理本区行政机关公务员工作，贯彻公务员管理政策；负责贯彻劳动关系政策，完善劳动关系协调机制等。全局下设58个部门（截至年底，“三定方案”未出台，为拟定部门数），在职职工649人，在西直门南小街20号、马甸裕中西里28号、德外塔院胡同8号、南菜园街51号、广安门南街68号等9个地点办公。年内，人力资源和社会保障工作围绕“民生为本、人才优先，促进人的全面发展”这条主线，加快改革创新步伐，推进就业服务、社会保障、人事人才、工资收入分配、劳动关系协调等工作，完成市、区下达的工作计划和各项工作目标。

地址：西城区西直门内南小街20号
邮编：100035
电话：66206036　83975503

（张红　杨立胜）

【就业、再就业】　整合、优化促进就业政策，实现“一个扩大、三个加大”，即扩大享受就业优惠政策的人员范围，加大鼓励企业吸纳失业人员力度，加大对就业特困失业人员就业后的奖励力度，加大创业扶持力度。年内，新增城镇就业53563人，完成指标的107.13%。帮助25109名城镇登记失业人员实现就业，完成指标的107.76%。帮助15801名就业困难人员就业，完成指标的175.75%。其中，帮扶120户“零就业家庭”的120名成员就业,实现动态“脱零”。城镇登记失业率为1.01%，登记失业人员就业率达到72.68%。完成各类人员培训28356人，其中失业人员培训4833人，同比增长13.66%。公共职介机构空岗信息采集120461人次，推荐11765人成功就业，完成指标的126.23%。

（徐建孚）

【充分就业街道、社区创建活动】制定对充分就业街道、充分就业社区分别给予2万元、5000元奖励的政策。指导各街道不断创新工作思路、拓宽服务渠道、提升服务品质，就业工作不断创新发展。年内，全区有173个社区实现充分就业，占社区总数的68%；有3个街道被初步认定达到充分就业街道标准。

（徐建孚）

【创业带动就业】　年内，出台《西城区小额担保基金管理办法》、《西城区小额担保贷款坏账核销和担保基金补偿程序》和《西城区小额担保贷款经办工作程序》，为全区创业人员提供政策支撑。探索“创业培训模拟实训”模式和创业培训见习机制，成立“创业专家指导小组”和“西城女性创业俱乐部”，创业带动就业5615人，完成指标的160.43%。

（徐建孚）

【城乡“手拉手”活动】　推进与房山区、平谷区、石景山区、门头沟区、密云县等区县的就业对口互助工作，把招聘会办到边远山区乡镇，把岗位送到农民家门口，212名本市农村劳动力成功转移就业。开展“就业援助月”、“春风行动”等活动，组织14场招聘会，有2000余名外来务工人员达成就业意向。

（徐建孚）

【开发绿色就业岗位】　年内，与区园林中心、区商务委共同开展“绿色就业岗位”推介等活动。辖区内28户用工单位提供“绿色就业岗位”700余个，有300余人达成就业意向。

（徐建孚）

【社会保险】　年内，全区五项社会保险基金累计收入210.4亿元，同比增长19.7%，收缴率均达到99%以上；累计支出五项社会保险基金191.8亿元，同比增长23.2%。审核报销门诊、住院医疗费用38.6万人次，实时结算门诊费用2162.56万人次，支付大额互助金、统筹基金51.45亿元，同比增长14.57%。

（刘东华　王鑫）

【社会保险管理服务】　年内，核准退休16648人，工伤认定1775人，劳动能力鉴定884人。为36.4万人调整基本养老金，人均增加220元，人均养老金达到2322元。救助64名患有重病、家庭生活困难的参保人员，支付救助金34.7万元。全区78个社区卫生服务站开展知己健康管理、慢性病管理人群分别达到15138人和20660人，试点人数名列全市第一。

（刘东华　王鑫）

【定点医疗机构督导】　实行医疗费用预警预报制度，派专人深入定点医疗机构督导。年内，全区172个定点医疗机构全部实现总量控制。三级、二级、一级及以下定点医疗机构医疗费用申报总额占总控指标比例分别为94.41%、86.79%和93.64%，均控制在指标范围之内，在城六区排第二名和第一名。在4家医院开展总额预付费制度和DRGs付费制度改革试点工作。

（王　鑫）

【社保经办模式改革】 年内，在金融街、德胜、广外、牛街街道开展社保业务经办向街道社保所延伸的管理服务模式试点。推行社保网上申报，缴费单位开通网上申报14043户，达到74%。实现基金专用票据的电子化、南区“五险统一征缴”和南北区社保数据库合并。

（刘东华）

【社会保险基金监督】 加强对社保基金、医保基金、就业基金现场与非现场的监督检查，全年累计自动预警产生疑似问题1278条，分析预处理1218条，处理率95.3%。完成待遇领取人员资格认证28.3万人，追回多领冒领养老金796万元。加大社保清欠力度，收回历年欠费2832万元。成立医保科、医保中心、劳动监察大队联合监察组，下发“医疗保险告知书”112份，约谈涉嫌违规人员43名，追回违规基金15.2万元。

（杨萍 刘东华 王鑫）

【劳动关系】 开展“和谐劳动关系单位”创建活动，表彰“和谐劳动关系单位”75家。劳动监察“两网化”（行政区域管理网格化、用人单位用工信息管理网络化）管理完成17062户用人单位信息采集工作，占辖区用人单位总数的72%。辖区监控企业劳动合同签订率达到100%，劳动合同续订率达到96.71%。执法检查用人单位6829户，完成市局指标的163%。共受理群众投诉举报案件546件，查处率、结案率均达到100%。妥善处理突发事件60起。通过执法检查为2287名农民工追讨工资1423.5万元。

（闫娟娟 贾子辰）

【劳动人事争议调解】 加强劳动纠纷行政调解与司法确认对接工作，完善劳动关系调处机制，行政调解案件298件，为282名劳动者解决工资、保险等纠纷，涉及金额300余万元。受理人事争议仲裁案件14件，调解率78.57%；受理劳动争议案件3503件，结案率91%，调解撤诉率58.93%。

（官 瑾）

【人才引进】 年内，完成36家单位、163个岗位、319名拟引进人员的市局审核。做好非北京生源大学生接收工作，区金融企业、文化创意企业、高新技术企业以及区重点企业申报符合引进条件的非北京生源毕业生实现100%引进。共引进高级人才33名、非北京生源大学生331名、“985”高校优秀毕业生7名。

（甄广恩）

【公务员管理】 全年累计录用公务员135人。105名中青年干部通过竞争上岗走上科级领导岗位，竞争上岗覆盖率达到100%。完成7个单位、113人参照公务员法管理和12个部门、29家单位、463人纳入规范管理工作。核定科级职数263个，完成职务备案720人。组织公务员初任、科级任职、军转干部、英语人才库和人力社保干部等培训685人次，公务员初任、科级任职、军转干部参训率均达到100%。

（曹丽凤）

【专业技术人才队伍建设】 组织开展中青年专业技术骨干人才西城体验行活动，走访了金融街中心大厦、北京银行总部等单位。推进中青年专业技术骨干增补工作，中青年专业技术骨干人才达到100名。评审推荐11名高技能人才入选西城“百名英才”，10人获得西城突出贡献人才奖，1人获得西城优秀青年人才奖。

（段 颖）

【事业单位公开招聘】 年内，全区有60家事业单位面向社会提供734个招聘岗位。共有3000余人应聘，1180人取得笔试资格，783人进入面试环节。为62家事业单位招聘录用工作人员329名。

（甄广恩）

【事业单位绩效工资改革】 制定《西城区公共卫生与基层医疗卫生事业单位实施绩效工资方案》，完成绩效工资下达任务。根据《北京市关于推进其他事业单位实施绩效工资工作的意见》，对全区其他事业单位工作人员的工资水平进行调查分析测算，实施绩效工资方案已经政府专题会审议通过。

（薛志辉）

【社保舆情试点】 作为全市人力社保舆情首个试点区，制定完善舆情网络监督队伍方案，确立向市局报送舆情社情的直报点和非直报点工作流程、工作职责、报送渠道，搭建“舆情社情”民意反映平台。对搜集的433条舆情社情进行分析研判，编辑《舆情社情》30期、《互联网舆情专报》29期，上报舆情信息180条，名列全市第一。

（梁艳春）

【市领导检查调研】 7月28日，副市长刘敬民在市高级人民法院、首都社会治安综合治理委员会办公室、市政府法制办、市司法局、市公安局、市工商行政管理局等单位负责人陪同下，现场检查人力社保局行政调解工作并进行调研。刘敬民高度肯定了行政调解与司法调解“无缝对接”工作的经验。副区长苏东陪同检查调研。

（官瑾　杨立胜）

【市局领导调研】　11月25日，北京市人力资源和社会保障局局长张欣庆到西城区调研人力社保工作。调研组成员听取西城区2012年人力社保工作思路以及有关工作建议的汇报后，张欣庆对西城区人力社保工作思路给予充分肯定。区委常委、副区长杜灵欣参加了汇报和调研工作。

（王波　杨立胜）

【召开人力社保学会第一次会员代表大会】　6月28日，召开北京市西城区人力资源和社会保障学会第一次会员代表大会，选举产生学会第一届理事、常务理事、领导机构和监事会成员。中国劳动学会秘书长韩兵，北京市劳动和社会保障学会会长王德修，西城区委常委、副区长杜灵欣等领导参加会议并讲话。

（张惠芳　杨立胜）

机构编制

【概况】　北京市西城区机构编制委员会办公室（简称区编办）是区机构编制委员会的常设办事机构，负责本区行政管理体制改革、机构改革及机构编制日常管理工作，既是区委工作机构，也是区政府工作机构，列入区委序列，与区人力社保局合署办公。年内，坚持“精简、统一、效能”的原则，有序推进区划调整后的“三定”工作，加强和完善机构编制管理，发挥编制部门服务、保障和促进科学发展的职能作用，为区域经济社会发展提供了体制和机制保障。

地址：西城区西直门内南小街20号
邮编：100035
电话：66206598

（张戈　术轶楠）

【事业单位法人年检工作】　截至3月底，区编办全年办理变更登记122件，注销登记6件；完成上年度西城区事业单位法人年检工作，应检单位712个，参检单位690个，参检率97%，参检单位的年检合格率为100%。

（梁国瑞　术轶楠）

【调整区党政机构设置】　3月11日，根据市委办公厅《关于印发北京市西城区党政机构调整设置方案的通知》（京办字〔2011〕5号）文件精神，明确区党政机构调整的基本原则和机构设置。

（孙婕纾　术轶楠）

【调整区人民检察院的机构设置】　4月8日，根据市编办关于印发《北京市西城区人民检察院机构调整设置意见》的通知（京编办发〔2011〕5号）文件精神，明确区人民检察院的主要职责、内设机构、人员编制。

（梁国瑞　术轶楠）

【调整区人民法院的机构设置】　4月8日，根据市编办关于印发《北京市西城区人民法院机构调整设置意见》的通知（京编办发〔2011〕7号）文件精神，明确区人民法院的主要职责、内设机构、人员编制。

（梁国瑞　术轶楠）

【调整部分街道所属事业单位机构设置及编制】　经区编委会批准，5月17日，将原宣武区8个街道办事处所属的绿化管理站、环卫所及法律事务所机构撤销。将绿化站和环卫所的监督管理职能划入街道城管科（挂绿化办牌子），将作业职能交给区环卫中心和区园林市政中心。将8个街道办事处所属的社区服务中心由差额拨款事业单位改为全额拨款事业单位。

（孙婕纾　术轶楠）

【成立4个事业单位】　5月23日，成立北京市西城区红山幼儿园，相当科级全额拨款事业单位，核定事业编制人数。成立北京市西城区虎坊路幼儿园信和分园，相当科级全额拨款事业单位，核定事业编制人数。成立北京小学红山分校，相当科级全额拨款事业单位，核定事业编制人数。成立北京市西城区阳光中途之家，为区司法局所属相当科级全额拨款事业单位，核定事业编制人数。

（张戈　术轶楠）

【区卫生局所属部分事业单位更名】　5月23日，根据《关于同意区卫生局所属部分事业单位更名的批复》（西编字〔2011〕16号）文件精神，将原宣武区卫生局所属事业单位的名称中带地域名称的机构进行更名。

（张戈　术轶楠）

【组建区综合行政服务中心】　6月1日，根据《关于北京市西城区政府派出机构调整设置的批复》（京编委〔2011〕19号）文件精神，组建北京市西城区综合行政服务中心，撤销原西城区综合行政服务中心、宣武区行政服务中心。

（孙婕纾　术轶楠）

【调整区政协机关内设机构设置】 6月1日，根据《关于政协北京市西城区委员会机关内设机构调整设置的批复》（京编委〔2011〕21号）和《关于调整政协北京市西城区委员会机关机构编制的函》（京编办行〔2011〕74号）文件精神，撤销原政协西城区、宣武区委员会内设机构。设置政协北京市西城区委员会机关内设机构。

（李可　术轶楠）

【调整区人大常委会机关内设机构设置】 6月1日，根据《关于北京市西城区人大常委会机关内设机构调整设置的批复》（京编委〔2011〕18号）文件精神，撤销原西城区、宣武区人大常委会内设机构，设置西城区人大常委会机关内设机构。

（李可　术轶楠）

【调整区城市管理监察大队等机构设置】 6月1日，根据《关于北京市西城区城市管理监察大队等机构调整设置的批复》（京编委〔2011〕20号）文件精神，组建北京市西城区城市管理监察大队、北京市西城区文化委员会行政执法队、北京市西城区卫生局卫生监督所、北京市西城区动物卫生监督所、北京市西城区城市管理监督指挥中心。同时撤销原西城区、宣武区相应机构。

（张戈　术轶楠）

【调整区群团机关机构设置】 6月1日，根据《关于北京市西城区群团机关机构调整设置的批复》（京编委〔2011〕22号）文件精神，组建西城区群团机关，同时撤销原西城区、宣武区相应群团机关。

（李可　术轶楠）

【调整区民主党派机关机构设置】 6月1日，根据《关于北京市西城区民主党派机关机构调整设置的批复》（京编委〔2011〕23号）文件精神，将西城区七大民主党派机关列为西城区机构序列。

（李可　术轶楠）

【成立区金融街街道金融街街区综合服务中心】 7月14日，根据西城区第四十六次政府专题会有关精神，成立北京市西城区金融街街道金融街街区综合服务中心，核定事业编制人数，明确中心主要职责。

（孙婕纾　术轶楠）

【区房屋管理局加挂牌子】 7月19日，根据市编办《关于西城区房屋管理局加挂牌子的函》（京编办行〔2011〕107号）和《关于明确区县政府房屋征收部门和房屋征收实施单位的通知》（京编办发〔2011〕9号）文件精神，将北京市西城区房屋管理局加挂北京市西城区人民政府房屋征收办公室牌子。

（孙婕纾　术轶楠）

【设立北京海外学人中心金融街分中心】 8月4日，根据市编办《关于同意设立北京海外学人中心金融街分中心的函》（京编办事〔2011〕77号）文件精神，设立北京海外学人中心金融街分中心，为区委组织部所属副处级全额拨款事业单位，挂北京市西城区金融人才服务中心牌子。并明确编制人数、中心主要职责、内设机构。

（张戈　术轶楠）

【成立台湾民主自治同盟北京市西城区委员会机关】 8月17日，根据市编办《关于台湾民主自治同盟北京市西城区委员会机关机构编制的函》（京编办行〔2011〕147号）文件精神，同意台湾民主自治同盟北京市西城区委员会机关为区正处级机构，核定人员编制。

（梁国瑞　术轶楠）

【设立区房屋征收事务中心】 8月31日，根据市编办《关于同意设立北京市西城区房屋征收事务中心的函》（京编办事〔2011〕91号）文件精神，设立北京市西城区房屋征收事务中心，明确人员编制和中心主要职责。

（张戈　术轶楠）

【成立区展览路街道西直门地区综合服务中心】 9月30日，成立北京市西城区展览路街道西直门地区综合服务中心，该中心为展览路街道办事处所属相当科级全额拨款事业单位，并明确编制人数和中心主要职责。

（孙婕纾　术轶楠）

【宣武区精神病医院更名】 9月30日，将北京市宣武区精神病医院更名为北京市西城区静安医院，其他保持不变。

（张戈　术轶楠）

【成立区人事考试中心】 9月30日，成立西城区人事考试中心，同时撤销西城区人才培训中心，明确中心编制人数和中心主要职责。

（张戈　术轶楠）

【区人力社保局职业技能鉴定所更名】　9月30日，将北京市西城区职业技能鉴定所更名为北京市西城区职业技能鉴定管理中心。撤销原宣武区职业技能鉴定所，将区职业技能鉴定管理中心经费形式由自收自支调整为全额拨款，明确中心主要职责。

（孙婕纾　术轶楠）

【西城区事业单位清理规范工作】　9月30日，为贯彻落实市编办《关于开展本市事业单位清理规范工作的通知》（京编办发〔2011〕16号）要求，在全区开展事业单位清理规范工作，并完成总结上报工作。

（张戈　术轶楠）

【组建区园林市政管理中心】　10月27日，根据市编办《关于同意组建北京市西城区园林市政管理中心的函》（京编办事〔2011〕94号）文件精神，撤销原北京市西城区园林市政管理中心、原北京市宣武区园林绿化服务管理中心，组建北京市西城区园林市政管理中心。

（孙婕纾　术轶楠）

法制工作

【概况】　西城区人民政府法制办公室（简称区法制办）是区政府法制工作部门，有行政编制27人、事业编制6人、工勤编制2人。设综合科、行政复议科、审核科、监督科和行政执法监督队。年内，区法制办以加强行政机关依法行政为重点，以加大国务院《关于加强法治政府建设的意见》、《全面推进依法行政实施纲要》、《关于加强市县政府依法行政的决定》实施力度为主线，以服务于区委、区政府，服务于基层单位，服务于公民、法人和其他组织为根本，在推进依法行政、规范行政行为、强化队伍建设以及做好党建工作、创建文明机关等方面取得了一定的成绩，为区域经济整体快速发展和社会和谐稳定创造良好的法制环境。

地址：西城区南菜园街51号
邮编：100054
电话：83975063

（王　巍）

【制定行政规范性文件管理规定】　1月7日，以区政府名义制定印发《西城区行政规范性文件管理规定》，明确了行政规范性文件制定、审核、备案、公开、评估、清理等工作标准、程序和要求，规定了文件有效期制度。

（刘奕彤）

【行政规范性文件合法性审核】　年内，对以区政府（包括区政府办）名义印发的以及报请区政府常务会议（包括区政府专题会议）审议的80余件次文件草案、对区政府各部门征求意见的50余件文件草案提出修改建议。

（刘奕彤）

【行政规范性文件定期清理】　对行政区划调整前，以原西城区政府和原宣武区政府名义发布的107件区级行政规范性文件进行全面清理，并以区政府名义印发《关于公布区级行政规范性文件清理结果的通知》：决定进行修改的19件，决定废止和宣布失效的71件，经修改后转为一般性文件管理的17件。按照全市统一部署，对不利于民间投资发展的政策文件、有关征地拆迁的规范性文件、涉及行政强制的规范性文件进行3次专项集中清理。

（刘奕彤）

【行政规范性文件备案审查】　年内共向市政府、区人大常委会报送备案区级行政规范性文件18件，市政府均准予备案。接受区政府所属工作部门向区政府备案的部门行政规范性文件16件，并将文件目录在“北京西城”网站上向社会公告。

（刘奕彤）

【政府合同审核】　年内共审核《房山长阳站7号地西城区旧城保护定向安置房项目政府委托建设协议》、《西城区人民政府与微软（中国）有限公司战略合作备忘录》、《丰台张仪村西城区旧城保护安置房项目建设协议》等政府合同、协议36件，合同协议涉及总金额70多亿元。重点对合同协议涉及的法律依据、主体、拟设定的权利义务、违约责任、规范用语等进行审查，并出具《法制建议书》。

（刘奕彤）

【组建区政府法律顾问团】　1月，组建区政府法律顾问团，以区政府办名义印发《关于成立北京市西城区人民政府法律顾问团的通知》，成立以区委常委、副区长苏东任主任委员，14名法学专家、法官、律师任委员的区政府法律顾问团。4月11日，召开法律顾问团成立暨第一次全体会议。就审核《中英合作备忘录》（西城区与英国贸易投资总署签订）和《西城区旧城保护定向安置房项目建设协议》、组建国有资本运营平台、制定促进企业上市政策文件等重大事项，组织专家顾问进行论证。

(刘奕彤)

【法律法规规章征求意见】 全年完成《北京市行政问责办法》、《北京市工伤保险若干规定》、《北京市机动车停车管理办法》等立法草案征求意见稿函复17件，其中法律草案1件、地方性法规草案6件、市政府规章10件，提出修改建议110余条。

(刘奕彤)

【公民法规规章文本自由索取】 11月，召开公民法规规章文本自由索取工作座谈会，将自由索取点推广至15个街道办事处、区信访办、区综合行政服务中心、区档案局。全年印制法律法规规章文本近3万份。

(刘奕彤)

【推进依法行政工作】 制发《北京市西城区加强法治政府建设规划》、《北京市西城区2011年依法行政工作要点》、《北京市西城区2011年度依法行政考核实施方案》。接受市依法行政年度考核，成绩在全市名列前茅。开展对全区各委、办、局，各街道办事处共45个单位的依法行政年度考核，在各单位自查自评的基础上，采取集中听取汇报、现场查阅资料、现场打分的方式进行。结合市依法行政考核情况，评选出15个依法行政优秀单位、56名依法行政优秀个人。

(杨叶茂)

【行政执法监督】 开展区级行政处罚、行政许可案卷集中评查，抽取19个单位53卷案卷，优秀率100%。组织10个部门参加北京市行政处罚案卷评查，西城区连续9年保持优秀成绩，在全市名列前茅。与海淀区、丰台区开展行政处罚案卷互查。完成全区各执法部门执法主体、依据、职权重新梳理工作，及时更新、调整区政府网站“行政执法主体依据和职权公示”栏目，公布区级行政执法主体共43个。具体行政行为分八大类共计6385项。全年全区共执行行政处罚决定987272起，处罚金额计1.8058亿元。共完成9个部门141名新上岗执法人员的公共法律知识培训考试，核发行政执法证件479件。

(杨叶茂)

【制度建设】 制发《北京市西城区推进依法行政工作若干规定》、《北京市西城区规范行政执法若干规定》、《北京市西城区行政机关移送无管辖权行政违法案件和涉嫌犯罪案件的规定》等规范性文件，起框架作用的主要制度整合基本完成。

(杨叶茂)

【依法行政宣传培训】 全年发布《西城法制》信息33期，向市里报送依法行政信息10余篇。与区政府办共同组织落实区政府常务会会前学法，年内共学习《北京市行政问责办法》、《国务院关于加强法治政府建设的意见》等法律法规4次。配合区委组织部落实处级领导干部任职前参加法律知识考查和测试制度。对26个区属行政执法部门、2464人进行《行政强制法》全员轮训和闭卷考试，成绩合格率达100%。深入基层，到12个部门开展执法调研与指导、依法行政辅导培训。接待电话咨询和上门咨询85次，次次有答复。

(杨叶茂)

【行政复议工作】 区法制办不断加强西城区的行政复议工作，提高复议审理的工作效率，及时结案，积极与申请人及被申请人沟通、协调，通过和解、调解方式解决行政争议，取得良好的社会效果。12月20日，区政府法制办主任果玉成被国务院法制办评为全国行政复议先进个人。全年区政府共受理行政复议案件114件，审结案件80件。其中审理结果为维持24件，驳回23件，终止(申请人撤诉)18件，不予受理7件，撤销具体行政行为6件，责令行政机关履行法定职责2件。共接待行政复议咨询176人次，咨询内容分别为公安交通行政处罚、拆除违法建设、拆迁纠纷裁决、行政拘留、拆迁安置政策、职工退休政策、信访答复、行政强制执行等。

(范富海)

【行政应诉工作】 年内，共收到以区政府为被告的应诉通知108件。已审结83件。审理结果为驳回起诉55件，原告撤诉14件，驳回诉讼请求10件，撤销2件，维持2件。区法制办代理出庭应诉108件。全年共收到区政府被复议通知9件，结案7件，其中维持6件，驳回1件。

(范富海)

【行政强制执行案件审核】 为加快城区建设工作，构建和谐首善之区，做好对强制拆除违法建设申请的法制审查工作。年内共收到申请强制拆除违法建设案件113

件，审核 67 件，并出具审核报告、拟制强拆决定书和公告。全年共收到申请国家赔偿案件 8 件，审核 8 件。

（范富海）

【行政调解工作调研】 5 月，北京市政府法制办就行政调解工作进行了部署，根据会议精神，区法制办针对部分委办局和街道办事处的工作性质分别召开 2 次调研会议，对全区行政调解工作进行梳理，并就全区加强行政调解工作进行部署安排。6 月 17 日和 7 月 28 日，北京市政府法制办先后 2 次到西城区召开行政调解工作调研会，对西城区行政调解工作给予高度评价，认为西城区行政调解工作的模式和运行机制卓有成效，对推进全市行政调解工作的开展具有很好的借鉴意义。

（范富海）

【调整行政复议委员会】 2 月 13 日，制定下发西法制字〔2011〕2 号《关于印发北京市西城区人民政府行政复议委员组成人员名单的通知》，对北京市西城区人民政府行政复议委员会主任委员、常任委员进行调整。设主任委员 1 名，副主任委员 1 名，常任委员 10 名，非常任委员专家、学者、律师 9 名，行政机关具有行政复议审理资格的人员 24 名。西城区政府行政复议委员会成立后，贯彻国务院“探索开展相对集中行政复议审理工作，进行行政复议委员会试点”的要求，落实市政府法制办《关于开展行政复议委员会试点工作的方案》的通知精神，创造性地开展工作，在全市率先建立非常任委员办理复议案件的制度，案件办理质量及法律文书制作水平均位于全市前列。

（范富海）

民宗侨事务

【概况】 北京市西城区人民政府民族宗教侨务办公室（简称区政府民宗侨办）是西城区政府负责民族宗教侨务工作的职能部门，年内有工作人员 18 人，其中行政编制 17 人，事业编制工勤人员 1 人。设办公室、民族组、宗教组、侨务组。主要职责是：宣传、贯彻执行国家和本市关于民族、宗教、侨务工作的方针、政策和法律、法规；负责调查研究本区民族、宗教、侨务方面的情况；依法保护少数民族公民、信教群众、归侨、侨眷及华侨、华人在本区的合法利益；参与研究制定少数民族经济、教育、文化、体育、卫生等各项事业的发展规划；依法对本区宗教事务进行管理等。年内，区政府民宗侨办围绕“创造城市美好生活、建设世界城市示范区”的目标，秉承做好“四个服务”的理念，以“加强融合、继承发展”为主线，贯彻落实党的民族宗教侨务政策，继续促进民族和睦、宗教和谐、凝聚侨心，促进西城区在新的历史起点上实现新的更大的跨越。

地址：西城区二龙路 27 号

邮编：100032

电话：88064187

（白红雨）

【民族宗教界人士新春团拜会】 1 月 18 日，西城区举行民族宗教界人士新春团拜会。西城区四套领导班子与西城辖区内的宗教团体负责人、宗教界教职人员一起举行新春团拜会。市宗教局局长申建军，区领导王宁、张建东等参加了活动。团拜会由区委常委、统战部部长曹长胜主持。区委副书记、区长张建东致新春贺词。

（白红雨）

【多措施保障“两会”服务】 为确保“两会”期间清真副食供应和宗教活动场所安全，进一步加强宗教团体、宗教活动场所管理，区政府民宗侨办采取多项措施做好服务保障工作：做好排查，启动预案机制；落实职责，召开专题会，确保场所安全；定期检查巡视，加强重点掌控。

（白红雨）

【接受保密检查】 4 月 18 日，区委办公室联合检查组对西城区民族宗教侨务办公室的保密工作进行检查。区政府民宗侨办党组书记周兴运、主管保密工作的副主任王静及保密干部等在办公室接受了检查。检查组听取了王静关于区政府民宗侨办保密工作自查情况、保密工作领导机构、涉密人员和保密要害部位的管理情况等内容的汇报。

（白红雨）

【区领导慰问民族学校】 5 月 30 日，由副区长范宝带队，区政府民宗侨办主任王贺君、党组书记周兴运等领导对牛街地区回民幼儿园、回民小学进行走访慰问，并对幼儿园下一步如何解决孩子入园难、回民小学师生就餐等实际问题与园、校领导交换了意见。

（白红雨）

【区领导到民族学校调研】 5 月 31 日，副区长范宝重点调研牛街回民幼儿园和德外民族团结幼儿园。范宝就少数民族群众反响强烈的入园难问题及幼儿园马上面临第二次改扩建工程所存在的突出问题，强调指出：一是改扩建工程存在的问题要专门与区相关部门协调解决，尽快进入施工；二是幼儿园计划扩招2个教学班，近60个教学学位的问题要确实抓紧落实；三是幼儿园在搞好教学的同时要首先保证师生的绝对安全。

（白红雨）

【市民委领导调研民族工作】 7月20日，市民委主任池维生到牛街街道调研民族工作，对牛街街道民族团结工作表示肯定，并指出：要认真贯彻中共中央总书记胡锦涛“七一”讲话精神，紧密结合当前社会管理服务创新，深入总结牛街民族工作经验，推动地区民族工作创新，进一步做好牛街经验在全市范围内的推广工作。副区长范宝及区政府民宗侨办主任王贺君等陪同调研。

（白红雨）

【市人大常委会领导视察清真企业】 11月22日，由市人大常委会副主任马振川带队，20余名市人大代表到西城区视察清真老字号企业发展情况。区政府、区政府民宗侨办全力配合，活动顺利圆满结束。市民委主任池维生、副主任马中璞，西城区委书记王宁，区委副书记、代区长王少峰，副区长范宝，区人大副主任赵建军陪同视察。

（白红雨）

【市政协领导到广化寺调研】 11月24日，由市政协副主席赵文芝带队，北京市部分政协委员对恢复广化寺放生池项目进行专题调研。市宗教局副局长谭林、西城区副区长范宝陪同调研。

（白红雨）

【接待美驻华大使参观访问】 4月15日，美国驻华大使洪博培携夫人一行6人到牛街礼拜寺参观访问，并同牛街礼拜寺大阿訇薛天利会谈。洪博培表示愿意搭建美国与中国穆斯林相互交流的友谊桥梁，为促进世界和平、和谐作贡献。中国伊斯兰教协会副会长阿地里江·阿吉克力木及市宗教局、区民宗侨办的领导陪同接待。

（白红雨）

【接待伊拉克总理参观访问】 7月18日，应国务院总理温家宝邀请到访的伊拉克总理马利基一行10余人到牛街礼拜寺参观访问。其间，同牛街礼拜寺大阿訇薛天利会谈，并听取牛街礼拜寺的情况介绍。

（白红雨）

【亲子民族运动会】 5月20日，西城区民族团结幼儿园托、小、中、大班及早教中心600余名幼儿及家长在西城区师范学校附属小学操场，举行西城区民族团结幼儿园“亲子民族运动会”。出席运动会的领导有市民委副主任牛颂，市、区教委和区政府民宗侨办的领导。

（白红雨）

【组织庆祝建党90周年文艺汇演】 6月27日，区政府民宗侨办组织全区民族宗教侨界在中央音乐学院礼堂，以“民族团结心向党　团结奋斗创辉煌”为主题，开展民宗侨界庆祝中国共产党成立90周年文艺汇演活动。国家民委监督检查司司长杨正根，中共西城区委常委、区委统战部部长曹长胜出席庆祝活动。

（白红雨）

【参加第六届民族健身操舞大赛】 7月2日，西城区参加北京市民委主办的北京市第六届民族健身操舞大赛。西城区获优秀组织奖，牛街街道办事处选送的《踩踏欢歌》分别获得优秀创编奖、金奖，选送的《健身秧歌》获得银奖。

（白红雨）

【佛教浴佛节】 5月10日，近3万佛教信众分别到西城区广济寺、广化寺、法源寺、天宁寺及居士林参加浴佛节法会。区委常委、统战部部长曹长胜、副区长范宝到现场组织指挥宗教活动场所安全保障工作，区政府民宗侨办会同各相关单位按照工作部署密切协作，确保了宗教活动安全、有序地开展。

（白红雨）

【基督教专项工作培训会】 5月19日，区政府民宗侨办会同西城区基督教专项办公室召开基督教专项工作培训会，各街道基督教专项工作组成员参加培训。区委常委、统战部部长曹长胜出席。

（白红雨）

【“和谐寺观教堂”达标创建工作会】 5月25日，西城区召开“和谐寺观教堂”达标创建工作会议。区属宗教团体、宗教活动场所主要负责人参加会议。会议传达了《北京市创建“和谐寺观教堂”活动阶段总结表彰工作方案》和市宗教局召开的“和谐寺观教堂”达标检查启动会精神，宣布区政府民宗侨办主任王贺君担任组长，区委统战部副部长王新、区政府民宗侨办副主任马震任副组长。设立创建活动办公室，马震任办公室主任，宗教组具体负责指导、协调、组织等工作。同时布置了创建达标工作。

（白红雨）

【宗教场所火灾疏散应急演练】5月31日，区政府民宗侨办、区伊斯兰教协会在牛街礼拜寺联合举行火灾情况下人员疏散应急演练。区属6所清真寺的消防安全员及消防安全志愿者共计50余人参加活动。演练结束后，消防教官针对火灾情况下应急处置方案、措施、处置方法等存在的问题，对与会人员再次进行了消防知识培训。

（白红雨）

【“爱国爱教 同心同行”座谈会】6月17日，西城区伊斯兰教协会（简称区伊协）在牛街礼拜寺举行“爱国爱教，同心同行”主题座谈会，区伊协（南区）秘书长、阿訇、乡老和工作人员共100余人参加会议。6月30日，区政府民宗侨办组织区级宗教团体和辖区内宗教活动场所负责人，召开宗教界人士与党“同心同行”座谈会。区委统战部副部长王新和区政府民宗侨办主任王贺君、党组书记周兴运参加座谈。

（白红雨）

【佛教节日】　7月19日是佛教重要节日——观音菩萨成道日，当日有1.2万余佛教信众分别到西城区广济寺、广化寺、法源寺、天宁寺及居士林参加法会。区政府民宗侨办会同相关单位上岗值勤，确保了节日活动顺利进行。

（白红雨）

【宗教场所安全生产检查】　7月25日，副区长范宝赴前门清真寺、东安福胡同24号院施工现场进行调研和安全检查。范宝实地察看了施工情况，听取了工程进展情况汇报，并就做好安全生产工作向施工单位和项目负责人提出要求。

（白红雨）

【召开宗教工作总结会】　7月26日，区政府民宗侨办组织西城区宗教团体、宗教活动场所主要负责人召开宗教工作半年总结会。区政府民宗侨办党组书记周兴运、主任王贺君参加会议。

（白红雨）

【佛教盂兰盆会】　8月14日是佛教盂兰盆会，当日2.2万余名佛教信众分别到西城区广济寺、广化寺、居士林、天宁寺、法源寺参加宗教活动。为确保节日活动顺利进行，西城区相关单位坚持在场所周边维持秩序，确保活动安全有序。

（白红雨）

【天主教圣母升天节】　8月15日，西城区天主教信教群众共同欢度传统节日——圣母升天节。近万名信教群众前往宣武门教堂、西什库教堂、西直门教堂参加节日活动。区政府民宗侨办、西城公安分局主管领导组织相关单位维持教堂周边秩序。

（白红雨）

【斋月和开斋节安全保障工作】　西城区采取多项措施做好斋月和开斋节期间的相关工作：一是制订全区开斋节工作方案；二是区委常委会、区政府专题会听取开斋节整体工作方案汇报；三是区委区政府成立开斋节工作指挥部，召开专题会听取各单位工作筹备情况汇报，检查各项筹备工作落实情况；四是区政府组织公安、消防、安监等相关职能部门联合对各宗教活动场所和活动现场开展安全检查；五是开斋节当天在各清真寺设现场指挥部；六是在斋月期间，区政府民宗侨办、区伊协加强宗教活动场所巡查，掌握动态；七是制定5项措施加强牛街礼拜寺的安全保障工作；八是斋月期间，区政府民宗侨办组织区各有关部门、街道办事处走访慰问民族宗教界人士。8月24日，区委、区政府组织召开开斋节安全保障工作现场协调会。区委常委、统战部部长曹长胜，副区长郭怀刚出席会议。会议由副区长范宝主持。区政府民宗侨办主任王贺君通报了开斋节活动实施方案。会后，与会领导带领各参会单位负责人到牛街地区的“北京市第四届清真美食节”举办场地、牛街礼拜寺进行现场检查。

（白红雨）

【伊斯兰教开斋节】　8月31日是穆斯林传统节日——开斋节，6.2万余名穆斯林群众在西城区各个清真寺参加节日会礼。市委常委、统战部部长牛有成，市人大常委会副主任马振川，市政协副主席赵文芝，市政府副秘书长马林等前往牛街看望宗教代表人士，慰问穆斯林群众，并参加清真美食节启动仪式。王少峰、王祥杰、刘跃平、曹长胜、苏东、陈思源、程军、范宝、郭怀刚、赵印春等区领导参加活动。新华社北京分社、英国路透社、中国国际广播电台、北京电视台、中央电视台阿拉伯语频道、中国工业报社、央视网站等新闻媒体到牛街礼拜寺采访开斋节的活动。

(白红雨)

【宗教团体换届合并工作】 10月20日，召开西城区伊斯兰教协会合并成立大会，薛天利当选西城区伊斯兰教协会会长，冯嘉美当选为秘书长，张连慈当选为常务副秘书长，杨文伯当选为监事长。10月29日，西城区天主教召开第六次代表会议，选举产生新一届领导集体，赵建敏当选为西城区天主教爱国运动委员会主席，汪颖当选为秘书长，康毓萍当选为监事会监事长。11月30日，召开西城区基督教三自爱国运动委员会第二届委员会第三次会议，增选原宣武区三自爱国小组张玉凤、张荣为西城区基督教三自爱国运动委员会常委，谢淑清、张秀君为委员。至此，西城区3个宗教团体全部完成换届合并工作。

(白红雨)

【伊斯兰教古尔邦节】 11月7日是古尔邦节，穆斯林群众6300余人到西城区所属的6所清真寺及北京市伊斯兰教经学院参加会礼。区委常委、统战部部长曹长胜，副区长范宝和市宗教局领导到牛街礼拜寺、前门清真寺看望阿訇及穆斯林群众。

(白红雨)

【圣诞节安全保障工作】 12月13日，区政府召开圣诞节安全保障工作部署会，副区长范宝主持。区政府民宗侨办主任通报圣诞节整体工作方案，北京市天主教爱国会、西城区天主教爱国会和各个宗教活动场所负责人汇报圣诞节工作筹备情况，就圣诞节筹备工作中需要政府相关部门协助的问题进行介绍。各职能部门结合工作职责沟通情况，并就问题和情况进行研究。

(白红雨)

【天主教基督教圣诞节】 12月24日，市领导牛有成、马振川、程红，区领导王宁、王少峰、曹长胜、杜灵欣、苏东、程军、郭怀刚、陈思源、俞强、范宝、吴铁男等到各宗教活动场所看望宗教界人士和圣诞节值勤人员，巡视场所安全保障工作。12月24日至25日圣诞节期间，西城区共有3.2万余名天主教、基督教信徒到天主教宣武门教堂、西什库教堂、西直门教堂及基督教缸瓦市堂参加庆祝活动。

(白红雨)

【召开北京精神座谈会】 12月28日，区政府民宗侨办组织民族宗教界代表人士召开学习实践北京精神座谈会。区政府民宗侨办主任王贺君主持会议，区委统战部副部长和区政府民宗侨办党组书记出席会议，区级宗教团体、宗教活动场所主要负责人和部分少数民族代表参加座谈会。

(白红雨)

【召开侨资企业座谈会】 12月23日，西城区召开侨资企业迎新春座谈会，区政府民宗侨办主任王贺君主持，区发改委和商务委的领导分别从西城区的经济情况和利用外资情况等方面作了通报。与会侨商对西城区的建设和发展提出意见和建议。副区长范宝出席活动。

(白红雨)

对外事务

【概况】 北京市西城区人民政府外事办公室（简称区外办）是区政府负责外事工作的职能部门和区委外事领导小组的办公室，主要负责外事统筹协调归口管理，具体承担因公出入境管理、以友城为重点的国际交流、国际语言环境建设及外国媒体、外籍人员、非政府组织等涉外管理职责。西城区外事工作，着力夯实基础、拓展资源、理顺机制、提升服务，围绕区重点工作，促进实质性合作与交流项目，实现优化服务和规范管理的有机统一。区外办积极服务中央总体外交和北京市大外事。年内，协助外交部、中联部等中央部门接待党宾、国宾团组37批500余人次，向各国政要、专家学者推介西城区优势资源；完成市里交付的外事任务，配合做好市委书记刘淇出访保障工作；9月，协助日本驻华大使馆在西城区举办“日本文化周”活动。同时全力服务保障西城区举办的重点活动。利用外事系统渠道和资源优势，协助相关部门举办一系列活动：1月，区商务委新春联谊会；4月，区长张建东参加市长郭金龙与英国伦敦金融城副市长会见；5月，2011西单国际时尚年会开幕式驻华使节邀请及接待；6月，2011什刹海国际旅游文化节开幕式；8月，国际青少年相约北京大联欢活动；9月，“月邀五洲、情满西城”中秋联谊会、国际商协会走入什刹海活动、马连道国际茶文化节保障工作以及西城区文化节开幕式。全年接待服务各国驻华使节、国际友好人士近500人。加强与区域高端外籍人士的沟通联系，推荐摩根大通银行（中国）有限公司首席执行官霍康先生参评“长城友谊奖”并获得荣誉称号。同时加强内部建设，制定折子、分解任务推动全年工作；起草修订涉及决策议事、内部管理、业务工作等领域的16项区外办内部工作制度；重视调查研究，开展企业外事需求调研活动，承接市外办调研课题项目，牵头组织召开重点领域座谈会；开展政治学习和业务培训，组织区外办干部到市外办、兄弟区县学习先进经验，提升工作水平。5月，接待外交部外管司司长林松添到西城区金融街调研；6月，配合市外办，对西城区近50家企业进行外事需求调查；7月，接待北京大学国际合作部考察团对西城区外事资源的考察和参观；9月，接待市外办副主任李洪海一行对西城区企业外事需求调研；11月，市外办进行“国际活动聚集之都”调研。

地址：西城区二龙路27号
邮编：100032
电话：88064767

（刘 珂）

【涉外管理】 年内制定《西城区“境外非政府组织”管理工作联席会议制度》，明确责任单位、责任人、任务分工，形成工作合力。配合区委宣传部、西城公安分局完成全国“两会”期间境外媒体管理工作、北京市区县人大换届选举政策支持和引导等工作，引导境外记者正面宣传西城区。承办全市“境外记者管理工作会议”，强化西城区优质资源的对外宣传。3月中旬至下旬日本特大地震和海啸后，按市外办统一部署，开展西城区在日受灾人员及家属情况摸底工作，向区教委、区国资委、区旅游局等部门发放西城区涉日地震受灾人员家属求助登记表，安排区外办人员24小时待命，随时等候求助电话。与市外办涉外处、区国资委及相关企业通力合作，处理好西城区企业人员在朝鲜遭遇车祸事故的领事保护工作。

（刘 珂）

【友好城市交流】 截至年底，西城区国际友好城市总数12个，包括：日本东京都中野区、涩谷区、北区，韩国首尔市中区、龙山区，澳大利亚彭里斯市、首海文市，美国帕萨迪那市、丽浪多市，西班牙保素埃罗市，意大利热那亚市和俄罗斯莫斯科市西区。区外办注意夯实友城工作基础，梳理和规范友好城市工作管理规定、友好城市到访团组接待规范等工作流程；年内接待友好城市的政府、企业、教育等各类团组近20批次300余人。西城区与日本东京都北区重新签订友好城市关系协议，与英国贸易投资总署签署合作备忘录，明确了西城区与伦敦金融城友好交流关系及机制。友好城市高层交往频繁，全年派出6个友好代表团访问美国、俄罗斯、意大利、西班牙、日本、韩国等友好城市，接待友好城市代表访问15批185人；友城活动丰富多彩：4月，日本东京中野区前区长神山好市夫妇到访，澳大利亚新南威尔士州彭里斯市外事联系人一行到访；5月，日本太极拳友好协会代表团到访；6月，韩国首尔中区老年人协会代表团到访，与西城区老年大学签署《西城老年大学与大韩老年人协会中区支会友好合作交流协议书》；6月，日本东京中野区春秋会代表团到访；7月，日本东京友好人士市仓重夫先生到访；8月，美国加利福尼亚州帕萨迪那市青少年音乐夏令营在北京八中举办，西班牙马德里大区保素埃罗市副市长一行到访，日本东京中野区软式棒球代表团到访；9月，意大利热那亚市友好学校师生代表团到访；10月，日本东京涩谷区马拉松代表团到京参赛，日本东京中野区老朋友代表团到访；11月，韩国首尔中区议会及政府代表团到访，东京都北区议会及政府代表团到访。区域教育国际化取得新进展，各学校国际交流活动呈现个性化、品牌化、高端化特色：北京四中承办第八届国际顾拜旦青年论坛；月坛中学10名学生作为中日“小大使”出访日本期间受到日本首相菅直人接见；区外办协助全国友协、市友协组织西城区小学生参加“我心中的秘鲁”绘画展览。

（刘 珂）

【因公出国（境）管理】 制定因公出国（境）工作指南、办事流程和服务规范，在全区部分重点单位实行外事专办员试点工作，组织开展专题培训，夯实工作基础。切实做好行前筹备教育、行中指导监督和行后总结工作。科学规划出访任务，围绕全区中心工作和重点项目安排出访任务，全年没有发生违规、违纪问题。推进APEC（亚太经济合作组织）商务旅行卡工作，制定《西城区企业人员申办APEC商务旅行卡实施细则（试行）》，支持本区企业拓展海外业务。

（刘 珂）

【国际语言环境建设】 提升市民国际交流水平，推动市民讲外语活动向基层化、日常性发展，10月15日至16日成功举办“西城区第四届社区外语节”。与区人力社保局配合，建立公务员外语人才库。邀请外交部礼宾司开展外事礼仪培训，提升干部队伍外事综合素质。开展西城区A级景区服务环境整治检查专项工作，进一步规范英语标识使用，优化区域国际语言环境。梳理整合区域特色外事资源，优化重点涉外场所，全区对外开放单位共计104家。

（刘　珂）

对外联络工作

【概况】 北京市西城区对外联络服务办公室（简称区外联办）是负责本区对外联络服务工作的区政府工作部门。主要职责是：负责贯彻执行北京市关于对外联络服务工作的方针、政策，落实区委、区政府关于对外联络服务工作的部署和要求，研究制定具体工作措施并组织落实；负责指导、协调本区有关部门做好为驻区中央国家机关、驻区部队、中央企事业单位和外省市驻京机构的综合服务工作；负责协调相关部门完成市政府下达的服务驻区中央国家机关、企事业单位、外省市驻京机构折子工程，并督促检查落实情况；负责本区与外省市开展合作交流工作，负责外省市到访的接待和区级领导出访的组织协调工作；负责友好市区间的友好交流工作，为本区经济建设和社会发展服务；负责完成市、区下达的对口支援工作；负责重要会议、大型活动接待服务工作。年内，区外联办坚持把做好“四个服务”（为中央党政军领导机关的工作服务、为国家的国际交往服务、为科技和教育发展服务、为改善人民群众生活服务）作为履行职责的根本要求和促进发展的基本途径，将完善服务工作体系与创新服务方式相结合，探索建立目标同创、区域共建、资源共享的工作格局；强化开放、互利、共赢意识，不断拓展地区间协调发展的思路和空间，促进地区间全方位合作，实现优势互补，共促发展；总结多年对口支援经验，拓展对口帮扶思路，不断加大对口支援和帮扶力度。

地址：西城区二龙路27号

邮编：100032

电话：88064715

（闫　冰）

【服务中央驻区单位、外省市驻京机构】 年内，区外联办按照“四个服务”的要求，开拓服务思路，创新服务理念，完善服务机制，丰富服务内涵，全面做好驻区中央单位和部队的综合服务工作。组织区四套班子领导走访国家发改委、国家水利部、国务院国资委、国土资源部4家中央机关，中国人民银行、中国电视股份有限公司等6家驻区中央企业，武警北京总队二师一支队、七支队和第一消防支队等多家驻区部队，广泛征求驻区单位对西城区发展的意见建议和工作、生活等方面的服务需求。完善与中央单位互动机制，接待中央国家机关工作委员会、国务院国资委、大唐国际集团等多家中央单位到访，听取到访部门的服务需求和意见建议。探索信息化、互动式沟通模式，依托24小时服务热线、外联服务网站、《外联服务简讯》等多种方式，宣传西城区的外联服务工作，报道服务联络动态，建立区相关部门与中央单位沟通平台。完成北京市对外联络服务工作重点事项，主办事项5项，协办事项2项。保障中央单位重大项目建设，积极协调项目进展中遇到的困难和问题，确保工程进度，保障了中国设计交易市场、中宣部应急新闻中心等市区两级政府重点工程。妥善解决中南海北门交通安全和停车难问题、国务院国资委所属产权房的房产证问题等中央单位提出的服务需求。

（闫　冰）

【地区间友好交往】 不断强化开放、互利、共赢意识，不断拓展地区间协调发展的思路和空间，促进地区间全方位合作，实现优势互补，共促发展。年内，接待来自上海市、南宁市、哈尔滨市、乌鲁木齐市、邯郸市、贵阳市、洛阳市等地的考察团组39批次。做好西城区代表团、考察团赴外省市访问交流的联络工作，完成由区委书记王宁率领的西城区党政代表团赴新疆和田地区、乌鲁木齐市及内蒙古呼和浩特市、通辽市、赤峰市进行友好访问，区委常委、常务副区长杜灵欣赴拉萨出席“市民服务中心”开业仪式，联系区纪委、区委组织部、区科委等部门赴天津市、邯郸市、重庆市等地考察交流的服务保障工作。推进地区间的交流与合作，与广西南宁市签订《北京市西城区与广西南宁市合作框架协议》；与山东省威海市、内蒙古通辽市缔结友好城区；与河北省秦皇岛市举办“健康杯”乒乓球友好邀请赛。

（闫　冰）

【搭建合作交流平台】 1月14

日，区外联办组织召开2011年西城区外省市政府驻京机构迎春联谊会，区领导王宁、张建东等出席。邀请国管局驻京办事处管理司、北京市对口支援和经济合作工作领导小组办公室、市外联办、94家外省市政府驻京机构以及西城区相关职能部门和区属公司的主要领导参加。区委副书记、区长张建东向各驻京机构简要介绍了新西城经济社会发展的总体情况以及未来发展思路，并希望各驻京机构能够一如既往地关心、关注和支持新西城的建设与发展。国管局外省市驻京机构管理司、云南省大理白族自治州驻京联络处领导致辞，希望各省市政府驻京机构与西城区进一步加强联系、建立沟通的桥梁，缔结深厚友谊，为广泛开展地区间的交流与合作奠定坚实的基础。

（闫　冰）

【对口支援工作】　根据北京市对口帮扶工作安排，从年内开始，西城区京蒙对口支援地区由内蒙古呼伦贝尔市鄂伦春自治旗调整为赤峰市喀喇沁旗。经过双方领导考察走访，实现帮扶合作全面对接。年内，向喀喇沁旗拨付帮扶资金100万元，其中20万元用于支援相关部门改善办公条件，80万元用于锦山镇西水沟塘坝加固改造工程；拨付拉萨市城关区“市民服务中心”项目尾款1100万元，并向其援赠300万元，用于帮助城关区会议中心音视频系统、应急呼叫中心系统、各相关会议室办公设备等设施的配备；向和田地市援赠资金206万元，支持援和指挥部、和田市工业园区、和田市吉亚乡发展建设。

（闫　冰）

档案管理

【概况】　北京市西城区档案局（简称区档案局）是西城区人民政府负责档案事业行政管理的主管部门。内设科室暂设：党群科、办公室、法制教育科、业务指导科、收集科、管理科、编研科、征集社教科、信息化科、文档管理中心等10个科室。西城区档案馆（简称区档案馆）为地级国家综合档案馆，是集中管理全区档案的文化事业机构，与区档案局合署办公，一个机构、两块牌子。主要职责是：收集、保管对国家和社会具有保存价值的档案资料；开发档案信息资源，为社会提供服务；是区政府信息公开查阅场所，是区爱国主义教育基地。年内，区档案局（馆）大部分科室集中在南馆办公，北馆有管理科、档案中心，负责接待查档利用。区档案馆档案全宗201个，馆藏档案资料48.8万卷（件、册、张），其中照片5.1万张，开放档案2.2万余卷。完成《北京市西城区“十二五”时期档案事业发展规划》的编制工作，并列入西城区专项规划。年内，围绕全区重点工作开展档案管理的指导监督；为全区中心工作和社会各界提供档案资料查阅服务；挖掘馆藏，提供高质量的档案产品供区领导决策参考和满足群众的文化需求；开展多种活动，发挥爱国主义教育基地职能；履行好政府信息公开查阅场所职能，为构建法治政府服务。组建起全区档案管理网络，制定2011年至2015年档案接收计划，全区“十二五”时期的档案工作全面展开。

南馆地址：西城区广安门南街68号

邮编：100054

电话：83976506

北馆地址：西城区二龙路27号

邮编：100032

电话：88064613

（王振威）

【法制建设与业务指导】　年内，编制《西城区档案系统开展法制宣传教育的第六个五年规划（2011年—2015年）》，举办档案行政执法培训班。针对行政区划调整后许多单位的整合，加大执法检查力度，重点检查了档案实体安全、档案收集保管、档案室建设、档案进馆等工作，寓指导于检查之中，以检查促工作，产生良好效果。主动加大对全区重点工作的参与力度，制定《西城区行政服务事项档案管理办法》，有力配合了新型综合服务中心建设。针对区属各立档单位及文档中心所辖部门的内设机构变化大、兼职档案人员调整频繁等情况，区档案局及时建立工作联系，对新成立单位、合并单位、档案人员调整单位通过实地走访、电话指导等方式，规范档案室职责、档案管理制度、单位档案管理网络、档案室库房设备设施，为正常开展档案工作奠定基础。年内对全区“煤改电”、西城区旧城区保护和居民住房改善工程拆迁、第六次人口普查、区污染源普查、第一次水务普查等档案进行了重点指导，区长张建东对区档案局指导旧城保护和居民住房改善工程归档批示“这样的做法很好”。发挥区划调整资源整合优势，在完成原西城区2003年至2009年“煤改电”工程档案的整理后，即开展原宣武区2008年至2009年“煤改电”工程档案的整理，采用同样的整理方案和整理人员，共整理档案1423卷。针对第六次人口普查档案时间跨度为2009年至2012年的特点，特别是跨区划调整的实际，为完整保存档案，同时又避免材料的重复，制定科学合理的整理方案，保证区第六次人口普查档案顺利归档。积极服务“文明城区创建”工作，选派3名业务精通、政治素质过硬的工作人员到区创建办参与迎检；为测评指标文件材料收集提供服务；开拓综合档案馆文明影响力，发挥爱国主义教育基地职能，指导全区各单位创建材料归档工作。积极为驻区企业服务，年内以不同方式对3家单位提供了档案管理服务。以培训促业务，开展归档培训、进馆培训和专题培训等培训18次，参加培训人员达到929人次，参与网上培训人员达到892人。

（王振威）

【档案利用服务】 档案利用服务成效显著，接待利用人次再创新高，南北两馆全年共接待社会利用者10027人次，调阅档案16393卷（件），出具证明8112份；发挥政府信息公开场所作用，接待查询政府公开文件183人次，利用1310件次；配合全区各部门进行编史修志工作，接待查档474人次，调阅档案5564卷（件），复制档案11292页。为大栅栏街道办事处编辑的《走街串巷品文化——大栅栏胡同游》画册提供街巷胡同照片114张。年初，为修缮银锭桥，区市政管委工作人员到区档案馆查阅有关银锭桥的档案材料，档案馆工作人员利用馆藏数据库，在“区什刹海风景管理处”进馆档案中，检索到1990年关于银锭桥改建工程的相关材料，包括首都规划委员会组织的改建问题专家讨论会会议纪要、区常务会议关于银锭桥施工问题会议纪要等，为银锭桥的修缮提供了依据。

（王振威）

【基础业务】 2011年是实施西城区五年进馆计划的第一年，局（馆）内各科室相互配合，做到“有计划、有制度、有部署、有分工”，推进档案进馆工作。对全区92个立档单位及文档中心档案进馆数量进行调查摸底，并依据调查结果制发《西城区档案局关于“十二五”期间档案接收进馆工作的通知》（西档发〔2011〕2号），部署2011年至2015年的进馆工作，将各单位区划调整前2010年（含）档案提前接收进馆。为了确保完成当年进馆任务，对列入2011年进馆计划的单位进行重点指导和培训，完成35个委办局和临时机构2万余卷（件）档案的进馆工作和文档中心管理单位约1.5万件档案的接收任务。此外，为进一步规范档案征集工作，制定《西城区档案馆档案征集工作制度》，并使征集工作制度化、常态化。拍摄街巷胡同照片1000余张，充实“西城区城市风貌影像库”，留存下珍贵的历史记忆。全区室存档案174个全宗，207万卷、65万件，排架长度3.3万余米，照片档案8.5万余张，机读目录112万条，区属档案室本年接收15.9万卷（件）。

（王振威）

【信息化工作】 开展馆藏档案数字化工作，对婚姻档案、开放档案及珍贵馆藏档案进行数字化加工，全年共扫描档案2.3万余卷、226万页。馆藏档案累计数字化纸质档案5.4万卷、481.8万余页、2664.18GB。科研课题《区县档案馆多媒体档案管理和利用研究》结题，《射频技术在档案工作中的应用》进展顺利。

（王振威）

【档案开发利用】 年内，为更好地发挥馆藏档案资源，围绕全区中心工作，服务领导决策，创办《档案传真》，报送区委、区人大、区政府、区政协领导及相关重要部门，内容主要是依据馆藏，提炼专题，服务领导决策参考，全年共出刊10期，内容包括《北京金融街的起步和崛起》、《创建全国文明城区、共筑西城美好家园》、区人大、区政协换届情况等。继续做好《西城追忆》的编纂工作，全年编辑4期，编辑《西城追忆》特刊《红色足迹》画册，并与《北京西城报》合作，开辟《红色足迹在西城》专栏。由区委组织部、区委党史资料征集办公室和区档案局（馆）联合编写的中国共产党北京市组织史资料丛书《西城卷》、《宣武卷》于7月召开出版座谈会，区委常委、组织部长王力军出席座谈会并讲话。

（王振威）

【档案宣传与基地教育】 10月16日，以“档案为您服务”为主题，举办第三届“档案馆日”活动，帮助市民寻找记录在档案里的西城美好生活。国家档案局副局长、中央档案馆副馆长杨继波、北京市档案局副局长陶水龙、西城区政协副主席杨海森及《西城追忆》部分撰稿人、读者等参加西城的活动。在《西城追忆》创刊10周年座谈会上，杨继波代表国家档案局对《西城追忆》创刊

10周年表示热烈祝贺，并提出三点希望：一是要适应新形势新任务的要求，大力发扬与时俱进、开拓创新精神，落实科学发展观，提高档案管理水平；二是要把“高举旗帜、围绕中心、立足档案、面向社会、贴切群众”作为新时期档案宣传工作的方针；三是希望《西城追忆》作为推介馆藏档案的一种好形式，能够越办越好。区档案馆在南北两馆及大观园公园南门外的文化广场安排有参观观摩、查档体验、现场咨询、《西城追忆》10周年座谈会、“辛亥革命与北京西城”专题展等活动，共接待各界群众600余人次，发放各类宣传品14种、近9000份。继续做好《西档参讯》编辑工作，全年制发12期。开展爱国主义教育基地系列教育活动。为中共中央党校、中央档案馆、中共北京市委宣传部、中共北京市西城区委联合主办的大型展览“档案的见证光辉的历程——纪念中国共产党成立90周年档案资料展”提供76件档案和图片。举办“红色档案送警营——清明寄思话忠诚”、“纪念建党90周年——红色足迹在宣南”报告会等活动，使档案馆的社会教育功能得以不断扩展。为纪念建党90周年，精心制作“旗帜飘扬在西城”——纪念中国共产党成立90周年红色档案展览，配合纪念辛亥革命“五个一”系列活动，制作“辛亥革命与北京西城”专题展览和《辛亥革命与北京西城》画册，原全国人大常委会副委员长、民革中央主席何鲁丽为画册题词：“继承先烈 浩然正气 无畏精神 振兴中华”；在西城区“两会”咨询会上，区档案局将《西城追忆》、《北京安徽会馆志稿》、《辛亥革命与北京西城》、《西城记忆——西城区档案馆珍藏图片集粹》等档案编研成果送至与会代表和委员手中，王宁、王少峰等区领导驻足档案局咨询台前，与工作人员交谈，并对档案刊物给予肯定与赞扬，发放资料4000余册，受到好评。年内基本陈列展2个，接待参观7008人次。

（王振威）

【档案安全】 指导各立档单位加强标准化档案室建设，对重点单位的档案室安全保管条件进行抽查和整改指导。重点指导了区检察院、区国土局、北京中信房地产公司档案室建设。区档案馆建立档案安全管理台账，严格执行档案出入库签字制度，严格执行开放档案审批程序。开展档案安全专项检查，确保南北两馆的安全监控系统、消防灭火系统及温湿度调控系统等设备运行稳定。为北馆库房安装安全监控系统，对库房密集架进行维修和养护。对南馆库房屋顶的防水层及顶层走廊进行重新修缮，确保库房的安全。

（王振威）

【档案学会】 5月13日，西城区档案学会第一次会员代表大会召开。会议通过学会章程和会费收缴使用办法，选举产生第一届理事会和第一届监事会。随后召开的学会理事会、监事会会议选举区档案局局长李茂福为理事长，区档案局党组书记吕燕裙为监事长。市档案局副局长马素萍到会并讲话。

（王振威）

信访工作

【概况】 北京市西城区委区政府信访办公室（简称区信访办）是区委、区政府受理人民群众来信来访的工作部门。主要职责是：受理群众来信，接待群众来访，受理市长信箱，承办上级机关交办的信访事项；组织实施信访交办、督办工作；承担组织实施人民内部矛盾排查调处工作、区领导接待日工作、信访事项复查工作；协调解决区域、部门之间的信访问题；对本地区、本系统的信访工作进行业务指导，及时提供信访信息，综合研究信访情况；向信访人宣传有关法律、法规、规章和政策等。根据区委区政府工作安排，区信访办办公地点定在南菜园街51号，年内区领导接待地点、接访科、排查科在南菜园街51号，其余科室在二龙路27号办公。年内，区信访办探索用群众工作统揽信访工作的新体制、新机制，坚持突出重点、协调推进，不断研究新情况和新问题，信访秩序进一步好转，大量的信访问题得到及时就地解决，为促进社会和谐稳定、实现经济平稳较快发展发挥了应有作用。4月，西城区被中共北京市委、北京市人民政府评为2006至2010年度信访排查调处工作先进集体。

地址：西城区南菜园街51号

邮编：100054

电话：66037903

（刘宗民）

【信访工作调研】 1月，区社工委、区信访办、月坛街道办事处联合召开研讨会议，就“社会工作专业手法介入信访工作”问题进行专题研讨。会议邀请国内外社会领域的专家学者参加，就相关问题共同探讨。3月24日，西城区召开全国“两会”期间信访工作总结会。会议总结了全国“两会”期间信访工作的一些成功经验，对下一步做好信访工作提出要求。全区各部门、各街道主管信访工作的领导100余人参加会议。区委副书记、政法委书记刘跃平，区委常委、常务副区长杜灵欣，副区长苏东出席会议。3月，区信访办围绕提高初信初访办结率、完成好用群众工作统揽信访工作试点任务，组成3个组分别对街道和信访量大的重点委办局开展调研工作。5月30日，区信访办首次组织召开有19名信访群众代表参加的座谈会。以座谈会的形式与群众代表交流想法，沟通思想，从法、理、情的角度，向群众代表阐明政府办理信访问题的诚意、立场、观点和方法，并对信访群众提出希望和要求。区委政法委、区维稳办、区政府法制办、西城公安分局和全区15个街道主管领导参加会议。8月29日，区委副书记、代区长王少峰，区委常委、常务副区长杜灵欣到区信访办就全区信访工作情况进行调研，王少峰就如何做好新形势下信访工作提出要求。年内，区信访办与北京康尔心理咨询中心合作,专题研究从心理学角度入手，接待群众来访，有针对性地化解疑难信访问题。

(刘宗民　韩雨宵)

【信访工作会议】　1月14日，区信访办组织召开2011年全区第一次人民内部矛盾纠纷排查调处工作部署会。全区15个街道和15个委办局主管信访工作的领导和信访干部近60人参加会议。2月17日，召开西城区2011年信访工作会，会议对全年信访工作进行部署，对全年信访工作目标提出要求。区领导刘跃平、杜灵欣出席会议。5月12日，区信访办组织召开2011年全区信访积案化解工作部署会，会议要求各单位将信访积案化解工作纳入重要日程，制定切实可行的化解方案，真正把信访人吸附在本单位、本地区。全区15个街道、区住建委、区房管局、区国资委、区城管大队、西城规划分局、天恒置业集团公司负责人参加会议。5月31日，西城区召开人民内部矛盾纠纷排查化解工作暨“6·4”敏感期维稳工作部署会议。会议研究部署区级重点矛盾纠纷和信访积案化解工作，对“6·4”期间全区维稳工作提出要求。区委副书记、区委政法委书记刘跃平，区委常委、西城公安分局局长陈思源出席会议。11月29日，西城区召开区级重点信访矛盾纠纷化解工作调度会，相关单位的主要领导、主管领导参加会议。区领导刘跃平、杜灵欣、李岩出席会议并讲话。12月22日，区联席会议办公室主持召开全区信访维稳工作会，区联席会议成员单位、区维护稳定工作领导小组等42家单位主管领导参加会议。杜灵欣出席会议并讲话。

(刘宗民　韩雨宵)

【上级督导检查】　1月21日，市信访办督察专员闻章涛一行4人到西城区就信访工作进行调研，并到月坛街道慰问一线信访干部。6月29日，市委第二巡视组组长陈继平一行7人到西城区检查信访工作。市委巡视组成员分别听取区信访办和金融街街道信访工作情况汇报，现场查看金融街街道办事处接访大厅。区委常委、常务副区长杜灵欣，市信访办副主任刘树年陪同检查。11月25日，市政府副秘书长、市联席办、市信访办主任薄钢到西长安街街道就信访工作开展情况及重点矛盾纠纷化解工作情况进行督导检查。区委书记王宁，区委副书记、区委政法委书记刘跃平参加督导检查活动。12月9日，中央信访工作督导组组长、国务院副秘书长、中央联席办主任、国家信访局局长王学军到牛街街道调研。薄钢等陪同检查，杜灵欣参加督导检查活动。

(刘宗民　韩雨宵)

【用群众工作统揽信访工作试点】4月6日，西城区召开用群众工作统揽信访工作试点工作领导小组会议，研究用群众工作统揽信访工作的意见及方案。区委副书记、区委政法委书记刘跃平主持会议。6月28日，区委召开书记碰头会专题研究用群众工作统揽信访工作的相关事项，年内区委召开3次书记碰头会研究此项工作。7月1日，区委召开第十三次常委会议，会议研究通过《西城区关于坚持用群众工作统揽信访工作，切实维护群众权益的意见（试行)》。7月7日，西城区召开用群众工作统揽信访工作动员部署大会。市政府副秘书长、市联席办、市信访办主任薄钢到会并讲话，区领导王宁、刘跃平、王力军、程军出席会议。全市15个区县信访办的主要领导也应邀参加会议。7月中旬，区信访办按照《西城区关于坚持用群众工作统揽信访工作，切实维护群众权益的意见(试行)》具体要求，成立西城区委群众工作部。并以群众工作部的名义召集15个街道、信访任务重的11个委办局的主管领导、信访干部，就怎样贯彻落实用群众工作统揽信访工作进行研讨。11月，成立西城区群众权益保障工作领导小组，以区委区政府两办的名义印发《关于成立西城区群众权益保障工作领导小组的通知》。

（刘宗民　韩雨宵）

【信访宣传活动】 4月22日，全区15个街道的255个社区开展“依法信访·畅通有序”宣传日活动。全区参加活动的工作人员3500余人，咨询人数1.5万余人，共发放《信访条例》宣传品3.2万余件，摆放宣传展板750块。区委常委、区委办公室主任程军到金融街街道发放宣传材料，接受群众咨询。

（刘宗民　韩雨宵）

【对外交流】 9月15日，上海市信访办副主任朱甫娟，金山区委常委、政法委书记王美新带队，到西城区就积案化解、用群众工作统揽信访工作等进行专题调研。调研期间与区信访办、广安门内街道等单位进行了工作交流，参观了广安门内街道综治维稳中心。市信访办正局级巡视员李小玲，区领导刘跃平、杜灵欣参加调研活动。

（刘宗民　韩雨宵）

【信访工作基本情况】 区信访办全年受理信访总量4763件次，其中群众来信1193件次17459人次，接待群众来访1504批次2605人次，受理市长信箱电子邮件2066件次。同比信访总量上升4.89%，其中来信量件次下降1.5%，人次上升4倍；来访量批次下降5.5%，人次上升22.1%；网上信访量上升18.9%。集体访49批次866人次，同比批次上升4.3%，人次上升86.6%；联名信95件次16220人次，同比件次上升21.8%，人次上升6.27倍；群众到市以上越级集体访33批次688人次，同比批次上升37.5%，人次上升16.6%。区领导批示交办群众来信共310件，占来信总量的26%，市、区领导批示信件按期办结率为100%。

（刘宗民　陈建军）

【信访积案化解年活动】 按照市委市政府关于做好积案化解工作有关要求，年内加大信访积案化解工作力度，着眼“事要解决”、“案结事了”工作目标，对一些历史遗留的疑难信访问题逐案进行再分析、再研究，在确保不引发连锁反应的前提下，动用信访救助资金724.4万元，依法、依规、依情化解重大疑难信访事项26件。

（刘宗民　韩雨宵）

【信访干部学习培训】 年内，区信访办通过以会代训形式，组织各种培训会、研讨会13次，全区各单位主管领导和信访干部460余人次参加培训。6月9日、10日，西城区组织为期2天的信访干部培训班。培训内容包括《信访条例》、相关法规制度、心理学等。市信访办副主任吴京典到会并讲课，全区各委、办、局、中心，纪委、人大、政协、法院、检察院机关、各街道，各总公司共140余名单位主管领导和信访干部参加培训。10月20日，区信访办组织全区15个街道60余名社区工作人员参加全市信访信息员骨干培训。培训围绕信访工作形势就做好信访信息工作的意义方法等进行详细讲解。

（刘宗民　韩雨宵）

中国人民政治协商会议北京市西城区委员会

【概况】 中国人民政治协商会议北京市西城区委员会（简称区政协）是中国人民政治协商会议的地方组织，主要职能是政治协商、民主监督、参政议政。上年7月行政区划调整后，区政协以临时委员会的形式履行职能直至第十三届一次全会（2011年12月13日至17日）召开，区政协（临时）有委员616人，常务委员114人；截至年底，区政协第十三届委员会有委员535人，常务委员99人，设提案委员会、学习指导和文史资料委员会、经济科技委员会、城建环保委员会、教文卫体委员会、社会和法制委员会、民族和宗教委员会、港澳台侨委员会8个专门委员会。机关设办公室、研究室、专委会工作一室、专委会工作二室、专委会工作三室、专委会工作四室、专委会工作五室、专委会工作六室8个办事机构，行政编制40人（不含局级）。年内，区政协团结依靠各党派团体和各界委员，牢牢把握团结和民主两大主题，坚持和发展最广泛的爱国统一战线，紧密围绕全区中心工作履行职能，为推进西城区经济、政治、文化和社会建设与发展作出积极贡献。

地址：西城区广安门南街68号
邮编：100054
电话：83976102

（李　杰）

【区政协（临时）第二次会议】 1月11日至13日在中共北京市委党校召开。会议审议通过区政协（临时）副主席赵印春作的区政协（临时）常务委员会工作报告及副主席程刚作的提案工作报告，表彰了2010年优秀提案；列席区人大（临时）第二次会议，听取并讨论《北京市西城区政府工作报告》、《北京市西城区2010年国民经济社会发展计划执行情况和2011年国民经济社会发展计划草案的报告》、《北京市西城区2010年财政预算执行情况和2011年财政预算草案的报告》、《北京市西城区人民法院工作报告》、《北京市西城区人民检察院工作报告》、《北京市西城区国民经济和社会发展第十二个五年规划纲要（草案)》；审议通过区政协（临时）第二次会议决议。市政协副主席陈平，区委、区人大、区政府、区政协领导出席会议。区政协历届主席，区各民主党派、工商联、人民团体负责人出席开幕式，中共西城区委书记王宁在闭幕式上讲话。

（李　杰）

【常务委员会会议】 年内，区政协共召开6次常务委员会会议。1月11日，区政协（临时）第三次常务委员会会议，听取政协西城区委员会（临时）第二次会议各小组讨论常务委员会工作报告和提案工作报告的情况汇报，就1月12日讨论政府工作报告和经济、财政、法院、检察院工作报告及区“十二五”规划纲要（草案）的安排和组织工作提出要求。1月12日，（临时）第四次常务委员会会议，听取政协西城区委员会（临时）第二次会议各小组讨论政府工作报告和经济、财政、法院、检察院工作报告及区“十二五”规划纲要（草案）的情况汇报，听取并讨论区政协（临时）第二次会议提案审查情况的报告（草案）及会议决议（草案)，决定提交大会审议通过。3月17日，（临时）第五次常务委员会会议，听取区教委关于解决幼儿入园难情况的通报，与会常委、专委会主任对学前教育面临的诸多问题提出意见建议；审议通过《政协西城区委员会（临时）常务委员会2011年工作要点（讨论稿)》及关于调整专委会常务副主任的决定（草案)。7月21日，（临时）第六次常务委员会会议，听取关于办理区政协（临时）二次会议党派团体提案工作情况的报告及区政协2011年上半年工作情况和下半年工作安排的情况通报，审议通过了《政协西城区委员会（临时）常务委员会关于进一步加强西城区居家养老服务工作的建议案（讨论稿)》及关于落实金融强区战略加快广安园区建设的建议案（讨论稿)，听取了相关调研情况说明。8月3日，（临时）第七次常务委员会会议，就“加强政治协商工作”进行专题研讨。11月25日，（临时）第八次常务委员会会议，听取关于办理2011年政协委员提案工作的通报和关于政协西城区第十三届委员会委员建议名单及第一次会议主席团成员建议名单、秘书长建议名单的说明；审议通过《政协西城区第十三届委员会委员建议名单（草案)》、《关于召开中国人民政治协商会议北京市西城区第十三届委员会第一次会议的决定（草案)》，决定区政协十三届一次会议于2011年12月13日至17日召开；审议《政协西城区委员会常务委员会工作报告（讨论稿)》及提案工作报告（讨论稿)，决定修改后提交区政协十三届一次会议审议通过；审议《政协西城区第十三届委员会第一次会议选举办法（草案)》，决定提交区政协十三届一次会议选举大会审议通过；审议《政协西城区第十三届委员会第一次会议主席团成员建议名单、秘书长建议名单（草案)》及建议议程（草案)、建议日程（草案)、决议起草委员会建议名单（草案)、提案审查委员会建议名单（草案)、小组召集人建议名单（草案)，决定提交区政协十三届一次会议预备会议审议通过。

（李　杰）

【主席会议】 年内，区政协共召开3次主席会议。3月3日，第三次主席扩大会议。审议通过《政协北京市西城区委员会（临时）主席会议关于鹿陈等同志职务任免的决定（草案)》、关于调整财政预算民主监督小组人员名单的决定（草案）和关于调整社会治安综合治理民主监督小组人员名单的决定（草案)；审议《政协北京市西城区委员会（临时）常务委员会2011年工作要点（讨论稿)》及关于调整专委会常务副主任的决定（草案)，决定提交政协西城区委员会（临时）常务委员会第五次会议审议通过；会议还确定政协西城区委员会（临时）第五次常委会议的时间和议题。7月14日，第四次主席扩大会议。审议《政协西城区委员会（临时）常务委员会关于进一步加强西城区居家养老服务工作的建议案（讨论稿）》，听取民族宗教委员会副主任金孝宗对“关于西城区居家养老服务工作情况的调查”的情况说明；审议《政协西城区委员会（临时）常务委员会关于落实金融强区战略加快广安园区建设的建议案（讨论稿）》，听取经济科技委员会常务副主任徐京华关于“落实金融强区战略加快广安园区建设”调研情况的说明，会议对两项调研建议案进行了讨论，提出了修改意见，同意将两项调研建议案提交区政协常委会审议通过；听取秘书长白林关于政协西城区委员会（临时）2011年上半年工作情况及下半年工作安排的情况通报；确定了召开政协西城区委员会（临时）第六次常委会议的时间和议题。10月18日，第五次主席扩大会议。审议通过《政协北京市西城区委员会（临时）主席会议关于表彰2011年度优秀提案的决定（草案）》及《政协北京市西城区委员会（临时）主席会议关于刘春春等同志任职的决定（草案）》，听取秘书长崔显修、白林对两项“决定”的情况说明。听取西城区文化创意产业工作的情况通报。区文化委、华融文化公司分别介绍了西城区演艺产业和天桥演艺园区项目建设情况。主席集体参观视察天桥剧场、万胜剧场和德云社，并就天桥演艺园区的建设发展提出意见和建议。

（李　杰）

【秘书长会议】 3月24日，区政协（临时）秘书长白林主持召开政协西城区委员会（临时）第一次秘书长会议，副主席赵印春在会上通报了区政协全年工作重点。会议研究确定以“历史文化名城保护工作”为题的议政会内容，各位副秘书长在会上通报了有关民主党派对议政会的选题、调研、撰稿情况。

（李　杰）

【第三次政协工作会】 4月22日，西城区召开第三次政协工作会议，区委副书记、区长张建东主持。区政协主席王祥杰从“服务大局、关注重点、拓宽渠道、深入调研、重视民生、精心组织”六个方面总结了政协第二次工作会议以来的成绩。市政协副主席赵文芝、区委书记王宁出席会议并讲话。赵文芝对西城区在“十二五”阶段提出的目标表示肯定，并认为西城区政协工作富有西城特色。

（李　杰）

【直辖市八城区政协第九次工作研讨会】 4月26日至28日，直辖市八城区政协第九次工作研讨会在京举行。天津市滨海新区、和平区，上海市黄浦区、杨浦区，重庆市渝中区、沙坪坝区，北京市西城区、东城区政协的领导60余人出席会议。北京市政协副主席熊大新，区委副书记、区长张建东，区委常委、常务副区长杜灵欣出席开幕式。区政协主席王祥杰主持会议。与会人员围绕反映社情民意信息工作、关注民生促进和谐、强化委员的群众观念、围绕科学发展参政议政、加强政协自身建设等问题进行了研讨交流。

（李　杰）

【历史文化名城保护工作议政会】 5月5日，区政协与区委统战部联合召开历史文化名城保护工作议政会，区政协主席王祥杰主持会议。区委常委、统战部部长曹长胜等领导出席会议。各民主党派、人民团体负责人，区政协各专委会主任，部分政协委员及区委、区政府相关部门负责人参加会议。会议提出对法源寺文保区进行保护性开发；统筹解决历史文化名城保护中的居民搬迁问题；设立西城区文物腾退的专项资金；鼓励民间力量建设性参与机制的发展等意见建议。

（李　杰）

【加强政治协商工作研讨会】 8月3日至5日，区政协召开加强政治协商工作研讨会，主席王祥杰主持会议。本次研讨活动共征集到近50篇文稿，委员们从自身履职的切身体会出发，分别从发挥民主党派作用、明确政治协商主体、完善政治协商制度建设、做好调查研究工作、加强信息化建设、发挥专委会基础作用等方面对政协工作进行理性思考，思路清晰，视角多样，对于区政协做好政治协商工作，起到有力的促进作用。

（李　杰）

【区政协（临时）召开总结大会】 10月26日，政协西城区委员会（临时）召开总结大会，副主席赵印春主持会议。会议总结了区政协五年的工作，表彰委员们为辖区建设发展和政协事业作出的积极贡献。副主席姜昕华宣读《政协北京市西城区委员会（临时）主席会议关于表彰2011年度优秀提案的决定》。区委书记王宁，副书记刘跃平，区委常委、统战部部长曹长胜，区委常委、常务副区长杜灵欣应邀出席会议。王宁在会上讲话。

（李　杰）

【提案委员会】　年内，共收到政协委员、各民主党派和人民团体提出的提案388件，经审查立案358件，送交76个承办单位办理。为推进提案办理工作，与区委、区政府办公室联合召开提案办理工作会议，并对各承办单位的办案人员进行业务知识培训。全区各级领导高度重视提案工作，区委书记、区长、区政协主席亲自阅批党派团体提案和界别提案，专题研究、亲自督促提案办理工作。截至年底，全部提案已经办理结束，其中委员表示满意的180件，表示同意的178件，没有提出不满意意见。在对提案全面综合分析以及与历次全会提案情况的对照分析的基础上完成提案分析报告。

（李　杰）

【学习指导和文史资料委员会】年内，围绕纪念辛亥革命100周年，接待市政协探寻中山先生足迹，视察西城区中山会馆、湖广会馆；组织委员参与“辛亥革命在西城”——辛亥革命百年文集编辑活动。编辑出版《白塔寺胡同》文集。协助委员举办“泼墨泼彩迎新春，感恩图报书画作品展”活动。与河北省邢台市政协等单位联合举办纪念元代杰出科学家郭守敬诞辰780周年书画联展活动，组织委员完成近20幅作品的创作。

（李　杰）

【经济科技委员会】　年内，与民建西城区委员会联合成立调研课题组，对广安产业园的建设情况进行专题调研，形成《关于落实金融强区战略加快广安园区建设》的调研报告，以常委会建议案的形式报区委、区政府参考。召开题为《开拓创新、扎实工作，促进西城商务又好又快发展》的通报会。组织委员视察北京维旺明信息技术有限公司、北京磨铁图书有限公司以及位于普天德胜孵化器的金融后台企业。开展财政预算民主监督小组工作，于8月和10月分别召开会议，对西城区财政运行情况进行监督、总结。

（李　杰）

【城建环保委员会】　年内，与九三学社西城区委一起，在总结前期工作的基础上，以“以疏散人口为契机完善旧城功能布局，提高土地使用效率”为题目，继续对白塔寺历史文化保护区进行调研。召开西城区文物腾退保护利用工作情况通报会。组织委员视察保障性住房工作情况。召开西城区安全生产工作情况通报座谈会，并观摩在北京市第六十三中学举办的“2011年北京市西城区危险化学品事故应急救援及学校应急疏散演练”活动。

（李　杰）

【教文卫体委员会】　年内，分别组织召开座谈会，听取区档案局、卫生局、文委、体育局、教委、规划分局的工作情况通报。组织委员先后参观视察历代帝王庙、宣南博物馆、湖广会馆、区公共卫生服务大厦、北京DRC工业设计创意产业基地、广安体育中心、洁如幼儿园等，为委员认知、感知新西城提供视角。组织委员为市政协文化创意产业工作及“十二五”期间西城区文化创意产业发展规划的制定献计献策。

（李　杰）

【社会和法制委员会】　年内，与民族和宗教委员会一起联合民建、民革、民盟西城区委员会组成调研课题组，围绕西城区居家养老服务工作情况开展调查研究，形成《政协西城区第十二届委员会常务委员会（临时）关于进一步加强西城区居家养老服务工作的建议案》报送区委、区政府参考，《中国政协报》在8月12日第二版给予摘要刊登。在往年工作经验的基础上，分别对西城公安分局、区法院、区司法局、区工商局、区综合行政服务中心等单位进行明察暗访。分别召开西城区治安形势、流动人口工作情况和社会建设工作情况通报会。对西城区交通管理工作情况进行通报视察。

（李　杰）

【民族和宗教委员会】　年内，同社会和法制委员会一同完成调研课题。组织委员参观藏传佛教著名寺院塔尔寺、汉传佛教寺院法幢寺、道教宫观土楼观、伊斯兰教的西宁清真大寺，视察佛教天宁寺、道教白云观等宗教活动场所。

（李　杰）

【港澳台侨委员会】　年内，为使委员全面了解新西城2011年对台工作情况，召开对台工作情况通报会；并与区委统战部、台湾工作办公室联合举办“近期两岸关系形势”报告会。视察马连道茶城茶博会等台资企业，深入了解西城区台资企业发展情况。举办各界妇女“庆三八”等联谊活动。

（李　杰）

【委员街道区域活动】 年内，各街道分别组织委员听取“十二五”期间街道建设思路及工作开展情况，并就实际工作中面临的问题展开座谈。年底，各街道区域活动小组组织委员协商讨论区政府工作报告。

（李　杰）

【友好交流】 3月7日，接待天津市政协到京考察；4月7日，接待市政协提案委员会主任董瑞龙一行到西城区政协考察；5月初，区政协主席王祥杰带队到天津市滨海新区及和平区考察学习；7月12日，接待广州市黄埔区政协主席曹小约一行到西城区调研社区组织建设及“议行分设”的经验及做法。

（李　杰）

【区政协第十三届一次会议】 12月13日至17日在中共北京市委党校召开。会议审议通过大会主席团副主席王瑞珠作的区政协常务委员会工作报告及副主席沈桂芬作的提案工作报告；列席区人大第十五届第一次会议，听取并讨论《北京市西城区政府工作报告》、《北京市西城区2011年国民经济社会发展计划执行情况和2012年国民经济社会发展计划草案的报告》、《北京市西城区2011年财政预算执行情况和2012年财政预算草案的报告》、《北京市西城区人民法院工作报告》、《北京市西城区人民检察院工作报告》；选举曹长胜为区政协第十三届委员会主席，王瑞珠、沈桂芬、姜立光、杨月欣、刘长铭、李建国、荣洋为副主席，孙广俊为秘书长，另有90名政协委员当选常务委员；审议通过区政协第十三届第一次会议决议。市政协副主席赵文芝，区委、区人大、区政府、区政协领导出席会议。区政协历届主席，区各民主党派、工商联、人民团体负责人出席开幕式，区委书记王宁在闭幕式上讲话。

（李　杰）

（责任编辑　陈　艳）

群众团体

西城区总工会

【概况】 北京市西城区总工会(简称区总工会)是中国共产党领导下的职工群众自愿结合的群众组织。区总工会受中共北京市西城区委和北京市总工会双重领导，负责指导全区各行各业的基层工会工作。区总工会机关设9部室，分别为办公室、组织人事部、财务部、经济生活部、权益保障部、基层建设部、宣教部、事业部、经审办。区总工会所属基层工会委员会2055个，涵盖法人单位17852个，全区职工286497人，工会会员252909人。年内，区总工会获“第八届首都职工文化艺术节优秀组织奖”、“2011年北京市安全生产月活动优秀组织奖”、“2011年全国职工职业安全卫生知识竞赛全国优秀组织单位”、“职工互助保障先进单位”等奖项。在全市工会系统年度考核中，区总工会被北京市总工会评为综合工作优秀单位。

地址：西城区北营房东里12号楼

邮编：100037

电话：68336151

（韩悦彤）

【迎新春在职劳模招待会】 1月10日，西城区召开迎新春在职劳模招待会，区领导张建东、王祥杰、马兰霞、边振英、王力军、王粤、沈桂芬出席，全区200余名劳动模范和先进人物参加。全国劳动模范、北京市菜市口百货股份有限公司董事长赵志良代表劳模发言。

（李 颖）

【西城区总工会（临时）委员会第二次（扩大）会议】 2月15日，西城区总工会（临时）委员会第二次（扩大）会议召开，区委副书记马兰霞出席。会议传达全总十五届五次执委会及市总工会十二届六次委员（扩大）会会议精神，通报了西城区工会第一次代表大会筹备工作情况，审议通过西城区总工会（临时）委员会工作报告（草案）、财务报告（草案）、经费审查委员会工作报告（草案），选举产生西城区工会第一次代表大会代表资格审查委员会。

（韩悦彤）

【西城区工会第一次代表大会】 3月16日至18日，北京市西城区工会第一次代表大会召开，全区275名代表参会，市总工会领导曾繁新、韦江，区领导王宁、张建东、王祥杰、马兰霞、王力军、刘洋、赵建军、王粤等出席开幕式。会议听取并审议了西城区总工会（临时）委员会工作报告、财务工作报告、经费审查委员会工作报告，选举产生西城区总工会第一届委员会和经费审查委员会，审议通过了西城区总工会（临时）委员会工作报告决议、财务工作报告决议和经费审查委员会工作报告决议。其间，召开西城区总工会第一届委员会第一次全体会议并选举产生主席、副主席和常务委员。杨广宏当选西城区总工会主席，彭随心、王学章、程文光、张红京、傅立红当选副主席。

（韩悦彤）

【经费审查委员会会议】 3月18日，西城区总工会第一届经费审查委员会第一次全体会议召开。会议选举产生经费审查委员会主任、副主任，张红京当选经费审查委员会主任，刘辉当选副主任。7月8日，西城区总工会第一届经费审查委员会第二次会议召开。会议审议区总工会2011年上半年财务收支情况，审议通过区总工会经费审查委员会工作报告。

（刘 辉）

【“五一”国际劳动节暨表彰大会】 4月29日，西城区庆祝“五一”国际劳动节暨表彰大会召开，市总工会领导王伟，区领导王宁、王敏荣、张建东、王祥杰、杜灵欣、李书兵、王粤等出席。大会表彰全国五一劳动奖章2名、全国工人先锋号1个，首都劳动奖章19名、北京市工人先锋号7个、首都劳动奖状3个，西城劳动奖章35名、西城区工人先锋号10个。

(李 颖)

【一届二次委员（扩大）会议】 7月12日，西城区总工会一届二次委员（扩大）会议召开，区委副书记马兰霞出席。会议传达市总工会二季度职工队伍状况分析会和半年工作会精神，审议通过西城区总工会第一届常委会2011年上半年工作报告及第一届经费审查委员会2011年上半年工作报告，审议通过《关于王宏伟同志不再担任西城区总工会第一届委员会委员、常委职务的决定》及《关于增补李冀宁、魏登云同志为西城区总工会第一届委员会委员的决定》，审议通过《西城区总工会第一届女职工委员会协商组成名单（草案）》。

(韩悦彤)

【政府与工会第一次联席会】 11月24日，西城区政府与工会第一次联席会议召开，区委常委、常务副区长杜灵欣，区有关委办局负责人及区总工会的有关人员参加会议。会议通报了2009年原西城区政府与工会第七次联席会议议题落实情况；会议研究决定：进一步强化规范劳动关系和谐企业创建工作，制定《西城区促进劳动关系和谐稳定的意见》并发放到全区贯彻执行；为15个街道工会服务站配备专职社会工作者，统一纳入社会工作者管理序列；劳模经费由98万元增加至200万元并纳入财政预算。

(韩悦彤)

【税务代收工作】 年内，制定《西城区总工会2011年以税务代收促企业建会工作规划》，成立区、街两级税务代收工作领导小组及西城区推动企业普遍建立工会组织工作领导小组。在全市率先建立联络员制度，创建“一站式”服务模式。15个街道共召开工会经费税务代收暨建会工作培训会76场，培训企业25155家，收取回函16436份，其中同意建会企业12711家。

(刘玉霞)

【会计核算中心成立】 7月1日，全市首家工会会计核算服务中心——牛街街道会计核算服务中心通过验收。年内，15个街道全部建立独立办公的工会会计核算中心，并正式对代管的非公企业进行工会经费报销经费返还业务，实现了核算中心名称统一、标识统一、制度统一、软件硬件统一、服务窗口统一、身份认证统一、报销流程统一、业务要点统一的管理。

(马燕红)

【工会组织建设与会员发展】 启动“走基层、办实事、强组织”新建会企业建家活动，指导26家基层工会换届，办理申请工会法人资格证书950件，完成会员100人以下直属基层工会的调整工作。截至12月31日，全区累计采集单位信息11518家、会员信息218056人，采集率为86.24%；办理互助卡94842张；新增工会组织11234家，新增会员81259人，应建会企业建会率达到70%以上，新增工会组织数超额完成市总工会下达指标的168%。

(刘玉霞)

【送温暖活动】 年内，修订了《西城区职工帮扶救助办法》，通过实施“两节”送温暖、“三八”助单亲、“五一”关爱劳模、十月“金秋助学”及日常救助等各类帮扶项目，为困难职工及其子女、困难劳模等3072人次发放慰问金、慰问品、助学款等共计209.83万元。

(李 颖)

【职业介绍】 年内，举办再就业岗位技能培训班6次、再就业招聘会2次、小型洽谈会11次，同时利用职业介绍网站和相关报刊登载招聘信息。2011年新登记求职人员778人、招聘岗位1505个，提供求职服务1228人次，推荐就业人员1210人次，安置就业人员947人次。

(季洪福)

【工资集体协商】 制定《西城区推进工资集体协商工作实施方案》，建立工资集体协商工作指导员队伍，全年深入企业开展百余次培训，培训人数达千人以上。年内，全区签订集体合同、工资专项协议覆盖企业12941家，覆盖职工168641人，应签企业签订率达到90%，实现集体合同与工资专项协议的同步签订。

(刘晨晨)

【厂务公开民主管理】 全区421

个国有企事业单位实现厂务公开、职代会制度全覆盖；已建会的非公有制企业厂务公开、职代会建制率达83%。对9203名职工开展了厂务公开民主管理工作满意度测评，满意率达97%以上。

（刘晨晨）

【维权机制建设】 为15个街道配备了律师，开展“公益律师进社区”活动480余次。与区劳动争议仲裁委员会合作建立了劳动争议信息平台；与区人民法院共同设立“劳动争议专家问诊台”。全年共接待来电来访728人次，受理劳动争议案件1282件，调解成功876件，履行金额380.11万元，成功率达68%。

（刘晨晨）

【群众性经济技术创新工程】 开展多种形式的“建功十二五”劳动竞赛，近10万名职工参加，实现技术革新攻关39项，提合理化建议3220条，实施987条；开展“安康杯”竞赛活动，全区70家企业、1.4万余名职工参加。承办第二届北京市职工职业技能大赛初赛、复赛阶段比赛，600余名职工参加，取得服务项目第一名及中式烹饪项目第二、三名。

（李　颖）

【女职工工作】 3月9日，区总工会举行庆“三八”联谊会，全区工会女干部近200人参加。7月21日，区总工会女职工委员会一届一次委员（扩大）会议召开，会议报告了第一届工会女职工委员会筹备、协商组成情况，听取审议了第一届工会女职工委员会工作报告，审议通过《关于组成西城区总工会第一届女职工委员会的决定》，傅立红担任女职工委员会主任、李颖担任副主任。

（李　颖）

【首都职工素质建设工程】 年内，利用基层职工学校、区职业院校等工会自有阵地和培训基地开展各种培训，指导基层开展千人企业自主开发课程。全年共有3674名学员完成通用能力培训；举办“公益大讲堂”15期，3400余人次参加。

（张燕峰）

【职工书屋建设及读书活动】 开展“踏着红色足迹”职工读书月活动：近百家工会组织了“红色之旅”，5万余名职工参与其中；收到红色征文500余篇；52名职工参加了演讲比赛；全区共有“职工书屋”75家，均建立了红色图书角。

（张燕峰）

【职工文体活动】 8月8日，成立西城区职工体育联合会，组织职工1000余人次参加7场全区性体育赛事。年内，各基层工会共组织体育比赛及健身活动110余场，5万余名职工参与。组织“颂歌献给党”职工文艺汇演，各基层工会先后奉献了百余场红色演出，数万名职工参与其中。组织200余名职工参与全区“六艺大比拼”活动，80余件作品获奖。区总工会获“西城区纪念建党九十周年宣传工作优秀单位”称号。

（张燕峰）

【《西城工人报》创刊】 3月8日，创办了《西城工人报》,建立工会自己的宣传阵地。年内，《西城工人报》累计发行39期，每期发行1.5万份。工会宣传工作把宣传报道的重心从简单的采访报道变为重大活动的报道策划、工作策划，提高了新闻报道的深度和影响力，在宣传工运理论、反映群众呼声、引导职工为区域发展作贡献等方面发挥了积极作用。

（张燕峰）

【经审工作】 年内，开展了工会经审工作规范化建设达标活动，评选出14家达标活动优秀单位；制定了审计、回访、信访等8项制度；聘请了10名基层工会经审主任担任特邀审计员，对50家直属基层工会的财务管理和经费收支情况进行了审查审计，提出整改意见和建议105条。切实做到以审促收、以审促管、以审促用，提升经审工作整体水平。年内，成立特邀审计员队伍，对50家直属基层工会进行了审计。

（刘　辉）

【工会经费收缴】 7月1日，西城区成为工会经费（筹备金）税务代收试点推广区，10月1日，正式启动工会经费税务代收试点推广区收缴工作，全区工会经费收缴全面进入税务代收。全年拨缴经费收入2229万元（不含第四季度税务代收经费），上解市总工会1175万元，完成市总下达指标的203%。

（马燕红）

【职工互助保险】 截至12月31日，互助保险新增会员6895人，7项保障计划投保总额为251.52万元，对885人进行理赔，理赔总额达167万元，为出险职工提供了一定经济保障，降低了职工自身承担的风险。

（马燕红）

西城区妇女联合会

【概况】 北京市西城区妇女联合会（简称区妇联）是在中共北京市西城区委领导下的各族各界妇女为进一步发展而联合起来的社会群众团体，是党和政府联系妇女群众的桥梁和纽带。年内，区妇联在区委区政府的领导和市妇联的指导下，组织全区各级妇联认真学习贯彻胡锦涛总书记“七一”重要讲话、党的十七届六中全会精神以及中央关于做好新形势下群众工作的决策部署，深化“坚强阵地”和“温暖之家”建设，开展党群共建创先争优活动，扎实履行基本职能，创新发展基础工作，完成全年目标任务。区妇联被首都精神文明建设委员会评为首都文明单位，被西城区学习型城区建设领导小组评为西城区2011年创建学习型机关先进单位，被市妇联评为2011年度北京市妇联系统调研工作先进集体。

地址：西城区广安门南街68号

邮编：100054

电话：83976200

（王虒菁）

【执行委员会会议】 2月15日，西城区妇联（临时）执行委员会第二次（扩大）会议召开，区妇联执委和部分基层妇联干部近90人参加会议。区妇联主席薛湘丽作题为《抓住机遇、勇于创新、开创妇女工作新局面》的报告，全面回顾上年的工作，部署年内主要工作任务。区妇联副主席吴秀丽就即将召开的区第一次妇女代表大会的规模、任务、代表的产生及大会的筹备进展情况向执委们作详细汇报。会上讨论通过《关于西城区第一次妇女代表大会代表推选工作的意见》。5月20日，西城区妇联第一届执行委员会召开第一次全体会议，选举产生薛湘丽等11人为西城区妇联第一届执行委员会常委。薛湘丽当选为区妇联第一届执委会主席，付新宇、吴秀丽当选为区妇联副主席。11月15日,区妇联第一届执行委员会召开第二次全体会议，会议增补马瑞勤等11人为西城区妇联第一届执行委员会委员。

（王虒菁）

【西城区妇女代表大会】 2月28日，区妇联组织召开西城区第一次妇女代表大会代表推选工作动员会。全区各单位主管妇女工作的领导和妇女专兼职干部120余人参加会议。区委组织部部长王力军出席会议并讲话，区委组织部副部长王毅主持会议，会上确定各界产生代表的比例。5月19日，西城区第一次妇女代表大会在鑫融剧场召开，330名来自西城区各界妇女代表参加大会。市妇联副主席周志军，区委副书记、区长张建东，区人大常委会主任王敏荣，区政协主席王祥杰，区委副书记刘跃平，区委副书记马兰霞，副区长王粤出席会议。薛湘丽代表区妇联（临时）执委会向大会作题为《立足新起点，抓住新机遇，迎接新挑战团结带领全区妇女为实现“十二五”规划目标而努力奋斗》的工作报告。报告回顾近年来西城区妇女工作的成绩和经验体会，明确了“十二五”期间全区妇女工作的奋斗目标和主要任务。5月20日，大会举行闭幕式，审议通过《关于北京市西城区妇女联合会（临时）执行委员会工作报告的决议》，选举产生北京市西城区妇女联合会第一届执行委员会，区委副书记马兰霞、副区长王粤出席闭幕式。出席大会的330名代表中，专兼职妇女工作者124人，占37.6%；各界妇女代表206人，占62.4%（其中中央市属单位及“两新”组织13人，占3.9%；流动妇女9人，占2.7%）；少数民族妇女代表46人，占13.9%；非党员妇女代表81人，占24.5%；大专以上学历妇女代表303人（其中研究生学历67人），占91.8%；平均年龄43.8岁。

（王虒菁）

【“三八”活动】 3月7日，西城区各界妇女纪念“三八”国际劳动妇女节庆祝大会在月坛体育馆举行。市妇联副主席李彦梅，区领导王宁、张建东、王敏荣、王祥杰、刘跃平、马兰霞等出席大会。全区副处实职以上女领导，各街道、各单位分管领导，历届妇女之友，妇联老领导以及全区各界妇女代表1500余人参加大会。会上，表彰被授予“全国巾帼文明示范岗”荣誉称号的西城区药品检验所和被授予全国“巾帼建功标兵”荣誉称号的牛街派出所社区民警沈琦，以及被授予全国妇联基层组织建设示范街道、社区，全国妇女健身示范站点，北京市妇女儿童工作先进集体荣誉称号的街道和社区。庆祝大会的风采展示部分以“炫舞西城 美丽绽放”为主题，全面展现在原宣武西城全方位融合的大背景下，各界妇女欢歌劲舞，深化区域融合的新气象。同日，区妇联在月坛体育馆举办以“炫舞西城 美丽绽放”为主题的女领导干部庆“三八”联谊活动。区四套班子主要领导、区委常委、副处实职以上女领导共200余人参加活动。同日，区妇联举办西城区局级女领导庆“三八”联谊活动。区四套班子主要领导、局级女领导参加活动。

（王虒菁）

【纪念建党90周年活动】 6月21日，区妇联在大观园大殿舞台举办“党的光辉照我家”纪念建党90周年文艺汇演。市妇联副主席周志军、区人大副主任单彩芝等出席活动，并为志愿者代表颁发巾帼志愿者证章。来自西城区15个街道的社区妇女工作者和单亲家庭、流动人口家庭、和谐家庭、五好文明家庭的代表200余人观看演出。

（王虒菁）

【妇儿规划】 5月，西城区妇儿工委办公室与区统计局共同组织召开2011年西城区妇女儿童统计监测工作会。区妇儿工委27个委员单位的联络员参加统计监测工作培训。区统计局副局长李利介绍区妇女儿童统计监测整体情况；区统计局社会科工作人员对妇女儿童发展监测的相关指标、报送中应注意的问题、报送时间及如何完成上报说明等工作进行部署；区妇儿工委副主任、区妇联主席薛湘丽讲话。11月22日，区妇儿工委召开西城区“十二五”时期妇女儿童发展规划颁布实施大会，标志着西城区“十二五”妇女儿童规划正式启动实施。区政府办主任、区妇儿工委副主任俞强主持会议，妇儿工委58个成员单位的主管领导、联络员、妇联执委参加会议。妇女规划涉及妇女参与决策与管理、妇女与经济、妇女与教育、妇女与健康、妇女与社会保障、妇女与法律、妇女与环境7大领域，22项主要目标，43项支持性指标，其中可量化指标13项，制定45条策略措施。儿童规划涉及儿童与健康、儿童与教育、儿童与社会保障、儿童与法律、儿童与环境5个领域，共设立17项主要目标，51项支持性指标，其中可量化指标12项，制定38项策略措施。会上，薛湘丽作题为《抓住新机遇，迎接新挑战，开创“十二五”时期妇女儿童事业发展新局面》工作报告，全面回顾“十一五”时期妇女儿童工作取得的主要成绩和存在的问题，介绍“十二五”妇女儿童规划的编制过程，并对下一步工作作出部署。市、区领导向“十二五”妇女儿童规划专家指导组成员颁发聘书。市妇儿工委办公室常务副主任周静，区政府常务副区长、区妇儿工委主任杜灵欣到会并讲话。会后区妇儿工委办公室举办两个规划的专题培训，特邀全国妇儿工委专家对“十二五”妇女儿童规划内容进行培训，区妇儿工委各成员单位委员、联络员近60余人参加学习。同时，区妇儿工委组织召开“十二五”妇女儿童规划项目推进会，各项目牵头单位分别总结“十一五”妇女儿童发展规划示范项目成果，并就如何发挥项目优势推进“十二五”妇女、儿童规划进行研讨。各成员单位围绕“十二五”妇女儿童规划目标任务及监测统计指标进行分组讨论。

（王虒菁）

【妇女之家】 9月6日，区妇联召开2011年妇女之家建设研讨会，15个街道的妇联主席及区妇联各科室负责人参加会议。与会人员围绕《西城区妇女之家管理办法》、《西城区妇女之家建设项目申报办法》、《西城区妇女之家专项经费使用制度》及2011年西城区妇女之家建设项目计划等内容进行交流研讨，对进一步深化西城区妇女之家建设提出意见和建议。

（王虒菁）

【执委培训】 11月15日、16日，区妇联举办为期两天的西城区妇联第一届执委培训班，市妇联副主席周志军受邀作“北京新女性：智慧创造幸福人生”的主题报告，报告就马克思主义妇女观、男女平等基本国策及妇联的职责进行详细的阐释和讲解。培训班上，区妇联的各部室负责人介绍各自的工作职责和工作内容。区妇联第一届执委和机关干部70余人参加培训。

（王虒菁）

【创业援助】 3月，对“2011年春风行动”进行总结、统计和上报。活动期间，全区妇联系统共发放宣传材料12万余份，举办了4期大型现场招聘会，提供岗位信息1500余个，参加妇女170余人，112人与用工单位达成意向。12月13日，区妇联依托月坛街道妇女儿童维权服务站成立“西城女性创业俱乐部”。区妇联主席薛湘丽，月坛街道工委副书记谢静，区妇联副主席付新宇、周行等领导，以及区人力社保局劳动服务中心、月坛街道社区服务中心的负责人和20名创业妇女代表参加了成立仪式。薛湘丽和谢静为“西城妇女创业俱乐部”揭牌，出席的领导为获得2011年创业援助款的5名贫困母亲和2名创业女大学生发放共计3.5万元的援助款。区妇联权益部、区人力社保局劳动服务中心、月坛街道社区服务中心的负责人结合各自工作，分别介绍妇女创业优惠政策和扶持举措，为创业姐妹进一步转变创业思路、拓展服务领域、促进事业发展提供了借鉴和启发。参会的创业妇女姐妹介绍自己的创业项目及创业历程，对俱乐部的发展提出意见和建议。

（王虒菁）

【单亲母亲行动】 2011年是国际森林年，也是首都全民义务植树工作开展30周年。为鼓励单亲姐妹积极参与绿化美化活动，以优化生活环境增进家庭和谐、提升生活品质，5月10日，区妇联以母亲节和国际家庭日为契机，在什刹海街道社区服务中心开展“打造低碳生活 收获美丽心情”单亲母亲环保公益行。区妇联副主席付新宇、什刹海街道工委副书记尹军，以及来自全区15个街道的60余名单亲母亲参加活动。活动中，什刹海街道绿色生活馆的吴敏老师讲解了环保知识和低碳生活小窍门，北京惠民永兴农业发展公司经理欧阳赵敏介绍了绿色蔬菜芽苗种植的方法，区妇联向参加活动的单亲母亲赠送绿色蔬菜芽苗种植礼包。8月18日，区妇联和大观园管委会联合开展“单亲家庭美丽乡村游”活动，组织30名单亲母亲及其子女参观大兴区采育镇的玛莱特酒庄并采摘葡萄。

（王虒菁）

【巧娘工作室】 11月，在“巧手扮靓美丽生活·北京巧娘手工才艺大赛”上，西城区巧娘黄小群制作的金丝彩釉画《嫦娥奔月》获得创新一等奖，赵伟制作的半壳彩蛋绘画《天桥八大怪》获得优秀奖，周玉兰制作的压花画《牡丹花开》获得鼓励奖，获奖作品入驻北京巧娘手工艺精品店。经区妇联推荐，西城区6名巧娘获“北京巧娘”称号，1个巧娘组织——天桥民俗工艺坊被命名为北京市“巧娘工作室”。

（王虒菁）

【姐妹驿站】 12月20日，区妇联在10个商务楼宇姐妹驿站中设立“西城女性美丽生活角”，并在金融街街道商务楼宇职工服务中心站举行授牌仪式。市妇联权益部部长李静，金融街街道工委副书记、纪工委书记季文会，区妇联副主席付新宇以及区卫生局、区疾控中心的领导出席仪式，并为10个商务楼宇姐妹驿站“女性美丽生活角”授牌，金融街街道商务楼宇姐妹驿站负责人佟明凯代表姐妹驿站工作人员发言。市妇联权益部部长李静对西城区结合区域发展特点、创新工作思路和方式、有力推进商务楼宇姐妹驿站建设工作给予认可，同时对区妇联继续充分发挥优势、积极整合资源、进一步深化此项工作、更好地促进商务楼宇姐妹全面发展提出了要求。仪式结束后，区妇幼保健所的田艳玲和郭鹏老师针对商务楼宇姐妹的工作特点和实际需求，分别从女性健康和电脑族保健两个方面给40余名商务楼宇职场女性作专题讲座，为她们远离职业病、提高身心健康水平提供指导。

（王虒菁）

【普法宣传活动】 “三八”节期间，区妇联开展2011年“三八”维权周活动。全区各级妇联组织开展各种普法宣传活动200余场，受益妇女达3.6万人次；举办各种帮扶活动15次，受益500余人次；发放宣传材料1万余份。全国妇联权益部、中国妇女杂志社、全国妇联法律帮助中心联合主办，区妇联承办“温暖你我她、维权服务进万家”2011年“三八”妇女维权周法律咨询活动，先后走进陶然亭、月坛和什刹海3个街道的社区，把法律知识送到社区妇女群众身边。来自西城区法院、睿鹏律师事务所等单位的15名法官和公益律师，以及近200名社区妇女群众参加活动。在活动中，法官和公益律师们用案例解析的形式讲解与群众生活密切相关的婚姻、继承、物权等法律知识点，并详细回答部分妇女姐妹的现场提问。活动现场向社区群众发放《〈物权法〉释义》、《中国妇女》杂志等宣传材料300余份。9月22日，区妇联举办“专家说法”普法讲座，机关公务员、社区妇女群众、流动妇女等300余人参加活动。北京岳成律师事务所律师吕凤刚用以案说法的形式向大家介绍《婚姻法司法解释三》出台的背景，解析妇女群众关注的重点条文，并且对现有法律制度下妇女群众如何更好地维护自身合法权益提出了具有针对性和操作性的意见建议。

（王虒菁）

【妇女维权】　4月，制作《西城区妇女儿童维权阳光通道服务指南》，并在各街道社区进行广泛发放。12月27日，区妇联召开2011年妇女儿童维权工作会，以此进一步加强妇女儿童维权工作力度，不断提高工作质量和专业化水平，为全区广大妇女儿童发展创造更好的社会环境。区妇联副主席周行、部分妇女儿童维权工作顾问团成员、15个街道的妇联主席参加会议。会上，区妇联对2011年妇女儿童维权工作进行了全面总结。参会人员就工作中遇到的难点案件进行讨论，对更好地开展2012年妇女儿童维权工作进行研讨，提出加大工作协同力度、推进项目化运作、加强心理调适工作等建设性的意见和建议，为区妇联进一步做好妇女儿童维权工作、构筑更加开放合理的妇女儿童维权保障体系、切实维护好妇女儿童合法权益提供重要借鉴。

（王庞菁）

【帮扶活动】　1月，区妇联开展以“营造温暖之家、共享美好生活”为主题的走访慰问活动，共向17名老妇救会主任，510名单亲贫困母亲、贫困妇女、纯老年人家庭困难妇女，30名贫困儿童发放慰问金22.51万元。区妇联领导陪同区领导慰问4名特困妇女，发放慰问金4500元。

（王庞菁）

【节能减排家庭行动】　4月，区妇联向全区广大家庭发出倡议，号召各个家庭自觉践行环保理念，积极倡导低碳生活，主动进行绿化美化实践，踊跃参与购买碳汇活动，努力争创绿色家庭，充分发挥家庭在美化环境中的积极性和创造性，全区各基层妇联组织在广大家庭中开展多种形式的宣传教育和组织动员活动。

（王庞菁）

【和谐家庭活动】　10月22日，区妇联组织全区15户第八届首都和谐家庭（标兵）和巾帼志愿者代表参观中国妇女儿童博物馆。参观活动开始前，区妇联主席薛湘丽为西城区获得第八届首都和谐家庭（标兵）称号的15户家庭颁发证书。

（王庞菁）

【儿童工作】　9月18日，区妇联在陶然亭公园北门广场开展“预防儿童伤害，构建幸福家庭”宣传咨询活动。市妇联妇儿工委办公室常务副主任周静、区妇联主席、区妇儿工委副主任薛湘丽、区体育局副局长白钢、区红十字会副会长付连伟等领导出席活动。区教委、区民防局、区红十字会、区体育局、西城交通支队、西城分局养犬办、宣武医院、北京儿童医院8家单位的咨询人员和陶然亭街道黑窑厂、龙泉社区的10户家庭代表共50余人参加活动仪式。活动围绕校园安全、预防动物、宠物咬伤、防灾防火、紧急避险、急救自救、运动中的安全知识、儿童用药安全等方面进行宣传咨询，发放各类预防儿童意外伤害的宣传资料1000余份，利用公园大屏幕循环播放防灾抗震卡通宣传片，200余名游客前来咨询。

（王庞菁）

【家庭教育工作】　12月2日，西城区家教研究会年会召开，西城区从事家庭教育指导工作的相关单位领导、热心家教事业的专家、学者及专兼职家教工作者40余人参加会议。会议对“十一五”时期全区家庭教育工作进行总结回顾，并介绍家教研究会调整情况，宣布调整后的家教研究会领导机构及组成人员名单；两位研究会会员作大会发言；研究会新任会长、区妇联副主席付新宇结合当前西城新的形势对“十二五”时期西城区家教研究工作提出工作要求；市妇联儿童部部长王芳到会祝贺。12月21日，西城区“家教讲师团”成立大会暨2012年“母亲课堂”活动启动式在西城区外事职业高中召开，区关心下一代工作委员会、老教育工作者协会会长苑大云，区妇联副主席付新宇及讲师团成员共40余人参加会议。会上，区妇联儿童部就“母亲课堂”活动作简要介绍，明确“母亲课堂”的工作方向，向新一届西城区“家教讲师团”30名成员颁发聘书，并对讲师团2012年的工作作出安排。

（王庞菁）

【对外交流】　4月25日，以伊朗总统顾问、妇女与家庭事务中心主席穆吉塔赫德扎德为团长的伊朗妇女代表团一行7人，在全国妇联国际部副部长牟虹和市妇联副主席刘颖的陪同下到西城区金融街街道丰汇园社区，进行友好交流访问。

（王庞菁）

【统战工作】　1月20日，区妇联举办全区妇女统战人士迎新春茶话会，全区港澳台侨胞妇女联谊会理事及8个党派筹委会妇委会代表20余人参加活动。12月12日，区妇联召开西城区港澳台侨妇女联谊会第一届一次会员代表大会，来自西城区民主党派、西城区港澳台侨胞身份的会员40余人参加会议。

（王虒菁）

【巾帼建功】 11月11日，区妇联召开2011年巾帼建功活动推进会。全区各街道妇联主席，区属各局、处、公司女工干部参加会议。会议总结一年来区妇联开展“巾帼建功”活动情况，安排部署在西城区窗口单位、服务行业深入开展“优质服务创一流、首都巾帼展英姿”活动。

（王虒菁）

【女性·家庭大讲堂】 7月21日，区妇联举办女性·家庭大讲堂，邀请中国社会科学院文学研究所的人文学者、北京市婚姻家庭研究会秘书长周永琴为区妇联机关干部，街道、社区的妇女工作者和社区家庭进行题为《女性文化自觉与女性素质教育》的讲座。

（王虒菁）

【社会体育指导员培训】 12月16日，区妇联联合区体育局，举办“西城区巾帼文明健身队骨干社会体育指导员培训班”，来自全区15个街道的30名巾帼文明健身队骨干参加培训。

（王虒菁）

【改版启用西城妇女网】 10月，正式启动改版后的西城妇女网。新网站集信息发布、社会服务、资料检索、互动交流于一体，是区妇联网络新闻宣传的阵地和窗口。

（王虒菁）

【《西城女性》杂志创刊】 8月26日，《西城女性》杂志创刊。《西城女性》为双月刊，是反映基层动态、交流妇工经验、辅助领导决策、展现女性风采的全新载体。

（王虒菁）

共青团西城区委员会

【概况】 共青团西城区委员会（简称团区委）是西城区先进青年的群众组织。团区委下设办公室、组织部、宣传部、统战部、权益部、社会部、区志愿服务指导中心7个部室，区未成年人保护委员会（简称未委会）办公室设在团区委，在职人员33人。主要职责是积极发挥党联系青年的桥梁和纽带作用，组织青年、引导青年、服务青年、维护青少年权益，指导全区各级团组织开展工作。年内，团区委贯彻落实党的十七届五中、六中全会和团十六届四中全会精神，围绕“两个全体青年”的目标，在“十二五”规划开局之年和建设“活力、魅力、和谐”新西城的背景下，认真履行四项基本职能，以创新树优势、以服务促发展，团结带领全区广大团员青年开创我区共青团事业发展新局面。截至2011年12月，团区委下辖共53家直属团组织；团组织总数3263个，基层团委数143个，基层团总支69个，基层团支部3050个；全区团员总数59301名，年度入党团员数234名，经推优入党团员数197名，保留团籍的党员数1420名，流出团员数554名，流入团员数536名，14至28岁青年为46890名。

地址：西城区北礼士路12号

邮编：100044

电话：88391826

（刘　涛）

【青少年思想政治工作】 2月10日至28日，团区委开展“寻找身边的青春故事”主题活动，围绕“青年与梦想”、“青年与奋斗”、“青年与责任”3个主题开展故事寻找活动。3月3日，团区委举办“给力青春”——2011西城青年发展论坛暨2011年西城青年先锋讲堂启动仪式。团市委副书记刘震，区委副书记马兰霞，区委常委、组织部部长王力军，团市委组织部部长易帅东出席活动。全区各委办局青年工作主管领导，区青联委员及区域党政、经济、社会各界青年代表500余人参加活动。5月31日至6月1日，团区委联合宋庆龄故居管理中心承办首都庆祝“六一”国际儿童节“红领巾心向党”游园会，共接待全市少年儿童2000余名。市委副秘书长王翔，市政协副秘书长李丽凤，区领导王宁、张建东、马兰霞、程军、姜昕华出席游园会开幕式。10月14日，团区委联合区卫生团工委、区青年联合会举办“西城青年先锋讲堂——辛亥百年专场”讲座。鲁迅博物馆副馆长，第九、十届全国政协委员陈漱渝应邀和大家一起重温历史，解读辛亥革命的意义。11月21日，团区委在繁星戏剧村举办西城青年讲堂“红色记忆——如火青春的诉说”活动。团市委副书记杨海滨、北京理工大学副校长李和章出席活动。全区各街道及相关委办局青年工作主管领导，区青联委员和社会各界青年代表200余人参加活动。

（宋伯宁）

【志愿者体制机制建设】 年内，逐步建立完善了由区委社会工委、区社会办负责区内志愿者工作的综合协调和宏观指导，区志愿者联合会秘书处负责志愿者工作的组织实施，各相关部门给予积极配合并进行业务指导，对志愿者实行分级分类管理的统筹协调机制。推进在街道层面成立区志愿者联合会分会，3月，全区首个志愿者联合会分会——志愿者联合会德胜分会成立。根据《北京市志愿者管理办法（试行）》的相关规定，结合区实际情况，制定了《西城区志愿服务时间累积和志愿者星级评定实施细则》，并对累计达到100、200、500、800、1000小时的志愿者进行一至五星级的评定，进一步落实和强化对志愿者的激励保障机制。4月18日，西城区“志愿者之家”及区志愿者联合会对外服务窗口正式启动。“志愿者之家”是一个集志愿者注册管理、志愿服务团队凝聚、志愿服务项目策划、社会意见反馈、志愿服务理念宣传等多元化功能于一体的综合性服务平台，并为社会团体及民间志愿者团队提供项目洽谈、发布、总结、研讨的场地。

（李彬彬）

【志愿服务项目化工作】 截至年底，西城区“携手相牵 快乐成长”关爱外来务工人员子女志愿服务项目为8所学校寻找对接单位30余家，开展了丰富多彩的志愿服务活动，1543名外来务工子女在志愿服务行动中受益。在“金融法律知识进社区”活动中，西城区金融理财和法律援助志愿者在上年讲授金融理财知识的基础上拓展了防金融诈骗、如何鉴别假币知识的内容，让社区居民对形形色色的电话诈骗有了更多的了解。2月2日至7日，开展以“文化庙会 志愿西城”为主题的志愿服务活动，200余名志愿者在厂甸庙会和大观园庙会提供了7200小时的信息咨询、语言翻译、应急救助等志愿服务活动，累计服务群众5万余人。9月，奥运后西城区第一座全新“蓝立方”（志愿者服务站点）在西单图书大厦门前启用，全年不休提供志愿服务。9月，为青海省果洛藏族自治州的山区孩子们捐赠衣物。9月18日至10月5日，西城区43名志愿者作为毛主席纪念堂志愿服务项目第十一批次运行团队，进行了为期两周的毛主席纪念堂志愿服务。

（李彬彬）

【志愿者注册工作】 5月26日，下发了《关于首批开展志愿者注册工作的通知》（西志愿发〔2011〕1号），利用“志愿西城”网络信息管理平台面向全区15个街道255个社区以及区直系统、卫生系统、教育系统、区环卫中心、北京大学人民医院、宋庆龄故居管理中心等会员单位开展志愿者实名注册工作。截至年底，在“志愿西城”网站进行注册的志愿者人数达到101318人，其中大中学生志愿者13764人、驻区单位及社会志愿者33034人、卫生专业志愿者3112人、各街道社区志愿者50253人，注册志愿者人数达到社区常住人口的8.3%。“志愿西城”网络平台与“志愿北京”实现了实时对接，西城的每一位注册志愿者信息在“志愿北京”上可以同步进行查询。

（李彬彬）

【志愿者联合会自身形象建设】 在新浪、腾讯同时开通“志愿西城”官方微博，接连开展了“最美的志愿者微笑”、“五四青年节和志愿者知识问答竞赛”、“衣慰暖冬”为青海果洛藏族自治州贫困学生捐赠冬衣活动等线上互动活动和“做一天志愿者”等线下同程活动。通过微博平台为“社区学习中心”外来务工青年计算机培训、生命临终关怀等项目招募长期服务志愿者。截至年底，“志愿西城”腾讯微博的粉丝(fans)数达到64155人。与DRC公司签署合同，设计制作了志愿者联合会LOGO及吉祥物。

（李彬彬）

【团建创新工作】 团区委利用共青团基层数据采集系统，梳理基层团组织和团员信息，做到团员个人信息入库。每月定期开展“倾听日”活动，围绕青少年热点问题，听取各方意见建议。1月17日，团区委建立“创先争优加油站”，通过电子邮件等新媒体形式将各类学习资料与基层团干部共享，树立学习品牌，打造学习平台。3月10日，团区委对申报2010年度团建百强街乡（镇）标兵评选的单位进行了区内预审。

相关街道负责人及团区委相关部门全体人员参加预审。4月7日，团区委征集上报“激荡青春——五四青年创业成果展”参展项目。经过上报资料整理及筛选，最终报送展示优秀项目“西城区悦群社工事务所”。“五四”青年节到来之际，团区委印发《关于在全区青年社区工作者中实施“四个行动”服务和谐社会建设的通知》，在全区青年社工中实施思想凝聚行动、岗位建功行动、能力提升行动、团队融合行动。7月11日至12日，中国共产主义青年团北京市西城区第一次代表大会在中国职工之家召开。大会听取和审议了共青团北京市西城区委员会（临时）工作报告，选举产生了共青团北京市西城区第一届委员会。9月15日,西城区召开共青团“团建十佳”和“千优带队”争创工程区级机关干部对接联系基层学校工作会议。9月30日前，完成西城区“两新”建团工作任务及街道团的组织格局创新工作数据库填报和信息报送工作，全区共新建“两新”团组织309家，其中非公有制经济组织283家、新社会组织26家，35岁以下青年人数5689人，团员数2651人。建团的“两新”组织主要集中在餐饮、高新技术企业、物业公司、旅行社等中小型“两新”组织。

（南　佳）

【服务青年成长成才工作】 7月4日，“西城优秀青年人才”遴选活动评审会在中国职工之家召开。团市委组织部副部长梁怡，区人力资源和社会保障局副局长周永梅，团区委书记王丹以及有关专家共13人出席了评审会。8月27日，由团区委主办的“青年先锋 活力西城”——区青少年文化体育节拉开帷幕。11月23日，团区委组织15个街道团工委负责人、组织格局创新工作中的街道团工委副书记、委员代表及团区委机关干部共计70人，在长话大楼北京分会场参加了全国乡镇、街道团委干部电视电话培训班。

（南　佳）

【未成年人保护工作】 5月25日，“珍爱生命，拥抱青春”——西城区星光自护校园行动启动仪式在北京市第三十九中学举行。仪式上，区团教育工委联合区少工委办公室出台了《关于在全区中小学校开展“珍爱生命，拥抱青春”——西城区星光自护校园行动的方案》。6月14日，团区委在北京市青年宫·社区青年汇举办“七彩心桥”青年社工热线开通暨社区青年汇社工专享活动启动仪式。区委社会工委书记、社会办主任李红兵，团市委社会工作部副部长车堃，区社会办副主任邱旭生，区市民总校副校长刘小森出席活动。暑假前夕，团区委与北京皮皮鲁总动员文化科技有限公司在西城区护国寺小学、红莲小学、白纸坊小学开展了“平安暑期，与法同行”普法安全系列讲座。9月24日，团区委在北京海洋馆南广场开展了以“关爱青少年、维权促成长”为主题的集中服务日活动，共有8家全国级、市级优秀“青少年维权岗”单位参加了活动。11月2日，团区委召开专题会议研究如何配合区卫生局做好提高出生人口素质工作。11月23日至24日，团区委举行了为期两天的青少年法制教育工作培训会，共有130名法制校长、德育副校长参加。11月27日，第十二届“西检杯”西城区中学生思想道德法律主题教育活动法制教育短剧大赛决赛在北京四中举行。

（张　悦）

【青年统战工作】 3月4日，区青联开展“关爱女性 快乐身心”迎“三八”妇女节主题活动。4月12日，区青联召开西城区青联（临时）二次主席会、常委会，通过《关于召开西城区青年联合会第一届委员会第一次全体会议的决议（草案）》、《关于成立西城区青年联合会第一届委员会第一次全会筹委会的提议》和《西城区青年联合会第一届委员会委员组成方案及推荐办法（征求意见稿）》等相关文件，启动青联换届筹备工作，成立筹委会并确定筹委会成员。7月15日，召开西城各界青年人才学习胡锦涛“七一”讲话座谈会，优秀青年代表分享学习感受。7月27日，区青联在总参训练大队开展了“八一”慰问活动，总参政治部组织部部长徐志刚，总参管理保障部政治部副主任杜福胜，总参管理保障部军务训练局副局长侯维敏，团区委书记、区青联主席王丹等15人参加慰问活动。8月26日，区青联秘书处与政法组共同组织了青联委员向交警献爱心活动。团区委书记、区青联主席王丹等13人参加慰问活动。

（朱　博）

【帮扶区域弱势青少年群体工作】 1月24日，团区委开展“两节送温暖”集中慰问活动，节前团区委领导班子共入户走访16次，累计“送温暖”金额达2万余元。4

月1日，以“融爱西城”为主题的农民工手机报正式开通，这是西城区首份以农民工为主要服务对象的手机报，它由共青团西城区委员会主办，旨在为广大农民工提供就业、创业、生活、学习等多元化的信息资讯服务。11月19日，北京青基会、北大国际医院集团怡健殿健康管理中心、西城团区委共同举办“北京共青团100365首善行动——怡健殿健康关爱活动”。团市委副书记杨立宪、北大国际医院集团怡健殿健康管理中心总经理王占山、北京青少年发展基金会副秘书长亚纪英、团区委书记王丹等领导参加了活动。12月8日，团区委举行“共青团与人大代表、政协委员面对面”活动，邀请区18位人大代表、政协委员就“丰富新生代农民工精神文化活动”等话题进行座谈探讨。

（张　悦）

【共青团社会领域工作】　3月11日，在申同健身中心·社区青年汇开展全区青年社工代表“倾听日”活动。4月30日，印发《关于在全区青年社区工作者中实施“四个行动”服务和谐社会建设的通知》，在全区青年社工中实施思想凝聚行动、岗位建功行动、能力提升行动、团队融合行动。5月4日，完成对全区35岁以下青年社工摸底调查工作。6月11日，在北京历代帝王庙·社区青年汇举办社区青少年非物质文化遗产项目体验活动。6月至12月，在北京市青年宫、悦读时光书城、申同健身中心、北京历代帝王庙、老舍茶馆等社区青年汇开展社区青年汇社工专享活动。8月至12月，联合团区委所属的二级“枢纽型”社会组织百德社区发展促进中心开展“书香伙伴”活动。10月至12月，联合中国青年政治学院社会工作学院在全区35岁以下青年社工中开展“青年社工工作与生活现状调查”。年内，联合区委社会工委、区市民总校、北京市青年宫、百德社区发展促进中心、悦群社工事务所等单位共同搭建西城区“七彩心桥”青年社工热线平台——88391783。全年共建立社区青年汇108家，其中市级社区青年汇39家，授予德胜新居民学校·社区青年汇等40个单位西城区“社区青年汇之星”称号。

（雷　玥）

【加强自身基础工作】　针对西城区各群体青少年需求、新生代农民工的精神文化生活、社区工作人员工作现状、志愿服务管理运行等问题分类开展调研，其中“新生代农民工精神文化研究”课题，获团中央地市级调研成果一等奖。全面升级改版团刊、网站、手机报三大宣传阵地，向社会推介统一的“青春西城”宣传品牌，年内共发行团刊6期、彩信手机报11期，西城共青团“新媒体”网络雏形初具规模。

（宋伯宁）

西城区科学技术协会

【概况】　北京市西城区科学技术协会（简称区科协）是北京市科协在西城区的地方组织，有区级学会、协会、研究会24个，街道科协15个，会员4万余人。区科协贯彻落实科学发展观，以创建全国科普示范区为引领，以组织机构换届为契机，密切联系科技工作者，突出重点人群科学素养提升，认真贯彻实施《中华人民共和国科学技术普及法》和《全民科学素质行动计划纲要》，努力发挥科普主力军和枢纽型组织作用，充分汇集科技资源、智慧和力量，着力抓好公众科学普及，为推进西城区经济社会发展服务。年内，牵头完成全国科普示范区创建；顺利进行换届选举；组织开展第十七届北京科技周活动；组织参加全国第二十六届、北京市第三十一届青少年科技创新大赛；组织相关学（协）会参加国内外学术和技术交流；创新科普宣传模式，开展形式多样的社区科普活动；编辑出版各类科普读物。

地址：西城区广安门南街68号
邮编：100054
电话：83976206

（樊士广）

【创建全国科普示范区】　牵头开展2011—2015年全国科普示范区创建工作，通过宣传动员、任务部署、职责分解，充分调动全区参与创建的积极性和工作热情，对照检查方案和评分指标，整理出一套包括200余份文件的文字及影像资料。3月，中国科协委派专家组进行检查验收，通过听取汇报、查看资料、重点询问、实地察看和评分汇总，对创建工作给予肯定。5月，在中国科协第八次全国代表大会上，西城区被中国科协授予“全国科普示范区”称号。

（樊士广）

【区科协第一次代表大会】 6月21日，西城区科学技术协会第一次代表大会在金台饭店举行。市科协党组书记、常务副主席夏强，区领导张建东、王祥杰、马兰霞、王力军、解建军等出席会议，市科协机关领导、区科协代表、会议特邀嘉宾、兄弟科协代表、区属人民团体相关负责人共270人参加会议。大会听取和审议了区科协（临时）委员会主席屠海令所作题为《融合科技资源、凝聚智慧力量，为实现“服务立区、金融强区、文化兴区”的战略目标而努力奋斗》的工作报告。大会选举产生了由94人组成的区科协第一届委员会。在随后举行的区科协一届一次全委会上，选举产生了新一届科协领导机构。中国工程院院士、北京有色金属研究总院名誉院长屠海令当选为新一届西城区科协主席，边群英等20名同志当选为副主席。大会通过区科协（临时）委员会的工作报告。大会通过修改后的《北京市西城区科学技术协会实施〈中国科学技术协会章程〉管理办法》，并决定自通过之日起施行。

（樊士广）

【第十七届北京科技周】 5月14日，由区委区政府主办，区科协和德胜街道工委、街道办事处承办的西城区2011年科技周活动启动仪式在人定湖公园西广场举行，现场开展了低碳健身健步走、科普展板宣传、家庭绿植种养咨询等活动。市科协副主席田小平、区委副书记马兰霞出席，区属相关单位、街道的有关领导及应邀嘉宾和社区居民共300余人参加。北京科技周活动于5月14日至20日举办，主题为“携手建设创新型国家——科技让生活更美好”。科技周期间，区内各单位、各部门围绕科技北京建设成就展示、防灾减灾和低碳环保及节能减排知识宣传等，结合公众关注和与居民日常生活紧密相关的内容开展丰富多彩的科普活动。

（樊士广）

【科普之夏】 7月16日，由区科协和天桥街道办事处主办的主题为“美好城市、健康西城”的科普之夏活动启动仪式在天桥剧场前的市民广场举行。区医学会、老卫协和体科所邀请了20位医学和健康运动专家参与科普宣传活动。现场活动内容包括食品添加剂介绍、食物中毒急救、食用油保存等内容的科普展览，医学和健康运动专家回答居民健康防病的问题，国家级健身教练带领居民练健身操等。科普之夏活动期间，利用居民在夏日文化广场休闲、纳凉时机，区内各街道社区和单位组织开展了丰富多彩的健康养生、绿色环保、科技生活等主题的科普宣传活动。

（樊士广）

【社区科普益民计划】 经各街道推荐，区科协调研论证审核，报请市科协、市财政局批准，有9个社区、2个科普场馆、1个户外科普园地和26名个人获市“社区科普益民计划”奖，奖励资助金额总计123万元。其中优秀科普社区各获奖励10万元，优秀科普场馆各获奖励5万元，户外科普园地获奖励10万元，优秀科普宣传员各获奖励5000元。

（樊士广）

【社区科普活动】 年内，指导街道开展特色科普活动，提升民众科学素养，服务和谐社会建设。德胜街道举办“农业扮靓生活，建设文明城区”主题宣传，倡导低碳生活理念。什刹海街道组织“创意绿厨房、安全好生活”主题活动。西长安街街道与科普教育基地对接，开展急救和环保知识讲座。大栅栏街道结合老字号体育文化日开展“垃圾分类我先行”宣传。天桥街道开展“创建和谐社区、做阳光少年”活动，促进青少年科技素质提升。新街口街道利用数字家园开展消除“数字鸿沟”的电脑基础知识培训。金融街街道组织“让梦想扬帆起航”为主题的青少年科技模型大赛。椿树街道举办“科普知识有奖竞答”、“绿色生活创意集市”活动。陶然亭街道倡导绿色出行，开展评选绿色骑行达人活动。展览路街道向居民发放“节能减排”口袋书，宣传低碳、节能、环保窍门和常识。月坛街道围绕“保障食品安全服务民生需求”主题开展“科普之夏”活动。广安门内街道加强中小学生水情教育，引导全社会树立爱水、惜水、节水和护水意识。牛街街道开展“小手拉大手”益智活动，促进家庭沟通，提升科普意识。白纸坊街道与各辖区单位联手，以文艺演出、手工制作、宣传画板展等形式，开展多种科普知识宣传活动。广安门外街道举办“爱惜生命、远离毒品”图片展，引导居民认识毒品、拒绝毒品。年内，全区共举办各类科普讲座近320场，各种科普宣传活动160余次，群众广泛受益。

（樊士广）

【青少年科技竞赛】 组织中小学生参加北京市青少年科技创新大赛，3月，在第31届北京青少年科技创新大赛中，西城区代表队在中学生科技创新成果竞赛中获得一等奖21项、二等奖25项；在小学生创新成果竞赛中获得一等奖10项、二等奖3项，奖牌总数和金牌数居于全市首位。北京四中和北京师范大学附属实验中学各1名学生获“市长奖”，北京八中1名学生获“市长奖提名奖”；此外西城区代表队还获得“北大先锋辅导教师奖”、“钱学森青少年航天奖”等多个专项奖，北京第二实验小学、宣武外国语学校获“十佳优秀科技实践活动奖”、北京八中1名教师获“十佳科技教师奖”，在少年儿童科技幻想绘画评比中西城区获20项一等奖、在科技教师创新竞赛中获得一等奖5项。组织参加北京市机器人比赛，在第十一届北京市青少年常规机器人竞赛中，西城区获全市3个单项第一名、8个一等奖的成绩，并有10个项目代表北京参加全国比赛（占北京20个代表队的一半）。组织参加国家级比赛，7月，在第十一届中国青少年机器人比赛中，西城区获7个全国一等奖（北京10个）。8月，在第二十届全国青少年科技创新大赛中，获4个全国一等奖、4个全国二等奖和全国青少年科技创新大赛最高的“中国科协主席奖”。11月，在全国“明天小小科学家奖励活动”中获2个一等奖、4个二等奖、1个称号奖（全国共3个）的成绩，保持了北京乃至全国领先水平。

（樊士广）

【科技下乡】 4月12日至13日，区科协常务副主席边群英带领科技专家、科协干部和国内及韩国素质教育人士送科技下乡到河北省邢台市，参观邢台市陶行知实验学校和任县一中，并给学生讲科技制作课，给科技老师作现场指导；考察在建的任县教育园区，双方探讨了开展学生素质教育的前景和形势。边群英介绍行政区划调整后西城的新形势和新发展，重点介绍针对“四个重点人群”开展科学素质行动的做法，并代表西城区科协向所到单位赠送科普图书和光盘等宣传品以及环保铅笔、“智者游戏”扑克等产品。10月18日至19日，边群英带领由医学专家、昆虫科普专家、科普工作者和青少年“动手做”方面的专家共25人以及科普大篷车组成的下乡工作队，到河北省任县、内丘县，开展“城乡科普手拉手 共创美好新生活”主题科普宣传活动。18日，在任县广场举行西城区科协和任县双方科技联手下乡活动启动仪式，边群英代表西城区科协向任县中学捐赠了太阳能科普仪器，双方共同探讨了长期开展互助合作的方法、途径。19日，科普宣传工作队一行来到内丘县，边群英会同部分科普专家和内丘县领导座谈，讨论开展科普联动的规划，科普专家分别在内丘县广场和新西关小学开展科普宣传。医学专家义诊、科普大篷车展品的参观体验和昆虫标本的观摩等受到当地居民和学生的欢迎。

（樊士广）

【学（协）会活动】 年内，指导所属学（协）会围绕“业务融合、服务民生、科学发展”主题，加强自身建设，发挥专业优势，开展丰富多彩的群众性活动。区人力资源和社会保障学会开展电子政务、法律、英语等培训，提升机关工作人员能力素质；区节能减排环保促进会举办以“共建生态文明，共享绿色未来”为主题的“六五”世界环境日宣传，倡导“过低碳生活，创绿色社区，从我们做起”的理念；区图书馆管理协会完成“社区图书室环保阅览角”建设项目，举办“参与绿色出行倡导低碳生活”主题讲座。区医学会、老卫协继续推进“健康促进项目”，组织健康科普知识培训和健康运动科普大课堂活动。区人力资源管理协会举办“低碳生活知识讲座”，启发听众践行低碳模式。区文化产业协会组织“颂歌千首献给党——网络科普夕阳红”活动。什刹海研究会针对“保护区文物修缮、人口疏解和改善民生问题”进行调查研究，为政府决策提供参考。区土建学会组织“古建民居园艺鉴赏俱乐部”，阐释和传播古建科学理念。区统计学会通过征文、摄影竞赛宣传统计科普知识。学生科技节期间，区科技教育学会组织流动科技馆进校园，先后在北京市第三十五中学、北京市第四中学、西城区黄城根小学和西城区厂桥小学展出。区科普志愿者协会筹建中就组织科普讲座，开展科普宣传活动。

（樊士广）

【健康科普讲师培训】 6月至11月，会同西城区疾病预防控制中心健康教育所，面向辖区一级以上医疗机构的医务人员、辖区中、小学校校医、德胜街道办事处23个居委会卫生主任、区健康教育所工作人员共167人进行培训。培训分为初级班、提高班两个层次，项目中还开展了授课评比、项目成果展示活动。初级班授课7次，主要从健康教育理论、授课技巧、多媒体课件制作、授课礼仪、心理学知识、健康科普演讲实践艺术、学员模拟演练、专家点评等方面作培训。提高班授课5次，从健康教育论文书写、国外健康教育经验介绍、如何做培训、健康行为学理论、健康传播中的人际沟通进行培训。授课评比挑选来自7个社区卫生服务中心的14人现场讲课，专家分别予以点评。项目促进了优秀健康讲师的成长，为居民健康生活提供了更好的服务。

（樊士广）

【科普平台建设】 年内，作为科普平台组成部分，实施科普主题公园建设，5月18日，举行大观园科普主题公园揭牌仪式，市科协副主席周立军、区委副书记马兰霞出席并为该园揭牌。5月18日至25日，在大观园内组织系列科普展览展示活动，展览以“体验科普大观，感受红楼文化”为主题，以“防灾减灾、生态保护、绿色科技、健康生活”为主线索，以游园会为主要方式，引导居民科学防灾、保护环境、爱护自然、健康生活。

（樊士广）

【消防知识宣传月】 9月15日，“西城区消防科普知识宣传月”活动启动仪式在中国消防博物馆序厅举行，活动由区科协会同区公安消防一支队、二支队和中国消防博物馆联合举办。市科协党组成员、副巡视员秘书长吕家香，副区长郭怀刚，区科协常务副主席边群英、党组书记戴卫红，区公安分局副局长何立民，中国消防博物馆副馆长王新民，区公安消防一支队长吴清松、二支队长王江凯出席，各街道主管领导、科普干部以及街道居民和驻区消防武警官兵代表共80人参加。仪式结束后，与会人员在馆内各展厅进行参观体验。会上吕家香、边群英分别致辞，天桥街道科普工作者代表作体会发言，与会领导向代表赠送消防科普知识手册。在之后1个月的时间里，区机关工作人员和各街道社区居民近千人在统一组织下，有计划地到馆内参观体验，提升消防安全意识和逃生自救能力，营造“全民消防、生命至上”的社会氛围。

（樊士广）

【科技协作】 年内，区科技协作中心积极开展高新技术推广应用，共完成技术服务合同38项，技术交易额2980万元，获市科协“金桥工程”组织奖、二等奖、个人奖各1项，推荐的4名青年科技工作者被评为“北京市优秀青年工程师”。

（樊士广）

【刊物出版】 年内，联合相关学（协）会编印出版健康类、文化类等各种科普读物。主要有：宣传食品安全与健康的《2012年健康科普周历》，普及统计知识的读物《解读统计》之六，涵盖医学、健康生活、科学运动知识的《健康在我》，介绍什刹海地区历史民俗的《什刹海的胡同四合院》等。

（樊士广）

西城区归国华侨联合会

【概况】 西城区归国华侨联合会（简称区侨联），下设三部一委一办，即联络维权部、文化交流部、经济科技部、老龄工作委员会和办公室。年内，区侨联召开第一次归侨侨眷代表大会，选举产生侨联委员35人，特邀委员5名，其中兼职37人。年内，区侨联在区委、区政府的领导下，在市侨联和区委统战部的指导下，认真学习贯彻市委市政府《关于加强新形势下侨联工作的意见》精神，坚持把为区域经济和社会发展大局服务放在工作首位，认真履行侨联职能，充分发挥侨界资源优势，积极动员广大归侨侨眷和海外侨胞为西城区经济社会发展作出贡献。在北京市侨联第五届首都新侨乡文化节表彰大会上，区侨联被评为“最佳组织奖”，1名侨联干部获市侨联“千人大联唱组织工作先进个人”奖。

地址：西城区辟才胡同宏英园17号楼407室

邮编：100032

电话：66138575

（闫丽霞）

【参政议政】 在区政协（临时）二次会议上，区侨联政协委员提交《关于加强对我区年轻领导干部建设的建议》和《关于发展西城区文化创意产业的建议》2份团体提案和11份个人提案，其中1份团体提案和1份个人提案获优秀奖。年内，区人大和区政协换届，按照区委组织部和区委统战部对人大代表和政协委员推荐工作的要求，通过考察、测评、公示等程序，产生侨界人大代表2人、政协委员14名。区侨联围绕首都功能核心区定位和区域经济社会发展大局，从侨联工作职能入手，就侨界人士关心的热点、难点问题，有针对性地深入开展调研，提出政府关心的提案、议案；并定期组织侨界人大代表、政协委员和专委会成员学习、培训，不断提高他们的理论政策水平，增强参政议政能力。

（闫丽霞）

【送温暖献爱心】 年内，区侨联共走访慰问孤老病困归侨侨眷100人（次），投入专项资金3万余元，将党和政府的温暖送给侨界群众。3月11日，日本发生9.0级大地震，区侨联干部通过电话慰问12位日本归侨侨眷，了解他们亲属在日本的家庭情况，并通过他们转达对其亲人的问候。此外，区侨联还向建立友好关系的海外华人、华侨社团、各省市地区友好侨联组织、各区侨联组织、区侨联委员、海外顾问及长期支持侨联工作的各相关部门负责人发放新年贺卡800余封。

（闫丽霞）

【维护侨益】 为切实维护好侨界群众的合法权益，区侨联加强与政府各相关部门的联系，紧紧依托侨界调解委员会和各部门资源优势，实现有效维权护侨，及时将矛盾化解在萌芽状态。全年区侨联受理侨界群众来信、来访25件（次），侨务政策咨询60人次，涉及房屋产权纠纷、工资福利待遇、退休工龄计算等问题。各街道侨联也利用侨界之家、社区法制课堂等方式，加大侨法宣传力度，切实把维护侨益工作落到实处，树立了侨联组织的威信，扩大了影响，在全区形成了依法护侨的良好氛围。对《关于提高归侨离退休人员临时生活补贴标准的通知》的落实情况进行摸底调查，逐一督办落实。

（闫丽霞）

【区侨联迎新春招待会】 1月7日，区侨联、区侨办、致公党西城区委联合举办“2011年西城侨界迎新春电影招待会”。市侨联副主席马坚，区委常委、统战部部长曹长胜，区人大副主任解建军，区政协副主席姜昕华，区民宗侨办主任王贺君等领导应邀出席。各街道工委负责侨务工作的领导和干部共300人参加联欢活动。

（闫丽霞）

【区侨联（临时）三次会议召开】 3月14日，区侨联召开侨联委员会（临时）第三次会议。会上，区委组织部副部长何焕平宣读中共西城区委《关于康莉同志免职的通知》和《关于郝寒娟同志任职的通知》，会议审议通过了《关于增补西城区侨联常委、主席的决定》，选举郝寒娟为西城区侨联（临时）主席。区委统战部副部长明木江代表区委统战部向新当选的区侨联主席表示祝贺，并对侨联工作提出希望。

（闫丽霞）

【拜访港澳顾问】 5月4日至7日，区侨联赴深圳市与深圳市侨联交流座谈，同时拜访区侨联第五届委员会聘请的港澳顾问。区侨联主席郝寒娟、区委统战部副部长王新、区侨联副主席安亚荣、郭丽丝与深圳市侨联主席孔爱玲、秘书长古云忠交流座谈。同时拜访了香港新世界实业公司李达生、金轮集团董事局主席王钦贤、香港华侨华人研究中心主任许丕新、深圳市中鸿科技发展有限公司总经理廖广宁等8人。深圳市侨联工作部主任陪同区侨联领导参观深圳博物馆。

（闫丽霞）

【第一次侨代会召开】 7月2日，区侨联在区政府三层报告厅召开第一次归侨侨眷代表大会。大会做《凝聚侨界力量、坚持科学发展、为全面实施西城区“十二五”发展目标而努力奋斗》的工作报告，市侨联副主席马坚，区领导王宁、张建东、刘跃平、曹长胜、程军、解建军、姜昕华等参加会议。会议听取并通过了西城区侨联（临时）委员会工作报告，选举产生西城区侨联第一届委员会，通过《西城区第一次归侨侨眷代表大会决议》，并在一届一次委员会议上选举出以郝寒娟为主席的新一届领导班子，通过《西城区侨联第一届委员会顾问名单》、《西城区侨联第一届委员会特邀委员名单》、《西城区侨联第一届委员会荣誉委员名单》。区委副书记刘跃平讲话并对区侨联工作提出要求。

（闫丽霞）

【海外学者团走进西城】 8月8日，区侨联、区发改委联合主办“海外侨界高层次人才为国服务团”走进西城活动。市侨联党组成员、主席助理李红军带队，28名团员均为在海外学习工作的爱国侨胞，是信息产业、节能环保、新材料、生物医药、金融投资等高新技术领域的专家。区委副书记、代区长王少峰，区委常委、统战部部长曹长胜，区委常委、区委办主任程军，副区长梁昌新等区领导参加接见和座谈交流活动。区发改委副主任尹一新介绍区情以及相关投资政策。学者团成员发言询问项目合作的相关问题。随后，服务团成员到北京DRC工业设计创意产业基地参观并听取德胜科技园总体情况介绍和普天孵化器的情况介绍，到金融街中心和北京金融资产交易所等地实地参观考察，并与相关人士进行交流。

（闫丽霞）

【建党90周年活动】 6月22日，“新西城、新侨乡、新发展——西城侨界庆祝中国共产党建党90周年”暨“侨心向党心”第五届首都新侨乡文化节西城分会场文艺演出在西城文化中心拉开帷幕。市侨联副主席苏建敏，区委副书记马兰霞，区委常委、统战部部长曹长胜，区人大副主任解建军，区政协副主席王瑞珠等与全区500余名侨界人士同堂欢聚，共同庆祝中国共产党建党90周年。区侨联主席郝寒娟代表侨联致辞。6月19日，区侨联组织186人参加市侨联举办的“侨心向党心千人大合唱”活动及“侨心向党心”征文活动，收到征文51篇，在市侨联第五届首都新侨乡文化节表彰大会上，征文共有7人获奖，其中二等奖2名、三等奖5名。

（闫丽霞）

【红十字侨联委员会成立】 9月27日，区侨联在马连道国际茶城召开区红十字会侨联工作委员会成立大会，市侨联副主席李冬娟，区委常委、统战部部长曹长胜，区红十字会党组书记、常务副会长王志东，区侨联主席郝寒娟等出席。会上，王志东宣读《关于成立西城区红十字会侨联工作委员会的决定》，区红十字会秘书长李晖宣读《西城区红十字会侨联工作委员会委员名单》和《西城区红十字会侨联工作委员会主任、副主任、秘书长、副秘书长名单》，郝寒娟作《西城区红十字会侨联工作委员会2011年工作计划》的报告，王志东为区侨联主席郝寒娟颁发主任聘书并把困难职工救助金5万元人民币转交给区红十字会侨联工作委员会。市红十字会应急教育工作指导中心讲师为参会人员讲解应急救护知识。作为全市第一个侨联系统的基层红十字组织，区红十字会侨联工委将秉承红十字精神，积极宣传动员区域内归侨侨眷广泛参与红十字各项事业和活动，在募捐救助、应急救护培训、宣传推动无偿献血和造血干细胞捐献、公益志愿服务等方面发挥侨联的独特作用，促进全区经济社会发展、推动红十字事业和侨联事业不断前进。

（闫丽霞　许伯宁）

【纪念辛亥革命100周年活动】 10月10日为辛亥革命100周年纪念日，区侨联在首都电影院举办《辛亥革命》电影招待会，全区270余名归侨侨眷参加。随后，组织部分归侨侨眷代表座谈，畅谈对《辛亥革命》的体会。组织100名侨界群众参加市侨联在北京台湾会馆开展的“追寻辛亥革命足迹——侨界群众摄影活动”作品展，追寻辛亥革命留给北京的印记。

（闫丽霞）

【举办侨联工作报告会】 11月17日，区侨联在区政府三层报告厅举办新形势下侨联工作报告会。全区处级干部、区侨联委员、侨务干部、街道侨联主席等近200人参加报告会。中国侨联副主席乔卫作题为“新形势下如何做好侨联工作”的报告，从侨联工作的重要性、做好侨联工作应坚持的工作方针、新形势下侨联工作的重点3个方面作了详细讲解。与会人员对市委市政府印发的《关于加强新形势下侨联工作的意见》和《北京市侨联贯彻落实市委市政府办公厅〈关于加强新形势下侨联工作的意见〉的实施意见》两个文件有了更深刻的认识，并表示要按照中央和北京市对侨联工作的部署和要求，坚持国内、海外工作并重，老侨新侨工作并重，团结和动员广大归侨侨眷和海外侨胞，为实现西城“十二五”发展目标作出贡献。

（闫丽霞）

【学习中共十七届六中全会精神】

11月25日，区侨联举办学习中共十七届六中全会精神专题报告会，中央党校教授张晓燕从两个方面讲解中共十七届六中全会精神，一是文化改革和发展的意义和价值，让文化创新成为区域可持续发展的动力；二是我国文化改革和发展的主要任务，对于进一步深化文化体制改革，增强文化软实力具有指导意义。

（闫丽霞）

【举办侨务知识培训班】 11月28日、29日，区侨联和区社会主义学院在总政沙河培训基地联合举办侨务工作学习班。区侨联委员、各街道工委副书记、街道侨务干部和街道侨联委员86人参加学习。区委统战部副部长王新作题为“回顾历史，认清形势，明确认识”的讲课，全国人大华侨委员会法案室主任、中共中央国家机关侨联副主席、法学博士毛起雄为学习班学员就侨史、侨情与侨务工作作专题讲座。

（闫丽霞）

【老归侨祝寿会】 12月22日，区侨联在西西友谊酒店为逢“70、80、90”岁的老归侨开展祝寿活动。区委常委、区委统战部部长程军到场祝贺，区侨联主席郝寒娟代表区侨联向老归侨贺寿，并逐一介绍他们的回国经历。这些归侨都是建国初期，毅然放弃国外的优越生活，回国投身到新中国各项事业中的高层次人才。其中90岁高龄的李桓英教授是我国麻风病专家，在消除防治麻风病方面作出了突出贡献。

（闫丽霞）

【联情联谊】 4月21日，区侨联组织全区老归侨60余人参加“组织起来，活跃起来”为主题的花卉大观园赏花春游活动。7月16日，区侨联承办第五届首都新侨乡文化节围棋邀请赛。10月13日，组织86人参加“促团结、增友谊”为主题的秋游赏红叶活动。此外，还组织老归侨冷餐会，组织女委员参加“快乐三八、畅想生活”为主题的茶话会。各街道侨联结合地区特色，开展群众性文化活动。进一步密切与侨联海外顾问的联系，接待香港顾问王钦贤、黄英来，向其介绍区划调整及经济社会发展情况。

（闫丽霞）

【理论调研】 年内，区侨联成立调研工作小组，由驻会领导牵头确定《探索党建带侨建的有效途径》为2011年侨联调研课题，制订调研工作计划，召开调研小组座谈会，通过调研总结基层侨联工作经验，找出侨联组织建设存在的突出问题。探索新形势下开展侨联工作的方式方法，提高侨联组织的工作能力和水平，获北京市侨联理论调研优秀成果二等奖。

（闫丽霞）

西城区残疾人联合会

【概况】 西城区残疾人联合会(简称区残联)，是中共西城区委、区政府领导下的残疾人群众团体组织，是将残疾人自身代表组织、社会福利团体和事业管理机构融为一体的残疾人事业团体；履行“代表、服务、管理”职能，即代表残疾人共同利益，维护残疾人合法权益，开展各项业务和活动，直接为残疾人服务，承担政府委托的部分行政职能，发展和管理残疾人事业。区残联接受区委领导，业务上接受市残联指导，同时指导辖区15个街道开展残疾人工作；内设办公室、组联维权部、康复部，下设西城区残疾人就业服务中心、西城区残疾人综合服务中心两个全额拨款事业单位。年内，召开西城区残联第一次代表大会，通过全国残疾人“阳光家园”示范区创建验收和北京市“人人享有康复服务”达标验收，完成“十二五”残疾人康复需求调查和新一轮残疾人状况监测，完成“致聋基因筛查”和“为1500名无业贫困残疾人免费体检”两项“政府为民办实事”工作。

地址：西城区双槐里小区甲1号

邮编：100054

电话：83539004

（肖国强）

【残疾人职业康复站文艺汇演】 1月12日，“南北共荣 心系职康”迎新春文艺汇演在区文化馆举行。希联圆梦工艺品销售中心和各街道职康站的100余名智力及精神残疾人学员表演了歌舞、器乐、小品等节目，区街两级残联领导、残疾人工作者及职业康复站学员、工作人员近300人观看演出。在对精神、智力残疾人开展职业康复的同时，区内各职康站还着力在学员中推广各种文娱体育活动，以此配合残疾人的心理康复，促进残疾人走出封闭、回归社会，培育良好的心理健康环境。

（肖国强）

【争创“阳光家园”示范区】 1月13日，在中残联举办的全国残疾人托养服务工作会议上，副区长梁昌新与中残联副理事长程凯签署备忘录，西城区成为全国首批10个残疾人“阳光家园”创建示范区之一。以“阳光家园”示范创建活动为契机，西城区科学规划“十二五”残疾人托养服务工作，加快建立残疾人护理补贴制度和残疾人托养服务体系，完善残疾人公共服务体系的建设，在政府重视、政策扶持的基础上，建成以集中托养和居家托养为主体的托养服务网络，并广泛动员社会力量支持残疾人托养服务工作，同时完善相关制度，提升管理水平，在残疾人托养服务方面实现新突破。示范区的创建工作在年底完成并通过了中残联的达标验收。

（肖国强）

【“爱耳日”主题宣传活动】 3月2日，西城区举办康复大讲堂“爱耳日”专题知识讲座，邀请医学专家讲解听力障碍的遗传原理，普及耳聋的预防和诊断知识，100余位听力残疾人家属及残疾人工作者到场听讲。结合第十二次全国“爱耳日”主题“康复从发现开始——大力推广新生儿听力筛查”，西城区15个街道开展多种形式的“爱耳日”主题宣传活动，推广新生儿听力筛查，普及听力保健知识，预防听力残疾，提高人口素质。

（肖国强）

【“人人享有康复服务”】 3月24日，西城区通过北京市残联的检查审评，全面实现残疾人“人人享有康复服务”的目标。2006年以来，区政府将残疾人“人人享有康复服务”纳入区域发展规划，将残疾人康复经费纳入财政预算，并成立督办工作组加强组织领导，在残疾预防、康复训练、辅助器具验配等各康复领域取得突出进展。同时，按标准建设和完善了区残疾人辅助器具服务中心、区听力中心、街道级社区卫生服务中心和社区康复站等多层次、全覆盖的残疾人康复技术指导机构和康复服务机构，全面配备管理人员、技术人员和基层康复协调员，建立了翔实的残疾人康复基础档案和服务档案，实现了有需求的残疾人普遍享受到康复服务。

（肖国强）

【残疾人信息无障碍】 4月1日，由科技部、中残联官员及专家组成的检查验收组实地考察验收西城区新街口街道承接的信息无障碍社区服务示范课题。该课题源于“十一五”国家科技支撑计划重点项目“中国残疾人信息无障碍关键支撑技术及示范应用”，由中国聋儿康复研究中心、中国科学院声学研究所、浙江大学、浙江省残联和北京市西城区残联联合开展课题研究。经过3年努力和实践，初步在西城区建立了残疾人公共服务平台，利用听力补偿服务、智能家居服务、便携式导盲服务技术产品实现社区服务信息的无障碍传递功能，在服务理念、服务模式和服务技术方面为残疾人的日常生活提供支持和保障。

（毕燃　肖国强）

【友好交流】 4月14日，由肯尼亚穆西约卡基金会负责人、肯尼亚副总统夫人保琳·穆西约卡率领的肯尼亚、赞比亚、坦桑尼亚、乌干达、塞拉利昂、利比里亚6个非洲国家的非政府组织代表团一行15人，在中国民间组织国际交流促进会秘书长尤建华、市对外友协常务副会长李晓强陪同下，到什刹海街道残疾人温馨家园参观交流，观看肢体、智力、精神残疾人现场制作中国结、手链、香包等手工艺品，亲自参与制作过程，并与在场残疾人互赠礼物。来访的贵宾对西城区的残疾人工作和温馨家园取得的成效给予高度评价，对社会各界给予残疾人的关爱以及政府对残疾人事业的高度关注表示赞赏。6月13日，联合国残疾人权利委员会委员金亨植到什刹海街道温馨家园参观，就中国成为《残疾人权利公约》缔约国后的残疾人生活保障和社会公平等问题开展考察。金亨植先后参观了温馨家园各项服务和娱乐设置，听取了温馨家园建设、残疾人家庭无障碍改造、法律援助、就业和社会保障等工作介绍，随后与区残疾人代表和残疾人工作者就北京市和西城区残疾人基本状况、服务设施建设运行情况、残疾人立法、税收及优惠政策等问题进行了交流。金亨植对中国残疾人人权保障、社会福利及政府服务方面取得的成就给予高度评价。

（肖国强　毕燃）

【培智中心校举办校园开放展示】 5月17日是“全国助残日”，西城区宣武培智中心学校举办以“我能……”为主题的校园开放活动。市残联副理事长吴学文、市国税局副局长胡军、区人大副主任郑然出席活动。活动中，学校师生用精彩的文艺节目展示教育成果，并引导客人参观学校各项设施。

（肖国强）

【残疾人免费体检】 “为1500名无业贫困残疾人免费体检”工作于5月底如期结束，顺利完成了年内区委区政府“为民办实事计划”中惠及残疾人的任务指标。区残联将体检安排在无障碍设施完备的医疗机构，并派出体检小组为行动不便的重度残疾人上门服务，同时以个性化需求为导向，根据不同残疾类别，在检查项目上各有侧重。截至5月31日，全区近4000名无业贫困残疾人享受到了免费体检，实现了对无业贫困残疾人群体的全覆盖，为进一步深化“人人享有康复服务”奠定了基础。

（肖国强）

【“十二五”残疾人康复需求调查】 5月底，按照中残联工作部署，区残联完成残疾人“康复需求抽样调查”工作。区残联高度重视，严密组织，各街道、社区积极行动，采取多种形式，全面收集调查对象的医疗保障、康复医疗、功能训练、辅助器具适配等信息，形成翔实可靠的一手资料，为进一步推进“十二五”残疾人康复事业奠定了基础。调查显示：在包括视力、听力、言语、肢体、智力、精神和多重各类别残疾人中，调查出有康复需求的残疾人26609名，其中持证残疾人24469名，普遍存在康复医疗需求，功能训练需求，视力、智力和肢体辅助器具需求。

（张曦　肖国强）

【“爱眼日”主题宣传活动】 6月6日，区残联在区残疾人综合服务中心举办“爱眼日”主题宣传活动，增强公众防盲意识，控制主要致盲因素。活动中，北京市复兴医院眼科医生赵晓玲以“视觉2020——享有看得见的权利”为主题作专题讲座，从白内障、青光眼、糖尿病视网膜病变等视力疾病的预防和治疗角度，对视力保健康复知识进行深入浅出的介绍，并开展现场咨询和答疑。视力残疾人、眼病患者和残疾人工作者共100余人参加活动。

（毕燃　肖国强）

【西城区残联第一次代表大会】 6月24日，西城区残疾人联合会召开第一次代表大会。中残联组联部主任张仪凤，市残联理事长吴文彦，区委副书记、区长张建东等领导出席大会开幕式。大会审议通过临时主席团工作报告，选举产生第一届主席团委员；通过聘请区委书记王宁、区长张建东、区人大副主任郑然、区政协副主席李建国为名誉主席的决议；通过主席团主席副主席，执行理事会理事长、副理事长及各专门协会主席、副主席人选的决议。梁昌新当选主席团主席、李程当选执行理事长。

（肖国强）

【中国盲文图书馆新馆落户西城】 6月28日，中国盲文图书馆新馆在北京建成开馆。该馆位于西城区太平街路东，面积2.8万平方米，共有4个书库，计划藏书25万册、磁带光盘66万张。馆内视障文化资讯服务中心设有文献典藏区、盲人阅览区、展览展示区、教育培训区等，可以为1600余万盲人提供全方位的文化服务，使盲人群体更好地共享人类文明成果。图书馆将不断完善和充实功能，努力将其建设成全国盲人的文化、科技、教育资源中心和知识服务中心，建成向公众开展人道主义教育的重要基地和对外文化交流的窗口。

（毕燃　肖国强）

【致聋基因筛查】 9月，区残联、区卫生局根据市政府为民办实事项目精神和《西城区高危人群致聋基因筛查项目实施方案的通知》要求，在全区15个街道为1357名聋人进行了血样采集和致聋基因筛查。

（毕燃　肖国强）

【残疾人体育工作】 5月26日，西城区残疾人太极柔力球队、回春操队和空竹队参加在地坛体育馆举办的“2011年北京市残疾人群众体育展示比赛”。40名运动员经过一天角逐，获柔力球和回春操两个项目的第一名，空竹表演获得自创项目优秀奖。10月，在全国第八届残疾人运动会上，西城区13名运动员代表北京市参加了田径、乒乓球、轮椅击剑、中国象棋、盲人门球等5个项目的比赛，获得了2个第一名、4个第二名、6个第三名的成绩，并打破一项全国纪录。西城区残联被中残联、国家体育总局评为“2007—2010年度全国残疾人体育工作先进单位”。

（肖国强）

【残疾人状况监测】 11月1日至12月15日，区残联、区卫生局、区民政局、区统计局联合组成的残疾人状况监测工作组依照《北京市2011年度新一轮残疾人状况监测方案》和《西城区2011年新一轮残疾人状况监测工作实施方案》，对20个监测小区的474户、548名残疾人开展入户监测，上站率100%。2011年度新一轮残疾人状况监测工作是残疾人社会保障体系和服务体系建设的重要基础，为及时了解全国残疾人及家庭的现状与变化情况、掌握残疾人小康水平的实现程度，为政府制定有关残疾人政策、评估《中国残疾人事业“十二五”发展纲要》执行情况、进一步做好残疾人工作提供可靠依据。

（肖国强）

【重残人辅助器具个性化定制】 年内，首批3名重度残疾人得到免费为其量身定做的特型轮椅与拐杖，西城区在全市首个实现残疾人辅助器具个性化配发。根据北京市《残疾人辅助器具服务暂行办法》要求，西城区依据“保基本、广覆盖、类别化、个性化”的原则，为重度和具有特殊需求的残疾人开展辅助器具个性化定制服务。经过申请、评估、审批3个阶段的工作，结合适配残疾人的残疾程度、残疾部位、环境因素、需求情况等因素，对辅助器具进行重新设计与改造，为残疾人拓展了生活空间，提升了生活品质，使“人人享有康复服务”工作进一步得到深化。

（张曦　肖国强）

西城区文学艺术界联合会

【概况】 北京市西城区文学艺术界联合会（简称区文联）是西城区文艺界各协会、团体和文化单位代表组成的人民团体，是北京市文联的团体会员。区文联是西城区委区政府联系区域文艺家的桥梁和纽带，是繁荣发展区域社会主义文艺事业、建设社会主义先进文化的重要力量。经2011年6月区文联第一次代表大会选举，产生区文联第一届理事会及其领导机构。区文联下属区作家协会、区戏剧家协会、区美术家协会、区书法家协会、区摄影家协会、区民间艺术家协会、区音乐家协会、区舞蹈家协会、区曲艺家协会共9个艺术家协会。区文联机关下设办公室、组联部及“两刊”编辑部，在职人员14人。年内，区文联发挥资源优势，组织开展“党旗飘扬在西城”系列文艺活动，组织承办“月邀五洲，情满西城”辛卯年中秋国际联谊会活动，开展“西城区文艺家走进军营”等文艺惠民活动，支持所属文艺家协会及基层单位开展有特色、有影响的文化活动，出版《心动西城》散文集，编辑出版《西城画报》、《西城文苑》各4期，编发《西城文联动态》17期，在北京市文联组织的“2011年北京市区县行业文联优秀文艺节目展演”中获得优秀组织奖。

地址：西城区育新街2号

邮编：100054

电话：83539236

（李　婷）

【开展文艺惠民活动】 1月，支持区书协开展“走基层慰问”系列活动，为外来务工人员、锅炉工人送春联、送福字，在广外街道及牛街街道举办送春联笔会。4月，举办第十届丁香诗会，著名诗人、作家、驻区部队官兵、社区百姓共300余人参加。7月，与区双拥办联合主办“西城区文艺家走进军营”活动，为北京卫戍区四团和海军政治部保卫部官兵创作百余篇书法、美术作品，为部队官兵留影近千张。8月，支持区美协组织书画家10余人慰问武警九支队并赠送书画作品40余幅。10月，支持区摄协与北京电视台合作，于重阳节到百岁老人家中为其拍摄全家福。

（李　婷）

【“党旗飘扬在西城”活动】 围绕纪念建党90周年，组织“党旗飘扬在西城”系列文艺活动。5月，拍摄《党旗飘扬在西城》电视宣传片，通过梳理建党之初在西城区发生的重大历史事件、领袖人物、活动遗址，彰显中国共产党立党为公的执政理念和为建设新中国所作出的艰苦卓绝的努力；通过宣传西城区党建、党群工作发展成果及优秀党员先进事迹，展示新时期西城区党的建设的成就。6月，区文联与区委组织部、区委宣传部、区文化委共同主办“党旗飘扬在西城——庆祝中国共产党成立90年美术作品展”。展出区美术家协会通过近半年时间征稿、约稿，汇聚的美术作品50余幅，展现了中国共产党初创过程中，留在西城区的红色印记，以及西城区在党的领导下，经历几十年的奋斗所取得的建设成就。

（李　婷）

【区文联第一次代表大会召开】　6月，区文联第一次代表大会召开。会议选举产生区文联第一届理事会及其领导机构，回顾了过去五年原西城区与原宣武区文学艺术事业的发展成就，全面规划了未来5年西城区文学艺术事业的发展蓝图，动员广大驻区文艺家与区委区政府一道，振奋精神，凝聚合力，共同推动西城区文化大发展大繁荣。市文联党组书记、常务副主席朱明德，区领导王宁、张建东等及大会代表、兄弟区县文联负责人300余人参加会议。大会选举产生区文联第一届理事会以及理事会主席、常务副主席、副主席、秘书长、副秘书长，并宣布区文联第一届理事会聘请的名誉主席、顾问名单。

（李　婷）

【开展文化交流】　6月，区文联举办“热爱祖国，听党话、跟党走——纪念中国共产党成立90周年西城·安达书法作品交流展”，中国摄影家协会、北京市文联、北京市书法家协会、黑龙江省安达市相关领导，副区长梁昌新等区领导出席展览开幕式，展览共展出两地书法家作品90件，系由两地书法家围绕“纪念建党90周年”主题开展的书法创作与交流。同月，区文联赴辽宁省与辽宁东港市文联共同举办“庆祝中国共产党建党90周年北京—东港名家书画展”，共展出两地作品120幅。

（李　婷）

【出版《心动西城》散文集】　8月，举办了《心动西城》散文集首发式暨作家座谈会。该文集由区文联、区教委、区作协共同主编，从600余篇孩子的优秀作文中，精选200余篇编辑成册，每一篇作文都配有作家的精心点评。该书以新西城区为大背景，以广大中小学生成长过程中的所思所想为内容，让读者感受到孩子们所传递的人间真情、所表达的生命活力，为孩子们搭建了一个实施文学创作的平台，也是推动素质教育和未成年人思想道德建设的一次实践。

（李　婷）

【为艺术家服务】　8月，协助区文联副主席、区作协主席刘一达举办《胡同味道》、《掌上明月》新书签售会。9月，支持区文联副主席、区音协主席魏金栋在北京保利剧院举办“金曲抒怀”——个人独唱音乐会。10月，支持区文联理事王鸿斌等举办名家书画展。

（李　婷）

【“辛卯年中秋国际联谊会”活动】　9月8日，区文联联合区外事办、区新闻办公室、区文化委、大观园管委会等单位在大观园举办“月邀五洲情满西城——辛卯年中秋国际联谊会”活动。市委常委、宣传部部长、副市长鲁炜，中联部外事协调局副局长潘明涛，国家外国专家局经济司司长武云茹，市政府外事办副主任李洪海，市投资促进局副局长周旭，市商务委副主任许康，香港驻京办主任曹万泰，外国驻华使馆大使和文化参赞夫妇，国际货币基金组织、国际劳工组织负责人，外国驻华商会会长，外国专家，境内外媒体及相关机构负责人，首都文艺家代表及区四套班子主要领导共300余人出席。联谊会上，中外各界友人共聚一堂，欣赏了精彩的文艺节目；昆曲、京剧、白纸坊太狮、腰鼓、空竹等非物质文化遗产项目纷纷亮相。活动借助中国传统节日，集中展示地区浓厚文化底蕴和鲜明人文特色，扩大了国际影响力。

（李　婷）

【为区属单位提供文艺资源支持】　区文联依托自身文艺资源优势，配合区有关单位，开展文化服务工作。年内，与区政协、河北省邢台市政协共同举办“纪念郭守敬诞辰780周年”书画作品展。配合区委宣传部，组织10位作家对“百姓宣讲”稿件进行艺术加工。配合区委统战部开展“纪念辛亥革命百年”系列活动，组织“辛亥革命与西城”征文；围绕纪念辛亥革命100周年，依托区文史学会，研究、梳理辛亥革命前后西城区有关历史人物、事件、遗址、史迹等，编辑《西城史迹——辛亥革命前后30年风云录》。邀请区作家协会副主席马光复等专家参与团区委举办的讲座，为中小学生教授写作知识。与区红十字会共同举办公益活动，组织书法家创作30余幅作品进行义卖，筹得善款约48万元。配合区文委在西城区文化节开幕式上创作书法并参与节目演出。配合区计生委举办“亲子秀、宝宝秀、家庭秀、青春秀”摄影比赛，为15个街道提供约1600余幅作品。配合区园林局开展“纪念绿化植树活动30周年”征文活动，共征集各种文学形式作品69篇。

（李 婷）

【支持协会、服务基层】 年内，区文联以书写春联、组织文艺演出等形式开展“送欢乐下基层”活动，为社区群众送去新春祝福。支持区作协开展“文学艺术进基层、进校园”活动，与陶然亭街道联合主办“文学艺术进社区暨颂歌献给党——孙朝成诗歌朗诵会”；在区半步桥小学举行“共邀明月赞西城”传统童谣晚会。支持区美协、广外书画分会举办“第六届天宁风韵书画展”，组织15名书画家走进红莲中里社区开展现场书画活动，创作50余幅作品。区音协在天桥街道、广外街道举行艺术大讲堂进社区声乐培训活动，吸引上百名普通声乐爱好者参加。区民协开展民俗文化进校园传承活动，向中小学生传授彩蛋绘画、毛猴制作、面塑、风筝制作等技艺。区曲协全年开展西城曲艺之家活动41场，参加观众达3600余人次。

（李 婷）

【编辑出版“两刊”】 年内，编辑出版《西城画报》、《西城文苑》各4期，围绕西城区经济社会各项事业的发展以及西城区文学艺术事业的成就，加强编辑策划力度，推出系列深度报道。《西城画报》以建党90周年为契机，组织了《鲜花献给党》、《西城区处处涌动红色浪潮》等重点稿件；新开设“特别推荐”、“行摄天下”、“学习园地”等栏目，发表专题70余组；全年共采编稿件70余篇，约20余万字，采用图片1200余幅。《西城文苑》策划编辑《第十届“丁香诗会”诗歌作品专辑》、《庆祝建党90周年诗歌作品专辑》及《辛亥百年纵横谈专辑》；增加了专为区文联下属各协会艺术家开辟的“艺林博客”栏目，主要刊登艺术家们的艺术人生历程、创作心得、演艺心得、趣闻轶事等，为他们提供展示艺术情怀的平台；全年共刊发稿件160余篇，共计40余万字。

（李 婷）

西城区社会科学界联合会

【概况】 北京市西城区社会科学界联合会（简称区社科联），履行对社会科学界团体和社会科学界人士的联络、协调、管理和服务职能，推动社会科学研究。区社科联下设办公室、学术活动部，在职人员10人。年内，区社科联“一大”召开，选举产生了新的领导机构；完成《西城区城市空间承载力研究》等课题研究任务；协助完成“以金融街为核心，打造北京国际金融中心”课题第一阶段的研究工作；编印《西城区社会科学重点课题研究成果汇编》第三辑；完成《西城之“最”》一书初稿；组织完成“西城精神”征集提炼工作；举办“百名社科专家进西城”活动；“北京市社科普及试验基地”和“北京市哲学社会科学应用对策研究西城区基地”挂牌成立；开展纪念建党90周年活动；编发《西城社科通讯》6期。

地址：西城区北礼士路12号
邮编：100044
电话：88391758

（吴艳梅）

【“北京市社科普及试验基地”成立】 4月22日，“北京市社科普及试验基地”在区文化中心挂牌成立。西城区文化中心成为北京市首批社科普及试验基地。该基地是按照市社科联要求，由区社科联牵头，会同区委宣传部、区文化委员会共同打造。试验基地利用地区社科资源优势，坚持普及性、社会性和公益性的原则，面向广大社区群众，宣传社会主义核心价值体系，传播文明生活方式，普及社会科学知识。

（吴艳梅）

【区社科联“一大”召开】 4月26日，区社科联召开第一次代表大会，首都社科界专家学者、市区有关部门负责人、区属有关社团负责人及其他人士共300余人到会。大会通过了《北京市西城区社会科学界联合会章程》和《西城区社会科学界联合会会员管理办法》，选举产生新的领导机构。大会选举主席1人、副主席8人，常务委员会委员27人，秘书长1人，委员会委员178人。其中吴元增任区社科联主席，孙树平任社科联常务副主席，叶宝祥任社科联秘书长。大会同时选举产生了第一届监事会。

(吴艳梅)

【**课题研究**】 按计划完成《西城区城市空间承载力研究》和《北京智慧化城市的基本内涵与实践路径研究——以西城区为例》两项省部级重点课题和《围绕“服务立区”，加强西城区行政机关效能建设》、《西城区学习型党组织建设路径研究》、《西城区党政干部职业生涯认知状况研究》、《西城区社会企业发展现状与发展趋势研究》、《西城区功能街区都市产业研究》等5项常规课题研究任务。协助以中央政策研究室经济局原局长李连仲为组长的课题组，完成了“以金融街为核心，打造北京国际金融中心”课题第一阶段的研究工作。其研究成果在中央政策研究室主办的2011年第3期《学习与研究》上刊发。相关内容报相关领导审阅，为推进金融街进一步发展提供了工作思路，为区域金融产业发展提供了新的启示。

(吴艳梅)

【**科研成果转化**】 将2010年完成的《北京市西城区工业设计产业网络与创新能力分析》等8项重点课题和常规课题编印成册，下发各单位。编印《西城社科通讯——研究成果专刊》第三辑，以供基层单位学习参考使用。

(吴艳梅)

【**组织《西城之“最”》编撰工作**】 7月，区社科联组织一批了解西城、对西城有一定研究的专家学者，按照尊重史实、分类编写、特色展示的要求，编辑出版《西城之“最”》一书。该书以图文并茂的形式集中展示了西城区人民的历史首创精神、深厚文化积淀、辉煌业绩和重要思想的特色和亮点之处。截至年底，完成《西城之“最”》初稿。

(吴艳梅)

【**组织“西城精神”征集提炼工作**】 7月至12月，按照区委要求，区委宣传部、区社科联、中国人民大学人文北京研究中心组成的西城区“西城精神”征集提炼活动领导小组，在全区范围内开展“西城精神”征集提炼活动。征集活动分组织动员、研究讨论、审定发布3个阶段进行，活动通过《北京西城报》、“北京西城”官方微博发布消息，面向全体居民、驻区单位、专家学者和相关领导发放各种公开信32万封、张贴宣传画3万余幅，召开群众座谈会6次、专家座谈会8次，开设“西城精神”征集提炼活动主题网页、开通热线电话，进行集中宣传和组织发动，活动共征集“西城精神”表述语1502条。根据“西城精神”提炼工作方案安排，“西城精神”征集提炼活动领导小组邀请有关专家、学者和相关部门领导分别于11月7日、11月10日对征集的1502条表述语进行了筛选和精细论证，最终确定了5条表述语。

(吴艳梅)

【**“北京市哲学社会科学应用对策研究西城区基地”挂牌成立**】 8月29日，北京市哲学社会科学规划办公室主任王祥武率北京市哲学社会科学应用对策研究基地专家组一行5人到西城区，参加“北京市哲学社会科学应用对策研究西城区基地”揭牌仪式和专家聘任仪式。在仪式上，为马仲良、姚桓、郗志群、段霞、周尚意等5名专家颁发了聘书。该基地为社科专家走进西城，开展学术调研，参与西城建设发展，繁荣发展首都哲学社会科学事业，为地方党委政府和各级部门科学决策当好参谋助手，促进社科研究成果转化应用搭建了平台。

(吴艳梅)

【**举办“百名社科专家进西城”活动**】 9月15日，召开“百名社科专家进西城”活动启动仪式。活动由北京市社科联和西城区委区政府共同举办，区委宣传部、区委区政府研究室、区社科联承办，旨在深入贯彻落实中央和市委关于“走基层、转作风、改文风”活动要求，推动社科专家学者深入基层、关注民生、联系实际，调查研究，为区域经济社会发展建言献策、提供智力支持。启动仪式上，北京市社科联和西城区政府签署了《关于加强哲学社会科学领域合作的意向备忘录》，明确了双方紧密加强先进理论传播、实践对策研究、社科知识普及、信息交流共享等方面的合作意向。12月21日，根据活动方案要求，区社科联对各部门提出的课题需求进行了梳理、归类，召开了课题对接会，初步确定31个区属单位研究课题36项。课题涵盖经济、文化、党建等领域。

(吴艳梅)

【**《北京的文化名片——什刹海》编印出版**】 7月，由原西城区委常委、宣传部部长王粤主编，由区社科联组织有关专家编写的《北京的文化名片——什刹海》一书正式出版，该书共分6编，围绕什刹海地区的水系、地名沿革、商业、人口、胡同、四合院、王府、园林、教育、科技、文学艺术、宗教、祭祀、民俗等重要元素，对什刹海文化的特质、内在价值、代表元素、主要载体、演变规律、发展趋势等方面进行深入研究和阐述。填补什刹海文化研究内容和研究方式上的空缺，为全面客观地评价和认识什刹海、更加广泛深入地研究什刹海地区的历史文化提供方便，该书得到社会各界特别是北京文史研究人员和爱好者的欢迎。

(吴艳梅)

【开展纪念建党90周年活动】 围绕纪念建党90周年，依托社科普及基地，开展系列宣传纪念活动，先后举办“空竹的历史与文化”、“集邮与收藏”、“太极拳与中国传统文化”、“趣味地理漫谈”、“真实的潜伏——党的地下情报工作解密”、“老照片里的革命风云”、“中国共产党创建人在北京”、“近现代文物文献的鉴定”等讲座，及“历届党代会专刊展”、“迎国庆历届国庆报纸号外收藏展”、“迪斯尼在中国的历程”等展览活动近百场，观众达3万余人次，取得了较好的社会效果。

(吴艳梅)

【编发《西城社科通讯》】 全年编发《西城社科通讯》6期，及时传达中央、市属领导对社科研究工作的重要指示和讲话精神；介绍专家学者的最新理论文章和研究成果；报道社科联工作动态；刊登区统计协会、区医学会、区老卫协、区图书管理协会等区属社团开展各项工作、活动的信息。

(吴艳梅)

西城区红十字会

【概况】 北京市西城区红十字会(简称区红十字会)，是中国红十字会总会的地方组织，是西城区人民政府直接联系从事人道主义工作的社会救助团体，依法取得社会团体法人资格，独立自主地开展工作。按照西城区行政区域划分，下设15个街道红十字会及区直机关、区教育、区卫生、区国资委、区侨联工委5个系统工作委员会，有基层组织402个，会员10.6万人。

地址：西城区南菜园街51号

邮编：100054

电话：83975517

(许伯宁)

【对基层组织优化调整】 2010年，原西城区和原宣武区合并后，两区基层红十字组织叠加到一起共计506个。2011年，通过进一步统计整理，将重复的理事成员单位进行整合，将一些会员单位进行精简，经过优化调整，截至年底，西城区基层红十字组织共有402个。

(许伯宁)

【举办大病患儿救助金发放仪式】 1月7日，区红十字会召开全区大病患儿家长座谈会暨救助金发放仪式，向11名患病儿童发放救助金26万余元。于志泉和沈素英两位志愿者分别从自身经历出发，讲述了自己顽强战胜病魔的同时，积极引导和帮助其他病友，特别是患病儿童勇敢面对疾病，积极配合治疗的过程，鼓励患儿家长只要用积极的心态来面对病情，坚定信心，就一定会战胜眼前的困难。

(许伯宁)

【“两节”期间送温暖活动】 1月11日，区红十字会召开“两节”(元旦、春节)送温暖活动启动仪式，常务副会长李秀荣、副会长付连伟现场向全区15个街道红十字会和4个红十字工作委员会发放了现金和米、面、油等慰问物资。活动期间，共发放慰问救助款102万元，慰问范围覆盖了全区困难家庭、大病患儿和因病致残致贫、因灾致困人员等，受益人数千余人。

(许伯宁)

【举行“爱在西城”颁奖典礼】 2月25日，区红十字会与区慈善协会等单位在北京梅兰芳大剧院承办了“爱在西城”2010年度颁奖典礼。民政部社会福利和慈善事业促进司处长郑远长、中华慈善总会副秘书长兼外事办主任麻桂林，北京市各相关单位领导以及区领导刘永先、梁昌新、范宝、沈桂芬等出席活动并为上年公益个人和集体颁奖。活动中同时启动了“爱在西城”2011爱心接力活动，发布了“造血干细胞捐献志愿者招募”、“捐废献爱——机关办公室及校园变废为宝环保公益”、“祈愿花蕾朵朵绽放——少儿大病救助”等6个“爱在西城”2011爱心接力项目公告，区红十字会承接了其中的4个项目。

（许伯宁）

【举办基层红十字会专兼职干部培训】 3月30日至31日，区红十字会组织召开基层红十字会专兼职干部培训班，全区15个街道红十字会秘书长、秘书及4个红十字工作委员会分管领导、秘书等40余人参加培训。市红十字会老师张希林应邀讲授红十字运动起源、标志、七项原则等基本知识。会议对2011年全区红十字工作重点进行部署。

（许伯宁）

【(临时)常务理事会第二次会议】 4月14日,西城区红十字会召开（临时）常务理事会第二次会议，副区长、区红十字会会长梁昌新主持会议，区红十字会临时理事会常务理事共25人参加。会议审议通过了区红十字会第一次会员代表大会筹备情况汇报，并就临时理事会工作报告、区红十字事业2011—2015年发展规划进行审议讨论。梁昌新在讲话中要求区红十字会执委会和各位理事共同努力，围绕“十二五”规划各项要求和“服务立区、金融强区、文化行区”战略，全力开好区红十字会第一次会员代表大会，为保障民生、促进和谐，培育西城区人文精神和博爱公益文化作出更大贡献。

（许伯宁）

【启动联合募捐活动】 4月20日，西城区召开2011年“送温暖、献爱心”联合募捐动员部署会，区委宣传部、区直机关工委等14个部门和15个街道参加会议。会上，区民政局局长徐斌传达了市民政局《关于“送温暖、献爱心”社会捐助活动的通知》，区红十字会常务副会长李秀荣宣读了《西城区2011年开展“送温暖、献爱心”社会捐助联合募捐活动方案》，对2011年联合募捐工作进行部署。区委副书记、区红十字会名誉副会长马兰霞在讲话中要求各单位要以联合募捐活动为契机，凝聚全区各界的爱心，推动西城区公益事业进一步发展。

（许伯宁）

【第一次会员代表大会】 5月10日，西城区红十字会第一次会员代表大会召开。全区红十字系统代表、特邀代表以及北京市各区县红十字会的领导和兄弟省市红十字会同仁约300人参加大会。市红十字会党组书记、常务副会长韩陆出席大会并讲话。区领导张建东、马兰霞、王力军、刘永先、梁昌新、李佳出席开幕式。大会聘请区委书记王宁，区委副书记、区长张建东为区红十字会第一届理事会名誉会长；聘请区委副书记马兰霞，区政协副主席、民建西城区委主委李建国为区红十字会第一届理事会名誉副会长；聘请海政文工团青年歌唱家常思思和总政歌剧团青年歌唱家汤子星为区红十字会公益形象大使。会议审议通过《西城区红十字会临时理事会工作报告》和《西城区红十字事业2011—2015年发展规划》，选举产生区红十字会第一届理事会理事75名。在当天召开的一届一次理事会议中，选举产生第一届理事会常务理事、会长、常务副会长和副会长。副区长梁昌新当选为会长，李秀荣当选为常务副会长。

（许伯宁）

【应急救护知识培训中心成立】 5月5日，西城区红十字会应急救护知识培训中心正式挂牌成立。中心位于区综合行政服务中心的B2层，每周一至周五向社会开放。中心配有急救包、模拟人、AED等各种培训设施，可以接受社会各界人士报名并举办救护培训。同时，这也是区红十字会面向全区居民的公共服务窗口，负责组织开展志愿服务及各种宣传活动。

（许伯宁）

【应急演练】 5月12日，是汶川地震3周年纪念日，也是第三个“国家防灾减灾日”，西城区在地震安全示范社区——丰汇园开展大型地震应急疏散演练。市委常委、总工会主席梁伟，副市长刘敬民，市政府秘书长孙康林，国务院应急办巡视员兼副主任王守兴，市相关部门领导，区领导张建东、梁昌新参加活动。9月9日，为纪念第12个“世界急救日”，提高公众的防灾减灾意识和自救互救能力，区应急办、区红十字会联合举行了“世界急救日”西城区应急救护综合大型演练。活动现场，市区领导为西城区14支应急志愿者队和15支红十字应急辅助队授旗，参演人员就地震、雷击、拥挤踩踏等突发事件的应对和救护进行了演练。10月25日，区红十字会与区教委联合在民族团结小学启动全区中小学生“防灾减灾 避险逃生”应急演练，标志着全区中小学应急演练活动正式启动。截至年底，校园演练活动在西城区各中小学校全面展开。

（许伯宁）

【楼门院红十字应急小组成立】 5月12日，全市首支楼门院红十字应急辅助小组在西城区天桥禄长街社区成立。该小组的成立标志着西城区以应对突发事件、应急救护培训、防灾避险知识普及为内容的区、街、居、楼门（院）四级应急救援服务体系正式确立。

（许伯宁）

【首届红十字公益书画拍卖会】 5月19日，区红十字会举办首届中外书画作品公益拍卖会。市红十字会党组书记、常务副会长韩陆，区委副书记马兰霞，副区长、区红十字会会长梁昌新等领导和爱心书画家代表吕浩才、张世俊、魏新志、于德祥出席拍卖活动，华远集团、中融物产、翔达公司、贯通集团、鑫宣市政等30余家西城区爱心企业代表参加了竞拍，活动由中央人民广播电台主持人贺超主持。从拍卖会筹备开始，区红十字会共收到来自中国、韩国和日本的90位中外书画名家捐献的142幅作品。当日的拍卖会对其中43幅作品上拍，39幅作品成功拍出，共筹集善款47.47万元，该款全部用于救助西城区18岁以下身患白血病、恶性肿瘤等5种大病的少年儿童。

（许伯宁）

【建立敬老院红十字志愿服务基地】 5月30日、6月21日，区红十字会分别在北京颐寿轩敬老院和牛街民族敬老院建立红十字志愿者服务基地。两个基地的建立，为全区中小学校红十字青少年、红十字志愿者提供了开展尊老敬老各项活动和服务的平台。基地建立后，区红十字会先后组织北京回民医院志愿者和社区、学校红十字志愿者为老人们提供了慢性病防治、中医养生、血压测量等健康咨询服务和亲情聊天服务，同时还邀请修脚技师为两个敬老院的近200位老人免费修脚。

（许伯宁）

【第八例造血干细胞捐献】 6月15日，西城区实现第八例造血干细胞捐献。捐献者唐子文是中央人民广播电台“中国之声”栏目的一名主持人，受助者是一名身患白血病的蒙古族女性。当天，中华骨髓库管理中心副主任刘静湖、市红十字会副会长刘娜、区红十字会常务副会长李秀荣、中国造血干细胞捐献者资料库北京管理中心主任金辉等领导到北京空军总医院探望慰问唐子文，并为其颁发造血干细胞志愿者证和捐献荣誉证书。

（许伯宁）

【开展“捐废献爱”活动】 7月5日，区政府办公室、区红十字会、中国再生资源开发有限公司三方共同签署合作协议，西城区统一实行的办公废品收购“捐废献爱”活动正式启动。“捐废献爱”活动是一项由“红会倡议、政府推动、部门参与、企业运作、弱势受益”的爱心行动，在西城区各行政和事业单位统一实行办公废品收购，废品出售所得资金全部捐赠给区红十字会，作为专项救助资金，用于救助辖区内18岁以下患有白血病、血友病、再生障碍性贫血、肾衰竭、恶性肿瘤5种大病的青少年儿童。区委副书记马兰霞，区委常委、区委办主任程军，副区长、区红十字会会长梁昌新，区红十字会常务副会长李秀荣，区政府办副主任、机关服务中心主任胡永顺，中国再生资源开发有限公司副总经理郇庆明等出席签约仪式。

（许伯宁）

【开展第十二届博爱助学活动】 6月30日，区红十字会举行2011年红十字助学金发放仪式，这是区红十字会开展的第十二届博爱助学活动。此次活动共为区内120余所中小学校、职高校的400名困难学生提供20万元助学金，用于帮助他们完成1年的学业。

（许伯宁）

【一届一次常务理事会】 8月18日，区红十字会召开一届理事会第一次常务理事会，副区长、区红十字会会长梁昌新主持会议，区红十字会一届理事会常务理事17人出席会议。根据《中华人民共和国红十字会法》《中国红十字会章程》的规定，区红十字会一届理事会第一次常务理事会会议一致通过：聘请区委副书记、代理区长王少峰为西城区红十字会第一届理事会名誉会长；增补李晖为西城区红十字会第一届理事会理事、常务理事，任秘书长职务；免去王丽青秘书长职务。会议还审议通过了《关于成立西城区红十字会归国华侨联合会、西城区红十字会工商业联合会工作委员会的报告》，并对区红十字会上半年募捐款收支情况、半年工作总结及下半年重点工作计划进行了审议。

(许伯宁)

【造血干细胞工作站成立】 10月18日，中国造血干细胞捐献者资料库北京管理中心西城工作站成立，成为北京市第六个区县级造血干细胞工作站。市红十字会副会长刘娜和区红十字会常务副会长王志东共同为工作站揭牌。该工作站是区红十字会的内设机构，通过使用北京分库统一的网络平台，进行宣传、招募、采集血样、初筛、再动员、高分、体检、捐献等一系列造血干细胞捐献的相关工作。当天，西城区第二支志愿者服务队——“希望之光”造血干细胞捐献志愿者服务队成立。

(许伯宁)

【援建捐赠】 2月18日，区红十字会党组书记、副会长王志东出席企业对口援助新疆和田地区捐赠仪式，与京城14家爱心企业签订捐赠协议，现场接收援助款200万元。此次捐赠行动由市人力资源和社会保障局发起，旨在通过西城区红十字会向新疆和田地区红十字会捐赠，用于改善新疆和田地区人力资源和社会保障部门的基础设施建设，提高工作效率和服务质量，从而帮助和促进当地的经济社会发展和民生改善。7月8日，区红十字会到门头沟区清水镇开展手拉手革命老区帮扶慰问活动，向门头沟区红十字会捐赠帮扶款5万元，专项用于支援门头沟区新农村建设。10月24日，区红十字会为怀柔区红十字会送去了8万元援助款，用于资助2012年度怀柔山区低收入村的贫困村民加入新型农村合作医疗体系，这已是两区红十字会联手开展建立“红十字博爱村”项目的第6年。

(许伯宁)

【对外交流】 4月18日和10月25日，区红十字会先后接待罗马尼亚登博维察红十字会代表团和斯里兰卡红十字会代表团来西城区参观访问。区红十字会介绍了近年来红十字会的相关情况和特色活动。各方就防灾避险教育、应急救护培训等红十字工作展开讨论和经验交流。

(许伯宁)

(责任编辑　郝慧芳)

政法　军事

政　法

政法委员会工作

【概况】　中共北京市西城区委政法委员会（简称区委政法委）是区委领导、管理全区政法工作的职能部门，担负着协调组织全区力量维护辖区安全稳定的重要职责。西城区委政法委的工作机制是委员会制，与西城区社会治安综合治理委员会办公室、西城区维护稳定领导小组办公室、西城区防范和处理邪教问题领导小组办公室、西城区流动人口管理办公室合署办公。年内，区委政法委及全区政法各单位在区委的领导下，不断提高履职能力，圆满完成了两会安保等重大安全保卫任务，巩固了全区政治稳定的局面。全区社会治安保持总体平稳。不断完善区、街两级维稳工作领导运行机制，党委领导、政府各部门积极参与、社会和群众广泛支持的大政法、大维稳、大综治、大信访的工作格局逐步形成。政法维稳工作的触及点和参与面进一步拓展，政法工作通过解决一系列涉及城市建设、企业改制等带来的不稳定事件，为区域其他改革发展事业扫清了障碍。运用法律、政策、经济、教育等综合手段解决疑难矛盾纠纷的能力不断增强，排查化解涉法涉诉信访案件97件。以“面”保“点”的安保模式不断完善，信息化群防群控体系建设有了跨越性发展，信息化精确指导与群防群控动员组织优势结合更加高效，符合西城特色大型安保维稳工作机制初步建立。

地址：西城区二龙路27号
邮编：100032
电话：88064293

（王汉洲）

【维护稳定工作】　建立了重大安保工作每日情况会商制度，调整完善了全区维护稳定领导小组工作体系。区维稳办制定下发了《关于在街道建立综治维稳工作中心的意见》，在全区15个街道稳步推进综治维稳中心建设，为维稳工作提供了机构保障。全年共召开各类会议261次，妥善化解了各类社会矛盾纠纷。其中，敏感节点情报会商68次；“三长会”6次；不稳定因素化解工作会58次；涉法涉诉工作专题会16次；强拆协调会42次；重点项目不稳定因素研判工作会20次，确保了西城区政治稳定和社会安定。

（郝　毅）

【处置突发群体性事件工作】　充分发挥情报预警功能，加强深层次、内幕性情报信息的收集研判，有效地防范了境内外敌对势力围绕中国共产党建党90周年、清明节、“六四”、“9·18”等敏感期策划闹事活动的企图；有效防范了敌对势力借助中东地区“茉莉花革命”运动在国内煽动的“茉莉花行动”。进一步加强重点地区上访处置能力，完善依法告知和规范处置机制，全面提高处置水平。保证了中南海、中纪委、全国人大等重要党政机关的办公秩序，确保了全区政治稳定和社会安定。

（王汉洲）

【涉法涉诉矛盾纠纷化解工作】　深入贯彻落实“矛盾化解年”各项工作要求，设立“信访专项基金”，充分考虑群众实际困难与合理诉求，加大矛盾纠纷联合化解和督查督办力度。全年共办结中央交办涉法涉诉案件97件，其中化解中央交办案件75件、市级挂账案件22件，全部按时结案，办结率达100%。

（张国华）

【政法队伍建设】 全面开展“发扬传统、坚定信念、执法为民”主题教育活动，深入推进“听呼声、走百家、送服务”为民实践活动，不断促进公正廉洁执法，以及执法形成长效机制，共走访群众1.8万人（次），走访单位900余家，为群众办实事1400余件，密切了警民关系，推动了政法工作更好地开展。

（田瑞鑫）

【重大疑难案件协调工作】 始终坚持党对政法工作的领导，积极发挥政法委员会、党内联合办公会（“三长会”）和党内协调会的作用，对涉及全区和政法机关的重大疑难案件、涉及稳定事项进行研究处理。全年共召开48次专题协调会。对南礼士路46号院、右内大街28号院拆迁工程和629工程等53户个人进行了司法强拆，为西城区重点工程建设项目提供维稳保障。

（郝　毅）

【《西城政法》宣传阵地】 继续坚持《西城政法》宣传阵地，全年共编辑刊发6期，有效宣传了政法工作精神，统一了思想认识；交流好的经验做法，为各单位相互交流借鉴提供了有效途径；适时反映全区政法机关和广大政法干警的突出业绩，宣传了政法队伍先进典型，展现了政法队伍的新形象和新面貌，受到了各级领导的充分肯定和全区政法干警的广泛好评。

（田瑞鑫）

社会治安综合治理工作

【概况】 北京市西城区社会治安综合治理委员会办公室（简称区综治办）是区委、区政府解决社会治安问题的办事机构，承担维护社会稳定和社会治安综合治理“打击、防范、教育、管理、改造”工作任务。年内，以推进社会管理创新为主线，以综治20周年纪念活动为契机，紧紧围绕区委、区政府工作的重点，社会服务管理的难点，人民群众关注的热点，逐步完善大综治格局，合理化解社会矛盾，创新社会管理模式，加强社会治安防控，着手构建网格化社会面防控体系，努力提高综治工作的系统化、整体化、规范化水平。严格落实责任制，全区自上而下层层签订社会治安综合治理领导责任书和任务书，签订率达100%。完成了各项安全保卫任务和全年工作，确保了全区社会的和谐稳定，为全区经济社会发展提供了良好的社会治安环境。

地址：西城区北礼士路12号
邮编：100044
电话：88391652

（倪玉强）

【综治20周年宣传活动】 年内，是党中央国务院和全国人大常委会关于加强社会治安综合治理的“两个决定”颁布20周年。为隆重纪念“两个决定”颁布20周年，根据中央和首都综治委的部署，在全区范围内开展了综治成立20周年宣传纪念活动。以多种方式广泛宣传社会治安综合治理20年来取得的成绩，使社会治安综合治理更加深入人心。结合综治20周年宣传活动，开展了“十百千”综治先进人物评选和表彰活动。

（倪玉强）

【网格化社会面防控体系建设】 年内，为落实中央和市委有关维护首都稳定，加强和创新社会管理的决策部署，充分发挥社会治安综合治理体制机制和工作平台优势，进一步细化和规范社会面防控各项措施，夯实基层维护稳定工作基础，在全区范围内开展了构建网格化社会面防控体系的工作。全区15个街道以社区为基础网格，按照“完整性、便利性、均衡性、差异性”的原则，根据自然属性，按照住宅、商务商业、商住混合、机关企事业单位、人员密集场所等类型，全部划分了网格，配齐了网格格长、副格长，建立了8种完整、规范的工作台账，进行分级分类管理。

（倪玉强）

【街道综治维稳中心建设】 年内，继续推进街道综治维稳中心建设，总结推广了西长安街、广外、牛街街道综治维稳中心建设的经验。围绕“提高群众知晓率，增加社会影响力”这一主题，开展了综治维稳中心集中宣传月活动，发放宣传材料16000份，发放综治维稳中心工作手册7600册。全区15个街道综治维稳中心硬件建设全部达到规范化建设标准，中心运行机制健全，运转效果良好。

（倪玉强）

【群防群治工作】 年内，全面加强群防群治队伍建设，不断调动群众的积极性和主动性，治安志愿者发展到62447人，安全稳定信息员5994人。严格落实治安志愿者星级管理、实名制，志愿者人均服务时长超过100小时。

（倪玉强）

【治安重点地区排查整治】 年内，区综治委制定下发了《西城区关于进一步加强社会治安重点地区排查整治的工作意见》，深化、扎实推进治安重点地区排查整治工作。开展了“打四黑、除四害”，“春风行动”、“夏季攻势”，“治理黑车非法运营”、“文明出行”等多项专项行动。并下大力治理了10处全市挂账重点地区和22处区级挂账重点地区。整治中，不断完善整治工作领导体系，强化长效机制建设，严格落实整治责任制，抽调职能部门专业人员组建了治理黑车领导小组办公室，成立了区、街两级联合执法小分队，按照“先治理、后管理、重长效”的工作思路，对社会治安秩序进行了不间断的整治。共查获各类违法犯罪嫌疑人238人；罚没、查扣非法运营的“黑车”838辆；查处取缔无照经营摊点、无照游商5000起，罚款34万元；查处非法大排档、露天烧烤、店外经营495起，罚款3.5万元；查处违法建设590处、9486平方米；处罚各类交通违法行为752086起，处罚违法残疾人“摩的”1666辆次；收缴非法音像制品61640张，罚款98671元。全区10处市级、22处区级重点整治地区全部撤销挂账。

（倪玉强）

流动人口和出租房屋服务管理工作

【概况】 北京市西城区流动人口和出租房屋管理委员会（简称区流管委），是负责流动人口和出租房屋指导协调和综合管理工作的议事协调机构。下设办公室（简称区流管办）与区综治办合署办公，为区流管委的常设办事机构。年内，区流管办以加强流动人口和出租房屋有序管理为主线，以深化区域融合为契机，按照“优化产业、调整结构、深化整治、适应需求、控制规模、提升素质、和谐发展”的思路调控流动人口规模，有序引导人口流动，取得初步成效；以加强服务管理信息化建设应用，强化基层基础工作为重点，深化流动人口服务管理工作创新，流动人口服务管理工作水平显著提升。

地址：西城区北礼士路12号

邮编：100044

电话：88391683

（王 钊）

【基础调查工作】 按照市流管办工作部署，区流管办认真开展了流动人口和出租房屋基础调查、调研、摸排、走访等各项工作，及时掌握流动人口变化趋势。经过调查摸底统计，截至1月30日，已经离京返乡的流动人口167063人，占流动人口总数的51.3%。其中春节回乡并节后返京的流动人口148009人，占离京回乡的45.6%；节后不再返京的流动人口19054人，占离京回乡的5.8%。区流管办对15个街道办事处的民防工程和普通地下空间出租情况进行了摸底调查。经初步调查，西城区有人防工程和普通地下空间977处，出租房间35056间，面积594525平方米，居住人数43383人。各街道在3月至5月组织开展，全面调查阶段工作地登记率、核销率应达95%以上；流动人口和出租房屋基础信息核实率、更新率应达100%。流动人口和出租房屋基础信息录入率、重点项目完整率和准确率应达100%。

（王 钊）

【个人出租房屋税收工作】 2月21日，区委常委、副区长苏东主持召开了关于研究为开展个人出租房屋税收代征工作的8个街道及全区税收使用相关工作专题会。区财政局、地税局分别汇报了个人出租房屋税代征及使用的建议。区流管办主任马京宝汇报了流管机构、管理员队伍待遇及近期工作。区委政法委、区财政局、区地税局主管领导参加了会议，苏东就区流管办、区财政局、区地税局加强协调配合，搞好调研，尽快启动未开展代征工作的8个街道个人出租房屋代征税，规范管理员工资待遇等相关问题提出要求。

（王 钊）

【流管工作会议】 2月23日，召开了西城区2011年综治委、流管委第一次全体（扩大）会议。会议由区委常委、公安分局局长陈思源主持。会议观看了《2010年西城区流动人口服务管理工作回顾》专题片。副区长、综治委、流管委副主任苏东部署了综治和流管工作，区委副书记、区委政法委书记、综治委、流管委主任刘跃平作了重要讲话。8月24日，西城区召开综治委、流管委第二次全体（扩大）大会，陈思源主持会议，通报了上半年群众安全感测评情况和上半年社会治安形势；治安打防管控一体化整体情况；西城治安管理工作报告。刘跃平讲话并提出了四点意见。11

月25日，召开了西城区2011年综治委、流管委第三次全体（扩大）大会，会议由区委政法委副书记、区综治办主任王静主持，西城区综治、委流管委领导，区综治委流、管委成员单位主管领导，各街道主要领导参加了会议。苏东作综治流管重点工作报告并对构建网格化社会面防控体系进行了部署；刘跃平对年内综治、流管工作进行了总结并对下年工作提出具体要求。

（王　钊）

【流管工作培训】　4月20日至21日，区流管办召开流动人口和出租房屋服务管理工作培训会。西城公安分局、区人口计生委、区房管局、区民防局、区财政局、区地税局、区人力社保局主管领导，各街道主管书记、流管办主任参加了会议。会议对2011年流动人口和出租房屋管理重点工作进行分解、部署；对《西城区流动人口和出租房屋服务管理工作考核办法》进行说明；通报关于提高管理员工资待遇工作进展情况和通报关于出租房屋代征税工作进展情况；下发了《2011年西城区关于开展流动人口和出租房屋服务管理创新工作的方案》，听取了各街道对做好流管工作的意见；相关成员单位领导对流动人口规模调控工作进行了研讨；区财政局领导对管理员工资待遇进行说明以及区地税局领导对出租房屋代征税工作进行说明。区委政法委副书记曾加顺对做好流动人口和出租房屋服务管理工作提出具体要求。8月30日至8月31日，召开了西城区流管工作培训会。听取了各街道上半年流管工作汇报；对《西城区流动人口和出租房屋管理工作考核办法》进行了说明；对年度流管创新工作进行了讲评，通报上半年信息工作情况；总结上半年工作，对下半年工作进行部署；区委政法委常务副书记李铁同志对做好流动人口和出租房屋服务管理及创新工作提出具体要求。

（王　钊）

【非法家庭旅馆的整治】　5月19日，区委常委、区公安分局局长陈思源在区流管办主任马京宝的陪同下对展览路街道进行了实地调研，在展览路街道办事处召开了研究打击整治南营房地区违法建设、非法经营和北礼士路149号楼非法经营家庭小旅馆的专题会。并在会上提出了八点整治的意见。9月10日，区委副书记、政法委书记刘跃平，区委政法委常务副书记李铁，区委政法委副书记、综治办主任王静，出席了区流管办组织召开的“非法家庭旅馆”整治工作座谈会。会议由区流管办主任马京宝主持，相关职能部门领导、展览路街道工委书记、街道办事处主任、派出所所长参加了会议，会议对前期“非法家庭旅馆”整治工作进行了总结。与会人员对前期整治工作取得的成果给予了肯定，并对如何预防“非法家庭旅馆”反弹和建立长效机制进行了研讨。刘跃平对此项工作提出要求。

（王　钊）

【流管工作专题会】　7月13日，区政府召开第46次区政府专题会议，听取了区流管办主任马京宝对关于加强《西城区流动人口和出租房屋服务管理工作意见》的汇报。会议通过了规范队伍建设、规范工资待遇、规范经费保障的相关事宜。

（王　钊）

【管理员编制】　区编委9月30日正式下发的（西编字〔2011〕47号）文件，批准确定全区流动人口管理员编制人数为560名。

（王　钊）

【印发《新市民服务指南》】　11月，区流管办印发《新市民服务指南》，旨在为来京人员的衣、食、住、行提供便利指南，更好地为在西城工作学习的来京务工人员提供服务。

（王　钊）

公安工作

【概况】　北京市公安局西城分局（简称西城公安分局）。年内，西城公安分局工作围绕北京建设“世界城市”发展定位和打造“平安西城”战略要求，准确把握西城特殊的区情区位，坚持“下先手棋、打主动仗”，牢固树立“四减四责”理念，大力开展创新型警务建设，努力创造一流公安业绩，全面落实打防管控一体化战略部署，有力掌控了全区社会治安局势，以全警的忠诚执行和奋勇拼搏，圆满完成了全国“两会”和党的十七届六中全会、建党90周年庆祝活动、辛亥革命100周年纪念日活动等一系列重大安全保卫任务，有力保障了“6·29”重点工程拆迁阶段的顺利完成，顺利实现了全年各项既定工作目标。全年共执行各类勤务7310次，出动警力32.16万人次,平均日均勤务任务20次、出动警力881人次，占全局总警力的37%。

其中警卫勤务4385次，出动警力23.1万人次，执勤总时间13410小时。治安类勤务2925次，出动警力90681人次，备勤警力达5.3万人次。全年共立刑事案件8979起，同比上升33.6%，在全市占比为6.3%。全年破获刑事案件7316起，同比上升8.2%。其中破获当年案件5483起，同比上升17.6%。破获八类危害严重刑事案件218起，破案率70.6%。其中年内发生的21起命案全部破获，破案率为100%。全年共抓获违法犯罪人员5545名。其中刑事拘留1819名，行政拘留3726名。抓获网上在逃人员177人，清网率达到70%。打击处理各类违法犯罪人员1565名。其中逮捕872名、直诉577名、劳动教养116名。为推进“321”打防管控工作，以群众反映强烈的突出问题为重点，持续开展治安整治工作。全年共查扣非法运营车辆562辆，其中机动车25辆，“摩的”426辆、人力三轮111辆；共处罚非法运营人员529人；行政拘留黄牛党483人，医托号贩子111人，散发招嫖广告255人，出售淫秽物品2人，制贩“三假”4人；组织开展“打四黑除四害”专项行动，共打掉“四黑”、“四害”团伙13个，窝点86处，刑事拘留不法人员135名，治安拘留不法人员213名，成功破获了一批制售假冒商品、药品的重点案件；组织开展打击盗销自行车违法活动，共抓获盗销自行车违法犯罪人员142人，其中刑事拘留35人，治安拘留107人；严格行业管理和阵地控制，抓获外地网逃人员119名。年内，西城公安分局荣立集体一等功，有3名个人荣立一等功，有8个集体和14名个人荣立二等功，有22个集体和83名个人荣立三等功，632名个人受到嘉奖。西城公安分局第二保安公司进入全国保安系统50强，西长安街派出所义达里社区民警李国平被公安部授予二级英模称号。

地址：西城区二龙路39号

邮编：100032

电话：83995110

(刘钢　刘小娟)

【创新维稳工作理念】 年内，西城公安分局创新维稳工作理念，通过基础调摸、实地踏勘、桌面推演、实兵演练，在西单、金融街、大栅栏等繁华地区建立了一套全新的控制机制、控制模式和控制方法。通过40余次专项维稳斗争的实战锻炼，增强了公安先行示范作用，在组织发动全区群防群治力量参与社会治安动态防控体系建设上，不断创新发展完善，应对新形势、处理新情况、解决新问题的警务策略更加成熟，提升了队伍政治素质和业务素质。

(刘钢　王为军)

【创建业务保障机制】 年内，从全面提升社会服务管理水平出发，先后创建了3项符合西城实际的业务保障机制。一是治安复杂社区助推机制。对维稳压力大、治安状态复杂的41个社区，由局、处、所三级领导班子直接深入定点社区，形成“党委成员抓重点、职能部门班子抓特点、派出所班子抓难点”的助推模式，通过定点帮扶、共同治理，提升了社区警务效能。实施以来，共发现各类问题72件，提出工作建议83件，已协调解决问题58件。二是重点警务推进层级责任体系。系统梳理中心工作、硬性任务、刚性目标，形成包括3个方面18件具体内容的《2011年全年重点警务工作台账》，实行了党委督办、“321”专项督办、督察每周通报三级督办落实制度，明确了各层级责任追究细则，建立了联席会议、联合查处、每月公布、定期讲评四项工作制度，确保了各项重点工作的有效推进。三是执法办案规范化体系。制订了执法主体、执法环节、执法重点、执法安全、执法指导、执法协作、执法评价等7大类共27项制度和规范，明确了各项执法办案工作的言行标准、立案标准、裁量标准、服务标准，确保了执法办案的统一规范和部门、警种的联动作战。在公安部执法办案规范化建设检查和涉案人员非正常死亡、涉案财务管理2个专项检查中，各项工作得到了公安部检查组的肯定。

(刘钢　王为军)

【危险物品管理】 年内，由西城公安分局治安支队牵头逐步推进危险物品安全监管工作，切实加强危险物品管理。全年共收缴管制刀具70把、仿真枪9支，处置闲置放射源1枚、废旧炮弹1发，行政拘留14人，刑事拘留8人。对108家危险物品单位，98家管制刀具销售企业，66家烟花爆竹销售点，深入开展了安全检查，发现隐患10处，整改10处。

(王彤　王为军)

【预防煤气中毒】 年内，西城公安分局从宣传发动、调查摸底、安全检查三个环节入手，认真落实“七个必查”、“五个规定动作”，积极协调民政、流管、安监、工商等部门，从炉具的正确使用、市场燃煤炉具和燃气器具等方面抽检。全区累计出动检查力量1.5万余人次，发放各种宣传材料10万余份，签订责任书3万余份，检查煤火取暖户3.9万余户、工地工棚40余个、集体宿舍100个、街边门店1500间，发现并整改各类隐患3000余件，实现了年度全区煤气中毒无事故零指标的工作目标。

（王彤　王为军）

【涉外法律宣传活动】 年内，为贯彻落实公安部、市公安局关于加强外国人住宿登记、签证和居留许可等涉外服务政策宣传工作的相关部署，西城公安分局出入境管理大队与涉外人员较多的新街口双寺社区“胡同学校”密切合作，在该校建立了全区第一个“涉外法律法规宣传服务站”，并于4月27日下午正式挂牌服务。出入境管理大队的领导和双寺社区的民警、流管员以及“胡同学校”的全体师生，共同参加了宣传服务站的挂牌仪式。

（王为军）

【信访办理工作】 年内，西城公安分局信访部门共处理各类信访请求2422件次，办理涉法涉诉类信访问题253件；分局党委成员对信访部门呈报的群众来信、来访案卷阅批率达到100%；完成2批19件中央政法委、公安部挂账督办涉法涉诉疑难案件的化解工作，结办率达到100%。制订、出台了《西城公安分局信访工作规范》、《政委信访代理制度》、《疑难信访案件会商机制》等一系列工作规范、制度、意见，完善了信访工作机制。处理政法民声热线、非紧急救助电话近300件；维护分局政府信息公开栏目8次，更新各类信息151条，办理依申请政府信息公开47件。全年共处置各类非正常上访人员120301人次，其中集体访1953批37634人次，个人访82667人次。其中50人以上集体访172批13307人次，100人以上集体访29批4066人次；涉军上访人员5284人次（集体访141批2335人次，个人访1949人次）；北京籍上访人员10501人次（集体访240批7281人次，个人访3220人次）；各类极端上访人员117人次（刑事拘留上访人员29人次、治安拘留上访人员88人次）。

（朱家彦　王为军）

【发展公共关系】 全年在人民公安报发稿107件，在首都公安报发稿146.5篇，在社会媒体刊发新闻稿件12609件次（中央级媒体刊发2844件次，市属及其他媒体发稿9765件次）。在现场处置方面，不断提高全警公关意识，保持了与社会媒体的互动合作关系。在公共关系建设方面，先后组织开展了4期公共关系意识理念、工作规范、摄影技巧训、现场处置等专题培训，并在丰盛派出所打造了首个“涉外公共关系建设基地”。

（张强　王为军）

【典型推树成果显著】 年内，西城公安分局西长安街派出所义达里社区民警李国平被公安部授予二级英模称号，其事迹被拍摄为电影《社区民警故事》，并由市局于1月10日在全国政协礼堂举办首映式。同月20日，公安部举办电影《社区民警故事》观摩、座谈活动，国务委员、公安部长孟建柱接见了李国平及《社区民警故事》的主创人员，并于当日发表了号召全国公安民警向李国平等典型人物学习的重要讲话。全年，举办了2次“群众满意的民警”专题助推活动。

（王为军）

【警务督察工作】 年内，分局坚持“督严、督细、督实”的工作理念和“严格、细致、高效”的工作标准，以政治中心区防控、重大安全保卫、敏感地区稳控、“清网”专项行动等项工作为重点，严格警务督察工作，先后推出了“和谐微笑督察”、“一书一信一卡”、“驻所一日督察”等项具体督察措施，取得了较好实效。全年开展现场督察162次，处置重大敏感事件现场和问题倒查72次，接处市局转110投诉248件，检查执勤警力15466人次；发现各类问题115件，当场纠正88件，责令改正24件，行政告诫11人，警示20人，通报批评45件，发督察通知书40件，提出建议68件。

（王幼平　王为军）

【破获非法生产销售不符合卫生标准食品案】 5月21日，西城分局经侦支队在市局刑侦总队、经侦总队、第十二总队和区属相关部门的大力配合下，成功破获“5·21”特大非法生产、销售不符合卫生标准食品案。共打掉犯罪团伙4个，抓获涉案嫌疑人16名；捣毁非法生产销售、不符合卫生标准的“黑心鸭”分装点2处，查封食品生产流水线1条，起获“黑心鸭”57000余只，封装工具2套，假冒“全聚德”烤鸭包装袋1300余个。

（贾欣　王为军）

【破获“9·9”非法经营案】 9月9日，西城分局经侦支队根据公安部和市局总体部署，在决战“亮剑”行动工作中同市局相关职能部门，大兴、丰台、东城、海淀分局，以及北京市烟草专卖局、西城区烟草专卖局等单位密切配合，成功破获了“9·9”非法经营案。共抓获涉案嫌疑人22名，捣毁非法营销假烟的窝点13个，起获非法销售的卷烟529件27000余条，涉案金额230余万元。强力推进了“华山2号”打击制售假烟专项行动，有效打击震慑了此类违法犯罪行为，规范了经济市场秩序，维护了人民群众合法权益。

(贾欣　王为军)

【连续破获3起销售假冒注册商标商品案】 按照在公安部部署在全国范围内部署开展的“打四黑、除四害”专项行动中，西城分局经侦支队同本市及外省市公安机关密切配合，联合作战，连续破获“9·22”、“10·27”和“11·23”3起涉及全国多个省市的销售假冒注册商标商品案。共刑事拘留犯罪嫌疑人39名，行政处罚8名，打掉犯罪团伙16个，捣毁犯罪窝点59个，起获价值达1亿余元的涉案赃证物品。案件的破获，得到了上级领导的肯定。公安部副部长刘金国在破案报告上做出专门批示：“打得好！北京要比任何一个地方都要纯净”。

(贾欣　王为军)

【破获特大系列彩票诈骗团伙案】 7月14日，西城分局刑侦支队根据事主余某报案，经缜密侦查破获以“可为事主提供福彩彩票信息中奖号码，从而使事主获取高额利润名义”，从事诈骗活动的特大系列彩票诈骗团伙案，将阮某某（男，1984年1月4日出生，黑龙江省哈尔滨市人）、阮某某（男，1983年1月8日出生，福建省南安市人）、阮某某（男，1992年3月29日出生，吉林省长春市人）等16名团伙犯罪成员抓获归案。收缴涉案赃证物品现金5万余元，奔驰轿车、荣威轿车、福田面包车各1部，电脑20余台，台式电话50余部，手机30余部，银行卡25张，身份证3张，电话卡10余张等大批作案物品。经审理，该团伙在本市西城、东城、石景山、朝阳、海淀、丰台、燕山、大兴、通州、顺义、门头沟、怀柔等地，以及河北、黑龙江、江苏、云南4个省诈骗作案20余起，涉案金额高达200余万元。

(崔国杰　王为军)

【侦破“8·27”发廊女被杀案】 8月27日21时32分许，西城分局刑侦支队接报警：西城区德外大街18号1所无名发廊发生1起命案，发现发廊女张某（女，1976年2月12日出生，江西省南昌市人）被害。接报后，西城分局刑侦支队立即组织重案队在其他侦查队配合下开展工作，并于8月28日12时许在海淀区北三环西路40号院棋牌室内，将犯罪嫌疑人骆某某（男，1976年6月1日出生，甘肃省礼县人，暂住本市大兴区九龙山庄附近1所平房）抓获。经审查，骆某某供认了因嫖资纠纷将张某危害并抢走张某手机（已起获）的犯罪事实。

(何轶　王为军)

【破获万丰珠宝城特大盗窃案】 10月9日9时许，西城分局刑侦支队接报案称：万丰珠宝城地下一层3家店铺昨夜遭盗贼洗劫，价值200余万元的翡翠、黄金钻石戒指、银饰等珠宝首饰及部分营业款被盗。接报后，西城分局刑侦支队迅速组织专案侦查，并于10月12日22时许，在东城区鼓楼东大街黄记煌餐厅内，将利用排风通道潜入珠宝城作案的盗窃犯罪嫌疑人朱某（男，1977年1月19日出生，本市海淀区人，暂住朝阳区太阳宫新纪家园小区9号楼1110室）抓获，并从其暂住地起获了全部被盗珠宝首饰。经审查，朱某对盗窃事实供认不讳。

(刘伟　王为军)

检察工作

【概况】 北京市西城区人民检察院（简称区检察院）是国家的法律监督机关，在辖区内依法独立行使检察权，主要承担社会矛盾化解、社会管理创新、公正廉洁执法三项重点工作，全面履行法律监督职能。年内，受理提请批准逮捕案件888件1153人，批准逮捕724件913人；受理提起公诉案件886件1122人，起诉856件1076人。受理立案监督案件35件45人，发出要求公安机关说明不立案理由通知书26份，追捕、追诉漏犯22件28人。依法对法院刑事判决提请抗诉4件4人。立案侦查贪污贿赂犯罪案件42件43人，较去年同期上升17.1%和13.5%。立案侦查渎职侵权犯罪案件9件9人，较去年同期上升50%。受理各类线索442件，办理各类案件180件，接待来访咨询776件1184人。受理行贿犯罪档案查询928次，出具查询结果告知函928份。受理民行申诉案件110件，审结100件，提请抗诉9

件，接听电话查询1600余次，接待来访800余人次。发出纠正违法通知书4份，检察建议130份，收到回函113份。积极申报国家级和市院课题，中标高检院重点课题1个、国家检察官学院课题5个、市院课题2个。深入开展主题教育实践活动，促进广大党员岗位建功，完善党组成员个人廉政风险识别防控表、廉政承诺书相关内容。

地址：西城区育幼胡同8号

邮编：100035

电话：66201900

(邢晓玲)

【案件立案监督工作】 1月10日，西城院侦查监督部门对一起已作治安处罚的犯罪嫌疑人汤某涉嫌寻衅滋事案通知公安机关立案，公安机关于1月24日立案。

(邢晓玲)

【贯彻落实领导干部接访】 区检察院出台《检察长接待日制度》，制定检察长接待日值班安排，落实领导干部接访工作。1月10日，区检察院检察长顾军接待来访，听群众呼声。

(邢晓玲)

【采用"冻结股份"方式追缴赃款】 区检察院在全市检察机关中率先采用"冻结股份"的方式追缴赃款以挽回经济损失，为拓展追缴赃款的思路和方法积累有益经验。

(邢晓玲)

【开展主题法制宣传活动】 区检察院在广外街道15号院社区开展"改革促进公正廉洁执法"主题法制宣传活动，控申处、民行处、侦监处、未成年办案组干警现场为群众答疑，该社区30多位居民参加咨询。

(邢晓玲)

【区委书记到区检察院调研】 2月24日，区委书记王宁等领导到区检察院调研，检察长顾军就队伍建设情况、主要工作和2011年工作任务做汇报。王宁提出四点要求：一是更好地为经济发展大局服务；二是进一步加强宣传力度；三是进一步加强队伍建设；四是进一步加强信息化建设。

(邢晓玲)

【共同签署"阳光工程"廉政责任书】 2月28日，区检察院与国务院机关事务管理局广泰小区周转安置房项目相关建设单位共同签署"阳光工程"廉政责任书。

(邢晓玲)

【举行优秀人才评选活动】 3月1日，区检察院召开第二届检察理论研究优秀人才暨高层次人才评选活动，共有24名选手参加专家评审答辩会。经过资格审查、工作业绩考核、书面评审、现场答辩等程序，评选出15名优秀人才。

(邢晓玲)

【女检察官"送法律课堂入监"】 3月7日至8日，区检察院"送法律课堂入监"法律宣传活动先后在区第一、第二看守所电教室举行，公诉一处、公诉二处和驻所检察室女检察官讲授相关法律知识。

(邢晓玲)

【举办疑难案件研讨沙龙】 区检察院举办"以案说法"疑难案件研讨沙龙，最高人民检察院检察理论研究所副所长单民、北京师范大学教授刘广三、中国人民大学原教授谢望应邀参加，3位专家分别对该院业务部门3个疑难复杂案件进行剖析。

(邢晓玲)

【举办公诉业务练兵】 3月23日，区检察院举办公诉业务练兵暨"大比武"选拔赛。24名参赛选手分成12组进行一对一辩论，该院检委会专职委员及主要部门负责人担任评委，公诉部门全体人员现场学习观摩。

(邢晓玲)

【举办中青年干警拓展培训班】 4月1日，区检察院举办中青年干警拓展培训班，邀请社会培训机构专业培训师来院进行拓展训练，40余名干警参加培训。

(邢晓玲)

【举行驻广外街道检察官办公室揭牌仪式】 区检察院第三个驻区联系点---驻广外街道检察官办公室正式挂牌办公。检察长顾军与广外街道办事处书记缪剑虹共同为检察官办公室揭牌，院相关负责同志及广外街道29个社区书记参加揭牌仪式。

(邢晓玲)

【高检院领导来院调研】 4月13日，最高人民检察院副检察长朱孝清来区检察院院就北京市检察机关未成年人犯罪检察工作开展调研，市院检察长慕平主持。西城院、海淀院、朝阳院分别就各自院未成年人犯罪检察工作情况进行汇报，市院就北京市未成年人犯罪检察工作总体情况进行汇报。朱孝清副检察长提出四点建议：一是进一步提高认识；二是进一步明确政策目标；三是要进一步健全制度机制；四是进一步积极参与社会管理。

（邢晓玲）

【举办信息、宣传、调研专题培训会】 4月12日至13日，区检察院举办信息、宣传、调研专题培训。市院信息科科长彭文昌、市院研究室王志国、检察日报社文艺副刊部主任彭诚分别讲授信息、调研、宣传等方面写作知识。40余名青年干警参加培训。

（邢晓玲）

【举办首次“爱民月”检察开放日活动】 4月15日，区检察院举办首次“爱民月”检察开放日活动。来自首农集团、广安门医院、北京城区供电公司的60余名群众代表参观院办案工作区、大要案指挥中心，听取大要案展板讲解。此次活动还邀请北京电视台、北京人民广播电台、法制晚报等媒体进行现场报道。

（邢晓玲）

【法国检察代表团到院座谈交流】 5月24日，法国驻华大使馆法律参赞吕妍婧女士、法国巴黎大审法院检察院副检察官西尔维·卡莎内女士、助理检察官瓦尼萨·布隆斯坦女士等一行到区检察院参观并与干警进行座谈。

（邢晓玲）

【监督区看守所并所集中换押工作】 6月2日，原宣武看守所对71名在押人员向新监管场所集中换押，西城院监所、驻所检察干警对提解、清点、出所、上车、途中、下车及入所等各个环节进行全程监督。

（邢晓玲）

【联合召开民事检察案件专家研讨会】 6月2日，区检察院与市检一分院联合召开专家研讨会，清华大学教授王保树、中国政法大学教授杨秀清应邀参加，市检院领导出席，市检一分院、西城院领导及两院民行部门干警参加研讨。此次专家直接参与民商事案件研讨在北京市民行检察系统尚属首例。

（邢晓玲）

【为实名举报人发放奖励金】 6月22日，区检察院召开2011年度奖励举报有功人员（单位）大会，对一家实名举报单位及一名实名举报个人进行表彰，并为实名举报人发放5000元奖金。

（邢晓玲）

【举办先进事迹报告会】 6月22日，区检察院举行“我们是共产党员”先进事迹报告会，邀请革命老前辈晋劲敏做革命传统教育报告，组织院先进事迹进行演讲，会后全体共唱《没有共产党就没有新中国》。

（邢晓玲）

【向区人大汇报诉讼监督情况】 6月30日，西城区人大内司委、维权委召开会议，听取西城院诉讼监督工作开展情况，20余名人大代表听取汇报，与会代表对检察院开展诉讼监督工作给予肯定。

（邢晓玲）

【日本检察官来院座谈交流】 7月20日，日本驻华大使馆一秘、检察官吉田纯平先生一行到区检察院就毒品犯罪案件办理的相关实务问题进行座谈交流。

（邢晓玲）

【参与全国检察英烈子女夏令营活动】 区检察院参与第一期全国检察英烈子女夏令营活动，组织营员们到国家大剧院参观，观看话剧《寻找李大钊》，并发放精美礼品。该夏令营活动由高检院统一策划。

（邢晓玲）

【两名选手获得“十佳公诉人”称号】 8月31日，区检察院参赛选手张文秀、刘晶在北京市检察机关第七届“十佳公诉人”评比中进入前十名。

（邢晓玲）

【三名选手获得“十佳书记员”称号】 10月18日，区检察院参赛选手魏雪、冯志恒、王兆华在北京市检察机关第四届“十佳书记员”评比中进入前十名。

（邢晓玲）

【举办第十二届“西检杯”法制宣传活动】 11月27日，由区检察院主办的第十二届“西检杯”西城区中学生法制短剧大赛在北京四中举行。市、区相关单位领导和嘉宾莅临会场。部分人大代表、特约监督员现场观看比赛。

（邢晓玲）

【开展“检察开放日”活动】 12月6日，区检察院开展以“人民的利益高于一切”为主题的检察开放日活动。本次活动分为座谈、参观和咨询三个环节，并播放以真实案件为题材改编的法制小品剧。50余名干部群众参加活动。

（邢晓玲）

【联合召开检察机关工作情况通报会】 12月9日，区检察院与市院共同召开2011年检察机关工作情况通报会，邀请32名市人大代表和7名区人大代表进行座谈，报告检察机关工作情况并听取人大代表的意见、建议。

(邢晓玲)

【韩索华代检察长当选为区检察院检察长】 12月15日至19日，区检察院代检察长韩索华向区第十五届人民代表大会第一次会议做工作报告，获得全票通过。大会同时选举韩索华为西城区人民检察院检察长。

(邢晓玲)

【举行院级课题结项答辩会】 区检察院举行院级重点课题结项答辩会,中国人民公安大学教授毕惜茜、国家检察官学院教授常艳、清华大学教授黎宏等专家担任评委，检察长韩索华、副检察长杨淑雅及课题执笔人、院理论人才代表参加。

(邢晓玲)

审判工作

【概况】 北京市西城区人民法院(简称区法院)是北京市十六个基层法院之一，分南北两地办公。办公楼建筑面积共有55000平方米，其中各类数字化法庭117间，谈话室15间，包括立案、信访大厅等，所有为当事人服务的部分，占总办公面积的60%。西城法院有审判业务部门22个，综合部门6个，事业部门1个，共29个庭处室队。包括在编干警、聘任制速录员、聘任制法警、聘用制行政辅助人员在内，全院干警总计710人。其中，具有大学本科以上学历的495人，其中具有研究生以上学历的153人。年内，区法院共新收案件41112件，审（执）41029结件，结案率96.2%；收案数量位居全市基层法院第三。年内，区法院获得了全国法院新闻宣传工作先进集体、全国法院立案信访窗口建设工作先进单位、北京市思想政治工作优秀单位、北京市信访排查工作先进集体、北京市法院“党旗颂”合唱比赛一等奖等多项荣誉。荣立集体一等功一次、集体二等功一次。

地址：西城区后英房胡同1号
邮编：100035
电话：82299240
地址：西城区半步桥街50号
邮编：100054
电话：63543081

(彭艳艳)

【融合工作稳步推进】 年内，机构方面，在全院范围内完成了绝大多数庭室的合并，实现了统一布局，合理分工；日常管理方面，推出了《西城法院行政管理规范文件汇编》，在全院范围内实行统一管理；绩效考核方面，细化干警工作的考核指标，制定了新的《西城法院绩效考评办法》。

(彭艳艳)

【诉讼服务平台建设】 通过在立案大厅设立导诉台、大学生志愿者服务基地、人民调解工作室、心理咨询基地等举措，为来院诉讼的群众提供舒适的诉讼环境和快捷周到的诉讼服务。全年共接待到院群众62265人次，值班法官接听咨询电话9273次，共有205名大学生为群众提供咨询，代书诉状5221份；网上立案4797件，提供网上查询115536次，与262名当事人进行了在线交流。年内，区法院被最高法院评为全国法院立案信访窗口建设工作先进单位。

(彭艳艳)

【设立法官评价系统】 评价器放置于立案接待窗口，法官登录系统后评价器即显示该立案法官的姓名、照片及接待范围。接待完成后，立案法官可以通过软件系统提示并允许当事人对接待过程进行综合评价。评价分为“满意”、“比较满意”、“基本满意”、“不满意”四个档次。年内，全年共接收当事人有效评价4147次，平均满意率为97.5%；单人最高满意度100%，提升了立案窗口的整体服务水平。

(彭艳艳)

【当事人合意选法官制度】 通过提前公开法官信息，改变以往由电脑随机分配主审法官的做法，由案件各方当事人合意选择主审法官。这项制度，既增强了当事人对法官的信任，为专家型法官的培养探索出了一条新路，同时也有利于社会矛盾的化解与司法公信的树立。年内，共有76件案件的当事人合意选择了主审法官。

(彭艳艳)

【开展上门就审】 年内，多个庭室走访到当事人家中，针对婚姻纠纷、赡养纠纷等常见纠纷，为老年人和行动不便的残疾人提供诉讼服务，众多纠纷案件得到圆满解决，树立了法官司法为民的形象。

(彭艳艳)

【确保市区重点工程顺利完成】 年内，区法院坚持从大局出发，承担了多项市区重点工程拆迁的司法保障工作，确保了重点工程的顺利进行。这些工程有919工程，629工程，金融街拓展46号院、35中、广安产业园一期，右安门28号院等多个项目，事关首都经济格局调整、市民生活改善、区域功能优化。全院统一思想、提高认识，抽调了行政庭、民庭、执行庭、法警队等相关部门共100多人成立专案组，第一时立案、第一时间审理、第一时间执行，有力地促进了拆迁案件的顺利执结。区法院被北京市政府授予集体一等功一次，多名同志被市政府授予个人一等功、二等功和三等功等荣誉。

（彭艳艳）

【化解进京重复访等信访积案】 年内，以开展“进京重复访”案件化解专项活动为契机，积极落实“四员进社区”及“六步工作法”，对疑难复杂、办理进度缓慢的案件，适时“换人、换地点、换思路、换角度、换方法”，努力争取案件的彻底化解。全年区法院共化解进京重复访案件及中央政法委交办的案件55件，占全部交办案件的88.71%。

（彭艳艳）

【开展长期未结诉讼案件专项清理活动】 4月，市高级法院部署开展了“长期未结诉讼案件专项清理”活动。区法院按照高院的统一部署，迅速成立了专门领导小组，制定了实施方案。对长期未结的173件案件，建立了台帐和统计表，明确了主管领导、承办部门和承办人，规定了清理的具体时间。已审结78件长期未结诉讼案件，其他案件正在清理当中，化解了旧存的矛盾纠纷，促进了区域的和谐稳定。

（彭艳艳）

【立案前矛盾化解机制】 年内，区法院相关庭室积极探索、认真总结，通过加强立案审查力度、规范立案前矛盾化解流程，相当一部分纠纷依靠诉前协调、立案调解等方式方法得到有效解决，一个简便高效、运转有序的立案前矛盾化解机制正在形成。据统计，全年相关部门共在立案前化解矛盾纠纷1175件，有效减轻了法院审判工作的压力，更好地保障了当事人的合法权益。

（彭艳艳）

【速裁机制成效显著】 以提高审判效率、减轻群众诉累为出发点，区法院探索建立了涵盖刑事、民商事、执行各领域的速裁、速执格局。原有机制进一步深化，区法院民一庭承担了北京高院统一部署的小额案件速裁试点工作，民三庭与中国贸促会共同建立了“商事纠纷联动调解机制”，执行一庭进行了“混合速执模式”探索。同时，不断拓展速裁机制的适用范围，在立案二庭设置了速裁组，在刑事审判领域进行“轻刑快审”机制探索，行政庭承接了最高法院行政案件简易程序的试点工作，“速裁速执大格局”建设取得了明显的成效。2011年，民事案件的77.4%、商事案件的89.9%都通过速裁模式审结；年内，全部案件的审结率始终保持在全市16个基层法院前列。

（彭艳艳）

【三型法官培养】 年内，区法院着力培养和推出了一批勤实践、肯钻研、有活力的法官典型：区法院诉服办亲民型法官赵海，深入社区排难解纷，赢得群众好评；民四庭专家型法官刘建勋，在办案之余，出版多部个人专著，多次应邀到有关单位举办保险法实务讲座；民三庭高效型法官魏志斌，坚持多结案、办好案，先后荣获“全国法院办案标兵”称号和“首都劳动奖章”。三种类型法官典型的培养，提升了区法院的整体形象。

（彭艳艳）

【搭建聘任制司法警察再就业信息平台】 年内，区法院为解决聘任制法警解聘后再就业难的问题，使聘任制法警打消顾虑安心工作，与区职业介绍中心签署合作备忘录，搭建聘任制司法警察再就业信息平台，疏通聘任制法警再就业通道。

（彭艳艳）

【建立流动人口子女法制教育长效机制】 年内，区法院与广安中学联合建立了流动人口子女法制教育五项工作机制。一是联络员及专人办理工作机制。确定负责部门，由具体联络人办理此工作。二是学生法制需求反馈机制。校方负责汇总校园动态及学生们的法制需求，向区法院及时反馈。三是学生家长参与机制。区法院适时举办家长法制课堂，通过向家长讲述失足少年犯罪的真实案例，增强家长们的法制观念，使孩子们对法律有一定的认知。四是联合法制宣传教育机制。两单位根据法制宣传教育工作要点，通过发放法制资料、到少年法庭观摩、开展模拟法庭等形式，开展面向学生的宣传教育活动。五是引入心理辅导机制。将心理辅导机制引入学校法制教育培训体系当中，进一步加强与学生们心灵沟通，给予孩子全方面的关爱。

(彭艳艳)

【举行人民陪审员短信暨网络平台开通通报会】 4月，区法院举行了人民陪审员短信暨网络平台开通通报会。办公室陪审工作专办员通过电子课件进行了短信平台的演示，分别介绍了依托北京法院无线办公平台设立的陪审员办公室模块和在区法院内网开辟的陪审员专栏模块。无线办公平台主要提供个人通讯录和短信服务功能，可以通过短信形式发布陪审信息、会议通知、动态类信息通报、节日祝福等。陪审员专栏主要包括有关的规章制度、工作动态、教育培训信息、精品案例以及陪审员文苑等。

(彭艳艳)

【“法院开放日”活动】 4月15日，区法院举办了“法院开放日”活动，组织社区居民、黄城根小学学生及中国政法大学学生参观，感受西城法院新风貌及该院的各项便民设施。未成年人案件审判庭还接待了北京市第四十三中学初二年级的十余名师生参观少年法庭。为配合“法院开放日”活动，知识产权庭依法公开审理了原告上海烛龙信息科技有限公司与被告北京图书大厦有限责任公司、重庆中电电子音像出版有限责任公司、北京圣比尔数码科技有限公司侵犯著作财产权纠纷案。

(彭艳艳)

【举办商事纠纷联动调解机制新闻通报会】 6月，区法院举办商事纠纷联动调解机制新闻通报会，并与中国贸促会中国国际商会调解中心共同签署了《商事纠纷联动调解机制实施细则》。与专业调解机构合作，启动商事纠纷联动调解机制是区法院丰富多元化纠纷解决机制的又一次探索。

(彭艳艳)

【举办首届廉政文化作品展览】 8月，区法院举办首届廉政文化作品展览。以“拓展教育形式、丰富廉政内容、挖掘干警潜力、营造风清气正”为主题，在全院范围内营造清正廉明的文化氛围。共收到作品52件，其中：手工艺品7件、照片15张、硬笔书法12幅、书画18幅。

(彭艳艳)

【尚·学路上图书室在开封市社会福利院落成】 8月，区法院开展了为河南省开封市社会福利院捐赠图书室的公益活动，各团支部和干警，共捐赠图书700余套、册。全部捐赠图书已经通过“尚·学路上助学项目”送达开封市社会福利院，图书阅览室正式落成。

(彭艳艳)

【首次邀请人民陪审员列席审委会】 年内，为加强人民陪审员工作的管理，建立科学的工作流程，保障人民陪审员切实履行职责，11月28日，区法院邀请人民陪审员列席审判委员会（简称审委会）。审委会上，2名陪审员作为合议庭成员阐述了对陪审案件的审理意见，并出具书面材料。各委员认真听取并进行了详细的讨论。此举是区法院首次在人民陪审员与审判长意见不一致的情况下，邀请人民陪审员列席审委会。

(彭艳艳)

【院党组出台《八项工作制度》】 为更好地贯彻落实上级领导机关的有关工作要求，进一步加强党组自身建设，年内，区法院出台了《关于强化党组八项工作制度的意见》，明确了党组的工作原则和工作职责，并对党组工作的领导制度、会议制度、纪律作风制度等八项制度作了详细的规定。

(彭艳艳)

【行业调解工作站成立】 11月，区政府副区长李岩与区法院党组书记、代院长安凤德共同为北京市西城区行业调解工作站成立揭牌。该行业调解工作站为区法院与西城区婚庆文化产业商会联合创办，旨在以诉前调解的方式维护消费者、婚庆企业及婚庆行业的权利，规范西城区婚纱摄影企业的商业行为，建立良好的区域商业秩序。该工作站是北京市成立的第一家由法院牵头设立的以行业调解为目的的机构。

(彭艳艳)

司法行政工作

【概况】 北京市西城区司法局（简称区司法局），政法专项编制154名，其中局机关79名，街道司法所75名。局机关有干部65人、工勤人员3人，司法所68人。设有办公室、法制科、法制宣传科、律师工作管理科、公证工作管理科、基层科、社区矫正和帮置安教科、法律援助工作指导科、信息科、行财科、政工科、监察科、老干部科等13个科室；另设有职能办公室3个，即西城区依法治区领导小组办公室、西城区综治委矫正帮教协调委员会办公室、西城区综治委社会矛盾多元调解工作协调委办公室（分设在法宣科、矫正帮教科、基层科）。下辖15个街道司法所、3家公证处、1个区法律援助中心、1个阳光中途之家。

地址：西城区南菜园街51号

邮编：100054

电话：83975321

（吉丽洁）

【法律服务“三进”工作】　年内，组建“西城区金融街法律服务团”和“中小企业法律服务团”，为金融街、德胜科技园和茶叶街等地区的企业提供包括法律咨询、代写、上门办证等多项服务。举办有160余家企业代表参加的知识产权法律保护研讨会，提升了西城区企业知识产权保护的意识和能力。在大中型企业中开展调解委员会试点工作，促进了和谐劳动关系的建立。创新服务方式，打造社区法律服务新品牌。先后开展“千名律师进社区”、“法律服务进楼宇”和“人民调解进万家”（简称“三进”）等工作，打造了“金融街法律服务广场”、“什刹海微博”等法律服务新品牌，举行“开展法律援助 建设世界城市”、“改善残疾人民生 保障残疾人权益”等宣传活动，实施“为100名老年人、100名残疾人提供法律援助上门服务”工程，推进法律援助“点援制”和“12348”法律服务专线工作，建立法律援助名录库。组织律师担任德胜、大栅栏、广外、牛街等街道常年法律顾问，为街道在矛盾化解、人员招聘等方面提供法律保障。依托区政府法律顾问团和信访顾问团，做好信访接待，为区重大决策提供法律意见。全年，接待法律援助咨询13172人次，办理法律援助案件229件；调解矛盾纠纷28891件（次），调解成功28094件（次）；接待公证咨询370408人次，办结公证事项160790件。

（吉丽洁）

【普法依法治理工作】　规范普法志愿者队伍建设，筹建区“普法志愿者协会”，打造了10处社区精品普法阵地。表彰了全区“五五”普法先进集体106家和先进个人275名，全面启动和部署全区“六五”普法工作。组织开展了以“弘扬法治文化、共建和谐西城”为主题的法治文化节，举办了法律文化讲座、“青春船长 法治起航”启动仪式、法治文艺大赛和优秀节目汇演等系列活动，组织社区居民参加了北京市首届法治文化节活动。全年共开展各类法制宣传活动286场（次）、法律讲座3030场、法治文艺演出85场，发放各种宣传材料近60万份。

（吉丽洁）

【人民调解工作】　组织开展人民调解员、调解信息员业务培训，规范人民调解管理与服务。完善社会矛盾多元调解体系，组建西城区社会矛盾多元调解工作协调委员会，加大对全区调解工作的统筹指导和重大纠纷的调处力度。开展“人民调解进万家”等工作，编制255个社区调委会宣传册，公开社区调委会的名称、地址和联系方式，确保居民群众遇到矛盾纠纷能够得到及时化解。建设15家示范调委会，发挥示范引领作用，全年各级调解组织共调解矛盾纠纷28891件，调解成功28094件。

（吉丽洁）

【社区矫正工作和帮教安置工作】　年内，推进中途之家建设，建立各项工作制度、规范工作流程，举办社区服刑人员集中培训，取得了良好效果。不断规范“两类人员”管理和帮扶，加强“两类人员”教育管理，严格落实属地管理和责任到人，组成安保工作督导小组，深入各街道司法所督导检查。采取强化排查、强化教育、强化管控、强化协调配合、强化关爱帮扶和强化信息畅通六项举措，有效解决“两类人员”中存在的影响安全稳定的突出问题和实际生活困难。全年开展集中教育3次，谈话教育270人次，走访168人次，看站心理咨询159人次。重点人帮教率100%。切实帮助“两类人员”解决实际困难。帮助“两类人员”推荐就业204人，落实低保148人，解决廉租房补贴19人，全年共发放临时性救助70人次，累计金额12万余元。

（吉丽洁）

【公证工作】　多种形式开展《公证法》颁布6周年宣传活动和“敬老爱老”公证法律服务活动。进一步加强公证管理制度建设，不断提高公证服务质量。全年接待各类公证咨询370408人次，办结公证事项160790件。

（吉丽洁）

【律师工作】　年内，规范律师管理与服务，加强对区律师协会的管理、指导和监督。建立律师事务所考核评价体系，共有192家律师事务所、3627名律师通过年度考核。制定《西城区司法局律师类行政许可程序规定》，审查时限缩短为5个工作日内，平均提效83%。开展“法律服务进楼宇”活动，组建“中小企业法律服务团”，组织1000余名律师进社区免费为居民提供法律服务。全年共有188家律师事务所与255个社区签订了法律服务协议。

(吉丽洁)

【法律援助及“12348”工作】 加大法律援助力度，维护弱势群体权益。举行形式多样的宣传活动，实施“为100名老年人、100名残疾人提供法律援助上门服务”工程，推进法律援助“点援制”和“12348”法律服务专线工作，建立法律援助名录库，年内共有49家律师事务所、146名律师加入名录库。加强法律援助网络建设。健全各街道法律援助工作站，完善各社区公益律师接待制度，为255个社区聘任法律援助联络员。采取面对面交流、发文指导、专题讲座等多种形式对各工作站进行法律援助工作指导，稳步推进法律援助“三进”工作。走访15个街道法律援助工作站，发放法律援助宣传品、司法所标牌和法律援助工作人员聘书。接待法律援助咨询13172人次，办理法律援助案件229件。

(吉丽洁)

【服务区重大工程】 年内，充分发挥“西城旧城保护和居民住房改善工程法律服务团”作用，整合律师、调解、法制宣传、法律援助及公证等资源，派出律师、公证员、调解员等专业人员进驻各拆迁分指挥部，及时处理拆迁过程中涉及的法律纠纷，为工程建设的顺利推进提供了有力的法律服务和保障。调解拆迁地区纠纷30余件，办理证据保全公证35件，维护了拆迁地区的和谐稳定。

(吉丽洁)

【区第一次律师党代会】 3月2日，西城区第一次律师党代会召开。北京市司法局党委书记、局长于泓源，西城区委书记王宁，区委常委、区委办主任程军，市司法局副局长李公田以及相关单位的领导出席了会议。于泓源和王宁为“西城区律师党委和西城区律师协会”揭牌，程军为“西城区金融街法律服务团”授旗。于泓源对“金融街法律服务团”表示祝贺并对此给予了充分肯定。王宁就进一步做好的法律服务工作提出明确要求。

(吉丽洁)

【编印《基层司法行政30年》】 3月15日，区司法局编印《基层司法行政30年》。回顾了自1981年3月原西城、原宣武司法局相继组建以来，从推进矛盾化解、法制宣传起步，到完善服务民生、维护社会稳定的各项职能，成为为经济社会发展保驾护航、促进社会和谐重要力量的历程。

(吉丽洁)

【市领导调研区联合接待室工作】 3月21日，中共中央政治局委员、市委书记刘淇到月坛街道调研联合接待室工作。市委副书记、市长郭金龙，市委副书记、市政协主席、市政法委书记王安顺陪同调研。刘淇询问了联合接待室的工作程序及工作流程，翻阅了年内的调解档案。刘淇对联合接待室的工作举措给予高度赞扬，强调要把加强社会建设、创新社会管理作为深入贯彻落实科学发展观、构建社会主义和谐社会的重要任务，推进首都社会建设。

(吉丽洁)

【举办司法行政开放日活动】 4月15日，司法行政开放日活动举行。区人大副主任解建军、市司法局矫正帮教处副处长高翠萍、部分人大代表、政协委员及100余名社会群众参加了活动。活动以“创新司法行政、推动西城发展”为主题，通过播放视频短片、宣传展板、现场咨询等形式向社会各界和辖区居民展示了西城区司法行政工作职能、工作成果和全系统干警的风采。解建军充分肯定西城区司法行政工作取得的成绩，结合下一步工作提出了要求。

(吉丽洁)

【区司法局机关党委成立】 4月19日，区司法局机关党委成立。召开了中共北京市西城区司法局机关委员会党员大会，会议总结了局机关党委党建工作，部署了机关党委下一步工作的重点，选举产生了新一届机关党委书记、副书记和委员。区司法局党组书记钟显林、区直机关工委副书记龚建军对做好机关党建工作提出了要求。

(吉丽洁)

【区中小企业法律服务团启动仪式】 5月12日，区中小企业法律服务团启动仪式举行。国家工业和信息产业部副司长顾强、副区长苏东出席仪式。苏东对法律服务团的成立表示祝贺，强调：中小企业法律服务团要在工作内容、服务形式和管理机制等方面下功夫，不断提升服务水平，要各司其职、密切配合，积极主动地开展工作，将中小企业法律服务活动长期化、固定化，以保证此项工作顺利健康开展。

（吉丽洁）

【成立西城区阳光中途之家】 8月18日，区编办正式批复成立西城区阳光中途之家。区阳光中途之家为全额拨款事业单位，编制10名，主要职责是：对社区服刑人员进行集中教育，为有需求的“两类人员”提供社会适应指导，为有需求的“两类人员”提供心理咨询和心理辅导，为无家可归、无亲可投、无生活来源的“两类人员”进行临时性安置，为“两类人员”提供就业帮助，为社区服刑人员提供公益劳动项目。

（吉丽洁）

【“五五”普法总结表彰暨“六五”普法动员部署会】 8月30日，西城区“五五”普法总结表彰暨“六五”普法动员部署会召开。市司法局副局长吴庆宝及区领导王宁、王少峰、王敏荣、王祥杰、刘跃平、王力军、章冬梅、刘洋、苏东、程军、赵建军、许伟出席了会议。会议总结回顾了区“五五”普法工作取得的成绩，对“六五”普法工作进行了全面部署。大会表彰了在“五五”普法期间做出突出贡献的先进集体和先进个人。吴庆宝、王宁分别就新形势下如何做好“六五”普法工作提出要求。

（吉丽洁）

【区首届法治文化节】 11月中旬至12月上旬，区司法局举办以“弘扬法治文化，共建和谐西城”为主题的首届法治文化节。文化节在以“坚持依法行政，建设法治政府”为主题的法律知识讲座中拉开了帷幕，国家行政学院的教授为全区300余名处级领导干部和公务员讲授了法制课。举行了“青春船长 法治起航”青少年法制宣传活动启动仪式，举办了法制文艺大赛和优秀法制文艺节目汇演，制作发放了一批法治文化宣传品，并组织社区居民参加了全市法治文化节活动。

（吉丽洁）

【区司法局软法研究实践基地举行揭牌仪式】 11月22日，北京大学软法研究中心西城区司法局实践基地揭牌仪式在北京市中信公证处举行。第十届全国政协副主席、中国人权研究会会长、北京大学教授罗豪才，市司法局局长于泓源，区委副书记、区委政法委书记刘跃平以及北大、清华等高校的教授学者60余人参加了活动。于泓源对西城区司法局成立软法研究实践基地给予充分肯定，认为实践基地的成立，是加强司法行政理论和实践创新的有益尝试，是推进司法行政创新发展的重要举措。

（吉丽洁）

交通管理工作

【概况】 北京市公安局公安交通管理局西城交通支队（简称西城交通支队）是西城区道路交通安全管理的职能部门，下设8个执勤大队，共有民警690人。主要承担全区道路交通秩序管理、交通安全宣传、交通事故处理和特勤警卫等工作职责。西城交通支队坚持从“世界城市，一流警务”的定位出发，立足西城区域特点，继续以“三项重点工作”和“三项建设”为载体，紧密围绕创新型警务思路，紧抓全市交通文明行动契机，精诚团结、紧抓机遇、沉着应对、务实创新、开拓进取，扎实推动业务工作和队伍建设，实现了新跨越，取得了新成绩。

地址：西城区赵登禹路303号

邮编：100034

电话：68399201

（李光毅）

【重点地区交通管理】 按照市交管局党委工作部署，以确保政治中心区和勤务交通绝对安全为中心，全面深化警务运行机制，不断提升管控能力，维护区域安全稳定。通过调整管界明确职责、加强干部民警调整配备、完善勤务联动机制、开展业务技能培训，努力提升政治中心区路面管控能力和水平。强化敏感政治意识、责任意识、大局意识教育，激励民警“淡化警种意识、增强警察意识”，果断处置中心区内拦车上访、冲撞勤务车队等突发事件。加强特勤警卫工作，通过不断细化方案措施，加大精确指挥力度，严格落实“勤务部署科学研判，加勤之前实时预判，勤务过程指令精确，勤务过后跟进指挥”工作机制，确保了年初“两会”、纪念建党90周年大会文艺晚会、辛亥革命100周年庆祝大会文艺晚会、十七届六中全会、重要外宾访华等特勤警卫任务的绝对安全。

（李光毅）

【提升应急处突能力】 西城交通支队不断完善应急保障体系建设，强化突发事件动态指挥与层级对接，健全完善应急方案预案5大类20余项，总结提炼了“突发敏感事件处置流程十步法”、“电视监控五巡五看工作法”，深化与社会清障救援单位、医疗救护、消防等部门的联勤联动指挥机制建设，精确指挥了全年交通警情处置，有效提升了路面警情监测水平，指导了路面交通秩序管理。

(李光毅)

【完善岗位勤务工作模式】 坚持深入挖掘警力资源，努力在科学用警上下功夫，保持机关支援一线警力力度不减，全面加强示范路口管控；强化领导干部夜查跟班作业、随警作战工作模式，全面发挥示范作用；继续推行重点区域、重点部位岗位实名制，全面落实岗位职责；坚持精确研判，强化动态管控，适时启动等级上勤方案，提高了路面见警率和管控力度，坚持严格执法不动摇，突出精确有效打击，安全防控能力得到提升。立足区域特点，强化日常管控，加强综合整治，不断加大各类违法行为打击力度，始终保持路面秩序严管高压态势，确保了全区交通秩序安全稳定，保持交通事故逃逸案件侦破率为100%。

(李光毅)

【严厉打击各类严重违法行为】 年内，共处罚机动车各类违法60余万起，较上年上升25%，包括现场处罚、酒后处罚、涉牌违法处罚、货车违法处罚。坚持执法标准不降低，暂扣机动车辆，对醉酒驾车违法行为人进行拘留。

(李光毅)

【组织开展综合整治工作】 坚持以市交管局“321”打防控一体化工作为契机，协调区相关执法部门，不断深化捆绑执法工作机制，抽调力量组织开展综合整治、专项治理，加大对“涉牌”、货车、马车、乱停车、客货混载等重点违法的治理整顿力度，保持对“摩的”、残疾人三轮车、电动三轮车违法的整治力度，使重点地区得到了有效控制。协调区有关部门，实施街道综合执法小分队交通民警派驻制，推行安监民警到街道综治办任职制，强化沟通协调，全面促进综合治理工作落实。充分利用电视监控、非现场执法等科技手段，进一步加大非现场处罚力度，对违反规定停车、违反标志标线等交通违法行为进行查处。科学调整已有科技执法设备设置地点，增设非现场执法设备，充分发挥科技手段作用，全力打击车务违法行为。

(李光毅)

【坚持安全监管源头执法】 坚持“事前防范”和“事后追查”相结合原则，积极协调区政府相关职能部门，进一步完善责任追查制度，加大安全监管力度，严格落实车辆停驶、全区通报、责任追究等监管手段，确保追查及时、监管到位、整改明显，促进全区交通安全水平上台阶。

(李光毅)

【加强道路科学优化】 坚持落实堵点动态排查机制，深入开展实地调研，及时提出优化对策，积极协调确保落实。制定交通优化方案，组织专人盯办落实，增设、调整路口信号灯，设置便道隔离桩，增加人行横道，增设、调整停车泊位。通过采取交通信号灯调整、车道调整、禁限措施等手段，缓解了木樨地桥、手帕口西街北口、牛街南口等5处重要节点交通压力。坚持以打通断头路、瓶颈路等需改造道路为攻坚点，消除拥堵结点，提升区域路网整体通行能力。通过采取新建配套道路、道路改造、公交车站迁移等措施，使茶源路地区、新街口北大街、马连道路、马连道路口、西什库大街南口、南二环右安门桥等9处道路的通行能力显著提高。配合改造工程共完善各类交通标志，增设护栏，调整公交站点3处。

(李光毅)

【减少因乱治堵】 坚持逐条排查管界主要大街、停车秩序严管街，明确管控重点，通过采取完善禁停标志、调整非现场设备、调整交通组织等措施，最大限度地挤压违法停车空间，提升道路通行能力。

(李光毅)

【提升事故快清快处能力】 利用监控系统和视频固定证据，在西城交通支队、执勤大队两级安装电视监控的视频留存终端，用视频录像记录事故全貌，通过远程电话指导帮助事故双方快速清理路面事故，缩短民警赶赴现场时间。制定《交通事故处置工作细则》、《西城支队事故多发点段快清快处指导手册》，明确规定了发生不同类别的事故采取不同的事故处置模式，有效指导事故快清快处工作，降低了突发警情对路面交通的影响。

(李光毅)

【狠抓对外窗口服务】 以规范、文明、高效为标准，从提高窗口民警服务意识入手，狠抓窗口服务建设，修订细化窗口服务标准，优化便民利民服务设施，拓展便民利民服务项目，提高办公窗口服务效率与窗口人员服务质量，全面提升窗口服务水平，切实达到让人民群众满意的目标，积极构建和谐警民关系。

（李光毅）

【创新服务社会群众载体】　积极做好社会化交通安全宣传工作，马连道茶叶一条街、官园批发市场建立了流动人员交通安全委员会，全力做好外来人员交通法律服务工作。筹建了集声、光、电等科技元素于一体的西城区交通安全教育基地，得到了上级领导的充分肯定，全市各支大队、外省市兄弟单位相继参观，给予了一致好评。在全区72所小学安装了醒目的具有趣味性的交通安全标志橱窗，受到了学校师生和学生家长的赞誉。

（李光毅）

【扩大交通安全宣传覆盖面】　坚持以扎实推进"交通文明行动计划"为载体，按照一月一主题的思路，针对不同时间、不同人群，组织开展内容丰富的社会化交通安全宣传活动。全年先后组织大型社会化宣传活动36次，共制作特色扑克、打火机、笔记本等宣传品13种、3万余份，深入驻区单位宣传、讲授安全课426余场，受教育群众16余万人次。

（李光毅）

【推出服务群众措施】　西城交通支队推出上门为当事人服务制度，针对确有困难的当事人，办案民警主动到当事人家中制作询问笔录、送达法律文书。与区法院共同推出了《事故相关信息查询便民措施》，研究制定了《交通事故调处快速通道实施办法》，减少当事人在诉讼、取证阶段的繁琐环节。成立"西城区道路交通事故人民调解委员会"，切实做好矛盾调解工作。

（李光毅）

【干部队伍建设】　坚持以机关科室升格为契机，科学调整人员安排，配齐了各单位一把手；组织干部民警参加了全局科职领导干部竞争上岗；修订《领导干部责任追究办法》，对领导干部在履行队伍管理职责过程中出现管理不严、措施不到位的情况实行诫勉谈话；狠抓政治理论学习中心组各项工作落实，强化干部队伍能力素质建设，切实提高分析问题、研究问题、解决问题的能力，适应本职岗位工作需要，增强责任感和紧迫感。

（李光毅）

【执法规范化建设】　相继完善了《西城交通支队执法记录仪管理使用规定》、《执勤大队办公室人员执法工作规范》、《危险驾驶案件网上办理工作规范》等制度，促进全支队执法规范化建设有新内容、新突破、新亮点、新局面。深化执法责任制和执法质量考评工作，实行平时考评、阶段考评与年度考评相结合，实现执法质量考评工作的动态化、经常化。大力加强执法办案场所达标建设，执法办案场所均已实现功能分区，接待、办公、办案区封闭管理。坚持以抓好全员执法资格基本级考试培训为载体，采取多种形式，加强执法技能培训，全面提升民警执法实战能力。

（李光毅）

【狠抓从严治警工作】　西城交通支队逐级落实党风廉政责任制，认真做好队伍分析摸排，及时发现、解决苗头性问题。通过开展座谈交流、举行党员公开承诺活动、参观廉政教育基地、观看内参片、学习先进典型等多种形式，强化干部民警职业素养、服务意识、廉洁意识、纪律观念，切实筑牢执法为民、廉洁从警、遵章守纪的思想根基。强化廉政风险防范管理，深入细致梳理热点重点岗位风险点，并从源头上、机制上完善措施，确保队伍风清气正、纯洁稳定。建立非现场执法撤销登记通报制度、建立办公大厅办理进京证、通行证等各类证件审批规范制度，有效避免审批环节出现漏洞。

（李光毅）

军 事

武装部工作

【概况】 中国人民解放军北京市西城区人民武装部（简称区人武部），受北京卫戍区和中共西城区委、区人民政府的双重领导，是中共西城区委的军事部和西城区人民政府的兵役机关。内设北京市西城区国防动员综合办公室、北京市西城区国防教育办公室、北京市西城区人民政府征兵办公室、北京市西城区预备役军官登记工作办公室。所属街道武装部15个，企事业单位武装部49个，专兼职武装干部290人。年内，在卫戍区党委和区委、区政府的正确领导下，认真学习贯彻科学发展观和胡锦涛主席关于主题主线重大战略思想，按照“争先进、创一流，抓重点、搞创新，强自身、保安全”的工作思路，以国防后备力量建设为中心，坚持高起点筹划工作，高标准抓好落实，整组训练、执勤维稳、国防动员、兵员征集和双拥共建等工作取得了较好的成绩，全面建设水平稳中有进，圆满完成了各项任务。12月，北京市和北京卫戍区召开年度民兵工作会议，区人武部被评为“先进人民武装部”。

地址：西城区辟才胡同宏英园17号楼

邮编：100032

电话：88064194

（姜　峰）

【理论学习】 党委中心组完成四个专题的理论学习。积极抓好个人自学，每月制定理论学习计划，对学习内容、目标进行了明确，每两月组织理论学习笔记展评，开展学习体会交流。加强书记队伍建设研究，区分3个阶段，结合区划调整、民兵整组、征兵工作等任务，探索书记队伍、党委班子成员和街道武装部长能力建设，党委班子成员分别撰写了书记队伍建设咨询报告。通过抓理论武装，党委“一班人”的理论素养进一步提高，政治上更加坚定，能力素质有了新的进步。

（姜　峰）

【国防教育】 深入开展“热爱祖国，心系国防”主题宣传活动。结合《国防教育法》颁布10周年和“冬季征兵宣传高潮日”活动，在全区广泛开展国防教育宣传活动，在繁华商业区、旅游区和大中院校设立教育宣传点，利用区属报刊、移动电视、户外宣传屏和区域网等载体，营造浓厚的教育氛围。更新全区中小学校园和居民社区国防教育广告牌，为中小学订阅《中国国防报》、《中国民兵》和《国防》等教育教材，组织国防教育宣讲团走入学校宣讲，与学生面对面交流。注意抓好领导干部国防教育，组织区委、区政府和区属委办局领导分别到武警二师、三军仪仗队和卫戍区民兵训练基地过“军事日”。6月1日，国家国防教育执法检查组到区检查，充分肯定了西城区国防教育工作。

（姜　峰）

【民兵政治工作】 采取依托现代传媒网络教育平台、纳入公共社会教育和大项任务牵引等途径，狠抓基干民兵中的作战队伍、勤务保障队伍、应急队伍的思想教育。2月下旬，召开西城区民兵工作会，组织各街道和民兵单位的党（工）委书记，进行了党管武装述职。结合民兵整组工作，及时下发入队教育提纲，并对各街道教育落实情况逐一进行了检查；6月中旬，组织各级分管武装工作的领导和专武干部进行集中培训；积极宣传民兵工作中的先进典型和经验事迹，有效调动了专武干部开展工作的积极性。

（姜　峰）

【民兵整组】 对南北两区民兵组织进行了调整。扎实抓好常备应急力量建设。5月，成立了部领导带队，军事、政工、后勤全程参与的综合检查组，采取听取汇报、实地查看、理论考核、拉动演练、物资点验等方法，对各街道的应急力量、应急预案、应急器材等进行了检查验收，按照问题当场解决、矛盾当场排解的原则，及时发现和解决问题，有力地促进了应急力量建设水平。

（姜　峰）

【民兵军事训练】 依据北京卫戍区年度军事训练计划安排，结合区委、区政府年度工作计划，采取立足现有条件，借助区域资源，优化组训方法，开展分类训练、升级训练和挂钩训练，确保了训练质量和效果。5月中旬，组织民兵高炮分队进行集训，有效提高了民兵高炮分队的专业素质。

（姜 峰）

【参建援建】 注意发挥基干民兵队伍维护社会稳定的作用，在“两会”、“六四”、“七一”、“八一”、“十一”和“十七届六中全会”期间，组织民兵单位完成了60余处立交桥、过街天桥和地下通道昼夜执勤任务。执勤民兵先后调解群众纠纷10余次，成功处置2起偷抢、1起上访人员聚集事件。

（姜 峰）

【征兵工作】 本着早着手、早筹划、早准备，研究优惠政策，加大宣传力度，深入鼓动宣传，召开了3次领导小组会，研究解决新情况、新问题。10月底，利用7天时间，由部领导带队，成立7个工作组，分赴各街道和5所大学院校指导征兵工作。通过深入扎实的工作，广大适龄青年参军热情较高，圆满完成了征兵任务。

（姜 峰）

【自身建设】 一是认真落实“八个方面安全规范”。二是狠抓经常性学习。严格落实理论学习制度，每月制定理论学习计划，对学习内容、目标进行了明确，每两月组织理论学习笔记展评，开展学习体会交流，有效提高了干部职工理论素养。三是狠抓重点部位、人员管控。结合“五用一履行”活动，突出抓了人员、车辆、涉密载体的管理，定期检查整顿，做到了人员不失控、组织不失控、思想不失控。四是狠抓责任落实。大力推行岗位责任考评制度，围绕理论学习、履职尽责、完成任务、遵规守纪、模范表率等8个方面，区分优秀、良好、达标、不达标四个层次，采取个人述评、各科小评、综合评定3个步骤，每两月组织1次考评，将干部成长进步与履职尽责、学习成才、工作成绩挂钩。

（姜 峰）

双拥共建工作

【概况】 西城区双拥共建工作领导小组由军地80名成员组成，下设办公室（简称区双拥办）承担区委、区政府参谋助手、军地关系桥梁纽带和基层双拥共建工作协调指导职能。年初，区委、区政府和驻区部队召开军政座谈会和双拥工作会，总结过去一年的工作，筹划新一年的双拥任务。年内，全区军民紧紧围绕创建有特色、高品质双拥模范区七连冠目标，整合区划调整优势，加大双拥品牌建设力度，实施双拥共建“五个一”工程，普及全民国防教育，创新双拥载体，高标准接受全国双拥办、国家国防教育办公室和首都军（警）民共建指导小组全面检查。落实市委专题会议精神，制定和完善与驻区武警部队对口共建措施。优抚安置政策落实，军转干部安置、退役士兵培训服务、随军家属就业服务、部队子女入托入学率均达100%。总结文化双拥经验，推进军民文化融合式发展。拥政爱民工作贴近民生，军政军民关系融洽。12月，西城区第七次获“全国双拥模范区”称号。

地址：西城区宏英园17号

邮编：100032

电话：66124993

（张贻发）

【普及全民国防教育】 国防教育以爱国主义为核心，以全民为对象，以干部和中小学生为重点，整体纳入全民教育、精神文明建设和先进文化建设内容，并达到有教育计划、有教材、有制度、有基地、有少年军校、有国防教育宣讲团、有部队支持、有显著教育效果。年内，国家国防教育办公室来区检查，听取了区领导汇报，查看了中学生国防教育中心和万寿宫公园国家级国防教育示范园，均给予好评。5000余名学生和党政机关干部到中学生国防教育中心体验军营生活。广外街道首次组织机关干部参加“军营一日”活动。适龄青年报名应征踊跃，首次征集25名进藏士兵。严把兵员质量关，圆满完成年度征兵任务。

（张贻发）

【创建迎检工作】 区委、区政府和驻区部队对迎接全国双拥办抽查考评高度重视，主管领导亲自动员部署。全区军民发扬连续作战、勇创一流精神，深入学习《全国双拥模范城（县）创建考评标准》，逐项自查，边查边改，在全区兴起了创建迎检高潮，并按标准归整双拥文字档案160卷，双拥图片档案70卷。经全国双拥办、总政群工办和北京市双拥办领导检查，总分数列全市区县之首。

（张贻发）

【双拥品牌建设】 年内，着眼于双拥工作新特点，更加重视双拥品牌的典型引导作用，重点实施双拥共建“五个一”工程，即把万寿宫公园建设成国家级国防教育示范园、把马连道茶叶一条街建设成双拥示范大街、每个街道培养一个双拥示范单位、一个

“两新”组织国防教育和拥军优属先进单位、每个街道建立一个“军嫂之家”，在全区形成了“一园、一街、一点、一品、一家”新的双拥品牌系列。各街道积极打造各具特色的双拥品牌，展览路街道组织21个社区与辖区15支部队签订共建协议，工委、办事处15个科室与驻街65个社会单位建立双拥工作联系关系，协调15个社会单位与17位“三老”签订帮扶协议，率先将每户“三老”帮扶费由每人每年1200元调整为1800元，成为街道双拥工作创新发展的新品牌。陶然亭街道协调物业公司办起全区首个以安置军嫂工作为主的“便民菜店”，深受部队和军嫂欢迎，成为在务实中创新的双拥品牌。认真落实北京市双拥办部署，推荐31个社区、37个企事业单位、21个营以下单位为北京市双拥示范单位，并接受北京市表彰。

(张贻发)

【文化双拥活动】 年内，全区军民紧抓纪念中国共产党成立90周年大好时机，一起学习胡锦涛总书记重要讲话，共同开展颂党恩、听党课、讲传统等纪念活动。驻区部队派出4500名次官兵，参加西城区和街道组织的红歌演唱会、一起张挂纪念横幅、撰写纪念征文、组织文艺演出，在全区形成了军民共庆建党90周年的浓厚氛围。发挥文化资源优势，妥善安排驻区部队152名子女小学升初中。组织驻区部队参加“地方一日”活动。通过参观牛街礼拜寺、湖广会馆、大栅栏商业街、晋阳饭庄和纪晓岚故居，使部队官兵进一步加深了对西城人文历史的了解。区委、区政府组织3场专场文艺晚会，亲切慰问驻区部队和优抚对象，共庆建军84周年。区委书记王宁亲自总结文化双拥经验，并在全国双拥网和西城报发表。各街道对辖区40余个建制连队图书室建设情况进行调查，并投入20余万元为图书室添置图书，仅展览路街道就投入4万元支持连队图书室建设，并为入伍新兵举办法律知识和心理健康知识讲座。

(张贻发)

【落实优抚安置政策】 区委、区政府及主管部门着眼于改革发展成果惠及优抚对象，将优抚标准调整为高于北京市规定标准的15%。进一步加大对退役士兵、随军家属岗前培训服务力度，缓解就业安置困难。年内，接收军转干部181名，接收退役士兵 300名，接收随军家属199名，安置率和培训服务率均达100%。区政府每年投入96万元，协调社会帮扶29万元，使全区142名老烈属、老革命伤残军人、在乡老复员军人年帮扶标准由1200元增加到1800元。

(张贻发)

【支持部队建设】 春节前，区领导带领7个慰问组，分别对驻区部队进行慰问。区财政拨款700万元支持部队建设。年内，各街道筹措80万元奖励立功官兵、帮扶困难战士家庭、奖励被军校录取士兵。区政府投入300余万元，支持部队绿化美化、道路维修。落实北京市委专题会议精神，与驻区武警部队建立对口共建和支援关系，制定和完善包括干部住房、转业干部安置、子女入学、完成处突维稳经费保障等七项措施，并将正常经费支持标准增加一倍以上，确保与驻区武警对口支援工作走在全市前列。发挥文化资源优势，支持和配合第二炮兵在李大钊故居举行核心价值观教育基地启动仪式。区红十字会为驻区部队培训救护骨干200余名。年内，区委、区政府及社会各界用于拥军优属经费累计达到3500万元。

(张贻发)

【开展拥政爱民工作】 年内，总参、总政、总装、二炮后勤部选派知名演员参加西城区“六艺大比拼”活动。派出500余名官兵帮助学生军训，派出2000名次官兵参加铲冰扫雪、运送救灾物资，安排1000名官兵组成防汛应急分队。春节前筹措35万元，对西城区700户生活困难居民进行慰问。驻区部队着眼于地方发展，高姿态置换5000平方米建房用地，为金融街扩展提供了有力支持。

(张贻发)

民防工作

【概况】 西城区民防局（简称区民防局），是西城区国防动员委员会的常设办事机构和区政府人民防空工作主管部门，承担西城区人民防空、公共安全宣传教育职能。年内，民防工作突出“基础建设抓规范、创新工作抓亮点、公共安全宣传教育抓示范、信息化建设抓水平、队伍建设抓作为”，完成各项工作任务。

地址：西城区西单横二条2号华恒大厦4层

邮编：100031

电话：88064999

(吴灿中)

【国际民防日宣传】 3月1日“国际民防日”期间，区民防局组织指导各街道、社区开展宣传活动。陶然亭街道在所辖社区开展社会宣传活动，发放宣传材料800余份，组织400余人观看防震减灾录像片；广外街道组织辖区29个社区在红莲广场以板报、图片展览、消防演练、播放民防教育宣传片等形式开展宣传活动；展览路街道新华里社区组织30名党员、居民到街道民防宣教中心参观；大栅栏街道煤市街东社区召开公共安全宣传教育工作会，用发生在居民身边的案例教育居民群众增强安全意识。

（吴灿中）

【应急组织指挥体系建设】 3月，对西单国际大厦和物华大厦两处高点监控系统进行竣工验收。6月，召开街道人民防空分指挥部组织领导机构人员调整部署会，各街道按要求完成人员调整工作。7月，完成什刹海街道指挥所竣工验收和808指挥所MCU安装及初步调试。完成移动应急指挥车卫星地面站建设，10月26日通过专家组验收。12月，完成新街口街道指挥所竣工验收和天缘公寓、马甸南村22号楼两处新建高点监控设施设计、施工方案等工作。

（吴灿中）

【防空防灾公共安全宣传教育】 年内，以“国际民防日”、“防灾减灾日”、人民防空法颁布29周年、国际减灾日等为载体，开展“防灾减灾、从我做起”，“居家安全、防灾避险”等主题社会宣传活动，通过现场咨询、发放宣传材料（宣传品）、悬挂宣传横幅、张贴宣传画、展板、墙报、参观交流、救护演练等形式，向居民群众宣传防空防灾公共安全知识，发放各类宣传资料（宣传品）2.45万份（件）。万寿公园宣教基地和德胜、展览路、金融街宣教中心，接待各类参观考察756批、37873人次。组织29个社区、57所学校、医院、企事业单位开展防空防灾公共安全知识培训3000余人。改版“西城区防空防灾信息网”，新增栏目和链接功能，共刊登工作信息206条；创办内刊《西城民防》，面向机关、社区宣传防空防灾工作情况，共刊发9期、10800份；在《北京民防》、《华北人防》、《中国人民防空》等刊物发表文章、新闻图片55篇（幅）；编辑《民防信息》75期。区民防局被评为“北京市民防系统通讯报道先进单位”。

（吴灿中）

【人防工程管理】 年内，以冬春季防火、节假日、全国“两会”、消防平安行动、“打非治违”、“安全生产月”为重点，组成4个督导检查组，每季度对全区794处人防地下室进行“拉网式”安全检查。开展人防工程检查现场巡讲活动和消防演练各2次，消除安全隐患33处。举办人防工程使用管理单位负责培训班2期、1740人次，发放人防工程安全使用宣传资料4000余份。召开区、街道人防工程安全管理例会21次。制作安装“禁止转租”标志牌144块。协助解决三帆中学、育民小学、西师附小、复兴门外一小、顺城街一小、西城外国语学校等市政府折子工程（校安工程）涉及的人防工程办理意见，处理地铁六号线车公庄站建设中涉及的人防干线改建问题。办理人防工程行政许可42件。制定《西城区公用人防工程开发使用工作管理规定》，收取人防工程使用费596.53万元。

（吴灿中）

【人防工程综合整治】 年内，根据《关于开展地下空间综合整治工作的实施方案》（京办发〔2011〕10号）文件和市地下空间综合整治工作部署，制定实施方案和39处人防工程清理整治计划，建立由民防局班子成员牵头的6个督导小组；举办人防工程综合整治和地下空间信息上机录入培训3次，录入地下空间信息3275处，其中人防地下室860处。通过任务责任到人、执法约谈、联合执法等措施，停用住人工程29处，申请转变使用用途14处，清理地下人防工程居住人员1500余人。

（吴灿中）

【人防工程防汛工作】 年内，修订《西城区人防工程事故应急预案》，调整区人防工程防汛指挥部成员；组建3支防汛应急抢险队伍，组织防汛演练；准备水泵、发电机、编织袋等防汛物资器材；利用短信平台建立在用人防地下室防汛预警体系。汛期，加强应急值守，及时处置6月23日、7月26日、8月2日等极端天气导致的月坛公园“天外天”人防工程渗漏水、铁坡旅馆雨水倒灌等险情20起，治理早期工程16处，确保人防工程安全度汛。

（吴灿中）

【应急组织指挥保障、演练】 年内，完成区政府交办的节假日和防汛期间民防指挥系统应急保障工作。完成市、区两级应急指挥系统会议保障47次，B4指挥所、808指挥所与市民防局528指挥所联调及视频会议保障15次。参加市应急办组织的移动指挥车演练2次。按照市民防局的部署，8月26日，在展览路街道新华里社区新华里16号院组织人民防空人员掩蔽实兵演练。9月6日，在金融街街道丰汇园社区，组织人民防空临战人口疏散实兵演练。9月21日，在808指挥所开展区人民防空指挥部成员模拟演练，检验人民防空组织指挥、应急保障能力和各项预案的操作性。

（吴灿中）

【人防工程档案管理工作】 年内，整合全区人防工程台账；完成西长安街、什刹海、德胜、新街口、展览路、月坛、金融街7个街道干支线及出入口管理房调查。整理归档市民防局返回图94盒、104卷，竣工验收档案11卷，行政许可案卷30卷。

（吴灿中）

【人防工程建设】 年内，修订《西城区人防工程竣工备案认可工作程序》，依法按照设计、施工标准办理“结建”人防工程竣工备案认可11处、建筑面积45692平方米。

（吴灿中）

【通信警报建设】 年内，完成右内大街、右内西街、南横街、樱桃二条民防线缆入地2000余米。完成区政府至华恒大厦通信电缆改造、枫桦豪景小区防空警报器移机工作。对全区34台防空警报器进行检查及终端加电测试工作，更新26台警报器蓄电池。为区各部委办局、各街道安装、维修电话600部。

（吴灿中）

【公共安全志愿者队伍建设】 年内，对全区民防志愿者进行整组，完成2115名民防志愿者登记注册工作。在国家地震应急救援培训中心举办两期民防志愿者培训、受训400人。领取民防志愿者工作包1655个。5月12日，组织20名民防志愿者代表西城区参加市应急志愿者组建启动仪式。

（吴灿中）

【法制体系建设】 年内，制定《西城区民防局“十二五”法制宣传教育规划》。编印《北京市西城区民防局行政执法汇编》。对6名新到执法岗位人员进行培训，取得行政执法资格。组织民防系统行政执法人员进行《行政强制法》、“民防行政处罚自由裁量权”培训，通过市法制办组织的考试。5月，向区人大（临时）常委会第十次主任会议专题报告民防工作。“12·4”法制宣传日面向社会开展民防法制宣传活动。执法检查450人次，行政处罚12起、罚款3.1万元，收取公用人防工程合同违约金8起、7000元。解决清芷园物业公司拖欠使用费问题；查处并收回富力城房地产开发公司未交人防地下室一处；对大厚房地产开发公司侵占人防工程进行立案调查；依法清理无证使用的人防工程5处。办理人大建议和政协提案各3件；办理群众来信（电）8件、信访系统转办16件，办结率100%。

（吴灿中）

武警第一支队

【概况】 中国人民武装警察部队北京市总队二师第一支队，前身是保卫中国工农红军前委的3个警卫连之一，组建于井冈山时期。1942年10月20日改编为中央警备团，1983年2月改编为中国人民武装警察部队北京市总队第一支队，1995年7月，改称为武警北京市第一总队第一支队。1999年2月，武警北京市第一、二总队合编为北京市总队，支队番号改为武警北京市总队二师第一支队。始终着眼建设现代化武警，坚决贯彻区委区政府和部队各级党委首长的决策指示精神，主动融入西城区“科学发展、和谐发展、率先发展”的战略，紧紧围绕高举旗帜、听党指挥、筑牢“警魂”这个根本，狠抓思想政治建设，深入学习实践科学发展观，广泛开展创先争优活动和培育当代革命军人核心价值观主题教育，部队建设得到全面提升，连续8年被武警北京总队评为基层建设先进支队，多次被西城区表彰为“双拥共建先进单位”。

地址：西城区南礼士路5号

邮编：100037

电话：52824100

（胡建文）

【政治工作】 始终把思想政治建设作为铸牢警魂、履行使命的根本，狠抓理论学习制度落实。采取“一课三讲”的方法开展主题教育，组织纪念建党90周年系列活动，参加师“四会”政治教员授课比武获得第二名。贯彻总队民主集中制网上培训精神，开展思想作风教育整顿和“学指示、找差距、促落实”教育活动，始终坚持党的根本领导制度和组织制度，提高了决策力、执行力。坚持把创先争优与“双争”活动结合起来，引导各级干在平时、争在平时。开展联创联争活动的经验做法被总队推广。加强干部队伍的教育管理，组织随军干部家庭旅游度假，表彰15名优秀干部，干部转业复员和退休干部移交安置工作被总队评为先进单位，官兵休假和休全假率比去年有了较大幅度提升。结合任务开展法律、心理、文化服务，严格政治考核，参加师“卫士杯”篮球赛获得冠军。加强警政警民关系，邀请西城区四套班子观摩执勤能力建设成果汇报，“对口支持、共同建设”的双重领导优势得到更好发挥。

（胡建文）

【军事工作】　坚持科学领导，首长住地和办公地明确常委专职、落实挂钩捆绑。开展首长住地帮建日活动和勤务专项治理整顿，强力推进“四防一体化”建设，提高了固定目标安全系数。运用“三员一兵一组”组勤模式，严格“四勤”工作落实。担负总部、总队正规化执勤等级评定交叉检查试评观摩任务，受到各级好评。重大临时勤务常委包段，分工负责，靠前指挥，组勤干部按级到场，确保了万无一失。花园村、钓鱼台、全国政协、中央电视台、政治中心区的哨兵要求更为严格，展示了良好形象。执勤中有1名同志荣立二等功，29名同志荣立三等功。严密做好以防范和处置煽动非法聚集、重大节日为重点的维稳工作，保持了常态化要求。认真组织新兵训练、单兵专业训练、执勤带新、勤训轮换、“五小练兵”和各类集训，提高了遂行任务的能力。武警一支队被总队评为2011年度训练工作先进单位。

（胡建文）

【安全管理】　始终把条令条例作为严格部队管理的基本依据，开展“正规一日生活养成竞赛”和“条令学习月”活动，大力纠治“八个方面”突出问题，参加师条令知识竞赛获得团体第二名，规范“四个行政例会”录像片在全师推广。全支队所有目标完成“四项设施”建设任务，迎接总部正规化建设检查验收，被评为优秀。扎实开展车辆、枪弹、警容风纪、密码安全、密切内部关系等专项教育整顿，拍摄防范重大安全问题工作规范录像片在全总队推广。落实领导机关安全工作定点联系指导制度，分层次、分战线搞好安全预测分析，前移了安全关口。

（胡建文）

【基层建设】　认真贯彻各级关于抓经常打基础的一系列指示精神，采取军政后工作例会辅导，办夜校等多种形式，组织“四常”、“三个一线”、“四个基本”、基层党组织正副书记、“五类”骨干等各类培训，提高了各级抓经常打基础的能力。组织季度按纲建队工作考评，拍摄科学统筹录像片在全总队播放。安排联合工作组对全支队所有中队普遍蹲点帮建了一遍，促进了基层全面发展。制定领导机关为基层办实事计划，把七个方面突出问题治理向基层延伸。出资40余万元对公寓楼生活设施翻新改造，改善了随军干部的居住环境。

（胡建文）

【后勤工作】　突出后勤应急保障力量建设、后勤安全管理等工作重点，不断提高综合保障效益。广泛开展后勤岗位练兵活动，参加师技能考核比武，获得团体第一名。坚持党委理财，财务管理严格。落实伙食管理制度，提高执勤第四餐质量。狠抓车辆和司机队伍的管理，确保了行车安全。按时完成军械库安防设施升级改造任务，军械工作“三防过一遍”经验在师推广。认真做好季节性疾病预防、摸排、诊治和计划生育工作，卫生队加大巡诊力度，确保官兵身心健康。为确保四号公寓楼建设安全、质量和进度，各级倾注了大量心血。

（胡建文）

武警第七支队

【概况】　中国人民武装警察部队北京市总队二师第七支队，始建于1949年6月，当时番号为北平市人民政府公安局公安总队第1团。1962年5月，改称中国人民武装警察总队第2团。1966年6月7日，改称中国人民解放军北京卫戍区警卫第二师7团。1969年12月27日，改称为警卫第二师第5团。1979年1月，改称为第7团。1983年2月转隶为武警北京市总队第七支队。1995年7月，改称中国人民武装警察部队北京市第一总队第七支队。1999年2月，支队番号改编为武警北京市总队二师第七支队。主要担负警卫、守卫、看押、看守以及武装巡逻等任务。年内，武警第七支队以科学发展观为指导，紧跟上级党委决策部署，按照“四抓三保一争”总体思路，坚持顺心气、正风气、鼓士气，着力办实事、解难题、抓落实，任务完成圆满，内部安全稳定，全面建设步入良性轨道，部队持续发展。

地址：西城区珠市口西大街133号
邮编：100050
电话：63035336

（左东浒）

【加强思想政治工作】 理论武装扎实有效，狠抓主题主线战略思想、“七一”讲话、十七届六中全会、两级党代会等精神学习贯彻。支队《学习贯彻上级党委全会精神》做法被总队转发。运用课堂灌输、环境熏陶、日常养成、岗位践行“四位一体”教育模式抓培树，核心价值观教育开展活跃。支队《坚持三个紧盯确保教育实效》做法被总部政工网刊发，《扭住四个环节推动“两会”安保教育深入开展》做法被总队转发。经常性思想工作跟进有力，完成政工网改版，开设4个主页、5个窗口、16个专栏、2个平台，实现4级无缝链接，为官兵提供了学习交流平台。广泛开展纪念建党90周年系列活动，举办“永远跟党走”七一文艺汇演，分批培训基层保卫委员、思想（心理）骨干、新闻报道员，组织战士游览京城，对18名特困官兵实施救助10.6万元，营造和谐融洽的内部环境。

（左东泞）

【提高遂行任务能力】 认真贯彻总队执勤工作会议精神，强力推进“四防一体化”建设，15处目标顺利达标，率先实现“网络全覆盖”。严密组织正规化执勤等级评定和动态勤务专项治理，深入开展“送温暖到哨位”、过“四勤”和“学、讲、演”活动，确保了固定执勤目标绝对安全，支队被总队评为一级执勤单位。支队《走好学、讲、演三步棋，不断提升部队执勤能力》和《加强三级网监控系统维护》做法被总队转发，通信台站信息化改造观摩会受到总队领导好评。坚持严密组织，实施靠前指挥，圆满完成春节维稳，“两会”安保，“五一”、“十一”机动备勤，发现处置有碍安全问题123起958人，支队《“四勤”向临时勤务拓展》做法被总队转发。

（左东泞）

【巩固安全发展基础】 深化“四安”实践活动成果，扎实开展“2·2”案件反思教育、“三查一除”、“五查五治”隐患排查和枪弹、车辆、治酒、保密、出租土地、警容风纪专项整治活动。严密组织安全风险评估，对重点关注对象、办公电脑、移动存储介质、涉密文件资料进行拉网式排查，有效促进部队内部安全稳定。支队被总部评为保密工作先进单位，“条令学习月”知识竞赛夺得全师第一，“千人答题”活动被国防网刊发。

（左东泞）

【后勤综合保障】 坚持任务牵引，扎实开展专业岗位业务练兵，遂行保障任务的能力大大提高。狠抓后勤库（室）正规化建设，投资190余万元实施机关营院新建及改造工程，投入3万元购买配发防汛器材。严格经费管理使用，注重开源节流，改善官兵生活质量，为部队补伙28万元、发放常用药品18万元，组织57组163人次巡诊，对14名慢性病号进行会诊，对新兵进行心理测试。支队《加强基层财务管理五条措施》和《基层中队执勤动态用枪维护管理不善的原因及对策》被师转发。

（左东泞）

【各级班子建设】 以加强思想作风建设为突破口，以创先争优活动为载体，党委机关“加强党性修养、锤炼思想作风”教育、“一诺三评”活动和“七个方面问题”专项治理深入扎实。严密组织党委（支部）正副书记培训和“过中队、建档案”，安排常委、机关干部下基层蹲点帮扶，各级班子“四自”能力明显增强。积极畅通民主监督渠道，开设纪检专栏和纪检专线，定期公示重大敏感事项，接受官兵监督。支队被总队评为风气建设先进单位，做法被总部政工网刊发。积极开展“四个正确对待”、“加强党性修养、提振精神状态”、“三感”、“安心、尽责、守纪”专题教育，先后发放生活、住房补助近50万元，为11名随军家属安置工作，安排12名随军干部子女择优入学，8名转业干部顺利安置，干部队伍内在动力明显增强。四大队王世军和九中队王勇分别被总队评为优秀共产党员和优秀带兵干部。

（左东泞）

【爱心特困基金】 为进一步深化“五种建队理念”，落实“理顺心气、鼓舞士气、弘扬正气”重要举措和“办实事、解难题、抓落实”具体要求，推进支队建设科学发展，4月21日，七支队党委机关举行“爱心特困基金”捐款仪式。

（左东泞）

【参观西藏和平解放六十周年成就展】 为深化“培育当代革命军人核心价值观，永远做党和人民的忠诚卫士”主题教育成果，6月26日，七支队组织200名官兵参观民族文化馆“西藏和平解放六十周年成就展”大型主题展览。

（左东泞）

【庆祝建党90周年活动巡礼】 为庆祝中国共产党诞辰90周年，七支队广泛开展重温入党誓词、组织党课教育、党旗签名、演讲比赛、观看红色电影、传唱红色歌曲、忆党史颂党恩等系列活动，以丰富多彩的活动庆祝中国共产党建党90周年。

(左东泞)

(责任编辑　华大友)

综合经济管理

经济和社会发展

【概况】 北京市西城区发展和改革委员会（简称区发改委），是区政府主管全区经济发展和改革的工作部门，内设行政科室15个，物价检查所科室10个，下属事业单位4家（西城区经济信息中心、西城区政府采购中心、中小企业服务中心、价格认证中心），在职156人。年内，启动区发改委、区物价检查所、经济信息中心、政府采购中心、中小企业服务中心和价格认证中心的“三定”方案的编制工作。区发改委紧紧围绕“服务立区、金融强区、文化兴区”战略的实施，解放思想、开拓创新、统筹兼顾、认真履职，较好地完成各项重点工作任务，为实现“十二五”良好开局，促进全区经济社会平稳较快发展发挥了积极的作用。全年实现地区生产总值2302亿元，同比增长11.9%；区级财政收入281亿元，同比增长30.9%。

地址：西城区西直门内大街275号综合行政服务中心（11月迁入）

邮编：100035

电话：82141213

（陶晓峰）

【举办中小企业大讲堂】 5月13日，区发改委和区中小企业服务中心联合举办中小企业大讲堂，邀请工信部规划司副司长顾强为区300多位企业家作题为《“十二五”背景下的战略性新兴产业与中国企业发展机遇》演讲，副区长苏东出席并致辞。

（马宏芳）

【“十二五”规划编制与宣传】 年内，编制印发《北京市西城区国民经济和社会发展第十二个五年规划纲要》白皮书和《西城区“十二五”规划解读》。组织召开全区“十二五”规划辅导讲座，开展“十二五”规划专题宣传课程培训，在《北京西城报》上刊登“十二五”规划纲要解读系列，召开“十二五”规划新闻发布会，加大对区“十二五”规划的学习、宣传力度。

（王　蕾）

【经济社会发展形势分析会】 年内，区发改委主持召开3次经济社会发展形势分析会，区四套班子领导出席，区委、区政府各综合部门的主要领导、主管领导参加。会议对经济社会发展的内外部环境进行深入讨论，就区内各主要指标完成情况、发展中的重点、难点问题等进行全面细致分析，确定下一步重点任务及对策措施。

（陶晓峰）

【国民经济和社会发展计划报告】 年内，完成半年及全年国民经济和社会发展计划执行情况的报告，就重点工作任务进行安排部署，加强对全区经济社会发展情况的把握，为政府开展下一阶段工作提供参考依据。将计划执行情况及下一阶段主要目标安排向区人大常委会进行工作汇报，认真自觉接受监督。

（陶晓峰）

【政府投资工作】 年内，印发西城区2011年政府投资计划，多次召开全区政府投资工作协调调度会，采取健全工作机制、分解进度目标、加强协同配合等措施，狠抓项目落地。向市发改委争取市补助资金；成立金融街资本运营平台，采取多种渠道融资，发挥政府投资的引导放大作用，有力保障投资项目的推进。研究起草《西城区政府投资管理暂行措施》（初稿），规范投资管理工作。

（梁维真）

【医改工作】 年内，出台《西城区深化医药卫生体制改革实施方案》，为改革向纵深发展提供政策支持。启动社区医改工作，研究起草《北京市西城区社区卫生综合配套改革实施方案》。对《2011年西城区深化医药卫生体制改革主要工作任务责任书》进行责任分解，落实到各相关部门，要求各部门制订具体实施方案，保证进度。组织落实西城区深化医药卫生体制改革中期评估工作，跟踪分析、评价判断西城区医改任务的落实完成情况、取得的成效和存在的问题，为下一步医改工作的开展打好基础。

（祝欣伟）

【调整金融街街区城市管理模式】 年内，由区发改委牵头，联合区编办、区财政局、区市政市容委、金融街街道等部门研究制订金融街街区城市管理模式调整方案，使金融街街区城市管理从建设时期的“建管合一”调整为建成后的常态化管理，金融街地区部分城市管理工作事项正式移交给区政府相关部门和金融街街道办事处管理。调整工作遵循“统筹管理，一步到位”、“加强监督，提高效能”和“财随事走，各司其职”3个原则。

（祝欣伟）

【节能减排】 年内，全国节能宣传周暨北京市节能宣传周启动。按照市节能宣传周“节能我行动，低碳新生活”的活动主题，提出节能宣传全覆盖，开展节能宣传进机关、节能宣传进社区、节能宣传进校园、节能宣传进商场、进酒店等宣传活动，充分调动全社会积极性，采取各种形式，全面宣传节能理念、倡导低碳生活方式。推广清洁生产审核制度，推进合同能源管理模式试点。设立节能专项资金，为14个节能改造项目、1个能源审计项目以及5个清洁生产审核项目提供资金支持1394万元，改造后可节约能耗4637吨标准煤，14个节能改造补助项目中，涵盖工业、金融、商业、文化、旅游五大行业。

（高　原）

【出台文化创意产业政策】 年内，协助制定出台《西城区关于促进文化创意产业发展的若干措施》，在优化产业发展环境、加快产业集聚发展、推动产业融合发展、完善投融资服务体系、加强人才引进培养等方面提出促进文化创意产业发展的30项措施。

（高　辉）

【出台服务重点企业政策】 年内，出台《关于服务重点企业的实施办法》。明确重点企业的具体范畴，并在搭建服务重点企业工作平台和健全服务重点企业工作机制方面提出10项具体措施。

（高　辉）

【服务中小企业】 年内，研究制定《西城区“十二五”中小企业发展规划》、《西城区促进中小企业、非公经济发展的若干措施》和《西城区支持中小企业发展资金管理办法》（试行）。发行西城区第一期集合信托，满足5家中小企业低成本融资3800万元的需求。建立西城区中小企业项目管理库，做好项目储备。开展“百日网上招聘”等活动，搭建吸引人才的长效平台。加大政府采购支持力度，完善自主创新产品（服务）的政府采购工作机制，举办中小企业、非公经济政府采购对接会，引导有条件的企业进入自主创新产品名录。组织企业申报国家、北京市各类专项资金，4家企业共获得资金支持970万元，完成16家企业项目备案。开展治乱减负工作，通过自查、抽查等形式，对全区行政事业单位收费进行检查，组织有代表性的企业与市减负领导小组座谈。

（刘海红）

【价格监督检查】 年内，围绕稳定价格水平这条主线，开展日常检查、节日检查和专项检查。对教育收费、医疗收费、药品价格、涉企收费、烟花爆竹价格、物业收费等进行检查。全年查处各类价格违法案件28件，经济制裁总金额8.1084万元，其中退还消费者0.9787万元，没收价格违法所得0.7744万元，罚款7.334万元。开展各类专项检查和重大活动期间的价格监督检查及“甲型H1N1流感”疫情防控用品价格市场检查。受理价格举报160件、咨询1649件，针对举报时点密集化、举报事项紧急化、投诉热点敏感化的特点，在节假日及特殊时期，启动价格举报工作快速反应机制，实行24小时人工值班制度，确保及时、快速地处理价格违法问题，保障举报人的合法权益。

（刘乃雯）

【新技术新产品政府采购】 年内，成立北京市西城区新技术新产品政府采购领导小组。负责推进政府采购新技术新产品工作，编制年度政府采购新技术新产品的实施计划，确定重点实施项目，检查督促政策、任务的贯彻落实，解决相关重大问题，推进西城区新技术新产品政府采购工作。

（王 峰）

【价格鉴定】 年内，完成涉案财产价格鉴定案件1437件，鉴定标的金额2176.27万元。其中刑事案件1434件，鉴定标的金额1986.27万元；行政案件3件，鉴定标的金额190万元。

（石 英）

功能街区产业发展

【概况】 北京市西城区功能街区产业发展促进局（简称区功促局），保留西单管委会办公室牌子，加挂中关村科技园区德胜科技园管委会办公室牌子。内设办公室、综合科、产业科3个科室；行政编制12人，实际人数为20人（行政18人，外借事业2人）。主要负责中关村德胜科技园、西单旅游商业区、什刹海历史文化风貌保护区、阜景文化旅游街和西外旅游商务区的产业发展工作。年内，紧紧围绕“服务立区、金融强区、文化兴区”战略和“一核一带多园区”功能布局，积极谋划，统筹协调，以创新为动力，建立健全功能街区建设发展与产业促进管理服务体系，完善产业政策，优化发展环境，推动产业升级，有效促进功能街区发展方式的转变。

地址：西城区西直门内南小街20号社保大厦

邮编：100035

电话：66206294

（陈 娟）

【创新服务平台建设】 年内，区功促局协助做好中关村创新平台的对接工作。中关村创新平台（2010年12月31日在北京成立）下设8个工作组，由国家有关部门和北京市共同组建，19个国家部委相关司局和31个北京市相关部门派驻人员到平台办公，围绕重大科技成果转化和产业化项目、先行先试政策扶持等受理事项开展工作。德胜园驻平台工作站负责区功促局与中关村创新平台之间的对接工作。主要完成3项内容：一是及时汇总园区企业需求，并将企业需要协调解决的问题通过德胜园驻平台工作站及时反馈至平台相应工作组；二是配合中关村创新平台做好高新技术企业认定、政策宣传、领导调研考察等保障工作；三是强化信息沟通，德胜园驻平台工作站及时向区功促局汇报平台各工作组工作动态、中关村企业统计数据等重要数据资料，为领导决策提供依据。

（赵大勇）

【北京中关村德胜科技园协会成立】 1月7日，北京中关村德胜科技园协会成立大会在中国工程院举行。市委常委兼中关村科技园区管委会党组书记赵凤桐、中关村管委会主任郭洪、区委书记王宁、区长张建东出席会议，市发改委、市科委、中关村科技园区管理委员会、区四套班子领导以及园区200余家企业代表参加会议。由北京有色金属研究总院、北京出版集团有限责任公司、北京普天德胜科技孵化器有限公司、联动优势科技有限公司、北京市兆亿律师事务所等69家园区重点企业发起成立，涵盖高新技术、文化创意、科研院所、高端交易机构、孵化器以及中介机构等企业类型。该协会是西城区政府主导成立的唯一一家德胜科技园企业协会，旨在发挥桥梁纽带作用，搭建政企交流平台，整合各类社会资源，更好地实现营造区域发展环境、服务驻区机构的目的。

（刘 昆）

【与北京银行签署战略合作协议】 1月27日，在德胜园2011年企业新春座谈会上，区功促局（中关村科技园德胜科技园管委会办公室）与北京银行股份有限公司北京管理部签署战略合作协议。协议双方同意合作以推介会、座谈会、联谊会等形式密切政府、企业、银行关系，为园区企业发展提供政策和金融支持；建立日常联系机制，各派人员成立战略合作协议执行联络组，负责协议框架内开展工作的沟通协调，建立双方领导定期会晤机制；合作对金融产业与其他产业融合的路径方式进行研究并实施，以推进战略合作的不断深化。签约仪式上，德胜科技园内的联动优势科技有限公司、北京恒华伟业科技股份有限公司、北京凝汽动力技术有限公司分别与北京银行股份有限公司德外支行签署企业贷款合作意向书。

（刘 昆）

【建立德胜科技园联席会议制度】 7月12日，中关村科技园区德胜科技园联席会启动大会暨第一次会议在西城社保大厦召开。区发改委、区科委、区住建委、区市政市容委、区教委、区财政局、区商务委、区人力社保局、区统计局、区环保局、区质监局、区政府金融服务办、区国税局、区地税局、西城工商分局、市规划委西城分局、国土西城分局、德胜街道办事处、展览路街道办事处等单位参加会议。为更加充分发挥政府部门统筹、协调、组织、服务职责的作用，加强政府部门间的沟通、协调，共同为企业服务、解决企业困难，强化地区城市管理与产业促进的统筹协调力度，提升科技园综合协调与管理水平，德胜科技园建立“中关村科技园区德胜科技园联席会议制度”，成员单位包括区发改委、区国税局、区地税局、西城工商分局等21个相关政府部门。会上通报《中关村科技园区德胜科技园联席会制度》（征求意见稿）并征求各成员单位意见。《制度》规定了成员单位组成、联席会议制度机制及会议主要任务等。

（刘 昆）

【宣传推介】 每季度，参加中关村宣传工作体系会议，宣传德胜科技园发展情况。5月，参加中关村第二届运动会，展示科技园区形象，做好园区及重点产业领域领军企业的宣传报道工作。10月，西单商业区获北京国际设计周年度设计奖“设计北京大奖——视觉传达设计奖”。

（赵大勇）

【十大功能街区经济分析】 年内，十大功能街区（金融街、德胜科技园、广安产业园、什刹海历史文化保护区、阜景历史文化街区、琉璃厂艺术品交易中心区、天桥演艺区、西单商业区、大栅栏传统商业区、马连道茶叶特色商业区）资产总计达到26万亿元，占全区资产总计的43.2%；实现主营收入6616.8亿元，占全区比重57.5%，实现行业利润1928.6亿元，占全区比重67.9%；完成三级税收2170.1亿元，同比增长17.5%，占全区比重84.7%，上缴区级财政收入203.3亿元，增幅29%，占全区比重72.2%；固定资产投资完成72.27亿元，占全区固定资产投资38.6%；德胜科技园实现技工贸总收入369.1亿元，同比增长124.5%以上；文化创意产业实现主营收入222.2亿元，占全区文化创意产业总收入的44.1%，实现利润19.8亿元，占全区文化创意产业总利润的44.5%。

（赵大勇）

【研究编制功能街区规划】 年内，完成《什刹海历史文化保护区保护发展规划》编制，明确商业旅游业态调整、环境整治、房屋保护修缮、文物保护和利用、文明社区建设的基本方向，确立街区长效管理机制。完成《阜景文化旅游街区保护与发展规划》编制，破解阜景街文化旅游资源利用不充分、产业发展定位不清晰、街区景观风貌不鲜明、交通环境组织不系统、居住条件亟须改善等难题，为实现地区整体保护与繁荣打下基础。组织推动广安产业园规划编制前期调研工作，到相关委办局、街道及重点企业开展调研，到现场进行实地勘察，了解掌握园区楼宇资源和重大项目情况，形成《广安园产业发展现状调研报告》；多次组织召开相关委办局及街道征求意见会，形成《广安园产业发展规划战略研究》，初步明确“金融创新服务区、新兴高端产业集聚区”战略定位和“围绕金融和高新技术产业，抢占投资、交易、设计、总部运营等价值链关键环节，不断推动金融、科技融合”的发展思路。在广泛征求商家意见并对区域内路网情况及市政条件进行调查摸底的基础上，委托专业机构进行西单商业区地下空间开发可行性研究，编制可行性研究报告；研究内容主要包括现状分析、地下空间功能定位、规划建设指导思想、地下空间规划概念设计、地下空间交通规划等。

（赵大勇）

【街区重点项目建设】 年内，与国家民委协调推进民族大世界文物修缮改造工程，组建工作领导小组，促成国家民委与有关单位签署战略合作协议，组织、推进商户清退和文物保护修缮规划工作。协调推进护国寺特色商业街建设，推动北京蓝鼎晨大厦装修改造项目。

（赵大勇）

【德胜科技园政策区范围调整】 年内，根据中关村管委会要求，德胜科技园进行新一轮政策区范围调整方案修改。根据要求，德胜科技园与广安产业园合并申报，经多次实地勘测、与相关单位沟通及协调上级部门等一系列工作，确定最终调整方案，拟将科技园政策区扩大至993.5公顷，包括德胜地区、展览路地区和广安产业园3部分。截至年底，调整方案正待国家相关部门审批。

（刘 昆）

【制定德胜科技园产业新政】 年内，德胜科技园在总结以往政策执行情况的基础上编制新一轮产业促进政策，召开政府各部门与企业征求意见会，进行多轮论证、修改。制定“一大带三小”的新政策体系，通过园区“一大”整体政策加强对园区自主创新支持和人才激励，通过“三小”专项政策侧重支持出版创意产业园区、设计交易市场、自主创新基地和专业孵化基地等特色产业园的发展，建立全面完善的园区产业促进政策体系。截至年底，各项政策初稿已完成，提请区政府专题会审议。

（刘 昆）

【重点项目建设】 年内，德胜科技园继续推进中国北京出版创意产业园区和中国设计交易市场两大重点项目建设。完成中国北京出版创意产业园区9层公共服务平台装修工作，园区核心区共入驻出版创意类企业26家，经营领域涵盖出版策划、制作、发行、批发零售、营销推广、版权交易、新媒体平台开发运营、网络传媒等出版产业全领域，一期建设与招商工作已完成；中国设计交易市场按照工程计划抓紧施工，招商工作启动，已与40余家设计机构进行初步商谈，达成入驻意向的国际知名设计企业有：美国青蛙设计公司、芬兰FINNDEX、日本GK设计公司、丹麦CBD DESIGN、韩国一诺设计、意大利RCS传媒集团、德国弗劳恩霍夫研究所等。

（刘 昆）

【落实园区产业政策】 年内，德胜科技园按照《西城区关于进一步促进中关村科技园区德胜科技园产业发展若干规定》进行2010年度政策兑现工作。与区国税局、区地税局、区科委等部门组成联合评审小组，对园区企业申报材料进行审核，共兑现产业促进资金约3690万元，其中返还孵化器税收资金2257万元，配套资金1049万元，贷款贴息164万元，高新技术企业法人奖励220万元。

（刘 昆）

【2家孵化器通过市级认定】 年内，市科委先后认定30家孵化机构为北京市级高新技术产业专业孵化基地，其中第一批20家，第二批10家。此次市级专业孵化基地认定，是以明确的专业化、市场化发展方向及专业服务能力、专业孵化效果为考核重点开展的认定工作。新的认定标准,较此前实施的市级高新技术产业孵化基地认定办法更加突出产业和专业的服务能力。德胜科技园内的北京普天德胜科技孵化器有限公司和北京康华伟业孵化器有限责任公司先后通过认定。

（刘 昆）

投资服务

【概况】 北京市西城区发展服务中心（简称区发展服务中心）是区政府直属正处级全额拨款事业单位，下设办公室、信息资源开发部、发展联络公关部及项目跟进服务部4个职能科室。主要职责是负责宣传投资政策，为投资者提供投资咨询、信息引导等综合服务；建立区域经济发展项目库和重点客商名录库；组织参与境内外有关投资促进洽谈会等活动；负责建立与境内外客商联络的渠道，反映境内外客商的意见和要求。

地址：西城区育新街2号

邮编：100054

电话：83538265

（史锐婧）

【承办西单时尚年会主要活动】 年内，参与“2011北京西单国际时尚年会”的筹备工作，并承办时尚年会3个主要活动之一的“合作项目洽谈会”及“签约仪式”。前期，负责本届时尚年会的邀请接待工作，并通过走访、电话、传真、网络等形式对“合作项目洽谈会”及“签约仪式”进行项目征集。本次“合作项目洽谈会”共有15个项目（单位）参加，涉及商业项目招租、进出口贸易和科技产品合作经营等项目的洽谈及时装、时尚布鞋、进口家具、手表、红茶、图书等项目的推介。“签约仪式”有28家单位共签订17个项目协议，协议金额4.64亿元，涉及金融服务、品牌入驻、科技服务及合作项目。

（张广勤 周琳）

【承办“马连道杯”全国茶艺表演大赛】 年内，参与“2011马连道国际茶文化节”的筹备工作，负责前期邀请接待和宣传工作，并首次承办“马连道杯”全国茶艺表演大赛及北京市青年茶艺大赛。本届比赛共有12支队伍参加全国茶艺表演大赛，10支队伍参加北京市青年茶艺大赛。负责茶文化节15个活动的安全保障工作，在活动前期与公安、交通、消防、工商等相关部门对举办茶文化节的活动场所进行实地考察、了解情况，制订安保方案。

（郑清江 王忆）

【征集“京港洽谈会”项目】 年内，第十五届北京·香港经济合作研讨洽谈会在北京举行。前期，区发展服务中心负责项目征集工作，将此次征集活动的函发到全区15个街道办事处及区内大型企业。召集相关机构、企业进行具体工作的沟通。共征集北京中信城公建等13个招商项目。组织人员参加京港投资合作项目签约仪式等相关活动。

（张广勤 周琳）

【组织参加投资促进活动】 年内，组织相关科室参加“第十四届中国北京国际科技产业博览会”的项目签约仪式，参观“第七届北京国际金融博览会”和“第六届中国北京国际文化创意产业博览会”，参加“第六届北京文博会”西城区签约授牌仪式等投资促进活动。

（汪 洋）

【服务重点项目建设】 年内，全力保障国家食品药品监督管理局直属单位业务用房项目建设，对该项目进行深入走访，了解建设过程中出现的问题，并及时将问题向区政府反映，做好沟通服务工作。大力保障国家知识产权局组建知识产权交易中心项目建设，协助办理前期拆迁工作，并就拆迁过程中出现的问题与区住建委进行协商解决。

（张广勤）

【服务驻区企业】 年内，协助中国供销集团有限公司所属公司办理购房补贴的申报手续，办理完成4400余万元的购房补贴奖励手续。协助一九零五（北京）网络科技有限公司办理文创资金申报手续，协调地税、国土、房管等部门为中烟电子商务公司办理土地证、房产证。定期对企业项目进行走访。对在建项目的进程情况整理存档；对已建成项目，进行电话跟踪服务，了解运营情况，整理项目资料并完成存档。

（郑清江 张广勤）

【投资促进体系调研】 年内，对西城区投资促进体系进行调研，形成《西城区投资促进体系调研报告》。在调研中，走访北京市投资促进局及北京市东城区产业和投资促进局。通过调研，提出将西城区投资促进体系建设成为“政府部门指导管理、行业协会组织实施、中介机构具体执行”及赋予区发展服务中心一定行政职能的建议。

（齐燕中 周琳）

【珠宝行业现状分析调研】 年内，根据《北京市西城区国民经济和社会发展第十二个五年规划纲要》中提出“探索建立黄金珠宝艺术品交易中心”这一目标，区发展服务中心着眼于西城区珠宝行业的现状，调研北京市珠宝行业发展现状，分析西城区珠宝业的行业特征、分布特点；在掌握珠宝首饰行业发展竞争格局的基础上，形成《西城区珠宝行业现状分析调研报告》，通过这份报告对西城区珠宝行业发展提出建议。

（齐燕中 徐晓黎）

【《西城区投资发展环境介绍》】 年内，收集资料，制作《西城区投资发展环境介绍》演示文稿，从西城概况、功能定位与发展战略、“一核一带多园区”的空间发展布局、市区两级对区内产业及企业提供的优惠政策4个方面介绍西城区的投资与发展环境，为投资西城区进行宣传。

（徐晓黎）

【完善“西城区投资发展信息系统”】 年内，为使“西城区投资发展信息系统”更好地运用于日常工作和满足招商引资工作的需求，对全区比较大型的招商引资平台进行调研，并编写《楼宇信息系统可行性报告》。在报告中提出：系统存在的问题可通过对信息系统合力规划、健全标准、加强管理、抓好深化应用、信息共享、业务协同、资源整合等工作来解决，从而完善“西城区投资发展信息系统”，达到提高招商引资工作效率和管理水平的目的，探讨对“西城区投资发展信息系统”进行升级工作。

（施伟 王璐）

【楼宇信息收集及相关项目走访】 年内，组织对全区402个写字楼、底商楼宇信息及空租情况进行采集，对15个街道中楼宇项目进行梳理，并对可租售楼宇项目进行走访核实。经初步调查，可租售楼宇面积在1000平方米以上的项目42个，可租售面积为218506平方米，其中写字楼147206平方米，底商71300平方米。

（施伟　王璐）

政府投资项目建设

【概况】　北京市西城区政府投资项目建设中心（简称区建设中心）是区政府直属正处级全额拨款事业单位。设办公室（含财务室）、综合业务科、工程管理科、造价管理科、技术管理科5个职能机构。主要职责是统一组织政府投资工程项目的建设、协调和监管，组织实施政府投资建设项目代建制工作。

地址：西城区鸭子桥路41-1号
邮编：100055
电话：63027290

（王志伟）

【政府投资项目建设】　年内，区政府投资宣武体育中心地下车库等2项（宣武体育中心三期工程）、宣武中医医院改造工程、陶然亭办事处社区服务中心用房装修改造工程、宣武公共卫生大厦工程、北京小学走读部综合改扩建工程、区社区卫生服务中心（站）标准化建设工程、区环境卫生服务中心办公用房装修改造工程、椿树街道办事处装修改造工程、区人民法院第二办公区装修改造工程9个建设项目，总建筑面积15.2万平方米，总投资额6.87亿元。后3个项目已经完成施工建设，并交付使用。

（王志伟）

【项目前期工作】　年内，完成宣武公共卫生大厦工程、北京小学走读部综合改扩建工程2个建设项目前期工作。办理前期手续12项，组织公开招投标2次，签订合同32份，合同总金额9670.56万元。

（王志伟）

【项目造价管理】　年内，区政府投资项目建设总投资2.59亿元，完成总投资6682万元。办理完成宣武体育中心二期（网球馆、游泳馆）建设项目竣工结算工作，总建筑面积15857平方米，总投资额8446万元。修改完善《建设中心工程变更管理程序》、《建设中心工程结算管理办法》、《建设中心工程款拨付管理程序》，执行监理提供数据、现场工程师核实、工程管理科办理、工程造价科核算、区发改委审核、区财政直付6个工程款审核程序，避免超进度拨款或拖欠现象的发生。

（王志伟）

【竣工项目】　年内，宣武体育中心二期（游泳馆、网球馆）建设项目交付使用。该工程是宣武体育中心西区组成部分之一，由游泳馆、网球馆、地下车库以及辅助用房等组成，位于西城区登莱胡同26号，占地面积3500平方米，建筑面积15857平方米，总投资额为8446万元。地上一层为游泳馆，二层为网球馆；地下二层为人防用房，地下一层为停车库，共设标准停车位140个。该项目是西城区南部唯一的大型群众和竞技体育活动场所。

（王志伟）

【安居用房装修工程】　年内，保利、富力阳光安居用房装修工程是配合西城区府右街拆迁工作整体推进，拆迁居民定向安置工程。50套安居用房地处朝阳区常营地区，分布在保利家园、富力阳光美园两个楼盘当中，房间均为60至80平方米左右的一居、两居标准毛坯房。区政府投资项目建设中心用30天时间完成二次防水，厨房、卫生间贴砖，安装洁具、橱柜和房门，墙面、地面处理施工项目，达到如期入住条件。

（王志伟）

【支部工作】　“七一”前夕，党支部在党员中开展上好一次党课、进行一次入党誓言回顾、组织一次党史回顾参观活动。到北京展览馆参观纪念中国共产党建党90周年档案资料展，以在新的形势下如何保持党的先进性为题，就党员经常保持5种学习态度，努力做好5个自查工作内容作专题报告，回顾入党誓言。

（王志伟）

统 计

【概况】 北京市西城区统计局（简称区统计局）是区政府负责管理全区统计工作的职能部门，北京市西城区经济社会调查队（简称区调查队）是北京市经济社会调查总队的派出机构，与区统计局合署办公，共同负责本地区的统计工作。下设19个科室，在职人员149人。年内，完成2011年年报、部门统计、诚信统计单位评比等一系列重点工作，被授予“2011年度北京市政府统计系统专项调查工作先进单位”、“北京市第二次全国R&D资源清查先进单位”称号。

地址：西城区太平桥大街107号

邮编：100033

电话：66523531

（韩 杰）

【提升统计服务水平】 年内，紧紧围绕“四个中心”（统计分析研究中心、统计监测评价中心、统计数据发布中心、统计社情民意调查中心）的发展目标，从统计分析、监测评价、数据开发、关注民生等方面入手，不断提高统计服务的质量，为区域发展提供数据支持，提升统计工作服务区域发展的力度。第一，充分利用统计部门丰富的数据资源，不断拓宽思路、深化对区情的认识和把握，摸清各级政府及有关部门对统计分析的实际需求，提高统计分析的针对性。针对区域经济社会运行中出现的新问题、新情况，社会公众关心的热点、难点问题，全面开展统计分析研究工作，为区域发展提供全面翔实的统计研究成果。共完成统计分析、调查报告、统计专报等各类统计资料260余篇。第二，围绕西城区“十二五”规划发展方向，立足区域发展的功能定位，结合“一核一带多园区”的产业发展空间布局，在承袭已有的监测成果的基础上，继续扩大监测领域的广度。研究、制定多套功能街区动态监测体系，将金融街、马连道茶叶特色商业区、天桥演艺区等纳入定期监测范围。第三，加大对统计数据质量评估、统计信息发布管理制度、部门统计工作等方面的规范力度，从源头确保数据质量；加大统计数据的开发力度，创新方式开拓数据发布渠道，定期在西城统计信息网发布相关数据，全年编撰《西城统计年鉴》、《西城区情》、《西城区“十一五”时期经济发展主要数据汇编》、《西城区社会发展资料汇编》、《西城区经济社会发展季报》、《北京市西城区2010年人口普查资料》等多种统计数据资料，印发量达到2.1万册。全年受理社会各界数据查询160余人次，累计提供数据达到54.4万笔。第四，以“倾听百姓心声、关注社会热点、促进经济发展、维护社会稳定”为宗旨，加快建立西城区统计社情民意调查中心。先后开展“西城区区划调整一周年民意调查”、“西城区交通状况民意调查”、“西城区人口和计划生育服务需求专项调查”、“金融街地区入驻企业需求调查”、“群众安全感调查”等专项调查，及时向区委、区政府反映居民和驻区企业意见。

（夏浣慧）

【统计信息化建设】 年内，以《2011年西城区统计信息化建设要点》为指导，不断加强统计信息化建设。第一，强化组织管理。专门成立西城区统计信息化建设领导小组，以主要领导为组长，主管领导为副组长，各部门负责人为成员，全面统筹信息化工作，重大信息化项目经过局队长办公会审议。在具体工作上，建立主管领导牵头负责，信息化部门主抓，业务部门配合的管理机制。第二，重视统计信息化人才队伍的培养。一方面通过建立兼职程序员队伍，不断提高整体信息化水平；另一方面通过采取借助外力与内部挖潜相结合的方式，由项目公司开发一些综合性强、集成度高、技术难度大的大型系统应用平台，内部人员开发一些临时性、相对简单的小型系统，二者形成互补。第三，规范制度化管理。通过制订信息化项目管理规范，对信息化项目从征集到系统验收整个过程都提出要求，明确各部门在信息化系统建设的不同阶段的职责和分工，通过规范化管理推动信息化系统建设的顺利实施。

（尤笑宇）

【政府信息公开】 年内，以转变工作作风、增强服务意识、提升行政效能为重点，不断积累工作经验，完善公开制度，明确责任分工，创新公开形式，拓展公开内容，推进政府信息公开工作。第一，修改和完善《政府信息公开工作管理办法》、《政府信息公开澄清管理办法》、《政府信息依申请公开工作办法》、《政府信息公开保密审查实施办法》、《政府信息发布协调若干规定》5项工作制度，确保信息公开工作有章可循。第二，成立由主管领导任组长的政府信息公开工作领导小组，明确局队办公室是本单位政府信息公开的主管部门，各相关部门指定专人负责此项工作。共设置政府信息公开申请受理点1个，兼职工作人员8名。第三，改版西城统计信息网站，设计具有新西城特色的统计信息网站，对照统计数据发布计划、机构人员设置，补充完善相关栏目内容，做好信息整合和功能完善。第四，结合“十二五”经济社会发展方向，创新公开形式，拓展公开内容。从定期数据发布到特色统计资料发布、从“两会”宣传材料制作到人口普查成果开发，多层面、多角度开展特色服务。

（韩　杰）

【特色功能区监测】 年内，建立部门联动机制，有步骤、有重点地开展各园区的统计监测工作。首先，建立健全监测评价体系，提升监测评价工作的科学性和有效性。以“一核一带多园区”产业布局为依托，根据各特色功能区监测评价工作的开展进度，制定“目标明确、覆盖全面、重点突出、分步推进”的监测计划。并坚持以确保“完善性、操作性、可行性”为准则，分别采用“维护、健全、建立”3种手段，深化什刹海历史文化保护区和西单商业区指数监测，健全金融街和德胜科技园监测评价指标体系，建立马连道茶叶特色商业区和天桥演艺区监测评价指标体系。其次，开发搭建电子演示平台，提升监测评价成果的实用性和互动性。以“增强界面友好性，提高对象可操作性，确保原始数据安全性”为目标，完善功能街区监测电子演示平台系统。在借鉴宏观数据库系统成果的基础上，对该系统的平台架构、栏目和内容进行优化，主要设置监测体系说明、园区四至示意图、多媒体演示、实时数据发布和趋势分析、专项调查分析报告、评价体系研究报告等子栏目，整合区发改委、区功促局、区统计局、区政府金融服务办等20余个委办局和街区所在街道办事处的数据，全面科学地对各特色功能区发展状况进行动态发布、综合评价和经济预警。第三，建立由里及外的联动机制，提升监测数据资源的通用性和品质性。坚持“内外结合、纵横交错”的原则，狠抓联动机制建设，全力做好“四个加强”，即加强局队内部协作、加强与相关委办局的沟通交流、加强与功能街区入驻单位的沟通交流、加强市局总队与各兄弟局队的沟通交流。第四，拓展重点领域监测，提升监测评价产品的品种和档次。在抓好常规化、季度化的特色功能区监测工作的基础上，主动跟踪区域经济社会发展走势，把握热点、难点问题，推进统计监测向民生、社会领域拓展，着重围绕区委区政府领导关注点、区内重点行业和重点企业运营情况、社会民众关心问题，健全监测机制，提升监测力度，深入开展调查研究，狠抓一手信息和数据资源，及时发布“短、平、快”动态信息和分析报告，为领导决策提供事前、事中、事后三位一体的统计数据服务。对《特色功能区经济社会发展季报》数据手册进行全新改版，在保持原有的各特色功能区经济社会数据结构不变、数量不减的基础上，主要增加监测评价报告、街区单位最新动态、重点行业及重点企业发展状况等，提升手册的新颖性、实用性和针对性。

（韩　杰）

【专项调查和调研】 年内，开展各类制度外统计调查项目共39项。其中完成国家统计局布置调查项目7项，市局、总队布置调查项目15项，区级党委、政府及相关部门委托调查项目8项，自主开展调查项目9项。调查项目内容包括：监测重点领域经济发展状况；监测首都人民生活、社会秩序、政府管理水平；监测首都民主政治、党风廉政、政风行风建设；跟踪社会热点、难点问题，及时反映社情民意等方面。

（韩　杰）

【诚信统计】 年内，对诚信统计单位评估工作进行完善，并修订完成《北京市西城区诚信统计单位评选办法》。该办法立足“细化评估、保障示范、创建培育”3个工作方向，对诚信统计单位评估工作内涵进行丰富和创新。立体规划诚信统计单位评估依据范畴，在法规制度建设、机构设置、职业资格教育、统计业务工作质量及模范度等方面对申报标准和流程进行细化和明确。在入选企业评估方面，在严格筛选的基础上，会同专家组对入选企业进行书面材料审核、材料实地核查、现场科学评估论断，并加强结果公示阶段的意见反馈收集工作。在表彰方面，承袭公开授牌、广泛宣传以及执法免检的奖励传统，同时加大对授牌单位的监督回访力度，制作《诚信统计单位回访表》，并由诚信统计单位评估领导小组办公室对诚信统计单位按要求进行回访，特别是要求关注授牌单位的统计工作社会模范动态，利用北京市工商行政管理局企业信用信息系统、西城区政务网和西城统计信息网向社会广泛宣传。在制度中对授牌单位的处罚规定进行进一步明确，一经发现即给予撤销荣誉称号及相应行政处罚的行为包括单位法人代表被追究刑事责任；企业生产经营中存在欺诈行为，被新闻媒体曝光，社会影响恶劣；申报企业弄虚作假，骗取诚信统计单位荣誉称号等。在培育机制方面，将诚信统计单位的管理工作纳入常态，引导企业申报参评诚信统计单位，对有意愿参评但又不完全符合诚信统计单位申报条件的驻区单位，经评选领导小组批准，可纳入培育机制，培育期为1至2年。在培育期内与参加培训单位保持密切联系，并针对日常统计工作对其进行强化督导，帮助单位设立统计机构、培训统计人员、建立健全各项统计规章制度，从源头保障其数据质量，进而帮助其达到诚信统计单位申报标准。

（韩　杰）

【部门统计】　年内，将推动全区部门统计管理工作的规范化作为新的突破口，增加定报并规范部门统计报表报送流程。在原有报表的基础上，对部门统计报表进行整合、拓展。修订后的部门统计制度，涉及49个委办局、5家银行支行，年报报表数124张，月报季报报表数14张。内容包括工商、财政、税务、金融、教育、文化、科技、卫生、人口、民政、环境保护、城市建设、社会保障、党政、司法等各领域经济社会发展情况，为确保及时监测相关领域的发展情况，对部分部门增加定报。在提高报送频率的基础上开通网络报送渠道，完善部门统计数据采集工作。修订完善部门统计制度。区统计局、调查队研究制定的《北京市西城区部门统计工作管理制度试行办法》，包括总则、统计负责人和统计人员职责、部门统计调查管理、统计资料管理和公布、监督检查、法律责任、附则7个章节20条细则，并以区政府办公室名义在全区范围印发，要求各单位严格贯彻执行。这一制度的发布为打造政府综合数据管理和发布中心，确保基础数据全面、完整和客观奠定坚实基础。

（韩　冬）

工商行政管理

【概况】　北京市工商行政管理局西城分局（简称西城工商分局），设有办公室、登记注册科等18个科室，金融街、牛街等11个工商所，1个执法检查队，直属管理事业单位有信息档案中心、机关后勤服务中心、西城工商行政管理学会，代管单位有西城区私营个体经济协会、西城区消费者协会。有在职公务员、工作人员542人。年内，全局上下在市场监管中履职尽责，服务经济社会发展，扎实基础，理顺机制，加强统筹，做好市场风险防控，全力提高监管效能。结合辖区特点，重视在服务中管理，在管理中创新，不断探索、尝试有区域特色的监管和服务方式方法，保证辖区市场秩序的稳定和经济环境的良好。

地址：西城区金融街丙26号

邮编：100033

电话：88087657

（郭庆龄）

【工商登记注册】　4月初，入驻西城区综合行政服务中心，入驻后建立健全各项规章制度，重新安排各个工作岗位，通过加强学习，严格管理，与行政服务中心开展沟通和协调，保证各项工作顺利进行。以入驻行政服务中心为契机，推出“定点受理、直通服务”的特色服务措施，统一工作标准，保证预约时间不超过2天。完善“电脑自助服务系统”，实现登记注册法律法规、登记流程的自助查询。截至年底，全区共有登记市场主体96468户，同比增长4.2%。其中内资企业14402户，同比减少5%；私营企业29323户，同比增长17.4%；外资企业1741户，同比增长3.3%；外商代表机构1025户，同比增长3.3%；个体工商户49977户，同比减少0.6%。

（郭庆龄）

【企业及个体、私营经济监督管理】　年内，突出精细化工作理念，继续完善“网格化”监管模式，坚持强化基础工作、强化痕迹化管理、强化科学管理。各项工作围绕符合区域发展的良好市场生态环境建设这个中心全面展开，面对新的监管环境，在夯实基础数据上下功夫，紧抓基础工作，提升服务水平。5月，制发《关于建立日常监管与专业（专项）监管联动联勤机制的工作意见（试行）》。7月，制发《关于进一步加强网格监管工作的意见》。以监管系统为抓手，促进监管职能到位，实现监管工作的规范化、痕迹化、长效化。全区有市场监督主体85890户，其中内资企业42449户，外资企业1859户，个体40468户，外商代表机构1074户。以制度落实为根本，进一步提升服务水平，提供高效便捷的年检、验照服务。坚持“五个作为”监管思路，充分发挥工商监管职能，构建电子商务监管网络体系，严厉打击网络违法行为，保障辖区网络经济健康发展。共查处涉网案件结案147件，罚没款金额达4419514.78元。烟花爆竹监管期间，共出动执法人员4776人次、车辆2378车次，检查烟花爆竹经营主体2972户次。开展打击非法违法生产经营建设专项行动，检查人员密集场所38个，下达责令改正通知书10份，取缔违法经营小发廊10家。

（郭庆龄）

【商标监督管理】 年内，把继续推进商标战略工作，创新工作机制，筑牢工作基础，抓好关键环节作为突破点，全面提升商标监督管理工作的履职能力和公共服务水平。全年商标案件结案330件，罚没款422.28万元，没收侵权商品24045件。其中查处涉外案件228件，涉网案件12件，销售假冒伪劣食品案件21件、化妆品案件4件、服装案件82件。追根溯源，取缔窝点11个。向公安机关移送案件5件，移送犯罪嫌疑人9人。有注册商标40713件，占全市注册商标总数的12%，排北京市第三位。北京市著名商标52件，中国驰名商标17件。向市局推荐申报2011年北京市著名商标7个，完成复审商标9个。向市局推荐参加2011年无假冒商标示范店争创企业2家。

（郭庆龄）

【广告监督管理】 年内，将营造良好的广告市场生态环境、促进广告业健康发展作为根本目标，围绕户外广告、网络广告、“特供、专供”商品3个专项整治，加强基础建设、创新监管方式，着力提升辖区广告市场控制力。辖区媒体发布广告442308条，发现问题广告2539条，违法率0.57%。办结广告案件94件，罚没款入库578.16万元。立案查处未经登记擅自发布户外广告行为案件10件，办结5件，罚没款98万元。其中对辖区北京新奥西郡房地产开发有限公司未经审批发布户外广告行为作出没收违法所得87万元、罚款3万元的处罚决定。督促户外广告经营单位办理登记手续4户。办结网络广告案件27件，罚没款97.4万元。其中涉及网络虚假违法广告的案件19件，罚没款45.2万元。走访媒介单位21家，开展行政指导32次，为媒体单位开展广告法培训4次。

（郭庆龄）

【合同监督管理】 年内，办结各种合同类案件74件，罚没款87.99万元。办理合同争议行政调解80件；涉及合同金额58.1万元，解决合同争议金额48.46万元，履行率100%。办理拍卖企业会前会后备案414次，现场监拍108次。办理经纪人登记备案及变更登记备案1276件。经纪人监管户数为972户，经纪人备案率92%。办理动产抵押登记15件，主债权金额250200万元，抵押物价值478586.45万元；重点指导企业74户，指导签约份数4585份，指导签约金额12742万元；发放合同文本26381份。西城工商分局合同科获“全国工商系统基层合同监管工作先进单位”称号。

（郭庆龄）

【市场监督管理】 年内，紧紧围绕商品市场信用分类分级监管工作主线，夯实基础，强化市场准入管理，完善有形市场监管长效机制，促进各项工作任务的落实。有商品交易市场主体94家，实际经营主体84家。84家市场按市场类型划分为农副产品市场37个、服装鞋帽市场6个、日用百货（小商品类）市场11个、文化工艺品市场13个、电子产品市场8个、茶叶市场8个、建材家居市场1个；市场总建筑面积663958平方米，经营面积471848平方米，市场共设置摊位24420个，共有经营户21344户，其中食品经营户3929户，茶叶市场商户825个；经营人员33574人。市场年成交总额44.369亿元。共办理市场类案件227件，同比下降13.7%，罚没款173.8万元，同比增长2.3%。下发责令改正11份，行政指导342次，行政约见6次。

（郭庆龄）

【经济检查】 年内，继续以市局经济检查工作意见为指引，以西城金融地区经济特点为基础，以情报收集分析为手段，以风险评估机制为切入点，以案件查办效果评估为亮点，查办系列案件，维护辖区公平和谐有序的竞争秩序。累计立案65件、结案49件（含销案8件），罚没款累计入库396.8万元。已经办结的案件中，商业贿赂案件5件，无照或超范围经营5件，销售不合格产品17件，虚假宣传和违法广告4件，其他商标侵权和虚报注册资本案件10件。取缔销售侵权商品窝点1个，并移送司法机关追究刑事责任。移送公安机关传销案件2件，打散涉嫌传销窝点或集会5个。集中力量查办大、要案件，查办苹果电子（上海）商贸有限公司虚假宣传案件，罚款15万元，制止其销售没有中文标识软件（案值700万元）的行为，完成苹果电子商贸（北京）有限公司西单分公司销售侵权商品案；查办3件商业贿赂案件，其中酒水进店费案件2件，咨询公司在替药厂推广药品过程中商业贿赂行为1件，罚没款共计99万余元。

（郭庆龄）

【消费者权益保护】 年内，突出精品意识，消费维权工作效能显著提升。充分利用12315系统、工商工作站宣传栏、投诉举报网络、网上工作站、网络维权博客等平台，整合、分析、公开相关数据信息，及时发布消费提示、消费分析、案例警示，引导理性消费，促进企业自律。针对大栅栏地区旅游商业比较发达的特点，设立消费者“即时维权自助终端系统”，为消费者节约维权成本，提升对旅游商业的常态化监管水平。强化工商工作站建设，结合辖区特色，围绕民族宗教、青少年维权等主题，建立22家“精品工作站”，通过遍布全区的109个工商工作站联系群众、发动群众，共同维护市场秩序，实现辖区投诉举报率双下降。全年共接到消费者申诉1935件，同比下降2.8%；接到举报1625件，同比下降17.68%，调解成功1249件，调解成功率99.4%，高于全市平均水平，为消费者挽回经济损失共计173.43万元。

（郭庆龄）

【食品安全监管】 年内，加强食品安全风险防范，巩固食品安全监管基础。推广“一票通”管理制度，完善流通环节食品追溯体系。完善社区食品店物流配送机制建设，在食品批发商及零售商中推行“一票通”管理制度，出台《关于进一步完善社区食品店物流配送机制建设的指导意见》，完善流通环节食品的追溯链条，从源头上防控食品安全风险。建立食品安全重点引导制度，把好客体准入关。在辖区大中型商场、超市建立并推行食品进货允收期制度、临近保质期限食品销售专区制度、食品标签规范性审查制度3项重点引导制度，强化食品经营者的风险意识。强化特色监管，提升特色食品监管水平。在牛街地区建立清真食品台账，加强对清真食品的检测；在马连道茶叶市场内推行散装茶叶标签准入制度，重点规范散装茶叶的标签准入，落实索证索票，实现散装茶叶的可追溯。完善基层食品安全监管网络建设，提高快速检测发现问题的能力。在全区15个街道成立食品安全工作委员会，255个社区成立食品安全工作领导小组，招聘专职食品安全监督员40名。加强快速检测和高风险食品抽检力度，以问题发现率为重点，建立对高风险食品、旅游食品、特色食品的重点专项检测机制，及时消除食品安全隐患。全局食品安全检测的问题发现率为11.4%。

（郭庆龄）

【法制建设】 年内，坚持以建设法治工商为目标，以提高依法行政能力为核心，加强制度建设，规范执法行为，创新执法机制，深化行政指导，强化法制宣传与培训，保障各项工作制度得到贯彻落实，推动依法行政基础工作得到进一步强化。全局共举行听证会5次，召开案审会12次，共立案1314件，罚没款2535.15万元，立案数同比下降24.22%，罚没款同比上升32.42%。先后分批组织法制员、案件主办人、网格责任人等专题培训6次，全局共有400余人次参加培训学习。组织新法规专题培训及考试2次；组织法制学习检查2次；组织分局14位新入局人员参加执法证考试考前培训，考试通过率100%。共召开案件会审审议会12次，审议行政处罚案件94件，审议个体成批吊销案件1085件。共办理行政复议案件16件，同比增加100%，其中以西城工商分局为被申请人的行政复议有14件（在市局复议的有5件，在西城区政府复议的有9件），以工商所为被申请人的行政复议案件有2件。行政诉讼案件25件，同比增加150%，其中一审案件17件，二审案件8件。共开展行政指导7084件，其中行政提示4397件，行政告诫676件，行政建议65件，责令改正1920件。

（郭庆龄）

国资监管

【概况】 北京市西城区人民政府国有资产监督管理委员会（简称区国资委）是区政府直属特设机构，受区政府委托履行出资人代表职责，不承担其他社会公共管理职能。内设12个科室：办公室、综合科、产权管理科、业绩考核科、统计评价科、国有资本经营预算科、审计科、董事会工作科、监事会工作科、党建工作科（党委办公室）、企业领导人员管理科、纪检监察科。有干部职工53人。正处级领导2人，副处级领导7人。截至年底，区国资委系统所辖三级以上企业231家，直接监管企业14家，企业资产总额1702.2亿元，同比增长17.2%；所有者权益522.7亿元，同比增长23%；实现营业收入310亿元，同比增长24.6%；利税总额91.3亿元，同比增长10.4%。职工人数为58773人，其中在岗职工20127人，离退休职工38646人。

地址：西城区华远北街1号

邮编：100032

电话：66117164

（管　斌）

【领导调研】 2月12日，区委常委、副区长苏东到新月联合汽车有限公司调研并慰问一线员工。2月18日，市国资委副主任尹义省、区领导苏东出席西城区国资委2011年工作会。3月11日，区长张建东、常务副区长杜灵欣、苏东到国资委系统调研。3月16日，副区长王粤调研琉璃厂文化创意产业聚集区。3月30日，王粤到北京杂技团考察调研。4月2日，苏东参加区国资委与监管企业签订2011年度业绩考核责任书活动。5月6日，区人大常委会副主任吴元增到区国资委调研。同日，苏东到北京宣房投资管理公司调研。5月24日，区纪委书记边振英到区国资委调研。6月9日，区委副书记刘跃平到菜百公司调研。7月11日，苏东听取区国资委上半年工作情况专题汇报。同日，区委常委、宣传部部长刘洋到区国资委调研。8月2日，副区长郭怀刚到北京华天饮食集团公司考察。9月6日，尹义省到区国资委调研。9月15日，苏东召集有关部门研究“北京金融街资本运营中心”组建的相关工作。9月19日，苏东到区国资委专题研究国资监管工作。11月1日，苏东、孙硕听取区国资委专题汇报。11月19日，代区长王少峰召集区国资委及部分区属国有企业负责人进行座谈。11月21日，苏东、梁昌新召集有关部门，听取区国资委及金融街资本运营中心关于近期工作及国有股权划转方案的汇报。11月30日，苏东听取区国资委关于金融街运营中心后续区属国有企业股权划转、理顺国有企业产权、2012年国有资本经营预算建议草案重点工作的汇报。12月6日，杜灵欣、苏东听取区国资委关于金融街资本运营中心近期工作及理顺区属国有企业产权关系、增加承担政府项目企业注册资本金等重点工作情况的汇报。12月26日，区委常委王旭出席琉璃厂文化商城项目公司成立仪式并致辞。同日，梁昌新到京都公司调研。

（管　斌）

【国资委工作会议】 2月18日，区国资委召开2011年工作会议，区属国有企业的主要领导共55人出席会议。会议总结上年国有资产监管和国有企业改革发展工作，区国资委主任部署《西城区国资委2011年工作要点》。

（管　斌）

【编制“十二五”规划纲要及实施细则】 年内，结合区域功能定位、发展战略、空间布局，编制并下发《西城区国资监管与国企发展“十二五”规划纲要》（简称《纲要》），明确提出大力推进“整合重组、突出主业、协同发展”3项工程，重点打造房地产、餐饮、零售、酒店、文化和金融六大产业板块，逐步形成区属国有企业相互合作、相互支撑、协同发展的新格局。同时编制《西城区国资委“十二五”规划纲要实施细则》，对《纲要》中各项目标进行分解，并确定具体措施和时间表，为切实贯彻落实规划纲要、加强国资监管、促进国企科学发展奠定基础。

（管　斌）

【国资监管基础工作】 年内，进一步完善制度体系。发布实施各项制度52项，其中内部管理制度25项，国资监管制度27项。进一步强化国有产权管理。北京市金正资产投资经营公司产权关系调整工作取得实质性进展，启动国有资本运营中心股权划转工作。实施不动产信息登记系统平台建设，全面开展区国资系统“中华老字号”和不动产资源基本情况普查工作（区国资委系统拥有由商务部认定的“中华老字号”34个，不动产面积175万平方米）。推进考核统评工作。统一区属一级企业经营者业绩考核和薪酬管理工作原则，继续推进年度考核与任期考核相结合的考核方式，实现差异化考核。加大财务管理培训力度，加快推进企业执行《新会计准则》，对10家企业执行情况进行审核。建立区属国有企业运营情况季度分析报告制度，及时把握企业各阶段经济运行态势。

（管　斌）

【推动国有资产资本化、证券化】 年内，经区政府批准组建西城区国有资本运营平台，即北京金融街资本运营中心，并基本完成建章立制、注资和第一批股权划转工作。面对严格的房地产调控政策和资金紧缩的宏观环境，指导企业通过市场化途径创新投融资模式，通过发行中期票据和信托基金、实施股权融资、争取政府注资等多种渠道筹集低成本资金(2011年度累计注入财政资本金56.3亿元，累计融资261.6亿元)，保证政府重点项目的推进和企业的可持续发展。开展跟踪调研，采取多种措施，推动具备条件的区属企业（如聚德华天、菜百股份）加快上市步伐，为拓宽企业融资渠道，提高企业证券化水平创造条件。

（管　斌）

【企业风险监控与管理】 年内，全面清理整顿原有的6家区政府融资平台（企业），为降低政府债务风险和企业资金风险打下基础。其中北京华融综合投资公司、北京华融基础设施投资有限责任公司调出融资平台名单；北京市天桥投资开发公司贷款全部还清，不需实质性整改；北京大栅栏投资有限责任公司和北京市金正资产投资经营公司按照一般公司类贷款的要求进行整改。出台《北京市西城区国有及国有控股企业内部审计管理暂行办法》，督导企业按照规定更换中介机构，开展企业经营成果审计工作，以监督检查重点工程建设资金使用情况为抓手，不断规范企业内部审计工作，加强企业财务风险管控。采取多种方式推进企业总法律顾问制度建设试点工作（北京天恒置业集团、北京华兴新业商贸有限责任公司为试点企业），进一步完善企业法律风险防范体系。

（管　斌）

【企业法人治理】 年内，完成外部董事的履职考评工作。探索将外部董事制度引入国有参控股企业并开展试点工作，向北京世纪金工投资有限公司推荐外部董事，优化国有参控股企业董事会结构。探索企业董事会专门委员会建设模式。加大对监事会年度监督检查成果的有效使用力度，促进企业董事会和经营层的规范运作。初步建立外部董事人才库，推进监事会人才库建设，更换董事13人、监事2人。召开外部董事工作座谈会和国有独资公司监事会工作会议，及时梳理工作思路，总结工作经验。开展董、监事联合培训，切实加强国资委委派董、监事间的沟通交流，提高董、监事履职水平。

（管　斌）

【国有资本经营预算管理】 年内，在2010年试点的基础上，实现国有资本经营预算全覆盖。编制完成2011年、2012年国有资本经营预算建议草案，首次提交区人大审议并通过。全面完成2011年度国有资本收益收缴工作。进一步完善国有资本经营预算管理制度体系，出台《西城区国有资本经营预算项目库管理暂行办法》，严把项目审核关，为规范预算支出项目管理、建立科学的预算支出决策程序奠定基础。加强国有资本经营预算支出项目执行情况的监督检查，对预算支出项目的执行进行规范，提高预算资金的使用效率。

（管　斌）

【维护企业和谐稳定】 年内，严格执行信访工作制度，采取多项综合措施妥善处理解决来信来访问题，共办结信访事项35件，化解历史积案5件。高度重视企业安全生产工作，多次深入企业检查指导，开展形式多样的培训和宣传，确保企业安全生产无事故。为部队输送2名区属企业优秀青年职工应征入伍。组织企业和干部职工参加慈善公益活动，系统公益捐款达460万元。

（管　斌）

【提高服务效能】 年内，全面落实领导干部和职能科室联系企业制度，及时掌握企业改革发展和经营管理情况；针对区属国有企业承担政府重点建设项目多、资金需求量大、责任大任务重的实际情况，区国资委主动靠前服务，通过加大协调力度、搭建融资平台、加快公文批复速度等手段，有力支持政府重点项目建设。通过设立企业资料交换箱、开通24家企业政务网登录窗口和机关内部OA办公系统，保证上情下达，提高内部沟通和公文流转效率。通过召开专题会、务虚会及加大信息报送力度，确保区国资委系统沟通渠道的畅通。高度重视有效宣传和信息报送工作，全年上报动态信息127篇，各类报刊杂志及《西城信息》共刊发采用77篇，累计编辑发行《西城国资》14期共4900余份。

（管　斌）

【企业党建】 年内，结合开展“一年一承诺”的党员公开承诺和学习型党组织建设活动，深化“创先争优，从我做起”主题实践活动；举办2期226人参加的入党积极分子培训班、“党在百姓心中”宣讲活动国资委专场报告会和基层党支部书记专项培训。建党90周年前夕，举办系统文艺汇演、表彰先进、论文征集等活动。组织安排人民代表大会换届选举的代表推选等有关工作，系统内共产生区党代表35人、区人大代表24人、区政协委员24人。完成15个企业党组织的换届选举工作。参与西城区创建全国文明城区活动，对系统内192家文明单位进行审核认定，开展系统第三届首都道德模范的推荐评选工作。推进区国资委党委权力公开透明运行工作。

（管　斌）

【人才队伍建设和领导人员管理】 年内，在区国资委“十二五”规划的基础上，研究制订“英才工程”实施方案，提出“战略引领、科学选育、内外联动、实践检验”的人才工作理念。统筹研究制定《西城区国资委所属企事业单位领导人员管理办法（试行）》。着手建立西城区企业领导力胜任特征模型，与18家企业的134名中高层管理人员进行访谈。组织参与区第一届“百名英才”的遴选工作。与区工商联共同做好“西城区突出贡献人才——企业经营管理人才”的遴选工作。做好企业领导人员的任免和调配，先后对北京市华远集团、北京华方投资有限公司和北京华利佳合实业有限公司3名主要领导到龄退职退休以及部分企业领导人员进行调整。区国资委系统各企事业单位领导人员共变动39人次，其中提职9人，职务调整24人次，退休6人。

（管　斌）

【党风廉政建设】 年内，以“回头看”为契机，在2家企业开展党风廉政建设责任制项目化管理试点工作，深入推进廉政风险防范管理体系建设。对168家国有企业开展2011年度“小金库”专项治理复查工作。以宣传教育为抓手，开展《廉政准则》学习、“廉政文化进企业”展板宣传、参观反腐倡廉教育基地、纪委书记深入企业讲廉政专题党课、企业纪检书记培训班等活动。

（管　斌）

安全生产监督管理

【概况】 北京市西城区安全生产监督管理局（简称区安全监管局），下设7个科室，在职人员78人。年内，西城区安全监管局在西城区委、区政府的领导下，在北京市安全生产监督管理局（简称市安全监管局）的业务指导下，按照市、区安全生产工作会议精神，坚持“以人为本、科学发展”的科学理念，全局上下齐心协力，深入学习国务院、市政府有关进一步加强安全生产工作的指示精神，认真贯彻“安全第一、预防为主、综合治理”的工作方针，以强化企业安全生产主体责任落实为重点，加强组织领导，强化宣传教育，加大安全监管和应急管理力度，严厉打击非法违法生产经营建设行为，集中整治安全生产事故隐患，全力压减事故；强化体制机制建设，突出完善监管体系建设，加快信息化建设步伐；强化专项整治和日常监管、从严查处安全隐患、广泛开展宣传教育等重点工作，有效推动安全生产“两个主体”责任的落实，区域安全生产形势保持持续稳定的良好态势。在西城区安全生产委员会（简称区安委会）各成员单位的共同努力下，西城区在北京市安委会组织的安全生产工作综合考核中被评为“先进区县”。

地址：西城区南菜园街51号（8

月迁入）
邮编：100054
电话：83975375

（李　丽）

【安全生产月宣传咨询日活动】 第二季度，区委宣传部、区安全监管局、区文明办、区文化委、区教委、区总工会、团区委、区妇联在西单文化广场共同主办以“落实企业主体责任，建设平安和谐西城”为主题的安全生产月宣传咨询日活动。此次活动包含安全生产宣传表演及安全生产咨询、发放宣传片等。区委常委、区安委会主任、副区长苏东，区人大副主任吴元增出席安全生产月宣传咨询日活动并分别致辞，区政协副主席沈桂芬、市安全监管局领导参加主会场活动。咨询日当天主会场共有274名工作人员参加活动，接待咨询4850人，摆放展板78块，发放宣传材料10115份，出动车辆28车次。

（李　丽）

【宣传新《北京市安全生产条例》】 8月31日，联合区住建委、区商务委、区文化委、区教委等单位，在宣武门外大街SOGO庄胜崇光百货西侧广场开展新修订的《北京市安全生产条例》（简称《条例》）宣传咨询日活动，面向企业从业人员和社会公众发放《条例》宣传品，开展现场咨询，宣传《条例》有关内容。各街道办事处设立宣传咨询一条街并设立咨询站，开展形式多样的活动宣传《条例》。组织发动辖区单位制作宣传专栏、悬挂宣传横幅、张贴发放安全生产宣传材料，大力营造宣传氛围。

（李　丽）

【安全生产事故】 年内，北京市政府下达给西城区的安全生产控制指标总数为26人，其中道路交通15人，火灾1人，生产安全9人，铁路交通1人。截至年底，西城区实际发生道路交通死亡、火灾、生产安全、铁路交通事故共179起，死亡19人，未突破总体指标。其中道路交通死亡事故13起，死亡13人；生产安全事故7起，死亡6人；火灾159起，无死亡；未发生铁路交通事故。各项事故死亡人数均未超过控制指标。

（李　丽）

【安全生产综合监管】 年内，进一步明确、细化区安委会成员单位工作职责，充分发挥专业、行业、属地监管部门的作用，落实政府监管责任。一是加强制度建设，对62家安委会成员单位进行调整，重新研究制定各部门安全生产工作职责，代拟并制发《北京市西城区人民政府关于进一步加强安全生产工作的意见》，联合市劳保所制定安全生产“十二五”规划并印发实施；二是坚持区安委会例会制度，年初召开安全生产工作大会，每季度召开安全生产例会，研究部署安全生产工作；三是坚持形势分析制度，每月、季、年统计发布西城区安全生产形势分析报告，及时研究解决安全生产监督管理中的各类问题；四是坚持安委会联席会议制度，开展联合执法周活动，每月定期召开街道安全生产联席会议，加强属地安全监管工作的指导和协调配合；五是联合区人力社保局、区监察局等部门对全区35家安全行业（领域）和属地监督管理部门实施综合考核。

（李　丽）

【安全生产培训机构监督管理】 年内，召开加强西城区培训机构监管工作会，辖区内各安全培训机构单位的主要负责人及工作人员参加会议。会议传达北京市安全监管局关于加强安全生产培训机构监督管理工作的会议精神，通报2月份市、区安全监管局对7处培训机构特种作业人员考试进行检查时发现的问题。会议要求，各单位要高度重视上海火灾事故教训，进行自查，特种作业人员安全培训考核工作要严格按照《特种作业人员安全技术培训、考核管理规定》、《北京市安全生产培训机构资质管理办法》执行；要结合本单位特点，进一步规范特种作业人员培训、考核、发证和管理工作；要加强对辖区内企业负责人、安全管理人员培训工作，加强对安全生产工作的宣传教育力度。

（李　丽）

【安全社区创建】 年内，重新调整西城区安全社区建设和促进委员会名单。起草制定《西城区关于进一步开展安全社区建设工作的意见》。分别于5月、10月组织各街道主管领导和相关工作负责人参加全国职业健康协会举办的“2011年安全社区标准和建设方法培训班”，系统学习安全社区建设综述、全国安全社区建设标准及指标等课程。制订本单位《关于进一步推进安全社区建设工作实施方案》，明确各科室职责、工作标准。截至年底，全区安全社区建设工作稳步推进，3家街道申请国际级安全社区、8家街道申请国家级安全社区。

（李　丽）

【街道人员安全生产监管培训】 年

内，组织对各街道安全生产检查员就安全生产法律法规、安全生产检查实用技术、生产安全事故实例、辨别安全生产隐患等知识进行2次培训。培训进一步明确安全生产检查员的工作职责，丰富安全生产检查员的业务知识，使其掌握安全生产的基本业务技能，有效地提升辖区安全生产属地监管的能力。

（李 丽）

【安全隐患排查治理】 按照“动态分类排查、动态评审挂账、动态整改销账”工作机制，年初制订开展安全生产隐患排查工作方案，明确工作要求。制定安全隐患受理条件和工作流程。对重点隐患单位挂账督办，主要包括：庄胜崇光百货商场消防通道被占用隐患、海格商务酒店配电间隐患、地安门西大街157号安全隐患、四平小区线路安全隐患、小区用电安全隐患、宣武精神病医院消防隐患、广外医院锅炉老旧安全隐患的整改。

（李 丽）

【生产安全事故处置】 年内，从严查处、压减生产安全事故，多措并举推进工作。加强全区生产安全事故应急工作，制定《西城区燃气生产安全事故调查处理工作程序》，明确有关部门工作职责。依照“四不放过”原则，依法严肃事故处理，严格责任追究制度，做好事故处理意见的落实工作。处理完成“10·21”一般生产安全事故、“3·22”毛家饭店等生产安全事故，对责任人进行处罚。参与协调全区各类突发事故，完成“6·1”何映国死亡事故等13起非生产安全事故调查，做好“8·23”地铁鼓楼大街站死亡事故和“9·25”一般燃气事故两起涉及维稳的善后工作。严格按照依申请公开程序提供证据，配合市、区法制办做好行政复议的准备工作。

（李 丽）

【危险化学品应急建设及演练】 年内，与北京市预备役防化团协调，依靠专业部门的资源加强首都核心区危险化学品应急队伍的建设。成立“危险化学品侦测连”，组织各街道安全生产办公室工作人员到大兴区预备役防化团基地脱产培训。重新修订《北京市西城区危险化学品事故应急救援预案》，强化全区危险化学品应急救援指导工作。联合区应急办、西城公安分局、西城交通支队、西城消防二支队、区委宣传部、区教委、区卫生局、区环保局、白纸坊街道、北京第六十三中学组织2011年校园危险化学品事故应急演练，区委常委、副区长苏东，区政协副主席许伟和市安全监管局相关领导现场指导、观摩。

（李 丽）

【隐患自查自报系统】 年内，为探索创新，运用信息化手段跟踪安全隐患，与市科委、市劳保所、区城管监督指挥中心共同完成3G-GIS安全生产网格化科研项目调研、实施、项目验收工作。结合全市隐患自查自报系统推广要求，于12月9日将两个系统成功进行对接。截至年底，登录系统的生产经营单位有5262家，利用系统报送隐患的生产经营单位有1918家。

（李 丽）

【安全生产工作调研】 年内，与市劳动保护研究所联合开展调研工作，在调研的基础上完成综合楼宇安全监管、高处悬吊作业、全区安全生产现状3篇调研报告，针对调研中发现的问题起草相关管理办法与标准。

（李 丽）

【烟花爆竹安全监管】 年内，综合采取四项措施做好烟花爆竹安全监管：一是严把行政许可关，本着“统一规划、保障安全、合理布局、总量控制”的总体要求,全区共批准51家烟花爆竹经营网点；二是严把培训教育关，组织召开烟花爆竹零售单位主要负责人安全生产知识培训，确保所有从业人员培训后持证上岗；三是严把安全监管关，烟花爆竹销售期间，区安全监管局结合日常检查、夜查及与相关部门联合检查等多种监管形式确保烟花爆竹经营网点的安全；四是严把回收、撤点关，严控时间点，做好烟花爆竹经营网点回收、撤点全程监管，保障烟花爆竹监管工作顺利完成。

（李 丽）

【危险化学品专项监管】 年内，有危险化学品经营单位81家。为加强危险化学品专项监管工作，一方面结合危险化学品专项整治工作，重点开展对危险化学品经营单位的执法治理工作，突出对销售剧毒、易制毒及121种管控化学品的日常检查、监管；另一方面深入开展危险化学品安全生产标准化工作，在全区17家加油站开展培训、宣传、咨询和自评，完成对新修订《危险化学品安全管理条例》的宣传贯彻工作，重点讲解《北京市危险化学品企业安全生产标准化工作方案》、《北京市危险化学品企业安全生产标准化三级评审标准》、《通用规范》及创建安全标准化企业的方法，截至10月底，17家加油站，全部完成安全生产标准化体系建设并投入运行。

（李　丽）

【职业卫生专项治理】 年内，深入推进职业卫生专项治理工作开展。一是加强执法，切实保障劳动者安全。深入作业现场，实现对重点单位职业卫生、有限空间全覆盖检查，结合联合检查、夜查，提高企业职业卫生、有限空间管理工作水平，消除安全隐患。二是深入开展专项治理，杜绝事故发生。针对医疗机构职业危害和有限空间安全作业，开展专项治理。医疗机构职业危害专项治理工作中，区安全监管局制订方案，联合区卫生局和各街道对医疗机构基本情况进行摸底，重新对基础台账进行全面筛查，摸清各医疗机构职业危害因素的实际情况，各单位按照方案要求积极开展工作，完成职业危害因素的检测、申报，全年未发生职业危害事件；有限空间专项治理工作中，联合区监察局、区应急办对重点行业部门和街道进行督察，保证对行业、属地部门的监管力度，确保各项工作落实到位。结合这两项专项工作治理，开展对职业卫生技术专项调研，走访多家职业卫生技术机构，了解技术手段及设备配备，力求使职业卫生技术力量更好地服务于工作。

（李　丽）

【区街两级安全联动】 年内，加强区街两级安全监管联动机制。1月至10月，先后与德胜街道、金融街街道、大栅栏街道、展览路街道、天桥街道、广内街道、陶然亭街道、椿树街道、白纸坊街道、牛街街道和广外街道开展11次安全执法周行动。其间，区安全监管局工作人员与街道安全生产办公室工作人员交流执法经验、研讨监管措施，联合检查各类生产经营单位百余家。

（李　丽）

【安全生产举报投诉查处】 年内，重新修订举报投诉办理流程，强化时间节点意识，提高办理质量。对市安全监管局“12350”平台、区政府转办的投诉批件，来人、来电信访线索，都逐一进行登记，由局长批复意见，业务科室全力落实。及时受理各类投诉举报145件，其中市安全监管局“12350”平台转办76件，区政府转办有关违章建筑举报46件，其他来电来访23件。投诉处理合格率100%。

（李　丽）

【“打非治违”专项整治】 年内，全面开展打击非法违法生产经营建设行为专项行动。区安全监管局牵头制订“打非”工作方案，成立领导小组，明确工作目标，与相关部门、街道建立调度会议制度、信息通报制度、举报投诉制度等6项工作制度，突出对重点行业、重点区域的安全监管，按照“四个一律”的要求，对排查发现的违法建设依法予以拆除。“打非”期间，全区各部门、各街道共出动执法检查人员2.2万人次，累积拆除违法建设面积3.39万平方米，关闭取缔非法违法生产经营单位286家，停业整顿121家，罚款569万元，行政拘留113人。

（李　丽）

【重要时段、重大节日期间安全生产监管】 元旦、春节、“五一”、“十一”、中秋等重大节日期间，着重加强高危行业、敏感地区周边、沿线的安全生产执法检查工作，排查隐患、压减事故。“两会”期间，制订保障方案，补充更新《西城区“两会”会场及代表驻地周边生产经营单位基础信息台账》、《西城区“两会”代表行车路线周边生产经营单位基础信息台账》，组织开展“两会”期间的专项执法检查，确保安全稳定。

（李　丽）

质量技术监督

【概况】 北京市西城区质量技术监督局（简称区质监局），主要以服务区域经济发展，维护企业及消费者合法权益为工作重点。内设办公室、标准化科、法制科、产品质量监督科、食品监督科、计量管理科、特种设备监督监察科7个行政科室，西城区计量检测所和西城区特种设备检测所、西城区组织机构代码管理中心3个事业单位，西城区质量技术监督局稽查队1个执法机构。年内，全面完成产品质量监督管理、食品安全监督管理、标准化管理、计量监督管理与检验、特种设备安全监察与检验、综合行政执法、代码管理与行政许可工作任务。按照北京市质量技术监督局的总体工作安排，完成机构整合及人员安排，研究确定整合后机关科室的组成，进行机关办公室的调整、改造，完成原宣武局机关的搬迁工作。

地址：西城区展览馆路8号

邮编：100044

电话：52618080

（朱　宇）

【法制工作】 年内，开展以“引导质量消费，服务保障民生”为主题的“3·15”国际消费者权益保护日系列宣传和行政执法活动。组织全体执法人员参与新修订的行政执法办案程序及《行政许可法》、《行政强制法》、《食品安全法》、《特种设备监察条例》等法律法规的培训，并举行普法考试。参加区法制办案卷评查活动，并代表西城区参加全市的评查活动。建立和完善《举报、投诉受理制度》、《行政执法协调制度》、《行政执法责任追究制》、《行政执法评议考核制度》等规章制度。全年共检查企业户次1364起。办理行政执法案件12件，罚没收入22万元，其中食品案件处罚9.7万元。办理的案件中没有构成刑事犯罪需要移交的案件，处理“12365”等投诉、举报60余件，重大行政处罚案件征询4件，电视台专题采访1次。全年上报信息100余篇，在《北京质监》刊发3篇。

（朱　宇）

【质量监督管理】 年内，完成对41家获证企业的年审工作，重新建立获证企业的质量档案，并对26家企业信息进行实地核查，合格率为100%。完成北京市质量技术监督局下达的558家工业企业信息核查工作，建立企业产品质量档案。完成13户次工业产品监督抽查任务，共抽取样品8个批次，经检验合格8个批次，产品质量抽查合格率100%。开展玩具专项检查和打击黑心棉违法犯罪专项执法工作，从源头上打击生产领域的违法行为，取得明显效果。

（朱　宇）

【食品监督管理】 年内，根据区域内企业生产规模、产品风险等级、企业设备和管理情况，对企业进行分级管理，明确食品生产企业监管责任人；建立和完善食品生产企业的电子档案和纸质档案；初步建立食品安全预警机制和食品安全突发事件应急体系；建立和完善同西城食品办、工商、卫生、药监和公安等相关部门相互配合、联动的协调机制。开展食品安全风险监测，对辖区内21家食品企业生产的80批次产品进行食品安全监测与监督抽检，抽检合格率为95%。扶优治劣，促进企业合法经营，针对食品监督抽查时出现的不合格现象，帮助企业查找和分析问题，并邀请国家食品安全质检中心的专家现场指导，较好地解决企业的具体问题。开展打击食品非法添加和滥用食品添加剂专项工作、罗丹明B的专项检查、旅游食品专项整治、烤鸭产品的专项检查和对羊肉串黑窝点的整治行动。对2009年至2010年食品安全工作进行全面的梳理，完成全国食品安全整顿工作评估考核的迎检任务。

（朱　宇）

【标准化管理】 年内，开展国家级行政服务标准化试点工作，从标准化专业角度指导帮助企业，推进试点工作。开展机关管理标准化工作，局机关8个部门共梳理工作事项137项。推进中关村自主创新国家级示范区建设，与德胜园区管委会进行沟通，就园区发展和职能部门在园区发展中的作用进行探讨，完成第一批标准自主创新试点企业的征集任务。推进养老机构的分级评定工作，按照评星工作安排，与区民政局共同签发评星工作文件，成立评星小组和专家组，对申报单位进行动员。截至年底，西城区已有7家养老机构申请星级评定，现场审查已基本完成。受理西城区企业制修订国行标、地标资金补助的申请，共计受理20家企事业及社会团体资金申请29项626万元，经北京市质量技术监督局批复，资金补助单位共计14家，补助资金202万元。

（朱　宇）

【计量监督管理与检验】 年内，首选聚德华天控股有限公司旗下的老字号和北京市华天饮食集团公司下属餐饮企业开展诚信计量建设活动，起草下发西城区《关于开展推进诚信计量、建设和谐城乡行动的通知》，联合区商务委、区发改委、区消费者协会、区商业联合会召开商业企业开展“诚信兴商、放心消费”工作部署会，在百家商业企业中开展诚信计量的建设活动，同仁堂药店、瑞蚨祥布店、长安商场、张一元茶庄、聚德华天控股有限公司旗下的餐饮企业、物美超市等114家企业在显著位置张贴诚信计量承诺书，公开向社会做出诚信计量的承诺。长安商场、西单万方购物中心、同仁堂药店、瑞蚨祥布店、聚德华天烤肉季、地安门商场等积极申报诚信计量示范单位。加强对全区获得制造、修理计量器具许可企业的证后监督和管理，结合新《制造计量器具许可考核通用规范》的实施，布置制修计量器具企业的自查工作，并组织对《规范》进行宣传贯彻。以“3·15”、“5·20”世界计量日为结点，开展法律、法规宣传活动。在展览路街道文兴街社区，围绕“计量检测·健康生活”这一主题，开展纪念“5·20”世界计量日宣传咨询活动，现场为社区居民提供检定检测服务，发放宣传资料1300余份。开展维护市场计量秩序专项执法检查，贯彻落实规范行政事业性收费，切实减轻经营者负担，做好减免以后计价秤的检定工作。计量所共检定强检计量器具48630台件（原西城计量所28030台件，为全年任务的110%；原宣武计量所20600台件，为全年任务的109%）;共创收488万元（原西城计量所332万元，为全年任务的128%；原宣武计量所156万元，为全年任务的116%）。

（朱　宇）

【特种设备安全监察与检验】　年内，完成全国政协新春茶话会、“两会”、北京第一届国际电影季、十七届六中全会以及元旦、春节、清明、“五一”、“十一”等节假日和重要时期特种设备保障工作。完成区重点督查任务，即《关于在西城区引进节能电梯，减少建筑能耗》的区政协委员提案回复。参与西城区“3·31”燃气爆燃事故调查工作，参加区消防支队组织的针对餐饮企业使用液化石油气的专项检查工作，配合区市政市容委开展燃气百日专项治理工作。开展安全生产月活动，对全区3家单位9台游乐设施进行专项督查，参加区安委会组织的大型宣传活动，活动当天接待咨询180人次，发放宣传品800余份。推进西城区电梯物联网试点工程，与区安全监管局、区信息办组成调研组，对已有电梯物联网远程检测报警系统进行调研考察。经过前期考察调研，初步拟定在西单地区主要商业企业及公共场所使用的电梯以物联网技术建立远程检测报警系统，并初步确定370台电梯作为此次试点，共涉及使用单位13家。推进特种设备安全监察三级网络建设，起草《关于加强西城区特种设备安全管理工作的报告》、《西城区落实〈北京市安全生产委员会关于进一步加强乡镇街道特种设备安全管理工作的意见〉的实施方案》、《西城区特种设备安全工作例会制度》及《西城区特种设备安全工作考核制度》。结合特殊时期，特殊事件试点联合街道开展安全监察、宣传教育活动。特检所共完成特种设备检验10937台件（原西城特检所7145台件，为全年任务的106%；原宣武特检所3792台件，为全年任务的98%）；共创收813万元（原西城特检所495万元，为全年任务的106%；原宣武特检所318万元，为全年任务的132%）。

（朱　宇）

【代码管理及行政许可】　年内，代码管理中心响应西城区综合行政服务中心建设第三代行政服务中心——“智慧中心”的理念，打造对外服务窗口，在组织机构代码和行政许可受理工作中提高工作效能，在创优服务中树立良好质监形象。截至年底，新办代码证书5601份、变更11157项、注销625份、制证15472份、制作IC卡10556张。制定和完善西城区组织机构代码管理中心的工作人员服务规范、考勤制度、岗位职责等各项规章制度。共完成行政许可受理992份，其中开工告知450份、使用登记226份、标准备案226份、其他行政许可类审批90份。

（朱　宇）

财政管理

【概况】 北京市西城区财政局(简称区财政局)是负责全区财政收支、财税政策和财政监督的区政府职能部门。全局设有18个行政科室、6个事业单位，共有干部职工210人。年内，区财政局深入贯彻落实科学发展观，紧紧围绕“服务立区、金融强区、文化兴区”战略和市区重点工作目标，以建设新西城、喜迎建党90周年为契机，以支持区域经济增长方式转变、经济结构调整为重点，全力推进财政科学化、精细化管理，充分发挥财政的职能作用，确保“十二五”开局良好，有力地促进全区经济社会的稳步发展。全年区财政收入累计完成2814513万元，同比增加664239万元、增长30.89%；财政支出累计完成2606338万元，同比增加118877万元、增长4.78%。

地址：西城区丰盛胡同39号

邮编：100032

电话：66218006

(陈建鹏)

【财政组收】 年内，区财政创新工作机制，突出财力增长，落实各项增收措施。一是夯实财源基础，巩固主体财源、培育新兴财源，努力做好稳定存量税源和积极吸引新税源工作；二是加强收入分析，提高研判能力，高度关注国内外经济形势的发展变化，跟踪分析产业发展趋势和税收政策变动带来的影响；三是落实目标责任制，细化财政收入任务指标，对国税、地税下达收入任务，确保收入任务分解落实到位；四是完善组收工作机制，加大财政、工商、国税、地税4部门联动的组收工作力度，增强街道协税护税动力；五是加强非税收入管理，确保应收尽收。

(陈建鹏)

【保障重点工程建设】 年内，加强资金统筹力度，合理安排财政资金，集中财力做好重点工程、重大项目等资金保障工作。区财政累计完成预算内经建类资金拨付830953万元，其中保障市政基础、解危排险等重点项目资金169982万元，广安产业园区、天桥演艺园区等产业发展资金60450万元，大栅栏、白塔寺文保区建设资金58000万元，惠民便民工程资金85606万元，保障房建设资金114683万元，社会事业办公用房资金274273万元，城市环境靓丽工程资金67959万元。

(陈建鹏)

【保障和改善民生】 年内，调整和优化财政支出结构，整合财政资金向民生领域倾斜，优先保障和改善民生。全年教育支出386781万元，实现教育经费依法增长，促进教育均衡发展；科学技术支出35229万元，支持全区科技项目发展、科学普及和可持续发展等项目开展；文化体育与传媒支出25022万元，支持文化体育事业繁荣发展；医疗卫生支出119368万元，促进基层医疗卫生健康发展，完善各种医疗救助制度，保障医药卫生体制改革稳步推进；社会保障与就业支出311516万元，完善社会保障政策体系，规范社会保障资金的使用和管理，促进社会保障水平不断提高。

(陈建鹏)

【预算管理】 年内，完善预算基础信息库建设，进一步细化各类基础数据的统计范围，对资金的分类原则及管理口径进行重新确定。完善预算管理制度，制定《西城区财政局预算指标文管理暂行办法》等办法，确定指标文的适用范围、制发格式、规程等主要内容；制定预算指标文模版，统一指标文标题、内容、账务处理等发文要素；优化预算管理流程，调整预算指标传送程序，提高运转效率。加大预算执行力度，制发《关于进一步加强预算支出管理加快财政支出进度的通知》、《关于2011年末预算执行工作有关事项的通知》，解决年度预算支出进度较慢等问题。

(陈建鹏)

【完善区街财政体制】 年内，针对15个街道在基本情况、发展条件、辖区内税源分布等方面存在较大差异，区财政局对区街财政管理体制运行情况进行调研，提出进一步完善区街财政管理体制的建议，拟定《关于调整西城区区街财政管理体制的意见》，并经第一次区政府常务会议审议通过。新修订的区街财政管理体制，按照促进均衡发展、合理配置资源、拓展发展空间、增强首都服务功能的要求，提出完善区街财政体制的四项原则和四项措施。四项原则，即财权与事权相结合、激励与制约相结合、公平与效率相结合、定性与定量相结合。四项措施，即合理划分区街收入，保证街道基本需求；依照事权划分财权，明确支出责任主体；规范转移支付资金，确保专项工作落实；完善区街激励机制，增强街道协税护税动力。

（陈建鹏）

【国库集中支付制度改革】 年内，健全国库集中支付制度，优化集中支付流程，规范集中支付会计账务处理，建立新型的国库集中支付机制。国库集中支付改革级次和资金规模不断扩大，共有335个区级预算单位的财政资金纳入集中支付范围。完善和优化工资统发系统，对工资统发项目和流程进行梳理和规范，实现工资统发系统与预算执行系统相衔接，实现工资指标事前管理。开展公务卡制度改革，扩大改革覆盖面，将纳入授权支付的一、二级预算单位全部纳入公务卡改革范围。推进政府会计改革，研究探索全区政府会计改革试点方案。健全国库单一账户体系，完善财政专户管理制度，按照“撤销无效账户、减少低效账户、合并重复账户”的原则，开展财政专户清理整顿工作，合并财政专户18个，保留12个，撤销归并账户比率达到60%。

（陈建鹏）

【公众责任保险试点】 年内，在全市率先启动由政府出资投保的公众责任保险项目，利用市场化手段提高政府抗风险能力，有效维护社会公众利益。在深入开展调查研究和组织专家论证的基础上，制订《西城区政府公众责任保险试点工作实施方案》，确定政府公众责任保险以区财政局作为投保人、西城区政府及所属行政事业单位为被保险人、纳入试点范围的街道为投保区域、保险费用由区财政局统一支付。广泛宣传学习，增强各单位相关负责人对公众责任保险的认识，了解公众责任保险的保障范围和理赔流程，提高正确运用公众责任保险分散风险、避免矛盾和纠纷的能力。加强预防，完善风险防控机制，开展风险评估及现场查勘工作，定期举办保险及风险管理培训，增强防灾防损意识，提高防灾防损技能。

（陈建鹏）

【国有资本经营预算改革】 年内，加强国有资本经营预算管理，进一步完善全区国有资本经营预算管理体系，修订《西城区国有资本收益收缴管理暂行办法》、《西城区国有资本经营预算管理暂行办法》等制度。总结国有资本经营预算编制工作试点经验，完成2011年国有资本经营预算编制、批复工作，并做好预算执行和收益收缴工作，全年区属一级企业累计上缴国有资本收益13537万元，完成2011年预算收入11688万元的115.82%，比2010年实际上缴收益增加4151万元、增长44.23%；国有资本经营预算支出累计完成11330万元，完成全年支出任务。推进国有资本经营预算工作的全覆盖，将区国资委监管的国有企业全部纳入国有资本经营预算管理。认真做好2012年国有资本经营预算编制工作，与区国资委联合制发《2012年国有资本经营预算支出指引》，并首次将国有资本经营预算草案提交区人代会审议。

（陈建鹏）

【绩效考评】 年内，共组织开展绩效考评项目26个，涉及考评单位32家，考评总额25500万元。不断完善绩效评价体系建设，夯实各项基础性工作，制订《西城区财政局绩效评价工作表单》，将绩效评价工作的全过程纳入规范管理。创新考评方式，拓展考评领域，开展事前绩效评估、部门整体考评及跨部门、跨年度绩效考评试点工作。完善考评结果运用机制，制订全方位覆盖的运用方案，将考评结果在全区予以通报，并将评价结果及整改措施作为财政预算编制、执行的参考。创新考评服务机制，组织专人深入被考评单位送达绩效考评结果通知书和绩效考评报告，并与被考评单位就绩效考评结果反馈及整改工作进行沟通交流，增强被考评单位的绩效理念。加强中介机构管理制度建设，完善中介机构实时管理机制，提高中介机构的评审效率和质量。

（陈建鹏）

【固定资产管理】 年内，建立行政事业单位资产管理制度体系，制定《西城区行政事业单位日常办公设备配置标准和最低使用年限标准》，发布《关于做好现阶段资产处置工作的通知》。强化国有资产监管，制订《西城区行政事业单位固定资产清查工作方案》，开展固定资产清查和不动产调查工作，摸清全区资产存量，并对行政事业单位资产动态管理系统进行整合、升级。加强资产处置管理，加大收益监管力度，全年共集中处置报废资产14986件、汽车17辆，处置资产原值为8701万元，取得资产处置收益239万元，已全部上缴国库。

（陈建鹏）

【财政监督检查】 年内，推进财政监督长效机制建设，大力强化外部监督，不断深化内部监督。强化财政监督工作基础，规范监督检查行为，提升监督检查工作质量，重新修订《财政监督检查工作规程》等制度，编写监督检查工作指导手册。围绕财政改革和财政管理中心工作开展财政监督检查，完成2009—2010年度市财政拨付的文化创意项目补助和环境整治补助专项资金清查工作、2010年市财政追加专项补助资金管理及使用情况的专项检查、6户会计信息质量检查工作、“小金库”专项治理工作。

（陈建鹏）

【财务会计管理】 年内，推进会计管理工作信息化建设，完善会计从业人员基础信息，完成会计人员信息采集和注册登记工作；强化会计从业资格管理，启用全国会计人员信息化调转平台；开展会计从业资格无纸化考试试点工作，建立健全相关考试配套措施。强化财政票据管理，完成《财政票据电子化管理的推广与应用》、《关于加强医疗票据管理的调查研究》的调研；印发《西城区财政票据管理暂行规定》，并于7月1日起在全区正式启用《北京市公益事业捐赠统一票据》；全面清理、核实财政票据购领单位及信息，对364家单位统一换发“财政票据购领证”。统一财务软件，对全区行政事业单位财务软件应用状况进行调研，确定统一选用新大中网络版财务软件，完成系统硬件建设及财务软件测试工作。

（陈建鹏）

【公务用车专项治理】 年内，根据中央和北京市党政机关公务用车问题专项治理工作会议精神和《北京市加强和规范党政机关公务用车配备使用管理》等文件要求，开展公务用车专项治理工作。除公检法司等垂直管理单位之外，完成全区459家党政机关和事业单位公务用车的登记自查、审核核对和清理纠正等任务。

（陈建鹏）

税　务

国家税务

【概况】 北京市西城区国家税务局（简称区国税局），主要负责西城区域内按规定由国家税务局征收的中央税收、中央与地方共享税和部分地方税收的征收管理工作。有干部职工636人。全局设有办公室、政策法规科、货物和劳务税科、所得税科、大企业和国际税务管理科、进出口税收管理科、征收管理科、收入核算科、纳税服务科、财务管理科、人事科、教育科、监察室共13个科室；设有机关党委办公室；设有离退休干部科。设有信息中心、机关服务中心、票证中心3个事业单位；设有副处级单位稽查局；设有17个派出机构税务所。设有南、北区办税服务厅，在西城区综合行政服务中心设有国税局税务登记窗口。截至年底，全局共管辖各类纳税户8.6万余户，其中开业状态纳税户5.6万余户，各类集贸市场90个。全年区国税局共组织各项税收收入2081.79亿元，同比增加335.33亿元，增长19.2%；区级税收完成98.71亿元，同比增加19.76亿元，增长25.03%。

地址：西城区二龙路己33号

邮编：100032

电话：66027660

（王　超）

【组织收入】 年内，分析西城区域调整后税源规模、结构呈现出的新特点，加强与区地税、财政、街道等部门的沟通，建立税源基础信息资料库；以直接参与重点税源企业年度涉税鉴证为依托，利用税务中介等外部资源，了解企业生产经营模式、财务核算特点和影响税收因素，拓展税源分析深度，把握组收主动权。根据企业行业、经济性质、税款属性等因素进行数据分类，对预测数据时时监控，适时调整，全年30余次预测数据的准确率98%以上。密切关注国家宏观经济形势、区域经济发展状况和各类企业经济变化情况，应对影响税源规模和结构的不确定因素。分行业分税种进行横向和纵向比较监控，将高利润行业、经营流动性大的行业、新兴行业确定为税源管理重点，提升对税源的动态监控能力；以风险防范为核心，强化重点税源监控，以“中、工、建”等银行为首的纳税前20名企业三级税收共入库1766.65亿元，占全部税收收入的84.86%。

（王 超）

【税收征管】 年内，以实现税源专业化管理为目标，对所辖税源按照重点税源、一般税源、个体集贸进行系统分类，开展各项试点工作。通过规范化模板指引和有效的制度运转促进办税服务厅涉税事项办理效率大幅提升。办税服务厅“一窗通办”窗口共受理纳税人发票发售、纳税申报等事项8万余户次，文书经办窗口压缩节点受理事项3.9万户次，自助办税终端办理纳税人发票认证、发票发售、纳税申报3类事项4.7万余户次，有效节省纳税人办税时间48万余小时。加快南、北区办税服务厅运行机制统一的步伐，规范南区办税厅文书类受理事项106项，实现受理纳税人申请事项的全面统一。针对区域税源管理根据街道地域划分的特点，选取负责陶然亭、大栅栏2个街道税收征管工作的税务所作为试点，推行网格化管理模式。

（王 超）

【纳税服务】 年内，搭建以纳税服务中心为载体的集约化管理平台，对全局税法宣传、纳税咨询、办税服务、权益保护等工作进行集中管理，提升纳税遵从度和纳税人满意度。开通纳税咨询服务专线，用1个号码通过4条线路同时接听多个纳税人的业务咨询，有效提升咨询电话的接通率；组建局级、科所级2个层面的纳税服务团队专门处理纳税咨询事宜，及时解决纳税人共性和个性问题；组织编写税收政策知识库，有效规范涉税咨询的解答口径。纳税咨询服务热线共接待纳税人咨询电话1328起，实现咨询电话无一漏接，所有话务均按规定时限、程序处理答复或转交相关部门办理完结。通过召开新办企业培训情况反馈座谈会、小规模纳税人税企座谈会、防伪税控系统及税控收款机使用情况座谈会，听取纳税人意见和建议，有效增强纳税服务工作的预见性和主动性；依托纳税服务站开展新办企业、新认定一般纳税人、税收风险提示等各类培训30期，参训企业2200余户次；通过语音短信平台发送办理涉税事项信息、政策浏览通知信息、会议通知信息等共计5.2万余条；利用纳税申报通知平台、触摸屏、滚动屏、宣传展板等载体，向纳税人发布各类宣传服务信息50余项，发放各类税法宣传资料5万余份。制定《西城区国家税务局纳税服务投诉管理办法》，强化服务投诉问责制度，落实对纳税人的各项服务承诺。

（王 超）

【依法治税】 年内，修改和完善集体审批和重大案件审理制度，确定6大项集体审批事项，集体审理涉税事项40项；重点对发票违法违章类行政处罚案卷、高新技术企业优惠政策执行情况和税务稽查案卷进行执法督察，促进执法规范；推进法律人才服务税收工作，组建成立公职律师团队，围绕行政处罚裁量权管理办法等内容召开4次主题会议，在法律研讨、征管实践应用等方面发挥积极作用。

（王 超）

【重点税源管理】 年内，探索形成《重点税源专业化管理实施意见》以及配套的专家型人才选拔使用实施方案，推进以风险管理为导向的重点税源专业化管理模式。根据所辖大企业遵从情况，打造大企业税务风险宣讲平台，向所辖100余户次重点税源企业高级管理人员和财务人员发布需要企业关注的税务风险事项。发送《重大涉税风险事项提醒问询函》，及时将政策依据、政策执行要求、具体落实操作方法和涉税风险点告知纳税人，实现涉税风险事项的前置指导，督促企业依法正确履行纳税义务，实现补缴入库税金、滞纳金3.3亿元。以基层税务所直接参与企业税务审计的形式，全程掌握企业税务风险管理情况，现场为企业解决政策难题，前移税务风险管理关口。与辖区内7家大企业进行深度合作，成立税务风险专家指导团队，就有关风险事项及时进行研究并面向全部重点税源企业发布风险提示，形成税企共管税务风险的全面合作机制。以总局开展的对集团总部实施发票专项检查为契机，先后帮助辖区内6户集团总部建立起以发票管理为核心的税收风险管理体系。

（王 超）

【所得税管理】 年内，进一步推进企业所得税重点税源企业风险管控，认真审核《重点税源企业税收风险管控项目表》列明的10类风险事项；通过参与企业涉税鉴证过程，辅导企业正确进行纳税调整105项，涉及应纳税所得额64亿元；对金融业等10个行业开展分行业管理，及时纠正部分企业执行国债利息收入税收政策方面存在的偏差，督促企业补缴税款共计3.6亿元。结合汇算清缴工作实际，从退税企业中挑选52户企业作为评估对象，明确评估要点，有效加强企业所得税汇算清缴的后续监管。针对国债利息收入所得税处理、地方债利息收入所得税处理、非居民企业所得税管理等税企普遍关注的税收问题，帮助企业梳理税收政策，保障企业执行政策全过程无差错。

（王　超）

【货物和劳务税管理】 年内，以风险防范为主线，继续加强货物和劳务税分类管理，确定风险监控的重点环节，对288户企业减免税申报情况、237户非辅导期一般纳税人申报“前期认证、本期抵扣”情况、56户留抵税额过大的企业进行专项核查，补缴增值税41.5万元，补缴滞纳金0.78万元，调减留抵税额37.62万元；开展一般纳税人专用发票清理，对377户企业降低最高开票限额，对809户企业降低核定量，有效提高专用发票核定的准确性。对迟做收入、低税负、增值税视同销售行为、库存余额账实不符及小规模纳税人等9类问题226户企业进行纳税评估，其中有问题企业99户，共补缴增值税437.27万元，滞纳金60.37万元，调减留抵527.84万元。

（王　超）

【国际税收管理】 年内，从梳理税收政策入手，不断提高非居民税源的精细化管理程度，加强对“走出去”企业、境外股东分红派息企业的管理力度，实现非居民税收大幅增长。完成非居民税收收入103.55亿元，同比增长30%，非居民税收规模首次突破百亿元大关，其中支付单位扣缴预提所得税收入102.56亿元，占全部预提所得税收入的99%。

（王　超）

【出口退税管理】 年内，以退税数额为标准，选择占退税总额80%的30户企业作为重点企业，关注企业经营状况、重大决策变化，了解出口政策调整对企业的影响，根据退税业务调整情况，坚持对重点企业进行辅导核查，形成重点监控报告。共计完成退税1492批次、税款10.2亿元，100%完成全年退税计划。

（王　超）

【个体集贸税收管理】 年内，做好个体工商户税务登记、定额核定、发票审批等基础工作，全年组织个体集贸税收8600余万元。落实增值税起征点调整政策，与马连道茶城等6家大型市场主办方及30余家商户代表进行税企座谈，及时分析政策调整对税收收入的影响，做好政策衔接，使2.3万余户纳税人切实享受到政策调整带来的实惠。

（王　超）

【税务稽查】 年内，根据市国税局“一级稽查”管理工作要求，区国税局建立完善《稽查工作规则》、《以查促管工作机制》、《稽查模板制作和管理办法》等15项制度规范，形成《西城区国家税务局稽查工作制度汇编》。通过有效落实制度规定，推进选案、检查、审理、执行和管理一体化工作进程。共计开展各类检查224户，检查完毕且入库163户，共查处入库收入6640万元，其中税款4762万元、滞纳金1787万元、罚款91万元。

（王　超）

【信息化建设】 年内，大力推行电子办税方式，电子税票使用率达95%以上，网上申报推行比例达91%以上，实行网上抄报税企业5317户，网上认证企业5227户，为推进税源专业化管理打下坚实基础。基于税收征管信息系统，进行减免税备案、所得税附送资料审核、稽查基础信息管理等程序的开发和应用，为提高税收征管水平发挥信息化支撑作用。

（王　超）

【干部队伍建设】 年内，将思想政治工作与税收征管和纳税服务工作紧密结合，与“为民服务，创先争优”活动、税务文化建设、学习型领导班子建设等工作协调开展，建立多层次、立体式的思想政治工作格局；在全局范围内开展“三沟通、一检验”和谐西税主题谈心活动，中层领导班子与干部职工谈话共计1074人次；制定“八必谈”、“五必访”制度，提升干部队伍的凝聚力、向心力。推进与中央财经大学教育培训合作机制的落实，开展中层干部、税收业务、注册会计师、注册税务师、律师等培训共计12期，涉及2500余人次，对全局业务部门共计377人开展业务练兵测验。

（王　超）

【党风廉政建设】 年内，突出体现“预防为主、关口前移”的指导思想，构建廉政风险自我防控和制度监管相结合的管理体系；通过季度廉政主题教育活动，突出各阶段廉政教育和风险防控重点；开展“廉政风险防范检查月”活动，对全局各项工作进行全面风险评估，查找出40余个风险事项，形成《风险排查指导意见书》；通过每月一期《税收执法风险防范月度报告》，对执法关键点进行提示，实现廉政建设与业务建设的有机结合。

（王 超）

地方税务

【概况】 北京市西城区地方税务局（简称区地税局），主要职责是：根据市地税局和区政府确定的预算收入计划指标，编制本行政区域内地方税收计划，组织、实施、监督并落实；开展税源调查，加强地方税收收入的分析预测，定期向市地税局和区政府报告地方税收收入分析情况。宣传、贯彻、落实关于地方税收工作方面的法律、法规、规章和政策，保护纳税人合法权益，履行提供便捷、优质、高效纳税服务的义务，组织实施税收宣传、税收政策法规咨询和辅导等纳税服务工作。监督检查本行政区域内各纳税义务人依法履行纳税义务的情况，并对各种涉税违法、违规行为依法进行行政处罚。共设18个职能科室、1个稽查局（内设11个科）、21个税务所和1个机关后勤服务中心，共计51个职能部门(其中已成立部门46个)；共有干部职工761人。全局共有正常税源户76054户，其中全年纳税额超过百万元企业共有2690户，占总户数的3.5%；入库税款442.8亿元，占全局整体税收的比重达到92.5%。年内，区地税局完成各项税费收入478.5亿元，同比增收110.2亿元，增长29.9%，占全市各项税费收入总体比重的17.9%。地方公共财政预算收入375.4亿元，同比增收85.4亿元，增长29.5%，完成全年预执行计划315亿元的119.2%。区级收入181.7亿元，同比增收42.5亿元，增长30.6%，完成区政府年度计划154.5亿元的117.6%。

地址：西城区新街口珠八宝胡同23号
邮编：100035
电话：62272820

（黎 阳）

【征收管理】 年内，针对区划调整后税源规模结构变化及原有征管模式存在差异的情况，加强基础数据整理，集中力量研究收入变化特点，将整合征管信息资源、规范与优化各项征管业务流程作为工作重点。成立工作小组，对征管工作制度和税收业务流程进行全面梳理，对存在差异的征收管理工作标准进行规范统一，并编制税收业务流程规范性文本。建立税政联席会制度，以多个税政科室联合的形式按期召开，共同研究解决税政工作中的重点、难点问题，全年研究解决议题30余个。建立组收动态调整机制，缓解市区两级收入规划不同步的难题，实现收入规划由被动向主动的转变。将上一年度税款在百万元以上企业划分为“市级重点税源、区级重点税源、税务所重点税源和一般税源”四级重点税源户，分级进行精细管理。在大户走访的基础上，形成“局领导–科室管理人员–税务所长–重点户管理员”的“四级管网”监管模式。与区国税局联合开展企业所得税税源户清理、A级企业评定、重点户培训等多项工作，充分利用国、地税协作平台，进一步扩大数据信息的共享范围；定期召开国、地税协作会议，全年就20多项议题进行研究讨论，并就如何在纳税评估、稽查工作衔接等方面开展探索合作。

（黎 阳）

【依法治税】 年内，完成税收规范性文件清理工作，共废止917个文件。全年办结上年留存的4起行政诉讼案，均获胜诉。建立会审制度推行集体决策。成立涉税案件大案审理委员会并制定会审制度；成立由税务所所长、副所长、党支部书记和内部廉政监督员组成的重点业务会审小组，对土地增值税清算、大户注销等重点业务执行税务所集中会审、集体决策制度。税务所定期召开业务会审会，专管员对所辖税源户的重点业务在会审会上进行汇报，并经会审小组研讨后进行集体决策。继续落实领导干部学法用法制度，开展行政问责、行政处罚、国际税收等内容的业务学习，组织中小企业税收负担、基金税收、对外支付税务证明、政府信息公开等课题调研。强化法制宣传，全年法制培训300多人次，实地辅导100多名执法人员填制处罚文书；对2300户重点纳税人免费邮寄赠阅税务公告2.7万份。

（黎 阳）

【工会经费代收试点】 年内，组建工会经费管理科，专门负责工会经费和筹备金税务代收试点工作。8月，全市工会经费和筹备金税务代收工作试点范围扩大，西城区试点范围从8个街道扩展至全部街道。通过组织各层级相关人员参与学习讨论，总结第一阶段试点工作经验，从依法办事的角度认识代收工作意义，坚定代收工作信心。根据代收范围变化，调整工会经费税务代收领导小组成员，以试点阶段形成的各项制度为基础，逐项对代收工作流程和工作制度进行梳理，根据代收范围扩大后的工作实际，对相关制度进行修订完善。与区总工会建立起多层次联合办公机制，利用税源管理优势资源，确保代收工作的顺利有序进行。各税务所在纳税服务大厅辟出专区，配合工会设立“一窗式”工作服务窗口，安排专职人员负责组织协调、问题反馈及定期通报工作，建立起一体化规范型管理机制。结合纳税户情况，对工会经费费源户进行调查摸底，建立台账。协助工会推进建会工作，分层次，有重点、有针对性地开展建会和代收的培训辅导工作，对已建会单位进行再确认，切实做到资源共享。将年度计划任务以文件形式下达到各税务所，按月通报代收单位代收工作的进度，强化环节监督；将代征工作纳入绩效考核，做到与征税工作同研究、同部署、同落实、同考核，狠抓措施落实。

(黎　阳)

【稽查评估】 年内，在做好日常评估的基础上，规范评估标准，针对广告、软件等行业开展专项评估工作，做好日常检查试点工作，全年共对3046户企业进行评估，入库税款5373万元。稽查局全年共立案271件，查补收入共计14434.31万元，实际入库11208.38万元；开展与税务所共同查处举报案件工作，全年共计受理各类举报案件497件，同比增长13.2%；开展积案清理工作，对107件历年稽查未结案件进行全面清理，全年结案86件，查补税款共计9794.61万元。注重在专项检查开展过程中，收集行业存在的普遍问题并向征管各环节进行反馈，从而实现“检查一个行业，规范一个行业”的目标。与区国税局、西城公安分局等部门联合组织开展“打击发票违法犯罪”以及“打击和预防经济犯罪”等宣传活动，累计发放宣传资料4000多份，接待现场咨询500余人次。全年查处发票违法企业106户，非法发票313张，非法开票金额134.07万元，查补税款2.12万元，罚款10.1万元。

(黎　阳)

【新政落实】 年内，针对2011年各项税收新政密集出台的情况，区地税局建立税政联席会制度，以多个税政科室联合的形式按期召开，共同研究解决重点难点问题，分解工作目标、确定工作思路、制订工作方案。在新政贯彻落实过程中，注重强化内部人员培训，实行全员分层次培训和分所针对性培训相结合，确保“人人了解政策，一线人员正确解答政策，小教员深入培训政策”，以新法贯彻为契机进一步完善征收管理工作。结合区域经济特色和税源户结构特点，分群体、分步骤细化对纳税户的辅导，详细解读新政策，采取座谈会、网络、短片、宣传手册、短信、QQ群等多种手段巩固宣传效果，并及时研究解决贯彻实施过程中出现的问题，以新法贯彻为契机进一步完善征收管理工作。

(黎　阳)

【纳税服务】 年内，按照全市地税系统建设标准化服务厅要求，完成办税服务厅规范化建设；共设置13个职能窗口，涉及7大类66项业务事项。全局16个办税服务厅及场所共设置公示栏78块、触摸屏35台，使用窗口服务质量评价器20个。在办税服务场所实行办税公开制度、值班负责人制度、首问责任制，为纳税人提供限时服务、延时服务、预约服务等多种个性服务；以“统一窗口、统一服务、统一标准”为原则，推进区域通办服务。完成西城地税网站改版工作，网站共设5大项26个子栏目，全年更新外网网站信息400余条，更新网站栏目96项，网站累计登录人数达226万人次。建立免费电子邮箱7000余个，接收并回复纳税人咨询邮件14封。将新办户应知应会税收知识和分税种税收知识归集形成规范式样电子文档，供纳税人下载，集中举办热点问题网上答疑活动，并常年设专人负责答疑和落实辅导工作。召开纳税人座谈会22次，累计参会500余人次；组织纳税人培训辅导会60期，累计24000余人次参加。推进“12366”远程坐席系统改造，在原“12366”系统基础上，建立起具有来电显示、语音播放、自动应答、录音留言、转人工应答、短信回复和数据统计等多项功能的电话咨询提醒系统，并选择4个税务所作为试点运行。“12366”全年受理咨询电话10.1万个，通过信息机向纳税人发送宣传及通知68万余条。规范纳税服务投诉，全年共处理各类投诉31件；分析2010年纳税人满意度调查结果，制定整改措施。通过在主流媒体刊发稿件、举办重点企业税收发展座谈会、热点税收政策送政上门、专题咨询、订阅手机报等多种渠道宣传税收政策。

（黎　阳）

审　计

【概况】　北京市西城区审计局（简称区审计局）是负责西城区审计工作的政府工作部门。受本级政府和上级审计机关的双重领导，对本级人民政府和上一级审计机关负责并报告工作，审计业务以上级审计机关领导为主。内设综合办公室等15个科室；有干部职工108人，其中在编79人。年内，区审计局认真贯彻落实党的十七届四中、五中和六中全会精神，围绕政府中心工作和社会重点、热点问题，把握形势，认真履行审计职责，加快推进审计转型，逐步体现审计“免疫系统”功能。完成审计项目31个，查处违规金额2512万元，查出管理不规范金额502165万元，应上缴财政金额4555万元，已上缴财政金额4555万元，应减少财政拨款或补贴5291万元，应归还原渠道资金241万元，应调账处理金额5171万元。提出审计建议意见54条，被采纳44条，完成信息318篇，其中159篇（次）被采用。

地址：西城区德源胡同12号（临时）

邮编：100053

电话：63547142

（宋　楠）

【预算执行审计】　年内，不断深化财政体制改革，全面展开同级预算执行和决算草案审计。及时与区人大财经委沟通，通报预算执行审计工作重点，听取人大的指导意见，并召开科级干部、审计组长培训研讨会，确定“财政财务审两套，重要事项全覆盖”的思路。围绕经济社会发展的中心目标，围绕区委、区政府的中心工作和社会热点问题，开展预算审计调研工作，专门成立调研领导小组，统一下发调研工作指导意见，做好各项统筹及协调工作，实现组织实施、工作方案、审计报告、处理处罚及督促整改五方面工作的统一。在此基础上编制全局同级财政审计工作方案、部门预算执行审计工作方案；审计业务委员会先后召开8次会议，对审计项目的立项、审前调查、实施方案等进行充分论证。组织开展对区卫生局等6个部门的预算执行和决算草案审计以及居家养老、教育重点专项资金审计工作。结合查出12大类问题，提出的建议可行、操作性强，问题整改见成效。

（宋　楠）

【经济责任审计】　年内，受区委组织部委托，区审计局按照“积极稳妥、量力而行、提高质量、防范风险”的原则，全面推进领导干部经济责任审计。不断加大经济责任审计制度化和规范化建设的工作力度，完善《西城区审计局经济责任审计补充规定》，规范经济责任审计报告模式等内容，促进经济责任审计规范化。与区委组织部等部门沟通协调，不断健全经济责任审计工作机制，充分发挥经济责任审计联席会议作用。重点开展对区规划局等12个单位领导经济责任审计工作。为适应新形势对审计工作的要求，工作中注重经济责任审计项目与预算执行审计项目结合，关注资金使用的同时关注制度和政策，在兼顾审查专项资金真实性、合法性的基础上探索评价资金使用的效益性。

（宋　楠）

【固定资产投资审计】　年内，加大对基本建设项目的审计力度，对西城旧城保护和居民住房改善工程、区体育中心二期工程等重点建设项目开展跟踪审计。坚持边审计边整改，在拆迁审计中发现问题，多次与被审单位领导及拆迁工作人员沟通，建议被审计单位采取有效措施，保证拆迁资金均衡使用。面对人员少、工作量大的情况，及时调整审计方式方法，采取混合编组、互为组长、交叉作业的审计工作方法，将项目按轻重缓急程度排序，合理安排时间，提高审计工作的效率。对重大投资建设项目实施跟踪审计，实行审计关口前移，加强项目管理，规范工程建设，有效地防止了违法违纪问题的发生。

（宋　楠）

【专项资金审计与审计调查】　年内，围绕保障和改善民生，加强对专项资金的审计力度，开展对教育、卫生等部门的审计工作。采取就地调查与计算机辅助调查相结合的方式，筛选数据，分析资金用途，找准重点环节，有效地突出审计重点。在对西城区2010年度居家养老服务审计调查中，重点对该项资金的申报、拨付、管理、使用和结余情况进行审查，对内控制度的健全性、符合性进行测试；延伸审计全区15个街道社区服务中心，对服务开展情况、政策的宣传方法和手段以及通过调查问卷对老人提供服务的内容和质量满意度进行统计分析，评价其专项资金的使用效益。针对幼儿入托难等问题，重点审计区教委事业（本级）及23所幼儿园专项资金的管理、使用的合法合规情况；从体制上、机制上发现和分析问题，促进主管部门、资金使用单位管好用好财政资金，更好地发挥资金的使用效益。首次开展制度审计、系统审计、管理审计等专项审计项目。

（宋　楠）

【完成市审计局下达的审计任务】年内，完成市审计局下达的对西城区教育经费管理使用情况审计调查及西城区地方政府性债务的审计项目。成立政府性债务审计领导小组，抽调业务骨干参加审计调查，明确责任分工，建立沟通协调机制。严格按照要求，分清教育经费使用及政府性债务类型，填报数据，不虚报、不漏报、不重报，确保数据准确真实。对审计调查中发现的问题，认真进行梳理，分析原因，为形成高质量的审计调查报告提供可靠数据，确保按时、按质、按量地完成审计工作任务。

（宋　楠）

【内部审计】　年内，以区内部审计协会为依托，完成市内审协会、区民政局社团办等布置的各项工作任务，保持对各内审单位的指导作用，为各内审单位提供交流平台。在全面掌握各内审单位上年度工作情况的同时，从2月开始对各专职内审单位报送总结进行汇总，整理出有特色的内审工作成果。向市内部审计协会推荐先进集体和个人，共有5家单位被评为市内审工作先进集体，5名同志被评为市内审工作先进个人，其中北京华融综合投资公司被评为全国内审工作先进单位。9月28日，召开区内部审计第三届一次理事大会，市内审协会会长程显华及90余家区内审协会理事单位领导出席会议，选举产生新会长耿兵、秘书长吴铁山。

（宋　楠）

【信息化建设】　年内，不断提高审计工作信息化水平，加大计算机审计的培训力度，提高审计人员计算机审计水平，并在审计工作中强力推进对审计项目运用计算机辅助审计，对上半年预算执行及经济责任审计项目全部运用AO辅助审计，提高审计效率和审计质量。根据新审计准则要求，进一步修改和完善信息化系统，包括业务操作系统和日常办公流转系统，进一步提高审计工作效率，推进节约型机关建设。

（宋　楠）

【审计宣传】　年内，加大对信息宣传工作的督查考核力度，提高信息报送的积极性。实行信息报送四级审核制度，严把信息质量关。全年共向各级各部门和新闻媒体提交审计情况调研、信息等318篇，其中159篇被采用，其中《关于2010年度西城区预算执行和其他财政收支情况的审计工作报告》通过《北京西城报》和北京西城网站对社会公告。

（宋　楠）

【机关队伍建设】　年内，区审计局把加强自身建设，提高审计干部队伍的政治、业务素质摆在加强自身建设的首要位置。一是加强机关学习。始终坚持从“四个到位”入手，构筑创建学习型机关的平台，使机关学习制度化、规范化、系统化。二是加强组织建设。紧紧围绕中心工作任务，以提高党员队伍素质为主线，以发挥党员先锋队作用为目标，坚持政治理论学习制度，不断创新组织生活形式，不断增强党总支部的凝聚力。三是加强业务培训。坚持把提高审计人员的素质作为提高审计质量的重要抓手，不断提高审计业务技能。四是加强廉政建设。坚持落实“一岗双责”，廉政任务与审计工作同研究、同布置、同检查、同考核。实行廉政问题“一票否决制”，并出台相应管理规范。组织人事监察科室开展定期回访活动，就审计干部的工作态度、业务水平、廉政情况，征求被审计单位意见。建立审计干部廉政档案，为干部管理考核提供依据。五是启动“员工帮助计划”，作为党建创新项目，将EAP项目理念引入机关党建工作。采取外部专家指导下以内部疏导为主的方式实施 EAP 项目，分宣传动员、需求调查、抽样访谈、处理数据、培训咨询、心理辅导、效果评估 7 个阶段进行。这是西城区党委、政府机关和市审计系统首个开展 EAP 项目的部门。

(宋　楠)

烟草专卖

【概况】 北京市西城区烟草专卖局（公司）实行双重领导、垂直管理体制，在北京市烟草专卖局（公司）和区政府的双重领导下，主管辖区内的卷烟营销和烟草专卖管理工作。下设 5 科 1 室，即营销网建科、专卖监督管理科、财务科、人事劳资科（政工科）、法制科和办公室（安保科），在职人员 137 人。年内，共销售卷烟 56451 箱，同比增长 7.37%；实现销售收入 102993.74 万元，同比增长 21.94%；实现利税 20634.32 万元，同比增长 22.9%。

地址：西城区南菜园街甲 1 号

邮编：100054

电话：63563385

(陈　乐)

【推进工业商业协同营销】 年内，与工业企业共同召开品牌培育座谈会 10 次，确定七匹狼（通仙）、黄鹤楼（软蓝）、黄鹤楼（软论道）、红塔山（经典 100）、红塔山（经典 150）为年度聚焦品牌，形成策划、实施、评估、改进的品牌培育新模式。联合湖南中烟、安徽中烟、山东中烟、福建中烟等多家工业企业，对白沙（硬白尚品）、黄山（大壹品）、泰山（望岳）、七匹狼（通仙）等卷烟进行产品宣传与促销，提升品牌知名度、市场占有率和动销率。先后与贵州中烟、湖北中烟、吉林中烟、安徽中烟、红塔集团、广东中烟等多家工业企业联合举办贵烟（喜满意）、黄鹤楼（大彩）、长白山（揽胜）、黄山（大壹品）、红塔山（国际 100）等卷烟新品推介会，制订品牌培育方案，实时监控新品价格，确保新品卷烟量增价稳。

(陈　乐)

【零售终端品牌培育】 年内，共开展市场调研 7 次，通过调研及时掌握市场需求状况，为制订卷烟购进计划、品牌培育方案提供参考。推进网上订货模式，截至年底，网订客户覆盖率达 75.5%，高于全市水平。按照“发展同向、工作同心、服务同步、利益同体”终端建设的总体要求和以建立“平等互利、长期合作、共同发展”战略伙伴关系为主线，围绕“客户、品牌、市场”开展营销，以培育“532”、“461”行业知名品牌为目标，实施西城烟草终端价值工程，重点从对客户的“响应速度、经营指导、信息传递和盈利水平”四方面寻求突破，通过关注客户需求提升服务品质。全面推行精准营销及“135”工作法，围绕“一条主线、三个要点和五个步骤”目标方针，完善工作流程，动态把握终端流向及消费趋势，实现精准营销向消费终端层面延伸。

(陈　乐)

【市场监管】 年内，开展“四部门”专项行动、“五部门”联合整治等联合执法行动，全年累计查获各类违法、违规经营案件 396 起，查获非法卷烟 675.1 万支，总价标值 504.04 万元，实现罚没收入 46.39 万元，移送公安机关刑事拘留 19 人。查获 5 万元以上案件 38 起，全部抄备区检察院。累计收到区法院判决书 8 份，有 10 人因涉烟犯罪被追究刑事责任，1 人系照主，这是“两高”（最高人民法院、最高人民检察院）司法解释出台后，本区首例以“共犯”身份被成功追刑的当事人。联合工商、城管、公安机关开展“晨鹰”、“天鹰”、“夜鹰”行动和“进社区、进门店、进消费者”活动，结合监管对象的不同特点，实现多方面共同打击公开摆卖和无证经营行为。与公安、工商等有关部门建立长效机制，从卡口、物流、市场、网络四方面入手，构建点、线、面、网的全方位、一体化打假模式。在北京市公安局、北京市烟草专卖局统一指挥下，成功查办由公安部挂牌督办的“9·09”非法贩卖卷烟网络案，刑事拘留涉案嫌疑人员 17 人，起获窝点 13 处，查获卷烟 474 万支，案值 268 万元。

(陈　乐)

【“六五”普法】 年内，组织新办证户、受处罚户集中法制教育培训活动4次，受训零售户1200余人。“12·4”全国法制宣传日当天，以“依法经营、科学经营、共建和谐零售终端”为主题，突出弘扬法治精神，组织大规模法制暨营销培训活动2场，约900名零售户参加活动。

（陈　乐）

【公益事业】 年内，开展“扶贫帮困送温暖”活动，到辖区特困零售户家中进行走访慰问；为辖区特困零售户子女申请“中南海爱心基金”；与新街口街道西里三区社区结对共建，签订扶贫助残协议，为贫困残疾人家庭送去温暖；开展“共产党员献爱心”活动，共筹集捐款6120元，捐款全部用于爱心助老、助学、帮扶困难党员等救助项目。

（陈　乐）

（责任编辑　杨桂敏）

工业 商业

工 业

北京世纪金工投资有限公司

【概况】 北京世纪金工投资有限公司（简称世纪金工）是由18家原市属划转工业企业整体改制组建、国有法人参股的有限责任公司。公司2004年10月成立，注册资金1000万元，在职员工773人，主营投资管理，汽车、纺织机械零部件加工，固体继电器生产及写字间出租。公司内设9个职能部室，下设6家子公司。工业、物业、资本运营是公司支柱产业，汽车零部件和电子两个工业基地投入使用。其中：北京市科通电子继电器总厂是高新技术企业和国家定点军民用固体继电器专业厂家，每年承接国家重点项目并为“神舟”系列航天器和“嫦娥”登月工程等配套；北京第三纺织机械有限公司是国内汽车整车配套件重点企业，具有ISO/TS16949等国际认证资质；北京无仪美达公司拥有国家、国防“校准实验室”资质的电子201计量站；北京塑料十三厂有国家特种劳动防护用品生产许可证资质和安全标志证书；世纪金工宏洋大厦是西城区文化创意产业孵化基地和西城区电子商务创业孵化基地；京彩瓷（仿古瓷）产品屡获国家工艺品大奖；离退休和岗下职工管理中心为公司7466名离退休人员提供统一服务与管理。

地址：西城区培育胡同15号

邮编：100052

电话：63524785

（武秀华）

【董事会监事会换届】 2月，公司第三届董事会、监事会经股东大会依法选举产生。经过投票选举，袁海旺、赵钢等7人当选公司第三届董事会董事；刘希茂等3人当选公司第三届监事会监事，其中1人为职代会选举产生的职工监事。会上，选举袁海旺为董事长、赵钢为副董事长、刘希茂为监事会主席，聘任赵钢为总经理。

（武秀华）

【2011年度工作会议】 2月24日，公司召开2011年度工作会议，董事会、监事会、经理层和所属单位党政正职及各职能部室负责人出席。会议通过公司《2010年经营工作总结报告》、《2011年经营计划报告》等，明确了全年经营工作任务。

（武秀华）

【党建工作务虚会】 3月23日，公司召开党建工作务虚会，党委书记袁海旺主持会议，党委副书记赵钢总结2010年工作，会议研讨了2011年党建工作任务。

（武秀华）

【一届七次职代会】 3月25日，公司召开一届七次职工代表大会，出席大会的正式代表44人。大会听取并审议通过《北京世纪金工投资有限公司2011年经营工作报告》。

（武秀华）

【党内民主测评】 4月，由公司党委主持并在2010年年底启动的党内民主测评工作结束。测评期间，对公司直属单位（部门）领导班子和中层领导干部按照“德、能、勤、绩、廉”5个方面，采取无记名直接填表方式召开了13个民主测评会、测评结果反馈会及民主生活会进行查改。

（武秀华）

【反腐倡廉教育】 5月，西城区委讲师团到公司进行《反腐倡廉形势与制度建设》专题讲座，公司和企业党政领导38人参加培训。讲座围绕党内外腐败现象、反腐倡廉形势、中央要求以及《建立健全教育、制度、监督并重的惩治和预防腐败体系实施纲要》、党风廉政建设责任制等，结合实际以案施教。

(武秀华)

【纪念建党90周年】 6月30日，公司297名党员出席纪念建党90周年大会。会上，公司党委表彰"创先争优"活动先进基层党组织和优秀党员；新党员宣读入党誓词；公司党委书记和国资委党委领导讲话；职工表演自编自导的歌舞戏曲文艺节目。公司党委还组织了征文比赛和书画篆刻摄影展览，党员和在职、岗下及离退休职工踊跃参加，52人的146幅作品参加展览，其中书法31幅、绘画12幅、摄影101幅、篆刻2组，近900人次参观。

(武秀华)

【国防科工委领导到企业调研】 7月，国防科工委副司长卞志刚一行到科通电子继电器总厂就国家重点项目建设进行调研，卞志刚等通过参观厂区、听取汇报、介绍国家重点项目与技术改造政策，鼓励企业进一步参与国家、国防"十二五"规划重点项目建设。

(武秀华)

【党委和纪委换届】 7月，公司党委和纪委换届工作启动。按照《党章》和公司党委关于换届选举工作通知要求，坚持群众路线，采取自下而上、民主集中制原则，公开、公平、公正地进行。8月19日，公司党员大会审议通过党委工作报告、纪委工作报告和党费使用管理情况报告，经大会无记名投票直接差额选举，袁海旺、赵钢等5人当选为公司新一届党委委员；刘希茂等3人当选为新一届纪委委员。

(武秀华)

【电子商务创业孵化基地】 10月31日，在北京西城电子商务节闭幕式上，世纪金工宏洋大厦被授予"西城区电子商务创业孵化基地"，赵钢代表公司接受标牌。

(武秀华)

【区国资委领导到企业调研】 12月9日，区国资委主任牛明奇等领导到公司调研，并召开传承与整合国资委系统工艺美术工作会议，华方公司等7家企业领导参加会议。牛明奇在听取汇报、到鼎盛陶琦公司实地考察、看望大师、慰问职工后，感谢企业在保护工艺美术传统技艺方面所做的工作，鼓励企业和新老传承人为非遗传承、进一步搞好国资委系统非物质文化遗产工作多作贡献。

(武秀华)

【获区优秀人才培养资助资金】 12月，无仪美达公司重点产品项目主设计师、青年科技人员卢龙泉获区优秀人才培养资助资金5万元。

(武秀华)

【为职工办实事】 年内，公司坚持"两节"送温暖工作，走访慰问离休老干部、劳动模范、大病重病、精神残疾、困难职工500多人次，送慰问品和困难补助金23万余元。落实公司职代会《关于发放职工房租补贴的意见》决议，参照北京市相关规定，将职工房租补贴全部发放到位。设立特困职工临时救助基金，对大病、重病及突发灾难等特殊原因造成生活暂时困难的职工给予一次性、阶段性生活救助措施，两名特殊困难职工接受救助。

(武秀华)

【科通电子继电器总厂工作】 年内，公司所属北京市科通电子继电器总厂（简称科通厂）承接为国家重点工程"天宫一号"、"神舟八号"配套任务，经过自主研发、反复试验，终于使军用固体继电器产品符合抗干扰、高可靠、高安全等技术标准，为"天宫一号"和"神舟八号"发射成功作出贡献。科通厂还参加海尔、TCL等98家国内知名电子企业集团发起的"全球质量信誉承诺倡议"活动并在倡议书上签署承诺。年内，科通厂销售收入达5121万元，同比增长15%，实现利润1139万元。获国防科学技术工业办公室颁发的"科研生产工作成绩突出奖"荣誉证书；获中国运载火箭技术研究院颁发的"神箭"奖牌，奖牌上写着"你单位承担我国载人航天工程运载火箭研制建设相关元件配套工作，为首次空间交会对接任务运载火箭发射圆满成功作出了贡献。"

(武秀华)

【鼎盛陶琦公司工作】 年内，市级非物质文化遗产"北京仿古瓷"保护单位、公司所属鼎盛陶琦公司获政府各类支持资金130万元；为西城区创建文明城区活动制作1500余只仿古瓷杯；为湖广会馆提供活动礼品；开发仿古瓷"紫砂壶画珐琅”新产品，实现经济效益103万元，同比增加56万元。2月，参加非遗项目在陶然亭公园内的春节庙会展卖活动。4月，接受北京电视台对非遗仿古瓷的采访。6月，参加“世界文化遗产日”荣宝斋拍卖活动，仿古瓷“粉彩九桃天球瓶”以3万元价格拍卖，“西城胜境瓷板画”以1.2万元价格被荣宝斋收藏。9月，参加第六届北京国际文化创意产业博览会，并与清华大学结成文化创意战略伙伴，双方签署《“京彩瓷（仿古瓷）”品牌规划及产品包装设计》协议书。两位23岁“北京仿古瓷”传承人制作的“西城胜境瓷板画”获北京工艺美术创新大赛一等奖。

（武秀华）

【修志工作】 年内，公司承担区第二轮志书“工业”等篇目编纂任务。修志由区国资委牵头负责、世纪金工公司主笔、金工公司配合，完成了资料收集和资料卡片填报工作，反映了原市属划转35家工业企业的历史变迁。

（武秀华）

【实现年度经营目标】 年内，公司“强主业、求突破、重人才、细管理、夯基础、惠职工”方针取得实效，全面完成全年经营计划，取得工业销售收入突破1.1亿元、物业经营收入突破2800万元、利润突破1600万元的历史最好成绩。

（武秀华）

【获得区级荣誉】 年内，科通厂党总支获“西城区先进基层党组织”；李文兵被评为“西城区优秀共产党员”，并获“2011年西城区劳动奖章”；王秉华被评为“西城区优秀党务工作者”。

（武秀华）

国有资产经营公司

【概况】 北京市西城区国有资产经营公司（简称国资公司），成立于1999年12月，有干部职工18人，设综合办公室、计划财务部及西城区企业离休干部管理服务中心、西城区企业退休干部管理服务中心。主要承担区政府融资平台及区属企业离退休人员管理服务职能。

地址：西城区鼓楼西大街甲50号
邮编：100009
电话：83229155

（杜京民）

【老干部团拜会】 1月10日，国资公司在燕龙生态度假酒店举行迎新春老干部团拜会，国资公司离休干部等40多人出席。区国资委党委书记涂云国、党委常务副书记皮强等领导代表区国资委向老干部拜年。

（杜京民）

【看望离休老干部】 2月18日，国资公司领导与企业离退休干部管理服务中心的同志分别看望重病住院的卢盛辉和家中有特殊困难的吴宗林两位离休干部，送上慰问品和问候祝福。

（杜京民）

【退休人员赴金海湖休养】 2月26日至3月2日和10月8日至12日，国资公司退休中心分两批组织退休人员前往金海湖，各进行为期5天的健康休养活动，两批一共40人参加。为确保休养活动安全，国资公司与区人保局签订了《退休人员休养活动安全责任书》、《退休人员休养活动期间预防突发事件的紧急处置预案》，国资公司与参加休养的人员签订了《退休人员休养活动安全协议书》，并发给每人一份《退休人员健康休养规定》。

（杜京民）

【组织专题学习】 2月26日，国资公司党委组织全体党员收看杨善洲先进事迹报告会电视转播，使与会党员深受感动和教育。3月5日，国资公司党委组织公司党员和离退休中心党员干部收看十一届全国人大四次会议国务院总理温家宝作政府工作报告的实况转播，并进行座谈。

（杜京民）

【离休干部健康休养】 3月18日至24日，国资公司组织为期7天的离休干部赴海南健康休养活动，离休干部普遍反映，这次活动吃得顺心、住得舒心、观光游览开心、工作人员时时关心，享受到一次非常好的健康休养。

（杜京民）

【离休干部参观宋庆龄故居】 4月15日，国资公司组织离休中心11名离休干部参观宋庆龄故居。参观后大家表示，要珍惜今天的好生活，活到老学到老，永远保持革命本色，在政治上与党中央保持一致。

（杜京民）

【离退休老干部体检工作】 5月13日，国资公司组织离退休中心35名离休和处退干部在北京市第二医院体检中心进行健康体检，这次体检为老干部设置了血液化验、胸透、B超及内外科等多个项目。

(杜京民)

【举办党史学习班】 6月2日，国资公司举办离休干部庆祝建党90周年党史学习班，国资公司办公室主任杜京民传达中共中央组织部、中共中央宣传部等6部门联合发出的《关于在党员、干部、群众和青少年中开展中共党史学习教育的通知》，参加学习班的10余名老干部认真学习党史知识，一丝不苟地笔答党史知识问卷，答题后还进行了座谈。学习结束后，国资公司组织老干部参观京郊怀柔社会主义新农村建设，坐船游览雁栖湖景区，参观星美影视基地，了解文化创意产业生产场地和生产过程，大家感到活动非常有教育意义。

(杜京民)

【组织观看《建党伟业》】 6月28日，国资公司组织全体党员干部和部分离休干部30多人，到新街口电影院集体观看纪念建党90周年献礼片《建党伟业》。

(杜京民)

【走访慰问老干部老党员】 “七一”前夕，国资公司领导和国资公司离休中心分别走访慰问部分入党早、长期有病和生活困难的老党员、老干部，并送上党史学习材料《中国共产党历史简明读本（1921—2011)》及慰问金。本次慰问共支出慰问金3600元。

(杜京民)

【老干部举办个人剪报展览】 7月，国资公司离休干部赵程久在其居住地西城区三里河一区举办《“双百”人物中的共产党员剪报展览》，受到居民的欢迎，得到社区领导的好评。

(杜京民)

【为离休干部配备服务器】 8月15日，国资公司出资近5000元，为离休中心28名离休干部配备“小帮手”电子服务器，满足了老干部们在居家养老中紧急救助、生活服务和信息咨询等方面的需求。

(杜京民)

【组织观看《杨善洲》】 8月30日，国资公司党委组织近30名离退休干部和在职党员干部观看电影《杨善洲》，开展学习杨善洲先进事迹活动。

(杜京民)

【接收86名退休人员】 8月，国资公司接收北京东方云舒商贸有限责任公司86名退休人员，并依据该企业退休人员统筹外费用实际支付标准及福利待遇支付相关规定，将150万元专项预留资金划入国资公司退休人员管理服务中心专用账户，专款专用。

(杜京民)

【组织老干部学习七一讲话】 9月8日，国资公司离休中心举办离休党支部学习活动日，组织老干部收看国防大学教授吴杰明的《胡锦涛总书记“七一”重要讲话精神解读》辅导报告视频。

(杜京民)

【主题党日活动】 9月20日，国资公司组织反邪教教育主题党日活动，全体党员和入党积极分子集体观看《毒瘤——邪教透视》电视片，通读和学习《宣讲提纲》知识，公司党委对全体党员和干部提出要求。

(杜京民)

【组织老干部参加读书班】 10月12日至13日，国资公司党委组织11名离休和处退干部参加西城区老干部局在房山天湖国际会议酒店举办的“老干部党校读书班”。

(杜京民)

【组织老干部观看时事报告】 11月15日，国资公司离休中心组织老干部收看中央党校国际战略研究所教授孙建杭的《世界格局新变化与中国的战略机遇》报告光盘。

(杜京民)

【组织急救知识培训】 12月14日，国资公司邀请北京市红十字会教授以《突发事件中的自救与互救》为题，对公司部分离休老干部、家属代表和公司全体工作人员进行急救理论和实际操作培训。

(杜京民)

【开展送温暖活动】 年内，国资公司走访慰问生活困难党员、老党员、优秀党员和长期患有重病和年事已高的离休干部36人，送上慰问金和慰问品合计8970元。此外，公司给每位离休干部送上一份价值175元的慰问品，60名离休干部的慰问品共计10500元。

(杜京民)

【纪念建党90周年征文活动】 年内，国资公司党委在公司党员和离退休老干部中开展纪念建党

90周年“党在我心中”征文活动，共收到28人送交征文35篇。

（杜京民）

【为老干部订阅党报党刊】　年内，国资公司为59名离休干部和处退干部每人订阅《北京日报》和《北京支部生活》各1份。

（杜京民）

【为老干部无偿赠送字画】　年内，国资公司会同区老干部局为离休干部赵程久出版古塔书籍《鹏程文集》（鹏程为赵程久之字），提供经费支持，帮助解决出书的经费困难。公司派专人经多方联系，请北京著名书法家苏适为其撰写“华夏宝塔”书法一幅，无偿赠送赵程久老先生。

（杜京民）

北京华方投资有限公司

【概况】　北京华方投资有限公司（简称华方公司）是国有独资公司，注册资本3.06亿元，主要从事国有资本投资、管理业务。华方公司拥有20余家企业的全部或部分国有产（股）权，对其履行投资、监督、调控、服务职能。同时承担与华方公司没有产权和隶属关系的其他13家工业企业的管理责任。投资涉及品牌医药批发零售、物业、高端会所、工业、特色餐饮、综合百货、旅游度假、金融证券等领域。截至年底，华方公司总资产16.52亿元，净资产7.13亿元。年内，华方公司紧抓“战略管理与时俱进、投资业务稳健推进、工业企业稳中求胜，规范管理再上台阶”的年度工作主题，全年实现营业收入8.8亿元；利润总额3095万元；净利润2662万元；净资产收益率6.02%；保值增值率106.09%；成本费用利润率4.78%。

地址：西城区月坛西街乙2号5号楼

邮编：100045

电话：68037853

（王　涛）

【编制发展战略】　年内，华方公司引进专业咨询机构编制《华方公司2012年至2016年发展战略》。10月，北京捷盟咨询公司进驻华方公司开展具体工作，12月，完成《华方公司战略规划调研报告》。

（王　涛）

【物业管理】　年内，华方公司编制《房屋维修改造工程立项审批表》和《房屋出租审批表》，实行房屋维修工程的立项和房屋出租的审批制度，并在多个维修改造工程和房屋出租业务中执行。基本完成房屋背景资料、相关数据等与软件管理系统对接的准备工作。集中收缴历史欠租，累计收缴租金3570.6万元，同比增长25.39%。

（王　涛）

【工业企业管理】　年内，华方公司所属工业企业实现主营业务收入9954万元；物业经营收入6436万元；利润总额1052万元，剔除调账因素实际完成19万元，实现扭亏为盈。截至年底，凡涉及国有产权的所属工业企业，全部完成涉及工商、税务、国有产权变更登记手续。出台《物业经营管理办法》、《国有（集体）资产重大事项管理办法》、《员工聘用管理暂行办法》和《北京市工艺美术品厂退休职工供暖费报销的暂行规定》4项制度。

（王　涛）

【帕米尔食府】　年内，华方公司所属帕米尔食府克服原材料涨价、用工成本增加和餐饮业竞争日趋激烈等不利因素，实现营业收入779.77万元，同比增长24%，并荣获北京市信用企业。

（王　涛）

【商业地产项目】　年内，华方公司完成茗苑项目报竣审批手续。瞰都项目实现全部销售回款24890万元，盈利635万元。其中华方公司作为股东投资8250万元，盈利675.25万元（含资金占用费收入），回报率8.2%。4月，华方公司出资1000万元，参与北京CBD核心区Z3项目的投资。

（王　涛）

【金融证券投资】　年内，华方公司注意控制投资总规模，适时规避系统性风险。按历年同口径统计（所持筹码变现的净收益），全年盈利564.66万元，其中北京银行股票分红513.52万元，盈利贡献率90.94%。

（王　涛）

【规范管理】　年内，华方公司加强规范化管理，出台《中层管理人员任期考核评价办法》和《员工岗位职责》。在优化基础上对10名中层干部进行考评，考评结果均为称职。举办企业法律事务知识讲座、信息工作总结暨公文处理知识讲座、消防安全知识讲座，召开安全生产专题会议。

（王　涛）

【慈善捐款】 年内，华方公司总计慈善捐款132.11万元。其中向区慈善协会捐款100万元，用于“春雨”大病救助活动；向区慈善协会捐款10万元，用于爱心接力项目“携手慈善，关爱成长，救助贫困大学生”，帮助25名本科贫困大学生完成学业；通过区红十字会向新疆和田地区捐款20万元，用于购买公共交通设施；参加书画作品公益拍卖活动捐款1.74万元；全体党员、团员及入党积极分子献爱心捐款3700元。

（王 涛）

商务服务业

【概况】 北京市西城区商务委员会（简称区商务委）是区政府主管全区内外贸易和对外经济合作的工作部门。内设科室8个，下属事业单位3家（区经济信息合作中心、区商业网点规划管理处、区集体经济咨询服务中心），在职60人。年内，全区商贸业保持平稳较快发展，实现了“十二五”良好开局，累计实现社会消费品零售额688.9亿元，同比增长16.1%。占全市的一成，增速高于全市平均水平5.3%，增幅在城六区中排名第三位。

地址：西城区北滨河路9号

邮编：100055

电话：83509319

（柴晓虹 谢莉）

【制定出台文件】 年内，编制完成《北京市西城区“十二五”时期商贸和旅游业发展规划》；制定出台《北京市西城区加快国际商贸中心示范区建设的意见》（西政发〔2011〕11号）；完成对全区近百家老字号的调研工作，编制《西城区老字号发展调研报告》，制定出台《西城区关于保护和促进老字号发展的若干意见》（西政发〔2011〕32号）；为提高辖区“菜篮子”供应水平，制定出台《西城区统筹推进“菜篮子”系统工程建设保障市场供应的指导意见》（西政发〔2011〕14号）。

（柴晓虹 谢莉）

【保增长促消费繁荣市场】 年内，成立区商务委保增长促消费工作领导小组，制定《2011年区商务委促销工作方案》，以“百业齐绽放，四季品西城”为主题，确定“做大时尚消费、做强特色消费、做实便民消费、发展新兴消费”的工作主线，积极搭建促消费活动平台，繁荣活跃消费市场，先后筹备举办西单国际时尚年会、中华老字号博览会、大栅栏老字号旅游购物节、马连道国际茶文化节、护国寺街开街、首届北京西城电子商务节等13项大型系列主题促销活动。首届西单国际时尚年会28个单位共签订17个项目协议，签约金额4.64亿。推进法国老佛爷百货亚洲第一店入驻西单商圈。北京马连道国际茶文化节首次成立国际品牌茶联盟，签下2.6亿元项目协议。首届北京西城电子商务节推出8个平台重点项目，180多家企业达成合作意向，签约金额超过20亿元，30余家企业销售达15亿元，同比上升25.6%，其中电子商务交易额近5000万元。辖区12家商业企业获“2011北京购物季促消费活动突出贡献企业”称号。在10月至12月开展的北京购物季期间，全区实现销售额16.7亿元，同比平均增幅27.6%。

（柴晓虹 谢莉）

【特色街授牌】 4月29日，市级特色商业街授牌暨2011年迎“五一”特色街消费周启动仪式在大栅栏街举行。副市长程红、市商务委和16个区县的领导以及特色街主管单位领导近百人出席。辖区内的大栅栏街、大栅栏西街、琉璃厂、烟袋斜街、护国寺街、马连道茶叶街、什刹海茶艺酒吧街7条特色街被授予市级特色街，占市级特色街的29%。

（王丽萍 康力）

【推进“菜篮子”系统工程建设】 年内，西城区成立了“菜篮子”系统工程建设保障领导小组，将“菜篮子”工程建设纳入西城区“十二五”时期商务工作重点内容。新增15家社区便民菜店，提升改造6家社区菜市场，重点在蔬菜销售终端营销模式、市场服务环境、监测监控体系、保障食品安全等方面进行提升，满足辖区发展要求和居民消费升级需求。

（鲁旭辉）

【推出北京黄金珠宝链】 年内，

加快北起新街口南至菜市口区域黄金珠宝商场聚集，共有菜百公司、国华商场、兴百轩、西单商场、君太百货、长安商场、庄胜崇光、百盛等近20家综合百货商场，100余个国内外知名黄金珠宝品牌，逐步形成了独具特色的“北京黄金珠宝链”。辖区黄金珠宝零售额达151.1亿元，同比增幅46.6%，占辖区社会消费品零售额的22%。

（王丽萍）

【项目资金申报】　年内，完成专项资金的征集、审核和申报工作。其中，北京市商业流通发展专项资金项目53个，包括老字号项目28个；辖区中小企业专项资金项目13个；文化创意产业发展专项资金项目16个。

（邵自军）

【典当行业管理】　年内，辖区典当企业累计达40家，其中本部27家，分支机构13家。截至年底，27家典当企业本部典当总额21亿元，其中动产业务4.98亿元、不动产业务14.9亿元、财产权利业务1.2亿元；典当余额5.9亿元、上缴税金1.9亿元、税后利润3.5亿元，同比分别增长68.8%、77.6%和67%。

（马　岩）

【早餐规范管理】　年内，辖区有市级早餐示范店130家；区级早餐规范店84家，其中新增11家；规范早餐车59辆。形成以聚德华天、翔达公司、和合谷、嘉禾一品等大型连锁企业为主，社会早点规范企业及早餐车为补充的格局。累计实现早餐收入4.9亿元，为社会提供早餐服务1.6亿人次。

（邵自军）

【信息监测】　年内，指导辖区81家商业企业填报市场信息监测数据，反映辖区零售、餐饮、专业店、生活服务业等各类市场发展动态；向市商务信息中心报送市场动态信息230余条；启动辖区商务信息资源管理和信息监测系统项目开发工作，推进商务管理和市场监测信息化进程。

（马　岩）

【再生资源回收行业管理】　年内，根据市委、市政府《关于全面推进生活垃圾处理工作的意见》，选择30个回收网点作为“再生资源回收日”固定活动地点。先后在月坛、新街口、德外、白纸坊等街道的30多个社区开展12次“再生资源回收日”活动，回收旧家电292台、废旧物资13.5吨，累计咨询6000多人次，预约登记800余件。6月中旬至7月中旬，在辖区开展再生资源回收网点安全隐患专项整治工作，制订《西城区再生资源回收网点安全专项整治工作方案》，召开动员部署会，各相关部门、街道办事处和辖区回收企业及网点200多家单位负责人参会，发放回收网点自查表270余份，严格执法检查，出动检查人员120余人次，对40余家再生资源回收网点进行检查，发现有经营执照但未到区商务委进行备案的再生资源回收违规网点5处，已全部按要求到区商务委进行备案。

（晁振安）

【家电以旧换新审核】　年内，继续做好“家电以旧换新”材料审核工作，总计审核材料7000余份，其中5709份材料通过财政审核，获补贴183.82万元，其余1000余份在财政审核中。对辖区内以单位名义购买家电参加以旧换新作了详细审核备案，总计审核通过60余家单位参加家电以旧换新。

（赵杰平）

【黄标车淘汰及汽车以旧换新】　年内，完成黄标车淘汰和汽车以旧换新补助资金兑付工作，为辖区356辆车办理了相关手续。积极配合环保部门，对遗留的个例问题，请示上级主管部门，并将办理情况告知车主。

（赵杰平）

【直销网点监管】　年内，辖区有直销企业15家，服务网点28个，其中新增直销服务网点3个。加强对直销网点的核查和直销活动的监管，办理3家直销企业在辖区设立服务网点的初审核查工作，保证直销网点便于满足消费者、直销员了解产品价格、退换货及企业依法提供的其它服务，切实保护消费者利益。

（马　岩）

【7家企业获商业品牌奖】　在2011年度（第七届）北京10大商业品牌评选活动中，辖区菜百、全聚德、张一元获北京10大商业品牌金奖；同仁堂获2011年度北京10大商业品牌；天虹百货获2011年度影响北京外埠商业品牌；百盛获2011年度影响北京跨国商业品牌；和合谷获2011年度北京10大商业品牌管理创新奖。

（马　岩）

【商业街橱窗展示大赛】　在辖区开展了“展示华彩商业、感受时尚北京”北京市特色商业街橱窗及餐饮行业店堂展示大赛活动。广内大街—菜市口百货、西单—大悦城、西单—杰克琼斯、西单—中友百货、阜成门大街—ARRTCO、西单—君太百货、什刹海—观复博物馆商店、烟袋斜街—丰年陶坊等9家企业获“特色商业街橱窗展示大赛”优秀作品奖，占全市30家获奖企业的30%。

（马　岩）

【执法检查】　年内，开展商务行业综合执法检查798次，出动执法检查人员3010人次，检查企业991家次，发现消除安全生产隐患509处；商业零售企业申报促销报告215家次，合格备案企业205家次，开展促销安全生产检查264家次；开展酒类流通溯源检查115次，检查470家次，办理新增酒类备案企业504家，推广使用机打随附单企业7家；开展食盐专项检查110次，检查企业347家次；审核并批准13家企业粮食收购资格；出具行政处罚9起。确保区域商务行业规模以上企业生产安全稳定。

（廖海林）

【安全生产联组建设】　年内，对新增加85家规模以上企业进行编组，成立3个新类型联组，分别为马连道街茶叶专卖店型联组、西直门嘉茂和西单大悦城综合楼宇型联组，重新聘任16个联组长。按商业零售型、餐饮型、专卖店型、综合楼宇型4大类模式，建立47个安全生产联组，任命53个联组长，538家规模以上企业全部编入联组进行管理，该模式实施后，辖区商务行业隐患出现率同比下降74.8%。

（廖海林）

【安全生产教育培训】　年内，编辑《西城区商业零售经营单位安全生产记录本》和《西城区餐饮经营单位安全生产记录本》5000册，在辖区商务行业企业正式使用；制作10集《商业培训ABC》商务行业安全生产培训系列教学片1200套，发放给辖区商务行业企业；组织开展西城区商务行业第四届安全生产知识竞赛，538家企业参加；构建政府与企业的信息沟通桥梁，通过短信平台向企业发送短信191998条；举办区商务行业安全生产联组培训班，各安全生产联组长及重点企业法人60人参加培训。

（廖海林）

北京金源投资管理有限公司

【概况】　北京金源投资管理有限公司（简称金源公司）系2004年4月2日由原北京金源投资管理公司转制而成。内设商品部、营运部、物业部、财会审计部、人力资源部、办公室，下辖金源千业超市有限公司、牛街清真超市有限公司、正兴德茶叶有限公司、永安茶叶有限公司，拥有直营门店16家，建筑面积3万余平方米，主要从事商业超市及茶叶、服务业经营；控股企业1家（金诚信恒再生资源利用有限公司）、回收站点64家，主要从事再生资源利用与回收。年内，金源公司围绕“推动科学发展有突破、提升经济质量显成效、实现公司融合促团结、惠及干部员工见实效、打造管理团队有创新、安全和谐发展有保证”的目标不断发展，实现商品销售收入同比增长11.7%；实现利润同比增长37.5%；员工收入同比提高20.5%。

地址：西城区广安门南街60号

邮编：100054

电话：63541579

（付淑梅）

【持股会三届二次会员代表会】　1月13日，金源公司召开内部职工持股会三届二次会员代表大会，53人出席。会议审议通过董事会2010年工作总结、2011年工作思路的报告、2010年财务决算方案、2010年利润分配方案、2011年财务预算方案、2011年利润分配预算方案、理事会关于会员资金管理情况的报告、监事会2010年工作报告，通报监事会更换职工代表监事情况。

（付淑梅）

【干部述职述廉评议会】　1月14日，金源公司召开领导干部述职述廉评议会。董事长时文生、党委书记张维杰、总经理平国栋分别述职述廉。区国资委有关领导到会，中层管理人员和门店店长参加测评。

（付淑梅）

【组织员工休假】　2月至3月，金源公司分3批组织员工到京东第一温泉度假酒店休假，慰问元旦春节期间坚守经营销售第一线并作出贡献的全体员工。

（付淑梅）

【元旦春节劳动竞赛结束】　3月14日，金源公司“融合聚力创佳绩、抢占市场增效益”主题劳动竞赛活动结束，经过60天竞赛，评出先进门店3个、先进班组8个、先进个人40人。

（付淑梅）

【出台员工薪酬调整方案】　3月

22日，金源公司召开二届一次职工代表大会，审议通过《门店员工薪酬调整方案》，形成基础工资、职务津贴和绩效奖金相结合的门店员工薪酬分配体系和统一薪酬架构，为一线在岗员工调增工资15.24%。

（付淑梅）

【市领导到公司调研】　3月31日，市委常委、市总工会主席梁伟，副市长程红在市商务委主任卢彦、区长张建东等领导陪同下，到金源公司所属的牛街清真超市和金诚信恒牛街东里再生资源回收商亭进行调研。

（付淑梅）

【党风廉政建设】　4月8日，金源公司召开党风廉政建设会，传达贯彻市、区党风廉政建设会议精神，部署党风廉政建设工作，各部室主管职务以上人员及各门店店长、副店长参加会议。4月26日至28日，组织全体党员和管理人员150余人参观区国资委廉政文化进企业展览。

（付淑梅）

【正兴德第九届春茶节】　4月22日至5月5日，正兴德茶叶有限公司以“诚信、绿色、健康、和谐”为主题举办第九届春茶节，期间，正兴德各茶庄销售额同比上升20%。

（付淑梅）

【管理人员民主测评会】　4月，金源公司开展管理人员民主测评及个人总结自述活动，各部室主管以上职务人员和各门店店长47人进行工作自述，427名员工为测评对象进行测评打分，占应参加人员的97%。

（付淑梅）

【纪念建党90周年】　5月28日，金源公司组织全体党员到平西抗日战争纪念馆暨烈士陵园参观，重温革命历史，并举行宣誓仪式。七一前夕，召开百余名在职党员和部分团员、党的积极分子代表参加的纪念建党90周年暨创先争优表彰大会，表彰先进党小组和21名优秀党员。7月11日，组织部分党团员、积极分子到世纪坛参观《一切为了人民》大型主题展览。

（付淑梅）

【建立领导巡店制度】　5月，金源公司开始实行领导巡店工作制度，每周巡店两次，每半年轮换一次并形成制度，加强对门店工作的了解、指导、协调与服务。

（付淑梅）

【开斋节爱心捐助活动】　8月31日，牛街清真超市、正兴德茶庄与穆斯林群众同贺开斋节，并举行“恭贺开斋奉献爱心”捐助仪式，区国资委党委副书记张志强、公司领导为牛街敬老院和20名回民中小学学生颁发节日礼品和助学金。金源公司向大兴区东白塔民族小学捐赠1万元助学金。

（付淑梅）

【首家金源超市升级店重张】　9月19日，金源公司首家金源生活超市升级店红莲店重张开业。副区长郭怀刚，区商务委主任郭新、副主任李云伟，国资委党委副书记刘海涛，金正公司总经理张涛，广外街道工委书记缪剑虹、主任王奇志，金源公司国有股东代表等出席开业仪式，并与金源公司董事长共同剪彩。金源公司党委书记主持，总经理致辞。当日，客流近8000人次，实现销售41.6万元。

（付淑梅）

【公司成立12周年活动】　10月13日至26日，金源公司以“辉煌12周年，再攀新高峰”为主题，在所属各门店推出系列营销活动。10月14日，在区文化馆召开成立12周年庆祝大会，总经理以企业未来发展为题发言，3名员工代表作《我与金源》主题演讲。10月26日，举办企业发展主题辩论会，8支参赛队、32名选手参赛，围绕企业经济、文化、人才、物质与精神等内容进行辩论，经过角逐，4支参赛队胜出，8人荣获最佳辩手称号。

（付淑梅）

北京金座投资管理有限公司

【概况】　北京金座投资管理有限公司（简称金座公司）是2005年4月通过资产重组由原北京金座投资管理公司及直属企业整体转制组建的有限责任公司。公司所属企业有志同达劳务服务有限公司、德寿堂医药有限公司、大栅栏自行车有限责任公司3家子公司和劳务服务分公司；公司控股、参股企业6家，包括内联升鞋业有限公司、瑞蚨祥绸布店有限公司、鹤年堂医药有限公司、莱市口医药有限公司、金鑫然医药有限公司、鹤鸣堂医药有限责任公司。职工总数3648人，其中在职职工1790人，离退休1858人。年内，金座公司以科学发展观为指导，以拓宽发展思路、扩大发展空间、创新发展模式为工作重点，促进经济持续稳步发展，注册资金由组建时的1000万元增至1580万元，公司及参控股企业经营收入67331万元，实现利润5031万元，同比增加26.4%，上缴税金2674万元，同比增加15.7%，综合经济效益指标再创历史佳绩。

地址：西城区南横西街27号

邮编：100052

电话：63522526

(王继红)

【三届一次股东大会】 1月18日，金座公司召开第三届第一次股东大会，会议审议通过董事会工作报告、监事会工作报告、2011年至2015年发展规划、选举产生第三届董事会董事和监事会监事。

(王继红)

【慰问离退休干部】 1月19日，金座公司党委举办迎新春离退休老干部团拜会。董事长薛国强代表党政班子向离退休老干部致以节日的问候，总经理袁瑞音向老干部汇报公司经济工作情况，向1876名离退休、岗下职工拨付春节慰问金40多万元，走访慰问老干部30多人。

(王继红)

【党建工作会议】 3月2日，金座公司党委组织召开全系统党建工作会议。党委书记祖淑娟作2011年工作报告，区国资委副书记刘海涛到会并讲话。

(王继红)

【经济工作会议】 3月3日至4日，金座公司召开2011年度经济工作会议。会议由袁瑞音主持，会上各部室主任和每位员工根据本部室和本岗位2011年重点工作，分别围绕如何提升防控经营风险与投资收益水平、如何深入推进落实精细化管理、如何参与促进老字号企业加快自主品牌延伸拓展、如何加强安全生产与构建企业和谐发展氛围等问题发言，提出意见建议，薛国强作总结。

(王继红)

【党支部书记工作会】 3月30日，金座公司党委组织召开基层党支部书记工作会议，部署“立足岗位当先锋，提升形象做表率”主题实践活动。

(王继红)

【两家企业获“中华老字号”】 5月25日，北京市商务委召开会议，向北京市第二批获得“中华老字号”的50家企业正式颁发了标牌。德寿堂医药有限公司、鹤年堂医药有限责任公司分获第二批“中华老字号”殊荣。

(王继红)

【参观李宁公司总部】 5月31日，金座公司党委组织系统内各企业党政副职以上干部和机关党员参观北京李宁公司总部，学习国内知名品牌企业的创业成长经验。

(王继红)

【庆祝建党90周年】 6月28日，金座公司党委举办庆祝建党90周年大会。祖淑娟宣读对两个基层党支部、3名优秀党务工作者，9名优秀共产党员和3个党员先锋岗的表彰决定。袁瑞音、齐惠兰、夏岚分别作典型发言。来自各基层单位的80名党员、青年职工，进行了“颂歌献给党”职工文艺汇演。在活动中，公司系统的84名在岗党员积极参加“党员献爱心”活动，共捐款6420元。组织党员到世纪坛参观《一切为了人民》大型主题展览，观看《建党伟业》电影，开展共产党员做好事、落实承诺活动。

(王继红)

【国际形势教育】 8月初，金座公司党委分批对所属基层单位副职以上领导干部和公司机关全体员工进行以《国际热点问题和2011年中国外交》为专题的国际形势教育。

(王继红)

【经营管理研讨会】 10月18日至20日，金座公司召开2011年经营管理研讨会。公司全体干部员工及重点参控股老字号企业领导参加了会议。会议提交研讨的调研报告共6篇，选题涉及公司物业调整改造项目可行性分析、自管宿舍历史遗留难题破解、专业人才引进、培养与管理、长期投资内控制度强化落实、基础档案管理完善、学习型基层党组织建设等方面，均为公司经营管理工作中的难点、热点问题。参会领导和员工针对报告提出的论点、论证和结论纷纷争相发言，大家既对每篇报告给予了积极评价和充分肯定，同时也阐述了各自不同的见解，并且提出了若干有价值的完善意见、措施和建议。应邀参会的内联升、瑞蚨祥领导在会上分别介绍企业改制以来的发展历程，并针对存在的问题，提出了改进措施。

(王继红)

【投资收益】 年内，金座公司全

资投资企业志同达劳务服务有限公司积极发展代理业务，扩大劳务派遣规模，全年实现利润93万元，同比增长131.8%。金座公司积极参与内联升、瑞蚨祥两个重点投资企业的增扩股本，追加股本投资464万元，实现持有内联升的股本比例从18%提高到25%，投资收益873万元，再创历史最好水平。

（王继红）

北京市金工投资管理公司

【概况】 北京市金工投资管理公司（简称金工公司）1999年12月成立，主要任务和职责是：依法依规做好企业经营管理；认真履行国有资产保值、增值职责；承担企业安全稳定工作第一责任；妥善解决历史遗留问题；完成区国资委布置的各项工作任务。主要经营项目为出租房屋。公司设综合办公室、人力资源部、经营计划部、财务部、离退休职工管理服务中心。年内，在职职工146人，离退休职工5046人。

地址：西城区半步桥街14号

邮编：100054

电话：63582366

（李国庆）

【推进企业精细化管理】 2月中旬，金工公司制定《2011年工作任务分解项目说明书》，把全年重点工作任务进行分解，明确主管领导、责任部门、责任人，并以此进行月或季度工作安排、考核、年终总结评定，全面推进企业精细化管理。

（李国庆）

【维稳安全工作】 3月2日，金工公司成立维稳安全工作领导小组，组长为党委书记兼董事长朱志伟和总经理孙昌，副组长为党委副书记李国庆，组员6人，下设维稳安全工作办公室，负责公司日常维稳安全工作。同时，建立完善各项规章制度和管理规定。3月31日，金工公司创刊《金工维稳安全工作情况通报》，反映维稳安全工作情况和突发事件动态，每期上报区国资委有关领导。

（李国庆）

【公司法律事务工作会】 3月10日，金工公司召开法律事务工作会议，朱志伟主持，孙昌与副总经理王保和以及经营计划部、综合办公室负责人，法律顾问等参加会议。会议肯定前期公司法律工作取得的成绩，研究2011年公司法律工作总体思路，确定运用法律手段解决历史遗留问题的方针。

（李国庆）

【制定五年规划纲要】 3月14日，金工公司制定完成《北京市金工投资管理公司2011年至2015年规划纲要》。

（李国庆）

【推进绩效考核工作】 从4月起，金工公司实行部门年度重点项目任务、日常工作完成进度情况月报制度。部门填写月报表的情况，列入公司对部门季度工作的考核范畴，作为年度部门绩效考核的重要内容。

（李国庆）

【庆祝建党90周年大会】 6月17日，金工公司党委在北京宣房投公司礼堂召开庆祝中国共产党成立90周年大会，回顾中国共产党90年来的光辉历程；歌颂中国共产党取得的丰功伟绩；表彰在年度创先争优活动中的先进党支部、优秀共产党员和优秀党务工作者；先进党支部、优秀共产党员和优秀党务工作者代表介绍工作经验和体会；表演文艺节目；在会场举办创先争优活动图片展览。

（李国庆）

【清退租户工作】 6月20日，金工公司经过艰苦努力，提前半年完成2011年重点工作之一的北塑公司东椿树租户清退工作，14户租户全部被清退，解决了每年由公司净支出30万元水电费的问题。

（李国庆）

【离退休职工档案整理工作】 6月30日，金工公司经过3个月的努力，按时完成2011年重点工作之一的退管中心第二阶段档案整理工作。

（李国庆）

【整合办公用房】 7月，金工公司将北塑公司退休人员活动中心迁至广安门金工公司退管中心集中办公，腾出办公用房与门脸房合体出租，新增年租金10万元。

（李国庆）

【制订专项工作完成时间表】 8月，金工公司制订2011年下半年14项重点专项工作执行落实时间表，并在每次班子例会上听取主管领导关于14项重点专项工作进展情况汇报，督促推动各项工作任务完成。

（李国庆）

【修缮危旧房屋】 年内，金工公司利用申领到的国有资本金项目资金，修缮东椿树塑料公司职工危旧住房数间，改善职工居住条件，排除危旧房随时倒塌的危险；修缮南柳巷54号院危房5间，为院内住户增加用电用水一户一表，既改善了居住条件，也解决了多年来因此造成的邻里纠纷；修缮互感器有限公司大外廊营26号职工宿舍，翻建屋顶700余平方米，解决了因塌陷、断檩造成的长年漏雨等危情以及因此长期群访的老问题。

（李国庆）

【合作开发东椿树房产项目】 年内，东椿树14户租户被清退后，金工公司利用清退房拓宽经营渠道，与有文化底蕴、较强经济实力的文化公司进行合作开发，翻建危旧房，建成一座具有北京传统风格的院落并进行出租，新增年租金45万元。

（李国庆）

【解决拖欠职工费用问题】 年内，金工公司利用300万元国有资本金项目资金的支持，解决了双金属轴瓦厂拖欠职工各项费用的老大难问题。

（李国庆）

【签订房产项目出租合同】 年内，金工公司对半步桥院进行整体开发和出租，经多方努力，最终与如家酒店以主体建筑每天1.3元/平方米的价格签订出租合同。

（李国庆）

【解决土地转让历史遗留问题】 年内，金工公司处理解决了3处土地转让历史遗留问题，节约相关费用1433万元。同时解决了大华陶瓷厂2000年土地转让1800万元欠发票和起重设备厂2000年欠消防总局9066万元发票的历史遗留问题。

（李国庆）

【完成朝阳门热力站移交工作】 年内，金工公司克服资金不足等困难，筹措资金，完成朝阳门宿舍楼热力站设备改造和热力站管理移交北京热力公司工作，解决了热力站管理费用和垫付全楼供暖费的问题。

（李国庆）

【完成北波公司外资退出工作】 年内，金工公司完成北京起重设备厂北波公司外资退出等工作。11月30日，北京起重设备厂与北波公司签订《股权转让协议》，收回北波公司股份出让资金。

（李国庆）

【精减人员】 年内，金工公司推动一人多岗工作原则，有序解聘合同到期人员，共减员35人，减少了用工费用支出。

（李国庆）

北京市金正资产投资经营公司

【概况】 北京市金正资产投资经营公司（简称金正公司）是经区政府批准，于1998年8月正式成立的国有独资公司。主要为区域公共设施基本建设、社会公益性建设及重点项目投融资，作为国有股东收缴国有资产收益，对区内中小企业及个体工商户提供小额贷款和贷款担保等金融服务。金正公司设2部1室2公司，有员工33人。注册资金371869.5万元，对外投资企业23家（其中全资企业8家、控股两家、参股企业13家）。年内，金正公司实现利润3673.7万元，主营业务收入203万元。金正公司被评为首都文明单位，获第18届全国企业管理现代化创新成果二等奖、第26届北京市企业管理现代化创新成果一等奖、北京市单位内部安全保卫集体嘉奖。

地址：西城区广安门内大街6号枫桦豪景西配楼

邮编：100053

电话：83516692

（田　媛）

【拨付项目资金】 1月4日，金正公司获兴业银行4亿元流动资金，用于拨付南苑安置房建设项目。

（田　媛）

【注册资本金增加】 2月16日，金正公司获18.5亿元国有资本注入，注册资金由186869.5万元增至371869.5万元。

（田　媛）

【追加投资工作】 5月10日，金正公司向北京翔达投资管理有限公司追加投资141万元。6月21日，向北京金正光彩担保有限公司追加投资7500万元。12月1日，向北京广安控股有限公司追加投资35000万元。12月26日，向北京广安置业投资公司追加投资60000万元。

（田　媛）

【增持宣兴公司股份】 8月15日，北京昊都建筑工程有限责任公司、北京胜美建筑装饰工程有限责任公司和北京万佳利物业管理有限公司持有的北京宣兴房地产开发股份有限公司982.1万股国有股份无偿划转至金正公司。划转后，金正公司对宣兴公司的持股比例由30%提高到48.12%。

（田　媛）

【金正融通成立】 8月30日，由金正公司发起的北京金正融通小额贷款有限公司正式成立。

（田　媛）

【小额贷款担保基金转移】 10月25日，北京金正光彩担保有限公司被正式确定为西城区小额贷款担保机构，原宣武区小额贷款担保基金由金正公司转移至金正光彩。

（田　媛）

【对外提供贷款担保】 年内，金正公司发挥担保职能，新增融资性担保贷款9630万元，其中北京金正光彩担保有限公司为区域中小企业及自主创业人员提供贷款担保共计5591万元，包括为区内11户中小企业13个融资项目提供贷款担保5430万元，为8个信用街道19户个体工商户提供贷款担保161万元。金正光彩与区发改委中小企业服务中心签订战略合作协议，对符合条件的区内中小企业给予贷款贴息支持。

（田　媛）

【对外提供小额贷款】 年内，金正融通小额贷款有限公司共为区域内商贸、文化创意等中小企业及个体工商户提供小额贷款5950万元。

（田　媛）

北京翔达投资管理有限公司

【概况】 北京翔达投资管理有限公司（简称翔达公司）是国有法人参股的有限责任公司。翔达公司按照现代企业制度的要求，设立规范完善的法人治理结构和党、团、工会组织机构，内设办公室、人力资源部（安全保卫部）、经营策划部、财务部、审计部、集采部和党务工作部7个部室，拥有翔达晋阳饭庄、翔达晋阳白广路饭庄、翔达晋阳银谷饭庄、翔达晋阳马西路饭庄、翔达吐鲁番餐厅、美味斋饭庄、致美斋饭庄、清华池浴池、博兴饭店、翔达白鹭美容美发店、翔达凤凰摄影中心、翔达恒兆饮食服务分公司12个分公司制企业和翔达国际商务酒店有限公司、翔达海鲜大酒楼有限公司、中兴世纪物业管理有限公司、晋雅信达文化发展有限公司、翔达旅行社有限公司5家全资子公司，以及翔达南来顺饭庄有限公司、翔达高球体育休闲俱乐部有限公司两家控股子公司，注册资本4679万元。主要经营范围涉及餐饮业、饭店业、洗浴业、美容美发业、摄影业、旅游文化业、物业管理业等经营业态。截至年底，有经营网点52处，建筑面积近9万平方米，在职1959人，离退休2568人，资产总额近6亿元。年内，翔达公司围绕“全面加强企业管理，提升核心竞争能力，有效破解发展瓶颈”的目标任务，开展“翔达管理年”活动，各项工作取得新进展，完成营业收入同比增长15.2%，实现利润同比增长44.9%。

地址：西城区教子胡同28号

邮编：100053

电话：63521731

（牟星玮）

【党委纪委换届】 1月10日，翔达公司召开党员大会，审议通过党委工作报告、纪委工作报告、党费收缴使用情况报告，选举产生中共北京翔达投资管理有限公司第二届委员会和中共北京翔达投资管理有限公司第二届纪律检查委员会。区国资委党委副书记刘海涛参加会议并讲话。

（牟星玮）

【三届一次职代会】 1月11日，翔达公司召开第三届职工（工会会员）代表大会，审议通过第二届工会委员会工作报告、工会经费审查情况报告、集体合同及工资集体协商专项协议，选举产生第三届工会委员会、工会经费审查委员会、翔达公司第三届董事会中的职工代表董事和公司第三届监事会中的职工代表监事。

（牟星玮）

【迎新春联欢会】 1月21日，翔达公司在北京市工人俱乐部举办第七届春节联欢会，慰问外地务工人员和广大员工，表彰公司级2010年度先进党支部、优秀党员、技术创新先进集体和先进个人，观看由翔达公司系统职工自编自演的文艺节目。

（牟星玮）

【2人获中华传统技艺技能大师】 1月25日，翔达公司所属清华池修脚师王建生、薛国庆，被授予新中国成立以来首次为修脚师命名的北京市商业服务业中华传统技艺技能大师称号。北京市副市长程红为荣获此项殊荣的人员颁发了证书。

（牟星玮）

【三届一次股东会】 2月21日，翔达公司召开第三届股东会第一次会议，选举产生第三届董事会董事和第三届监事会监事。在随后召开的第三届董事会第一次会议上，孙勇当选董事长，李卫民当选副董事长，并聘任总经理、副总经理和财务总监等高级管理人员，通过内设机构和所属行政建制单位设置方案及负责人建议人选；在第三届监事会第一次会议上，秦志慧当选监事会主席。

（牟星玮）

【挪威客人参观清华池】 4月20日，挪威国家级足部保健协会访问团一行56人，到翔达公司所属清华池参观访问。访问团观看了清华池独特修脚技艺图片展和宣传片，观摩了修脚大厅和脚病治疗室，并进行足部保健技艺交流。

（牟星玮）

【廉政教育展览】 4月18日至20日，翔达公司党委举办“构建惩防体系，推进反腐倡廉”廉政教育展览。展览将《国有企业领导人员廉洁从业若干规定》分层次、系统化地进行展示，并配以大量图片和案例。

（牟星玮）

【获绿色生态沐浴示范企业称号】 4月26日，在北京市沐浴行业协会主办“节能减排低碳沐浴，携手共建绿色北京”为主题的“2011北京第二届沐浴休闲文化节”上，清华池获“绿色生态沐浴示范企业”称号。

（牟星玮）

【捐助希望小学】 4月26日，翔达公司党委书记冯双利一行，前往位于海淀区的风华爱心希望小学，向这所农民工子弟学校捐赠图书、球类、棋类、跳绳、毽子等文体用品。风华爱心希望小学回赠“爱心点燃希望，希望照亮童心”锦旗一面。

（牟星玮）

【第三届藤萝宴活动启动】 4月28日，翔达公司所属翔达晋阳饭庄在纪晓岚故居，举办第三届藤萝宴暨邢振龄书画展启动仪式。副区长郭怀刚，区商务委主任郭新，区旅游局副局长刘军，市老字号协会会长、市烹饪协会会长姜俊贤，市饮食行业协会会长汤庆顺，以及著名画家邢振龄等书画界知名人士、多家新闻媒体记者出席。

（牟星玮）

【参加第六届餐饮食品博览会】 5月6日，翔达公司参加了中国（北京）第六届餐饮食品博览会系列活动，在北京展览馆报告厅举办的“吃在北京”首批旅游特色餐厅展会上，翔达晋阳饭庄展示了香酥鸭、海棠情思、紫藤幽香、什锦炒拨鱼、过油肉等特色菜品，获众多参观者好评。

（牟星玮）

【庆祝建党90周年】 6月8日，翔达公司党委举办庆祝建党90周年红歌演唱会，全系统13个单位230余名员工演唱了10余首红色歌曲。6月28日，翔达晋阳银谷饭庄参加中关村管委会举办的“首届唱红歌展美食”活动，其特色菜品和饮食文化成为活动亮点。

（牟星玮）

【连锁企业重张开业】 7月6日，翔达晋阳马西路饭庄重张开业。位于丰台区马家堡西路的翔达晋阳马西路饭庄经过改造装修，经营面积由原2300平方米增加到3100平方米，经营环境得到改观。

（牟星玮）

【承办清真美食文化节】 8月31日，由翔达公司承办的“第四届北京清真美食文化节”，在牛街地区开幕，此次活动是市民委、市商务委、区政府协办，市饮食行业协会、市烹饪协会主办，以北京地区百家清真特色餐饮业为主，部分民族工艺品企业、清真食品加工企业在活动中展示了民族产品。市民委、市商务委、区政府有关领导出席开幕式。

（牟星玮）

【制作企业宣传片】 年内，翔达公司聘请专业广告制作公司策划完成《品京味，赏翔达》宣传片，从经营模式、店面展示、产品特色、技术创新、服务理念等多角度展示企业发展历程，树立企业公众形象。

（牟星玮）

【信息化管理】 年内，翔达公司推进信息化管理系统建设，完成餐饮业收银系统改造升级并投入运行，财务集中核算信息平台投入试运行，营业收入结算一体化，数据分析标准化，后台管理科学化的财务信息管理系统初步形成。

（牟星玮）

【团委开展主题活动】 年内，翔达公司团委举行新团员宣誓、老团员重温入团誓词活动，五四青年节至“七一”建党纪念日期间，开展“激发青年活力，建功青春岗位”主题活动，组织团员、青年参加读一本好书、听一次党课和唱响红歌等活动。

（牟星玮）

北京贯通资源投资有限公司

【概况】　北京贯通资源投资有限公司（简称贯通公司）设立股东会、董事会、监事会机构，设置3部1室，计11人。有职工264人。贯通公司以项目开发、物业管理、宾馆酒店、餐饮娱乐为主业，注册资本3000万元。拥有贯通大厦、世通大厦、亿通大厦、科环大厦、中储棉办公楼等10万平方米的物业项目及贯通现代酒店前门店、和平里店、贯通大厦店3家经济型酒店，同时经营运作华南大厦、华远大厦、甘雨桥小区的部分房屋资产。全年实现销售收入6000万元；实现利润1550万元；实现利税1860万元。

地址：西城区百万庄大街8号中楼

邮编：100037

电话：68310511

（温　烈）

【改革目标管理办法】　1月，贯通公司对目标管理办法进行改革，将各企业的经济指标分为高、中、低3个档次，每个档次对应不同的奖励标准，由各企业自主认领指标。各企业经理在充分征求员工意见的基础上，都认领了高档指标。对全员考核的指标也分为3个档次，先由个人自评后选择相应档次，再由公司组织考核，考核结果直接与奖励挂钩，调动了大家的工作积极性。

（温　烈）

【出租写字楼】　4月，贯通公司将世通大厦中楼西侧出租，并与上海联创设计公司签订租赁合同。房屋的租期自2011年5月1日起至2017年9月30日止，年租金241万元。

（温　烈）

【安全生产】　6月，贯通公司开展以“落实企业主体责任，保障城市运行安全”为主题的安全生产月活动，有计划、有组织、有检查、有落实、有总结，提高广大员工的安全意识和防范能力。

（温　烈）

【签订租赁合同】　11月，贯通公司经过多次谈判和投标竞标，与北京城乡建设集团有限责任公司签订广外鸭子桥6号院北写字楼和万隆酒店的租赁合同。

（温　烈）

【调整办公用房】　年内，贯通公司为提高企业利润，对地下室和楼顶进行改造，在楼顶新建3间办公用房。重新调整物业办公地点，腾出写字楼办公面积114平方米出租给阜外心血管医院，年收入18.7万元。

（温　烈）

【续签物业管理合同】　年内，贯通公司与国家电力公司续签科环大厦6万平方米物业管理合同及补充协议，收入260万元。

（温　烈）

【调整写字楼租赁价格】　年内，贯通公司调整散租写字楼贯通大厦租赁价格，在充分做好客户工作的前提下，适当提高写字楼租赁单价，新入住客户的租赁单价提至每天每平方米3.5元，续租合同单价平均每天每平方米上调0.15元，并相应缩短客户免租期。出租率保持在99.4%。

（温　烈）

【经营管理活动】　年内，和平里酒店从3月起将网络、协议、会员价格上调30元至50元不等，发展协议单位204家，发展会员6467人。前门酒店继续在淡季时推销百元房，争取散客入住补充空置房，并分时段调整酒店客房价格，旺季时房价提高20%。和平里酒店和前门酒店全年实现销售收入804万元，同比增加12.3%；出租率81%，同比上升10%；平均房价每天每间168元，同比增长22%；餐厅收入增长16%。销售发放会员卡1000余张，贵宾卡近250张，新签协议100余份。

（温　烈）

【整修设备设施】　年内，贯通公司更换贯通大厦因年久老化的上下水系统管道；对15间客房、28个卫生间进行装修；更换3160平方米的壁纸、11台分体空调、1台热水锅炉。对亿通大厦进行整体修缮和粉刷，施工面积4500平方米。对前门酒店230平方米轻体房屋的建筑材料进行整改，达到3A级防火标准。对公司办公楼楼顶进行防水处理，并装修外立面。

（温　烈）

北京华兴新业商贸有限责任公司

【概述】　北京华兴新业商贸有限责任公司（简称华兴新业公司）是区属国有独资公司，由北京市复兴商业城有限公司、北京市新街口百货有限公司、北京地百商贸有限公司、北京西西友谊商城有限公司等13家全资、控股、参股企业组成。

华兴新业公司以百货零售、批发经营为主，酒店、餐饮、婚庆服务、服装制售、化工、物业等经营为辅。注册资本金10800万元。截至年底，在职1569人，退休3702人，离休干部16人。年内，华兴新业公司实现销售83707万元，同比上升21.21%；实现利润5634万元，同比上升28.78%；净利润2344万元，同比上升79.89%；净资产收益率5.17%。华兴新业公司获北京市无偿献血工作突出贡献奖；所属复兴商业城获2010年度全国百货店百强企业、北京市消防安全先进单位、北京市2011—2012年度纳税信用A级企业；新街口百货获北京市敬老爱老为老服务示范单位；富丽华酒楼获国家级钻级酒家示范店。

地址：西城区华远北街1号楼7层

邮编：100032

电话：66184460（兼传真）

（王　旸）

【北平居餐饮分公司】 1月25日，北平居餐饮分公司经过半年的装修改造，成为集精美装修、京味美食、贴心服务于一体的中高档美食场所，于春节前夕新张开业，首日销售3万元。

（王　旸）

【走访慰问干部职工】 春节前夕，华兴新业公司党政工领导带队走访慰问困难的离退休干部、劳模、党员、职工和外来务工人员、结对助残困难户等。公司和各权属企业走访慰问1148人次，发放慰问金42万余元。其中为6名低保特困人员发放慰问补助金7000元；为28名因病至困的内退、退休职工发放节日补助14000元；为262名下岗、内退职工发放过节费92600元；为909名离退休人员发放过节费共计398500元。

（王　旸）

【庆祝建党90周年】 7月，华兴新业公司组织全体职工召开庆祝中国共产党成立90周年大会，表彰2010年度公司优秀党员，39名新党员举行了入党宣誓仪式。公司各权属企业开展了诗歌朗诵、大合唱、歌舞表演等庆祝活动。

（王　旸）

【新街口百货商场】 8月，新街口百货商场在铁道部党校礼堂，以外聘讲师授课、企业骨干宣传服务礼仪及商品知识、服务标兵情景演练等方式，分批开展全员业务培训，265名员工参加培训。

（王　旸）

【金秋餐饮技能大赛】 9月，华兴新业公司组织权属餐饮企业开展“金秋餐饮企业职工职业技能比赛”活动，西西友谊酒店、北平居餐饮分公司、富丽华大酒楼3家企业代表队，共有近百人参加笔试考试，26人进入实操比赛环节，分别就凉菜、热菜、面点、摆台等4项进行比拼，以此提高餐饮企业职工业务水平和操作技能，规范服务礼仪，增强服务意识。

（王　旸）

【第三次党员代表大会】 10月8日，中国共产党北京华兴新业商贸有限责任公司第三次代表大会隆重召开，区国资委领导莅临会议，公司87名党代表参加。审议通过公司党委、纪委工作报告；选举中共北京华兴新业商贸有限责任公司委员会、纪律检查委员会；选举公司出席区国资委系统代表大会代表。会后，分别召开中共北京华兴新业商贸有限责任公司第三届委员会第一次会议、第三届纪律检查委员会第一次会议。

（王　旸）

【编撰完善企业制度】 年内，华兴新业公司各职能部室抽调专人对原有制度进行整理、精简、修订、补充、规划，历时近一年，完成指导性工具书《北京华兴新业商贸有限责任公司管理制度汇编（2011年）》，共21万字，包括财务投资、人事工作、行政及档案管理、基建、资产及安全等方面的工作规则、管理办法及部室职能。

（王　旸）

【经济增加值考核】 年内，华兴新业公司全面推广经济增加值（简称EVA）考核措施，按照依法考核、分类考核和约束与激励相结合的原则，考核结果与薪酬、奖惩、职位紧密挂钩，将考核指标细化到EVA值、EVA率、单位净资产EVA、单位净资产收益、每股收益上，使业绩考核从以利润为核心上升到以价值创造为核心,对企业的管理模式由效益管理转型为价值管理。

（王　旸）

【参加修志工作】 年内，华兴新业公司组织专人参加第二轮区志修志工作，查阅1994年至2010年16年的档案资料，整理完成108张资料卡片。

（王　旸）

【编写五年规划】 年内，华兴新业公司完成《2011—2015年企业发展规划（草案）》编写工作。

（王　旸）

【安全生产工作】　年内，华兴新业公司不间断地组织安全生产活动，各权属企业在不影响正常营业情况下对货场仓储、职工宿舍、出租网点、出租房屋、有限空间等排水系统、人防工事及电缆线路等设备设施进行全面检查，并进行消防、空调改造，电梯电路维护，防雷防汛设施修护，计算机管理系统软件升级以及危险化学用品的安全管理工作。新街口百货有限公司、华兴清华商贸公司分别对商场进行消防工程改造，为企业经营服务创造良好的安全经营环境。

（王　旸）

【总法律顾问制度试点】　年内，华兴新业公司被区国资委确定为推行企业总法律顾问制度试点单位，并制定了《实施总法律顾问制度试点工作方案》及《总法律顾问制度管理办法》。

（王　旸）

【复兴商业城】　年内，复兴商业城修订完善“企业精神、经营理念、企业价值观、品牌理念、服务理念、管理理念、人才理念、企业使命、企业风气、企业CI宣言”内容，并在全体职工中开展讨论，加深对企业文化的理解。在地下货场西区开辟“迪亚天天”超市，并在复兴商业城开设福奈特洗衣店。

（王　旸）

【西西友谊商城】　年内，西西友谊商城有限公司下属的西西友谊酒店拓宽客房网络销售渠道，加强与网络订房中心合作，将8层原KTV改造成中餐厅贵宾厅，增加140个餐位，综合效益明显上升。西单109婚庆大楼举办“婚纱秀”、“珠宝节”等系列展示活动，宣传“幸福要永久，结婚请到109”企业文化品牌。109婚庆公司与西西友谊酒店整合开发商机，洽商婚宴合作事宜，开展“结婚一站式服务”。

（王　旸）

【西西友谊商城物业管理分公司】　年内，西西友谊商城物业管理分公司向楼内商户及社会车辆提供低价格高服务的停车保障，对商城地下停车场进行调整，启用地下3层停车场，恢复照明、消防、闭路监控等设施，将商城内部员工停车区由地下2层西区调至地下3层，使地下2层对外开放停车位由134个增加到168个，容纳量增加20.24%，合理利用经营面积，实现各类车辆分区管理。

（王　旸）

【成文厚账簿卡片公司】　年内，成文厚账簿卡片有限公司对成文厚品牌产品进行全面规范定标，改进新包装、增设防伪措施，与各厂家签订委托加工协议，并与各区县29家经销商分别签署授权协议书，使成文厚账簿营销市场更加规范有序。

（王　旸）

【京工友谊时装厂】　年内，京工友谊时装厂落实后备人才引进、储备和培养规划，使友谊女装的工艺和技术后继有人。与北京服装学院及北京轻工技术学校签订人员定向培训合作协定，每年由学校定期优先向服装厂推荐专业技术人才，为服装厂的可持续发展奠定人才基础。

（王　旸）

北京恒达宏业经贸有限公司

【概况】　北京恒达宏业经贸有限公司（简称恒达宏业公司），原系北京市供销合作总社系统集体所有制企业，于2005年7月转制为股份制企业。恒达宏业公司设有3个职能部室，下属5个分支机构，在职62人，离退休358人。主要经营炊事机械、不锈钢制品、土产建材、日用杂品。年内，实现商品销售收入5762.8万元，同比下降2.49%；实现利润21.3万元，同比增加7.1万元；年资金回报率5%。

地址：西城区盆儿胡同62号院旁门

邮编：100054

电话：63522045

（王立国）

【二届二次股东会暨职代会】　3月29日，恒达宏业公司召开二届二次股东会暨二届二次职代会，总结2010年工作，布置2011年工作，会议讨论通过2010年业务招待费使用情况和集体合同执行情况报告。

（王立国）

【组织党员参观学习】　5月27日，恒达宏业公司党总支组织全体党员和入党积极分子到河北省西柏坡参观学习。

（王立国）

【慰问一线职工】　6月9日，恒达宏业公司领导及工会负责人慰问一线经营职工，送去白糖、绿豆等防暑降温慰问品。

(王立国)

【完成修志任务】 年内，恒达宏业公司按照区国资委关于第二轮区志编纂要求，确定专人负责，查阅档案资料，真实反映本企业经济、改革、文化与现状等情况，完成资料卡片编纂任务。

(王立国)

【安全检查】 12月28日，恒达宏业公司领导带队，对自营网点、仓库和出租房屋进行节前综合安全检查。

(王立国)

【烟花鞭炮供应】 年内，恒达宏业公司按照区烟花办和各有关部门的要求，与经营网点签订安全责任书，领导带队对经营网点多次进行检查，对员工进行安全防范意识教育，严把进货关，确保消费者买到安全放心、质量有保障的烟花鞭炮。宣武建材商场、菜市口厨具中心、红星炊具商店3家企业，圆满安全完成春节期间烟花鞭炮供应任务。

(王立国)

【多元化营销】 年内，恒达宏业公司开展多元化营销，宣武炊机公司对展示大厅商品结构进行调整，突出特色，适应市场；宣武建材商场坚持挖潜增效，厉行节约，减少开支，防止发生跑、冒、滴、漏现象；菜市口厨具中心调整经营结构和经营合作伙伴，更换新商品，适应市场需求；红星炊具商店加强安全生产教育，做好烟花鞭炮经营管理；宏盛兴炊机分公司坚持品牌经营，与一批消费者建立良好的供求关系，促进品牌商品销量逐年上升。

(王立国)

北京华天饮食集团公司

【概况】 北京华天饮食集团公司(简称华天集团)是2004年12月由原北京华天饮食集团公司和原北京万方实业总公司合并组建的，拥有20余家中华老字号品牌。公司以庆丰包子铺、同和居饭店、同春园饭店、惠丰饺子、延吉餐厅等餐饮为主业态，兼营副食零售、宾馆、招待所等业态。拥有两家重要子公司：聚德华天控股有限公司（简称聚德华天公司）以经营鸿宾楼、烤肉宛、烤肉季、砂锅居、护国寺小吃等中华老字号餐饮品牌为全业态；北京万方有限公司以经营天福号酱肘子、桂香村糕点、元长厚茶叶等食品加工和零售业态为主。华天集团及所属两家重要子公司共有在岗职工5000余人，离退休职工9000余人；年内，华天集团及所属两家重要子公司含加盟店实现营业收入15亿元，其中直营店实现营业收入11亿元，实现利润1.56亿元。其中，华天集团实现营业收入3.56亿元，实现利润5178万元；聚德华天公司实现营业收入3.88亿元，实现利润4950万元；北京万方有限公司实现营业收入3.67亿元，实现利润5476万元。

地址：西城区二七剧场路乙6—2号

邮编：100045

电话：68059875

(陈　涛)

【庆祝建党90周年】 6月，华天集团与聚德华天公司共同举办“真情爱华天，颂歌献给党”——纪念建党90周年职工文艺汇演，500余名员工参加汇演。区国资委、区商务委、区工会、团区委等领导观看演出并与演职人员合影留念。7月，华天集团及子公司聚德华天公司、万方有限公司2100名党员和积极分子参加共产党员献爱心捐款活动，总计捐款5.8万元。

(陈　涛)

【发展餐饮连锁店】 年内，华天集团所属北京庆丰包子铺（简称庆丰）注重连锁店经营管理质量，对地理位置不理想、管理跟不上的连锁店先后进行关停整顿，庆丰连锁店总数达到160家。顺义区李遂镇的庆丰馅料配送中心二期项目工程已经启动。投资200余万元的中试模拟车间初试速冻生鲜包子取得初步成功。护国寺小吃连锁店达到20家，初步形成统一生产配送小吃的中心厨房，销售收入突破1亿元，实现利润2000余万元。由原柳泉居饭庄管理团队承担的国务院办公厅餐厅和中共中央办公厅餐厅的服务工作得到了“两办”领导和干部们的赞扬与认可。延吉餐厅连锁规模达到8家。香妃烤鸡快餐连锁店发展到7家。柳泉居豆包的网点发展到28家。新川面馆发展到11家。峨嵋酒家发展到6家。烤肉宛饭庄发展到3家。砂锅居饭庄、西安饭庄、烤肉季饭庄在外区开了分店。

(陈　涛)

【获得多项荣誉】 年内，华天集团被国家商务部授予“中国诚信企业”称号；再次入选2010年度中国餐饮百强企业，排名从2009年的第32位跃升到第25位；获

“2010年度中国餐饮业十佳企业”称号；在第五届北京影响力评选活动中入选“影响百姓经济生活的10大企业”。庆丰包子铺入选“2010年北京50强餐饮企业”。同和居饭店、同春园饭店等7家老字号被认定为北京“2010年度餐饮门店100强”。同春园饭店获“国家钻级酒家示范店”称号。在北京市第二届职工职业技能大赛暨第五届北京地区烹饪服务技能比赛活动中，华天集团与聚德华天公司共有一线员工420人参加初赛，其中127人进入复赛，48人晋级北京市决赛，39人在决赛中获金牌17枚、银牌13枚、铜牌9枚。

（陈　涛）

【食品安全管理】　年内，华天集团与聚德华天公司加强供货商及原料产地管理，按照“统一采购、统一配送、统一供货和统一结算”的管理模式，实现23大类原材料统一进货；与所属餐饮企业签订食品安全责任书，严控食品添加剂的使用，承诺诚信计量；加强对加盟企业食品安全的管理力度；坚持推行“食以洁为先，放心就餐到华天”的经营理念，除受经营面积限制的企业以外，华天集团与聚德华天公司所属餐饮企业100余家门店被认定为食品卫生A级餐厅，有25家企业被评为“早餐经营规范店”。华天集团被确定为全国食品安全6个先进典型之一，新华社、《人民日报》、中央电视台、北京电视台等19家中央和市区级媒体对华天企业食品安全工作进行了报道，新华网等网站进行了转载。

（陈　涛）

【营销宣传】　年内，华天集团在北京电视台《身边》栏目、《北京晚报》美食版、《法制晚报》和《劳动午报》等电视、报刊媒体刊登文章；投入174万元广告费对庆丰包子铺连锁企业进行宣传；与“大众点评网”合作，以网络“优惠券”的形式开展网络促销活动；拓展手机网站媒体等新兴媒体的宣传渠道；与《法制晚报》合作刊登“报角折扣”促销广告；组织庆丰包子铺、护国寺小吃参加在北京展览馆举办的中华老字号博览会；进入春节庙会及大型会展活动开设铺面，向社会大众展示华天品牌；华天集团内部刊物《北京华天》报、《聚德华天》报共出刊14期。

（陈　涛）

【中华老字号和著名商标】　截至年底，华天集团及聚德华天公司共有同和居饭店、护国寺小吃店、同春园饭店、老西安饭庄、新路春饭庄、大地餐厅、西来顺饭庄、曲园酒楼、天福号等20家老字号企业被国家商务部新认定为“中华老字号”；同和居、鸿宾楼、烤肉季、烤肉宛、砂锅居、峨嵋酒家、庆丰包子铺、天福号8项商标获得批准成为北京市著名商标。

（陈　涛）

【企业菜品创新】　年内，华天集团及聚德华天公司先后举办夏季和秋冬季华天老字号创新菜展示活动，围绕“食品安全是企业的生命、菜品创新是企业发展的灵魂”的主题，以“零添加剂”为切入点，推出130余道绿色环保的创新菜品。

（陈　涛）

【提高员工收入及福利待遇】　年内，华天集团一线在岗正式合同制职工年人均收入同比增长19%，外来务工人员年人均收入同比增长24%。子公司聚德华天公司一线在岗正式合同制职工年人均收入同比增长25%；外来务工人员年人均收入同比增长了20%，职工收入与企业经济效益基本保持同步增长。提高对离退休人员慰问和补助标准，春节、中秋和国庆节走访慰问离退休人员、患重病、大病人员1.5万人次，发放慰问金220余万元。支出85万元为在岗正式员工办理补充医疗保险并相应提高报销比例。公司工会支出20余万元开展“夏季送清凉”活动，为4000多名在岗员工送去茶叶和毛巾。春节期间，向包括外来务工人员在内的一线员工发放年终奖及过节费310万元。投入60余万元对职工宿舍锅炉进行天然气改造，提高供暖效率，节约燃料费70%以上。评选出优秀华天人122人、优秀华天人标兵14人，给予年度荣誉津贴并安排外出考察学习。投资700余万元为外来务工人员建设华天职工公寓，安排入住员工200余人，入住率87%。

（陈　涛）

【工程管理】　年内，庆丰配送中心二期土建、污水处理工程完工。庆丰包子铺红莲店和太仆寺店、护国寺小吃红莲店装修改造工程、华天职工公寓装修改造工程竣工并投入使用。平安里大街178号院拆迁复建工程在工程决算审核管理上继续执行企业内审与建设银行外审相结合的“双审制”，已完成审核同和居饭店、庆丰配送中心二期工程等项目，节约企业建设资金352.6万元。

（陈　涛）

【党建和工会工作】 年内，华天集团及子公司聚德华天公司、万方有限公司全体党员以“组织创先进、党员争优秀、群众得实惠”为主要内容作出承诺，其中党员领导干部带头承诺，履行承诺，发挥表率作用；全体党员“承诺做实不能说空话，承诺上墙接受群众监督”。选出12名区国资委党代会代表，有3人当选为西城区党代会代表。完成36个企业领导班子、85名领导干部、335名党员的民主测评工作，称职合格率100%。国办餐厅党支部、庆丰包子铺总店党支部等15个单位、120名党员被评为西城区和区国资委系统先进基层党组织、优秀共产党员和优秀党务工作者；庆丰包子铺总部获西城区工人先锋号称号；同和居饭店等11个单位及个人获西城区群众性经济技术创新先进单位和标兵称号。

（陈　涛）

北京华利佳合实业有限公司

【概况】 北京华利佳合实业有限公司（简称华利佳合公司）是以服务业为主营业务的国有控股集团企业，注册资本13909.90万元，其中区国资委出资11823.42万元，占总股本的85%；区服装公司集体资产管理协会出资2086.48万元，占总股本的15%。华利佳合公司拥有权属企业24家，其中独立核算的二级子公司7家，全资、非独立核算分公司17家，经营业态涉及饭店住宿、物业管理、商品零售、餐饮娱乐、洗浴照相、珠宝市场、装饰装修、出租汽车、旅游服务等多个领域。其中主营业态连锁饭店14家，物业管理5家。截至年底，资产总额4.89亿元，在岗职工591人，离退休职工4510人。年内，华利佳合公司围绕“营销有新思路，管理有新突破，发展有新局面”的年度工作主题，扩主业、促营销、强管理、组平台、抓党建，公司综合实力迈上新台阶。实现主营业务收入1.15亿元，同比增长12.65%；实现利润2804.60万元，同比增长96.15%；实现净资产收益率8.29%；实现国有资产保值增值率113.14%，超额完成国资委业绩考核指标。一线在岗员工月人均收入达2836元，同比增长21%。华利佳合公司被评为北京市纳税信用A级企业和西城区年度财务决算先进单位，新街口快捷酒店获2011年度北京市“三八”红旗集体。

地址：西城区月坛南街32号
邮编：100045
电话：68522551

（冯　蔚）

【集体资产协会换届】 3月24日，西城区服装公司集体资产管理协会召开第三届理事会、监事会换届选举大会暨第四届协会会员单位代表大会，选举产生第四届西城区服装公司集体资产管理协会名誉会长、协会秘书长及第四届理事会、监事会成员，并创建协会期刊《协会之窗》。

（冯　蔚）

【护国寺快捷酒店】 5月，华利佳合公司收回新街口南大街148号的华宾园招待所，改造为护国寺快捷酒店。建设中，注重特色产品和服务的开发，在保留方便、快捷、干净、温馨等经营特点的同时，突出酒店个性化，满足不同消费需求。除有标准双人间、复式小套间外，首次引入“布丁”理念，设置一层“布丁”房，为消费群体提供新鲜便捷的住宿环境。

（冯　蔚）

【华利佳合10周年司庆】 7月8日，以“绽放华彩，再创佳绩”为主题的华利佳合公司成立10周年庆典活动在中国职工之家举行，华利佳合公司及权属企业近200名员工参加，西城区委、区政府、区人大、区政协、区企业和企业家联合会、区总工会、区国资委、区各委办局及双拥共建单位中央警卫团一、六、七大队领导到场祝贺。年内，华利佳合公司统一开展系列宣传庆祝活动：举办公司成立10周年有奖征文；编发《华利佳合报司庆专刊》；制作10周年司庆展板、纪念邮册、DVD宣传片；在知名媒体发布10周年司庆公告；4月至7月，在各经营企业开展促销让利、赠送礼品活动，活动期间，华利佳合公司实现主营业务收入3823.68万元，同比增加19.23%。

（冯　蔚）

【酒店实时监控系统升级】 年内，华利佳合公司针对酒店管理系统应用中存在的问题，协助住哲软件公司升级完善系统功能，并在11家连锁饭店同步运行，实现管理者的实时监管和远程控制，为推进流程化管理创造条件。

（冯　蔚）

【实行目标管理考核】 年内，华利佳合公司实行机关行政部室目标管理考核办法。各行政部室自行确定全年工作任务和完成时间，报公司考评领导小组审批、备案。考评领导小组年中、年末进行两次集中考核，并将考核结果作为年终奖励依据。各部室主动做好基层企业的服务、监督、指导工作，抓住经营管理中带有普遍性、倾向性问题，开展调查研究，相继完成“关于电梯、锅炉安全运行及保养情况”、“公司电子设备情况”、“连锁饭店营销情况”、“公司车辆调查情况”、“权属企业及出租联营单位消防设备设施配备情况”等10篇调研报告，为企业经营管理活动和公司管理层的决策提供了参考依据。目标管理考核促进机关部室工作作风的转变，推动公司各项工作和谐、有序、健康发展。

（冯　蔚）

【建立房产信息档案】 年内，华利佳合公司开展摸清家底、核实资产、夯实基础、规范管理工作，对公司房产持有情况全面梳理、清查、核对、登记，摸清了公司房产数量、产权归属、营业面积、使用状态及对外租赁期限等情况，建立了公司房产信息档案，为公司房产规划、管理、保护和合理利用奠定基础。

（冯　蔚）

【旅游饭店标准化建设】 年内，区旅游局确定华利佳合连锁饭店为“旅游住宿品质提升试点单位”。华利佳合公司结合《旅游饭店星级的划分及评定》新标准和质量环境认证体系，重新修订《华利佳合连锁饭店工作手册》，并发放到各连锁饭店组织实施；新建酒店按照二星级标准配置硬件设施，统一使用酒店信息管理系统，统一打包宣传连锁品牌；严格执行岗位流程，建立客户档案，输送饭店经营者和特殊岗位人员参加职业资格取证培训，确保持证率100%；在一线员工中开展新标准、新流程学习、演练、比武活动，选拔21名优秀员工参加“2011年西城区特色住宿单位服务技能大赛”，多名参赛员工获得奖项，华利佳合连锁饭店获“最佳组织奖”。

（冯　蔚）

【聘请服务管理监督员】 年内，华利佳合公司加强内部控制监督，聘请6位在企业一线工作多年、有一定实践工作经验的同志为连锁饭店服务管理监督员，负责连锁饭店服务、卫生、安全及标准化执行情况的监督检查。

（冯　蔚）

【增设两个管理部】 年内，华利佳合公司增设离退休服务管理部和房产租赁管理部。离退休服务管理部整合原人力资源部和好帮手劳务社两个部门职能业务，将11家权属企业1015名退休职工社会保险、档案关系及其他各项关系统一协调管理；房产租赁管理部整合原新利物业和房产资源部的部分职能业务，对公司近百处房产实行统一管理。

（冯　蔚）

【获星级和绿色旅游饭店称号】 年内，华利佳合连锁饭店在市区旅游星级饭店重新评定中，除原有7家星级饭店继续保持星级荣誉外，新申报的平安里快捷酒店、新街口快捷酒店和三里河商务酒店通过二星级评定。华利佳合商务酒店和鼓楼鑫园客栈通过市旅游委专家组现场评审，获银叶级“绿色旅游饭店”称号。截至年底，华利佳合公司有星级饭店10家，绿色旅游饭店7家。

（冯　蔚）

【望潮苑度假村】 年内，望潮苑度假村深化品质提升战略，首次独立参加ISO9001质量管理体系和ISO14001环境管理体系认证，获得一级审核单位双认证资格。2月，获2011—2012年度北京地区党政机关出差接待资格。12月，中标市政府采购项目，成为2012—2013年度北京市党政机关会议定点协议单位，并通过三星级饭店重新评定工作。望潮餐厅获北京市卫生局授予的“我最喜爱的A级餐厅”称号。

（冯　蔚）

【鼓楼鑫园客栈】 年内，华利佳合鼓楼鑫园客栈借助什刹海旅游资源，开展多元营销和管理活动，吸引游客“转胡同，逛老街，住百年老店”。与多家咨询宣传站建立联系；通过企业独立网站和中外第三方网站进行网上营销，并在新浪网注册客栈微博，宣传推广企业。11月1日，北京电视台《身边》栏目播放对老字号“鑫园浴池”的专访节目。

（冯　蔚）

【规范企业重大事项管理】 年内，华利佳合公司加强对银岛商厦和望潮苑度假村两家重要子企业的重大事项管理，制订了两家重要子企业股东会、董事会、监事会及经理办公会议事规则，编制了《议事规则手册》，并经股东大会讨论通过。

（冯　蔚）

【党员佩戴党徽上岗】 年内，华利佳合公司党委制定党员戴牌上岗制度，在党员中开展“亮身份、展风采、比贡献”活动，提高党员干部自警、自律意识，增强荣誉感、责任感和使命感。全公司130余名在岗党员工作时都佩戴党徽，公开亮明党员身份，主动接受员工和群众的监督。

(冯　蔚)

北京金象复星医药股份有限公司

【概况】 北京金象复星医药股份有限公司（简称金象复星公司）是2001年1月成立的大型医药流通企业，以药品流通产业为经营主线，拥有药品（饮片）批发、参茸饮片零售、诊所、连锁药店、医药电子商务等业务板块，生产自主品牌的爱乐芬系列家用医疗器械、爱乐坊系列成人用品、爱乐菲系列保健食品、鑫元系列精制中药饮片礼品，涉及经营商品规格达万余种。年内，实现整体销售收入13亿元、利税金额5000万元。公司保持“中国医药商业企业百强榜”地位，并获“首都劳动奖状”、“首都窗口行业技能示范单位”、“北京市群众性经济技术创新工程先进企事业单位”、“北京市和谐劳动关系单位”、“企业信用AAA级证书”、“纳税诚信A级企业”、“北京市质量管理贡献奖”、“慈善奉献奖”、“红十字人道公益事业突出贡献奖”等。

地址：北京市西城区阜成门内大街165号

邮编：100034

电话：66160159

(董　斌)

【成立批发运营中心】 1月1日，金象复星公司对批发企业进行整合，成立公司批发运营中心，涵盖统一采购、仓储、财务、结算、质量管理、运输等部门。并逐步完善组织架构、落实人员、制定内部管理与流程制度。通过对商品供货网络的维护，公司在新一轮药品招标中，共获得了1330个药品品规的配送资格。新增可配送医疗机构25家，同比增加10%。批发总销售额超8.6亿元。

(董　斌)

【变更分公司名称】 2月21日，金象复星公司白塔寺药品经营分公司名称变更为金象复星公司中药材分公司，突出企业的经营特点和核心业务。年内，中药材分公司与16家医疗机构签署饮片配送协议，配送同比增加56%。

(董　斌)

【销售经理专项培训获奖】 3月24日，在西城区2011年成人教育工作会议上，金象复星公司2010年举办的“销售经理专项培训”被评为“西城区成人继续教育优秀培训项目”。

(董　斌)

【四届二次董事会】 4月8日，金象复星公司召开四届二次董事会。董事会就企业2010年的经营和发展给予充分肯定，对企业下一步工作计划进行了研究和讨论，结合政府相关政策及医药市场发展趋势和企业自身情况提出了建议和意见。

(董　斌)

【年度工作会】 4月26日至27日，金象复星公司在外研社国际会议中心召开2011年度工作会。会议确定了2011年度工作主题为“完成批发整合、推进连锁发展、创新老店经营、夯实管理基础”。会议要求公司各企业，要进一步拓展批发业务能力，发挥白塔寺药店中医、中药的优势潜力，提升金象连锁的品牌知名度和顾客忠诚度，注重企业发展与职工发展相结合。

(董　斌)

【参加公益活动】 5月19日，在西城区红十字会首届中外书画作品公益拍卖会上，金象复星公司共拍得作品两幅，募捐善款4.02万元。

(董　斌)

【白塔寺中医肿瘤诊疗康复中心成立】 5月21日，金象复星公司白塔寺中医肿瘤诊疗康复中心成立，并开展了“治疗规范适度关注肿瘤康复”的大型义诊活动，肿瘤专家为88名肿瘤患者义诊，接待20余名患者现场咨询。

(董　斌)

【纪念建党90周年】 6月30日，金象复星公司召开“纪念建党90周年暨创先争优活动表彰大会”，公司党员和入党积极分子共计140人参加了大会。公司党委授予中药材分公司党支部、西单金象大药房党支部、公司本部党支部3个集体为“先进基层党组织”，授予14名党员为优秀共产党员、7名党支部书记为优秀党务工作者。此前，公司党委还组织参观“一切为了人民”纪念建党90周年展览，举办“喜迎建党90周年书画、摄影作品征集”比赛，参加“共产党员献爱心”活动，捐款6650元，引导职工传唱各个时期的红色经典歌曲。

(董　斌)

【第七届金象会员节】 9月17日，金象复星公司第七届金象会员节在陶然亭公园举办，中国医药商业协会连锁药店分会、中国非处方药物协会、人民网、区商务委员会、陶然亭街道等单位的负责人应邀出席开幕会。在活动现场人民网“人民健康大讲堂”组委会向金象大药房授予了“健康科普园地”的牌匾，金象大药房还向残疾人代表赠送了30台足浴盆及健康礼品。此次会员节还设有文艺表演、会员服务、专家义诊、健康咨询、药品宣传展示等活动。

（董　斌）

【获文明单位称号】　11月，金象复星公司及所属宣内药品公司、中药材分公司、地安门分公司、白塔寺药店、复兴门金象大药房、真武庙金象大药房、金象连锁公司和西单、展览路、地外、月坛南街、西四北、新街口、乐仁、西内、月坛北街、和平门、建禹金象大药房共19家单位荣获“2011年西城文明单位”。其中地安门分公司还被评为2011年“首都文明单位”。

（董　斌）

【调整商品结构】　年内，金象复星公司白塔寺药店调整商品结构，以饮片参茸的特色经营之路为主线。参茸饮片销售占全店销售的62%，同比增加42%。开展大型特色营销活动12次，在第八届滋补养生节中，利用东阿阿胶的产品资源及药店优质饮片的配料，熬制适合夏季服用的阿胶清心膏，阿胶销售同比增加63%。进行改扩建装修工程，扩建后诊所共有9间诊室，医师人数增至45名。增加包括中医正骨推拿、按摩、针灸、艾灸、针刀治疗等多种特色诊疗项目，年门诊量已达2.4万人次。

（董　斌）

【培训后备人才】　年内，金象复星公司采取外训和内训相结合的培养方式，为不同层面的经营管理人员和药学专业人员量身定做不同的培训项目课程，重点突出专业性、实效性。全年共完成培训61个，总计446学时，参训人员1897人次。

（董　斌）

【修订人力资源管理规划】　年内，金象复星公司完成人力资源管理战略规划的修订工作。通过对公司人力资源优劣势、综合能力、风险与机遇、人员需求情况等综合分析和把握，确定人力资源管理未来5年的行动计划、风险防范对策、人力资源需求规划及保障措施。推进和完善人力资源内控体系建设，加强人力资源内控制度在全公司内的贯彻落实。

（董　斌）

【完成年度预算编制工作】　年内，金象复星公司围绕管理分割和批发业务整合两大重点工作，调整工作流程，创新工作方式，深入企业与企业经理、人力资源主管以及主管会计等对2012年度人力资源预算工作、人力资源管理重点工作进行沟通，交换意见，使公司2012年的预算以财务指标为核心，按照时间进度和要求完成编制工作。

（董　斌）

北京金泰集团有限公司西城分公司

【概况】　北京金泰集团有限公司西城分公司隶属于北京金泰集团有限公司，由北京金泰宏达商贸有限责任公司、北京金泰惠达商贸有限责任公司、北京通华商贸有限责任公司、北京市金泰永安商贸有限责任公司、北京金泰之家通华苑饭店有限公司、北京金泰华云商贸有限公司、北京金泰开阳物业管理有限责任公司、北京金泰颐寿轩敬老院、北京金泰通华商贸有限责任公司盛达园饭店、北京金泰长安市场有限责任公司、北京天宁寺驻青园农副产品市场有限责任公司、北京金泰广安商贸有限责任公司12家权属单位组成，是一家从事房产物业、四合院宾馆、敬老院、超市、饭店管理、民用煤生产销售等多业态、跨行业经营的商业企业。年内，分公司资产总计26068万元，实现销售收入3619万元。

地址：西城区半步桥街48号金泰开阳大厦

邮编：100054

电话：63548097

（韩　峥）

【走访慰问工作】　1月10日至21日，分公司开展春节前走访慰问工作，共慰问离休干部8人、处退老领导20人，送慰问品和慰问金合计支出2.5万元。7月28日，金泰宏达公司党支部慰问本单位全体转业退伍军人并致以建军节的问候。9月19日至23日，分公司走访慰问25名离休干部和处退老领导，送慰问品和慰问金合计支出1.45万元，并向他们通报分公司经营发展情况，感谢他们为新中国和企业发展作出的贡献。

（韩　峥）

【职代会暨工作会】　1月21日，分公司召开2011年度职代会暨工作会，金泰集团党委常委、常务副总经理章琳出席并讲话。分公司经理任保明作《全面落实金泰集团“十二五”发展规划，加快经济发展方式转变，增强区域经营竞争实力，努力推动分公司科学发展再上新台阶》的工作报告；工会主席刘超法作工会工作报告；副经理梁振英作集体合同履行情况报告；表彰17家分公司级2010年度先进集体和50名先进工作者。

（韩 峥）

【获得多项荣誉】 1月，金泰颐寿轩敬老院经区民政局推荐，被评为“十一五”期间北京市养老机构建设工作先进单位，副院长刘长明被评为先进个人。3月11日，分公司被评为西城区人口和计划生育工作先进单位。8月4日，北京市旅游部门推出首批独具北京特色的四合院民居旅游品牌“北京人家”，分公司积水园旅馆获首批“北京人家”称号。

（韩 峥）

【完成档案移交】 3月10日，分公司完成合同档案、基建档案、财务档案的移交、整理工作，并通过由北京金泰集团组成的检查组验收。

（韩 峥）

【党群工作会】 3月17日，分公司党委召开党群工作会，部署组织、宣传、纪检和工会工作，通报党委组织结构调整和分工情况，权属各单位党支部书记、工会主席，以“全面加强党群工作、促进企业科学发展”为主题，进行了交流研讨。

（韩 峥）

【老干部体检】 4月至7月，分公司组织老干部在北京第二医院体检中心和北京市医疗护理服务中心进行健康体检，17名老干部参加。

（韩 峥）

【解放军慰问敬老院】 5月3日，解放军总装备部处长邵富洪和参谋刘江一行，到颐寿轩敬老院进行慰问，送上10袋大米、10袋白面和两箱食用油等慰问品。

（韩 峥）

【区红十字会志愿者服务基地】 5月30日，颐寿轩敬老院正式成为区红十字会定点志愿者服务基地，区红十字会会长李秀荣与分公司副经理秦有明共同为“西城区红十字会定点志愿者服务基地”牌匾揭牌。

（韩 峥）

【接收天宁寺驻青园市场】 6月1日，金泰长安公司接收并进驻天宁寺驻青园市场，接收后商户队伍较为稳定，实现平稳过渡。

（韩 峥）

【纪念建党90周年】 6月27日，分公司召开创先争优总结表彰大会暨纪念建党90周年红歌演唱会，分公司党委总结上半年工作，对与会人员进行党课教育，表彰2011年度创先争优活动先进集体和优秀个人，举办“颂歌献给党”红歌演唱会。

（韩 峥）

【上半年经济工作分析会】 7月14日，分公司召开上半年经济工作分析会。权属经营单位及有关经营部门汇报交流了上半年经济运行情况，分公司领导对做好下半年工作提出要求。

（韩 峥）

【通过质量管理体系认证复审】 7月29日，分公司金泰颐寿轩敬老院ISO9001国际质量管理体系，经中经科环质量认证公司认证复审合格。11月，中经科环质量认证公司对金泰开阳物业公司进行ISO9001/14001质量/环境体系认证复审审查，复审合格。

（韩 峥）

【参加展会】 8月30日至9月1日，金泰宏达公司容园宾馆作为参展商出席由国家旅游局和市政府联合主办的“2011年中国（北京）国际商务及会奖旅游展”，共洽谈特邀买家30个。

（韩 峥）

【参加技能大赛】 9月7日，金泰通华盛达园饭店在区旅游局举办的客房服务技能大赛中获优秀组织奖，有两人分获第一名和第三名。

（韩 峥）

【敬老院分院试营业】 10月15日，金泰颐寿轩敬老院孔雀分院开始试营业，当天入住18人，截至年底共入住26人。

（韩 峥）

【蜂窝煤质量全部合格】 11月2日，市质量技术监督管理局对分公司所辖区域内的煤炭经营门市部蜂窝煤产品质量进行实地查验，质监局工作人员先后到碧峰寺、南草厂、油坊、韩家潭、南横西街5个煤炭经营门市部，对蜂窝煤分别抽样送检。检测结果全部合格。

（韩 峥）

【2012年工作务虚会】 11月14日，分公司召开2012年工作务虚

会，领导班子成员参加会议。会议分析总结2011年工作的主要成效和存在的主要问题，对2012年工作的指导思想和总体思路进行研讨，明确各业态经营、基建项目、人力资源、安全保卫、财务审计、民用煤保供等11项重点工作。

（韩　峥）

【2011年工作研讨会】　12月1日，分公司召开2011年工作研讨会。分公司领导、各权属单位党政领导及各职能部室负责人参加会议。会上，经理任保明总结2011年度经营工作，提出2012年经营工作重点，与会人员进行分组讨论，达成共识。

（韩　峥）

【共产党员献爱心捐献活动】　年内，分公司全体在职党员、入党积极分子和部分职工积极参加“共产党员献爱心”捐献活动，170名在职党员和1名流动党员捐款6920元；56名入党积极分子捐款1460元；125名职工捐款1742元。

（韩　峥）

【提前完成“冬煤预售”工作】　年内，分公司提前完成11月5日第一轮“冬煤预售”投放到户的工作目标，预售蜂窝煤8001吨，其中金泰永安公司5006吨、金泰惠达公司2995吨。此外，1月至10月销售蜂窝煤13235吨，其中金泰永安公司8677吨、金泰惠达公司4558吨，并实现服务“零投诉”的目标。

（韩　峥）

【通过二星级养老服务机构评审】　年内，金泰颐寿轩善果寺敬老院申报二星级养老服务机构并通过上级有关部门的评审。

（韩　峥）

西城区校办产业管理中心

【概况】　北京市西城区校办产业管理中心（简称校产中心）负责教育系统中校办企业国有资产部分和经营性国有资产的监督管理；教育资产经营行为和部分教育内部消费服务行为的行政管理；教育风险管理服务；育荣国际教育园区的管理；非教育用房可出租规范管理，并保值增值；解决原校办企业历史遗留的相关事宜。截至年底，资产总额6.89亿元，营业收入7223.86万元，净利润49.95万元。

地址：西城区育强胡同1号
邮编：100034
电话：66179057

（赵　侃）

【益生来公司工作】　年内，益生来科贸有限公司先后在两所学校成立校园连锁服务机构（一五四中学和四十一中学）。截至年底，共成立6所此类机构，为解决师生生活需求提供优质服务。全年实现销售额124万元，营业利润23.4万元。

（赵　侃）

【新至物业公司工作】　年内，新至物业公司落实区教委与校产中心布置的抗震加固任务，协助施工单位，为教学楼抗震加固工程按期完工做好前期准备工作。

（赵　侃）

【UIB西城营业部工作】　UIB西城营业部负责防范和妥善解决各类校园安全事故责任风险。年内，投保教工责任险641人32050元、短期险7133人19197元、实习险369人18265元，校方责任保险投保率为100%。共受理2457起学生平安保险出险案例、46起校方责任险案件、8起教职工责任险索赔案件，申请索赔总金额330.53万元，实际赔付190.36万元。

（赵　侃）

【育荣物业公司工作】　年内，育荣物业清退租户55个，收缴租金2665万元，上缴返还款923万元，缴纳各项税费合计399万元。截至年底，育荣物业在合同期内的租户53户，涉及房屋面积3.7万平方米；无合同未清退的租户20户，涉及房屋面积约5000平方米。

（赵　侃）

【房屋管理工作】　年内，育荣物业把安全管理落到实处，坚持下户检查不松懈，各区域经理对自己管辖范围内的出租房屋的水、电、结构等进行安全检查，并根据租户经营性质的不同，有针对性地检查租户的安全设备设施和安全措施落实情况，汛期、冬季防火期，提前与每个租户签订安全责任书，定期检查并记录在案。配合基建处做好危旧房屋的安全检查和维修改造，消除安全隐患，全年维修出租房屋60余次。

（赵　侃）

北京首商集团股份有限公司

【概况】　北京首商集团股份有限公司（简称首商股份）是在原北京市西单商场股份有限公司和北

京新燕莎控股（集团）有限责任公司资产重组的基础上，新组建的一家以百货零售、连锁经营为主的大型商业企业集团。2011 年 7 月 22 日正式揭牌，股票代码 600723，股票简称“首商股份”。作为北京首旅集团旗下的旅游商业板块，首商股份拥有“燕莎友谊商城”、“燕莎奥特莱斯购物中心”、“西单商场”、“贵友大厦”、“金源新燕莎 MALL”、“友谊商店”、“法雅体育”等一批享有知名度的企业和驰名品牌，涉足都市高端精品百货、大众时尚百货、奥特莱斯、大型购物中心、社区购物中心和专营专卖等多个业态，主营门店遍布北京以及成都、兰州、乌鲁木齐、太原、哈尔滨等城市。形成了多品牌、多业态并存和立体化协同发展的新格局，成为京城具有较强区域优势和突出影响力的企业。

地址：西城区北三环中路 23 号

邮编：100029

电话：82270258

（吴　江）

【评选首席收银员】 3 月 28 日，2010 年度首席收银员及收银岗位能手评选结果揭晓。来自西单商场、西单商场十里堡店、西单商场天通苑店、万方西单商场、法雅公司的 103 名收银员参加评选。经过自愿报名、资格审核、工作业绩考核、专业知识培训、实际操作竞赛、综合素质考核、候选人选公示及评审委员会评审等环节，评选出 2010 年度首席收银员 1 人、收银员岗位能手 10 人。

（吴　江）

【西单商场促销活动】 4 月 15 日至 5 月 8 日，西单商场举办主题为“时光流转，璀璨西单”的第七届手表珠宝节。推出购物满额赠礼、国产表部分 5 折起，进口表部分 7.5 折起，镶嵌、翡翠商品 5 折起等活动。12 月 8 日至 14 日，西单商场举办主题为“龙腾未来，新创嘉业”的 81 周年店庆促销活动。商场以“求新、求变”为目标，推出“穿着类商品 81% 的品牌 4.8 折起”以及“名品尊享满 100 送 10 元”、“25 元电子礼金”、“店庆特供独享”、“限时特惠超值加倍”等低折扣、大力度的促销活动，并首次尝试利用《信报》、微博等宣传渠道，开展“生日同贺”等系列文化促销活动。特别是在京城老字号非物质文化遗产传承人现场展示传统技艺活动中，瑞蚨祥、盛锡福、内联升、红都 4 家老字号派出的传承人和高级技工，分别在现场展示了制鞋、制帽等技艺，让顾客近距离与传统品牌亲密接触，展现其丰富的内涵和独特的魅力。

（吴　江）

【资产重组】 5 月 30 日，中国证券监督管理委员会发布《关于核准北京市西单商场股份有限公司向北京首都旅游集团有限责任公司发行股份购买资产的批复》，证监会出具《关于核准豁免北京首都旅游集团有限责任公司要约收购北京市西单商场股份有限公司股份义务的批复》。随后，西单商场将公司名称变更为“北京首商集团股份有限公司”并办理了相应的工商变更登记手续，西单商场完成向首旅集团发行股份购买资产的重大资产重组。重组后，首旅集团持有首商股份 37.79%的股份，首旅集团下属企业西友集团持有首商股份 19.99%，首旅集团合计持有上市公司 57.78%的股份，成为首商股份的控股股东。7 月 22 日，北京首商集团股份有限公司在北京国际饭店举行揭牌仪式，市委常委、常务副市长吉林，副市长程红，市国资委党委书记、主任周毓秋，首旅集团党委书记、董事长段强，市相关委办局、区政府领导，同行业的单位领导，相关中介机构、合作伙伴、供应商代表、新闻媒体，以及首旅集团、西友集团、首商股份的各级领导出席。

（吴　江）

【万方西单商场实现农超对接】 8 月 8 日，西城区推进“菜篮子”工程销售网点建设现场会在万方西单商场门前召开，市商务委副主任闫小彦、副区长郭怀刚、河北省驻京办主任刘忠昌、永清县农业局局长郭广军、首商股份党委书记郝建中、万方西单商场董事长王健等出席。万方西单商场开辟出 40%的蔬菜经营面积，交由河北省永清县农业合作社直接经营，保障商场周边地区居民的“菜篮子”。

（吴　江）

【区领导检查西单商场节日安全】 9 月 28 日，西城区代理区长王少峰、区委组织部部长章冬梅、区公安分局局长陈思源等有关部门领导一行 30 余人到西单商场，对国庆节期间安全生产工作进行检查，重点对经营场所、中央控制室、高压配电室进行检查，询问设备配置、人员配置和节日期间安全工作安排等情况。检查团对西单商场安全工作表示肯定。

（吴　江）

【开展“中国服务”活动】 年内，

首商股份将“中国服务”列为重点折子工程，督促指导“中国服务”在企业落地，设立专人专岗主抓“中国服务”的宣传与推进工作，打造信息共享平台，促进企业交流。同时加强对企业的走访调研工作，与企业共同提高对“中国服务”的认识，进行逐业态分析，提炼出适合本品牌、本业态践行“中国服务”的工作要点，提高服务水平。

（吴　江）

北京王府井百货集团长安商场有限责任公司

【概况】　北京王府井百货集团长安商场有限责任公司（简称长安商场）隶属于北京王府井百货（集团）股份有限公司。营业面积两万平方米，分别经营23个大类10万余种商品，是一座以时尚百货类商品为主，集超市、餐饮于一体的现代化综合性商场。年内，长安商场围绕集团第四个中期5年规划方针与精神，完善区域性“具有时尚感的大众品质生活百货”经营模式，通过狠抓指标落实、细化品牌分类管理、引进定位性品牌、拓宽营销思路抢占市场份额、贯彻精细化管理、建设人才梯队以及夯实安全生产等方面努力，实现销售业绩与营运质量双提升，年销售额同比上升7.64%，利润额同比上升17.68%，顾客满意率99.9%。年内，被北京市消费者协会评为“诚信服务示范单位”，获“纳税信用A级企业”、“2010年度消费争议快速解决绿色通道先进单位”、“健康商场”、“2010年度全国重点商业企业统计调查先进单位”、“先进基层党组织”等称号。总经理汤丽萍当选为第十五届西城区人大代表。

地址：西城区复兴门外大街15号

邮编：100045

电话：68010411

（董芸莹）

【设立老年人绿色结算通道】　9月26日，区商务委和月坛街道办事处举行月坛地区老年人绿色结算通道启动仪式，长安商场总经理汤丽萍代表本地区企业发言，并在商场超市内醒目位置设立老年人绿色结算通道。

（董芸莹）

【庆祝建党90周年】　年内，长安商场党委开展庆祝建党90周年系列活动，征文、绣党旗、编辑红色短信、唱红歌，结合商场经营工作举办大型图片展，展示党委及各党支部的特色党员活动，组织党员参加北京市“在平凡岗位上”优秀党员事迹演讲比赛，商场优秀党员、劳模田继红以出色表现进入决赛。

（董芸莹）

【拓宽营销思路】　年内，长安商场按照季度策划重点营销阶段，第四季度推出“亲邻会”为逐步萎靡的消费市场带来活力，活动期间销售额同比增长一倍。淡季继续推出自创节日营销方式，其中，“生态节”活动首日销售同比增长12.54%。商场对26个重点培养品牌实行针对性营销，以多种形式推广品牌，达到以点带面促销售效果，奠定价格营销向价值营销转型的良好基础。

（董芸莹）

【升级会员卡功能】　年内，长安商场启用集团CRM系统，会员卡由单一门店拓展至王府井百货集团门店均可使用，荣誉顾客卡更名为VIP会员卡。创新会员活动形式，儿童涂鸦大赛、青龙峡采摘、端午节包粽子等，贴合追求时尚、动感具有快节奏理念消费会员的需求。定期举办高端会员体验活动，与伊人音乐SPA异业联盟，提升高端会员尊属感。

（董芸莹）

【建设管理团队】　年内，长安商场开展管理人员竞聘工作，综合考量个人工作能力及未来发展方向，以建设年轻团队、年轻人员向一线倾斜为原则，59人得到晋升，优化干部队伍结构，提升活力及创新力。后备中层管理人员完成基础知识和专业知识学习、岗位锻炼、论文答辩，27人取得岗位认证资格证书。同时，组织43名大学生开展户外拓展培训，提升团队凝聚力和企业向心力。

（董芸莹）

【创新服务工作】　年内，长安商场坚持与东安商场服务互动检查工作，推广现场经理值班制、建立分服务台、神秘顾客互访机制、部门联动机制、顾客委员会等，提高现场服务质量，缩短顾客投诉解决时间，得到顾客认可，并获“消费争议快速解决绿色通道先进单位”称号。长安商场根据多年经验积累编写《顾客满意度调研方案》，成立调研机构领导小组，形成针对性和系统化的调研结果。

（董芸莹）

【打造销售能手队伍】　年内，长安商场践行“人文购物、人性服务”宗旨，准确把握市场形势，以“提升内升动力”为原则，各销售部选拔出业绩突出、技能过硬的销售人员，经商场各方面考评，75名销售人员获“年度高级卖手”称号，成为长安商场第一支高级卖手队伍。

(董芸莹)

【实施绩效管理】 年内，长安商场在全场范围内运行以KPI为核心的绩效管理制度，人力资源部合理设定各部门及个人绩效目标，10月9日，召开部门KPI考核指标签字启动会，建立完成商场绩效考核体系。

(董芸莹)

【编制防火安全手册】 年内，长安商场组织相关部门整理形成9大类档案汇编、20余项规章制度，编制完成适用于商场防火安全工作的《四个能力》手册，得到了区相关单位好评。

(董芸莹)

北京中友百货有限责任公司

【概况】 北京中友百货有限责任公司（简称中友百货）是一家拥有众多国内外知名品牌，集购物、休闲、美食、超市于一体的大型综合性百货公司。整体营业面积4万平方米，经营品牌600余家。年内，中友百货优化组织结构，提高部门工作效率；加强内部培训，完善顾客服务；不断引进国内外知名品牌，丰富零售业态；创新营销活动，参与西单时尚节。全年销售屡创新高，店内众多专柜销售业绩位居全国前茅。

地址：西城区西单北大街176号
邮编：100032
电话：66018899

(杨 健)

【升级改造、引进新品牌】 年初，中友百货进行了大厦中控系统改造升级，为安全运营提供保障；完成大厦主入口改造、B2停车场及公共走廊墙面粉刷维修，提升大厦整体面貌。5月，中友OA系统（办公系统）上线，配合部门间流程调整，办公效率大幅提升，迈出无纸化办公的第一步。相继引进Gabor、FivePlus、DKNY JEANS、萨巴蒂尼、子苞米、卓雅、巴黎贝甜等75个新品牌，巩固了中友百货作为时尚潮流地标的地位。

(杨 健)

【提升服务水准】 年内，中友百货在大力提升硬件设施、丰富商品结构的同时，注重顾客服务质量的提高。在1F总服务台、B2顾客服务中心增加免费提供糖果服务，使顾客在咨询、办理相关业务时，也能感受回味中友百货的温情甜美。9F体验中心的落成、婴儿车和轮椅车使用的重新规范、建立顾客来店询问内容登记等，使顾客在中友百货舒心购物的同时，得到细致入微的关爱和服务，也使顾客的询问建议得到有效的沟通。区工商局在中友百货授权设立消费纠纷绿色通道，这是对中友百货服务顾客工作的肯定。

(杨 健)

【特色促销活动】 年内，中友百货的周年庆、化妆品节、大抢节、购物节以及在西广场举办的“许愿树”等主题鲜明的促销活动，吸引众多消费者热情参与。专门开辟出600多平方米的“产品体验中心”，为时尚爱美女性提供深度体验高端护肤品的平台。9F天幕承办多家知名品牌的活动，包括新品发布会、媒体见面会、VIP美丽课堂等，深受好评。

(杨 健)

【获得多项荣誉】 年内，中友百货被区防火安全委员会评为“防火安全先进单位”；被区城管监察大队评为“门前三包先进单位”；被西长安街街道总工会评为“模范职工之家”和“双爱双评先进单位”；被区交通安全委员会评为“年度交通安全先进单位”。

(杨 健)

北京菜市口百货股份有限公司

【概况】 北京菜市口百货股份有限公司（简称菜百公司）由北京菜市口百货商场于1994年12月26日和2000年5月1日两次改制而成，是北京最大的以经营黄金珠宝首饰为特色的专营公司，营业面积8800平方米，在岗员工1269人，包含合同制职工、劳务派遣、信息员、合作方等多种用工形式。设有企业管理部、经理办公室、营销策划部、财务部、人力资源部、培训部、物业部、安保部、经营管理部、连锁经营部、物流中心11个部门。年内，实现销售116.6亿元，同比增长60%，利润、利税同比增长20%以上。在北京市商业中名列前茅，黄金珠宝销售连续22年在北京保持第一，全国单独门店销售第一。公司连锁经营直营店已达12家。公司获中国著名品牌、中国珠宝首饰文化推广先锋企业、中国珠宝首饰业驰名品牌、北京10大商业品牌金奖、中国黄金销量10强等市级以上荣誉称号20余项，公司党总支书记、董事长赵志良获西城区首届百名英才杰出人才，公司总经理王春利被授予“北京市三八红旗奖章”称号。

地址：西城区广内大街306号
邮编：100053
电话：83520468

（吕俊洁）

【成立深圳菜百有限公司】 1月18日，菜百公司在深圳市罗湖区成立“深圳市菜百黄金珠宝有限公司”，注册资本1000万元，主要经营销售金银饰品、工艺美术品、工艺饰品。

（吕俊洁）

【菜百首饰通州店开业】 1月22日，菜百首饰通州店开业，经营大类有贵金属、镶嵌类饰和投资类产品等。

（吕俊洁）

【菜百首饰西单店开业】 1月29日，菜百首饰西单店开业，经营大类有贵金属、镶嵌类饰和投资类产品等。

（吕俊洁）

【总结表彰大会】 1月29日，菜百公司在广安门电影院召开2010年度总结表彰大会。会上以视频的形式总结2010年工作，宣布2010年先进集体及先进个人表彰决定，物流中心副经理宁才刚获2010年突出贡献奖。总经理王春利部署2011年工作任务，董事长赵志良作总结讲话。

（吕俊洁）

【菜百北理工合办本科班开学】 2月27日，菜百公司与北京理工大学首次合办的2011级工商管理本科班开学。开学仪式在宣武红旗业余大学实验楼举行。

（吕俊洁）

【劳动竞赛总结暨三八表彰会】 3月2日，菜百公司在广安门电影院召开劳动竞赛总结暨庆三八表彰大会。会上播放了劳动竞赛总结的视频，对劳动竞赛中表现优秀的员工和被评为“巾帼标兵”、“四自”先进女工、“和谐家庭”的员工进行表彰，总经理王春利讲话。

（吕俊洁）

【回购自销黄金饰品、金条】 4月12日，菜百公司开始回购本公司出售的黄金饰品、金条、银条、摆件。

（吕俊洁）

【党总支换届大会】 4月21日，菜百公司召开党总支换届大会，选举产生新一届总支委员会委员9人，选举赵志良为总支书记，王春利和张艳梅为总支副书记，并选举出下设3个支部的支部书记。

（吕俊洁）

【菜百首饰新光天地店开业】 4月22日，经过20天的试营业，菜百首饰新光店举行开业仪式，市商务委副主任李薇薇、世界黄金协会大中华区总经理王立新、中国珠宝玉石首饰行业协会副秘书长王薇薇、华联新光百货（北京）有限公司副总经理甘添信、庞琨璐以及菜百公司领导分别致辞并共同为新店剪彩。

（吕俊洁）

【团总支换届大会】 4月25日，菜百公司召开团总支换届大会，审议通过工作报告，选举产生新一届团总支委员会。

（吕俊洁）

【工会换届大会】 4月27日，菜百公司召开工会第六届会员代表大会、第十二届职工代表大会、第三届职工持股会会员代表大会，选举产生新一届工会委员会、经审委员会和职工持股会理事会、监事会。

（吕俊洁）

【第十七届歌舞比赛】 5月11日，菜百公司第十七届歌舞比赛结束，评选出一等奖3个、二等奖4个、三等奖2个，二线联合、连锁西片联合队获最佳组织奖，翡翠部、物流、收银、礼品获得最佳创意奖。

（吕俊洁）

【天津菜百宝泉珠宝公司开业】 5月17日，天津菜百宝泉珠宝公司正式营业，中国金币总公司领导与开元金币公司领导，菜百公司副总经理刘鸽，天津和平区商务委主任、税务局局长等领导参加剪彩仪式。

（吕俊洁）

【第三届和第四届股东大会】 5月19日，菜百公司分别召开第三届和第四届股东大会，审议通过2010年工作报告、2011年财务决算报告、2011年监事会报告、2011年利润分配方案，选举新一届董事会、监事会。第四届董事会选举赵志良为董事长，聘任王春利为总经理、关强为董事会秘书。

（吕俊洁）

【商务部领导到公司调研】 5月22日，商务部副部长姜增伟和市商务委、区领导一行到菜百公司参观调研并举行座谈，赵志良介绍公司发展情况，市商务委主任卢彦向姜增伟汇报全市老字号发展情况。

(吕俊洁)

【应邀参加西单国际时尚年会】 5月30日，菜百公司作为北京零售界领军企业携手世界黄金协会、国际铂金协会等国际推广机构应邀参加由区商务委主办的2011北京西单国际时尚年会开幕式。

(吕俊洁)

【区领导到公司调研】 6月9日，区委副书记刘跃平到菜百公司调研，赵志良、王春利分别汇报企业党建工作和经济工作。

(吕俊洁)

【西安经贸代表团到公司参观】 6月27日，西安市新城区经贸代表团到菜百公司参观，公司领导王春利、关强介绍了企业发展情况。

(吕俊洁)

【菜百18K金金衣展结束】 7月3日，由菜百公司、意大利贸工局、阿雷佐珠宝会议展览局等首次举办的18K金金衣展在菜百公司结束。

(吕俊洁)

【入股金正融通小额贷款公司】 7月13日，菜百公司向金正融通小额贷款有限公司投资入股1000万元。

(吕俊洁)

【重阳节茶话会】 9月28日，菜百公司离退休老职工300多人欢聚一堂，在港中旅维景国际大酒店共度重阳佳节。区国资委和公司领导为老职工送上问候和祝福。

(吕俊洁)

【集体协商工资会议】 10月18日，菜百公司召开2011年集体协商决定工资会议，赵志良主持，到会的企业方代表和工会方代表共同讨论通过了2011年工资增长方案。

(吕俊洁)

【十二届二次职代会】 10月26日，菜百公司召开十二届二次职代会，审议通过2011年业务招待费使用情况报告、2011年集体协商工资方案，通报了1月至9月安全生产情况和职工休息、休假、考勤情况。

(吕俊洁)

【菜百炫彩盛典晚会】 11月22日，菜百公司与中国珠宝玉石行业协会、国家会议中心联合主办“2011菜百·炫彩盛典”大型晚会。市政府、市商委、区政府、行业协会等领导，来自世界各地的几百个珠宝展参展商，世界黄金协会(WGC)、国际铂金协会（PGI)、国际彩色宝石协会（ICA）等众多国际推广组织的高层官员，北京各大媒体应邀出席。菜百公司领导与几十位中国工艺美术大师及中国玉雕大师共同启动了“2012菜百与大师同行”的合作项目。

(吕俊洁)

【全国首发龙年贺岁金条】 11月25日，菜百公司在全国首发、北京地区独家销售由中国金币总公司限量发行的2012龙年贺岁金条，共有50克、100克、200克、500克、1000克5个规格，全国发行总重量3.98吨。

(吕俊洁)

【参加国际珠宝展】 11月23日至27日，菜百公司参加为期5天的2011年中国国际珠宝展，实现销售收入93万元。

(吕俊洁)

北京国华商场有限责任公司

【概况】 北京国华商场有限责任公司（简称国华商场）是北京市珠宝首饰专营店之一，营业面积5000平方米。国华商场设有党支部委员会、工会、共青团支部、经理办公室、人力资源部、业务企划部、财务部、安保行政部、现场服务办公室、计算机管理中心。主要经营铂金、黄金、珠宝玉石、投资型金条金币、收藏类等30大类40余万个品种的商品。年内，国华商场实现销售收入9.60亿元，同比增长11.49%，在岗职工人均可支配收入同比增长14.61%。国华商场继续保持“首都文明单位”、“中国珠宝首饰业驰名品牌”、“北京市诚信服务示范单位”、“AAA级企业信用等级”等荣誉。

地址：西城区宣武门西大街18号楼

邮编：100053

电话：63022531

(许恒宽)

【经济工作研讨会】 2月15日，国华商场召开2011年经济工作研讨会，公司一线、科室25人参加。围绕“培育新的商品增长点，保持经济平稳增长”主题，根据珠宝市场的消费趋势、现有商品结构的薄弱点，制订了提升企业文化核心、促进经济发展方式、突出专业化经营特色的企业发展方向。下达2011年度各项经济指标。董事长邹淑珍将“以引领铂金首饰为己任，为企业打造一个铂金产业，为民族品牌作贡献”的企业宗旨做了两个字的修改，将“铂金首饰”改为“首饰文化”。两字之差标志着国华商场首饰专业化、首饰专营化的业态形成。

（许恒宽）

【六届八次股东会】 2月24日，国华商场召开六届八次股东代表大会、七届七次职工代表大会，通过2010年工作总结报告、2011年工作计划报告、2010年度完成各项经济指标及利润分配的审计报告、2010年厂务公开报告。

（许恒宽）

【完善设施提高服务效率】 2月至12月，国华商场投入80万元，改造、完善、升级服务设施。将珠宝收银系统从v1.50版升级为v1.89版，并增加外置读卡器；贵宾积分卡系统增加商品分类积分及查询功能；以旧换新系统升级改造，增加自动读取二代身份证信息及拍照饰品并上传至市公安局的功能；自主开发国税机打发票系统从v1.000—v1.102，5月正式使用；国华商场网站改版，重新编写了网站代码，使网站页面更美观，访问数量提高，增加地图查找功能。增加至112枚视频探头覆盖经营区域及重点部位，达到消防安全部门的要求标准。设施改造为消费者提供了贵重物品安全保障和高效率服务。自主开发软件系统，实用性强，完善了管理制度，堵塞了流通环节中的漏洞，为企业节省资金30余万元。

（许恒宽）

【装修改造扩大经营】 10月15日至12月10日，国华商场对四楼、五楼进行装修改造。装修后的经营场所风格现代，突出时尚与前卫；商品结构重新布局，一楼扩大黄金、铂金、钯金的经营面积；二楼经营钻石、红蓝宝石、投资类金条、18K金类商品；三楼扩大翡翠、白玉及玉石摆件；新开辟四楼经营彩色宝石：碧玺、珍珠、坦桑石、琥珀、银饰品、彩色水晶、限量发售的熊猫金币等收藏商品；五楼为休憩场所；首饰售后服务中心集设计、加工、维护、换新于一体，服务功能更加完善。重新布局后，世界四大宝石聚集，首饰经营规模扩大，商品品种丰富齐全，首饰专业化、专营化业态形成。

（许恒宽）

【党组织换届选举】 12月6日，国华商场党组织进行换届选举，新当选的党支部委员，大专以上学历占80%，平均年龄45岁，是历届最年轻的一届。

（许恒宽）

【南非坦桑石入驻】 12月21日，国华商场召开新闻发布会。南非迈克尔公司携世界四大宝石之一——坦桑石正式入驻国华，也是该宝石第一次进入北京。南非大使一等秘书韩亚义希克沃姆巴纳、津巴布韦大使馆公使衔参赞玛威斯斯班达、博茨瓦纳大使馆公使衔参赞毛瑟比和区商务委主任郭新出席新闻发布会。

（许恒宽）

【构建和谐企业】 年内，国华商场针对员工队伍年轻化、女工占总人数82%的特点，开展多种形式的优生优育、女工三期保护、生育休假、生育津贴等政策、法规内容的宣传，并一对一地提供津贴休假指导。面对副食类商品价格上涨，为每位职工发放副食补贴；定期购进无农药蔬菜保证员工食堂安全用餐。组织职工体检和先进职工出境旅游。职工劳动合同续签率达98%，带薪年休假100%落实。46人被评为场级、区级各类先进。

（许恒宽）

【促销活动】 年内，国华商场举办6场新闻发布会，210次宣传企业文化、首饰文化系列促销活动。报纸、电视台、交通台、网站等18家新闻媒体报道115次。民族风题材“和田玉·新疆舞”、恋爱题材“半糖主义”情侣吊坠系列、贺岁题材“祥龙抢金风暴”、七一题材《建党伟业》限量版金银条在京独家销售，特别是“31年店庆，岁月流金，真情不变”大型促销活动，让消费者体会到实惠。全年首饰类销售占商场年度总销售额的93.6%。

（许恒宽）

【企业文化活动】 年内，国华商场举办4次职工劳动竞赛，3次消防、疏散、突发预警演习；举办技能大赛、征文比赛、春冬季运动会、红歌会联唱、“金色秋天”职工摄影作品展；开展爱岗敬业、服务语言模块标准、劳模风采系列演讲等。

（许恒宽）

【全员培训】 年内，国华商场举

办38批次培训、11期专题讲座，2115人次接受不同内容培训，其中有中高级营业员专业技能培训、大学生专项培训、职业化团队培训、管理智慧、经营理念培训及技术人员再教育培训等。由国际铂金协会主办的“极光行动铂金督导员专业培训及考核”，9人获铂金督导员徽章，27人通过督导考试，92人通过铂金网校培训，占珠宝销售员工总数的81%。

（许恒宽）

【党团开展主题活动】 年内，国华商场党、团组织开展5大主题活动。3月至4月，开展绿色主题“播下一粒种，收获一片绿”种植绿色蔬菜活动；5月，开展争先创优主题活动，党团员争做企业发展、爱岗敬业、诚信经营、促进和谐、奉献爱心“五个先锋”；7月，开展中国共产党诞辰90周年教育主题活动，收看《建党伟业》、《时代先锋》系列教育片，学习实践科学发展观，召开民主生活会，发展2名新党员；11月，开展服务技能主题活动，共青团自编小品，把服务中不规范、不拘小节、不文明礼貌的行为用夸张的表演形式寓教于乐；12月，开展党员形象主题“我是党员我承诺”的佩戴党徽、明示共产党员示范岗、创造优良业绩的党员公开承诺活动。

（许恒宽）

北京张一元茶叶有限责任公司

【概况】 北京张一元茶叶有限责任公司的前身张一元茶庄是京城著名老字号，始建于清光绪二十六年（1900年），是商务部首批认定的“中华老字号”企业。1992年成立北京张一元茶叶公司，1999年转制为北京张一元茶叶有限责任公司（简称张一元）。作为全国茶叶界的龙头企业，张一元连续数年位居全国茶叶内销榜首位，张一元茉莉花茶独特的窨制工艺已被列入国家级非物质文化遗产保护名录，董事长王秀兰成为这项技艺的国家级代表传承人。2008年，张一元作为北京奥运村中国茶艺室的独立运营商，接待了来自欧、美、亚、非、澳等大洲的150多个国家的国际友人。2009年，张一元茉莉花茶成功入选2010中国上海世博会“中国世博十大名茶”，成为唯一入围的来自北方茶叶销区的品牌。2010年，杭州张一元生态旅游开发有限公司暨茶文化休闲园“憩心亭”开业。历经多年发展，张一元拥有150余家品牌连锁店，31个优质茶生产基地，3家大型茶馆，同时拥有现代化的饮品生产厂、茶叶科研所、茶叶配送中心、印刷厂、茶文化休闲园等多家机构，成为集产供销、科工贸、旅游文化为一体的现代化企业。

地址：西城区西砖胡同2号院7号楼

邮编：100052

电话：83512713

（刘春娴）

【退休职工联欢会】 1月10日，张一元在博元舫茶楼召开以“欢声笑语同聚首，其乐融融情意长”为主题的退休职工联欢会，公司领导和全体退休职工一同喜迎新春，共叙家常。

（刘春娴）

【新春联欢晚会】 1月15日，张一元召开以“金虎腾跃辞旧岁，玉兔呈祥兆丰年”为主题的2011年“两节”劳动供应表彰大会暨新春联欢晚会，区国资委、区商务委等领导应邀出席。

（刘春娴）

【获得多项荣誉】 1月25日，董事长王秀兰获“北京市商业服务业中华传统技艺技能大师”称号。2月16日，张一元获“2010年度北京十大商业品牌金奖”、“2010年度北京十大商业品牌评选专业店领先品牌”两项称号。4月29日，张孝静被市总工会授予“首都劳动奖章”称号。6月3日，张一元天桥茶馆、张一元承德茶楼分获“全国十佳特色茶馆”、“全国百佳茶馆”称号。6月24日，张一元党支部被西城区国资委授予“先进基层党组织”称号。8月15日，张一元获“全国模范劳动关系和谐企业”称号。8月16日，张一元获“中国茉莉花茶十佳企业”称号。9月9日，张一元再次获“食品企业信用等级AAA级”称号。9月25日，张一元茶艺表演队“和合茶韵——普洱茶茶艺表演”、“清清茉莉花——花茶茶艺表演”分获2011年马连道杯全国茶艺表演大赛一等奖、三等奖及北京市青年茶艺技能大赛冠军、优秀奖。10月12日，张一元获“2011年度中国茶叶百强企业”、“2011年度中国茶业十强连锁加盟企业”称号，王秀兰当选“2011年中国茶叶行业年度十大经济人物”。10月13日，“张一元”商标获2011北京国际设计周“视觉传达设计奖”。11月25日，张一元获2011年度“第八届北京礼物旅游商品征集大赛”银奖和优秀奖。12月28日，张一元获“2011

北京购物季突出贡献企业奖”。

（刘春娴）

【慰问牛街敬老院】　1月25日，王秀兰一行携带春节祝福和慰问品慰问牛街敬老院老人。9月7日，王秀兰一行前往牛街敬老院，为老人们送上中秋节日祝福和礼物。

（刘春娴）

【大栅栏总店销售再创纪录】　1月26日（农历小年），张一元大栅栏总店日销售额突破218万元，销售数量突破8吨，再创全国茶叶店单店茶叶销售量和日销售额两项纪录。

（刘春娴）

【张一元2011春茶节】　4月23日，张一元2011年春茶节在大栅栏总店开幕，主题为“一天一杯茶，生活更健康——一杯茶里的春天”。活动期间，从西湖龙井茶原产地空运的珍贵茶树品种，让消费者对茶文化有了更直观的了解。

（刘春娴）

【各级领导参观调研】　4月26日，市民政局党委常委、副局长霍军参观并调研张一元总店及企业发展情况。4月29日，副市长程红莅临张一元总店，了解企业运营情况。6月13日，中共中央政治局委员、市委书记刘淇到大栅栏街道调研，张一元展示传统茶叶包打包技艺。8月24日，代区长王少峰到张一元调研，了解企业发展状况。11月14日，原中共中央政治局委员、国务院副总理吴仪参观张一元大栅栏总店。

（刘春娴）

【参加多项活动】　5月6日，张一元参加第六届中国（北京）餐饮·食品博览会，提出“一天一杯茶，生活更健康”的健康饮茶新理念。5月12日，张一元参加在广州锦汉展览中心举办的首届“升级转型·香港博览”展览会。5月17日，张一元参与首届大栅栏老字号体育文化日暨科技周启动仪式，大栅栏总店和茶楼职工分获最佳组织奖和两个单项奖。6月7日，张一元出席北京特色商品创意设计与品牌提升工作会，王秀兰发表主题演讲。8月18日，张一元参加以“汇聚精华，传承经典”为主题的中国中华老字号博览会。9月16日，张一元参加为期4天的首届“创意西城”旅游商品展示会。11月27日，张一元参加第五届海峡两岸茶业博览会暨武夷岩茶节茶企茶商产销对接交流会。12月22日，王秀兰出席2011年度北京商业高峰论坛，探讨北京商业界如何践行北京精神。12月26日，王秀兰应邀参加北京市茶业协会2011年年会并作主题发言。

（刘春娴）

【向慈善协会捐款】　5月17日，张一元参与“春雨”慈善行动，向西城区慈善协会捐款10万元。

（刘春娴）

【庆祝建党90周年】　5月26日，张一元举办“迎七一红色歌曲大家唱”活动，重温中国共产党的光辉历程。6月16日至18日，张一元党支部组织全体党员及部分积极分子参观革命圣地延安，回顾历史，庆祝建党90周年。

（刘春娴）

【举办端午民俗风情节】　6月3日，2011张一元端午民俗风情节开幕，推出首款和粽子相结合的茶品，倡导健康饮食搭配。

（刘春娴）

【张一元2011茶文化节】　8月16日，张一元2011年茶文化节开幕，主题为“名茶·京礼　佳节·共享”。

（刘春娴）

【举办2011新品发布会】　9月22日，张一元在希尔顿逸林酒店举办“品牌推介暨2011新品发布会”。

（刘春娴）

【举办新春民俗风情节】　12月24日，张一元举办2012年新春民俗风情节开幕式，主题为“美丽北京茶贺岁·龙马精神迎新春”，首次发出《老字号践行北京精神》倡议书，打造北京礼物，并开展多种买赠活动。

（刘春娴）

北京新月联合汽车有限公司

【概况】　北京新月联合汽车有限公司（简称新月公司）成立于1992年12月，前身系北京市宣武区新月出租汽车公司，1992年12月26日正式运营。1998年5月，经原宣武区人民政府批准，成为宣武区国资参股的股份制企业，注册资金13130万元；2010年7月1日北京市行政区划调整后，新月公司隶属西城区国资委管理。年内，新月公司拥有12个分公司、两个全资子公司和1个参股公司，有各种运营车辆8381部，员工12286人。经营范围涉及出租客运、旅游租赁、救援物流等多个领域。新月公司实现营业收入 8.12 亿元，同比增长 1.52 亿元，增速 23%，实现净利润 4650 万元，净资产收益率 6.75%；上缴利税 4987 万元。资产规模 28.6 亿元。新月公司获北京市“纳税信用级企业”、“2011 年北京市春运工作先进集体”、“2011 年度中国道路运输百强诚信企业”等称号，董事长刘长青获北京市第三届“优秀中国特色社会主义事业建设者”称号，总经理刘长江被北京市交通安全委员会评为 2010 年度市级交通安全优秀管理干部。

地址：朝阳区王四营乡马房寺 368号

邮编：100023

电话：67366666

(吴治英)

【市政协会议交通服务】 1月 14 日至 19 日，新月公司执行市政协十一届四次会议住五洲大酒店委员和工作人员交通保障服务任务，派出大客车 24 辆、旅行车 18 辆，发车 176 车次，圆满完成任务。

(吴治英)

【区领导检查指导工作】 2月 12 日，副区长苏东与区国资委、区发改委等领导一行，到新月公司检查指导工作。刘长江介绍新月公司工作情况和发展规划，苏东代表区委、区政府向公司赠送“鸡鸣图”水墨画。

(吴治英)

【全国政协会议交通服务】 2月 27 日至 3 月 13 日，新月公司执行全国政协十一届四次会议住铁道大厦委员和工作人员交通服务保障任务。历时 15 天，派出管理和驾驶人员 41 人、投入车辆 38 部，发车 1021 车次，接送委员 3057 人次，累计行驶 18668 公里，出色完成交通保障任务。

(吴治英)

【年度工作总结会】 2月 24 日至 27 日，新月公司召开 2011 年度工作总结会，区国资委党委副书记皮强出席会议并讲话。公司及各分(子)公司干部共 272 人参加会议。刘长江作工作总结，公司相关部门及各分（子）公司汇报工作情况。

(吴治英)

【成立海口公交新月汽车公司】 8 月 10 日，新月公司经海南省海口市人民政府批准，将海口市燃气集团公司持有的海南新月出租汽车有限公司 55%的股权无偿划转至海口市公共交通集团有限公司，双方共同出资组建海口公交新月出租汽车有限公司。北京新月联合注册资本 1000 万元人民币，并一次性新增车辆 708 部。该公司实行董事会领导下的总经理负责制，李永和任副董事长、刘长军任总经理。

(吴治英)

【科目二考场启用】 年内，新月公司围绕新月驾驶员培训学校建设共投入 2259 万元用于征地和添置设施，使驾校科目二考试场、学员训练场、计时大厅以及多功能大厅等相继开工建设，科目二考试场 11 月正式启用，成为北京市驾校科目二考试设备最先进的考场。经交管局京顺所每天对考场的现场测试和实际运行，科目二考试合格率达 60%，在京顺地区名列前茅。

(吴治英)

对外经济贸易

【概况】 西城区商务委员会（简称区商务委）负责全区经济的对外交流与合作；负责进出口贸易的促进与管理；负责辖区内外商投资企业的审批与管理及全区投资促进工作。年内，新增外商投资企业 60 家，吸收合同外资 6.12 亿美元，实际利用外商直接投资 5.62 亿美元；实现进出口总额 982.68 亿美元，同比增长 54.64%，在北京市继续保持第二位，进出口增速在北京市排名第一。

地址：西城区北滨河路 9 号

邮编：100055

电话：83509359

(李小丽 张贯中)

【利用外资】 年内，辖区新设外商投资企业 60 家，外商直接投资项目占年内项目总数 76.7%，投资规模达 500 万和千万美元以上重大项目占比稳中有升；吸收合同外资 6.12 亿美元，其中新设合同外资 3.83 亿美元，占累计合同外资 62.7%；实际利用外资 5.62 亿美元，其中入资额达千万美元以上的企业 6 家，实际入资额 4.74

亿美元，占实际利用总额84.5%。吸收合同外资按国别和地区位列第一的是香港，吸收合同外资为5.57亿美元，比重为90.9%；按行业位列第一的是批发和零售业，合同外资为3.22亿美元，比重为52.6%。实际利用外资按国别和地区位列第一的是香港，实际利用外资为4.97亿美元，比重为88.37%；按行业位列第一的是房地产业，实际利用外资为4.09亿美元，比重为72.77%。实现涉外区级财政收入38.33亿元人民币，占区级财政收入13.62%。

（王凡　徐聪）

【投资结构优化】 年内，新设外商投资企业中有59家从事服务业，占比98.3%；实际利用外资占比99.87%，同比增长4%，服务业主导地位继续巩固。投资前三位的行业集中于房地产业、金融服务业和商业领域，金融业在受金融危机影响的情况下仍是辖区外商投资的重要产业，显示出辖区在金融产业上的可比优势。新兴产业初具规模，年内新引进十力再生资源有限公司、诚合绿色（北京）科技有限公司等重大投资项目。

（王凡　徐聪）

【两大功能街区保持引资优势】 年内，新设外资企业落户金融街、德胜科技园（含西外商务区）共34家，吸收合同外资占比达95%，实际利用外资占比达90%。

（王凡　徐聪）

【进出口增速全市排名第一】 年内，西城区进出口总额为928.68亿美元，同比增长54.64%，占全市进出口总额25.24%，在16个区县中位居第二，进出口增速在全市排名第一。其中进口额为888.71亿美元，同比增长59.03%；出口额为93.98亿美元，同比增长22.66%。国有企业是西城区出口的主要力量。

（李小丽　章建平）

【境外投资大幅增长】 年内，办理企业境外投资初审13家。投资区域分别为刚果（金）、蒙古、美国、德国、中国香港等国家和地区。总注册资本为1035.03万美元，投资总额为5617.57万美元，同比增长78.7%。境外企业主要从事机器设备进出口、开采、运输、国内外贸易及机电产品生产等。

（李小丽　史倩）

【服务外包】 年内，办理支持承接国际服务外包业务发展资金申报两家3件，两家申报企业主要从事软件开发的服务外包，均申报人才培训经费，共计47.35万元。

（李小丽　史倩）

【经贸往来】 年内，办理辖区外商来华邀请事项57批次，共76人，邀请主要以公司经理、工程师为主，分别来自美国、加拿大、英国、意大利等14个国家。

（李小丽　史倩）

【对外贸易审批管理】 年内，办理对外贸易经营者备案205家，同比增长215%，其中新申请备案登记的企业117家、变更企业87家、遗失补办1家。为4家企业审批加工贸易合同43次。进口料件总值为304.834万美元，同比增长334.3%，出口料件总值为1427.094万美元，同比增长910.0%。出口成品为小卷纸台布及餐巾纸、石墨制品半成品、皮鞋（鞋帮）、运架一体机等。

（李小丽　史倩）

【建立项目收集和筛选机制】 年内，完成涉及辖区多领域的招商引资项目收集、筛选、储备工作。征集租售、文化创意、电子商务和建设等项目100余项。向市商务委申报“北京·香港经济合作研讨洽谈会”吸引外资项目13个。大型招商活动实现签约项目14个，签约额4.14亿元人民币。

（李小丽　李佳狄）

【交流活动】 1月11日，在湖广会馆举办西城国际企业新春联谊会。市、区领导及外国驻华使领馆、驻京代表机构、行业协会、驻区外经贸企业代表220余人出席。9月16日，参加2011北京国际友好商会大会的21个国家和地区的代表，到什刹海与区政府相关部门、协会和企业代表共叙友谊，共话发展。

（李小丽　章建平）

【服务会员企业】 年内，区外商投资企业协会组织会员企业参加“商务杯”羽毛球友谊赛、《社会保险法》讲座、区外经贸政策培训会等，搭建交流与沟通平台；为会员企业申请中国驰名商标、“科博会”科技合作项目、北京市2011年政府购买社会组织服务项目提供服务；利用西城投资服务网站及《西城商务》、《北京投资促进》等，做好会员企业宣传工作。

（周述炎）

（责任编辑　沈建平）

金 融

金融街建设开发

北京金融街投资（集团）有限公司

【概况】 北京金融街投资（集团）有限公司（简称金融街集团）是西城区国资委所属的综合性投资集团公司，1996年成立，原名北京金融街建设集团。2010年9月14日，西城区国资委下发《关于华融系统一级产权架构整合实施方案的请示的批复》（西国资复〔2010〕23号），同意北京华融综合投资公司进行一级产权架构整合，国有资产授权管理主体由北京华融综合投资公司调整到金融街集团，金融街集团由全民所有制企业改制为国有独资公司。2010年12月11日，完成改制更名程序，重新领取营业执照。自2011年起，北京金融街投资（集团）有限公司代替北京华融综合投资公司成为原华融系统企业总部。金融街集团经营业务涉及房地产开发与综合经营、金融服务、投资管理等多个产业领域；业务遍及北京、天津、重庆、上海、山东、河南、江苏、内蒙古、四川、湖南、安徽、深圳、惠州等多个省市地区。截至年底，总资产1040亿元，注册资金21.2亿元；各公司合计实现营业收入146.1亿元，实现净利润16.2亿元。金融街集团被国家审计署评为2008—2010年全国内部审计先进集体；北京西单美爵酒店被中国旅游协会休闲度假分会评为2011中国最佳旅游供应商最受消费者欢迎酒店；北京华融金晖置业有限公司2010年、2011年连续获北京市住房保障工作先进单位；北京金融街第一太平戴维斯物业管理有限公司新盛大厦被国家住房与城乡建设部评为全国物业管理示范大厦；长城人寿保险股份有限公司被中国企业联合会、中国企业家协会评为中国服务业企业500强。

地址：西城区金融大街33号通泰大厦B座11层
邮编：100033
电话：88088080

（董进东　郭岩松）

【政府重点工程建设任务】 年内，金融街集团完成居民拆迁632户，单位拆迁13户，协调解决9个规划、土地问题，涉及6个项目。金融街拓展取得了新的突破，月坛项目回迁楼地块完成拆迁，达到开工条件。新35中项目完成拆迁任务的90%，楼座范围内的拆迁基本完成。灵境胡同遮挡区拆迁全面完成。金融街E6、E6A项目，与总参、二炮等单位共同成立拆迁协调小组，确定了沟通机制，搬迁协商工作实质性启动。提出华嘉项目和谐拆迁模式，完成了拆迁前期手续。月坛体育场地下停车场项目，确定了实施方案。与金隅集团、市政路桥公司、黑龙江驻京办等多家单位进行了置换方案研究。基本确定了月坛南街项目、E9项目、A1项目、E6、E6A项目及德胜对景项目的规划方案，解决了A1项目、E10项目、E9项目、E6、E6A项目的土地手续问题。调整莱西、广安一期和中信城等项目责任分工，并将广安片区纳入金融街拓展小组统筹协调的范围。天桥演艺区建设成为北京发展文化产业的重要工程。南区公建完成了项目公司股权收购；盛金商厦完成历史遗留问题处理工作，改造工程开工；深化演艺区产业规划，启动城市规划研究，与多家演艺机构进行交流，探讨多种运营模式，推进演艺内容合作；10月底举行了演艺区建设启动仪式。昌平保障房项目进展顺利。一期全面开工，027地块7栋住宅楼提前实现结构封顶，二期实现土地签约；研究推进保障房预售方案、物业管理模式，为西城区人口疏解拆迁项目提供对接房源1253套。白塔寺项目完成保护利用的总体规划，实施了对293号院和官园市场的收购，启动白塔寺药店降层方案，完成院落梳理，落实了市政府专项资金支持。

（董进东　郭岩松）

【房地产开发业务】　年内，所属金融街控股股份有限公司实现销售签约133.4亿元，落实回款132.9亿元，完成营业收入96.7亿元，净利润继续增长。增加土地储备60万平方米，落实新增项目两个。实现开复工425万平方米，其中新开工203万平方米，竣工93万平方米。

（董进东　郭岩松）

【物业经营业务】　年内，金融街集团全系统自持物业经营加强市场开发，优化成本费用管理。完成营业收入12.3亿元，同比增长16%，上缴业主利润6.1亿元。威斯汀酒店实现盈利，天津圣瑞吉酒店于10月底顺利开业；商业经营项目增加了天津大都会与北京中信城等新资源。

（董进东　郭岩松）

【物业管理业务】　年内，所属北京金融街物业管理有限公司全年完成营业收入3.3亿元，净利润1080万元。研究物业公司与开发公司对住宅物业服务的分工协作方案，制订《公建物业服务标准化管理方案》，提升标准化服务质量。所属北京金融街物业管理有限公司承接系统外项目6个，管理面积59万平方米；与重庆市合作伙伴成立合资公司；推行标准化管理措施，继续开展评星创优工作，新增北京市“五星”示范项目两个。荣获由中物协首次组织评选的全国物业服务企业综合实力排名活动100强。

（董进东　郭岩松）

【保险业务】　年内，所属长城人寿保险股份有限公司实现营业收入31.26亿元，总资产达98亿元。综合投资收益率为1.75%；个险13个月继续率达79.7%，个险活动率为28.8%，人均保费1318元，人均产能4583元。

（董进东　郭岩松）

【证券业务】　年内，所属恒泰证券股份有限公司完成营业收入6.89亿元，净利润0.92亿元。成功发售两只产品，其中恒泰先锋1号收益在同期同类发行的产品中名列第一。债券投资业务收益水平在行业中名列前茅。取得股指期货业务资格和三板业务资格，并已做好融资融券业务启动的前期准备工作。

（董进东　郭岩松）

【文化产业】　年内，所属北京华融文化投资有限公司实现营业收入9826万元，净利润426万元。首都电影院继续保持行业领先地位。金融街购物中心二期影院完成建设。广告业务收入首次突破千万，实现跨区域发展。

（董进东　郭岩松）

【资产资金管理】　年内，金融街集团和各公司通过中期票据、信托、提前收取房款、银行信贷及政府增资共解决资金需求176.4亿元。其中通过政府支持增资13.9亿元，新增银行借款43亿元，成功发行了40亿元中期票据，落实全市首批住房公积金贷款31亿元，落实提前收取房款21亿元，发行信托27.5亿元。加大资产调整力度，对金融板块投资进行较大调整，启动转让农商行股权，完成保险公司增资；以西单公司为平台，完成组建金融街资本运营中心，并组建金融街集团的投资管理公司。对金晖公司增资8亿元以及对天桥公司增资5.5亿元，对金昊公司增资1000万元，对华融文化公司增资3000万元。

（董进东　郭岩松）

【公益活动】　年内，金融街集团组织“共产党员献爱心”捐款活动和青年志愿者活动，共捐款近4万元；通过北京金融街慈善基金会向公益慈善事业捐款330.71万元；30余名职工参加了2011年度无偿献血。再次获得首都慈善公益组织联合会授予的“商界彩虹心”荣誉称号和北京市红十字会授予的“北京市红十字事业十大公益企业”荣誉称号。

（董进东　郭岩松）

【安全维稳】　年内，金融街集团成立了安全管理办公室，健全集团安委会等组织领导机构，明确了相关机构的工作职责，进一步提高了全系统的安全维稳管控能力；完成了《安全维稳监督管理工作规划》，制订《金融街集团安全维稳工作监督管理办法》和《安全维稳隐患排查治理实施办法》等规章制度；开展了全系统重点矛盾纠纷梳理和排查工作。

未发生重大安全责任事故和安全管理责任事故。

(董进东　郭岩松)

金融街控股股份有限公司

【概况】 金融街控股股份有限公司是以商务地产为主业的大型国有控股上市企业，2000年6月通过资产置换在深交所上市。年内，公司共有员工2492人，其中大学本科及以上学历1100人，占员工总数的44.14%。公司完成了董、监事会换届工作，聘任了新一届经营班子。截至年底，公司总资产达到597亿元，归属于母公司所有者权益约181亿元，累计开发面积超过千万平方米，其中商务地产比例超过70%。公司主营业务收入96.37亿元，较上年增加16.56亿元。实现利润总额28.77亿元，较上年增加13.69%。金融街控股股份有限公司被中国房地产研究会等评为2011中国房地产上市公司综合实力20强、抗风险能力10强、盈利能力10强；被北京市总工会授予首都劳动奖状。

地址：西城区金融大街丙17号北京银行大厦11层

邮编：100033

电话：66573088

(董进东　郭岩松)

【金融街区域建设与拓展】 年内，金融街控股股份有限公司金融街拓展项目，取得了突破性进展。金融街E6、E6A项目与总参、二炮议定了操作模式；国开行项目完成两个四合院拆迁；解决了金融街E7/E8项目的拆迁遗留问题、德胜F区拆迁和道路遗留问题、金融街E2、E9、E10、A1项目的土地遗留问题，增加了约5万平方米的地上建筑面积规划指标。完成G6、中信城、复兴门项目、月坛项目、月坛体育场地下车库等项目的规划设计方案。E7/E8区间市政路通车，E2、E9项目开工，政协文史馆、E10及国开行项目积极推进工程建设工作。

(董进东　郭岩松)

【房地产销售】 年内，公司实现房产销售签约面积约70万平方米，签约额约130亿元；结算面积约53万平方米，实现营业收入约84亿元。在上述130亿元签约额中，商务地产销售约为83亿元，占比63.85%，住宅销售约为47亿元，占比36.15%。

(董进东　郭岩松)

【房地产项目建设】 年内，公司完成总开复工面积423万平方米，较上年增长46.37%，其中新开工面积203万平方米，竣工面积94万平方米，北京地区约占39.24%，天津地区约占20.09%，惠州地区约占15.13%，重庆地区约占25.54%。全年无重大质量、安全事故，写字楼一次交房率100%，住宅一次交房率90%。

(董进东　郭岩松)

【土地储备】 截至年底，公司拥有总建筑面积约796万平方米的可开发项目。北京中信城、北京金融街E2项目、天津世纪中心等商务地产项目储备约60万平方米，合同金额约88亿元。

(董进东　郭岩松)

【自持物业经营业务】 截至年底，公司持有金融街丽思卡尔顿酒店、惠州喜来登酒店、金融街公寓、金融家俱乐部、天津瑞吉酒店等经营物业，合计建筑面积约为20.7万平方米。经营物业共实现营业收入约35572万元，同比增长24.28%，其中，丽思卡尔顿酒店出租率75.3%，金融街公寓出租率80.5%，惠州喜来登酒店出租率36.8%，公司持有北京金融街中心、北京德胜国际中心部分房产、天津环球金融中心部分房产、北京金融街购物中心（一期、二期）、北京金融街C3四合院、北京金树街餐饮、北京金融街区域的零散写字楼和车位等出租物业，合计建筑面积约42.3万平方米，其中办公楼（含车位）约为27.1万平方米，商业和餐饮约为15.2万平方米。出租物业实现营业收入约50274万元，同比增长13.33%。金融街中心项目出租率100%，金融街区域零散写字楼出租率100%，北京德胜国际中心出租率100%，金融街C3四合院和金树街餐饮的出租率100%；金融街购物中心一期出租率99%。

(董进东　郭岩松)

金融服务

【概况】　北京市西城区金融服务办公室（简称区政府金融服务办）是负责西城区金融业及金融街地区发展与服务的区政府工作部门。有干部职工11人，内设科室两个（综合科、发展规划科）。年内，区政府金融服务办落实区委、区政府各项工作部署，加强金融业形势分析和研判，优化金融发展环境，提升金融服务水平，推进各项工作，促进全区金融业快速健康发展。全区金融业增加值930.5亿元，同比增长13.6%，占全区GDP的比重40.4%，占北京市金融业增加值的45.3%；金融机构资产56.4万亿元，同比增长12.1%，占全区资产总额93.1%；金融业实现营业收入4341.1亿元，同比增长16.7%，占全区营业收入总额39.5%；实现利润1590.9亿元，同比增长73.7%，占全区利润总额56.0%；实现三级税收1784.3亿元，同比增长13.4%，占全区三级税收70.1%；实现区级税收102.7亿元，同比增长27.0%，占全区区级税收37.6%。金融街（包括非金融业）实现三级税收1926.9亿元，占全区三级税收比重75.2%。

地址：西城区金城坊街1号金融街公寓C座601

邮编：100033

电话：66290670

（王　帅）

【完善金融分析体系】　年内，加强对区域金融业发展状况的监测、分析力度，结合区域金融业自身发展情况，按行业类别进行细致分析，与区发改委、统计、工商、国地税等部门建立信息共享机制，研究建立金融业发展指标体系，并形成季度研究报告，为全区经济社会发展分析提供支持。加强对金融行业动态信息的掌握，编辑出刊《金融业要闻》36期、《金融办工作动态》12期。建立全国金融机构基本信息、金融中介基本信息、入驻和在谈企业基本信息、已获政策兑现企业税收贡献跟踪库等多个数据库并实时更新。

（王　帅）

【开展课题调研】　年内，开展大型企业“第二总部”相关情况、场外交易市场发展动态、文化金融创新发展、小额贷款公司发展情况、金融服务信息系统信息化等课题的调查研究工作，其中“第二总部”研究成果形成专报，报送市委、市政府主要领导，作为决策参考和依据，引起高度重视。

（王　帅）

【金融街“十二五”发展规划】　年内，完成《西城区“十二五”时期金融街发展规划》编制工作，《规划》总结“十一五”时期金融街成就，分析研究未来金融街发展面临的机遇和挑战，提出“十二五”时期金融街发展的指导思想和发展目标，明确重点任务和相关保障措施。

（王　帅）

【落实产业政策】　年内，起草完善《关于进一步促进西城区金融产业发展的意见》，在提高现行条款补贴标准的基础上，新增资产管理、金融后台、中介服务、楼宇物业等类型机构补贴范围，突出对人才集聚发展的引导力度，提升对金融机构服务水平。牵头协调驻区职能单位，为重点机构提供选址办理、落地注册、子女入学、人事户口等一系列个性化服务，完善本区高端特色服务。为64家企业兑现相关政策。

（王　帅）

【吸引金融机构入驻】　年内，新引进中国信托业协会、国核财务有限公司等24家金融企业，其中14家法人单位，10家分支机构，法人单位的注册资本达59亿元。截至年底，全区金融业法人单位达288家，全区各类外资金融机构突破百家，其中外资法人单位4家，占全市半数。

（王　帅）

【促进企业上市】　年内，完善促进企业上市政策，建立推进企业上市的政策服务机制。配合市金融局做好优质上市后备企业筛选、培训工作，对企业开展基础知识、操作规程和审核环节等方面指导。统计驻区企业的上市情况和上市意向，对恒华伟业等已备案拟上市企业信息实行动态管理、研究和分析，完善拟上市企业信息档案，明确支持重点和指导方案。

（王　帅）

【试点小额贷款公司】　年内，按照“严格把关、适度发展、积极支持、强化监管”原则，推进本区小额贷款公司设立试点工作，初步建立监管体系，小额贷款公司共开业2家，累计发放贷款1.59亿元。

（王　帅）

【规范融资性担保公司】　年内，配合市金融局开展驻区融资性担保机构的规范工作，开展对驻区机构的摸底调查，并与专业信用评估机构开展合作，开展融资性担保公司的初审工作。加强与工商局等部门协作，对本区担保公司发展情况进行定期摸底，监控各类金融风险隐患，维护区域金融市场秩序稳定。

（王　帅）

【支持经济社会发展】　年内，落实区政府与中国民生银行签订战略合作协议工作，支持本区城市建设、文化创意产业、中小企业发展。加强与北京银行、中债信用增进公司业务合作探讨，研究分析发行中小企业集合票据可行性，初步达成合作共识。落实“三通”工程，在各街道办事处协助下，在社区安装117台大型缴费终端，为居民就近缴费提供便利。

（王　帅）

【服务人才发展】　年内，配合市委组织部开展高端人才奖励需求调研工作，与区人力社保局建立引进人才专项工作机制，联合开展2011年度引进金融人才岗位需求申报专项工作，拓宽人才引进渠道。分析整理历年已兑现金融高管奖励数据，探索建立海外人才数据库，开展海外高层次人才奖励申报工作。依托绿色医疗平台，发挥区域医疗资源优势为机构高管提供高端服务。

（王　帅）

【优化区域环境】　年内，开展金融街亮丽工程等环境美化工程。推动金融街交通优化工作，提高区域交通效率。配合区市政管委组织开通回龙观（天通苑）——金融街“社区通勤快车”，为驻区企业工作人员出行提供便利条件。

（王　帅）

【塑造金融街品牌】　年内，主办北京国际金融博览会、中国国际金融年度论坛、中国国际资本市场论坛等具有国内外影响力的会议。协助举办京港洽谈会、中英资产管理合作论坛及国际知名机构全球高管会议等活动，促进金融业界深入交流。参与组织金融街新春团拜会、新年音乐会、三八节首都女金融家协会联谊会、教师节联谊会、行长高尔夫球赛、乒乓球赛、“运河文化·重现盛景”什刹海首航仪式等文体活动，为驻区企业创造沟通交流机会，培育企业对区域认同感，促进本地区特色金融文化氛围形成。

（王　帅）

【接待领导调研组织对外交流】　年内，协调接待国家发改委、外交部、审计署、国土资源部等中央单位走访调研金融街，组织安排天津、重庆、内蒙古等省、自治区、直辖市金融功能区管理部门、台湾金融总会等机构参观考察金融街，交流区域发展管理经验，促进合作共赢。助推本区与英国贸易投资总署签订合作备忘录，促进金融街与伦敦金融城及英国其他金融区域建立友好交流关系，拓宽金融街的对外交流合作渠道，提升金融街品牌影响力。

（王　帅）

银　行

国家开发银行股份有限公司北京市分行

【概况】　国家开发银行股份有限公司北京市分行（简称国开行北京市分行）内设处室19个，在职正式员工195人。截至年底，国开行北京市分行信贷资产余额3016亿元，同比增长16.4%。

地址：西城区复兴门内大街158号
邮编：100031
电话：63223448

（常　江）

【加强与外部合作】　年内，国开行北京市分行配合国家开发银行总行先后与市政府、市委宣传部、清华大学签订开发性金融合作备忘录；与首农集团签订《支持首都“菜篮子”三保障体系建设合作协议》；会同国开金融与北京市签署《北京市小城镇发展基金框架合作协议》。与北京市有关部委办局签订合作备忘录8项，与大兴、密云等区县政府签订合作备忘录7项，与首创集团、北汽集团等战略客户分别签订新一轮开发性金融合作协议 20 项。选派 12 人到北京市挂职，接收北京市交流干部 9 名、新疆生产建设兵团挂职干部 2 名。国开行北京市分行 11 个党支部分别与北京市 17 个党支部建立友好关系。

（常 江）

【支持重大项目和重点产业】 年内，国开行北京市分行发放首钢、南水北调、轨道交通等重大项目贷款 428 亿元，支持 CBD、通州新城、亦庄经济技术开发区、大兴生物医药基地、丽泽商务区、丰台科技园、房山高端制造产业园区、金融街、德胜园、雍和园、中关村科学城、未来科技城、电子城、海淀北部研发中心的建设；发放产业贷款 74 亿元，支持北京科技和文化“双轮驱动”战略，累计承诺人民搜索及 21 世纪小卫星星座系统建设项目等科技金融项目 28.46 亿元；与市发改委、歌华文化集团、中广传播集团分别签署规划和开发性金融合作协议，累计承诺文化创意类项目金额 110 亿元以上，重点支持怀柔影视基地、石景山 CRD、大兴新媒体产业基地、精彩无限等项目，培育全国首个文化保税区项目，支持华谊兄弟影视制作及基地建设项目等。

（常 江）

【支持首都城乡区域一体化发展】 年内，国开行北京市分行与北京市保障性住房建设投资中心签署 200 亿元开发性金融战略合作协议。开展北京市首个公租房项目——北京市保障性住房建设投资中心收购远洋沁山水项目评审。新承诺房山河北镇、门头沟石门营、丰台南苑棚户区改造定向安置房项目贷款 37.8 亿元。累计承诺白盆窑、张仪村、长阳镇等 3 个对接安置房项目贷款 115.2 亿元。累计发放北京市公租房、棚户区改造、经济适用房及旧村改造项目等项目贷款 243 亿元，其中，2011 年全年保障性住房项目贷款表内外共发放 109.9 亿元，占北京市保障性住房总投资额的 16.5%。另外，重点村改造项目发放表内外贷款 132.45 亿元，贷款余额 72.2 亿元，支持北京市 7 个重点村拆迁工作，有力地推动了城乡结合部城市化建设。

（常 江）

【支持民生领域发展】 年内，国开行北京市分行发放新农村建设贷款 50 亿元，支持农村基础设施建设；与首农集团合作，支持首都“菜篮子”三保障体系建设；发放首农集团、恒信基业农副产品、华都峪口禽业等涉农贷款 116.6 亿元，其中累计发放农业产业化龙头企业贷款 13.65 亿元，支持三元食品、艾莱发喜、九州大地等 9 家农业产业化龙头企业；缓解中小企业融资难题，发放中关村小额贷款、北京丰花小额贷款、扶贫基金会等中小企业贷款 17 亿元，其中新发放小额扶贫贷款 9000 万元，已累计发放 1.7 亿元。

（常 江）

【创新金融产品和服务】 年内，国开行北京市分行引导北京市社会资金 248 亿元。发行北京市国资中心私募债、方正集团中票、首农集团中票、金融街中票等 7 支债券，合计承销 140 亿元，实现银团工作量 108 亿元；发放同业借款 109 亿元；开展同业存放业务，完成 750 亿元资金交割；发行 4 期累计 8.05 亿元理财产品；发放康孚环境中小企业委托贷款 700 万元。

（常 江）

【支持北京市企业“走出去”】 年内，国开行北京市分行发放外币贷款 36 亿美元，年底外币贷款余额达 138 亿美元，同比增加 28 亿美元，增长 26%。与市商务委、国资委联合召开“政、银、企联席会暨‘走出去’战略合作协议签约仪式”签订《开发性金融合作协议》，加大对有实力的在京企业金融支持，协助其开展海外并购、推动其海外项目的建设运营，以金融“走出去”带动北京企业“走出去”。

（常 江）

【援疆援藏工作】 年内，国开行北京市分行与和田市人民政府、北京市援疆企业签订战略合作框架协议。完成紫光集团收购新疆燃气项目开发评审。新增和田喀伯莱果业贷款承诺 1800 万元，出具华威和田发电有限公司贷款准承诺函 12.64 亿元。实现援藏项目贷款发放 1.78 亿元，援疆项目发放 6.49 亿元。

（常 江）

【通州国开村镇银行开业】 年内，国开行北京市分行按照市金融局的指导意见，选择通州区推动村镇银行设立工作。12 月 26 日，通州国开村镇银行正式开业，成为国开行北京市分行在北京地区设立的第一家村镇银行。

（常 江）

中国农业发展银行北京市分行

【概况】 中国农业发展银行北京

市分行（简称农发行北京市分行）共辖13个支行（部），覆盖北京市城6区和10个远郊区县的整个范围。在岗员工429人。截至年底，贷款余额3896342万元，同比增加1578835万元，增长68.13%；实现利润84483万元，同比增加45458万元，增长近2倍。农发行北京市分行被国家外汇管理局北京市管理部评为A类银行；被市委、市政府授予2010年度城乡结合部重点村建设突出贡献单位。10月10日，中央政治局委员、北京市委书记刘淇，市委副书记、市长郭金龙会见总行行长郑晖、副行长李刚及分行领导，刘淇对农发行长期给予北京市的大力支持与帮助表示感谢。

地址：西城区月坛北街甲2号

邮编：100045

电话：68081842

（李灵毓）

【政策性粮油信贷业务】 年内，农发行北京市分行贯彻落实中央和地方保供稳价政策，确保储备粮油轮换、增储、跨省移库和粮食收购资金供应，累计发放和收回粮油贷款811604万元。配合国家对其它重要农产品等的调控，累计发放糖、肉、化肥储备贷款553727万元。维护首都粮食安全、保供稳价、保护农民利益。

（李灵毓）

【政策性中长期信贷业务】 年内，农发行北京市分行2011年累计发放新农村建设中长期贷款1533764万元，支持丰台区、昌平区、大兴区、通州区、怀柔区、门头沟区等区县的新农村建设项目21个，涉及村庄59个，拆迁人口4.5万余人，2万余户，土地面积837.22万平方米，回迁房建设228.69万平方米。

（李灵毓）

【中间业务】 年内，农发行北京市分行成立咨询顾问业务中心，新开办信用等级评定、资产评估、融资顾问3个业务品种，中间业务收入1677.17万元，同比增长111%，人均中间业务收入突破4万元，同比增幅85%。

（李灵毓）

【票据业务】 年内，农发行北京市分行办理买断式票据业务91笔，累计票面金额433亿元，交易金额421亿元，实现利息收入12亿元，净利润5亿元。

（李灵毓）

【国际结算业务】 年内，农发行北京市分行国际业务量达12615万美元，实现国际业务收入105.62万元，同比增长55%。

（李灵毓）

【人力资源管理】 年内，农发行北京市分行采取行校联合的方式，与市委党校、中央财经大学、海淀区委党校合作，举办领导干部国学培训班、新农村建设专题研讨班、新员工培训班等各类专业培训班37期、培训员工1100人次。

（李灵毓）

中国工商银行股份有限公司北京市分行

【概况】 中国工商银行股份有限公司北京市分行（简称工行北京分行）下设37家二级分行（含分行营业部），608家营业网点（含自助银行65家），员工总数18246人，其中在岗正式员工13969人。截至年底，本外币资产总计2.11万亿元，同比增长10.28%。实现拨备前利润318.74亿元，拨备后利润314.08亿元，同比分别增长17.63%和16.20%。本外币全部存款余额达到2.05万亿元，同比增加1905亿元。本外币贷款余额4087亿元，同比增长11.5%。中间业务收入74亿元，同比增长32%。区境内设长安、新街口、南礼士路、金融街、宣武、广安门6家支行。

长安支行下设1个营业室、11个网点支行、1个分理处、2个储蓄所、1个附属机构，在岗员工487人。截至年底，实现拨备前利润23.39亿元；本外币各项存款时点余额1011.81亿元，同比增长7.21%；本外币各项贷款余额570.43亿元，增长20.22%；实现中间业务收入3.08亿元，同比增长5.12%。

新街口支行下设1个营业室、12个网点支行、1个分理处、3个储蓄所、1个附属机构（现金中心），在岗员工633人。截至年底，实现账面利润24.57亿元，同比增长11%；本外币各项存款余额984.33亿元，同比增长9.15%；本外币各项贷款余额238.55亿元，同比增长12.31%；实现中间业务收入3.05亿元，同比增长44.55%。

南礼士路支行下设1个营业室、18个网点支行，1个附属机构，在岗员工677人。截至年底，实现账面利润20.15亿元，同比增加1亿元；本外币各项存款余额1141.64亿元；本外币各项贷款余额258.17亿元；实现中间业务收入2.47亿元，同比增加0.48亿元。

金融街支行下设1个营业室、

5个网点支行，在岗员工213人。截至年底，实现经营利润15.1亿元；本外币各项存款余额985亿元；各项贷款余额92亿元，同比增长17.87%；实现中间业务收入1.4亿元，同比增长68.21%。

宣武支行下设7个网点支行、2个分理处、1个储蓄所，在岗员工296人。截至年底，实现拨备前利润11.88亿元；本外币各项存款余额1197.88亿元，同比增长32.17%；人民币各项贷款余额72.90亿元，同比增加10.65亿元；实现中间业务收入1.33亿元。

广安门支行下设1个营业室，10个网点支行，1个附属机构，在岗人员460人。截至年底，实现考核口径拨备前利润8.05亿元。本外币资产总额410.44亿元，同比增长10.24%；本外币全部存款余额400.37亿元，同比增长12.37%；各项贷款（含票据）余额102.35亿元，同比增长26.22%。实现中间业务收入2.33亿元，同比增长55.23%。

地址：西城区复兴门南大街2号
邮编：100031
电话：66410579

（刘振华　杨燕英　王磊　王少衡　高超　郭凌　成杰　金鑫）

【信贷业务】　年内，工行北京分行人民币各项贷款增加410亿元，居北京同业首位。先进制造业、现代服务业、战略性新兴产业和节能环保等领域新增贷款79亿元。小企业贷款增加58亿元。贸易融资增加135亿元，占全部公司贷款增量的42%。个人经营和消费等非住房类贷款增加119亿元，占全部贷款增量的30%。法人有贷户增加688户，总量达2276户，其中，中型和小型企业客户分别增加552户和93户。

（刘振华）

【存款业务】　年内，工行北京分行人民币全部存款增加1791亿元，增量居北京五大行首位。人民币日均存款增加1127亿元，均衡度达63%。储蓄存款、对公存款（不含同业）分别增加924亿元和628亿元，日均增量分别为338亿元和753亿元，存款增量同业第一。

（刘振华）

【中间业务】　年内，工行北京分行完成个金“1+4”指标6800亿元，销售法人理财3406亿元，同比增长91%和48%。信用卡保有量718万张，直接消费额达694亿元，内外卡收单交易额1380亿元，同比增长65%和26%。个人和企业网银客户总量达730万户和17万户，电子银行交易额超过50万亿。主承销企业债务融资工具1936亿元。国际结算量达1200亿美元。对公结算账户达23.7万户，现金管理客户达3.8万户。贵金属业务收入2.8亿元，同比增长304%。资产托管规模6262亿元，同比增长49%。养老金企业客户总量407户，服务职工人数达298万人。

（刘振华）

【风险管理】　年内，工行北京分行平台贷款户数、余额同比分别下降9户、117亿元。不良贷款同比下降2.04亿元，不良贷款率同比下降0.12%，连续12年保持双下降。全年无案件事故发生。

（刘振华）

【改革创新】　年内，工行北京分行推广总行业务集中处理平台项目16个，累计投产集中项目43项，日均集中处理碎片达102.8万个，新建迁建网点36家，总量达到608家（含自助银行65家），其中贵宾理财中心以上网点占比达58%。新增自助机具1137台，总量达4694台，电子银行离柜业务占比74%，同比提高10%。新增大堂服务人员1186人，总量达1889人。坚持标本兼治，解决排长队和投诉多的问题，年末全行客户平均排队时间为18分钟，较7月份减少10分钟，全年客户投诉量同比下降32%，客户满意度测评由良好级上升至优良级。

（刘振华）

中国农业银行股份有限公司北京市分行

【概况】　中国农业银行股份有限公司北京市分行（简称农行北京市分行）共有营业机构315个，在岗员工7981人。截至年底，本外币总资产5023亿元，同比增长6.60%。实现净利润73.85亿元，同比增长69.49%。本外币各项存款余额4589亿元，同比增长3.46%，其中人民币各项存款余额4506亿元，同比增长4.88%；本外币各项贷款余额2241亿元，同比增长19.35%，其中人民币各项贷款余额1989亿元，同比增长19.33%。农行北京市分行先后获市城乡结合部重点村建设突出贡献奖、全国文明单位、2011领袖金融品牌、北京最佳分行等10余项荣誉。农行北京市分行在区境内有西城支行和宣武支行。农行西城支行共有基层网点16个，其中包括13个二级支行、2个分理处、1个营业部，支行机关下设7个部室，在岗员工341人，其中合同制员工266人，劳务派遣员工75人。农行西城支行“大宗商品现货网上交易平台在线融资”产品在总行第二届产品创意大赛中荣获A组一等奖。农行宣武支行共有基层网点12个，其中包括8个二级支行、3个分理处、1个营业部，支行机关下设7个部室，在岗干部职工302人。

农行北京市分行
地址：西城区展览馆路5号
邮编：100037
电话：68358266

农行西城支行
地址：西城区车公庄北街新华里16号院1号楼
邮编：100044
电话：88319695

农行宣武支行
地址：西城区宣武门西大街28号院10门
邮编：100053
电话：63601625

(任晓军　刘莉　董誓)

【公司金融业务】　年内，农行北京市分行增量贷款主要投向优质客户和低风险类业务，BBB级(含)以上法人客户贷款占比97.76%，同比提高0.82%。法人贷款客户917户，同比增加445户。支持新航城、通州新城、首钢旧厂区改造、南水北调等重大项目建设，与多家企业签署战略合作协议，新增意向性授信额度500亿元，新增贷款50多亿元。中小企业贷款净增119亿元，新增贷款占公司贷款增量的40.05%。成立1家服务文化创意产业的专营机构——朝阳中小企业信贷广场，重点支持优质文化创意企业和重点文化创意项目建设，全年累计为文化创意产业提供意向性融资额度23亿元，文创行业客户增加43户，同比增幅358%；贷款余额40多亿元，同比增幅52.06%；支持高新技术企业115户，贷款余额132亿元，同比增幅31%。

(任晓军)

【个人金融业务】　年内，农行北京市分行完成72家网点的标准化改造、40家网点的标杆创建和55家网点的营销转型工作。组建派驻制财富顾问队伍，开展私人银行客户“心”系列营销活动，推出私人银行专享金融产品和跨境金融服务，全年新增私人银行客户504户。研发了个人账户资金归集、整存整取加息智能转存、黄金存折（存金通及黄金定投），以及西联汇款欧元收汇、网上银行西联收汇等本外币新产品。启动西联旗舰店建设，选取10家业务基础好的网点建设为西联汇款旗舰店。上收网点联行汇兑、个人及对公网银落地、商户POS资金清算等非即时处理业务，有效缓解了柜面压力。截至年底，本外币储蓄存款余额1708亿元，同比增加217亿元。个人贷款净增65亿元，同比多增30多亿元，个人贷款增量占各项贷款增量的17.95%。个人高价值客户增加6万多户。

(任晓军)

【中间业务】　年内，农行北京市分行实现中间业务收入20.57亿元，同比增幅40.95%。完成泰康人寿保险资产托管移交工作，托管资产净值1000亿元，托管业务收入首次突破1亿元。承销短期融资券和中期票据近600亿元，同比增长21.33%。介入同业融资、结构性存款、资产池管理等领域，全年累计销售对私理财产品1200多亿元，同比增加3倍；办理同业融资380亿元，同比增加200多亿元，实现收入8亿元。代理保费规模36亿元，代理保险手续费收入1.77亿元；代理中央财政授权支付、非税收入收缴业务24万笔，金额300多亿元；新增第三方存管客户8万户，银期转账客户4000多户，总数分别达到35万户和14000户；与18家证券公司开展融资融券业务，新增融资融券客户464户；新开办企业年金业务7户，到账规模24亿元，同比增加6.6亿元；现金管理客户累计归集资金3000多亿元，同比增加700多亿元，现金管理交易量达25万亿元，同比增长95.34%。

(任晓军)

【银行卡与国际业务】　年内，农行北京市分行组建信用卡直营中心，配备直营人员17人。先后推出个性化金穗DIY星座卡、退役金专用卡、中职学生资助卡等新产品，完成存量商户的IC卡受理功能改造和收单业务增值服务平台的上线工作，开展分期付款业务和第三方支付业务，用卡环境进一步改善。加强与境外代理行的合作，推出融付宝（海外代付+付汇宝）和组合型贸易融资产品（进口代付+进口押汇）。截至年底，总发卡量929万张，同比增加173万张，其中信用卡新增近20万张，总量达到88万张；卡消费额700多亿元，同比增长33.46%；特约商户总量近1万家，比上年增加1388家，合作的第三方支付机构达到23户。外汇存款余额13亿美元；外汇贷款余额40亿美元，同比增加8亿美元；国际结算量突破200亿美元，同比增长47.4%。

（任晓军）

【服务“三农”】　年内，农行北京市分行先后与市城乡办、市农村经济研究中心签订战略合作协议，新增意向性融资额度560亿元，已投放重点城中村建设贷款170亿元。建立“三农”和县域业务审查审批通道，配备专门的信贷审查审批团队，实行一次调查、一次审查、一次审批。积极探索林权抵押贷款等支农新产品，涉农贷款余额达到56亿元，贷款增幅连续两年接近50%。推出“迁喜得利”综合金融服务方案，为拆迁农民提供多样化的理财服务。累计为17家农业产业化龙头企业授信31亿元，贷款余额15亿元。推广“惠农卡”和农户小额贷款等业务，惠农卡发卡量达到30万张。

（任晓军）

【电子化建设】　截至年底，农行北京市分行新增电子银行个人注册客户418万户，企业注册客户3万户，总量分别达到934万户和6万户，其中手机银行客户新增104万户，总量达到181万户；电子渠道交易量占全部交易量的比重上升到68.31%，同比提高3.29个百分点。开通水卡购水、百度推广费缴纳、党校一卡通圈存、301医院挂号等业务，全年投放自助设备302台，总量达到1970台。

（任晓军）

【内控及管理】　年内，农行北京市分行上收部分支行的现金清分、现金及重要空白凭证的配送调缴、离行式自助设备加取钞及维护等。新发放三类贷款受托支付比例达93.94%。实现对所有郊区行不良贷款的集中清收，全年潜在风险客户累计退出贷款1.37亿元，不良贷款余额和占比持续双降。

（任晓军）

【培训工作】　年内，农行北京市分行举办各类培训班1542期，培训8万人次。首次针对新提任处级干部举办专题培训，培训新提任处级干部44人。首次举办青年干部高校培训，71人参加。

（任晓军）

【西城支行业务】　年内，农行西城支行大口径存款余额222.67亿元，同比增加23.3亿元，其中各项存款168.9亿元，同比增加2.98亿元，本外币储蓄存款余额76.64亿元，同比增加10.68亿元。各项贷款99.24亿元，同比增加15.83亿元；个人贷款余额15.95亿元，同比增加2.87亿元；新增中小企业贷款3.2亿元。年内，农行西城支行实现拨备后利润4.82亿元，同比增幅77.68%；人均实现经济增加值71.89万元；实现中间业务收入10615万元，同比增幅45.91%，国际结算量实现9.8亿元，同比增长93.29%。不良贷款和占比实现双下降。

（刘　莉）

【宣武支行业务】　年内，农行宣武支行本外币大口径存款余额185.28亿元，各项贷款余额131.15亿元。实现经营利润4.4亿元，同比增幅38%。实现中间业务收入9088万元，同比增幅53%。全年累计销售理财产品68.15亿元，同比增加5倍。全年国际结算量42057万美元。不良贷款和占比保持双下降。新增对公账户326户，同比增幅18%。年末存款增量亿元以上客户7户，超千万客户20户。新增中小企业贷款9.22亿元，个人贷款余额8.61亿元，同比增加76.7%。为大唐集团及下属客户做理财类委托贷款50亿元，承销大唐集团短期融资券22亿元，为大唐国际承销中期票据、为金隅集团发放私募债等，实现投行业务收入5196万元，同比增长55%。

（董誓　王海波）

中国银行股份有限公司北京市分行

【概况】　中国银行股份有限公司北京市分行在区境内有西城支行、宣武支行。西城支行下设9部1室（含支行营业部）、19个经营性支行（区境外8个），在职员工536人。宣武支行下设8部1室、16个经营性支行（区境外6个），在职员工399人。

西城支行

地址：西城区阜成门外大街5号

邮编：100037

电话：68002129

宣武支行

地址：西城区南新华街1号

邮编：100052

电话：63175972

（杨杰茜　王卫）

【西城支行业务】　年内，中行西城支行全方位开展内控合规检查，涵盖内控风险排查、内控合规检查、非现场监控检查、夜间突击检查、重要空白凭证管理检查5个项目，组织业务合规培训22次。优化网点布局，原缸瓦市支行、工会大楼支行和西单支行分别迁址更名为华贸中心支行、西海大厦支行、丰盛支行。在地铁

13号线和八通线安装50台自助取款机。发展同业委托付款业务，先后为7家金融机构办理金融机构代理同业委托付款业务119笔，提高中间业务收入。信用卡发卡量32835张，同比增长200%；借记卡发卡量82779张，同比增长48.13%；实现商户收单量53.86亿元。截至年底，人民币公司存款时点余额新增55.75亿元，同比增长36.59%；本外币存款余额462.38亿元，同比增长14.23%；全行实现利润4.84亿元。

（杨杰茜）

【宣武支行业务】 年内，中行宣武支行以国际结算业务为突破口，挖掘国际结算资源，保持外币业务优势，扩大客户基础，拓展金融机构资产业务，推动中间业务发展，实现中间业务收入2.08亿元，同比增长64%。其中国际结算业务量增长率排名北京分行管辖行第一名。实现个人中高端客户新增指标完成率一类行排名第一。中行宣武支行被评为年度北京分行先进单位、北京分行先进基层党组织，获北京分行私人银行业务突出贡献奖、电子商务发展突出贡献奖、公司金融业务优秀支行三等奖、北京市内部安全保卫集体嘉奖、北京分行上半年储蓄存款突出贡献奖、年度重点收单项目突出贡献奖、公司金融二季度代理保险拓展先进奖、西城区交通安全先进单位等荣誉。截至年底，实现拨备前利润5.22亿元，同比增长38.84%；实现人民币存款313.32亿元，同比增加99.44亿元；外币存款5.68亿美元，同比增加2.46亿元；人民币贷款120.23元，同比增加42.43亿元。资产质量良好，公司贷款不良率为零，零售贷款不良率0.4%。

（王　卫）

中国建设银行股份有限公司北京市分行

【概况】 中国建设银行股份有限公司北京市分行在区境内设西四支行、西单支行、宣武支行。西四支行下设3个部室，有中长期劳动合同人员121人。西单支行下设3个部室，有中长期劳动合同人员57人。宣武支行下设综合部、公司银行部、营业部3个部室，有中长期劳动合同人员110人，劳务人员4人。

西四支行
地址：西城区阜成门外大街甲26号
邮编：100037
电话：51999931
西单支行
地址：西城区西单北大街34号
邮编：100032
电话：66011802
宣武支行
地址：西城区广安门内大街314号
邮编：100053
电话：63268357

（黄岚　李烨　崔培春）

【西四支行业务】 年内，西四支行实现本外币账面利润2.34亿元。本外币全口径存款时点余额426.72亿元；本外币各项贷款时点余额45.09亿元；中间业务收入7983万元；五级分类不良贷款余额0亿元，不良率0%。营销国开金融内保外贷业务，为其办理1亿美元的内保外贷业务，实现中间业务收入500多万元，并成为首家给予其授信及保函额度的合作银行；营销国资中心私募债券财务顾问角色，担任30亿元私募债券资金的委托贷款行和监管行，为支行每年带来300万元的财务顾问收入及480万元的委托贷款手续费收入；就房山区长阳站7号地西城区旧城保护定向安置房项目与国家开发银行、北京银行德外支行组建银团，与借款人北京天恒康都房地产开发有限责任公司签订银团贷款合同，并实现贷款发放4亿元；与国家开发银行签署定期同业存放合同，办理两个月期限同业存款200亿元；截至11月底，商户业务累计交易额64.5亿元，净手续费收入1892万，两项指标稳居北京分行首位。与华联集团华联综合超市股份有限公司、BHG百货（北京）有限公司签署10家新开业门店的整体MIS合作协议，使北京分行MIS商户数量成为地区同业第一。由西四支行作为独立主办行的军人保障卡项目实现发卡262078张，带来储蓄存款沉淀21.29亿。西四支行营业部被评为总行级五星级网点，西四支行获建行总行级精神文明单位。

（黄　岚）

【西单支行业务】 年内，西单支行实现拨备前利润1.74亿元；本外币全口径存款时点余额70.95亿元；本外币各项贷款时点余额46.06亿元；五级分类不良贷款余额0.28亿元，不良率0.4%。实现中间业务净收入5655.27万元。开立新账户204个，其中亿元以上注册资金单位账户13个。发展商户113个信用卡客户新增3100户，人均卡户新增60户。结算产品销售进展迅速，其中现金管理系统、企业网银、一户通销售量居各支行之首。

（李　烨）

【宣武支行业务】 年内，宣武支行开办的主要业务有企事业单位、机关团体本外币存款，各类企业贷款、汇兑结算、票据贴现、本外币储蓄、外汇买卖、个人住房贷款、委托性住房金融业务、个人消费贷款、银行卡业务、金融代理业务、委托贷款、工程造价咨询、财务顾问、网上银行业务等。新拓展对公客户513户，其中43户注资额达亿元以上；新增商户182户、个人客户324户；办理各类债券承销业务109.95亿元；中间业务重点产品开办率100%，系统排名第一；中标中国水电工程顾问集团公司、中国电力投资集团公司企业年金管理人资格；分别办理分行首笔电费质押形式保理业务、跨行国内信用证和集团集中代理模式国内信用证业务；纯新发放贷款40.5亿元。支行营业部通过“五星级网点”复验，并获分行“平安示范网点”称号。宣武支行获总行外汇业务百强行称号、分行对公人民币账户新增和对公柜面产品销售“年度销售金星”称号、市公安局安全保卫工作集体嘉奖、区交通安全先进单位、牛街地区促进民族团结先进集体、分行系统印章管理先进单位、分行系统信息宣传单位。

（崔培春）

交通银行股份有限公司北京市分行

【概况】 交通银行股份有限公司北京市分行（简称交行北京市分行）机构网点总量111家，其中分行营业部1家、中心支行18家、直属支行1家、专业支行8家、二级支行83家，共有员工4665名，平均年龄31岁。截至年底，本外币资产总规模6728.10亿元，同比增加14.29%。本外币全口径存款余额6600.28亿元，同比增加14.97%，其中人民币各项存款4801.21亿元，同比增加13.03%。本外币各项贷款（含买断式转贴现）2712.90亿元，同比增加3.75%。2011年，实现本外币经营利润（含资金业务）100.58亿元，同比增加28.16%。实现本外币拨备后利润（含资金业务）99.50亿元，同比增加28.13%。

地址：西城区金融大街22号

邮编：100033

电话：88668866

（秦 娜）

【公司金融业务】 年内，交行北京市分行坚持以客户为中心的服务理念，加强与总行、子公司、合作单位的协作，为客户提供全面、优质的综合化、专业化服务。与中信集团、海关总署等大型企事业单位的合作日益深入。继续保持财务公司营销工作的先发优势，开展第三方支付机构备付金存管业务。做好集团客户服务，拓展中小企业客户群体，优化客户结构和业务结构。人民币对公存款时点余额3939.39亿元，同比增加12.54%。

（秦 娜）

【个人金融业务】 年内，交行北京市分行通过批量拓展、客户引荐、产品吸引等3种方式拓展个人有效客户，累计拓展个人代发类客户25万户，通过委托贷款联动营销私人银行客户300余名、中小企业49家，通过“友富共享”活动拓展1861名沃德财富客户，通过得利宝产品营销60717名新客户。新增沃德财富客户（个人高端客户）19437户、交银理财客户（个人中端客户）38104户；截至年底，储蓄存款余额861.83亿元，同比增长15.32%。与京客隆超市、丰联广场合作MIS收单业务，全年实现POS收单交易额1059.61亿元，收单收入5.87亿元。

（秦 娜）

【国际业务】 年内，交行北京市分行国际结算、国内保理、国内信用证以及出口买贷等方面呈现良好增长态势，在满足客户业务需求的同时带动中间业务收入增长，全年实现国际条线中间业务收入7.58亿元，同比增加32.79%。

（秦 娜）

【基础管理】 年内，交行北京市分行调整客户结构、优化网点布局、加强队伍建设。将10万元以上新开户占比提升作为客户结构调整的重点，降低对大型企业的依赖度。新建网点5家，迁址2家、整体改造6家、局部改造11家，完成新大楼搬迁工作，设立各类自助设备1406台，离行网点总数780家，尝试建立电子银行体验区。拓展电子银行业务，做实网银客户基础，营销第三方支付客户，电子银行分流率72.31%，同比增长7.12%，优化人员内部配置，制订人才发展实施意见和人才实施计划。

（秦 娜）

【业务创新】 年内，交行北京市分行依托资产分池业务创新，研发“京品”系列理财产品。针对阳光100、俏江南等民营企业“走出去”需求，探索境内外联动新模式，并针对中小企业需求推出视融通、保融通等融资产品。在交行系统内首家推出挂钩国际金价的本外币交叉理财产品及首单私募债券，设计以境外机构在境内 NRA 人民币存款为保证金的跨境本外币理财方案。上线银行卡收单直连系统和银行卡收单直连退货系统，在北京地区率先推出刷卡信息同步反馈、便捷对账服务及订单支付管理等一系列适用 B2C 行业特约商户的特色收单服务。加快电子银行产品创新步伐，推出手机彩票、百度代理缴费等业务，完善中小企业跨行支付平台。上线固定资产管理系统，开发员工绩效管理电子化平台，实现人力资源职位管理电子化模式，完善系统功能深化管理会计应用，不断强化信息技术对经营管理的支撑。

(秦　娜)

【阜外支行金融业务】 阜外支行下设 1 个营业室和 5 个支行，在职员工 172 人。截至年底，人民币存款余额 133.18 亿元，同比增加 28.41 亿元，其中储蓄存款 46.84 亿元，对公存款 86.34 亿元；人民币贷款余额 113.61 亿元；完成国际结算量 34.73 亿美元；实现各类中间业务收入 12806 万元；实现本外币利润 34633 万元，人均创利 201.35 万元。

(宋秋文)

【西单支行金融业务】 西单支行下设 1 个营业室和 2 个支行，在职员工 100 人。截至年底，人民币各项存款余额 238.06 亿元，同比增长 27.11%；人民币各项贷款余额 81.81 亿元，同比增长 7.82%；外币存款余额 18143 万美元，同比增长 72.99%；各类中间业务收入 12477 万元，实现本外币利润 35174 万元，人均创利 351.74 万元。

(赵　欣)

【官园支行金融业务】 官园支行下设一个营业室，全行在职员工 51 人。截至年底，人民币存款余额 55.55 亿元，其中对公存款余额 53.3 亿元，储蓄存款余额 2.24 亿元，人民币对公存款日均余额 22.97 亿元，人民币贷款余额 95.96 亿元，外币储蓄存款 83.7 万美元，实现本外币利润 15479 万元，人均创利 303.5 万元，实现各类中间业务收入 6167.83 万元。

(杜冰寒)

中信银行股份有限公司总行营业部

【概况】 中信银行股份有限公司总行营业部（简称中信总行营业部）下设 1 个营业结算部，49 家支行，员工 2186 人。截至年底，本外币资产总额 4619.2 亿元，同比增长 42.7%。本外币存款（含金融机构存款）折计人民币 4521.6 亿元，同比增长 43.2%。其中人民币存款余额 4161.6 亿元，同比增长 44.8%。本外币贷款折计人民币 1709.6 亿元（含贴现），同比减少 1.8%。其中人民币贷款 1574.1 亿元（含贴现），同比减少 1.7%。实现账面利润 52.6 亿元，同比增长 40.2%。不良贷款余额 2.9 亿元，不良率 0.17%。年内，中信银行总行营业部获"中国现金管理行业杰出贡献"和"最佳现金管理银行"称号；中信银行获"2011 年度全国支持中小企业发展十佳商业银行"称号。

地址：西城区金融大街甲 27 号投资广场 A 座

邮编：100033

电话：66293550

(李　利)

【公司银行业务】 年内，中信总行营业部企业年金业务方面，累计实现 PE 基金托管近 30 支，突破 100 亿元；托管和养老金规模分别达到 363 亿元和 55 亿元，实现中间收入 2942 万元。资产业务方面，本外币公司一般性贷款余额 1231 亿元，同比增长 10.2%。负债业务方面，本外币公司一般性存款余额 2652.2 亿元，同比增长 5.43%；同业负债方面，负债规模达 377 亿元。投资银行业务方面，共发行了 17 家企业的 25 支债务融资工具，承销规模突破 330 亿元，同比增长 75%；投资银行信贷资产余额 255 亿元。票据业务方面，实现票据直贴累计发生额 593.14 亿元，市场占比达到 28%，继续位居北京地区第一；累计实现票据直贴利息收入 7.7 亿元，同比增长 87.8%。汽车金融业务方面，已覆盖全国 31 个省、市、自治区，涉足 22 个汽车主流品牌，主办全国 9 大汽车品牌网络，有效经销商达 226 户，新增 107 户；经销商日均存款 30.40 亿元，新增 14.6 亿元；累计融资额 315 亿元，新增 163 亿元；核心厂商日均存款 30.5 亿元，新增 9.1 亿元；实现中间业务收入 1720 万元，经济利润 1 亿元，不良率为 0。

(李　利)

【零售银行业务】 年内，中信总行营业部零售贷款余额 359.79 亿元，其中一手房按揭贷款余额 252.16 亿元，较上年增 18.82 亿元；二手房贷款及其他余额突破 142.68 亿元。本外币储蓄日均余额 320 亿元，同比增长 9.8%；管理资产余额549.22亿元，同比增长12.6%。开办韩国使馆签证代传递业务，合作使馆达到14家。代理使馆业务135万笔，同比增长30.69%，实现手续费收入934.85万元，同比增长1.24%。电子银行业务快速增长，全国首家推出"个人网银征信查询业务"、"中信蓝天少儿卡"业务，率先上线"个人网银结售汇"功能，上线"多媒体自助机具网络购电"、"代收正东热力费"、"代收铁通话费"、"多媒体自助终端一卡通充值和圈存"项目等。截至年底，个人网银交易累计2493亿元，公司网银累计交易量达到83331亿元，银行卡及结算类业务中间收入3536万元，同比增长53%。

（李　利）

【国际业务】　年内，中信总行营业部完成国际业务收付汇量732亿美元，同比增长35.6%，在北京地区市场份额占比达20%，继续位居北京市场第一位。跨境人民币业务结算量879亿元人民币，在北京地区市场份额达25%，位居市场前三位。

（李　利）

【中间业务】　年内，中信总行营业部实现中间业务净收入10.18亿元，同比增长34%，非息收入占营业净收入比重增至13.13%，同比上涨1.33%。

（李　利）

【营业结算部业务】　营业结算部内设零售营销部、营业一部、营业二部、综合部等部门，共有在职员工41人。截至年底，营业结算部一般性存款达1097.7亿元，其中公司一般性存款达1082.9亿元，储蓄存款14.8亿元；各项贷款195.9亿元，其中公司一般性贷款173.4亿元，对私贷款22.4亿元。

（李　利）

【阜成门支行业务】　阜成门支行内设营业部、公司营销部、零售营销部、综合部等部门，共有在职员工31人。截至年底，阜成门支行一般性存款达25.7亿元，其中公司一般性存款18亿元，储蓄存款7.6亿元；各项贷款97.1亿元，其中公司一般性贷款92.8亿元，对私贷款4.3亿元。

（李　利）

【西单支行业务】　西单支行内设营业部、公司营销部、零售营销部、综合部等部门，共有在职员工27人。截至年底，西单支行一般性存款达42.9亿元，其中公司一般性存款31.4亿元，储蓄存款11.5亿元；各项贷款23.5亿元，其中公司一般性贷款2.74亿元，对私贷款20.8亿元。

（李　利）

【广安门支行业务】　广安门支行内设营业部、公司营销部、零售营销部、综合部等部门，共有在职员工21人。截至年底，广安门支行一般性存款达26.8亿元，其中公司一般性存款18.7亿元，储蓄存款8亿元；各项贷款14.1亿元，其中公司一般性贷款10.6亿元，对私贷款3.4亿元。

（李　利）

【凯晨广场支行业务】　凯晨广场支行内设营业部、公司营销部、零售营销部、综合部等部门，共有在职员工17人。截至年底，凯晨广场支行一般性存款达13.8亿元，其中公司一般性存款7.7亿元，储蓄存款6亿元；各项贷款7.4亿元，其中公司一般性贷款1.7亿元，对私贷款5.65亿元。

（李　利）

中国光大银行股份有限公司北京分行

【概况】　中国光大银行股份有限公司北京分行（简称光大银行北京分行）共有营业网点54家，员工2000多人。截至年底，资产总额2736亿元，同比增长12%；一般存款余额1965亿元，同比增长9%。其中储蓄存款余额270亿元，同比增长45%；一般贷款余额981亿元，同比增长9%。实现风险调整前利润超过38.7亿元。

地址：西城区宣武门内大街1号
邮编：100031
电话：66567699

（李文韬）

【公司银行业务】　年内，光大银行北京分行对公客户时点存款余额同比增长4.4%。对公全口径贷款余额同比增长11.7%。确定汽车、钢铁、医药3个模式化重点行业，形成"中铁物资模式"、"北汽福田模式"、"中医药集团模式"等一批各具特色的模式化经营方案，搭建"北汽股份全程通业务"、"中铁物资'商商银'合作"网络，建立起"5+1"集团内联动模式。开展直销和联动营销，搭建中小企业担保平台，实现中小企业表内外授信259亿元。

（李文韬）

【零售银行业务】　年内，光大银行北京分行储蓄规模不断壮大，储蓄存款达到270亿元，增幅超过45%。零售客户增长迅速。电子渠道布设完善，自助设备覆盖范围扩大。银行卡业务发展迅速。信用卡客户新增14万余户，发卡破百万，社区维修资金卡、存贷合一卡等新卡种业务也发展迅猛。

(李文韬)

【风险管理及合规建设】 年内，光大银行北京分行不良贷款余额比年初下降4030万元，不良贷款率降至0.06%，对公贷款零不良。坚持业务发展与合规管理并重，组织完成案件风险排查，排查业务30余万笔，涉及金额2000多亿元。落实安全责任，实现全年无案件、无事故、无重大业务差错的安全工作目标。

(李文韬)

华夏银行股份有限公司北京分行

【概况】 华夏银行股份有限公司北京分行（简称华夏银行北京分行）下辖77个所属机构，其中支行50个、支行筹备组1个、行业公司业务部11个，分行部室15个。全行人数2157人。截至年底，本外币资产余额1872.40亿元，同比增长35.59%。本外币存款余额1546.05亿元，同比增长18.48%；其中人民币存款余额1530.20亿元，同比增长18.87%。本外币贷款余额791.78亿元，同比增长6.84%；其中人民币贷款余额786.30亿元，同比增长11.15%。全年实现利润总额20.16亿元，同比增长53.42%。

地址：西城区金融大街11号

邮编：100032

电话：58598601

(高亚雄)

【公司金融业务】 年内，华夏银行北京分行先后为门头沟区危改安置房、新材料科技产业基地、高端汽车零部件生产基地、轨道交通等重点项目提供了资金支持。与北京天坛生物制品股份有限公司、北汽福田汽车股份有限公司及保障性住房建设投资中心等开展了业务合作。打造“中小企业金融服务商”品牌，开展“龙舟计划闪耀科技金融”及“龙舟计划进文化创意园区”等大型营销活动，与中关村管委会签订全面战略合作协议，为中关村“一区十园”科技型企业量身定制金融服务。对公存款余额1312.39亿元，同比增长13.72%。对公业务客户净增5231户，其中有效户432户。小企业信贷户743户，同比增长36%，小企业结算户超过35000户。

(高亚雄)

【个人金融业务】 年内，华夏银行北京分行整理下发了6项需求解决方案，即个人客户流动性解决方案、财富增值解决方案、人生保障解决方案、支付结算解决方案、消费金融解决方案和贵宾尊享解决方案。推出面向拆迁客户、速通卡客户、信用卡客户、代发工资客户、个贷客户、小企业客户、TPOS市场商户的7类特定客户群服务方案。提出开展进市场、进企业、进中介、进社区、进大厅的“五进”营销，累计举办各类客户沙龙超过150场。开展个人业务“每月服务一提升”活动，推动客户分层服务，开展“贺新春、换新钞、送红包”活动，取得良好的社会效果。个人金融资产总量483.04亿元，同比增加40.30%。储蓄余额233.66亿元，同比增长53.36%。累计个人客户达到126.45万户，新增个人客户27.10万户，其中个人贵宾客户增加11041户，累计贵宾客户42730户。华夏速通卡累计发卡24.52万张，当年新增14.20万张。

(高亚雄)

【中间业务】 年内，华夏银行北京分行短期融资券和中期票据承销业务稳步发展，成功发行首钢70亿元、京能国际14亿元中期票据以及京煤集团5亿元短期融资券。个人理财签约客户增加2.76万户，公司理财产品销售增长75%，机构理财顾问业务收入增长307%。销售个人理财产品327.83亿元。国际业务结算量121.70亿美元，实现国际结算收入1.43亿元。实现中间业务收入4.12亿元，同比增长40.13%。

(高亚雄)

【网点建设】 年内，华夏银行北京分行全年新建营业网点4家，营业网点总数达到51家。完成8家旧营业网点改造工程。新增自助设备57台，自助银行1家，POS机具1689台，电话POS3119台，特约商户929户。

(高亚雄)

【风险管理】 年内，华夏银行北京分行推进全员、全方位、全过程风险管控措施，不良贷款率降至0.96%，下降0.33%。小企业业务一直保持资产质量优质，不良率始终为0。

(高亚雄)

广发银行股份有限公司北京分行

【概况】 广东发展银行股份有限

公司北京分行于2011年4月正式更名为广发银行股份有限公司北京分行（简称广发北京分行），在区境内设月坛支行、甘家口支行、新外支行、金融街支行。月坛支行有正式员工30人，总人数36人，资产总额72.5亿元，其中信贷类资产50.5亿元，中间业务收入1792万元，全年实现利润总额9907万元，人均利润330万元。人民币一般性存款日均52亿元，其中储蓄存款日均2.6亿元。截至年底，人民币一般性存款余额57.5亿元，贷款收息率100%。各项经营指标在广发北京分行辖内名列前茅。年内，月坛支行开展多种个人金融业务，包括生意金、生意红、自信一贷、贵金属（黄金、白银）延期交易业务及现货业务。

地址：西城区月坛北街2号
邮编：100045
电话：68083556

（吕　欣）

招商银行股份有限公司北京分行

【概况】　招商银行股份有限公司北京分行（简称招商银行北京分行）共设营业机构57家，员工总数3127人。截至年底，总资产3048.4亿元，同比增幅16.4%。本外币自营存款余额2539.5亿元，同比增幅15.1%。本外币自营贷款余额1179.5亿元，同比增幅7.2%。按“五级分类”口径不良贷款率0.14%，不良贷款拨备覆盖率1262.48%。全年实现利润83.6亿元，同比增幅66.9%。2011年，招商银行北京分行被评为全国银监会系统先进集体。

地址：西城区复兴门内大街156号
邮编：100031
电话：66427107

（金　晶）

【发展方式转型】　年内，招商银行北京分行资本回报水平、人员效能、费用效率等核心指标显著提升。经风险调整后的资本回报率（RAROC）达108.8%，按可比口径同比提升38%。资产利润率（ROA）达2.86%，同比提升0.95%。人均创利达264万元，同比增加111万元。网均创利达1.34亿元，同比增加5336万元。成本收入比为18.69%，同比下降6.55%。

（金　晶）

【批发银行业务】　年内，招商银行北京分行大力发展批发新兴中间业务。承销20支债务融资工具，金额达355亿元；创设集合信托产品210支，金额达190亿元；销售公司理财1849亿元，同业理财79.1亿元；托管资产余额达1020亿元；网上供应链金融产品累计交易量达373亿元。推进中小企业专业化经营，创新开发了“政采贷”、“文创贷”、“资产管理贷”、“投联贷”等产品，推动在“千鹰展翼”计划下全方位金融服务体系建设，中小企业一般性贷款客户数同比增幅63.1%，贷款余额增幅72.8%。

（金　晶）

【零售银行业务】　年内，招商银行北京分行管理客户总资产达3627亿元，全年新增535亿元，私人银行客户、钻石客户、金葵花客户、金卡客户同比增幅分别达到29.3%、23.3%、20.1%和16%；全年新发放住房公积金联名卡23.2万张。个人贷款余额同比增加39.5亿元。

（金　晶）

【网点建设】　年内，招商银行北京分行新增华贸中心支行、十里河支行、西二旗支行、陶然亭支行4家支行，营业机构达57家。企业网上银行净增5969户，交易笔数替代率60.82%；零售网上银行专业版、快易理财、手机银行客户均大幅增长，非柜面交易笔数替代率87.73%。

（金　晶）

中国民生银行股份有限公司总行营业部

【概况】　中国民生银行股份有限公司总行营业部（简称民生银行总行营业部）下设支行50家，正式员工2094人。截至年底，本外币总资产余额4375.78亿元，同比增长13.78%。各项存款余额3839.54亿元，同比增长8.24%，其中人民币存款余额3675.62亿元，同比增长5.98%。各项贷款余额1386.29亿元，同比降低3.97%。全年各项业务收入225.68亿元，各项业务支出203.78亿元，实现税前利润21.9亿元，同比增长4.9%。

地址：西城区复兴门内大街2号
邮编：100031
电话：5856008—6010

（姜　灿）

【公司银行业务】　年内，民生银行总行营业部贷款余额920.16亿元，同比减少115.84亿元；本外币公司存款余额3375.26亿元，同比增长8.6%。对公中间业务收入108396.68万元，同比增长89.22%。对公贷款重点投向租赁和商务服务业、公共管理和社会组织、房地产业、制造业、批发零售业、建筑业，贷款余额占比74.34%。中小型客户占比80.93%，贷款余额占比52.6%。贸易融资业务余额276.91亿元，其中表内合计93.77亿元，表外合计183.14亿元。非融资性保函余额492125万元，融资性保函余额243739万元，海外代付余额139946万元，国内代付余额245093万元，买方保理余额41592万元，信用证余额665564万元。国际业务结算量103.54亿美元。表内外资产状况良好，无不良发生。票据业务，累计办理票据直贴业务145亿元，转贴现4433亿元，买入返售657亿元。累计开发IPO客户183户，授信总额515.6亿元，授信提用119.4亿元。IPO资金托管20户，托管峰值65亿元；私募、基金托管6户，存款峰值17.4亿元。资产托管业务产品88支，托管规模442.96亿元。发行债券10支，承销额71.5亿元。

（姜　灿）

【零售银行业务】　年内，民生银行总行营业部储蓄存款余额463.66亿元，同比增长5.55%。个人贷款余额466.01亿元，同比增长14.22%。金融资产余额833.2亿元，同比增长37.04%。本外币理财销售1307.65亿元，同比增长267.83%。基金销售16.3亿元，同比增长11.26%。零售客户374万户，同比增加25万户，其中贵宾客户9.74万户，同比增加1.96万户。全年发卡30.44万张。

（姜　灿）

【其它业务】　年内，民生银行总行营业部实现中间业务收入109261万元，同比增长87.31%。实现金融企业往来收入111.64亿元，同比上升172%，在总收入中占比49.47%。小微企业贷款余额289.93亿元，同比增长43.53%，在个贷余额中占比62.22%，不良贷款率0.14%，资产质量良好。对中关村国家自主创新示范区高新技术企业贷款余额82.46亿元，同比增长32%。科技型中小企业贷款余额30.32亿元，同比增长2.36%。文创类企业贷款余额28.56亿元，同比增长5.46倍，其中文创类中小企业贷款余额17.6亿元，占比61.62%。节能减排项目贷款余额6.12亿元，同比增加6.04亿元。

（姜　灿）

【风险管理】　年内，民生银行总行营业部加强风险管理体系建设，累计收回平台贷款18户，涉及金额45.9亿元，全额退出平台贷款7户，涉及金额24.7亿元；调出平台贷款16户，贷款余额84.7亿元，纳入一般公司类贷款管理。已投放中长期贷款中，采用分次还款方式涉及贷款余额113.61亿元。全年新发放贷款受托支付比例98.01%。

（姜　灿）

北京银行股份有限公司

【概况】　北京银行股份有限公司（简称北京银行）下设分支机构214家（不含村镇银行），员工总数7339人。截至年底，资产总额9564.98亿元，同比增幅30.45%；存款总额6142.41亿元，同比增幅10.13%；贷款总额4056.09亿元，同比增幅21.17%。实现利润总额113.97亿元，同比增幅32.51%；实现手续费及佣金净收入16.13亿元，同比增长67.26%。资本充足率12.06%，核心资本充足率9.59%。贷款不良率0.53%，同比下降0.16%，拨备覆盖率446.04%。北京银行被评为国际收支统计之星先进单位、北京市住房保障工作先进单位，获中国人民银行科技发展奖。

地址：西城区金融大街丙17号北京银行大厦

邮编：100033

电话：66426500

（黄晓磊）

【公司业务】　年内，北京银行中小企业事业部正式揭牌；推出六项支持文化创意产业快速发展新举措，启动文化金融提升工程；推出票据池、全能管家、京医通等各项新产品，服务能力不断完善。截至年底，本外币公司存款总额4988亿元，本外币公司贷款总额3389亿元，其中中小企业人民币贷款余额1529亿元，中间业务收入实现7.14亿元，同比增幅82.5%。

（黄晓磊）

【零售业务】　年内，北京银行实施“赢在网点”项目，推进“短贷宝”特色产品、信用卡业务等；推动理财中心、财富中心建设；开展客户分层管理，开展私人银行业务试点工作，建立差异化服务模式。截至年底，零售客户资金量余额达到1458亿元，储蓄存款余额1151亿元，个人贷款余额660亿元，中间业务收入4.58亿元，银行卡累计发卡量突破1000万张。

（黄晓磊）

【中间业务】　年内，北京银行建立“大投行、大同业、大资金”业务模式，以投资银行业务、综合金融业务为核心，带动中间业务发展，中间业务收入不断增长。截至年底，实现中间业务收入16.08亿元，同比增幅67.01%；占营业收入比重7.77%。

（黄晓磊）

【区域化布局】　年内，北京银行新增分支机构21家，成立南昌分行、中关村分行、杭州绍兴支行以及浙江文成北银和吉林农安北银村镇银行等机构，分支机构达到214家（不含村镇银行），经营范围覆盖环渤海、长三角、珠三角、中西部等4大经济区，全国性营销网络主体框架基本形成。

（黄晓磊）

【资本化运作】　年内，北京银行消费金融公司累计发放消费贷款49741.27万元，同比新增47085.74万元；中荷人寿保险公司实现保费收入约14.8亿元，同比增加1.8亿元；北京延庆村镇银行、浙江文成北银村镇银行存贷款规模平稳上升，业务不断发展。

（黄晓磊）

【国际化发展】　年内，北京银行在全球共建代理行1202家，其中香港地区77家，台湾地区51家，澳门地区6家，建立了美元、日元、港币、欧元、英镑等15个国际主要货币直接清算渠道，并且与ING集团在荷兰阿姆斯特丹签订深度合作协议。

（黄晓磊）

【信息化建设】　年内，北京银行提出科技开发项目近500项，已启动实施450余项。重点从助推各业务线转型发展、深化电子渠道品牌建设、技术手段提升精细化管理水平3个方面进行信息系统建设。10大科技攻关项目加速实施，数据仓库项目稳步推进，第四代核心系统建设工作全面启动，西安灾备中心正式投产，开通全国统一客服电话95526。

（黄晓磊）

证　券

中国证券监督管理委员会北京监管局

【概况】　中国证券监督管理委员会北京监管局（简称北京监管局）辖区年内有27家公司IPO，融资517.69亿元，有15家公司通过增发、配股等方式再融资797.2亿元，全年辖区股权融资1314.89亿元，占全国的25.9%。辖区有1家公司通过发行可转换债募集资金230亿元，有3家公司发行公司债等方式融资64亿元，全年辖区交易所债券融资294亿元，占全国的17.21%。北京证券市场共计融资1608.89亿元，占全国的23.72%。北京辖区194家上市公司总市值104298.53亿元，占全国的41.84%；上市公司总股本19739.3亿股，占全国的54.72%。受2011年股市指数下跌影响，辖区上市公司总市值比上年减少14809.72亿元。截至年底，北京全年新增1家证券公司、1家期货公司和2家基金公司，新设32家证券营业部、7家证券分公司和8家期货营业部。北京18家证券公司总资产为2295亿元，净资本为647亿元，均占全行业的15%左右；北京9家法人基金管理公司管理基金份额4430.95亿份，基金规模合计3800多亿元。北京20家期货公司资产总额为363亿元，全年期货代理交易额近40万亿元，约占全国15%；代理成交量近3.3万手，约占全国15%。北京有证券期货业务资格的会计师事务所26家，资产评估事务所34家，提供证券期货法律服务的律师事务所市场份额约占全国的一半以上。境外上市公司及各类股权投资机构数量均居全国前列。

地址：西城区金融大街26号金阳大厦

邮编：100033

电话：88088060

（贾园春）

【拟上市公司监管】　年内，北京监管局规范拟上市公司辅导监管工作程序，提升发行保荐质量。从适应资本市场发展和拟上市公司辅导工作实际需要出发，广泛征求意见，制定《北京证监局拟上市公司辅导工作监管指引（试行）》。通过组织培训、座谈会、现场检查等方式，督促保荐机构完善相关内控流程，强化保荐机构在发行保荐和持续督导过程中的责任，确保首次公开发行股票辅导工作质量。选取6家具有代表性的创业板上市公司进行试点检查，总结存在的问题，及时向有关各方机构反馈监管意见。

（贾园春）

【上市公司监管】 年内，北京监管局确定北京27家A+H公司进行内部控制规范建设试点，为2012年在主板全部上市公司全面推行奠定基础。针对部分上市公司存在的信息披露差错、公司治理重大缺陷和规范运作违规风险等问题，向上市公司下发监管意见，要求公司及时解决和整改。选取13家公司作为解决同业竞争和减少关联交易的重点公司，以重点带动全面，使北京辖区存在同业竞争的45家公司中，有43家开始启动，有2家公司得以彻底解决。加强打击内幕交易的宣传和教育，组织编写《打击和防控内幕交易知识读本》，发放所有公司董事、监事、高管，要求认真学习。完成辖区上市公司定期报告审核汇总工作。根据年报审核存在的问题，及时采取措施进行纠正。综合上市公司的风险点，统筹安排现场工作检查，共对15家公司进行年报现场检查，对24家新公司进行全面检查，对6家公司进行专项检查，高效完成各项任务。

（贾园春）

【证券机构监管】 年内，北京监管局鼓励公司业务创新，支持公司做优做强。辖区有两家公司三个创新项目获得证监会批准，稳妥开展业务试点。做好融资融券、直投业务转常规工作。指导公司开展客户资金第三方存管单客户多银行服务，升级信息系统，加强合规审查及风控，完善相关制度与业务流程。督促辖区公司加强净资本及风控体系建设和健全信息隔离墙制度。扶优限劣，加大对证券投资咨询机构监管力度。北京辖区参加分类评审的14家证券公司中，有6家证券公司被评为A类公司，其中3家为AA类公司，有8家被评为B类公司。

（贾园春）

【期货市场监管】 年内，北京监管局妥善处理期货公司客户保证金预警，督促期货公司满足风险监管指标要求。对接近预警指标的公司，及时督促公司核查自有资金，鼓励有关公司增资扩股，辖区有8家公司合计增资8.72亿元，抗风险能力大大提高。落实每周期货动态分析制度，共编制动态分析周报40份，发现机构潜在风险点近140余家次，及时采取监管措施，保持对机构和市场的风险监控。制定《北京辖区期货营业部分类管理办法》，对期货营业部在制度建设、合规经营、信息系统安全、行业自律、配合监管等方面进行评价，分级分类，合理分配监管资源。开展国有企业境外期货套期保值业务监管，认真做好持证企业资料报备，避免出现穿仓和资金不足等风险，促进企业提高自身风险防控能力。

（贾园春）

【基金行业监管】 年内，北京监管局以基金公司督察长联席会为抓手，发挥监察稽核作用。及时通告现场检查和日常监管发现的问题、传达监管要求、提示相关风险，并就市场上关心的热点问题，组织专题研讨交流，对违规行为严肃处理，维护监管权威。共向3家公司下发监管提示函、对2名负责人进行监管谈话、记入诚信档案，并将有关意见抄送公司董事会，施加监管压力，提升公司内部合规管理水平。优化监管规程，简化形式性审核，理清报备事项，合理分配和使用监管资源，提升工作效率。

（贾园春）

【审计与评估业务监管】 年内，北京监管局以辖区各市场主体年报监管为抓手，加大审计与评估业务监管力度。根据中国证监会监管工作部署，结合辖区上市公司、证券公司、基金公司、期货公司实际，明确年报审计工作要求、内容和流程。分别对辖区200多家监管对象制定审计监管工作方案，通过召开会议，审阅总体审计策略和审计计划，约谈审计项目负责人，抽查审计底稿和审计现场跟进等手段，加强对审计机构执业行为的监管。同时，开展对中介机构的审计与评估业务检查，督促有关机构提升执业合规水平。

（贾园春）

【打击证券期货违法违规】 年内，北京监管局构建内幕交易综合防控体系，与市公安局、市监察局、市国资委以及市金融局等部门联合下发《北京市关于依法打击和防控资本市场内幕交易相关工作的通知》，建立北京市打击和防控内幕交易联席会议工作机制。坚决查处典型案件，不断加大执法力度。认真做好信访投诉工作，妥善化解信访矛盾。全年受理信访事项331件，接听电话5000余次。查办各类型证券期货违法违规案件43件，向公安、工商等单位移送非法证券活动案件线索15起，关闭非法证券网站1家，另有4起涉嫌非法证券经营犯罪案件经司法机关审理并宣判。

（贾园春）

【支持首都经济发展】 年内，北京监管局积极推动北京企业上市，扩大直接融资规模。推进上市公司并购重组，促进产业整合和结构调整。配合中关村国家自主创新示范区建设，支持中关村代办股份转让系统规范发展，带动金融资源向中关村战略性新兴产业集中，促进科技创新与资本市场的有效对接。

（贾园春）

保 险

中国人民财产保险股份有限公司北京市分公司

【概况】 中国人民财产保险股份有限公司北京市分公司在区境内设西城支公司和宣武支公司。西城支公司设综合部、7个营销部，年内，原西城理赔分中心归属北京市分公司；德胜门出单分中心从原综合部分离出来，正式挂牌成立，由北京市分公司出单中心与西城支公司双向管理。公司有正式员工46人，劳务派遣人员43人。宣武支公司设签单中心、车险直销部、非车险直销部和6个中介部，1个综合部，有职工66人，其中正式职工48人。

西城支公司

地址：西城区德胜门外大街73号

邮编：100088

电话：62370120

宣武支公司

地址：西城区菜市口大街平原里20号楼

邮编：100054

电话：63559066

（严娟娟 顾惠潼）

【西城支公司业务】 年内，西城支公司实现保费收入44770万元，扣除分公司专管专营上收因素，同比增长2.45%；承担各类风险金额2532.6亿元；全年支付赔款2.53亿元，同比增长4.50%；全险种赔付率60.7%；上缴税金2687万元。其中承保机动车辆179199辆，车险保额532.04亿元；承保企业财产1223笔，承担风险金额856.33亿元；承保货运险风险金额681.28亿元；承保责任险风险金额33.39亿元；承保工程险风险金额120.67亿元；承保短期意外险风险金额70.67亿元；机动车辆保险保费收入37928万元，同比增加303.5万元；非车险保费收入6841万元，同比增长768万元。

（严娟娟）

【宣武支公司业务】 年内，宣武支公司实现保费收入35867万元，同比增长0.68%，利润同比增长3278万元，增长率226%。其中企业财产保险保费收入1968万元，同比增长13.89%；机动车辆保险保费收入24454万元，同比增长0.32%；货物运输保险保费收入479万元，同比增长393.81%；责任险、意外险分别实现保费收入658万元和71万元，同比分别下降15.32%和下降21.11%。

（顾惠潼）

中国平安财产保险股份有限公司北京分公司

【概况】 中国平安财产保险股份有限公司北京分公司（简称平安产险北京分公司）设有两个营业部、4个支公司、4个营销服务部，有员工1182人，其中后线员工454人，前线员工728人。截至年底，实现保费收入52.9亿元，同比增长22%。其中车险保费收入近38.4亿元，同比增长19.2%；财产险保费收入近13.5亿元，同比增长30.5%；意健险保费收入近1亿元，同比增长23.9%。

地址：西城区金融大街23号平安大厦15层

邮编：100033

电话：59700088

（包海清）

【团体中心业务】 年内，平安产险北京分公司团体中心按照总部要求完成对直销人员的重新清分、组织架构方案调整、薪酬考核方案制定、落地方案制定等工作，并结合日常管理工作加强对前线的宣导、具体工作要求、落实穿透检视、日常跟踪考核。完成总、分公司明星评选和中心各项业务竞赛的评选工作，完成宣传、培训方案编制和实施、资源协调工作，协助总公司制作E行销功能的辅助视频，完成团E系统支持与维护工作。提升核保精细化的工作手段，加强成本管控意识和成本管控技能，对所有财产险业务的核保工作要求采取逐单分险种成本核算的工作模式，改善了业务品质。

（包海清）

【个人中心业务】 年内，平安产险北京分公司个人中心制定车行渠道人员的考核标准，做好人员相关管理工作，完成“派修管理办法”制定及“定向、定量派工”项目相关工作；联系培训部、车意险理赔部，完成对前线销售人员、后线服务专员的培训，管理、审批各车行业务部推修需求，完成派工试点车行调整，定期提取合作车行推修数据清单，协助处理各车行推修投诉件；推进网上车险和电销渠道管理工作，配合电销开展坐席培训，着重培养新渠道现场核保人。对每月数据进行分析，对各模式数据进行跟踪，根据电销的业务活动开展情况，检视电销业务政策和OFFER方案。

（包海清）

【运营中心业务】 年内，平安产险北京分公司运营中心对不同业务规模、不同合作深度的车行，推出的差异化车险理赔服务；根据销售需求，配合各渠道和大客户进行承保前的支持工作和客服节活动；举办产险北京分公司第八届客服节；实施免费救援、代收理赔资料、承保人性化关怀和查勘人性化关怀等项目的增值服务。

（包海清）

【资源支持中心业务】 年内，平安产险北京分公司被平安财产保险总公司评为非现场检查一级达标单位。进行网站、校招、内招等多途径招聘，编制执行率达到91%；制定了前后线各层级人员入司学历审核标准，学历标准明显提升；制定2011年度礼仪检查方案，加强礼仪培训，加强礼仪执行力度；在人力资源部内部建立工作时效跟踪制度；先后举办了大型培训“综合金融大讲堂”1期、NEO新人培训会议3期、组织两核人员资格考试等各类考试近10期、组织车险查勘定损专项培训14期，覆盖率近100%。

（包海清）

【重大承保与赔付】 年内，平安产险北京分公司承保南水北调中线干线工程建设管理局及项目建设管理单位等项目企财险，总保费人民币5628.36万元。承保CONOCOPHILLIPS CHINA INC（CNOOC）石油开发勘探险，总保费人民币7826万元。赔付China National Offshore Oil Co.石油开发勘探险人民币348.66万元。赔付Swire Properties（China）Investment Co. Ltd. as Exhibition organizer货运险431.91万元，赔付LAFARGE Group营业中断保险431.01万元。

（包海清）

中国平安人寿保险股份有限公司北京分公司

【概况】 中国平安人寿保险股份有限公司北京分公司（简称平安人寿北京分公司）设有34个营销服务部（其中区境内设有阜成门、北三环中路、新街口北大街、宣武门4个营销服务部），在职内勤员工724人，银行专管员148人，续期收费员91人，个人代理19110人。年内，实现规模保费收入138.97亿元，同比增长3.87%。其中，个险规模保费收入117.73亿元，团险规模保费收入2.62亿元，银保规模保费收入18.62亿元。办理理赔50382件，理赔及死伤医疗给付金额3.54亿元；累计年金及满期给付23.16亿元，为客户提供预约上门服务86310次，完成95511首问受理127028件。截至年底，累计拥有客户379万余人，保单531万余件。

地址：西城区金融街大街23号

邮编：100140

电话：59730008

（缪 进）

【个人营销业务】 年内，平安人寿北京分公司分别开展“开门红”、“四五连动”、“七八连动”和“收获金秋”四大业务竞赛活动，取得良好效果。开展“好运2011——中国平安综合金融福进万家”、“因为信任，所以推荐”、“争做全明星，服务伴你行”、“爱在金秋”、“辉煌平安十八年，幸福北京总动员”等多项主顾开拓活动。个险实现总规模保费收入117.73亿，同比增长18.92%，市场份额45%；其中个险新单规模保费收入32.91亿，同比增长3.65%，市场份额45%；均位居北京市场第一。新增营业组329个，新增营业部33个。

（缪 进）

【银行代理业务】 年内，平安人寿北京分公司围绕“金宝盆Ⅱ”及“富裕一生”两款新产品上柜，推动期交及趸交长险转型，实现两款产品销量的高速增长。新增深圳发展银行、中国农业银行渠道共计40个合作网点。推动销售模式转型，停止驻点销售，普及巡点作业。内部细化《银保品质管理办法》，成立品质工作小组，负责重大品质问题的解决与处理，对各类销售误导问题进行明确定义和制定处罚标准。年内适逢千禧红A、B、D、E等几款产品满期高峰，专门成立满期工作小组，负责客户满期给付工作，完成满期给付近1.9万件，满期保费4.4亿。全年销售业绩18.62亿元。

（缪　进）

【重大承保与理赔】 年内，平安人寿北京分公司履行总公司推出的“标准案件，资料齐全，三天赔付”服务承诺。承诺在客户理赔材料提供齐全后，3个工作日内完成案件审批，对于未达成时效的超期案件，除支付保险金外，将从第4日起按超期天数支付客户超期利息，利率按照中国人民银行公布的金融机构人民币活期存款基准利率再加1个百分点。截至年底，标准案件平均结案时效为1.04个工作日，得到客户一致认可。最大单笔理赔款为确诊因突发心梗身故的王某重大疾病身故案，经审核，受益人获得身故保险金1296955元。36岁的郭某累计投保寿险1027.4万元、意外险1018万元，累计承保保额2045.4万元，成为平安人寿北京分公司年内最大承保契约。

（缪　进）

【客户服务】 年内，平安人寿北京分公司启动“爱心飞扬 平安相伴”第16届客户服务节活动，包括开幕式游园会、少儿系列比赛、社区电影晚会、闭幕式暨夏令营等丰富多彩、形式多样的活动，约7万人参与。举办“春天”甜蜜生日会、“健康 财富”VIP会员春季中医养生体验沙龙、“幸福从平安开始”VIP会员摄影大赛、“携手平安 分享收获”VIP会员金秋采摘、“平安邀您邂逅暖冬”温泉体验沙龙等VIP俱乐部会员活动，1164名VIP客户参与。为15000多名铂金卡及钻石卡VIP会员赠送了生日礼物，为650多名VIP客户提供了住院探视服务，得到客户一致好评。

（缪　进）

【社会公益】 年内，平安人寿北京分公司在中国平安集团与中国青少年发展基金会共同举办的“爱在金秋”公益活动中，为6所希望小学援建“希望厨房”。平安人寿北京分公司实施“中国平安希望小学维护计划”，向北京房山区蒲洼乡平安希望小学捐赠价值1万元的教学设备。

（缪　进）

中国太平洋财产保险股份有限公司北京分公司

【概况】 中国太平洋财产保险股份有限公司北京分公司（简称太平洋财险北京分公司）下设支公司8家，正式员工887人，在西城辖区内设西城支公司。截至年底，保费收入351647万元，同比增长8.81%；累计赔款支出181159万元，综合赔付率58.87%。非车险保费收入69329万元，同比增长26.07%。车险保费收入282317万元，同比增长5.27%。西城支公司保费收入51075万。

地址：西城区复兴门内大街158号
邮编：100031
地址：66428888

西城支公司
地址：西城区展览馆路3号
邮编：100037
电话：68361774

（申渝杰）

【基础管理】 年内，太平洋财险北京分公司按照集约化管理，专业化经营的原则，在分公司层面进行非车险和车险管理架构改革。完成以非车险为试点的管理模式及组织架构改造。实施“人力资源能力提升及管理优化项目”工作，实现分公司与总公司组织架构的对接与落地。新成立9个专业管理部门。稳步推进团队改造，组建以非车险为主的专业化销售团队，制订推动销售体制改革的团队改造方案及配套措施。创建业务管理机构，成立非车险理赔部、航运险事业部、电话保险事业部，整合业务资源，并分别成立车险经营管理委员会和重大项目领导小组。推进领导干部竞聘上岗制度，本着“公开、公平、公正”的原则，在分公司实行新建机构和专业团队负责人竞聘上岗制度。

（申渝杰）

【客户服务】 年内，太平洋财险北京分公司坚持开展规范化服务达标活动，检查小组以明察暗访的形式，加大对窗口单位规范化服务的检查、监督工作，对规范化服务执行情况进行点评打分，发现违规情况立即纠正。修改和完善车险定损理赔的服务流程，加强客户投诉管理和对违规服务的处罚力度。请有实践经验的老员工和专家到各业务单位讲课，实施案例教育。针对总公司车险、定损理赔系统上线，以及北京保监局、保险行业协会关于对中介代理费管理上平台的要求，开展培训工作和车险、非车险、定损理赔等不同形式的劳动竞赛。

（申渝杰）

中国太平洋人寿保险股份有限公司北京分公司

【概况】 中国太平洋人寿保险股份有限公司北京分公司（简称太平洋寿险北京分公司）下辖10个支公司，在职内勤员工318人，个人营销员4362人，银行保险系列外勤员工317人、团体业务系列外勤员工66人。截至年底，实现保费收入43.55亿元。其中个人营销业务实现新单保费收入3.50亿元；银邮业务实现保费收入21.02亿元，期缴保费收入占比显著提高，银邮业务全年期缴保费3.97亿元。团体业务实现保费收入1.35亿元，其中意外险保费收入0.65亿元。续期业务实现保费收入17.68亿元。年内，太平洋寿险北京分公司在《新京报》举办的“第四届金保单”评选活动中获“年度综合实力十强”，蝉联“北京保险行业最值得信赖保险企业”奖项；在《北京娱乐信报》举办的“第三届金融服务创新大赛”中，获“2011年度最受客户信赖的金融机构”称号。

地址：西城区复兴门内大街158号远洋大厦

邮编：100031

电话：66418855

（王维宁）

【个人营销业务】 年内，太平洋寿险北京分公司个人营销业务渠道实现新单保费收入3.50亿元。3月，日本发生9级大地震，太平洋寿险北京分公司第一时间开展紧急排查工作，在确认某机构客户有33名被保险人处于日本大地震重灾区并失去联系后，立即展开理赔准备工作，同时协助客户进行失踪员工的寻找与联络，最终找到全部被保险人。5月，太平洋寿险北京分公司借助司庆20周年契机，开展客户回访等活动，倾听客户保险需求，完善产品和服务体系。

（王维宁）

【银邮业务】 年内，太平洋寿险北京分公司银邮业务渠道实现保费收入21.02亿元，其中期缴保费3.97亿元。

（王维宁）

【团体业务】 年内，太平洋寿险北京分公司团体业务渠道实现保费收入1.35亿元，其中意外险保费收入0.65亿元。6月，太平洋寿险北京分公司成功承保一笔保费1890.1万的团体长期重疾险。11月，太平洋寿险北京分公司与北京商报社达成合作，为报社全体员工提供每人50万元的人身意外保险和每人1万元的意外伤害医疗保险，总计保险金额超过8000万元。

（王维宁）

（责任编辑　沈建平）

城市建设

规划管理

【概况】 北京市规划委员会西城分局（简称市规划委西城分局）系北京市规划委员会派出机构。下设办公室、综合科、规划科、建设工程管理科、市政交通工程管理科、建设用地管理科及法制监察科7个职能科室，行政编制31人；所属西城区规划监察执法队，为正科级规划监察执法机构，执法编制15人；所属北京市西城规划管理信息中心，为差额拨款事业单位；所属宣武规划信息服务中心、宣武建筑设计所为2个自收自支事业单位。市规划委西城分局主要职能是：负责城市规划建设问题的研究，参与研究本区经济和社会发展规划，城市规划与近期和年度建设计划的衔接问题；负责组织本区分区规划，控制性详细规划及主要地区城市设计的编制和修订工作；负责各类建设项目的规划管理工作；负责全区测量标志的管理及全区地理信息系统的建设和管理工作；负责全区地名规划和地名命名、变更等管理工作；对违反规划管理法律、法规的行为进行查处等。年内，市规划委西城分局按照《北京城市总体规划（2004—2020年）》要求，围绕区域《“十二五”期间经济和社会发展规划》，以开展创先争优活动为契机，发挥城市规划在各项事业发展中的科学性、前瞻性和综合性作用，坚持主动服务、依法行政和阳光规划，注重工作方式创新，在规划调研、规划服务、规划审批、规划监督、信息化建设等工作中取得新成效，提升了规划管理质量和水平，年度任务完成顺利，区域整体建设水平有了新突破。

地址：西城区西直门南小街国英园5号楼

邮编：100035

电话：66182866

（王鹤璇）

【区名城委成立】 年内，市规划委西城分局牵头组建“区名城委筹备工作组”，于4月13日召开西城区历史文化名城保护委员会（简称区名城委）成立大会。区委书记、区长担任区名城委主任，谢辰生、罗哲文、宣祥鎏等10位文物专家、文化学者受聘区名城委顾问。区名城委围绕西城区“十二五”国民经济和社会发展规划，提出构建“一带六区多点”（“一带”指北京中轴线西翼特色文化带；“六区”指什刹海传统风貌保护区、皇城文化保护区、阜成门内四合院保护区、南闹市口文保区、琉璃厂—大栅栏传统文化体验区、法源寺历史文化区；“多点”指分布在文保区内外的历史文化街区或场所，如烟袋斜街、白塔寺、北海景山、大栅栏、琉璃厂、天桥等地区）的文化发展空间格局，以形成贯穿南北的北京传统文化体验区。

（王鹤璇）

【历史文化名城保护工作】 年内，为更好地推动区域名城保护试点工作，搭建公共参与平台，市规划委西城分局以大栅栏杨梅竹斜街保护与修缮项目为试点，探索公共参与模式，与市规划委相关处室、市规划院、区旅游局等单位成立了公共参与试点工作小组，并引入第三方机构——社区参与行动组织（NGO），以促进多元主体利益相关方的合作。同时，完成迎接国家历史文化名城保护工作检查及北京市名城委成立一周年庆祝活动等任务。

（王鹤璇）

【《西城区“十二五”时期基础设施建设规划》通过专家评审】 年内，经多轮修改完善，《西城区“十二五”时期基础设施建设规划》顺利通过专家评审会评审，并经10月22日区政府常务会审查通过。

（王鹤璇）

【综合交通规划编制工作】 年内，按照北京市规划委的统一安排，启动新一轮西城区综合交通规划编制工作，受委托方北京市交通研究中心已按工作方案及大纲时间开展编制工作。

（王鹤璇）

【金融街拓展专项规划】 年内，完成金融街拓展专项规划的研究编制工作，成果包括：金融街地区布局、发展、交通、产业等规划。同时，针对26个拓展项目开展不同程度的前期规划研究和建设实施工作，金融街A1、人民银行综合楼等重点项目的规划研究及调整已按程序进入实质推进阶段。金融街E2、E6、E10、北京市第三十五中学新址项目开工建设，月坛南街、E9项目进入拆迁阶段。

（王鹤璇）

【广安产业园项目规划】 10月19日，广安产业园规划方案与广安一期概念性建筑方案征集工作正式启动，共邀请日建设计、RTKL、北京建筑设计研究院共3家国内外设计单位参加。

（王鹤璇）

【《地名分级保护名录》】 年内，委托北京大学城市与环境学院教授岳升阳完成北京市首个《地名分级保护名录》——《宣南地名分级保护名录》的报告编制工作。

（王鹤璇）

【校安工程前期规划】 市规划委西城分局作为西城区校舍安全工程建设项目指挥部成员单位，积极协调办理校舍安全工程的各项前期规划手续。年内，完成列入年度开工任务的9所校舍安全工程相关容积率、建筑高度、绿地率等规划指标的调整；办理三帆中学、育民小学分校、长安小学临时周转教学用房及复兴门外第一小学教学楼翻改建等项目的部分规划手续。

（王鹤璇）

【重点项目规划管理】 年内，市规划委西城分局坚持依法行政，做好规划管理工作，推进国家保密局、北京市第十四中学初中部（畿辅学堂）改扩建、公共文化大厦等16个项目进展，开展天桥演艺园、西城区校安工程抗震加固等项目的前期规划工作及中国佛教协会、金融街E1医疗板块等项目的规划选址研究；对西城外国语学校、北纬路中学、无锡驻京办事处、六必居酱菜厂等6个项目进行前期规划调整，并办理相关手续；核发北京市第三十五中学迁址建设项目1至5号楼、翻改建四合院及四合院部分建筑、前门清真寺改造项目、后河沿清真寺改造项目、北京市天主教爱国会西直门内大街教堂附属用房项目、西城区伊斯兰教协会锦什坊街清真普寿寺改建等项目的部分规划手续。

（王鹤璇）

【数字西城地理空间框架】 9月20日，“数字西城地理空间框架”项目通过国家测绘地理信息局验收并发布、授牌。10月27日，“数字西城地理信息公共服务平台研建”科技课题也顺利通过北京市科学技术委员会验收。该课题主要完善了地理信息公共服务平台、城市网格化监管系统、城市应急决策系统、区域决策规划系统及地下管网运行管理系统。由于在建设数字西城地理信息公共平台方面的优异表现和突出贡献，西城区被国家测绘地理信息局授予“全国数字城市建设示范区”称号。

（王鹤璇）

【旧城人口疏解对接安置项目规划】 年内，西城区在建的保障性住房项目主要包括昌平回龙观一期、昌平回龙观二期、房山长阳7号地、丰台张仪村项目、大兴亦庄项目、大兴旧宫东站项目、大兴海户新村7个项目。其中，昌平回龙观一期和大兴亦庄项目规划手续已全部完成，进入施工建设阶段；丰台张仪村项目已取得南区全部工程规划许可证；房山长阳7号地项目已办理南区部分建设工程规划许可证；昌平回龙观二期已取得规划意见书和建设用地规划许可证，设计方案已完成；大兴旧宫东站项目已取得规划意见书；大兴海户新村项目地块范围进入协调阶段。

（王鹤璇）

【“三进三促”活动】 年内，按照建设服务型政府的工作要求，市规划委西城分局采取进社区、进机关、进企业的方式，以促发展、促和谐、促保护为目标，先后到椿树街道、什刹海风景区管理处、大栅栏投资有限责任公司、金融街集团公司等10余个单位，宣传《城乡规划法》、建设项目手续及固定资产投资办理流程、违法建设查处等城乡规划知识；分析讨论区域规划发展瓶颈、基础设施完善等相关问题；并对相关重点项目从专家审查、手续办理、公众参与等方面进行规划指导。

（王鹤璇）

【拆迁和整治专项工作】 作为重要干道两侧遗留项目拆迁和整治专项工作指挥部办公室，市规划委西城分局把任务职责纳入重要工作议事日程，确保各项目的扎实推进。拆迁和整治项目中，13个涉新建和整治景观围挡工作已完成8个；20个涉拆迁项目已拆居民约50户，面积约3000平方米；12个涉沿街立面整治项目已完成9个；8个涉环境建设，完成1项，其余7项均已进入收尾阶段；2个涉及违法建设均已完成拆违任务；5个涉实现规划，责任单位和实施单位正在开展前期准备和手续办理工作；3个涉土地储备，收储工作已开展。

（王鹤璇）

【参与“百日整治”行动】 4月至9月，西城区开展了以集中整治违法建设为目的的百日整治“春风行动”和“夏季攻势”行动。按照“有效制止、快速查处、迅速拆除、群防群治”的工作机制，市规划委西城分局参与的香厂路、留学路和西直门西南角地区整治成效显著，被多家主流媒体报道；快速拆除南营房地区违法建设等行动，遏止了违法建设的萌生。

（王鹤璇）

【规划管理与监督】 年内，共受理和核发各类建设工程规划许可267件，规划条件、规划意见复函、建筑物命名等其他事项309件；完成规划验线、验收179件，建筑面积约58.5万平方米；定期开展全区巡查共计200余人次，巡查工作覆盖局内2010年、2011年审批的全部建设项目；同时，对裕中西里锅炉房改造、西城区聋哑学校等重点工程跟踪指导，维护了行政审批的严肃性。

（王鹤璇）

【违法建设查处】 本着对新生违法建设“零”容忍和早发现、早处理的原则，市规划委西城分局强化规划过程监督，保障了城市管理秩序。通过与城管等部门联合执法，快速处理了厂桥胡同6号、7号、大石碑胡同14号、西四北五条22号等擅自下挖地下室等特殊违法建设情况；年内，共确认违法建设721件，认证违法建设面积2.6万平方米。

（王鹤璇）

【规划法规学习及宣传】 年内，采取案例分析、法院旁听等多种形式，学习《中华人民共和国城市规划法》等多部法规；以“六五普法”及“12·4”法制宣传日为契机，深入街道、社区及建设单位，开展“规划审批流程”、“规划验收及违法建设查处程序”暨“规划管理服务下基层”等系列专题讲座，为进一步做好规划服务提供受体保障。

（王鹤璇）

【建议提案办理及信访工作】 年内，共接区人大代表建议和政协委员提案58件，全部按时办结并答复。继续加大信访工作力度，避免了重点矛盾激化和群体性事件的发生。全年共接信访案件257件，同比增长17.9%；立案187件，同比增长49.6%。

（王鹤璇）

建设管理

【概况】 北京市西城区住房和城市建设委员会（简称区住建委）是西城区政府的职能部门，代表区政府行使城市建设的工作职能，负责全区城市建设工作。年内，全区开复工面积383.1万平方米，新开工面积56.4万平方米，竣工面积164.1万平方米；危改开复工面积187.41万平方米，新开工面积8.03万平方米，竣工面积36.59万平方米。完成旧城保护和居民住房改善工程、市“629”工程和地铁7号线站点施工面的征收拆迁任务；完成四类房屋大修翻建1316间4.3万平方米、危房解危排险及810个院落上下水管线改造任务；完成东中胡同、宝产胡同、羊房胡同3条街巷街景整治工程，整治长度 1221 米；完成 114 栋老旧楼房加固、门窗更换、外墙保温、电路改造维修，涉及居民 11325 户；为 32 个老旧小区安装太阳能路灯、下水管线、信报箱，改造更新 63 台老旧供暖设备，完成 2.49 万米内外供暖管线改造；裕中西里锅炉房改造及马连道供热厂“煤改电”项目投入运行。启动北京市“629”、“056”两个征收拆迁项目。市政府划拨昌平区回龙观、房山区长阳、丰台区张仪村等 7 个地块，可提供保障性住房 3.2 万套。

地址：西城区长椿街甲 24 号（1 月 5 日迁入）

邮编：100053

电话：63027019

（闫　瑾）

【启动保障及定向房项目指挥部】 3 月 3 日，区保障性住房及定向安置房建设项目指挥部启动，指挥部下设办公室，办公室设在区住建委，并制定《西城区保障性住房及定向安置房建设项目指挥部工作方案》。

（闫　瑾）

【房山长阳项目签订土地补偿协议】 3 月 28 日，天恒康都公司与市土地整理储备中心就房山区长阳项目签订土地补偿协议及补充协议，这是全市 2010 年第二批旧城定向安置划拨地块中第一个完成土地补偿协议签订工作的项目。

（闫　瑾）

【区人大视察保障及定向房项目现场】 4 月 15 日，区人大副主任杨有成带领区人大城建环保工作委员会部分代表到西城区保障性住房及定向安置房丰台区张仪村、昌平区回龙观安置房项目现场调研。

（闫　瑾）

【与房山区签署《合作发展协议》】 5 月 9 日，西城区与房山区签署《合作发展协议》，西城区副区长李岩、房山区副区长吴会杰出席签字仪式，《合作发展协议》的签署把人口输出区和输入区配套工作落到实处，推动结对发展，促进双方在各重点领域的紧密合作，确保西城区保障性住房全程阳光工程。

（闫　瑾）

【区政协委员调研保障及定向房项目】 5 月 12 日，区政协工程建设领域委员对西城区保障性住房及定向安置房昌平区回龙观项目进行了现场调研。

（闫　瑾）

【国家话剧院剧场及办公楼工程竣工】 位于广安门外首钢特殊钢 6 号地的国家话剧院于 5 月 13 日竣工，该工程是国家“十一五”文化重点工程，获得北京市结构长城杯，并申报竣工长城杯金杯。原国家话剧院位于地安门帽儿胡同，属于故宫保护缓冲区。为还原历史风貌，国家话剧院被列入搬迁范围。工程 2008 年 1 月开工，包括剧场和办公楼两部分，建筑面积 21 万平方米，剧场观众席分上下两层，共 900 个座位，工程总投资 19535 万元。建成后的国家话剧院结束了中国国家话剧院多年来无自有剧场的历史。

（闫　瑾）

【考察天津城市建设和风貌保护工作】 5 月 27 日，区住建委和房管局领导班子成员一行 16 人到天津市和平区就城市建设、重点项目拆迁、旧城改造与风貌保护工作进行考察，并参观了天津市最高的标志性建筑——津塔、五大道文保区以及天津市城市规划展览馆。

（闫　瑾）

【区指挥部与项目主体签订责任书】 6 月 8 日，副区长李岩与回龙观项目一期、张仪村项目、房山长阳七号地项目的建设主体签订项目目标责任书。他指出，要以市政府成立“保障房协调推进工作组”为契机，推进西城区的保障性住房及定向安置房建设工作，并提出做好资金保障、加强信息沟通、推进大市政配套、完善公共服务配套、研究定价、价格补偿机制等五项要求。

（闫　瑾）

【杨梅竹斜街项目启动】 杨梅竹斜街保护修缮项目是市政府确定的旧城保护试点项目之一，由北京大栅栏投资有限责任公司作为实施主体，6 月 10 日启动。工程南至大栅栏西街，北至耀武胡同，东至杨威胡同、煤市街，西至延寿街、桐梓胡同；占地面积约 8.8 公顷。本次腾退按照疏解腾退方式实施，涉及居民 1711 户，截至年底，已签约 351 户，其中 318 户选择房源安置，占 91%；33 户选择货币安置，占 9%；腾退整院及沿街门脸 15 处。提供丰台区张仪村、昌平区回龙观、大兴区团河等 3 处房源供居民选择。

（闫　瑾）

【市“629”工程启动】 北京市

"629"工程是经市委市政府批准，在国务院新征收条例出台后西城区承接的第一项重点工程。项目南至西城旧城保护和居民住房改善工程北边界、西至西黄城根南街、北邻中央国家机关预留用地一期工程南边界、东邻国管局大院，还包括后达里胡同46号至52号及周边平房、西红门胡同5号院及周边平房，总占地规模27311平方米，建筑面积约1.7万平方米。8月3日张贴《城市房屋征收暂停办理事项公告》，涉及中央、市属、区属14个单位，居民产籍户总数532户，指挥部为拆迁居民提供丰台区张仪村、昌平区回龙观、房山区长阳新城、大兴区盛嘉苑、海淀区观林园、西城区华龙美钰、朝阳区奥运村5号地和王四营等8处房源。

（闫　瑾）

【市"056"工程启动】 10月11日，北京市"056"工程启动，工程南起长安小学北墙，北至南文昌胡同南侧，东起川店胡同西侧，西至南文昌胡同东侧。涉及拆迁居民30户。拆迁采用新征收拆迁条例，提供丰台区张仪村、房山区长阳新城、西城区华龙美钰、海淀区观林园、朝阳区双合家园和奥运村5号地、昌平区回龙观、大兴区盛嘉苑8处房源。

（闫　瑾）

【保障及定向房施工现场经验交流】 10月11日，区住建委组织西城区保障性住房及定向安置房昌平区回龙观、丰台区张仪村、房山区长阳的建设主体华融金晖公司、广安置业公司、天恒康都公司的负责人，就施工现场的组织管理、人员配置、工序安排及施工进度进行互评，并对项目进展情况、质量安全及进度保证措施进行交流。

（闫　瑾）

【昌平回龙观二期开工建设】 12月，回龙观二期开工，由北京华融金晖置业有限公司负责建设。工程位于昌平区回龙观镇，北五环外，G6京藏高速西侧，毗邻轻轨13号线龙泽站和西二旗站，建设用地面积16.8公顷，住宅建筑面积约44万平方米，可建定向安置房5000余套。同时配建1所三级甲等医院、1所养老院、1所中学、1所小学和2所幼儿园。12月20日，该项目获市住房公积金管理中心贷款支持，成为北京市首家使用住房公积金贷款的保障房项目。

（闫　瑾）

【回龙观027地块主体结构封顶】 12月12日，西城区旧城保护定向安置房昌平区回龙观项目一期027地块主体结构封顶仪式在项目施工现场举行。市住建委主任杨斌，市住房保障办公室主任李荣庆，西城区区委书记王宁、区长王少峰，昌平区区委书记侯君舒、区长金树东等领导出席。

（闫　瑾）

【北大医院门诊楼竣工】 位于厂桥永祥里教场地区的北京大学第一医院（简称北大医院）门诊楼12月竣工，该工程是市重点工程之一，于2009年5月开工。工程包括干部保健楼、研究所附属用房、影像中心等医技用房、设备用房和停车场等，建筑面积约4万平方米，工程总投资41127万元。

（闫　瑾）

【琉璃厂艺术廊桥竣工】 位于南新华街的琉璃厂艺术廊桥工程于12月26日竣工，是区政府投资的重点工程之一。工程长33米，宽4.7米，高12.49米，跨度25.5米，桥下净高5米，工程总投资1862万元。由北京京都文化投资管理公司负责建设。

（闫　瑾）

【既有建筑节能改造工作】 年内，区房地中心负责对北区小后仓、爱民里、六合园、七星园等小区进行外墙保温节能改造和更换门窗，改造面积15.2万平方米；北京宣房投资管理公司负责对南区虎坊路、广义街、车站西街13号院、里仁街6号院等地区进行更换门窗和热计量改造，改造面积20万平方米。

（闫　瑾）

【无障碍设施改造】 年内，完成拓宽改造大、中修道路3条及14所中小学的无障碍设施改造；新建户外公厕30座；改造园林绿地2处；改造特色餐馆和购物中心6家；为14户残疾人和肢体残疾人家庭进行无障碍改造，对993户肢体残疾人配发活动坐便椅。

（闫　瑾）

【房屋管理建设】 年内，广安联合储备、国家知识产权局、前门西河沿等26个结转项目，建筑面积约15万平方米，涉及被拆迁居民6098户。受理行政裁决申请105件，裁决65件，调解40件。

（闫　瑾）

建筑行业管理

【概况】 年内，区住建委窗口受理施工许可初审76项，完成工程竣工验收备案121项，总建筑面积185.71万平方米；审批夜间施工许可证501次；受理起重机械备案115台。办理建筑业企业资质356家、房地产开发企业资质56家。全年，区住建委在监工程202项，面积401.72万平方米，集中开展专项治理整治行动10次，出动人员7561人次，检查工地3832个次；检查并排除各类安全隐患6213个；发出限期整改247项，停工整改22项；经济处罚72起，总金额26.34万元。完成北京四中初中部教学楼、新世纪实验小学教学楼、北京市第十五中学分校教学楼等13所中小学校舍抗震加固工程。

（闫　瑾）

【全国“两会”服务保障工作】 2月12日，区住建委制定《西城区住房和城市建设委员会关于做好全国“两会”服务保障工作方案》，下发《西城区住房和城市建设委员会关于做好全国“两会”服务保障工作的通知》，转发《北京市住房和城市建设委员会关于全面推行施工现场安全标准化和绿色施工管理的通知》。全国“两会”期间，区住建委对9个会议驻地周边行车路线的所有工程，增派协管员驻场监督，同时停止夜间施工、塔吊拆装及顶升、土方和动火作业，对其他工地采取限制严禁施工现场明火作业措施。组织检查工地89个，出动327人次，排查整治各类安全隐患168个，对4个施工现场管理不到位的责任单位做出停工处罚，处罚金额2.6万元。

（闫　瑾）

【约谈告诫】 3月11日，区住建委就办公楼（合生）项目和教学科研楼，存在管理人员不足、现场管理混乱问题，约谈建设单位北京北国建筑有限责任公司。6月30日，就文兴街1号装修改造工程存在未经许可擅自施工、施工现场无图纸、无方案、无合同等违法施工问题，约谈建设单位北京矿冶研究总院、加固单位北京沪工加固工程技术有限公司和北京博格达特种工程有限公司、拆除单位北京矿冶爆锚技术工程有限责任公司负责人。要求建设单位带头遵守建设工程有关法律法规，对发生的违法行为要负全责，并进行安全检查及整改。

（闫　瑾）

【消防安全检查】 3月31日，区住建委、消防一支队、区安监局对全国工商联等多个施工工地外保温材料和电气焊安全操作情况进行检查，各工地电气焊操作人员能够做到持证上岗，在开具动火证、具备看火人、消防设施配备齐全、周围可燃物彻底清理的情况下安全施工。4月27日，为落实西城区“4·25”消防安全会议精神，区住建委与区消防、安监部门对建筑工地进行消防安全检查。检查内容包括：消防安全责任落实，安全疏散通道、出口的使用情况；建筑消防设施、消防器材的维护保养，应急疏散预案的落实情况。检查组对个别施工单位存在的消防设施不健全、消防器材配备不足等问题进行教育，并责成立即整改。

（闫　瑾）

【招投标管理】 全年办理招投标240项，其中公开招标147项、邀请招标22项、直接发包71项，总建筑面积60万平方米，总中标价16.16亿元，完成合同备案240项。

（闫　瑾）

【市工程造价处答疑】 4月12日，市建设工程造价管理处到区住建委针对工期定额、清单计价及结算中遇到的问题进行现场答疑，区财政局、区审计局、区教委、区政府投资建设中心及各开发和施工企业的专业人员参加。现场答疑既解决了建设单位和施工单位在工程造价及结算方面的难题，又对西城区造价管理工作起到了推动作用。

（闫　瑾）

【建设工程风险控制培训会】 5月19日至20日，区住建委聘请专家进行深基坑工程管理、技术关键点和施工升降机知识培训，全区39名建筑工地安全协管员和56名处于基坑、地铁竖井项目以及61名有大型机械项目的项目负责人和安全管理人员参加。通过培训，提高了安全协管员排查深基坑和施工升降机安全隐患的能力，明确了在日常检查中需要注意的问题。

（闫　瑾）

【举办建设工程防汛演练活动】 6月17日，区住建委结合“安全生产月”活动，在广安门铁路住宅小区施工现场开展建设工程防汛应急演练。演练内容：以黄色汛情预警气象条件下，某工地正在基础混凝土浇筑时基坑护坡突发位移，威胁到距基坑20米外既有铁路干线正常运输为模拟场景。5分钟内，参加演练的抢险工程车辆及50余名救援人员、岩土专家和安全技术人员到达现场，各类抢险救援物资和器材全部到位。经过30分钟的应急处置，“事故”隐患被消除。

（闫　瑾）

【“安全生产月”活动】 5月30日至6月30日，区住建委开展以“落实企业主体责任，建设平安西城”为主题的“安全生产月”活动，按照《落实西城区2011年“安全生产年”、“安全生产月”、打击“非法违法建设行为”工作方案的措施》要求，成立“安全生产月”工作领导小组。活动期间，共出动983人次，检查建筑施工单位380家，先后排查出各类安全质量隐患773个，处罚金额共6万元，其中：立案处罚5起，罚款5万元；简易处罚10起，罚款1万元；约谈2个建筑工地的各参建单位。

（闫　瑾）

【创建文明城区迎检工作】 8月14日至17日创建全国文明城区迎检工作期间，区住建委出动540人次，对全区84个建筑工地、35个拆迁工地、80处无障碍设施按照国家文明城区标准进行检查。要求各工地的农民工宿舍内净高不得低于2.4米，走道宽度不得小于0.9米，每间居住人员不得超过16人，床铺不得超过两层，严禁使用通铺，宿舍必须设置可开启窗户和生活用品专柜。

（闫　瑾）

【开办安全生产法规培训班】 9月28日，区住建委制定“7421”措施，即存在“应做未做专家论证擅自施工、危险性较大工程存在重大隐患、发生火灾事故、工人堵马路、攀爬塔吊、两次无正当理由不参加会议、食堂管理混乱”等7种情况的，项目负责人须进入区住建委“违规工地再教育学习班”学习。以施工现场安全文明施工管理法规标准为内容，以学习后提交制式再教育学习记录的做法为方式，使主要负责人集中精力、静下心来，对照法规标准查找和反思项目管理中存在的问题与不足，明确整改措施。年内共举办培训班9期。

（闫　瑾）

【区领导检查安全生产】 9月30日，副区长李岩到市政府参事室文史馆迁建项目、复兴门内危改4—2#项目现场进行安全检查。他强调：各施工现场要保证做到备勤人员、责任分工和设备物资“三个到位”，杜绝攀爬脚手架和影响社会稳定的事件发生。

（闫　瑾）

【区安质站开展业务培训】 从11月10日起，区建设工程安全质量监督站（简称区安质站）聘请北京城建科技促进会专家，利用每周车辆限行日，逐批对监督执法人员进行安全质量监督业务培训。培训采取集中讲解、案例分析、重点提示、现场实操和提问解答的方式，学习《建筑工程抗震结构施工质量把关要点》、《起重机械安全》、《模板工程与脚手架工程新规范》，分析多起典型安全质量事故案例，讲解执法案卷的制作、归档工作程序。通过培训，提高执法人员发现问题、解决问题的能力，促进由过去的单一专业监督向多个专业监督并举的转变。

（闫　瑾）

【开展标准化管理工作点评活动】 11月29日，区住建委在广安门铁路住宅小区施工总承包工程A标段项目部，召开“互比互学共提高”绿色文明安全施工点评会，区域内主要项目的施工、监理单位负责人参加。点评以“安全防护中脚手架搭设及作业防护”内容为主题，与会人员观摩广安门铁路住宅小区工程A标段项目部施工现场，中国中铁航空港集团有限公司项目部介绍加强绿色文明安全施工标准化管理工作经验。

（闫　瑾）

【与重点工程企业座谈】 12月6日，区住建委与阜外医院扩建、市政府参事室、地图出版社等10个重点项目负责人座谈，项目负责人介绍施工进度及节前施工现场管理措施，重点围绕区住建委监督执法工作依法行政、廉政执法提出了意见和建议。区住建委要求各项目要强化基础性工作、施工现场管理，保证工程进度，抓好环境建设。

（闫　瑾）

【安全质量工作会召开】 12月28日，区住建委在区文化活动中心召开2011年度西城区建设工程安全质量管理总结会，总结2011年全区建筑施工质量安全管理工作，布置2012年监督执法工作重点。同时，对获得“施工现场管理成效突出”的北京百键开发建设有限公司和平门商务办公楼工程、北京住总集团有限责任公司阜外医院扩建工程、中天建设集团有限公司11号公建楼（华润置地）工程等10个项目部通报表扬。

（闫　瑾）

【校舍加固工程监管】　年内，西城区校安工程共37个项目，总计加固面积14万平方米，区住建委根据校安工程加固特点，总结2010年度校安加固工程安全质量监管过程中的经验，推进校安工程建设。截至年底，完成北京四中初中部教学楼、新世纪实验小学教学楼、北京市第十五中学分校教学楼等13所中小学校舍抗震加固工程，面积5.49万平方米。

（闫　瑾）

【企业资质及人员管理】　年内，办理新设立建筑业企业16家，资质增项、升级7家，资质变更145家；办理房地产开发企业资质56家，其中新设立房地产开发企业暂定核定（含设立备案）6家，四级资质核定34家，暂定资质延续9家，资质变更20家，办理房地产一、二、三级资质等级的初审7家；办理二级建造师注册496人次，办理企业安全生产管理人员考核证书续期864人次。

（闫　瑾）

房地产开发与建筑业

北京市华远集团

【概况】　北京市华远集团（简称华远集团）业务经营以房地产业为主，在金融、商业、高科技、国际旅游、物业管理、餐饮诸领域均具较强实力。年内，以集团整体最优为目标，加大投资管控的力度，加强对下属企业的投资结构调整和对运营不良企业的清理、重组工作，有效规避了潜在的风险。华远集团继续利用品牌优势，加大资本运作的探索力度，寻找新的利润增长点，为形成多元化稳定发展态势、确保国有资产的增值保值奠定基础。年内，完成小额贷款公司的材料申报工作。完成“西拓中小企业担保公司”的接收基础性工作，进一步推动了公司产业结构调整及资产配置优化的进程。完成参股发起设立红塔红土基金管理有限公司的申报工作。截至12月31日，资产总额123.13亿，净资产48.34亿（剔除少数股东权益后净资产32.82亿元），营业收入30.64亿元，净利润5.3亿（归属于母公司净利润1.81亿），实际开复工面积133.6万平方米。

地址：西城区南礼士路36号华远大厦7层

邮编：100037

电话：68037022

（李南南）

【华远·君城（西安）项目】　1月24日，华远·君城（西安）二期A区11号楼完成勘查单位、设计单位、施工单位、监理单位四方验收。1月27日，华远·君城（西安）二期C区项目（6号、7号、8号楼）取得西安市城乡建设委员会核发的《建筑工程施工许可证》，证书编号：西曲建施（大明宫）11001号。3月26日至27日，华远·君城（西安）二期A区11号楼于3月26至27日集中办理入住，截至3月27日，累计办理入住258户，完成交房率83.94%。3月5日，华远·君城（西安）项目二期A区地下车位取得西安市房屋管理局核发的《西安市商品房预售许可证》，证书编号：市房预售字第2011058号。4月1日，华远·君城（西安）三期A区13号、19号、24号楼取得由西安市房屋管理局核发的《西安市商品房预售许可证》，证书编号：市房预售字第2011070号。6月23日至26日，华远·君城（西安）二期A区28号车位于6月23日至26日集中办理入住，累计办理入住114户，占总户数的比例为42%。6月30日，华远·君城（西安）二期C区6号、7号、8号楼取得由西安市房屋管理局核发的《西安市商品房预售许可证》，证书编号：市房预售字第2011070号。7月11日，华远·君城（西安）二期B区项目4号、5号楼实现结构封顶。10月11日，华远·君城（西安）三期A区项目25号楼实现结构封顶。11月11日，华远·君城（西安）三期B区项目取得西安市城乡建设委员会核发的《建筑工程施工许可证》，证书编号：西曲建施（大明宫）11032号。11月26日，华远·君城（西安）三期A区项目14号楼主体结构封顶，则3栋塔楼14号、20号、25号全面封顶。12月2日，华远·君城（西安）三期B区项目1号、2号楼商业裙房取得西安市住房保障和房屋管理局核发的《西安市商品房预售许可证》,证书编号：市房预售字第2011202号。

（张冬梅　李南南）

【华远·海蓝城（西安）项目】　2月22日，华远·海蓝城（西安）项目取得西安市规划局核发的《建设用地规划许可证》,证书编号：西规地字第〔2011〕004号。8月16日，一期项目取得由西安市规划局颁发的《建设工程规划许可证》，证书编号：浐灞规建字第〔2011〕016号。9月15日，一期项目取得由西安市城乡建设委员会核发的《建筑工程施工许可证》，证书编号：浐灞〔2011〕026号。9月23日，一期项目取得由西安市房屋管理局核发的《西安市商品房预售许可证》，证书编号：市房预售字第2011158号。11月15日，一期项目东区完成最后一栋楼（6号楼）主体结构施工，东区所有楼栋整体结构封顶。11月17日，一期项目二批次房源（6号、9号、20号、23号、24号、25号、26号楼）取得由西安市房屋管理局核发的《西安市商品房预售许可证》，证书编号：市房预售字第2011158号。

（张冬梅　李南南）

【地产公司董事会工作】　3月1日，召开第五届董事会第二十六次会议，通过《公司2010年年报及年报摘要》、《公司2010年利润分配方案》等16项议案。其中2010年度利润分配方案为：按2010年12月31日公司972661408股总股本为基数，每10股派发现金股利1元（含税），并派送红股3股，共计派发股利97266140.8元，红股291798422股。5月13日，以通讯表决方式召开第二十八次董事会议，同意控股子公司北京市华远置业有限公司（简称“华远置业”）作为发起人股东之一参加投资设立建银精瑞公租房建设投资股份有限公司（基金）；同意华远置业与中城元华（天津）股权投资基金合伙企业和中城利华（天津）股权投资基金合伙企业就公司所开发的通州砖厂项目进行合作，并共同对该项目的项目公司北京新通致远房地产开发有限公司进行增资；审议通过公司《董事会秘书工作制度》。8月15日，召开第五届董事会第二十九次会议，通过公司《2011年半年度报告》全文及摘要、《关于调整2011年公司为控股子公司提供融资担保的议案》和《关于召开2011年第一次临时股东大会的议案》。第五届董事会第三十次董事会议于9月9日以通讯表决方式召开，审议通过公司控股子公司长沙橘韵投资有限公司与香港嘉里集团控股的注册于香港的香格里拉中国有限公司共同投资设立香格里拉酒店有限公司。该酒店公司将在长沙橘韵负责开发的长沙金外滩项目投资开发建设香格里拉酒店。

（谢　青）

【华远·汤米公馆项目】　3月26日，华远地产青岛住宅建设汤米公馆项目取得《房屋测绘报告书》（实测）。3月30日，项目集中入住。4月29日，项目取得《房地产登记明细》（即大产权证）。10月1日，华远地产青岛商业建设项目华远·好天地正式开业。年底项目入住率达99%。

（张志华　李南南）

【集团公司董事会工作】　4月2日，集团公司第一届董事会第十五次会议举行。会议由董事长任志强召集和主持。公司全体董事任志强、杜凤超、杜民强、吴冠雄、于锦义、胡德刚、哈保民出席会议，5位监事刘克俭、张伟、何川、杨琳、张蔚欣列席会议。会议一致通过如下决议：《集团公司2010年度工作报告及2011年工作计划》、《集团公司2010年度财务决算报告》、《集团公司2010年度利润分配方案》、《集团公司2011年度财务预算报告》，免去牛小军公司副总经理职务，聘任哈保民为公司副总经理，聘任刘丽云为公司副总经理。集团公司第一届董事会第十六次会议于5月18日举行。会议由董事长任志强召集和主持。公司全体董事出席会议。会议一致通过如下决议：同意集团公司出资5000万元人民币，与红塔证券股份有限公司、深圳市创新投资集团有限公司共同发起设立红塔红土基金管理有限公司（暂定名，其注册资本拟为2亿元人民币），占其25%的股权。集团公司第一届董事会第十七次会议于8月31日举行。会议由董事长杜凤超召集和主持。公司全体董事：杜凤超、杜民强、吴冠雄、于锦义、胡德刚、哈保民、孙秋艳出席会议，4

位监事：张伟、何川、杨琳、张蔚欣列席会议（监事刘克俭因事缺席）。会议一致通过如下决议：根据7月6日签发的〔2011〕95号文件——《北京市西城区人民政府国有资产监督管理委员会关于划转北京西拓中小企业担保有限公司的批复》，区国资委将北京西拓中小企业担保有限公司划转至华远公司。经董事会讨论通过，公司同意无偿受让北京西拓中小企业担保有限公司的全部股权。

（杨云燕）

【华远·华中心（长沙）项目】 5月12日，华远·华中心（长沙）项目取得《建筑工程规划许可证》。5月20日，完成地下结构施工。5月26日，华远·华中心（长沙）项目取得《建筑工程施工许可证》。年内项目一期完成A塔施工至26层、B塔施工至24层。

（李瑾瑜 李南南）

【华远·九都汇项目】 7月20日，华远九都汇项目5至7号楼办理入住；7月30日，完成竣工备案。9月29日，1至3号楼完成备案；10月14日，1号楼正式办理入住，11月5日，2至3号楼正式办理入住。截至年底，共入住315套，累计入住实测建筑面积46468.32平方米。

（冯丽 李南南）

【华远·铭悦（北京）项目】 9月21日，华远·铭悦（北京）项目取得由北京市规划委员会核发的158地块《建设工程规划许可证》（2011规（通）建字0190号）。9月27日，项目159地块、167地块取得北京市规划委员会核发的建设工程规划许可证（2011规（通）建字0196号、2011规（通）建字0195号）。11月1日，取得北京市住房和城乡建设委员会核发的建筑工程施工许可证（〔2011〕施建字1420号、〔2011〕施建字1419号）。同时取得北京市住房和城乡建设委员会核发的建筑工程施工许可证（159、167地块（〔2011〕施建字1452号）。12月5日，项目159、167地块取得北京市商品房预售许可证。

（刘雪 李南南）

【举办优秀战略合作伙伴大会】 10月18日，华远地产在华远企业号举办“倡导责任地产 共筑品质建筑”——华远地产优秀合作伙伴大会。与华远长期合作的材料供应商、服务商以及投资、金融、传媒等优秀合作伙伴100余家单位近300名代表参加。华远地产董事长任志强、总经理孙秋艳出席致辞，并与新浪地产共同启动“新浪地产阳光智慧平台”。与会嘉宾以“绿色采购、共筑品质建筑”为主题，共话品质建筑发展的未来。会上，华远地产公司向29家金融、材料供应及服务商颁发华远“金伙伴”奖，感谢多年来支持华远地产企业发展的各界合作伙伴。

（李南南）

北京天恒置业集团

【概况】 年内，北京天恒置业集团（简称天恒集团）以成立10周年为新的发展契机，围绕“精细管理，提升效益”工作思路，应对房地产政策和市场的剧烈变化，在有效控制风险的前提下，重点项目稳步推进，企业管理继续加强，为提升集团经营规模、增强集团综合实力，奠定了良好基础。天恒集团年度回款总额、利润总额、在施项目规模等多项指标再创新高，达到历史最好水平，并超额完成区国资委下达的考核指标。全年实现净利润8030.5万元，完成年度预算94.2%；开复工面积64.1万平方米，完成全年指标的99%；竣工面积19.5万平方米，完成全年指标的89%；房屋销售面积57573平方米，完成全年指标的66%；房屋销售签约109040万元，完成全年指标的78%；回款总额170351万元，完成全年指标的97%；建设投资323955万元，完成全年指标的67%；财务融资234220万元，完成全年指标的125%；归还贷款45350万元，完成全年指标的105%。完成居民拆迁207户，单位拆迁8个，分别完成全年预算的53%和40%。6月24日，天恒集团被区国资委授予“服务区域建设先进单位”称号，集团党委和华丽楼宇物业党支部被授予“区国资委系统先进基层党组织”称号，1人被授予“区国资委系统优秀党务工作者”称号，4人被授予“区国资委系统优秀共产党员”等荣誉称号。6月28日，2人分别被区委评为“西城区优秀党务工作者”、“西城区优秀共产党员”，华丽楼宇物业党支部被评为“西城区先进基层党组织”。

地址：西城区阜成门外大街31号
天恒置业大厦
邮编：100037
电话：52609100

（张小弟）

【土地储备工作】 天恒集团战略发展部跟踪政策、市场的变化，积极参加相关政府部门组织的研讨，完成《关于开展土地储备工作的设想》和《新政后土地市场简评》等专项分析报告。通过实地勘察、讨论沟通、召开土地储备工作小组会等方式，对山东威海威家庄二期、海南三亚酒店项目、湖南张家界商贸城和国际公寓项目、北京密云住宅项目、河北涿州招商项目、北京良乡组团11街区项目及北京房山高教园区项目等进行了跟踪和市场分析，并参与尝试在公开市场拿地的机会。北京昌平区南口农场项目、朝阳区管庄小寺村项目的前期工作按计划有序推进。

（张小弟）

【别墅山项目】 年内完成二期工程与总包的结算工作，实现三、四期119栋别墅的结构封顶，完成新售楼处装修及三期上山步道的建设。确定了五期产品的建筑风格，取得了规划许可证，完成总图及户型方案设计。

（张小弟）

【乐活城项目】 推进E区各项工作，配电室完成正式供电，确保757户房源竣工交用及258户业主顺利入住。D05地块两限房实现结构封顶，一期进行结构施工。实现销售签约18002万元，销售回款25907万元。

（张小弟）

【丰盛项目】 丰盛东区A区完成拆迁证延期手续办理，变电站站址及施工场地的拆迁进入最后攻坚阶段。丰盛西区C区项目的规划方案调整工作稳步推进，资金筹措及安置房源等工作取得重大突破，并争取到区国资委对天恒集团增资10亿元，用于成立全资子公司运作该项目。国务院办公厅市政代建工程顺利完工，进行尾款清算。妥善解决口福居拆迁等历史遗留问题。积极配合土地受让方的工作，实现DE区项目的正式开工建设。完成北京市第一六一中学项目居民拆迁55户，完成投资8717万元。

（张小弟）

【桃园官园项目】 天恒集团所属的西都公司转换拆迁工作思路，实施货币补偿方案，逐步打破拆迁僵局，住房开始逐步搬迁。全年共完成87户居民、3家单位的拆迁。E4还建办公楼完成签约销售并如期竣工交用。西都公司全年完成回款80556万元，完成计划的126%，满足了公司经营生产的资金需求。争取到政府5亿元财政借款将部分作为市政道路补贴核销，其余部分转增为天恒集团资本金的资金解决方案。

（张小弟）

【房山长阳项目】 年内，项目取得国有土地使用权证，完成总额27.2亿元的融资任务，实现贷款发放12.922亿元，完成投资总额19.2亿元。实现南区28万平方米4136套经济适用房的开工建设。北区正在办理工程规划许可证，细化园林、市政方案。项目沙盘模型完成制作并安装到位，销售准备工作基本就绪。

（张小弟）

【文登龙泽苑项目】 项目一期工程确保了首批业主按时入住，并已确定二、三期方案调整原则和优化方案，达到报批条件。全年完成销售签约5036万元，价格和销售速度在区域市场处于领先地位。

（张小弟）

【威海龙泽府项目】 威海嘉鸿公司于5月正式组建并入驻山东威海后，有序开展项目前期各项工作，先后取得项目立项批复意见、建设用地规划许可证及国有土地使用权证。公司认真研究和分析同类及相邻项目，明确产品定位，在组织3家设计院开展方案设计工作的基础上，经过六轮研究论证后，确定最终设计方案并报市规划委西城分局审批。

（张小弟）

【永定华庭项目】 年内，项目主体结构收尾，进入精装及园林景观施工阶段。售楼处投入运行并实现一定数量的蓄客，销售准备工作基本就绪，并进一步优化了营销方案。同时密切关注政策及市场动态，对周边竞争楼盘的销售情况进行实时跟踪了解，适时开盘销售。

（张小弟）

【天恒集团物业公司管理】 3月16日至18日，鼎泽物业公司所属龙泽苑小区与天恒置业大厦进行了为期3天的质量环境管理体系的外审认证工作。认证中心针对公司ISO9001/14001质量环境管理体系运行以来的质量环境方针、措施的执行情况和质量环境目标的实现情况进行综合评审，逐一检查公司总部各部门及各项目公司的工作，并顺利通过审核。5月20日，瑞海物业公司召开2010年度质量环境体系管理评审会议。会议分别对2010年度各部门质量环境目标的达成进行汇报分析。财务部、人力资源及工程部就资源配置和环境运行情况分别进行了评价汇报。通过评审，会议认为公司的质量方针、环境方针适合公司的发展需要，质量方针、环境方针充分、适宜总体有效。天恒置业大厦鼎泽物业公司于2010年底参加北京市物业管理示范项目（四星级）评定，并顺利通过，于2011年5月30日正式挂牌。华辰物业公司连年获得“地区社会治安综合治理先进单位”称号。

（张小弟）

北京华康欣和建筑工程有限责任公司

【概况】 北京华康欣和建筑工程有限责任公司（简称华欣公司）为房屋建筑工程施工总承包二级资质、建筑装修装饰二级资质企业。具有独立承揽28层以下、36米跨度以下建筑工程和高度120米以下构筑物工程、管道工程、送变电工程及拆除工程施工的能力和水平。企业注册资金3000万元；资产总额1.53亿元；从业人员近300名，拥有工程技术、经济管理人员120余名。年内，华欣公司承建完成建筑施工、装饰装修、安装改造等大小工程200余项，实现营业收入1.65亿元，实现利润13万元，上缴国家税金584万元，工程合格率100%，合同履约率100%，实现安全生产和文明施工。年内，接受认证公司第二次监督审核，获得质量、环境、职业健康安全管理体系保持注册证书。获得北京市建筑业联合会颁发的“北京建设行业AAA信用企业”证书。被北京市地方税务局评为“纳税信用A级企业”。

地址：西城区西直门内后半壁街11号

邮编：100035

电话：66160591

（王　珊）

【股东会暨工作会】 3月16日至18日，召开2011年股东会暨工作会。会议分别审议通过2010年董事会工作报告、监事会工作报告、财务工作报告、行政工作报告、党委工作报告；华欣公司与各基层单位签订生产经营承包合同及安全生产、综合治理、计划生育责任书。

（王　珊）

【成立退休职工代表联络会】 为更好地处理遗留问题，加强公司与退休职工的沟通，3月9日，华欣公司成立退休职工代表联络会。联络会由18名退休职工代表组成。

（王　珊）

【三届九次董事会】 6月1日，华欣公司召开第三届第九次董事会，讨论研究购买河北省兴隆县富民房地产开发有限公司510万股权事项。会议决定：同意公司购买兴隆县富民房地产开发有限公司510万股权；同意公司与兴隆县富民房地产开发有限公司签订股权转让框架协议书；通过《兴隆县富民房地产开发有限公司股权转让框架协议书》文本。全体董事一致同意并在决议上签字。

（王　珊）

【临时股东会】 6月8日，华欣公司召开临时股东会，全体股东酝酿协商，通过以下决议：同意向兴隆县富民房地产开发有限公司进行投资，行使股东权利，履行股东义务；总投资人民币510万元，占兴隆县富民房地产开发有限公司51%的股份，该笔投资款一次性付清；同意委托项目经理吴健强办理公司对外投资登记等手续。

（王　珊）

【重点工程项目】 年内，华欣公司先后完成建筑安装、装饰装修等工程项目200余项，合同价款1.63亿元。其中：西二环南侧延长线建筑物门窗更换、外立面粉饰工程，作业面广，安全要求高，施工中能够做到安全生产，保证质量，满足居民需要；西城区19个老旧小区环境整治工程，华欣公司收到后桃园九号院全体居民送来的“精心施工、服务百姓”锦旗；西城区69条街巷胡同环境整治工程，华欣公司坚持以人为本，文明施工，树立起良好的企业形象；新兴娱乐城房屋修缮工程，地处闹市，施工人员克服困难，保证安全和质量；海淀公安分局执法办案场所装修工程，按时按质按量完成，让甲方很满意。仅这5项重点工程合同价款就达1.25亿元。

（王　珊）

北京广安控股有限公司

【概况】 北京广安控股有限公司（简称广安控股）隶属于西城区国有资产监督管理委员会，是以文保区保护修缮、对接安置房建设、市政基础设施建设为主营业务的国有企业，注册资金3.8亿元。截至年底，资产总额163亿元，在岗职工人数220人，离退休人员165人。广安控股下设3个子公司及1个代管公司，即以实施文保区改造修缮项目为主的北京大栅栏投资有限责任公司，以保障房建设、房地产开发为主营业务的北京广安置业投资公司，以实施政府市政基础设施为主的北京广安基础设施建设投资公司（代管），以资产经营管理为主业的北京广安资产管理公司。广安控股自身主要承担全公司整体宏观管控、总体战略规划和品牌推广职能。1月，广安控股获“北京市2010年住房保障工作先进单位”称号；4月，广安置业公司获2011年西城区“工人先锋号”称号。全年主要完成杨梅竹斜街保护修缮、CH地块土地一级开发、张仪村等保障房建设、市政基础设施建设等工程。

地址：西城区宣武门外大街10号庄胜广场中央办公楼北翼13层

邮编：100052

电话：63108908

（李　晶）

【杨梅竹斜街整治保护修缮项目】该项目作为北京市发改委、规划委及住建委的试点项目，于6月10日正式启动项目集中腾退工作，8月9日完成集中腾退。通过协议腾退的方式，完成351户、建筑面积7288.13平方米、530间的人口疏解及腾退。本次集中腾退使居民居住条件得到改善，疏解人口约850人；共约5户廉租房住户、20户低保户、40余户低保户家庭困难得到改善；解决20余户因公房承租关系、私房产权继承及分割所引发的家庭矛盾。

（魏　一）

【区领导调研】　7月13日，副区长李岩在北京大栅栏永兴置业有限公司董事长申献国等陪同下检查C地块拆迁进展情况。8月13日，区委副书记、代区长王少峰等相关领导在北京大栅栏永兴置业有限公司董事长的陪同下，对西河沿街道进行调研。

（赵　威）

【ISO 9001：2008管理体系认证】　广安控股聘请专业认证中心对广安控股公司及广安置业公司所覆盖的业务范围进行现场审核，认为业务开展达到ISO 9001：2008管理体系要求，并于7月29日颁发《质量管理体系认证证书》。

（李　晶）

【收购北京天利人股份有限公司】7月，广安控股公司下属广安置业公司完成对北京天利人股份有限公司的收购工作。该公司于1994年6月29日由北京食品工贸集团总公司、中国银行信托咨询公司、石家庄市正定电石厂、北京菜蔬公司、北京糕点五厂共同发起设立，公司注册资本为4500万元。广安置业公司收购该公司主要用于保障房建设用地开发，已完成该公司94%的股权收购。

（薛　伟）

【张仪村项目正式开工】　8月10日，张仪村定向安置房项目正式开工。区委副书记、代区长王少峰，副区长李岩等领导到现场调研。截至12月31日，共向西城旧城保护和居民住房改善项目调配房源3272套，已意向签订安置房协议约1000套、面积约7.3万平方米。

（薛　伟）

【大栅栏C、H地块】　8月19日，广安控股下属大栅栏永兴置业公司接收国家级重点文物——劝业场，并立即组织文保所等相关人员进驻。9月30日，完成劝业场保护性拆除、结构检测与外业工作。11月11日，永兴置业全面接收亚华宾馆，亚华宾馆拆除工作全面启动。11月16日取得国家文物局和市文物局“关于大栅栏劝业场文物修缮工程立项批准函及复函”。11月17日，完成劝业场修缮方案的专家评审并将该方案上报市文物局审批。12月初，开始拆除劝业场内部加建（不属于历史原貌、后来增加的建筑），标志着劝业场保护修缮工程开工。12月10日，按照工作计划安排劝业场外部围挡展布搭建完毕。

（李　晶）

【大栅栏新街景活动】　广安控股与北京国际设计周、大栅栏街道工委及办事处共同主办的“大栅栏新街景”活动于9月24日开幕，区委副书记、代区长王少峰，副区长郭怀刚等领导参加了大栅栏新街景设计之旅活动。

（魏　一）

【南横东街道路建设】　建设地点为菜市口大街至虎坊桥，道路全长900米，红线宽40米。年内，该道路拆迁工作、道路建设、景观绿化工程全部完成，于7月15日全线建成通车。随路新建雨、污水及中水、热力、电力等管线工程，并同步实施杆线入地工程。管线、道路全部验交完毕。截至年底，本年完成投资3658万元，累计完成13481万元投资。

（沈晓宇）

【右安门内大街道路建设】　建设地点为南横街至南二环，道路全长1444米，红线宽40米。于9月28日全线正式通车。随路新建污水、热力、电力等管线工程，并同步实施杆线入地工程。截至年底，本年完成投资7535万元，累计完成11557万元投资。

（沈晓宇）

【创新保障房建设合作模式】　北

京市保障性住房建设投资中心与西城区政府达成战略合作协议，12月经区政府会议研究通过，由北京广安置业投资公司与市投资中心共同注资成立合资公司，开创保障房建设合作新模式。

(薛　伟)

【团河定向安置房项目】 该项目位于大兴区黄村京开高速路东300米，项目规划用地面积约8.6公顷，总建筑面积约18.6万平方米，项目绿化率30%，容积率2.5，用于区内拆迁腾退项目居民对接安置。项目共提供定向安置房源1774套。截至年底，已调拨使用1620套，剩余154套。

(庞　丹)

【太平街二期工程】 建设地点南起陶然亭路，北至北纬路，全长约500米，城市主干路，道路红线宽50米。年内完成拆迁8户，并与3个单位签订拆迁补偿协议。

(沈晓宇)

北京陶然建筑有限公司

【概况】 北京陶然建筑有限公司(简称陶建公司)是具有年施工面积50万平方米以上、竣工面积20万平方米以上、施工产值3亿元以上施工总承包能力的土木工程建筑企业，建筑资质为房屋建筑施工总承包二级。在项目施工过程中，陶建公司建立了产品实现策划管理规定、产品防护管理办法等相关产品质量管理制度，对特定的产品或合同及顾客的要求，制定专门的质量监督措施、资源管理规定和生产制造程序，确保顾客满意。陶建公司连续两次被北京市工商行政管理局评为“守信企业”，连续两年被北京市建筑联合会评为建筑业“诚信企业”。

地址：西城区广安门外天宁寺前街2号C座

邮编：100055

电话：63263613

(王　芳)

【开展安全生产月活动】 6月，陶建公司安全管理部开展了以“安全发展、预防为主”为主题的安全生产月活动。为使活动取得“积极参与、重在落实”的效果，陶建公司成立安全生产月活动领导小组(简称领导小组)。在活动期间，领导小组组织相关部门利用板报、宣传画等形式做好安全生产月的宣传工作，进一步健全、深化、落实安全生产责任制及各项安全生产规章制度，使安全生产的管理水平有实质性提高。领导小组在安全生产月活动中，对项目部施工现场、仓库、物业公司进行全面检查，重点检查安全防护、施工机械、用电安全、消防保卫、出租房屋，对查出的问题要求立即整改，构成安全隐患问题的要制定措施限期整改，并对整改情况进行复查。

(王　芳)

【考察山东烟台房地产开发市场】 为拓宽房地产开发市场范围，7月，北京陶然房地产开发有限责任公司组织项目开发人员赴山东省烟台市考察当地房地产开发项目。

(王　芳)

【鸭子桥13号楼危改工程】 截至7月，由北京陶然房地产开发有限责任公司开发建设的鸭子桥13号楼危改小区项目已经取得《建设用地规划许可证》、《项目设计方案规划意见复函》、《项目申请使用国有土地的批复》等前期审批手续文件。同时，项目绿化方案及指标已通过西城区园林绿化局审批，建筑设计图纸也经市规划委西城分局预审查合格。年内，前期审批手续已经基本齐备，拆迁准备工作进入实施阶段。

(王　芳)

【昌平政府街危改商住楼项目】 截至12月中旬，由北京陶然房地产开发有限责任公司投资控股，北京国伦房地产开发有限公司开发建设的昌平政府街危改商住楼项目已基本完成水、暖、气、电等各项市政工程方案报批、实施及项目前期相关工作。该项目位于昌平区城区中心地带，项目规划面积7.6万余平方米，为商住楼工程。

(王　芳)

【组织各类人员专业技术培训】 年内，陶建公司人力资源部针对专业技术人员及持证上岗人员组织了培训课程，共有22人次参加。培训课程涵盖会计、统计、物业及建筑专业。其中，参加会计继续教育培训7人次，统计继续教育4人次，人力资源专业继续教育4人次，物业专业岗位培训3人次，二级建造师继续教育2人次，专业技术人员继续教育2人次。

(王　芳)

【世纪星城兴业园AB段工程】 年内，由陶建公司第八项目部施工的世纪星城兴业园AB段工程已经结算完毕。总结算工程价为1.715亿元，结算面积A段为44255平方米，B段为45235平方米。

（王　芳）

【康惠园2号住宅楼及配套工程】 年内，由陶建公司第一项目部施工的康惠园2号住宅楼及配套设施托老所工程结算完毕。康惠园2号楼结算工程价为4074万元，结算面积为27967平方米。托老所结算工程价为263万元，结算面积为1550平方米。

（王　芳）

北京市鑫宣市政工程有限公司

【概况】 北京市鑫宣市政工程有限公司（简称鑫宣市政公司），是具有独立法人资格的有限责任公司，注册资本金2000万元。主要承揽单项合同额不超过企业注册资本金5倍的城市道路工程，单跨跨度40米以内桥梁工程，断面20平方米及以下的隧道工程，公共广场工程，10万吨每日及以下给水、污水泵站，15立方米每秒及以下雨水泵站，各类给、排水管道工程，总储存容积1000立方米及以下液化气贮罐厂（站），供气规模15万立方米每日燃气工程，中压及以下燃气管道、调压站，供热面积150万平方米每日燃气工程，各类城市生活垃圾处理工程，同时担负着区属道路的养护、翻修改造任务。年内，鑫宣市政公司有职工160人、离退休员工56人，其中高级工程师4名、初级职称人员76名、中级职称人员24名、一级注册建造师1名、二级注册建造师9名，各种综合性、专业施工机械设备100台。拥有由鑫宣市政公司控股有独立法人资格的北京市鑫宣园林绿化工程有限公司（简称鑫宣绿化公司）、北京市鑫宣世纪能源科技应用有限公司（简称鑫宣能源公司）以及5个市政工程项目经理部。鑫宣市政公司实行总经理负责制，下设总工程师、总会计师和总经济师。职能部室有：党群部、办公室、财务部、人力资源部、市场部、经营部、工程部、安保部、物业部、信息部、设管部、车管部、养护项目部、机械运营部、亮丽项目部和职工服务中心。鑫宣市政公司连续10年通过“市政公用工程施工总承包二级”资质和GB/T19001—2008/ISO9001：2008质量管理体系认证、ISO14001：2004GB/T24001—2004环境管理体系认证和OHSAS18001：1999 GB/T28001—2001职业健康安全管理体系认证。并获得“守信企业”荣誉称号。

地址：西城区培育胡同甲7号

邮编：100052

电话：63546948

（吴　玥）

【道路大中修工程】 年内，完成工程19项。包括马连道东街北段、北京市实验职业学校北侧路、马连道北街东段、马连道中街南北段（西）、南线阁街、马连道中街东西段、马连道中街南北段（东）、车站东街南段、储运公司门前路、广安门外北街、天宁寺前街局部道路、天宁寺小学门前路、半步桥街、里仁街、香仁路、香厂路西段、万明路、西经路、白广路。共翻修沥青路面73757.58平方米，人行步道铺装48307.23平方米。

（吴　玥）

【胡同新增市政排水管线工程】 年内，完成思源胡同、南运巷、棕树斜街、东南园胡同、龙爪槐胡同、梁家园胡同、梁家园西胡同、红线胡同、小百顺胡同、大百顺胡同、监狱西墙外、法源寺后街工程，共12条。累计新建排水管线2071.6米，恢复沥青路面11709.58平方米，人行步道铺装4302.02平方米。

（吴　玥）

【小区道路整治】 年内，完成小区道路整治工程，涉及5个街道办事处、20个小区，共铺设沥青路面21125.56平方米、人行步道5332.54平方米、路缘石4308米。

（吴　玥）

【环境整治园林绿化工程】 年内，完成中国国家话剧院剧场代征地绿化工程、红居街中心隔离带绿化工程、红居东街绿化工程、中设大厦周边绿化种植工程、红莲路69号院周边道路疏堵工程、马连道13号院环境整治工程、北京市朝阳区何各庄北入口道路环境整治工程、北京大学第三医院改扩建项目门急诊医技楼屋顶花园工程、中国国家话剧院剧场屋顶花园木结构工程等，工程总面积9381.6平方米，铺设沥青路面10499.43平方米、人行步道17452.65平方米、路缘石2962.1米。

（吴　玥）

【绿化工程移交】 年内，完成移交牛街街道2010年西里一区环境整治工程、中铁隧道地铁7号线工程03标段项目部办公区绿化工程、红莲路69号院东侧绿化工程。

（吴　玥）

【太阳能照明工程】 年内，完成

工程5项。包括朝阳区新农村东坝家园100千瓦太阳能电站工程；朝阳区新农村2006至2007年，9个村庄、1590盏太阳能路灯维修更换工程；平原里小区64盏太阳能灯维修更换工程；首都经贸大学5千瓦太阳能电站工程；北京大学第三医院屋顶照明工程。

(吴　玥)

【养护工程】　年内，完成天桥市民广场5000平方米铺装及绿地和音乐喷泉水下灯等1077种灯具维护，两广大街、白纸坊东街、白纸坊西街等主要道路公共设施和广告牌匾养护，大栅栏西街379盏景观照明灯养护，南菜园街82盏景观照明灯养护，菜园街60盏景观照明灯养护，教子胡同44盏景观照明灯养护，牛街电站蓄电池更换、调试维修控制柜工程，春风电站蓄电池更换、调试维修控制柜工程，牛街西里64盏庭院灯更换工程，小马厂绿地79盏景观灯、朗琴园32盏景观灯、莲花河西岸20盏太阳能独立灯、东岸79盏景观照明灯等的维护和管理。

(吴　玥)

【公益捐款】　年内，鑫宣市政公司为北京牛街民族敬老院捐资10万元。通过西城区红十字会书画作品公益拍卖活动，向身患大病的少年儿童捐款。在“共产党员献爱心”活动中，捐款4670元。

(吴　玥)

北京昊都建筑工程有限责任公司

【概况】　北京昊都建筑工程有限责任公司（简称昊都公司）为区属国有企业，主要经营工业与民用建筑项目、地基与基础工程的施工、设备租赁、建筑材料的技术开发、锅炉安装及热力、防水管线工程的施工等。

地址：西城区白纸坊西街22号楼1602号

邮编：100054

电话：67504923

(杨惠娟)

【完成工作情况】　年内，按照北京市相关文件的规定，重新修订公司供暖、自采暖及煤火费支付办法，严格发放手续，建立与供暖公司及个人签字的发放台账。

(杨惠娟)

【职工利益】　根据北京市人力资源和社会保障局京劳社养发〔2011〕49号“关于进一步加强基础管理，规范退休核准工作有关问题的通知”精神，向有关部门提请增加抹灰工（特别繁重体力劳动）、油毡工（有毒有害、高温）工种为提前退休工种。

(杨惠娟)

【股权转让】　年内，完成将昊都公司所属胜美公司所持有的北京宣兴房地产开发股份有限公司的54.2万股股份，无偿转让给北京市金正资产经营公司的工商变更登记工作。

(杨惠娟)

【投资工程】　年内，昊都公司投资广东中山工程诉讼案件尚未结案，诉讼保全后的房产及银行账户按季度进行续封工作。

(杨惠娟)

【工会工作】　年内，退休人员管理办公室会同行政部门利用6天时间，乘火车和驱车1700余公里，完成异地安置10名退休职工身份认证及医疗保险异地选择的申报工作，并为他们送去组织上的慰问和关心，对退休职工反映的问题及时解决。年内，配合区总工会完成北京市低收入离退休劳模登记及困难劳模补助的申报工作。

(杨惠娟)

【提升服务水准】　年内，接待外调、公证及为企业调出人员出具各种证明、公示材料126份。

(杨惠娟)

北京房开置业股份有限公司

【概况】　北京房开置业股份有限公司（简称房开置业公司），注册资金5000万元，属三级资质房地产开发企业，并通过ISO9001国际质量管理体系认证。主要经营房地产开发、商品房销售、城市危旧房改造和开发建设等项目。年内，房开置业公司全面完成牛街危改区回迁楼居民产权证申报、办理工作。完成ISO9001认证监审工作，审查结果合格，证书继续有效。

地址：西城区广安门内大街210号西华经典2层

邮编：100053

电话：63577515

(闫　欣)

【牛街危改区用电改造】　3月，经区政府、区发改委主持协调，房开置业公司会同城区供电公司，完成牛街东里二期春风胡同6号住宅楼、11号住宅楼的正式用电改造。至此，牛街危改小区居民正式用电改造全部完成。

（闫　欣）

【办理牛街危改小区产权证】　房开置业公司按照副区长李岩召开专题会议的精神，抽调专人，集中力量汇总、整理牛街危改二期东、西里申报产权工作。6月初，完成全部楼栋业主信息录入工作，交纳全部楼栋的公共维修基金570万元。在区房屋管理局的配合下，办证工作稳步进行。

（闫　欣）

【牛街二期危改居民产权证发放】年内，房开置业公司通过半年的归集、整理、审核、申报等工作，9月23日正式开始发证工作，实现在“十一”前向牛街二期危改居民发放产权证，提前兑现了区人大及政协提案计划于年内10月开始发证的承诺。

（闫　欣）

北京宣兴房地产开发股份有限公司

【概况】　北京宣兴房地产开发股份有限公司（简称宣兴公司），为综合性房地产开发企业，注册资本5420万元，房地产行业等级为二级，其股份由国有、社会法人及自然人多元股东集合构成。宣兴公司主要经营房地产开发、商品房销售，自有房产的物业管理和出租，是通过ISO9002国际质量标准认证的企业。

地址：西城区枣林前街35号

邮编：100053

电话：63585100

（白　杨）

【临时股东大会】　6月21日，召开临时股东大会。会议主要内容：选举董事、监事及新一任董事长（法定代表人），修改公司章程。宣兴公司党组织为党总支建制，同时选举产生新一届党总支委员会。原董事长、党总支书记史志广因退休离任，陈海鸥当选为董事长、党总支书记兼总经理。

（白　杨）

【宣兴商厦拆迁工作】　宣兴公司实施一级开发的项目宣兴商厦位于西城区广安门外大街湾子路口西南角，占地1.33公顷，建设内容为商业金融。拆迁工作任务繁重，情况复杂，难度很大，宣兴公司对拆迁工作加强领导，多方协调，为居民解决实际问题，维护稳定，截至年底，已完成拆迁近百户。

（白　杨）

【张家口桥东区项目】　宣兴公司在年内通过引资方式，在河北省张家口桥东区开发建设20余万平方米的以“生态为先、教育支撑、区域特色”的中高档社区。年内一期工程投入建设。

（白　杨）

【物业管理上新台阶】　宣兴公司控股设立的物业管理公司，房屋管理面积30万平方米，多处房屋为十几年前所建，多处屋面及上、下水管道和电梯进入大修期，宣兴公司为了提高物业管理水平，保障居民生活不受影响，多方筹措资金，重点多期进行修缮改造。响应政府有关部门创建文明小区的号召，对小红庙车站西街近10万平方米的居民小区作出创建文明小区规划，并得到政府有关部门的支持。

（白　杨）

（责任编辑　陈　艳）

交通　邮电　公用事业

交　通

交通行政执法

【概况】　北京市交通执法总队（简称市交通执法总队）是北京市交通委所属副局级行政执法机构，下设8个职能处室和10个执法大队，主要负责全市公共交通、公路和水路交通运输行业的交通行政执法工作。年内，市交通执法总队围绕“人文交通、科技交通、绿色交通”为特征的新北京交通体系建设和缓解交通拥堵中心任务，坚持行业监管与治理“黑车”工作并举，从重大时期保障、重点行业整治、重点区域治理等方面入手，转变执法理念，为首都世界城市建设提供良好的运输环境秩序保障。年内，市交通执法总队共检查各类运输车辆95万辆次，出动执法人员8万人次，查处各类违法违章4.19万起，查扣各类“黑车”1.28万辆。

地址：西城区北礼士路22号

邮编：100044

电话：68367578

（陈朝晖　陈晶鑫）

【春运交通运输环境秩序保障】　1月10日至2月27日，市交通执法总队开展春运保障工作。按照“科学组织、安全第一、以客为主、优质服务”的原则，抽调近50名执法人员强化对重点地区的监管力度，对北京站、北京西站和首都机场地区实施24小时不间断监管。其间，共出动执法人员1.2万余人次，检查运输车辆14.5万余台次，查处违章930起，查扣“黑车”1326辆。

（陈晶鑫）

【“两会”交通运输环境秩序保障】　2月21日至3月16日，市交通执法总队启动全国“两会”保障工作专项勤务，治理运输市场环境、维护重点地区秩序。其间，共出动执法人员5300余人次，检查运输车辆6.2万余台次，查处违章674起，查扣“黑车”684辆；共受理群众来电1.93万个，其中人大代表、政协委员投诉案件7起，均及时进行了处理。

（陈晶鑫）

【治理“黑车”专项行动】　4月28日至6月30日，按照市政府的统一部署，市交通执法总队开展“321”打防管控一体化治理“黑车”专项行动。其间，共出动执法人员2.4万余人次、执法车辆6000余台次，检查运输车辆45万余台次，查扣“黑车”2840辆。

（陈晶鑫）

【百日整治打防管控一体化专项行动】　6月11日起至9月20日，市交通执法总队组织全市交通行业“两局一队”（市路政局、市运输管理局、市交通执法总队）和运输、养护等9家单位，开展针对“黑车”、“黑摩的”、非法散发张贴小广告、车辆乱停乱放、无照游商、沿街乞讨卖艺等严重影响城市秩序顽疾问题的整治行动。其间，共出动人员24.7万余人次，查缴和清理小广告11.9万余张、清洁站区栏杆护栏6.9万组、劝离无照游商和乞讨卖艺人员9700余人次，查处运营车辆违章5316起，查扣“黑车”4408辆；集中组织“清洁面、整秩序、万人集中大执法”活动2次，组织督察活动10次，发布工作简报65期，圆满完成全市交通行业城市秩序百日整治打防管控一体化专项行动任务。

（陈晶鑫）

【出租汽车严重违章专项整治行动】 针对年内出租车服务质量问题有所反弹的情况，6月至12月，市交通执法总队开展出租汽车行业专项整治行动，重点查处出租汽车拒载、议价、多收费等行为，并与市交通委运输管理局联合印发《关于进一步加强出租汽车营运服务管理工作的通知》。其间，市交通执法总队共检查出租汽车80万台次，查处出租汽车违章1.68万起。自8月份起，乘客投诉量呈逐月下降趋势，违章高发势头得到有效遏制。

（陈晶鑫）

境内交通执法

【概况】 北京市交通执法总队第二执法大队（简称二大队）是北京市交通执法总队下设的执法大队，主要负责新西城行政辖区内交通运输行业执法检查工作。截至年底，二大队在编人员扩充至34人。全年共出动执法检查人员7869人次，检查各类运输车辆79093车次，检查运输业户347家次，查处违法违章3150起；查处各类非法经营的机动车案件859起，收缴罚没款527余万元。

地址：西城区南礼士路44号C座

邮编：100037

电话：68013973

（王平海　龙永东）

【出租汽车行业监管】 年内，查处出租车拒载，查处出租汽车驾驶员私改计价器、运营中与乘客议价、将营运车辆交予他人驾驶等严重违法行为是检查的重点。规范出租汽车车容车貌和驾驶员仪表仪容行为是始终一贯的工作。年内重点加强对西单繁华商业街区、西直门综合交通枢纽、金融街等处出租汽车营运秩序的监管，在上述地区共查处拒载等严重违法行为68起。在北京儿童医院设点检查出租汽车的运营秩序，震慑不规范行为，保障患儿和患儿家长使用出租车的顺畅。积极处理乘客对出租汽车驾驶员的信访投诉，全年共处理信访投诉案件2138起，做到件件有落实，事事有回复。

（王平海　龙永东）

【打击非法营运行为】 年内，二大队继续加大打击北京北站、动物园公交枢纽以及积水潭、德胜门等交通场站周边“黑车”的力度。全年共查处机动车非法经营案件859起，其中“黑出租”750起，“黑货运”76起、“黑旅游”18起、“黑长途”12起、“黑化危”3起，巩固闭环协作机制，全年共开展联合整治行动34次。向公交保卫总队移交“克隆黑出租车”13辆，向西城交通支队移交“涉牌黑车”2辆，案件2起。采取定点检查和流动巡查等相结合的方式查处非法营运行为，并加强科技手段取证工作，做到精确打击，确保打击工作取得实效。

（王平海　龙永东）

【客运行为监管】 年内对大型客运车辆的监管主要分为两个部分：一是对省际长途客车的监管，主要是以元旦、春节、“十一”黄金周时段为主。全年共检出站外发车、站外装卸货物、站外上下乘客等业内车辆违法行为58起。二是对非法运营的大型客运车辆的打击查处工作。二大队结合春运工作和外埠在京人员在本区分布的情况，在辖区内主要对马连道茶叶城、动物园服装市场、西直门综合交通枢纽北侧区域及北京北站周边地区进行检查，全年查处非法长途“黑车”12起。另外，针对年内汽车租赁公司非法从事大型客运业务，尤其是无资质从事旅游客运的行为，根据本辖区旅游景点多、游客多的具体情况，在天安门、国家大剧院、故宫、北海、恭王府等著名旅游景点周边加强对旅游客运车辆的监督检查工作，全年查处旅游“黑车”18辆。

（王平海　龙永东）

【化学危险品运输专项整治】 年内，二大队组织开展危险化学品（简称危化）运输专项整治工作10次。一是会同区安监局、西城运管处对危险化学品运输和使用企业进行入户检查，规范行为。二是加强对化学危险品运输的检查力度，查处安全措施不到位的行为及危化运输证照不齐全、非法运输危化物品的行为。年内危化车辆的检查工作主要在金融街和马连道等在建项目多的地区开展，重点检查运输压缩气体和可燃气体的车辆。三是深化与公安、交管等部门的协作机制，营造辖区安全有序的危险化学品运输市场环境，严防安全事故的发生。年内公安部门发现并移交的一个典型案例是，一名外埠驾驶员在一辆改装过的金杯车内放置可移动的储油罐，行至和平门处，该车辆移动式地加油。

（王平海　龙永东）

【重点区域重点时期监管】 年内，二大队配合西直门管委会、西城公安分局以及交通支队等相关部门，加强对北京北站客流高峰时段的市场监管，打击非法运营，严查出租车驾驶员强迫乘客拼车、议价等违章行为，净化该地区客运市场秩序。在春运、“两会”以及“十一”黄金周期间，重点做好客运汽车市场秩序的监管工作，加强对德胜门、北京北站高峰时段以及天安门等重点旅游区的监管，做好区域管控、应急处置和协调配合等方面的工作。加强对北京北站、动物园公交枢纽以及积水潭等轨道交通场站的勤务部署工作，做到全方位、全时段监管。

（王平海　龙永东）

【巩固闭环协作机制】 年内，二大队围绕市政府提出的百日整治和“321”打防管控一体化行动，发挥职责作用，严查严管，加大整治力度，有效地提高了运输行业的服务水平。二大队按照政府的倡导，加强与巩固和相关部门的协作机制，相互补台，相互借力，相互补充，全面加强与区公安、交管、城管、综治、安监、旅游、交通等部门的协作关系，及时通报相关情况，开展阶段性整治。建立行业监管协作机制，加强与各单位的信息沟通，确保辖区道路运输行业健康可持续发展。

（王平海　龙永东）

交通行业管理

【概况】 北京市交通委运输管理局西城管理处（简称西城处），是受北京市交通委运输管理局委派，负责西城区境内公共交通、公路和水路运输管理的专门机构。年内，西城处围绕运输局中心工作，强化行业监管，推进信誉考核；狠抓安全生产，提升服务水平；维护行业稳定，构建和谐行业；强化队伍建设，促进精神文明；夯实基础工作，深入调查研究，特别是在参照公务员改革以及面临新西城机构调整的重要时期，西城处全体工作人员立足本职，安心工作，完成市交通委运输局部署的各项重点工作任务。截至12月31日，西城处全年出动执法检查人员1827人次，对西城辖区各交通运输行业进行安全监管检查860户次，发出限期整改通知书共44份。

地址：西城区玉廊东园5号楼1单元

邮编：100034

电话：59701075

（徐海波）

【境内交通行业情况】 截至12月31日，西城辖区出租行业在册户数16户（含西城个体1户），营运车辆5191辆；旅游行业在册户数9户，营运车辆858辆；汽车租赁行业在册户数20户，车辆1651辆；公共交通电车客运分公司下辖19个运营车队，39条线路，营运车辆1328辆；轨道交通车站18个，其中换乘站3个、重点站4个；货运行业在册户数156户，营运车辆731辆，载重吨位2352吨；汽车维修行业在册户数60家，从业人员800人；水运游船行业在册户数2户，运营游船637艘。

（徐海波）

【行业基础管理】 组织开展辖区旅游客运、货物运输、汽车维修行业质量信誉考核活动，经过材料收集、现场核查、评审打分等环节，完成对辖区9家旅游企业、33家货运企业和65家汽车维修业户信誉等级的初步评定：旅游企业达到AAA级企业的6户，3家企业车辆未达标；货运企业达到AAA级企业的12户，AA级企业21户；汽车维修企业达到AAA级13家，AA级26家，A级以上26家。完成辖区上年度汽车租赁行业的监管考核，参加考核的16家企业，依据相关标准及汽车租赁企业年度各项工作落实情况，经过综合评定，确定优秀企业5家，良好企业2家，合格企业9家。

（徐海波）

【出租车行业管理】 年内围绕出租车驾驶员拒载违章行为严重现象，先后出动120人次开展8次联合检查行动，重点对西单、金融街地区出租汽车运营秩序进行检查，加强对出租汽车驾驶员规范经营教育，及时纠正拒载行为，维护出租汽车运营秩序。围绕双班车交接问题，在早高峰期间多次组织人员对德胜门滨河路出租汽车交接班情况进行现场调研，督促企业要求驾驶员错峰交接车。经过整顿，该地区交接班周边停车秩序混乱问题得到缓解。全年接到出租行业信访3件（劳动合同1起、私改计价器1起、涉及司机患精神病1起）。西城处通过专人调查、走访企业、实地勘察，均顺利解决处理。针对北京市出租小轿车燃油附加费上调一事，西城处多次召开辖区出租汽车行业会议，传达市运输局会议精神，将新版2元收费标识发放到企业，督促企业将会议精神传达给全体司机，做好新版标识张贴工作。此外，西城处为确保行业稳定，进行检查75次，着重加强对拒载、私揽、议价等行为的教育，加强对出租汽车驾驶员权益保障的监管，督促出租汽车企业为驾驶员足额缴纳社会保险、按照规定为驾驶员发放岗位补贴等，确保行业矛盾排查到位。

（徐海波）

【旅游客运企业校车监管】 根据市运输局关于加强道路客运行业从事校车业务安全监管工作精神，西城处对辖区旅游客运企业校车进行基本情况调查及检查，西城辖区有校车业务的企业仅有北汽集团一家，共17部校车，全部车辆按期完成二级维护、等级评定、GPS连通、配制安全带等工作。

（徐海波）

【车辆技术管理】 继续在全行业宣传贯彻落实《道路运输车辆日常维护作业技术规范》（试行），要求各企业抓好货运车辆、特别是危险货物运输车辆日常维护的检查监督工作，落实车辆“一日三检”的技术措施，确保车辆运营的技术安全，对10余家企业进行现场检查指导，达到预期效果。4月，对西城辖区3家危险货物运输单位的26辆运营车辆投保承运人险情况开展专项检查，100%在有限期内。利用危险货物运输车辆GPS监控系统，加强危险货物运输车辆的动态管理，3家企业的26辆危险品运输车辆均实现与市运输局监控平台的链接，针对运输车辆存在在线率低的问题，西城处要求有关企业加快GPS卫星定位系统的升级改造，未办停驶的车辆需保证24小时在线监控。同时，督促辖区旅游客运车辆GPS安装和联网工作，实行动态监控，年内辖区9家旅游客运企业均完成所有旅游客运车辆的GPS安装工作。

（徐海波）

【道路运输车辆日常维护专项检查】 西城处分别召开辖区旅游客运企业会议和专业运输单位及规模运输单位专题会议，部署落实《道路运输车辆日常维护作业技术规范》，督促各单位依法加强道路运输车辆技术管理，督促道路运输企业和驾驶员“按照规定维护和检查车辆，确保车辆符合国家和本市规定的技术标准、排放标准和燃料消耗限值。年内对5家运输单位落实情况进行检查，辖区企业基本建立车辆日常维护管理制度、驾驶员执行规范和填写《行车日志》，但还存在不完整、不规范的现象。

（徐海波）

【地铁车站标志标识专项检查】 按照市运输局关于开展轨道交通标志标识系统调查的通知精神，对辖区4条线18个地铁车站的轨道交通车站的标志标识进行全面检查。检查发现部分车站周边的商场、医院等重点地方没有标出，车站站台上线路号没有标志显示，“动物园”标识字迹较小，西城处及时将上述问题的调查情况报市运输局。

（徐海波）

【机动车维修喷烤房专项治理】 根据市运输管理局《关于开展在用汽车喷烤漆房使用安全综合评价工作的通知》要求，年内西城处继续加大力度开展在用喷烤漆房设备综合治理工作，在用的10台喷烤漆房，8台经过安全综合评价，2台是5年内取得交通产品认证证书的新设备，正在进行安全综合评价。经过监管检查，2台评价后整改仍不合格的喷烤漆房停用，拆除4台。

（徐海波）

【“绿色车队”工作】 根据市运输局的安排，依据“绿色车队”条件标准，在保持上年“绿色车队”规模的基础上，继续扩大“绿色车队”规模，以保障人民生产生活必需品、重要物资等社会货物运输的需求。为此西城处召开辖区货运行业组建“绿色车队”工作宣传动员会，辖区5辆车以上企业100%参加会议，确保年内“绿色车队”车辆保持325辆的规模。

（徐海波）

【应急预案落实与安全演练】 年内，西城处完善西城辖区道路运输突发公共事件应急体系，结合消防安全和雪天事故频发因素，细化完善应急预案。为加强对辖区运输行业突发事件应急反应、处置和救助能力，辖区企业开展了一系列安全演练：北海、什刹海地区组织水面消防救生应急演练；中油首汽石油销售公司进行运输成品油罐车发生交通事故造成罐体漏油案例的实战演练；中和清原公司进行装成放射物品货包脱落救援的桌面推演。

（徐海波）

【安全生产管理】 为吸取“7·5”动物园地铁电梯事故、“7·23”温州动车追尾事故的教训，西城处对辖区公交、轨道行业开展安全生产隐患排查，督促企业落实基础设施的日常维护保养，加强对驾驶员的安全教育，完善应急预案并定期开展应急演练，深挖安全生产隐患，确保行业安全运营。此外，做好停车企业安全隐患排查工作，特别是加强调价停车场和重点商业区周边停车场的安全管理工作，确保停车管理人员持证上岗，防火器材全部达标，车辆进出和停放规范。汛期，西城处督促辖区轨道交通车站、公共交通车站、旅游客运企业、出租汽车企业提前做好防汛工作，加强防汛物资储备，强化雨天行车安全教育，及时启动应急预案，确保辖区交通运输安全。同时成立西城管理处防汛抗旱工作领导小组，开展汛前隐患排查治理，对辖区内的防汛物资储存地进行实地摸底调查，了解储存地的位置及储存物资种类、储存量、运输路线，建立24小时的联系制度，确保防汛应急物资运输的及时有效，年内落实运力储备货运车辆45辆、装载质量345吨，涉及6家货运企业，涵盖辖区所有车辆类型。6月23日强降雨，西直门至大钟寺13号线电缆出现故障，西城处及时赶赴现场，督促地铁公司加紧修复，并采取限流措施，增加人力维持现场秩序和疏导客流，短时间内恢复运营，保证了乘客疏散。按照市局《关于加强水上安全监管工作的通知》的要求，西城处在暑期、汛期重点检查非自航船舶是否按要求安装船名牌，是否在船舶明显位置张贴核定载客量、乘客须知和禁烟禁火标识；夜航运营船舶是否符合《北京市夜航船舶安全管理规定》的要求，有无超载现象，夜航灯光开启情况等；对夜航船舶上的救生衣、救生圈、灭火器等救生消防设备进行重点检查；重点检查巡逻救护艇在水面上出船频率以及船员是否持证上岗等。根据本辖区运输任务与冬季天气特点，结合辖区“消防平安二号”行动，落实客运、货运、机动车维修和停车场所消防安全生产隐患自检自查和专项检查，特别是在公交枢纽、地下换乘大厅和车场张贴大量烟花爆竹禁放标识，对地铁车站站厅和通道堆放杂物、设摊摆点等进行清理，消防责任落实到人，任务到位，措施到位，工作到位，从源头上防止火灾安全隐患问题的发生与反复，企业的安全及生产环境得到较大的改善，取得预期的效果。

（徐海波）

【全程办事代理】 截至12月31日，共完成日常行政许可（服务）事项650件次，其中货运351件次，维修24件次，出租83件次，旅游144件次，汽车租赁事项48件次。此外，完成辖区出租167部汽车更新申报、信息录入和证件发放；完成辖区9家旅游企业757部运营车旅游包车证的换发；完成辖区19家出租汽车企业5018部运营车的年审换证；完成辖区176部出租汽车更新申报、信息录入和证件发放；完成辖区41户货运经营者许可证件有效期届满换发工作；完成辖区621部货运车辆年度审验和信息录入。

（徐海波）

【基础调研工作】 年内完成辖区旅游大客车停车位调查工作，对辖区内首都博物馆、宋庆龄故居、景山公园、什刹海以及北京北站等5个地区周边旅游大客车专用停车位进行调查，提出在以上地区施划77个旅游大客车专用停车位的建议，拍摄照片并绘制示意图。继完成S2线实施新运营模式、北京北站交通接驳等工作，西城处再次对北京北站周边的道路、公共电汽车线路、轨道交通线路、出租停车位、自行车及机动车停车场等进行现场勘察，针对北京北站周边交通状况和S2线实施新运营模式后交通接驳存在的问题提出建议，并报送市运输局。围绕金融街停车难和打车难问题，西城处对金融街地区出租车情况进行调查摸底，通过调查分析，为了方便出租汽车在金融大街停车揽客，向公安交通支队发出建议函，建议在金融大街学院胡同路口周边施划8个出租汽车专用停车位。自9月初始，西城处每周分2组对辖区停车场所开展拉网式调研17次，调查停车场地34个，对停车场地车位实际使用率进行实地12小时不间断勘测，为市运输局缓解拥堵决策提供资料。完成年度4月、9月营业性载货汽车运输量抽样调查工作，并撰写抽样调查分析报告。

（徐海波）

【开展行业培训】 年内，西城处开展重点人员教育班，先后组织6家重点出租汽车企业和9名拒载驾驶员参加特别学习班，有针对性地通报违章情况，强调违章运营的危害性，让重点企业和重点驾驶员切实提高安全意识，规范运营服务。按照市运输管理局水运管理处船员培训大纲要求，西城处于5月下旬在什刹海管理处会议室举办2011年西城辖区非机动船船员（橹工）新增、换证培训班，培训分为理论培训与实操培训，参加培训的36名船员全部通过考试。

（徐海波）

【其他基础性工作】 年内督促旅游客运企业按期完成旅游客运车辆等级评定及二级维护；开展2011年出租小轿车营运证换发工作；督促辖区各出租汽车企业按要求完成交通部燃油消耗信息申

报工作等。完成《北京市租赁小客车数量配置暂行办法》的宣传和年度西城辖区租赁小客车指标分配审核工作，先后两次召开辖区企业专题工作会议，进行宣传与解读。年内分2批次，共有15家企业申请批复租赁小客车指标，共计298辆车。做好开航前船舶检验、自航船舶签证和水路运输（服务）企业年审核查换证工作。3月初，分两次完成对北海461艘、什刹海189条非自航船的开航前安全检验工作，确保投入开航运营的船舶全部经过检验。4月至11月，完成对北海36艘自航运营船舶和什刹海38艘自航运营船舶签证工作。4月初还对在西城辖区备案注册的华海石油运销公司和北京运河旅行社有限公司2家水路运输（服务）企业进行上门年审核查情况，确认属实无误后予以上报。在上年工作基础上，西城处继续对辖区内动物园服装市场、天意市场等货运代理业户集中地区进行逐户摸排登记，按照《北京市道路货运代理经营备案管理办法》及《道路货运代理及货运辅助业务经营规范》做好登记备案工作，年内辖区有8家企业完成登记备案。结合日常管理，进一步强化对经营单位经营资质和经营行为的检查，对原经营地址拆迁后、未办理地址变更手续、1年以上没有信息的11户企业进行注销处理；还督促3户单位办理停业销户手续。

（徐海波）

地下铁道管理

【概况】 北京市地铁运营有限公司（简称地铁公司）是国有独资的特大型专门经营城市轨道交通运营线网的专业运营商。拥有职工22818名。年内，地铁公司共运营13条地铁线路，分别是1号线、2号线、5号线、10号线、13号线、八通线、8号线、机场线、房山线、亦庄线、昌平线、15号线、9号线，共180个运营车站，运营里程323公里。年内，地铁公司客运量18.7亿人次，日均512万人次，最高日达到647万人次。全年安全行车2.28亿车公里，延误5分钟及以上之间平均车公里达到266万车公里。全年列车运行图兑现率99.95%、正点率99.83%，乘客满意率95.6%。7月28日，北京地铁公司获得“全国安全文化建设示范企业”称号。12月15日，地铁公司再次获得“第五届北京影响力——影响百姓经济生活的十大企业”称号。

地址：西城区西直门外大街2号地铁大厦

邮编：100044

电话：62293714

（张华兵）

【国务院安委会督查组到北京地铁调研】 1月20日，国务院安全生产委员会办公室副主任、国家安全监管总局副局长王德学带队，在副市长苟仲文、市交通委副主任刘缙陪同下，到北京地铁西直门站换乘站、昌平线西二旗站现场调研安全生产情况。地铁公司总经理张树人、副总经理刘建随行汇报地铁安全运营工作。

（张华兵）

【春节运输工作】 2月2日至8日，全线网12条线共运送乘客1498.7万人次，日均214.1万人次，开行列车25550列，运行图兑现率99.94%，正点率99.97%。其中4条新线共运送乘客62.5万人次，开行列车5466列，运行图兑现率99.85%，正点率99.96%。各安检点查验物品881.5万件，查获违禁品358件、烟花爆竹等易燃易爆物品286件，劝离车站73人，转公安处理12人。

（张华兵）

【13号线缩小运行间隔】 2月21日早高峰，13号线运行间隔由3分钟缩短至2分40秒，增加车次18列，运力提高12.5%，早高峰时段列车满载率由上周同期的123%下降至114%。全天共开行列车517列，运行图兑现率、正点率均为100%，运送乘客64.2万人次，同比增长4.56%。

（张华兵）

【全路网客运量创历史新高】 2月25日，全路网客运量再创历史新高，达到582.2万人次。当日共开行列车4295列，加开临客10列，列车运行图兑现率99.96%，列车运行正点率达到99.97%。

（张华兵）

【冬运期间运送乘客5.43亿人次】 地铁公司冬运期间（2010年11月15日至2011年3月15日）共运送乘客5.43亿人次，同比上升17%。全路网共开行列车458536列，加开临客968列；运行图兑现率99.94%，同比上升19.9%；正点率99.90%；客运量日均449.05万人次；最高日3月4日，达到创纪录的588.95万人次。

（张华兵）

【1号线缩小运行间隔】 3月22日，1号线早高峰2分05秒运行

间隔第三次试验取得成功。上线列车由52组增至55组，高峰时段运力提高8%。4月1日，1号线再一次缩短行车间隔，将早高峰时段行车间隔从2分15秒缩短到2分05秒，运力提高8%，缓解1号线因客流快速增长而带来的运营压力。与此同时，1号线中午平峰时段列车运行间隔由4分30秒缩短至4分钟，晚高峰时段列车运行间隔由2分30秒缩短至2分20秒。这是1号线近年来第四次缩短行车间隔。

（张华兵）

【清明节运输工作】 4月3日至5日，地铁公司所辖12条运营线共运送乘客1361.8万人次，同比增长15.8%；开行列车11036列，同比增长22.15%；列车运行图兑现率、列车运行正点率均为99.96%，加开临客156列。八宝山站进、出站量日均5.4万人次,与上年同期基本持平，4月3日最高达到5.99万人次，同比增长3.6%。

（张华兵）

【市交通委检查地铁节日安全工作】 5月1日，市交通委主任刘小明到地铁积水潭站检查节日安全工作。地铁公司领导谢正光、张树人随行汇报工作。

（张华兵）

【“五一”运输工作】 4月30日至5月2日，全线网共运送乘客1525.5万人次，开行列车11336列（同比增长4%），列车运行图兑现率100%，正点率99.95%，加开临客331列。

（张华兵）

【国家安监局领导调研安全文化建设工作】 5月10日，国家安全生产监督管理总局副局长杨元元一行到北京地铁调研安全文化建设工作。地铁公司党委书记、董事长谢正光，副总经理徐小林汇报了地铁安全运营工作。国家安监局领导对地铁公司在保证地铁运营安全、推进安全文化建设等方面取得的成绩给予肯定，指出：北京市地铁运营树立了科学的安全管理理念，突出体现了首都特色，坚持科技强安，坚持管理固安，坚持文化兴安，安全运营管理工作卓有成效，在全国轨道交通行业中起到模范带头作用，特别是能够在安全风险高、管理难度大的客观条件下，每日安全、高效地完成近700万人次的运输任务，是非常难得的，是值得充分肯定的。

（张华兵）

【市领导检查节日运输安全】 6月5日，市委副书记、市政协主席、市委政法委书记王安顺率队检查地铁节日运输安全，慰问地铁员工。王安顺表示，要不断加大安全生产教育工作的力度，以高度负责的态度，确保运营畅通。地铁公司领导谢正光、徐小林，公司总法律顾问卢志刚陪同检查并汇报地铁节日运输情况。

（张华兵）

【端午节运输工作】 6月4日至6日，全路网共运送乘客1229.8万人次，开行列车11136列，运行图兑现率99.94%，正点率99.94%，加开临客111列。其中，6月4日客运量最高，为426.7万人次。

（张华兵）

【地铁服务热线开通3周年】 地铁公司服务热线中心自2008年6月开通以来，共受理乘客来电78.9万件（其中咨询类87.74%、建议投诉类3.97%、表扬类0.39%、遗失物品查询类1.85%）、政风行风热线信件882封、地铁网站公共服务邮箱信件5707封。全部来电来信均按期回复办结，办结率100%。

（张华兵）

【应对强降雨】 6月30日，按照市防汛办及公司部署，地铁公司启动汛期应急预案，按照分工，投入力量，增加各洞口值班人员，加强线路巡视维护，对排水沟进行再次清理并派专人巡视。截至9时，共出动3716人次。各条线路上的洞口及部分车站，共计排水381吨。为保证运营安全及乘客出行安全，适当增加运力。车站加强售票、监票及宣传疏导工作，并铺设防滑草垫1017块，放置防滑提示牌700块，向乘客发放一次性雨衣2959件，确保良好运营秩序。

（张华兵）

【自动扶梯隐患排查】 针对7月5日4号线自动扶梯伤人事故，地铁公司全面开展隐患排查。停止所辖线路上奥的斯电梯的运行，同时增加20名保安人员现场疏导，做好重点站早晚高峰客运组织。督促机电公司对全线电梯开展隐患排查，强化电梯维保作业执行情况的监管，加大检查和抽查力度，发现问题及时采取有效措施，消除隐患。每日安排10余名机关人员到重点站支援，加强客运组织力量。同时，加大电梯的巡查力度，强化应急预案措施，确保突发情况快速处置。7月12

日，地铁公司完成对全线884部扶梯的检查工作。重点对167部奥的斯扶梯的减速机地脚螺栓、压板、附加制动器等关键部位及制动距离进行专项检查，共查出影响安全的问题21处。其余717部其他品牌扶梯未发现影响安全使用的隐患问题。

（张华兵）

【市领导调研地铁安全运营】 7月7日，副市长苟仲文到地铁宣武门站调研。苟仲文要求高度重视安全运营，加强重点地段的安全监察工作，加强针对电梯的安全监察和检验检测，通过开展日常监督检查、强制监督检验和定期检验，有效保障电梯的安全运行；加强与公交的联动，确保人民生命财产安全。8月29日，市委书记刘淇、市长郭金龙到地铁西直门站实地调研新增换乘通道和地铁安全工作。地铁公司领导张树人、徐小林、徐会杰，总工程师周继波，总法律顾问卢志刚及公司相关部门负责人参加调研。10月2日，常务副市长吉林一行从10号线巴沟站上车，到惠新西街南口站换乘5号线，在5号线东单站下车后，与该站值班站长握手交谈，勘察车站情况及客流情况，巡视5号线与1号线的换乘通道，并乘坐1号线列车。

（张华兵）

【市领导慰问地铁员工和公共文明引导员】 7月21日，市委常委、宣传部部长、副市长鲁炜及首都文明办主任陈冬等领导到地铁1号线西单车站，慰问正在执岗的地铁员工和文明引导员代表。感谢他们在首都公共文明引导行动中，不畏艰难、恪尽职守、敬业奉献的服务精神，同时为首都精神文明建设和建设中国特色世界城市做出的贡献。地铁公司领导谢正光、张树人、徐小林陪同慰问，并简要汇报了北京地铁公共文明引导工作开展情况。

（张华兵）

【暑运工作】 7月15日至8月31日暑运期间，全路网共运送乘客2.64亿人次，同比增长17.25%，日均客运量549.59万人次，开行列车202149列，同比增长28.38%，加开临客855列。运行图兑现率99.96%，正点率99.86%。暑运期间，客运量最高日7月15日，达到621.86万人次。

（张华兵）

【中秋节运输工作】 9月10日至12日，地铁公司全路网共运送乘客1327.49万人次，同比增长10.9%。开行列车11463列，列车运行图兑现率100%，列车运行正点率99.96%，加开临客139列。节前最后一个工作日9月9日，客运量再创新高，达到647万人次，同比增长13.3%。

（张华兵）

【地铁公司“十二五”发展规划审核通过】 8月26日，《北京市地铁运营有限公司“十二五”发展规划》获得北京市人民政府国有资产监督管理委员会审核通过。经市国资委审核，确认地铁公司“十二五”发展规划的发展思路和公司以地铁运营服务及运营资源开发、轨道交通车辆装备制造为主业。

（张华兵）

【国庆节运输工作】 10月1日至7日，地铁公司全路网共运送乘客3195.6万人次，日均客运量456.5万人次，最高客运量为10月1日，达到520.8万人次。共开行列车30375列，运行图兑现率99.97%，正点率99.88%，加开临客579列。节前最后一个工作日9月30日，共运送乘客637.87万人次，加开临客198列，运行图兑现率99.97%，列车运行正点率99.87%。

（张华兵）

【国家部委检查组检查地铁安全】 10月23日，由国家发展和改革委员会、住房和城乡建设部、交通运输部组成的检查组对地铁进行安全检查。检查组一行在市发改委、市住建委、市交通委运输局等委办局和有关单位领导陪同下，先后到土桥车辆段公司安全教育基地、小营指挥中心、13号线芍药居车站，观看安全教育展览，现场检查运营调度指挥工作后，到车站综合控制室检查客运组织情况，并听取地铁安全工作的汇报。

（张华兵）

铁路管理

【概况】 北京北站（西直门车站）处于西城区与海淀区交界处，东临学院南路，西以高梁桥路东侧为界，南讫西直门地铁站，北与清华园东站相临，为京通、京包线的起点。按等级为西客站下属二等客运站，其中车场有到发线10条、牵出线1条、专运线3条。站内道岔64组；专运线道岔3组。闭塞方式采用的是单线半自动。联锁为JD-IA计算机连锁，车站总面积为22008平方米，设有旅客候车室（面积为8244.5平方米）、售票室（面积为973平方米）、行李房（面积为565.8平方米）。行政管理机构为综合室、客运部、运输部、物业部、科贸公司。
地址：西城区北滨河路1号
邮编：100044
电话：51866852

（刘津京）

【安全生产】 年内，继续推进安全生产整治工作，取得安全生产的持续稳定，围绕人身、行车、消防、车机联控、防溜、进路等环节，加强职工素质培训，提高全员安全意识，落实安全逐级负责制。制定和完善车站安全教育的制度；学习人身安全卡控措施和事故案例，开展“安全生产月”大检查、“防非控非”等活动，进行安全检查379次，发现问题776件，解决776件；防火防暴检查92次，发现问题76件，解决75件，保证安全运输的有序可控。截至12月31日，实现无一般行车事故7898天，无重大、大事故20481天，无险性16495天，无轻伤事故5107天，无重伤事故9446天，无死亡事故11679天，无火灾事故22746天，无事故苗子4663天，无特种设备事故3652天。

（刘津京）

北京北站车次表

车次	始发站	始发站时间	到站时间	查询站	发车时间	终点站	终点时间	里程
S201	北京北	06:12	始发站	北京北	06:12	延庆	07:49	82
1458/1455	通辽	17:25	06:29	北京北	06:48	呼和浩特	19:02	1478
K274/K275/K277	呼和浩特	21:22	07:07	北京北	07:39	满洲里	14:47	2532
S203	北京北	07:58	始发站	北京北	07:58	延庆	09:38	82
S205	北京北	08:34	始发站	北京北	08:34	延庆	10:05	82
S207	北京北	09:02	始发站	北京北	09:02	延庆	10:33	82
4471/4474	北京北	09:12	始发站	北京北	09:12	承德	19:08	329
2621	北京北	10:15	始发站	北京北	10:15	赤峰	19:20	485
S209	北京北	10:57	始发站	北京北	10:57	延庆	12:31	82
S211	北京北	12:42	始发站	北京北	12:42	延庆	14:19	82
S213	北京北	13:14	始发站	北京北	13:14	延庆	14:43	82
S215	北京北	13:35	始发站	北京北	13:35	延庆	15:15	82
1801	北京北	13:47	始发站	北京北	13:47	齐齐哈尔	13:10	1374
2101/2105/2108	北京北	15:14	始发站	北京北	15:14	阜新	06:40	772
S217	北京北	15:24	始发站	北京北	15:24	延庆	17:01	82
S219	北京北	17:11	始发站	北京北	17:11	延庆	18:48	82

续上表

车次	始发站	始发站时间	到站时间	查询站	发车时间	终点站	终点时间	里程
S221	北京北	17:41	始发站	北京北	17:41	延庆	19:15	82
S223	北京北	18:01	始发站	北京北	18:01	延庆	19:37	82
K1015	北京北	18:18	始发站	北京北	18:18	通辽	07:53	835
S225	北京北	19:49	始发站	北京北	19:49	延庆	21:23	82
1456/1457	呼和浩特	07:58	20:05	北京北	20:21	通辽	10:00	1478
2559	北京北	20:41	始发站	北京北	20:41	赤峰	07:05	485
S227	北京北	21:31	始发站	北京北	21:31	延庆	22:59	82
S229	北京北	22:01	始发站	北京北	22:01	延庆	23:31	82
S231	北京北	22:31	始发站	北京北	22:31	延庆	23:54	82
K278/K276/K273	满洲里	15:56	23:29	北京北	23:47	呼和浩特	08:55	2532
4473/4472	承德	06:55	16:30	北京北	终点站	北京北	16:30	329
S222	延庆	16:01	17:39	北京北	终点站	北京北	17:39	82
S218	延庆	14:45	16:43	北京北	终点站	北京北	16:43	82
S206	延庆	06:59	08:31	北京北	终点站	北京北	08:31	82
2106/2107/2102	阜新	18:48	10:09	北京北	终点站	北京北	10:09	772
S202	延庆	06:00	07:35	北京北	终点站	北京北	07:35	82
S212	延庆	11:03	12:40	北京北	终点站	北京北	12:40	82
S228	延庆	20:04	21:45	北京北	终点站	北京北	21:45	82
K1016	通辽	20:40	09:30	北京北	终点站	北京北	09:30	835
1802	齐齐哈尔	13:50	12:28	北京北	终点站	北京北	12:28	1374
S210	延庆	10:35	12:12	北京北	终点站	北京北	12:12	82
S204	延庆	06:29	08:13	北京北	终点站	北京北	08:13	82
S224	延庆	17:17	18:54	北京北	终点站	北京北	18:54	82
S214	延庆	11:34	13:12	北京北	终点站	北京北	13:12	82
S230	延庆	20:32	22:17	北京北	终点站	北京北	22:17	82
S226	延庆	19:39	21:16	北京北	终点站	北京北	21:16	82
S220	延庆	15:30	17:25	北京北	终点站	北京北	17:25	82
S208	延庆	08:07	09:47	北京北	终点站	北京北	09:47	82
2560	赤峰	21:10	05:59	北京北	终点站	北京北	05:59	485
2622	赤峰	19:25	05:28	北京北	终点站	北京北	05:28	485

邮 电

北京市西区邮电局

【概况】 北京市西区邮电局（简称西区邮局）是北京市邮政公司直属的二级通信企业。服务范围东起天安门，西至石景山五里坨，南接莲花池北路，北到西直门北下关。服务区域包括西城区、石景山区、海淀区南部和丰台区部分行政区域，服务面积156平方公里，服务人口230余万。承担着为党中央、国务院、全国人大、政协、中央军委、各军兵种司令部等重要的党政军机关，及金融街众多企业总部提供邮政通信服务的重要职责。区局机关设办公室、党群工作部、人力资源部、计划财务部、监督检查与安全保障部、市场经营部、监察室、运行维护部、工会9个职能部室；下设商函分局、集邮公司、报刊发行分局、代理业务分局、电子商务分局、策划中心6个专业公司。经办国际国内函件、包裹、汇兑、报刊发行、电报、长话、传真和集邮等传统业务，以及国际国内特快专递、同城礼仪、邮政储蓄、物流、代发工资、代收电话费、代理保险、商业信函、企业明信片及电子商务等新型业务。西区邮局全体干部员工按照“转方式、调结构、增效益”的总体工作方针，围绕“调结构，重效益；强营销，树品牌”的工作思路，抓发展、拓市场、促营销，不断提高发展质量和增收效益。年内获得全国总工会颁发的“全国五一劳动奖状”荣誉称号。

地址：西城区南礼士路头条5号

邮编：100820

电话：68023282

（张桂霞）

【境内支局及代办点】 西区邮局在西城区辖区内，设邮电局13个：中南海邮电局（17支）、复外大街邮电局（30支）西长安街邮电局（31支）、西单邮电局（32支）、金融街邮电局（33支）、西四邮电局（34支）、新街口邮电局（35支）、百万庄邮电局（37支）、木樨地邮电局（46支）、西外大街邮电局（44支）、北京动物园邮电局（133支）、三里河邮电局（45支）、阜成门邮电局（47支）；设代办点13个：人民银行代办点、移动代办点、电信总公司代办点、新盛代办点、成铭大厦代办点、国英1号代办点、万通代办点、建展代办点、留学服务中心、物华大厦代办点、五栋大厦代办点、国际金融中心代办点、国图代办点。

（张桂霞）

【提高整体营销水平】 西区邮局以转变营销方式、提高整体营销水平为“转变发展方式”的着力点，从建机制、搭平台、扩队伍、重培训、比实效等方面入手，持续纵深推进营销体系建设，突出效益优先、量化考核原则，重奖增量；突出公平激励原则，使绩效的薪酬考核结果与岗位、薪酬紧密关联、有机结合。

（张桂霞）

【提升邮政普遍服务水平】 西区邮局重视基础设施、基础网点的建设布局工作，落实市政府《关于进一步提升首都邮政普遍服务水平的意见》（京政发〔2011〕4号）的文件精神，与西城区政府沟通协调，在双方的通力配合下，西城区政府于12月召开专题审议会，原则通过《关于西城区进一步提升邮政普遍服务水平实施意见》讨论稿内容。

（张桂霞）

【特色营销项目】 年内，西区邮局进一步整合地域资源优势，推进“网格化营销”模式，针对重点业务、重点市场，制定“7+1”项目（会展经济、部委经济、日常贺卡、数据库商函、中南海品牌、报刊第三方订阅、金融7个重点市场、重点业务项目和1个特别综合项目——建党90周年项目）实施方案，实施“以项目为抓手，以专业部门为龙头引领，以专业融合、产品创新为手段，以提升服务、综合开发为目标”的项目带动战略，形成团队联合、整体推进的营销效果，使重点难点业务有突破性进展，项目效果不断扩大。其中中南海品牌项目，把握中南海邮局品牌的唯一性、独有性和权威性，通过媒体的宣传造势、网站建设、展会现场服务等多种形式，打造中南海邮局品牌；建党90周年项目从区域特色出发，借助“中南海邮局”资源优势，通过方案策划、产品创新、项目发布、培训支撑，以品牌促进活动，用活动带动产品，成功开发建党 90 周年“百万党员寄心语”明信片项目，制作明信片 160 万枚，实现收入 800 余万元。

（张桂霞）

【经营效益】　全年西区邮局实现业务收入 7.2 亿元，同比增长 15.6%，收支差额完成 2.2 亿元，同比增幅为 3.5%，人均劳动生产率完成 32.6 万元，同比增长 18.4%，并连续 4 个季度在北京市邮政公司升位晋级城区组排名中名列第一。

（张桂霞）

【重点专项工作】　“两会”服务再创历年新高，共实现业务收入 4483 万元，完成目标的 201%，获表扬信 69 件；完成邮政集团总部“生肖小版张”寄递工作，56 天内共收寄小版张 313 万件，实现业务收入 1300 万元；“端午”、“思乡”战役均领先超额完成指标；在市公司“冲刺余额 600 亿”竞赛中，西区邮局实现净增余额 3.5 亿元，完成进度 115%，列市公司首位；在“争当邮储发展英雄”专项竞赛中，累计营销储蓄余额 5.4 亿元、保险 2569 万元，人均业绩在市公司城区组排名第一。

（张桂霞）

【发展新业务】　10 月，西区邮局成立西区电商业务分局。新兴的电子商务业务涵盖航空票代理、彩信、代收费、邮乐网上购物等多项服务内容。在西区邮局长期代理航空票业务的客户遍及服务区域内的党政机关、部委、金融证券公司、影视集团、企业、院校等多个领域，西区邮政代理航空客票的品牌已渐入人心。彩信业务广泛应用于金融、娱乐、期刊杂志、婚庆礼仪、时尚服务等领域，发送内容以账单、通知请柬、促销活动、服务信息等内容为主。西区邮局利用“三网”合一的短彩信媒体平台可以为客户提供编辑、设计、发送一条龙服务。

（张桂霞）

北京市南区邮电局

【概况】　北京市南区邮电局（简称南区邮局）是北京市邮政公司所属的二级通信企业，承担北京市丰台区和东城区、西城区、朝阳区、大兴区部分行政区以及北京经济技术开发区（亦庄开发区）、中关村科技园丰台园（总部基地）2 个大型总部经济区的通信服务任务。南区邮局服务面积 480 平方公里，服务人口约 400 万人。南区邮局机关设办公室、计划财务科、人事教育科、党群工作部、监察科、市场经营部、通信运营部、安全保卫科、科技设备科、工会 10 个职能部室。全局下辖 23 个支局、73 个邮电所、4 个便民服务站，下设函件分局、邮票公司、报刊发行公司、代理业务分局、电子商务中心、计算机中心和后勤中心，员工 1599 人。经办国际和国内函件、包裹、特快专递、汇款、报刊订阅和零售、集邮业务和集邮品制作、商业信函制作、邮政贺卡、定制邮资封片、邮送广告、邮政物流、代理保险、代办电信以及金融类代办业务，邮政短信、代收代缴业务、代售机票和火车票业务、自邮一族业务等。南区邮局为周边企事业单位、个体商户及社区居民提供普遍用邮服务，并与国家监察部、水利部、国家体育总局、北京市国资委、新华人寿保险股份有限公司、中国全聚德（集团）股份有限公司、北京同仁堂（集团）有限责任公司等大型企业建立业务合作关系。年内，成立老北京邮局和国内首家生肖文化邮局——辰龙临时邮局。

地址：丰台区方庄蒲芳路 22 号

邮编：100078

电话：67661123

（步安娜）

【境内支局及专业公司】　年内，南区邮局在境内的 6 个邮电局为永安路邮局（50 支）、和平门邮局（51 支）、骡马市邮局（52 支）、牛街邮局（53 支）、里仁街邮局（54 支）、马连道邮局（55 支）。境内的专业公司有南区邮票公司和南区邮政函件分局。

（步安娜）

【南城首家贺卡旗舰店开业】　1 月 10 日，位于广安门外大街 172 号的北京邮政贺卡旗舰店正式开业。该店是南城首家贺卡旗舰店，设计时尚、现代，功能齐备，布局合理，集产品展示、策划设计、商务洽谈、营销培训、贺卡销售、个性化服务于一体，定位为时尚中心、数据库中心、函件产品体验中心和客户交流中心。贺卡旗舰店通过创意产品实物及多媒体服务展示等全方位、立体化的方式，直观具体地将北京邮政贺卡的品牌形象展示给各界客户，打造方便快捷的邮政贺卡体验环境，搭建展示传统文化魅力、宣传贺卡文化及推广北京邮政贺卡全新服务理念的平台。

（步安娜）

【邮政便民服务站进驻大栅栏】 邮政便民服务站是中国邮政的一项全国范围的便民服务项目，也是北京邮政年内的重点便民工程。2月，南区邮局在位于大栅栏商业街的方寸斋集邮市场内安装EPOS机，来此光顾的客户和周边商户可通过该终端实现通信费、水费、电费、燃气费、有线电视费等数十种缴费功能，享受到邮政“一站式”缴费服务。方寸斋内的便民服务站全年共办理业务105笔。

(步安娜)

【扩大养老（助残）券使用范围】 年内，牛街邮局与牛街街道办事处签订居家养老（助残）服务意向书，并在营业厅安装专供该街道社区居民所用“牛街人·牛街卡”使用的POS机，为享受养老(助残）补助的牛街街道社区居民提供邮政报刊订阅服务。4月1日起，牛街街道办事处管辖范围内享受补助的居民可凭卡订阅110种指定报刊。

(步安娜)

【推出“老北京邮局”】 6月18日至21日，南区邮局结合老北京风情、风貌、建筑、文化特色鲜明的独有资源，创新特色产品，推出的“老北京邮局”在北京2011年全国专题集邮邀请展上正式亮相。著名集邮家鄂文江为“老北京邮局”设计刻制纪念邮戳。该局推出的老北京特色邮品、特色戳记形成品牌效应，吸引了众多邮迷。

(步安娜)

【开办代售火车票业务】 牛街邮局作为北京邮政首批开办代售火车票的网点，于9月28日起开办代售火车票业务。销售的全国铁路客票全部为磁介质客票，包括普通客车、动车、高铁等车种的客票，销售票种包括普通客票、儿童票、学生票等。年内，牛街邮局共代售火车票4060张。

(步安娜)

【成立国内首家生肖文化邮局】 11月23日，由南区邮局策划成立的辰龙临时邮局开业，“辰龙(临)”字邮政日戳正式启用。辰龙临时邮局在2011年11月23日至2012年11月22日期间，为广大用户和集邮者提供购买邮票、信封、明信片、集邮品，邮寄国内国际平信、挂号信，现场定制龙年个性化贺卡等服务，开展以“龙票—龙卡—龙戳—龙筒，龙年祝福传递活动”为代表的、贯穿全年的系列活动，推出集邮、函件等邮政特色系列产品。新华社、中央人民广播电台、光明日报社、北京电视台、《北京晚报》、千龙网等近30家中央及地方的新闻媒体进行了采访报道。

(步安娜)

【邮政服务进社区】 年内，南区邮局所属各支局、网点开展“为民服务创先争优”活动，践行“人民邮政为人民”的邮政服务宗旨和北京邮政“服务人民、造福职工”的企业宗旨，开展邮政服务进社区系列活动。和平门邮局走进大栅栏街道煤市街东社区“百姓大讲堂”，向社区居民介绍邮局适应社会发展开办的各项新业务。牛街邮局在牛街东里社区广场开展便民收订服务，并向在场的老人赠送《快乐老人报》等报刊读物。

(步安娜)

中国联合网络通信有限公司北京市分公司

【概况】 中国联合网络通信有限公司北京市分公司（简称北京联通）隶属于中国联合网络通信有限公司，致力于北京市信息化基础设施建设，在全市范围内为公众客户、商企客户和政府机构等客户提供包括固定电话、移动电话、数据传输、互联网、宽带接入等基础电信业务和增值电信业务，以及与上述业务相关的行业应用、系统集成、技术开发、技术服务、信息咨询、工程设计施工等相关服务。固定电话客户、移动电话客户、宽带客户超过1000万，拥有第三代移动通信网络（WCDMA)。北京联通下设6个市区分公司，其中北京联通公司二区、三区、八区分公司为西城区提供服务。三区分公司办公地点在樱桃园一巷11号（樱桃园电话局内)，下设的10个分局中，在西城区的有西单局、厂甸局、樱桃园局、广外局，二区分公司的西直门局，八区分公司的展览路局，北京联通机关总部也在西城区界内（骡马市大街9号)；在西城区界内的北京联通的通信局所还有：北京联通维护中心（复兴门内大街97号长话大楼)、北京联通宽带中心（西长安街11号电报大楼)、北京联通网管中心(二七剧场路17号)；北京联通大客户中心（复兴门南大街6号)。年内，北京联通前台实现2M宽带无条件受理，“114”获北京市统一预约挂号平台服务资格，公司获全国用户满意企业称号，2个QC小组获“国优”。1篇党建论文被中组部选为全国党建研讨会12

篇发言论文之一；在市国资委组织的系列比赛中获奖5项。年内，北京联通通过延伸全成本评价，深化网格化营销等措施，不断提升企业核心竞争力。

地址：西城区骡马市大街9号
邮编：100052
电话：66197776

（佟　玲）

【网络建设工作】　年内，北京联通以市场需求为导向，实施网络质量提升工程，强化精品网络建设，确保网络能力不断提升。结合西城区无线城市建设和酒店、金融等行业客户覆盖需求，推进光纤入户战略布局，光纤住户覆盖410万户，覆盖率达到62%。扩大3G网络覆盖和WLAN战略布局，3G六环内有效面积覆盖率分别达到96%，WLAN覆盖楼宇4753栋，打造了覆盖良好、有竞争力、体现差异化优势的精品网络。

（佟　玲）

【宽带提速工作】　完成千余个宽带升速改造项目，使服务区域内2M以上高带宽覆盖率得到大幅度提升，2M以上宽带用户占比达到65.99%，41.59万用户通过光进铜退实现业务迁移，为2012年宽带全面升速工作及首都信息化建设奠定坚实的网络基础。

（佟　玲）

【全业务经营工作】　年内，所有营业厅全部具备移动业务及固网业务的受理能力；建立社会渠道直销网点，方便客户。先后推出定位于青少年的“沃派”和定位于移动互联网接入的“京喜卡”等多种新产品、新业务，为客户提供更多更优质的选择。针对集团客户实施行业应用“5+2”工程，推进基于3G网络的视频监控、数据传输应用，广泛开展“沃行天下”巡展活动。发掘行业客户需求，为校园、医疗、卖场、金融街、科技园区等具有特色的行业客户，制定全业务的行业解决方案，满足用户个性化需求。

（佟　玲）

【完成多项重点通信保障任务】　年内，完成金融、新华社、全国“两会”等重点通信保障任务255项以及防汛消防演练、水利部防汛演练等，验证了应急预案及各项保障措施，确保了通信网络畅通和信息安全。

（佟　玲）

【客户服务电话】　客户服务电话“10010”为使用中国联通业务的客户免费提供7×24小时的业务咨询、信息查询、投诉建议、业务办理等人工与自助的综合服务。“10011”为中国联通客户提供全国“一卡充”充值服务。“116114”信息导航平台，全方位提供查号、订餐、机票等各种便民服务，年内还推出就医预约挂号等惠及民生的信息服务。

（佟　玲）

【境内营业厅】　年内，北京联通在西城区有14个营业厅和1个品牌店：西单营业厅，地址：西单北大街129号；西单3G品牌店，地址：西单北大街129号；长话大楼营业厅，地址：复兴门内大街97号；电报大楼营业厅,地址：西长安街11号；长椿街营业厅，地址：槐柏树街13号；广外营业厅，地址：广安门外大街383号；樱桃园营业厅，地址：新安北里一巷11号；西单北大街营业厅，地址：西单北大街甲133号；马连道路营业厅，地址：马连道路甲10号楼西102号；陶然亭营业厅，地址：南纬路35号院住宅小区D、E办公楼1层；金融街营业厅，地址：金融大街21号；护国寺营业厅，地址：新街口南大街139号北向南第2第3门内；车公庄营业厅，地址：西直门南大街06乙号楼；展览路营业厅，地址：展览馆路7号；西直门营业厅，地址：西直门外大街1号院1号楼首层。

（佟　玲）

【网格经理】　年内，北京联通创建了更加贴近客户的服务模式——网格经理。通过延伸服务到社区网格，为客户提供零距离服务，实行“一点接触，全面服务”。网格经理团队到各个网格为客户提供移动电话、固定电话、宽带上网业务等全方位的咨询、受理、安装、维修服务。

（佟　玲）

公用事业

燃气供应与管理

【概况】 北京市燃气集团有限责任公司（简称市燃气集团）承担着北京市各类用户的燃气销售服务工作，注册资金39.8亿元。截至年底，北京燃气供气量已达到68.6亿立方米，天然气用户达到436万户，北京燃气运行的天然气管线1.43万公里，供应区域覆盖北京各城区和大部分郊区县，天然气供应量占北京市总供应量的94%以上。天然气的应用范围也从民用炊事发展到工业、采暖、制冷、发电、分布式能源、燃气汽车等诸多领域。

地址：西城区西直门南小街22号
邮编：100035
电话：66205589

（曲慧明）

【境内燃气供应与管理】 北京市燃气集团有限责任公司第一分公司（简称第一分公司），经营范围包括燃气供应与销售，销售燃气设备用具、燃气专用设备和施工材料，检测、检修、安装燃气设备，燃气及热力技术的开发、转让、咨询、服务。担负市场开发管理，新用户发展管理，用户服务管理，燃气销售管理，区域内管网的运行、维护、带气作业及急抢修作业（中压A级以下压力级别）、基建和技改工程以及外线拆改迁工程管理等职能。管辖范围为北京市二环以内地区。市燃气第一分公司西城一所（简称西城一所）设8个职能岗位，下设西直门客户服务站、营业收费站、北城急修班、施工班4个班站以及西直门5S店，职工61人（不含5S店工作人员）。管辖区域为二环以内原西城区范围。市燃气第一分公司西城二所（简称西城二所），设8个职能岗位，下设前三门客户服务站、营业收费站2个班站及白纸坊和菜市口2家5S店，职工49人（不含5S店工作人员）。管辖区域为二环以内原宣武区范围。年内，西城一所、西城二所承担二环以内西城区共156698户民用户和2789个公共服务用户（简称公服用户）的燃气设备维报修、巡检、通气、计量任务，和二环以内燃气用户的收费业务以及二环以内西城区的突发抢修任务。

西城一所
地址：西城区黄城根北街5号
邮编：100034
电话：66111777

西城二所
地址：西城区法源寺西里5号楼甲2号
邮编：100054
急修热线：63569777

（田　欣）

【老楼通气工程】 年内，第一分公司继续完成北京市为民办实事工程——老楼通气工程。截至年底，西城一所辖区内共有7125户老楼居民新通天然气，新发展公服用户65户；西城二所辖区内共有6365户老楼居民新通天然气，新发展公服用户34户。

（田　欣）

【安全隐患排查治理百日行动】 针对4月11日北京市和平东街居民楼燃气爆燃事件，5月至8月，第一分公司在辖区内开展燃气安全隐患排查治理百日活动。6月底前，完成二环以内西城区43348户1990年以前（含1990年）通气的老旧楼房专项入户巡检；重点针对20年以上的管网设施、燃气置换天然气区域的管网设施的运行状况进行全面普查，并开展相关的风险评估工作。

（田　欣）

【燃气5S店（名燃居）】 燃气5S店（名燃居）是市燃气集团旗下，向燃气用户提供缴纳燃气费、报修燃气具、咨询燃气使用相关问题、对户内燃气设施进行拆改迁装，以及购买燃气产品等全方位服务的门店。9月15日，位于西城区内的西直门5S店、白纸坊5S店、菜市口5S店由市燃气集团用户服务公司向燃气第一分公司移交。根据分公司生产运营性质和市场发展需要，5S店将逐步打造为分公司辖区内的社区服务中心，旨在进一步深化客户服务工作的水平，满足辖区用户多元化的产品需求和个性化的服务诉求。西直门5S店地址：西直门南小街国英园1号楼地上一层北侧6-9，电话：58562963；白纸坊5S店地址：白纸坊西街都市晴园底商22-2，电话：63516895；菜市口5S店地址：菜市口大街6号院2-6号，电话：83985631。

（田　欣）

【安全用气宣传】　4月16日，第一分公司党团员服务队和各部室业务人员65人配合西城一所、西城二所职工，分别在草岚子胡同1号院、禄长街19号院开展以“安全用气促和谐、远离事故保平安”为主题的燃气安全宣传咨询和集中巡检活动，并对用户进行安全用气、事故自救、如何拨打燃气热线报修等燃气知识的宣传和讲解。活动共接受现场群众咨询200余人次，巡检603户，为用户更换燃气灶具胶管96根，发放燃气告知单78张，发放各类宣传材料400份、宣传品150份。5月12日，西城一所、西城二所结合“全国防灾减灾日”，在西什库社区、天桥广场开展以“安全用气、从我做起”为主题的安全宣传及业务咨询活动。活动当天累计现场答疑200余人次，发放宣传资料300余份。6月7日，西城二所在牛街东里社区开展以“安全隐患排查治理百日行动”（简称“百日行动”）为主题的安全宣传及业务咨询活动。西城二所选择老旧小区开展入户安全巡检工作，为用户免费更换胶管、排查安全隐患，现场发放安全用气手册，受理用户咨询。活动当天发放宣传手册100余份，现场答疑150余人次。6月12日，西城一所、西城二所分别在西单文化广场、金融街、前门西大街2号楼开展以“百日行动”为主题的安全宣传业务咨询及集中巡检活动。活动发放材料700余份，并到前门西大街2号楼287户居民家中进行巡检，入户率达到50.1%。7月16日，西城二所在钢院社区开展以“百日行动”为主题的无人户补查巡检及百日安全宣传活动。活动当天巡检上周期无人户176户，更换胶管11根，发放安全手册100余份，现场答疑50余人次。7月22日，西城一所党团员服务队在西郊民巷社区进行燃气安全宣传咨询活动。在向用户讲解燃气安全知识的同时，针对“百日行动”中遗留的无人户进行补查工作的宣传和推广。活动共接待用户50余名，发放宣传册400余份。在核实到访不遇的名单后，有9名用户留下联系方式，并确定预约巡检。

（田　欣）

【社区服务协作网】　年内，第一分公司以安全工作为核心，服务工作为手段，在辖区内推广“燃气社区安全/服务协作网”工作。4月2日，西城一所和什刹海街道西什库社区共同举行西什库社区“和谐促进志愿者”协会成立暨“燃气社区服务队”启动仪式。会上，什刹海街道工委副书记与第一分公司领导共同为“燃气服务社区协作网”揭牌。4月13日，第一分公司召开“燃气安全服务社区协作网推进会”，东、西城区8个街道办事处和16个社区的相关领导一同出席活动。第一分公司在协作网原有基础上，推行特色服务：其中西城一所以巡检、宣传两相依托，推行燃气志愿服务模式；西城二所紧密联合社区，推行居家养老上门服务模式。第一分公司以牛街地区作为试点，对922户80岁以上老年用户建立电子台账，并进行一年一次的安全巡检工作，巡检入户率达72%，较好地解决了老年用户入户难的问题。通过与“居家养老服务中心”建立合作模式，在当地敬老院开展系列活动，关注老人生活、老人安全、老人健康，营造温馨和谐的社会氛围，切实保障弱势群体用气安全。年内，西城区已有90余个社区加入到社区协作网之中。第一分公司巡检入户率由原来的60%左右提高到76.18%。隐患消除工作有较大的突破，在2010年5月份到2011年10月份结束的第四周期民用户巡检中，更换胶管11540根。

（田　欣）

【管网信息】　年内，二环以内的西城区管线总长度为551公里，有81座调压站，435座调压箱，661座闸井。

（田　欣）

【用户巡检】　年内，西城一所完成原西城区内50350户的安全巡检工作，更换胶管5833根，发现问题2137个，发放巡检告知单2703张，现场维修2137个，完成公服计量巡检1786块表，完成用户维报修1588次。西城二所完成原宣武区内86191户的安全巡检工作，更换胶管10637根，发现问题4704个，发放巡检告知单4039张，现场维修660个，完成公服计量巡检1006块表，完成用户维报修1508次。

（田　欣）

【客户服务站】　西城一所西直门客户服务站负责二环以内原西城区55021户管道燃气用户的安全巡检工作。地址：西城区西直门南小街16号院，电话：66183948。西城二所前三门客户服务站负责二环以内原宣武区101677户管道燃气用户的安全巡检工作。地址：西城区温家街2号院，电话：66026581。

（田　欣）

【营业收费站】　西城一所营业收费站负责第一分公司二环以内原西城区用户的查表收费业务。地址：西城区黄城根北街5号东小楼二层，电话：66130930。西城二所玉林里营业收费站负责分公司二环以内原宣武区用户的查表收费业务。地址：丰台区玉林里47号楼对面，电话：63052598。

（田　欣）

【液化石油气供应】　截至年底，北京市液化石油气公司在境内有9个供应站。六铺炕站年供应户数17603户，供气量1489.43吨；西直门站年供应户数34525户，供气量2466.15吨；东太平站年供应户数12384户，供气量426.20吨；右安门站年供应户数16671户，供气量1453.92吨；香炉营站年供应户数9848户，供气量795.02吨；红土店站年供应户数16204户，供气量1436.61吨；马连道站年供应户数17830户，供气量1751.11吨；市府站年供应户数17671户，供气量333.04吨；虎坊路站年供应户数18971户，供气量1537.23吨。全年境内液化石油气总供应户数161707户，总供气量11688.71吨。

（高　阳）

【信息化销售工作】　年内，北京市液化石油气公司完善销售管理信息化建设工作，对境内9个供应站的钢瓶全部实行陶瓷条形码管理，使每只钢瓶信息得到有效控制，防止不合格及超期服役隐患钢瓶的存在。同时，针对开展的免费送气业务工作，北京市液化石油气公司开发了免费送气管理模块，用户只要拨打“96777”热线电话，送气任务自动派单到用户就近供应站，保证4小时内及时送达。

（高　阳）

【免收送气费服务工作】　年内，北京市液化石油气公司继续开展为困难用户提供免收送气费服务。截至年底，西城区完成档案登记的用户为7422户，其中六铺炕供应站166户，西直门供应站553户，东太平街供应站161户，右安门供应站705户，香炉营供应站1274户，红土店供应站1298户，马连道供应站3户，市府供应站1614户，虎坊路供应站1648户。截至年底，累计送气31673瓶。

（高　阳）

热力供应与管理

【热力站管理及服务】　截至年底，北京市热力集团有限责任公司销售分公司负责西城区内统管站63座，面积454万平方米；代管站136座，面积879万平方米；自管站442座，面积1892万平方米。

（宋晓楠）

【热力管网管理及供热管网】　区内热力管网的管理由北京市热力集团有限责任公司输配分公司管网二所和三所负责，主要工作为管网的运行、维护、抢修、检修等。二所位于西城区莲花池东路3号，电话63367013；三所位于海淀区西八里庄北里，电话88152548。截至年底，设在境内供热管网管径500毫米以上的管线总长度共73.56公里。24小时供热服务热线为“96069”。

（宋晓楠）

电力供应与管理

【概况】　北京市电力公司（简称市电力公司）是国家电网公司所属的省级电力公司，负责北京地区1.64万平方公里范围内的电网规划建设、运行管理和630余万用电客户的供电服务工作，承担为首都党政军机关、重大政治活动和城市运行安全供电的任务。截至年底，市电力公司本部设置21个职能部门、公司工会以及5个具有一定管理职能的二级机构，下设16个区县供电公司，9个专业化公司（含全资子公司1个），以及9个其他单位（含全资子公司3个）。市电力公司共有全民制在职职工8512人，平均年龄43岁。具有大学专科及以上人员6201人；副高及以上专业技术资格人员643人，中级专业技术资格人员1412人，高级工及以上人员6034人。公司党委管理的现职领导干部391人。国家电网公司级专家28名。人才当量密度97.95%，位列国家电网公司系统第三名，在国家电网公司系统人力资源同业对标专业排名第三。年内，市电力公司贯彻国家电网公司各项决策部署，以“大局、可靠、法治、两效（效益与效率）”为指导，不断深化“两个转变”，着力推进“一强三优”现代公司建设，实现各项年度发展目标。完成售电量741.16亿千瓦时，完成固定资产投资72.45亿元，资产总额达到683.73亿元。500千伏及以下线损率6.54%，同比下降0.14%，当年电费回收率100%。

地址：西城区前门西大街41号

邮编：100031

电话：63129201

（吴国建）

【电网建设与发展】 截至年底，北京地区共有统调发电厂22座，发电机组140台，总装机容量6845.9兆瓦。110千伏及以上变电站397座（含用户站），变压器970台，变电容量90245兆伏安。110千伏及以上架空线路456条，共6203.55公里；110千伏及以上电缆线路732条，共1257.85公里。年内，北京电网运行平稳，地区最大负荷1538万千瓦，同比减少6.39%，全年最大用电负荷1538万千瓦，综合电压合格率99.82%，城市供电可靠率达到99.982%。全年，北京电网冬季负荷创历史新高，达到1387.5万千瓦，同比增长1.34%。结合首都“世界城市”建设需求，完善《北京电网“十二五”规划》，并完成《北京电网规划设计技术原则》修编。参加住建部《城市电网规划设计导则》修编工作，将北京电网发展的特殊性需求纳入国家规范标准。依托空间布局规划，初步确定中心城区2030年以前的输变电工程站址和路由资源，完成35千伏及以上输变电工程可行性研究80项，取得项目核准、规划意见书、环评等前期要件126项。建立全口径项目储备库，将“十二五”规划项目全部纳入储备，完成深度储备项目67项。滚动调整“十二五”配电网发展规划，落实土地一级开发配套规划92项，完成电力设施迁改工程66项。新建35千伏及以上变电站11座，35千伏及以上线路312.06公里。制定非生产性工程计划，合理安排项目资金，理顺管理流程，做到从科研到项目后评估的全程监管。投产26项输变电工程，投产110千伏及以上变电容量329.3万千伏安，线路194.5公里；完成22项35千伏及以上电力设施迁改工程，改造送电线路88.23公里；完成3项重点附属设施工程。22项度夏工程、京沪高铁配套220千伏团河等工程全部按期投产；完成轨道交通、保障性住房等市重点工程配套变电站及迁改工程的建设任务；完成国家电网公司第一座EPC（工程总承包）建设模式的智能变电站试点工程——110千伏科学城智能变电站工程，并按期投产。完成北京首座智能变电站——220千伏左安门智能变电站主体改造。在国家电网公司系统率先引入土压平衡式盾构机。建成国家电网公司第一座智能变电站（央企园110千伏变电站）。军都等3项220千伏输变电工程获得国家电网公司优质工程称号。全过程造价管控体系研究获得北京市第二十六届企业管理创新成果一等奖。市电力公司获得国家电网公司“2011年度工程造价管理先进单位”称号。

（吴国建）

【经营管理】 加强推进财务集约化和财务资源管控能力建设，全面实现经费资金一级管理，不断优化融资结构，保障资金供给，财务费用同比压降0.89亿元。规范用户资产接收工作，落实免税政策，合法合规确认历年接收用户资产117亿元。年内，北京电网总购电量787.56亿千瓦时。实施各类审计273项，促进增收节支1.6亿元。市电力公司被国家电网公司评为“2009至2011年度审计工作先进单位”，供电所管理专项审计调查等3个审计项目获得国家电网公司优秀审计项目。全年落实国家电网公司考核业绩指标48项、公司折子工程14项及重点工作523项。修订经济活动分析管理办法,进一步加强经济运行监控。制定《北京电网经济调度管理规定》，滚动开展主变运行效率分析，组织实施主变降损停备措施，累计节约电量112.14万千瓦时。开展多维度的负荷分析及负荷特性研究，建立中低压母线负荷预测系统，负荷预测准确率97.94%，同比提高1.01%。建立电网检修运维标准作业库，完成电网检修运维管控模块，实现设备台账、标准作业库和预算定额有效融合。启动物流体系改革，储备科学、配送便捷、周转高效的仓储配送体系已初步建立，北京电力物流服务中心供应服务大厅正式揭牌，实现对供应商业务办理一站式服务，全年累计完成物资集中规模招标44.08亿元，节约采购资金1.35亿元。严把经济合同关口，全年对外签订经济合同11642份。在网省公司层面率先建立合同管理“六统一”（统一合同归口部门、统一合同管理职责、统一合同管理流程、统一合同信息化工作、统一合同文本、统一合同分类）工作机制。妥善处理各类案件及纠纷68起。加大诉讼维权力度，公司起诉案件共16起，涉案金额近1400万元。建设供用电关系风险法律防范体系，完成电费回收及抄表计量领域法律风险及管理漏洞的梳理，对潜在法律风险进行排查与评估，共梳理风险点185项、风险行为516项。加强土地、房产战略资源管理，从权属管理入手，不断完善土地、房屋确权机制，新增土地确权面积22.3万平方米。修订《北京市电力公司规章制度编制管理办法》，梳理规章制度500项，对438项规章制度执行情况进行排查全面梳理分析。建立“牵头部门负责制”。为加强集体企业管理内部控制，编制完成法人治理类、财务管理类、人力资源管理类、业务管理类4类规章制度39项。制定公司规范集体企业和主多分开实施方案。出台《北京市电力公司社团组织归口管理办法》。制定《北京市电力公司本部企业管理创新成果管理办法》，北京公司本部申报的32项创新成果中有17项获得优秀成果奖。建立企业管理创新专家库，申报管理创新成果88项。组织完成18项年度重大课题研究，形成一批高质量研究成果。获得国家电网公司研究成果一等奖1项、国家电网企业管理系统调研成果杰出奖和优秀奖各1项。市电力公司成为国家电网公司2011年同业对标综合管理标杆单位。市电力公司本部构建“考核、薪酬、培训、培养”四位一体的激励约束机制，形成本部“能上、能下、能进、能出”的人员动态补充管理模式。加大车辆管控力度，实现“生产车辆零增长、公务用车负增长、车辆管理零舆情”的工作目标。

（吴国建）

【安全生产】 全面统筹开展安全管理、运维检修、应急管理、调度运行、科技信息等各方面工作，突出抓安全培训、抓整章建制、抓监督检查，抓安全文化建设。建立了三级巡检机制，多层次加强对作业现场的检查评估，强化重点规章制度、风险管控措施在现场的落实。完成电网运行指挥系统（IOSS）安全风险管控模块建设，建立风险管控执行情况评价指标体系,确保风险管控措施和安全生产过程管控工作有效对接。电网考核点电压合格率和220千伏及以上继电保护正动率保持100%，处于国家电网公司系统同业对标A段水平。110千伏及以上变电站调控一体化覆盖率达95.6%。完成输变配电设备检测15365件，累计消除输变电设备缺陷4940件。组织开展恩翼帕瓦断路器、抚顺刀闸瓷瓶、线路重要交跨等隐患整治，全年输变电设备停电工作安排同比降低28%。全年下达电网检修运维项目1782项，完成1769项，安排生技类专项技改项目263项，竣工完成大型技改项目85项。完善21类输变电设备状态评价导则、检修导则等技术标准。制定了《电缆接头管理实施细则》，全面推行10千伏电缆的OWTS试验，落实重要用户供电设施差异化运维措施。推进配电自动化建设，城区配电自动化通过国家电网公司实用化验收，金融街地区成为全国高可靠性供电示范区域。修订完善《北京市电力公司总体应急预案》和21类专项应急预案，成立公司两级应急基干队伍。全面开展供电和输变电系统数据核查梳理工作，全年总计梳理基础数据38661条，保证了基础数据和运行数据的准确性。全年，市电力公司未发生电网大面积停电事故、误操作事故、重特大设备损坏事故。一般电网和设备事故同比下降85.71%，户均停电时间同比下降16.11%。推进政治供电常态化，圆满完成全国“两会”、建党90周年庆祝活动、天宫一号和神舟八号发射任务以及党中央、国务院重要会议等政治供电任务202项，累计保电天数达到310天，实现政治供电“零闪动”，安全生产“零死亡”的工作目标。

（吴国建）

【营销工作】 北京公司营销系统开展以提升营销精益化管理水平的“彻查问题、共建基础、真抓实干、务求实效”专项活动。制定和完善北京公司《业扩报装管理办法》、《电能计量库存管理办法》、《智能电能表安装调试工作规范》、《用电信息采集运行维护管理办法》、《机电式预付费电能表“机电不符”故障处理办法》、《电能计量现场检验管理办法》等11项管理制度。市电力公司营销服务专业同业对标各项指标整体排序处于国家电网公司系统A段水平。完成报装接电819.8万千伏安，同比增长48.44%，累计消化热点用电需求248.19万千伏安。推广电能替代项目，全年建成蓄冷空调、地源热泵项目121项，累计增加电量约1.34亿千瓦时；推广应用70万具智能电能表。实施“反窃电、促降损、强管理”专项行动，全年累计查处违约用电、窃电2326起，追补电量2954.37万千瓦时。运用法律手段，回收欠费275.22万元。加快新能源用电需求，推动电动汽车充换电建设。全年建成12座充换电站，274个充电桩。争取政府资金支持，完成了1万余户电力光纤到户改造任务，并配套开展智能小区和电力光纤入户商业运行模式的课题攻关。营销信息化稳步提升，完成公司营销稽查监控大厅建设及营销稽查监控系统上线工作，实现对营销关键指标、工作质量和服务质量的实时在线监控。

（吴国建）

【科技与信息化】 编制完成市电力公司“十二五”科技发展规划，重点在配网可靠性供电、状态监测、电网安全与控制等优势和特色领域开展科技研究。开展科技发展方向培育和科技项目顶层设计，优化科技项目产出机制。全年下达公司自安排科技项目25项，群众性技术创新项目82项。全年申请国家专利229项，其中发明专利60项，授权专利103项。获得国家电网公司科学技术进步奖6项，其中一等奖和二等奖各1项、三等奖4项。推进市电力公司重大科技项目研究，开展国家863计划项目“电动汽车充电对电网的影响及有序充电研究”，以及国家科技部“十二五”科技支撑计划项目“优质电力园区关键技术研究与示范应用”立项申报工作。开展无人机巡线技术应用研究、北京电网仿真培训系统技术方案研究、政治供电相关标准及技术研究。承担北京市科技项目6项，重大项目进展顺利。实施信息化专项计划项目40个，信息维护项目78个，年度任务完成率100%。智能电网信息化项目按期完成，GIS平台标准化改造通过国家电网公司评估，海量准实时/历史数据管理平台、移动作业平台通过验收。SG-ERP人力资源管理系统推广实施，财务管控系统、ERP系统等深化完善，电子商务平台上线，营销管理、生产管理信息系统深化建设，资产全寿命周期管理评估决策系统完善提升，公司人财物集约化、生产经营管理等得到有效支撑。编制网络与信息安全专项应急预案和56个现场处置预案，开展核心网络应急预案演练。协同办公等16个信息系统的性能得到优化，组织完成信息系统数据综合治理工作，信息系统应用情况良好，通过国家电网公司信息系统实用化评价。在国家电网公司首次进行的信息系统运行季度流动红旗评选中，市电力公司获得优秀流动红旗。全年保持信息系统安全“零事故”记录，获国家电网公司2011年度信息安全技术督查优秀单位称号。

(吴国建)

【优质服务】 以开展“塑文化、强队伍、铸品质”供电服务提升工程为主线，全面提升居民用电服务质量，“95598光明服务工程”等各项主题活动深入展开。首都电力共产党员服务队进社区、进机关、进企业、进校园、进医院、进乡村等活动已形成特色服务品牌并得到全社会的肯定。开通95598远端坐席，组织开展应急演练，对软硬件功能进行优化完善，切实提高热线服务能力。打造居民购电“十分钟交费圈”。充分利用银行、邮局、超市等社区服务网络方便居民办理购电交费业务，拓展公共交费联盟等各类交费网点6671个，全市交费网点达到15956个。持续推进和深入开展应急送电卡服务举措，累计应急送电卡4096次。开展重要客户需求调研，为重要客户安全用电情况进行评估，建立客户涵盖静态基本信息及动态电力服务信息档案。落实调度交易十项服务措施，通过网站发布与季度电力市场交易信息发布会暨厂网联席会议，加大电力交易信息披露工作力度。完成79个项目10万套保障性住房报装送电任务，送电容量20万千伏安。建立由市、区两级政府和供电企业三方共同出资，改造老旧小区供电设施的建设模式，完成68个老旧小区改造，惠及居民9万余户。北京电力展示厅建立“实体展厅、流动展厅、网上虚拟展厅”三位一体的运营模式，为电力客户提供不间断服务。累计接待社会各界观众657批次、13789人。与人民网、新华网、中国电力新闻网建立伙伴关系，逐步搭建公司统一对外联络平台。市电力公司在《人民日报》、新华社、《北京日报》和《国家电网报》等媒体发稿3023篇，制作专题片10部，中央电视台、北京电视台相继进行了报道。成功举办“工频电磁场与人居健康安全”国际研讨会，与国际权威机构和电磁环境与健康领域专家建立合作交流渠道。市电力公司推动品牌建设职能由“服务”向“保障”转变，成为国家电网公司系统首批品牌标识建设达标单位。年内在北京市第五届“影响百姓经济生活的十大企业”评选中名列榜首。

(吴国建)

【城区供电】 城区供电公司是北京市电力公司的直属供电企业，共有职工670人，担负着东城、西城两个行政区，93平方公里的供电任务。负责110千伏、35千伏变电站的运行，负责10千伏及以下架空线路、电缆线路、电缆架空混合线路和开闭站、配电室的调度、运行、检修及事故处理；负责辖区内的业扩报装、用电检查、营业电费抄核收及日常杂项营业工作。年内，城区供电公司确保首都核心区安全可靠供电，实现3个百日安全长周期，完成95项政治保电任务，全年实现售电量91.78亿千瓦时。

地址：西城区西直门南小街174号
邮编：100034
电话：63660777

(郑 磊)

【境内供电及用电量】 西城供电所、宣武供电所负责西城区内供电任务。西城区全年售电量48.71亿千瓦时，其中工业电量1.56亿千瓦时，商业电量7.76亿千瓦时，交通用电量3.15亿千瓦时，建筑业电量0.87亿千瓦时，信息传输、计算机服务电量1.63亿千瓦时，金融业用电量13.73亿千瓦时，公共事业及管理组织用电量9.26亿千瓦时，居民电量10.75亿千瓦时。

（郑 磊）

自来水供应与管理

【概况】 北京市自来水集团有限责任公司（简称市自来水集团）是北京市政府所属的国有独资公司。主营业务是负责北京市区和部分郊区、县的自来水生产和供应，兼营再生水、部分郊区污水处理、供水工程设计、施工、安装、管网抢修、管件器材、水表制造、供水材料贸易等业务。截至年底，市区日供水能力300万立方米，全年自来水销售量7.96亿立方米，实现营业收入26.77亿元。完成再生水销售量3840万立方米，污水处理量2503万立方米。水质综合合格率99.99%，管网压力合格率99.97%，管网修漏及时率100%，市区居民自来水普及率100%，指标完成情况均好于年度计划。全年财务预算执行良好，实现安全生产无事故。

地址：西城区宣武门西大街甲121号

邮编：100031

电话：66410088

（李云峰）

【供水情况】 年内，完成第九水厂三期优化工艺运行应急改造工程，提高供水运行安全保障度。实施西部地区管网优化运行方案，开展回龙观、望京、亦庄等地区管网压力控制试点工作，平衡区域供水压力，实现管网经济合理运行。受天气等因素影响，夏季高峰市区供水量低于预期，高日供水量达到274万立方米。市自来水集团着力从供水调度、水厂运行、水质监测、管网管理和客户服务等方面制定完善多项保障方案和预案，加强对高日、高时水量的分析预测，相关部门和单位及时会商研究，确定最佳供水运行方案。布设测压点开展高峰测压，准确掌握管网压力分布。克服多水源联调困难，在保障水质的前提下，统筹做好本地水和河北水的配比运行。强化管网抢修联动机制和应急值守力量，确保高峰期间供水安全。

（李云峰）

【水质管理】 针对水源多样化、水质复杂化的局面，加强原水水质监测和水处理工艺过程管理，市自来水集团重点做好出厂水净水药剂残余量和管网末梢水质的监控，确保从源头到龙头的水质安全，连续2年得到住建部和行业协会的通报表彰。调整优化市区管网水质监测点布局，增设永久监测点和临时监测点。管网抢修和客户服务人员配备浊度仪，增强第一时间分析解决用户反映水质问题的能力。再生水和污水水质监测站开展出厂水水质监督检测，3家郊区污水处理公司在确保运行稳定、排放达标的基础上，配合当地政府完成了国家和市环保部门下达的减排考核指标。

（李云峰）

【管网安全】 加大管网改造和新建力度，更换老旧闸门、消火栓等附属设备，进一步提升管网运行的安全稳定性。做好轨道交通建设、保障性住房等重点工程的管线配合工作。坚持“防范为主，抢修为辅”的工作方针，发挥管网漏失监测预警系统和管网破损事故档案管理系统功能，实施在施工地共同看护机制，建立管网运行安全隐患挂帐督办制度，以正向考核激励机制为引导，降低管网事故率。建成可视化抢修指挥系统，全面实时掌握抢修现场情况。全年市区发生管网破损事故、发生施工造成管网破损均同比有所下降，主动检出管网破损隐患同比上升，管网破损隐患主动检出率超过50%。

（李云峰）

【安全生产】 以宣传贯彻国务院《关于进一步加强企业安全生产工作的通知》和北京市政府《关于进一步加强企业安全生产工作的通知》以及新修订的《北京市安全生产条例》为工作重点，以促进企业落实安全生产主体责任、提高全体职工安全意识和防范技能为核心任务，开展安全生产宣传教育活动、风险评估活动、安全生产标准化活动，抓好危险化学品、职工技能培训、应急能力建设等基础管理工作，开展安全生产检查，及时排查治理安全隐患，完成全年安全供水各项工作任务和安全生产指标，未发生各类生产人身伤亡事故，工伤频率控制在2‰以下。

（李云峰）

【对外服务】 运用科技手段丰富用户缴费渠道，升级改造对外营业所的服务设施，市区窗口单位安装自助缴费终端，网点全部安装电子显示屏和双屏显示器，服务水平不断提升。推广应用营销系统综合信息管理服务平台，利用手机短信功能提供多项便民服务。全年完成各种重要会议、活动及节假日的供水服务保障任务。年内，市自来水集团获得“全国文明单位”称号，在全市公共事业企业民主评议服务窗口单位测评中综合排名第一。

（李云峰）

【境内自来水营销情况】　市自来水集团市区营销分公司西城营业所位于西城区真武庙路，主要负责西城区用水户的查表、收费、咨询工作，以及相关业务的办理。6月24日和9月27日分别在国家计委宿舍小区和真武家园社区活动广场开展“珍惜水资源，规范用水，共建文明和谐社区”活动。截至年底，西城区计量水表数量480581支，全年区内售水量9213万立方米，其中生产运营售水量585万立方米，居民家庭售水量3609万立方米，公共服务售水量5019万立方米。

（李云峰）

【境内管网维修】　市自来水集团禹通市政工程有限公司西城维修所位于西城区宣武门西大街113号。主要负责西城区的自来水管网抢修、维修及大小口径管线安装工作。年内抢修供水管线发生的明漏235处、暗漏189处，因加大自查力度，暗漏自检达115处，占暗漏总数的61%。完成零活修理2440户，更换故障水表574只，更换闸门320个，更换消火栓71个，解决居民无水、水微问题252处；大小在施安装工程262户，安装长度合计20037米。“两会”期间圆满完成保驾任务，抢修及时。完成三里河和阜成门2处消隐工程，保证了供水管道的持续稳定。

（吴雨霏）

（责任编辑　陈　艳）

城市管理

市政管理

【概况】　北京市西城区市政市容管理委员会（简称区市政市容委）是区政府主管全区市政基础设施、公共事业、环境卫生和城市市容综合整治的职能部门，下设19个职能科室。所属事业单位3个（临时），即区人民政府节水防汛办公室、市政监察所和区个体出租汽车管理站。年内，区市政市容委按照年初制定的工作目标与计划，深入开展学习实践科学发展观活动，高标准推进各项环境整治工程，高质量完成国庆环境保障工作，全方位抓好日常环境综合治理，进一步提升了城市环境建设与管理水平。

地址：西城区北礼士路12号

邮编：100044

电话：88391561

（郭彦博）

【市领导调研环境整治工作】　3月30日，副市长刘敬民调研西长安街沿线、前三门大街、朝阜路环境整治和景观提升工作，并出席区市政市容委召开的长安街沿线、前三门大街、朝阜路环境建设概念规划设计审定会。

（郭彦博）

【市交通委检查夜间停车情况】　4月2日晚，市交通委主任刘小明带领市发改委、市公安交管局、市城管执法局、市交通委运输局等部门领导到木樨地南里一号院和汽北居住区，对停车价格调整后居住区的地上、地下及周边夜间停车情况进行检查，听取辖区内有关停车价格调整工作落实情况的汇报。区政府、区市政市容委等有关领导参加检查。

（郭彦博）

【错时停车试点工作】　4月21日，区市政市容委交通科联合市交通运输局停车处对槐柏树街市交通局（原市政府大院）院内停车位实行错时停车进行了协调，并对院内停车方案、办证手续、交通组织等问题进行研究。利用一周时间办完相关手续，为周边居民夜间停车提供了150个停车位。7月20日，市交通委组织市委宣传部、市文明办、市交管局、市城管执法局及城六区交通委等单位到槐柏树街市府大楼调研西城区错时停车试点工作开展情况并召开现场会。截至6月30日，西城区协调辖区内机关企事业单位开展错时停车工作，共计17处、1746个车位。其中协调市府大楼、区人大政协办公楼等政府机关对居民开放6处、车位347个，开放天桥剧场、什刹海体校等文化体育场所2处、车位265个，开放新华百货、万特珠宝市场等商业配套停车场4处、车位784个，协调居住区对企事业单位错时开放1处、车位170个，实现单位与居住区停车资源共享4处、车位180个。

（郭彦博）

【打通东教场胡同南口断头路】为贯彻落实市委市政府关于缓解市区交通拥堵工作的要求，加快道路优化改造、道路微循环建设，缓解交通拥堵。1月底打通东教场胡同南口，2月1日实现通车。东教场南口打通后，车辆由赵登禹路自南向北通过东教场胡同可直接驶入北二环，不仅缓解了西直门、新街口地区的交通压力，还使其与赵登禹路、太平桥大街形成贯通北二环与长安街两条城市主干路的连接线，减轻了西二环北段的早晚高峰整体的交通压力。

此项改造工程共撤除教场口路口东侧停车场1个，撤除施工临设200平方米，重建西直门内大街人行步道240平方米，迁移国槐树6棵，电力、电信线杆17根，将交通信号灯1处向北移动20米，并将路口架空线全部入地，新建东教场胡同南口道路长140米、宽22.8米，改造费用约1000万元。

（郭彦博）

【开通社区通勤快车】 为落实市政府《北京市关于进一步推进首都交通科学发展加大力度缓解交通拥堵工作的意见》和市交通委《关于研究开通社区通勤快车有关工作的会议纪要》的有关精神，积极倡导“绿色出行，低碳出行”理念，区市政市容委积极协调市公交集团，由公交集团安排车辆，开通金融街商务区至回龙观、天通苑大型居住区的上下班“社区通勤快车”。4月25日开始试运营。2辆“社区通勤快车”分别于下午18:15、18:20在武定侯街中央结算中心门前统一发车，开往回龙观和天通苑地区，次日上午7:00左右再分别从天通苑、回龙观发回车。通勤快车沿线设置武定侯街、丰盛胡同、辟才胡同、西城区政务大厅等4站，是点对点的快捷通勤专车。“社区通勤快车”分享公交专用道的行驶权，市民刷卡乘车，一人一座，定点发车，一站直达，以满足金融街商务区企业白领上下班的需求，减少私车出行数量，缓解中心城区早晚高峰拥堵问题。

（郭彦博）

【西直门西南角违法建设拆除】 根据市、区“严厉打击违法建设和非法生产经营，消除安全隐患”的工作部署和相关要求，为全面推进全区城市环境建设，迎接第三次全国文明城区检查，在区委常委、副区长苏东和副区长范宝的组织指挥下，区市政市容委会同区委政法委、区综治办、区安全监管局、区法制办、区城管监察大队、区卫生局、区公安分局、区工商分局、区规划分局、区流管办、区房管局、展览路街道办事处等单位，组织开展了西直门西南角脏乱地块环境综合整治工作。西直门西南角由于历史原因，形成了一个违法建设集中、非法经营居多、环境卫生严重脏乱差的重点地区，据调查，该区域共有违法建设97处、2307.01平方米，其中用于经营的共有24处、703.17平方米，用于居住的73处、1603.93平方米，通过前期深入细致地沟通交流，环境综合整治工作得到了违法建设所有人及使用者的理解和支持。6月28日至29日，区市政市容委同各相关部门密切协作，开展了该地块违法建设拆除工作，共计拆除西直门西南角91处、2179.77平方米的违法建设（其中用于经营的20处、600.17平方米）。

（郭彦博）

【清理占压步道障碍物】 6月，结合文明城区创建活动，区市政市容委针对长期倒伏在街巷胡同内占压步道（盲道），严重影响交通出行和市容环境的水泥电线杆、水泥构件等进行了专项检查督办，共清理全区13个街道的37处（45根、件）破旧线杆、水泥构件。

（郭彦博）

【道路遗撒夜查】 根据《北京市市政市容管理委员会、北京市住房和城乡建设委员会关于开展全市施工工地渣土消纳专项整治工作的通告》精神，为了减少区内道路遗撒情况的发生，查处违规车辆，10月18日晚，区市政市容委牵头，区住建委、区环保局、区交通支队、渣土所、区城管直属一队、二队等相关部门配合，开展渣土管理联合专项整治夜查活动，重点对平安大街地铁沿线、市委党校工地等进行了检查，同时在两广路马连道路口东侧设卡，对过往的渣土运输车辆进行检查。此次夜查共出动检查人员53人、车辆13辆，共检查渣土运输车辆20辆，查扣违规运输车辆5辆，交由城管部门处理。

（郭彦博）

【供热设施检修与老旧楼房通气】 根据市市政市容委《关于做好供热设施、设备普查检修工作的通知》精神，区市政市容委加大力度实施供暖设施检修和供热管网更新工程。年内，全区20多个供暖运行管理单位对供热设施进行了大修、设备检修，工程投资近1944万元；更新供暖设备57处、投资近2847万元；完成直管公房老旧供热管网改造工程，共改造平原里和虎坊路两个小区4处锅炉房，涉及供热面积40万平方米，受益居民共5134户；解决了广外南街51号等3处老楼通气工程；利用老旧供热管网改造工程将原自新路50号院锅炉房并入平原里锅炉房，彻底解决了该楼长期以来供暖不热问题。

（郭彦博）

【银锭桥修复工程】 银锭桥修复工程于2010年11月19日开工，2011年6月28日竣工，7月13

日正式通车。修复工程得到了区政府、市城市河湖管理处、什刹海街道办事处等相关单位的支持与配合。在此次工程中，区市政市容委对桥底基础进行了彻底处理，施工时搭的围档南北两岸各20米、高2米，设计桩156根，桥南北两边各打微型桩78根，桥下注浆共用水泥1500袋，并且本着“修旧如旧”的原则最大程度地还原了银锭桥原貌。

(郭彦博)

【西交民巷架空线入地及道路大修】 11月，为促进全国人大办公区西交民巷架空线入地工作，区市政市容委积极协调市规划委、市市政市容委、市路政局、市交管局、市电力公司、市路灯管理中心、北信基础等单位多次召开专题会，组织协调西交民巷架空线入地及道路大修工程。工程于11月20日开工，12月18日完工。此路段架空线入地涉及城区供电公司、路灯管理中心的电力线缆，中南海电信局、歌华有线、北京联通等单位的弱电线缆及公安监控、交通摄像头线缆，在区架空线入地办负责人现场调度与日夜盯守下，强电弱电管道建设、拔除线杆、线缆入地工作全面完成。同时，结合架空线入地，实施道路大修，改造雨污水管线、燃气管线，新建热力管线，并对周边绿植进行了修整。

(郭彦博)

【城市环境建设大会】 3月18日，区环境办在区政府大楼三楼报告厅召开西城区2011年城市环境建设工作大会，会议由副区长范宝主持，区长张建东、区人大副主任赵建军、区政协副主席沈桂芬、中央直属机关事务管理局副局长张宇航、国务院机关事务管理局后勤改革与综合管理司副司长陈占国、解放军总参谋部政治部副秘书长黄柯、首都环境办专职副主任吴亚梅等出席会议。市属企事业单位、区属相关职能部门的领导和相关人员参加会议。会议总结上年城市环境建设工作，部署全年城市环境建设任务，下发了《西城区城市环境建设委员会及办公室职责和组织机构方案》；张建东与相关单位主要领导签订了《西城区环境建设任务目标责任书》。

(郭彦博)

【健康北京建设贡献奖】 12月22日，北京市爱国卫生运动委员会、北京市健康促进工作委员会在西城区文化中心联合召开建设健康北京工作大会。会议对“健康北京”工作进行了回顾与展望，有关专家代表对全面深入推进《健康北京“十二五”发展建设规划》发出倡议，同时对在建设健康北京工作中作出突出成绩的单位和个人予以表彰，颁发奖状。西城区健康城区试点工作受到了各级领导和专家的肯定，被授予“健康北京建设贡献奖”。副区长梁昌新代表区政府接受了荣誉证书。自2008年以来，西城区开始建设健康城区试点工作。几年来，坚持把健康城区建设作为全面推进区域经济建设、文化建设、社会建设的重要载体，作为促进全区人民和驻区单位共建和谐社会、共享发展成果的重要举措，建设纳入区域发展的整体格局，坚持以人为本，大力培育全民健康理念，大力改善人居环境，积极落实健康城区建设指标任务，有效促进了西城区经济社会科学发展、和谐发展、率先发展。其中《北京市西城区2008—2010年建设健康城区指标系列》中确立的5大类110项具体任务指标完成，辖区健康环境不断改善，城市品位进一步提升，健康理念深入人心，市民素质整体提高。特别是建立的“96156”社区服务平台，成为全市第一个区县级社区便民服务信息化系统，被北京市确定为“西城模式”。

(郭彦博)

【全区实行环境分类分级管理】 自上年5月起，西城区在西长安街、什刹海、新街口、金融街、月坛、展览路、德胜7个街道进行了城市环境分类分级管理试点工作。经过半年多的试运行，城市环境分类分级管理工作取得阶段性效果，促进了辖区环境日常管理的常态化、标准化、精细化。为充分发挥城市环境分类分级管理工作机制作用，进一步提升城市管理效能，经区领导研究决定，通过区市政市容委正式发文，自4月28日起在全区实行城市环境分类分级管理工作。按照市政市容委下发的《关于全区实行城市环境分类分级管理工作方案》，已经推行试点实施的西长安街、什刹海、新街口、金融街、月坛、展览路、德胜街道，要根据地区实际情况，制定全面实行城市环境分类分级管理工作方案，将试点工作推行到全区域，做到本辖区公共空间划分的全覆盖。为保证此工作模式的顺利实施，区政府成立了以区长张建东为组长、以副区长范宝为副组长的西城区城市环境分类分级管理工作领导小组，在区市政市容委下设办公室，具体负责环境分类分级管理工作的组织推进、宣传发动、监督考核、信息报送等工作。各城管职能部门都要明确组织机构，实行领导责任分工，确定工作方案，按计划组织实施。同时，要比照上年试点工作情况，进一步修订完善各类管理作业规范，细化城市环境分类分级管理工作标准，加强工作考核与监督，积极探索工作规律，创新管理方式，促进城市环境分类分级工作机制与运行模式的有效实施。

（郭彦博）

信息化城市管理

【概况】 西城区城市管理监督指挥中心（简称区城管监督指挥中心）是区政府负责城市管理监督评价与指挥协调工作的行政机构。机构规格为正处级，行政编制91人。年内，区城管监督指挥中心牢牢把握区域功能定位，以融合、创新为主线，以提高全区城市运行监测水平、科学预警分析能力以及高效监督指挥为目标，加大对常态和非常态城市管理及运行问题的处置与研究，积极开展城市运行监测、拓展指挥平台功能，促进信息化城市管理工作全面协调可持续发展，为全面提升城市运行效率和服务保障能力奠定了坚实基础。

地址：西城区二龙路27号

邮编：100032

电话：88064954

（史智颖）

【拓展城市运行监测功能】 年内，积极开展城市运行监测指挥平台功能拓展，城市运行效率和服务保障能力全面提升。一是“指挥大厅及机房建设”项目通过专家组验收。该项目被列为区委、区政府城市管理重点建设项目，历经6个月建设和3个月试运行后于3月正式通过验收。科技部信息中心应用维护处处长、市市政市容委信息中心副主任、市信息资源管理中心副部长组成的专家组认为，项目坚持了西城区特有的“四位一体”核心模式，实现硬件系统功能对接、常态及非常态应急管理模式下的图像系统的综合调用，电视会议内容的数字化储存及指挥平台的智能化管理等，提高了指挥平台的技术水平，提升了城市管理及应急指挥的工作成效。二是“西长安街重点区域国庆综合保障指挥决策系统”项目通过验收。该项目围绕国庆60周年综合保障，结合西长安街区域特点，针对重大活动保障中灵活机动、实时高效指挥调度的需要，完成重要活动综合保障指挥体系，城市运行动态数据的自动预警分析，GIS技术与数字视频、遥感影像等相结合可视化展示平台，基于手机的移动决策系统等功能的开发建设。同时，作为该项目成果之一的“基于影像的精细化城市管理技术与示范”入围年内北京市科学技术奖。三是完成“城市运行与社会管理精细化研究”项目申报。该项目形成城市运行管理与社会管理一体化的管理机制研究成果，并落实在大栅栏商业街城市运行和社会管理平台的系统建设中，全面提升了大栅栏商业街的城市管理和社会管理水平。

（史智颖）

【拓宽信息化城市监管范围】 一是新增6小类交通设施数据。按市市政市容委要求，在交通设施普查工作的基础上，进行数据更新和系统更新，并一次性通过与市平台的联调。此次更新的交通设施类部件共计4万余个，覆盖全区15个街道，在原有交通标志牌、路名牌、交通信号灯、交通信号设施、交通护栏等5小类的基础上新增防撞桶、安全岛、人行横道桩、便道桩、柔性隔离体、信号灯电源井盖等6小类设施。二是地下管线防护纳入网格监控范围。城管监督员对全区范围内各类挖掘工程进行日常巡查，重点对挖掘工程现场是否设置施工公示牌、地下管线是否进行防护沟通等两类问题进行监管。发现有挖掘工程随时上报区城管监督指挥中心进行核实。对不符合要求的挖掘工程立即立案，并派发区市政市容委或城管监察部门协调查处。

（史智颖）

【城市管理领域应用3G和物联网技术】 一是运用二维码技术将辖区内316个报刊亭及99个早餐车纳入监管范围，建立空间图层，采集其布点信息，发现假冒或者移动位置等非法现象，第一时间上报处理；社会公众可通过短信、WAP等方式了解基本情况，并就相关问题进行举报和投诉。年内，业务系统建设完成。二是为辖区各部门提供有针对性的人流量统计分析数据，与运营商签署合作协议，以数据交换方式获取西单、金融街、什刹海、北京北站、动物园、大栅栏、白云观、大观园、陶然亭、牛街等区域的人流量数据，并将数据与BI、GIS等系统对接，实现辖区内常住人口、流动人口以及实时人流量与城市运行问题的分析研究。三是加强雨量监测系统的调试和维护巡查工作，年内建成雨量监测子系统（包含25个监测点，覆盖全区所有街道），并完成雨量系统与城市运行监测系统的对接。该系统将雨量监测数据纳入城市运行监测指标体系，为区防汛办、各街道提供实时雨情数据。

（史智颖）

【市级平台贯标工作】 年内，按市市政市容委关于《北京市信息化城市管理系统市区两级平台立结案标准贯标工作的通知》要求，区城管监督指挥中心开展市、区两级信息化城市管理系统的调整、对接、调试工作。网管信通科专门制定《2011年西城区城管系统与市平台贯标改造工作方案》，详细列出数据字典修改、业务表单修改、时限体系修改、综合查询改造、BI系统改造及报表系统改造等具体改造内容；综合协调科结合《北京市西城区信息化城市管理案件办理指挥手册》规定和西城区实际，对《北京市信息化城市管理工作手册部件立结案标准、派发单位及时限明细表》进行修订。7月1日，新标准正式上线运行，对监督员上报案件、专业部门处置问题进行明确规范，保证了信息化城市管理工作标准化、系统化、规范化。

（史智颖）

【参展第十四届北京国际科技博览会】 5月18日至22日，区城管监督指挥中心作为西城展团的单位代表之一参展第十四届北京科博会。展会期间，采用6块DLP高清显示屏（2行×3列）、65寸IDB显示屏、集中控制系统等先进设备，围绕“创新驱动发展、科技引领转型”主题，通过宣传片播放、高清GIS大屏、移动指挥车现场实时传递信号、城市运行管理系统及“城管通”演示等形式，展示在“十一五”期间城市管理方面应用高新技术的成果，宣传中心“四位一体”的建设理念和科技创新。区城管监督指挥中心获“科博会最佳展示奖”、“科博会最佳组织奖”。

（史智颖）

【城市管理联动机制】 年内，区城管监督指挥中心联合区市政市容委组织4次城市管理工作联席会，通报履职评价报告情况，分析区内案件分布情况。7月15日，西城区2011年第三次城市管理联席会召开。会议审议并原则通过《关于办理垃圾渣土等案件的意见》，对垃圾渣土、废弃家具设备、非法小广告、地桩地锁、道路破损5类案件的主责单位、办理程序等提出明确的处理意见；通报实施《西城区城市管理监督员管理规定》及《西城区城市管理监督员队伍百分制考核实施办法》。10月13日，第四次城市管理联席会审议并原则通过《城管监督员进居民小区巡查环境管理办法（审议稿）》。另外，就无主渣土等疑难案件多次召开城市管理工作协调会，提出操作性强的解决方案；探讨推进城市环境分类分级管理工作的具体步骤、实行市容环境“双督办”制度，取得较好效果；报刊亭和早餐车纳入二维码技术管理。经过与市政市容委多次协调，最终确保各项工作落实到位。

（史智颖）

【市容环境“双督办”监督模式】 该模式是区城管监督指挥中心运用并推广已有业务模式，依托城市管理运行系统平台，与区市政市容委合作推出的市政市容环境问题监督新模式，即区市政市容委检查督办组在日常巡检过程中，通过PDA城管通手机对发现的部分城市管理问题上报至区城市管理监督指挥中心系统平台，中心系统自动立案并派发到有关责任单位进行及时处理，并在城市管理运行系统中自动形成市容环境重点难点问题数据库和专业评价分值。这种市容环境案件督办处理模式与以往下达“督办单”或现场协调督办的模式并用，形成具有创新意义的“双督办”监督模式，有效提升了监督工作的效率和准确性。

（史智颖）

【城市管理履职评价】 年内，依照高标准、精细化、全方位城市管理的总体要求，注重夯实评价工作基础，持续推进城市管理履职评价工作。一是内部评价工作。加大对系统自动生成数据的核对力度，按比例随机抽取数据进行复审，确保评价数据真实有效；全面优化报告形式及内容，注重挖掘数据间潜在联系，提升数据说服力；强化前瞻性研究，分析历史资源数据走向趋势并提出预警预判。上半年，两篇评价报告分别得到区委副书记马兰霞、副区长范宝的重要批示，城市管理履职评价工作得到高度重视与肯定。二是外部评价工作。将全区原有的1450个样本量增加至1850个，根据第六次人口普查初步数据中各街道常住人口在全区常住人口中所占比例重新分配样本指标，新样本分配方案于第一季度开始执行。第二季度，新版调查问卷正式启用。新问卷改用浅显易懂的题目考察市民对市容环境、街面秩序、施工管理、宣传广告及突发事件5大项城市管理问题的关注度，增加区城管大队、区环卫中心等主要城市管理部门履职情况满意度的调查内容，使调查结果更加真实、客观、准确。三是拓展数据利用渠道，研究外部评价数据接入系统。为改变外部评价数据繁多庞杂、使用率不高的状况，区城管监督指挥中心大胆探索外部评价数据接入系统工作。经大量案件考证和数据应用深度探索，提出数据需求：借助城市运行管理平台数据分析、统计功能，促使外部评价数据电子化，形成外部评价数据库；依据已有GIS系统，结合问卷编号、街道及社区名称等基础信息，研究外部评价数据在GIS系统上展现的可行性和操作性。截至年底，完成对区统计局数据录入系统的初步调研工作。

（史智颖）

【城市管理问题研究】 年内，坚持理论与实践并重、热点与难点并重，完成《新街口街道城市管理工作分析报告》、《大栅栏街道城市管理工作分析报告》、《广安门外街道城市管理工作分析报告》、《关于完善处理违法建设长效机制的思考》、《试论信息化城市管理机制对“全响应”社会服务模式的意义》、《西城区创建全国文明城区迎检对城市管理工作影响分析》等调研课题。另外，《谈二维码技术在城市管理中的应用》一文被《城市管理与应用》专刊登载，《西城区城市运行管理系统运行思考》、《数据库更新维护机制》、《地址数据库的应用》3篇论文收录于住房和城乡建设部《数字化城市管理应用技术及案例分析论坛论文集》。

（史智颖）

【发挥城管监督员作用】 年内，积极组织监督员开展五项专项普查工作。一是3月15日至6月底，针对区内各类施工作业围档脏乱差状况，开展施工围档专项整治，对134处施工围档问题建立台账。二是针对废弃电杆权属单位比较复杂的情况，对区内废弃电杆进行统一排查、清理。15个街道、485名监督员齐动员，共查出倒地的废弃电杆96根。三是7月9日至11日，组织监督员对全区废旧机动车（不含把式机动车）进行专项普查。累计清查上报废旧机动车196辆，其中有牌照47辆、无牌照149辆，用于经营的26辆、非经营的170辆。四是户外广告立地宣传广告栏专项普查工作。8月29日至9月6日，442名监督员对全区1424条道路，开放式、半封闭小区内4种类别的立地违规户外广告进行了地毯式普查，共上报1127处违规户外广告栏，其中“社区之窗”宣传广告栏386处、消防宣传广告栏25处、双拥宣传广告栏28处、其他宣传栏688处，为下一步全区户外广告整治工作提供基础数据。五是开展架空杆线安全隐患专项普查。重点排查全区道路两侧、街区小巷、公共场所存在的10余种隐患，12月9日至13日，共出动监督员928人次，共计上报安全隐患1295件，其中立杆类432件、架空线缆不规范类863件。全年监督员共上报城市管理问题信息319737件，平均有效上报率99.8%。修订完善《监督员处置突发事件预案》，明确突发事件的正确处理程序，年内，监督员灵活处置了贵友餐厅煤气罐爆炸事件、红莲烤鸭店突发火情等多起突发事件。

（史智颖）

【监督员进小区巡查市容环境】 年内，区城管监督指挥中心稳步推进监督员进居民小区巡查市容环境工作。上半年，对开放式小区、半开放式小区市容环境情况进行了解，实地查看展览路街道部分开放式、半开放式小区情况；完成业务需求申报，系统实现自动识别开放式小区、案件统计查询及数据分析功能。9月7日，区城管监督员进居民小区巡查市容环境工作研讨会召开。区市政市容委等5个委办局、15个街道办事处主管领导参加会议。德胜等7个街道汇报2010年以来城管监督员进居民小区巡查工作成果及经验，大栅栏等8个街道介绍本街道居民小区情况；会议就《关于开展西城区城管监督员进居民小区巡查市容环境工作意见》进行充分讨论，明确巡查内容和工作流程。会议标志着新西城区全面开展居民小区巡查工作，是建立文明城区长效管理机制的有益探索。10月，居民小区台账统计工作完成，全区共有1003个小区，其中开放式284个、半封闭式262个、封闭式457个。11月30日，举行“西城区城管监督员进居民小区巡查环境”工作启动仪式，仪式结束后，全体监督员奔赴全区第一批546个居民小区，开展环境巡查工作。

(史智颖)

【直属督察队工作】 上年，以原西城、宣武两区中心合并为契机，成立直属督察队，加大巡查力度，及时引导监督员主动发现、熟练上报问题。年内，督察队积极履职，一是监督检查全区监督队工作，共开展现场检查53次、系统检查261次、检查监督员累计31390余人次；二是监督检查环境秩序状况共计292次，督察发现环境问题338件，并逐一得到有效上报解决；三是对监督员5次核查未通过案件进行再核查189件；四是创新督察检查模式，建立街道二级督察网络队伍。10月25日，召开二级督察网络工作会。从全区各个街道城管监督队抽出1名监督员担任二级督察网络督察员，制定《督察员岗位职责》，增强监督员的工作效率，有效推动了监督队的发展。

(史智颖)

【城市运行管理分中心平台建设】 结合全区“全响应创新服务”社会服务管理创新体系，区城管监督指挥中心以大栅栏街道为样板，大力推进街道分平台建设。8月，修订《西城区城市运行管理平台分中心工作手册》。新版手册详细介绍分中心城市管理案件每个环节的业务状态和操作流程，完整、系统地梳理了案件从指挥调度平台到分中心系统、科所队系统及反馈平台的状态，有效提升分中心管理效能。9月，“大栅栏街道城市运行管理平台系统”研发工作完成。10月，大栅栏地区“城市运行管理平台”系统框架构建完毕。包括业务办理、监控体系、数据采集与应用、GIS辅助、决策支持和应急处置等功能模块，其监控体系的先期应用将实现大栅栏街道对区域内的可视化管理，还可以针对节假日期间特定地区的人流量变化及时采取相关措施。11月，公安视频监控接入街道分中心平台，将值班报送、应急值守、非紧急救助进行整合，使城市管理、应急值守延伸到街道，并拓展到民生、社会化服务及综治维稳等方面，打造数字化、精细化、高效化和系统化的全方位街道管理门户。

(史智颖)

【续聘城市管理专家顾问组】 续聘中国社会科学院辛向阳教授，北京国际城市发展研究院副院长、研究员古波教授和首都经济贸易大学城市经济和公共管理学院副院长刘欣葵教授担任城市管理专家顾问，长期为城市管理监督指挥工作提供建议和意见。区城管监督指挥中心采取多种形式与各位专家展开合作，借助专家的理论积淀和专业见解，提升城市管理研究和实践工作水平。

(史智颖)

【城市管理问题情况通报】 年内，撰写《典型案例》7期，就施工渣土和废弃家具、私搭乱建、绿地脏乱等问题进行分析，指出以上问题在解决中的难点、相关的法律法规和责任划定等内容，并提出整治意见和建议。编辑《城市管理资讯》10期，收集各类城市管理信息300余条、法律法规10部。资讯重点关注各大媒体有关信息化城市管理中出现的问题、解决过程及成功的经验，发挥资讯信息量大、指导性强的特点，为中心干部了解国内外、区内外城市管理信息提供了有益的平台。

(史智颖)

【城市管理案件业务办理】 坚持以建立健全城市管理联动及长效机制为核心，主动做好部门融合工作，统一工作标准，进一步提高城市信息化管理水平。全年中心共受理各项城市管理问题信息320138件，其中立案313379件、结案309160件（含上年结转案件）；共派遣城市管理问题信息239635件，各部门处理完成案件236710件，其中紧急案件388件。

(史智颖)

国土资源管理

【概况】 北京市国土资源局西城分局（简称市国土局西城分局）是北京市国土资源局（简称市国土局）设在西城区负责本行政区域内土地与矿产资源行政管理的派出机构，下设办公室、财务科、政工科、纪检监察科、综合科、执法监察科、国土资源利用科、重点工程科、地籍科9个职能科室和北京市土地整理储备中心西城区分中心、北京市土地整理储备中心金融街分中心、北京市西城区土地权属登记事务中心、北京市西城区土地利用事务中心4个事业单位。在职人员91人。年内，开展国土资源节约集约模范县（市）创建活动，完成府右街重点工程项目，推进广安联储一期开发，编制年度土地供应、储备开发计划，完成地籍系统整合，开展老蓝图扫描矢量化工作，完成土地登记规范化和权属争议调处迎检工作，深入推进工程建设领域突出问题专项治理、“两整治一改革”工作，完成《新西城文保区土地开发利用模式探讨》等多项调研，开展“6·25”土地日等执法宣传活动，被评为“西城区2006—2010年法制宣传教育先进集体”。

地址：西城区北滨河路9号
邮编：100055
电话：68020198

（季　美）

【服务窗口入驻区行政服务大厅】 4月18日，市国土局西城分局服务窗口入驻区政府行政服务大厅，设有3个对外窗口、1间后台，对外行使4项行政许可和30项行政服务事项。抽调各部门业务骨干，组织业务培训，加强服务窗口建设。

（季　美）

【节约集约模范县（市）创建活动】 8月17日，首届“全国国土资源节约集约模范县（市）创建活动实地考核会”在西城区召开，代区长王少峰、副区长李岩参会并接受评审组专家提问。会后，专家组到区金融街、什刹海参观，实地考察土地资源节约集约利用情况。

（季　美）

【地籍管理信息系统整合工作】 9月20日，以原西城、宣武地籍数据为基础，以武汉瑞得系统为框架的地籍管理信息系统整合工作全面完成，全部土地登记业务在北京市地籍信息系统内办理，基本实现西城区土地登记“一盘棋”，即收件标准、审批流程、规范管理“三统一”和地籍数据“一张图”目标。

（季　美）

【综合信息系统建设】 12月29日，召开综合信息系统二期建设项目验收会，听取项目研发单位和监理单位工作汇报，观看系统演示，审阅相关资料并进行质询，同意该系统通过验收。年内，与市国土局信息中心及研发单位北京苍穹数码科技有限公司沟通协调，制定研发思路，召开部门研讨会，研究部署综合监管平台建设工作并取得阶段性成果，公文流转、信息报送、固定资产管理等多个模块均搭建测试完毕，基本满足电子政务实际办公需求，并开展试运行。

（季　美）

【城镇土地利用强度调查】 年内，作为市国土局确定的2011年城镇土地利用强度调查典型区域，在土地利用现状调查的基础上开展土地利用强度调查。收集西城区2007—2009年经济、人口等信息统计数据资料，更新、汇总全国第二次土地调查数据库中2010年土地登记发证数据，补测全国第二次土地调查后新建成建筑物，核算建筑占地总面积、建筑总面积、城镇综合容积率、城镇建筑密度等指标，调整相应数据。

（季　美）

【1964年版老蓝图扫描矢量化】 年内，委托北京新兴华安公司扫描配准纠正1964年版418幅纸质地籍图，对什刹海、新街口地区200幅图进行矢量化处理，便利土地权属信息查询。

（季　美）

【出台辖区地籍管理工作制度】 年内，出台《关于办理司法协助执行工作流程》、《关于拆迁区收回、注销国有土地使用证工作流程》，明确拆迁、司法协执区域土地管理工作流程、标准和责任分工；制定《西城区日常登记测绘规范》，统一辖区地籍测绘技术、管理标准。

（季　美）

【土地储备开发计划编制】 年内，编制西城区2012年度土地储备开发计划，共申报建设项目39个（全部为结转项目），约160.16公顷。其中计划完成开发项目4个，约21.66公顷；计划供应经营性用地项目4个，约6.59公顷。

（季 美）

【土地储备开发情况】 年内，完成开发已供应项目5个、13.76公顷；完成开发未实现供应项目2个，分别为西单东南D西和大栅栏C、H地块中的C1C2地块；其他项目处于一级开发实施阶段；实际完成投资约45亿元，占计划投资比例的150%。

（季 美）

【广安联合储备开发一期项目】 年内，累计拆迁居民1240户、企业25个。累计投资约18.32亿元，完成项目总投资计划的77%。重新测算项目总投资，完成储备土地登记。

（季 美）

【土地一级开发项目监管】 年内，加强西城区44个土地一级开发、25个“城中村”环境整治项目月监管；审核大栅栏煤市街以东C、H地块，手帕口南街64号，立恒住宅小区4号楼，核桃园综合楼等项目的地价报告；开展金融街拓展项目2个地块（复兴门、阜成门）、西直门小区南区项目土地一级开发授权延期申报；审计西便门内大街东西两侧项目预收储成本；自查辖区土地储备开发项目，编制《西城区土地储备开发项目手册》；自查辖区土地招拍挂制度执行情况。

（季 美）

【建设项目用地预审】 年内，西城区28个建设项目通过用地预审，约54.78公顷。其中公共管理与公共服务用地13宗，约9.46公顷；商服用地3宗，约2.65公顷；交通运输用地2宗，约2.19公顷；住宅用地2宗，约15.11公顷；储备用地7宗，约25.26公顷；特殊用地（宗教）1宗，约0.11公顷。

（季 美）

【国有土地使用权划拨】 年内，共办理国有建设用地使用权划拨供地方案10件，约12.03公顷。其中城市道路用地5件，约9.5公顷；居住用地2件，约0.43公顷；科教用地2件，约1.75公顷；宗教用地1件，约0.35公顷。其中3件办理划拨决定书，约0.94公顷。

（季 美）

【土地供应计划编制】 年内，编制西城区2012年度土地供应计划，共申报建设项目12个，约11.72公顷。其中交通运输用地3宗，约2.47公顷；公共管理与公共设施用地4宗，约1.92公顷；商服用地5宗，约7.33公顷。

（季 美）

【土地供应情况】 年内，实现供地项目7个，11.69公顷。其中公共管理与公共服务用地3宗，约1.74公顷；住宅用地2宗，约8.69公顷；特殊用地1宗，约0.35公顷；商服用地1宗，约0.91公顷。

（季 美）

【房屋上市交易土地收益】 年内，办理房改房上市缴纳土地出让金、经济适用房上市补交综合地价款1214件，共804.1955万元。10月12日后，该项工作转交区房管局办理。

（季 美）

【市级绿通项目办理情况】 年内，西城区纳入市级绿通项目9个,分别是大吉危改小区、马连道供热厂煤改气工程、三里河一区E区危旧房改造（住宅部分）、月坛北街金融中心土地一级开发及配套设施建设、丰盛危改小区西区C区、中心城区供水管网改造工程、中心城区供水管网建设工程、“800蒸吨清洁能源改造”实事项目配套燃气管线基建工程、金融大厦。其中丰盛危改小区西区C区项目已办预审，三里河一区E区危旧房改造（住宅部分）、月坛北街金融中心土地一级开发及配套设施建设、金融大厦3个项目未提出预审申请，其他5个项目无需办理预审意见。

（季 美）

【土地权属登记】 年内，完成各类国有土地使用权登记1222件，其中国有土地使用权初始登记129件、变更登记687件、他项权利登记406件。根据市国土局服务在京中央单位会议精神，协助中组部、中宣办、中直机关、全国工商联、中国人民解放军总后勤部（总政治部歌剧团）、中国人民武装警察部队总后勤部（中国人民武装警察部队司令部直属工作部）等单位办理土地登记20余件。结合“两整治一改革”专项行动，完成土地登记规范化和土地权属争议调处自查、与市国土局东城分局互查及市国土局迎检工作。

（季 美）

【政府信息公开】 年内，通过网站、行政服务大厅、大众媒体等途径，主动公开、更新政府信息245条。受理依申请政府信息公开776件，办结率100%，申请内容主要包括城镇私房历史遗留权属情况、抵押、查封、土地预审文件等信息。其中土地权属信息764件，占依申请政府信息公开总数的98.4%。

（季 美）

【两整治一改革专项工作】 年内，全面梳理排查岗位廉政风险点349个，制定防控措施349条，出台《关于加强风险防控完善"三重一大"决策制度的实施办法》，探索建立廉政风险防控机制。

（季 美）

【土地执法宣传活动】 年内，开展"4·22"地球日、"6·25"土地日、"12·4"法制日等执法宣传，启动"六五"普法宣传活动，宣传国土法规政策，发放宣传资料4500余份、宣传品2000余个。

（季 美）

【调查研究】 年内，完成《新西城文保区土地开发利用模式探讨》、《西城区土地储备和征收（拆迁）工作调研》、《城镇成套住宅土地登记调研》、《ABS融资应用于我国土地储备开发问题研究》等调研，为政府决策提供参考。在2011年北京青年土地学术论文活动中，提交的10篇论文分获一等奖1名、二等奖3名、三等奖6名，获优秀组织奖。

（季 美）

房屋管理

房屋行政管理

【概况】 北京市西城区房屋管理局（简称区房管局）是西城区建设委员会部门管理的本区房屋行政管理和住房制度改革工作的行政机构。区房屋管理局共有机构内设科室16个、全额拨款事业单位14个、自收自支事业单位2个，人员编制334名，其中行政编制121名、事业编制201名、机关工勤编制12名。7月19日，北京市机构编制委员会办公室《关于西城区房屋管理局加挂牌子的函》（京编办行〔2011〕107号）同意北京市西城区房屋管理局加挂北京市西城区人民政府房屋征收办公室牌子。年内，区房管局围绕年初确定的工作目标，创新工作思路，切实履行行政职能，稳步推进住房保障工作，为重点工程项目征收提供有力保障，做好房屋安全管理和普通地下室安全使用管理工作，履行物业监管职能职责，化解物业矛盾纠纷，加大对房地产服务企业的行政监管力度，规范房屋交易市场秩序，强化权属登记规范化考核，贯彻住房制度改革政策法规，妥善处理信访矛盾，切实提高依法行政能力，工作水平有了新的提高。

地址：西城区西安门大街115号

邮编：100034

电话：66175570

（李 冉）

【房屋征收（拆迁）】 截至年底，全区实施房屋征收项目3项，其中完成"北京市629工程"项目，推进东绒线胡同49号、菜市口220KV变电站及附属国网科技馆项目，另外有13项房屋征收项目处于实施准备阶段。继续推进已审批拆迁项目的后续管理工作，通过行政调解谈话、裁决工作，力促遗留拆迁项目尽快收尾。区房管局负责的拆迁项目共61个，全部为结转项目，涉及拆迁居民6884户。全年共受理并进行行政调解谈话799户，做出行政裁决518份，强制执行40户。截至年底，完成9个项目，与1840户居民签订拆迁补偿协议，为西城旧城保护和居民住房改善工程、金融街E2地块、百万庄21号院等一批重点建设项目开工建设奠定了基础。

（李 冉）

【征收（拆迁）工地监管】 加强征收（拆迁）项目现场管理，加大安全管理和扬尘治理的力度。做好征收（拆迁）工地防汛、成套楼冬季供暖工作。向全区各在施征收（拆迁）工地的建设单位、拆迁单位、拆除单位下发《关于加强汛期拆迁工地房屋安全工作的通知》，要求各单位填报《拆迁工地汛前查房登记表》，将工作机构、委托协议、排查情况、防汛抢险排危预案以书面形式备案。进入汛期后，组织工作人员对全区各在施征收（拆迁）工地开展抽查工作，督促各征收（拆迁）工地对危险房屋及时进行修护。对于个别问题较集中的项目，召集建设单位就汛期房屋维修工作召开专题会议，要求其按照《通知》精神履行相关职责。进入供暖季后，向全区涉及成套楼征收（拆迁）的工地下发了《关于做好成套楼拆迁工地冬季供暖工作的通知》，成立冬季供暖工作领导小组，开展对居民供暖、用电、用气、用水设施的检查，消除安全隐患。同时研究制定各项目成套楼拆迁冬季供暖问题解决方案，建立健全供暖应急预案，保障被征收（拆迁）居民温暖过冬。

（李　冉）

【住房保障配租配售】　年内，全区新增7155户申请家庭的住房问题纳入了政府保障范围，其中经济适用住房1830户、限价商品住房4514户、廉租住房实物配租282户、廉租住房租金补贴529户。办理廉租住房租金补贴签约配租、续租手续4500余户次，发放租金补贴资金4419万余元。12月1日，全面启动公共租赁住房申请受理工作，并在之前组织完成了政策培训工作，夯实了业务基础，截至年底，登记受理2000余户。全年共组织5次摇号、配租配售工作，解决了4902户家庭的住房困难问题。先后完成大兴亦庄、通州金隅通和园和马驹桥宏仁家园等限价商品住房项目摇号配售工作，房山长阳经济适用住房项目摇号工作，丰台宋家庄和丰体时代、昌平西三旗、朝阳保利嘉园和北辰名苑廉租实物住房配租选房及部分项目入住手续办理工作。严厉打击骗租骗购行为，全年取消700余户家庭的申请资格，维护了保障性住房审核、配租配售的公开、公平、公正，节约了住房保障的资金和房源。截至年底，全区累计取得市级备案资格的家庭共46437户，其中经济适用住房16822户、限价商品住房20666户、廉租住房实物配租1726户、廉租住房租金补贴7223户。累计发放补贴资金1.9亿余元；公开配租配售房源11014套，其中经济适用住房3341套、限价商品住房6571套、廉租实物住房1102套。

（李　冉）

【商品房预售管理】　完成7个项目预售许可的受理和初审；网上联机备案2180起，建筑面积28.36万平方米，金额103.78亿元，其中住宅968件，建筑面积11.40万平方米，金额40.86亿元；预售备案注销682起；变更备案登记1039起；网签确认213起；在建工程抵押协办10起；协助法院查询预售情况26起；现房销售确认108起；监管预售资金22.78亿元，涉及7个开发项目。

（李　冉）

【房地产开发企业监管】　对开发企业无证售房、虚报销售进度、捂盘惜售等违规行为进行查处，对开发项目的售楼处进行检查，督促销售公司按规定公示项目情况及销售人员情况，对销售公司的网上认购和合同管理进行检查，共检查在售项目65次，下发整改通知48份；积极落实国家对于房价的宏观调控政策，对于价格明显高于项目前几期或者高于周边项目的预售项目，进行约谈和价格指导；对管辖范围内的新建商品房项目进行专项检查，责令整改7家，停止网签1家。

（李　冉）

【房地产经纪机构监管】　办理房地产经纪机构各项备案384起；对辖区内的328家经纪机构进行了457次现场检查，发出巡检记录及整改通知书268件；整改经纪机构42家，和市住建委联合执法1家；处理投诉455件；对3家经纪机构行政处罚4.5万元；对12家房地产经纪公司涉及“家庭旅馆”业务进行整治，解除租赁合同21份；处理群租房投诉9起。

（李　冉）

【房屋安全管理】　完成2011年房屋安全检查工作，私房查房60.61万平方米，标准租私房查房0.72万平方米，单位自管产、物业管理房屋查房4027.82万平方米，直管公产房屋查房389.15万平方米，为夏季防汛工作打下了良好的基础。组建了40人的房屋防汛抢险队，建立健全防汛抢险队员紧急通讯网络，组织参战人员进行防汛方案演练。上汛前，及时向辖区内2000余个自管房单位印发《关于做好汛期房屋安全管理工作的通知》，对辖区内防汛重点的私人房屋住户分发《致居民的一封信》3656份，送达私人危险房屋通知书210份。为进一步增强居民的防汛意识，加大宣传力度，在《北京日报》等媒体上刊登《北京市西城区房屋管理局关于房屋防汛公告》。加强雨中巡查工作，及时掌握雨情、汛情动态，科学决策，果断处理，并根据各处危险房屋的特点，结合天气等情况因素，制定应急措施，提高防汛现场处置能力，实现了

“少塌房、不死人、少损失”的总体目标，确保了区房屋安全度汛。

（李 冉）

【标准租私房腾退】 年内，突破固有思路，通过产权互换、公房收购、利用已封房屋作为特困户安置房等方式维护标私房各方当事人合法权益，共腾退标私房8户。

（李 冉）

【房产登记发证管理】 全年共完成房屋登记40288件，归集整理房屋权属档案38494卷，数字化加工处理房屋权属档案35856卷。加大房屋权属历史遗留问题办理的协调力度，解决了新街口西里小区和牛街东、西里小区回迁居民入住多年的产权证的办理问题。处理了63件“文革产”及“经租产”历史遗留问题。积极争取区政府和相关部门的支持和配合，缓解了椿树园、泰然居、英嘉公寓、华裕园等小区的物业矛盾纠纷。全年未发生影响西城区社会稳定的重大信访事件。

（李 冉）

【物业管理】 年内，围绕学习、宣传和贯彻落实《北京市物业管理办法》及其配套文件，组织对全区15个街道办事处、255个社区居委会的相关工作人员300余人进行了系统的政策法规培训。组织物业企业从业人员参加市物协举办的项目负责人考试，500余人获得“项目负责人考试合格证书”。开展物业服务合同备案工作，155个物业服务项目实现企业信用动态监管。开展“探索物业管理新模式，推动和谐社区构建”主题服务活动，采取以案说法形式，以椿树园小区为试点，邀请市住建委专家为街道办事处、社区居委会和社区居民举办了5次物业法律知识讲座。协助街道办事处在5个物业小区，成立了业主委员会，培育业主自治能力，逐步完善业主自我治理机制。加强物业项目巡查力度，全年开展巡查150余次，规范物业服务企业行为。

（李 冉）

【普通地下室租赁登记备案】 办理217件，建筑面积16.64万平方米，月平均租金为每平方米26.86元。其中作为商业用途登记备案的共30件，备案面积3.87万平方米，月平均租金为每平方米56.95元；作为办公用途登记备案的共31件，备案面积1.68万平方米，月平均租金为每平方米31.17元；作为工业用途登记备案的共1件，备案面积0.07万平方米，月平均租金为每平方米1.44元；作为住宅用途登记备案的共63件，备案面积3.10万平方米，月平均租金为每平方米8.89元；作为其他用途（含仓库）登记备案的共92件，备案面积7.91万平方米，月平均租金为每平方米18.50元。

（李 冉）

【普通地下室使用登记备案】 办理普通地下室使用登记备案770件，其中作为生产经营类的普通地下室使用共91件，建筑面积为15.80万平方米；作为办公教学类普通地下室使用共103件，建筑面积为97.63万平方米；作为居住类的普通地下室使用共126件，建筑面积为7.92万平方米；作为其他用途的普通地下室使用共450件，建筑面积为75.06万平方米。

（李 冉）

【普通地下室安全监管】 完成全区普通地下室基础数据的重新核定，开展以打击普通地下室违法违规使用为核心的系列专项整治行动，全区2600处普通地下室检查覆盖率达100%。完善了普通地下室动态管理网络平台；对全区508家重点普通地下室安全生产单位进行了安全生产事故隐患自查自报系统培训。加强普通地下室安全使用的监管，尤其是加强重大节日、重要活动、敏感时期的监管，并联合相关部门开展执法检查，为全区普通地下室的安全使用扎实履职尽责。

（李 冉）

【房改售房和住房补贴申报审核工作】 年内，核准房改售房单位206家，累计售出住宅4485套，建筑面积32.3万余平方米；指导全区一级机关事业单位全部完成住房补贴申报审核工作，涉及67家单位4.42万人，资金23.34亿元。

（李 冉）

【矛盾纠纷排查调处】 开展“拉网式”专项排查调处工作，对排查发现的矛盾隐患按性质梳理、分类，建立管理台账。严格执行领导接待日、重要事项领导包案等信访制度。与区信访办、街道属地等部门建立信访工作定期沟通协调机制，先后多次就信访敏感问题进行协调会商。落实信访维稳应急处置机制。针对集体访和缠访闹访行为，启动工作预案，领导靠前指挥，责任科室和业务科室形成联动，寻求法律援助，使问题得到妥善解决或取得进展。

（李 冉）

【政府信息公开】 年内，主动公

开政府信息3条，共收到政府信息公开申请217件，办结217件，其中“同意公开”15件、“不予公开”153件、“申请内容不明确，补正告知”11件、“信息不存在”11件、“非本机关信息”10件、以政府信息答复告知书形式答复17件，共接待政府信息公开类咨询500余人次。

（李　冉）

【立功获奖情况】　“北京市629工程”房屋征收和补偿工作得到了国务院、市委市政府和区委区政府的高度评价。区房屋管理局获市政府颁发的“北京市629工程”集体二等功；谭玉梅获个人一等功，王少春、周湘峰、申玉柱获个人二等功，刘维岩、童君获个人三等功，另有19名参加此项工作的人员获奖。组织房屋登记工作人员参加住建部举办的房屋登记官北京地区统一考试，在全市17个单位中以60.61%的通过率名列第一。

（李　冉）

区房屋土地经营管理中心

【概况】　北京市西城区房屋土地经营管理中心（简称区房地中心）属于区政府自收自支（企业化管理）的事业单位。机关设11个部室，定编50人。下属7个房管所及房地产开发、房地产经营等共16个基层单位。主要负责直管公房的经营、管理、服务工作；负责租金的收缴，从事直管公房的物业管理、房地产交易、房屋租赁和房屋置换等经营服务业务；负责房地产开发、危旧房屋改造、房屋拆迁及中式房屋新建工作；按照政府的有关要求和城市建设开发规划，受政府委托组织和实施危旧房改造工作，参与新建小区的物业管理；负责房屋设备安全管理服务工作；负责房屋的安全检查、修缮和零维修服务工作；负责雨季防汛抢险和冬季供暖工作；负责房屋的安全鉴定和测绘工作。年内，区房地中心推进政府改善民生的重点工程，完成919工程和629工程等中央、市区重点拆迁、征收任务，完成各项经济指标和为民服务工作，基础管理不断完善，基层党组织建设和党风廉政建设不断增强，经济效益和社会效益显著提升。

地址：西城区平安里西大街10号
邮编：100035
电话：66168099

（葛菁　崔蕊）

【直管公房管理】　区房地中心共管理直管公房121.7万平方米，房改售房面积50万平方米，物业管理房屋90万平方米。加强直管公房的租赁管理，严把租赁合同变更审批关。加强对自有房产使用管理情况的监督检查，严格审查自有房产租赁合同。加强直管公房基础资料和基础数据的管理，按照统一标准，集中对房屋管理档案和工程修缮档案进行系统的整理；建立了房屋工程档案管理信息系统，使工程数据管理规范化、系统化，不断提高工程数据的准确率，使基础数据在日常工程修缮、房屋安全普查、施工项目前期调研和应急事件处理等方面发挥有效作用。进一步加强老旧小区的物业管理，建立楼房物业管理系统，不断提高老旧小区的物业管理水平。受区政府委托，接管丰台区宋家庄243户廉租房，实施保障房物业管理。完成2011年租金收缴任务，完成租金定收指标的114.23%，租金收缴率达97.1%。

（葛菁　崔蕊）

【直管公房安全度汛】　为确保直管公房在汛期的住用安全，区房地中心对辖区内的房屋进行了全面检查，共检查直管公房平房82.64万平方米、楼房94.25万平方米，根据查房情况制定维修计划，按照修缮标准对四类房进行解危及抢修加固。在上汛前补充防汛抢险物资，并安排专人保管，选择便于使用的场所堆放。对防汛机械设备进行检修，保证汛期能够正常使用。成立了10支防汛抢险队伍，应急抢险人员达300余人。汛期共接报险电话869个，出动抢险人员1495人次，苫盖漏雨房屋618间，排除积水、疏通下水87处。

（葛菁　崔蕊）

【供暖工作及供暖设备改造】　为减少燃料成本上涨带来的影响，区房地中心在供暖工作中充分利用“气象指数”，随时调控温度，节能降耗，科学运行，确保了居民室温合格率达99.8%。加大供暖收费力度，完善收费服务体系，有效地解决供暖收费中的矛盾纠纷，提高了供暖费的收缴率，居民群众对供暖工作的满意率达99.8%。完成63台老旧供暖设备、24957米内外供暖管线改造，确保供暖安全和节能降耗，提高居民生活质量。

（葛菁　崔蕊）

【拆迁拆除工作】　2010年10月至2011年4月，区房地中心承担了市区重点拆迁项目——919工程，作为第一分指挥部，负责500余户居民、1.5万平方米的拆迁任务，在时间紧、任务重、难度大的情况下，完成了拆迁任务。7月至12月，区房地中心完成了市区重点征收项目——629工程，共承担了217户、5024平方米的征收任务。两项工程都受到了市政府的表彰，分别获得集体二等功和集体一等功。此外，还实施了国家保密局056工程、中央警卫局四期、西安大院简易楼腾退、实验二小周边疏解腾退等11个拆迁、征收及腾退项目。

（葛菁　崔蕊）

【四类房屋大修翻建】 完成四类房屋大修翻建任务，对西绒线胡同甲9号、敬胜胡同18号等1316间四类房屋进行大修翻建，施工1.9万平方米、涉及住户774户。

（葛菁　崔蕊）

【平房院下水管线改造】 对西四北五条6号、鼓楼西大街168号等810个院落进行下水管线改造，工程涉及下水管线更新、地面硬化等，彻底解决管线堵塞、雨天积水等问题。

（葛菁　崔蕊）

【街巷街景整治工程】 完成西长安街地区东中胡同、新街口地区宝产胡同、什刹海地区羊房胡同3条街巷街景整治工程，涉及对老旧房屋翻建、挑顶、门楼及院墙施工，建筑外立面粘贴亭泥砖片、修整屋面等内容，建筑风格选择具有老北京特色的灰砖合瓦，整治总长度1221米。

（葛菁　崔蕊）

【简易楼综合维修工程】 完成宏大胡同25号南楼、棉花胡同93号楼、大石桥胡同53号楼、东斜街6号楼等23栋简易楼的综合维修，工程内容包括：更换塑钢窗、上下水管线改造、楼房加固等，共更换塑钢窗331户，上下水管线改造278户，楼房拆砌墙体加固13户。

（葛菁　崔蕊）

【老旧楼房、小区综合维修改造】 对前桃园胡同1号楼、小后仓2号楼、爱民里6号楼、大六部口26号楼等63栋正规老旧楼房进行综合维修，维修内容包括：实施电路改造、公共部位内墙粉刷、塑钢窗更换、楼房屋面冷苦等工程，改造面积24.7万平方米，受益居民8258户。对万明园小区、京畿道小区、如意里小区、露园小区等32个老旧小区进行集中整治，完成小区地面硬化、砌筑挡土墙、制装铁艺栏杆、改造雨污水管线、安装太阳能路灯、更换信报箱等改造任务。

（葛菁　崔蕊）

【楼房节能改造】 完成新文化街12号院内1楼、白云路7号院、展览馆路8号楼、人定湖西里12号楼、塔院小区、榆树馆西里14号楼、南营房煤建楼等28栋楼外墙保温节能改造，改造面积15.2万平方米，受益居民2445户。工程内容包括：外墙基层处理、贴防火保温板、安装托件、镀锌网锚固、固定、抹保温砂浆并满贴压入耐碱玻纤网格布、刮腻子、刷涂料等14道施工工艺。施工均采用A级无机纤维棉板防火材料，达到国家65%的建筑节能目标要求。

（葛菁　崔蕊）

【平房院户厕保洁管理】 进一步提高平房院户厕专业保洁管理水平，确保居民生活安全舒适。规范保洁队伍建设，对保洁员进行定期培训，强化服务规范有序。完善保洁制度和考核评价制度，强化保洁工作责任制，落实各项保洁制度，使保洁工作有人考核、有人监管、责任明确。完善户厕综合管理智能信息系统，确保保洁服务到位。加强保洁维修服务，开通24小时报修热线，建立维修档案，及时受理居民提出的户厕报修，保障居民正常生活。

（葛菁　崔蕊）

【“一户一水表”改造工程】 年内，配合区市政市容委完成了800户“一户一水表”改造工程。

（葛菁　崔蕊）

【安全生产工作】 年内，区房地中心累计投资38.3万元，建立宣传园地、宣传橱窗，用于工地上的各种宣传设施；组织各项安全生产活动；购置安全生产设备及防护用品等。共组织安全培训教育21次，培训2381人，全部进行书面答卷。针对楼房外墙保温任务重、安全责任大的特点，集中组织楼房外墙保温施工的专项培训共12个班，1075名农民工参加培训，培训内容包括：施工现场安全管理综合知识、施工工艺及民工管理、施工组织设计及高空作业操作规程等。组织各种安全检查30余次，检查工地140余处，排除一般性安全隐患34个。对查出的安全隐患限期整改，对违规违章行为共罚款5000元。以“安全生产月活动”为契机，组织开展安全咨询日活动、共产党员下工地活动、“安全在我身边”

演讲活动；组织防火演习并建立宣传园地设置专栏33个、张贴宣传画574张、发放宣传材料1102份；组织安全教育并进行书面答卷有1750人参加；排除安全隐患5个。活动后中心召开总结评比会，评出10个优秀单位，并发放奖金予以鼓励。

（葛菁　崔蕊）

【信访、建议提案办理与信息公开】　年内，区房地中心坚持用群众工作统揽信访工作，坚持实行领导干部接访制、领导干部包案制，健全信访工作会商制。适当增加人力、财力投入，集中化解一些重点的复杂案件，解决了一批历史遗留问题。全年累计接到信访件113件次、180人次，同比下降28%，实现了信访量逐年下降的目标。化解突出问题5件次，召开协调会28次。累计接到群众来访156批次、247人次，领导接待群众来访17批次、58人次，全部领导班子成员均参加了接待群众来访。承办人大代表建议和政协委员提案8件，其中单办件3件、分办件1件、会办件4件，按要求在规定期限内全部办复。主动公开政府信息共5条，受理公众申请公开政府信息11件，接受咨询15人次，均按要求做出答复。

（葛菁　崔蕊）

【职工素质教育及岗位培训】　配合重点工程项目，对参加政府惠民工程的施工管理人员和民工队骨干共740余名，分8个教学班开展了岗前技术、安全教育培训。对区房地中心所属各部门现行的规章制度进行学习和修订，开办《百项规制培训》培训班，共有308名管理人员参加培训。针对秋冬季房屋安全普查工作，组织117名查房人员参加房屋安全普查培训班。组织从事房屋管理工作的77人参加房屋管理人员培训班，涉及房屋租金、产权、档案管理等相关课程。举办了财务人员继续教育培训班，80名财务管理人员参加培训。完成市、区工会首都职工素质教育工程培训任务，共有992人参加学习并通过考核。

（葛菁　崔蕊）

北京宣房投资管理公司

【概况】　北京宣房投资管理公司下辖北京宣房房屋经营公司、北京宣房楼宇设备公司、北京宣房物业管理有限公司、北京宣房大厚投资管理有限责任公司、北京市红义物业管理公司、北京市正阳经济贸易公司、北京市宣武区宣房建筑工程处、北京市宣武区房地产交易所、北京轩方装饰工程有限责任公司、北京宣房拆迁有限责任公司、北京宣房鑫兴商贸有限公司11个全资子公司，在职员工961人。年内，以科学发展观为统领，按照“抓班子，带队伍，求生存，谋发展”的总体思路，倡导“服务服务再服务”的企业精神，完成辖区直管公房管理、修缮、防汛、锅炉供暖、电梯运行、服务承诺等社会公共服务任务和直管公房解危式修缮、煤改气工程、既有建筑节能改造、平房院电改造、雨污水户线改造等政府惠民工程及物业服务管理任务，实现经济总收入79285万元。共管理直管公房193.30万平方米；锅炉房31处、锅炉77台，供热面积235.12余万平方米；管理电梯85部，高层楼房二次供水26处；管理辖区老旧小区、托代管小区物业19个，面积近100万建筑平方米。

地址：西城区右安门内大街15号
邮编：100054
电话：63523001

（周　乾）

【直管公房安全普查】　2月，公司所属北京宣房房屋经营公司完成2010—2011年度辖区直管公房房屋安全普查工作，共检查直管公房193.30万平方米。按照房屋完损等级评定标准划分：基本完好房94.40万平方米，占总管房面积的48.84%；一般破损房63.45万平方米，占总管房面积的32.83%；严重破损房35.45万平方米，占总管房面积的18.34%。管理房屋中有住宅房屋179.31万平方米，其中平房42107间、55.63万平方米；中式楼172幢、2172间、3.23万平方米；简易楼160幢、2313间、12.77万平方米；多层正规楼241幢、93.14万平方米；高层楼17幢、14.54万平方米。平房中有严重破损房15812间、21.42万平方米，占住宅平房面积的38.50%；中式楼中有严重破损房102幢、1295间、1.92万平方米，占住宅中式楼面积的59.44%；简易楼中有严重破损房83幢、6.81万平方米，占住宅简易楼面积的53.33%。由于政府近年来加大了直管公房修缮费用的投入，辖区房屋状况有了一定改善，未发现危险平房、中式楼、简易楼和正规楼房。

（周　乾）

【完成冬季供暖任务】　3月15日，公司所属北京宣房楼宇设备公司完成所管理的31处直管锅炉房、77台锅炉，235.12万平方米居民住宅供热面积的供暖任务，被评为北京市住宅锅炉供暖先进单位。全年共投入维修资金320万元，大修锅炉房31处，更新管线1000余米；利用政府投资694.11万元,修建室外热表井60个，安装室内散热器温控阀1675个，安装分户节能热表429块，进行热表小室改造100余处，保证所管锅炉按时点火、送暖、室温不低于18度三个100%。

（周　乾）

【直管公房平房大修加固】 3月15日，根据辖区直管公房安全普查状况，公司所属宣房房屋经营公司启动了危旧平房大修、加固工程。5月30日前完成平房加固1200间、涉及居民800户。6月至12月完成平房大修工程，涉及平房180间、居民110户。两项工程共计建筑面积2.07万平方米，保证了居民的住用安全。

（周　乾）

【直管公房综合整修改造】 3月15日，根据辖区直管公房安全普查状况和区政府为民办实事折子工程任务编制计划，公司所属宣房房屋经营公司启动了直管公房综合整修改造工程。其中平房屋面整修防水3600间，9月30日竣工；雨污水户线改造164处，7月31日竣工；一户一自来水表改造跨年度工程年内完成1809户；楼房屋面防水6万平方米，5月30日竣工；楼房公共部位维修51幢，上下水更新25幢，外装饰检修45幢，小区下水更新改造2处，11月30日竣工，较好地改善了居民群众的生活条件。

（周　乾）

【香厂路等胡同综合整治】 5月22日，天桥街道办事处组织实施、公司所属北京市宣武区宣房建筑工程处中标承建的香厂路、留学路、仁民路3条主要胡同及周边小巷环境整治为民办实事工程启动。工程于11月30日竣工，历时半年，涉及大小胡同16条，共拆除违章建筑1800余平方米，翻建房屋700余建筑平方米，整治街面底商牌匾1000平方米，更换门窗1000平方米，修补粉饰沿街墙面5000平方米，新做了石板台阶，铺设了渗水地砖，使该地区胡同面貌焕然一新，工程质量验收合格率100%，受到了西城区、天桥街道办事处领导和居民及商户的好评，收到锦旗7面。

（周　乾）

【老旧小区居民楼电线改造】 6月1日，根据西城区人民政府为民办实事折子工程任务编制计划，公司所属宣房房屋经营公司对辖区天桥地区虎坊路1号、3—28号、永安路1—5号、禄长街1、2号、灵佑宫2号院、椿树地区宣外东里1—3号、魏染胡同甲36号等共计43幢老旧小区居民楼房的室内电线进行了更新改造，消除了用电隐患，改善了生活条件。工程于10月30日竣工，受益居民2004户。

（周　乾）

【既有建筑节能改造】 7月1日，为落实各级政府倡导的低碳、环保、节能要求，根据区住建委的安排，公司作为辖区既有建筑节能改造工程的实施主体，按照相关程序公开向社会进行了招标，经过专家评审，最终北京兰天大诚新型建材有限责任公司、北京建磊国际装饰工程股份有限公司、河北星太装饰集团有限公司、温州市亚飞铝窗有限公司4家单位中标，承担改造施工任务，所属宣房房屋经营公司积极配合，对辖区椿树地区魏染胡同甲36号、牛街地区枣林前街81号、广内地区广义里11—13号、广外地区车站西街13号院3—5号、天桥地区虎坊路3—28号、白纸坊地区里仁街6号院7—9号等共计73幢、19.97万建筑平方米面积的直管楼房门窗进行了更换。工程12月31日完工，较好地改善了辖区直管公房居民的生活居住条件。

（周　乾）

【马连道供热厂煤改气工程】 7月6日，根据市发改委项目批复意见及市、区环保局的安排，公司及其所属宣房楼宇设备公司启动了广外地区马连道供热厂3台20蒸吨、1台40蒸吨燃煤锅炉改建成4台29兆瓦燃气锅炉工程，涉及广外地区红莲、马连道、三义里等社区居民近2万户，供热面积120万平方米。为赶在11月7日北京市冬季供暖锅炉点火日之前完成任务，公司以保稳定的大局为重，克服时间紧、任务重、压力大、程序复杂等困难，组织相关人员协助施工单位北京城建安装工程有限公司倒排工期，编制施工方案和应急情况处置预案，积极协调政府主管部门、锅炉材料供应商、街道办事处、周边居民之间的关系，保证工程顺利实施。施工单位精心组织，严格管理，全体施工人员放弃节假日休息时间，加班加点奋战在工程一线，抢时间、赶进度，于11月1日优质高效地完成了工程任务，保证了锅炉按时点火、送暖。整个工程从立项、规划、设计到施工队招标、原设备拆除、新设备采购、施工安装、锅炉调试、点火运行，用了4个月的时间，受到了市、区领导和居民群众的好评。

(周　乾)

【老旧小区锅炉房供热管网改造】 7月15日，公司所属宣房楼宇设备公司对辖区天桥地区虎坊路、白纸坊地区平原里、盆儿胡同、自新路4处老旧小区锅炉房和室内外供热管网进行了改造，新建热交换站2处，涉及楼房32幢、居民6000余户、供热面积40余万平方米。工程10月底竣工，较好地解决了“跑冒滴漏”问题，节约了能源，改善了居民群众的取暖条件。

(周　乾)

【直管公房安全度汛】 9月15日，全市正式下汛。公司完成了直管公房防汛任务，连续26年实现了市政府提出的“少塌房、不死人、安全度汛”的防汛工作目标。为保障汛期辖区直管公房的住用安全，公司成立了防汛领导组织指挥机构，明确防汛责任区域、责任人和现场指挥人员以及出现场的时间，组建了9支、300人的防汛抢险队伍，组织了抢险实战演习，坚持雨前检查、雨中巡查、雨后复查和出现雨情领导、防汛队员在岗值守等制度，做到了任务、组织、措施、监督四到位，责任、队伍、预案、物资四落实，较好地应对了6月23日、7月24日、8月9日等频繁的强降雨极端天气。汛期共出动防汛人员936人次，检查平房1565间次、楼房277幢次，处理漏雨平房1788间次、楼房279幢次，补苫加固房屋274间次，疏通低洼院落积水9处，排除居民房屋进水100间，保证了辖区居民汛期房屋住用安全。

(周　乾)

【直管电梯、高压水泵安全运行】 年内，宣房楼宇设备公司加大对辖区直管电梯、楼房高压水泵等设备的维修管理和养护力度，投资146万元，更新有关部件，维修了相关设施，保证了60部直管电梯、22处高压泵组安全运行。在每年一次的北京市城镇房屋及设备安全检查中，60部电梯和22处高层楼房二次供水设备全部达标。同时，对22处高层楼房高压水泵的所有水箱进行了清洗，并实行封闭管理，消除安全隐患，保证了居民出行安全和生活用水的安全卫生。

(周　乾)

【直管公房租金收缴】 年内，公司所属宣房房屋经营公司狠抓房管队伍建设，加强直管公房租金收缴人员的教育管理，规范业务、资料和工作程序，减少了工作漏洞，提高了租金收缴额度。全年租金收入实现2108.21万元，超出计划租金收缴额208.43万元，占年应收租金2116.16万元的99.62%，比去年上升了0.18个百分点。所管理的39个直管公房管片，30个管片租金收缴率达到了100%，占76.92%。同时，回收旧欠租金18万元，占年应收旧欠额100.56万元的17.90%

(周　乾)

【供暖收费工作】 年内，公司所属宣房楼宇设备公司继续采取派遣专业工作人员催收和聘请2名律师对欠费单位诉讼追收的措施，提高供暖收费率。全年共收缴供暖费5396.47万元，其中当年供暖费收缴4746.82万元，追回旧欠649.65万元，分别占年应收供暖费6044.26万元的78.53%、年应收旧欠额700万元的92.81%；收费总额比上年的5148.46万元增加了248.01万元，增长4.82个百分点。

(周　乾)

【物业管理工作】 年内，公司所属北京宣房房屋经营公司按照市、区政府的要求，启动了老旧小区物业管理为民办实事工程。制订了对老旧小区实施门窗、雨污水户线、电线、供暖管网、屋面防水、上下水更新改造以及小区环境整治等综合治理计划，涉及虎坊路、永安北里、高家寨、宣外东里、里仁街、崇效胡同、车站西街、广义街等居民小区，进一步改善了人民群众的生活环境。同时，公司所属北京宣房大厚投资管理有限责任公司、北京市红义物业管理公司、北京市正阳经济贸易公司分别在相来家园商品房和新安中里危改回迁物业、广外马连道小区托代管物业、正阳商业楼房屋租赁物业等服务中积极探索，扎实工作，得到了业主的好评。全年公司共管理物业小区19个，面积100万平方米。

(周　乾)

【完成国有资产保值指标】 年内，公司在完成好直管公房管理、修缮、防汛、锅炉供暖、电梯运行等社会公共服务职能任务，实现社会效益的同时，把追求经济效益、实现经营利润作为企业发展的根本目标，狠抓所属企业的经营创收，取得了较好的经济效益。全年公司经济总收入79285万元，利润总额

847 万元，上缴税金 1869 万元，实现国有资产保值增值率 102.97%，社会贡献率 8.06%，超额完成区国资委下达的任务指标。

（周 乾）

【落实社会服务承诺】 年内，公司继续落实向全区居民公开承诺的房屋维修、水电急修、防汛、锅炉供暖、电梯安全运行五项服务活动，重点开展了对军烈属、孤寡老人、残疾人、低保户等特殊社会弱势群体的服务。把“服务、服务、再服务”大讨论成果升华为企业精神，赋予了“树立服务意识，提高服务能力，创新服务手段”的具体内涵，进行大力弘扬，激发广大员工对居民群众的服务热情，提高服务质量。公司所属宣房房屋经营公司四支水电急修队、宣房楼宇设备公司供暖电梯急修队 24 小时坚守岗位，及时解决居民报修的水、电、暖、电梯问题，极大地方便了辖区居民的生活，受到了群众的好评，促进了社会的和谐与稳定。全年共收到表扬信 90 封、锦旗 24 面。

（周 乾）

园林绿化管理

【概况】 北京市西城区园林绿化局（简称区园林绿化局），挂北京市西城区绿化委员会办公室（简称区绿化办）牌子，是负责全区园林绿化工作的区政府工作部门。主要职责是制定全区园林绿化发展中长期规划和年度计划并组织实施；组织、指导和监督全区城市绿化美化养护管理工作，组织、协调重大活动的绿化美化及环境布置工作；管理和保护全区绿地和林木资源；负责全区公园、风景名胜区的行业管理；承担西城区绿化委员会的具体工作，负责全区全民义务植树活动的宣传发动、组织协调、监督检查和评比表彰工作等。内设科室 9 个，在职人员 37 人。北京市西城区园林市政管理中心（简称中心），主要职责是承担区管园林绿化的养护作业管理、绿化改造工程设计和施工任务；承担重要节假日和重大活动的花卉布置工作；负责区属公园、景区及景区水面的日常管理工作；受区市政市容委委托，组织市政设施的普查、道路大中修工程、道路养护、占掘路审核工作和区政府产权的市政设施的日常管护运行工作等。中心机关内设科室 15 个，在编人员 102 人。中心下属月坛公园管理处、人定湖公园管理处、万寿公园管理处、滨河公园管理处、宣武艺园管理处、宣武区绿化队、宣武区绿化二队、德外绿化队、月坛绿化队、市政工程队、苗木园艺队、奇石馆、北京三海投资管理中心和北京什刹海旅游开发有限公司 14 个基层单位，附属有北京市绿美园林工程服务中心和北京市鑫雅市政建设工程处 2 个一级施工资质企业及北京紫光绿化工程有限责任公司 1 个二级施工资质企业。根据 10 月 27 日《北京市西城区机构编制委员会关于同意组建北京市西城区园林市政管理中心的批复》（西编字〔2011〕51 号）文件精神，新组建的西城区园林市政管理中心为区政府直属相当正处级全额拨款事业单位。年内，完成绿化面积 19.54 公顷，其中新增 5.52 公顷，植树 8.89 万株，铺草坪 9.26 万平方米，栽植花卉 350 万株（盆），完成屋顶绿化 2.3 万平方米、垂直绿化 5300 延长米。区园林绿化局被全国住房和城乡建设部评为全国住房城乡建设系统“五五”普法工作先进单位，德胜公园被评为北京市第九批精品公园。截至年底，全区实有园林绿地面积 1032.58 公顷、道路绿地面积 144.82 公顷、树木 238.63 万株（含古树 3253 株）、草坪 460.51 万平方米，绿地率 20.43%、绿化覆盖率 28.64%、人均绿地面积 7.57 平方米、人均公园绿地面积 3.29 平方米。

地址：西城区白纸坊东街甲 29 号
　　　万寿公园内

邮编：100054

电话：63517899

（范慧英）

【全民义务植树日活动】 围绕全民义务植树 30 周年和国际森林年两大主题，区绿化办组织开展各项活动。4 月 2 日，在全国人大办公楼前开展主题为“全民参与、共建共享、绿我家园”的首都第 27 个全民义务植树日活动，全国人大常委会副委员长李建国、司马义·铁力瓦尔地和全国人大常委会、全国人大专门委员会部分组成人员及北京市人大领导和区四套班子领导约80人现场栽植银杏、玉兰和油松等树木108株，绿化面积2000余平方米。全区各机关单位、社会团体、企事业单位积极开展形式多样的植树日活动。区绿化办和各街道办事处分别设立宣传咨询站，向群众普及《北京市绿化条例》、义务植树、建设生态园林城市及病虫害防治等方面的知识，提高群众的生态文明意识。各街道办事处以社区为单位，发动社区居民清理绿地卫生。区绿化办还在延庆县延琉路两侧、八达岭地区以及怀柔区怀北镇大水峪设置植树点，接待社会单位和市民个人植树。植树日活动当天，全区有9.59万人参加植树活动，共植树7350株，清扫绿地138万平方米，养护树木14.6万株，设宣传咨询站18个，出动宣传车13辆，发放宣传材料7.8万份。全面启动义务植树登记考核工作,贯彻落实《首都义务植树三个管理办法》，建立健全义务植树登记卡制度,全区1216个单位、35.3万适龄公民参加义务植树登记。全面启动“绿色进社区”活动，向255个社区印发了致全区居民一封信，倡议居民以多种形式参加植树活动。配合首都绿化委员会办公室（简称首都绿化办）开展“寻找绿色之光”活动，邀请绿化专家介绍西城区全民义务植树30年情况、绿化美化建设成果、重点工程项目和典型人物，对涌现出的优秀人物代表进行访谈，并实地走访义务植树成果现场。开展纪念首都全民义务植树30周年文学作品征集活动，与区文联联合邀请文学艺术家进行采风和创作，共收集报告文学、散文、诗歌和小说等作品70余篇。

（范慧英）

【花园式单位、社区、街道创建】 按照首都绿化办的工作部署和要求，为有效解决社区绿化工作中存在的问题和困难，提高社区绿化水平，区绿化办和各街道绿化办充分发挥组织协调、宣传发动、服务指导等职能作用，号召区内有关单位和社区，发挥各自优势特点，积极参与首都绿化美化创建活动。年内，西派国际等8个单位被评为花园式单位，广外依莲轩等4个社区被评为花园式社区，新街口街道被评为花园式街道。截至年底，全区花园式单位达到434个，花园式街道达到12个，花园式社区达到9个。

（范慧英）

【“城乡手拉手，共建新农村”活动】 根据首都绿化办的组织安排，区绿化办不断丰富共建形式与内容，创新工作方法，推动街道办事处和驻区单位加强与延庆县、怀柔区的纵深合作。主管区领导带队到延庆县和怀柔区实地考察，研究深化手拉手工作的机制和内容，把合作领域扩大到环境建设、信息发展、技术扶持、人才培养等多方面，搭建起广阔的合作平台。年内，通过各种渠道提供扶持资金82.3万元，支持新农村绿化植树5000余株。截至年底，共有24个义务植树单位和9个街道与延庆县、怀柔区乡镇、村庄结成“手拉手”帮扶对子。

（范慧英）

【绿地树木认建认养】 为贯彻执行《北京市绿化条例》，扎实开展全民义务植树活动，拓展公民履行植树义务的形式，提高义务植树尽责率，区绿化办动员单位、家庭、个人参加绿地树木认建认养活动。制定工作方案，完善管理办法，向社会单位和市民提供月坛公园、玫瑰公园、陶然亭公园等9个公园认养树木，德胜公园、莲花河城市休闲公园等4处认养绿地。年内，社会单位、个人认建认养树木3647株，绿地12块计9.04公顷，投入资金累计达140.7万元。

（范慧英）

【绿化建设改造】 根据市、区环境建设任务要求，区园林绿化局以改善生态环境和提升景观水平为重点，严格规划设计，精心组织实施，强化监督管理，推进各项绿化美化建设。年内，建成全国人大周边和广源小区前道路等5处公园绿地，计4.77公顷；改造北草场、西直门小立交和清芷园等10处绿地，计14.02公顷；实施北京十四中、北京八中培训部和中央编译局等13处屋顶绿化，计2.3万平方米；完成南菜园街和体育场馆周边等10处垂直绿化，计5300延长米。

（范慧英）

【节日花卉布置】 为庆祝中国共产党成立90周年和迎接国庆节的到来，区园林绿化局组织发动专业队伍、各街道办事处及社会单位开展环境布置工作。以“喜迎建党九十周年，鲜花装扮和谐西城”和“喜迎国庆，缤纷西城”为主题,制定了《西城区建党九十周年和国庆花卉景观布置方案》，以“五一”为序幕、“七一”为亮点、“十一”为高潮，采用立体主题花坛、容器花卉和栽植地栽花卉等多种形式，在主要大街、重要节点、公园绿地进行花卉布置。年内，共制作“红旗颂”、

“喜迎华诞”和“民族团结一家亲”等主题花坛14座，栽植地栽花卉5万余平方米，共计用花350万株（盆）。

（范慧英）

【绿化养护管理】 以“立足本区、面向全市，争创一流，实现精细化、全方位管理”为目标，进一步加强绿化养护管理的监督、检查、指导与服务。健全管理机制和考核办法，加大资金投入力度，推进街道自管绿地全部移交专业部门管理，将绿化专业管理延伸到小街、小巷和老旧小区，促进绿地系统资源整合、规范养护作业标准及精细化管理水平的提升。坚持“政府主导、属地管理”基本原则和“预防为主、综合防治”工作方针，开展美国白蛾及常规病虫害防治工作。通过广泛宣传动员，健全防控机制与专业防控队伍，加强联防联治，设置575个测报点，抓好科学预测、适时防治和查遗补漏3个主要环节，使防治工作取得明显成效，特别是消灭了老旧小区、多产权单位的防控死角，维护了全区的生态安全。贯彻执行《北京市古树名木保护管理条例》，依法加强古树名木保护和管理工作，科学制定保护复壮计划，督促管护单位落实责任，采取补洞、修剪、防治病虫害、支撑和更换安装围栏等措施进行保护复壮。在年底全市绿地等级评定中，莲花河城市休闲公园、南礼士路公园等11块19.85万平方米被评定为特级绿地，阳光丽景社区和水利部2块2.25万平方米被评定为一级绿地。

（范慧英）

【编制园林绿化发展规划】 按照北京市园林绿化局和区政府的要求，区园林绿化局积极与城市建设、规划部门协作，研究制订适合西城区园林绿化可持续发展的规划和建设目标，完成《西城区绿地系统规划（2010—2020年）》初稿，并编制《西城区“十二五”时期园林绿化发展规划》，在全面总结“十一五”工作的基础上，确定了西城区绿化建设方向和实施策略，为推动全区园林绿化事业科学发展奠定了基础。

（范慧英）

【公园管理】 坚持精品化建设、精细化管理方针，进一步加强公园景区的建设与管理。一是抓好硬件建设。结合全市精品公园复查，对辖区21所公园及12处开放式绿地的景观、安全和卫生等方面进行集中检查，完善管理模式，提升规范化和标准化管理水平。二是加强能力建设，对园工开展专业技术、职业道德和服务技能等方面的轮训，增强服务意识和服务水平。三是搞好文化建设。各公园结合自身特色开展多种形式的文化、宣传活动。万寿公园向周边居民、学生及游人开展应急避险和节能等方面知识的宣传；人定湖公园举办“文化进万家、周末大舞台”演出，组建人定湖之声歌友团，为游客免费制作展出摄影作品的园地，搭建起与游客交流的平台；大观园开展红楼文化特色宣传。年内，区属公园接待游人1040万人次，大观园迎接了全市精品公园复查，德胜公园被评为北京市第九批精品公园。

（范慧英）

【园林科技推广与科普宣传】 坚持“科技兴绿”工作方针，按照“设施数字化、社会信息化、管理智能化”的要求，进一步深化、完善园林植物条码管理系统和以“园林百科”命名的wap网站，在公园内外安装温湿度感应器，自动传输记录不同环境的温湿度变化，用实际数据分析证实园林绿地对缓解城市热岛效应的作用，并指导一线人员科学养护。此系统在万寿公园、月坛公园、宣武艺园和人定湖公园试点应用，共完成约1.5万个一维、二维条码的数据入库及挂牌工作。结合全民义务植树活动、生物多样性宣传、科技周和5·12防灾减灾宣传等活动，通过展板、广播、录像、咨询和观摩等形式，向公众宣传植树造林、环保绿化、生物多样性、节能和节水等方面的知识。年内，共制作宣传展板42块，发放宣传材料约40万份。

（范慧英）

环境卫生管理

【概况】 北京市西城区环境卫生服务中心（简称区环卫中心），为处级事业单位，承担区内环境卫生方面的服务性、事务性、技术性工作，并负责下属环卫作业队伍的管理工作。区环卫中心直属企业11个，事业单位8个，承担着全区主要大街的清扫与保洁、垃圾清运及密闭式清洁站管理、公厕保洁与管理、化粪池的挖掏与粪便清运、部分街道办事处街巷清扫保洁及各种环卫应急保障任务。年内，区环卫中心成立审计统计科和纪检监察科。业务调度指挥中心全年共计办结政务事件24645件，按时办结率100%，办理信访件10件，办理提案、建议5件，处理便民电话751件。全年区环卫中心在西城区城市信息化管理排名中保持总分第一名。

地址：西城区北营房中街7号

邮编：100037

电话：88378410-2021

（李　玮）

【道路清扫保洁】 年内，区环卫中心共完成主干路保洁作业面积804万平方米（其中特殊区域作业面积438.35万平方米、重点区域作业面积251.74万平方米、一般区域作业面积114万平方米），作业机械化水平均衡发展、逐步提高，道路机扫率达到98.72%，机械保洁率达到98.72%，重点地区道路洗地率达到96%，道路喷雾降尘率达到100%，机械冲刷率达到94%。按照道路作业冲、刷、洗、拖（吸）等环节为一体的联合作业、分项保洁作业工艺模式，实现重点地区污物滞留时间不超过5至8分钟，一般街巷污物滞留时间不超过30分钟的目标。环卫作业与服务质量继续保持高水准，在市、区各级各类专项检查排名中名列前茅。

（李　玮）

【道路作业保洁新模式】 年内，区环卫中心确立作业模式常态化管理的总思路，按照道路分类分级管理的原则，对已经创立的精品工程和品牌模式进一步完善和提高，努力提升作业质量。根据区内道路清扫保洁的具体情况，打造包括地安门西大街、菜市口大街等在内的28条重点道路，严格落实重点道路清扫保洁工艺模式。按照西城区“一核一带多园区”的空间发展布局，根据不同区域的功能特点和要求，采取与之相适应的作业方式和管理方式，环卫设施和作业形象与文化景观相协调，打造各具特色的环卫服务品牌，为区域经济、社会和文化的发展创造高品质的环境和服务保障。统一全区果皮箱，更换主干路两侧果皮箱2500个。根据中心除雪机械能力不足的问题，中心筹措资金260余万元为各干路保洁单位购置步道小型扫雪设备和专用机械，提高机械化除雪能力。在科学使用融雪剂的情况下，创新机械化除雪新工艺，努力减少融雪剂使用量。同时，各单位能够在工作中发挥创新意识，积极探索环卫作业和日常管理的新途径、新方法。各单位建立健全技术创新小组，自主研发“高压水车改装侧喷装置”、“洗地车加装滚刷清洗装置”、“机扫车起箱报警装置”，自主研发“人工／机械轮式推雪铲”，在全中心推广融雪剂“移动计量破袋式导向斗”，达到快速除雪、减轻工人劳动强度的效果。在原有样机的基础上自主创新制造了16台汽油机前置1.1米×0.6米机械推雪铲装置，解决大型除雪设备难清理、人工清理效率低的问题。自主研发道路遗撒痕迹多功能作业车，解决了多年道路遗撒痕迹和顽固污渍难清除的难题。研制开发太阳能系列保洁车，为“低碳生活、节能环保”和绿色环卫作出贡献。在隔离带冲刷作业的同时使用自主研发的隔离带吹风设备进行全天候作业，使隔离带一改往年用融雪剂水进行冲刷时留有白色印记的问题，提升了整体的干净程度。对GPS监控设备及车载GPS设备进行了更新，发挥GPS功能，进一步强化管理，确保安全和作业质量。在各干路作业单位的共同努力下，道路洁净度和整体效果始终保持全市领先水平，作业方式、作业工艺、作业形象和管理模式在同行业中起着示范带头作用。

（李　玮）

【街巷保洁新模式】 年内，区环卫中心承担了全区15个街道办事处地区中12个街道的保洁业务。建立健全街巷保洁领域的管理系统、质量标准及质量保证体系。发挥专业优势，整合街区资源，建立经费支持保障体系，街巷保洁和垃圾收集机械化作业程度大幅度提升，改变传统作业方式和作业形象，实现街区作业一体化的街巷保洁专业化。与街道办事处密切合作，加大街道、社区、居家委会环境卫生的管理和治理力度，建立全民参与的监督保证体系，把街巷保洁作为重要的民生工程，为居民群众提供整洁优美的宜居环境和优质服务，缩小街区环境水平差距，整体效果和水平全面提升。中心投入690余万元购置电动扫路机、小型扫路车等新型环卫机械，既提高了保洁作业的工作效率，改变环卫作业形象，降低职工劳动强度，又有助于推动街区作业一体化、机械化进程，提升专业化服务水平。各街巷保洁作业单位继续完善各项管理制度，进行规范管理，对街巷管理存在的问题，采取有针对性的措施，加大监督检查力度，确保了责任落实到人，任务落实到位。努力探索街巷胡同垃圾收运管理以及街巷保洁作业的新工艺和新模式，创新垃圾收运方式，使用环保清洁车取代人力手推车，实现生活垃圾从源头收集到存储转运全过程的密闭化和机械化。改装小型洒水车，安装了高压助力泵，使小型洒水车具备了前后两侧喷雾降尘功能，同时可使用高压水枪在夏季对小广告进行冲刷清除。对重点路段、重点场所、重点时段的保洁，采取延长作业时间、增加清运次数等措施，加强巡回保洁检查力度，在全面提高的基础上，打造精品、确保重点。街道街巷保洁工作方案进一步细化，规范化服务细则初步拟定，各级人员职责、任务、要求明确。特别是作业标准进一步统一，作业方式进一步规范，使街巷保洁纳入环卫专业化管理，全区环卫专业作业水平进一步提升。街巷胡同内1/3的垃圾桶和垃圾房更换为具有垃圾分类功能的新型垃圾桶，更换垃圾箱220个、垃圾桶1500个。

（李　玮）

【公厕设施建设与服务】　年内，区环卫中心共完成公厕保洁作业1221座，其中二类366座、达标722座、三类77座、户厕56座。对26座二类公厕进行整体修缮，主要集中在煤市街、南新华街、牛街、沿滨河路景观大道、马连道等重点大街和地区。更换10座重点地区损坏严重的可移动公厕。更换五防井盖500个。在文明城区迎检期间，对211座公厕进行了无障碍设施改造，对15座危厕进行了翻建及加固工程，对562座公厕的1882块标识牌进行了更换。公厕保洁和管理服务水平进一步提高，根据不同街区功能和特色突出特色服务和人文服务，环卫服务品质和城市公共服务整体水平全面提升。全年共完成粪便清运31.58万吨（含四队自运）。

（李　玮）

【清洁站设施建设与管理】　年内，区环卫中心按照《北京市密闭式垃圾清洁站建设改造技术导则》的要求，对14座密闭式清洁站进行改造，加强安全保障工作，规范各类标识。地面设置安全警示标志，划分作业区域和安全通道。在墙面设置安全生产规范指示牌，加强安全生产设施建设。加强数字化基础设施建设，便于中心统一指挥和调度。为44座密闭式清洁站更换除臭装置，为11座密闭式清洁站安装信息传输系统。购置不锈钢大箱130个，完善设施功能，加大科技含量，提高设施水平，确保密闭式清洁站改造一步到位。为配合国家电网重点工程建设，拆除中心所属过街楼清洁站，在陶然亭公园西门新建一座清洁站解决陶然亭地区的生活垃圾收运问题。加强密闭式清洁站的日常管理，加大人员培训的力度，实行现代化管理和服务。全年共完成垃圾清运53.83万吨。

（李　玮）

【垃圾分类工作】　年内，区环卫中心进一步推进垃圾分类工作。按照区市政管委下达的工作任务，为保证垃圾分类工作各个环节相连，对实行垃圾分类的餐馆、社区、单位进行实地勘察，测算产出的垃圾量，建立收运档案。根据具体情况，配备不同类型的收运车辆，制定收运路线，及时收运分类垃圾。对82个社区厨余垃圾和119家单位、餐馆的餐厨垃圾进行集中收运，对27个单位生活垃圾和8个单位可回收垃圾及时收运，不断提高人们对垃圾分类工作的认识，推动西城区垃圾分类工作逐步深入。

（李　玮）

【渣土管理工作】　年内，区环卫中心渣土消纳审批管理的规范化和信息化水平进一步提高，渣土消纳行政许可手续实行网上审批后，提高了工作效率，节省了申办人员的办理时间，使渣土消纳证审批工作更加方便、快捷。为了防止发生道路污染情况，渣土所工作人员进一步加大对工地的检查力度，狠抓源头落实，严格审批管理，对运输路线进行严格审查，对不符合要求的工程坚决不予办理渣土消纳行政许可手续，同时，对区内产生的建筑垃圾渣土流向和消纳场所进行备案，并将所有数据录入渣土所业务数据库，使渣土管理工作的统计数据做到准确、严密。环卫中心全年共为73家施工单位办理渣土消纳行政许可手续，发放渣土消纳许可证974张。认真落实联动机制管理工作要求，最大限度发挥联动机制功效，加强联合检查力度，组织各职能部门定期召开联席会，有效加强工地扬尘运输遗撒治理。

（李　玮）

【环境保障工作】 年内，区环卫中心各单位各项工作突出“严”、“细”、“实”的特点，圆满完成元旦、春节、“两会”及文明城区创建与迎检期间的各项环境卫生保障工作，制定了不同阶段、各项工作的方案和预案，全体干部职工充分发挥主观能动性，发扬吃苦耐劳、甘于奉献的环卫精神，每项工作从上到下建立责任制，并以充分的准备工作和扎实的基础工作为支撑，圆满完成区委、区政府交办的保障工作。在全市实行新的更严格的检查标准和方法的情况下，环卫中心业务工作在城区市容环境卫生专业考评中排名保持总分第一名的成绩。

（李　玮）

【机关建设】 年内，区环卫中心加强中心机关建设，克服办公场所的局限，实现了工作系统和科室的集中办公，建立统一协调、高效畅通的管理指挥系统。为环卫一至六队、渣土所及退管办等8个基层单位的10处办公用房和职工休息点进行了改造工程，为机关南办公区购置了办公家具，改善了基层单位的办公环境，改善了职工休息点条件。圆满完成区政府下达的各项指标任务，及时为群众解决难题，取得社会的肯定和认可。

（李　玮）

【安全管理工作】 年内，区环卫中心进行各种安全检查共200余次，发现安全隐患30余起，均向问题单位进行了及时反馈，未发生大的安全责任事故和重大伤亡事故。共与职工签订各类安全生产责任书6500余份，签订驾驶员安全责任书3000余份。制定新工艺新设备安全操作规程24项，建立环卫车辆数据库，做好车辆管理和维护，共对80余辆作业车辆进行了喷漆，290余作业车辆的模糊标识进行了治理。统一月度安全总结汇报和车辆季报表的具体内容和上报模式，各单位安全管理工作更加科学、规范。在重要节假日、“两会”等重点时期，为创造良好的社会治安环境，维护单位内部安全，确保职工生命财产安全，中心狠抓各项安全保卫、安全生产工作，强化防范控制措施，加大检查力度，确保了节日、重点时期中心无大小责任事故的发生。

（李　玮）

【各项基础管理工作】 年内，区环卫中心克服基层单位两种体制所带来的困难，妥善处理各种问题，逐步实现中心内部人、财、物的整合与统一，保证各项工作的正常运行。根据单位现有的公共资源情况以及资产配置标准和定额，结合作业性质和作业量，科学合理地编制预算，在成本核算的基础上，确定新的环卫作业定额标准，使区环卫中心所属各单位的作业经费得到保障。加强财政预算收支执行，克服会计制度和核算方法不同造成的衔接与管理的困难，建立健全规章制度，实行内部财务的统一管理，规范会计基础工作，加强对区环卫中心所属各单位资金情况进行动态管理，努力提高资金使用效益。成立审计统计科和纪检监察科，加强对经费分配、使用和管理的审计监督，促使各单位加强管理、提高效益、强化内部控制，防范风险，推进廉政建设。按照合并调整的要求，对固定资产进行摸底清查，实现实物、账目与资产管理系统三者的统一。区环卫中心进行了机关工资待遇整合工作，统一直属企事业单位副科级以上管理人员的工资标准。实行工资通过财政系统的统发工作。制定《规范企业工资暂行办法》，规范企业职工待遇。统一中心机关及其直属事业单位的社会保险缴费基数核定方式。按照统一政策核定机关人员住房公积金，直属事业单位职工纳入事业单位医疗保险范畴，彻底解决环卫职工补充医疗保险的待遇问题。认真做好离退休职工的管理和服务工作，职工队伍和谐稳定。

（李　玮）

环境保护

【概况】 西城区环境保护局（简称区环保局）是西城区政府在环境保护方面的职能机构。设有行政科室6个，即办公室、综合法制科、环境管理与总量控制科、环境安全管理科、污染源管理科、环境影响评价科；参照公务员管理科室1个，即环保监察队；全额拨款事业单位3个，即监测站、机动车排放管理站、环保宣传教育科技中心。在职人员175人。区环保局主要职责是贯彻国家和北京市环境保护的方针、政策、法律、法规，实施可持续发展战略，推进清洁生产；拟订和制定环境保护规划和计划，改善区域环境质量；依法对辖区内单位和个人履行环保法律、法规、执行环境保护各项政策、制度和标准的情况实施环境监察；按照审批权限，对新建、改建、扩建项目执行环境影响评价制度；受理各类环境污染的投诉，紧急处理重大环境污染事故；对辖区内污染源实施管理，征收污染物排污费；组织环境宣传教育，推广科技治污新技术；组织环境质量监测和污染源监测。年内，以改善环境质量为中心，以防治大气污染为重点，认真落实市政府清洁空气行动计划纲要大气污染控制措施，强化环境安全监管，加强各类污染防治，实施主要污染物排放总量控制，区域环境质量实现持续改善。区官园子站和万寿西宫子站的二级和好于二级天数分别达283天和280天，占已监测天数的77.5%和76.7%,均提前完成市政府下达75%的蓝天目标。

地址：西城区西直门南小街20号
邮编：100035
电话：66206461
地址：西城区鸭子桥路29号
邮编：100055
电话：63568857

（刘　惟）

【煤改清洁能源工作】 年内，对非文物保护区内约4.5万户居民燃煤采暖情况进行调查摸底，涉及14个街道，其中平房约3.7万户、楼房0.8万户；对各类电采暖设备在标准房屋、介质条件下的能耗，外壳保温状况、出风口温度的合理匹配等指标进行综合评估，为制定蓄能电采暖设备标准打下基础；申报低谷电补贴平台融合项目预算及实施方案，建立全区统一的网上低谷电补贴自动审核拨付系统，全年完成补贴发放2.4万余户；为做好煤改电后期服务工作，成立煤改电电采暖设备售后服务中心，服务中心下设各电采暖设备厂家咨询台，每个厂家由专人负责，第一时间解决居民提出的问题，年内接待群众来访5300余人次。

（刘　惟）

【燃煤锅炉清洁能源改造工程】 为完成市政府给西城区下达的“十二五”期间主要污染物总量减排指标，按照年内市环保局计划要求的二氧化硫排放量削减任务，开展裕中西里锅炉房和马连道供热厂燃煤锅炉改用清洁能源工程，进一步优化能源结构，实现二氧化硫减排量189吨，氮氧化物减排量70吨，随着两处锅炉房改用清洁能源工程的完成，实现区域供暖锅炉的“无燃煤化”。在改造过程中，共召开24次专题会议，起草材料50余份，迎接市政府办公厅、市环保局、区政府领导到改造现场调研筹备与服务工作7次。裕中西里锅炉房煤改气工程将原有5台燃煤锅炉改造为4台燃气热水锅炉，预留1台燃气热水锅炉炉位，总供热能力70兆瓦，总供热面积约88.45万平方米。马连道供热厂煤改气工程将原有4台燃煤热水锅炉改造为4台燃气热水锅炉，总供热能力116兆瓦，总供暖面积约154万平方米。

（刘　惟）

【环境审批】 对新增污染物排放项目严格实施环境准入审批，年内，共审批建设项目553个，进行现场检查1527家次；验收建设项目406件；完成年度建设项目的清查工作，包括查清项目施工进度、现场状况、项目具体信息上报以及是否验收等情况；在新建建设项目环保审批中，严格执行建设项目“三同时”（建设项目中防治污染的措施，必须与主体工程同时设计、同时施工、同时投产使用）制度，加大环境保护执法检查力度，确保新建项目污染物排放达到国家相关标准。对于符合环保要求而可能存在扰民的项目，在项目审批前征集周围居民建议。

（刘　惟）

【环境监测】 年内，对降尘、废水、地表水、噪声等40多个监测项目进行了400余次监测，获得有效数据7442个，实时掌握了解区域环境质量的变化情况。结合排污申报登记、“三同时”验收及环境统计工作，对347家污染源单位的废水、锅炉、油烟、噪声等进行监测。完成《2010年污染源监测年报》、《2010年环境质量报告书》和《2006—2010年环境质量报告书》的编写工作。完成区县建成区环境噪声监测点位的调整，将网格数调整为108个(网格面积为620米×620米)。建立大气环境质量自动监测系统。购置原子吸收、离子色谱等仪器，进一步完善重金属和水质监测技术手段。

(刘 惟)

【机动车尾气排放污染检查】 制定《西城区2011年流动污染源监管工作实施计划》，深化“五重三查”（在重点时间、重点地区、重点路段对重点单位的重点车型，进行路检夜查、入户抽查、进京口检查）长效机制，集中开展专项、联合执法检查，加强机动车排放监管，进一步改善空气质量。全年共检查机动车473956辆。开展机动车排放专项检查——“夜鹰行动”，重点检查夜间上路行驶和重点单位的柴油车排放状况，加大夜间超标车处罚力度。开展非道路移动机械入户检查和工程运输车夜查专项执法工作，强化底数掌控，强化联动机制，强化执法力度，强化宣传引导，建立施工工地的非道路移动机械台账。开展“出租行业营运车辆排放专项检查”，加大对具有使用频率高、日行驶里程长的出租车行业的监管力度。

(刘 惟)

【油气排放和油品监管】 加强对加油站油气回收系统的监督检查和监测，确保油气回收设备稳定达标运行。年内共出动检查人员1611人次，检查加油站514家次，抽测加油站23家次，入户及伴随检查油罐车108辆；迎接北京市环保局、青岛市环保局调研加油站油气回收工作2次；开具《责令限期改正通知单》2份。依据《2011年北京市流动污染源监管工作实施细则》，每月对加油站回收系统的日常监督检查频次在上年2次的基础上提高50%，并研究制定《加油站油气回收工作检查标准》，确保储油设施油气回收装置正常使用。同时，通过开展加油站站长、片区经理培训，强化加油站自律意识，规范加油站管理制度与机制。

(刘 惟)

【建议、提案及信访办理】 实行24小时值班制度，确保联络畅通；重大会议和节假日，实行局领导带班、双人值班和应急小分队在岗带班制度；接到群众投诉后，在第一时间赶赴现场进行处置。年内，共受理环境信访案件1556件，主要集中在噪声、煤改电和大气等环境问题上，其中噪声共661件、煤改电388件、大气400件。定期开展信访排查工作，做好重点时期信访事项的办理，全年未发生集体上访案件。办理人大建议7件，政协提案3件，协助办理人大建议1件。

(刘 惟)

【扬尘污染控制】 以“五个100%”（工地沙土覆盖、路面硬化、车轮冲洗、洒水压尘和不开发土地绿化都达到100%）为标准，对各类工地、扬尘污染进行严格检查，发现问题及时要求整改。年内，共出动检查人员6127人次，检查工地7633个次，限期整改工地367个。落实《绿色施工管理规程》，逐步推进扬尘污染控制区试点工作。坚持联合执法、加强扬尘控制。加强道路保洁、与环卫中心协作进行道路扬尘控制，加大洒水、机扫力度，降低道路扬尘对监测数据的影响，对屋顶绿化进行维护保养和补种。环保局加强统一协调，区扬尘办各成员单位，按照各自职责，安排专门检查组，负责检查扬尘工作。

(刘 惟)

【环境污染综合整治】 对裕中西里、马连道两处共计200蒸吨燃煤锅炉进行重点监察；开展整治违法排污企业保障群众健康环保专项行动，以严重违法违规企业和群众反映强烈、污染严重、影响社会稳定的典型环境污染问题为重点，做到处理到位、整改到位、责任追究到位；严格建设项目声环境影响评价，确定重点噪声源排放单位，对噪声超标单位责令限期治理。加强中高考期间环境噪声污染监管，制定《西城区中高考期间噪声专项行动方案》，集中开展静音守护行动，保证考试期间的良好环境；以“所有餐饮业单位100%安装油烟净化设施，所有油烟净化设施100%定期维护保养，所有油烟排放管道100%定期清理”为标准，对餐饮企业进行油烟整治。年内，共出动执法人员3300余人次，采取现场检查、现场教育和严格验收3

项措施，对2813家餐饮单位进行检查，其中对200余家存在油烟净化设施损坏、擅自拆除或净化设施未及时维护、未正常运行等问题的单位，限期整治。

（刘 惟）

【水体治理】 重点加强水质巡查和监测，做好广外和德外两个水源防护区周边地区的污染源监管工作，加强对废水排放重点企业和医院污水排放的监管。通过实施什刹海水质自动监测站点建设，保障水处理厂及生态野鸭岛的正常运行，什刹海水质达到Ⅳ类或接近Ⅲ类水平，抑制水华的生成，湖水透明度增加，水体质量大幅提升。实施《大观园公园人工湖水质改善工程》项目，以控磷除藻、加强水体流动循环、强化生态系统为工程手段，实现湖水还清，完成一体化自控设备安装。

（刘 惟）

【环保科技】 围绕“可持续发展示范区”建设，开展课题研究，在控制大气污染、改善水体质量等方面取得成效。《什刹海水质净化生态野鸭岛建设研究与示范》和《煤改电采暖方式技术经济比较研究》完成结题验收，《西城区平房内外墙防火保温研究与示范》、《什刹海4A景区商业与生态环境协调发展研究与示范项目》进入实施研究阶段，《西城区餐饮行业油烟净化与废油脂综合利用研究》完成申报等工作。环境保护信息管理系统五期已进入结题验收阶段。通过五期的工作，将CDMA视频监控系统并入环保信息管理系统中，可在GIS上显示各个点位的视频资料，也可实现与区政府平台的共享联接。完成2010年度全国城市环境管理和综合整治定量考核、环境统计和污染源普查动态更新工作，完善污染源动态数据库，完成技术报告的编写。

（刘 惟）

【“十二五”环保规划方案制定】 为做好“十二五”环境保护规划编制工作，依据《北京市环境保护与生态建设规划纲要（2009—2015年）》和《北京市清洁空气行动计划（2011—2015年）》要求，在制定“十二五”各项环境保护规划的基础上，对具体目标进一步细化，提出工作实施方案，进行重点任务分解，开展和落实各项工作。完成《北京市西城区“十二五”时期环境保护和建设规划》、《北京市西城区“十二五”主要污染物总量控制规划》和《北京市西城区清洁空气行动计划（2011—2015年大气污染控制措施）》的制定。

（刘 惟）

【环境宣传教育】 广泛开展环保宣教活动，展现“十一五”环保建设成果，宣传“十二五”环保规划，引导公众关注环保，参与环保。围绕特定节日、主题活动，先后组织“参与绿色出行，倡导低碳生活”环保公益宣传活动、“关注食品包装安全，尝试低碳生活理念”为主题的低碳环保进社区活动、“共建生态文明，共享绿色未来”为主题的纪念“六·五”世界环境日活动、“做文明有礼的北京人——健康步行月”玉渊潭公园主题宣传活动等。开展北京市中小学生“我爱地球妈妈”环保演讲比赛，把节约资源和保护环境理念渗透到学校教育教学中。组织参加“生命与自然的瞬间”环保摄影比赛，进一步提高公众关注环境保护的意识，激发公众参与环保的热情，活动共收集近500张照片，并获得优秀组织奖。全年共开展环保宣传、比赛活动20次，发放环保袋5000余个、各类宣传册（环保、垃圾分类、节水、煤改电、油气回收）1.2万余份。

（刘 惟）

城市管理监察

【概况】 北京市西城区城市管理监察大队（简称区城管大队）为北京市西城区人民政府领导下，接受北京市城市管理综合行政执法局业务指导的城市管理综合行政执法机构。年内，区城管大队立足区情，根据“管理精细、队伍一流”的首都城管品牌，实现环境秩序建设迈上新台阶的工作目标。坚持政治建队，坚持准军事化管理，坚持依法行政和科学、严格、精细、长效的总体要求，全面推进工作。年内，实施各类行政处罚5879起，罚款1950289元。区城管大队被评为市级爱国卫生先进单位、城市环境秩序百日整治先进单位；北京城管信息装备工作先进单位、北京市西城区环境建设先进单位、北京市安全生产先进单位；西城区政府督查考核优秀单位，获西城区全国文明城区创建与迎检工作先进单位、城市环境秩序百日整治优秀组织奖。

地址：西城区官园胡同8号

邮编：100052

电话：66527042

（王　婧）

【政治建队】 年内，以主题教育活动为载体，弘扬新时期首都城管精神。把“调整思路、重塑形象、争创一流”、“服务是本质、形象是生命、规范是基础、执行是关键”作为主题教育的重要支撑，在坚定城管队员理想信念，提高城管队伍履行使命能力，推动城管工作持续健康发展上取得突破。在内容上采取“城管大讲堂”、“城管大论坛”、辅导讲座、典型示范等形式和“爱民大走访”、“市民评城管”等活动，确保主题教育取得实效。明确了主题教育活动需着力解决的问题，研究制定教育计划、明确分工和责任。为检验教育成果，区城管大队还邀请北京市城管廉政监督员赴执法一线进行监督指导，为主题教育活动的深入开展奠定了良好的基础。同时，以创先争优活动为契机，基层党组织建设得到进一步加强。先后组织了创先争优活动第一阶段总结研讨会、创先争优理论文章征集及照片征集活动、“创先争优——我身边的共产党员”演讲征文活动，号召党员干部在执法工作中创先争优，共评选出4个先进党支部、42名优秀共产党员及4名优秀党务工作者，其中白纸坊分队党支部、金融街分队党支部被推选为区级先进党支部，白纸坊分队上官中印、大栅栏分队张京松、机关别怀峰被推选为区级优秀共产党员，金融街分队教导员于立泉被推选为区级优秀党务工作者，白纸坊分队指导员宿敏被推选为市级优秀党务工作者。

（孟凡马）

【依法行政】 年内，转变执法理念，推行行政指导。本着依照合法性原则、因事制宜原则、以人为本原则，进一步深化行政指导工作，在工作中采取疏堵结合等方式，使行政指导与行政执法相互融合、相互促进。通过前期宣传教育，使后期在对辖区的重点大街和地区开展的专项整治工作进展顺利，并有效降低了违法行为的发生。同时，加强法制监督，严格规范执法行为。以规范行政处罚自由裁量权为载体，全面开展文明执法工作，将是否规范适用自由裁量权纳入千分制案卷考核，在制度上严格规范队员的执法行为，并充分运用法制业务系统对分队的案件办理进度进行监督，严格规范案件延期办理、案件中止办理审批手续，不断提高分队案件办理效率，切实保证疑难问题有效解决。此外，加强干部队伍业务培训。通过学习区情队情、大队规章制度、基础法律知识、案卷制作等法制业务和执法业务方面的知识，增强组织纪律观念，培养良好的工作作风，掌握城管执法工作的基本技能，提高适应岗位的能力。按照市执法局的统一安排，组织14名新录用人员参加市局新录入人员培训；区城管大队对14名新录用军转干部进行岗前集中培训；3月份，分3批对全体人员进行了军训。根据中心任务和一线执法工作需要，制定了《大队教育培训大纲》，采取课堂授课、讨论座谈、观摩执法、现场模拟、现场考核、闭卷考试等形式，对执法人员进行轮训。全年共组织轮训3期，94人参加。

（王　婧）

【城市环境秩序管理】 年内，实行“三个结合”，全面开展城市精细化管理。一是实行区域分类管理，达到“主、次结合”。将全区划分为三类地区进行管理，其中一类地区161处，包括党政机关、首长驻地等政治核心区、繁华商业区、市级主要大街、大型交通枢纽、旅游景区等，做到严防严控，达到热线零举报、媒体零曝光、绩效考核零问题的标准；二类地区91处，以区级大街为主，加强常态管理和环境整治，确保环境秩序良好，达到基本控制环境问题的标准；三类地区952处，包括街巷及居住小区、胡同，按照疏堵结合的原则，适地设立便民摊点，方便社区群众生活。通过实行区域分类管理，达到突出重点、兼顾全面、主次结合。二是坚持弹性管控机制，达到“点、线结合”。对全区71处政治敏感区、商业繁华区、重点旅游景区及易发环境乱点，根据早中晚乱点发生的情况，实行“定点、定时、定人”监控，同时，安排23个巡查车组，对全区主要大街、重点地区进行不间断巡查，以预防为主，以执法为辅，最大程度“挤压”环境违法行为发生的“空间”和“时间”，基本达到了“全时段、全覆盖、无缝隙”环境管控的目标。三是深化协调会商制度，达到“疏、堵结合”。由区政府牵头，建立了城管、工商、商委、交通、街道办事处等多部门的协调会商制度，深入研判环境问题的成因和治理对策，由整治表象向治理根源转变，由短期措施向长效机制转变，由“堵”向“疏”转变。在环境整治的基础上，充分发挥属地管理的资源优势，在有条件的地区建立一批便民市场和服务摊点，引导非法游商退路进厅，变流动为固定，变无序为有序，变禁止为限制。增设社区便民摊点100余个，弥补了商业网点布局的不足，进一步满足了群众的生活消费需求；缓解了本市下岗人员、外地务工人员的就业压力，提供了更多的就业、经营机会，缓解了城管部门的执法压力，降低了与游商之间的矛盾激化点。

（王　婧）

【城管进社区工作】 年内，创新社会管理理念，全面推进城管进社区各项工作。一是建立了一本台账。对255个社区环境问题进行了全面梳理，摸排社区环境问题3839个，全部纳入台账，达到每个社区一本台账，并按区域、类型分类梳理，属于城管职责的，按照“控制增量，减少存量”的原则，逐个逐项地解决和落实。不属于城管职责范围的，本着“属地管理”的原则，协调各街道办事处帮助解决，切实为民办实事、办好事。采取设置“民意百宝箱”，开展“连心服务零距离”、“96310受理台”等活动，广泛收集和解决社区居民诉求，确保辖区环境脏乱、占道堆物、无照经营等扰乱环境秩序问题，不出社区就能解决。截至年底，收集社区居民意见和建议120余条，通过社区城管队员及时有效的解决，社区环境得到了明显改善，12处挂账乱点得到根治。二是组建了一支队伍。为全面赢得广大市民对城管的支持和理解，在255个社区分别建立城管志愿者队伍，全区共拥有6777名社区城管志愿者。深入学校开展城管大讲堂和研学活动，邀请学生走进城管、了解城管、观摩城管执法工作，使大家对城管工作有了更进一步的认识了解，共为150余人次开展了城管大讲堂活动。与中国人民大学公共管理学院30名师生对“城管进社区”进行调研，将广内街道槐柏树北里社区作为定点调研社区。成立城管文艺宣传队，精心编排节目，定期深入街道、社区与居民们共同联谊，全年城管文艺宣传队深入社区演出50余次。三是搭建了一个平台。创办《城管直通车》报纸，收集城管队员和志愿者在工作中的典型事例，宣传社区中的点滴事情，使城市管理工作更加贴近社区，更加贴近民心。通过进一步完善城管进社区联系制度，实现了城管队员履职效能最大化；通过积极排查社区环境问题，解决社区环境问题，切实为民办实事、办好事，实现整治成果惠民最大化；通过组建社区志愿者宣传队，主动宣传城管执法工作的政策、法规、举措及成效，拉近城管与居民的距离，实现了宣传效果最大化。通过城管志愿者的积极参与，实现了资源整合最大化。自进社区工作开展以来，区内“96310”举报明显减少，群众满意度由68%上升到了90.2%。居民的文明意识得到进一步提高。

（王　婧）

【拆除违法建设】 年内，针对违法建设问题突出，制定出台《新生违法建设防控奖惩机制》，实行对辖区违法建设目标责任考核，有效督促职能部门和各分队积极开展拆违控违工作。拆除违法建设共855处、16583平方米，其中立案拆除127处、4216平方米，动员搭建人自拆或助拆728处、12367平方米。

（王　婧）

【百日整治行动】 深入开展百日整治行动，全面提升市容环境秩序。牢牢抓住春风行动、夏季攻势、秋风行动的百日整治行动的部署，明确工作重点、制定工作措施，开展了“无照经营聚集专项整治”、“马车、农用机动车售货专项整治”、“交通秩序专项整治”、“非法小广告专项整治”、“施工工地绿色施工专项整治”、“新生违法建设专项整治”、“废品收购点整治”、“邮政报刊亭专项整治”、“早点摊专项整治”等一系列执法工作，有效治理了天桥留学路拆违、报国寺周边、南营房市场周边、动物园地下通道等一批环境秩序挂账乱点。先后组织全区性大规模集中整治5次、地区性集中整治21次，通过不间断的整治行动，非法营运问题和畜力车售货等环境问题已经明显减少，坚持精细管理，打造示范精品，共创建精品示范大街30条、示范社区15个，均达到“七无标准”（无无照摊群、无店外经营、无堆物堆料、无乱贴乱挂、无暴露垃圾、无非法小广告、无非法运营聚集），由区市政管委、街道办事处与商家单位统一签署市容环境卫生责任书；全区115处施工工地、拆迁工地均按照绿色工地标准实施严格管理。

（王 婧）

【双打整治情况】 年内，全面排查隐患，确保公共安全，开展“安全隐患排查执法行动”、“燃气安全监管专项行动”、“违法建设火灾隐患排查专项行动”、“户外广告安全大检查行动”，针对违法建设、违规使用燃气设施、违规设置户外广告牌匾标识等涉及公共安全隐患问题进行全面排查，全年排查涉及火灾隐患的违法建设70处，立案26处，拆除15处，共计344平方米；排查燃气使用单位1564家，发现涉及燃气使用的安全隐患问题39起；检查户外广告牌匾标识2675处，发现安全隐患问题69起，区城管大队全部责令产权单位、责任人针对问题及时整改。针对露天烧烤、大排档等涉及食品安全隐患问题，全面摸底调查，逐一建立基础台账，全区共上账79处，做到情况清、底数明。

（王 婧）

【信息调研工作】 年内，区城管大队通过《城管监察信息》、《西城信息》、《北京城管信息》等信息载体，及时反馈总结城管大队工作进展情况和经验、做法，为各级领导掌握最新执法动态、科学决策提供准确的“一手”材料，共上报调研报告25篇。

（王 婧）

【群众监督】 年内，办理15件主办件，24件（其中含2件为市人大建议和2件党派团体提案）会办件，经回访、反馈，代表、委员对案件办结满意率达100%。召开廉政监督员座谈会，由区城管大队主要领导向监督员述职述廉，汇报2010年工作开展情况，为2011年大队的中心工作问诊把脉。同时，定期向监督员邮寄大队内部信息和城管杂志，及时了解工作动态，共邮寄信息5000份，杂志200份。受理“96310”城管热线和区城市管理系统反馈问题，实行首问协调、现场督办、跟踪抽查、电话回访和情况通报“五项机制”，提高办理时效和质量，读取率、回复率和办结率均达到100%。

（王 婧）

【宣传教育活动】 年内，整合新闻媒体力量，强化新闻、媒体报道宣传，提高社会认知度。结合“城管进社区”、春风行动、非法运营整治、环境排查等中心工作，在各类新闻媒体刊发新闻148条。整合社会志愿者力量，设立“城市文明加油站”，以宣传活动为载体，发动广大群众参与。共开展社会宣传活动357次，设置宣传站点50余个，发放宣传折页十几类共1.6万余份，《致广大市民的一封信》2万份。同时，加强网站建设，及时将区城管大队的工作举措和动态在网络上宣传，使群众能够多方面、多角度了解城管工作，出版《西城城管》杂志10期，发行《城管直通车》10期。着重培养应对媒体危机的能力，及时收集舆论对城管的报道，编发《舆情动态》，查找自身不足，促进工作开展。

（王 婧）

交通枢纽管理

【概况】 北京西直门综合交通枢纽地区管理委员会（简称西直门管委会），是北京市市政府派出机构，委托西城区政府代管。主要负责组织协调西直门综合交通枢纽地区社会治安、市场秩序、交通秩序、公共卫生、市政公用设施、市容和环境卫生、精神文明建设等工作，协助有关部门和单位做好地区春运、暑运及节假日高峰期的运输工作，依据城市规划完善地区服务设施，负责地区应急管理工作，负责对有关部门在地区的日常管理工作进行监督检查工作以及承办市政府交办的其他工作。设行政办公室、社会治安综合治理办公室、综合管理一处、综合管理二处（均为副处级）4个内设机构。年内，西直门管委会以“服务立区、金融强区、文化兴区”三大战略为指导，以科学发展为主题，按照新西城、新发展的工作要求，在抓服务、促管理、创效益、树品牌上下功夫，围绕建设现代、文明、和谐交通枢纽地区为目标，全面推进服务型政府建设，推进交通枢纽地区跨越式发展，完成了市委市政府、区委区政府部署的各项工作任务。

地址：西城区北礼士路10号南楼

邮编：100044
电话：88391603

（陈同军）

【平安创建工作】 年内，西直门管委会坚持抓好地区“综治联席会”制度，积极推进地区平安创建工作，成立了西直门交通枢纽综治联席会，促进地区成员单位联系，加强沟通交流，建立并完善了治安情况通报、综治述职评议、治安整治、矛盾排查、信息报送、督查检查等制度，做到各司其职、各负其责，密切配合、通力协作，形成了齐抓共管的工作合力。与地区单位签订《社会治安综合治理领导责任书》，强化相关单位在内部治安防范、矛盾纠纷疏导化解、安全生产措施落实、流动人口管理等方面工作的责任落实。加强基层综治力量的教育培训和管理。“以会代训”举办地区行业、系统综治工作研讨班，组建地区专职治安巡防队，加强地区治安巡逻和辅警协管工作。开展地区平安创建活动，加强基层基础建设，调动地区单位参与平安创建活动，实现地区各类刑事、治安案件平稳。

（陈同军）

【地区安全生产工作】 西直门管委会以地区安全生产联席会为手段，以强化地区安全生产主体责任为抓手，突出预防为主，加强对安全生产工作任务的监管和落实。3月，举办地区维稳和安全形势报告会及安全生产和消防安全培训会，增强地区单位维稳意识和安全意识；签订安全生产责任书，加强对安全生产工作的落实与监督。4月21日，举办地区应急包扎救护培训，提高面对紧急事件时的防护能力，提高自我救护和救助他人的急救技能，地区单位18人参加培训并取得《初级急救员合格证》。11月，召开公共安全生产形势分析会，分析查找地区可能存在的安全隐患问题，将安全隐患消除在萌芽状态。针对安全生产、消防安全、食品安全问题，组织地区开展专项培训，并协调相关单位对地区所有食品销售场所进行了全面彻查，下架了所有不合格产品。配合安全生产月活动，管委会制作了两套宣传展板，在地区公共场所宣传安全生产知识和消防知识，在主题宣传日活动中，向市民发放各类宣传品、宣传材料2万余份。

（陈同军）

【专项整治】 年内，开展“迎两节保两会”、“迎五一保暑运”、“迎国庆保平安”系列百日专项整治行动，确保地区全年平安无事故。按照市、区开展治安重点地区和环境秩序百日整治“春风行动”工作精神和环境秩序建设“净化、序化、美化、亮化”的工作要求，为建党90周年和国庆等重大活动提供良好的社会环境秩序，西直门管委会在地区开展了“春风行动”第一、第二、第三波次工作，组织协调北京北站派出所、交通执法二大队、北站城管分队、展览路派出所、西外大街派出所等地区执法力量，开展了集中整治行动，重点治理“黑出租”、“黑三轮”、“黑摩的”、“黑招揽”、“黑医托”、占道游商等违法行为，净化地区治安环境，取得良好实效。自3月起，结合文明城区创建和全市对重点地区的综合整治工作要求，开展了西直门桥周边环境秩序“百日整治”工作，制定“西直门桥周边城市秩序百日整治打防管控一体化专项行动工作方案”，成立整治工作领导小组，以常态高效的打防管控一体化为手段，重点开展黑车治理和秩序全面治理工作，彻底扭转西直门桥周边区域城市秩序混乱的状况，实现地区城市管理秩序的干净整洁、安全有序。全年地区西外大街派出所接案件总数162起，其中社会治安案件89起、刑事案件6起；商场内部治安案件47起、刑事案件12起。北京北站派出所清理、抓获各类违法人员合计5411人，行政拘留6人，抓获跨省网上逃犯8名，破获网络倒票5起，追缴车票25张，查获危险品共4377起7943件，其中管制刀具、器具151起162件，易燃易爆2128起4954件。北站城管分队移送非法小广告通信号码停机51部、没收各类非法宣传品1万余张；查处无照经营40余起；开展施工工地专项执法检查90余次，现场纠正各类问题200余个；开展停车场执法检查10次；开展燃气专项执法检查9次；教育或移送处罚各类违法人员30余人次。

（陈同军）

【基础设施建设】 针对西直门地区交通站点密集，流动人口集中，管控难度日趋增大等特点，为提高地区管理水平和应对突发公共事件的处理能力，保障西直门地区的城市运行平稳有序，年内，积极推进城市管理与应急指挥中心建设。西直门综合交通枢纽地区城市管理与应急指挥中心工程项目于第32次西城区政府专题会议上研究通过，完成了对该项目建设目标、建设内容、项目可行性、信息安全措施、建设方案概要等十几个方面的论证评审工作。

（陈同军）

【联勤联动执法】 年内，充分发挥地区执法部门联勤联动捆绑执法优势，确保职能部门履职到位、措施有力，做到“第一时间发现问题，第一时间处理问题”。西直门管委会将地区公安干警2名、交通民警5名、城管执法分队队员4名组成联合执法分队，组建成执法小组，每组配备保安，实行地区“全天候”监控，负责地区的城市环境管理和控制，对地区内的各类违反社会治安秩序、交通秩序、城市环境秩序行为进行综合管理和执法工作。针对地区流动人口高度集中，治安状况复杂等现状，西直门管委会积极协调区公安分局和属地西外大街派出所，在嘉茂商场（4月更名为“凯德”商场）西南侧设立二级站巡逻岗亭，在重点时段、重点地区安排民警进行巡逻防控。地区周边黑摩的、散发小广告、无照游商等扰乱社会治安秩序的行为大幅减少，地区治安状况明显好转。

（陈同军）

【宣传工作】 4月，在北京北站南广场启动了城市文明加油站志愿者服务活动，在原有蓝立方的基础上改造服务设施，完善服务手段，制作了交通指示标牌、公交出行路线等，通过志愿者义务为进出站旅客指路、发放宣传资料，增强旅客安全防范意识，减少旅客乘坐黑车现象，较好地遏制了地区黑车非法运营等问题。市、区各级领导在调研北京北站时，对志愿者城市加油站服务活动给予肯定。此外，还定期开展宣传咨询活动，通过设置展板、发放宣传图画、解答群众疑难问题等方式，向过往游客、市民宣传相关法律法规，不断提升地区综合服务水平，受到好评。

（陈同军）

【领导调研】 1月5日，区委副书记、政法委书记刘跃平对西直门综合交通枢纽地区春运工作进行调研，就春运期间的环境秩序、治安秩序等方面工作听取了有关部门领导的汇报。1月10日，副区长范宝到北京北站调研，听取了有关部门针对春运以及北京北站临时售票窗口等方面的工作汇报。并对春运工作提出了要求。1月26日，副区长、区春运领导小组组长范宝慰问春运工作一线的公安干警、交通、城管、铁路等工作人员。3月9日，区委副书记、区长张建东，副区长范宝对西直门综合交通枢纽地区工作进行调研，西直门管委会及区相关部门的领导参加了调研。8月29日，市委书记刘淇，市委副书记、市长郭金龙率领市相关部门领导到地铁4号线西直门站进行调研，听取了相关部门对西直门交通枢纽地下换乘空间建设情况的工作汇报。9月28日，区委书记王宁到西直门综合交通枢纽地区调研，听取了西直门管委会“国庆”节前环境保障等工作情况的汇报，检查了西直门凯德购物中心消防安全工作情况，对地区节日期间应急防控工作表示肯定。10月2日，区委书记王宁，区委副书记、代区长王少峰到西直门综合交通枢纽地区进行视察调研，听取了西直门管委会、地铁2号线等相关部门的工作情况汇报，对西直门管委会的各项工作给予肯定。

（陈同军）

节水 防汛

节水工作

【概况】 北京市西城区人民政府节约用水办公室（简称区节水办）是主管全区节水工作具有政府行政职能的事业单位，有工作人员34人（包括区防汛办3人）。依照《中华人民共和国水法》、《北京市实施〈中华人民共和国水法〉办法》，区节水办对全区年用水量10万立方米以下单位实行计划用水管理，宣传国家节约用水政策，制定全区科技节水规划，指导用水单位和居民小区开展节水型创建工作等。

地址：西城区南菜园街51号

邮编：100054

电话：83975296

（刘 妍）

【基础资料及定额用水管理】 年初下达计划管户5188户，下达指标总量2498万立方米。年内，撤户100户，新增户106户，共有管户5194户；新增户用水指标73.25万立方米，临时调整用水指标93.59万立方米；考核指标总量

2664.84万立方米，实际用水量2207.05万立方米；全年下达的计划用水指标未超出市水务局下达的计划总量，用水单位年实用量未超过区节水办下达的指标量。

（刘 妍）

【超定额用水累进加价收缴工作】 按照年初制定的定额用水指标，对用水单位计划执行情况进行全程监控，定期下发用水预警通知，提醒超定额用水单位调整用水分配方案、采取有效措施纠正不合理用水因素，进一步提高用水单位科学合理用水水平。全年进行用水预警9次，向用水单位发放预警通知书11156户次。严格计划用水考核，加大加价征收力度，采取电话催缴、上门催缴、下发2次催缴通知单、行政许可窗口告知等形式处理超定额用水加价。截至12月10日，共解决加价664户次，收取超计划加价金额91.58万元。

（刘 妍）

【新增户核查录入工作】 新增户调查工作由节水办工作人员协同各街道、系统节水员完成，在深入开展调查漏管户的基础上完成了新增户用水指标拟定工作，经市节约用水管理中心批准后按时录入系统，纳入指标考核。全年新增计划管户106户，新增计划指标73.25万立方米。

（刘 妍）

【节水创建工作】 年初，区节水办对全区情况进行摸底调查，确定创建范围。4月26日至27日，组织创建单位和小区集中培训，就创建工作中的建章建制、台账建立、更换器具以及验收标准、验收程序等进行讲解。工作人员深入创建单位和小区跟踪指导，随时纠正创建过程中存在的问题。全区16个单位、5个小区达到市级节水型单位和小区标准，创建区级节水型单位30个，超额完成与市水务局签订的责任目标。

（刘 妍）

【节水行政许可】 为体现便捷、高效、服务用水单位的原则，在区行政服务大厅设立节水行政许可窗口，受理社会单位临时用水申请。全年共受理节水行政许可705件，其中园林绿化环卫性等临时用水行政许可651件、施工性临时用水行政许可9件、建设项目节水设施施工验收行政许可45件，受理的所有行政许可案件均在规定时限内完成，群众满意率达100%。年内，对45个驻区单位进行了节水“三同时”（同时设计、同时施工、同时验收）验收，对有特殊需求的社会单位，上门办理临时用水申请。6月，区节水办深入区教委基建处现场办公，对暑期需要抗震加固、修缮翻建校舍的49所学校负责人集中进行培训，在暑期到来之前为这些学校办理临时用水手续。

（刘 妍）

【居民家庭节水器具换装】 老旧小区居民家庭节水器具换装工作是2011年区政府为民办实事项目，区财政投入专项资金19万元，区节水办组织实施器具换装工作，此工作于9月完成，共换装节水器具1500套（件），其中整体水箱500套、水箱配件1000套（件），每年可节水达1.134万立方米。

（刘 妍）

【一户一水表改造】 一户一水表改造是区政府投资改善平房院居民用水条件的惠民工程，年内计划投资6770.61万元，对1.277万户居民家庭用水进行改造。截至年底，对全区待改造平房院位置、户数等基本情况进行摸底，在底数清的基础上邀请可研、设计、监理、自来水营销等单位多次召开研讨会，进一步确定工程的可研报告、工程设计、项目立项、施工方案等。

（刘 妍）

【中水、雨水利用工程】 年内，全区投入资金200万元，完成6项雨水、中水利用项目，其中铺装透水砖5项、引市政中水1项，超额完成市水务局下达的建设任务。共铺设渗水砖10034.8平方米，引市政中水1个单位，预计年节水量8万立方米。

（刘 妍）

【绿化微喷改造】 完成滨河公园北园喷灌节水改造工程1项，共改造6900平方米，安装喷灌喷头87个，改造水井5个，安装取水阀8个，铺设管线945米，管线平均埋深8厘米。改造后减少了大水漫灌时的水分蒸发，节约人力物力和绿化灌溉用水，而且有效地提高了绿化养护管理水平，提升了小区的整体景观效果，年节水量为4800立方米以上。

（刘 妍）

【洗车站点中水改造】 年内，进一步加大对洗车业改造使用中水设备的投资力度，投资18.68万元，完成4个洗车站点的中水改造，年节约自来水3792立方米。

（刘 妍）

【用水单位监督与检查】 按照与市水务局签订的“加强对用水单位的监督检查，全年检查为计划户数的80%；特殊行业的检查不少于检查总数的40%”的工作目标，采取集中检查与日常检查相结合、联合检查与重点抽查相结合，对4560家用水单位进行全面监督检查，占全区计划管户的88%，对50%的洗浴行业进行了监督检查，洗车行业用水检查覆盖率达100%。

（刘 妍）

【水务普查工作】 按照《国务院关于开展全国第一次水利普查的通知》（国发〔2010〕4号）要求，北京市于2010年至2012年开展第一次全市水务普查。区节水办健全组织机构，完善工作方案，加强水务普查宣传，通过播放水普宣传片、设立水务普查公益广告、张贴市水务普查公告、发放宣传品、撰写《致水务普查对象的一封公开信》等多种方式宣传，为入户清查工作的顺利展开奠定了良好的舆论基础。截至年底，完成清查阶段工作，包括阶段总结、清查名录、清查表数据、清查结果明细以及质量控制方案，各专项台账建设及数据采集工作。

（刘 妍）

【百日整治行动】 为贯彻落实市委、市政府《关于进一步加强水务改革的意见》，根据市水务局继续开展“盗采砂石、非指定区域游泳和钓鱼、非法洗车和水资源管理专项执法百日整治行动”的工作方案精神，制定了“百日整治行动”计划，利用100天的时间对非法洗车和水资源管理进行全面集中整治，共检查洗车站点68个，其中使用中水洗车的65家、使用自来水循环设施洗车的3家，检查洗浴场所29个，检查施工工地24个、单位294家，查处节水方面违法行为22起，均责令改正。通过检查洗浴场所，也起到对耗水量大的服务业的警示作用，规范用水标准，避免浪费用水。截至年底，全区洗车站点全部符合节水要求。

（刘 妍）

【节水宣传工作】 年内，区节水办本着“围绕中心，服务大局，树立节约用水社会新风尚”的工作思路，深入实际，挖掘新闻素材，宣传节水工作内容和经验。“世界水日”、“中国水周”期间，开展了一系列主题宣传活动。5月15日，以“建设节水型城市，改善城市水生态”为主题的第二十届节水宣传周活动启动，区市政市容委、区节水办在大观园和新文化街举行了以“建设节水型城市，改善城市水生态”为主题的宣传活动。展出由白纸坊街道和金融街街道社区居民自制手绘的40块节水宣传板报，宣传节水法规规章、节水知识和节水方法。多个节水器具厂家现场展示新型节水器具，为居民答疑解惑。现场共发放节水宣传彩页3万张、各种宣传品2万件，设立节水宣传展板和条幅500余件。宣传周期间，区节水办制作了“节水倡议书”分发给所有计划管户，达到节水宣传全覆盖。在全区中小学校启动“做文明有礼的北京人，节水护水我先行”主题宣传活动。辖区内15个街道办事处根据各自地域特点开展了多种形式的节水宣传活动。15个社区相继开展节水护水知识讲座，在居民中倡导文明沐浴“1—9”（少洗1分钟，节约9升水）活动，把居民的节水意识转化为实际行动。为扩大节水宣传的覆盖面，形成多方位的宣传网络，在广外红莲南里繁华地带设立200余平方米的大型节水公益广告，宣传《中华人民共和国水土保持法》，引领广大民众树立节水和保护水环境观念。开展节水专题教育。主管区长把防汛会、城市管理工作会等当做讲堂，向参会人员宣讲节水形势，倡导工作人员做节水的表率。11月8日，组织北京市实验职业学校的500余名师生参观北京市节水展馆。在大观园公园建立固定节水宣传栏，展示北京水资源形势及节水知识。

（郭彦博 刘妍）

防汛工作

【概况】 北京市西城区人民政府防汛指挥部办公室（简称区防汛办）是西城区政府领导下的防汛工作职能部门。根据《中华人民共和国防洪法》和《北京市实施〈中华人民共和国防洪法〉》赋予的职权，主要负责对西城区域内预防、抢险、避险、救灾等安全迎汛工作。年内，防汛各项工作顺利开展，实现“少塌房、不死人”的工作目标。

地址：西城区南菜园街51号（2月迁入）

邮编：100054

电话：88395306

（戎爱芳）

【雨情汛情】 自6月1日上汛至9月15日下汛，西城区共降雨28次，降雨量743毫米，降雨次数和往年接近，降雨量比上年同期279毫米增加464毫米，是十几年来降雨最多的一年，城市发生内涝。其中6月份降雨6次，降雨量174毫米，比上年同期73毫米多101毫米；7月份降雨13次，降雨量332毫米，比上年同期92毫米多240毫米；8月份降雨7次，降雨量219毫米，比上年同期96毫米增加123毫米；9月份降雨2次，降雨量18毫米，比上年同期10毫米增加8毫米。较强的6月23日降雨98毫米，7月24日降雨49毫米，7月26日降雨69毫米，7月29日降雨57毫米，8月13日降雨67毫米，8月26日降雨60毫米，强降雨总量达400毫米，占整个汛期降雨量的近60%。

（戎爱芳）

【防汛排查】 上年11月至年内2月底，督导各部门对所辖区域内的私房、直管公房、单位自管房、教育用房、商业用房、人防工事、在施工地、拆迁工地、道路、树木等进行了排查。根据排查发现的问题，及时采取措施，组织对危房、危树、道路坑槽、低洼积水路段等问题进行了处理，共查直管公房平房10万间、简易楼392幢、中式楼3593间，总建筑面积173.24万平方米；单位自管房屋平房6.8万间（134.2万平方米）、简易楼19.4万平方米、中式楼12.06万平方米；私房平房49394间（65.2万平方米）、中式楼4140平方米。

（戎爱芳）

【落实防汛领导责任制】 年内，西城区成立由区长张建东任总指挥，副区长范宝任常务副总指挥，区公安局局长、区武装部部长和区其他副区长任副总指挥，以及相关部门为成员单位的防汛指挥部领导指挥机构，15个街道和相关责任单位分别成立地区防汛分指挥部，做到条块结合、各司其职。坚持行政首长负责制，区长负总责，副区长分片包干的迎汛工作责任制，做到组织领导落实。汛前，区防汛办制定下发《西城区2011安全迎汛工作要点》、《2011年防汛指挥部领导成员名单及安全迎汛职责的通知》等相关文件，明确迎汛工作目标、任务和职责。5月31日，召开区防汛指挥部2011年迎汛工作动员部署会议，副区长范宝与25个防汛分指挥部签订《安全迎汛责任书》，落实责任制。

（戎爱芳）

【落实防汛物资和抢排险队伍】 区防汛指挥部组建12支共3153人的应急抢险队伍，其中专业队伍9支共1653人（由区住建委、区卫生局、区房管局、区房地中心、北京宣房投资公司、区民防局、区园林市政中心、鑫宣市政管理公司等组成），机动应急抢险队伍3支1500人（由区武装部、驻区武警一支队和武警七支队组成）。全区有97辆抢险机动车辆（其中铲吊车9辆、运输车88辆），储备编织袋3.05万条，无纺布980平方米，发电机28台，大型工程作业灯15台，铅丝6.885吨，水泵133台，桩木102.7立方米，救生衣198件及沙石料等抢险物资，区防汛办又投入资金40万元，为专业抢险队补充水泵、清水泵、疏通机等抢险设备。为解决汛期突发灾情快速疏散居民紧急避险的问题，在15个街道各设立两所学校，共30所学校作为地区居民汛期紧急避险疏散场所，确保避险场所和应急生活落实到位。

（戎爱芳）

【领导检查督导】 年内，市、区领导4次检查督导防汛工作。5月24日，市长郭金龙率工作组检查西城区防汛工作。6月22日，市住建委、市安监局、市民防局、市消防局、市防汛办专项检查组到西城区调研检查。6月29日，市监察局执法室主任宋铁健带领由市监察局、市水务局、市防汛办组成的防汛专项检查组，到西城区对防汛工作进行检查调研，对西城区汛前各项准备工作给予肯定。7月29日，区领导王宁、王少峰、程军、范宝等一行检查全区防汛工作，加大做好防汛工作的领导和督导力度。

（戎爱芳）

【汛情险情处置】 汛期降雨频繁、局部降雨量大，降雨时常伴有大风雷电，突发灾害性强，导致全区出现险情较多。据不完全统计，整个汛期共接报险电话1869个。降雨致使全区发生危险树木3452棵（其中伐除1164棵，修剪、扶正2288棵），树倒砸房80处，房屋漏雨1074处，院内积水252处，道路积水56处，路面塌陷48处，电线杆倾倒6处，房屋及地下室进水26处，雨水管爆裂1处，现场抽水97处。在区防汛指挥部的指挥下，区、街两级防汛职责部门都把处置险情放在第一位，及时组织雨前检查、雨中巡查、雨后复查，发现问题快速处置，保证了居民生命财产安全。

（戎爱芳）

【院落雨污水户线改造】 西城区

所辖地区有大量老旧小区和平房排水方式多数为雨污合流，大部分管道破损老化、污水井淤积严重，对附近居民的生活环境造成严重影响。近年来区政府对这些地区的居民生活环境和市政基础设施加大了整治力度，年内再次投入1000万元对建功北里小区、东南园小区及平房院等处共6000多延长米雨、污水户线进行改造，工程于年底全部完工。

（戎爱芳）

【防汛宣传和汛期值班】 汛前，区防汛办和各街道分指挥部、房管部门为平房区发放了《安全避险宣传手册》和《致居民汛期的一封信》，使市民能够了解掌握安全避险知识，提高社会群众的防汛意识。5月下旬，区防汛指挥部编制《防汛指挥部联络名册》，严格执行24小时汛期值班制度，区、街两级加强防汛值班，领导以身作则，带头值班，做到了防汛电话24小时有专人值守，保证通讯畅通。坚持实行每天呼叫点名制度，确保了上联下通、指挥顺畅。汛期通过西城政务平台共发布天气预警通知10次。年内，在应对几次强降雨过程中全区15个街道和承担防汛抢险任务的职责部门，共19214人在岗值班备勤，其中处级领导422名、值班人员8047名、抢险人员10745名，出动抢险车1286台次，雨中巡查890人次。

（戎爱芳）

消防　防震

西城第一公安消防支队

【概况】 西城第一公安消防支队（简称西城第一消防支队），是一支“现役体制、公安管理、政府职能、地方工作”的现役部队，隶属于北京市公安消防总队，为一类支队、正团职单位，下设司令部、政治处、后勤处、防火处4个部门和府右街中队、西直门中队、金融街中队、什刹海中队4个消防中队。西城第一消防支队有干警306人，各类执勤备防车辆33辆，配备器材装备11类、275种、11092件，担负着西城区北区范围内的消防监督检查、消防行政许可、火灾原因调查、火灾扑救、抢险救援、重大活动现场执勤等任务，责任区面积31.66平方公里，所辖7个行政街道办事处，即西长安街街道办事处、金融街街道办事处、月坛街道办事处、展览路街道办事处、德胜街道办事处、什刹海街道办事处、新街口街道办事处。全年共接警1168队次，其中火警621队次、抢险547队次；执行现场勤务1185队次，圆满完成了各项灭火救援和政治保卫任务。

地址：西城区府右街133号

邮编：100031

电话：66069696

（陈　浩）

【社区消防队成立暨消防车发放仪式】 1月10日，西长安街街道举行“社区消防队成立暨消防车发放仪式”，西城公安分局副局长何立民、西城第一消防支队政委陈亚军、西长安街街道办事处领导、辖区派出所民警、防火监督员、各社区居委会成员等共60余人参加仪式。西长安街地区老旧居民区以及“六小”单位众多，存在不同程度的火灾隐患。西长安街街道办事处出资为所属的13个社区购买电动三轮摩托车13辆、灭火器120具，用于社区内巡视、消防安全知识宣传以及初期火灾扑救等工作。

（苏文林　张伟）

【区领导检查消防安全】 1月24日，区委常委、副区长苏东率区政府办、公安、消防、建委、规划、工商、城管等相关部门领导，对府右街拆迁期间落实消防安全等工作进行检查。1月21日，西城区委常委、区公安分局局长陈思源带队对辖区人员密集场所以及春运交通枢纽消防安全工作进行调研和检查。西城第一消防支队政委陈亚军、防火处处长龚学军参加调研和检查。1月31日，区委书记王宁、区政法委书记刘跃平在区消防支队、公安分局、商务委、安监局、工商分局等部门领导的陪同下，带队对西城区烟花爆竹销售点、北大医院门诊楼工地、大悦城商场、首都电影院、美廉美超市等人员密集场所进行消防安全大检查。西城公安分局副局长何立民、西城第一消防支队支队长吴清松等陪同检查。

（陈　浩）

【市领导检查调研消防工作】 1月17日，市消防总队防火部副部长张正友等带队对西城第一消防支队2011年烟花爆竹安全燃放工作进行监督检查，并对烟花爆竹零售网点进行了实地检查。西城第一消防支队副支队长王劲松针对支队开展烟花爆竹安全燃放工作情况做了汇报。1月27日，市防火安全委员会成员、市人防局副局长许宝明，市消防总队防火部副部长张先来到西城区北区检查指导节前消防安全工作。2月17日晚，市局副局长丁世伟带队，对广济寺元宵节消防保卫工作进行督导检查。消防总队副总队长骆原、西城公安分局副局长段建军、副局长蒋建中，西城第一消防支队支队长吴清松等陪同检查。2月14日，总队政委张高潮到西城第一消防支队检查指导工作。支队政委陈亚军、副支队长张铁英、王振宇和防火处处长龚学军汇报春节期间以及备战元宵节工作情况。3月6日，张高潮到西城第一消防支队检查指导敏感日西单地区维稳工作。支队长吴清松就现场处突力量部署及周边地区的火灾防控等情况向总队领导进行汇报。张高潮对支队总体的维稳工作落实情况给予了肯定。

（陈　浩）

【全国“两会”消防保卫工作】 3月2日，西城第一消防支队召开全国“两会”消防保卫工作誓师动员大会。支队领导干部，中队部分官兵代表等100余人参加了誓师会。会上宣读了《北京市西城区公安消防支队2011年全国“两会”消防保卫工作方案》；宣布成立灭火救援突击队、政治保障突击队、后勤保障突击队、攻坚除隐患突击队、现场执勤突击队的决定；支队领导向各突击队授旗。3月4日，市公安局第五督察大队大队长、纪委副书记李同仁到全国“两会”代表住地中国职工之家进行检查。

（秦燕　胡中煜）

【依法查封违规地下租房】 3月21日，西城一支队对城建集团鑫城物业公司地下二层、三层违规出租房进行依法查封。该地下室未按规定设置火灾自动报警系统、灯光疏散指示标志及应急照明，违反了《高层民用建筑设计防火规范》的相关规定。消防支队依据《消防监督检查规定》对该楼地下二、三层予以查封。

（姜　波）

【消防安全培训】 3月21日，西城第一消防支队组织国务院侨办领导干部进行消防安全知识培训，并指导相关人员进行灭火演练。3月31日，联合区建委、安监局在全国工商联施工工地召开西城北区在建工程外保温材料消防管理暨电气焊人员消防培训会。全区在建工程的建设、施工和监理单位主要领导及电气焊工操作人员共计130余人参加会议。会上，消防支队通报了第一季度全国和全市施工工地突出火灾案例，结合公安部消防局、总队《关于进一步明确民用建筑外保温材料消防监督管理有关要求的通知》内容，对建筑外保温材料新的消防要求进行了部署。4月13日，在什刹海街道社区培训中心举行社区主任消防安全培训班，什刹海街道25个社区主任参加了消防安全培训、扑救初期火灾、逃生演练以及入户检查火灾隐患等活动。

（陈　浩）

【政治中心区火灾防控工作】 4月8日，政治中心区火灾防控工作例会召开。西城公安分局副局长何立民，西城第一消防支队政委陈亚军，公安分局治安、内保、人口支队的主要领导以及西长安街、二龙路、厂桥、大栅栏派出所主管副所长和消防专兼职民警参加会议。会上，各派出所汇报了春节、全国“两会”以来政治中心区火灾防控的相关工作，并结合各自辖区特点提出了下一阶段的工作措施和部署。5月3日晚，消防总队政委张高潮到西城第一消防支队检查指导“亮剑”行动落实情况。当晚,西城第一消防支队党委成员按计划安排，分为10组进行夜查。5月11日，总队副政委范德明到西城第一支队，听取“亮剑”行动开展情况汇报，检查指导西城政治中心区火灾防控工作。

（陈　浩）

【应急宣传进校园活动】 4月14日，西城区在奋斗小学举行应急宣传进校园活动启动仪式。副区长苏东，区政府办副主任、应急办主任刘成东，区公安分局副局长王保旗，西城第一消防支队支队长吴清松和区教委、区民防局、区卫生局、公安分局内保支队等单位的领导及区内50所中小学校代表出席活动。奋斗小学校长见培炎代表全区153所中小学校发言，倡议广大师生在地震等自然灾害事故发生时要科学面对；与会代表向学生代表赠送了各类安全宣传材料和应急包。

（马云逸）

【“复活节”教堂消防安全检查】 4月20日，西城第一消防支队联合区民宗侨办、公安分局国保支队对宣武门教堂、缸瓦市教堂、西什库教堂3家教堂复活节前消防安全工作进行全面检查。检查组深入教堂内部对疏散通道的畅通、安全出口的设置、应急照明设施的安装、消防器材设施的配备以及厨房燃气管线、灶具等进行重点检查，要求各教堂完善复活节期间的各类预案，蜡烛、厨房等重点部位看护要责任到人，强化“四个能力”培训，全面提升员工火灾事故的预防和控制能力，确保复活节期间的安全稳定。

(张伟　苏文林)

【夜查地下空间消防安全】　4月27日晚19时，消防总队政委张高潮，西城区副区长苏东，公安分局副局长何立民带领西城第一消防支队9组检查人员到西城区的各个街道社区开展集中大检查。北京电视台、《北京青年报》、《京华时报》、《法制晚报》等媒体对夜查行动跟踪报道。检查人员重点对地下空间、人员密集场所的安全出口是否畅通、消防设施是否完整好用、在生产经营活动中是否存在违规用火用电等情况进行检查。对问题突出的金海兴康体足疗中心、铁饭碗餐饮有限公司等单位采取了临时查封、高限处罚的措施。当晚，西城第一消防支队共计出动警力65人次，检查单位41家，发现并督促整改火灾隐患32件，下发《责令改正通知书》26份，实施处罚6起，罚款5.5万元。

(郑弘远　方江源)

【旅游景区消防安全检查】　4月30日，区委常委、公安分局局长陈思源，分局副局长贾启强在治安、消防、指挥中心等部门领导的陪同下，对北海公园、恭王府等旅游场所进行消防安全检查。检查中，陈思源听取了景区负责人对节日期间消防安全保卫工作的部署情况和所采取的各项措施汇报，询问消防安全培训及人员疏散预案演练等情况，要求管理人员一定要提高认识，要开展经常性的安全隐患排查整治活动，确保节日期间消防安全。同时要求现场执勤的消防官兵和公安民警要认真履行职责，加强巡视，确保第一时间发现、处置各类突发事件。

(陈岩　姜波)

【灭火实战疏散演练】　6月13日，西城第一消防支队组织世纪天乐批发市场商户及管理人员进行灭火实战疏散演练。演习过程中，400余名商户及安保人员在1分40秒的时间内分别从8个出口安全疏散到室外。疏散过程中全体商户都能快速反应，没有出现拥堵现象，也没有一位商户遗漏在“火灾现场”。消防官兵分工明确，各司其职，配合得当，装备器材使用娴熟，疏散演习收到了很好的效果。

(苗　苗)

【领导检查指导义达里社区消防工作】　6月14日，消防总队总队长张高潮一行到西长安街街道义达里社区检查指导工作，并就进一步推进社区消防工作社会化提出指导意见。西城第一消防支队政委陈亚军陪同检查。6月16日，公安部消防局副局长陈飞、副局级调研员单于广在总队总队长张高潮、副总队长骆原等的陪同下，到义达里社区实地考察消防工作。西城第一消防支队政委陈亚军、副支队长张铁英等陪同调研。陈飞一行对在全社区逐渐形成“人人关心消防、人人支持消防”的良好消防宣传氛围给予高度评价。

(陈　浩)

【述职述廉大会】　7月14日，西城第一消防支队召开监督执法人员面向社会述职述廉大会。会上，防火处处长龚学军等支队监督执法人员结合各自的消防监督职责就依法办理行政许可、建设工程备案抽查以及消防监督执法中的廉洁自律情况向与会人员进行述职述廉，社会单位代表对消防监督执法人员的依法履职、落实责任、廉洁自律等情况进行评价，与会人员填写了“消防监督人员述职述廉评价表”。

(方江源　刘海丰)

【消防主题宣传活动】　9月5日，西城区在北京图书大厦前广场举行《北京市消防条例》实施暨《全民消防安全宣传教育纲要》宣贯主题宣传活动。消防总队、区委区政府有关领导及金融街、西长安街地区重点单位负责人共计200余人参加活动。此次活动，西城第一消防支队组织、策划了“我与消防”有奖征文和“人保杯”《北京市消防条例》有奖答题活动，得到了社会各界人士的大力支持。活动过程中，与会领导为获奖的88名各界群众颁发了证书和奖品，并号召他们发动身边更多的人参与消防活动，学习消防法律和常识，保护自身的合法权益和生命财产安全。11月4日，西城区在凯晨大厦举行第二十一届“119”消防宣传周启动仪式。市消防总队副总队长李进、区政府办副主任海峰、区公安分局副局长何利民、消防支队支队长吴清松、政委陈亚军以及区教委、中化集团的相关领导出席启动仪式。全区各行业、系统、街道及单位代表3000余人参加活动，西城第一消防支队与凯晨大厦物业管理（北京有限公司）联合举行灭火疏散演习活动。演习模拟大厦二层西侧发生火灾，大厦迅速启动单位消防灭火疏散预案，组织人员对初期火灾进行扑救，对楼内2000余名员工进行有序疏散。与此同时，金融街消防中队接到119调度指挥中心命令后迅速出动4部消防车、30余名官兵赶往火灾现场展开灭火战斗，成功施救2名被困人员并扑灭“大火”。随后，与会领导为西城区消防安全“四个能力”建设达标示范单位凯晨大厦和9家达标单位的代表颁牌，向西城区“高层公共建筑消防协管员”和“高层居民住宅消防宣传员”颁发聘书，为“西城区少年消防团示范校”三里河小学颁牌、授旗。仪式结束后，与会人员参观了消防战士“攻坚技巧”表演、消防装备展和凯晨大厦地下一层消防体验室。

（陈　浩）

西城第二公安消防支队

【概况】　西城第二公安消防支队（简称西城第二消防支队）是一支“现役体制、公安管理、政府职能、地方工作”的现役部队，隶属于北京市公安消防总队，为一类支队、正团职单位，下设司令部、政治处、后勤处、防火处4个部门和东经路中队、大栅栏中队、广安门中队3个消防中队。西城第二消防支队有干警176人，各类执勤备防车辆14辆，配备器材装备11类、246种、7356件，担负着西城区南部区域的消防监督检查、消防行政许可、火灾原因调查、火灾扑救、抢险救援、重大活动现场执勤等职责，责任区面积19.04平方公里，所辖8个行政街道办事处，即大栅栏街道办事处、椿树街道办事处、陶然亭街道办事处、白纸坊街道办事处、牛街街道办事处、天桥街道办事处、广内街道办事处、广外街道办事处。全年完成各项灭火救援和政治保卫任务，共接警869队次，其中火警425队次、抢险444队次；执行现场勤务16队次。

地址：西城区培育胡同15号

邮编：100052

电话：83539879

（魏　博）

【安全燃放烟花爆竹宣传】　为做好寒假、春节期间安全燃放烟花爆竹的准备工作，深入贯彻执行《西城区2011年度烟花爆竹安全管理工作意见》，确保2011年西城南区中小学生春节期间不因燃放烟花爆竹发生重特大消防安全事故，1月7日，西城第二消防支队联合区教委、西城公安分局内保处、部分学校师生代表等在西城区南区办公区多媒体会议室开展“小手拉大手”安全燃放烟花爆竹宣传进校园的主题活动。活动期间，发放各类宣传材料4万余份、挂历500余张，悬挂横幅200余幅，入户宣传2000多户。

（刘建华）

【节前走访慰问辖区困难群众】　春节前夕，西城第二消防支队联合驻区牛街街道办事处开展驻区部队走访慰问辖区困难群众“送温暖”活动，共慰问牛街地区困难群众50户，通过西城区民政局捐赠中心，向牛街街道定向捐赠了现金5000元。

（李秉仁）

【消防安全“防火墙”工程】　为迎接“两会”的召开，进一步检验西城南区2010年度落实社会单位“四个能力”工作成效，继续深入督促社会单位消防安全“防火墙”工程，遏制重特大火灾尤其是群死群伤火灾事故发生，2月28日，公安部消防局第四考核组对西城南区2010年度构筑社会单位消防安全“防火墙”工程进行考评。考核组重点检查了社会单位消防安全“四个能力”建设和“大排查、大整治”以及全国“两会”消防安全保卫工作情况。总队防火部副部长柳国忠，指导处处长吉冬梅，西城第二消防支队支队长王江凯、副支队长李福君陪同检查。考评组对西城第二消防支队2010年度落实社会单位“四个能力”建设和社会单位消防安全“防火墙”工程建设表示肯定。

（魏　博）

【领导检查调研】　5月11日，公安部消防局副局长于建华率工作组到西城第二消防支队调研指导工作，了解支队的人员结构、队站建设、车辆装备配置、辖区火灾特点、突出火灾隐患等情况，就火灾隐患上报、挂账督办及防消合一等情况进行调研，并就地区防火人员配备合理性与参会人员进行探讨。1月21日，市局总队长张高潮到西城第二消防支队广安门中队慰问，查看营区环境、营房设施、车辆装备、饮食卫生，询问广安门中队的整体情况及春节执勤备防情况，了解中队正规化建设情况和警营文化建设情况，并对中队入驻一年来取得的成绩给予肯定。6月23日，西城公安分局副局长何立民到西城第二消防支队调研，西城第二消防支队支队长王江凯汇报“亮剑”专项整治行动有关情况及下一阶段工作计划，何立民对西城第二消防支队的各项工作给予肯定。

（魏 博）

【“两会”代表涉足场所消防安全】 2月28日，西城第二消防支队指导全国“两会”代表涉足单位北京菜市口百货股份有限公司举行2011年消防安全疏散演习，西城第二消防支队防火处处长黄亚军、北京菜市口百货股份有限公司领导班子成员及内部工作人员540余人参加演练。参加的演练员工能根据现场情况，以最快、最有效的方式成功处置现场灾情；指战员指挥得当、组织有序、反应快速。3月11日，西城第二消防支队成立4支检查组，深入“两会”代表可能涉足场所进行消防安全突击检查。各检查组重点对“两会”代表涉足场所的灭火器和室内消火栓是否完好有效，安全通道是否畅通，安全出口、疏散指示标志设置是否符合相关要求等情况进行了逐一检查，并对防火卷帘进行了测试。此次行动共检查“两会”代表涉足场所16处。各单位重视“两会”期间的消防安全工作，消防手续齐全，增配了灭火器材，加强了营业期间的防火巡查和消防中控人员值班。

（姚浙科 魏博）

【“开斋节”消防保卫工作】 8月31日是信仰伊斯兰教的10个少数民族的传统节日——开斋节，也是回族人民的年节。西城区开斋节大型庆祝活动在牛街礼拜寺、后河沿清真寺、前门清真寺及北京伊斯兰经学院举行，广大穆斯林群众参加活动。为确保活动的顺利进行，西城第二消防支队党委多次召开专门会议研究部署勤务方案措施，副支队长史翀、参谋长刘增顺、政治处主任金巍到现场指挥，14名官兵、1辆消防车、1辆消防摩托车到现场执勤近6个小时，顺利完成消防安全保卫任务。

（魏 博）

【政治中心区外控区人员消防培训】 为进一步做好首都政治中心区外围控制区火灾防控工作，全面构筑社会“防火墙”工程，西城第二消防支队结合外控区实际情况，组织外控区30余家单位成立首都政治中心区外围控制区灭火志愿组。3月18日，组织灭火志愿组40余名成员进行消防业务培训，街道、社区、派出所相关人员参加了培训。通过培训，灭火志愿组成员增长了消防安全知识，对遵守消防安全操作规程和火灾预防与自救工作有了更深刻的认识，防御、扑救火灾的能力进一步提高。

（姚浙科）

【易燃易爆场所从业人员消防培训】 按照总队《关于迅速开展液化石油气场所消防安全专项治理工作的通知》要求，为保证全区液化气站、加油加气站等易燃易爆化学危险品场所的消防安全，全面提高易燃易爆化学危险品从业人员的消防技能和消防知识水平，4月22日，西城第二消防支队组织全区14家易燃易爆化学危险品场所负责人进行消防安全培训。通过培训，参训人员对消防安全知识有了进一步了解和掌握，提高了消防安全意识，增强了易燃易爆化学危险品场所的消防技能和知识水平，为确保液化石油气场所消防安全专项治理工作取得实效奠定了基础。

（姚浙科）

【联合祥龙大厦开展消防疏散演练】 为进一步加大消防宣传力度，提高群众防范火灾和逃生自救的能力，6月15日，西城第二消防支队联合祥龙大厦开展高层灭火救援实战演练，政委张春轶、副支队长李福君、参谋长刘增顺以及祥龙集团中心领导层及员工、客户共200余人参加演练，演习结束后，张春轶对大厦及时成立内部灭火指挥部，启动灭火应急预案，快速而有序疏散员工的做法表示肯定。10余家媒体对此次消防演练进行了跟踪报道。

（姚浙科）

【参与区应急救护综合演练活动】 9月10日是第十二届“世界急救日”，为提高区内民众的消防安全自救能力，西城第二消防支队派出20余名官兵参与由区委、区政府组织的“世界急救日”西城区应急救护综合演练活动，演练了心肺复苏、紧急救护等科目，并获“世界急救日”西城区应急救护综合演练“优秀演练奖”。

（姚浙科）

【《北京市消防条例》宣贯培训】 为做好新修订的《北京市消防条例》的宣贯工作，推动单位落实消防安全主体责任，提高辖区重点单位消防安全管理水平，9月16日，西城第二消防支队在市政府中环办公广场举办新《北京市消防条例》宣贯培训讲座，驻广场办公的16个市属委办局主要负责人、机关服务中心、物业公司以及武警中队相关人员共计100余人参加了讲座。通过培训，全体参会人员全面了解了《北京市消防条例》的主要内容，消防安全意识得到提升，自救能力得到提高。

（姚浙科）

【应急救援装备建设】 为贯彻落实国务院、公安部、市政府、市消防总队《关于进一步加强综合应急救援队伍建设的有关要求》，加强西城区综合应急救援支队器材装备建设，提高公安消防部队综合应急救援能力，西城第二消防支队积极协调区政府及职能部门，争取到区财政应急救援器材装备购置经费120万元。11月28日，区财政局工作人员到西城二支队对应急救援装备建设情况进行了调研，同意拨付120万元用于购置应急救援器材。西城二支队支队长王江凯、副支队长史翀、后勤处处长王宝国以及财务人员参加会议。

（李俊杰）

防震工作

【概况】 西城区地震局（简称区地震局），是西城区防震减灾工作的主管部门，与西城区民防局合署办公，承担西城区防震减灾工作职能。年内，区地震局被市地震局评为防震减灾科普宣传先进奖。

地址：西城区西单横二条2号华恒大厦4层
邮编：100031
电话：88064999

（吴灿中）

【地震安全示范社区建设】 年内，在总结金融街街道丰汇园地震安全示范社区建设经验的基础上，完成牛街西里一区社区和广外湾子社区建设地震安全示范社区调研工作。

（吴灿中）

【地震应急演练】 5月12日，区地震局在金融街街道丰汇园社区，开展了以“防震减灾、从我做起”为主题的居民地震灾害应急疏散演练，演练内容包括应对突发地震灾害的组织指挥、居民紧急疏散、自救互救、避难安置、消防搜救等，检验社区应急组织指挥和地震应急预案的实用性。区应急办、区民政局、区发改委、区卫生局、区园林绿化局、区市政市容委、区环卫中心、区红十字会、金融街街道办事处、电话三区局、西单电话局和金融街街道丰汇园社区共300余人参加演练。市委常委、市总工会主席梁伟，副市长刘敬民，市政府秘书长孙康林，国务院应急办副主任王守兴，市民政局局长吴世民，市委社会工委书记（社会办主任）宋贵伦，市地震局副局长谷永新，西城区区长张建东，副区长梁昌新等领导观摩指导演练工作。当日，区地震局工作人员还指导大栅栏街道石头社区开展了居民地震逃生模拟演练。

（吴灿中）

【地震安全进校园工作】 5月12日，区地震局在西长安街奋斗小学开展防震减灾知识进学校活动，聘请地震专家讲授地震知识，并组织1200名师生进行紧急疏散演练。

（吴灿中）

【防震减灾宣传教育】 年内，完成市人大关于贯彻落实《防震减灾法》和实施办法的执法检查。以“3·11”日本9.0级特大地震和“5·12”防灾减灾日为契机，通过在宣教基地（中心）、街道、社区设立宣传站点，开展逃生避险演练等形式宣传防震减灾知识。在大栅栏街道举办了社区居民地震逃生自救知识讲座。编印下发《防震减灾宣传画册（市民读本）》33900册。德胜街道民防宣教中心被授予“国家防震减灾科普教育基地”称号。

（吴灿中）

【地震应急预案】 年内，修订《西城区地震应急预案》，8月24日，邀请市地震局高级工程师杨国宾、陈伟等专家，对《西城区地震应急预案》进行评审。指导全区15个街道、255个社区完成街道、社区地震应急预案制定。

（吴灿中）

（责任编辑 郝慧芳）

科技 教育

科 技

【概况】 西城区科学技术委员会(简称区科委),挂北京市西城区知识产权局(简称区知识产权局)牌子,是西城区政府负责全区科技发展和知识产权工作的综合职能部门,下设5个科室,1个下属事业单位(西城区生产力促进中心),在编人员38人,其中行政编25人。年内,区科委以科学发展观为指导,整合科技资源,突出民生科技,促进成果转化,提升服务能力,较好地完成了年度工作任务。11月21日,科技部发布《关于2011年全国县(市)科技进步考核先进集体和先进个人的通知》,西城区被评为2011年全国科技进步先进县(市),王宁、黄勇、袁文3人被评为全国县(市)科技进步工作先进个人。

地址:西城区广安门南街68号

邮编:100054

电话:83976211

(郭志娥)

【知识产权周宣传活动】 4月26日,区知识产权局会同西城工商分局在福丽特家具建材城广场举行主题为"知识产权助推经济转型"的宣传活动,内容涉及商标法律法规知识、辖区商标战略和专利知识。现场发放宣传资料和宣传品3000余份,接待群众咨询500余人次。

(郭志娥)

【区科技工作会】 4月28日,区科委召开科技工作会。科技部、市科委、区人大、区政府、区政协相关领导出席。会议总结回顾16年来西城区可持续发展工作历程和"十一五"时期科技工作成就,明确"十二五"时期科技发展思路,部署下一阶段科技工作任务,区长张建东对西城区科技工作的发展提出具体要求。区各委办局及15个街道主要领导、区域内科技企业及科研院所代表等200余人参加会议。

(郭志娥)

【54个项目获市科学技术奖】 4月28日,北京市科学技术奖励大会公布了北京市科学技术奖获奖项目,西城区54个项目获奖。其中北京建筑工程学院承担的"激光雷达古建筑与代表性建筑精密测量与建模"等14个项目获二等奖,北京敬业机械设备有限公司承担的"乘用子午线轮胎全自动二次法成型机组及其应用项目"等40个项目获三等奖。

(郭志娥)

【完成科普统计工作】 4月至5月,区科委开展2010年西城区科普统计工作。西城区统计范围包括19家国家机关单位、15个街道和21家市级科普基地,统计内容包括科普人员、科普场地、科普经费、科普传媒和科普活动五大类。此次统计共完成统计表格140份,统计数据3870个。

(郭志娥)

【科技协调员培训】 5月5日至6日,区科委举办科技协调员培训会,80余人参加培训。市科委副主任伍建民、市科委计划处副处长顾华、区科委副主任王福庆分别就"十二五"时期"科技北京"建设规划、科技计划项目管理政策以及西城区可持续发展示范区建设情况进行培训。科技协调员队伍建设是区科委为健全区科技服务体系、促进各部门自觉运用科技手段解决问题、形成灵活高效的科技需求与供给对接机制的一项新举措,2010

年开始启动，协调员队伍已扩展至23个委办局及15个街道。

（郭志娥）

【参加第十四届科博会】　5月18日至22日，第十四届科技博览会在中国国际展览中心举行。区科委牵头组织区规划分局、体育局、商务委、城市管理监督指挥中心等15家单位组团参加，西城展团以科技惠民为重点，展示“十一五”时期科技工作成就，宣传国家可持续发展先进示范区的建设理念和科技创新成果，获大会最佳组织奖和最佳展示奖。

（郭志娥）

【举办企业信用服务沙龙】　6月2日，区生产力促进中心与中关村企业信用促进会共同举办“中关村国家自主创新示范区信用服务沙龙”。中关村担保公司、方亚律师事务所、中原证券公司相关负责人，就中关村信用政策、企业融资担保、科技企业上市以及科技保险等议题与企业家们进行沟通交流。区域内27家科技企业、北京普天德胜科技孵化器有限公司以及北京利玛机械工业自动化孵化器参加活动。

（郭志娥）

【国家部委调研区民生科技工作】
10月25日，科技部、财政部相关领导到西城区就民生科技开展情况进行调研。调研组赴月坛街道、展览路社区卫生服务中心、区城管监督指挥中心就科技促进社区建设、市民健康自我管理与服务及城市运行与管理科技示范工程等内容进行实地考察。区科委介绍了西城区依托国家可持续发展实验区开展民生科技工作的主要做法和经验。调研组认为，西城区在开展民生科技创新实践方面成效明显，为国家层面出台民生科技政策和计划提供了借鉴。

（郭志娥）

【市科技计划项目通过验收】　10月27日，北京市科技计划项目“数字西城地理信息公共服务平台研建”通过专家验收。该项目是国家数字城市地理空间框架建设试点项目，开发完成三维辅助规划管理系统、城市运行管理系统、金宏工程地理信息分析系统和地理信息公众服务系统，形成基础地理信息数据集、公共平台政务版数据集和公众服务系统公众版数据集，项目成果在地区建设规划、金宏工程、城市运行管理等领域得到应用。

（郭志娥）

【区县科技专项通过验收】　11月30日，由区科委承担的“2010年区县科技专项——街道智能政务平台及智慧社区应用示范”课题通过专家验收。该课题以白纸坊街道智能政务平台系统和广安门内街道智慧社区建设为主要内容，开发完成“十千”惠民系统、和谐指数评价系统、24小时居家养老服务系统，完成基础数据采集设备的部署，实现了以房屋为核心要素的基础数据和基层政务应用扩展数据规范整合，课题成果提升了社区管理和服务的效率。

（郭志娥）

【试点技术市场属地管理模式】　12月6日，区科委邀请核工业科技开发咨询中心技术合同登记处、北京产权交易所有限公司技术合同登记处、北京市职工技术协会技术合同登记处等区内5家技术合同登记机构负责人，对西城区科委技术合同登记处进行执法检查。这是区科委首次以联合执法的形式进行技术合同登记检查，为区域内各登记机构之间信息共享、相互协作搭建桥梁。

（郭志娥）

【制定“十二五”科技发展规划】
12月28日，区科委和区发改委联合发布《西城区“十二五”时期科技发展规划》。规划明确“十二五”时期西城区科技工作以打造设计之都核心示范区、民生科技先行示范区和金融科技创新服务区为目标，以推进科技支撑社会发展、促进重大科技成果转化、推动区域产业创新发展为重点任务，落实示范社区推进工程、城市管理提升工程、设计服务促进工程、科技金融创新工程、科技园区创新工程和能力建设提升工程6项工程。

（郭志娥）

【技术合同成交总额实现增长】　截至年底，全区共成交技术合同8984项，成交总额161.33亿元，同比增长18.09%。其中输出技术5138项，输出技术成交额90.57亿元，同比增长28.45%。全区共吸纳技术3846项，吸纳技术成交总额70.75亿元，同比增长7.01%。

（郭志娥）

【高新技术企业】　截至年底，西城区有国家高新技术企业212家，其中德胜科技园区142家，园区外70家。

（郭志娥）

【专利试点】　年内，区知识产权局推荐11家单位参加北京市专利试点工作,推荐3家单位参加北京市专利示范单位评选。经过市知识产权局验收，11家单位全部获2011年专利试点合格单位，中国石油天然气集团公司被认定为北京市第四批专利示范单位。

（郭志娥）

【办理专利费用减缓】　年内，区知识产权局共办理专利费用减缓证明手续674份，其中发明321份、实用新型228份、外观125份。企业申请446份，占申请总数66.17%。

（郭志娥）

【开展可持续项目绩效评估】　年内，按照区财政局对“可持续发展专项资金”考评的工作要求，区科委组织协调可持续发展项目承担单位做好项目实施效果及经费使用的总结评估工作。“十一五”期间，西城区共实施142项可持续发展项目，投入区财政资金3595万元。经过专家组综合考评，考评等级为优秀。

（郭志娥）

【“双打”专项行动成效显著】　年内，区知识产权局联合区工商分局、区文委、区商务委、区药监分局等部门，开展打击侵犯知识产权和制售假冒伪劣商品专项行动（简称“双打”专项行动）。截至年底，执法部门共没收侵权商品19312件；收缴盗版光盘5000余张、盗版图书3000多册；受理各类侵权案件800件，其中著作权纠纷案件679件、商标权纠纷案件85件、技术合同纠纷案件4件、特许经营案件24件、反不正当竞争案件8件，旧存23件、审结819件，结案率99.51%。

（郭志娥）

【专利授权量实现增长】　年内，西城区共申请专利4979件，同比增长75.69%。其中申请发明专利2764件，占申请总量的55.51%；企业申请2957件，占申请总量的59.39%。全年授权专利2626件，同比增长40.58%，其中授权发明专利1078件，占授权总量的41.05%。

（郭志娥）

【企业信用及投融资体系建设】　年内，区科委通过开展企业调研、走访重点高新技术企业、召开业务知识培训等方式，推进企业投融资体系建设。截至年底，16家企业通过中关村科技担保公司获得贷款担保，担保金额3.3亿元。中关村企业信用促进会会员企业达到240家，比上年增加6家。

（郭志娥）

【可持续发展实验区25周年宣传】　年内，区科委制作22块展板，编辑制作6期《西城区科技直通车》报纸，宣传西城区可持续发展历程及重点建设成效，纪念国家可持续发展实验区创建25周年。

（郭志娥）

【科技人才资助】　年内，区科委开展北京市及西城区优秀人才培养资助项目申报工作。经评选，3人获北京市优秀人才培养资助项目支持，支持金额10万元，10人获西城区优秀人才培养资助，资助金额50万元。

（郭志娥）

【区科技计划项目】　年内，区科委组织申报科技计划项目，共征集项目76项，涉及生物医药、电子信息技术、环保新能源、新材料、先进制造等技术领域，经专家评审，确定支持项目35项，支持金额420万元。

（郭志娥）

教　育

概　述

中共北京西城区教育工作委员会、北京市西城区教育委员会（简称区教委）设职能科室36个，在职人员238人。年内，西城区普教系统共有教职工16613人，其中专任教师11860人。中学教职工（含职业高中）9060人，其中专任教师6218人；小学教职工（不含一贯制、含特殊教育）4656人，其中专任教师4088人；幼儿园教职工2596人，其中专任教师1388人；少年之家教职工301人，其中专职辅导员180人。西城区有学前教育机构(园）63所，其中教育部门办25所；公办小学71所，民办1所；公办普通中学49

所,民办1所，其它部门办1所；职业高中5所；特殊教育专门学校3所，其中聋人学校1所，弱智教育学校2所；工读学校1所。小学毕业生7965人，初中毕业生9371人，高中毕业生8369人。小学入学新生11076名，入学率100%，其中非本市学籍3438人；初中一年级新生9327人，其中非本市学籍2059人；高中一年级新生8217人，其中非本市学籍365人。

年内，区教委立足首都教育发展的新形势和新要求，深刻认识区域发展的新目标、新定位和新战略，坚持优先发展、育人为本、改革创新、促进公平、提高质量的基本原则，着力推进教育内涵发展和特色发展，贯彻落实《西城区“十二五”期间教育事业发展规划》，推动西城教育科学发展。确定实施“素质教育、教育改革、人才强教、各类教育协调发展、优质资源共建共享、现代学校制度建设、数字化教育和学习型城区建设”等8项重点工程。推动国家教育体制改革试点项目建设，促进西城教育可持续发展。推进教育布局规划调整，为全面实施素质教育提供硬件保障。校舍安全工程加固改造38处，共14万平方米，总投资7亿元。推进三帆中学等9个翻建项目、三十五中等重大项目、北纬路中学改建（一期）和畿辅中学建设工作。突出重点抓特色，全面提高育人质量。推进优秀人才资助工作，有4个项目获得市级资助，资助金额共12万元；45个项目获得区级资助，资助金额共116万元。增设区政府教育奖励项目“霍懋征奖”，树立和表彰了一批一线杰出教师。全面实行校长职级制，干部选拔、使用、培养、考核评价机制进一步健全，选派20名学校管理干部赴美国加州州立大学学习，12名现职中学后备干部赴加拿大皇家大学攻读硕士学位。开展“我心中的好老师”评选表彰工作，评选出区级好老师213名。编印《西城名师录》，成立13个名师和特聘教师工作室。组织37名中小学骨干教师赴澳大利亚墨尔本皇家理工大学学习。组织教师参加全国教学大赛，代表北京市参赛的8名选手全部获得一等奖。开展“金秋杯”“宣新杯”教学大赛、“智慧教师　生命课堂”课例研讨评选活动。拨专款680余万元，加强校园技防建设。做好师生出入高峰时段的安保工作，全年共出动防护人员66200余人次，出动警车120余车次。

地址：西城区平安里西大街育教胡同33号
邮编：100035
电话：66201155

（杨海蓉）

中小学教育

【高中毕业会考】　1月11日至13日，西城区参加春季全市统一组织的高中毕业会考，参加考生14714人次，报考科目总计51160科次，全区共设20个考点，考场1785个。7月5日至7日，西城区参加夏季全市统一组织的高中毕业会考，共47所学校参加考试，考生7584人次，报考科目总计15630科次，全区共设20个考点，考场549个。另有区考信息技术考试7048人。春夏季有自命题和替代科目的学校共8所，考生1650人。年内，西城区向8222名学生颁发了高中毕业会考合格证。

（王艳辉）

【区领导到月坛中学调研】　3月1日，副区长王粤到月坛中学开展国际复合型外语人才培养专题调研，区教委主任田京生陪同，3所外语特色校校长和区教委主管领导、相关科室负责人参加。王粤就推进全区外语特色校建设、培养国际复合型外语人才工作提出三项要求。

（李文君）

【区领导到北京八中调研】　3月10日，区委书记王宁到北京八中调研，听取了校长王俊成和党委书记张凤兰的工作汇报，对学校工作提出要求。有关领导陪同调研。

（李文君）

【市青少年科技创新大赛获奖】　3月27日，在第31届北京市青少年科技创新大赛中，西城区代表队在中学生创新成果竞赛中获一等奖10项、二等奖18项，在小学生创新成果竞赛中获一等奖10项，获奖总数和金牌数居全市首位。

（马志洪）

【开展中高考心理服务】　3月30日，区教委启动中高考心理服务工作，向来自全区12所中学的志愿者颁发聘书，向各中学赠送心理咨询卡及致考生家长的一封信，开展为期3个月的心理服务，共接待初、高三学生，教师及家长来电来访30余次，上传博文50余篇。

（李　蕾）

【应急宣传进校园活动】　4月13日，应急宣传进校园活动在奋斗小学启动，这次活动由区政府应急办和区教委主办、多部门协办，主题为“强化安全意识、培养应急能力”。各学校结合工作实际，针对不同师生群体，开展了形式多样的安全宣传教育活动。

（吕迎国）

【成立华夏女子中学办学联合体】 4月15日，华夏女子中学办学联合体签约仪式在华夏女中举行。区委副书记刘跃平，国家教育部校长培训中心、北京教育学院、区教委等领导出席。

（王贞茶）

【课堂教学研讨交流活动】 4月20日至22日，区教委在28所学校开展课堂教学研讨交流活动，在各校自主研究的基础上，推出29节课参与校级研讨交流。7月8日，召开总结表彰会，区教委副主任张燕军对下一阶段教学工作提出要求。

（陈蕾倩）

【举办中小学生“艺术之星”展演】 4月16日，由区教委主办、区少年宫承办的西城区中小学生“艺术之星”展演活动在北京四中举办，45个器乐、声乐、戏剧、曲艺、舞蹈、朗诵等优秀节目进行了展示，教师、学生和家长等近千人观看。

（傅晓月）

【市学生艺术节比赛获奖】 4月19日至21日，在北京市第十四届学生艺术节金帆团组的比赛中，西城区共获得7个一等奖、2个二等奖，其中八中管弦乐团、进步小学管乐团和北京小学舞蹈团的成绩在全市名列前茅。

（芦炳杉）

【教育部领导调研教育研修网】 4月26日，教育部副部长刘利民一行到西城教育研修学院调研教育研修网。参观了计算机房和多媒体演播厅，听取了开展网络研修、促进教师专业发展的汇报。刘利民对西城区教育研修网表示赞赏并提出希望。王粤、田京生陪同调研。

（张慧明）

【承办市中小学美育工作现场会】 4月27日，区教委承办的北京市中小学美育研究现场会在亚太实验学校召开。5名专家作美育课题指导，亚太实验学校展示了美育活动成果，校长许向东作《学校艺术教育特色的形成与研究发展实践思考》的汇报，副校长景绪潮作课题研究汇报。全市各区中小学领导和教师200余人参加。

（芦炳杉）

【整治校园周边环境秩序】 4月至6月，在全区教育系统开展校园环境百日整治“春风行动”，重点解决影响校园周边环境秩序的突出问题，加强校园安全防范工作力度，推进“平安校园”建设。

（吕迎国）

【参加市中小学生智能机器人竞赛】 5月7日至8日，区教育信息技术中心组织全区18支代表队参加北京市第十二届中小学生智能机器人竞赛，展览路第一小学获机器人足球小学组冠军。

（崔　淼）

【举办七彩梦想大舞台活动】 5月27日，区教委在梅兰芳大剧院举办七彩梦想大舞台活动，北京小学金帆舞蹈团、青龙桥小学金帆民乐团、实验二小舞蹈团、半步桥小学西乐团、宣师一附小民乐团等16所小学的艺术社团参加演出。

（王笑菲）

【区领导检查高考考点校】 6月7日，区领导王宁、张建东、刘跃平、王粤在区教委领导陪同下，分两组检查了区教育考试中心及四中、三十五中、育才中学、师大附中等高考考点学校，听取区考试中心和公安分局领导工作汇报，实地查看4所考点学校的环境、电子巡查监控室、考场、保密室及考务办公室，对各校严谨有序的组考工作、有关部门的通力配合给予充分肯定并提出希望。

（刘卫东）

【第五届“双优评选”总结表彰】 6月17日，区教委召开南区中学第五届“先进教研组、优秀青年教师、青年班主任”评选总结表彰会，200余人参加会议。表彰青年教师综合奖项一等奖44名、二等奖61名、三等奖72名；先进教研组40个；优秀班主任一等奖14名、二等奖15名、三等奖18名；优秀组织奖19所学校。

（王贞茶）

【中考中招工作】 6月24日至26日，区中招办组织参加北京市高级中等学校招生统一升学考试，考生总计9170人，具有升学资格的考生8139人（含往届生142人），不具备升学条件的考生1031人。中考共设考点30个，考场311个。在录取工作中，西城区被提前招生学校录取新生798人，其中，示范高中405人、一般高中92人、中专119人、技校25人、职高147人、五年制高职10人。统一招生录取6616人，其中，普高录取6087人（示范高中

3062人，一般高中录取3025人）、中专147人、幼教6人、技校32人、职高161人、高职183人。未录取考生725人。录取总计7414人，升学率为91.09%。

（曹玉华）

【与朝阳区教委合作办学】 7月5日，朝阳区教委与北京第二实验小学合作办学签约仪式举行，区委常委、常务副区长杜灵欣等领导出席。合作办学正式启动后，成立北京第二实验小学朝阳学校，学校性质为公办。

（李文君）

【中国青少年机器人大赛获奖】 7月18日，在河南省郑州市举办的第十一届中国青少年机器人竞赛中，西城区有11支队伍代表北京市参加比赛，共获7个一等奖。

（马志洪）

【全国青少年科技创新大赛获奖】 8月3日至9日，在内蒙古呼和浩特市举行的第26届全国青少年科技创新大赛中，西城区师生共获青少年科技创新项目一等奖4项、二等奖4项、三等奖2项；专项奖5项；十佳科技辅导员1人；科技辅导员创新项目二等奖1项、三等奖2项；十佳科技实践活动奖1项；科学幻想绘画一等奖4项、二等奖3项，三等奖1项。北京师范大学附属实验中学获“十佳科技教育创新学校奖”；区教委获基层赛事优秀组织单位奖。

（马志洪）

【秋季招生工作】 9月，区考试中心高招办完成秋季招生考试工作。西城区高考报名人数总数为11119人，普通高考报名人数为10483人，其中参加全科考试10157人，实考考生10108人，上本科线人数7453人，上线率为73.73%；参加高会统招246人，实考考生231人。中学应届实考人数8240人，上本科线人数6574人，上线率79.78%。截至10月底，普通高考共计录取9233人，录取率为91.34%。

（马 华）

【高职班单独招生工作】 9月，区考试中心高招办完成高职班单独招生工作。共有职高、中专校应届、往届生636人报名参加高师、高职班的招生考试，实考人数428人，录取人数340人，录取率79.44%。另有145名考生被自主招生的14所高职专科院校提前录取。

（马 华）

【与呼和浩特市合作办学】 10月13日，杜灵欣一行赴内蒙古呼和浩特市，就设立北京四中呼和浩特分校等有关事宜签订协议，加强两地教育主管部门和相关学校的交流合作，科学管理，优化资源，共同发展。

（杨海蓉）

【“紫禁杯”优秀班主任座谈会】 10月13日，区教委召开北京市第24届“紫禁杯”优秀班主任座谈会，主题是“发展学生 成就自我 享受幸福”，获得本届“紫禁杯”优秀班主任荣誉称号的7位班主任以及德育主管干部共30多人参加座谈交流。

（陈蕾倩）

【培训新生家长】 10月15日，西城区第12届家长学校启动。区教委与青春健康中心合作，利用3个周末对初、高一全体新生家长集中进行培训。聘请多名青春健康教育专家，就青春期教育问题与新生家长面对面交流，针对家长特别关注的“亲子如何建立良好的沟通关系”、“注意力提高的培养”、“高中学生的人生规划”等问题开展专题讲座。

（李 蕾）

【举办999安全校园行活动】 10月25日，以“防灾减灾、从我做起”为主题的999校园安全行活动在民族团结小学举行。市红十字会、区红十字会、区教委、区消防一支队、999急救中心领导，民族团结小学全体师生和有关单位参演人员等800余人参加。

（吕迎国）

【“多彩校外美好生活”比赛】 10月，全区110所中小学15000余名中小学生参加了“西城区第27届学生书法、绘画、摄影、工艺美术比赛”，本届比赛以“多彩校外、美好生活”为主题，展示了青少年学生利用课余时间在少年宫、科技馆、博物馆、公园等社会大课堂学习、娱乐、参与实践活动的成果。

（傅晓月）

【小学课例研讨评选活动】 10月，西城区小学开展了“智慧教师 生命课堂”课例研讨评选活动，共有157份课例进入区级评选。11月3日至4日，组织优秀课例教师集中开展说课答辩活动，评出获奖课例一等奖30篇、二等奖43篇、三等奖79篇，涵盖了语文、数学、英语、体育、科学、音乐、美术、劳技、校本等12个学科。12月20日，召开了总结表彰会。

(陈蕾倩)

【优秀班主任表彰会】 11月4日，区教委召开西城区中学优秀班主任表彰会，表彰19名教师被评为第24届北京市中小学“紫禁杯”优秀班主任，80名教师被评为2011年西城区中学优秀班主任，3名优秀教师代表作典型发言。

(李　蕾)

【区教育系统专项工作会】 11月18日，西城区教育系统2011年专项工作会召开。教工委、教委、教育督导室领导，教委所属各单位党政主要领导，全系统骨干教师代表，机关各科室负责人等300余人出席。会议总结中小学教师“十一五”时期继续教育工作情况，部署《西城区中小学教师“十二五”时期继续教育工作的实施意见》，授予16个单位为“十一五”教师继续教育工作先进集体称号，授予20个单位为校本研修先进单位、校本培训示范学校称号，授予30个单位为校本研修特色单位、校本培训优秀学校称号，授予238名教育管理者和教师为“十一五”教师继续教育先进个人称号，授予5个单位为“十一五”时期教师继续教育先进培训单位称号。

(李文君)

【举办教育科研周】 11月18日，区教委在研修学院礼堂举行以“新西城、新教育、新思路、新发展”为主题的2011年西城区教育科研周开幕式。区领导杜灵欣、郑然、程刚、沈桂芬，市教育学院院长李方，市教育科学研究院院长时龙，区教委、区教育督导室领导，区教委所属各单位党政领导及科研室主任近400人参加。田京生致开幕词，牟东棋宣读对25所获得北京市基础教育先进科研单位的表彰决定，亚太实验学校、回民小学、实验中学作为获奖单位发言，李方、时龙进行点评。杜灵欣作总结讲话。

(李文君)

【金帆艺术团专题工作会】 11月22日至23日，西城区金帆艺术团专题工作会召开。会议对金帆团复审和申报工作进行总结，为在北京市第14届学生艺术节中获金帆团组一等奖的学校颁奖。北京小学和八中作大会经验交流。

(芦炳杉)

【吴灵芬教授合唱工作室成立】 11月25日，吴灵芬教授合唱工作室在三十五中挂牌。亚太地区联合国教科文组织协会联合会主席陶西平、副区长陈宁到场祝贺。知名艺术家在学校建工作室在全市尚属首次。

(王笑菲)

【北京精神新童谣传唱活动】 11月28日，由市教委主办、区教委承办的北京市中小学北京精神新童谣传唱活动在宣武师范学校附属第一小学举行。市教委和区领导姜沛民、刘建、罗杰、杜灵欣等出席，全市16个区县和燕山地区教委主管主任、小教科长和宣师一附小师生代表300余人参加活动。与会领导向学生代表赠送了《北京精神新童谣》手册并向全市中小学发放手册2.6万册。作为“北京童谣”传承基地，宣师一附小的学生们现场展演和传唱了“爱国、创新、包容、厚德”北京精神新童谣。

(陈蕾倩)

【基础教育课程改革工作获奖】 11月，在北京市基础教育课程改革工作会上，回民学校、北京小学六校被评为2010—2011年北京市三级课程整体建设先进单位，13所学校被评为学生综合素质评价工作先进单位，41人被评为学生综合素质评价工作先进个人，27篇中学课堂教学设计获一等奖，33篇基础教育论文获一等奖，10项课程建设成果获一等奖。

(王贞荼)

【《神奇的机器人》获金奖】 11月，西城教育信息技术中心编制的教学片《神奇的机器人》在中央电教馆主办的第八届中国中小学校园电视奖评选活动中，获全国唯一一个教学类金奖。

(夏　郁)

【学生评优表彰】 年内，全区评出市级先进班集体12个、优秀学生1人、优秀学生干部36人、三好学生221人；区级先进班集体30个、优秀学生干部60人、三好学生351人。9人获市级时事竞赛小灵通奖。

(李　蕾)

【高考中考成绩】 年内，西城区参加高考的理科考生4841人、文科考生2173人，文理合计600分以上1319人，占全市32%；理科平均分前10名的学校是四中、实验中学、师大二附中、八中等；文科前10名的学校是实验中学、四中、师大二附中、一六一中、八中、十三中等；另有2名文科状元。参加中考的考生7284人，达500分以上高分的考生3218人，占考生总数的44.18%；达及格分数的考生人数7099人，占考生总数的97.5%。体育中考及格率99.92%。

（刘　燕）

【小学毕业生升初中】　年内，西城区初中入学采取多种招生方式与计算机派位相结合的办法，区考试中心"小升初"办公室按照招生计划及入学办法，共录取学生9510人，其中3158名学生参加划片派位，约占西城区升学人数的40.1%。

（白　冰）

【高级中等学校招生】　年内，西城区中考中招工作本着统一政策、统一管理、统一程序、统一时间，分区（原西城区、原宣武区）操作的原则进行。升学考试由北京市教育考试院统一命题，区县组织考试、网上评卷、成绩登统和发布考试成绩，全市统一组织招生录取。西城区14所示范高中校共录取初中校推荐的优秀生212人，其中四中、八中、铁二中招收远郊区县初中校推荐的优秀生13人。

（曹玉华）

【高等教育自学考试】　年内，西城区教育考试中心自考办负责西城区范围内及全市部分专业（中英合作专业）高等教育自学的报名、组考、成绩发放及论文申请等工作。全年受理各类考试报名54932人次，137262科次，新生注册5730人，使用58（次）所中学作为考点校，组考4020场次。办理自考毕业初审2705人，其中专科1236人、本科1469人。

（李　飞）

【学生资助管理中心】　年内，西城区教育减免、奖励资金3008.78万元，其中义务教育阶段2648.8万元，普通高中66.5万元，职业高中293.48万元。助学工程涵盖全区（包含民办学校）中小学生。办理生源地信用助学贷款相关工作，办理1人助学贷款6000元，办理21人高校应届毕业生入伍服义务兵役学费补偿审核工作。

（周玉凤）

【支教工作】　年内，西城区共派支教教师15人，其中四川省11人、新疆维吾尔自治区4人。

（陈跃进）

【教师职称评审】　年内，西城区组建新一届中学教师高级专业技术评审委员会、中学教师中级专业技术评审委员会和小学教师中级专业技术评审委员会，经过严格评审，中学高级职称申报247人，通过221人，通过率89.5%；中学一级职称申报203人，通过198人，通过率97.5%；小学高级职称申报159人，通过156人，通过率98.1%；颁发2010年职称证书811人。

（于锡华　陈然）

【在职教师考核工作】　年内，区教委对在职教师进行考核，通过个人总结、述职、民主测评，应考核14937人，其中参加考核14252人、未参加考核685人；优秀2195人，占15%；合格11998人，占84.18%；基本合格4人，占0.03%；不合格1人，占0.01%；未定等次54人，占0.38%。

（陈　然）

【校长任期经济责任审计】　年内，区教委对回民中学、北京三中、教育学院附属中学、实验职业学校、实美职业学校、汽修学校、红旗业大、后孙小学、椿树馆小学、广外一小、宏庙小学、厂桥小学、右安门二小、陶然亭小学、新街口少年宫共15所学校的法人代表进行任期经济责任审计，审计金额76360.46万元，查处违规违纪资金53.10万元，提出审计建议14条。各被审计领导干部在任期内，未发现个人违法、违规问题。

（张燕哲）

学前教育

【概况】　年内，西城区有托幼所63所，其中区教委直属幼儿园25所，单位办园26所，部队办园4所，民办园8所。63所托幼所中，北京市示范性幼儿园14所，北京市一级一类园37所、一级二类园7所、二级二类园5所，北京市社区早教基地32个。离园幼儿3711人，入园5199人，在园人数15648人，入园率62.15%。教职工2596人，其中专任教师1388人,大专及大专以上学历占教师比例86.24%；高级职称20人，占教师比例1.44%；中级职称504人，占教师比例36.31%；初级职称557人，占教师比例40.13%。市级学科带头人2人、市级骨干教师15人、市级特级教师1人。区教委加大幼儿园建设力度，缓解"入园难"现象，满足辖区内居民入园需求，投资1.16亿元改善幼儿园办园条件，扩班28个，增加学位1488个；加强质量监控和业务年检，规范办学行为，促进各类园所可持续发展；加强两支队伍建设，多种途径提高培养效果，提升队伍综合素质；加强示范园和早教示范基地建设，发挥示范园的辐射和引领作用；加强常态教育研究，发挥科研项目引领作用，促进《幼儿园教育指导纲要》的贯彻落实。

（王丽萍）

【孙玉兰园长管理思想研讨会】 1月6日，区教委召开孙玉兰管理思想研讨会。37所幼儿园正副园长、中层干部和宇锋幼儿园代表等200多人参加。空军蓝天宇锋幼儿园园长孙玉兰作题为《要做就做到最好——谈谈我的幼教职业生涯》的发言，与会人员观看了《孙玉兰的故事》录像，宇锋幼儿园6名干部、教师代表分别从不同角度介绍了孙玉兰管理、育人、工作等方面的事迹，北京市早期教育研究所副研究员徐明作了精彩点评。

（王丽萍）

【走进示范园活动】 3月24日和6月2日，区教委举办走进示范园活动，请教师和家长分别走进2所市级示范幼儿园——回民幼儿园和三教寺幼儿园，2所幼儿园分别进行了民族教育特色课程展示和体育特色园本课程展示。

（张　娟）

【幼儿教师教学活动评优】 3月至6月，区教委开展首届“西城杯”幼儿教师教学活动评优活动，全区119名教师参加，通过园、片、区三级评优，评选出一等奖10名，二等奖19名，三等奖43名，表扬奖47名。

（张　娟）

【区领导慰问幼儿园】 5月27日，区领导刘跃平、郑然、王粤、程刚等带队，分4组走访慰问8所幼儿园，向小朋友们致以节日的祝贺，向教职员工表示问候，向幼儿们赠送了价值2.8万元的玩具。

（王丽萍）

【办园经验研讨会】 11月24日，区教委召开新京畿道幼儿园办园经验研讨会。教育研修学院学前部相关负责人、幼儿园正副园长共50余人参加会议。与会人员参观了幼儿园整体环境和教学活动，新京畿道幼儿园园长付曼俐作题为《感悟园所文化管理，提高街道园的办园质量》的经验介绍，副园长郝素兰、教师代表陈菲菲分别作题为《教育科研引领街道幼儿园保教质量持续发展》、《教育教学研究帮助我成长》的发言，与会人员进行了座谈、研讨。

（王丽萍）

【曙光幼儿园分园开园】 12月28日，曙光幼儿园举行分园开园典礼。区教委和相关科室领导、部分幼儿园园长30余人出席，田京生、牟东棋共同为曙光幼儿园分园落成揭牌。曙光幼儿园分园是在原庆丰小学的基础上投资300多万元改建的，占地面积2087平方米，建筑面积1800平方米。

（王丽萍）

【接收和改扩建幼儿园】 年内，区教委接收红山世家、信和嘉园、丽水莲花3所小区配套幼儿园为公立园，3所幼儿园分别占地3500平方米、3100平方米、2700平方米；租用回民幼儿园东边1200平方米和北边900平方米的2座建筑进行改造装修，扩大回民幼儿园办园规模。

（张　娟）

【新成立2家幼儿园】 年内，新成立西城区红山幼儿园、西城区虎坊路幼儿园信和分园2家单位，并追加了财政预算。

（王　栋）

【出台学前教育文件】 年内，区教委出台《北京市西城区加快推进学前教育发展的意见》和《北京市西城区学前教育三年行动计划（2011—2013年）》2个文件，贯彻《国家中长期教育改革与发展规划纲要》和《国务院关于当前发展学前教育的若干意见》精神。

（张　娟）

职业教育和成人教育

【概况】 年内，全区有5所职业高中学校和1个特殊教育职高班，其中4所职高学校为国家级重点校，分别是：北京市外事学校，北京市实美学校，北京市财会学校（原名宣武一职），北京市实验职业学校（原名宣武二职）；1所专科学校：北京市汽车工程学校；1个特殊教育职高班：启喑学校职高班。5所学校共开设饭店服务与管理、旅游服务与管理、烹饪、公关礼仪、美容美发与形象设计、美术绘画、电子信息技术、金融事务、会计、计算机网络技术、文秘、印刷技术、机电技术、出版与发行、中药、药剂等32个专业。招生1981人，毕业1392人，在校生4809人。教职工1087人，其中专任教师736人。专任教师中，高级专业技术职务554人，市级学科带头人3人，市级骨干教师4人，区级学科带头人29人，区级骨干教师108人。全区有成人教育学校3所，开设专业73个，在校生12151人。开设短期培训班168个，培训12923人。

（王娜娜）

【区领导到红旗大学调研】　1月19日，副区长王粤到红旗大学进行调研。红旗大学校长米淑兰汇报工作，王粤对红旗大学工作提出希望和要求。区教委有关领导陪同调研。

（李文君）

【成人教育学会扩大会】　5月13日，西城区成人教育学会召开区划调整后的首次扩大会议，西城区有关委办局、企事业单位、街道办事处及成人学校负责人近百人参加大会。大会通过修改后的《西城区成人教育学会章程》，选举产生西城区成人教育学会新一届理事会理事47名、监事会监事5名。召开学会理事会第一次全体会议，选举产生学会常务理事；学会会长、副会长；学会秘书长、副秘书长。召开学会监事会第一次会议，选举产生监事长。

（王娜娜）

【职成学校汇报演出】　5月27日，区职成学校红歌大赛颁奖暨汇报演出在区文化中心大剧场举行，来自全区各职成学校的领导和师生代表550人参加活动，演出了职成各校大合唱及部分获奖曲目。本次区职成学校红歌大赛活动，主题为"唱响红色经典旋律、展示西城职成风采"，经过初赛、决赛，评出学生组一等奖2名、二等奖5名、三等奖8名，教师组一等奖3名、二等奖8名、三等奖13名。

（王娜娜）

【接受市教委示范专业评估】　6月7日至10日，西城区第一职业学校金融事务专业、外事学校的酒店服务与管理专业，分别接受了市教委专家组示范专业评估。通过听取学校关于专业建设自评情况汇报、考察专业实训基地建设情况、查阅学校专业建设相关档案资料、随堂听课，以及召开教职工、在校学生和毕业生、用人单位代表座谈会，评估专家组给予肯定并提出建议。

（王娜娜）

【指导成人教育工作】　年内，区教委对内联升、老舍茶馆、青少年图书馆、宣房投资管理公司、药监西城分局、聚德华天学校、疾控中心、宣武图书馆、张一元、电大宣武分校等单位的成人继续教育及建设学习团队工作进行视察与指导，以点带面，促进全区成人教育培训工作的有效开展。

（王娜娜）

【编辑成教理论学习资料】　年内，编辑出版《职工教育优秀项目选编》，编辑成人继续教育学习资料手册，编辑出版2期《西城成人教育》杂志、编辑出版3期成教动态简报。

（王娜娜）

社区教育

【概况】　年内，区教委推进建设全国社区教育示范区和学习型城区工作。建立全市首家区级市民终身学习成果认证中心，注册学员1万人，学分银行认证系统初步运行。开展第四批创建学习型社区工作，对十五中等8所学校创建学习型学校工作进行视导。召开教育系统"十百千"工程和学习型学校创建工作会议。举办首届市民舞蹈大赛、第九届市民学习周活动。召开西城区学习型城区建设领导小组会议，明确争创北京市建设学习型城市示范区工作任务。全年市民教育培训107万人次。全区有314所民办教育机构办理了许可证。

（王　珍）

【创建学习型学校工作调研】　3月至4月，区教委社区教育办公室组建调研组对十五中、华夏女中、宣武外国语实验学校、宣武第一职业学校、北京第一实验小学、半步桥小学、炭儿胡同小学、回民幼儿园等8所学校进行创建学习型学校工作视导调研。专家组在调研过程中，采取听校长汇报、与领导班子座谈、查看学校设施及材料、信息反馈交流等形式，对各学校创建工作提出了意见。

（王　珍）

【市民终身学习成果认证制度】　4月27日，西城区召开市民终身学习成果认证制度启动仪式暨新闻发布会，西城区社区学院院长张建国作新闻发布报告，区委宣传部副部长、区文明办主任刘江甲宣读《关于成立北京市西城区市民终身学习成果认证中心的决定》，中国成人教育学会会长朱新均、区政协副主席沈桂芬为"西城区市民终身学习成果认证中心"揭牌。

（王　珍）

【参加全国职业教育展览会】　6月24日至26日，区教委率团参加了在天津梅江会展中心举办的全国职业教育展览会社区教育专项展览，精选西城区社区教育特色项目参展，包括什刹海社区教育学校的民俗特色手工艺"鬃人"、德胜街道社区教育学校的"面人"、月坛社区教育学校的"鼻烟壶内画"、新街口社区教育学校的"京剧脸谱”、“蛋雕艺术”、金融街社区教育学校的“宫廷雅乐”、“王府国学课堂”。

(王 珍)

【社区教育“十百千”工程工作会】 10月10日，区教委召开社区教育“十百千”工程暨建设学习型学校工作会，区教委系统各单位和各街道办事处负责人300余人出席。社区教育“十百千”工程即“建设十所社区教育重点学校、开展百项社区教育活动、组织千名志愿者服务社区。”会上，牟东棋作社区教育“十百千”工程与学习型学校创建工作报告，张润田宣读对社区教育“十百千”工程与创建学习型学校先进单位与个人进行表彰的决定，先进单位代表进步小学校长杨芳、北京市财会学校党总支书记李文越、奋斗小学校长见培炎作经验介绍。

(王 珍)

【学习型城区建设领导小组工作会】 12月1日，西城区召开学习型城区建设领导小组工作会议，各有关单位领导出席。田京生汇报工作进展情况，石殿辉汇报贯彻学习型城市工作示范区评估工作情况，杜灵欣到会并讲话。会议印发了《北京市西城区人民政府关于创建北京市学习型城市示范区的实施意见（征求意见稿）》。

(王 珍)

【评选学习品牌和学习之星】 年内，西城区相关委办局、街道、学校、驻区单位开展评选“首都市民学习品牌”优秀项目、“首都学习之星”活动。经各单位层层推荐、专家组审核评议，确定参加北京市第三批“首都市民学习品牌”的是西城讲坛、“大社教”博学堂、陶然地书、“消除数字鸿沟、提高市民素质”、天桥书画社；推荐20名“首都学习之星”。经市学习办审核，李烈、王春利、杨文玉、张令猷获2011年度“首都学习之星”称号。

(王 珍)

北京宣武红旗业余大学

【概况】 北京宣武红旗业余大学（简称红大）创建于1958年6月，是全国最早成立的成人高等学校之一。学校占地面积32837平方米、建筑面积35997平方米。年内，红大固定资产总值1409万元，其中教学科研仪器设备总值880.45万元。全年教育经费投入2231.25万元，其中国家拨款1394.26万元、自筹经费836.99万元。图书馆藏书6.98万册，包括纸质图书6.5万册、电子图书0.48万册。学校有右安门、广安门外小红庙和西便门老龄大学3个校区，设12个行政部门，5个教学系。开设48个专业，覆盖12个学科。教职工150人，其中专任教师68人，包括教授2人、副教授20人。兼职教师64人，其中教授12人、副教授24人。专科学历在校生1131人、招生389人、毕业303人；市委党校红大分院在校生212人、毕业425人；理工大继续教育学院红旗业大教学站在校生325人、招生150人、毕业162人；理工大远程教育学院红旗业大教学站在校生541人、招生87人、毕业119人；北交大继续教育学院在校生1238人、招生496人，毕业487人；北师大继续教育学院在校生103人、招生19人。全年培训6704人次。

地址：西城区右安门内大街79号

邮编：100054

电话：63543784

(李艳君)

【2个新专业获审批通过】 3月23日，红大召开2011学年度文化事业管理和旅游服务与管理新专业论证会，与会专家认真研究申报材料，结合各自专业经验，从课程设置、专业特色、办学优势、培养目标等多方面提出意见，为新专业申报工作开拓了新思路，充实了新内容。年内，2个新专业获市教委审批通过。

(李艳君)

【市民信息技能培训】 4月18日，由红大和区政府信息办、椿树街道联合举办的2011年西城区市民信息能力提高培训班开班。培训班历时5天，内容为计算机基础应用知识，来自椿树街道的50名社区干部和居民参加培训。

(李艳君)

【考查学习活动】 5月23日至24日，红大组织教职员工参观党中央暨解放军总部旧址、七届二中全会会址和西柏坡纪念馆，系统了解中共中央和老一辈无产阶级革命家在西柏坡期间的革命实践活动，重温解放战争的光辉历史，接受革命传统教育和党性教育。

(李艳君)

【工会换届选举】 6月17日，红大召开第七届工会换届选举大会，通过不记名投票方式，民主选举产生第七届工会组织机构，经报请区教育工会批准，红大第七届工会委员会正式成立。

(李艳君)

【选举教代会代表】 7月1日，

红大召开第七届教职工代表选举大会，全校教职工分6个小组，通过各小组民主投票，产生红大第七届教代会代表29名。

（李艳君）

【获电子商务培训基地称号】　10月21日，在区政府举办的首届西城电子商务节活动中，区信息办、区商务委授予红大“西城区电子商务培训基地”称号并颁发牌匾。

（李艳君）

【七届一次教代会】　11月11日，红大召开教职工代表大会七届一次会议，正式代表27人、特邀代表11人参加。会议审议通过了《开拓办学奖励机制暂行办法》、《关于教职工进修学习及培训的相关规定》、《科研成果奖励管理办法》3个文件。

（李艳君）

【参观社区教育学习体验中心】　11月16日，红大组织教职员工到中关村学院社区教育学习体验中心参观考察，先后参观了厨艺体验室、书法室、茶艺室等特色设施，并分组体验了面点制作、快乐书法等课程。

（李艳君）

【老干部大学摄影班毕业展】　12月2日，由区委老干部局主办、红大承办的“红旗飘飘摄影系列展暨西城区老干部大学摄影班毕业展”在区文化馆（南区）开展，展期一周，66名学员的150幅作品参加展出。参展摄影作品内容丰富多彩，涉及题材广泛，从不同层面展现学员健康向上的精神风貌和积极乐观的生活态度。

（李艳君）

【基层党支部书记培训班】　12月6日至9日，区机关工委主办、红大承办的基层党支部书记培训班在红大举办，全区300多个基层单位的400名基层党支部书记参加培训。培训班分2期进行，每期2天，各200人，培训内容为胡锦涛总书记“七一”讲话全面解读、社会管理、基层书记心理调试、社会矛盾化解和突发事件应对等。

（李艳君）

西城区人民政府教育督导室

【概况】　西城区人民政府教育督导室（简称西城区督导室）是区政府加强教育行政监督，行使教育督导职能的专门机构；代表区人民政府开展区内教育督导工作；主要工作对象是区政府的有关委、办、局、街道办事处，中等及中等以下各级各类学校和校外教育等单位；职能是依法对区内教育工作进行监督、检查、评估、指导。年内，西城区督导室共对17所学校（幼儿园）进行全面实施素质教育综合督导（对涉及的11所小学同小学规范化建设专项督导合并进行），对4所小学进行小学规范化建设专项督导阶段性验收，对2个街道办事处进行履行素质教育目标责任的随访督导，对4所非学历民办教育机构进行综合管理督导评价，对2个教委直属单位、1个社区教育及成人教育单位、2所特殊教育学校以及1个校外教育单位进行随访。

地址：西城区广安门内大街171号
邮编：100053
电话：63035547

（王锦红）

【特约督学工作会】　1月6日，西城区督导室召开特约督学工作会，总结2010年督导情况，布置2011年督导工作。区教工委、教委各相关科、部室和教委相关直属单位负责人参加会议。翁乃彤布置2011年上半年综合督导任务，牟东棋提出工作要求。

（王锦红）

【督导反馈会】　1月中旬，西城区督导室对2010年下半年综合督导的11所学校（幼儿园）进行逐校回复，分别召开各校领导班子参加的督导反馈会，向各单位宣读督导评价意见，督促各单位进行整改。

（王锦红）

【推进全面实施素质教育工作会】　1月13日，西城区督导室召开进一步推进全面实施素质教育工作会。区教育督导室主任牟东棋、副主任王大庆、区属52个相关单位分管教育的领导、专职督学和部分兼职督学参加会议。王大庆对修订的《西城区进一步推进全面实施素质教育评价工作方案（征求意见稿）》做解读，牟东棋提出工作要求。

（王锦红）

【全体督学工作会】　3月1日，西城区督导室在教委机关会议室召开新学期第一次全体督学工作会。传达北京市教育督导领导干部会议精神，学习市督导室2011年工作重点，回顾2010年工作，布置2011年工作计划并提出工作要求。9月5日，西城区督导室召开2011—2012学年度第一次全体督学会，全体专兼职督学近40人出席，布置2011年下半年工作计划，回顾区划调整一年来的督导工作，对全体督导提出工作要求。

（王锦红）

【随访调研汇佳北欧幼儿园】 3月23日，西城区督导室会同区教委学前教育科、民办教育科组成随访组，对汇佳北欧幼儿园进行随访调研。通过听取幼儿园自评汇报、与中层以上干部座谈、查看幼儿园环境、查阅相关资料和个别访谈的方式，分别从依法办园、财务管理、行政管理与办园条件、教育教学管理和卫生保健等5个方面，认真细致地了解幼儿园近3年来开展工作的情况、取得的主要成绩和存在的主要问题。

（王锦红）

【随访金融街少年宫】 3月25日，西城区督导室会同区教委校外教育科和社教办到金融街少年宫（社区教育学校）开展随访工作。听取少年宫主任的工作汇报，与部分中层干部进行座谈，观看部分培训小组培训教学活动和社团排练活动，参观校园环境，查阅相关档案材料。

（王锦红）

【回访被督导学校】 4月中旬，西城区督导室坚持监督检查与指导服务并重，落实教育督导回访制度，对2010年下半年督导的10余所学校开展督导后的回访活动。

（王锦红）

【随访北京启喑实验学校】 4月20日，西城区督导室会同区教委小教科对北京启喑实验学校进行随访。听取校长的工作汇报，与部分中层干部进行座谈，观摩课堂教学，参观校园，查阅相关档案材料。

（王锦红）

【市督导室督导调研学前教育】 4月27日，市教工委副书记、督导室主任线联平率督导调研组一行12人到西城区就学前教育工作进行督导调研。副区长王粤、区教委主任田京生、区督导室主任牟东棋以及区政府相关委办局和街道办事处领导、区教委相关科室负责人陪同调研。

（王锦红）

【随访督导什刹海街道办事处】 4月28日，西城区督导室会同区教委社区教育办公室对什刹海街道办事处随访督导。听取办事处的自评报告，与相关部门人员进行座谈及访谈，查阅档案资料，实地考察街道社区服务中心，从规划计划、组织管理、工作成效、创新特色4个方面了解街道办事处落实素质教育目标责任的情况。

（王锦红）

【督学培训会】 6月，西城区督导室召开以“加强自身建设，促进专业发展”为主题的督学培训会，邀请原宣武区督学李玉蓉结合“如何做督学”进行2次专题培训，她通过自己对督学工作的理解和感悟，围绕“督学干什么、怎么干、如何干好”这3个问题进行了深入浅出的解读，还就如何做好督导中的几项具体工作，如采集信息和整理分析信息、巧妙设计访谈提纲、汇总与评价、撰写督导材料等内容做了详细辅导。

（王锦红）

【市督导室随访督导检查区社区教育】 7月7日，市督导室对西城区社区教育进行随访督导检查。专家组成员一行7人由市政府教育督导室副主任刘莉带队，观看《风华西城 绚彩社教——北京市西城区建设我国社区教育示范区纪实》电视专题片，听取副区长范宝代表区政府作《落实教育发展规划纲要，推进社区教育科学发展》的社区教育工作自评报告，查阅社区教育和学习型组织建设工作档案资料，考察金融街街道、金融街社区教育学校、金融街街道丰汇园社区、社区学院、一五九中学，并与金融街街道居民进行座谈。

（王锦红）

【申报教育评价与督导课题】 上半年，西城区督导室积极开展“十二五”教育评价与督导科研课题研究工作，组织鼓励基层单位申报督导课题，共申报课题33项，其中32项被市教育学会教育评价与督导研究分会立项、3项被确立为重点课题。

（王锦红）

【开展学校年度评价工作】 9月，西城区督导室开展对48所中学、72所小学、3所中等职业学校和23所幼儿园自查、自评报告的评审工作。对学校、幼儿园进行全面实施素质教育年度评价工作。

（王锦红）

【全体督学研讨会】 9月15日至16日，西城区督导室召开全体督学研讨会，牟东棋、王大庆、翁乃彤及全体专兼职督学出席。督学围绕“结合督导工作实际，总结经验，谈谈做督学的体会；围绕北京市教育督导发展规划以及西城区教育督导现状，对西城教育督导工作提出建议”两个议题进行研讨，牟东棋作总结发言。

（王锦红）

【国家基础教育质量监测工作】 9月19日，西城区督导室在区教育考试中心召开国家基础教育质量监测样本校考务工作培训会，全区18所样本校的副主监、监考员，教委机关巡视员参加。考试中心主任曹玉华就监测的基本情况，现场监测的准备、实施，有关工作和时间安排等内容进行培训，并播放“测试现场操作程序和规范”光盘，牟东棋向大家提出工作要求。9月28日，西城区实验学校、回民学校、育民小学等18所中小学作为样本校参加教育部基础教育质量监测，各中学随机抽取60名9年级学生，各小学随机抽取30名5年级学生进行测试，并对2010—2011学年度的四年级、八年级英语教师、体育教师和校长进行问卷调查，圆满完成这次测试工作。

（王锦红）

【随访区经济科学大学】 10月11日，西城区督导室对西城区经济科学大学暨社区学院进行随访，牟东棋、王大庆、翁乃彤、全体专职督学和区教委社教办同志参加。督学听取校长工作汇报，巡视校园环境及教育设施，查看档案资料。

（王锦红）

【随访育华中学】 11月2日，西城区督导室组织全体专职督学随访西城区育华中学，牟东棋、翁乃彤参加。督学听取校长的工作汇报，巡视校园环境及教育设施，查看档案资料，对育华中学的办学情况有了进一步了解。

（王锦红）

【随访督导白纸坊街道办事处】 11月25日，西城区督导室会同区教委社区教育办公室对白纸坊街道办事处进行随访督导。牟东棋、王大庆、石殿辉、郑建国及督导室部分专兼职督学参加。督导评价组听取办事处的自评报告，与街道相关部门进行座谈及访谈，查阅档案资料，实地考察大观园学习基地和清芷园社区，分别从规划计划、组织与管理、工作成效、创新与特色4个方面全面了解白纸坊街道推进素质教育工作、落实素质教育目标责任情况。

（王锦红）

【综合督导非学历民办教育培训机构】 11月23日和27日，西城区督导室组成督导小组，分别对西城区英辅语言培训中心和华夏培训学校近3年的综合管理情况进行督导评价。督导组通过听取学校的自评报告，召开教师、家长座谈会，进行学员问卷调查，查阅档案资料，实地查看办学场地，个别访谈以及随堂听课等方式，全面考察学校综合管理情况。

（王锦红）

【执行法律法规情况督导自查】 下半年，西城区督导室对义务教育工作执行法律法规情况进行督导自查，并将自查报告和有关报表报送市政府教育督导室。

（王锦红）

【编印《西城教育督导手册》】 下半年，西城区督导室组织督学讨论完善各项管理制度和工作流程，编印《西城教育督导手册》，作为督学工作指南和新任督学岗前培训资料。

（王锦红）

【高中多样化发展与督导制度建设调研】 年内，西城区督导室组织全体专职督学及部分兼职督学继续开展普通高中多样化发展与现代督导制度建设课题的研究。5月6日，召开课题研讨会，传达市高中教育多样化发展与现代督导制度建设课题调研总结研讨会议的精神。5月9日，学习市督导室下发的课题研究阶段性成果汇编材料。5月下旬，分3个小组，分别走访8所中学，就学生发展状况评价问题进行专项调研，研究制定出《普通高中学生发展状况评价指标》。

（王锦红）

【全面实施素质教育综合督导】 年内，西城区督导室会同区教工委、区教委有关科室和直属单位、相关街道办事处，开展综合督导评价工作。对3所中学、11所小学、2所幼儿园、1所中等职业学校进行综合督导。督导室在综合分析基础上对学校工作作出评价，并提出要求。

（王锦红）

【小学规范化建设专项督导】 年内，西城区督导室依据《关于小学规范化建设工程督导工作意见》和《小学规范化建设评价方案》，通过不同形式开展小学规范化建设工程专项督导，对4所小学实施《小学规范化建设工程》工作进行阶段性检查，了解各项相关工作进展情况。

（王锦红）

（责任编辑 沈建平）

文化 旅游 体育 卫生

文 化

文化管理

【概况】 北京市西城区文化委员会（简称区文化委）是区政府主管文化、文物工作的职能部门。负责全区文化、文物工作的规划、组织；依法管理市、区级文物保护单位，监管文物市场，保护地下出土文物；依法对辖区内书刊发行业、印刷业、音像业、文化娱乐业进行管理，同时承担区“扫黄打非”办公室职能。设办公室、文化市场管理科、文化科、文物科、财务审计科（财务科）、文化产业开发科、机关党委办公室（人事保卫科）。行政编制89人。年内，区文化委完善公共文化服务体系，提升公共文化服务水平，加强非物质文化遗产保护利用，促进文化产业健康发展，维护文化市场繁荣稳定。

地址：西城区后广平胡同26号
邮编：100035
电话：66561230
地址：西城区长椿街9号
邮编：100053
电话：63035131

（曾 芳）

【《什刹海情韵》首演】 1月21至22日，西城区原创群众文艺主题晚会——《什刹海情韵》在全国政协礼堂首演，并连续公演3场。该晚会从策划创意到节目编排全部出自基层群众文化工作者之手。整台演出群众演员共有300余名，全部来自于西城区基层优秀群众文艺团队和区域内优秀文艺人才。

（曾 芳）

【春节庙会活动】 2月2日（大年三十）至2月7日（正月初五）举办厂甸庙会和大观园红楼庙会。两大庙会各具特色，以传统文化展演突出西城区独具特色的文化底蕴。厂甸庙会搭建保护和弘扬非遗文化的平台，组织了“幡鼓齐动十三档”花会、芝麻“踩岁”等传统表演活动，共接待游客303855人次。大观园红楼庙会创意的“情蕴红楼”成为庙会的新亮点，共接待游客9.97万人次。

（曾 芳）

【赴台举办老北京春节庙会】 2月6日至15日，为促进两岸文化交流，增进台湾民众对老北京传统文化的了解，受北京市对外友协的委托，区文化委赴台举办“老北京的记忆”文化庙会，将北京的民俗演出、传统小吃等传统文化呈现给台湾观众。该项活动在台湾成功举办，受到台湾民众的热烈欢迎和媒体的高度关注，中央四台“海峡两岸”栏目进行了专题报道。

（曾 芳）

【传统节日文化活动】 4月1日，清明节“祭先农 植五谷”活动在先农坛举办。市区有关领导和专家学者，天桥街道辖区居民代表、中小学校学生，人民大学、北京理工大学部分外国留学生共500余人参加活动。6月6日，区文化委在什刹海举办“三海颂九歌 端午祭诗魂”端午祭祀屈原暨龙舟竞渡活动。此次祭祀活动在传承传统祭祀屈原活动的基础上，丰富和规范了祭祀仪程。9月11日，由市委宣传部、市旅游委、市文化局、西城区委区政府等多家政府部门共同主办的“月下欢歌”月坛祭月赏月系列群众文化活动在月坛公园举行。

（曾 芳）

【历代帝王庙举行拜谒活动】 4月4日，“辛卯年拜谒三皇五帝典礼”在北京历代帝王庙景德崇圣殿前举办，海内外华侨华人、港澳台同胞代表及北京市民代表600余人参加拜谒活动。参加者在主持人的引领下，对三皇五帝神位行拜谒大礼，再现了庄严肃穆的拜谒场景。

（曾 芳）

【第十届法源寺丁香诗会】 4月10日，由区文化委、牛街街道工委办事处、中国楹联学会、北京法源寺等联合主办的“第十届法源寺丁香诗会暨第七届丁香笔会”在法源寺举行，区委、区政府相关部门的领导，中国楹联学会会长孟繁锦，著名诗人、作家石祥、赵大年、殷之光、陈满平等及驻区部队官兵等300余人参加活动。

（曾 芳）

【实景话剧《父亲·李大钊》】 5月18日，实景话剧《父亲·李大钊》在西城区文华胡同24号李大钊故居首演。该剧为纪念中国共产党建党90周年专门排演，选取李大钊1920年至1924年在故居居住时的建党活动和家庭生活片段，再现了中国共产党创始人之一——李大钊的精神风范和革命情怀。该话剧共演出12场，观众共计846人次。

（曾 芳）

【第三批区级非遗名录评审工作】 5月24日，第三批西城区级非物质文化遗产名录专家评审会暨市级非遗项目推荐会在西城区图书馆召开。会议邀请赵书、刘锡诚、常祥霖、李苍彦、刘满来、王凤兰、周青青、吕韵钧、石振怀等9位专家，对此次上报的26个项目进行评审。最终，北京回族民间故事等24项被列入第三批西城区级非物质文化遗产推荐名单。10月31日，区政府向社会公布第三批区级非物质文化遗产名录，共计7大类24项。

（曾 芳）

【2011西城文化节系列活动】 5月至12月，共推出120余场演出，区域内中央、市属和区属专业文化艺术院团及西城区群众文化团队5000余名演员参演，12万西城居民受益。系列文化活动包括10个方面的内容：由区域内专业文化艺术资源和西城区群众文化精品共同打造的“美好新西城”——西城文化节开幕式，以展示西城区美好人文景观和美丽自然景致为主要内容的“荷舞莲香”系列主题文化活动，以展示京腔京韵的京味文化为主要内容的“京韵陶然”系列主题文化活动，以传承中国传统文化为主题的“古都一翼画西城”西城书画笔会活动，以15个街道群众文化活动及原创作品为基础推出的“市民欢乐季”系列主题文化活动，以专业文艺团体和专业演出场所积极参与为主要内容的“万人走进艺术殿堂”系列主题文化活动，与辖区博物馆、名人故居、爱国主义教育基地联合推出的“百姓身边的博物馆”系列活动，以探讨群众文化精品创作及品牌策划为主要内容的全国群众文化高端论坛，以西城区丰富的非物质文化遗产资源为依托的“民间瑰宝耀京华”非物质文化遗产专题展，以赞美新西城为主旨的原创群众文艺作品展示“百花深处”——西城文化节闭幕式。

（曾 芳）

【领导调研“博物馆建设与发展”】 6月10日，由全国政协副主席张梅颖带队的全国政协文史和学习委员会“博物馆建设与发展”调研组一行到北京宣南文化博物馆调研，副区长王粤陪同调研。调研组指出：利用好、保护好、管理好博物馆，是一项长期而重要的任务。北京市、西城区在博物馆建设与发展方面积累了丰富的经验，也遇到一些困难和问题。希望通过这次调研能取得丰硕成果，最后能形成有价值的调研报告，推动全国博物馆的建设与发展。

（曾 芳）

【文化遗产日活动】 6月11日，区文化委在北京历代帝王庙举办“文化传承、保护发展”2011年西城区文化遗产日活动。副区长王粤参加活动。活动现场举行了西城区非物质文化遗产保护工作顾问聘任仪式，聘任赵书等7名专家学者担任顾问。活动还安排了昆曲专场演出、长城摄影展、青少年非遗传习等活动。

（曾 芳）

【纪念建党90周年系列文化活动】 6月27日，西城区在月坛体育馆举办“颂歌献给党”——西城区纪念建党90周年红色经典歌曲演唱会活动，西城区直机关、教工委、社工委、街道、老干部局、卫生、国资委、政法系统的干部、职工以及驻区部队2500余人参加活动。6月至8月，区文化委推出“颂歌献给党”西城区纪念建党90周年系列文化活动，在北京历代帝王庙举办了15场不同形式的专场演出活动，全区6000余名群众观看演出。在全区范围内开展优秀国产电影放映活动，全区固定影厅放映电影共计62

场，流动电影放映130场，观影人数共计1.52万人。

（曾　芳）

【“和谐杯”六艺大比拼】　6月至9月，第五届“和谐杯”六艺大比拼活动在全区党政机关、企事业单位和驻区中央市属单位、驻区部队范围内展开。比赛设书法、绘画、摄影、朗诵、舞蹈、声乐（包括卡拉OK演唱）6项，共2000余人参加比赛。

（曾　芳）

【景山合唱节】　7月4日，作为北京市“颂歌献给党”系列文化活动之一的第八届北京景山合唱节在景山公园举行，全市的10支优秀合唱团队参加了此次活动并最终决出一、二、三等奖。

（曾　芳）

【与攀枝花市开展共建活动】　8月12日，为进一步增进四川省攀枝花市与西城区之间的感情和友谊，加强文化交流与合作，促进两地文化的发展繁荣，区文化委与攀枝花市文化局签署合作协议，决定开展两地互办“文化周”、建立人才培养合作机制、进行文化信息交流、实现文化资源共享以及开展文化创意产业合作与交流等活动。

（曾　芳）

【第二十八届全国文化馆馆际交流会】　10月12日至14日，第二十八届全国部分城区文化馆馆际交流会在西城区文化馆举行。来自全国21个城区文化局、文化馆的近100名代表以“创·艺——创群众文艺精品，创群众文化品牌”为主题，举办“创艺——馆际交流会成果展”展览、“创艺——论坛”等活动。

（曾　芳）

【无线网全覆盖区级公共图书馆】　12月30日，西城区图书馆启动wifi无线网络，为读者体验全新的数字化阅读形式提供了更加广阔的空间，成为全市首家无线网全覆盖的区级公共图书馆。读者通过无线网络终端（如笔记本电脑、智能手机等），既可以便捷地浏览馆内8个专题近5TB的数字资源文献、音视频数据库及各种讲座、活动信息，还可凭北京市公共图书馆“一卡通”读者证号免费注册为互联网用户使用互联网资源，提高了公共图书馆的信息开放性。

（曾　芳）

【红领巾读书活动】　年内，西城区青少年儿童图书馆以“红色阅读有你我，快乐读书共分享”为主题，组织开展“党在我心中”中小学生绘画比赛、“快乐阅读绿色出行”小学生知识竞赛活动、第十二届“读书小状元”评比活动、第十一届高中生辩论赛、红领巾讲坛等10项活动，全区75所中小学校、51545人参与活动。宣武图书馆“红领巾文学社暨东方少年小作家协会宣武分会”活动案例，在“社区乡镇阅读推广活动优秀案例征集”活动中获优秀奖。

（曾　芳）

【扫黄打非工作】　年内，开展20余项专项执法检查，共出动执法人员3891人次、执法车辆825台次，检查各类文化经营单位2397家次、卫星地面接收设施使用单位107家次、文物保护单位516家次，回复各类举报60余件，纠正违法、违规经营行为199次，取缔32家非法经营单位，收缴盗版光盘61640张、盗版图书8386册，立案71件，结案71件，罚款98671元。

（曾　芳）

文物管理

【概况】　在北京市已经公布的33片旧城历史文化保护区中，西城区范围内共有18片，分别为皇城保护区、西四北一至八条四合院保护区、什刹海历史文化风貌区和阜成门内大街、南长街、北长街、西华门大街、地安门内大街、文津街、景山前街、景山西街、景山后街、陟山门街、南闹市口、大栅栏、东琉璃厂、西琉璃厂、法源寺，总占地约10平方公里。根据第三次全国文物普查结果，西城区有三级文物保护单位184处，其中全国重点文物保护单位32处、北京市级文物保护单位74处。西城区内的三级文物保护单位类型涉及皇家园林、祭祀场所、王府、衙署、会馆、名人故居、革命纪念建筑、传统民居、老字号商业建筑、近代优秀建筑及宗教建筑（寺庙、宫观、清真寺、教堂）等。此外，全区还有尚未核定公布为文物保护单位的不可移动文物171处（普查登记）、挂牌保护院243处、会馆101处。

（曾　芳）

【公布第三批区级文物保护单位名单】　7月18日，西城区人民政府公布了西城区第三批区级文物保护单位名单，包括古建筑圣祚隆长寺、什刹海寺、福善寺、双吉寺和近现代重要史迹及代表性建筑陈垣故居5处具有较高历史、科学和艺术价值的不可移动文物。

（曾 芳）

【前门清真礼拜寺文物修缮工程】 8月，前门清真礼拜寺文物修缮工程竣工。该工程总投资500余万元，文物修缮面积近900平方米。此次修缮工程不但重现了古寺风采，而且为大栅栏地区打造出又一处别具特色的文化景观。

（曾 芳）

【中国文房四宝文化第一街】 9月19日，中国轻工业联合会和中国文房四宝协会联合发文，授予琉璃厂街“中国文房四宝文化第一街”荣誉称号。3月24日，区文化委代表西城区政府向中国轻工业联合会和中国文房四宝协会提出申请，将东西琉璃厂街申报为“中国文房四宝文化第一街”。7月29日至31日，中国文房四宝协会考评专家组对西城区的申报工作进行了考评，实地走访了荣宝斋、中国书店、安徽四宝堂、清秘阁、戴月轩、一得阁、汲古阁、宏宝堂等老字号文房四宝经营单位。专家组在查阅申报文本、听取专题汇报的情况下，结合实地考察结果，一致认为琉璃厂历史悠久、地理位置独特，文化底蕴深厚、文房四宝店铺林立，政府高度重视街区发展，符合“中国文房四宝文化第一街”的标准。

（曾 芳）

【粤东新馆保护利用工程】 9月，区文化委作为项目单位，正式报请市文物局审核粤东新馆迁移异地保护事项。11月，该项目经市文物局审查同意并依法上报市政府。12月，粤东新馆项目涉及的文物迁移事项经市政府批准。

（曾 芳）

【西城区文物保护工作培训会】 10月18日，西城区文物保护工作培训会召开，对区房地中心及下属4个房管所、宣房投公司及分公司的相关负责人就文物修缮流程、注意事项、文物保护相关法律法规进行了讲解。

（曾 芳）

【西城区文物安全工作会】 12月19日至20日，西城区文物安全暨2012年烟花爆竹禁限放工作会召开，全区各级文物保护单位的管理使用单位、区房地中心、区教委等单位参加了会议。会上对文物安全进行了讲解，并签订了安全责任书。

（曾 芳）

【中轴线申遗调研】 年内，为落实北京中轴线申报世界文化遗产的工作部署，区文化委陪同国家文物局、市规划局、市文物局等相关部门开展沿线重要历史街区及文物资源的调研，协助完成保护规划与文本方案的编制。

（曾 芳）

【文物调查及数据库管理建设项目】 年内，西城区启动文物调查及数据库管理建设项目，制定方案，组建机构，开展直属文物收藏单位的馆藏文物数据采集、藏品二维影像拍摄等工作，并在年底前完成。

（曾 芳）

【依法行政许可】 年内，完成棍贝子府花园、陆谟克堂等3处区保单位及宝禅寺等6处普查登记项目修缮方案的批准，与规划分局合作完成对燕家胡同2号、松树街3号等5处院落翻改建的复函，审核北师大旧址等两处区保单位的装修方案。

（曾 芳）

【文物修缮工作】 年内，结合中轴线申遗工作，推动西翼主要遗产点保护修缮，启动北海小西天及万佛楼，景山观德殿、先农坛古建筑群等多项综合修缮工程，大高玄殿乾元阁抢险修缮工程开工；集中精力实施区域重点项目，砖塔门楼、前门清真寺一期修缮工程完成验收工作，中山会馆二期进入收尾阶段；继续开展粤东新馆保护利用建设工程前期手续的办理工作，开展整体恢复会馆主要建筑的可行性论证。

（曾 芳）

【文物安全工作】 年内，开展文物安全检查500余家次，处理举报40余次，发放文物宣传材料200余份，检查文物市场12次，辖区内文物保护单位建筑未发生重大安全事故，实现文物安全年目标。

（曾 芳）

【文物宣传工作】 年内，整理相关资料，编印出版西城区《文物古迹览胜》。配合市文物局进行“名胜古迹辞典”编辑出版工作，确定入典词条，撰写西城区258项入典条目文字介绍，并完成照片拍摄及图纸绘制工作。以国际博物馆日、文化遗产日等为契机，举办暑期夏令营、民俗技艺展示等活动，推出红色革命纪念系列、传统文化普及系列等多个专题展览，到学校、社区、部队等地巡回展出。

（曾　芳）

北京京都文化投资管理公司

【概况】　北京京都文化投资管理公司（简称京都公司）隶属于西城区国有资产监督管理委员会，是专司文化创意产业的国有独资企业。公司业务主要涉及投资管理、文艺演出、文化交流、舞台剧策划、电影放映、剧团演出、会馆开发经营等文化经营管理项目。公司职工总数近1000人，拥有从事文化创意产业的企事业单位18个，包括北京杂技团、北京风雷京剧团、北京皮影剧团、广安门电影院、大观楼影城、中华电影娱乐宫、湖广会馆、北京中圆汇博电子商务有限公司、北京都市海棠文化交流有限公司、北京都市乐人文化发展有限公司、北京宏宝堂文化有限公司、清秘阁有限公司、厂甸市场管理处等。公司党委所属党支部12个，党员79人。

地址：西城区小沙土园胡同12号

邮编：100050

电话：63159837

（朱　墨）

【制定公司“十二五”规划】　作为西城区专司文化创意产业的文化企业，京都公司制定了“十二五”时期公司发展规划——“三个三”工程，即将演艺和剧场院线业务、文化节庆和文化推广业务、新媒体及文化电子商务作为公司发展的三大主营业务；打造三个品牌——以京剧、杂技、舞台剧、音乐剧、歌舞秀等演艺形式的知名演艺品牌，以文化推广的方式强化节庆的运营，打造厂甸及相关的节庆品牌，以电子商务、文化产权交易平台、文化学院、文化贸易服务等业务为代表的琉璃厂集聚区品牌；分三个阶段实现上述目标。

（朱　墨）

【琉璃厂艺术廊桥项目】　7月5日，京都公司举办琉璃厂艺术廊桥落成剪彩仪式。区委书记王宁，区长张建东，副区长范宝、李岩共同为琉璃厂艺术廊桥揭牌。琉璃厂艺术廊桥于上年动工，6月30日正式落成。

（朱　墨）

【推动文化院团转企改制】　年内，京都公司聘请北京宏道大略管理咨询有限公司，结合西城区“三区战略”、京都公司发展规划和北京杂技团实际，制定了《北京杂技团转企改制实施方案》、《北京杂技团融资商业计划书》，为北京杂技团转企改制工作奠定了基础。同时，对风雷京剧团、北京皮影剧团的转企改制工作也做了初步探讨。

（朱　墨）

【2011年北京厂甸庙会】　2月2日至7日，根据“总体规模控制、重点做好文市、文化活动丰富、便于安全管理”的要求，按照“两区一带”的思路，京都公司举办了2011年北京厂甸庙会。组织了“幡鼓齐动十三档”、“踩秸秆、写福愿、挂福袋、摸福气”、“金榜题名状元游”等传统活动。在第六届北京春节庙会·灯会·文化活动颁奖典礼上，2011年北京厂甸庙会以文化活动丰富、非遗展演独特和文化氛围浓厚的特色获得最高级别奖——“文化魅力奖”。

（朱　墨）

【音乐剧《爷们儿》首演】　京都公司与舞台剧知名品牌开心麻花公司合作，出品音乐剧《爷们儿》，于上年12月29日至年内1月16日，分别在天桥剧场和地质礼堂进行了15场首轮演出，票房近110万元。首轮演出受到观众、媒体和文化产业界专家学者的欢迎和好评，100余家媒体进行了宣传报道，北京大学文化产业研究院将该项目列入文化产业精品案例。文化部、市文化局相关领导和区委书记王宁、区长张建东等领导观看剧目。6月，该剧获中国舞美学会颁发的“舞美设计奖”。

（朱　墨）

【杂技舞台剧《魔幻音乐盒》巡演】　自上年杂技舞台剧《魔幻音乐盒》推出后，公司对杂技舞台剧《魔幻音乐盒》制定了系统的营销策略，大力拓展国内外演出市场，取得了较好的成绩。7月2日至8月10日，杂技舞台剧《魔幻音乐盒》赴河南、山西两地演出，历时40天。8月起，该剧先后赴英国、西班牙和德国等国连续巡演，深受当地百姓和演出商的好评。演出商在还未履行完首次合同的情况下，提议与剧团续签协议。

（朱　墨）

【北京杂技团《妙舞——炫竹》获金菊奖】　6月，北京杂技团精心编排的《妙舞——炫竹》节目，在第二届中国杂技艺术节暨第八届中国杂技“金菊奖”第三次全国杂技比赛中获金奖。《妙舞——

炫竹》特邀北派王氏空竹传人王桂琴为专业指导，加拿大太阳马戏团艺术指导盖伊·卡隆为总导演，中国歌剧舞剧院的舞蹈编导韩峰为导演，融合众多高难度技巧，具备高水准的艺术品位和技术含量，充分展现了杂技魅力。

（朱 墨）

【成立北京都市乐人文化发展有限公司】 为进一步搭建公司演艺平台建设，9月，京都公司与开心麻花公司合作成立了北京都市乐人文化发展有限公司。公司通过对演艺资源梳理整合与创意，打造以市场化为导向的商业化音乐剧演出运营平台。在此平台上，继续推进现有演艺产品：音乐剧《白日梦》和音乐剧《爷们儿》的市场化运营，并在此基础上推出与之相关的各类衍生产品。同时积极推进公司其他舞台剧项目和舞台剧基地的建设。

（朱 墨）

【成立北京都市海棠文化交流有限公司】 为进一步实现公司演艺产业的跨越式发展，打造公司演艺平台，公司成立二级子公司——北京都市海棠文化交流有限公司。新公司的成立进一步整合资源，搭建区演艺内容产品制作、宣传营销平台，切实做大生产总量，做强营销品牌，成为北京天桥演艺园区最大的内容产品供应商和全球演艺、会展、文化交流业务的运营商。

（朱 墨）

【成立中圆汇博电子商务有限公司】 为进一步加强对“琉璃厂文化商城”项目的运营和管理，京都公司与六六八八公司注册成立了北京中圆汇博电子商务有限公司，进一步巩固商业模式，塑造并提高琉璃厂的品牌，带动琉璃厂集聚区的建设。新公司成立后，销售额呈几何级增长。截至年底，琉璃厂文化商城注册用户4万余人，销售商品2万余件，销售总额近700万元。

（朱 墨）

【复排革命现代戏《长征路上》】 6月，为纪念建党90周年,风雷京剧团复排的保留剧目革命现代戏《长征路上》，在梅兰芳大剧院进行了慰问解放军官兵的专场演出。区委书记王宁等区领导观看演出。该剧对剧本进一步加工整理，对灯光、布景及音效等都做了调整，提升了艺术水平。在市文化局组织的“周末场”活动中，《长征路上》受邀赴怀柔演出，取得了较好的社会影响和经济收益。

（朱 墨）

【推动湖广会馆升级改造】 3月，京都公司与北京天禹神鸣设计工程有限公司合作，进一步对湖广会馆进行升级改造，开发利用会馆资源。方案进行了会馆前期概念设计，打造会馆群落，同时征求了相关专家的意见。截至6月底，完成历史资料挖掘及建筑部分的初步概念设计以及展览展示方案。

（朱 墨）

【参加第六届北京文博会】 11月10日至13日，京都公司作为西城区专司文化创意产业的国有独资公司参加了第六届北京文博会，共发放公司宣传册2000份，琉璃厂文化商城宣传页1000余张，组织了中青院线木偶剧演出和北京杂技团演出4场。在京都公司的精心组织和布置下，共吸引了约200余名参展商及游客交流互动，交换名片50余张，收集潜在合作商资料10余份，进一步提高了公司的影响力，为开展战略合作奠定了基础。

（朱 墨）

【联合影院电影放映及票房】 面对激烈竞争的电影市场，在片源整体情况不够理想的条件下，联合影院积极探索，想方设法提高上座率。年内共放映30243场，观影总人次近90万，综合收入超过3000万元，同比收入增长4.2%。

（朱 墨）

【参加第三届中国道情皮影民俗文化节】 8月，北京皮影剧团赴甘肃环县参加第三届中国道情皮影民俗文化节，2天内完成7场演出任务，观看人数达3000余人，并向大会提交了北京皮影的历史、艺术特色及发展现状的报告，提高了北京皮影剧团的知名度和影响力。

（朱 墨）

【完成白广路商场资产划转工作】 10月11日，白广路商场与北京大栅栏永兴置业有限公司进行了白广路11号经营大楼不动产的交接，完成了无偿划转的相关工作，为区内国有资产处置提供了有益尝试。

（朱 墨）

北京市大碗茶文化发展有限公司

【概况】 北京市大碗茶文化发展有限公司下设党办、公司办公室、财务部、审计部、人力资源部、行政部，下辖北京老舍茶馆有限公司、北京大碗茶茶叶有限公司、北京震云阁工艺品有限公司3家股份制企业，职工人数242人，经营项目包括茶座、演出、餐饮、茶产品、工艺品销售等。全年实现销售收入3621万元，利润102万元，上缴税金207万元。

地址：西城区前门西大街正阳市场3号楼

邮编：100051

电话：63021741

（王捷　张欢）

【举办外国人闹元宵中华才艺大联欢】 2月13日，老舍茶馆举办首届外国人闹元宵中华才艺大联欢。著名相声表演艺术家丁广泉率领他的洋学生们用京剧、曲艺、相声、歌曲等形式和观众共度元宵佳节。

（王捷　张欢）

【校企结对学雷锋】 3月2日，老舍茶馆与南菜园小学共同举行共建学雷锋活动研讨会。区人大常委会副主任杨有成、郑然出席活动。老舍茶馆、南菜园小学校企领导进行了座谈。双方单位各自介绍了开展学雷锋活动经验和做法，达成合作共识，共同推进学雷锋活动的深化开展。

（王捷　张欢）

【赴台湾澳门参加文创展示推广活动】 4月21日至24日，老舍茶馆赴台湾参加“2011海峡两岸文化创意产业展”。展会期间，老舍茶馆展示了近年来在文创产品方面的开发成果，发放宣传册近千份、宣传片光盘近百张，并参加了“海峡两岸文化创意产业高层论坛”。10月20日至23日，老舍茶馆作为北京市文化创意产业企业展团成员之一，参加了在澳门威尼斯人酒店举行的第16届澳门国际贸易投资展览会（MIF），并亮相“创意北京”主题展区。

（王捷　张欢）

【参加“中国旅游日”主题活动】 5月19日，2011年“中国旅游日”主题活动（北京）启动仪式于天坛祈年殿前举行。开幕式活动中，中央政治局委员、国务院副总理王岐山，国务院副秘书长毕井泉，国家旅游局局长邵琪伟及北京市市长郭金龙等领导莅临老舍茶馆展位。

（王捷　张欢）

【参与百姓宣讲团工作】 为纪念中国共产党成立90周年，从2月至7月，市委宣传部、首都文明办、市委讲师团联合举办“党在百姓心中”百姓宣讲活动。作为宣讲团成员，老舍茶馆企业人力资源部副经理常珊随宣讲团深入到社区、委办局机关、企事业单位和来京务工人员群体进行巡回宣讲，受众人群达到10万余人次。5月25日，老舍茶馆收到西城区委宣传部寄来的感谢函，函中对常珊在参加区委组织的“党在百姓心中”百姓宣讲活动的突出表现给予肯定和认可，并感谢老舍茶馆对活动的支持。

（王捷　张欢）

【举办第七届粤乐音乐会】 6月19日，老舍茶馆举办2011“盛喜杯”第七届京津粤港粤乐名家专场音乐会活动。来自北京广东音乐研究社、中央音乐学院、天津元升南苑粤乐社、香港粤乐团等近十个专业团体的专业演员与国宝级粤乐名家温池、居文郁、田再励、朱敏、蔡康永同台献艺，演奏了《平湖秋月》等20多首经典曲目。

（王捷　张欢）

【参加“一切为了人民”展览】 6月26日至8月31日，老舍茶馆参加了由北京市委组织部、宣传部、党史研究室和北京市档案局在北京中华世纪坛共同主办的“一切为了人民”庆祝中国共产党成立90周年展览活动。作为改革新篇代表之一的老舍茶馆“老二分”大碗茶摊被搬进展厅，在300多平方米的区域内，主办方将老舍茶馆和大碗茶摊进行了实景复制，支起茶摊，摆上八仙桌，墙体四周图片记录着从1979年发展至今的历史轨迹。在67天的展览中，“老二分”大碗茶摊共接待观众60余万人次，专场接待了市级老领导，市优秀共产党员、优秀党务工作者和先进基层党组织代表，首都高级专家学者、北京市杰出人才，塞浦路斯执政党劳动人民进步党、西欧共产党联合考察团等团体。北京电视台、中新社、《北京日报》等首都媒体对展览中的大碗茶摊进行了拍摄采访。

（王捷　张欢）

【通过质量管理体系认证复审】 7月20日、21日，老舍茶馆通过北京新世纪认证公司ISO9001：2000质量管理体系认证复审。

（王捷　张欢）

【举办电影《大碗茶》推介会】 9月4日，老舍茶馆举办电影《大碗茶》推介会。中国文联副主席、中国曲艺家协会主席刘兰芳，中共北京市委党史研究室副主任陆兵，北京市旅游委副主任王粤，区委常委、宣传部部长刘洋，区人大副主任杨有成、区政府副区长郭怀刚、区政协副主席袁双梅等领导与社会各界来宾近200人共同出席活动。米南阳、王荣起、刘一达、王作楫等文艺界著名人士到场祝贺。推介会上，影片导演潘镜丞、编剧马全来和主演张双利等主创人员各自讲述了电影拍摄的感触，剧组演员将电影情景进行了现场再现。

（王捷 张欢）

【举办外国使节乐享中国茶活动】 9月22日，来自阿尔巴尼亚、马拉维、马其顿、孟加拉国4国的驻华大使与夫人，以及新西兰大使夫人等20个国家驻华使馆的37位外交人员应邀参加由中国茶叶流通协会、区政府、区商务委主办，北京老舍茶馆有限公司承办的“古韵茶香——外国使节乐享中国茶”活动。副区长郭怀刚，区人大副主任杨有成，区政协副主席袁双梅，浙江省新昌县副县长柴理明等领导参加活动。

（王捷 张欢）

【多款产品获“北京礼物”称号】 11月25日，老舍茶馆自主设计开发的“韵香”礼盒获第八届“北京礼物”旅游商品征集大赛金奖，“京腔雅韵茶礼”、“老尹记手绘青花礼盒”获“北京礼物”铜奖。老舍茶馆京味同心杯在“游客心中北京十大必购旅游商品评选”网民投票中取得日用品类第二名。

（王捷 张欢）

【老舍茶馆京味综艺演出】 11月30日，由北京市旅游委和北京市文化局联合推出的北京市首批重点旅游演出项目揭晓并向社会公布，老舍茶馆京味综艺演出名列其中。12月6日晚，老舍茶馆举办北京旅游演出项目推介活动专场展演。此次活动共推介了16项旅游演出剧目以及15个重点营业性旅游文化演出场所，涵盖戏曲、曲艺、杂技、动作、综合5大类，基本囊括了北京旅游演出项目的主要内容和特点，旨在打造具有北京地域文化特色的高水平、高质量、高效益的旅游演出品牌，大力推进旅游产业与文化产业的融合发展。老舍茶馆京味综艺演出每晚19:50至21:20上演，节目包括京剧、相声、古彩戏法、杂技、变脸、顶缸、双簧、含灯大鼓、单弦、五音联弹、中国功夫等，由国家级表演艺术家领衔出演，京味特色浓郁、艺术表现力强，是在海内外都有影响力的驻场演出品牌项目。

（王捷 张欢）

【老北京传统商业博物馆暨“艺苑”非遗演出中心落成】 12月3日，老舍茶馆举行老北京传统商业博物馆暨“艺苑”非遗演出中心落成揭幕活动。市商务委副巡视员赵立宗，区委书记王宁、区人大副主任郑然、副区长李岩、副区长郭怀刚、区政协副主席袁双梅以及广西壮族自治区政府副秘书长谭勇，梧州市政协主席梁家智、市政府秘书长徐远洲等领导出席活动并剪彩。梧州市副市长何棠向老舍茶馆赠送了用六堡茶特别压制的“诚信”巨型茶匾。老北京传统商业博物馆对公众免费开放。馆内悬挂有“文字幌”、“形象幌”、“实物幌”、“象征幌”等老北京店铺幌子，陈列着与老北京人生活息息相关的13个有代表性的老店铺微缩面塑及百件商业老物件。活动中，作为老舍茶馆“艺苑”非遗演出中心的第一个非遗艺术合作项目，老舍茶馆与北方昆曲剧院双方正式签订驻场演出合作协议，结成伙伴关系。签约仪式后，梅花大奖得主、北方昆曲剧院著名表演艺术家魏春荣和北方昆曲剧院优秀青年演员邵铮为现场嘉宾呈现了一台经典的、原汁原味的昆曲艺术盛宴《牡丹亭》。活动现场还举办了景泰蓝掐丝画制作、紫砂壶工艺制作、六堡茶现场制作展等活动。

（王捷 张欢）

【开通微博】 12月，老舍茶馆正式开通实名认证的新浪微博（weibo.com），并入驻北京微博网（www.bjwbcn.com）北京老字号专区，利用微博平台实现与广大网民的即时沟通与互动。

（王捷 张欢）

【老舍茶馆通过北京市著名商标复审】 年内，北京市工商局会同北京市技术监督局等部门共同对2011年参加复审的商标进行认真审核，经广泛征求有关部门和行业协会意见，认定北京老舍茶馆有限公司商标为2010年度（2010—2013年）北京市著名商标。

（王捷 张欢）

【外国贵宾政要做客茶馆】 1月11日，美国国防部长夫人贝基·盖茨到老舍茶馆体验中国文化。6月16日，蒙古国总理夫人奥特根图雅在蒙古国驻华大使馆夫人奥运棋木格地陪同下两次光临老舍茶馆。6月23日，菲律宾众议长贝尔·蒙特做客茶馆。7月6日，朝鲜劳动党中央政治局候补委员、中央书记、总务部部长太宗秀率领朝鲜劳动党友好参观团来到老舍茶馆品味中国茶。8月14日晚，罗马尼亚总理埃米尔·博克来到老舍茶馆观看《四季北京·茶》演出。9月27日，北京市常务副市长吉林邀请德国戴姆勒股份公司董事长兼CEO蔡澈博士到老舍茶馆感受京味文化。10月12日，老舍茶馆迎来摩尔多瓦副总理兼外长莱安克先生一行。12月7日，乌克兰国家安全与国防会议秘书博加特廖娃到老舍茶馆观看演出。

（王捷　张欢）

旅　游

旅游管理

【概况】　北京市西城区旅游局（简称区旅游局）是区政府的职能部门。在职人员共51人，其中公务员27人、事业单位人员24人。主要职责是宣传贯彻国家、北京市及西城区关于旅游工作的方针、政策，研究制定西城区旅游产业开发战略，编制西城区旅游业发展的总体规划；监测旅游产业经济运行；负责西城区三星级（含）以下旅游饭店的管理和星级评定；3A级（含）以下景区、景点的评定和4A级以上景区的资格初审；组织实施各项旅游行业标准，负责住宿业行业管理及旅行社分社、服务网点的备案登记；维护消费者合法权益，处理有关旅游投诉；与相关部门配合对旅游市场的安全、质量进行监督管理；组织旅游对外宣传和推广活动；组织实施西城区旅游咨询公共服务体系建设；联系行业协会，指导旅游行业协会行业自律和行业规范化建设工作。年内，全区纳入旅游统计的961家旅游单位，实现旅游综合收入335.2亿元，同比增长14.6%，占全市旅游综合收入的14.1%，其中住宿业、旅游商业成为区旅游业收入的主要来源，实现旅游收入分别为59.2亿元、168亿元，同比增长分别为12.3%、16.1%，二项之和占全区旅游综合收入的67.8%；全区接待游客总人数6107万人次，同比增长7.2%，占全市接待总人数的18%；旅游总收入位居全市第四，接待总人数位居全市第二。区旅游局被区政府评为年度督查考核优秀单位。

地址：西城区南菜园街51号8层

邮编：100054

电话：83975164

（张闻文）

【规划编制】　年内，完成《西城区“十二五”期间商贸旅游业发展规划》、《西城区“十二五”期间旅游业发展规划》、《大栅栏—琉璃厂开放式景区旅游发展规划》、《大栅栏—前门旅游市场研究及产品开发规划》以及《什刹海旅游标识点位设置方案》，启动《西城区都市旅游发展现状和什刹海景区公共服务设施提升方案》的前期研究。

（张闻文）

【政策引导】　年内，出台《西城区关于全面促进旅游产业发展的实施意见》，提出西城区旅游产业的发展目标、原则、重点任务和保障措施。推动建立西城区旅游产业引导资金，研究出台旅游产业资金使用办法。

（张闻文）

【项目建设】　借助市旅游委100万扶持资金，推动大栅栏—琉璃厂旅游标识导览系统和公共服务设施项目，协助大投公司完成了项目评估和招标，将项目进展情况说明及绩效情况报至市旅游委。向市旅游委申请西城区传统街区提升项目旅游专项资金，获得市旅游委300万元政策资金支持。为“前门—大栅栏老北京商业旅游体验区”、“什刹海—南锣鼓巷老北京休闲旅游体验区”争取规划建设资金共600万元。在落实北京市旅游产业发展专项资金与北京市文化创意产业发展专项资金项目征集工作中，为老舍茶馆、什刹海体校争取补贴资金155万元。

（张闻文）

【住宿业提升】　联合公安分局，对西城区的住宿业进行全面调研，采集调查数据8万余个，基本摸清西城区住宿行业底数、问题与特点。制定《西城区旅游住宿业品质提升试点工作方案》，在13家单位中开展住宿业品质提升试点工作。7月4日，召开特色住宿业研讨洽谈会，召集饭店经营管理专家和特色住宿业代表座谈研讨品质提升工作。2月至12月，举办星级饭店管理系列讲座，对星级饭店的总经理、经营管理者进行品质提升培训。结合住宿业现状调研成果，研究起草了《西城区促进住宿业发展意见》。

（张闻文）

【主题营销】 把握传统民俗节日、旅游节庆活动、旅游展览展会契机，开展主题营销活动，树立西城旅游品牌。以“百业齐绽放，四季品西城”为主题，策划并落实“春之新”、“夏之靓”、“秋之炫”、“冬之暖”系列活动。在“春之新”主题中推出了“欢天喜地过大年”促销活动，协调景区、宾馆、博物馆等向11个社区赠送春节大礼包；协调厂甸、大观园、北海公园向中国旅行社总社、天马国际旅行社赠送庙会门票。在“夏之靓”主题中，4月20日，举办什刹海游船首航仪式，6月17日，举办第十届什刹海文化旅游节开幕式。第十届什刹海文化旅游节围绕“皇城山水，北京人家”主题，聘请刘一达、卢文龙、那威、黄伟为西城旅游宣传大使；针对普通游客、旅游从业单位、国际旅游博览会参展商，分别开展西城旅游美食推广季、旅游资源推介会、特色住宿业研讨洽谈会等10项活动。在“秋之炫”主题中，9月16日至19日，举办“创意西城”旅游商品展示会，开展旅游商品精品展示、旅游商品研讨会等系列活动。在“冬之暖”主题中推出西城区名人故居博物馆明信片联票，举办“相约西城，微博有礼”、“西城拍客，文化之旅”体验者招募、西城文博修学探秘之旅、旅游服务进社区等系列活动。

（张闻文）

【展会营销】 全年围绕“皇城山水、北京人家”主题，组织驻区特色旅游企业参加大型旅游推介和展览展示活动。先后参加北京、昆明、上海、重庆、新疆、广州、台湾等旅游交易会，推出王府故居游、胡同游、老字号游等各种特色产品，以多种形式推介区域旅游资源，受到业界人士及游客关注。

（张闻文）

【网络营销】 打造网络媒体核心产品，探索旅游营销新模式，将网络作为重要的营销手段。4月6日，开通“西城区旅游局”官方微博，通过微博介绍西城区旅游资源、直播“四季品西城”系列活动，举办“发现北京，寻找最美的西城”微博大赛，获得网友的一致好评，关注人数达5万余人。建设打造“京味旅游网”，与区信息办、乐途科技共同签署《“京味旅游网”项目合作协议》，开展京味旅游网络营销；考察发布区域旅游资源，经实地踏勘和线路设计，通过微博发布漫游阜景街攻略。

（张闻文）

【媒体宣传】 围绕“皇城山水、北京人家”主题及“四季品西城”旅游营销活动，在《北京西城报》、《法制晚报》、《北京青年报》和《首都食品安全报》共推出17版西城旅游宣传报道。在中央电视台第三频道、第十频道和北京电视台公共频道播出6部西城旅游专题片。主要领导接受平面媒体专访6次，做客北京城市管理广播和北京电视台《首都经济报道》，推介西城旅游资源。全年累计在《北京日报》、《北京晚报》、《北京青年报》、《法制晚报》、《中国旅游报》、《新京报》、《北京旅游手机报》以及《月讯》杂志、《都市休闲》杂志，新华网、新浪网、首都之窗等媒体、网站刊发旅游活动新闻稿件110余篇。《北京西城报》开辟“皇城山水、北京人家”专栏，推出10余个景区简介。

（张闻文）

【宣传品制作】 制作“皇城山水、北京人家”系列旅游宣传品。完成旅游U盘电子书、特色异型交通一卡通、西城旅游资源纪念邮册、《皇城神韵魅力西城》精简装邮册、《逛北京品西城》邮票折页、《北京人家宅院会所》书籍、《西引时尚、城载盛典》商旅手册、西城旅游地图、西城旅游手撕图、西城旅游LOGO等旅游宣传品的制作，共计30余万册。

（张闻文）

【合作共建】 推动区域旅游合作和区校共建。与大兴区合作开展地铁游互动，倡导绿色出行、低碳旅游。4月13日，组织西长安街街道、牛街街道部分社区居民代表乘坐地铁前往大兴区，参加梨花节开幕式。4月20日，邀请大兴区居民参加什刹海首航仪式暨“运河文化，盛景重现”旅游推介会。与北京语言大学留学生处保持良好合作关系，认真履行《京味文化教学实践基地合作协议》，邀请外国留学生参加第十届什刹海文化旅游节活动。

（张闻文）

【咨询接待】 年内，全区16家旅游咨询站点共接待中外游客110.9万人，位于全市咨询站前列，同比增长39.8%。其中直接来访102.2万人，同比增长43.7%，电话咨询8.7万人，同比增长7.4%。直接来访中接待国内游客94.2万人，同比增长53.7%；接待国外游客8.0万人，免费发放资料116.1万份。

（张闻文）

【咨询服务体系建设】 建立陶然亭公园旅游咨询站，完善北海公园咨询站建设。加强社区、景区融合建设，开展“旅游服务进社区”系列活动，在什刹海社区服务中心，选拔培训4名具备旅游及外语知识能力的社区居民，组成西城区第一批“第一人称导游队伍”；开展“旅游大讲堂”活动，与延庆、大兴旅游局合作，促成社区“结对子”项目。加强站点管理和培训，实行站点巡查制，定期组织咨询员参加业务培训，开展站点互动考察。在全市范围内率先编制《旅游咨询简报》，在市、区网站发布。加强站点硬件建设，为什刹海、后海、海洋馆、陶然亭等咨询站安装多媒体终端机。以130家行业协会成员为基础，建立合作企业信息库，统计企业资讯、宣传、代理服务、合作建站等方面需求，建立服务回馈机制。

（张闻文）

【行业管理】 年内，成立西城区标准化建设试点工作领导机构，确定大观园公园和北京远东饭店为区级试点单位。完成新星级饭店评定，79家单位通过评定，实现达标率83%。开展A级景区质量等级复核，21家单位通过复核。落实《北京人家服务与评定标准》的贯彻工作，推出首批11家北京民俗旅游项目——“北京人家”。推选北京鹤年堂中医门诊、北京白塔寺药店、北京按摩医院等3家中医药单位成为“北京市中医药文化旅游示范基地”。实施《三轮车特许经营方案》，完成什刹海地区人力客运三轮车胡同游第二期特许经营招投标。推进旅游企业节能降耗工作，北京海洋馆和圆山饭店获得西城区节能降耗专项资金补贴，华利佳合公司商务酒店和鑫园客栈被授予“国家银叶级绿色旅游饭店”称号。9月7日，开展西城区特色住宿业服务技能大赛，共有22家单位76名选手参加“中式铺床”、“前台接待服务”、“英语接待服务”3项比赛。落实北京市2011年为民办实事第29项内容，为全区A级旅游景区改造公共厕所2个，采购轮椅122台，购置无线讲解器135套，制作安全标识牌619块。推荐11家A级旅游景区参与北京市A级旅游景区服务质量义务监督卡项目。推进首都博物馆和恭王府申报AAAAA级景区、西单商业街区申报AAAA级景区，指导宋庆龄故居通过红色旅游景区验收评定。落实旅行社备案工作，截至年底，全区共有旅行社总社173家，在区备案的旅行社分社17家、门市229家。建立投诉处理工作机制和旅游企业投诉季末例会制度，全年共受理旅游投诉52件，其中景区投诉31件、住宿单位投诉21件，均已结案。

（张闻文）

【安全监管】 加强执法检查，实现日常安全监管与节假日及重大活动特殊时期安全监管工作相结合，日常安全检查和与消防、安监等部门的联合安全检查相结合，加强对什刹海、西单、大栅栏等重点地区的检查；召开旅游行业安全工作会、烟花爆竹燃放安全工作部署会、A级旅游景区安全工作部署会、安全生产月工作部署会等，对旅游行业安全工作进行动员部署。全年共出动执法检查人员300余人次，检查旅游住宿单位、A级旅游景区等旅游企业512家次，发出检查记录单86份，排查整改安全隐患58个，全区旅游行业未发生安全生产事故。

（张闻文）

【秩序整顿】 全年召开专项整治部署工作会议9次，专项治理26次，累计出动执法人员482人次，车辆178台次，查扣假地图、非法一日游小广告等宣传品5000份，检查旅游大巴车50台次、导游员50余人，纠正导游员及闲散人员拉客等违规行为13起，查处未取得相应经营资质运营旅游大巴车3辆；开展旅游安全生产联合检查55次，检查住宿单位、旅游景区、旅行社门市等旅游企业500家次；排查整改各类安全隐患31个，隐患整改率为100%。

（张闻文）

【行业协会】 5月9日，召开西城区旅游行业协会成立大会，吸收130余家会员单位，涵盖全区旅游各行业。首届理事会由星级饭店、景区景点、旅行社、旅游商业、文化娱乐等40余家单位组成。年内开展了“西城故事”征集活动。

（张闻文）

什刹海风景区

【概况】 北京市西城区什刹海风

景区管理处（简称管理处）为什刹海街道办事处下属副处级全额拨款事业单位，人员编制为87人，下设8个科室。年内，管理处完成“西城区2011年环境建设任务”中景区发展与保护的相关环境建设项目，推进护国寺特色街打造工程，开展景区旅游统计，完成《什刹海历史文化保护区五年（2011—2015）保护发展规划》，完成AAAA级景区复核工作，实施胡同整治等项目，继续筹办广福观“什刹海文化展”，启动烟袋斜街旧城保护与人口疏解示范项目，配合中国名城委开展“中轴线”、“大运河”申遗工作，配合单位什刹海街道办事处做好与什刹海风景区相关的提案、议案等工作。

地址：西城区德内大街羊房胡同甲23号
邮编：100009
电话：83223882

（白福君）

【领导考察调研】 5月10日，区重大项目督查组对护国寺特色街、烟袋斜街现场督查并听取汇报。5月26日，副市长陈刚带队调研什刹海历史文化保护区工作，就落实烟袋斜街旧城保护与人口疏解工作、全面做好什刹海地区规划、加强地区环境整治和城市管理、完善市政基础设施、改善人居环境等方面工作进行调研。8月16日，市政府副秘书长张玉平到什刹海调研，考察什刹海环境提升工作的落实情况及旧城保护与人口疏解的工作推进。10月12日，区领导王宁、王少峰、苏东等实地考察什刹海历史文化名城保护工作，听取了关于什刹海文化名城保护工作的汇报。10月13日，副市长陈刚带队检查旧城保护工作。10月21日，市领导刘淇、郭金龙一行考察了烟袋斜街及前海北沿区域，对西城区“一手抓旧城保护与人口疏解，一手抓环境品质提升”的工作做法给予肯定。10月25日，由区委督查室、区政府督查室、区监察局组成的督察组，对什刹海环境建设项目进行现场联合督查，督查组考察了小石碑胡同0.37公顷社区活动服务用房项目、前海北沿栏杆修缮项目和胡同立面修缮项目。

（白福君）

【什刹海指挥部成立】 2月12日，按照区政府《2011年西城区重大项目协调推进工作方案》部署，什刹海环境建设及产业提升建设项目指挥部（简称什刹海指挥部）成立，27个区相关委办局为成员单位，聘请5位专家为顾问。什刹海指挥部办公室设在什刹海管理处。指挥部成立后，建立了组织机构，明确了指挥部工作职责及工作任务，制定了什刹海环境建设及产业提升建设项目工作方案及指挥部机构设置、工作职责，确定了指挥部工作目标。全年什刹海指挥部协调开展景区内各项建设工作，组织相关项目建设调试会47次，上报各类信息42条、简报26期。

（白福君）

【什刹海指挥部工作目标及任务】 什刹海指挥部成立后，经4次指挥部调度会，将指挥部工作目标及任务细化到5个工作组：规划设计组、旧城保护与人口疏解组、产业业态提升组、环境综合整治组和综合保障组。规划设计组应依据《关于研究什刹海历史文化保护区有关工作的会议纪要》精神，按照高水平设计、科学规划标准，结合《什刹海历史文化保护区“十二五”期间保护与发展规划》，开展专项规划编制及相关方案的设计工作，使什刹海历史及文化资源得到保护，传统风貌得到恢复，景观环境品质得以提升，负责组织编制《什刹海地区交通组织规划》、《什刹海地区业态调整规划》、《护国寺街业态调整规划》和《烟袋斜街业态调整规划》、《什刹海游船项目改造与提升方案》、《什刹海标识导览改造与提升方案》等项工作。旧城保护与人口疏解组依据《国有土地上房屋征收与补偿条例》及北京市实施细则，逐步完成历史文化保护区人口疏解工作任务，有效降低人口密度，实现“文保区人口疏解示范”的目标；通过重点工程项目的建设，保护旧城历史文化及传统风貌，达到改善居民居住环境的目标。产业业态提升组是要建立什刹海地区业态准入机制，通过高端文化业态引领，提升业态、塑造品牌，建成以荷花市场、烟袋斜街和护国寺街为代表的特色休闲和文化创意产业街区，促进保护区产业整体协调、持续发展。工作任务是负责完成护国寺特色商业街业态提升，组织实施“蓝鼎晨”大厦商业策划及招商运营，举办护国寺“金刚殿”文化展，进行交通设施建设，举办什刹海旅游文化节，进行旅游目的地服务系统建设、开展民俗接待户标准化管理和旅游咨询中心服务品质提升及沿湖商户规范管理工作。环境综合整治组是要按照AAAA景区标准，以治“乱”为核心，规范景区环境秩序，实现精细化管理。工作任务是开展景区综合管理、规范施工现场管理、更新环湖栏杆、统一夜景照明等项工作。综合保障组是要通过统一协调、解决项目实施过程中的重点、难点问题，掌握工作进度，确保项目有序推进并落到实处。工作任务是负责组织协调相关会议，接待居民来访，做好后勤保障，协调、组织什刹海区域内的宣传和新闻发布工作，按预算管理要求保障项目资金，组织对项目预算、结算、决算进行评审和批复等项工作，并负责组织专家对相关项目进行研究论证。

（白福君）

【烟袋斜街旧城保护与人口疏解示范项目】 年内，贯彻落实“关于在中心城区打造旧城保护与人口疏解相结合”的精神，开展西城区烟袋斜街旧城保护与人口疏解示范项目的相关工作：完善人地房基础数据；依据相关政策及项目经验，对大石碑胡同以北、烟袋斜街中15个院落公房的疏解及建设费用进行了测算；对拟疏解区域的37个院落的疏解及建设费用做了资金测算，向区发改委上报《关于烟袋斜街旧城保护与人口疏解示范项目资金的函》，区发改委函复安排专项资金，用于年度人口疏解项目工作实施；向区住房城市建设委发出《关于解决烟袋斜街旧城保护与人口疏解示范项目定向安置住房的函》；依据项目整体资金测算的标准，对4个直管公房试点院落的资金进行了初步测算，并按照房源对接、货币补偿2种形式对4个试点院落的疏解费用各做了一套每户补偿方案。针对4个直管公房试点院落将《什刹海街道办事处关于申请核准什刹海旧城保护与人口疏解示范项目实施方案的函》正式报送区发改委；参照有关项目内容，结合什刹海地区的实际情况，拟定了人口疏解实施方案等相关材料。

（白福君）

【旅游产业发展】 什刹海风景区管理处是北京历史文化名园委员会会员单位，根据委员会要求，年内，完成调研课题“什刹海在北京市建设世界城市中的文化提升作用”，内容包括景区基本情况、活动开展情况、财务收支情况、社团发展情况及游客情况等；配合市政府研究室、北京市公园绿地协会完成调研课题“市属公园的建设与发展”；配合区园林局及相关大学完成“北京绿化30周年调研”相关工作；根据区政府要求，对烟袋斜街65户商户进行实地走访调查，了解该街商户经营状况、存在的问题及未来规划，从政府角度提出促进商业发展的思路。完成AAAA级景区复审工作，7月至8月，提出景区存在的问题并进行了整改；9月，通过区旅游局组织相关职能部门对各景区进行检查、复审；11月下旬，通过市旅游委的复审。开展景区景气指数统计工作，每月根据区统计局及统计平台的要求，按照相关统计指标的规定，不间断收集、整理及汇总景区旅游业态相关数据，形成核心指标，次月3日前制成报表报送至区统计局；每季度对景区工商业活动进行监测，次月15日前将数据汇总各项细化指标报送至区统计局；做好清明、五一、端午3个小长假的游客流量及收入的统计工作，每天报至市旅游委。

（白福君）

【景区景观综合整治】 年内，完成“西城区政府2011年环境建设任务”相关工程计划，其中景区游览线路整治工程——银锭桥—南官房—前井—三座桥项目，工程完成建筑修缮、挑顶、翻建1812平方米，贴亭泥砖片2240平方米，院内铺装、更新门窗及护栏20余个院落，并对各户电表、电箱进行了移改，该工程于11月初竣工；完成大、小翔凤胡同建筑修缮、挑顶、翻建920平方米，院内外铺装、疏通翻建上下水管道、翻修户厕17个院落，该工程于11月底竣工；完成鸦儿胡同项目的修缮设计、概算和招投标，项目于11月中旬正式施工。景区景观综合整治工程包括：烟袋斜街商业街完善工程（三角地广场北侧建筑综合整治），打通烟袋斜街与三角地广场的连接通道，拆除通道上的建筑（厕所及80平方米的居民自建房），完成三角地广场北侧房屋立面修缮，完成烟袋斜街59号院拆迁（正式房93.1平方米、自建房57.5平方米），完成烟袋斜街39号院腾退，面积14平方米，解决了向广福观开门的问题，完成北侧建筑西段至庆云楼建筑修缮；汇通祠—德内大街北口综合整治工程，完成楼屋面平改坡3000平方米，完成立面修缮及挡土墙砌筑；护国寺特色街延续工程，实施蓝鼎晨大厦小吃城改造和护国寺金刚殿的腾退、保护、修缮工程；开展了前海品质提升项目，先期对地百商场后及船台进行了改造。其中河湖栏杆11月中旬安装完毕，共计4500延长米；西海环湖修缮与大市政燃气和架空线入地工程，完成方案设计及电和燃气大市政改造的方案和基础调查工作、深化设计及概算，报财政进入审批程序；鼓西大街什刹海历史文化保护区配套管理用房项目，完成发改委立项审批程序，完成规划审批前置的文物、环保、地铁等部门的征询意见；对景区视频监控系统进行软硬件升级，主要涉及增加环湖码头夜视监控9个，统计监控6个，原监控设备升级为黑光夜视61个，统计监控软件升级等工作，该项目11月底竣工。

（白福君）

【特色街（区）管理】 2月，护国寺小吃街获得市旅游局“最具人气美食街”的称号。4月，北京市商务委正式授牌烟袋斜街和护国寺街为“北京市特色商业街”。10月，护国寺小吃街举行开街仪式。年内，为规范护国寺特色街管理，完善特色街管理制度，依据特色街发展规划要求，制定《护国寺特色商业街管理办法》、《保安人员管理办法》、《特色街春节期间突发事件紧急预案》、《国庆节综合整治方案》，先后3次发放《致单位、商户、居民的一封信》共计500余封，编写《护国寺特色商业街经营商户调查表》、《护国寺特色商业街机动车辆调查表》，对护国寺特色街及烟袋斜街采取两班工作制进行巡查管理。规范特色街内车辆管理，配合相关部门维护交通秩序。对特色街内施工渣土堆放、店外经营、环境卫生、户外广告、牌匾规范、无照游商、交通秩序等问题进行巡查管理。联合执法部门清理护国寺街内不符合要求的广告120余份，拆除牌匾13块、霓虹灯灯箱8对，制作发放《温馨提示》等材料。

（白福君）

【什刹海文化展】 “什刹海文化展”由歌华公司策划，管理处进行了前期资料收集、策划大纲、文字修改等项工作。年内，经什刹海研究会审稿并组织专家论证，策划大纲通过10余次的讨论与修改，7月5日召开专家论证会，文化、建筑、水利、历史、布展等方面的专家提出了详细的意见和建议。截至年底，完成展陈方案。

（白福君）

【烟袋斜街社区服务活动用房项目】 烟袋斜街社区服务活动用房项目被列为2011年西城区重点工程，自3月份开工到年底，完成地下钢管护坡桩，基坑边坡喷锚，土方开挖，底板和墙体防水。完成2号、4号、6号院地下二层、地下一层结构，完成8号、10号院地下二层结构和14号院主体。

（白福君）

【景区监督管理工作】 年内，管理处积极协助执法部门对景区内无照游商、商户店外经营、店外叫卖、户外广告等现象进行综合整治，规范景区旅游秩序。规范监控系统日常管理工作，做到监控室有专人负责、专人管理，监控值守人员全部通过专业培训，做到了持证上岗，严格按照监控室各项规章制度管理，确保监控设备的正常运转。同时，充分利用监控系统配合日常巡查管理工作，发现问题及时通报相关部门，全年接待派出所、交通大队、城管队、综合整治办等部门调取资料150余次。

（白福君）

【景区安全保障工作】 年内，完成春节、“五一”、“十一”等节日期间对景区经营单位进行安全监督检查，对有燃气、地下空间的经营单位进行了重点检查。对存在消防安全隐患的经营单位，现场进行处理，限期整改。同时，坚持每天派人对什刹海景区进行巡查，督促灭火器将要到期的经营单位进行更换、特别是环湖一些经营单位装修现场等，在巡查过程中发现问题，马上告知相关人员提出意见进行整改。春节前，管理处与什刹海景区经营单位和文物保护单位签订《重点地区烟花爆竹安全管理工作责任明确书》254份，与公安、消防、安监、城管等部门对什刹海环湖和特色街所有二层平台的经营单位进行安全检查，彻底清除平台上堆放的易燃物品；对什刹海环湖和特色街所有有煤气瓶的经营商户进行了安全检查，逐一登记备案，并与新变更和新增的经营单位签订安全责任书36份。房屋装饰装修安全管理要求32份。在水上安全工作方面，在什刹海冰场开放期间，坚持每天派人巡视什刹海冰场安全状况，确保冰场正常运营。冰场关闭后派人在什刹海沿湖张贴警示标志劝阻游人上冰，以保证游客安全。在游船下水前，管理处联合区园林绿化局对什刹海所有运营游船、游船码头、设施设备、消防设施进行安全检查，发现问题及时提出整改意见，确保游船安全运营。完成了重大节日水上经营单位安全监督检查工作。在安全教育工作方面，6月，为了提高社会民众安全意识，管理处配合什刹海街道安全生产办在后海公园举办安全月宣传活动，活动主要以展板、发放宣传品、宣传扇等形式进行宣传。同时，管理处起草发放《致酒吧商户的一封信》230份，提醒经营单位严格防范事故的发生。

(白福君)

北京大观园

【概况】 北京大观园管理委员会(北京红楼文化艺术博物馆)为全民所有制自收自支事业单位。北京大观园(简称大观园)占地11公顷，园内殿宇、庭院、自然景区30余处，是具有古典园林外观、红楼文化内涵、旅游经济属性、博物馆功能齐全的休闲活动场所。

地址：西城区右安门内西街18号

邮编：100054

电话：63544993

(陈雪梅)

【北京大观园第十六届红楼庙会】 2月2日至7日，北京大观园举办第十六届红楼庙会。区委、区政府高度重视，建立了区领导挂帅的组织机构。开幕式在大观园南门广场举办。区领导王敏荣、刘跃平、刘洋、陈思源、刘永先、梁昌新、王粤、郭怀刚等出席开幕式活动。王敏荣宣布北京大观园第十六届红楼庙会开幕，刘跃平为开幕式鸣锣，梁昌新致辞。区领导向社区居民们赠送了装有庙会门票的大红信封，为群众送去新春祝福。此届大观园红楼庙会推陈出新，元妃省亲品牌活动首次加入了“皇帝”一角，创新了表演形式，丰富了文化内涵。此外，刘姥姥醉酒高空艺术表演、皮影、木偶、盘鼓、舞狮等多项演出活动轮番上演。历时6天的北京大观园第十六届红楼庙会接待游客11万人次。2月23日，北京大观园第十六届红楼庙会获第六届北京春节庙会·灯会·文化活动创意大奖。

(陈雪梅)

【基础设施建设】 年内，为提升园林总体接待水平，大观园加大基础设施建设投入，维修屋顶瓦面、铺装地面近2万平方米。实施绿化改造工程3250平方米，其中种植草坪1996平方米、沙地柏4468株、月季2961株、紫薇18株、迎春250株丛、红梅20株。投入500余万元接通了红楼宴酒店、大戏楼办公区、太虚幻境北侧二层小楼、大观园管委会办公区楼的暖气主干线，加装了市政供暖的暖气设备。

(陈雪梅)

【韩国大使参观大观园】 2月6日，韩国驻华大使柳佑益夫妇、公参河成柱夫妇、公使金在万、秘书官崔康锡、秘书廉湖静一行7人到大观园参观游览。柳佑益大使书写中韩文对照的“北京大观园”。

(陈雪梅)

【公益服务活动】 按照市文物局京文物〔2010〕1638号文件精神，2011年至2015年大观园对市见义勇为荣誉人员实行免费参观游览。“三八”妇女节期间(3月7日至9日)，大观园对进园游览的妇女实行门票半价，并赠送福字，在嘉荫堂举办饮食养生、品茶饮酒、赏花作画、文化养生食谱、驻颜秘诀知识讲座。国际博物馆日和中国旅游日期间(5月18日至20日)，大观园门票半价优惠。“六一”儿童节期间(5月28日至6月1日)，大观园对小学生免费开放。6月10日至19日，大观园举办高考生免费游园专场，考生可参与古装照相、学古琴等活动。6月27日至7月3日，大观园举办中考生专场，2011年中考生可持准考证免费赏夜景、看综艺节目、观水幕电影，陪同家长享受30元(原价70元)的优惠门票。教师节期间(9月10日至12日)，大观园对游园的教师实行免费。

(陈雪梅)

【开放合作办教学基地】 借助社会力量，引进合作伙伴，用高科技手段，逐步尝试开放式办园新模式。年内，与娱乐通公司合作，推出国产首款全程语音AVG游戏，在高科技中展示红楼文化韵味。与火星时代实训基地签订合作意向书，共建传统文化教育基地。为学生学习传统文化、研究古典建筑、实地取景观摩提供便利条件。双方携手推动民族数码创意产业，传承中华民族传统文化。动画版《红楼梦》作品入住大观园红楼文化艺术博物馆。与徐悲鸿中学联手开展“忆红楼 绘观园”系列活动，加强学生的社会实践能力，向学生提供课外讲堂，学生在大观园内写生创作的绘画作品40幅，全部被大观园红楼文化艺术馆收藏。截至年底，大观园先后和北京中加学校、首都经济贸易大学、乐迪培训中心、北京师范大学附属中学、为星时代实训基地、徐悲鸿中学签订教学实习基地协议。

(陈雪梅)

【百姓周末大舞台】 4月至6月，区文化委和大观园在省亲别墅露天剧场共同举办“百姓周末大舞台”演出，北京金帆京昆艺术团、北京河北梆子剧团、北京风雷京剧团、北京心灵呼唤艺术团、中国评剧院、中国木偶艺术剧院、北方昆曲剧院、中国龙在天皮影艺术团、北京红樱束打击乐团、北京京剧院、北京学明艺术团、北京市曲剧团12个演出团体，共演出18场。

（陈雪梅）

【参加《最强阵容》录制】 11月12日，大观园参加由市总工会和北京电视台联合主办的《最强阵容》节目录制，大观园参赛表演的红楼梦经典歌舞《枉凝眉》、《红豆曲》荣获最佳进取奖。

（陈雪梅）

【第十七届红楼庙会协调会召开】 11月22日，第十七届北京大观园红楼庙会协调会在佑安大酒店举行。区委宣传部、国资委、市政市容委、文化委、卫生局、团区委、城管大队、公安分局、工商局、交通大队、消防支队、武警七支队、民政局、环卫中心、维稳办、民宗办、监察局、新闻中心、旅游局、白纸坊街道等21家成员单位参加。会上大观园管委会副主任聂晶介绍红楼庙会活动方案，20家成员单位分别对庙会组织工作提出了自己的意见或建议。副区长梁昌新、区文化委主任李征帆、大观园管委会主任马俊潼对庙会的组织筹备提出任务及要求。

（陈雪梅）

体　育

【概况】 北京市西城区体育局（简称区体育局）作为区政府的职能部门，指导和管理全区的体育工作。体育局下设党群办公室、办公室、人事保卫科、财务科、行政科、群众体育科、体育市场管理科、竞赛训练科，公务员编制52人，工勤编3人。下属事业单位有社会体育管理中心、体育场馆管理中心、少儿体校、宣武体育宫、体育训练中心、体育活动中心、月坛体育馆、体育科学研究所、西城棋院。年内，西城区体育工作充分发挥体育多元化功能，深化区域融合，以增强人民体质，建设“健康西城”为目标，牢牢抓住区划调整的新机遇、新优势，努力开创西城体育工作新局面，使社会体育、学校体育、体育社团、业余训练、体育科研、体育法制、体育设施等各方面工作取得了新突破。区体育局先后获北京市先进体育社团优秀管理奖、北京市第八届全民健身体育节突出贡献奖、“首届北京市职业公路自行车赛突出贡献单位”称号、北京市社会体育指导员技能交流展示大会优秀组织奖、第三届北京市体育大会健身气功项目比赛优秀组织奖等。

地址：西城区月坛南街甲1号
邮编：100045
电话：68026768

（王仲建）

【社会体育】 贯彻落实《全民健身条例》和北京市《全民健身计划》，制定、颁布《西城区全民健身实施计划（2011—2015年）》。对全区体育单项专委会和街道社区群众健身团队进行摸底调查，完成《西城区群众体育健身团队调研报告》，副局长白钢在首届北京全民健身论文报告会上做重点发言。举办“一区两品”群众体育赛事，即北京西城国际金融体育康乐节和北京西城民族民俗体育文化节。北京西城国际金融体育康乐节期间，举办金融街地区科学健身大讲堂、体质测试、乒乓球比赛、围棋比赛、领导干部网球比赛、羽毛球比赛、龙舟等比赛。西城民族民俗体育文化节期间，通过民族民俗体育表演和观众参与，宣传、传承西城区民族民俗体育文化内涵。4月至9月，组织西城区第五届“和谐杯”乒乓球比赛，历时5个月，15个街道、255个社区、91590人次报名参与，15个街道全部获北京市第五届“和谐杯”乒乓球比赛优秀组织奖。6月14日，组织京津沪渝4市领导干部“和谐杯”乒乓球比赛。6月23日，组建西城区体育志愿服务队并授旗。8月8日“全民健身日”，与北海公园、陶然亭公园等十大公园联合组织全民健身展示和科学健身指导活动；在什刹海后海举行“全民健身、绿色出行”环湖环保健步行活动。年内，组队参加市级全民健身体育赛事8项次，组织区级群众性体育活动69次，街道社区和基层单位组织活动491项次，参与者达45.35万人次。试点建立北京市体育基金会“西城区群众体育专项基金”，吸引社会赞助资金90万元。注重扩大群众体育活动宣传力度，全年各类媒体宣传报道累计216次。制作“一区两品”体育专题片，完成《快乐健身、快乐生活》民族民俗体育活动的拍摄制作任务。完成群众体育基础数据的统计工作，接受北京市督察小组对西城区《全民健身计划》实施完成情况的检查指导。年内，共举办了4期二、三级社会体育指导员培训，培训355余人，其中二级110人、三级245人。

（王仲建）

【学校体育】　西城区共有学校121所，其中小学71所、中学50所。年内，学校体育认真执行《国家学生体质健康标准》，坚持每天锻炼1小时。按照年初计划，区体育局联合区教委组织区中小学生篮球、足球、排球、乒乓球、游泳、跆拳道等项比赛活动，配合区教委完成区中小学田径运动会、跳绳踢毽子比赛等组织工作。全年共有300余支队伍1万余名运动员参加区级各项竞赛活动。全区有体育传统项目学校59所，其中中学传统校27所、小学传统校32所，295名小升初、初升高应届毕业生作为体育特长生通过测试进入相应体育传统学校。体育传统校在参加市级各项竞赛中均取得较好成绩：北京市第四中学获得北京市传统校篮球比赛高中男子组第一名，北京市第三十五中学获得北京市传统校篮球比赛高中女子组第二名，北京市回民学校获得北京市传统校足球比赛高中男子组第三名，北京师范大学附属实验中学获得北京市传统校篮球比赛高中女子组第三名，北京市铁路第二中学获得北京市传统校排球比赛高中女子组第四名。完成运动员等级评定工作。17个运动项目170名运动员达到了运动员等级标准，其中达到一级运动员16人、二级运动员154人。加强青少年体育俱乐部规范管理，按时参加民办非企业年检等工作，保证全区青少年体育俱乐部健康发展。按照北京市体育局的要求，积极开展俱乐部创建工作，新增2个青少年俱乐部，全区青少年体育俱乐部达到31个。

（王仲建）

【体育社团】　截至年底，西城区体育总会注册体育单项专业委员会20个，（体育分会）单项体育协会19个，成立区、街道、社区三级体协网络组织，全区群众健身团队达到591个，会员人数超过2.2万。举办西城区门球、太极拳、健美操等比赛，承办2011年全国少儿游泳分区赛暨北京市业余体校游泳锦标赛等各类体育赛事38项次，参加人数达5400余人次；组队参加“浩沙杯”第十届全国万人健美操大众锻炼标准大赛总决赛，京弈杯围棋赛、北京市区县网球联谊赛、北京市健美操比赛等国家及市级比赛8项次，举办单项专委会培训班50次，参加人员1600余人次。举办西城区篮球、足球、羽毛球、乒乓球等项目裁判员培训班，全年注册二级、三级裁判员180名。

（王仲建）

【业余训练】　截至年底，西城区业余体校有教练64名，在训学生1800余人，注册运动员1140人。设有田径、足球、篮球、垒球、棒球、手球、击剑、射箭、排球、乒乓球、网球、羽毛球、游泳、武术、体操、摔跤、柔道、举重、跆拳道、皮划艇等20个体育项目。全年完成输送任务69名。进一步加强国家高水平体育后备人才基地建设，为国家高水平体育后备人才基地中期检查做好准备。年内，西城区体育局训练中心被国家体育总局认定为全国首批国家篮球高水平后备人才基地。制定《2010—2013年周期输送任务指标管理办法》、《西城区体育局教练员岗位人员考核办法》、《市级比赛参赛管理办法》、《关于引进高水平运动员的指导意见》，为新周期统筹、整合、融合提供了政策保障。组队参加市业余体校比赛和市青少年锦标赛。获得122个第一名、94个第二名和104个第三名的成绩。

（王仲建）

【体育科研】　完成特定人群个性化指导支撑技术研究课题内容，编辑《特定人群科学健身个性化指导系列手册》，即《办公室人群健身操指导手册》、《降糖太极操》、《社区常见健身路径锻炼方法指南》3本图书，印刷共计1.3万册；研发拍摄制作《特定人群科学健身个性化指导宣传系列片》，即《办公室人群健身操系列教学片之椅子健身操》、《办公室人群健身操系列教学片之弹力带健身操》、《办公室人群健身操系列教学片之健身球操》、《降糖太极操》和《社区常见健身路径锻炼方法》5种光盘，共计1万张。做好“国民体质测定和健身指导”试点工作，新增科学健身指导站4个，总计服务人数4000余人，发放新科研成果书籍光盘共2000余份。全年国民体质测试3000人，测试合格率为97%。完成《北京市可持续发展重点区域科技促进工程》及科普大课堂课题。完成12个运动项目336人体能测试工作，协助重竞技组完成专项选材测试16人次，完成各项目骨龄测试300人，运动损伤治疗90人。

（王仲建）

【体育设施】 西城区体育场馆北有月坛体育中心，南有广安体育中心，共有区属6个体育场馆，总占地面积约9.5万平方米。月坛体育馆承办亚欧乒乓球对抗赛、世界九球北京公开赛等国际赛事，并为多场大型文体活动提供场地保障，全年对外开放12572场次，接待81330人次，提供公益性服务1186场次。月坛综合训练馆全年共接待体校训练352场次，24640人次；对社会开放1800场次，接待108000人次，其中大型活动25场次，3300人次；公益性活动195场次，5850人次。月坛体育场对老年人及学生实行优惠开放政策，全年为体校各项目训练提供场地保障累计达7.5万人次；接待锻炼人群约20万人次；举办运动会近40场。广安体育馆承办中国乒超联赛，连续三年为北京女乒乓球队提供训练、比赛场地服务并为各类中小型文体活动提供服务。体育宫全年提供训练保障41776人次；对外开放接待120774人次，其中服务驻区单位60余家，节假日接待4714人次。场馆中心对外开放3000场次，接待5.8万人次；公益服务850余场次；训练保障664场次，1.36万人次。西城区有全民健身工程330处、健身器材5000余件。晨晚练站、点548个，分布在15个街道、255个社区。全年出资120万元，更新50处全民健身工程，为区检察院增设健身房。全区中小学体育场地354块，总面积564873.4平方米。与教委密切配合，努力实现有条件的学校体育场地对社会开放。全年场地对外的学校达到35所，15所学校获得北京市学校场地对外开放先进单位称号。全区有133处体育运动经营单位，其中有条件对外开放的94家，常年进行游泳、乒乓球、保龄球、羽毛球、网球等项目经营活动。

（王仲建）

【体育法制】 落实体育经营单位的主体责任，加大执法检查力度，建立安全事故隐患排查治理动态工作机制，在全区范围内对各生产经营单位推广安全生产事故隐患自查自报管理系统的应用，制定了《西城区体育经营单位自查自报系统的推广应用办法》。开展2010至2011年冬春季火灾防控暨“百日会战”专项行动，全国“两会”期间，对代表驻地附近和代表行车路线周边的体育经营单位进行了重点监控，对高危险性运动项目进行安全监管。5月份，对体育经营单位进行全面覆盖的执法检查，夏季游泳高峰期，重点做好游泳场馆减溺防控工作，组织“2011年北京地区中国救生协会救生员注册证年审暨我区救生员救生演练”，制定《区体育局开展游泳场馆安全生产执法检查工作方案》。全年对体育经营单位的安全检查共出动执法检查力量2805人次，检查企业804家次，消除整改安全隐患48项，对2家单位提出了警告，下达责令整改通知书18份，发放材料2350份，经营单位全年未发生安全事故，12月20日，区安委会考评组考核获得满分。

（王仲建）

【体育国际交流】 继续与日本中野区少年软式棒球队进行友好交流活动，美国NBA传奇巨星布鲁斯·鲍文与西城区体育运动学校篮球队进行“NBA关怀活动”的系列公益活动，1人赴澳大利亚、印度尼西亚进行体育交流项目考察。

（王仲建）

医疗卫生

【概况】 北京市西城区卫生局（简称区卫生局），是负责全区卫生工作的区政府职能部门。年内，辖区登记医疗机构616家，其中营利性医疗机构197家、非营利性386家；卫生技术人员（含中央、市属医院，不包括部队医院）29991人，其中执业（助理）医师（包括西医、中医、中西医结合）10396人、注册护士12649人；实有床位13831张。平均每千常住人口拥有卫技人员24.2人，执业

(助理)医师8.4人，注册护士10.2人，实有床位11.15张。全年户籍出生人口10014人，出生率为7.36‰；户籍死亡人口9146人，死亡率为6.72‰；自然增长率为0.64‰。因病死亡8743人，占死亡总人数的比率95.59%，死因顺位前10位疾病依次为恶性肿瘤、心脏病、脑血管病、呼吸系统疾病、消化系统疾病、内分泌营养和代谢及免疫疾病、损伤和中毒、神经系统疾病、泌尿生殖系统、传染病。全年财政拨款93423.18万元，全系统拥有固定资产114803.67万元，新置11646.39万元。区属医疗卫生单位业务收入211894.94万元，医疗收入比重34%，药品收入比重58%；支出275409.96万元。

地址：西城区德外大街38号
邮编：100120
电话：82061987

（马　蕊）

【卫生改革】　围绕西城区卫生事业发展规划目标，构建“三横四纵两平台”的新型医疗卫生服务格局，坚持“保基本、强基层、建机制”的基本原则，推进卫生改革。区卫生局成立医改工作推进办公室，协调医改相关工作，落实医改方案的实施，督促、监测医改工作进度。完善基本医疗保障制度，继续落实特困人员住院押金减免和出院即时结算工作。实施国家基本药物制度，全部社区药品实行政府集中采购、统一配送、统一结算。各医疗机构严格规范用药和医疗行为，按照要求控制门诊抗菌药物使用，开展抗菌药物临床应用专项整治活动。14个社区卫生服务中心实现收支两条线管理，完善分配激励机制，继续在公共卫生事业单位和基层医疗机构落实绩效工资工作，年内共涉及正式工作人员2004人，退休人员1533人。公共卫生单位人均绩效工资为6.3万元，平均增幅为1.7%；基层医疗卫生机构人均绩效工资为5.88万元，平均增幅为29%。完善考核机制。推进公立医院改革，推广优质护理服务示范工程，推进执业医师多点执业工作，落实各项医改保障措施。提高医疗服务整体能力和效率，合理配置医疗、康复、护理等资源，展览路医院承担北京市试点建立康复护理病区，2月开放门诊，5月病区投入使用。北京市回民医院“北京市回医药研发基地”发挥回族老中医在一些疑难杂症方面的诊疗优势，以民族医疗特色的办院理念与服务要求做好医疗资源整合。进一步健全公共卫生服务体系，加强人才队伍建设，提高业务科研能力，推进卫生监督机构整合，建立适合西城区特点的卫生监督工作指标体系。协助整合优化“120”、“999”急救资源。开展落实全民健康生活方式行动。积极推进卫生行政许可改革，全部卫生行政许可事项实现“一站式”集中办理，明确审批环节，缩短办事期限，部分项目立等可取，形成更加规范、高效、便民的行政许可服务体系。

（马　蕊）

【社区卫生服务工作】　全年社区卫生服务291万人次，基本医疗服务227万人次，提供公共卫生服务63万人次，个人电子健康档案数为19万余份。社区卫生服务注重强化质量监管，提升社区卫生服务信息化水平，提高社区卫生服务质量和服务水平，切实让老百姓满意。推动“安全社区”，先后有7个社区卫生服务中心、46个社区卫生服务站启动了监测网络，实现医院伤害监测信息化管理。开展和谐社区心理指数测评，及时疏导社会情绪，引导社会心态良性变化。试点开展功能社区服务，进行个性化的健康评估和有针对性的中医养生保健指导和评价。利用返聘专家的经验技术优势，在社区开展咨询、带教、会诊、康复指导和健康讲座等工作。培养家庭保健员队伍，累计培养家庭保健员共1.42万余名。将“家庭保健员计划”与功能社区卫生服务和家庭医生式服务相结合，走进功能单位发展家庭保健员。深化慢病综合管理，深入推行“知己健康管理”。打造西城区社区卫生中医特色品牌，建立居民健康监测区试点，配备医务人员辅助居民进行自助式体检等服务。形成了由居民、家庭、卫生保健机构、政府共同参与的慢性病长效管理机制。

（马　蕊）

【标准化建设】　全区建设社区卫生服务中心15所、社区卫生服务站78个，市、区财政投入经费对社区卫生服务机构进行标准化建设改造和标准化设备配置，社区卫生服务条件得到明显改善，构建了社区居民的“15分钟健康圈”。

（马　蕊）

【社区卫生改革】　结合社区卫生综合配套改革，继续深入开展家庭医生式服务工作，截至年底，共有257支社区卫生服务团队实现社区卫生服务团队对居委会的全覆盖。25家二、三级医院与社区签订对口支援协议。利用医疗信息应用整合与共享技术平台，实现双向转诊、预约挂号、预约检查和视频会诊，提高患者的就医效率，促进了有序就医格局的形成。二级及以上综合医院努力实施开展双休日全天门诊，通过“大型医院与基层医疗卫生机构转诊预约”、“对口支援及双向转诊”和“建立区域医疗共同体”3种模式，推进基层医疗机构与大医院转诊预约工作，逐步形成基层首诊、分级医疗、双向转诊的服务模式。

（马 蕊）

【为老服务】 扎实开展老年优待工程，对60岁以上老年人实现“三优先”服务达111万人次，免挂号费83万人次，家庭病床免费查床1233人次。为做好癌症晚期病人的临终关怀，提高临终生活质量，维护人的尊严，完善生命全周期管理理念，年内西城区生命关怀咨询服务中心共对57名癌症晚期病人开展以照料为中心的居家临终关怀服务，共护理送走22位病人。牛街社区卫生服务中心的社区护理志愿者队伍，年内为牛街地区76位老人入户提供全方位护理服务，共计3563人次，志愿服务得到了社区老人、家属及社会的好评，被评为“北京市敬老爱老为老先进单位”。

（马 蕊）

【慢性病管理】 年内，辖区内15家社区卫生服务中心进行了8种慢性病规范化管理标准培训，共管理高血压患者100131人、糖尿病患者37361人、冠心病患者43232人、脑卒中患者21502人、其他患者45074人，其中高血压规范管理70317人、糖尿病规范管理26295人。全区共管理推行“知己健康管理”，共管理知己患者11946人，完成强化期10346人。

（马 蕊）

【中医药服务】 充分发挥中医药特色，开展中医冬病夏治“三伏贴”工作，“三伏”期间，44个社区卫生服务中心（站）为社区居民及功能社区人员进行贴敷15563人次。在展览路、德胜、大栅栏等社区卫生服务中心建立居民健康监测区，配备“体质辨识”、“五脏相音”等中医体检仪器，开展居民自助式体检，医务人员共为2500余人提供了辅助体检服务并存入居民的健康档案，作为开展社区疾病筛查、确定高危人群、对指标异常的居民及时进行健康干预的依据。

（马 蕊）

【对口支援工作】 借助对口支援医院专家的力量，在社区开展专家传帮带教工作。全年二、三级医院支援社区人员2296人，其中高级职称122人、带教1072人，开展门诊27051人次、会诊540人次。通过对口支援的平台，社区上转病人1734人次，上级医院下转病人1488人次。

（马 蕊）

【传染病管理】 全年法定传染病发病9563例，发病率为769.15/10万，甲类传染病未发生；乙类传染病3450例，发病率为277.48/10万；丙类传染病6113例，发病率为491.67/10万。全年共处理手足口聚集性疫情42起，暴发疫情1起；未报告人感染高致病性禽流感和狂犬病病例。

（马 蕊）

【性病艾滋病防治】 年内，性病发病684例，发病率55.01/10万；HIV/AIDS发病99例，发病率7.96/10万；全区29个艾滋病抗体初筛实验室进行艾滋病抗体检测384462份，检出HIV抗体阳性者146人；各艾滋病自愿咨询检测门诊开展自愿咨询检测3168人。

（马 蕊）

【结核病防治】 年内，居所为西城区的肺结核发病人数共计837人，DOTS（直接面视下的短程化学疗法）覆盖率100%。新登记肺结核病人161人，其中本市106人、外埠55人。全年医疗机构病人报告率100%，医疗机构病人转诊率96.70%，追踪总体到位率96.95%，病人系统管理率96.9%，病人家属筛查率100%。

（马 蕊）

【地方病防治】 按照北京市碘盐监测方案进行居民碘盐抽检，共随机抽取、监测600户居民，采集、检测食用盐标本600件，合格碘盐568件，合格碘盐食用率94.67%；碘盐覆盖率96.33%；碘盐合格率98.23%。对宾馆饭店、饭馆、配餐公司及42所小学校和幼儿园的食堂用盐情况进行检查，未发现非碘盐。

（马 蕊）

【精神疾病防治】 全区登记精神病人6774人，其中重性精神疾病患者5315人，由社区管理缓解期等精神疾病患者3290人，免费服药650人，住院治疗患者873人。精神病发病率为0.0072‰，患病率为5.45‰，共建立家庭病床11张。

（马 蕊）

【学校卫生】 开展学生常见病体

检工作，本年度中小学生应体检人数106824人，实体检人数98529人，实际体检率92.23%；其中学生营养不良率19.51%，肥胖率18.32%，沙眼检出率0.67%，贫血检出2.12%，视力不良率74.28%，恒牙患龋率27.05%、充填率62.42%。继续加强学校传染病防治工作，督导学校传染病疫情报告制度，晨午检制度，学生因病缺勤病因追查、登记制度，新生入学接种卡（证）查验制度和师生健康档案的建立及落实情况。以创建特色校、星级校模式开展健康促进工作，完善考评标准及制度，搭建园所儿童与校园学生健康状况追踪评价平台。健康促进校创建率达到100%。在学校开展保护视力、控制体重、预防龋齿等干预工作。对学校推广新版眼保健操及爱眼体操工作开展情况进行督导检查。积极开展牙病防治工作，继续开展窝沟封闭预防龋齿项目及儿童乳牙口腔保健与健康促进项目，对托幼园所3至4岁儿童开展氟化泡沫防龋保健宣教工作。结合爱牙日宣传活动，发放爱牙宣传材料2.5万份。继续开展学校卫生工作专项视导及教学环境卫生学检测工作，检查覆盖率100%。

（马　蕊）

【慢性非传染性疾病防治与管理】 全年共管理高血压患者100131人，规范管理率为70.2%，管理糖尿病患者37361人，规范管理率为70.4%。在6个社区继续开展社区脑卒中筛查和防控项目，共筛查3616人。进一步做好慢病综合干预，开展全民健康生活方式创建工作，年内有3个创建点通过市级验收。继续在6个社区开展社区脑卒中（脑中风，又称脑血管意外）筛查和防控项目，共筛查3616人。申请创建国家级慢性病综合防控示范区，落实各项创建工作。开展成人慢性病及其危险因素监测工作。

（马　蕊）

【计划免疫】 全年常规免疫共接种143008人次，一类疫苗接种率均为100%。本市儿童、外来儿童建卡和建证率均为100%。继续加强狂犬病免疫预防门诊工作。继续加强流动儿童计划免疫工作，落实查漏补种工作，共调查流动儿童13632人，补卡率、补证率均为100%。继续开展在校中小学生免费接种流感疫苗工作，共接种疫苗51227支。

（马　蕊）

【职业卫生监测与评价】 全区共有57家接触毒害物质单位，接触职业危害因素的职工人数为1919人；年内共采集检测样品204件，其中不合格28件；收到职业病报告32例，其中尘肺26例、农药中毒6例；对51家用工单位共120人开展了防治职业病知识培训。全年共开展各类公共场所、生活饮用水经常性和预防性卫生监测60893项件。

（马　蕊）

【健康教育与健康促进】 全年共开展健康大课堂1429场，受众69819人。结合各种卫生日，举办宣传活动31次，广泛普及健康知识，出版《卫生与长寿报》8期，发放40余种宣传材料共20余万份。组织开展第二届“北京健康之星”评选工作，26人进入北京市复赛获得“健康先行者”称号，13人进入市级决赛获得“健康大使”称号，4名选手获得北京市“健康之星”称号。继续以场所为基础开展健康促进活动，启动新一轮健康促进医院的创建工作，创建符合《烟草控制框架公约》要求的100%无烟医院，督导检查辖区一级以上医疗机构创建无烟环境的工作。组织辖区社区开展健康生活方式征文活动，共征集作品600余篇。开展“健康教育进家庭”活动，在12个社区推广健康促进社区创建工作。编写并下发《北京市西城区公共场所健康技能手册》。

（马　蕊）

【妇女保健】 全年妇女病普查人数105764人，患病人数53171人，患病率50.27%。具体分类：阴道炎6043例，宫颈炎8982例，子宫肌瘤1385例，乳腺增生32163例，乳腺良性肿瘤8909例，乳腺癌11例，卵巢癌1例。婚前检查2792人，婚检率7.05%，检出疾病人数480人，疾病检出率17.19%。年度孕产妇系统管理人数9721人，孕产妇系统管理率为97.32%；孕产妇死亡2人，死亡率为19.97/10万，新生儿死亡率为1.79‰，婴儿死亡率为2.69‰；本年度6个月内母乳喂养率为89.35%。

（马　蕊）

【儿童保健】 本年度0至6岁儿童共计40314人，全部实现了规范保健管理，儿童保健覆盖率为100%。儿童系统管理37959人，系统管理率94.16%。

（马　蕊）

【计划生育技术管理】 全年计划

生育手术为29728例，共发生手术并发症2例。全区共有31家计划生育服务机构开展母婴保健技术服务，联合区人口计生委开展工作，借助全区人口与计划生育发展平台，建设儿童早期综合发展中心，建立儿童早教联盟试点；结合工作职责，派出师资深入街道开展健康生育大讲堂活动；开展贫困母亲的体检以及免费孕前检查等工作。

（马　蕊）

【卫生专项检查工作】　开展各项食品卫生、公共场所、生活饮用水、医政执法、传染病防控、学校卫生和职业病与放射卫生专项监督执法工作。加大食品卫生监管力度，开展对火锅底料、建筑工地、“地沟油”、打击食品非法添加和滥用食品添加剂、旅游食品、瘦肉精等安全关键点专项整治，重点整治无证餐饮，加大对小型餐饮业等“五小”单位的整治力度，与工商、城管、街道等部门开展联合执法、“夜查”等活动56次，开展培训43次，对无证单位督促整改到位取得许可证的41户，对544户无证单位全部关停。全年共实施卫生行政处罚45件，罚没款总金额16万余元。切实加强对辖区公共场所卫生的监管，组织开展了“夏季游泳池”、“发廊足疗场所”的专项检查和整治工作。继续开展集中空调通风系统专项监督检查。联合区公安分局、区安监局、区体育局对游泳馆场所和地下人防设施开展联合专项督查。继续加强辖区饮用水卫生的监管。年度完成对市政供水末梢水、二次供水的卫生状况、自备水源供水卫生安全和学校饮用水卫生监督4个专项检查工作。在城市饮用水卫生监测中完成20个监测点120件的水质采样监测工作。创建安全和谐就医环境，重点开展打击非法行医专项行动、医疗美容服务专项整治、产前诊断技术专项监督执法检查和人类精子库、人类辅助生殖技术监督检查等专项活动。全年共完成日常监督379户，监督检查814户次。严格要求医疗机构依法执业，开展临床用血医疗机构专项监督检查25户次，覆盖率100%；母婴保健专项督查28户次，覆盖率100%；医疗废物管理专项监督检查医疗机构252户。

（马　蕊）

【投诉举报】　畅通投诉举报渠道，积极受理群众投诉举报案件，全年共受理公共卫生投诉举报案件571例，及时办理回复，结案率99.65%，群众满意率100%。全年未发生重大食源性疾患和食物中毒事故，未发生因重大食物中毒、生活饮用水污染以及非法行医致死事件。

（马　蕊）

【大型活动保障】　年内，完成全国“两会”、第一届北京国际电影季、清华大学百年校庆、全国天然林资源会议等15次大型活动公共卫生保障任务，保障接待及送餐单位20家，食品抽检99件，现场快速检测样品288件，食品留样3580件，确保了25295人次的公共卫生安全。在元旦、春节等重要节日期间，加大对重点地区、重点单位的巡查，确保了辖区节日期间公共卫生安全，群众安心过节。

（马　蕊）

【卫生监督人员培训】　加强依法行政，及时加强对新颁布法律法规的学习与培训，组织230名具有执法资格的执法人员进行了《行政强制法》全员学习和考试。按照卫生监督员“一专多能”的要求，按照“专业执法与综合执法”相结合的思路，建立内部培训制度，引入“逢训必考”机制和“评教评学”机制，将参加培训成绩与个人年终考核相结合，确保培训收到实效。建立行政执法责任制和评议考核制度，将行政职权逐级分解，责任到人。

（马　蕊）

【医疗工作】　全年门诊22254036人次，急诊1355310人次，观察室留观271440人次，危重症抢救（急诊、住院）104085人次，入院386685人次，出院386908人次。病床使用率91.55%，治愈率53.92%，好转率42.73%，病死率1.2%，住院病人3日确诊率88.69%，出入院诊断符合率99.6%，全年住院手术例数179954人次。

（马　蕊）

【医疗质量管理】　年内，继续开展临床路径管理，推行医疗质量安全告诫谈话制度，约谈10户次。继续开展医疗机构不良积分管理，加强日常监督与专项检查力度。继续完善医疗纠纷处理机制。结合“医疗质量万里行”工作和“三好一满意”等活动督导，加强医疗机构病历质量管理，严格按照《病历书写基本规范》和《医疗机构病历管理规定》的要求，掌握病历书写规范及要点，坚持规范书写病历，保障医患的权益。

（马　蕊）

【医院感染管理】 全区23所医院应用医院感染监控管理系统进行了监测，共监测住院病例131600例，其中发生医院感染1630例，感染发生率为1.24%，感染死亡病例98例，感染病死率为6.01%。利用监测系统对各医院数据统计分析预测，全年未发生院感暴发事件。

(马 蕊)

【护理工作】 年内，向患者公开护理分级制度，落实各项等级护理，规范护理服务，夯实基础护理。继续深入开展“优质护理服务示范工程”，二级以上医院开展优质护理服务病区51个。结合市卫生局的“三好一满意、医疗质量万里行”及“中医管理年”活动，对护理质量进行自查、实地检查，做好护理质量控制和管理工作。年度注册护士合计13756人，首次注册人数3869人。组织护理人员参加培训，完成护理继续教育及学分管理。

(马 蕊)

【支农工作】 年内，积极开展多种形式的支援农村医疗活动，按照立项目、帮管理、传技术、带人才、扶学科、送设备、促健康原则，从重点科目着手，交流管理经验，指导医疗机构规范管理，协助建设特色专科，开展中医适宜技术和新治疗项目。全年共支援延庆县、门头沟区、内蒙古、新疆和田地区医疗机构85人次，诊疗患者11568人次，开展手术122例，疑难病会诊及查房253次；开展健康查体5526人次，义诊3985人次，进行学术讲座及培训35次；协助医院建立2个特色专科，接受进修学习28人次；捐款及物品价值29万元。

(马 蕊)

【血液管理】 全年共完成自愿无偿献血141434人次，其中街头无偿献血136989人次、团体无偿献血4310人次。6月，在西单文化广场组织“6·14”世界献血者日宣传活动。12月，在新华百货广场建立街头献血点。加强对辖区内医疗用血单位的监督检查，按照《北京市“三好一满意”活动督导检查标准检查表》的要求，监督检查15家医疗用血单位。全年医疗用血共计151279单位。

(马 蕊)

【医学教育】 全年系统卫生技术人员5037人，全部参加继续教育学习，学习时间累计达72学时的比率是99.8%，其中参加“四新”教育的33867人次，任职培训327人次，骨干、学科带头人培训208人次。社区卫生服务中心举办“中英（北京）社区卫生合作交流项目”全科医学讲习班。共邀请6名英国社区卫生专家进行专题讲座，建立2个“中英（北京）社区卫生研究与培训基地”，共派出16人赴英国参加全科医学与社区卫生管理培训。建成全国中医类别全科医师培训基地1个、卫生部培训中心全科医师培训基地1个、全国社区护理培训基地1个、北京市中医类别全科医师岗位培训社区实践基地1个，为3000余名社区医师提供了培训和交流平台。

(马 蕊)

【科研工作】 年内，开展地方科技项目38项、其他科技项目9项，其中1项为市自然科学基金项目。建设市重点学科4个、申请实用新型专利1项。在中国科技论文统计源期刊或中国科技核心期刊发表论文180篇。获得省（市）科学技术奖1项、社会力量科学技术奖1项、其他科学技术奖励3项。社区卫生服务中心申报并立项国家级课题2项、省部级和市级课题8项、区级课题15项，参与协作课题26项。

(马 蕊)

药品监督管理

【概况】 北京市药品监督管理局西城分局（简称市药监局西城分局），是北京市药品监督管理局设在西城区主管区域内药品监督管理的派出机构。依据《药品管理法》、《药品管理法实施条例》等法律法规以及市局事权划分的规定，负责对西城区药品、医疗器械、保健食品和化妆品（简称“三品一械”）的研究、生产、流通、使用环节进行行政监督、执法监督和技术监督，共设9个职能科（室），即市场监管科、医疗器械监管科、特殊药品监管科、药品安全监管科、保健食品化妆品监管科、监察科、法规科、办公室和区药品稽查办公室，在职干部职工59人。所属全额拨款事业单位1个，即区药品检验所，在职工作人员20人。截至年底，西城区共有各级医疗机构542家，药品生产企业1家，药品批发企业50家，药品零售企业205家，医疗器械生产企业45家；医疗器械经营企业1333家，保健食品生产企业27家，保健食品经营企业765家，化妆品经营企业3000余家，无化妆品生产企业。年内，市药监局西城分局获得国家食品药品监督管理系统法制宣传教育

"先进单位"、中华全国总工会"巾帼文明岗"等称号。
地址：西城区太平桥大街107号6层
邮编：100033
电话：66210987

（郭 宁）

【建立药品安全责任体系】 10月25日，在市药监局西城分局的积极推动下，西城区成立了由区政府牵头，主管副区长任组长，26家职能部门为成员单位的西城区药品安全工作领导小组，明确了各部门的职责；并由区政府制发文件《北京市西城区人民政府办公室关于进一步加强药品安全监管工作的通知》（西政办发〔2011〕17号文件），新西城药品安全责任体系全面建立。

（郭 宁）

【药品安全"百千万工程"】 药品安全"百千万工程"是推进新西城创建安全规范的药品质量保障体系、营造综合治理的监管局面和放心消费的用药环境的有效手段。北京市"药品安全百千万工程建设"工作（简称"创建工作"），即利用3年时间，在全市创建100个药品安全示范街道（乡镇），在全市生产、经营企业中评选出1000家质量管理示范企业，在全市聘用培养10000名药品安全员。按照《北京市药品安全百千万工程建设实施方案》的指标要求，西城区计划在2013年9月前完成创建5个药品安全示范街道，评选出80家质量管理示范企业，聘用培养1063名药品安全员的创建工作任务。市药监局西城分局领导班子多次专题研究实施方案，会同科室深入企业、街道开展前期调研，仔细分解任务指标，以全国文明城区创建为契机，将方案报送区政府和各相关单位广泛征求意见，成立由主管副区长任组长的西城区创建领导小组，召开专题会议研究部署工程工作。截至12月15日，德胜、金融街、月坛、西长安街等街道按照创建方案，开展了药品安全员聘任培训工作；对辖区16家企业申报示范企业进行了评审。

（郭 宁）

【日常监督与专项检查】 年内，市药监局西城分局将日常监督与专项检查相结合，结合药品安全专项整治、GSP检查、美沙酮口服液使用专项检查、心脏植介入类产品专项检查以及保健食品中违法添加非申报成分专项整治等工作，加强对辖区违法违规事件多发地区的巡查，不留监管死角。全年共出动3400余人次、检查企业900余家次，检查成人保健品店60家次，医疗机构周边200家次，共对涉药企业限期整改140家次，下达责令改正通知书6家，暂停经营中药饮片范围4家，停业整顿2家，纠正不规范行为30起。开展联合检查5次，出动联合执法人员150人次，联合查处违法经营行为9起，取缔街边个人收药行为3起，向区公安部门移送涉嫌违法犯罪行为5起。

（郭 宁）

【违法案件查处】 年内，市药监局西城分局共受理各类案件189件，做出当场行政处罚10件，立案2件，处罚16件，撤案3件，结案率为82.6%。全部案件受理办结率96.3%，没收非法货物货值金额371525.04元、没收违法所得金额186474.23元、罚款1795541.0元，罚没金额合计2353540.27元。

（郭 宁）

【质量监督抽验】 年内，市药监局西城分局抽验药品1035批次，收到不合格检验报告6份，合格率99.4%，医疗器械抽验48批次，收到不合格检测报告6批次，合格率87.5%，保健食品抽验39批次，不合格2批次，合格率94.9%，化妆品抽验55批次，合格率100%。完成市局规定目标和西城区为民办实事项目所列工作任务。

（郭 宁）

【基本药物监管】 在基本药物使用环节，市药监局西城分局编制了社区卫生服务中心、社区卫生服务站"医疗机构基本药物使用情况调研表"，对辖区全部15家社区卫生服务中心、57个社区卫生服务站开展医疗机构基本药物使用情况调研，了解辖区基层医疗机构基本药物采购形式、使用品种数、采购药品保障供应情况、药品管理等基础工作。同时加大检查力度，完成对15家社区卫生服务中心全年度2次以上的全覆盖检查，抽取20余家社区站进行重点检查。在经营环节，市药监局西城分局制定了《2011年北京市药品监督管理局西城分局经营企业基本药物经营环节质量安全监督检查工作方案》，分别召开批发企业和零售企业基本药物工作培训会，依据《药品经营企业质量管理规范》及实施细则等规定，采取日常检查、专项检查、巡查等多种方式，结合基本药物抽验、零售企业开办验收、GSP认证及跟踪检查等工作，对药品经营企业基本药物经营情况进行监督检查。辖区47家批发企业在3月31

日前落实了基本药物配送企业电子监管各项准备工作。4月1日前，36家经营基本药物的企业具备了电子监管码的核注核销能力。基本药物管理工作推进顺利。

（郭　宁）

【药械安全监测】　继续完善药械不良反应/事件监测体系，下发《药品不良反应基本情况调研表》，了解辖区药品不良反应制度落实、网络开通、监测员信息情况，全面更新体系中的基础数据，确保数据的有效和沟通畅通；大力加强不良事件监测宣传培训和走访工作，加强风险分析的应用；向门诊部、诊所和药品零售企业进一步延伸，扩大监测网络范围；全力提高药械不良反应/事件上报率。全年上报药品不良反应报告2806份，医疗器械不良事件报告180份。

（郭　宁）

【行政许可工作】　全年市药监局西城分局共受理药品、医疗器械、保健食品行政许可1261家，送达1176个，即时审批及制证220家，接待企业咨询7500余人次。分局通过开通“受理直通”车、构建“一条龙”服务机制、编制《许可实操手册》、实施“一处办理，转告相关，协同办理”。

（郭　宁）

【开展安全用药知识宣传】　全年市药监局西城分局共面向街道、社区、部队、写字楼等地开展法制宣传教育活动17次；发放《安全用药知识手册》、《法律法规宣传教育读本》等宣传材料、宣传品1.1万余册（份）；接待群众咨询1.2万余人次；在《中国医药报》、《首都医药》等报纸刊物上发表有关报道20余篇；开展西城区安全用药宣传培训群众满意度调查1次，满意度为90%。

（郭　宁）

【管理相对人培训】　年内，市药监局西城分局以会议、文件为途径，加强新政策新法规的宣讲和解读，帮助企业用好政策。以日常监督为载体，送法上门，针对检查中发现的问题，提出指导意见，帮助企业找准短板。以“短信服务”、“公共邮箱”为桥梁，搭建药监分局与相对人间的互动平台，服务企业发展。同时，加强组织引导，联合中国非处方药协会，在辖区推进“GPP优良药房”建设；配合学习型城区创建，引导药品零售企业开展“学习型药店”的建设，从而带动辖区企业管理水平和药学服务水平的双提高。全年共组织相对人培训15次，培训人员3000余人次，发放宣传材料4000余份。

（郭　宁）

【应急事件处置】　全年市药监局西城分局完成对“小儿暖脐膏”、“盛世药牌苦瓜糖尿乐胶囊”、“通络康胶囊”、“诺康舒眠宁”、“辉瑞健脑回春丹”、“宜康活力胶囊”等52种假冒产品的专项清查工作，及时向辖区“三品一械”单位转发文件8756份。完成“俏媚牌减肥胶囊”、“气血双补丸”等应急检查，做到了行动迅速、清查到位，确保辖区未发生因假劣药械清查不及时而导致的药害事件。

（郭　宁）

爱国卫生工作

【概况】　西城区爱国卫生运动委员会（简称区爱卫会）是区政府议事协调机构。委员会由56个委员部门组成，下设办公室，负责全区爱国卫生日常工作的开展。年内，区爱国卫生工作继续贯彻党的十七届四中全会和区委十届十次全会精神，以巩固国家卫生区创建成果，深化健康城区建设为主线，全面落实各项任务指标，迎接全国爱卫会、世界卫生组织对健康城区建设工作的评估，全区合力开展十大行动，加强健康细胞创建工作，进一步提高禁烟控烟工作效果，建立长效病媒生物防制机制，抓好健康教育和健康促进工作，开展多项爱国卫生活动，全年各项工作顺利完成。西城区政府在北京市健康城市建设试点工作中成绩显著，12月22日，被北京市爱卫会、北京市健康促进工作委员会授予“健康北京建设贡献奖”。

地址：西城区北礼士路12号

邮编：100044

电话：88391579

（杨桂珍）

【健康城区评估工作培训会】　3月24日至25日，区爱卫会举办迎接国家卫生区复审暨国家健康城区评估工作培训会。区市政市容委副主任周兴新对2011年度爱国卫生暨建设健康城区工作进行部署，要求全区各地区、各部门，按照《国家卫生区标准》和建设健康城区十大行动任务落实各项工作。会上，市爱卫会办公室城市部部长饶英生就全市创建国家卫生区情况、新《国家卫生区标准》、迎接国家卫生区复审检查方法，以及应注意的问题等作了主旨讲座。全区15个街道，以及有关委、办、局的主管领导、主管科长90

余人参加培训会。

（杨桂珍）

【病媒生物防制】 坚持开展病媒生物防制工作，在4月、11月开展春、冬季统一灭鼠投药活动。区爱卫会对各街道、各有关部门工作人员进行了专业技术培训，指导其严格按照技术规范，在灭鼠重点区域即各类地下管线、餐饮、宾馆（饭店）、农贸市场、街道公共绿地等处进行规范施药。冬季灭鼠，全区使用蜡块鼠药6.05吨、鼠盒6000个、粘鼠板180箱、灭鼠投药警示旗3.7万面，确保了投药的饱和率、覆盖率达到规范要求。经灭鼠投药，全区鼠密度由灭前的0.076只/张，下降至灭后的0.022只/张，下降率为71.05%。5月至9月，在全区范围内开展消杀灭蚊蝇活动。活动期间，区爱卫会向各街道发放了杀虫剂1.02万瓶、安备灭蚊剂1吨，并为全区255个社区每个社区统一配备了灭蚊蝇喷雾器和施药小喷子，便于随时喷药，持续地进行消杀灭蚊蝇活动，全区的蚊蝇密度得到有效降低。开展家庭蟑螂密度监测工作，每月在100户家庭进行蟑螂密度监测，为组织开展家庭灭蟑工作提供了第一手材料。开展社区病媒生物普查建档工作，实现防制体系科学管理。将管理工作向辖区机关、企事业单位、社区及个体工商户延伸，进行病媒生物侵害状况调查，建立档案，做到有的放矢。5月至9月，每月2次实行专业操作灭蚊蝇，重点在外环境病媒生物防制上引入专业队伍，对社区以外的重要场所进行环境治理和化学杀灭“四害”，使蚊蝇密度一直控制在国家规定的标准以内。落实《健康奥运病媒生物控制行动计划》和《北京市除四害工作管理规定》，开展月监督检查执法活动，1月至12月，共依法监督检查单位6228个次，合格单位5999个，合格率96.3%。

（杨桂珍）

【爱国卫生月】 5月1日至31日，全区开展主题为“清洁环境，促进健康”的全国第二十三个爱国卫生月活动。以迎接国家卫生区复审、建设健康城区试点评估工作为重点，结合《2010至2012西城区城市环境卫生整治行动方案》的实施，通过广泛深入宣传动员、环境综合治理、病媒生物防控、禁烟控烟、检查督导等多项活动，有效提升了区域环境质量，一批影响群众健康的热点、难点问题得到及时解决，区域环境质量进一步提升，为广大群众创造了较良好的工作和生活环境。第二十三个爱国卫生月活动期间，全区共有中央、市属、驻区部队3000余个单位、225个社区居委会、10万余人次参加了活动；清除、覆盖残标小广告2万余条、清洗广告牌匾630块、整治美化大街60余条、清运废弃物垃圾381吨、清理卫生死角500余处、清理绿地4.36万平方米，治理居民小区楼门院691个、解决脏乱重点问题108个；各街道开展宣传咨询活动百余次，发放各种宣传、纪念品30余种5万余份。

（杨桂珍）

【公共场所禁止吸烟工作】 深入贯彻《北京市公共场所禁止吸烟的规定》和《北京市公共场所禁止吸烟若干范围的规定》。开展禁烟控烟宣传教育活动，结合第二十三个爱国卫生月和第二十四个世界无烟日，在5月1日《北京市公共场所禁止吸烟范围若干规定》实施3周年、5月15日《北京市公共场所禁止吸烟的规定》实施15周年之际，采取设立宣传咨询站、印发宣传单、宣传折页、张贴控烟宣传画等形式，普及禁烟和控烟知识，提高全区居民的守法意识、公德意识，教育市民自觉抵制烟草危害。5月31日，区爱卫会、区健康教育所协同德胜地区爱卫会，在德胜街道开展“烟草致命如水火无情，控烟履约可挽救生命”的主题宣传活动，通过发放各类控烟宣传折页及戒烟纪念品等形式进行宣传，取得预期效果。加强重点控烟单位的督导检查，区爱卫会协同区卫生局，分别对中央音乐学院、外交学院等4所高校、45家一级以上医疗卫生机构创建无烟环境工作进行了督导检查。截至年底，辖区内所有学校的教学区域全部达到了无烟校标准，医疗机构的控烟工作受到市爱卫会暨有关部门的肯定。强化法规意识，开展执法监督检查活动。重点对学校、机关单位、医疗机构、餐饮、网吧等类单位进行了监督检查。1月至12月，全区共组织对23533个各类单位的公共场所禁止吸烟工作进行了监督检查，合格单位23233个，合格率为98.7%，对106个不合格单位进行了限期整改，对2527人在公共场所吸烟行为进行了劝阻和引导。

（杨桂珍）

【单位和社区卫生】 严格按照《国家卫生区标准》中单位和社区卫生要求，区爱卫会在全区的各类单位、社区中组织开展争先选优活动，发挥红旗单位、健康单位、健康社区的示范作用，抓典型带全面。通过举办各类培训，让单位职工、社区居民养成良好的道德、健康的修养；通过开展各项清洁城市活动，营造优美家园；通过评先选优活动，树立新的典范；通过检查指导，全区各单位、各社区在爱国卫生组织管理、档案规范、宣传信息、环境清洁、食品卫生、病媒生物控制，以及公共场所禁烟和控烟等方面的工作水平与工作效果再度提高。年内，全区共评出“北京市爱国卫生红旗单位”3个、“西城区爱国卫生先进单位”555个、“西城区爱国卫生先进社区”60个、“西城区爱国卫生先进工作者”607人、“西城区爱国卫生优秀信息员”10人。

（杨桂珍）

【城市清洁日】 从清洁城市环境入手，遵循“全面整治、重点突破、解决难题、长效管理”的宗旨，在全区开展每月一个主题、每次一个重点的环境整治活动。加大力度宣传动员全区各社会单位职工、社区居民和志愿者积极参与，自觉维护城市清洁环境。坚持“政府组织、部门协调、人人动手、科学治理、社会监督”的原则，开展爱国卫生清洁活动，城市环境、单位环境、社区环境得到改善，整体水平进一步提高。1月至12月，全区参加城市清洁日活动总人数达36万余人次、社会单位（含部队）9714个次，清除残标小广告9.4万余条，清洗广告牌匾4034块，整洁美化主要大街1014条次，清理卫生死角4147处，治理白色污染3674处，清理垃圾废弃物、宠物粪便1944吨，清整草坪绿地57.06余万平方米，整治脏乱重点问题2039个。

（杨桂珍）

【建设健康城区】 弘扬“健康社会、健康环境、健康人群”三大健康理念，深入开展建设国家健康城市（区）试点工作。组织开展健康细胞创建工作，以街道为单位，组织对年内拟创建的健康单位、健康社区、健康家庭、红旗单位进行推荐、备案。3月，区爱卫会举办业务培训，地区爱卫会和创建单位主管人员参加，使创建工作有标准可循，提高了管理人员的指导和应用水平。7月中旬，区爱卫会协同区健康教育所、各地区爱卫会，按照北京市健康社区标准和爱国卫生红旗单位标准，对各街道推荐的26个社区、3个单位进行了中期督导检查；经市爱卫会进行评估验收，上述社区和单位全部合格，市爱卫会予以命名。5月至10月，区爱卫会筹备、举办了“西城区第三届社区健康风采大赛”活动，用书画、摄影、手工编织作品等形式，宣传西城区建设健康城区、创建健康社区的成果，展示社区健康风采。9月5日至8日，在区图书馆对全区15个街道办事处推荐的150余件优秀参赛作品进行展出，参观人数近500人。区爱卫会按照书画、摄影、手工作品3类，评出了一、二、三等奖及健康风采奖共21名，并从获奖作品中选出11件，参加市爱卫会举办的“北京市第三届社区健康风采大赛总决赛”。年内，通过健康创建标准的实施以及考核评估，全区成功创建北京市健康社区26个、西城区健康单位（含健康机关企业、医院等共10类）137个、健康家庭1448户，健康细胞数量逐年递增。

（杨桂珍）

（责任编辑　郝慧芳）

社会生活

民政工作

【概况】 西城区民政局（简称区民政局）是西城区开展民生工作的重要部门，主要承担社会保障、社会事务管理、基层政权建设、服务国防建设4个方面的职能。区民政局内设办公室、人事科、纪检监察科、社区办、社团办、优抚科、安置办等13个行政科室，低保中心、捐赠中心、福利企业生产管理办公室等29个事业编科室，在编人员409人。年内，区民政局围绕民政工作“六大体系”（社会救助体系、社会福利体系、基层群众自治体系、社区服务体系、优抚安置体系、专项社会事务管理体系）建设要求，发挥民政工作在加强社会建设、创新社会管理、实现科学发展中的作用，全面完成了2011年各项工作任务和12件列入市、区为群众办实事和重点工作。先后被评为“北京市敬老爱老为老服务示范单位”、“全国民政系统行风建设示范单位”，在北京市民政局年度工作考核中被评为“2011年度民政工作绩效管理考评优秀单位”，在西城区年度工作考核中被评为“西城区督察考核优秀单位”。局机关党委被评为“西城区先进党组织”和“西城区直属机关先进基层党组织”，局工会在西城区总工会基层工会工作目标考核中被评为“优秀单位”，局机关团委被评为西城区“五四红旗团委”。

地址：西城区西直门内南小街20号

邮编：100035

电话：66206388

（王星星）

【最低生活保障】 截至年底，全区共有低保家庭12751户、22641人，发放低保金11858万元；为8785户、11030人发放粮油补助金541万元，审核确定低收入家庭1044户、2586人。本年度，进行了两次低保调标，低保标准由430元调到500元。开展低保家庭经济状况核查、清退工作，查出违规低保家庭5481户。对19种违规信息进行区分，重点信息重点核查。核查期间共约谈低保对象3846户，退保1001户，全年直接减少低保资金支出1023万元。

（王星星）

【社会救助】 完善医疗救助政策，出台“西城区城市特困人员住院押金减免和出院即时结算”制度，实现事后救助向事前救助转变。适应区划调整的要求，对现有的临时救助政策进行规范，统一救助标准、比例、金额，规范申请办理流程。年内，实施医疗救助9885人次，救助金额达1315万元；实施临时救助36129人次，救助金额达1010.01万元。加强高等教育新生入学救助工作，救助困难家庭大学新生189人，使用资金84.5万元。再次组织实施针对特殊贫困家庭“个性化”救助工作，全区实施个性化救助1214户，使用救助金264.24万元。区综合救助信息系统实现信息维护、救助项目申请、多级业务审批、救助信息内部共享、政策法规宣传、领导决策支持、救助信息的数据统计等功能，被北京市信息协会评为十佳应用系统入围成果。整合区域资源，综合安排区划调整后的元旦、春节走访慰问工作，以“送关爱、送温暖、送方便”为主要内容，全区14个部门参与，走访慰问47744户，发放慰问金1958.525万元。

（王星星）

【流浪乞讨人员救助】 年内，流浪乞讨人员救助管理工作采取

"一看、二问、三查、四服务"(看：查看求助人员的身体情况是否符合救助条件；问：询问求助人员的求助原因以及基本情况；查：通过全国救助信息系统网站查询求助人员信息确定救助与否；服务：对符合救助条件的人员提供包括食宿、就医、护送和提供乘车凭证等救助服务）的工作方法，依法对各类强乞恶要、胁迫诱骗未成年人乞讨等违法犯罪现象进行治理，管理网派发案件处理率为100%，连续6年取得"人民满意窗口单位"称号，救助满意率100%。加大全区重点地区专项整治工作，加大教堂、寺庙周边巡视救助管理力度，全年共出动巡视车辆3159台次，出动巡视人员13110人次，救助1143人。

（王星星）

【社会捐赠和慈善公益事业】 年初，举办大型公益活动"爱在西城"2010颁奖典礼，表彰了长期热衷参与西城慈善公益事业且做出突出贡献的、有榜样示范作用的17名个人、25个团队以及3个优秀公益项目的代表，发布爱心接力项目6项。开展"冬衣送暖"社会捐助活动募集衣被15.7万件(占全市募集衣被总数的17%)，对口支援宁夏银川地区，帮助灾区群众温暖过冬。开展全区"送温暖、献爱心"联合募捐活动，接收社会捐款1168万元；向困难群体和联合募捐单位发放和拨付爱心款748万元，其中发放爱心卡1433张（共计71.65万元），"助残助困送温暖"发放资金37.5万元；拨付联合募捐单位600万元，助学、助困、助残定向捐助7.75万元，拨付见义勇为基金20万元，购置应急救灾物资11万余元。年内，慈善公益活动广泛开展，全区15个街道都设立了慈善分会。与区委组织部、宣传部联合开展"党旗凝聚力量，爱心播撒京城"为主题的"共产党员献爱心"捐献活动，全区45268名党员、17776名群众参与，募集善款315万余元；"春雨"大病募捐活动募集善款745万元；协同梅兰芳大剧院启动"一元钱，百分爱——国粹传情"募捐活动，资助困难家庭少年儿童实现学习国粹的梦想。慈善助学项目帮扶低保家庭大学生（从大学二年级起至毕业）470名，使用慈善资金156万余元；春雨行动——五种大病救助项目救助160人，使用善款41.9万元；困难党员帮扶项目帮助困难党员105名，发放善款28万元；资助20名哈尔滨市大病患者10万元。

（王星星）

【民政部"慈善超市"试点工作】 年内，民政部中国慈善超市创新建设试点工作先行试点的7个街道（德胜、什刹海、西长安街、大栅栏、新街口、牛街、广外）慈善超市初步建成，已进入试运营阶段。7个试点社区（德胜新民家园社区、什刹海鼓西社区、后海社区、西长安街太仆寺街社区、府南社区、新街口西里三区社区、中直社区）已完成捐助站、慈善义工社试点建设并开展工作。5月，使用面积500平方米的接受捐赠物资流转中心及救灾应急储备库建成。

（王星星）

【为老服务】 年内，全区共有养老机构27所，床位总数1714张。在牛街敬老院和银龄公寓试点开展创建五星级标准的敬老院，提升服务品质。探索区域合作共建养老模式，与门头沟区达成初步建设意向，规划建设具有综合服务功能的"西景苑老年公寓"养老基地。41个老龄委成员单位通过细化工作任务，汇集健康工程等为老服务项目40余项，受益老年人超过19万人次。为符合条件的老人办理老年证9175个，办理老年人优待卡12316个；发放90岁高龄津贴582.98万元；联合区卫生局、财政局、红十字会等部门，开展"服务立区，关注民生，优惠体检，关爱生命"为老服务健康工程，惠及12万人次；建立"老年人才库"网络系统，完成首期2000名老年人才信息采集上线工作。

（王星星）

【"九养政策"落实情况】 不断加大"九养政策"落实力度，进一步规范服务管理，在市、区两级绩效考评工作中获得优秀成绩。开展万名"孝星"和千家为老服务示范单位命名工作，将区级孝星数量由1000名扩大至每年2000名，命名表彰了73家市级为老服务示范单位；进一步完善养老(助残）券服务制度，年内全区享受北京市市民居家养老（助残）券服务补贴的有4.5万人，发放养老（助残）券资金5430万元；推进托老所和餐桌规范化建设，在区、街两个层面培育市、区级规范化托老所和餐桌各25个，在此基础上，市级老年餐桌超额完成至45个。全区建成养老餐桌392个，托老所255个；全力做好95岁医疗补助制度落实，出资9.78万元为326名95岁以上无保障老年人实施城镇基本医疗保险补助，为190位95岁以上老年人补助医疗费用49万余元；推进以“阳光老人社区促进行动”为主题的为老精神关怀服务，继续通过项目委托的方式为老年人提供免费咨询服务。为全区830名孤寡老人建立心理健康档案，主动开展心理服务。培训社区精神关怀志愿者近600名。全年接待来访老人408位，电话咨询5000余次，成功干预了多起老人抑郁、家庭纠纷等危机事件；规范养老（助残）员的管理使用，面向社会公开招聘155名养老（助残）员，组建居家养老安全巡视志愿者服务队伍，在全区每个街道选择2个社区逐步推行志愿者与高龄独居老人结对服务；加快“小帮手”电子服务器配备工作，为65周岁以上的城镇“三无”老人、低保老人和低收入家庭老年人发放“小帮手”电子服务器5000余台。

（王星星）

【孤儿安置】 年内，接收安置成年孤儿9名，全区共有成年孤儿19名。落实散居孤儿基本生活费发放工作，认定散居孤儿20名，发放生活费57.12万元（从2010年1月1日起补发）。

（王星星）

【地退人员的服务保障】 年内，西城区共有各类地退人员1699人，其中退休干部324人，退休工人1365人，退职人员10人。落实地退人员各项待遇，做好地退人员调整退休费、增加生活补贴等工作。指导街道发挥社区优势，为地退人员开展适合老人身心健康的活动，丰富地退人员晚年生活。

（王星星）

【基层政权建设】 贯彻落实中办发〔2010〕27号和京办发〔2011〕26号文件精神，推动基层政权和社区建设各项工作，社区党组织、居委会和服务站的职责定位更加明确，坚持“一表一单”（《居委会会议和有关工作情况统计表》、《解决居民相关问题典型事例报告单》）社区民主自治工作、楼门（院）长报告和居务公开制度，社区民主管理、民主决策、民主监督的意识和能力不断加强。开展“和谐社区百姓评说”工作，建立评价指标体系，将工作任务细化为9个一级指标，25个二级指标，48个三级指标，153个指导标准，明确了责任部门、工作任务、工作措施、工作标准和完成时限，使和谐创建职责分解到位。月坛街道三里河一区社区、西长安街街道义达里社区、椿树街道椿树园社区、天桥街道天桥小区等13个社区获得“北京市和谐社区建设示范社区”的荣誉，新街口街道西里三区社区、什刹海街道柳荫街社区、白纸坊街道清芷园社区、广安门内街道西便门东里社区等16个社区获得“首都特色精品社区”荣誉。面向社会公开招考社区工作者143名，对全区3016名社区工作者进行培训，在全区社区专职工作者中开展“走千户、访千人”岗位大练兵活动，得到民政部认可并将其作为创先争优的重要载体在全国推广。全区96%的社工走访了70%的常住居民，通过走访解决各类民生问题1.6万件。全区评选出60名熟知居民情况的“活字典”先进个人。

（王星星）

【社区服务】 不断完善区级社区服务平台建设，整合区域服务商747家，开展包括家政、为老服务、预定配送等6大类、140余项服务项目。82203331社区服务热线话务总量达47578个，服务内容集中在“爱心一卡通”的使用、家政服务申请、“换煤气”服务等方面，服务平台的“纽带”和“桥梁”作用得到充分发挥。在全区15个街道开展“创造城市美好生活提升社区服务品质——82203331为您服务”主题宣传，通过“送家政、送安全、送健康、送文化、送温馨”的五送活动，让服务走进社区。社区服务平台将公益服务与为老服务相关内容融入平台建设，“三项为老”服务（洗浴、理发、代换煤气）惠及2.57万人次，补贴总金额29.2656万元。居家养老以卡代券覆盖全区，全年发放一卡通25596张，刷卡101.38万人次，结算总金额3689万余元。

（王星星）

【社会组织建设和管理】 截至年底，全区有社会团体144个、民办非企业单位413个、社区社会组织2561家。开展区划调整后的首次年检，98家社会团体、280家民办非企业单位参加年检，对存在内部建设不够规范、业务活动开展较少等问题的单位，下发了限期整改通知。完成55家社会组织合并工作，涉及22个委办局，3万个单位会员和45万名个人会员。通过建立“中国人民大学公共政策研究院北京市西城区研究实践基地”，举办“社会组织领军人高级研修班”等方式，为社会组织法人、负责人提供专业化指导。使用资金15万元对白纸坊扶困助老志愿者队伍等7个社区社会组织进行重点培育。开展社会组织规范化建设评估和“创建学习型社会组织”的活动，有效提高了社会组织的社会影响力。扩大社会组织承接政府购买服务的范围，投入1017.7万元，全区31个社会组织承接了50个服务项目，项目涵盖社区自治、便民服务、扶老助残等多方面内容。由政府部门、社会单位、社会组织共同投入资金4000万元，开展形式多样的社会组织服务民生行动，涉及到与民生相关的“扶贫救助、扶老助残、医疗卫生”等领域，形成一批优秀服务项目，让114万人次受益，取得良好的社会效果。

（王星星）

【优抚工作】 年内，全区各类优抚对象共计2630人。全年完成了938名定抚定补人员补助金发放工作，发放补助金2607.58万元；给街道下拨中央医疗补助金41.8万元，全区优抚对象医疗费用支出216.92万元；春节为全区2063名优抚对象发放慰问金185.67万元；为全区优抚对象发放一次性生活补贴275.04万元、发放一次性抚恤金829万余元；为优抚对象购买伤残用品支出2.3万元；为优抚对象办实事47.49万元；为伤残军人发放防暑降温用品支出16万余元；为辖区新入伍义务兵购买参军生活用品9.86万元、发放困难补助5000余元；发放义务兵优待金1318.8万元。

（王星星）

【安置工作】 年内，全区共接收安置城镇退役士兵335人，安置率达到100%。复退军人的岗前培训和法制教育培训率达100%。举办专场招聘会20多场，走访用工单位20多个，收集公布招工信息300条，免费培训退役士兵70人次。

（王星星）

【军休管理工作】 截至年底，全区共接收军休干部3058人，其中新接收162人；在世2572人。认真落实“两个待遇”（政治待遇和生活待遇），努力实现“六个老有”（老有所养、老有所医、老有所教、老有所学、老有所乐、老有所为），服务管理水平不断提升。在党组织建设、服务管理、医疗保障和健康体检、住房改革、文化生活等方面取得了较为突出的成绩。顺利进行了军休党委换届选举，组织开展了纪念中国共产党建党90周年“十个一”系列活动（上好一堂党课、书写一段心语、举办一场红歌演唱会、举办一期党建成果展览、组织一次诗歌朗诵会、搭建一个帮扶网络、参加一次征文活动、组织一次党史专题学习、组织一次党员骨干培训、表彰一批先进）。为2500名军休干部开通了301医院、304医院、306医院、武警总医院就医绿色通道。实现了“党建工作创先、机制体制创新、服务管理创优、军休文化创精、队伍建设创强”五创并举。

（王星星）

【福利彩票销售】 年内，通过加大宣传力度、加强对销售网点管理、定期培训销售人员等措施，有效促进彩票销售额的增长。截至年底，全区282个网点销售福利彩票4.18亿元，其中：电脑福利彩票销售3.298亿元，同比增长10.31%；即开型彩票销售8832万元，同比增长54.03%。筹集社会公益金1.47亿元，筹集汶川赈灾公益金1766.4万元。

（王星星）

【福利企业生产管理】 截至年底，全区共有福利企业17家，残疾人职工300人，新安置残疾人就业86名；完成销售收入22070.39万元，实现利税总额971.52万元。联合区国税局、地税局完成20家福利企业2010年度年检年审工作，年检单位全部合格。

（王星星）

【婚姻登记管理】 年内，共办理婚姻登记26642对，接待社会咨询4万人次。其中结婚登记20635对、离婚登记3640对、补领婚姻证件2367件、开具婚姻记录证明5951件，执法合格率100%，群众满意度100%。依法解决辖区公民私自收养子女问题，办理收养登记6份、转海淀福利院5份。

（王星星）

【殡葬管理】 开展以“平安清明、文化清明、惠民清明”为主题的殡葬宣传月活动，推广网上祭奠。推进“零百千万”工程（零消费骨灰海撒、百元骨灰盒、千元殡仪服务消费、万元骨灰安置），开展“一线二免三公祭，百万丝带寄亲情”系列便民利民惠民活动（一线：通过96156殡葬公益服务热线，建立覆盖全市的殡葬服务网络；两免：从市属殡仪馆向全市殡仪馆推开免费送“胸花、黑纱”活动；三公祭：“红绿蓝”公祭，在李大钊烈士陵园等革命圣地举行革命先烈系列红色公祭、在长青园骨灰林基地组织骨灰海撒等形式的绿色公祭、在本市八宝山殡仪馆举行外埠来京人员蓝色公祭)。联合工商执法大队对辖区内19家医院太平间和43个殡葬网点进行拉网式检查，对存在的问题，现场登记并提出整改措施及限改日期。开展对医院太平间及非法运尸车专项执法行动，遗体火化率保持在100%。截至年底，为全区895名无丧葬补助居民发放丧葬补贴资金447.5万元。

(王星星)

【行政区划】 开展区划调整后勘界的前期准备等工作，对西城区行政区域界线管理情况进行调研摸排。组织开展《西城区政区地图集》出版和西城社区资源调研工作。

(王星星)

【见义勇为工作】 年内，全区共有见义勇为人员70名，本年度新增2名。为全区见义勇为人员累计发放慰问金34.14万元，发放临时补助金59万元。元旦、春节期间，在物质慰问的同时，开展见义勇为人员新春联欢会、座谈会等活动，及时了解见义勇为人员工作生活情况并排忧解难。

(王星星)

【自身建设】 组织相关科室开展大民政建设的理论学习和研究，向市局上报理论研究课题。全年完成理论调研文章41篇，有效引领了民政工作创新发展。领导班子坚持民主集中制，分工明确，团结和谐，互相支持配合，集体领导能力有了新的提升。在2011年全区组织工作会议上作典型发言，介绍民政局抓班子带队伍的做法。制订2011年教育培训计划。通过全员培训、科室业务培训等分类、分层形式，干部队伍整体素质、业务能力普遍有了新的提高。先后选派11名优秀年轻干部，通过到革命老区挂职、到区级机关短期工作、参加全区重大工程和中心工作、岗位交流等方式进行培养锻炼。按照集体领导与科室分工负责相结合，扎实抓好党风廉政建设，每一级签订《党风廉政建设责任书》，在全区党风廉政建设责任制落实情况检查中取得了较好成绩。

(王星星)

人口和计划生育

【概况】 北京市西城区人口和计划生育委员会（简称区人口计生委）是区政府的职能部门，依法负责全区人口和计划生育（简称人口计生）工作。区划调整后，机构设置（临时）为办公室、党群室、宣传科、科技服务科、法制科、综合科、流动人口管理科，下设2个事业单位（西城区计划生育生殖健康技术指导中心、药具站)，1个社团组织（西城区计划生育协会），在职人员41人。年内，区人口和计划生育工作以区划调整为契机，以实施《西城区“十二五”时期人口发展规划》为起点，以创新工作机制体制为重点，以“小人口不放松，大人口抓统筹”为总体要求，在加大统筹、科学管理、深化服务上下功夫，各项工作进展顺利。2011年统计年度，全区户籍人口1350709人，其中户籍育龄妇女310024人；流动人口299143人，其中育龄妇女116398人；户籍出生上报10269人，计划生育率98.91%，人口出生率7.61‰，死亡率3.77‰，自然增长率3.84‰。

地址：西城区广安门南街68号

邮编：100054

电话：66114957

(肖胜伟)

【统筹解决人口问题】 年内，制发《西城区2011年人口和计划生育工作要点》，明确各部门职责。成立“调控人口规模专门工作组”、“流动人口服务与管理专门工作组”、“应对老龄人口问题专门工作组”、“稳定低生育水平专门工作组”。启动大栅栏街道文保区旧房腾退杨梅竹斜街拆迁项目调研工作，完成调研报告初稿。继续做好废弃地址人户分离人员动迁工作，年初，召开原宣武区废弃地址人户分离人员集中开展户口动迁工作协调会。经区人口计生委、公安西城分局、相关委办局、8个街道办事处密切配合，截至2011年12月31日，全区3年累计动迁5376人。

(肖胜伟)

【人口问题研究】 年内，牵头制定了《落实市政府重点改革任务实施方案》，提出通过文保区项目和公共服务功能疏解推动人口疏解的建议。以大栅栏街道杨梅竹斜街保护修缮项目为案例，探索研究中心城区文物保护与人口疏解的有效模式，完成了《文保区人口疏解研究报告》。

（肖胜伟）

【“十二五”人口发展规划】 完成“十二五”人口发展规划，提出辖区“十二五”时期发展中面临的五大人口挑战，确定全区人口发展和计划生育事业水平保持北京市领先地位，常住人口增速低于全市平均水平、人类发展指数处于全国前列的发展目标。

（肖胜伟）

【目标管理考核】 在全区签订责任书大会上，区长与各领导小组成员单位签订人口和计划生育目标管理责任书；对各领导小组成员单位和15个街道在2010年目标管理考核进行的评估基础上，评选出区级先进集体303个，先进工作者411人，并进行了表彰奖励；制定《西城区2011年人口和计划生育目标管理考核评估方案》，以西政办〔2011〕6号印发全区；根据2011年目标管理考核方案，完善、变更了目标管理考核评估信息系统考核指标。

（肖胜伟）

【信息化建设】 年内，区人口计生系统媒体资产管理系统正式上线运行。开发了人口和计划生育目标管理考核评估系统。制定区人口计生委门户网站管理制度，对网站管理和信息收集提出具体要求。

（肖胜伟）

【基层基础工作】 年内，全面开展计划生育基础工作建设年活动，重点做好各街道社区计生工作者的业务培训、技能竞赛、工作交流等几项工作。同时完成社区基础台账的改版、制定与发放使用。3月至6月，全区统一开展孕情普查工作，对全区育龄妇女怀孕、生育、避孕措施情况及育龄妇女人户分离情况进行普查。举办全区人口计生系统社区计生工作者知识技能竞赛。指导15个街道计生办根据各自实际情况开展特色创新工作。

（肖胜伟）

【婚育新风进万家活动】 在纪念9·25宣传服务月中，举行“‘共享人口发展成果·共创西城美好未来’纪念《公开信》发表31周年—西城区‘十一五’人口工作回顾和实施‘十二五’人口发展规划”大型活动。编发《西城区“十一五”人口计生工作巡礼》文集、《国策新曲铸和谐》画册。制作计生公益宣传动漫片《计划生育政策法规篇》、《健康生育快乐园篇》、《青春健康教育篇》，在全市400条公交线路，近1.2万辆公交车移动传媒上持续17天每天滚动播出4次。与区文联、区计生协联合举办“关爱生命全程·构建和谐家庭”主题摄影比赛活动，共征集作品1500余幅，评出一、二、三等奖及优秀奖120幅。将其与西城区“十一五”人口计生成就回顾，制作成展板，在北海、陶然亭、大观园、区政府办公楼举办2个月巡展。组织街道计生专干112人进行“西城人口文化一日游”活动，通过体验西城区青春健康中心及参观莲花河、南礼士路两座区人口文化雕塑园，游览宣南博物馆、什刹海人口文化胡同游及参观恭王府活动，对区青春健康教育、人口文化特色工作进行深入了解。

（肖胜伟）

【青春期教育】 年内，举办第十二届青春期教育家长培训和第八届儿童健康教育家长培训班，共举办初、高一家长培训6场，小学一、四年级家长培训9场，全区1.26万名家长参加培训。开展第二届校园心理剧评选表彰活动，有18所学校的26个剧目参评，31名指导教师、226名学生参与。为全区中小学生免费发放《用科学解读你的迷惑》图书1万册，为原宣武区初中学生免费发放了4000本《青春期的故事》、《给雨季的你一把伞》图书。区青春健康中心全年咨询4000人次，其中面谈咨询占到10%。

（肖胜伟）

【儿童早期发展工作】 年内，建立由人口计生委牵头的西城区“儿童早期发展促进行动”领导小组，成立了专业化早教师资队伍。7月8日，在陶然亭幸福时光幼儿园启动了“儿童早期发展促进行动——幸福宝贝计划”，推行“幸福宝贝计划”实施方案，设计幸福宝贝的LOGO，在7个街道建立儿童早期发展试点，发放《0—3岁科学育儿》图书1.6万本、《儿童成长监测图》1万份和《婴幼通》网络测评软件1万份，全面普及婴幼儿早教知识，指导家庭科学育儿。以0—3岁婴幼儿早期发展模式研究为主线，对区内千户0—3岁婴幼儿家庭入户基线调查，启动西城区儿童早期发展课题研究，纳入《西城区可持续发展课题研究》课题。

（肖胜伟）

【考察与交流】 年内，接待欧美等国非政府组织代表团来区参观考察计划生育生殖健康指导中心和区青春健康中心，就开展计划生育优质服务情况向外宾做了详细介绍；接待法国电视台海外频道（中国圆）栏目组到西城区进行青春健康教育的现场采访，并与家长就中国青少年心理健康教育进行讨论，对家长学校给予高度评价；6月26日至7月7日，区计生协考察团一行6人，应芬兰国家社会福利保障中心和瑞典斯德哥尔摩卫生医疗管理局的邀请，就青春期的性健康教育、生殖健康服务、性病及艾滋病防治、社会养老服务等方面问题，赴北欧进行了为期12天的考察交流活动。

（肖胜伟）

【宣传员队伍建设】 年内，制发《关于进一步规范社区计划生育宣传员队伍的通知》。结合区域实际，按60户一名宣传员配备，调整后的宣传员队伍有7325人，建立了宣传员队伍管理制度及规范。

（肖胜伟）

【流动人口计划生育服务与管理】 年内，设立流动人口专门工作组，制定并出台《西城区流动人口服务与管理专门工作组联席会议制度》。全面部署西城区流动人口诚信计生的工作，制定流动人口诚信协议书。4月29日，配合广西壮族自治区崇左市天等县在新街口街道办事处举行北京西城区——广西天等县流动人口服务管理北京联络站授牌仪式和广西天等县驻北京流动人口诚信计生协议签字仪式。编发《流动人口工作指南》2000册。年内共组织流动人口孕检12356人次，其中免费孕检11127人次。免费做计划生育“四术”115例，支出19000.43元。区、街两级共查验流动人口婚育证明41320人次。全年监测核实在辖区出生婴儿有706人，计划生育率为99%。

（肖胜伟）

【流动人口“五免”服务】 年内，完成区政府办实事工程中的为区内流动人口提供五免费婚育服务，一是为流动人口已婚育龄妇女一年提供两次免费孕情检查，共计8881人；二是举办生育快乐园活动，普及优生优育、生殖健康知识，共计292人；三是为流动人口图书角增配《婚姻与家庭》等图书，投入22500元；四是为292名流动待孕妇女免费提供叶酸增补剂，共计876瓶；五是为流动人口育龄人群免费发放避孕药具。发放避孕套319013支。

（肖胜伟）

【社区健康生命全程服务工程】 一是协调和利用社会资源，建立以孕前宣传教育为重点的预防出生缺陷社区综合监测和服务体系，构建涵盖“青春期、婚前期、孕前期、孕早期、孕中期、分娩期、产后期和婴幼儿期（0–3岁）”的健康生命全程服务链条；二是广泛开展“生殖健康大课堂”活动，全年组织开展妇女更年期自我保健专题讲座12期，参加人数700余人；生殖健康大课堂讲座举办12期，参加人数2180人；漂亮妈妈沙龙举办12期，参加人数2514余人；三是在北京医院公共卫生专家的指导下重新修订了孕前信息档案，补充完善了生育后的信息，形成了一张完整的从孕前到出生后的档案，并对全区社区计生专干进行了信息档案填表规范和软件录入的培训，全年共建立孕前信息档案4209份；四是以“健康生育快乐园”为载体，深入社区、中央国家机关、金融街白领高端人群、流动人口中，为已婚待孕夫妇开展孕前保健宣传咨询、服务指导。全区共组织“健康生育快乐园”讲座141期，让有生育意愿的年轻夫妇5937人受益。

（肖胜伟）

【社区家庭生殖健康干预工程】 一是开展男性生殖健康普查活动。组织2106名40至60岁的困难独生子女父亲在北京健宫医院进行生殖健康体检。二是开展妇女生殖健康体检工作。根据对全区妇女生殖健康摸底调查，确定2000名35至49岁的低保、无业、失业及流动人口已婚育龄妇女在西城区妇幼保健院进行生殖健康体检。对重点人群启动街道综合救助机制进行干预治疗及追访，体现了计划生育公共服务的公益性和均等化。

（肖胜伟）

【依法行政】 年内，规范街道各项审批、审核和核准工作，严格执行审批政策。全年批准再生育一个子女800例。全区新增死亡特扶对象125人，年审符合895人；新增伤残特扶对象219人，年审符合1709人。审批独生子女意外伤残或死亡给予父母一次性经济补助85例，发放42.5万元。全年下达征收决定157例，完成征收127例，征收金额1448万元。

（肖胜伟）

【计划生育利益导向】 年内，为31名拥有本市户籍、65周岁以上的死亡特扶对象办理移动“小帮手”电子服务器，为112名有需求的60至64岁的死亡特扶对象新办、续办公园年票。

（肖胜伟）

【诚信计生】 年内，开展诚信计生工作，制发《关于全面推进诚信计生工作实施方案》（西人口发〔2011〕20号），召开西城区人口计生系统诚信计生工作启动会。发送《致全区居民的一封信》9万封，制作《西城区诚信计生服务手册》2万册，印制宣传折页30万份，便签2万个，海报12000份，发放流动人口诚信计生服务卡6000张。以促进实有人口全面参与诚信计生为重点，分别签订户籍人口诚信计生双向承诺书2730份，流动人口诚信计生双向承诺书1043份，已婚育龄夫妇参与率达92%，初步建立了“双向承诺、互为守信、民主监督、依法自治”的诚信计生群众自治模式。11月3日接受市人口计生委检查组对西城区诚信计生工作的考核验收。

（肖胜伟）

【统一规范法制基础工作】 年内，一是编发《西城区计划生育工作手册》6000册，实现两区合并后的业务工作的整合、统一和规范。二是修订计划生育办事指南，以系列折页的形式向街道、社区和驻区单位发放。对网站和24小时自助语音电话相关内容进行调整。三是对两区合并后的人口计生部门行政执法主体、执法依据和执法职权进行全面清理，并将结果在部门网站进行公开。明确区级人口计生部门行政执法主体1个，执行现行有效的法律、法规、规章16部，人口计生部门行政执法职权9项，其中行政处罚事项6项，其他行政执法职权3项。配合区政府法制办依法废止了原西城区政府办《关于发放计划生育工作津贴的办法》（西政办〔2001〕44号），同时清理部门规范性文件12件，修改后重新公布部门规范性文件1件。

（肖胜伟）

【避孕药具工作】 年内，为驻区国家机关开展计划生育/生殖健康优质服务“八送”活动。即：一送计划生育政策法规；二送优孕优生产品；三送孕期及产后保健；四送避孕节育知识；五送免费安全套；六送科学育儿知识；七送青春期性健康知识；八送生殖健康讲座。组织驻区单位计生干部和街道计生办药管员参观免费药具生产线。实现区、街、社区免费避孕药具管理网络系统三级联网，落实全区免费避孕药具网点351个，全区年内共发放避孕套3774箱。

（肖胜伟）

【区计生协会组织建设】 1月26日，六届五次理事会召开，46名理事参加。此次会议是区划调整后的第一次理事会。会议传达中国计生协第七次全国会员代表大会会议精神，对区计生协2010年的工作进行总结，并通报2011年工作思路。

（肖胜伟）

【协会宣传服务活动】 5月23日，区人口计生委、计生协、西长安街街道计生协在西单文化广场举办“青春健康伴我行——青春健康同伴教育进西单商业区”系列活动启动仪式。在万平方米以上的商厦建立青春健康志愿者队伍，西单文化广场、图书大厦、中友百货等13家商厦派人参加西单地区的志愿者队伍。7月5日，区计生协参加北京市计生协举办的“庆祝建党90周年，展示和谐计生协会”摄影展主题活动，报送的33幅作品中获一等奖一名，三等奖三名，纪念奖四名，同时提交了反映幸福工程资助项目的实物成果作品12件。区计生协获优秀组织奖。7月20日，计生协与展览路街道计生协联合举办“新的面貌、新的幸福、新的希望—新希望家园”视频互动联欢会。展现“政府引导、部门联手、社会参与、专业支持、受助助他”的特扶家庭关怀模式，及子女夭亡家庭成员走出阴影、走向社会、拥抱生活的精神面貌。10月13日，北京市人口计生委、计生协在西城区国宾友谊酒店举行“心灵家园”授牌仪式，确认西城区“新希望家园”为北京市首家“心灵家园”。11月14日召开流动人口计划生育协会经验交流会，部署推进流动人口建协会工作。广安门外街道“茶城一条街”流动人口协会、西长安街街道和平门社区流动人口协会、什刹海街道三轮车工协会、椿树街道“三缘”（地缘、亲缘、业缘）小组等分别就协会工作介绍经验。

（肖胜伟）

【发放特困家庭专项救助款】 年内，按照《西城区计划生育困难家庭救助专项经费管理使用办法》规定，区计生协建立西城区计划生育困难家庭的基础信息。元旦、春节期间，区、街两级计生协会共走访慰问计生困难家庭、人口计生工作者5567户（人），发放慰问金、慰问品共计202.8万余元。在9·25纪念活动中，继续对全区的计生困难家庭进行救助，有471户居民受益，其中特扶家庭36户，计生专干26户、特困计生家庭308户、流动人口96户，紧急救助5户，累计发放救助款将达53万余元。

（肖胜伟）

【计生协被评为5A级社会组织】 12月13日，区计划生育协会参加了2011年度西城区社会组织评估。经区评估委员会审核，西城区民政局确认，计生协被评为西城区5A级社会组织、创建学习型社会团体先进单位。

（肖胜伟）

消费保护

【概况】 北京市西城区消费者协会（简称区消协）是依法成立的保护消费者合法权益的组织。区消协设两部一室（投诉与法律事务部、组织宣传联络部、办公室），下辖11个消协分会（大栅栏、天桥、广安门、牛街、西长安街、什刹海、新街口、展览路、德胜、月坛、金融街），共有专职工作人员17名。年内，区消协围绕“服务立区、金融强区、文化兴区”的战略思想，贯彻中消协“消费与民生”的年主题，在消费教育、投诉受理、规范行业行为等方面开展了系列活动。全年共接到消费者投诉330件，不予受理25件，受理并解决消费者投诉305件，调解成功率100%；为消费者挽回经济损失437645元；接待消费者来访、咨询7780人次。

地址：西城区羊肉胡同120号

邮编：100034

投诉电话：66168698

办公电话：66168702

（于彦斌）

【投诉情况分析】 在接到的330件投诉中，按类别及数量依次为：服务类154件，占投诉总量的46.7%;百货类95件,占投诉总量的28.8%；家电类52件，占投诉总量的15.8%；家用机械类16件，占投诉总量的4.8%；房屋及装修建材类2件，占投诉总量的0.6%；其他商品类11件，占投诉总量的3.3%。投诉的主要问题分类依次排列为：质量问题196件，占投诉总量的59.4%；营销合同5件，占投诉总量的1.5%；虚假品质4件，占投诉总量的1.2%；计量1件，占投诉总量的0.3%；人格尊严2件，占投诉总量的0.6%；投诉其他问题的122件，占投诉总量的37%。

（于彦斌）

【消费者权益保护日】 “3·15”宣传活动围绕“消费与民生”年主题，以促进区域经济平稳较快发展与构建和谐社会，倡导文明、健康的消费模式，营造放心消费环境为目标。3月1日，区消协与新街口消协分会在富国里菜市场门前，开展以营造放心消费环境、确保百姓菜篮子安全为内容的宣传咨询活动。现场设置8种食品安全检测仪，即时为前来购物消费者进行食品检测，同时宣传食品安全常识。8日，区消协在马连道更香茶叶有限责任公司召开贯彻中消协“消费与民生”年主题宣讲会，市消协、区工商分局、区文明办领导和媒体记者到会，西城区大型商场、超市、餐饮企业代表30余人参加会议。区消协领导讲解“消费与民生”年主题的内涵和意义，4家企业代表围绕学习贯彻“消费与民生”年主题、如何做好消费者维权工作做典型发言，市、区领导就宣传贯彻“消费与民生”年主题活动提出具体要求。9日，区消协在月坛铁三区社区举办“健康消费，安享晚年生活”消费课堂。社区50多名老年朋友参加讲座。针对月坛地区部委宿舍集中、离退休人员比较多且空巢老人比例较大、消费安全防范意识较差的特点，区消协工作人员根据日常老年消费投诉情况归纳总结了保健食品、保健仪器、电视购物、消费卡、假冒伪劣、售后服务等方面的消费误区和陷阱，结合具体案例一一进行剖析。互动时，老年人讲出自己上当受骗的经历，教员提出一些防范的办法，解除了老年朋友日常消费中的许多困惑，帮助老年朋友理性消费，安全消费。活动中还向老年朋友发放了《北京市消费者指南》、《消费法律手册》等资料。9日，区消协、区工商分局联合中国儿童活动中心、中国营养协会科普工作委员会在官园中国儿童活动中心举办“优化消费环境 乐享和谐生活”食品安全主题活动，新街口社区居民、媒体记者30余人参加。由中国营养协会食品专家以课堂提问的方式向社区居民传授膳食营养知识，包括维生素的摄入、营养膳食平衡、婴幼儿营养健康等方面的问题。区工商分局食品科工作人员就政府构建食品安全网络、对流通领域食品质量抽检、下架问题食品等问题向社区居民进行讲解。区消协工作人员结合“消费与民生”年主题进行消费常识的宣讲以及维权途径的说明。10日，区消协在西单商场宣讲“消费与民生”年主题并进行《消法》培训，商场60余名中层管理人员参加培训。教员重点阐述了消费与民生的关系以及消费环境对改善民生的重要作用，强调经营者是维护消费者合法权益的第一责任人。就一些常见消费投诉案例进行分析，提出相应的解决办法，向商场客服人员现场解答消费投诉相关问题。10日，区消协、区工商分局联合北京茶叶总公司在马连道茶城进行消费体验活动，社区居民代表、区工商分局廉政监督员和媒体记者20余人参加。听取公司负责人对老字号“京华茶叶”的品牌介绍；与公司质量管理、售后服务部门的工作人员进行座谈互动，对大家提出的有关茶叶购买、保存、品饮等方面问题，专家一一作解答；而后参观了“京华茶叶”产品质量检测室，了解“京华茶叶”产品质量保障体系以及相关措施。14日，北京电视台《消费观察》栏目3·15特别节目《消费连着你和我》走进大栅栏社区。市、区消协和大栅栏工商所的工作人员与社区居民30多人参加活动。节目现场解答了消费者关于保健品、美容美发、预付卡消费、网络购物等方面消费问题。

(于彦斌)

【对经营者进行劝谕】 3月7日，区消协针对一季度区内有关美廉美超市在产品质量、价格、保质期、售后服务及卖场安全等方面投诉数量有增多的趋势，召集美廉美超市总店及区内4家门店的负责人通报近期消费者投诉情况并进行了劝谕，超市所在地区的工商所到场。通报会上区消协对有关美廉美的投诉进行了梳理和分析，指出企业存在问题。针对个别侵权性质较为严重事件的责任单位进行了劝谕，提出整改建议和消费投诉处理意见。工商部门从引导企业规范经营的角度出发，对超市进行了行政指导和告诫。

(于彦斌)

【临界食品专柜】 3月11日，在区消协和牛街工商所的指导下，老白广路商场超市推出“临界食品”专柜，将快到期的食品集中销售。超市辟出专门的区域，设置单独的货柜摆放“临界食品”，货柜上标出“临界食品”专柜标识。这种做法改变过去将“临界食品”“捆绑”销售或以其他名目促销等做法，将知情权、自主选择还给消费者，让消费者明明白白消费。

(于彦斌)

【“一站式退货”服务】 区消协与区工商分局、区商业联合会一同对“一站式退货”服务进行调研。经过前期调研和与辖区11个大型商业企业进行座谈，了解到多数大型商业企业可以实行“一站式退货”服务。“一站式退货”服务是指消费者在购买商品一段时间内（即冷静期内），商品未经过使用，不脏、不残、不影响二次销售的，消费者可持购物时的有效票证选择退货。实行“一站式退货”服务的商场要在经营场所的明显位置公示本企业《“一站式退货”服务》制度及细则。商场要严格履行对消费者做出的承诺，不得以格式合同等形式作出对消费者不公平、不合理的规定。3月15日，区内长安商场、西单商场、百盛购物中心、中友百货、庄胜崇光百货、新华百货、复兴商业城、天虹百货8家大型商业企业向消费者作出实行“一站式退货”服务的承诺。

(于彦斌)

【杜绝使用不达标餐具】 3月23日，由区消费者协会、区食品安全协会、区餐饮协会共同发起的“杜绝使用不达标餐具”自律达标活动启动仪式举行，全区饮食行业60多家企业参加。活动分3个阶段：一是开展调研，制定措施。3家协会对区内餐饮企业的餐具用具使用状况进行调查摸底，针对存在问题和不足，完善西城区《餐具用具安全保洁行业标准》(包括《餐饮企业餐具用具消毒规范》、《餐饮企业采购和使用一次性餐具标准》)。二是企业自查整改。各企业对照西城区《餐具用具安全保洁行业标准》进行自查整改。要求企业组织员工贯彻这项活动的精神、学习西城区《餐具用具安全保洁行业标准》。对照标准查找不足，完善措施抓落实。边查边改，自觉做到不使用不达标餐具。三是联合检查敦促整改。检查采用两种方式，其一是联合检查。由3家协会抽出人员与社区消费者代表、媒体记者和企业代表一起组成检查组对重点企业进行抽查。其二是企业互查。由区饮食协会组织区内饮食企业开展互查，对查出的问题进行通报，敦促整改。

（于彦斌）

【“西单大街绿色通道企业自律联盟”成立】 在区消费者协会、区工商分局、区商务委指导下，9月28日，由西单商场等18家在西单商业街上的绿色通道企业共同发起成立“西单大街绿色通道自律联盟”（以下简称自律联盟）。自律联盟以加强诚信体系建设促进企业进步为宗旨，以维护和提升西单商业街整体诚信服务水平和品牌竞争力为目标。定期或不定期地开展诚信服务和维护消费者合法权益活动。通过自我教育、自我管理、自我服务来改进企业服务水平，提高企业核心竞争力，维护消费者权益，满足消费者需求，促进区域经济发展，改善民生。自律联盟成员企业中设立相应的机构，设专职或兼职人员开展企业自律活动，制定企业自律制度以及维护消费者权益的措施，确保企业经营活动符合国家各项法律法规，切实做好售后服务工作，保障消费者合法权益。

（于彦斌）

【争创“诚信服务示范单位”】 按照市消协的部署，区消协于5月11日召开西城区创建“诚信服务示范单位”活动动员会，区内60余家大中型商业服务业企业参加，市消协、区文明办的领导到会。区消协领导就开展创建“诚信服务示范单位”活动的意义目的以及方法和步骤做了说明与部署，会议下发了西城区开展争创“诚信服务示范单位”的有关文件。9月7日，区消协会同区商业联合会等部门开展了“诚信兴商，放心消费”在西城活动。区消协领导就深入开展争创“诚信服务示范单位”活动进行了再动员，号召全区商业服务业企业积极参加到争创活动中来，推动全区商业服务业服务质量和服务水平上一个新台阶。

（于彦斌）

居民生活状况

【居民收入及职工收入】 年内，全区居民人均总收入41261元，剔除价格因素比上年增长5.6%；其中人均可支配收入35740元，剔除价格因素比上年增长7.0%。全区居民人均工资性收入30406元，比上年增加3136元，增长11.5%；其中工资及补贴收入30114元，比上年增加3064元，增长11.3%。

（赵　明）

【居民支出】 年内，全区居民人均总支出32092元，剔除价格因素比上年下降0.4%；其中人均消费性支出24547元，剔除价格因素比上年增长4.3%；人均转移性支出2714元，比上年下降4.2%。人均社会保障支出4360元，比上年增长4.9%。人均借贷支出20677元，比上年下降1.1%。人均消费支出中：食品支出7424元，比上年增长4.1%；衣着支出2361元，比上年增长7.2%；家庭设备用品及服务支出1894元，比上年增长16.4%；医疗保健支出1740元，比上年增长22.2%；交通和通讯支出3104元，比上年下降12.6%；教育文化娱乐服务支出4579元，比上年增长29.5%；居住支出2145元，比上年增长22.5%；其他商品和服务支出1301元，比上年增长23.6%。居民人均转移性支出中：交纳的个人所得税905元，比上年下降6.5%；赡养支出460元，比上年下降23.7%；捐赠支出1072元，比上年增长5.4%。居民人均借贷支出中：存入储蓄款19935元，比上年增长1.6%；储蓄性保险支出198元，比上年下降35.2%；购买有价证券182元，比上年增长756.0%；归还住房贷款239元，比上年下降42.0%。

（赵　明）

【食品消费支出】 年内，居民人均食品支出7424元，比上年增长4.1%；食品支出占全部消费性支出的比重为30.2%，比上年下降1.8个百分点。居民的食品支出比上年增长排前三位的是：肉禽蛋水产品类增长10.6%，饮食服务增长8.4%，干鲜瓜果类增长3.4%。

（赵　明）

【衣着消费支出】　年内，居民人均衣着消费支出2361元，比上年增长7.2%，衣着支出在消费性支出中所占比重为9.6%，比上年下降0.3个百分点。分类别看：服装支出1703元，比上年增长9.9%；衣着材料支出10元，比上年下降29.7%；鞋类支出558元，比上年增长3.6%；其他衣着用品支出70元，比上年增长8.0%；衣着加工服务费支出21元，比上年下降17.3%。

（赵　明）

【家庭设备用品及服务消费支出】　年内，居民人均家庭设备用品及服务支出1894元，比上年增长16.4%，占消费支出的比重为7.7%，比上年增长0.4个百分点。其中购买耐用消费品支出1088元，比上年增长41.2%；床上用品支出125元，比上年增长12.3%；家庭日用杂品支出545元，比上年下降5.4%；家庭服务支出81元，比上年下降33.3%；年末，每100户居民家庭拥有的主要耐用消费品数量比上年增加较多的是：家用汽车35.3台，增加5.4台；家用电脑114.3台，增加6.4台；空调器168.3台，增加4.1台；移动电话232.7台，增加9台，摄像机29.7台，增加3.4台。

（赵　明）

【医疗保健消费支出】　年内，居民人均医疗保健支出1740元，比上年增长22.2%，占消费性支出的比重为7.1%，比上年增长0.7个百分点。其中医疗费支出562元，比上年增长47.3%；药品费支出782元，比上年增长12.0%。

（赵　明）

【交通和通讯消费支出】　年内，居民人均交通和通讯支出3104元，比上年下降12.6%，占消费性支出的比重为12.6%，比上年下降3.3个百分点。交通支出2291元，比上年增长26.6%，其中交通费支出1893元，比上年下降17.4%；车辆用燃料及零配件支出863元，比上年增长36.1%。通信支出1211元，比上年下降3.8%，其中通信工具支出356元，比上年增长60.0%，通信服务支出855元，比上年下降17.5%，占通信支出的70.6%。

（赵　明）

【教育文化娱乐服务支出】　年内，居民人均教育文化娱乐服务支出4579元，比上年增长29.5%，占消费性支出的比重为18.7%，比上年增长2.8个百分点。其中文化娱乐用品支出1168元，比上年增长11.0%；文化娱乐服务支出2214元，比上年增长54.6%，其中参观游览支出比上年增长105.5%，团体旅游支出比上年增长61.2%；教育支出1198元，比上年增长13.7%，其中教材费比上年下降17.2%，教育费用比上年增长16.1%。

（赵　明）

【居住条件】　年内，人均住房建筑面积为21平方米，比上年减少0.3平方米。自有住房占房屋产权的比重为67.72%，比上年减少3.9个百分点。从居民住宅设施条件看：无卫生设备的住户比重由上年的12.1%增长到13.7%。

（赵　明）

（责任编辑　马忠良）

街　道

概　述

年内，围绕“服务立区、金融强区、文化兴区”战略，构建全响应社会服务管理创新体系。

探索构建全响应社会服务管理格局。研究探索全响应社会服务管理新理念。全响应强调政府组织、企业组织、社会组织、公民均作为主体参与社会服务和管理，各类主体信息互通共享，积极响应社会需求，通过顺畅沟通、了解、理解，进而赢得信任、支持，达成合作，形成广泛参与的社会服务管理格局。全响应社会服务管理格局的框架体系是“两大平台、三类工作领域”。两大平台:一是政府主导的社会服务管理网络，包括社会管理、社会服务、社会监督、社会防控四个类别的平台；二是党委领导下社会力量参与的社会服务、社会自治管理等类别的平台，提供政社合作、社社合作、志愿服务等社会力量参与社会服务管理的渠道和媒介。两个层面的网络平台相互贯通，及时响应，共同构成全响应社会服务管理格局的支持体系。三类工作领域：一是社会管理工作领域。以维稳为核心，实现城市网格精细化、全覆盖，构建社会矛盾多元化调解工作体系，最大限度减少不和谐因素；二是社会服务工作领域，以民生为核心，畅通民意诉求渠道，增强自治协同能力，最大限度地增加和谐因素；三是社会参与工作领域。以社会动员为核心，拓宽社会参与渠道、加强基层民主自治、保护公众合法权益，最大限度地激发社会活力。完善社会服务管理工作响应链。形成纵向到底、横向到边的社会建设工作网络。统筹协调机制方面，完善社会建设领导小组联席会制度和街道工作例会制度，共同研究解决社会需求和热点、难点问题；社会领域党建方面，建立15个社会工作党委，202个商务楼宇社会工作站，1141个社会领域基层党组织，形成区委、街道工委、社区党委三层领导体系和区委社会工委、街道社会工作党委、社区党委、楼宇党组织四级工作体系；社区建设方面，按照“一分三定两目标”的要求，进一步完善社区党组织、社区居委会、社区服务站职能，构建社区党建、社区自治、社区服务“三位一体”的工作格局；社会组织方面，认定区总工会等11家第一批区级“枢纽型”社会组织，构建区、街两个层面“枢纽型”社会组织工作体系，推行区、街、居分类分级管理服务模式；社工队伍方面，深化“以会代所”工作模式，通过5家社工事务所吸纳45名专业人才，在养老、残疾人康复、心理支持、医务、社区建设等领域开展近30个专业服务项目。健全社会参与长效机制。制定一系列社会激励政策，激发社会力量参与社会服务管理热情。统筹协调方面，建立全响应社会管理会商机制，着手建立完善政府各职能部门协同机制；社会服务方面，设立专项资金，推进政府购买服务，激励社会组织承接项目，参与社会公共管理和服务；在公益领域，建立社会激励机制，通过制度安排，积极倡导企业社会责任，倡导乐善好施、扶贫济困的社会风尚；在资源共享方面，建立公共资源的补偿性供给机制，鼓励和引导辖区机关企事业单位公共设施向社会开放，增加公共服务资源供给；在志愿者服务方面，建立志愿服务时间储蓄机制、表彰奖励机制等，促进志愿服务良性运行。

提升社区服务管理水平。推进社区规范化建设。推进83个社区的规范化建设，全面完成第三批工作任务。对已完成规范化建设任务的社区进行跟踪，利用规范化建设奖励资金开发“阳光课堂”、“四点钟课堂”民生服务项目。实践中探索“公约式管理”、“共建互助联合会”等社区治理的有效途径，组建“文明劝导队”，增强社区居民参与社会管理意识。完善“社区事务听证会”制度，制定《社区事务听证会指导规则》。完善社区服务体系。对《北京市社区基本公共服务指导目录（试行）》中涉及的10大类60项180小项服务进行两上两下的调查，依据落实情况进行分类梳理和分析。建立全响应社会服务管理工作联席会制度。将了解、掌握居民最不满意和最亟待解决的问题按照部门职责与委办局进行对接，定期汇总，督促其落实解决。加快推进“一刻钟社区服务圈”示范点建设。推进社区办公和服务用房达标建设。印发《西城区关于加快推进社区办公和服务用房达标建设的意见》和《关于社区办公和服务用房达标工作的补充意见》。

推进社工队伍职业化、专业化进程。举办各类专业培训10个班次，投入培训经费近100万元，培训人员近2000人，完成培训课时500多个。实施“职业社工和社区工作者互助工程”，实现社区工作者社会工作专业知识普及性培训向实务能力培训的转变。完成“一街一社工”的配置工作，制定购买专业社工岗位工作方案。以“会”为中心，发挥“枢纽”作用，统筹协调专业设岗工作；强化专业督导，建立以项目督导员为主体的多层级督导。成立区志愿者联合会，建立区志愿服务中心，具体负责落实联合会的决策。依托“志愿西城”网络信息管理平台，开展志愿者实名注册工作。建立志愿者培训讲师团，承担志愿服务项目的研发和志愿者的培训活动。建立统一激励措施，制定志愿服务时间累积和志愿者星级评定实施细则。

培育社会组织参与社会服务管理。完善“枢纽型”社会组织工作体系。认定区总工会等11家单位为第一批区级“枢纽型”社会组织，凝聚本领域社会组织和各方面的社会力量参与社会建设。引导社会组织健康发展。完善社区社会组织备案登记制度，制定《西城区关于培育发展社区社会组织的指导意见》等文件。依托区社会组织孵化中心，成功培育公益性社会组织3家。专项资金购买民生服务。1500万社会建设专项资金共支持51个项目，其中直接服务百姓的项目27个，占总支持项目的53%，覆盖为老服务、青少年教育、家庭和谐、志愿服务、社会心理服务、流动人口管理等多个领域，涉及资金580万元。

优化社会领域党建服务管理格局。推进“五站合一”楼宇工作站建设。明确“五站”（党建工作站、社会工作站、工会工作站、团建工作站、妇联工作站）职能任务、建站目标和工作重点，将楼宇党建试点列为街道工作考核指标，按照有独立党组织、有独立办公场所（面积不少于20平方米）、有专项活动经费、党群活动开展好等标准。打造以商务楼组、商业街区、产业园区为单位的党组织组建模式和精品中心站辐射周边楼宇的工作模式，在重点区域建立中心站，为实现“五站合一”全覆盖奠定基础。落实“五个好”非公经济组织党建推进工程。探索行业协会党建、商圈党建、商业街区党建等符合行业特点的党组织组建模式，扩大党的组织和党的工作的覆盖面。探索建立“163”入党积极分子培养工作模式，即1个载体，6个培养环节，3个工作机制。建成“eye西城”社会领域党员教育专网，使网络需求和网络教育管理覆盖到非公经济组织、社会组织的各个层面。结合建党90周年，组织900余名非公经济党员参加“踏着先烈的足迹，知西城、爱西城”主题红色之旅活动，举办“知西城 爱西城 建西城——纪念建党九十周年”征文比赛。

（栾德廷　赵培文）

德胜街道

【概况】 德胜街道位于西城区北部，东以旧鼓楼外大街为界，西以新街口外大街划线，南至北二环路与新街口街道隔河相望，北到三环路、裕民路。辖区面积4.14平方公里，共设23个社区居委会，户籍人38012户、115259人，常住人口44736户、116768人，流动人口28963人；中央单位219个、市属单位189个，高等院校2所，中学6所，小学6所，幼儿园5所；卫生医疗机构7

个；公园4个。年内，德胜街道在区委、区政府的领导下，立足地区实际，着眼于“创造城市美好生活，建设世界城市示范区”，统一思想，振奋精神，团结奋进，锐意进取，推动地区各项事业发展，为西城区全面实施“十二五”规划开好头、起好步作出贡献。统筹街道人财物，选举具有先进性、广泛性和代表性的新一届区人大代表28名，完成换届选举工作。被评为2011年度督查考核优秀单位。

地址：西城区教场口街9号院丙9号

邮编：100120

电话：82060677

（马 原）

【城市管理】 年内，完善德胜门外大街绿化景观、夜景照明、道路铺装、雕塑和引导系统的整体设计；完成德胜门外大街8个绿化节点的喷灌系统、土建设施、绿化围栏的建设，面积共计5600平方米；对裕中西里小区进行综合整治，完成裕中西里精品化建设和整体改造的筹备工作。大力推进环境整治，开展“春季行动”、“夏季攻势”、“秋风行动”3个百日整治行动，协调各相关部门共同开展打击占道经营、无照经营和乱停乱放等行为的专项整治近百次，查处无照经营1000余家，拆除违规广告牌200块，拆除违建20余处共约1000平方米。加大资金投入，改造老旧小区，实施惠民便民工程，铺装小区路面3000平方米、人行道500米，安装太阳能路灯20盏，粉刷外立面1万余平方米，改造平房10户，新建便民停车棚200平方米，更换小区建筑物外门窗30樘，改造污水管线1000米，惠及居民1.2万余人；为社区安装自行车停车地笼40余个、200余米；维修地区4条街巷破损便道100余处；投资30万元对六铺炕二区6、7号楼南侧130余米破损道路进行整体改造。推进垃圾分类、节约用水、爱国卫生、地区绿化、铲冰扫雪、工地管理等各项工作。

（马 原）

【社区建设】 年内，继续开展“社区民意直通车”及“走千户访千人”活动，完善社区民主自治制度、建立社情民意表达反馈机制，引导居民合理表达意见、建议和利益诉求，通过这两类渠道得到居民反映的问题超过200件，答复率100%，解决率超过70%。在23个社区利用元旦、春节、“三八”妇女节、“六一”儿童节、国庆节和重大纪念日等有利时机，围绕“六五”普法、庆祝建党90周年、换届选举宣传日等主题，以多种形式广泛开展社会公益宣传活动。举办“全市百姓周末大舞台”系列演出活动7场，开展文艺晚会、书画展、红歌比赛、讲座、赛诗会及参观历史纪念馆等各具特色的文化活动共1381场，受众人数达88349人次。与多家单位、科普基地、辖区部队和23个社区协调配合，组织参与在科技周、科普之夏、全国科普日开展的各类活动，发放各类科普资料18000余份，参与活动的居民7200余人次。

（马 原）

【社会保障】 年内，举办2011年度春季专场招聘会，德胜科技园25家高新技术企业，为600余名求职人员提供工作岗位近2000个。成功推荐764名失业人员就业。街道全年累计实现就业1450人。为7127人办理居民基本医疗保险，发放低保救助金771万余元，医疗救助451人次。救助弱势青少年58人，救助金额54万多元。综合救助2200户，发放救助慰问金122万余元。贯彻落实“九养政策”，为符合条件的老年人办理老年证760张、优待卡1307张，为39名90岁以上老年人申请高龄津贴，为13名95岁以上高龄老年人报销医疗补助费14万余元；与有需求的159名空巢老年人签订帮扶协议，帮扶率100%；节日慰问空巢、低保、特困、高龄老年人，慰问物品和现金共计45600元；为98名60岁以上低保老人订阅《北京西城报》等读物，为309名60岁以上老人进行健康体检，为224名60周岁及以上无社会保障老年人和低保老年人免费体检。免费为957名流动人口育龄妇女进行环情检查、孕情检查、“两癌”（宫颈癌和乳腺癌）筛查。走访慰问残疾人1066人次，发放慰问品及慰问金共计353792元。受理经济适用房申请300户，48户参加摇号；受理限价房申请440户，356户参加摇号；受理廉租房申请70户，廉租实物配租27户、租金补贴37户。

（马 原）

【社会治安综合治理】 年内，以“联勤联动执法小分队”为抓手，对乱点地区非法经营、“黑摩的”、小广告等进行联合执法整治140余次，加强“两会”、国庆等重点时期的综合整治及执勤保障。在居民小区等安装楼宇对讲并进行设备升级改造，更换磁卡式门禁，在主要街巷、重点繁华场所、重点行业、重点部位等安装视频监控探头30个。狠抓安全生产工作，进一步落实企业主体责任、产权单位连带责任、经营者直接责任、行业主管部门主管责任和监管部门监管责任，加强对地下空间、特定行业、民防工程、重点地段的监督检查。以百分考核为抓手，推行“分片按行业管理”模式，做好流动人口服务与管理，集中开展流动人口和出租房屋调查，完善基础台账，创建全区第一所新居民培训学校。利用综合救助、安置等手段为帮教安置对象、社区矫正人员及困难群体提供综合、个性、灵活的服务，解决实际困难。开展法律服务“健全进企业、完善进社区、推进进机关”工作，联合多个律师事务所定期到公益法律服务站提供矛盾化解、法律咨询、法律宣传服务，开展星级律师评选。全年调解纠纷405件，通过“大信访”工作平台受理民意诉求516件，全部按时办结。

（马　原）

【精神文明建设】　年内，以北京精神评选活动为契机，组织开展“德胜楷模”评选表彰活动。通过“做文明有礼北京人”系列活动，持续开展礼仪、环境、秩序、服务、观赏、网络6大文明引导行动。建立心理健康教育咨询服务中心，形成心理健康教育咨询服务网络，巩固青春健康教育基地，创建人口和计划生育残障康复俱乐部。组建地区DV摄影俱乐部，记录德胜精彩瞬间；与市文化局联合推出“文化拜年之戏曲知识讲座”；开展群众文化经常性科普讲座。全年共组织主题活动19场、知识讲座15场、座谈会12场，发放书籍、折页、宣传画、光盘等各类宣传材料26000余份（册）。

（马　原）

【社会服务管理创新】　年内，制定《德胜街道智能化民生服务与城市管理行动计划（2011—2013年）》，成立智能化建设办公室、城市管理与民生服务指挥中枢、社会建设促进中心，协调推进地区社会服务管理创新。根据《行动计划》，着力搭建3个框架：1.地区基础信息数据中心。对各科室相对独立的办公系统及台账进行统一的数据对接，对地区的人、地、事、物、组织等各类数据进行统管，使市区街居多个业务系统和台账与街道数据中心实现实时更新，实现多来源渠道、多技术标准的数据接入与共享。2.多渠道采集发布信息。对地区各类基础数据进行广泛、及时、全面、准确的采集与发布。从整合各类业务资源入手，将内部的各类历史纸质档案电子化，获得一手的历史数据；设立“数据采集储存”项目，统一开展基层数据采集工作；利用监控摄像头等基础设备，依托物联感知基础网络，通过无线射频技术将实时数据传回，实现重点路段和重点商业楼宇的实时监控，通过多种渠道获得地区各类事物（包括人、地、事、物、组织等）的历史信息和即时数据。3.社会服务管理指挥中枢。通过地理信息系统、3G网络等多种技术手段对街道各类事物进行直观的展示，即绘制出一张特殊的“地图”，以地理信息系统为基础，按照“街道—社区—楼宇—院落”的层次范围，对地区特殊、突发或重点等事物进行标注，以直观方式呈现地区范围内正在发生的事件，在综合采集大量地区信息的基础上，指挥中枢将对这些数据进行逐条梳理、分析及归纳，从大量的数据中提取出事物发展的一般性规律，并以此为依据制定针对各类常态事件的管理机制。通过这3个框架，可以实现城市管理、应急处理、民生服务、分析研判、绩效考核、统筹推进6大职能，并根据需要不断创新N个项目，以项目化运作具体实现6大职能。截至年底，3个框架已搭建完成，根据需要建立的42个具体管理类、服务类及社会参与类智能化项目在逐层推进，“3+6+N”的工作模式初步形成。

（马　原）

【党的建设】　年内，在各基层党组织党员中开展“创先争优作表率 服务群众作楷模”主题实践活动，顺利完成社会领域党建ISO9001质量管理体系认证的各项工作，丰富和发展新时期社会领域党建理论，围绕保障和改善民生，引导基层党组织和党员干部在破解区域发展难题和完成重点任务上创先进、争优秀。动态更新非公有制企业党建工作台账，组织开展“德胜红色沙龙”活动，深化“党建带工建带团建带妇建”的基础组织建设原则，形成同研究、同部署、同推进的党群共建工作机制。实施机关自身建设工程，落实依法行政和政务公开，自觉接受人大的法律监督和政协的民主监督，听取工商联、无党派、各民主党派的意见建议，主动公开政务信息接受百姓和舆论监督。强化制度设计和流程管理，纪检监察工作取得新成效，确立权力公开透明运行工作基本框架，从职权内容、运作流程、公开时限三方面规范党务公开内容。加强教育和监督，扎实推进廉政文化建设，促进领导干部廉洁从政。在社区工作者招聘、社区公益金、办公经费管理等社区工作中严格把关，让党风廉政建设深入到各项工作中。

(马　原)

【德胜科技园园区服务】　年内，坚持处级领导走访企业制，对地区近200家单位进行走访，共收回建言献策表120张，汇总地区发展建议及问题近40条，并组织协调各职能部门给予解决。在园区企业中开展企业需求调查，及时了解地区经济最新动态，掌握谋划地区新发展的第一手资料，第一时间了解园区企业发展的各种现实问题。坚持发挥园区企业协会和“两新”党组织的服务和引导作用，进一步完善科技商会管理制度，发展商会会员24家，为园区企业提供法律咨询服务，与园区金融企业沟通协调，为园区中小企业寻求融资及金融服务搭建平台，通过10余次培训与活动引导园区企业积极履行社会责任。创办区域性月刊《德胜时间》，设有“高层之声”、“园区攻略”等板块，主要关注研发设计、金融后台、高端交易、文化创意企业在政策和发展方面的需求，帮助科技园区进行信息汇聚和政策解读，为地区高科技企业提供展示平台。地区共实现国税、地税7.45亿，同比增长30%。

(马　原)

什刹海街道

【概况】　什刹海街道位于西城区东北部，东起旧鼓楼大街，地安门内、外大街，与东城区相邻；西至新街口南、北大街，西四北大街，与新街口街道相连；南起景山前街、文津街、西安门大街，与西长安街街道相接；北至德胜门东、西大街，与德胜街道接壤。辖区面积5.80平方公里，有一类大街15条、二类大街10条、胡同170条。有中央单位127家，市属单位78家，区属单位63家，学校18所，幼儿园7所，公园2处。有社区居委会25个，户籍人口46279户、120607人，常住人口33981户、89570人，流动人口24107人。年内，出生964人，死亡457人。全年财政收入34481.91万元，支出33422.15万元。街道机关行政、事业人员203人（公务员120人，事业单位83人，不含什刹海风景区管理处）。接收军队转业干部3人，安置军嫂3人，向部队输送新兵18人。被评为“北京市双拥工作示范单位”、“北京市司法行政系统先进集体”等，38人获市级以上先进个人称号。

地址：西城区德胜门内大街272号
邮编：100035
电话：83223600

(王莉英)

【城市管理】　年内，配合区市政市容委对文津街等18条街巷胡同进行整治，对西什库大街19号、大拐棒胡同17号2个老旧小区整治改造；对东枪厂14号等8处产权不清院落进行整体地面铺装和下水管线改造，对中毛家湾、兴华胡同等7条街巷进行翻修粉刷，粉刷面积11000平方米。开展“春风行动”、“夏季攻势”、“秋风行动”等百日整治工作，共拆除煤棚储物间65处、私自安装地锁206处，拆除各类违章建筑134处、1484.78平方米。组织开展精品创建活动，创建德胜门西大街为精品大街，创建中国东方演艺集团有限公司宿舍院（大石桥胡同29号）为精品小区。通过节水宣传、节水座谈会等形式，开展节水型组织创建活动，创建北京日昌麟记餐饮有限公司为市级节水型单位、西四北社区为市级节水型社区。通过垃圾分类前期动员，台账统计，垃圾分类指导员选拔、培训、考核，宣传资料和垃圾分类设施发放入户等开展垃圾分类达标示范小区创建工作，中影集团宿舍、电力科学院宿舍等7个居民小区列入2011年度市级垃圾分类达标示范小区。成立由办事处主任担任总指挥，房管所、派出所、绿化队、保洁队为成员单位的什刹海地区防汛分指挥部，组建防汛抢险应急队伍11支，补充抽水泵2台，铁锹、推水板等300余把。7月26日晚突发的强降雨后，在近两周内抢险352处，处理倒伏树木363株。

(王莉英)

【社区建设】 年内，在社区中选拔优秀人才作为培养对象到其他社区挂职担任主任助理或站长助理职务，开展“走千户访千人岗位大练兵”活动；开发利用社区工作者管理统计软件，提高管理水平；成立社区指导组，强化社区指导的力度。发挥社区公益金审核小组的作用，进一步规范社区公益金的使用和管理，全年社区公益金共支出1736022.67元。对社区各类社会草根组织进行复核、整编，地区拥有经过复核的各类社区社会组织221个，新增社会组织14个。继续完善社区服务站各项管理措施，建立公共服务大厅、社区服务中心与服务站的有效对接，增设缴费“三通”(一卡通、一网通、一费通)等各类便民服务项目；推广柳荫街、西四北等规范化试点社区经验，完成25个社区规范化达标建设；探索社区服务新模式，召开“社会服务管理创新工作推进大会”，地区“绿色生活馆”的社区服务模式和街道培育扶持社会组织的经验被区委社会工委在全区推广。举办2011年度百名“孝星”及敬老先进集体、个人评选活动；建立人员相对稳定、责任心较强的老年人精神关怀服务专业队伍；举办“低碳生活、精彩厨艺”活动、“DV拍客大赛”、“九九重阳节 携手一家亲”为主题的为老服务系列活动，“敬老月”期间共组织老年活动81项，受益老人5573人。成立“海之波”合唱团，举行大型原创歌舞剧《情系什刹海》演出。利用辖区的科普资源组织开展“创意绿厨房 安全好生活”、“大手拉小手 低碳我先行”青少年低碳小制作等科普宣传活动。联合社区教育学校为社区居民举办英语、舞蹈、古筝、电脑、书法等各类培训班10个，开课320课次，培训8700人次。在市民俗协会的指导下，筹备成立“北京西城区什刹海民俗协会”。实施大拐棒幼儿园抗震加固工程，举办年度教师节慰问联谊活动。

(王莉英)

【社会保障】 年内，确立“抓住一个主线，促进两个提升，实现三个目标”(以服务为主线，提升政策执行能力、提升综合服务水平，实现零差错、不争吵、无上访三个目标)的年度工作思路，落实57项受理事项信息反馈工作，共录入各类办结信息5211条。对公共服务大厅工作人员进行岗位能力培训，同时注重心理疏导，开展文明礼仪培训。贯彻落实失业人员的相关优惠政策，实现就业再就业2000人，“4050”人员就业298人，充分就业社区3个，全年提供就业岗位7200个，免费二次就业培训252人，职业指导2831人，成功推荐676人就业。先后2次对1419户2435人的城市居民最低生活保障标准进行调整，全年累计发放最低生活保障金10139624.41元、帮困卡金额477800元；经过调查核实和复审共撤销不符合继续享受低保待遇家庭100户233人，撤销金额52847元。为就医难的特殊低保对象127人次办理借款医疗费227048.08元，办理还款133人次、267274.3元。挖掘公益性工作岗位，共安置本地区大龄特困人员12名。完成72户廉租住房实物配租家庭的入住及后期管理工作；有1966户市级备案通过的经适房轮候家庭和1838户市级备案通过的限价房轮候家庭等待房源。由街道领导组成30多个慰问小组，对地区205户特困、多残、高龄、病困家庭进行逐户看望和重点慰问，发放慰问金128600元；为地区52户因病、因突发原因造成生活困难的家庭办理临时救助，发放救助金180900元；对地区72名低保、低收入家庭的大学生实施积极救助，共发放助学救助金309500元。全年共联系配合区救助站收容救助流浪乞讨人员30余人。实施残疾人社区康复工程，选送2名精神残疾和2名智力残疾人员入住农疗基地；为32名16岁以下残疾儿童办理社区康复和机构康复补助；加强对温馨家园和手拉手职业康复站的管理，手拉手职业康复站有32名学员参加职业康复训练；新安排残疾人就业45人，培训残疾人100余人次。与55个地区单位和25个社区签订计划生育目标管理责任书和协议书，与17个职能部门签订计划生育综合治理责任书；完成流动人口全员库的信息录入与管理工作，建立街道、居委会两级流动人口服务管理工作例会制度；在什刹海地区游船企业中成立流动人口计划生育协会，体现生育关怀，推出“五关爱”(关爱计生特扶家庭，关爱计生困难家庭，关爱独生子女女孩特困家庭，关爱计划生育干部，关爱流动人口)活动。开展以“扶贫济困解难事，温暖和谐进万家”为主题的走访慰问活动。在“送温暖、献爱心”联合募捐活动中，共募捐善款53.5万元，在以“冬衣送暖”为主题的募捐衣被工作中共募捐衣被7432件套。

(王莉英)

【社会治安综合治理】 年内，开

展平安创建活动，街道党、政主要领导与地区128个中央、市属单位领导及法人代表，25个社区居委会书记、主任签订《综合治理领导责任书》，签订率100%。开展重点地区和突出问题整治，对流动人口聚集的出租大杂院进行排查摸底。发挥什刹海街道联合执法小分队作用，开展对小发廊清理整治行动，关闭不合格小发廊25家。完善专职消防队的管理机制，加强消防宣传与检查力度，什刹海专职消防队共出动火警21起，处理过火面积370平方米。成立禁毒办公室，创建“向日葵社区”工作制度，深化禁毒预防宣传教育工作。创新安全生产工作机制，启用《什刹海街地区安全生产隐患协查通知单》、《什刹海地区食品安全隐患协查通知单》；启用安全生产政务短信平台，加强地区安全生产宣传力度；完善区、街、社区三级食品安全监管网络体系。强化流动人口出租房屋安全管理和安全生产工作，开展外来务工人员和出租房主迎新春座谈会、向流动人口免费发放动感地带电话卡、为流动人口接种流脑麻疹疫苗活动；完善流管员管理规章制度，实施流管员“业绩考核、业务考试和素质评价”三项考评。开展法律服务“进企业、进社区、进村庄”活动，为居民提供优质、高效、便捷的法律服务；确立“两所一社”的工作模式，即什刹海司法所、雄志律师事务所、京华时报社三方共同协作，提升街道法律服务“三进”活动的整体水平；开通北京市第一家司法所官方微博——“什刹海热线”，官方微博的开通进一步推动了什刹海街道法治型政府、服务型政府的建设进程，打造成为“六五”普法新平台；组织社区开展8次矛盾纠纷摸排查工作，共排查各类矛盾纠纷867起，调处率100%，成功率98%。开展对矫正对象“分类管理分阶段教育”工作，创建社区矫正公益劳动基地；创刊融司法行政和普法宣传为一体的地区公益普法读物——《胡同说法》。坚持社区接待日制度，社区接待日共进行20次，接待来访居民32人次，居民提出32个问题全部得到解决。全年接待市、区信访部门转来信访件76件，接待群众来电来访275人次，办理区非紧急救助系统转来的信访事项570件。

（王莉英）

【精神文明建设】 年内，开展庆祝建党90周年系列教育活动，举办庆祝建党90周年专场文艺演出及“我为党旗添光彩”摄影比赛，“庆祝建党90周年新西城新精神”共征文67篇，“我为党的90岁生日祝福”感言活动共征集感言80余篇。开展“做文明有礼北京人”主题实践活动，组织开展排队文明引导行动、交通文明引导行动、环境文明引导行动和游园文明引导行动；组织开展邻里互助系列活动，精神文明建设的广度和深度不断拓展。5月，《什刹海》杂志创刊号正式与读者见面，杂志共分为11个板块，其中“封面文章”、“街区视窗”等板块主要宣传展示地区的品牌工作、特色亮点和创新举措，“忆海拾零”、“百家讲坛”、“海运奇葩”等板块全面反映什刹海地区深厚的人文历史和丰厚的文化底蕴。开展“什刹海风情”为主题的传统文化活动。

（王莉英）

【双拥共建】 年内，召开什刹海地区第十六届评选“五好”活动表彰大会，共评选出10个好单位、5名好居民、4名好家长、2名好军嫂和23名好战士。举办纪念徐向前元帅为柳荫街题写“柳荫军民文明街”28周年大会，会上北京卫戍区四团一营四连、柳荫街社区、柳荫街小学、北京市第十三中学分别派代表作了发言，代表纷纷表示要在各自工作和学习岗位上用自己的实际行动缅怀徐向前元帅、传承柳荫精神。5月，举办“军营一日”活动，地区非公企业领导、军民共建点领导一行30余人参观坦克博物院，并参加实弹打靶。举办“第三届拥军包粽子比赛”，西四北、西安门等社区在端午节期间举办的活动体现军民鱼水一家亲的新风尚；为地区10余家驻军中的随军家属举办“用形象点靓母亲风采”讲座，街道部分部门科长及地区30多名随军家属参加此次培训。

（王莉英）

【功能街区建设】 2010年10月，什刹海地区人力客运三轮车胡同游第二期特许经营工作筹备工作启动，历经2次开标、评标，至2011年6月12日，9家特许经营企业共300辆人力客运三轮车全部投入运营。依据特色街发展规划要求，制定《护国寺特色商业街管理办法》、《保安人员管理办法》等护国寺特色街管理制度，并先后3次向驻街商户居民发放《致单位、商户、居民的一封信》共计500余份，10月26日护国寺特色街开街。协调公安、工商、城管、交通等部门，对什刹海风景区内违法建设、黑三轮车非法运营、酒吧扰民、非法占用绿地经营、无照游商、非法垂钓捕捞等影响景区环境秩序的突出问题进行治理。

（王莉英）

【全国文明城区创建与迎检工作】 自3月始，提出“高度重视，集中精力，倾注全力；突出重点，狠抓落实，争创一流”的总体工作要求和目标，成立街道实地应急指挥部、迎检应急小组、迎检督导组，全面做好材料审核、实地考察、入户问卷等各项迎检工作。在迎接中央精神文明建设指导委员会检查期间，共动员社区党员、各类志愿者、积极分子20000余人次维护公共秩序，出动保洁车300余车次清理渣土。截至迎检结束，出刊13期《什刹海街道全国文明城区迎检工作简报》，在主要大街悬挂宣传横幅260条，张贴、发放《致居民一封信》44620余份，发放《西城文明我知道》宣传折页43700余份，对辖区门店发放“不向未成年人售烟售酒”标志434余份。

（王莉英）

【人大换届选举】 年内，成立什刹海地区换届选举工作领导小组，下设选举办公室。街道辖区划分为18个选区，抽调54名街道机关干部、43名驻地单位人员充实到选区，确保每个选区指导干部4至5名。11月8日，又抽调80余名街道机关干部到选区配合选举工作，设18个主投票站，2个分站和35个流动票箱。辖区共登记选民71565人，其中居民选民53264人、单位选民18301人，参选单位243个；共有69790名选民参加投票，参选率97.52%，实际选举产生人大代表35名。

（王莉英）

西长安街街道

【概况】 西长安街街道位于西城区东部，东以天安门广场西侧路西路缘石、中山公园西缘、故宫西墙为界与东城区毗邻，西以西四南大街、西单北大街、宣武门内大街西侧便道为界与金融街街道相接，南以前门西大街道路中心线、宣武门东大街中心线为界与大栅栏街道、椿树街道交界，北以西安门大街、文津街南路缘石、故宫北筒子河中心线为界与什刹海街道为邻。辖区总面积4.24平方公里，有街巷98条，其中一、二类大街12条。中央单位7个，市属单位31个，驻京办5个，区属单位10个。社区居委会13个，户籍人口26250户、74633人，常住人口12143户、35854人，流动人口15997人，出租房屋2590户，全年代征缴出租房税额262.83万元。年内，出生680人，死亡264人。全年财政支出1.2亿元。街道机关行政122人、事业编制138人。公开招聘公务员5人（应届本科生2人、研究生2人、村官1人）。安置军转干部4人、随军家属2人，向部队输送新兵10人。在地区“送温暖、献爱心”社会联合募集活动中捐助衣物3000多件，募集捐款40万余元。获“首都文明街道”、“2010年度北京市环境卫生工作先进街道办事处、乡镇人民政府”、“2011年北京市安全生产月活动最佳实践活动奖”。

地址：西城区西绒线胡同甲7号
邮编：100031
电话：66035449

（宋益广）

【城市管理】 年内，先后开展“春风行动”、“夏季攻势”和“秋风行动”环境大整治活动。拆除私自安装的地锁、地桩377个。取缔封存17家无照游商、店外经营、机动车售货。取缔无照废品收购点2个。对惜薪长久菜市场、惜薪司早市等进行专项环境治理。为南北长街社区安装晒衣架13组，为未英社区健身园安装不锈钢围护栏。及时清理辖区内无主渣土850余立方米、垃圾42吨、废弃家具11车。协助区环境办完成西交民巷27号院老旧小区整治改造，完成外立面粉饰12264平方米，地面硬化2796平方米，防护栏粉刷1186米，拆除违章建筑73平方米，更换窗户165平方米，更换自行车棚300平方米，新做防护栏259平方米，楼道粉刷2954平方米，更换雨水、污水管线818米，拆除遮阳棚7个，改造厕所1个，改造辖区内75个低洼院，共铺设透水砖5114平方米，疏通下水管道并安装下水管线391.4米，抹灰27立方米。举办“清洁城乡、保护健康”大型宣传活动，发放各类宣传品1.3万份。清理喷涂小广告1200余处、白色污染663处，解决各类卫生重点、难点问题7处。5月31日，在14个社区开展禁烟宣传，发放宣传材料1300余份，办宣传板报13块，开展执法检查4次，共检查单位70余家。开展除“四害”活动，夏季灭蚊蝇打药42公斤，春冬二季共投放鼠药57箱，出动检查14次，对不合格单位发放整改通知书8份。发放夏季灭蟑用药2万余盒。在9个小区为5109户居民发放分类垃圾桶3306个、垃圾袋39672个。招聘垃圾分类指导员27名。4次集中整治地区内的违规早点摊乱象，收缴煤炉17个、煤气罐4个、桌椅若干。完成区政府下发的督办案件28件，处理14个责任区上报的疑难环境问题183件。完成国庆期间摆花任务，摆放小型花堆100组、立体花坛5组。加强防控美国白蛾日常巡查，建立防控网，悬挂诱捕器27个，喷洒农药837次、66公斤。涂药处理国槐树2234棵，防虫喷药树木2526棵。为居民伐除树木61棵，修剪危树135棵。做好首都第27个全民义务植树日的宣传活动，发放宣传材料和纪念品1.5万份，悬挂横幅15条，张贴宣传画册39幅。更换老旧楼房卫生间节水器具155套。对地区33家超标用水单位进行书面告知并发出用水预警。完成8个社区居民的自采暖用电补贴核对、登记和发放工作，完成居民用电报销登记4587户，为2612户开具供暖季清洁能源自采暖证明。汛前准备沙石料500余立方米、车辆17台，建立12支500余人的迎汛抢险应急队伍，汛期进行雨中巡查17次，抢排险22次，为居民修复房屋12间，修、伐树木295棵，确保地区安全度汛。

（宋益广）

【社区建设】 年内，改造装修六部口社区、西单北大街社区新办公用房。和平门社区将社区办公用房南侧图书馆迁出改为群众活动场所；府右街南社区将爱心超市迁出，扩大办公用房面积；义达里社区将西四门诊部全部租下，进入改造阶段。制作楼门院公示牌，打造社区—楼门院长服务网络。5人取得助理社工师职称，新招录社区工作者6名。开展“走千人，访千户”社工岗位知识竞赛大练兵活动，提高社区工作者的工作能力。完成社区公益金审批项目366个，拨付金额1083660.29元。选出“孝星”107名。举办老年维权知识讲座18次。开展“科普知识进社区”、“科技下乡”等活动，组织学生开展电脑绘画比赛、科技手工制作展示等活动。开展社区文化工作方面的专题讲座70余场，500余人次参加。

（宋益广）

【社会保障】 年内，受理经济适用房申请78户、廉租房申请19户、限价商品房申请33户，复核经济适用房379户、廉租房8户、限价商品房185户。登记失业人员1348人，实现就业1306人。小额担保贷款2笔、16万元。公益性就业岗位安置“4050”特困人员13人、灵活就业439人、自主创业10人、“零就业家庭”7个。接收档案1371份，转出档案1459份。全年采集就业岗位5700余个。组织参加免费技能培训212人，1月至4月为失业人员办理《再就业优惠证》410人、办理《求职证》270人，5月两证合一，截至年底为315名失业人员办理《就业失业登记证》。为962人次发放失业保险金3341013元，报销失业人员医疗补助29835.1元，为1人办理一次性医疗补助金9562.57元，为12人办理高考相关手续等。新增社会化退休人员385人，为65人办理正式退休手续、7人办理城乡居民养老保险手续，为4名无档案人员办理社会保险。为社会化管理退休人员发放养老保险金1173492.55元，发放率100%。为3500人次报销医疗费1411972.64元，变更医疗信息745人次。完成1万余名退休人员的养老金领取资格认证，办理“一老一小”医疗保险978人，办理无业居民大病医疗保险77人，累计报销药费427人次、1501875.12元。新增低保58户、107人；撤销低保112户、219人，低保户共622户、1035人，全年共发放低保金5131134.47元、发放帮困卡289600元。为新增194名80岁老人办理申领居家养老（助残）服务补贴手续。签约25家服务商为持“爱心一卡通”及养老（助残）券的老人提供服务，持卡消费金额1272182元，持券消费金额723122元，居家养老服务商收款金额共计1995304元。春节前对62户特别困难家庭进行个性化救助，发放救助金14.4万元；为116名低保老人每人发放价值500元的医疗救助卡；为200户家庭每户发放价值500元的“爱心卡”；临时救助11名患重特大病人员，发放救助金4.9万元；从北京市孤儿院接收并安置2名成年孤儿，向3名社会散居孤儿办理基本生活费审批工作并向他们发放人均每年16800元2年共计100800元的基本生活费。受理丧葬补贴申请51人，办结46人，发放丧葬补贴23万元。实施医疗救助202人次，救助金额394175.67元。对120余户残疾人家庭进行重点慰问，发放慰问金及物资共价值8万余元；为19名有特殊困难的残疾人办理“特事特办”，发放救助金17600元；对2名残疾人实行个性化救助。为58名残疾人申领“小帮手”服务器，为170余户拥有合法残摩车的家庭落实燃油补贴，为符合条件的160名残疾人办理助残券。为67名残疾人缴纳城镇居民基本医疗保险、84名残疾人缴纳“一老一小”医疗保险，残疾人参加医保率100%。公共服务大厅工作年接待量近17万人次，咨询电话超过19万人次。地区100名献血志愿者无偿献血2万余毫升。

（宋益广）

【社会治安综合治理】 年内，以“平安北京”、“平安西城”为中心工作，组织召开4次综治委委员会议，落实各项综治经费280余万元。编写《西长安街地区治安志愿者团队建设工作手册》，加强治安志愿者团队规范化建设的可操作性，出动治安志愿者6万余人次，落实经费50余万元。取缔无照游商412人，没收小广告4630份，收缴盗版光盘320余张，查处“黑三轮”22辆、“黑出租”27辆，规范店外经营86起，取缔露天烧烤54处，拆除违建4处、12平方米，整治废品收购点6处，规范机动车乱停放557辆次。地区平安单位创建率100%、平安社区创建率100%。调整街道禁毒工作领导小组成员，持续开展以“构建和谐、拒绝毒品、珍爱生命”、“无毒社区”、“不让毒品进我家”等为主题的禁毒宣传教育活动，发放宣传材料2万余份。投入资金23万元，为西交民巷等社区的30个平房院安装对讲防盗门系统。出动安全检查人员3500人次，检查单位1743家次，下达整改通知书1520份，发放宣传材料1.5万份，共排查出安全隐患203条，整改率达98%。街道各级调解组织调解纠纷356件，成功338件，成功率95%。协同各社区开展大小矛盾排查行动20余次。全年接收社区矫正对象19人，累计接受129人，在册人数27人。累计接收帮教安置对象137人，其中刑释121人、解教16人。开展各类普法宣传活动318场，参与群众5万余人次，发放宣传材料4万余份。

（宋益广）

【精神文明建设】 年内，开展“西城精神”、“红色足迹”等主题征文活动，收集征文40篇。以传统节日为契机，开展以“我们的节日”为主题的系列文化活动。以“绿色出行文明交通时尚达人”活动为载体，在社区宣传和树立一批绿色出行文明交通的先进典型，推荐上报各类达人代表65名。在《长安街时讯》上开辟专栏对37位获得市级“孝星”称号的辖区市民进行宣传。开展“小手拉大手”、“文明小宣传员”、“家庭小孝星”、“说三句话、做三件事”、“垃圾减量垃圾分类从我做起”等校园活动，63名代表通过评选获得区级“文明小使者”称号。12月，成立街道关心下一代工作委员会，13个社区成立关心下一代工作小组。组织推荐地区2011年市区两级文明街道、文明单位及文明社区的评选工作，并首次推荐辖区单位参与首都文明单位标兵称号的评选竞争。推荐社区参与文明示范楼门庭院的评选工作，有3个社区的楼门院获2011年“文明示范楼门庭院”称号。与密云县西田各庄镇开展“城乡手拉手”活动，捐赠图书近5000册，捐助款1万元。开展多种形式的“建功‘十二五’”劳动竞赛，有近千名职工参与。4月，举办西长安街地区第二届烹饪技能大赛。开展“红色图书角”、“爱党读书月”等活动。

（宋益广）

【双拥共建】 年内，投入双拥工作经费近40万元，组织不同形式的慰问50余次。走访慰问中央警卫团驻河北省固安新兵训练基地、第二炮兵职工部、西城消防支队、西城防化团等部队和地区优抚对象。街道主要领导走访慰问西城消防支队和地区革命伤残军人，并送上慰问金5万元。社区居委会在春节和建军节期间开展“连心饺”、慰问演出、联欢会、体育比赛等双拥共建活动。评比表彰8名“安心服役的好战士”先进个人。组织带领20多名驻地部队官兵到平谷区鱼子山抗日革命教育基地参观。社区同共建部队开展不同形式的庆祝建党90周年活动。义达里社区“和义”京剧社结合纪念“军警民共建30周年，建党90周年”主题，为共建部队战士、社区居民表演现代京剧和传统京剧经典唱段。开展“‘回首二十载、再叙鱼水情’穿军装的居委会主任”双拥座谈会。举办“‘炫舞长安，我的青春我做主’

——西长安街街道地区青年联谊会”，邀请驻区部队青年单身官兵近百人参与。与北京市第一六一中学合作开办电脑培训班，对40名部队战士进行电脑一级B培训。义达里社区居委会与第二炮兵通信二连开展“双向认亲人”活动，在活动中社区居委会向家庭生活困难的战士赠送了学习机和生活用品。“两节”期间向地区12名优抚定补对象、59名烈属、69名革命伤残军人发放慰问金12.6万元。全年累计向81名优抚对象发放优抚金78万元，为12名优抚定补对象报销医药费近10万元。两次慰问210名军休、地退人员，购买杂粮、干鲜礼包、黄花等节日慰问品，共计花费8万元，其中向10名困难人员每人发放慰问金5000元。

（宋益广）

大栅栏街道

【概况】 大栅栏街道位于西城区东部，东起前门大街西侧，西至南新华街中心，南起虎坊桥路口与珠市口西大街中心线交汇处，北至前门西大街。辖区面积1.26平方公里，街巷114条。有中央单位2个，市属单位8个，区属单位15个，中、小学3所，幼儿园2所。社区居委会9个，户籍人口21675户、56386人，常住人口36997人，流动人口14737人。年内，出生408人，死亡130人。全年财政收入17279万元，支出6960.54万元。街道机关、事业单位人员119人（公务员编制82人，事业编制37人）。安置军转干部1人，随军家属3人，向部队输送新兵7人。全年共接待、回复各类群众来信来访528件（次）。获“北京市建设学习型党组织工作示范点”、“北京市2006年—2010年法制宣传教育先进集体”、“首都城市建设先进街道”、“北京市人口和计划生育工作红旗单位”等称号。

地址：西城区棕树斜街26号

邮编：100051

电话：63036944

（李博洋）

【城市管理】 年内，启动文明院落、畅通街巷创建工作，动员居民做好院落环境美化，对院内堆物堆料进行集中清理，完成174个文明院落、27条街巷创建任务。拆除私搭乱建17处，对118个院落地面进行修缮，铺设渗水砖5000余平方米，受益居民1631户。完成煤市街东、延寿街、石头社区近1600户居民的一户一水表内线改造。对和平门外东街7号、9号居民楼楼道进行粉刷，安装便民邮箱，实现户户通邮。发挥属地部门作用保障重点工程建设，杨梅竹斜街保护修缮项目共腾退居民351户，使用定向安置房388套。完成地铁7号线项目13户、前门西河沿街市政道路拓宽工程95户的拆迁工作。C、H地块（前门大街西北角、西南角）尚未签约搬迁41户产权户已全部进入裁决程序。完成南新华街整治、煤市街便道整修工程和棕树、百顺等8条胡同及东南园小区污水管线改造项目。加大对民防工程、危旧房屋、低洼院落、下水道的检查巡视力度，汛期检查修复漏雨房屋2917间，及时苫盖343处、抢修隐患55处。

（李博洋）

【社区建设】 年内，争取市、区财政资金支持，通过租赁、购买等方式，解决西河沿224号、228号，樱桃斜街5号，培英胡同25号3处社区办公及活动用房房源问题。完成铁树斜街社区办公及活动用房的升级改造。推进社会服务管理创新，将83家社会组织整合为73家，成立西城区首家服务社区工作者和辖区青年的枢纽型社会组织“勤馨社”，发挥地区青年参与社会建设的积极作用。搭建“1+3”便民服务新平台，（“1”是1个“一刻钟便民服务圈”，把基本公共服务内容延伸到社会保障、法律咨询、家政服务、日常修理等方面。“3”则是结合各社区服务资源优势，合理划分3个特色服务圈：（1）依托爱心超市、银鹤居家养老服务站、配送中心等资源优势建立的“生活便利圈”，满足辖区居民基本生活服务需求；（2）借助石头社区、西街社区的为老服务品牌及百顺社区的“百时星”志愿服务优势建立“志愿服务圈”，为辖区居民提供各类志愿服务；（3）以大栅栏商业街区为依托，借助传统老字号企业聚集优势，打造具有大栅栏特色的商业文化服务圈）统筹推进“一刻钟便民服务圈”建设。

制订《大栅栏街道关于做好流动人口规模调控工作的方案》，推进“以证管人、以房管人、以业控人”的流动人口服务管理模式。启动“1121”工程，即建设1个街道级的图书馆，1个街道级的文体中心，2个地区活动场所，1个数字电影院。对地区文化资源进行摸底调查，与大观楼影院、北京第一实验小学前门分校达成共建协议，开设居民电影室及乒乓球训练基地。完成社区公共服务信息屏二期建设，10块室外电子信息屏覆盖9个社区。位于延寿街136号的大栅栏首家便民连锁店正式营业。

（李博洋）

【社会保障】 年内，开展“再就业援助月”、“手拉手四对接”等促就业活动6场，开发就业岗位3314个，职业指导2076人次。辖区9个社区全部申报充分就业社区，其中石头社区申报全市充分就业示范社区。完成92户两限房选房，283户经济适用房摇号前的复核工作。48户获廉租房实物配租，其中29户完成入住。落实“九养政策”，组织922名老年人参加体检，为42名65岁以上老年人发放小帮手电子服务器。落实计生奖励扶持等各项优惠政策，为地区11250名户籍育龄妇女进行首次孕情普查，为地区970名流动人口育龄妇女进行生殖健康检查。为337名残疾人办理社会保险补贴，完成街道残联换届选举工作。有低保家庭835户、1441人，保障金累计支出784.5万元。医疗救助412人次，救助金额63.3万元。临时救助77人次，救助金额20.9万元。“两节”期间组织开展大型送温暖活动，投入83.34万元慰问空巢、高龄、特困孤寡老人，低保及低收入困难家庭。

（李博洋）

【社会治安综合治理】 年内，利用联合执法小分队动态现场管理及捆绑执法的优势，与地区派出所、城管、交通、工商、卫生等职能部门联合行动，开展以前门月亮湾、煤市街沿线、大栅栏商业街区、东琉璃厂等地区为重点的排查整治工作。查处“黑摩的”、“黑三轮”117辆，清理清查新疆籍无照游商13名，东琉璃厂地区道路两侧机动车乱停、乱放行为得到有效控制。推进平安建设工作，对地区餐馆、商业零售、旅馆、网吧、建筑工地、地下空间等460家生产经营单位的生产安全、食品安全、消防安全等方面开展不间断的安全生产检查。针对“两节”、“两会”、“五一”、“十一”等重点时段，合理投放安保力量，全年启动社会面防控一级预案15次27天，二级防控预案12次38天，发动志愿者93000余人次。加大公共安全及国防教育宣传，组织社区居民50人参观中国消防博物馆，普及消防安全知识。通过防震、防火、防汛等专项模拟演练，提高居民和社会单位的应急处置能力。为地区平房院安装防盗门10个、防撬锁1000把，加装消防应急站点50个，更新、维修灭火器275个。

（李博洋）

【功能街区建设】 年内，巩固和扩大老字号集聚区发展优势，与中央电视台合作录制《走进“百年老字号”系列节目》，对内联升、瑞蚨祥、正乙祠、张一元、大观楼5家老字号进行系列报道。举办北京大栅栏老字号旅游购物节、“大栅栏邀您来过年”主题活动、迎“五一”特色商业消费周、中华老字号体育文化日系列活动。大栅栏商业街全年销售总额5.61亿元，比上年增长18.83%。引导低端旅店升级改造，老舍茶馆收回致美宾馆改建为老北京博物馆，红星酒厂将名下旅馆改建成二锅头博物馆。与北京广安控股有限公司、北京国际设计周实施战略合作，举办北京国际设计周“大栅栏新街景”设计之旅系列活动。在大栅栏商业街及大栅栏西街安装休闲座椅17组，对街区内墙砖脱落和地面破损进行修缮，推动开放式景区公共服务设施项目建设。协助企业争取文化创意项目专项资金支持，鼓励商家进行产业结构调整。大栅栏商业街区新开业或主动进行店面改装、产品结构调整的门店20余家。大栅栏街、大栅栏西街、琉璃厂街3条大街获“北京市特色商业街”称号，大栅栏商业街被中国商联会评为“北京大栅栏中华老字号商业街”。

（李博洋）

【精神文明建设】 年内，制定街道第六个五年普法规划，开展“3·15”消费者权益日宣传活动、“拒绝违法建设”主题宣传日活动。将地区传统文化宣传与群众性精神文明建设活动紧密结合，开展北京精神评选，征集西城精神、大栅栏精神。开展“我记忆中的大栅栏”征集活动，征集稿件33篇、照片71张。组织300名社区居民参与“做文明有礼的北京人——市民高雅艺术殿堂文明行”。开展“绿色出行文明交通时尚达人”征集活动，90余位候选人参与。10月28日，大栅栏街道与房山区河北镇半壁店村签订“城乡统筹 文明先行”共建协议书，发挥街道在物质条件、人才技术资源等方面的优势，在农村基层政权建设、精神文明建设、生态环境建设和困难群体帮扶等工作方面，开展共建活动。推进未成年人思想道德建设工作，建立大栅栏街道工委关心下一代工作委员会，在各社区建立关心下一代工作小组。落实青少年回社区报到制度，建立起有效衔接学校、家庭、社会“三结合”的教育机制。培养青少年树立认知传统、尊重传统、继承传统、弘扬传统的思想观念，评选出“社区文明小使者”48名。打造铁树斜街社区特色科普活动站，新增科技互动设备、科普图书等资源。完善社区科普活动站使用制度，街道登记注册科普志愿者135人。

（李博洋）

【双拥共建】 年内，完成基干民兵170人和民兵应急分队50人的整组任务。健全双拥工作领导责任制，落实拥军优属政策，在春节、“八一”等重大节日向驻区部队、优抚对象“送温暖”，慰问款共计44.76万元。组织武警七支队官兵前往门头沟区斋堂镇的宛平县八年抗战烈士纪念碑，开展爱国主义教育。在老舍茶馆举办迎“八一”军警民文艺演出，组织40名武警七支队和大栅栏消防中队新兵参加北京传统文化体验一日游活动，观看爱国影片《建党伟业》。开展军地共建工作，以大栅栏消防中队作为国防教育示范园，定期组织青少年和居民群众开展“国防教育大课堂”活动，组建一支由战斗英雄、部队领导、青年官兵组成的国防教育辅导员和宣传员队伍，提升国防教育宣传工作水平。武警七支队与石头社区空巢老人签订“幸福夕阳工程”、“二助一”为老服务协议书，关爱社区孤寡老人。

（李博洋）

【全国文明城区创建与迎检工作】 5月12日，全国文明城区创建工作启动，成立街道分指挥部，组建分指挥部办公室、材料组、未成年人组、环境保障组、问卷调查组、信息宣传组、后勤保障组。针对不同时期的工作重点出台各类方案，建立迎检周调度会制度。全体机关干部、事业单位人员、社区工作者、各类志愿者、区支援干部共计1400余人组成一线队伍。共计检查门店836家，向326家商户发放“不向未成年人销售烟、酒”警示牌、禁烟标识、禁烟桌牌共计550个，规范店外经营、占道经营等违章行为共计618起，没收灯箱、小煤炉、桌子、广告牌等物品共计3000余件，清理小广告4万余份，累计检查街巷1100余条，清除卫生死角165处，清运渣土及堆物堆料470余处、105吨。共疏导车辆550辆，违章停车贴条323张。清理无照游商30余起，劝导流浪乞讨人员63人，实施救助3人。制作安装大型公益广告牌2个，悬挂横幅98条。利用辖区10块LED电子显示屏、20余块板报开展宣传工作，向社区居民发放《致居民的一封信》5万余份，广泛发动居民、单位参与文明城区工作。

（李博洋）

【纪念建党90周年系列活动】 年内，制定以“知党爱党跟党走 知民爱民暖民心”为主题的建党90周年系列活动方案。出版《大栅栏地区先进基层党组织及个人事迹材料汇编》，制作《纪念建党90周年感言册》。组织地区全体党员观看电影《建党伟业》。依托“智慧之光”大讲堂，对基层党员开展党史党情、十七届五中全会精神解读、全国“两会”精神及当前形势、社会建设等政策讲座。开展“重温光辉党史 感悟传统文化 共创街区繁荣”老字号企业技能展示活动，制作《大栅栏街道老字号企业党建沙龙系列活动计划》及《“统筹街区党建 引领商业繁荣”大栅栏街道工委区域化党建工作纪实》宣传折页和展板，总结区域化党建工作成果。“我身边的优秀共产党员”摄影及DV片大赛共征集DV素材10份，摄影照片100余张。以“五四”青年节为契机，举办“青春辉映党旗红 凝心聚情大栅栏 共享和谐成长路”庆祝建党90周年青年争做“成长之星”演讲比赛。在历代帝王庙文化广场举办大栅栏街道“唱响红歌 再创辉煌”庆祝建党90周年群众文艺演出活动。“七一”期间，走访慰问新中国成立前老党员、困难党员、优秀党员、流动党员等150余人，发放慰问款近6万元。

（李博洋）

天桥街道

【概况】 天桥街道位于西城区东南部，东起前门大街、天桥南大街、永内大街与东城区天坛街道为邻；西至虎坊桥、北纬路、太平街与陶然亭街道接壤；南起永安门护城河为界与永外街道相望；北至珠市口大街与大栅栏街道交界。辖区面积2.07平方公里，有驻区单位955个，社区8个，户籍人口18815户、53508人，常住人口18109户、46892人，流动人口8145人。年内，出生358人，死亡113人。全年财政收入68428311.06元，财政支出67154838.10元。召开纪念建党90周年暨创先争优活动推进大会，表彰一批先进基层党组织、优秀共产党员和优秀党务工作者。选举10名符合条件和结构比例要求的区第十一次党代会代表。深化基层党建示范点建设和党建创新工作。街道被北京市计划生育协会评为“2011年度计划生育红旗单位”；被首都精神文明建设委员会评为“首都文明街道”。

地址：西城区北纬路9号

邮编：100050

电话：83133818

（张建贤）

【城市管理】 年内，成立地区环境建设委员会，联合城建科、城管分队、环卫所、绿化站、网格中队、保洁分队、社区居委会等部门建立城市环境管理联动网络，形成共同商讨、统一计划、协调行动的新机制。就全年的城区建设和重要地段的拆迁，提前入户做思想工作，并就违章建筑给当事人发放通知讲清利害关系。在环境整治中，发放给香厂路和留学路《致居民和商户的一封信》500余份。并拆除香厂路、留学路地区288间3200平方米违法建筑。对拆除违章后的香厂路、留学路、仁民路、仁寿路进行道路铺装、整修，美化沿街商户外立面并进行牌匾规范，对部分楼层、平房进行粉刷，在道路开阔地带设置路灯、座椅等公共服务设施。建立区域环境监控体系，加强管理，上下联动，步调一致，打防并举，落实长效管理措施，保持拆违、控违的高压态势。加强常态管理，确保规范运行。对建于20世纪60年代的永内西街北里楼房，街道投资60余万元正式启动环境整治工程，共拆除违法建设100多处、1000余平方米，铺装地面1200平方米、粉刷墙面800平方米，修建200平方米市民文化小广场。出动执法人员50余人，执法车辆9台，拆除违法建设7间、120平方米，启用吊车搬运大中型水泥管21个，没收无证家犬3只，对相关人员给予行政处罚。清除老旧平房区内堆物堆料等安全隐患，共清理大件垃圾3车，渣土7卡车、35吨。全面清理困扰居民楼道清洁安全的“痼疾顽症”，做好宣传动员和问题排查工作，共排查环境问题176个，其中区考察组下发的问题123个，天桥街道自查的问题53个。编制《天桥街道2011年防汛救灾工作方案》，成立地区防汛指挥部，配备防汛器材，召开地区防汛工作动员大会并部署汛前安全检查工作，与北京古代建筑博物馆等10个单位签署《天桥地区安全迎汛责任书》，整个汛期，地区未发生塌房伤人的事故。4月1日，在各社区设站宣传北京市义务植树日，发放有关的植树材料，并启动美国白蛾防控机制，地区打药消杀面积60000余平方米，与地区社会单位签订《林木有害生物防治责任书》，在重点地段悬挂美国白蛾诱扑器19处。共开展“城市清洁日”活动12次，清理各类小广告800余处，消除卫生死角36处，清运无主渣土205车；发售优惠灭蟑套餐500份，建立鼠站360个，发放鼠药100公斤，粘鼠板500张。在万明路18号院内协调1处办公用房用于成立“低谷电”补贴发放办公室，发放《致“低谷电”补贴居民的一封信》1000封，为留学路社区、香厂路社区等4000余户居民发放“低谷电”补贴。全年共上报区城管监督指挥中心事部件10000余件，结案率99.5%。完成地区300户社会单位、商户用水指标发放工作，完成71户超定额指标用水加价通知发放工作；组织开展“3·22”世界水日活动、“4·22”世界地球日环保宣传活动，清理小广告500余张，发放环保宣传资料1000余份。

（张建贤）

【社区建设】 年内，组织开展社区专职工作者“大练兵”活动，举办成果展示会，各社区对“大练兵”活动进行汇报、多媒体演示，并对活动档案、走访记录等工作资料进行集中展示。组织招考应届大学毕业生社区工作者6人。为各社区新配置相机9台、摄像机4台、电视机1台、空调27台及办公桌、椅、文件柜、书柜等办公家具，盘查社区固定资产，申报报废32件。及时完善《社区公益金使用管理办法》，制订《天桥街道社区公益事业专项补助资金使用管理办法》等一系列新的公益金使用规定。制订《天桥街道创建和谐社区工作方案》，申报市级示范社区4个、区级示范社区8个，街道报市级、区级示范街道。启动安全社区的建设工作，制订《安全社区工作方案》。

（张建贤）

【社会保障】 年内，把促就业工作重点放在完善政策、加强培训、推进社区网格化管理，积极争创充分就业社区和街道工作上。通过加强街道社区两级培训，组织召开街道、社区、单位招聘洽谈会，全年完成失业人员推荐就业556人、空岗信息采集2631人次、职业指导2384人次。为失业的53人实现再创业发放小额贷款16万元，带动再就业213人。基本落实对辖区失业人员的各项服务，实现横向到边、纵向到底、责任明确、跟踪及时的全面覆盖和实时监控。实行网格管理服务“三结合”：将网格区域划分与社区管片主任、社区人力资源社会保障专职工作者及楼门长负责制相结合；区域划分与社区党员责任区相结合；区域划分与志愿者服务相结合。网格化协管员实行AB角色设定，工作互补制度；实行周例会、月例会、重点工作随时沟通制度。制定各社区促就业，开展充分就业创建活动的工作方案和办法。全年发放高龄老人津贴2059人次、213200元，发放重残无固定收入人员生活补助金674人次、325270元，受理居民丧葬补贴申请43人，审批发放40人、200000元。完成对8个社区836户低保档案整理、归档，建立电子档案库，实现社区低保档案移交社保所。对低保户815户1553人，发放低保金约700万元。调整815户1553人低保金标准，低保金到年底净增53827元。医疗救助584人次，发放医疗救助款71万余元；临时救助33人次，救助金额11万余元；救助91名家庭生活困难的学生，发放教育救助款26万余元。重大节日期间对特困人群进行走访慰问，发放各类慰问金20万元。为51个家庭、270人办理低收入家庭认证。受理限价商品房申请813户，完成市级备案784户，已选房323户；受理经济适用住房申请1252户，完成市级备案940户，已选房206户；受理实物廉租住房申请81户，完成市级备案66户，已选房31户。为81名民政地退人员、4名地转军人员，10名2010、2009年已故民政地退人员，共计95人进行退休费的调增，共计补发1130520元，人均补发11900元。落实街道残疾人大会代表联系残疾人制度，每位代表定期反映联系人的意见和需求。全面启动残疾人康复需求调查工作，举办残疾人电影招待会，放映国产电影《最爱》，400余名残疾人及其亲友出席观看。组织残疾人参观庆祝建党90周年西城区残疾人书画摄影手工艺作品展。组织地区残疾人参加在区残疾人服务中心举办的残疾人专场招聘会。各社区开展入户走访、联谊、情感慰藉、知识讲座等形式的扶残助残活动。虎坊路等社区举办“全国助残日”服务一条街活动。

（张建贤）

【社会治安综合治理】 年内，开展打击“黑车”行动44次，出动人员520人次、车辆115辆次，暂扣“黑车”25辆、拘留4人。为辖区内189辆合法残疾人机动轮椅车粘贴防伪标识。组织公安、工商等相关部门开展3次联合执法专项行动，共取缔17家无照经营小发廊、足疗保健店，查处超范围经营16家，暂扣按摩床、桌椅、吹风机等违法经营工具5车70余件。对校园周边违法经营商户进行打击，共整顿商户6家次；在中考、高考期间，增加校园周边警力，及时疏导交通，维护考场秩序。联合公安、工商、卫生等部门，出动410余人次，对辖区地下空间进行“拉网式”摸排，逐家建立台账，地区共有地下空间199个，流动人口14490人，出租房屋2542处。抓好预防煤气中毒工作，制作风斗600个，配备预防煤气中毒提示贴等20000余份，悬挂横幅40条，实现安全无事故的总体目标。全年安装防盗门10个，楼宇对讲系统8个；安装探头11个，基本实现地区监控全覆盖。制定《天桥街道禁毒工作办公室职责》、《天桥街道创建向日葵社区工作制度》。根据属地管理原则，制定《天桥街道“春节”期间综合保障工作方案》、《天桥街道全国“两会”期间维护稳定工作方案》、《天桥街道“五一”期间综合保障方案》、《天桥街道十七届六中全会期间综合保障方案》等方案，形成处级领导包社区、机关干部包点位、专业力量控点、群防群治力量防面的专群结合综合保障机制。组织开展大型宣传咨询活动4次，摆放板报展板80余块，悬挂宣传横幅36条，张贴宣传画2600余张，发放各类宣传材料7130余份，通过短信平台发送提示短信26000余条，签订责任书318份，受教育群众达60000余人次。协调工商、城管、卫生、防火等部门共检查辖区单位2391家次，发现隐患单位160家，相关部门依法做出处理，罚款511708元。开展排查化解工作，对排查出的问题，按照部门、科室职能进行分解和落实；落实管控措施，妥善化解矛盾。

（张建贤）

【精神文明建设】 年内，对机关、各社区进行建党90周年、胡锦涛“七一”讲话、“十二五”发展规划等内容宣讲宣传。制定学习贯彻《胡锦涛同志在庆祝中国共产党成立90周年大会上的讲话》实施方案，抓好理论中心组、机关干部、社区干部群众、非公组织和地区青年5个方面的学习，邀请专家为机关党员干部进行专题辅导。同时充分发挥社区干部和积极分子的带头作用，做到先学一步。通过抓认识、抓机制、抓宣传、抓重点、抓根本，对地区环境的“痼症顽疾”进行专项整治。成立地区关心下一代工作委员会，加强地区未成年人思想道德建设。组织开展“学身边模范，讲文明礼仪，树道德新风”学雷锋主题活动，根据开展活动的情况，表彰了一批先进，树立了一批新典型。通过“小小卡片传精神”、“浓浓翰墨写精神”、“深深情怀颂精神”、“红红春联显精神”、“人人践行铸精神”系列活动深入推进“践行北京精神做文明有礼的北京人”工作。社区科普活动形成全覆盖，组织开展以“低碳环保”为主题内容的科技活动周活动，承办“美好城市、健康西城”2011年西城区科普之夏活动。

（张建贤）

【双拥共建】 年内，组织召开2011年军政座谈会，从共促社区党建、共办社区文化、共创社区环境、共保社区稳定的“四共”体系，全面总结2010年的工作。从抓组织、抓宣教、抓实效、抓品牌，开展好“六个一”活动，争创全国军民共建先进单位的目标等方面规划落实2011年双拥共建工作。“八一”前夕，进行“青春暖夕阳 军民鱼水情——军民联欢‘庆八一’文艺慰问汇演，开展“助老、敬老、爱老”的志愿服务活动。对10名军队退休人员进行正常的退休费增加，共补发157080元，人均补发11220元。为34名伤残军人发放伤残金158910元；为37名义务兵支付义务兵家属优待金55.5万元。为3名参加对越自卫反击战退役人员和1名参加核试验人员进行生活补助金调标，调整补助标准达到每人每月496元。

（张建贤）

新街口街道

【概况】 新街口街道位于西城区北部，东起新街口南、北大街，西四北大街与什刹海街道为邻；西至西直门南、北大街，阜成门北大街与展览路街道相接；南起阜成门内大街与金融街街道接壤；北至德胜门西大街与海淀区隔街相望。辖区面积3.7平方公里，主要大街11条，胡同、街巷129条，社区居委会21个。户籍人口39923户、103989人，常住人口35878户、97247人。年内，出生841人，死亡432人。有社会单位2686家，其中中央单位112家，市属单位104家，区属单位190家，中、小学9所，幼儿园10所，社区教育学校1所。街道机关设27个行政科室，2个科级事业单位，机关、事业单位工作人员共237人，其中公务员129名，事业职工101名，行政工人7名。全年通过公开招聘、政策性安置、转任、调任进入机关事业单位的工作人员共计29人。退休7人（4名公务员和3名机关事业单位人员），调出公务员2人。全年财政收入15280万元（含上级财政拨款），支出12979万元，完成税收150000万元。年内，街道全面贯彻党的十七大及历次全会，市委十届八次、九次、十次全会和西城区第十一次党代会精神，团结协作、开拓创新、扎实工作，完成庆祝建党90周年系列活动的服务保障工作和区人大换届选举工作，街道各项工作实现新突破，区域发展成效显著。

地址：西城区西直门内大街128号
邮编：100035
电话：66002800

（张鹏旭）

【城市管理】 年内，开展“春风行动”、“夏季攻势”等整治行动，联合城管、公安、工商、交通等部门开展联合执法12次，规范夜间大排档26家，查处店外经营、超范围经营10处，取缔无照经营20起，制止夜间违法扰民施工10余起；规范宫门口东、西岔等乱点区域餐馆10家，没收乱堆乱放物品20余件，查处废品收购站2家。对新街口大七条、区地税局北侧空地、前桃园胡同空院、西廊下胡同2号等地块进行清理整治并建成临时停车场。配合区房管局改造老旧小区7个、整治胡同街巷33条。对富国里、宫门口菜市场周边开展环境综合整治工程，规范广告牌匾，拆除占道违章建设，整治脏乱环境，清除无照游商。拆除永泰地块（新街口永泰胡同周边拆迁区）违法建设16处、房屋49间；对区环保局煤改电办公区（玉廊东园4号楼南侧空地）临时建筑进行拆除，清运渣土80余车。全年检查树木1200余棵，修剪树木304棵。对“7·26”暴雨导致的243棵险树进行逐一排查，调动11支绿化抢险队，处理倾倒树木73棵；配合新街口房管所修缮因倾倒树木损坏的房屋110间，建筑面积1138.3平方米。开展病媒生物防控工作，为地区单位、居民小区、居民院喷洒药物544处。推进垃圾分类工作，向11个居民小区免费发放分类垃圾桶86组、258个，向11个垃圾分类试点小区的3881户居民免费发放分类垃圾袋280余万个及每户1组小型分类垃圾桶；培养发展新垃圾指导员29人，使垃圾分类指导员队伍达96人；深入社区宣传和普及垃圾减量、垃圾分类知识，制作宣传展板、宣传横幅11组，宣传手册3000余册。完成全国文明城区创建工作，设立4个工作组，分布在44个实地检查点，保障检查点及周边环境秩序，协调、处理各类城市管理问题197件，清理渣土50处、大件废弃物43件、小广告704张。完成“首都绿化美化花园式街道”及“北京市节水型先进单位”验收工作。

（张鹏旭）

【社区建设】 年内，深入推进和谐社区建设，指导社区共召开各类以民主自治为主题的会议共计789次，协调解决居民提出的问题2284件。举办社区公益服务项目推介会暨2011年地区社会组织服务民生活动，向地区居民和组织推介展示优秀公益服务项目20余个，参观居民累计超过540人次，全年共使用社区公益事业专项补助资金218万元。在西里一区等5个社区的楼门内安装楼门院综合信息栏412块，加强居民与楼门院长、社区之间的沟通。网上注册志愿者人数达到12540人，超过地区常住居民总数的13%。组织开展6场以“我的社区我的家”为主题的群众文化演出和新街口街道“白塔新辉”民俗文化节。街道社区服务中心接待地区居民12万人次，中心组织文化团队参加大、小展演活动24次，获奖项19次。公共图书馆共接待读者39844人次，办理图书“一卡通”524人次，外借图书67279册。数字影院全年放映电影93场，2877人观看影片。开展各类兴趣培训11场、科普讲座270场、电脑培训班15期，受益群众1万多人次。组织486人参加红十字自救互救培训，发放区红十字会救助款物累计价值达到58380元。配合街道卫生服务中心建立居民健康档案。完成年度无偿献血登记、组织工作，招募无偿献血志愿者100余人，79人完成献血。规范精神病人档案422份，对地区重点精神病人情况进行逐一筛查并落实管控措施。组建预防煤气中毒安全巡视志愿者队伍，招募37名专职志愿者负责开展安全知识宣传和巡视工作，出资9万余元为社区居民安装一氧化碳报警器500个。

（张鹏旭）

【社会保障】 年内，坚持“一口上下”机制，采取个性化救助、临时救助、专项救助和社会帮扶相结合的形式，全年走访慰问各类困难人员5196人，慰问款物合计258.77万元。发放“爱心卡”250张，价值12.5万元。为410户低保家庭发放冬季取暖补助30.45万元。深化社会保障服务工作，新增登记失业人员2220人，实现再就业2227人，完成任务指标的103.58%，登记失业率0.39%，“零就业家庭”通过就业援助全部实现动态清零。新增低保家庭83户、155人，减少低保家庭95户、210人，实有低保家庭1136户、2002人。新增参保“一老”123人、“一小”880人，新增无业居民130人，享受医疗及城乡一体保险人数达8281人。为1205人办理并发放医疗救助金16648万元；审核退休医药费单据11101张，申报医药费3709308.79

元。为14个社区11018户居民申请煤改电补贴，发放补贴金额4308776.56元。接待办理个人出租房屋代征税业务880户，代收代缴税金368万元。发放“三房”(经济适用房、限价商品住房、廉租房）申请表1511份，受理申请材料606份，选房配售542户。为436户家庭复核保障性住房资格，约谈保障性住房申请家庭90余户。发放廉租房租金补贴通知单及租金补贴过渡通知单80份。受理信访事件293件，其中来信35件，来访258件，答复率100%。计生工作取得新突破，全年办理《生育服务证》840个，《独生子女父母光荣证》342个，为65人依法办理生育二胎证；为2400人发放独生子女费14万元，为300人发放独生子女父母年老时一次性奖励费300000元；为1654名流动人口育龄妇女提供“家门口式”孕检服务，为21人报销“四术”（上环手术、取环手术、人流手术和引产手术）费3252元。开展“诚信计生伴我行”主题宣传月活动，签订双向承诺书430份，成立诚信计生小组430个，覆盖率达98%。成立亲子空间俱乐部早教基地“娃娃新乐园”及2个活动基地“启蒙园”、“启能园”；申报并实施“亲情互助”项目，为独生子女死亡特扶家庭提供帮扶服务；开展来京务工人员随迁子女在京接受义务教育政策宣传、“新市民座谈”、“爱心舍得会”等主题活动。服务残疾人工作取得新进展，地区在册残疾人总数2804人，为77名肢体残疾人发放活动座便器，为17名残疾人申请、发放“小帮手”电子服务器，安排23名残疾人进行残疾评估，组织2名视力残疾人进行盲人定向行走技能训练，为100名听力残疾人进行聋人基因筛查，为31名残疾人工作者和286名贫困残疾人进行体检。完成1615名残疾人就业需求调查及397名灵活就业人员保险核查，按比例新安置残疾人就业7人。为地区337名残疾人粘贴专用标识，发放残疾人燃油补贴349人次、232340元；为43名残疾人申请办理特事特办，发放补助金21800元。与新街口地税所合作共征缴残疾人就业保障金1300余万元。完成街道社区两级职业康复站的验收工作。全年为1477人发放福利养老金，办理老年人优待证701张、优待卡1016张。为5683名90岁及以上老年人发放高龄津贴604700元，为41名95岁以上老年人办理报销医疗补助金91513.1元。发放老年人“小帮手”服务器208台。为1439名无保障、低保老年人免费体检。表彰162名区级“孝星”和59名市级“孝星”以及5家为老服务先进单位。2个敬老院收入住老年人42名，老年人日间照料中心增加送餐和家政服务，共为28位老年人提供免费送餐和家政服务，全年共接待老年人1.4万余人次。

（张鹏旭）

【社会治安综合治理】 年内，严格落实社会治安综合治理领导责任制，细化规范综治责任制、倒查制和责任追究制。与地区132个中央、市属单位，15家较大规模的物业管理公司，21个社区居委会签订《2011年社会治安综合治理领导责任书》。制定并向社区部署《新街口街道关于建立社区综治维稳工作站工作方案》，指导21个社区建立社区综治维稳工作站。成立相关部门组成的地区清理整治联合执法小分队，联合有关职能部门开展清理整治80余次，累计出动执法力量260人次，查扣“黑摩的”35辆，清缴各类物品10余吨，拘留卖淫嫖娼人员6人、处罚房主2人。为地区18个居民住宅楼楼门和1个平房院门安装技防工程，受益居民265户。加强安全生产监督管理，与地区134家生产经营单位、各社区居委会签订安全生产责任书，与1088家“六小”（小餐馆、小理发店、小洗浴、小店铺、小娱乐场所、小网吧）单位签订安全生产承诺书，发放《致地区生产经营单位的一封信》1088份、《西城区生产经营单位安全生产检查标准》241份。开展安全生产专项整治活动，对发现的人货混居、疏散通道堵塞等问题及时下发整改通知书，对辖区46处翻建项目、13家有限空间和近300处地下空间作业场所进行检查，完善基础台账。成立新街口地区食品安全委员会，并聘任食品安全监督员2名，建立地区食品单位台帐，共对400余家单位开展各项食品安全专项检查。开展流动人口基础调查及百日核查工作，登记来京人员29706人，累计核销来京人员11830人；登记出租房屋5330户，累计注销出租房屋554户。开展专项矛盾纠纷摸、排、查6次，受理各类民间纠纷339件，调解成功308件，调解成功率达到90%以上，解答群众法律咨询367件。成立“向日葵社区”创建工作领导小组，重新排查核实吸毒人员信息，更新帮教档案。核实接收社区矫正人员33人，到期解除矫正32人，转出1人；接收刑释解教人员51人，到期解除帮教58人，帮教率98%以上。走访矫正对象263人次、帮教对象532人次，谈话教育946人次，开展心理疏导156人次，组织矫正对象参加公益劳动337人次，重点时期排查270人次。开展“奉献新街口十大综治人物”评选活动，并将先进人物事迹刊印成册、制作展板进行宣传；举办新街口街道纪念综治工作20周年表彰活动暨“身边人说身边事”文艺汇演；在21个社区中开展“平安社区”流动红旗竞赛活动。组建地区法制宣传志愿者小分队，开展“文明城区创建法律大讲堂”活动、暑期青少年法制宣传教育活动和“12·4”法律宣传咨询活动。

（张鹏旭）

【精神文明建设】 年内，举办“重温党史，牢记使命”新街口街道纪念建党90周年党史知识竞赛活动，有干部、居民、解放军战士近500人参加。牵头协调并参与“描绘和谐家园、展现美好生活”庆祝建党90周年综合艺术展活动。举办街道“永远跟党走”纪念建党90周年表彰大会暨文艺演出。在春节、元宵节、端午节等重大节日，大力宣传传统文化并指导社区开展系列活动，充分展示中华优秀传统文化的深厚底蕴和丰富内涵。开展“做文明有礼的北京人”主题教育实践活动。组织首都和区两级文明街道、文明单位、文明社区以及文明市民标兵的申报评选工作。宣传学习身边榜样人物，组织开展第三届“新街口街道百名文明市民”、“十佳文明之星”的推荐评选工作。开展绿色出行文明交通时尚达人征文征集工作，共上报征文90余篇。组织地区文明单位与延庆县康庄镇东官房村开展“城乡携手文化共建”活动。组织首都道德模范的推荐工作，共推荐6名道德模范。组织地区居民和机关干部积极参与北京精神表述语的投票活动和西城精神表述语的征集工作，征集西城精神表述语160条，提炼后上报区政府16条。推进未成年人思想道德建设，指导社区在青少年中开展“做一个有道德的人”主题活动；开展“快乐暑期　红心向党——争当社区文明小使者”活动，1753名青少年参加教育实践活动，226名优秀青少年被评为2011年新街口街道寒暑期活动的“社区文明小使者”。加强文明城区建设，学习和研究新版《全国文明城区建设测评体系》，起草《2011年新街口街道全国文明城区创建与迎检工作方案》，编制《新街口街道文明城区创建指标任务分解表（2011）》。

（张鹏旭）

【双拥共建】 年内，举办“追忆红色经典，共筑钢铁国防”主题征文活动和“军营一日”活动；“五四”青年节组织青年干部与共建部队官兵开展“军地青年篮球友谊赛”；组织北京市外事学校学生参观抗日纪念馆、进行征文演讲；举办“纪念建党90周年”文艺演出、社区书画展，建党90周年党史知识竞赛活动；在宋庆龄故居举办“军民共叙鱼水情、携手欢歌创和谐”庆“八一”慰问演出。开展“送知识进军营”活动，7名战士取得电工和厨师技能培训结业证书；百名战士取得自救互救初级培训证；开展法律、心理讲座进军营活动3场；开展双拥“六个一”活动。“两节”、“八一”等节日期间，出资20余万元为部队官兵送去自行车等慰问品；为贫困战士、立功受奖战士、困难复退老兵共24人送去慰问金1.3万元；为新、老兵购置生活必需品；走访慰问优抚对象50户。全年为辖区优抚对象、义务兵发放抚恤金、慰问金、生活补贴、救助金等共计202.3万余元；为优抚对象报销药费10万余元；开展“爱心献功臣”一帮一承包服务活动；新接收残疾军人6名；接收军转干部及军嫂11名。驻区部队空军后勤直工部与区武装部捐赠2.5万元帮扶辖区50户军烈属、残疾人、低保等困难家庭。

（张鹏旭）

【党的建设】 年内，对地区50个先进基层党组织、400名优秀共产党员、100名优秀党务工作者、8个区域党建先进单位和23名区域党建先进工作者进行表彰。西里三区社区党委、西四北三条社区党委、中直社区党总支和3个社区党组织被评为西城区基层党组织先进性建设示范点。制订《新街口街道社区党建创新项目管理办法》，完成宫门口社区党委、安平巷社区党委等社区党组织报送的“邻里守望”、“党员宣传责任区”等5个党建创新项目评比工作。加强基层党组织规范化建设，创新基层党建工作模式，完成在西四北三条社区党委和北京晓军办公设备有限公司党支部“中国共产党基层组织工作质量管理体系认证”试点工作，积极探索PDCA闭式循环基层党建工作新模式。街道“基层党建质量管理体系认证”模式和西里三区社区党委的“百名党员走千家 访遍社区每一家”创新项目分别获西城区A类、B类基层党建创新项目。全年制作3部党建工作宣传片，制作新街口街道楼宇党建电子黄页杂志，以商务楼宇“五站合一”（楼宇党建工作站、社会工作站、工会工作站、团建工作站和妇女工作站）工作模式为平台，扩大党组织和党的工作覆盖面。成立5个非公经济组织党组织，建立街道社会领域党建工作领导机构，以完善流动党员“双向共管”工作机制为重点，加强流动党员服务管理。修订《基层党组织“三评一考”工作方案》，健全完善基层党组织考评体系和党务工作者“双向述职”工作。完成党员的走访慰问工作，慰问无工作的新中国成立前老党员7人，慰问困难党员171名。组织开展“党旗凝聚力量，爱心播撒京城”共产党员献爱心活动，共收集捐款107471元。完成2011年度发展党员申报、考察、审批工作，有23人被批准为发展对象，组织关系转入212人、转出67人，收缴党费14.2万元，完成62份文书档案归档工作。贯彻落实《中共北京市西城区委关于中国共产党北京市西城区第十一次代表大会代表选举工作的通知》精神，选举产生11名出席西城区第十一次党代表大会代表。

（张鹏旭）

金融街街道

【概况】 金融街街道位于西城区中部，东起西四南大街、西单北大街，西至西二环路，南起宣武门西大街，北至阜成门内大街。辖区面积3.78平方公里，有街巷80条，其中一类大街10条，二类大街5条。社区居委会19个，户籍人口31433户、86182人，常住人口19401户、50334人，流动人口15649人、出租房屋4301间。年内，出生951人，死亡299人。有社会单位3199个，商务楼宇46座，高等院校1所，中学6所，小学6所，幼儿园2所，卫生医疗机构3个。全年财政收入23364万元、支出19599万元。街道机关行政、事业人员243人（公务员编制135人，事业编制108人）。公开招聘公务员10人，事业人员6人，接收军转干部11人，安置军嫂2人，向部队输送新兵20人。共办理群众来信23件，接待群众400人次。获“首都文明街道”和“2011年度西城区督查考核优秀单位”称号。

地址：西城区太平桥大街107号

邮编：100033

电话：66219688

（金玉红）

【城市管理】 年内，成立全响应社会服务管理指挥中心，集成24小时图像监控、突发公共事件应急保障值守、网格化城市管理接派案、非紧急救助、电视会议等职能。推进城市基础设施建设，完成园宏、笔管等5条胡同道路的大修、改造工程和南玉带、小口袋、园宏三条胡同地下管线改造工程。配合市、区启动宣武门西大街重要干道两侧遗留项目整治工作，完成架空线入地改造和绿地升级工作，步道拓宽4米。开展老旧小区环境整治，对石灯胡同6号、羊肉胡同120号小区进行重点治理，完成道路铺装3500平方米、绿化升级改造800平方米、粉饰楼体8栋、修理自行车棚4处、新建雨水管线300余延米，更换公共门窗1500余平方米。对园宏5号院户厕进行改造，协调纳入西城区环卫服务中心统一管理。开展街面环境秩序“百日整治”行动，先后开展“春风行动”、“夏季攻势”、“秋风行动”3次专项整治行动。规范经营摊点150余家、拆除地桩地锁40余处、拆除违法设置的指路牌80余块，清理脏乱点12处，清理废旧机动车8辆。推进垃圾分类工作，创建西城晶华、中海凯旋等10个垃圾分类示范小区，发放120立升分类垃圾桶578个、户内分类垃圾桶2829组、垃圾袋126万余个，设立垃圾分类指导员97人。对金树街17家门店开展餐厨垃圾无害化处理工作，发放垃圾容器272个，实现9.5吨日产垃圾全部集中清运并无害化处理。推进园林绿化工程，对地区14处边角地进行绿化美化改造，新建绿地400平方米，丰侨公寓创建为“2011年度首都绿化美化花园式单位”。国庆期间，在二龙路、大木仓、华远街、什坊小街、太平桥大街等重点区域摆放花坛4处、花堆30处，共计5万盆大小花卉。开展地区施工工地、拆迁区施工围挡整治工作，整改围墙800余延米。全年网格监督员接办案件6287件，按期办结率98%。扎实做好防汛工作，在全面排查隐患的基础上，制定地区防汛预案和实施方案，建立2支300人的防汛抢险应急队伍，配备沙袋、抽水泵等抢险工具和车辆。组织开展18次不同主题的城市清洁日行动，投放鼠药35桶、灭蚊蝇药品120余箱、灭蟑药品6000余套。

（金玉红）

【社区建设】 年内，提高社区建设和管理水平，完成丰盛、丰融园社区办公地点搬迁工作，实现京畿道社区办公用房达标，18个社区的办公用房面积达到350平方米。招录28名社区工作者，17名社区工作者取得社会工作师、助理社工师资格。成立“青之翼”青年社工俱乐部，为青年社工搭建交流平台。组织320名社区工作者参加培训。打造“一刻钟服务圈”，与中国农垦集团合作，在砖塔社区、音乐学院社区、宏汇园社区建立3家直营菜站。在闹市口中街33号建立1400平方米的社区体育服务中心。开展小规模幼儿园试点，在东智义胡同8号设立京畿道实验幼儿园分园，70余名适龄儿童入园。加强“96156”社区公共服务信息平台建设，签约26家社区服务加盟商，为居民提供10大类75项便民服务，全年完成辖区居民提交的各种服务需求18643次。

（金玉红）

【社会保障】 年内，构建街道综合救助平台，成立西城区慈善协会金融街街道分会，发展理事单位37家，组织动员地区社会力量开展各项慈善捐赠及救助活动。全年实施临时救助623人次，发放救助金77.8万元。对贫困家庭大学生实施助学33人次，救助经费11.2万元。为地区200户贫困家庭每户发放500元“爱心卡”。做好低收入人群生活保障，新增低保户68户、114人，实有低保户754户、1266人，全年累计发放低保金647.31万元。为低保人员800人次办理医疗救助，合计90万元。地区2265人享受“一老一小”大病医疗保险待遇，报销药费641人次，共计184.32万元。建立再就业援助项目，开发就业岗位6302个，实现就业1607人，就业率72.32%，城镇登记失业率控制在0.83%。实现创业104人，创业带动就业272人。完成小额贷款2笔、15万元。公益性组织安置失业人员1人，办理灵活就业和自谋职业450人。为失业人员提供职业指导3967人次，推荐成功就业614人，为245名登记失业人员开展免费技能培训。落实保障性住房政策，受理并经市级备案限价商品房360户、经济适用房70户、廉租房57户，其中廉租房实物配租25户，租金补贴32户。为166户居民办理公租房登记。公共服务大厅全年接待单位、居民办事人员6万人次，咨询电话10万人次。抓好惠民政策的落实，完成低谷电补贴2470户、177万元。新安置残疾人就业57人，为140名残疾人免费体检，为9名残疾人大学生和6名残疾人家庭子女发放助学补助款共计4.24万元，为残疾人发放“小帮手”电子服务器41部。共募集衣被8000余件，爱心捐款40.2万元。落实“九养政策”，在抄手胡同56号建立西城区首家老人综合服务楼，提供休闲、娱乐、养生、锻炼等服务。在19个社区开办老年餐桌，在11个有条件的社区建立老年日间照料室，为18名空巢老人免费检查身体，为372名90岁以上老人办理高龄津贴，为680名65岁以上老人办理优待证。为地区65岁以上老年人发放“小帮手”电子服务器210部，评选市、区级“孝星”115名（其中市级36名，区级79名）。

（金玉红）

【社会治安综合治理】 2月，与地区117个单位、19个社区居委会分别签订《社会治安综合治理责任书》，签订率100%。构建以公安、武警、工商、城管、预备役民兵、治安志愿者、治保积极分子为主体的专群结合防范网络。全年共投入安保社会面控制工作67000人次，其中巡防队员500人次，治安志愿者33120人次，民兵800人次，其他社会面控制力量32580人次。推行“消防自救网”，在10个平房社区的23条胡同、237个居民院中放置灭火器176个。加大地区科技创安工作，投资67.7万元，为12个平房院121户居民安装对讲防盗系统。完成3个社区14栋楼居民楼宇对讲升级改造工作，在重点部位添加摄像头20个。牵头做好幼儿园周边的治安、卫生、环境等综合治理，定期开展卫生和安全检查，投资2.4万元为京畿道幼儿园更换监控主机系统。探索创建“新市民之家”流动人口服务管理模式，实现由被动管理向双方互动转变。在地区单位开展消防培训和演习32次。加强调解委员会队伍建设，各级调解组织调解纠纷345件，成功率达到96%。解答法律咨询370件。接收帮教安置对象75人、社区矫正人员37人。

(金玉红)

【统筹发展】 年内，以街区综合管理职能移交为契机，积极探索金融街城市管理新机制。成立移交工作临时筹备组，将原金融街综合管理办公室职能移交给金融街街道综合管理办公室工作，7月14日成立金融街街区综合服务中心。对金融街街区25条道路、胡同的各类井盖、灯杆、广告灯箱、配电箱、果皮箱等进行巡查统计，统计井盖2105个，各类灯杆911个，与相关职能部门和所属管辖单位协调解决各类问题15起。联合区政府金融服务办，建立金融街街区管理与服务联席会制度，25个区职能部门和地区社会单位为成员单位，与各职能部门形成合力，实现金融街核心区从“建管合一”向政府常态化管理转变。加强同地区中央单位的沟通联系，走访中国邮政集团公司、中国工商银行总行、华能集团公司等9家地区企业。研究制定《金融街地区“十二五”期间公共服务发展纲要》，对地区应急指挥处置、公共交通优化和综合管理、区域内数据信息共享、公共事务快速反应处理、社会事务综合咨询服务等5项地区公共服务事项做出规划。成立金融街艺术团，有来自金融街地区15个社会单位的120名成员。全年组织9场不同主题的服务广场活动。建设“金领港湾”计生特色服务模式，建立“金融街从业人员健康生育服务网”和“金融街从业人员健康生育服务基地”，为地区从业人员提供个性化服务。连续6年开展“爱心相伴、牵手未来”捐资助学活动，地区国家机关、金融、电信等17家单位资助金融街地区30名特困女孩每人500元。举办金融街商务楼宇协会新春答谢会、金融街地区第二届红歌赛、金融地区第三届龙舟赛、金融街地区第四届运动会、“缘聚金融街”青年联谊会、首届地区卡拉OK比赛和网球比赛等大型活动。

(金玉红)

【精神文明建设】 年内，以全国文明城区创建与迎检工作为契机，开展“做文明市民，建文明城区，与文明同行”主题宣传活动，发放《致居民的一封信》宣传折页2万余张。组织开展践行北京精神活动。与地区市民教育学校策划推出《北京精神与国学传承试行本》。组织北京精神书画、摄影作品展。开展西城精神征集提炼活动，收集表述语72条。配合已有月刊杂志《今融》，推出全区街道首家手机彩信报——《金融街周报》，形成“一报一刊”的宣传载体，发放手机彩信报42期。以街道、社区97支文化团队为基础，以建党90周年为契机，开展“颂歌献给党”等丰富多彩的教育文化体育活动。以社区科普资源为依托，开展“珍惜地球资源、转变发展方式”、“低碳生活、绿色家园”地区青少年艺术节、“让梦想扬帆起航”青少年科技模型大赛等形式多样的科普活动。发挥社区市民学校阵地作用，动员地区单位职工和居民参加各类学习、培训，推进学习社会化进程。

(金玉红)

【双拥共建】 年内，调整和完善街道双拥工作领导小组成员单位和工作机制，开展拥军优属工作。“两节”期间，投入双拥慰问经费12.6万元，对辖区内预备役防化团，中央警卫八局，二炮司令部宏庙管理所，武警北京总队一支队一中队、十二中队等12个部队机关进行走访慰问。“八一”建军节向39名家庭困难战士发放助学慰问金2万元。连续23年开展武警北京总队一支队大兴区新兵训练基地新兵慰问活动，为训练基地的1000余名武警官兵送去价值7万元的慰问品。开展国防教育宣传工作，以征兵工作为契机宣传《国防法》和《兵役法》，进一步增强地区双拥意识，加强军政军民团结。

(金玉红)

【人大换届选举】 8月，成立选举工作领导小组和办公室，地区划分为19个选区，街道班子成员作为各选区的第一负责人做好指导工作。从8月19日至11月20日，历时3个月，900余人参与地区选举工作。截至11月8日投票日，金融街地区共登记选民130043人，参选率达97.51%，地区选举产生区第十五届人大代表39名。

(金玉红)

椿树街道

【概况】 椿树街道位于西城区中部，东起南新华街中心线与大栅栏街道交界，西至宣武门外大街中心线与广安门内街道相邻，南起骡马市大街中心线与陶然亭街道接壤，北至宣武门东大街中心线与西长安街道隔路相望，南北长约1250米，东西宽约900米，区域面积1.09平方公里。有53条街巷，7个社区居委会。辖区户籍人口13782户，34888人，常住人口11903户，27694人。年内，出生372人，死亡193人。有蒙、满、壮、哈萨克等11个少数民族，是全市辖区面积最小、人口密度较大的街道之一。驻区单位665个，其中中央单位15个，市属单位22个，区属单位43个，无主管企业585个。办事处下辖社会保障事务所、社区服务中心2个事业单位。年内，街道在区委、区政府的坚强领导下，深入贯彻落实科学发展观和十七届五中全会精神，围绕西城区“服务立区、金融强区、文化兴区”发展战略，按照“一核一带多园区”空间发展布局，全面落实市、区各项决策部署，完成文明城区迎检、人大代表换届选举等目标任务，推动区域经济社会又好又快发展，实现“十二五”良好开局。

地址：西城区椿树园小区11号楼甲1号

邮编：100052

电话：63103648

（王静雯）

【城市管理】 年内，协调供电部门为国家知识产权局拆迁区居民安装磁卡表，化解欠费停电问题。保障“四合上院”商品住宅建设，该项目完成1、2期销售，3期建设顺利。实现地铁7号线菜市口、虎坊桥两个出站口项目供地，琉璃厂艺术廊桥于7月5日建成通行。推进城市精细化管理，成立街道突发事件应急委员会，修订总体应急预案，构建起“1+7+7”（1个总体应急预案，7个指导意见及7个应急行动小组）工作网络，全年妥善处置城市应急问题301件次，汛期投入70万元修补老旧房屋61处，修剪伐除危树21棵、野生树108棵，地区实现安全度汛。保护历史文化名城,整治南新华街，推动东椿树业态调整，完成12间房屋的仿古式改造。改造梁家园、红线胡同雨污水管线700余米，拆除西南园、万源夹道等胡同煤棚138个，根据居民需求补建绿植景观13处，搭建晾衣杆8个，为宣武门东大街22、4、8号楼换装楼道声控灯850个。

（王静雯）

【社区建设】 4月27日，召开椿树街道社会服务管理创新工作大会，成立街道社会服务管理创新工作领导小组，制订《椿树街道推进社会服务管理创新工作实施方案》，设立社会建设专项资金。开展“走千户访千人”活动，走访辖区居民11705户，收集问题504个，解决问题377个。投入491万余元，通过购买、租赁、资源共享等方式，实现社区办公和服务用房达标。规范社区公益金使用，投入62万元用于扶持社会组织，提升社区活动品质，促进社区自治建设。加强社区工作者队伍建设，招录社区工作者28人，平均年龄28岁。

（王静雯）

【社会保障】 7月，开展以“提供一个岗位，促成一次就业，温暖一个家庭，献出一份爱心”为主题的企业联盟“守望相助”活动，依托企业联盟组织提高人职匹配。开展“就业促进月”活动，全年开发就业岗位1493个，实现就业897人，就业率达72.81%，失业率控制在1.62%以内，新增失业人员906人，完成自主创业60人，创业培训65人，创业带动就业208人，全年职业指导1028人，完成技能培训224人。依托综合救助平台帮扶生活困难家庭，截至年底，有低保557户、1025人，发放低保金536万元，停发86户、196人，发放临时、医疗、教育、慈善等社会救助金90余万元。解决低收入群体住房需求，累计受理保障性住房申请并经市级备案家庭172户，受理廉租住房租金补贴申请家庭34户，已配租26户，59户家庭选到限价商品房，175户家庭意向参加经济适用房摇号。提高残疾人生活质量，为41户听力残疾人家庭安装可视门铃，为66名残疾人发放活动坐便椅，为178名残疾人发放生活补助金36.4万元，为8户残疾人家庭发放扶残助学款3万余元。加强人口计生服务，开展“五进家庭”服务（优质服务进家庭、婚育新风进家庭、优惠政策进家庭、生育关怀进家庭和优生优育进家庭)，开设“健康大讲堂”，为300名户籍居民提供免费健康体检，完善“三缘小组”机制，加强流动人口“均等化”服务。12月14日，西城慈善协会椿树街道分会成立，慈善分会主要从组织机构建设、制度建设、慈善理念宣传、提高慈善救助资金力度等方面发挥作用，推进街道慈善事业的发展。有60岁以上老年人8149人，占总人口的21.3%；80岁以上老人926人，占60岁以上老人的11.4%；空巢老人891人，占60岁以上老人的10.9%。街道居家养老（助残）签约服务商36家，设有4处社区日间照料托老所，全年为939位老人和98位残疾人发放居家养老（助残）服务券，累计15742人次，结算服务费124万余元，全年为947位老人提供“爱心一卡通”居家养老服务17642人次，结算金额138万元。推出“椿树为老服务响应行动”，为辖区老人提供心理咨询、专业护理、文化交流服务338人次。黄记煌餐饮有限公司宣武门店被评为2011年度西城区资源共享先进单位。椿树惠佳丰为老服务中心于3月正式进入西城区孵化中心进行为期1年的孵化。

（王静雯）

【社会治安综合治理】 年内，深化综治维稳工作体制机制创新，组建联合执法小分队、社区综治维稳工作站以及琉璃厂西街、庄胜商场守护队。加强琉璃厂西街秩序管理，通过引导商户机动车到荣宝大厦停放、安装路桩、设立交通疏导员、加强对乱停车处罚等措施，缓解交通拥堵问题。开展“脉冲行动”，治理“黄牛党”和“黑车”营运，打击“江西瓷”非法行为，加强日常巡视，净化市场和旅游环境。开展社区“一院一图、一户一档”台账建设，推广“市民劝导队”模式，夯实综治工作基础。加强社区物防、技防建设，为宣武门东大街22号楼安装门禁系统，提升老旧楼房的安全系数。落实安全生产职责，开展烟花爆竹安全燃放、企业安全生产、预防煤气中毒、燃气使用安全等专项检查，组织3场消防演练，改造椿树园消防设施360余套。开展平安社区创建工作，做好流动人口和出租房屋隐患排查，地区全年可预防性案件发案3起，比上年减少6起。

（王静雯）

【经济工作】 年内，编制《椿树街道“十二五”时期发展纲要》，明确“传统与现代融合发展”功能定位，提出“创新街区、绿色街区、文化街区、和谐街区”四大战略，保障和推进重大项目建设。完成地区蔬菜经营网点基本情况调查和实地勘查，掌握蔬菜零售网点分布情况和蔬菜经营面积，为建立农产品超市对接蔬菜市场奠定基础。地区纳税100万元以上的企业31家、50万元以上的企业17家，全年累计完成税收37590万元，同比增长31%，累计财政支出6217万元，同比增长27%。为48家企业办理年审手续，新注册和迁址企业32家，其中注资5000万元以上的1家、1000万元以上的6家、100万元以上的10家。

（王静雯）

【精神文明建设】 年内，在街道社区服务中心地下室建成占地500平方米的科普活动室，设有小型数字科技馆、健康驿站科普平台、快乐科普互动体验区等，推进“15分钟科普服务圈”建设。推进红十字会应急救护培训进校园，在北京师范大学附属中学举办第一期红十字初级急救员培训班，向300名师生普及红十字基础知识和急救知识操作。加强城市志愿服务工作，有志愿者3800人，志愿服务队54支，开展“绿丝带护绿植树”、“走进农民工子弟学校”、“为城市管理监督员代岗一天”志愿服务活动，全年志愿服务7000人次，服务时长近1400小时。推进未成年人思想道德建设，开展“多彩青春，红色暑假”、“彩色冬天，缤纷假日”主题摄影、“探寻文化单位，品味地域文化”系列活动，引导地区青少年争做“四小少年”（传播文明的小使者、崇尚科学的小标兵、维护正义的小卫士及创造生活的小主人）。

（王静雯）

【人大换届选举】 年内，选举产生新一届区人大代表，完成西城区第十五届人大代表选举工作。通过动员准备、选民登记、提名推荐和协商确定代表候选人、投票选举4个阶段，共登记选民13428名，实际参加投票13021名，投票率达到96.97%，一次成功选出14名区级人大代表，其中党派、团体联合推荐3人，占21.43%，选民联名推荐11人，占78.57%；中共党员8人，占57.1%；女性5人，占35.7%；大专以上学历14人，占100%；基层一线人员13人，占92.9%；非公经济代表3人，占21.4%；连任代表6人，占42.9%。选举工作中，街道健全组织机构，强化培训指导，广泛宣传动员，悬挂横幅110条，张贴宣传画400余张，制作宣传板和黑板报41块，发放《致选民一封信》等宣传材料23000余份，入户走访15000余人次。

（王静雯）

【全国文明城区创建与迎检工作】　4月至8月，开展文明城区创建工作，制订下发《椿树街道创建全国文明城区工作方案》、《椿树街道2011年全国文明城区创建指标任务分解表》和《椿树街道2011年未成年人思想道德建设工作指标任务分解表》。建立处级领导定点联系社区制度，选派机关干部担任社区指导员，坚持每日例会及时跟踪工作进展情况，自上而下形成一级带一级、层层抓落实的责任体系。投入资金500余万元，整修破损路面1700平方米，硬化裸露面积1万余平方米，粉刷外立面2200平方米，清运渣土9300立方米，设置拆迁区铁质和砖混围挡5000多延米，设置各类宣传墙1700多平方米，制作各类宣传展板350块，悬挂宣传横幅150条，印制发放致居民的一封信4万余份、创建文明城区宣传折页5000份、宣传海报3万余张、模拟调查问卷1万多份。迎检期间发动近百名机关干部充实到社区、街巷，发动社区、辖区单位交通志愿者165名，环境监督员200余名，积极分子、楼门院长500余名共同协助开展环境卫生清洁和交通秩序维护。沃尔玛超市作为区大型超市接受检查验收，宣武门东大街社区完成中央文明办的问卷调查测评。

（王静雯）

【“椿树杯”京剧票友大赛】　8月至12月，举办以“传承国粹·传递爱”为主题的第九届“椿树杯”北京市社区京剧票友大赛。大赛以残疾人及其亲属、爱心志愿者为参赛对象，设立自强（清唱、彩唱）组，爱心（清唱、彩唱）组、残疾人器乐组。来自10个区县、15个京剧票房的59名选手报名参赛。12月10日，赛事展演在梅兰芳大剧院举行，王蓉蓉、杜鹏等京剧名家，第一至第九届“椿树杯”获奖票友，英国、日本京剧票友同台献艺。市文化局副局长王珠，市残联副理事长吕争鸣，区委常委、副区长梁昌新，区人大副主任刘永先等领导，李玉芙、陈志清、袁慧琴、罗长德等著名京剧表演艺术家应邀出席活动。

（王静雯）

【“新希望家园——春晖家园”成立】　年内，投入20余万元建成集论坛、教育、科普、健身、就业培训服务、医疗信息咨询于一体的功能院落。春晖家园划分为书画棋社、巧手厨房、天然氧吧、春风话语、健身艺苑6大功能区，显现“全面”、“实用”、“新意”、“细致”、“便利”5大特点，突出服务性、知识性、娱乐性、群众性，更加有效、合理地利用社会资源，发挥整合效益，帮助计生特殊家庭走向社会，使其困有所帮，孤有所依，老有所养，老有所乐。

（王静雯）

陶然亭街道

【概况】　陶然亭街道位于西城区东南部，东起太平街、虎坊路中心线，与天桥街道为邻；西至菜市口大街中心线，与牛街、白纸坊街道毗邻；南以护城河为界与东城区永定门外街道、丰台区西罗园街道隔河相望；北至虎坊桥路口，沿广安大街向西与菜市口大街交汇处中心点以南，同椿树街道相接。辖区面积2.14平方公里，共设8个社区居委会，户籍人口20783户、55151人。年内，出生417人，死亡105人。有中央单位10家，市属单位24家，区属单位38家，社会单位464家，大学1所、中专2所、中学2所、小学3所、幼儿园1所，医院2家。有社保所、绿化站、社区服务中心、环卫所4个事业单位。全年财政收入9618万元，财政支出8077万元，完成税收32400万元。年内，优化发展环境，以区“十二五”规划为指导，准确把握区域发展优势及定位，积极推进重点项目建设，发展动力强劲，以保障民生民需为根本，群众生活水平迈上新台阶。获“首都文明街道”等称号。

地址：西城区陶然亭路45号
邮编：100052
电话：63533972

（吕东苏）

【地区建设】　年内，每季度召开

经济形势分析会，加大引税护税力度。定期组织工商、税务、劳动等部门现场为企业提供服务。深入落实“三级大走访”活动，加强与企业间的沟通联系，为重点企业申请奖励资金，争取重点企业法人代表成为街道人大代表、政协委员，增强企业对街道的归属感。开辟企业注册绿色通道，引进企业20家，注册资金2.39亿元。全面对接“一核、一带、多园区”的产业发展空间布局，建立文明生活的北部区、和谐宜居的中部区、休闲文化的南部区3个功能区。加强与人大代表、政协委员、统战人士的沟通联系，建立人大代表监督员队伍。配合推进项目建设，通过建立多方协调机制确保大吉片拆迁工作平稳推进，化解涉及拆迁区居民房屋、水电等各类问题402件，已完成住宅拆迁6000余户，占应拆迁住宅总量的70%左右。

（吕东苏）

【城市管理】 年内，实施环境整治工程23项，配合市、区实施重点工程4项。其中粉刷楼房内墙32000平方米，绿化美化4万余平方米，修复路面7000平方米，铺设步道砖3200平方米，补植乔木、灌木3210株。全力以赴保障平安度汛，出动防汛应急值守人员约5400人次，接待电话来访728件，修缮房屋285间，苫盖房屋超过6000平方米，疏通下水36处，排除房屋安全隐患76处，排除墙体险情11处，清除险树42棵，实现连续26年“不塌房、不死人”的防汛目标。铲冰除雪清理街巷40余条，喷洒融雪制剂5吨。有白蛾防控队3支，出动480人次、车辆169次，对自管绿地打药消杀4次，面积约14000平方米。对地区508处环境问题建立专项台账并全部解决。发动市民近2万人次开展城市清洁日活动13次，清理卫生死角300处，清运废弃物300吨。

（吕东苏）

【社区建设】 年内，推进社区规范化建设，社区办公用房面积（除拆迁区外）均达到350平方米的标准。开展“走千户、访千人”社区工作者岗位大练兵和“走百家门”便民服务项目征集活动，提高社区工作者管理服务意识；指导陶然北岸、韵竹园小区业主委员会成立工作；建立街道“一刻钟社区服务圈”，整合地区200多家商户资源，为社区居民提供优惠的家政、维修等生活服务；培育发展社区社会组织，引导居民自我服务、自我管理，备案组织74个，登记注册志愿者3762名；借助北京市“96156”公共服务平台和西城区热线服务系统，实现坐席人员、服务商、服务对象“三位一体”无缝连接，全年服务派单1754条；开展“一居一特”创建活动，明确“平安祥和型”、“环保低碳型”等社区品牌创建目标，社区制作64块交流展示展板进行成果展示，龙泉社区共建互助会等4个项目获区社区公益活动示范争创项目经费共计1.9万元。全年申报市级先进居委会、先进个人各1名，申报区级精品社区2个。召开“庆三八情暖姐妹”单亲母亲座谈会，组织32名单亲姐妹走进美容院，装点美丽形象。开展普法宣讲活动，组织律师进社区、法律服务到家庭，增强广大妇女的法律意识、维权意识。与26家养老服务单位签订《居家养老（助残）服务协议书》，服务项目包括养老（助残）餐桌、医疗服务、家政服务等18大类、60小项。基本满足1500位80岁以上老人和200位残疾人的生活需求。有8家养老（助残）餐桌定点服务单位，以主食厨房、少数民族风味、营养配餐为特色，其中4家可以提供免费送餐服务。

（吕东苏）

【社会治安综合治理】 年内，推进“平安陶然”建设，固化人防、物防、技防“三位一体”的社会面防控体系，发动3875人的群防群控力量参与治安巡逻，投入200余万元安装楼宇对讲系统和小区探头。推进“平安社区”建设，有无发案社区3个。召开矛盾排查和情况会商会议，实施领导大接访、包案化解和社区现场办公会制度，在社区层面化解矛盾纠纷378起，通过街道综治维稳中心化解矛盾纠纷35件。做好区级挂账重点地区的排查整治和验收销账工作，共检查单位近7000家次，整改问题9000余项。投入资金10万余元，加强社区消防器材配备，为辖区平房院、简易楼房及8个社区更换、维修和检测灭火器660具，配备消防箱10个、消防桶150个、灭火粉1000袋。全面落实冬季以“防火、防盗、防煤气中毒”为主题的“三防”工作，逐户签订责任书，为低保、优抚、孤老残疾等弱势群体安装一氧化碳报警器381个。完成流动人口和出租房屋基础调查工作及流动人口核查工作，在区流管办“百日核查”检查中，合格率100%。开展反邪教工作，实现四个“零指标”。成立街道禁毒办，深入推进"向日葵社区"创建，成立工作领导小组，重新排查核实吸毒人员信息，更新帮教档案。举办"6·26"国际禁毒日宣传和吸毒人员参观禁毒展活动，组织地区禁毒志愿者学习《戒毒条例》，并通过问卷的形式，对学习成果进行检验。

（吕东苏）

【社会保障】 年内，地区城镇登记失业率1.17%，登记失业人员就业率74.08%，实现就业1415人，其中就业困难人员911人，就业困难人员就业率72.47%，无"零就业家庭"，60%的社区达到充分就业社区标准。落实"九养政策"，受理审批居家养老服务补贴申请185人，为辖区1589位老年人累计发放养老服务券156.8万元，街道范围社会保障无盲点、全覆盖。为755户、1294名低保人员发放低保金575万元；发放医疗、教育、临时等各项救助金106.5万元；慰问困难家庭、孤老残疾、优抚地退等人员2000余人次，发放慰问金、慰问品及各种生活补贴总价值近200万元；实施单亲贫困家庭援助工程，共对辖区28名单亲贫困妇女进行慰问，慰问金12400元。开展残健一体联谊活动，全年参与人数达4000余人次。开展社区心理关爱服务，举办心理讲座近10场，受众2000余人次。推进残疾人按比例就业，开展"残疾人就业细胞工程"，为586人办理保险及重残人生活补助，办理"一老一小"、无业居民医疗、城乡居民养老等社会保险3298人次。健全住房保障工作运行机制，严把审核"五关"，46户廉租房、83户限价商品房申请家庭完成选房。受理实物配租申请38户、租金补贴58户，经济适用房申请102户，限价商品房申请196户。28户实物配租住房申请家庭办理入住手续。25户租金补贴配租家庭签订配租协议。

（吕东苏）

【精神文明建设】 年内，完成全国文明城区检查验收；开展每月"排队推动日"活动；举办第五届"陶然美"摄影比赛；以"我们的节日"为主题，开展系列文化活动，进行爱国主义教育；开展"学好科普知识 共享公共安全"系列活动；组织社区居民参观北京市消防安全展览馆，开展健康知识讲座、健康体检等活动。以《公民道德建设实施纲要》颁布实施10周年为契机，组织推荐西城区公德人选、首都道德模范人选、身边好人人选；完成北京精神、西城精神的征集、宣传等活动；突出"六德"（责任、爱心、诚实、守信、宽容、礼让）教育品牌，成立全区首家关心下一代工作委员会，指导各社区成立关心下一代工作小组并开展活动，寒暑假期间组织地区青少年开展欢乐冰雪嘉年华、第二届科技陶然科普比赛、做知法守法好少年等活动，拓展"六德"载体，深入推进"做文明有礼的北京人"活动。推广《和谐家庭评价指标体系》，共评选出10户"和谐示范家庭"、100户"和谐家庭"。

（吕东苏）

【双拥共建】 年内，创建"双拥"品牌，在街道社区服务中心成立"军嫂之家"。以军地共建为宗旨，联合创办便民菜站，工作人员由军嫂担任。"两节"期间走访慰问部队官兵及结军亲对象。组织敬老院老人、武警战士和志愿者到恭王府春游参观，加强军地共建意识，部队官兵"知西城、爱西城、建西城"的热情得到提高。投入1.6万元为66117部队安装体育健身器材，丰富官兵的生活。春节、"八一"期间，开展送法律、送文化、送体育到军营和"兵妈妈"、青少年进军营等活动，各社区举办"庆八一爱心献军属"、"果子巷社区兵娃娃训练营"、"学习国防知识增强国防意识"、"青少年学军姿扬风采"、"军民同乐庆八一、共建文明新西城"等活动，地区一些社会单位热情参与双拥工作并提供支持，红土店煤气站为66117部队食堂及辖区义务兵家属检修灶具。

（吕东苏）

【党的建设】 年内，以迎接建党90周年为契机深入推进创先争优活动，召开街道纪念建党90周年表彰大会，表彰10个街道先进基层党组织、30名优秀共产党员、10名优秀党务工作者及20个区域党建先进单位，为10名党龄50年的老党员庆祝政治生日。以"红色文化"为主题，开展庆祝建党90周年系列活动，组织广大党员和入党积极分子观看红色电影《建党伟业》；制作"中国红"建党90周年纪念笔；开展"百万党员寄心语"、"向党说句心里话"活动；组织党员群众开展"共产党员献爱心"活动，地区45个支部，1064名党员、78名群众共捐款45280元。春节、"七一"、"十一"前夕，投入104200元慰问地区老党员、老干部。"社区共建互助联合会"被评为北京市社会领域党建优秀品牌，黑窑厂社区党委、龙泉社区党委被评为区级基层党建示范点，“四个亮出，四个考核”、民生快行线、社区共建互助联合会被评为区级基层党建创新项目。以《互助》、《阳光老李》为题材，拍摄2部纪录片，分别获西城区第一届基层党建DV专题片比赛二等奖、三等奖。

（吕东苏）

展览路街道

【概况】　展览路街道位于西城区西北部，东起西直门北、南大街，以阜成门北、南大街为界与新街口街道相邻；西以三里河路、动物园西墙为界与海淀区接壤；南以月坛北街为界与月坛街道相邻；北以南长河西海线为界与海淀区接壤。辖区面积5.87平方公里，社区居委会21个。户籍人口43096户、126009人，常住人口42151户、118815人，流动人口36179人。年内，出生1311人，死亡448人。大学2所、中学5所（含职高）、小学7所、幼儿园4所。驻区中央单位459个、市属单位171个、区属单位205个、无主管单位3813个。全年财政收入1.606亿元、支出1.437亿元，完成税收42.3亿元。完成街道基础设施建设工程50余项。新建非公有制企业工会878家，新增会员10814人。新建团组织非公有制企业26家。成立巾帼志愿服务队伍3支。召开展览路街道第十一次中国共产党代表大会，选举产生13名区级党代表。召开残疾人联合会第一次代表大会。99家单位参加第一次全国水务普查工作。被授予“全国社区侨务工作明星社区”、“第六次全国人口普查先进集体”、“北京市人口计生系统先进集体”、“北京市城市秩序百日整治打防管控一体化专项行动先进街道办事处”、“2011年度城市环境秩序百日整治工作机制创新奖”、“2011年北京市安全生产月活动最佳实践活动奖”、“北京市“双学双比双提高”网络宣教活动“先锋集体”、“北京市优秀职业康复站”，连续4年获西城区“优秀街道”称号。

地址：西城区车公庄大街13号
邮编：100044
电话：68314941

（王　蕾）

【城市管理】　年内，完成北礼士路70号院、百万庄西社区2个老旧小区和文兴街、北营房东里、文兴东街、文兴西街4条街巷胡同综合整治。完成露园社区环境专项整治，整修小区绿化带道路2703平方米。完成百万庄西、露园、阜外西等6个社区绿化改造7080平方米。为文兴街、百万庄西、百万庄东等6个社区外立面粉饰3235平方米。整修百万庄西、北营房西里等老旧小区道路1750平方米。完成新华南、德宝、阜外东、百万庄西等社区拆除违法建设及安装便民设施1962平方米。完成阜成门北大街、景观苑小区的精品街区绿化、道路、环境改造等整治工程。完成辖区12个居民小区的垃圾分类创建试点工作。组织驻区单位和21个社区居委会共66696人捡拾绿地垃圾。在全国文明城区复查测评工作中，印制发放《致展览路街道驻区单位、门店公开信》3000余份，为社区清除废旧宣传购置相应的工具和涂料，清除废旧宣传栏11处，更换垃圾桶100个，清运垃圾和大件废物201车次、799吨。针对西直门西南角环境卫生脏乱问题，区市政市容委牵头相关部门对该区域违法建设、非法经营、房屋出租等情况等进行联合执法，取缔无照经营、非法出租行为，拆除违法建设房屋130间、2300平方米。开展“百日整治”系列活动。开展“爱国卫生月”、“世界无烟日”、“城市清洁日”等爱国卫生活动12次。完成人民医院“无烟医院”和北京建筑工程学院“无烟学校”的验收检查工作，评选“健康家庭”100户。发放除“四害”药品680瓶、宣传材料及招贴画10000余份；评选“健康社区”2个；完成北京市夏季统一灭蟑活动，发放灭蟑药品1327盒。协调区市政市容委和产权单位，由区市政市容委增拨40余万元将百万庄东社区旱厕改造成冲水式环保厕所；协调区管委、区卫生局、产权单位等筹措资金200万元用于解决展览路卫生服务中心及阜外大街北里203号45户居民3年未供暖的供暖需求。受理各类信访督办件和城管案件处理单共计5296件，其中城管案件处理单5112件，大信访150件，市、区信访督办件34件。开展“无邪教创建活动”。整治北营房东里149号楼非法“家庭旅馆”。全年展览路地区21个社区、9个市场人民调解委员会共调解纠纷8439件，调解成功8401件，涉案7202166.88元，达成书面协议112件，调解成功率99.5%。

（王　蕾）

【社区建设】　年内，采取“一固一推”方式推进社区规范化建设，“固”即服务内容不断充实，由原来的71项社区基本公共服务发展为128项，“推”即按计划在朝阳庵、车公庄、南营房、新华里、三塔等5个社区推动“全科服务站”建设。打造“一刻钟社区服务圈”建设，提出“五个一”服务项目，即绘制一张资源地图、发放一本服务手册、融合一个服务平台、开通一条服务热线、成立一家服务协会。成立西城区首家阳光老人促进行动服务站，开展“阳光老人促进行动”，63名社区精神慰藉志愿者全年为老人提供电话咨询、上门服务、精神关怀服务3024人次。开展科普宣传、文艺演出、书画展览、体育健身等大型活动42次，20000余人次参与。科技周期间与多家科普基地共同主办以“携手建设创新型国家——提高科学素质，建设世界城市”为主题的大型科技周启动仪式，举办展览路街道首届社工趣味运动会。将“互联网直销支撑系统”引入中心城区的便民菜店——百万庄社区店和团结社区店正式开业。便民菜店的开业是展览路街道在建设社区“菜篮子”便民网点中，首个将“互联网直销支撑系统”引入中心城区的创新模式。

（王　蕾）

【社会治安综合治理】　年内，开展对天意市场周边环境秩序的整治工作。推进“平安社区”建设，“零发案”社区共有7个，发案28起，比上年减少5起，发案率降低15%。发挥综合治理优势，对校园周边环境秩序的整治始终保持高压态势，确保校园及周边秩序安全。开展交通安全宣传教育，完成“两会”等重要时期的交通安全保卫工作，全年安全监管事故实际发生0起，死亡0人，同比下降200%。加大消防安全知识的普及力度，消除火灾隐患。成立西直门地区综合治理办公室，实行执法干部捆绑式执法。在全市“百日整治”活动中，共计清理违章停车2356辆，规范“门前三包”、店外经营410起，救助乞讨人员37名，查处无照游商617人，查处各类黑车61辆，清查占道经营478起，违法停车贴条1771辆，处罚机动车346辆，拆除违章建筑2250平方米，拆除牌匾10余处，清除小广告、乱戳广告牌550处，查获1个散发小广告6人团伙、1万多份小广告制品，查扣假发票、假公章723份，抓获扒窃嫌疑人3人，扰序拘留45人，规范自行车存车处28次，规范报亭58次，消防检查市场26次。加大对地区矛盾纠纷排查管控力度，使地区未出现突出个案和非正常访。

（王　蕾）

【社会保障】　年内，展览路街道涉及就业指标共计14项，其中空岗信息采集7642人次，职业指导3593人次，城镇登记失业率控制在1.09%，就业率上升到67.28%，登记失业人员就业人数2060人，就业困难人员就业人数1058人，失业人员技能培训151人，创业培训15人。接收失业人员档案2092份，办理失业金领取手续276人次，为大龄失业人员办理灵活就业及自主创业社会保险补贴，协助职介中心代签存档协议和缴纳保险协议7560余份，签订享受灵活就业保险补贴协议921余人次。管理社会化退休人员档案5003份，其中外企退休人员档案499份，破产企业退休人员档案797份，社会化退休人员档案3684份，乡镇企业退休13人，老临时工10人。低保家庭851户、1345人；低收入家庭42户、147人。城镇居民基本医疗保险新增1267人，因升学等原因减员272人。限价商品房申请家庭600户，受理564户，一次公示530户，市级备案371户。经济适用房申请家庭175户，受理137户，一次公示101户，市级备案通过86户。廉租住房新申请家庭28户，租金补贴23户，实物配租5户。有453户家庭进行公共租赁房登记。走访慰问地区困难、残疾、优抚对象、军地退等家庭2200多户，送去价值210余万元的慰问金和慰问品；通过采取临时救助、个性化救助和慈善分会救助等措施，为128户困难家庭发放救助金36.5万元；为48名低保、低收入家庭大学生发放助学金26.4万元；利用街道帮困基金，在“六一”前夕发起“希望之光”救助行动，为10户儿童病困家庭发放救助金2万元；街道“爱心服务之家”为地区255户低保、低收入家庭免费提供价值13.75万元的食品和基本生活用品；为地区12名民政对象和孤老、孤儿解决集中供养费、医疗费22.5万元；为152名60岁以上老人办理慈善医疗，提供医疗费用

7.6万元；为地区215户低保、低收入家庭发放冬季采暖补贴9.6万元。开展“送温暖，献爱心”活动，接受捐款136万元。

（王　蕾）

【精神文明建设】　年内，宣传“十一五”期间经济社会发展成就和“十二五”发展规划，制作“十二五”规划宣传展板63块，向地区群众宣传“十二五”规划知识。建立社会动员新闻宣传机制，加强民生问题、社会热点问题的引导，营造扶贫济困、乐善好施、见义勇为的社会风尚，完善全社会广泛参与的突发事件应急体系。上报舆情信息180条。开展文明城区创建、“六五”普法、人大换届选举等主题活动的宣传，制作反映展览路地区特点的宣传片和图书，制作展示社区风采的展板42块；完善《展望》的选、编、设计与发放工作。围绕中国共产党成立90周年，开展主题征文、文艺演出、评优创优、“老照片”展览等一系列群众性文化庆祝活动。开展北京精神表述语征集、举办城市精神主题征文和演讲、制作宣传横幅和宣传折页、制作北京精神新童谣。以“相约文明社区行”为主题，开展我们的文明、我们的节日、我们的家园、我们的风采、我们的榜样5大系列活动。地区6个社区和5个考察点（涉及重点保障街巷9条）参加文明城区创建和未成年人思想道德建设不同指标体系的考察。成立街道关心下一代工作委员会，组织青少年开展爱国主义教育、国防教育、革命传统教育和思想道德教育。开展法制宣传进社区、“大家都走斑马线——文明交通伴我行”、“我是小小楼门长”、寒暑假社区文明小使者主题实践等活动。

（王　蕾）

【双拥共建】　在春节、“八一”等节日期间走访慰问驻区6个部队单位，送去价值26万余元慰问品和12万元慰问金。为家庭困难的25名战士发放慰问金2.5万元；筹集4.2万元为北京武警总队二师一支队基层部队改造图书室，送去图书600余册；为基层连队官兵送去价值4.3万元的电脑和书籍。解决安置5名军嫂就业。组织200余名新兵到中国人民抗日战争纪念馆进行爱国主义教育活动。举办军地联谊，参观教育，知识讲座和优抚对象、军地退人员座谈等活动20次。开展“永远跟党走，双拥促和谐”征文活动，收到优秀征文31篇。地区单位募集双拥基金2万元，与15个单位签订“爱心献功臣”活动帮扶协议，为17户烈属、军属和病故军人家属发放爱心款3.6万元，为525名伤残军人、义务兵和优抚定补对象发放定期抚恤金、优待金和生活补助金等260余万元。

（王　蕾）

月坛街道

【概况】　月坛街道位于西城区西部，东起复兴门南、北大街及阜成门南大街西侧，与金融街街道相接；西至三里河路中心线东侧，与海淀区羊坊店街道相邻；南到莲花池东路，与广安门外街道相望；北至月坛北街中心线，与展览路街道比邻。辖区面积4.13平方公里，一、二类主要大街11条，胡同43条。户籍人口57231户、198608人，常住人口52578户、116543人，流动人口29731人。年内，出生805人，死亡742人。驻区中央单位363个、市属单位107个、区属单位76个，大学1所、中学6所、小学6所、医院2所、大型商场10家、体育场馆2个、文化古迹4处、公园4处。全年财政收入14907.21万元、支出12730.82万元。年内，街道完成人大换届选举工作。7月下旬至11月中旬，将辖区划分为18个选区，组织驻地单位和地区居民，严格依法进行投票选举，参选率达97.6%，依法选举产生西城区第十五届人大代表37名。制定街道“十二五”规划，推进“四型月坛”（打造人文型月坛、发展数字型月坛、构筑学习型月坛、创建服务型月坛）建设。获民政部全国城市社区创先争优活动指导小组颁发的全国“创先争优在社区”有奖征文征集活动组织奖，获中国社会工作协会社区工作委员会颁发的2011年度全国基层社区管理体制优秀创新成果奖。

地址：西城区三里河一区5–7

邮编：100045

电话：51813703

（张　捷）

【城市管理】 年内，开展以街巷环境整治、老旧小区整治、街道为民办实事相关项目为重点的2011年环境建设惠民工程。完成汽南社区，甘雨桥，白云观南里3、5号楼等老旧小区以及二七剧场路1号院，海政印刷厂的拆违、地面硬化、绿化补植、改造车棚等环境整治工作，完成真武庙四条弱电架空线入地项目。共计拆除违法建设32处，腾退违法占地187平方米，硬化路面9200平方米，其中铺设大方砖7000平方米、混凝土2200平方米，铺设透水砖4200平方米，铺设马路沿1200米，维修小区市政设施122处，改造自行车棚5个、480平方米，新建厕所1个、42平方米，更换塑钢门窗1800平方米，补植绿化2890平方米，改造老旧小区大门6套。完成三里河二区南横街9、10排环境综合整治，依法关停违法经营场所21处，拆除违法建设800余平方米。完成木樨地北里整治工作，协助市政对道路进行重铺，拆除违法设置的广告牌13块，协调改造公共厕所1个。对真武庙二里、三里居民楼消防通道进行集中清理，拆除违规设置的地桩12个、地锁27个。加大对驻地单位新建、改造绿地工作的力度，共新建绿地780平方米，补植绿化2890平方米，在广电总局真武家园、国家烟草专卖局、国家统计局、新华大厦等地点开展垂直绿化工作，共种植爬蔓月季1100余株，种植长度370延米。开展美国白蛾及其他林木病虫害监测和防控工作，设立美国白蛾监测点11处，诱捕美国白蛾成虫240余只。组建防汛处置应急小组，出动防汛及雨中巡查力量700余人次，出动巡查车辆220余台次、抢排险作业力量300余人次、抢排险工程车辆20余台次，处置三里河三区、三里河南六巷、三里河南七巷、南礼士路头条至二条东侧路、自强里、三里河北街等多条街巷汛期倒伏树木、折断树枝共36株，解决路面塌陷、部分道路积水等险情6件。

（张 捷）

【社区建设】 年内，完成对社区党组织、居委会、服务站人员的培训，开展“走千户访千人”社区专职工作者大练兵活动，建立社区专职工作者“分片包户走访”与“轮换走访”相结合的常规制度。大练兵活动期间共走访居民36221户，解决问题2567个，居民对“走千户访千人”工作的知晓率达到80%以上。评选出三里河一区、复北、三区一3个优秀社区，评出4个街道级“活字典”。引导居委会通过按时上报听证会、议事会情况，了解民情、解决民需，居委会全年共召开会议1480次、听证会26次、社区事务协商会112次，解决居民提出的问题1375件；居务公开470次、320项，接待居民3675次、4864人。大力推动楼门院长信息系统建设，通过落实“三级报告制度”和“四级处理机制”，实现及时发现问题并有效解决问题两个目标，与城市管理网格共同组成街道社会管理及服务中平面网格与立体网格交织的大网格，进一步扩大管理服务的覆盖面，实现居民自治全覆盖。设置“社区建设能人库”，对社区人才进行数据分析，根据专业、所属社区、年龄等，整理和划分储备居委会换届选举人才名录，为居委会换届奠定基础。完成承接区科委2006年至2010年5项可持续发展项目审查经费梳理、资料整理的上报工作，接受专家组的实地审查。推进“城市社区服务精致化精细化科技工程”项目实施，完成广二、复北、真武庙3个社区多媒体活动室设备的采购、安装、调试和启用。技术上完成“对外发布信息定制管理及用户行为分析系统”的开发，实现“互动式社区学习平台”新增注册用户，其中14%的注册用户实现实名注册；完善门户网站、学习平台、博客及触摸屏等系统，增加审核管理机制。在市民学习周期间，举办摄影、书画、讲座、参观等活动20多项。树立“以空间换服务”的理念，大力培育发展各类社会组织，按照社会组织评估3级指标体系，对街道注册类社会组织进行规范化指导，并以汽南社区建设协会为个案典型，围绕国家社会组织1–2A级配套文件规定，对汽南社区建设协会进行申报，以此推进街道整体社会组织的规范化和制度化建设。整合各类志愿者资源，筹建月坛地区志愿者联合会。

（张 捷）

【社会保障】 年内，与辖区48家用工规范单位就建立用工实习基地达成一致意见并签署协议，这48家单位成为失业人员岗前实习单位。全年共安置1271人实现就业。完成职业指导3220人次，技能培训155人，创业培训15人，实现创业67人，带动就业475人。办理《就业失业登记证》984个。23户“零就业家庭”实现动态清零。办理各类居民医保1501人，报销金额348.2万元；

发放养老金160万元，失业金199万元。救助低保户、困难家庭603人，救助金额78.6万元。先后为6248位60岁至79岁特殊老年人及80周岁以上老年人办理居家养老服务补贴手续，及时办理“爱心服务一卡通”的申领和发放工作。共计发放居家养老服务补贴597万余元，回收居家养老（助残）服务补贴券322万余元。发放保姆费及敬老院费55万余元。为不断满足享受80岁居家养老服务补贴老年人服务需求，与地区11家单位签约，加入街道居家养老服务商队伍，并在地区部分服务商家设置老年结算绿色通道，为老年人提供更加周全，更加快捷的服务。发放《住房申请表》1668份，接受现场咨询2782人次、电话咨询1578人次。组织119人参加廉租房及限价房的摇号及选房，共受理经济适用房申请843人、限价商品房申请2745人、廉租房补贴申请210人。审批新办残疾证192张，丢失补办34张，残损换新4张，残疾证信息变更21张，残疾人关系迁入迁出6人。“爱心服务中心”被评为北京市优秀残疾人职业康复劳动项目。成立月坛地区慈善协会分会，全年募捐衣被22830件，善款638215元。

（张　捷）

【社会治安综合治理】 年内，着力加强居委会、地区单位综治机构规范化建设，并联合多个职能部门开展联合执法，对白云桥周边、北京儿童医院周边及国家发改委周边重点排查整治。成立街道三里河二区9、10排经营单位违法行为专项整治行动指挥部，对餐饮、商店等经营单位的违法建筑、违法经营、消防安全隐患等进行专项整治。利用211个前端图像信息监控，共发现各类问题2827件，其中城管类问题2752件，治安类问题57件，交通类问题18件。为交管部门、公安机关提供有效查证38件，并配合以专业民警、社区积极分子、治安志愿者、社区巡防队、小区物业、单位保安等力量，形成在各类事件处置中快速反应、有效控制的工作模式。加大街道安全生产监督检查力度，健全企业隐患排查治理自查自报制度，狠抓安全生产隐患排查治理，有效遏制区域重特大生产安全事故的发生。全面开展月坛地区地下空间调查登记工作，对地下空间400余处工程的安全使用情况进行检查，对在使用中有问题的单位进行当场纠正。在辖区内继续深化“国际安全社区”理念，推进安全社区建设。开展居家安全教育100余场、老年人心理慰藉课程培训50场，对地区3000名学生和600名班主任教师分别开展近百场“开心小屋”和“班主任工作室”心理慰藉活动。与65家企业签订《2011年安全生产责任书》，提高地区安全防范意识。创新公益法律服务方式，在社区开展“法之月坛”公益法律服务活动10次，约1300名居民参与听课和咨询。加强对流动人员的管理和宣传教育，共出动流管员400余人次，检查出租房屋2000余户、流动人口12000余人次，检查地区“六小”门店525次。检查地下空间人防工程94处，居住流动人口1593人。完成月坛街道办事处第一幼儿园抗震加固1800平方米及敬老院、社保所新租办公用房51栋、500余平方米的抗震测试等工作。街道综治维稳中心指导26个社区成立社区综治维稳工作站，形成地区综治维稳中心、社区综治维稳工作站和地区综治维稳信息员三级纵向有效衔接的网络体系。

（张　捷）

【精神文明建设】 年内，举办“穿过幸福时差，传递月坛心意”活动，出版发行《穿过幸福时差2》，宣传地区干部群众中先进典型，开展“金辉老人”、“身边好人”等评选活动。“月坛街道社区百姓宣讲团”先后在18个社区为980多名党员群众宣讲。开展“部长进社区”活动，宣讲党和国家的路线方针政策，解读群众关心的热点问题。《人文月坛》社区报年内发刊25000余份。在月坛公园举行“月下欢歌”月坛祭月赏月群众文化活动启动仪式。先后举办“我的社区我的家”第三届社区文体擂台赛、社区夏日文化广场、“颂歌献给党”庆祝建党90周年专场演出、西城区第五届“和谐杯”乒乓球比赛启动仪式暨月坛地区乒乓球比赛等活动。完成年度地区单位、社区文明单位、文明社区的申报工作。完成西城区公共文明指数测评迎检工作，期间制作、发放宣传横幅200余条，“一封信”85000余张，“文明扇”10000余把，宣传海报1000余张，《西城文明我知道》手册50000余份，编发《文明城区创建工作简报》10期。利用《人文月坛》社区报、街道OA网、楼门院长沟通系统、LED显示屏、宣传栏等宣传报道全国文明城区创建工作情况。

（张　捷）

【双拥共建】 年内，开展国防教

育，发放各类宣传资料600余份，在《人文月坛》社区报上发布征兵宣传专刊，驻区部队与地区单位、学校和26个社区广泛开展共建活动，协调地区单位、社区在春节和“八一”建军节期间对驻军进行慰问，并举行一系列联谊活动。为烈属、病故军属、因公牺牲军属、享受定补义务兵等办理各类补贴170万元。制订《月坛街道2011年度兵役登记工作计划方案》，成立领导小组，研究部署相关工作任务。下发适龄公民兵役登记通知书476份，为418名18周岁适龄男青年录入登记表、照片后办理兵役证。为7名未进行兵役登记的19岁至21岁的适龄男青年进行信息补登。录入991名民兵数据到民兵整组系统。组织民兵参加“两会”、“十一”等重大节日值勤安保工作，共出动2100余人次。安置军队转业干部9人、随军家属1人。

（张 捷）

【党的建设】 年内，结合建党90周年，在街道153个基层党组织和5000余名党员中深入开展“创先争优”活动，组织各种理论学习、理论文章征集活动，开展“社区党员诊室”、“党员承诺书”、“伙伴计划”，建立走访档案，协调解决群众反映强烈的突出问题。指导各党组织发展新党员30名，其中街道机关10人、社区12人、社会领域8人。预备党员转正25名。确定七彩云南党支部、三里河一区和三里河社区党委申报西城区基层党建示范点，并通过区委检查组检查验收。申报32个党建创新项目，其中街道社会工作党委的“社会领域e党建”和三里河二区社区党委的“志愿堡垒行动”通过区委检查验收，成为西城区首批党建创新项目。开展“三树五争当”主题系列活动（树形象、树标准、树典型；争当政策宣传员、争当技能示范员、争当人才培养员、争当权益维护员、争当和谐调解员），1人被评为北京市社会领域优秀党务工作者，1项党建活动被评为北京市社会领域优秀党建活动，七彩云南党支部被评为西城区基层党建示范点。组织地区1961名党员、267名群众参加“共产党员献爱心”捐款工作，共募集130906元，按时上交西城慈善基金会。完成春节、“七一”慰问困难党员工作，共走访困难党员97人，发放慰问款128580元。其中春节慰问困难党员69人，发放慰问款69580元；“七一”慰问困难党员28人，发放慰问款59000元。

（张 捷）

广安门内街道

【概况】 广安门内街道（简称广内街道）位于西城区中部，东至宣武门外大街与椿树街道毗邻，西隔广安门北护城河与广外街道相连，南枕广安门内大街，北依金融街，东西最长处2130米，南北最宽处1200米，辖区面积2.43平方公里，有一类大街5条、二类大街6条、胡同59条。社区居委会18个，户籍人口31775户、87300人，常住人口31726户、85623人，流动人口15524人，出租房屋4346户，院落2529个，楼房523栋。年内，出生664人。辖区内有中、小学校6所，职业学校2所，培智中心学校1所，青少年科技馆1所，幼儿园5所，卫生医疗机构3家，公园3处。辖区单位1517个，其中法人单位1366个，产业单位151个。法人单位中，中央单位71个，市属单位117个，区属单位86个，无主管单位1092个。全年财政收入10586万元、支出9538万元。街道设27个职能科室，2个科级事业单位，机关行政、事业编制人员130人（公务员87人，事业编制43人），接收军队转业干部1人，公开招录公务员4人，调入1人。全年共办理和接待来信来访567件次。全年爱心捐款共计20万余元。完成文明城区创建、人大换届选举工作，一大批群众关心的热点难点问题得到解决。街道获北京市第五届“魅力社区组织奖”、“北京市社区信息化综合示范街道”等称号，被文化部命名为“中国民间文化艺术之乡”——“空竹文化之乡”，信访、文化、体育、社区、安全生产、环境建设、志愿服务等多项工作受到市、区表彰。

地址：西城区感化胡同3号院12号楼

邮编：100053

电话：83172764

（赵　辉）

【城市管理】 年内，加快老旧小区改造及街巷胡同整治工作步伐，投入800万余元，完成槐北等7个小区的环境整治工程，绿化改造面积约4000平方米，铺设路面5000平方米，铺设步道砖约4000平方米，整修车棚3处，新做雨污水管线55米；实施下斜街环境整治工程，粉刷墙面1200平方米、统一更换更新商户牌匾90处。不断完善和加强社区基础设施和市政设施建设，翻修核桃园南里、西便门西里等楼前地面，对上斜街东口空地污水管线进行疏通并对地面道路进行改造；配合区市政市容委完成广义里小区等6个小区的"老楼通（天然）气"工程，受惠居民2500余户。联合城管部门开展"城管进社区"工作，解决年初社区上账环境问题214件中的115件，完成率达53%；配合文明城区创建、人大换届选举工作，投入300万余元，实施道路翻修、绿化改造、地笼安装、小广告清理等15项环境整治惠民工程；对群众反映强烈的报国寺、宣武门外大街、天陶市场及定居胡同周边环境脏乱差问题，组织城管、公安、工商、卫生、交通等部门开展综合执法整治。全年共拆除违法建设41处373.96平方米。取缔无照经营、规范店外经营1000余起，拆除户外灯箱、广告830处，清理垃圾渣土、堆物堆料1500余吨。查获"黑摩的"78辆，依法治安拘留45人、教育告诫23人，查处非法运营机动车16辆、人力三轮车18辆。

（赵　辉）

【社区建设】 年内，逐步建立和完善通畅的区、街、居三级网上"一体化"服务模式。全年投入195万余元，新增社区办公用房700余平方米，配齐办公设备，基本完成社区办公用房达标任务。加强社区制度建设，研究制定《广内街道公共服务基本目录》、《广内街道楼门院长管理办法》、《社区"两委一站"制度汇编》等规章制度。完善"一站式"服务系统，将18个社区与街道科室业务内容对接，实现"一口受理、综合服务、分办落实、首问责任、通办通结"的统筹协调机制，全年为社区居民办理事项4850件次。不断拓展社会组织服务领域，培育满足人民群众多方面需求的文化、教育、卫生、便民服务等社会组织167支。完善社区二级自治管理体系，建立楼门院长信息报送、舆情分析、社情民意反馈、各方协同服务等制度，组建一支1398人的楼门院长队伍。

（赵　辉）

【社会治安综合治理】 年内，加强安全生产检查力度，以地铁沿线、宣武门外大街为重点，出动4300余人次，检查单位1560家、出租房屋4482户、人防工程30处。加强地区防汛工作力度，购买汛期抢险物资并储备到位，排除树枝险情221处涉及树木181棵，处理漏雨房屋1163间，疏通雨污水管线17158米，实现"少塌房不死人"的工作目标。提升地区物防、技防水平，地区科技创安覆盖率83%，受益居民15806户。加强社区消防器材配备，为辖区平房院、简易楼房及社区更换、维修和检测灭火器2940具，配备消防箱20个、消防桶1500个、灭火粉2000袋，组织消防和突发事件应急演练5次。加强防煤气中毒监管工作，为孤寡空巢老人、流动人口等重点人群免费安装风斗和弯头2400个，为低保、优抚、孤老及残疾等弱势群体安装一氧化碳报警器1300个。加强社会面防控，完成"两会"、"两节"和建党90周年等重要时期的安全保卫工作。综治维稳中心成功化解重点疑难问题16件（起）。深化流动人口服务管理工作，进行"流动人口之家"试点工作。全年投入资金近200万元，为地区安全稳定提供了有力保障。

（赵　辉）

【社会保障】 年内，加大"两节"慰问、社会救助、劳动就业帮扶力度，共发放低保金、慰问金及救助款379万余元。"两节"期间慰问地区高龄、特困孤寡老人3210名。对地区590户、778名困难人群实施医疗救助、临时救助和教育救助。为地区低保人群发放一次性生活补贴。成立广内街道慈善分会，最大限度为地区各类困难群体提供更多、更及时的帮扶救助服务。全面推进社区"即时就业服务e站"，实行"零就业家庭"动态监控制度，全年城镇登记失业人员就业率74.78%，失业率控制在1.65%；累计帮扶1845名失业人员实现就业。加大各项社会福利保障力度，为地区低保家庭927户、1756人，发放低保金795万余元。提供养老助残服务，发放扶助金、各类补贴共计419万余元。认真落实"九养政策"，为3416位老年人、残疾人提供价值230万元的养老（助残）服务；以共驻共建为载体，建立康乐里"老年乐吧"，全年接待老年人 26233 人次，为老年人提供精神慰藉养老服务；为 290 多位高龄空巢老人安装虚拟养老“e 键通”电话终端。落实住房保障政策，完成廉租房实物配租和已选限价商品房家庭共 140 户，享受廉租租金补贴家庭 423 户。推进计划生育优质服务，为 205 人落实独生子女家庭特别扶助政策，为 140 多位育龄妇女免费发放叶酸。落实残疾人帮扶工作，召开第一次残疾人代表大会，完成换届工作，为 340 名个体（灵活）就业残疾人办理全额社会保险补贴，为 252 名残疾人发放机动轮椅车燃油补贴。

（赵　辉）

【经济发展】　年内，坚持以服务促发展，健全“广内地区和谐社区建设委员会”成员单位联动机制，加强重点商务楼宇周边环境治理。定期召开街道经济形势分析会，研讨地区经济发展走势，畅通“绿色”通道，为企业排忧解难。配合协调工商所、政通劳务服务中心以企业孵化器的形式引进北京晨峰投资控股有限责任公司等 14 家企业落户，累计注册资金 1.13 亿余元。通过强服务、优环境、促发展，全年街道税收完成 4.1 亿元，首次突破 4 亿元，同比增长 25%，实现经济的跨越式发展。

（赵　辉）

【重点工程】　年内，按照“智慧社区”建设总体思路，进一步整合资源，拓展领域，推动“智慧社区”建设深入开展。基础数据中心、综治维稳系统、十千惠民系统、一站式办公系统、社区阳光经费、槐柏商圈网、楼宇直通车、惠民兴商卡、数字空竹博物馆等 14 个子项目已建成且系统运行平稳；虚拟养老项目正式签约落地，惠及地区 300 名高龄特困老人；“智慧社区”社会服务管理平台上线运行，形成展示广内街道形象与工作理念的平台。加强拆迁区的服务管理工作，切实维护困难群体利益，完善会商沟通机制，解决断水、断电、下水道堵塞、环境脏乱等突出问题，服务保障广安产业园和宣武医院南扩等重点工程的顺利推进。全年广安片土地储备工程拆迁区签约 49 户，剩余 661 户；宣武医院南拓工程拆迁区签约 93 户，剩余 354 户，其中重点地块（主楼楼座）337 户已全部签约；三庙前街“城中村”环境整治工程拆迁区签约 6 户，剩余 4 户。

（赵　辉）

【精神文明建设】　年内，采取政府主导、社区主办、地区群众和企事业单位广泛参与的方式，举办“康乐杯”乒乓球大赛、“春乐杯”太极拳邀请赛等 10 项区域年度文化品牌活动，参与地区文化教育活动人数达 2 万余人次。继续打造空竹文化品牌，举办 2011 年北京空竹文化节暨第二届中国“广内杯”空竹邀请赛。开展科普之夏活动，组织 18 个社区开展“科普大课堂”科普知识教育培训、主题宣传活动、青少年系列科普活动和社区绿色环保跳蚤市场等多种形式的活动。以文明城区创建为契机，在 4 个主要路口及沿街车站，开展文明交通引导活动；设计制作文明创建主题宣传展板 300 余块、宣传横幅 200 余条，施工围挡 1000 米，为宣武门外大街、西便门内大街 46 号院和地铁 7 号线报国寺施工围挡制作文化墙 1200 平方米。深化“爱心助学”行动，慰问地区贫困青少年 19 人，发放慰问金 7300 元。

（赵　辉）

【双拥共建】　年内，开展送科技知识到军营活动，联合北京市财会学校（原北京市宣武区第一职业学校，6 月更名）为 20 名武警战士进行 6 个月共 2 期的计算机上门培训。开展“和谐军民·鱼水情深”系列文体活动，举办军民乒乓球友谊赛、“军民共建文明社区”拔河比赛，组织优抚对象观看京剧《在长征路上》及建军 84 周年文艺演出，组织 16 名官兵代表参加北京空竹文化节暨第二届中国“广内杯”空竹邀请赛。春节、“八一”期间，走访慰问驻地部队 5 支，发放慰问金 25000 元、慰问品价值 21000 元。慰问退役军人、伤残军人、在役义务兵家属等 6 类优抚对象，发放慰问金 16 万余元。为 130 名入伍新兵和 93 名退伍士兵发放慰问品；为 72 名伤残军人发放伤残金 56 万余元、防暑降温茶叶 68 份；为 3 名去世伤残军人核算丧葬补助费 2 万余元；为 1 名患癌症的伤残军人申请并发放优抚对象医疗救助金 1 万元，为 1 名参战退役人员落实优抚人员医疗待遇。

（赵　辉）

牛街街道

【概况】 牛街街道位于西城区南部，东起菜市口大街，西至广安门南街，南起南横西街、枣林前街，北至广安门内大街。辖区面积1.41平方公里，主要大街6条、胡同22条。驻地中央单位150个，市属单位90个。辖区内有中学2所、小学2所、幼儿园1所，敬老院2所，社区居委会10个。居住着23个民族，户籍人口17622户、50685人，少数民族人口16236人，流动人口13274人。年内，出生410人，死亡187人。街道设22个职能科室，2个科级事业单位，机关行政、事业人员共119人，其中新招收录用机关公务员4人、事业编制3人。年内，撤销环卫所、绿化管理站和法律事务所3个事业单位，将环卫所、绿化管理站监督管理职能划入城市建设管理科，环卫所的清扫和绿化站的养护作业分别移交到区环卫局和区园林局。社区服务中心拨款方式由差额拨款转为全额拨款。全年财政收入4.8亿元、支出7190万元，税收累计4.8亿元，完成年度计划的101%。街道获“2006—2010全国法制宣传教育先进单位”、“北京市第十届思想政治工作优秀单位”等称号。

地址：西城区牛街8号

邮编：100053

电话：63533407

（李　楠）

【城市管理】 年内，成立牛街街道城市环境建设会员会，负责统筹指导、组织协调、督促落实辖区内城市环境建设工作。投资800余万元打造牛街西里二区精品小区和白广路精品大街。西里二区精品小区工程改造项目有：小区中心广场、儿童乐园、乒乓球场地、绿地花池、小区北大门等出入口、小区道路及相关便民设施。其中为小区中心广场及人行便道铺装地面1600平方米，为儿童乐园及乒乓球场地铺设地胶780平方米，粉刷粉饰墙面600平方米，粉刷维修小区铁艺围栏1055平方米，硬化平整路面1200平方米，绿化补栽补种5000平方米，更换树池、树篦子70个，更换座椅35个，更换垃圾桶2个，新建自行车棚1处占地面积140平方米，安装自行车地笼60个，新增小区标识2处。开展义务植树登记、古树名木养护及病虫害防治等绿化工作。倡导环保新生活模式，通过多种形式宣传，提高群众垃圾分类知晓率，在原有4个垃圾分类试点小区的基础上，新增4个试点小区。在辖区内广泛开展节水宣传，为50余户居民免费换装节水马桶器具，配合区有关部门完成一户一水表改造和户内用水管线检测工作。6月23日、7月24日和7月26日北京地区分别遭遇严重强降雨，街道加强值班值守，共排查房屋3044间（公房2644间，私房400间），及时发现、报告和处理路面塌陷9处，暴雨未造成人员伤亡和财产损失，平稳度过汛期。

（李　楠）

【社区建设】 年内，启动社区民需调查，发放调查问卷31000份，形成调研报告，为提升社区服务提供基础数据。投入近百万元改善社区基础设施和服务条件，确保社区办公用房达标，办公设备不断优化。继续在所辖10个社区推行工作项目制管理，进一步严格办公经费的使用标准，定期核查社区水费、电费、电话费、暖气费、房费的使用情况和统计各社区项目制工作的完成情况。社区共召开会议450次，其中听证会35次，社区事务协商会141次，研究社区工作435次，解决居民提出的问题893件，居务公开522项，接待居民40155次，访楼门院长3935次、4469人。先后开展助理社工师考前培训，“书记、主任站长班”、“社工班”培训，社区志愿者信息录入管理员的培训，并根据广大社区工作者的需求对全体社工进行集中业务培训，全年共培训362人次。加大社会组织培育扶持工作力度，推动社区社会组织的快速发展，发挥其在改善民生、维护稳定和促进社区民主自治中的积极作用。成立牛街街道社区社会组织公益服务发展园区，完善《牛街街道培育发展社区社会组织的指导意见》等管理制度，引入专业社工师事务所，参与社区社会组织的培育，向公益性社会组织购买公共服务，鼓励和培育社会组织发展，初步形成公共服务的社会参与机制，已备案社区社会组织57个、1545人，其中公益性组织24个、1117人。继续完善已有便民项目，在牛街西里一区社区开设小学生课后“托管班”，指定专人接送学生，并聘请退休教师为学生提供学习指导；重点解决特殊群体需求，春风社区组织低保家庭人员组建老年就医陪护队，陪护老年人到医院就医，并与社区卫生站合作，定期为社区老年人入户测量血压、进行健康饮食指导；牛街西里一区社区实施孤寡老人和空巢老人应急救助措施，南线阁社区为空巢老人提供“一对一”服务，并为老年人提供上门理发服务。

（李　楠）

【社会治安综合治理】　年内，在10个社区建立流动人口服务站，组建22人的流管员队伍，流动人口和出租房屋管理服务机构逐步健全，全年组织社区工作者先后走访居民6825户，签订出租房屋治安责任书208份，办理流动人口暂住证3140个，填写来京人员登记表3346张。全年共接待来访122件，全部办理完毕，处级领导接待来访群众18人次，综治维稳中心律师接待法律咨询85件。在治理“黑车”专项行动中，组织地区相关执法部门集中行动30余次，共检查过往车辆128辆，批评教育36起，行政警告12起，暂扣违法违规营运“摩的”22辆；在集中整治非法沿街大排档行动中，先后规范商户66家，发放宣传材料900余份；在安全生产消防专项整治行动中，共检查单位1346家次，发现火灾隐患1329处，当场整改隐患1207处，下发《责令改正通知书》225份，行政处罚12起，处罚金额10万元，临时查封9处，行政拘留2人。配合北京市燃气集团有限责任公司集中对1990年以前通气的老旧小区居民用户进行入户巡检，共检查1879户，同时组织力量对辖区内小餐饮、小旅馆使用液化石油气用户共28家进行巡检，消除隐患9处。9月开学前，综治办对街道在册的7所中小学校和幼儿园进行逐一走访，确定好每日上下学两个时间段，协调以派出所民警为主，相关社区的治安志愿者为辅的安防力量，加强对校园门前及周边的防控，确保安全。

（李　楠）

【社会保障】　年内，投入411.4万元用于发放低保金、医疗救助、丧葬补助及慰问困难家庭等，惠及困难人群1200余人。落实“九养政策”，推进居家养老工作，不断扩大居家养老服务商队伍，丰富社会化养老服务内容，建立9处老年人“小饭桌”，解决老年人就餐困难问题。为地区3800余名老人发放津贴、补贴等188.9万元，“牛街人·牛街卡”发放养老补贴经验在全区范围内得到推广。全年共受理各类保障性住房申请216户，完成18户实物廉租房申请家庭选房工作，38户限价商品房申请家庭选房工作。登记失业人员失业率1.1%，就业率69.2%，就业困难人员就业率69%，实现就业963人；街道失业人员存档1324人，举办成功求职班22期培训440人，技能培训230人，创业培训64人，发放失业金254.8万余元。医疗补助89人次，报销药费1万余元；“一老一小”累计参保2606人，报销药费77万余元；享受灵活就业社会保险补贴政策1318人，享受自主创业政策32人，享受无业居民大病医疗保险429人，报销药费16人次；享受城乡居民养老保险262人；为3225名社会化退休人员发放养老金6807万元，报销药费215万元，为60人发放退休人员自采暖补助4.8万元；累计为地退人员1320人次发放工资近286万元。服务地区育龄妇女，为456人办理《生育服务证》，为172人办理《独生子女父母光荣证》，对2361名流动人口育龄妇女信息进行双向核查，发放一次性独生子女奖励费11.3万元，地区符合政策出生率达98.7%。“两节”期间慰问重残、一户多残、老残一体家庭67户，发放慰问金4万余元。

（李　楠）

【经济建设】　年内，文化创意企业孵化园园区经营运转正常，实现地区税收150余万元，园区新入驻企业2家，续签企业4家。为北京四海兄弟软件科技有限公司申请大学生自主创业资金15万元。坚持领导干部走访联系重点企业制度，定期了解企业经营运转情况，为地区有招商需求的企业和符合牛街发展定位的企业牵线搭桥。成立北京市首家会计核算服务中心报销试点，为企业提供便利。开展工会建会工作，共建会548家，会员数达5681人，签订集体合同486家，签订率达95%。

（李　楠）

【精神文明建设】　年内，依托“处带居、科带居”制度，组织发动党员、志愿者、积极分子、楼门院长和社会单位共10676人次参与城市清洁日、“讲文明、树新风”等活动；组织开展“做文明有礼的北京人——绿色出行文明交通从我做起”主题宣传实践活动，征集、挖掘“绿色出行文明交通时尚达人”，开展“我与文明交通”百家论坛和征文活动；推选3名优秀道德模范人物参加北京市道德人物评选活动；发挥社区少数民族“妇女之家”作用，引导妇女和家庭成员参与“五好文明家庭”、“平安家庭”创建活动；对地区考取大学的78名学生（其中少数民族学生24人）给予不同程度的资助和奖励；向回民幼儿园及其他6所学校提供民族特色教育资金16万元，配合相关部门做好回民幼儿园的扩建工作，解决地区“入园难”问题；通过搭建平台，以赛代训等方式，组建和扩大牛街合唱队、舞蹈队、柔力球队等68支文体队伍。通过发挥品牌文体团队的引领作用，带动地区群众开展文化活动1720次，11800余名群众参与；推荐牛街掷队、摔跤队、武术队（白猿通背拳）参加“西城区民族民俗文化体育节”，宣传和推广民族体育。中央文明委检查验收期间，共发动10676人次参与迎检工作，共清运垃圾80车，清除小广告2159张，码放自行车1897辆，张贴宣传画1250张，发放《致居民的一封信》22000张，督促告知300余家门店做好“门前三包”工作，劝阻游商与乞讨行为30余起，处理晾晒48处，劝阻违章停车等不文明行为434起，综合执法小分队发送违章停车告知书580张，张贴违章停车处罚单400张，完成全国文明城区复检工作。

（李　楠）

【双拥共建】　年内，通过开展“民族宗教知识进军营”活动向部队官兵广泛宣传党的民族宗教政策。创建“白广路双拥宣传一条街”，利用《今日牛街》、宣传橱窗、板报、横幅、座谈会等多种载体和形式，报道双拥工作中涌现的典型人物和先进事迹。“八一”期间，走访官兵、优抚对象、军转干部、军休干部、军休职工、义务兵等人员，送去慰问金共计31万余元。投入5万元为武警七支队官兵安装体育健身活动器材。为武警消防第二支队战士办理社区中心文化活动室免费借阅证。安置军转干部3名。邀请驻地部队官兵参加社区新春联欢会、西城区第五届“和谐杯”乒乓球赛、法源寺“丁香笔会”、“五月鲜花送给党”等社区活动。与部队战士共同举办庆祝建党90周年红歌演唱会，武警第七支队组织60名官兵参加庆祝活动，并献上精彩的节目。武警第七支队官兵开展拥政爱民活动，为牛街民族敬老院老人们表演军体拳、独唱及舞蹈。

（李　楠）

【民族工作】　年内，召开牛街街道第十一届民族团结进步表彰会，对100个先进集体、100个楼门院、126名个人、100个和谐家庭给予表彰。编印《牛街街道加强民族工作意见汇编》、《牛街街道民族团结进步表彰会工作汇编》。开展“民族团结月”系列活动，以活动凝聚各族群众；继续做好牛街经验推广工作，全年共接待来自柬埔寨、中国香港特区等境内外参观考察团近30批千余人次；组织牛街街道第一届民族团结杯知识竞赛，知识竞赛将党史、民族政策、牛街街情、民族知识以及创建全国文明城区、人大换届选举工作作为学习宣传的主要内容，吸引来自辖区各社会单位、非公组织和各社区工作人员组成的20支队伍参与。开展丰富多彩的民族文体活动，组织社区党员、各族群众近400人次观看民族团结专题电影展映；组织阿訇乡老和中国伊斯兰教经学院的学生参与各族青年拔河友谊赛；组织民族宗教、侨台等各界人士参加“牛街街道各界人士新春团拜会”；组队参加北京市第六届民族健身操舞大赛，获金奖1枚、银奖1枚和优秀创编奖。

（李　楠）

【人大换届选举】　自8月20日起，牛街地区分会人大代表换届选举工作全面展开，至11月9日完成选举投票、计票工作。换届选举工作严格按照法律程序、法定时间和法定要求完成。在历时3个月的换届选举工作中，牛街地区分会经过准备阶段、选民登记阶段、提名推荐协商确定代表候选人阶段和投票选举4个阶段，共登记选民24915人，选民参选投票率达97.5%，提出初步代表候选人41名，经过协商讨论确定正式代表候选人24名，投票选举产生17名代表。其中女性代表4人，占23.5%；少数民族代表5人，占29.4%。

（李　楠）

白纸坊街道

【概况】　白纸坊街道位于西城区南部，东起菜市口南大街与陶然亭街道为邻，西至西护城河与广外街道和丰台区交界，南起南护城河与丰台区相望，北至南横西街、枣林前街与牛街街道接壤。辖区面积3.11平方公里，有主要大街12条、胡同76条、社区居委会18个。户籍人口32052户、90166人，常住人口92296人，流动人口22689人。年内，出生598人。有中央、市、区属各类企事业单位1720家，其中中央、市属单位162家，大、中、小学13所，托幼园所4家，医院5家。全年财政收入1.27亿元，财政支出1.04亿元，税收4.94亿元，比上年增长12.8%。街道机关行政、事业单位共有人员129人。通过公招、军转安置、调入机关事业单位工作人员15人（公开招聘录用公务员4人、事业单位录用随军家属2人、军转安置1人、从区内调入8人）。年内，召开白纸坊街道残疾人联合会第一次代表大会。举办第三届“白纸坊杯”腰鼓邀请赛。获“北京市2011年度人口和计划生育工作红旗单位”称号、北京市社会领域党建优秀活动奖。

地址：西城区樱桃二条8号

邮编：100054

电话：83512606

（许　乐）

【城市管理】　年内，对枣林前街1号楼前后院、右安门内大街53号院和恬心家园等4个小区路面进行硬化；对新安北里2个小区进行雨水利用工程的改造；对新安中里11号楼和右安门内大街20号楼进行楼道环境改造；对右安门内路口西“边角地”进行环境整治，协议拆迁8户；为樱桃三条12户居民进行一户一电表的改装；为平原里、双槐里、盆儿胡同61号院3个小区的98盏破损的太阳能路灯进行维修，更换蓄电池及控制器。完成北京教育学院宣武分院附属中学部分房屋的拆除工程。对北京市监狱管理局门前路、白纸坊派出所西侧路等9条道路进行重新铺修。配合区市政市容委，对里仁街、半步桥、白广路道路进行翻修。区、街共投资约403万元用于老旧小区环境整治、道路改造以及精品化大街、小区建设的设计。分阶段实施《白纸坊街道“三个百日”整治行动方案》，对无照经营、交通秩序、非法小广告、施工工地、违法建设等开展专项整治行动，即“春风行动”、“夏季攻势”和“秋风行动”。协调城管、公安、交通、工商、卫生等部门联合执法30余次，出动车辆累计396台次，设立宣传站点2个，发放宣传材料百余份，开展非法运营整治行动64次、无照经营专项整治行动50余次。整治规模性乱点2个，规范露天烧烤80余次、店外经营400余次，取缔非法户外广告灯箱与条幅32个，收缴小广告500余张，检查施工工地32次，检查食品卫生情况81户，治理乱停车300辆，查扣“黑摩的”20余辆，每日分别对陶然亭地铁口、平原里小区北门和校园周边的非法运营进行不少于6次的检查。处理涉及违法建设、堆物堆料、绿地脏乱等环境问题共31项。制订《白纸坊街道2011年迎汛救灾应急预案》，进行迎汛工作演练。做好6月23日特大暴雨的善后工作，协调产权单位及物业，先后对清芷园社区育新街51号平房院、天工工地平房院等倒树砸损的16间房屋进行修缮；对白纸坊卫生服务中心地下室进水问题进行排查整修；对右安门内大街53号院、育新街直管公房院、北京市监狱管理局道路等15处容易积水、排水不畅的平房院及道路进行道路铺装和雨水管道改造，消除路面积水和平房院进水隐患；及时清除倒伏树木81棵、折断树枝132处。坚持开展月末清洁日活动。对街道自管绿地和树木开展病虫害防治工作，共计打药23000余株次，摘除树冠25株，伐除危险树木12株，修剪自管绿地树木273棵。建立长效工作机制，将每周五定为周末清洁日，每月开展一次月末清洁，对13个市级垃圾分类试点小区进行检查验收。开展万博苑、北樱17号院等5家垃圾分类试点小区工作。

（许　乐）

【社区建设】　年内，开展“走千户，访千人”活动，共组织181名社区工作者对辖区30908户常住居民进行普遍走访，平均每位社工每月走访24.4户居民。制定《社会工作者培训计划》，完成社区书记、主任、站长的脱产培训工作；组织社区工作者参加街道自主培训4次，科室业务知识培训4次；组织28名青年社区工作者进行拓展训练。完成社区工作者招聘工作，街道与19人签订服务协议，已全部分配至各社区工作。推进社区办公用房达标工作，对社区办公用房及活动用房进行普查。租赁北京顺安昌物业管理公司近400平方米办公楼1处，用于解决菜园街社区办公用房问题。打造“精品特色社区”和“规范化建设示范社区”，建功北里社区、新安中里社区被评为西城区社区规范化建设示范区，建立社区间工作研讨制度。右内西街社区成立创和谐社区居民自助协会，以楼院为单位，共推荐154人为协会会员。崇效寺社区在形成规模的小区中成立“居民自治小组”，针对小区中出现的问题，由居委会牵头，居民小区民主自治小组参与共同协调解决。新安中里社区以加强“三小”（小大人、小宪法、小专栏）建设为载体，探索出一条新形势下居民自治化、法制化、民主监督程序化的道路。精心打造清芷园市级示范社区。加强社区规范化硬件、软件建设，指导社区规范各种制度并建立各种账卡、资料。对226个社会组织进行重新登记、备案，其中文体类88个，服务类61个，医疗计生类13个，社区治安民调类28个，环境物业类14个，共建发展类22个。中国人民大学公共政策研究院将白纸坊街道设为研究实践基地，就“大力培育适应新时期社会服务需求的社区社会组织研究”、“白纸坊街道社会公共服务发展规划”两个专题进行研究。制定《白纸坊街道社区公益事业专项补助资金使用管理办法》。

（许　乐）

【社会治安综合治理】 年内，完成元旦、春节、“五一”、“十一”、“两会”等重大节日和重要时期的社会面防控工作。“两会”期间，启动处级领导包片、机关各科室联系社区的应急机制，深入社区进行指导、检查，落实维稳工作。全年出动各类防控力量1600余人次。组织召开矛盾排查会议9次，共排查各类矛盾21件，成功化解各类矛盾12件。有效稳控化解卫生大厦扰民问题，半步桥13号院、里仁街6号院居民集中私装地锁引起的矛盾，右安门内大街73号楼火灾隐患等多件群体性矛盾。全年接待受理群众来信、来访、来电356件464人次，完成北京市信访综合办公系统转来的信访件17个，办理区政府信访部门转办的信访件88个，处理政民互动与大信访系统（非紧急救助的便民电话）786件次，各类咨询1242次，做到件件有答复。坚持打防并举、专群结合，对社会面实行全天候、全方位整体防控。地区巡防队辅警破获案件88起，抓获各类违法犯罪人员124人。刑事案件发案率控制在人口的1.5‰以内。组织“执法小分队”加大对各类违法行为的查处力度，共查扣无照经营小三轮18辆、改装电动三轮车20辆，查治无照经营坐商4户，对店外经营行为进行批评教育170余例，暂扣“黑摩的”8辆、非法运营“黑出租”1辆。开展火灾隐患排查工作，对地区300家单位进行防火安全检查，下责令整改通知单143份，查封小餐饮32家、宾馆1家，对存在重大消防隐患的出租房，给予停业整顿处置。

（许　乐）

【社会保障】 年内，举办“企业联盟爱心岗位与高校毕业生现场自我展示就业促进会”，25家优秀企业联盟会员单位提供500余个爱心岗位，吸引辖区100余名高校毕业生参加。宣传市、区出台的各项再就业优惠政策，开展各类主题宣传活动12次，召开用工企业负责人座谈会3次，走访用工企业300余家。开辟企业用工“绿色通道”；设立专门窗口负责为企业提供用工咨询、用工指导；办理招聘备案手续，落实各项优惠政策补贴等服务。征集创业项目9项；开设创业培训班，培训失业人员75名。开展职业技能培训和定岗培训，技能培训失业人员540人，超额完成区下达的指标任务。有低保家庭998户、1874人，发放低保金1045万元；有低收入家庭52户、118人。按照“六个公开”（低保政策公开、享受标准公开、申请方式公开、办理程序公开、监督方式公开、举报电话公开）的原则，做好低保审核工作，撤销低保家庭177户、400余人，减少低保金总支出累计300余万元。开通医疗救助“绿色通道”，累计为137人发放医疗救助款26万余元；为14人发放临时救助款6万余元。有在册残疾人2768名，为433名残疾人办理各类生活补助，为433名残疾人办理居家养老（助残）券，为145名残疾人办理居民养老保险补贴，走访慰问367户残疾人家庭。为3665人发放250万元居家养老（助残）服务券，为1622人发放高龄津贴16万余元，为257名高龄老人发放节日慰问金，为辖区内1613名60岁以上老年人进行健康体检等，共评选出为老服务单位5家、区级“孝星”

142名，市级“孝星”51名。全年审核通过申请经适房192户、限价商品房374户、廉租房55户。共有125户限价商品房申请家庭参加大兴区亦庄项目的选房，3户经济适用房申请家庭参加房山区长阳项目的选房，59户实物配租家庭参加实物配租的选房。

（许 乐）

【精神文明建设】 年内，制订《2011年白纸坊街道开展全国文明城区创建与迎检工作方案》。开展“我与文明交通”征文活动，坚持每月11日开展“文明路口”及“排队日”活动，每月22日开展“绿色出行”宣传活动。在市文明委主办的“做文明有礼的北京人，绿色出行文明交通时尚达人”征集活动中，地区共有150余人报名参加。为深化“新童谣”和“六德”（责任、爱心、诚实、守信、宽容、礼让）教育工作，在18个社区中开展“新童谣”及绘画作品征集活动，在提交的100余份作品中，有18份分别获得区一、二、三等奖。利用节假日和寒暑假开展“快乐假期争当社区文明小使者”、“学雷锋、树新风”等特色活动。组织各社区参观古陶博物馆，举办未成年人夏令营，开展“六一”联欢等活动。与阳光公益联盟在建功南里社区开展暑期特色活动——国学经典《弟子规》诵读及户外知识学习与操作课堂。组织心理教师为清芷园社区的未成年人进行免费心理咨询活动。在开展群众性精神文明创建活动中组建义务治安巡防队、党员志愿者服务队、时政宣讲队、巾帼建功服务队等志愿队伍。10月，开展敬老月活动，菜园街社区开展“空巢爱心手拉手”活动。

（许 乐）

【双拥共建】 年内，与公安部消防局，武警七支队五中队、七中队，清河武警十二支队，清河消防支队，清河监狱管理局共6支部队签订共建协议。为军民搭建服务平台，武警七支队五中队、七中队，公安部消防局分别与辖区18个社区结对子，定期为社区居民提供义诊、家电维修、义务理发、代购生活用品等便民服务，到白纸坊敬老院看望孤寡老人。“八一”期间，开展丰富多彩的双拥共建活动，通过《白纸坊讯》、网站等媒介进行广泛宣传，18个社区分别悬挂宣传横幅，制作36块宣传板报，并及时更换宣传橱窗信息；街道处级领导慰问结军亲对象；慰问北京市监狱管理局清河分局，清河武警十二支队，武警七支队五中队、七中队，清河消防支队，公安部消防局；18个居委会普遍走访慰问138个优抚对象、军烈属之家；组织街道内部军转干部开展主题为“珍爱生活、警示守法”国防教育日活动；组织辖区单位与驻区6支部队开展篮球友谊赛。以文明城区迎检工作为契机，组织共青团员与部队官兵进社区开展周末清洁日活动。做好优抚管理和服务工作，建立统一档案，定期核对伤残军人、伤残警察、伤残工作人员等人员情况，以保证人员数字的准确性。调整抚恤金和生活补贴并发放给伤残军人、伤残警察、伤残工作人员及定抚定补人员，发放抚恤金130万余元。筹建“军嫂之家”，为军嫂提供心理咨询、就业指导、技能培训等服务。邀请部队官兵参加“高雅艺术进社区”活动。以建功南里社区为减灾示范点，聘请公安部消防局专家为社区居民开展消防知识培训，提高冬季防火防灾意识。组织辖区中小学生参加国防教育日活动。组织开展部队优秀战士“京城特色游”活动。组织驻区部队官兵在冰雪季开展铲冰除雪等公益活动。

（许 乐）

【纪念建党90周年系列活动】 年内，以“追忆党史、讲党性”为主题，组织党课培训、党史知识问答、党性演讲比赛，下发“中国共产党历史系列丛书”，组织参观中国人民抗日战争纪念馆、李大钊故居，观看北京市纪念中国共产党成立90周年展览，进行党史教育。开展“定格瞬间、展风采”DV摄影比赛。活动期间共向各基层党组织征集摄影作品135份，拍摄DV片2部。举办“重温经典、唱红歌”活动。组建合唱队，参加“红色七月”红歌演唱会，歌颂革命先烈、歌唱美好生活。在纪念建党90周年总结表彰大会上，对8个优秀基层党组织、35个先进基层党支部、100名优秀共产党员、29名优秀党务工作者进行表彰。

（许 乐）

【全国文明城区创建与迎检工作】 年内，建立党委统一领导、党政群齐抓共管，处、科级领导包社区，机关干部包路段的工作机制，对照测评体系，制订《开展全国文明城区创建与迎检工作方案》，成立街道分指挥部，设立工作组。指挥部定期召开调度会、推进会，集中研究、解决工作中存在的问题。迎检期间，共在辖区内悬挂宣传横幅100条，制作宣传展板400块，发放文化衫8000件、宣传扇10000把，印发各类感谢信、倡议书20余万份，走访辖区居民3万余户。创建过程中，街道共发动区街机关干部2477人次、社区志愿者21364人次，清理垃圾和堆物堆料1115吨、小广告45000多张、废弃自行车699辆；粉饰楼道墙面47000余平方米、更换配置垃圾箱269个、苫盖裸露地面5000余平方米。投入230万元，对社区进行道路翻修、地面硬化、垃圾清运、楼道粉刷等环境问题专项整治。组织各执法部门对重点街巷沿街门店、各类场所开展执法检查，对违法建设及时拆除，对不规范的经营场所集中整治，对不文明的经营行为宣传教育。巡视组、应急组和联合执法队，及时协调处理应急疑难问题，确保辖区公共环境整洁有序。

（许　乐）

【人大换届选举】　年内，成立地区选举分会，设立选举办公室，下设4个工作组。划分13个选区，从机关、社区和辖区单位共抽调160名工作人员，明确工作职责。建立每天1小时学习制度，多次开展业务培训，严格落实每日选区组长汇报制度和分会领导及时会商制度，保证疑难问题当日会商、集体研究、快速解决。选区共向辖区社会单位和社区居民发放《致全区选民一封信》45500封、《选举15问》35000件，张贴宣传画1500张，印制《白纸坊地区分会人大换届选举工作简报》45期。在换届选举统一宣传日，副区长苏东、区武装部政委李书兵到站参加宣传活动。截至11月8日24时，分会共登记选民56130名。投票日当天，有51014名选民参加投票，投票率为98.81%，一次投票选举出区人大代表30名。

（许　乐）

广安门外街道

地址：西城区广安门外大街189号
邮编：100055
电话：63318222

（赵超越）

【概况】　广安门外街道（简称广外街道）位于西城区西南部，东以西护城河为界；西沿马连道北路、湾子街至太平里，与丰台区为邻；南起广安门南滨河路向西沿鸭子桥、广安门火车站专用线莲花河故道与太平里相接，亦与丰台区相连；北以北京西客站、莲花池东路为界，与海淀区毗连。有2条过境河流，莲花河由西向南斜穿地区中央，境内流长2570米；西护城河从地区东侧流过，境内流长2640米。辖区面积5.49平方公里，29个社区居委会，19个家委会，67条街巷胡同。户籍人口106666人，常住人口179536人，流动人口72317人。辖区法人单位3704个，其中中央单位106个，市属单位98个，区属单位96个，其他单位3404个。学校13所，幼儿园4所，敬老院1所，居家养老服务中心2处，医院1所，社区卫生服务站8个。街道设23个职能科室，3个事业单位，机关行政、事业人员共160人。街道全年财政收入1.12亿元，财政支出1.04亿元。年内，在区委、区政府的领导下，全面落实党的十七届五中、六中全会精神，深入贯彻落实科学发展观，紧紧围绕“和谐宜居广外”发展目标，不断深化基层社会“精益治理”理念，开拓进取，扎实工作，努力推进地区经济社会协调发展。被评为“2011年全国全民健身活动先进单位”、“北京市第八届全民健身体育节先进单位”、“西城区2011年度督查考核优秀单位”等。

【城市管理】　年内，先后完成马连道13号院、小红庙11号至13号楼、白菜湾小区、红居南街6号院、椿树馆42号楼周边等老旧小区整治工程，其中马连道ss13号院达到精品小区水平，完成西二环南侧沿线19栋楼约5.2万平方米的外立面粉饰、5800平方米的门窗更换工程。组织实施百日整治“春风行动”、“夏季攻势”、“秋风行动”，坚持定期和不定期的对地区进行集中、分散专项整治，组织辖区有关部门、执法小分队开展联合执法80余次，出动1500余人次，动用车辆500多台次，对地区重点地区和部位开展环境专项治理整治，清理卫生死角60多处，清运垃圾800多车，拆除各类违规广告320多块，拆除违法建设60多间，没收三轮车32辆、烤箱40

多个。彻底解决市区重点挂账的中直机关小区周边、广源小区69号院交通秩序混乱问题。开展绿化美化工作，完成希尔顿逸林酒店周边、中国国家话剧院周边、北京市第十四中学周边、马连道南街、莲花河两岸、西堤红山等居民小区、社会单位26915平方米的绿化建设及改造工程。开展《北京市绿化条例》的宣传，发放各类宣传品1.2万余份，推进绿地树木认建认养。利用管理网络、橱窗、宣传栏、《广外报》等宣传形式，在29个社区开展环保、节水、垃圾分类宣传工作，完成432个单位的用水指标发放工作，创建市级节水单位2个、节水社区1个；完成26个小区的垃圾分类达标试点工作。

（赵超越）

【社区建设】 年内，出资近1800万元为依莲轩、湾子街社区购买办公用房，为乐城、鸭子桥、红居南街社区租赁办公用房，对车站东街、三义东里等10个社区的办公用房进行维护修缮。新招录社区工作者25名，其中13名为全日制研究生，全部充实到一线服务站。结合《北京市六型社区指导标准细则》，从指标框架、指标内容、评估方法方面对“五星级评估指标体系”进行系统性修改。针对物业纠纷影响社区和谐的新矛盾，加强对业主和业委会的指导和监督，对申请成立业委会的7个小区进行审核和政策解答，对2个到期换届的业主委员会进行换届督促和告知。正式启动网格化信息平台，以213个网格、17类68个图层近20万条属性数据为信息基础，把地区人、地、物、事、单位、组织全部关联到空间地图上，该系统已在文明城区创建、网格化管理、处理突发事件等工作中正常运作。

（赵超越）

【社会保障】 年内，街道累计发放低保金900万元，安排就业人员1709人；帮助99户家庭通过摇号选房获得限价商品房、65户家庭选到廉租实物住房、36户家庭享受到廉租房租金补贴；为4000多名老年人办理优待证明和高龄津贴；对48位单亲特困母亲、16户特困青少年家庭、20名特困学生进行慰问；为地区824名残疾人办理档案、医疗、康复、住房、就业等申报审查工作，为2908人次提供送技能、送岗位、送温暖、送医疗、送法律、送服务的“残疾人六送”工程。出资108万元，完成13个社区的19个项目申请任务和14件重要实事计划，改善居民的出行、治安、卫生、健身等硬件设施。社区服务中心依托五大载体，落实四项措施，审核签约67家服务商，满足地区老年人日常照料、外卖送餐、文体活动等需求。根据资源分配现状，打造6个“一刻钟特色服务圈”，共有136家服务商提供18类生活项目，其中红莲和马连道服务圈分别是西城区和北京市的示范点。有4家“广外街道爱心慈善超市”相继开业。开展特色计生、诚信计生工作，有序实施马连道功能街区流动人口管理与服务；10月，位于茶城办公地点的“广外新居民之家”落成，负责马连道茶叶街日常计生检查及宣传，为育龄妇女及青春期少女提供个性指导和优质服务。设立西城区首家0至3岁婴幼儿早期教育中心，组织多次亲子活动，发放宣传材料，举办培训讲座，进行上门访视调查，提高婴幼儿家庭对儿童早教的认知水平和技能培养。

（赵超越）

【社会治安综合治理】 年内，街道加强社会面防控工作，连续开展“街面秩序万人集中大执法专项行动”、“城市秩序百日整治打防管控”、“扫黄打非”、“脉冲行动”、“打四黑除四害”等专项行动和“向日葵社区”创建、综治20周年宣传材料发放活动，有效治理马连道家乐福周边、湾子路口、茶马北街等路段存在的违章停车、“黑车黑摩的”、散发小广告、无照游商等城市管理顽症痼疾，整顿地区存在的涉黄、盗窃、吸毒等治安问题，共出动整治力量2480人次，查扣“黑摩的”93辆，收缴三轮车24辆，没收非法经营性物品570余件及其他百货杂物17卡车，关停废品收购站26家，取缔无照发廊11家，张贴违章停车通知单657张，没收非法小广告3.8万张，批评教育127人次。进一步加强治安防范物技防建设，共出资40余万元为社区安装监控探头、对讲机和电子道闸杆设备。加强公共安全监管，强化公共安全宣传教育，开展多形式、多方位宣传活动，出资5万元打造“马连道安全生产宣传一条街”，推广“安全社区”宣传，增强地区群众的安全意识。在春节禁限放、寒暑假校安工程建设、夏季食品安全、冬季防火防煤气、创建安全社区等工作中，扩大宣传覆盖面，实施监督检查。开展安全工作大检查，对地区“六小”单位、地下空间、人员密集场所、建筑工地、商场超市等进行拉网式隐患排查，共组织联合检查40余次，检查单位1378家，消除隐患1207处。加强对地区流动人口和出租房屋的管理与服务，健全基础台账，监测动态指标，将“安全第一”的意识和工作措施落实到日常生产生活中。

(赵超越)

【功能街区建设】　年内，提升马连道特色经济品质，举办马连道春茶节和北京马连道国际茶文化节，先后举办数百场丰富多彩的系列活动，邀请各界嘉宾数千人，吸引客流数十万。与区发改委协调解决马连道特色功能区内道路建设项目立项申报工作，逐步改善该区域交通微循环。完成市茶业协会马连道分会第三届换届选举工作。注重特色经济长远发展，聘请专业部门经过深入调研论证，制订《马连道功能区“十二五”发展规划》，确定“以茶商业为基础、以茶文化为灵魂、以茶商务为龙头”的发展思路，依托西城区金融和高端产业发展优势，提升茶叶和相关文化产品市场的等级，以国际茶城为目标，高标准建设。引进国内知名茶叶生产、研发和销售企业进驻，打造中国北方重要的茶业基地，弘扬茶文化。

(赵超越)

【精神文明建设】　年内，坚持以构建“文明和谐广外”为主题，开展群众性精神文明创建活动，不断提高居民文明素质和城市文明程度。加强公共文化载体建设，以开展特色活动为主导，通过广场文化、节日文化、民俗文化和群众文化等公共文化服务方式，不断满足群众公共文化的不同需求。举办第二届“品民俗过大年”迎春活动、第六届“天宁风韵”书画展、第五届“和谐杯”乒乓球比赛、第六届“红莲杯”红歌展演活动，组织29个社区开展“我的社区我的家”原创作品展演、“东西城围棋比赛”，发挥三义里小学“广外街道国学社青少年教育基地”作用，开展“国学进校园”等活动。利用各种宣传形式宣传倡导践行爱国、创新、包容、厚德的北京精神，以北京精神为主题开展春联征集活动，树立践行北京精神先进典型，争做首都文明市民。依托社区教育分院和社区市民文明学校，开展各类学习活动。培养树立一批“学习型社区”和“学习型家庭”，发挥其典型引领作用，促进学习型组织建设的深入开展。共投入211万元用于地区教育事业发展和开展社区教育活动。

(赵超越)

【党建工作】　年内，以“党组织创先进、党员争优秀、群众得实惠”为主题，深入开展创先争优活动。将开展群众工作贯穿于街道工作始终，密切联系群众，坚持每年为群众办实事制度。街道领导履行“一岗双责”，落实党风廉政责任制。全年共承办人大代表建议、政协委员提案16件，社区代表会代表建议和意见348条。各科室和部门围绕作风建设、依法行政、办事效率、落实责任、政务公开等方面，健全和落实各项管理制度，加强干部队伍自身建设，在市、区开展的“千家评政府”工作中，取得好成绩。

(赵超越)

【人大换届选举】　年内，完成人大换届选举中心工作。多次召开专题会议，精心进行部署，成立联络指导、宣传文秘、资格审查、统计和后勤5个工作小组，发放宣传材料10万份、张贴选区公告366张、出《广外报》专刊10万份，营造地区浓郁的选举氛围。选举办抽调机关16名干部全力以赴开展工作，通过抓人员培训和抓监督检查，确保“应登尽登”、确保“不重不错不漏”。11月8日正式投票，广外16个选区登记58473人，投票率97.6%，最后选出代表34名。

(赵超越)

【全国文明城区创建与迎检工作】自6月18日始备战市文明委检查，组织各方力量加强宣传，共召开各类动员会100余次，直接发动人数达2万人次，利用《广外报》、网站、宣传栏、马连道商户电子屏、横幅等形式提高知晓率。社区认真对照全国未成年人思想道德建设测评体系指标要求，确保待查材料完整有序。地区公安、城管、交通、工商等部门联合执法，对地区重要路段、重点部位开展专项执法行动，治理无照游商、“黑车黑摩的”、散发小广告、违章停车等问题。在检查中，街道实行处级干部包片及其他干部联系社区制度，对发现的问题分类汇总，分轻重缓急予以解决，完成全国文明城区创建与迎检工作。

(赵超越)

(责任编辑　杨桂敏)

人　　物

领导干部

中国共产党
北京市西城区委员会

书　记　王　宁
副书记　张建东（7月免）　王少峰（7月任）
　　　　刘跃平　马兰霞（8月免，女，回族）
常　委　边振英（8月免）　王力军　曹长胜
　　　　杜灵欣　章冬梅（女，8月任）
　　　　赵金花（女，3月免）
　　　　刘　洋（蒙古族，10月免）
　　　　苏　东（5月任）　杨爱民（3月免）
　　　　李书兵（3月任）　陈思源　程　军

中国共产党北京市西城区
第十一届委员会

书　记　王　宁
副书记　王少峰　杜灵欣
常　委　王力军　章冬梅　苏　东　梁昌新
　　　　陈思源　程　军　郭怀刚　李书兵
　　　　王　旭　王都伟

西城区人民代表大会
（临时）常务委员会

主　任　王敏荣（女）
副主任　解建军　吴元增　刘永先（女）
　　　　单彩芝（女）　赵建军　杨有成
　　　　郑　然　杨月欣（女）　席修明
委　员　（按姓氏笔画为序）
　　　　马　炎　王　干（5月免）
　　　　王秀兰（女）　王国建　王砚池
　　　　王崇恩　王毓明　包旭东
　　　　石晓愚　边群英（女）　关国香
　　　　刘　威　刘　燕（女）　刘文亭
　　　　刘金耀（女）　刘界成　刘培昭
　　　　吕晋发　孙　静（女）　朱玉岭
　　　　阴建玲（女）　张　喜　李新洁
　　　　杨广宏（回族）杨同发　杨冠军（回族）
　　　　杨海森　郃亚臣　邱　琦(女)
　　　　陆惠民　陈献森　周子刚
　　　　郑维忠　贺宏志　赵志良
　　　　赵建敏　赵英汉　夏志文
　　　　康　莉(女)　韩精诚
　　　　穆　静(女，回族)

西城区人民代表大会
第十五届常务委员会

主　任　刘跃平
副主任　赵印春　刘永先（女）　郑　然
　　　　周慧来　俞　强　席修明
　　　　王功伟
委　员　（按姓氏笔画为序）
　　　　马　炎　王学章　王建华
　　　　王崇恩（回族）石晓愚　史　锋
　　　　付新宇（女）　吕晋发　朱建岳
　　　　刘洪文　安亚荣（女）
　　　　孙　静（女）　李　玉（女）

李秀荣（女） 杨 秋（女）
邱 琦（女） 张思宁（女） 张培彤
赵志良 赵芙蓉（女） 赵建敏
贺宏志 柴丽敏（女） 倪效仲
曹立宏 韩精诚
穆 静（女，回族）

西城区人民政府

区 长 张建东（7月免） 王少峰（12月任）
副区长 杜灵欣（12月免） 苏 东 梁昌新
王 粤（女，6月免）
陈 宁（女，10月任）
范 宝（回族） 李 岩
郭怀刚（12月免） 孙 硕（10月任）
吴铁男（12月任）

中国人民政治协商会议 北京市西城区委员会（临时）

主 席 王祥杰
副主席 赵印春 姜昕华（女）
袁双梅（女） 许 伟 王瑞珠（女）
程 刚 沈桂芬（女） 刘长铭
李建国 李 佳（女）
李 蓉（女） 王 苗 杨海森
秘书长 崔显修 白 林（回族）
常 委 （按姓氏笔画为序）
马志刚 马宝红（女）
王 义（女） 王 红（女） 王 健
王 彬 王 新 王 燕（女）
王少宏 王文贤（女） 王建一
王贺君（回族） 尹国芳（回族）
甘力鹰（女） 甘学培（女）
艾 丽（女，满族） 卢 明
卢存刚 田京生 冯 波
冯嘉美（女，回族） 邢爱义
吉晓平 巩嘉铠 曲明光
任兆敏（女） 刘 冰（女） 刘 琪
刘 斌 刘永斌
刘克俭（回族） 刘学增
刘晓鸥（女，回族） 安亚荣（女）
许玉德 许荫英（女） 论茂伟
苏学良 杜凤英（女） 李 坚
李 康 李 硕（满族）
李学峰（满族） 李建辉 李振琦
吴英伟（女） 吴尊友 何悦明
张 榕（女） 张礼斌 张李平（女）
张培彤 张殿英 陆 翔
陈 颐（女） 陈明普（女）
明木江 周建龙 金孝宗
金 辉 郑昊岩 郑 实
孟庆法 赵 丽（女）
赵 勇 赵 莉（女）
胡晓东 闻丹岩（女）
娄锡恩 祖淑燕（女）
柴海波 徐 军（女）
徐 辉（女） 徐双春 徐定茂
徐照辉 翁乃彤（女）
郭继孚 高德源 唐海蛟
涂 平 黄中军 黄殿琴（女）
曹淑琴（女） 曹惠彬 龚七妹（女）
常 鹏 蒋月宝 韩 东
程茂全 程湘梅（女）
谢苗荣 路长生 蔡 劲
蔡丽娟（女） 滕昭义 廖继红（女）
薛湘丽（女）

中国人民政治协商会议 第十三届北京市西城区委员会

主 席 曹长胜
副主席 王瑞珠（女） 沈桂芬（女）
姜立光 杨月欣（女）
刘长铭 李建国 荣 洋
秘书长 孙广俊
常 委 （按姓氏笔画为序）
马光远 马志刚 王 苗
王广发 王向波
王贺君（回族） 王晓敏（女） 王福俊
牛明奇 尹国芳（回族）
甘力鹰（女） 卢 明 付广军
白 洁（女） 宁 梅（女）
皮 强 邢爱义 刘 冰（女）
刘 琪 刘少华 刘永斌
刘昊扬 刘学俊 刘学增

安朝晖（女） 孙劲松 孙树平
苍玉清（女，回族） 杜凤英（女）
杜凤超 李 硕（满族）
李 新（女） 李文义 李连防
李洪祥（满族）杨海森 吴 江（女）
吴永全 吴秀丽（女）
何悦明 余渡元 宋 伟
张礼斌 陆 翔 陈子云（女）
妙 文 郇亚臣 林 耀
林建平 岳 立 金 辉
郑 实 郑昊岩 孟至岭
赵 丽（女） 赵 莉（女）
赵奎丽（女） 郝寒娟（女）
段云松 闻丹岩（女）
袁 文 耿 聆（女）
夏长青 晏 畅 徐双春
徐京华 徐建明 翁乃彤（女）
郭继孚（满族）涂 平 陶水龙
黄 庆 黄中军 黄芳栋
黄殿琴（女） 曹淑琴（女）
鹿 陈 董晓莉（女）
韩 东 韩世和 程文光
曾小丹（女，满族） 谢志红（女）
谢苗荣 褚海燕（女）
蔡志兵 蔡丽娟（女）
戴卫红（女） 鞠 瑾 魏建新（女）

中共西城区纪律检查委员会

书 记 边振英（8月免） 王力军（8月任）
副书记 谷守元（5月免） 张文桦（蒙古族）
杨建和 陈鹏程（8月免）
蒋春芳（回族）
常 委 纪 明（女） 程宏梅（女） 张德清
刘春春（女） 钱艳仪（女，回族）
刘英泽

中共西城区第十一届纪律检查委员会

书 记 王力军
副书记 杨建和 韩星桥
蒋春芳（回族）
常 委 马 毅 李高霞（女）
杨 扬（女） 袁世良 张俊义
刘 青（女） 马 东

中共西城区委员会工作机构主要负责人

办公室主任 程 军（12月免）
郭怀刚（12月任）
组织部部长 王力军（8月免）
章冬梅（女，8月任）
宣传部部长 刘 洋（蒙古族，12月免）
王都伟（12月任）
政法委员会书记 刘跃平（12月免）
杜灵欣（12月任）
常务副书记 李 铁 张小来
精神文明建设委员会办公室主任 刘江甲
统战部部长 曹长胜（12月免）
程 军（12月任）
台湾工作办公室（区台湾事务办公室）
主任 明木江（8月免）
刘 琪（8月任）
研究室主任 刘化杰
老干部局局长 田 静（女，哈尼族，10月免）
王晓谦（女，10月任）
保密委员会办公室主任（区国家保密局局长）
常卫国
区直机关工委书记 赵金花（女，3月免）
程 军（3月任，12月免）
郭怀刚（12月任）
常务副书记 陈 艳（女）
社会工作委员会书记 李红兵（回，10月免）
艾 丽（女，满族，10月任）
党校校长 王力军（12月免）
章冬梅（女，12月任）
常务副校长 闫建国
党史资料征集办公室（地方志编纂委员会办公室）
主任 赵 兵
社会治安综合治理委员会办公室主任 王 静
维护稳定工作领导小组办公室主任 张小来
流动人口和出租房屋管理委员会办公室
主任 马京宝
处理法轮功问题领导小组办公室（区政府防范和处理

邪教问题办公室）主任　晏　畅（10月免）
王学海（10月任）
机构编制委员会办公室主任　段占民（7月免）
郁　治（女，7月任）
新闻中心主任　靳　真（女）
区委巡视组一组组长　李跃梅（女）
区委巡视组二组组长　倪效仲（10月免）
彭随心（10月任）
区委巡视组三组组长　周雪风（2月任）

西城区人大常委会（临时）工作机构主要负责人

办公室主任　陆惠民（10月免）
马　炎（10月任）
研究室主任　柴丽敏（女）
代表联络室主任　吕晋发
常务副主任　孙　静（10月免）
财政经济工作委员会主任　石晓愚
内务司法工作委员会主任　夏志文（10月免）
倪效仲（10月任）
教科文卫工作委员会主任　赵英汉（10月免）
孙　静（女，10月任）
城建环保工作委员会主任
刘金耀（女，5月任，10月免）
曹立宏（10月任）
常务副主任　刘金耀（女，5月免）

西城区第十五届人大常委会工作机构主要负责人

办公室主任　马　炎
研究室主任　柴丽敏（女）
代表联络室主任　吕晋发
财政经济工作委员会主任　石晓愚
内务司法工作委员会主任　倪效仲
教科文卫工作委员会主任　孙　静（女）
城建环保工作委员会主任　曹立宏

西城区人民政府工作机构主要负责人

办公室党组书记　杨　川
主任　俞　强（12月免）
杨　川（12月任）
发展和改革委员会
党组书记　刘金水
主任　吴向阳
科学技术委员会
党组书记　黄　勇
主任　张炳田（女）
监察局局长　谷守元（5月免）
杨建和（6月任）
财政局党组书记　张宗禹
局长　周慧来（12月免）
张宗禹（12月任）
人力资源和社会保障局
党组书记　郁　治（女，7月免）
高子忠（7月任）
局长　段占民（7月免）
郁　治（女，7月任）
住房和城市建设委员会
党组书记　张洪刚（6月免）
主任　吴铁男（12月免）
王乐斌（12月任）
市政市容管理委员会
党组书记　刘振华（8月任）
主任　姜立光
人口和计划生育委员会
党组书记　宋书彦（女，6月免）
主任　彭秀颖（女）
民政局党组书记　宋卫东
局长　徐　斌（8月免）
宋卫东（8月任）
审计局党组书记　张沪生
局长　田　迪（女）
金融服务办公室
党组书记　吴向阳
主任　刘学增
环境保护局
党组书记　曹立宏（10月免）
章　卫（10月任）
局长　章　卫
统计局党组书记　朱显国
局长　颜　华（女，10月免）
郭启兴（10月任）

外事办公室党组书记　夏长青
　主任　王　干（2月任）
信访办公室党组书记　杨维民（8月免，10月任）
　韩世和（8月任，10月免）
　主任　王效农（8月免）
　杨维民（8月任）
民族宗教侨务办公室
　党组书记　周兴运
　主任　王贺君（回族）
法制办公室党组书记　汪帮宏（2月免）
　苏　泳（9月任）
　主任　果玉成
民防局（地震局）
　党组书记　贾旭辉（7月任，8月免）
　姜文龙（8月任）
　局长　李洪祥（7月免）
　贾旭辉（7月任）
安全生产监督管理局
　党组书记　陈国红
　局长　刘成东（2月免）
　陈国红（2月任）
商务委员会党组书记　刘　冀（11月任）
　主任　郭　新
国有资产管理委员会
　党委书记　涂云国
　主任　牛明奇
城市管理监察大队
　党委书记　姜文龙（8月免）
　曾加顺（8月任）
　大队长　杨文学
行政投诉中心主任　谷守元（5月免）
　杨建和（6月任）
社会建设办公室主任　李红兵（10月免）
　艾　丽(女，满族，10月任)
档案局党组书记　吕燕裙（女）
　局长　李茂福
园林绿化局党组书记　孙万起
　局长　高兴春
环境卫生服务中心
　党委书记　姚尚贵
　主任　申长丁
机关事务服务中心
　党组书记　张字山
　主任　胡永顺
房屋土地经营管理中心
　党委书记　王连杰
　主任　郭　月
城市管理监督指挥中心
　党组书记　李留欣
　主任　王　旭（2月免）
　刘成东（2月任）
区功能街区产业发展促进局
　党组书记　王福俊（7月免）
　王志忠（7月任）
　局长　王福俊
信息化工作办公室
　党组书记　李连防
　主任　付贵森
对外联络服务办公室
　党组书记、主任　岳永梅（女）
西直门综合交通枢纽地区管理委员会
　党组书记　刘春伟（1月任）
　常务副主任　任贵卿
综合行政服务中心
　党组书记、主任　李　薇（女）
区政府投资项目建设中心
　主任　沈怡宏（11月免）
区发展服务中心主任　沈怡宏（11月免）
规划西城分局
　党组书记、局长　刘　速（女，回族）
工商西城分局
　党组书记、局长　方葆青
国土资源西城分局
　党组书记　张宏生
　局长　林　毅
药监西城分局
　党组书记　袁瑞玲（女，2月免）
　唐庆军（2月任）
　局长　王良兰（女，2月免）
　唐庆军（2月任）
质量技术监督局党组书记　游　勇
　局长　钱希杰
烟草专卖局党组书记、局长　江　涛
地税局党组书记　邢　军
　局长　李玉庆
国税局党组书记、局长　郑怀远（9月免）

政协西城区委员会（临时）工作机构主要负责人

办公室主任　孙广俊
研究室主任　鹿　陈（3月任）
专委会工作一室主任　王　健（11月免）
　韩世和（11月任）
专委会工作二室主任　白　洁（女，3月任）
专委会工作三室主任　李振生（3月任，11月免）
　晏　畅（11月任）
专委会工作四室主任　徐京华（3月任）
专委会工作五室（7月增设）主任　李洪祥（7月任）
专委会工作六室（11月增设）主任　黄　庆(11月任)

西城区政法、军事系统主要负责人

西城公安分局
　党委书记、局长　陈思源
　政委　衡晓帆（5月免）
　张　毅（5月任）
人民检察院党组书记　顾　军（10月免）
　韩索华（10月任）
　检察长　顾　军（10月免）
　韩索华（12月任）
人民法院党组书记　索宏钢（10月免）
　安凤德（10月任）
　院长　索宏钢（10月免）
　安凤德（12月任）
司法局党组书记　钟显林
　局长　张才斐
西城安全分局党组书记、局长　鲁小明
　政委　李　成
人民武装部部长　杨爱民（3月免）
　陈华良（3月任）
　党委书记、政委　李书兵
西城消防一支队支队长　吴清松
　政委　陈亚军
西城消防二支队支队长　王江凯
　政委　张春轶
武警一支队支队长　王九洲（12月免）
　梁黔生（12月任）
　政委　甘　勇
武警七支队支队长　金　剑
　政委　郭训超

西城区各民主党派负责人

中国国民党革命委员员北京市西城区委员会筹备委员会
　主任　王　红（7月免）
中国民主同盟北京市西城区委员会筹备委员会
　主任　刘长铭（6月免）
中国民主建国会北京市西城区委员会筹备委员会
　主任　李建国（7月免）
中国民主促进会北京市西城区委员会筹备委员会
　主任　张礼斌（6月免）
中国农工民主党北京市西城区委员会筹备委员会
　主任　张培彤（6月免）
中国致公党北京市西城区委员会筹备委员会
　主任　贺宏志（6月免）
九三学社北京市西城区委员会筹备委员会
　主任　杨月欣（6月免）
台湾民主自治同盟北京市西城区委员会筹备委员会
　主任　邱　琦（6月免）
中国国民党革命委员会北京市西城区委员会
　主任委员　王　红（7月任）
中国民主同盟北京市西城区委员会
　主任委员　刘长铭（6月任）
中国民主建国会北京市西城区委员会
　主任委员　李建国（7月任）
中国民主促进会北京市西城区委员会
　主任委员　张礼斌（6月任）
中国农工民主党北京市西城区委员会
　主任委员　张培彤（6月任）
中国致公党北京市西城区委员会
　主任委员　贺宏志（6月任）
九三学社北京市西城区委员会
　主任委员　杨月欣（6月任）
台湾民主自治同盟北京市西城区委员会
　主任委员　邱　琦（6月任）

西城区群众团体主要负责人

总工会党组书记　彭随心（10月免）
　杨广宏（回族，10月任）

主席　杨广宏（回族）
团区委党组书记、书记　王　丹（女）
妇女联合会
党组书记、主席　薛湘丽（女）
工商业联合会党组书记　皮　强（2月任）
常务副主席　杨　秋（女）
归国华侨联合会主席　郝寒娟（女，2月任）
科学技术协会党组书记　王建一（6月免）
戴卫红（女，8月任）
常务副主席　边群英（女）
文学艺术界联合会
党组书记　汪帮宏（2月任）
常务副主席　杨海森
社会科学界联合会
党组书记　滕修展（5月免）
徐　闻（女，8月任）
常务副主席　孙树平
残疾人联合会党组书记　刘少华
理事长　李　程（女，8月免）
李秀荣（女，8月任）
红十字会党组书记　王志东
常务副会长　李秀荣（女，8月免）
王志东（8月任）

西城区街道工委、办事处主要负责人

德胜街道工委书记　马小鹏
办事处主任　陈献森
什刹海街道工委书记　姜兆春
办事处主任　马光明（8月免）
徐　利（8月任）
西长安街街道工委书记　李会增
办事处主任　田巨德（8月免）
张　丁（8月任）
大栅栏街道
工委书记　艾　丽（女，满族，10月免）
田　静（女，哈尼族，10月任）
办事处主任　陈振海
天桥街道工委书记　王申恒
办事处主任　王希福
新街口街道工委书记　王战荣
办事处主任　张中喜
金融街街道
工委书记　熊　卓
办事处主任　熊　卓（2月免）
王　旭（2月任）
椿树街道工委书记　王　典（8月免）
马光明（8月任）
办事处主任　李　婕（女）
陶然亭街道
工委书记　韩星桥（8月免）
王效农（8月任）
办事处主任　李　华
展览路街道
工委书记　马业珠
办事处主任　马业珠（2月免）
李敬方（2月任）
月坛街道工委书记　王　奇
办事处主任　王　奇（2月免）
马红萍（女，回族，2月任）
广安门内街道
工委书记　王建华（7月免）
李剑波（7月任）
办事处主任　王　干（2月免）
袁　利（女，2月任）
牛街街道工委书记　王都伟（12月免）
沙秀华（女，回族，12月任）
办事处主任　沙秀华（女，回族）
白纸坊街道
工委书记　张志豹（8月免）
田巨德（8月任）
办事处主任　韩俊田
广安门外街道
工委书记　缪剑虹
办事处主任　王其志

西城区文教卫体系统主要负责人

教育工作委员会书记　高子忠（7月免）
张　军（7月任）
教育委员会主任　田京生
教育督导室主任　牟东棋
卫生工作委员会书记　边宝生（2月免）
陈　新（2月任）

卫生局局长　安学军（满族）
文化委员会党组书记　宋　伟
　主任　李征帆
旅游局党组书记　蔚向东
　局长　安朝晖（女）
体育局党组书记　骆　京
　局长　包　川
社区学院院长　张建国
　党委书记　张润田
教育研修学院
　书记　陈斯琴（女，蒙古族，5月任）
　院长　李燕玲（女）
北京市第四中学校长　刘长铭
　党委书记　张云裳（女，8月免）
北京市第八中学校长　王俊成
　党委书记　张凤兰（女）
北京市第一六一中学
　校长　丁大伟
　党委书记　王　云
首医大复兴医院院长　席修明

西城区国资委系统企业主要负责人

北京金融街投资（集团）有限公司
　党委书记、董事长　王功伟
　总经理　鞠　瑾
华远集团有限公司
　党委书记　杜凤超（3月免）
　　于锦义（3月任）
　董事长　任志强（3月免）
　　杜凤超（3月任）
　总经理　杜凤超
北京天恒置业集团
　董事长、总经理　刘洪文
　党委书记　高　林
北京华方投资有限公司
　董事长　阎嗣烈（7月免）
　　徐　军（7月任）
　总经理　张志强
世纪金工投资管理公司
　党委书记、董事长　袁海旺
　总经理　赵　钢
北京市金工投资管理公司
　党委书记、董事长　朱志伟
　总经理　孙　昌
金源投资管理有限公司
　党委书记　张维杰
　董事长　时文生
　总经理　平国栋
金座投资管理有限公司
　党委书记　祖淑娟（女）
　董事长　薛国强
　总经理　袁瑞音
北京市金正资产投资经营公司
　党支部书记、总经理　张　涛
翔达投资管理有限公司
　党委书记　冯双利
　董事长　孙　勇
　总经理　李卫民
北京贯通经贸集团
　党总支书记、总经理　周建国
北京华兴新业商贸有限责任公司
　党委书记、董事长　刘　琦
　总经理　路　曦（女）
恒达宏业经贸有限公司
　党总支书记　常灵英（女）
　董事长、总经理　李华昌
北京华天饮食集团公司
　党委书记、总经理　朱玉岭
北京华利佳合实业有限公司
　党委书记　杜民强（10月免）
　　高德源（10月任）
　董事长、总经理　高德源
北京金象复星医药股份有限公司
　党委书记、总经理　徐　军
　董事长　阎嗣烈
北京市西城区校办产业管理中心
　书记　王克清
　主任　李　宏
菜市口百货股份有限公司
　党总支书记、董事长　赵志良
　总经理　王春利（女）
国华商场有限责任公司
　党支部书记、董事长、总经理　邹淑珍（女）
张一元茶叶有限责任公司

党支部书记、董事长　王秀兰（女）
总经理　王秀兰（女，12月免）
杨有成（12月任）

北京新月联合汽车有限公司
党委书记　刘俊德
董事长　刘长青
总经理　刘长江

北京宣房投资管理公司
党委书记、董事长　任　伟
总经理　朱伟民

北京广安控股有限公司
党委书记、董事长　申献国
总经理　张晓阳

陶然建筑有限公司
党总支书记、董事长　林玉琇
总经理　王建国

鑫宣市政工程有限公司
党支部书记、董事长、总经理　张雁林

北京房开置业股份有限公司
党总支书记　乔　茜（女）
董事长　梅国良
总经理　周　虹（女）

宣兴房地产开发股份有限公司
党总支书记、总经理　陈海鸥
董事长　史志广（7月免）
陈海鸥（7月任）

北京京都文化投资管理公司
党委书记　孙雅娟（女）
总经理　王长利

北京市大碗茶文化发展有限公司
党支部书记、总经理　尹智君（女）

大观园管理委员会
党总支书记　唐晓宾
主任　马俊潼

驻区部分单位负责人

北京金泰集团有限公司西城分公司
党委书记　张龙江
总经理　任保明

北京华康欣和建筑工程有限责任公司
董事长　杨玉良
总经理　吴志刚

党委书记　吕玉民

北京首商集团股份有限公司
董事长　于学忠
总经理　祖国丹

北京王府井百货集团长安商场有限责任公司
总经理　汤丽萍
党委书记　张秀丽

北京中友百货有限责任公司
董事长　王小雨

国家开发银行股份有限公司北京市分行
行长　徐　明

中国农业发展银行北京市分行
行长　左　志

中国工商银行股份有限公司北京市分行
行长　王珍军

中国工商银行股份有限公司北京新街口支行
行长　曲　琰

中国工商银行股份有限公司北京长安支行
行长　杜　杰

中国工商银行股份有限公司北京南礼士路支行
行长　谢一平

中国工商银行股份有限公司北京金融街支行
行长　马　靖

中国工商银行股份有限公司北京宣武支行
行长　包永康

中国工商银行股份有限公司北京广安门支行
行长　尹家赪

中国农业银行股份有限公司北京市分行
行长　易映森

中国农业银行股份有限公司北京市西城支行
行长　罗玉华

中国农业银行股份有限公司北京市宣武支行
行长　魏向东

中国银行股份有限公司北京西城支行
行长　姜　明

中国银行股份有限公司北京宣武支行
行长　王　敏

中国建设银行股份有限公司北京宣武支行
行长　刘发猛

中国建设银行股份有限公司北京西四支行
行长　林　麟

中国建设银行股份有限公司北京西单支行
行长　朱玉俊

交通银行股份有限公司北京市分行
行长　朱鹤新
北京银行股份有限公司
董事长　闫冰竹
中信银行股份有限公司总行营业部
总经理　郭党怀
中国光大银行股份有限公司北京分行
行长　邱火发
华夏银行股份有限公司北京分行
行长　樊燕明
中国民生银行股份有限公司总行营业部
总经理　陈尽忠
招商银行股份有限公司北京分行
行长　王　良
广发银行股份有限公司北京月坛支行
行长　倪　明
中国证券监督管理委员会北京监管局
局长　王建平
中国人民财产保险股份有限公司北京市西城支公司
总经理　张　泽
中国人民财产保险股份有限公司北京市宣武支公司
党组书记、总经理　刘团聚
中国平安财产保险有限公司北京分公司
总经理　毕　伟
中国平安人寿保险有限公司北京分公司
总经理　秦旭辉
中国太平洋财产保险股份有限公司北京分公司
总经理　臧　炜
中国太平洋人寿保险股份有限公司北京分公司
总经理　李洪林
北京华康欣和建筑工程有限责任公司
董事长　杨玉良
总经理　吴志刚
党委书记　吕玉民
北京市燃气集团有限责任公司
党委书记、董事长　周　思
总经理　李永成（3月免）
李雅兰（3月任）
北京市燃气集团有限责任公司第一分公司
党委书记、总经理　鄂筑京（8月免）
万　松（8月任）
北京市电力公司
党委书记　郭要斌（9月调）
田　博（9月任）
北京市电力公司城区供电公司
经理　贾海生
党委书记　高迎君
北京市自来水集团有限责任公司
党委书记、董事长　崔君乐
党委副书记、总经理　刘锁祥
北京市自来水集团有限责任公司市区营销分公司
党支部书记、经理　张建忠
北京市自来水集团禹通市政工程有限公司
党委书记、董事长　张富成
总经理　何俊山
北京市交通执法总队
总队长　姚　阔
党委书记　崔艳萍（2月免）
李晓勇（2月任）
北京市交通执法总队第二执法大队
大队长　王平海
北京市运输管理局西城管理处
处长、党支部书记　赵　曦
北京市地铁运营有限公司
党委书记、董事长　谢正光
总经理　张树人
北京北站站长　张润田（兼）
北京市西区邮电局
局长　陈智泉
党委书记　黄春光
北京市南区邮电局
党委书记、局长　徐　丛
中国联合网络通信有限公司北京市分公司
党委书记　刘守江
总经理　汪世昌（12月任）

省部级先进集体及先进个人

先进集体

全国先进基层党组织

北京和合谷餐饮管理有限公司党支部

北京市公安局西城分局府右街派出所党支部

2011 年度全国文明城区

北京市西城区

2011 年度全国文明单位

北京市西城区地方税务局机关

广外街道车站西街 15 号院社区

月坛街道三里河一区社区

北京市北海幼儿园

北京市北海公园

北京菜市口百货股份有限公司

北京市环丽清扫保洁服务中心

北京市自来水集团有限责任公司

全国精神文明建设工作先进单位

北京市西城区地方税务局

全国青年文明号

北京市西城区地方税务局牛街税务所

北京市西城区地方税务局金融街税务所

全国“五一”巾帼标兵岗

北京市西城区地方税务局大栅栏税务所

全国巾帼文明岗

北京市西城区药品检验所

全国“五一”劳动奖状

北京市西区邮电局

全国工人先锋号

北京市环丽清扫保洁服务中心机扫段

中信银行总行营业部京城大厦支行

全国“五一”巾帼标兵岗

北京市西城区地方税务局大栅栏税务所

全国“五五”法制宣传教育先进区

北京市西城区

2006 至 2010 年全国法制宣传教育先进单位

牛街街道

2008 至 2010 年全国内部审计先进集体

北京金融街投资（集团）有限公司

全国优质服务窗口

德胜街道社保所

全国银监会系统先进集体

招商银行股份有限公司北京分行

中国诚信企业

华天集团子公司聚德华天控股有限公司

全国模范劳动关系和谐企业

北京张一元茶叶有限责任公司

全国模范职工之家

北京市自来水集团有限责任公司良泉水业有限公司工会

2011 年全国科技进步先进县（市）

北京市西城区政府

全国科普示范区

北京市西城区

全国综合防灾减灾示范社区

大栅栏街道石头社区

全国数字城市建设示范区

北京市西城区

全国民政系统行风示范单位

北京市西城区民政局

全国民政系统创先争优宣传工作先进集体

北京市西城区民政局社团办

全国民政系统行风建设示范单位

北京市西城区军队离休退休干部第二休养所

全国和谐军休家园

北京市西城区军队离休退休干部第五休养所

2008 至 2009 年度无偿献血先进省（市）奖

北京市西城区

全国无偿献血促进奖

西长安街街道办事处

全国社区侨务工作明星社区

展览路街道办事处民政科

2010 至 2011 年全国消协组织商品服务监督先进集体

西城区消费者协会

北京市先进基层党组织

大栅栏街道大安澜营社区党委

北京和合谷餐饮管理有限公司党支部

北京市公安局西城分局府右街派出所党支部

北京市第十届思想政治工作优秀单位

牛街街道

北京市环丽清扫保洁服务中心

2009 至 2011 年北京市先进纪检监察组织

金融街街道纪工委、监察科

北京市五四红旗团委

北京市南区邮电局团委

2006 至 2010 年北京市信访排查调处工作先进集体

西城区

西城区人力资源和社会保障局

金融街街道办事处

广安门内街道办事处

北京市 2006 年至 2010 年法制宣传教育先进集体

大栅栏街道办事处

北京市老干部工作先进集体

西城区委办公室老干部组

北京市第六次全国人口普查先进集体

展览路街道第六次全国人口普查领导小组办公室

北京市扶残助残先进集体

西城区地方税务局

北京市集体一等功

西城区住房和城市建设委员会

北京市集体二等功

西城区房屋土地经营管理中心

首都绿化美化先进单位

西城区园林绿化局

首都绿化美化花园式街道

新街口街道

北京市人口计生系统先进集体

展览路街道办事处计生办

北京市敬老爱老为老服务示范单位

西城区老龄工作委员会办公室

北京市新街口百货有限公司

北京翔达投资管理有限公司清华池浴池

大栅栏街道银鹤居家养老服务站

西城区房屋土地经营管理中心

北京市西城区图书馆

先进个人

全国道德模范提名奖

李桓英　赵志良

全国对台工作先进个人

明木江

全国“五一”劳动奖章

刘世平　杨　明　张艳梅　郑秀明

侯　雷　曹　芳　程来祥　魏志斌　鞠　谨

全国优秀工会工作者

贺瑞丰

全国十佳“巾帼建功”标兵

沈　琦

全国“巾帼建功”标兵

米　楠

全国“五一”巾帼标兵

侯秀琴

全国工会系统“五五”普法先进个人

刘思思

2010 年全国城镇住户调查样本轮换工作先进个人

桂　铭

2011 年全国县（市）科技进步考核先进个人

王　宁　黄　勇　袁　文

全国和谐军休家庭

张德彬

北京市优秀共产党员

韦　红　杜雪平　沈　琦　程阿霈　苏慎余

北京市优秀党务工作者

高玉丽　张艳梅　宿　敏　李　静　叶超云

梁　丽

北京市社会领域优秀党务工作者

张　艳　王遵进

北京市信访排查调处工作先进个人

耿惠芳　于登全　孙流生　董正民

杨国瑞　李虹茹　成立奇　葛　菁

2006 至 2011 年北京市法制宣传教育先进个人

耿宝军

北京市第三届“优秀中国特色社会主义事业建设者”

刘长青

北京市老干部工作先进个人

马宝勤　杨丽丽

2010 至 2011 年全国消协组织消费维权先进工作者

黄玉凤

北京市第六次全国人口普查先进个人

丁连江　丁春英　于国丹　卫　华　马业珠

马红萍　马驰宏　井金红　孔祥富　尹廷杉

毛　岳　王书坤　王木伶　王克功　王志鹏

王佳杰　王国华　王　奇　王　英　王　郑

王战荣　王　昱　王海鹏　王雪莲　王　超

王　新　王　颖　王　璘　王　霞　王　麟

兰丽岩　冯秉仁　卢瑛昊　史象逵　叶　丹
任　英　任晓明　关广凤　刘　忱　刘金铭
刘爱华　刘艳平　刘彩红　刘　硕　刘惠云
孙伟力　孙建军　安　辰　安英红　安惠君
朱显国　朱崇安　江　虹　许晓红　邢佑杰
邢瑞红　阴　萍　何元良　吴立军　吴　涛
宋述萍　宋慧英　张中喜　张丹莲　张文凤
张　竹　张凯奇　张国兰　张绍杰　张俊英
张　珍　张　靖　张　睿　张慧玲　张瀛丹
张　骥　李东伟　李姗姗　李宗云　李　俊
李　雪　李雪梅　李　富　杨秀芬　杨　松
杨　婧　苏凤春　苏玉平　苏宝英　苏　强
陈玉芳　陈铭宇　陈　强　周万顺　孟红伟
孟红梅　孟　莉　林素敏　武秀荣　罗小燕
罗　文　苑金波　苗　清　侯永红　侯建华
皇甫常锐　胡　威　贺　怡　赵录勇　赵　洁
赵艳丹　赵新芳　郎学燕　夏丽楣　徐　旸
秦　刚　秦　琴　莫海兰　袁　军　袁志熙
袁　泉　郭启兴　郭晓月　陶　宏　顿　洁
高　飞　高云姝　高宏彦　高彦京　高　媛
崔国庆　常世荣　康　岩　康　莉　曹　松
曹　捷　梁　晨　梁皓璇　黄博然　黄　蕙
熊　卓　蔡冬梅　颜　华　冀静原　戴新兰

北京统计系统先进个人

孙伟力

北京市个人一等功

郭　月

北京市个人二等功

吴　航　邹雪梅　刘金霞　祁秀江　刘贵英

2010 年度首都绿化美化积极分子

阎建国　申建东　彭　博　王秀兰　李有会
王熙伟　孙亚辉

“十一五”期间北京市老龄工作先进个人

高金红　武启梅

首都社区志愿者终身荣誉奖

李金明

2011 年北京市“孝星”

关　洋　胡　浩　叶　玲　马泉龙　袁志强
付东岐

（责任编辑　杨桂敏　郝慧芳　陈艳）

统计资料

行政区划与土地面积

表 1

地　　区	社区居委会 （个）	辖区面积（平方公里）
全　　区	255	50.70
德胜街道	23	4.14
什刹海街道	25	5.80
西长安街街道	13	4.24
大栅栏街道	9	1.27
天桥街道	8	2.07
新街口街道	21	3.70
金融街街道	19	3.78
椿树街道	7	1.09
陶然亭街道	8	2.14
展览路街道	21	5.87
月坛街道	26	4.13
广安门内街道	18	2.43
牛街街道	10	1.44
白纸坊街道	18	3.11
广安门外街道	29	5.49

（资料来源：西城区民政局）

社会经济主要指标

表 2

项　　目	计量单位	2011 年	2010 年
一、人口			
总人口	万人	150.5	162.2
其中:户籍人口	万人	135.9	134
二、居民生活			
居民人均可支配收入	元	35740	31633
比上年增长（按可比价计算）	%	13	8.7
居民人均消费性支出	元	24547	22277
比上年增长（按可比价计算）	%	10.2	9.3
恩格尔系数	%	30.25	32.03
居民消费价格指数（以上年同期价格为 100 的指数）	%	105.6	102.4
居民人均住房使用面积	平方米	20.95	21.3

表 2 续 1

项　　目	计量单位	2011 年	2010 年
三、劳动工资			
社会从业人员	人	–	–
法人单位从业人员	人	892979	865433
个体劳动者	人	–	–
法人单位在岗职工	人	709742	765431
法人单位人员全年劳动报酬、生活费	万元	9098477	7552031
法人单位在岗职工工资总额	万元	8176682	7007528
在岗职工年平均工资	元	117204	94136
四、基本单位情况			
法人单位数	个	31395	31541
产业活动单位数	个	8246	9423
五、企业基本情况			
从业人员	人	766535	865433
资产总额	亿元	625888.9	556017.8
收入合计	亿元	13945.7	12883.7
六、中央、市、区三级税收	亿元	2561.1	2115.7
国税税收收入	亿元	2081.8	1746.5
地税税收收入	亿元	479.3	366.1
七、地方财政收支			
地方财政收入	亿元	281.5	215
其中：区级各项税收	亿元	271	207.5
地方财政支出	亿元	260.6	248.7
八、区属国有企业资产总量	亿元	341.0	264.3
九、固定资产投资			
固定资产投资额	亿元	187.3	181.7
其中:房地产开发投资额	亿元	101.2	83.8
十、社会消费品零售额	亿元	688.9	593.6
十一、商品交易市场			
市场个数	个	65	68
市场成交总额	亿元	49.4	50
十二、对外经济贸易			
“三资”企业实际利用外资额	亿美元	5.62	6.41
十三、城市建设及环境保护			
城市绿化覆盖率	%	28.6	28.53
人均公园绿地面积	平方米/人	3.3	3.3
空气质量达到二级和好于二级的天数	天	282	284
空气质量达到二级和好于二级的天数占全年总监测天数的比重	%	77.1	77.8
降尘量	吨/平方公里·月	6	11.4
垃圾分类收集率	%	–	–
十四、就业与社会保障			
城镇登记失业率	%	1.01	1.08

表 2 续 2

项　　目	计量单位	2011 年	2010 年
城镇登记失业人员就业率	%	72.68	71.16
养老保险基金征缴率	%	–	99.7
基本医疗保险基金征缴率	%	–	98.8
失业保险基金征缴率	%	–	99.7
工伤保险基金征缴率	%	–	99.6
十五、民政			
抚恤、补助优抚对象人数	人	1494	1458
全区老龄人口数	人	308253	292416
最低生活保障人数	人	23003	25156
各种收养性单位个数	个	27	24
十六、基础教育			
学校个数	个	190	–
小学	个	72	71
初级中学	个	7	–
高级中学	个	2	–
在校生数	人	122899	–
小学	人	50214	49921
初级中学	人	5263	–
高级中学	人	2390	–
毕业生数	人	29593	–
小学	人	7610	8284
初级中学	人	1618	–
高级中学	人	541	–
十七、科技			
输出技术合同成交项数	个	5138	3869
输出技术合同成交总金额	亿元	90.6	67.9
吸纳技术合同成交项数	个	3861	3656
吸纳技术合同成交总金额	亿元	70.8	66.2
十八、文化			
区属公共图书馆	个	3	3
总藏量	万册	187	135
其中：图书	万册	167	120
文化馆	个	2	2
文物保护单位	处	184	179
其中：全国重点文物保护单位	处	32	32
北京市文物保护单位	处	74	65
十九、卫生			
卫生机构	个	616	589
卫生技术人员	人	29991	29015
其中：执业医师	人	10396	9940
注册护士	人	12649	12025
医疗床位	张	13831	13819

表2续3

项　　目	计量单位	2011年	2010年
平均每千人拥有病床	张	11	11.12
平均每千人拥有执业医师	人	8	8
平均每千人拥有注册护士	人	10.2	9.68
二十、体育			
运动员	人	188	123
教练员	人	68	79
裁判员	人	169	288
社会体育指导员	人	355	493
体育场地数（区域）	块	1139	1139
二十一、文明建设情况			
文明机关个数	个	27	0
文明社区个数	个	161	0

西城区生产总值

表3

项　　目	2011		2010	
	绝对值（万元）	比重（%）	绝对值（万元）	比重（%）
总　　计	23607623	100.0	20577078	100.0
第二产业	2407363	10.2	2218857	10.8
工业	1849204	7.8	1655859	8.0
建筑业	558159	2.4	562998	2.7
第三产业	21200260	89.8	18358221	89.2
交通运输、仓储和邮政业	480314	2.0	347809	1.7
信息传输、计算机服务和软件业	949641	4.0	751056	3.6
批发和零售业	2497697	10.6	2426438	11.8
住宿和餐饮业	397840	1.7	368113	1.8
金融业	9391562	39.8	8262943	40.2
房地产业	1062057	4.5	985088	4.8
租赁与商务服务业	2001477	8.5	1583513	7.7
科学研究、技术服务和地质勘查业	1137470	4.8	871980	4.2
水利、环境和公共设施管理业	91817	0.4	51796	0.3
居民服务和其他服务业	106685	0.5	92262	0.4
教育	508917	2.2	423797	2.1
卫生、社会保障和社会福利业	610344	2.6	485691	2.4
文化、体育和娱乐业	666237	2.8	560660	2.7
公共管理和社会组织	1298202	5.5	1147075	5.6
人均地区生产总值				
按常住人口计算（元）	190384	–	165544	–
按全年平均汇率折合美元（美元）	29517	–	24454	–

注：1. 按常住人口计算人均地区生产总值，常住人口数为北京市统计局根据抽样调查推算数据统一提供，西城区2011年末常住人口数为124.0万人，2010年末常住人口数为124.3万人；

2. 由于小数进位问题，分项所占比重之和可能不等于合计；

3. 表中数据为最终核算数据。

全部法人、产业活动单位

表 4 单位：个

项　　目	法人单位			产业活动单位
		单产业单位	多产业单位	
总　　计	31395	29149	2246	8246
一、按隶属关系分	–	–	–	–
中央	2441	2068	373	1498
市属	1506	1301	205	1061
区属	1624	1501	123	739
街属	225	207	18	72
其他	25599	24072	1527	4876
二、按登记注册类型分	–	–	–	–
内资	30643	28500	2143	7263
国有	3673	3350	323	1775
集体	1035	950	85	186
股份合作	1700	1582	118	196
国有联营	5	3	2	3
集体联营	10	9	1	1
国有与集体联营	11	11	0	0
其它联营	15	14	1	6
国有独资公司	257	217	40	246
其它有限责任公司	4821	4315	506	2086
股份有限公司	252	190	62	405
私营独资	986	958	28	76
私营合伙	560	547	13	21
私营有限责任公司	15956	15102	854	1841
私营股份有限公司	462	436	26	94
其他	900	816	84	327
港澳台商投资	315	268	47	397
与港澳台商合资经营	108	88	20	69
与港澳台商合作经营	18	15	3	13

表 4 续 1

项　　目	法人单位			产业活动单位
		单产业单位	多产业单位	
港澳台商独资	186	162	24	313
港澳台商投资股份有限公司	3	3	0	2
外商投资	437	381	56	586
中外合资经营	132	117	15	128
中外合作经营	24	23	1	12
外资企业	268	229	39	428
外商投资股份有限公司	13	12	1	18
三、按国民经济行业分	–	–	–	–
农、林、牧、渔业	20	17	3	6
采矿业	3	3	0	0
制造业	506	433	73	111
电力、燃气及水的生产和供应业	19	12	7	62
建筑业	657	591	66	229
交通运输、仓储和邮政业	351	307	44	201
信息传输、计算机服务和软件业	1081	1017	64	173
批发和零售业	10031	9276	755	2733
住宿和餐饮业	1592	1384	208	785
金融业	288	209	79	748
房地产业	1435	1242	193	343
租赁和商务服务业	7456	7208	248	1023
科学研究、技术服务和地质勘查业	2662	2558	104	236
水利、环境和公共设施管理业	136	125	11	10
居民服务和其他服务业	1096	981	115	307
教育	886	873	13	37
卫生、社会保障和社会福利业	244	235	9	60
文化、体育和娱乐业	1228	1174	54	93
公共管理和社会组织	1704	1504	200	1089

企业基本情况

表 5

项　　目	单位数（个）	从业人员（人）	收入合计（万元）
总　　计	31395	766535	139456847.4
按隶属关系分			
中央	2441	276740	83513816
市属	1506	203326	22969740.6
区属	1624	67405	2825422.4
街属	225	4718	736523.7
其他	25599	214346	29411344.7
按登记注册类型分			
内资	30643	704310	128978031.9
国有	3673	277082	25267322.2
集体	1035	5439	551891.1
股份合作	1700	1953	87380.7
国有联营	5	–	–
集体联营	10	28	1464.5
国有与集体联营	11	236	19985.1
其它联营	15	134	2546.7
国有独资公司	257	48361	14826056.3
其它有限责任公司	4821	137392	32279878.5
股份有限公司	252	164409	50849022.2
私营独资	986	1055	9369.5
私营合伙	560	2283	191834.3
私营有限责任公司	15956	61496	4826652.6
私营股份有限公司	462	1437	61190.9
其他	900	3005	3437.3
港澳台商投资	315	31738	2975209.9
与港澳台商合资经营	108	7421	435496.4
与港澳台商合作经营	18	877	79143.1

表5续1

项　　目	单位数（个）	从业人员（人）	收入合计（万元）
港澳台商独资	186	23426	2459733.1
港澳台商投资股份有限公司	3	14	837.3
外商投资	437	30487	7503605.6
中外合资经营	132	9901	1491389.3
中外合作经营	24	712	72554.7
外资企业	268	18827	5606833.9
外商投资股份有限公司	13	1047	332827.7
按国民经济行业分			
农、林、牧、渔业	20	–	–
采矿业	3	–	–
制造业	506	13307	1193701.9
电力、燃气及水的生产和供应业	19	32149	6286365.1
建筑业	657	0	6549947
交通运输、仓储和邮政业	351	37736	2258921.5
信息传输、计算机服务和软件业	1081	38869	3426530.6
批发和零售业	10031	76730	51515616.9
住宿和餐饮业	1592	49173	1062807.8
金融业	288	163503	50311586.7
房地产业	1435	48928	4216801.5
租赁和商务服务业	7456	70850	8196292.5
科学研究、技术服务和地质勘查业	2662	52049	3153206
水利、环境和公共设施管理业	136	8819	134568.6
居民服务和其他服务业	1096	9867	105705
教育	886	28931	49048.5
卫生、社会保障和社会福利业	244	35521	89256.3
文化、体育和娱乐业	1228	29037	794212.6
公共管理和社会组织	1704	71066	112278.9

企业主要财务指标

表 6　　单位:万元

项　　目	资产总计	负债合计	利润总额
总　　计	6258889299.2	5668638926.4	37956503.2
按隶属关系分	–	–	–
中央	5464427408.5	4972689611.2	28632880.7
市属	634342009.7	582223714.7	8169713.2
区属	24448883.7	17467369.2	381844.6
街属	676072.3	548270.5	8783.3
其他	134994925.0	95709960.8	763281.4
按登记注册类型分	–	–	–
内资	6194091812.9	5627250707.5	36987678.8
国有	2955988952.8	2730161025.3	10844869.0
集体	1633124.3	1201475.5	31256.5
股份合作	48091.6	31099.0	1175.9
国有联营	–	–	–
集体联营	740.5	1968.3	–143.5
国有与集体联营	15953.1	6920.2	1135.8
其它联营	2584.1	5108.6	–864.0
国有独资公司	180179265.2	166163253.1	2891312.5
其它有限责任公司	159686309.7	110585949.1	3297428.1
股份有限公司	2892364575.1	2616380457.6	19623023.0
私营独资	7062.6	5560.3	221.6
私营合伙	114853.0	54568.1	137782.5
私营有限责任公司	3616264.7	2581833.8	157926.7
私营股份有限公司	61525.7	39439.1	2856.3
其他	372510.5	32049.5	–301.6
港澳台商投资	16566173.0	5244508.5	323385.1
与港澳台商合资经营	5010917.2	4332305.7	100371.2
与港澳台商合作经营	415327.3	415240.8	8432.7

表6续1

项目	资产总计	负债合计	利润总额
港澳台商独资	11137963.1	496779.0	214633.0
港澳台商投资股份有限公司	1965.4	183.0	-51.8
外商投资	48231313.3	36143710.4	645439.3
中外合资经营	4560022.5	3283095.8	347803.6
中外合作经营	564003.5	451285.6	4742.5
外资企业	24900947.4	20153888.8	419493.7
外商投资股份有限公司	18206339.9	12255440.2	-126600.5
按国民经济行业分	-	-	-
农、林、牧、渔业	-	-	-
采矿业	-	-	-
制造业	1403937.9	607945.9	124508.4
电力、燃气及水的生产和供应业	12828842.9	6160784.6	299722.9
建筑业	10057720.7	7395373.8	138580.2
交通运输、仓储和邮政业	7618658.7	5179739.8	215170.0
信息传输、计算机服务和软件业	98062265.7	16184299.1	4450080.0
批发和零售业	50505185.4	38298614.9	1750033.8
住宿和餐饮业	1502714.1	1216042.3	43482.4
金融业	5804093136.7	5493899025.8	22287930.2
房地产业	46589978.7	33799509.7	901557.6
租赁和商务服务业	198308941.3	52402550.8	7102710.9
科学研究、技术服务和地质勘查业	10893352.9	6630259.7	501838.6
水利、环境和公共设施管理业	810730.6	470248.1	2563.1
居民服务和其他服务业	123413.4	90198.5	3062.9
教育	1656445.4	329222.4	12934.4
卫生、社会保障和社会福利业	2277917.5	504751.7	10972.8
文化、体育和娱乐业	3432271.9	877329.5	111355.0
公共管理和社会组织	8723785.4	4593029.8	0

劳动就业基本情况

表 7

项　目	计量单位	2011 年	2010 年
城镇登记失业率	%	1.01	1.08
城镇登记失业人员年末实有人数	人	8025	8538
其中：女性	人	2455	2651
城镇登记失业人员就业人数	人	25109	27088
其中：女性	人	8269	9764
城镇登记失业人员就业率	%	72.68	71.16
城镇女性登记失业人员就业率	%	74.02	73.83
城镇登记失业人员参加培训人数	人	4833	3601
“4050” 困难人员就业总数	人	15898	13860
“4050” 困难人员就业率	%	70.33	66.35
参加职业技能鉴定人数	人	3284	3100
取得职业资格证书人数	人	308	438
参加职业技能培训人数	人	28356	23698
西城地区职业介绍服务机构	个	57	57
求职登记人员总数	万人次	4689	6416
职业介绍成功人数	万人次	0.3573	0.3957
社区岗位安置就业困难人数	人	10035	18242
用人单位招用就业困难人数	人	2066	–
基本养老金平均增加水平	元	222	226
职工最低工资标准	元	1160	960
最低退休金	元	1100	1000

（资料来源：西城区人力资源和社会保障局）

社会保障基本情况

表 8

项　　目	计量单位	2011 年	2010 年
参加养老保险单位数	个	18791	17824
参加基本养老保险人数	人	1339564	1262873
基本养老保险基金收入	万元	1330762	1095286
基本养老保险基金支出	万元	1097340	915101
养老保险基金征缴率	%	–	–
参加基本医疗保险单位数	个	18566	17613
参加基本医疗保险人数	人	1523732	1423484
基本医疗保险基金收入	万元	667676	569326
基本医疗保险基金支出	万元	761553	592250
基本医疗保险基金征缴率	%	–	–
参加工伤保险单位数	个	18979	17980
参加工伤保险人数	人	957348	902573
工伤保险基金收入	万元	19770	17015
工伤保险基金支出	万元	9311	6807
工伤保险基金征缴率	%		
参加失业保险单位数	个	18865	17795
参加失业保险人数	人	1011017	944534
领取失业保险金人数	人	14389	12962
失业保险基金收入	万元	59355	50500
失业保险基金支出	万元	5661	3652
失业保险基金征缴率	%	–	–
参加生育保险单位数	个	13615	13151
参加生育保险人数	人	552907	533920
生育保险基金收入	万元	27681	24383
生育保险基金支出	万元	19411	15915
生育保险基金征缴率	%	–	–
一老一小参保人数	万人	16.3	15.8
一老一小医疗费用报销数	万元	15045	6542

总人口和人口密度

表 9

街道名称	总人口（人）	男（人）	女（人）	人口密度（人/平方公里）
总　计	1505382	757999	747383	29692
德胜街道	127814	65457	62357	30873
什刹海街道	124017	60927	63091	21382
西长安街街道	80483	40504	39979	18982
大栅栏街道	68343	34565	33778	53813
天桥街道	61460	30971	30489	29691
新街口街道	123913	60875	63037	33490
金融街街道	113121	57222	55899	29926
椿树街道	40763	20289	20474	37397
陶然亭街道	60186	29855	30331	28124
展览路街道	157261	79927	77334	26791
月坛街道	157023	80424	76599	38020
广安门内街道	95354	47278	48076	39240
牛街街道	58713	30219	28494	40773
白纸坊街道	106126	53509	52617	34124
广安门外街道	130805	65977	64828	23826

社会从业人员

表 10

单位：人

项　　目	年末从业人员	城镇单位从业人员	个体劳动者
总　　计	–	892979	–
一、按隶属关系分	–	–	–
中央	–	–	–
地方	–	–	–
二、按登记注册类型分	–	–	–
内资	–	–	–
国有	–	–	–
集体	–	–	–
股份合作	–	–	–
联营	–	–	–
有限责任公司	–	–	–
股份有限公司	–	–	–
其他	–	–	–
外资	–	–	–
港澳台商投资	–	–	–
外商投资	–	–	–
三、按产、行业分			
第一产业	–	321	–
农、林、牧、渔业	–	321	–
第二产业	–	109610	–

表 10 续 1

项　　目	年末从业人员	城镇单位从业人员	个体劳动者
工业	–	75146	–
采矿业	–	8	–
制造业	–	17187	–
电力、燃气及水的生产和供应业	–	57951	–
建筑业	–	34464	–
第三产业	–	783048	–
交通运输、仓储和邮政业	–	38684	–
信息传输、计算机服务和软件业	–	39474	–
批发和零售业	–	73619	–
住宿和餐饮业	–	35283	–
金融业	–	197687	–
房地产业	–	54558	–
租赁和商务服务业	–	80925	–
科学研究、技术服务和地质勘查业	–	57712	–
水利、环境和公共设施管理业	–	9147	–
居民服务和其他服务业	–	10543	–
教育	–	35080	–
卫生、社会保障和社会福利业	–	38340	–
文化、体育和娱乐业	–	34072	–
公共管理和社会组织	–	77924	–

法人单位年末平均人数

表 11　　单位:人

项　　目	年平均人数	在岗职工	劳务派遣人员	其他从业人员	聘用的其他人员	不在岗职工
总　　计	903300	697643	88364	92154	–	25139
一、按隶属关系分						
中央	–	–	–	–	–	–
地方	–	–	–	–	–	–
二、按登记注册类型分						
内资	–	–	–	–	–	–
国有	–	–	–	–	–	–
集体	–	–	–	–	–	–
股份合作	–	–	–	–	–	–
联营	–	–	–	–	–	–

表 11 续 1

项　　目	年平均人数	在岗职工	劳务派遣人员	其他从业人员	聘用的其他人员	不在岗职工
有限责任公司	–	–	–	–	–	–
股份有限公司	–	–	–	–	–	–
其他	–	–	–	–	–	–
外资	–	–	–	–	–	–
港澳台商投资	–	–	–	–	–	–
外商投资	–	–	–	–	–	–
三、按产、行业分						
第一产业	362	285	6	24	–	47
农、林、牧、渔业	362	285	6	24	–	47
第二产业	113514	77676	25109	5212	–	5517
工业	77865	53025	20257	2017	–	2566
采矿业	8	8	0	0	–	0
制造业	19317	14934	558	1767	–	2058
电力、燃气及水的生产和供应业	58540	38083	19699	250	–	508
建筑业	35649	24651	4852	3195	–	2951
第三产业	789424	619682	63249	86918	–	19575
交通运输、仓储和邮政业	38193	32866	2275	2445	–	607
信息传输、计算机服务和软件业	39926	33515	4767	559	–	1085
批发和零售业	76720	65770	2987	5010	–	2953
住宿和餐饮业	36676	31858	1021	2361	–	1436
金融业	197166	142028	19632	31437	–	4069
房地产业	56781	38323	9839	5578	–	3041
租赁和商务服务业	80541	65947	3553	8815	–	2226
科学研究、技术服务和地质勘查业	57071	40981	5032	10307	–	751
水利、环境和公共设施管理业	10053	8774	214	590	–	475
居民服务和其他服务业	11087	9329	277	1097	–	384
教育	35491	27023	566	6845	–	1057
卫生、社会保障和社会福利业	37196	30753	3008	3064	–	371
文化、体育和娱乐业	34451	28504	2379	2783	–	785
公共管理和社会组织	78072	64011	7699	6027	–	335

表 12

固定资产投资额

单位：万元

项 目	2011 年	2010 年
总 计	1872786	1816755
一、按隶属关系分		
中央	769794	561245
市属	208014	289061
区属	405093	544549
其他	489885	421900
二、按建设种类分		
固定资产投资	860868	979219
其中：基础设施投资	449551	623850
房地产开发	1011918	837536
其他	0	0
三、按产业分		
第二产业	194064	239171
第三产业	1678722	1577584
四、按工程用途分		
农林牧渔业	0	0
工业建筑业用	194064	239171
商业营业用	62922	116150
住宅	460209	384530
办公楼	173224	171758
其他	982367	905146
五、按构成分		
建筑安装工程	693315	763140
设备工器具购置	328918	284168
其他费用	850553	769447

房地产开发投资基本情况

表 13　　单位:万元

项　　目	2011 年	2010 年
一、投资完成情况		
计划总投资	8661661	9173361
累计完成投资	6442496	6386876
本年完成投资	1011918	837536
其中：土地开发投资	7910	4614
本年完成投资按构成分		
建筑工程	340262	319162
安装工程	1015	6312
设备购置	21607	21335
其他费用	649034	490727
本年完成投资按用途分		
住宅	460209	330311
办公楼	173224	171758
商业营业用房	59626	101785
其他	318859	233682
二、土地开发情况		
本年完成土地开发面积	0	0
待开发的土地面积	497488	533488
本年购置土地面积	0	0
三、商品房销售、出租、空置情况		
1.商品房预售面积	219166	295206
住宅	67942	189047
办公楼	88015	44271
商业营业用房	6950	19863
其他	56259	42025
2.商品房现房销售面积	423636	285398
住宅	163237	66042
办公楼	158413	73101
商业营业用房	33085	88864
其他	68901	57391
3.商品房出租面积	794544	1376788
住宅	556	13881
办公楼	445198	767042
商业营业用房	259879	451681
其他	88911	144184
4.商品房空置面积	923770	781556
住宅	144640	126051
办公楼	281729	246698
商业营业用房	260113	221618
其他	237288	187189
四、竣工房屋住宅套数	4353	1542

工业企业基本情况及主要财务指标

表 14

项　　目	单位数（个）	从业人员平均人数（人）	收入合计（万元）	资产总额（万元）	负债总额（万元）	利润总额（万元）
总　　计	528	45456	7480067.0	14232780.8	6768730.5	424231.3
一、按隶属关系分						
中央	43	22491	4951012.6	7098361.3	4216135.6	110617.5
市属	42	10658	483650.6	4048190.8	1593898.4	35821.9
区属	56	1082	29363.3	57173.4	42559.5	465.1
街属	10	–	–	–	–	
其他	377	11225	2016040.5	3029055.3	916137	277326.8
二、按登记注册类型分						
内资	481	37829	6016623.7	11719258	6064756.6	228065
国有	56	18772	4586818.9	6594678.6	4003770	63421.7
集体	62	1490	54017.4	68774.6	36081.7	3455.3
股份合作	50	144	9655.5	12719.9	8633	276.7
联营	3	169	5121.8	12192.1	4188.5	1140
有限责任公司	106	15561	946414.3	4655448.6	1863413.9	91128.6
股份有限公司	6	944	386620.7	354774	134629.6	67495.5
私营	198	749	27975.1	20670.2	14039.9	1147.2
其他	–	–	–	–	–	–
港澳台商投资	19	377	57077.8	38083.5	18288.6	386.5
外商投资	28	7250	1406365.5	2475439.3	685685.3	195779.8
三、按国民经济行业分						
石油和天然气开采业	1	–	–	–	–	–
黑色金属矿采选业	1	–	–	–	–	–
农副食品加工业	6	806	34512.5	28215.9	20595.6	–878.6
食品制造业	14	485	12446.7	20423.7	19989.6	–2067

表 14 续 1

项　　目	单位数（个）	从业人员平均人数（人）	收入合计（万元）	资产总额（万元）	负债总额（万元）	利润总额（万元）
饮料制造业	2	–	–			
纺织业	9	59	8619.7	1976.9	1099.4	127.4
纺织服装、鞋、帽制造业	28	69	3425.0	1992.4	1588.8	9.5
皮革、毛皮、羽毛（绒）及其制品业	4	–	–	–	–	–
家具制造业	3	–	–	–	–	–
造纸及纸制品业	11	–	–	–	–	–
印刷业和记录媒介的复制	83	7089	411621.3	592651.5	192513.9	33978.7
文教体育用品制造业	5	–	–	–	–	–
化学原料及化学制品制造业	12	–	–	–	–	–
医药制造业	3	–	–	–	–	–
橡胶制品业	–	–	–	–	–	–
塑料制品业	11	119	4281.6	5638.1	4409.4	184.3
非金属矿物制品业	9	73	2250.2	1259.9	649.8	213.8
有色金属冶炼及压延加工业	5	351	354007.2	154172.1	75655.7	65901.4
金属制品业	23	322	42400.5	122759	46767.4	3621.3
通用设备制造业	48	447	45648.3	72044.6	45422.7	6340
专用设备制造业	53	436	65145.5	86139.1	60650.1	9295.7
交通运输设备制造业	16	462	17234.4	39803.8	11243.2	333.8
电气机械及器材制造业	49	634	39561.5	48613.8	28591.2	1948.6
通信设备、计算机及其他电子设备制造业	33	1211	125991.0	178593.1	74549.3	3768.5
仪器仪表及文化、办公用机械制造业	56	636	19863.6	28397.6	16634.6	1155.5
工艺品及其他制造业	21	–	–	–	–	–
废弃资源和废旧材料回收加工业	1	108	6692.9	21256.4	7585.2	575.5
电力、热力的生产和供应业	12	17868	4625254.9	6627512.6	4084134	82306.3
燃气生产和供应业	1	6715	1313082.3	2363527	609190	184216.5
水的生产和供应业	6	7566	348027.9	3837803.3	1467460.6	33200.1

建筑业企业主要生产指标

表 15

项目	建筑业总产值(万元)	建筑工程产值(万元)	劳动生产率(元/人)	竣工产值(万元)	房屋建筑竣工面积(平方米)	实行投标承包竣工面积	年末自有机械设备		
							净值(万元)	总台数(台)	总功率(千瓦)
总计	5243002	5064087	351264	2817485	5659166	5033587	60140	12907	376446
一、按隶属关系分									
中央	1180721	1131631	489337	528821	1506800	944403	9019	3607	165733
市属	2210411	2197167	315990	1063314	3403532	3345094	20549	3579	118313
区属	47627	46880	269994	47094	1740	1550	629	170	1337
街属	506268	502060	267132	387316	644179	644179	2978	99	9889
其他	1297975	1186349	376618	790940	102915	98361	26965	5452	81174
二、按登记注册类型分									
内资	5202996	5025542	351708	2805606	5659166	5033587	60095	12551	371751
国有	218409	218339	514509	127945	50000	50000	9592	2209	33298
集体	34418	33264	133402	16243	0	0	216	114	1010
股份	1731	1666	221872	880	0	0	49	21	368
有限责任公司	4508448	4423351	352264	2332334	5572445	4951348	42316	7336	289318
股份有限公司	142	142	34707	142	0	0	0	0	0
私营	439848	348780	338189	328062	36721	32239	7922	2871	47757
港澳台商投资企业	30560	30560	258985	4933	0	0	34	295	186
外商投资企业	9446	7985	646952	6946	0	0	11	61	4509
三、按国民经济行业分									
房屋和土木工程	4228256	4166991	372928	2066212	5654612	5033587	54605	8147	334583
建筑安装业	528042	416949	322410	424251	0	0	2768	1779	31921
建筑装饰业	455435	451687	250102	313493	4554	0	1546	2681	6630
其他建筑业	31269	28460	241832	13529	0	0	1221	300	3312

服务业财务状况

表 16

单位：个、人、亿元

项　　目	单位数	从业人员	资产总计	本年收入合计	利润总额
按国民经济行业分	16844	382745	33190.8	2941.2	1242.4
铁路运输业	5	1909	104.5	127.3	13.8
道路运输业	87	4396	24.5	15.5	0.3
城市公共交通业	31	21985	48.2	27.1	3.3
水上运输业	2	31	2.2	1.5	0.1
航空运输业	1	1428	13.6	14.8	…
装卸搬运和其他运输服务业	175	5226	19.9	30.3	1.9
仓储业	14	805	339.1	3.7	1.7
邮政业	36	1956	209.9	5.7	0.5
电信和其他信息传输服务业	202	30849	9734.4	305.4	438.0
计算机服务业	392	1935	37.8	19.6	4.4
软件业	487	6085	34.1	26.2	2.6
租赁业	103	48	40.0	2.2	0.1
商务服务业	7353	70802	19790.9	863.8	711.4
研究与试验发展	172	10715	163.4	71.6	5.0
专业技术服务业	1286	35634	817.6	298.7	42.2
科技交流和推广服务业	1180	4933	102.6	41.4	3.0
地质勘查业	24	767	5.7	7.7	…
水利管理业	11	428	38.7	3.0	0.3
环境管理业	45	4595	27.5	18.2	–0.1
公共设施管理业	80	3796	14.9	25.2	0.1
居民服务业	643	5618	6.0	7.4	0.1
其他服务业	453	4249	6.4	4.0	0.2
教育	886	28931	165.6	100.4	1.3
卫生	178	34590	212.9	197.2	1.1
社会保障业	19	632	13.0	32.5	…
社会福利业	47	299	1.9	3.8	…
新闻出版业	345	17972	243.1	121.2	11.3
广播、电视、电影和音像业	143	3264	40.9	14.2	…
文化艺术业	495	6259	47.5	24.8	…
体育	98	987	6.1	2.2	…
娱乐业	147	555	5.6	5.5	–0.1
中国共产党机关	32	5937	69.8	38.0	…
国家机构	338	59326	692.0	403.4	…
人民政协和民主党派	11	696	16.6	4.9	…
群众团体、社会团体和宗教组织	1075	5107	94.0	72.7	…
基层群众自治组织	248	–	–	–	–

注：“…”表示因数据不足最小计算单位而省略。

批发和零售业企业基本情况

表 17

项　　目	单位数（个）	从业人员平均人数（人）	主营业务收入（万元）	资产总额（万元）	负债总额（万元）	利润总额（万元）
总　　计	10031	125090	43755724	48309389	36241906	1776845
按注册类型分						
内资	9883	114788	40208084	44405871	33484083	1622834
国有	303	9569	9508145	9337439	5062871	534353
集体	344	2632	216864	204355	178998	4483
股份合作	617	2519	63666	9788	8778	176
联营	10	54	15492	2936	2708	–4
有限责任公司	1406	34174	23240005	29080652	23790886	950973
股份有限公司	59	15737	3431418	4567761	3534511	75511
私营	7144	50103	3732493	1202940	905331	57343
其他	0	0	0	0	0	0
外资	148	10302	3547641	3903518	2757823	154011
港澳台商投资	55	3174	134692	60545	44388	781
外商投资	93	7128	3412949	3842973	2713435	153230
按国民经济行业分						
批发业	5127	58770	39094435	44193089	33578743	1565047
零售业	4904	66320	4661289	4116300	2663163	211798

金融业企业基本情况

表 18

项　　目	单位数（个）	从业人员（个）	收入合计（万元）	资产总额（万元）	负债总额（万元）	利润总额（万元）
总　　计	288	163503	50484485.5	5804093136.7	5493899025.8	22287930.2
按隶属关系分						
中央	66	66149	33639535.6	5144617871	4869052201	15790958.6
市属	37	–	–	–	–	–
区属	13	–	–	–	–	–
街属	–	–	–	–	–	–
其他	172	–	–	–	–	–
按注册类型分						
内资	250	159326	49657623.7	5785934760	5478008920	21933145.4
国有	16	16955	4635169.6	2709734383	2676841824	–219936.7
集体	–	–	–	–	–	–
股份合作	–	–	–	–	–	–
联营	–	–	–	–	–	–
有限责任公司	119	10440	3753749.6	217564505.7	208510817.4	2850314.3
股份有限公司	57	130876	41234145	2858505716	2592629418	19294580.8
私营	58	1055	34559.5	130154.8	26860.2	8187.0
其他	–	–	–	–	–	–
外资	38	4177	826861.8	18158376.5	15890105.7	354784.8
港澳台商投资	12	1424	166407.7	4044399	3744900.1	49773.3
外商投资	26	2753	660454.1	14113977.5	12145205.6	305011.5
按国民经济行业分						
银行业	53	110535	36436694	5465295073	5176383522	17983041.8
证券业	46	10496	2114185.6	24037502.2	9185625.6	1275464.3
保险业	99	38272	9594282.6	103666536.3	96337988.6	969331
其他金融活动	90	4200	2339323.3	211094025.1	211991889.2	2060093.1

房地产企业基本情况

表 19　　　　计量单位：个、万元、人

项　目	单位数	资产合计	收入合计	从业人员年平均人数
总　计	334	44199302.9	3707225.3	11887
按注册类型				
内资	301	36178932.5	3001873.6	10455
国有	25	1815236.1	95136.7	827
集体	1	0	0	0
股份合作	0	0	0	0
联营	0	0	0	0
有限责任公司	204	24133162.6	2341224.7	8299
股份有限公司	15	9320525.1	384692.8	755
私营	56	910008.7	180819.4	574
其他	0	0	0	0
外资	33	8020370.4	705351.7	1432
港澳台商投资	19	3867582.2	81485.1	506
外商投资	14	4152788.2	623866.6	926
按隶属关系分				
中央	27	3272477.2	578097.8	1373
市	37	10440502.5	1179185.6	3181
区（县）	43	10971201.7	406673	2309
街道和社区居委会	3	63952.1	8710.2	14
其他	224	19451169.4	1534558.7	5010
按资质等级分				
一级	16	15428030.4	1286426.6	2169
二级	24	7277895.2	1017542.4	3006
三级	35	2588005.7	228250.9	1381
四级	115	8254155.6	952262.7	2821
暂定	57	7540317.5	116187.5	1718
其他	87	3110898.5	106555.2	792
按营业状态分				
营业	210	36707255.1	3426878.6	10616
停业（歇业）	111	7181879.2	244630.3	1203
筹建	0	0	0	0
其他	13	310168.6	35716.4	68

社会消费品零售额

表 20　　单位：万元

项　　目	2011 年	2010 年	2011 年比 2010 年± (%)
总　　计	6889028	5935934	16.1
限额以上单位	5914936	4995415	18.4
批发业	314220	231985	35.4
零售业	4717352	3983879	18.4
住宿业	176952	156516	13.1
餐饮业	706412	623035	13.4
限额以下及个体单位	826788	800802	3.2
商品交易市场	147304	139717	5.4

区地方财政收入

表 21　　单位：万元

项　　目	2011 年	2010 年
总　　计	2814513	2150274
公共财政预算收入	2798363	2136259
税收收入	2710016	2075332
增值税	137051	114227
营业税	1124852	858452
企业所得税	847646	657326
城市维护建设税	233995	137962
房产税	204625	168274
印花税	67924	56963
城镇土地使用税	13751	13591
土地增值税	61478	53226
车船税	18694	15311
非税收收入	88347	60927
专项收入	59086	34825
行政事业性收费收入	14751	10865
罚没收入	1231	1847
国有资本经营收入	0	4387
国有资源（资产）有偿使用收入	7343	8907
其他收入	5936	96
政府性基金预算收入	16150	14015

（资料来源：西城区财政局）

区地方财政支出

表 22 单位：万元

项　　目	2011 年	2010 年
总　　计	2606338	2487461
公共财政预算支出	2311546	2308080
一般公共服务	205240	222298
国防	1898	1595
公共安全	120085	97481
教育	386782	415368
科学技术	35229	19121
文化体育与传媒	25022	40276
社会保障和就业	311517	258511
医疗卫生	119368	142906
节能环保	25876	33016
城乡社区事务	559532	528531
农林水事务	162	1910
资源勘探电力信息等事务	3691	10802
商业服务业等事务	5341	2006
地震灾后恢复重建支出	0	19249
国土资源气象等事务	118	210
住房保障支出	114401	104815
粮油物资管理事务	2978	2978
储备事务支出	284	0
其他支出	394022	407007
政府性基金支出	294792	179381

（资料来源：西城区财政局）

区国税税收收入

表 23

单位：万元

项　　目	合　　计	增值税	营业税	企业所得税	其　　他
总　　计	20817924	1034692	269183	19468067	45982
农、林、牧、渔业	628	48	0	580	0
采矿业	-18967	2	0	-18969	0
制造业	237636	135348	0	102285	3
电力、燃气及水的生产和供应业	851385	441659	0	409726	0
建筑业	52146	693	0	51453	0
交通运输、仓储和邮政业	51730	30578	0	21152	0
信息传输、计算机服务和软件业	630022	6058	0	623964	0
批发和零售业	1622782	346137	0	1248253	28392
金融业	16162417	10983	269183	15866350	15901
房地产业	126315	235	0	126080	0
租赁和商务服务业	904104	14896	0	889208	0
其他行业	197726	48055	0	147985	1686

（资料来源：西城区国家税务局）

区地税税收收入

表 24

单位：万元

项　　目	合　　计	营业税	企业所得税	其　　他
总　　计	4785366	2255039	366551	2163776
农、林、牧、渔业	3194	0	5	3189
采矿业	32928	0	0	32928
制造业	69654	0	4656	64998
电力、燃气及水的生产和供应业	137409	0	24877	112532
建筑业	145040	94100	12399	38541
交通运输、仓储和邮政业	54928	28666	2654	23608
信息传输、计算机服务和软件业	178861	80634	363	97864
批发和零售贸易业	213377	0	49770	163607
住宿和餐饮业	102922	71367	4430	27125
金融业	1714028	963271	0	750757
房地产业	564453	201475	147481	215497
租赁和商务服务业	382803	152158	56547	174098
居民服务和其他服务业	437509	163244	36068	238197
教育	23789	4686	2251	16852
卫生、社会保障和社会福利业	29983	1333	954	27696
文化、体育和娱乐业	96314	31130	670	64514
其他	598174	462975	23426	111773

（资料来源：西城区地方税务局）

危旧房改造基本情况

表 25

项　　目	计量单位	2011 年	2010 年
自年初累计完成投资	亿元	36.6	20.5
房屋开复工面积	万平方米	383.1	504.5
其中：新开工房屋面积	万平方米	56.4	181.2
其中：住宅	万平方米	–	144.4
房屋竣工面积	万平方米	164.1	135.4
其中：住宅	万平方米	–	23.0
已开工建设	片	–	–
拆除房屋总面积	万平方米	19.0	6.5
其中：危房	万平方米	12.0	4.1
动迁居民	户	13052	16855
其中：危旧房改造动迁居民	户	6895	9306
签约居民	户	2732	4892
其中：危旧房改造签约居民	户	930	2057

（资料来源：西城区住房和城市建设委员会）

城市园林绿化

表 26

项　　目	计量单位	2011 年	2010 年
年末园林绿地面积	公顷	136.4	134.5
人均绿地面积	平方米/人	7.6	7.6
绿地率	%	20.4	20.3
年末公园绿地面积	万平方米	448.7	443.9
人均公园绿地面积	平方米/人	3.3	3.3
城市绿化覆盖面积	公顷	1447.3	1441.8
绿化覆盖率	%	28.6	28.5
道路绿化总长度	公里	144.8	144.6
实有树木	万株	238.6	229.7
其中：本年新植	万株	8.9	2.5
实有草坪	万平方米	460.5	451.3
其中：本年新植	万平方米	9.3	2.5
公园个数	个	25	25
其中：市级以上公园	个	4	4

（资料来源：西城区园林绿化局）

城市环境卫生

表 27

项　　目	计量单位	2011 年	2010 年
机扫车	台	116	109
垃圾车	台	161	99
真空吸粪车	台	23	24
果皮箱	个	3283	3367
公共、公用厕所	座	1214	1241
改建公共厕所	座	37	2
新建公共厕所	座	1	1
维修公共厕所	座次	12356	12172
密闭式清洁站	座	78	83
清扫街道数量	条	226	217
城市道路清扫保洁面积	万平方米/日	804	777
其中：机扫面积	万平方米/日	511	495
洒水面积	万平方米/日	343	343
生活垃圾产生量	万吨	54	54
生活垃圾清运量	万吨	54	54
生活垃圾无害化处理量	万吨	54	54
生活垃圾无害化处理率	%	100	100
粪便清运量	万吨	32	25
粪便无害化处理量	万吨	32	25
粪便无害化处理率	%	100	100
垃圾分类收集率	%	–	–

（资料来源：西城区环境卫生服务中心）

城市环境保护

表 28

项　目	计量单位	2011 年	2010 年
一、水环境			
废水排放总量	万吨	9869	11840
其中：工业废水排放达标量	万吨	127	139
生活污水排放量	万吨	9741	11701
工业废水排放达标率	%	100	100
二、大气环境			
空气质量达到二级和好于二级的天数	天	282	284
空气质量达到二级和好于二级的天数占全年比例	%	77.1	77.8
三、环境污染治理			
环境污染事故次数	次	0	0
环境污染与破坏事故直接经济损失	万元	0	0
环境污染与破坏事故赔罚款总额	万元	0	0
环境污染治理投资总额	万元	459327.8	404304.5
城市环境保护投资指数	%	2.0	2.1
城市环境基础设施建设本年完成投资额	万元	423777.9	376836.4
工业污染治理施工项目本年完成投资额	万元	35549.9	3047.1
“三同时”完成验收项目环保投资	万元	2634.9	24421.0
“三同时”合格执行率	%	100	100
排污费收入总额	万元	5.99	14.60
四、城市环境			
建成环境噪声达标区面积	平方公里	42.06	42.06
建成环境噪声达标区覆盖率	%	85.1	83.0
可吸入颗粒物年日均值	毫克/立方米	0.114	0.122
二氧化硫（SO_2）年日均值	毫克/立方米	0.030	0.037
二氧化氮（NO_2）年日均值	毫克/立方米	0.064	0.071
降尘量	吨/平均公里·月	6.0	11.4
区域噪声平均值	分贝	54.0	54.1
交通干线噪声平均值	分贝	67.8	67.9

（资料来源：西城区环境保护局）

基础教育班数、学生数情况

表 29

	班数	毕业生数	招生数	在校学生数	本市生源
合　计	3958	29593	33950	122899	98080
幼儿园	540	3711	5199	15648	12973
义务教育	2525	17336	20403	81589	60797
小学教育	1676	7965	11076	53221	37508
小学	1590	7610	10420	50214	35670
九年一贯制学校（小学部)）	47	165	380	1515	713
十二年一贯制学校（小学部）	39	190	276	1492	1125
初中	849	9371	9327	28368	23289
初级中学	150	1618	1688	5263	4378
九年一贯制学校（初中部）	9	81	108	305	154
十二年一贯制学校（初中部）	22	317	270	845	692
完全中学	668	7355	7261	21955	18065
高中	829	8369	8217	24939	23906
完全中学	720	7546	7091	21757	21048
高级中学	84	541	874	2390	2084
十二年一贯制学校（高中部）	25	282	252	792	774
特殊教育	58	113	77	631	404
工读学校	6	64	54	92	0

（资料来源：西城区教育委员会）

居民物质文化生活基本情况

表 30

项　目	计量单位	2011 年	2010 年
一、平均每一就业者负担人数	人	1.3	1.3
二、收入与消费支出			
居民人均可支配收入	元	35740	31633
居民人均消费性支出	元	24547	22277
三、人均现住房总建筑面积	平方米	21.0	21.3
四、耐用消费品			
每百户拥有家用电脑	台	114	108
每百户拥有彩色电视机	台	144	143
每百户拥有电冰箱	台	103	102
每百户拥有空调器	台	168	164
五、交通、通讯			
每百户拥有家用汽车	辆	35	30
每百户拥有移动电话	部	233	224
每百户拥有互联网	条	106	98
六、公用			
液化气、煤气普及率	%	99.4	99.5
人均绿地面积	平方米	–	–
七、教育、文化			
居民人均文化娱乐用品	元	1167.6	1051.8
居民人均教育支出	元	1197.7	1053.3
居民人均书报杂志支出	元	58.5	92.8

调查户居民家庭基本情况

表 31

项 目	计量单位	合计	按年人均可支配收入分组				
			低收入户 20%	中等偏下收入户 20%	中等收入户 20%	中等偏上收入户 20%	高收入户 20%
一、调查户数	户	500	99.6	101.0	99.6	99.8	100.0
二、家庭户均人口数	人	2.8	2.8	2.8	2.8	2.8	2.7
(一) 有收入者人数	人	2.32	2.16	2.36	2.40	2.38	2.28
1.就业人口数	人	1.61	1.42	1.56	1.60	1.75	1.75
国有经济单位职工人数	人	0.87	0.58	0.92	0.89	0.9	1.07
城镇集体经济单位职工人数	人	0.03	0.06	0.01	0.02	0.04	0.03
其他各种经济类型单位职工	人	0.46	0.5	0.41	0.49	0.48	0.40
城镇个体经营者人员数	人	0.04	0.08	0.03	0.01	0.04	0.05
城镇个体被雇人员数	人	0.08	0.16	0.05	0.07	0.05	0.05
离退休再就业人员数	人	0.13	0.04	0.13	0.11	0.23	0.15
其他就业人员数	人	–	–	–	–	–	–
2.离退休人数	人	0.66	0.66	0.77	0.75	0.61	0.51
3.其他有收入者人数	人	0.04	0.08	0.04	0.06	0.03	0.02
(二) 无收入者人数	人	0.5	0.87	0.45	0.37	0.41	0.39
三、平均每一就业者负担人数	人	1.34	1.53	1.30	1.31	1.27	1.23
四、家庭年人均总收入	元	41261	28352	35452	40212	43970	60230
其中：人均可支配收入	元	35740	24657	31010	34610	38606	51429
五、家庭年人均总支出	元	32093	22443	27669	31009	32658	48189
其中：人均消费性支出	元	24547	17734	22107	24000	25074	34830
六、恩格尔系数	%	30.25	35.70	31.45	31.65	31.07	24.68

（资料来源：西城区统计局城市住户抽样调查）

调查户居民家庭年人均收入

表 32

单位：元

项 目	全区平均	按年人均可支配收入分组				
		低收入户 20%	中等偏下收入户 20%	中等收入户 20%	中等偏上收入户 20%	高收入户 20%
一、家庭总收入	41260.9	28352.1	35451.9	40211.9	43970.4	60230.1
其中：人均可支配收入	35740.4	24657.1	31010.2	34610.2	38605.8	51428.5
(一) 工薪收入	30405.9	19370.4	24909.5	30295.6	32359.8	46752.1
工资及补贴收入	30114.3	19282.7	24604.1	29917.5	32164.7	46234.4
其他劳动收入	291.6	87.7	305.4	378.2	195.1	517.7
(二) 经营性收入	1101.0	1629.1	596.8	181.3	878.1	2223.0
(三) 财产性收入	548.1	148.4	303.9	248.5	430.5	1689.1
(四) 转移性收入	9206.0	7204.3	9641.7	9486.4	10302.0	9565.9
其中：养老金或离退休金	8473.1	6574.0	9049.6	8927.1	9219.8	8753.2
辞退金	–	–	–	–	–	–
保险收入	5.7	23.9	–	–	–	3.0
赡养收入	170.7	209.1	209.9	90.9	242.2	93.8
捐赠收入	161.0	68.7	75.6	127.2	175.1	376.0
提取住房公积金	87.8	22.4	–	9.3	365.8	46.0
二、出售财物收入	36.6	0.2	0.3	0.3	162.3	22.7
三、借贷收入	11994.7	9092.3	9070.2	10645.2	12558.4	19175.5
提取储蓄存款	11709.7	8963.1	8660.8	10590.9	12557.1	18313.9
借入款	1.4	–	7.0	–	–	–
收回借出款	60.4	66.4	–	54.4	–	186.9
收回储蓄性保险本金	–	–	–	–	–	–

（资料来源：区统计局城市住户抽样调查）

调查户居民家庭年人均支出

表 33　　　　单位：元

项　　目	全区平均	按年人均可支配收入分组				
		低收入户20%	中等偏下收入户 20%	中等收入户 20%	中等偏上收入户 20%	高收入户20%
一、家庭总支出	32092.7	22443.2	27669.0	31009.4	32658.2	48188.6
（一）消费性支出	24547.5	17734.2	22106.5	23999.6	25074.5	34830.0
其中:服务性消费支出	7919.1	5607.8	7231.0	6894.9	8090.5	12130.7
食品	7424.4	6331.4	6953.4	7595.9	7790.6	8597.0
衣着	2360.9	1682.5	2047.0	2678.0	2424.7	3064.6
居住	2144.5	1914.8	2085.4	2346.3	1655.1	2767.8
家庭设备用品及服务	1894.1	1405.9	1509.0	1745.4	1689.3	3220.0
医疗保健	1739.9	1258.9	1912.0	1432.4	1782.3	2371.9
交通和通信	3103.9	1914.7	2449.4	2612.1	3555.1	5176.0
教育文化娱乐服务	4579.2	2659.9	4255.1	4025.9	4666.7	7564.6
其它商品和服务	1300.5	566.2	895.2	1563.6	1510.6	2068.1
（二）购房与建房支出	390.3	–	–	–	–	2053.5
其中：购房	390.3	–	–	–	–	2053.5
（三）财产性支出	80.8	1.3	28.0	27.0	191.2	166.7
（四）转移性支出	2714.5	1727.4	1813.5	2307.7	3055.4	4847.8
交纳所得税	905.5	477.5	464.9	667.5	770.6	2241.9
捐赠支出	1072.4	768.7	813.3	1131.1	1008.3	1696.0
购买彩票	10.5	3.2	4.7	10.7	24.7	10.1
赡养支出	460.2	366.6	365.1	171.9	947.0	456.9
其中:在外就学子女费用	199.2	196.5	87.9	–	564.0	145.8
各种非储蓄性保险支出	232.2	89.7	141.0	292.3	277.7	380.5
其中:车辆保险支出	201.5	66.6	105.5	219.3	269.7	366.0
其他转移性支出	33.6	21.8	24.4	34.3	27.2	62.6
（五）社会保障支出	4359.8	2980.3	3721.0	4675.2	4337.0	6290.6
个人交纳的养老基金	1560.7	1226.7	1375.8	1647.5	1429.8	2180.0
个人交纳的住房公积金	2288.9	1311.9	1890.0	2477.4	2421.4	3480.7
个人交纳的医疗基金	451.2	396.3	401.5	488.0	423.6	556.5
个人交纳的失业基金	59.0	45.3	53.7	62.3	62.2	73.3
其它社会保障支出	0	0	–	–	–	0.1
二、借贷支出	20677.6	14569.3	16155.0	19453.4	23428.0	30759.8
存入储蓄款	19935.4	14275.2	14871.5	19026.7	22392.4	30068.4
借出款	22.7	–	–	47.1	43.1	26.2
归还借款	12.1	3.3	4.4	7.1	–	48.1
储蓄性保险支出	198.5	44.1	276.5	128.6	143.0	419.3
购买有价证券	182.0	24.3	721.0	64.9	–	97.2
其它投资支出	4.8	–	2.7	–	21.4	–
归还住房贷款	239.0	19.1	178.1	153.6	770.2	85.8
归还汽车贷款	–	–	–	–	–	–
其他借贷支出	71.7	198.8	95.9	20.7	14.4	15.0

（资料来源：西城区统计局城市住户抽样调查）

附　录

中共北京市西城区委主要文件目录

中共北京市西城区委文件

京西发〔2011〕1号　中共北京市西城区委关于印发《中共北京市西城区委员会全体会议无记名投票表决党政正职拟任人选和推荐人选办法》的通知

京西发〔2011〕2号　中共北京市西城区委北京市西城区人民政府关于进一步加强督促检查工作的意见

京西发〔2011〕3号　中共北京市西城区委北京市西城区人民政府关于印发《2011年西城区重大项目协调推进工作方案》的通知

京西发〔2011〕4号　中共北京市西城区委关于印发《区委常委会2011年工作要点》的通知

京西发〔2011〕5号　中共北京市西城区委关于区委常委分工调整的通知

京西发〔2011〕7号　中共北京市西城区委北京市西城区人民政府关于印发《北京市西城区深化医药卫生体制改革实施方案》的通知

京西发〔2011〕8号　中共北京市西城区委关于加强人民政协政治协商制度建设的意见

京西发〔2011〕9号　中共北京市西城区委关于区委权力公开透明运行的实施意见

京西发〔2011〕10号　中共北京市西城区委关于表彰先进基层党组织、优秀共产党员、优秀党务工作者、区域党建先进单位和区域党建先进工作者的决定

京西发〔2011〕11号　中共北京市西城区委北京市西城区人民政府关于印发《北京市西城区贯彻落实“人文北京、科技北京、绿色北京”行动计划实施方案》的通知

京西发〔2011〕12号　中共北京市西城区委关于认真学习贯彻《胡锦涛同志在庆祝中国共产党成立90周年大会上的讲话》的通知

京西发〔2011〕13号　中共北京市西城区委北京市西城区人民政府转发《区委宣传部、区司法局关于在全区开展法制宣传教育的第六个五年规划》的通知

京西发〔2011〕14号　中共北京市西城区委关于召开中国共产党北京市西城区第十一次代表大会的决议

京西发〔2011〕15号　中共北京市西城区委关于中国共产党北京市西城区第十一次代表大会代表选举工作的通知

京西发〔2011〕16号　中共北京市西城区委转发《中共北京市西城区人大（临时）常委会党组关于做好西城区人民代表大会换届选举工作的意见》的通知

京西发〔2011〕17号　中共北京市西城区委北京市西城区人民政府关于加强和改进新形势下工商联工作的实施意见

京西发〔2011〕18号　中共北京市西城区委北京市西城区人民政府关于做好西城区“三定”工作的意见

京西发〔2011〕19号　中共北京市西城区委关于印发《中国共产党北京市西城区代表大会代表列席区委重要会议工作制度（试行）》的通知

京西发〔2011〕20号　中共北京市西城区委北京市西城区人民政府印发《西城区关于促进文化创意产业发展的若干措施》的通知

中共北京市西城区委办公室文件

京西办发〔2011〕1号　中共北京市西城区委办公室印发《中共北京市西城区委常委会讨论任免干部

实行无记名投票表决的办法》的通知

京西办发〔2011〕2号　中共北京市西城区委办公室　北京市西城区人民政府办公室关于印发《北京市西城区离退休干部工作领导责任制》的通知

京西办发〔2011〕3号　中共北京市西城区委办公室关于印发《区委常委会2011年议题计划》的通知

京西办发〔2011〕4号　中共北京市西城区委办公室　北京市西城区人民政府办公室关于行政区划调整后规范街道工委办事处印章和悬挂名称标牌的通知

京西办发〔2011〕5号　中共北京市西城区委办公室　北京市西城区人民政府办公室关于印发《区委区政府2011年重点工作目标分解表》的通知

京西办发〔2011〕6号　中共北京市西城区委办公室　北京市西城区人民政府办公室关于通报表扬2010年度西城区信息工作优秀单位、优秀信息工作者的通知

京西办发〔2011〕7号　中共北京市西城区委办公室　北京市西城区人民政府办公室关于调整西城区精神文明建设委员会组成人员的通知

京西办发〔2011〕8号　中共北京市西城区委办公室　北京市西城区人民政府办公室关于调整西城区文明城区建设委员会及各专项工作领导小组组成人员的通知

京西办发〔2011〕9号　中共北京市西城区委办公室　北京市西城区人民政府办公室关于印发《西城区2011年全国文明城区创建与迎检工作方案》的通知

京西办发〔2011〕10号　中共北京市西城区委办公室　北京市西城区人民政府办公室关于印发《北京市西城区建立重大事项社会稳定风险评估机制的实施办法（试行）》的通知

京西办发〔2011〕11号　中共北京市西城区委办公室　北京市西城区人民政府办公室关于印发《西城区第二轮地方志书编纂工作方案》的通知

京西办发〔2011〕12号　中共北京市西城区委办公室关于印发《西城区开展防止利益冲突试点工作意见》的通知

京西办发〔2011〕17号　中共北京市西城区委办公室　北京市西城区人民政府办公室关于印发《2011年北京市西城区党风廉政建设和反腐败工作任务分工方案》的通知

京西办发〔2011〕18号　中共北京市西城区委办公室　北京市西城区人民政府办公室关于统一实行办公废品收购开展“捐废献爱”活动的通知

京西办发〔2011〕19号　中共北京市西城区委办公室　北京市西城区人民政府办公室关于转发《北京市西城区关于进一步规范区属议事协调机构和临时机构管理的意见》的通知

京西办发〔2011〕20号　中共北京市西城区委办公室　北京市西城区人民政府办公室关于印发《2011年西城区集中开展“倡导文明风尚提升城市品质”城市清洁日活动方案》的通知

京西办发〔2011〕21号　中共北京市西城区委办公室　北京市西城区人民政府办公室关于印发《西城区纪念中国共产党成立90周年政治宣传环境布置实施方案》的通知

京西办发〔2011〕22号　中共北京市西城区委办公室　北京市西城区人民政府办公室关于印发《西城区全国文明城区复查测评工作迎检方案》的通知

京西办发〔2011〕23号　中共北京市西城区委办公室　北京市西城区人民政府办公室转发《区委宣传部关于在西城区建立网络发言制度的意见》的通知

京西办发〔2011〕24号　中共北京市西城区委办公室　北京市西城区人民政府办公室关于印发《西城区关于坚持用群众工作统揽信访工作切实维护群众权益的意见（试行）》的通知

京西办发〔2011〕25号　中共北京市西城区委办公室印发《北京市西城区关于党的基层组织实行党务公开的意见》的通知

京西办发〔2011〕26号　中共北京市西城区委办公室　北京市西城区人民政府办公室关于成立西城区“北京市629工程”房屋征收工作领导小组与指挥部的通知

京西办发〔2011〕27号　中共北京市西城区委办公室　北京市西城区人民政府办公室关于机构整合后区委、区政府系统印章使用和悬挂名称标牌有关事宜的通知

京西办发〔2011〕28号　中共北京市西城区委办公室　北京市西城区人民政府办公室印发《西城区关于加强人民调解工作的实施意见》的通知

京西办发〔2011〕29号　中共北京市西城区委办公室　北京市西城区人民政府办公室印发《西城区关于构建网格化社会面防控体系的实施意见》的通知

京西办发〔2011〕30号　中共北京市西城区委办公室关于印发《北京市西城区人民法院机构设置方案》的通知

京西办发〔2011〕31号　中共北京市西城区委办公室

关于印发《北京市西城区人民检察院机构设置方案》的通知

京西办发〔2011〕32号 中共北京市西城区委办公室

北京市西城区人民政府办公室关于成立西城区群众权益保障工作领导小组的通知

北京市西城区人民政府主要文件目录

西城区人民政府文件

西政发〔2011〕1号 北京市西城区人民政府关于印发北京市西城区2011年人口和计划生育工作要点的通知

西政发〔2011〕2号 北京市西城区人民政府关于印发西城区行政规范性文件管理规定的通知

西政发〔2011〕3号 北京市西城区人民政府关于印发西城区赔偿案件管理规定的通知

西政发〔2011〕4号 北京市西城区人民政府关于印发西城区行政强制执行办法的通知

西政发〔2011〕5号 北京市西城区人民政府关于印发西城区人大代表建议政协委员提案办理工作办法的通知

西政发〔2011〕6号 北京市西城区人民政府关于2010年度工作目标督查考核结果的通报

西政发〔2011〕7号 北京市西城区人民政府关于印发北京市西城区建设法治型和服务型政府构建智慧型行政服务体系指导意见的通知

西政发〔2011〕8号 北京市西城区人民政府关于印发北京市西城区行政服务事项办理规范的通知

西政发〔2011〕9号 北京市西城区人民政府关于印发北京市西城区违法建设行政强制执行办法的通知

西政发〔2011〕10号 北京市西城区人民政府关于优化促进就业政策进一步做好就业工作的通知

西政发〔2011〕11号 北京市西城区人民政府关于印发北京市西城区加快国际商贸中心示范区建设意见的通知

西政发〔2011〕12号 北京市西城区人民政府关于印发北京市西城区加快推进学前教育发展意见的通知

西政发〔2011〕13号 北京市西城区人民政府关于印发北京市西城区学前教育三年行动计划的通知

西政发〔2011〕14号 北京市西城区人民政府关于印发北京市西城区统筹推进“菜篮子”系统工程建设保障市场供应意见的通知

西政发〔2011〕15号 北京市西城区人民政府关于印发北京市西城区重大行政事项决策办法的通知

西政发〔2011〕16号 北京市西城区人民政府关于公布北京市西城区第三批区级文物保护单位的通知

西政发〔2011〕17号 北京市西城区人民政府关于印发北京市西城区促进旅游业发展实施意见的通知

西政发〔2011〕18号 北京市西城区人民政府关于印发北京市西城区促进残疾人事业发展若干意见的通知

西政发〔2011〕19号 北京市西城区人民政府关于印发北京市西城区清洁空气行动计划（2011—2015年大气污染控制措施）的通知

西政发〔2011〕20号 北京市西城区人民政府关于印发北京市西城区2011年落实清洁空气行动计划实施方案的通知

西政发〔2011〕21号 北京市西城区人民政府关于印发北京市西城区全民健身实施计划（2011—2015年）的通知

西政发〔2011〕22号 北京市西城区人民政府关于印发北京市西城区实施北京市禁止违法建设若干规定办法（试行）的通知

西政发〔2011〕23号 北京市西城区人民政府关于公布区级行政规范性文件清理结果的通知

西政发〔2011〕24号 北京市西城区人民政府关于印发北京市西城区进一步加强安全生产工作意见的通知

西政发〔2011〕25号 北京市西城区人民政府关于公布第三批区级非物质文化遗产名录的通知

西政发〔2011〕26号 北京市西城区人民政府关于公布北京市西城区进藏义务兵优惠政策的通知

西政发〔2011〕27号 北京市西城区人民政府关于印发北京市西城区地理空间框架管理办法（试行）的通知

西政发〔2011〕28号 北京市西城区人民政府关于印发北京市西城区加强法治政府建设规划的通知

西政发〔2011〕29号　北京市西城区人民政府关于印发北京市西城区推进依法行政工作若干规定的通知

西政发〔2011〕30号　北京市西城区人民政府关于印发北京市西城区规范行政执法若干规定的通知

西政发〔2011〕31号　北京市西城区人民政府关于印发北京市西城区行政机关移送无管辖权行政违法案件和涉嫌犯罪案件规定的通知

西政发〔2011〕32号　北京市西城区人民政府关于印发北京市西城区保护和促进老字号发展若干意见的通知

西政发〔2011〕33号　北京市西城区人民政府关于废止《北京市西城区违法建设行政强制执行办法》的通知

西城区人民政府办公室文件

西政办发〔2011〕1号　北京市西城区人民政府办公室关于成立西城区打击侵犯知识产权和制售假冒伪劣商品专项行动领导小组的通知

西政办发〔2011〕2号　北京市西城区人民政府办公室关于印发西城区打击侵犯知识产权和制售假冒伪劣商品专项行动实施方案的通知

西政办发〔2011〕3号　北京市西城区人民政府办公室关于设立北京市西城区人民政府行政复议委员会的通知

西政办发〔2011〕4号　北京市西城区人民政府办公室关于成立北京市西城区人民政府法律顾问团的通知

西政办发〔2011〕5号　北京市西城区人民政府办公室关于印发北京市西城区2011年在直接关系群众生活方面拟办重要实事的通知

西政办发〔2011〕6号　北京市西城区人民政府办公室关于印发北京市西城区2011年人口和计划生育目标管理考核评估方案的通知

西政办发〔2011〕7号　北京市西城区人民政府办公室关于印发北京市西城区行政服务事项效能监察办法的通知

西政办发〔2011〕8号　北京市西城区人民政府办公室关于印发北京市西城区行政服务信息化若干规定的通知

西政办发〔2011〕9号　北京市西城区人民政府办公室关于印发北京市西城区行政服务事项档案管理办法的通知

西政办发〔2011〕10号　北京市西城区人民政府办公室转发区社会办关于加快推进社区办公和服务用房达标建设意见的通知

西政办发〔2011〕11号　北京市西城区人民政府办公室关于做好《2011年北京市西城区政府会议重要议题计划》实施工作进一步加强会议管理和服务工作的通知

西政办发〔2011〕12号　北京市西城区人民政府办公室关于印发区长副区长工作分工的通知

西政办发〔2011〕13号　北京市西城区人民政府办公室转发区社会办关于加快推进社区办公和服务用房达标建设补充意见的通知

西政办发〔2011〕14号　北京市西城区人民政府办公室转发区社会办关于北京市西城区进一步推进开展安全社区建设工作实施意见的通知

西政办发〔2011〕15号　北京市西城区人民政府办公室关于机构整合中行政执法工作衔接等有关事项的通知

西政办发〔2011〕16号　北京市西城区人民政府办公室关于开展2011年西城区人口抽样调查的通知

西政办发〔2011〕17号　北京市西城区人民政府办公室关于进一步加强药品安全监管工作的通知

西政办发〔2011〕18号　北京市西城区人民政府办公室关于印发北京市西城区“无线西城”行动计划(2011—2013)的通知

西政办发〔2011〕19号　北京市西城区人民政府办公室关于印发北京市西城区加快电子商务发展指导意见的通知

西政办发〔2011〕20号　北京市西城区人民政府办公室转发西城工商分局关于加强北京市西城区住所登记管理若干意见的通知

西政办发〔2011〕21号　北京市西城区人民政府办公室关于印发北京市西城区人民政府区长副区长工作分工的通知

驻区单位

驻区部分中央单位

单位	地址
中国共产党中央委员会	西长安街地区
全国人大常委会	西交民巷23号
国务院	府右街
政协全国委员会	太平桥大街23号
中共中央国家机关工作委员会	西安门大街22号
中共中央纪律检查委员会	平安里西大街41号
中共中央办公厅第一局	府右街10号
中共中央办公厅警卫局	南长街81号
中共中央办公厅机要交通局	西黄城根北街11号
中共中央办公厅老干部局	大觉胡同50号
中共中央直属机关事务管理局	西黄城根北街9号北门
中共中央统战部	府右街135号
中共中央组织部	西长安街80号
中共中央宣传部	西长安街5号
中共中央政策研究室	府右街8号
中华全国总工会	复兴门外大街10号
中国残疾人联合会	西直门南小街186号
国家信访局	南礼士路6号
国务院办公厅	府右街2号
国务院机关事务管理局	西安门大街22号
国务院法制办公室	文津街9号
国务院侨务办公室	阜成门外大街35号
国务院港澳事务办公室	月坛南街77号
国务院台湾事务办公室	广安门南街6-1号
国家发展和改革委员会	月坛南街38号
国家民族事务委员会	太平桥大街252号
中华人民共和国财政部	三里河南三巷3号
中华人民共和国国土资源部	阜成门内大街64号
中华人民共和国卫生部	西直门外南路1号
中华人民共和国教育部	西单大木仓胡同37号
中华人民共和国工业和信息化部	西长安街13号
中华人民共和国监察部	广安门南街甲2号
中华人民共和国审计署	展览路北露园1号
国务院国有资产监督管理委员会	宣武门西大街26号
中华人民共和国新闻出版总署	宣武门外大街40号

中国科学院	三里河路 52 号
中国工程院	冰窖口胡同 2 号
中国人民银行	成方街 32 号
国家邮政局	北礼士路甲 8 号
国家广播电影电视总局	复兴门外大街 2 号
国家统计局	月坛南街 57 号
国家工商行政管理总局	三里河东路 8 号
国家海洋局	复兴门外大街 1 号
国家宗教事务局	后海北沿 44 号
中华人民共和国环境保护部	西直门南小街 115 号
中华人民共和国水利部	白广路二条 2 号
国家档案局	丰盛胡同 21 号
国家食品药品监督管理局	宣武门西大街 26 号院 2 号楼
中国印钞造币总公司	西直门外大街甲 143 号
中国兵器工业总公司	三里河路 44 号
中国石油天然气集团公司	六铺炕街 6 号
中国材料工业科工集团公司	西直门内北顺城街 11 号
中国核工业集团公司	三里河南三巷 1 号
国家电网公司	西长安街 86 号
中国保险监督管理委员会	金融大街 15 号
中国证券监督管理委员会	金融大街 19 号富凯大厦
国家粮食局	木樨地北里甲 11 号国宏大厦 C 座
国家信息中心	三里河路 58 号
新华通讯社	宣武门西大街 57 号
中国地质科学院	百万庄大街 26 号
中国儿童中心	平安里西大街 43 号
中央人民广播电台	复兴门外大街 2 号
中国道教协会	西便门外白云观内
中国佛教协会	阜成门内大街 25 号
中国天主教爱国会	柳荫街 14 号
伊斯兰教协会	南横西街 103 号
中国国际贸易促进委员会	复兴门外大街 1 号

驻区部分市级单位

北京市教育委员会	前门西大街 109 号
北京市科学技术委员会	西直门南大街 16 号
北京市司法局	西直门内南小街后广平胡同 39 号
北京市人力资源和社会保障局	永定门西街 5 号
北京市市政市容管理委员会	西单北大街 80 号
北京市交通委员会路政局	广安门内大街 317 号
北京市交通委交通执法总队	北礼士路 22 号
北京市农业局	裕民中路 6 号

北京市国家税务局	车公庄大街 10 号
北京市地方税务局	车公庄大街 8 号
北京市园林绿化局	北三环中路 3 号双全大厦 415 号
北京市知识产权局	德胜门东大街 8 号 2 层
北京市民防局	槐柏树街北里 8 号
北京市文学艺术界联合会	前门西大街 95 号
北京市红十字会	太平街 19 号
北京市急救中心	前门西大街 103 号
北京市电力公司	前门西大街 41 号
北京市自来水集团有限责任公司	宣武门西大街甲 121 号
北京市燃气集团有限责任公司	西直门南小街 22 号
北京市地铁运营有限公司	西直门外大街 2 号
北京市果品有限公司	德胜门外大街 5 号（德胜园区）
北京北站	北滨河路甲 1 号
北京市青年宫	西直门南小街 68 号
北京市西区邮局	南礼士路头条5 号

境内金融机构

银行网点

中国工商银行股份有限公司北京市分行

长安支行营业室	宣武门内大街乙 6 号
复内支行	复兴门内大街 55 号
复外支行	复兴门外大街 A2 号
大悦城支行	西单北大街甲 131 号大悦城办公楼 6 层
和平门内支行	北新华街东松树胡同 31 号 1–2 层
中海凯旋支行	太平桥大街 96 号
西单北大街支行	华远北街 2 号通港大厦首层东南侧
西单支行	西单灵境胡同 42 号首层
丰汇园支行	宏英园 17 号楼
新文化街支行	佟麟阁路 75 号
长安商场储蓄所	复兴门外大街 15 号
甘石桥储蓄所	西单北大街酱坊胡同 33 号
新街口支行营业室	西直门内大街 143 号
德外支行	教场口街 9 号院乙 9 号–8
赵登禹路支行	平安里西大街 31 号航天金融大厦 1 层东侧
西四支行	西四北大街 288 号

西直门内支行	葱店胡同2号院1号楼1层
德胜科技园支行	德胜门外大街11号美江大厦1-2层
积水潭支行	新街口外大街18号
安华桥西支行	北三环中路6号伦洋大厦1-2层
新街口北大街支行	新街口北大街57号1层1003号
地安门西大街支行	地安门西大街28号
平安里分理处	西黄城根北街甲2号
西直门内大街分理处	西直门内大街68号
小西天分理处	新街口外大街23号
爱民里储蓄所	爱民巷小区3号楼
棉花胡同储蓄所	棉花胡同52号
西安门储蓄所	西安门大街103号
南礼士路支行营业室	阜成门外大街8号
礼士路网点支行	月坛北街26号恒华国际大厦1层
阜外大街网点支行	展览路48号
西直门网点支行	车公庄乙1号富通大厦首层
三里河网点支行	月坛南街34号
百万庄西口网点支行	三里河路36号
燕京网点支行	三里河东路39号燕京大厦首层
西便门网点支行	西便门外大街4号院6号楼首层
车公庄网点支行	车公庄大街9号院2号楼
百万庄东口网点支行	百万庄大街16号1层
月坛支行	南礼士路9号
真武庙支行	真武庙路四条8号院2号楼商业102-1号
三里河东路网点支行	月坛北街26号恒华国际大厦1层
公安大学网点支行	木樨地北里4号商业楼1层南侧
西直门外大街网点支行	西直门外大街德宝新园22号楼1层
文兴街支行	西直门外文兴街2号
金融街支行营业室	太平桥大街丰汇园11号
复兴门网点支行	金融大街29号
英蓝中心网点支行	金融大街7号
阜成门网点支行	阜内大街410号
金树街网点支行	金融大街8号
白塔寺网点支行	太平桥大街8号西城晶华社区S12楼11-A-S12号
菜市口支行	广安门内大街116号
琉璃厂支行	南新华街48号
陶然亭支行	陶然亭路55号
宣武门支行	宣武门外大街1号1层109
白广路支行	白广路7号
福地广场支行	菜市口大街1号1层101
右内大街支行	里仁街西口25号楼底商
菜百分理处	广安门内大街306号菜百新世纪商场2层
清芷园分理处	育新街47号清芷园会所

新华社储蓄所	宣武门西大街57号
广安门支行营业室	广安门外南滨河路3号
樱桃园支行	右安门内大街15号
天宁寺支行	西便门内大街69号
范家胡同支行	槐柏树街甲7号1层
中环广场支行	枣林前街70号
朗琴园支行	手帕口南街1号院1号楼
马连道支行	广安门外马连道6号院4-5号楼底商
青年湖支行	鸭子桥路24号金翔大厦首层
益民支行	菜户营东街甲88号
白纸坊支行	白纸坊西街17号院10号楼1层103号
广外支行	广安门外大街305号八区15-17号楼105室
中国农业银行股份有限公司北京市分行	
分行营业部	展览路5号
先农坛支行	北纬路9号
宣外支行	宣武门外大街92号首层
宣武支行营业室	宣武门西大街28号院10门大成广场
陶然路支行	陶然亭路63号
里仁街支行	右安门内大街甲26号
广安门外支行	广安门外大街甲6号
骡马市支行	广安门内大街6号枫桦豪景A座1层
南线阁支行	枣林北里41号院2号楼首层
马连道支行	马连道15号院6号楼
朱雀门分理处	太平街8号院21号楼底商
白纸坊分理处	鸭子桥路1号院5号楼
礼士路支行	复兴门外大街A2号中化大厦G层东北侧
椿树园支行	椿树园小区15号楼底商单元5号
西客站支行	莲花池东路106号汇融大厦1层
北三环支行	北三环中路23号
金融大街支行	金融大街12号中国人寿广场B座1层
新外支行	新街口外大街8-4号
民航大厦支行	西长安街甲15号
人定湖支行	德胜门外大街甲5号中天大厦
月坛大厦支行	月坛北街2号月坛大厦北座首层A102单元
平安里支行	平安里西大街2号
复兴门支行	复兴门内大街99号
阜成门支行	阜成门外大街甲1号
西长安街支行	复兴门内大街28号凯晨世贸中心中座第G层C001单元
德胜门支行	德胜门外大街83号
西城支行营业室	车公庄北街新华里16号1号楼
新街口支行	西直门内大街118号
中国银行股份有限公司北京市分行	
西城支行营业部	阜成门外大街5号

平安里支行	西四北大街83号
三里河支行	月坛南街丙71号
百万庄支行	百万庄大街22号
北太平庄支行	新街口外大街12号
德外支行	德胜门外大街11号1层
黄寺支行	黄寺大街甲24号
西直门支行	西直门南小街国英园1号1层
车公庄支行	车公庄大街9号院2号楼1-2层
官园桥支行	平安里西大街28号
阜成门内支行	金融大街甲5号新盛大厦南塔1层01号房
丰盛支行	太平桥大街18号丰融国际大厦第1层05、07单元
宣武支行营业部	南新华街1号
陶然亭支行	白纸坊东街平原里小区18号楼
东经路支行	东经路42号
广安门支行	广安门内南线阁8号
天缘公寓支行	广安门南街36号
莲花河支行	广安门外大街178号
庄胜广场支行	宣武门外大街20号
虎坊路支行	永安路175号
宣武门支行	宣武门西大街乙97号尚座大厦1层
复兴门支行	真武庙头条1号
大成大厦支行	宣武门西大街127号
中国建设银行股份有限公司北京市分行	
市分行	宣武门西大街28号楼4门
鼎昆支行	黄寺大街23号阳光丽景商业配套楼
月坛支行	金融大街19号富凯大厦B座1层B102
车公庄支行	车公庄大街北里24号5栋大楼B栋B-S-1号
三里河储蓄所	真武庙二条4号院真武家园1号楼裙房局部
月坛南街支行	月坛南街甲18号
达官营支行	广安门外大街305号8区15-16-17楼底商101（C）
天宁寺储蓄所	天宁寺32号楼
新华支行	鲍家街43号
复兴支行	复兴门内大街160号
华远街支行	华远街13号置地星座A座首层
滨河储蓄所	滨河路2号
丰汇园支行	丰汇园21号楼1层
官园南里储蓄所	车公庄大街2号院1号楼首层
里仁街储蓄所	里仁街3号商业裙房首层
科技馆支行	北三环中路3号双全大厦
西单支行	西单北大街34号
西直门支行	西直门南大街2号
德胜支行	德胜门东大街8号
金融街支行	金融大街35号国际企业大厦A座A101、102、106、107

平安大街支行	地安门西大街甲 99 号
丰盛支行	太平桥大街 19 号 1 层 101
北太储蓄所	新街口外大街 6 号
德外储蓄所	德胜门外新风街 1 号院（E 区）商业楼
国英园储蓄所	国英园 7 号楼
黄寺储蓄所	黄寺双旗杆东里 12 号
宣内大街支行	宣武门内大街 2 号中国华电大厦
建展储蓄所	榆树馆西里甲 13 号
教场口储蓄所	六铺炕二巷甲 6 号
南礼士路储蓄所	复兴门外大街 1 号中国贸促会西小楼 1 层
西露园储蓄所	西露园小区扣钟巷 1 号综合楼
新街口西里储蓄所	新街口西里小区 3 区 2 号楼
西长安街支行	西长安街 15 号
西四支行	阜成门外大街甲 26 号
展览路支行	北礼士路 8 号
白纸坊支行	广安门南街 24 号
金融街储蓄所	金融大街 25 号
菜市口南街储蓄所	平原里 20 号楼 1–3 号
马连道储蓄所	马连道路 17 号信合嘉园 A 座 07 商业用房
红连支行	红莲南路 55–1 号
南菜园储蓄所	建功西里 2 号楼 1 层
牛街储蓄所	牛街 11 号 108 室圣芳商厦首层
四平园储蓄所	南横街四平园小区综合楼
象来街储蓄所	西便门内大街 55 号
陶然亭储蓄所	南纬路 35 号院（富力信然家园）AB 栋 110 室 1–2 层和 111 室 1–2 层
兴融支行	闹市口大街 1 号院 1 号楼
宣武门支行	宣武门外大街 26 号 1–0101 室、2–0101 室
宣武支行	广安门内大街 314 号
交通银行股份有限公司北京市分行	
市分行营业部	金融大街 33 号
金融街支行	金融大街 22 号和 20 号
马连道支行	广安门外大街 248 号（机械大厦）
右安门支行	白纸坊东街 10 号
南滨河路支行	南滨河路乙 25 号
马甸支行	德胜门外大街 5 号
中轴路支行	德胜门外六铺炕中街 3 号
德胜门支行	德胜门外关厢地区中交大厦 1–2 层东侧 11–14 轴房
阜外支行	车公庄大街 9 号院 1 号楼
百万庄支行	百万庄大街 11 号
社会路支行	二七剧场路南里商业楼首层北侧
阜成门支行	阜成门外大街 7 号国投大厦首层
西单支行	西长安街甲 17 号

西便门支行	宣武门西大街甲129号
官园支行	车公庄路新华里16-3号京侨国际公馆1-3层102、202、302号
中信银行股份有限公司总行营业部	
营业结算部	金融大街甲27号
阜成门支行	太平桥大街17号恒奥中心A座1层
西单支行	复兴门内大街45号
凯晨广场支行	复兴门内大街28号凯晨世贸中心中座第F3层
广安门支行	广安门外南滨河路1号
中国光大银行股份有限公司北京分行	
分行营业部	宣武门内大街1号
宣武支行	广安门外大街1号深圳大厦1层
德胜门支行	黄寺大街23号北广大厦1层
天宁寺支行	莲花池东路1号
西城支行	车公庄大街甲4号-1
礼士路支行	南礼士路66号建威大厦
三里河支行	月坛南街71号
西单支行	华远北街2号通港大厦
西直门支行	德宝新园22号德宝饭店1层
长安支行	复兴门外大街6号光大大厦
金融街丰盛支行	太平桥25号
金融街支行	金融大街28号院盈泰中心2号楼1层
华夏银行股份有限公司北京分行	
分行营业部	金融大街11号
长安支行	三里河东路5号
平安支行	平安里西大街16号
德外支行	德胜门外大街3号
阜外支行	阜成门外大街甲34号
和平门支行	前门西大街14号
车公庄支行	车公庄大街12号
北三环支行	北三环中路6号2号楼
广外支行	广安门外大街甲397号
广发银行股份有限公司北京分行	
月坛支行	月坛北街2号
甘家口支行	阜成门外大街34号
新外支行	新街口外大街19号
金融街支行	金融大街33号B座1层、4层
分行营业部	复兴门内大街156号A座
金融街支行	金融大街35号C座1层
招商银行股份有限公司北京分行	
金融街中心支行	金融大街16号中国人寿大厦1层
首体支行	西直门外大街甲143号凯旋大厦A座
阜外大街支行	阜成门外大街22号外经贸大厦1层

甘家口支行	展览路乙 3 号
宣武门支行	宣武门外大街 30 号
陶然亭支行	南纬路 39 号
中国民生银行股份有限公司总行营业部	
阜成门支行	阜成门外大街 2 号万通新世界广场 B 座首层
首体支行	西直门外大街甲 143 号凯旋大厦
金融街支行	金融大街 33 号通泰大厦 B 座首层
平安里支行	地安门西大街 141 号
北太平庄支行	新街口外大街 2 号金辉科技楼
广安门支行	广安门内大街 338 号港中旅大厦
西单支行	西单北大街 107 号北京电信首层
德胜门支行	德外大街新风街 2 号天成科技大厦首层
西二环支行	平安里西大街 26 号新时代大厦 1–2 层
西长安街支行	复兴门内大街 2 号民生银行大厦首层
北京银行股份有限公司	
总行营业部	金融大街甲 17 号
燕京支行	复兴门外大街 19 号
月坛支行	太平桥大街 8 号院
阜成支行	阜成门外大街 2 号
华安支行	西黄城根北街甲 2 号
三里河支行	月坛南街 85 号
官园支行	育教胡同 33 号
复兴支行	月坛南街 14 号
德外支行	德胜门外大街 8 号
展览路支行	西直门外南路 8 号
金融街支行	金融大街丁 26 号
西四支行	西单北大街 30 号
车公庄支行	车公庄大街乙 8 号
西直门支行	冠英园西区 31 号楼
慧园支行	教场口街 9 号院
西单支行	复兴门内大街 156 号
长安街支行	真武庙一号中国职工之家 C 座首层
琉璃厂支行	南新华街 48 号
右安门支行	右安门内大街 65 号
前门支行	前门西大街正阳市场 1 号楼
陶然支行	永定门内西街 5 号
广安支行	广安门外白菜湾 5 号楼
滨河路支行	枣林前街 119 号
报国寺支行	广安门内大街甲 306–3 号
天宁支行	核桃园西街 36 号
白云支行	广安门外小马厂西里 2 号
宣武门支行	广安门内大街 6 号
广源支行	广安门外大街 305 号院 7 号楼

西内大街支行	西直门内大街 275 号
北三环支行	北三环中路 6 号出版创意大厦首层
马连道支行	马连道南街 1 号院 2 号楼

证券公司

北京高华证券有限责任公司	金融大街 7 号英蓝国际中心 18 层
高盛高华证券有限责任公司	金融大街 7 号英蓝国际中心 18 层
新时代证券有限责任公司	金融大街 1 号 A 座 8 层
首创证券有限责任公司	德胜门外大街 115 号德胜尚城 E 座
第一创业摩根大通证券有限责任公司	金融大街甲 9 号 802–804
瑞信方正证券有限责任公司	金融大街甲 9 号金融街中心南楼 15 层
瑞银证券有限责任公司	金融大街 7 号英蓝国际中心 15 层
信达证券股份有限公司	闹市口大街 9 号院 1 号楼信达金融中心
东兴证券股份有限公司	金融大街 5 号新盛大厦 B 座 12–15 层
华融证券股份有限公司	金融大街 8 号 A 座 3、5 层
中国民族证券有限责任公司	金融大街 5 号新盛大厦 A 座 6–9 层
中国银河证券股份有限责任公司	金融大街 35 号国际企业大厦 C 座
长城证券有限责任公司北京阜成门北大街证券营业部	阜成门北大街 17 号中国大百科裙楼 2–3 层
国信证券股份有限公司平安大街证券营业部	平安西大街 28 号光大国际中心 1 号楼 5 层
中国银河证券股份有限公司北京黄寺大街证券营业部	黄寺大街 21 号中银利华大厦 1–2 层
中国银河证券股份有限公司北京金融街证券营业部	丰汇园 21 号楼
中国民族证券有限责任公司北京佟麟阁路证券营业部	佟麟阁路 95 号尚信大厦 6–7 层
东北证券股份有限公司北京三里河东路证券营业部	三里河东路 5 号中商大厦 4 层
渤海证券股份有限公司北京西外大街证券营业部	西直门外大街甲 143 号凯旋大厦 C 座 2 层
广州证券有限责任公司北京三里河东路证券营业部	三里河东路 39 号燕京大厦 2 层
中原证券股份有限公司北京广安门外大街证券营业部	广安门外大街 168 号朗琴国际大厦 8 层
第一创业证券有限责任公司北京月坛南街证券营业部	平安大街新时代大厦 3 层
财富证券有限责任公司北京阜外大街证券营业部	阜成门外大街甲 7 号国投大厦 1–2 层
北京高华证券有限责任公司北京金融大街证券营业部	金融大街 7 号英蓝（大厦）国际金融中心 18 层
国盛证券有限责任公司北京德胜门外大街证券营业部	德胜门大街 83 号德胜门国际中心 B 座 3 层
西南证券股份有限公司北京北三环中路证券营业部	北三环中路商房大厦 4 层
长江证券股份有限公司北京百万庄证券营业部	百万庄大街 22 号院信息出版科研业务楼 2 层及机工大厦 6 层 F 区域
日信证券有限责任公司北京新街口北大街证券营业部	新街口北大街 3 号星街坊购物中心 6 层 603–606
宏源证券股份有限公司北京金融大街证券营业部	太平桥大街 19 号
瑞银证券有限责任公司北京金融大街证券营业部	金融大街 7 号英蓝（大厦）国际金融中心 15 层
信达证券股份有限公司北京西单北大街证券营业部	华远北街 2 号通港大厦 1、4 层
光大证券股份有限公司北京月坛北街证券营业部	月坛北街 2 号月坛大厦东配楼 5 层
国都证券有限责任公司北京北三环中路证券营业部	北三环中路 23 号燕莎盛世大厦
国都证券有限责任公司北京阜外大街证券营业部	阜成门外大街 22 号
国泰君安证券股份有限公司北京德外大街证券营业部	德胜门外大街新风街 2 号天成科技大厦 A 座
国泰君安证券股份有限公司北京金融街证券营业部	金融大街 28 号盈泰中心 2 号楼 10 层

齐鲁证券有限公司北京金融大街证券营业部	金融大街5号新盛大厦南塔A座1层02、03单元
新时代证券有限责任公司北京南礼士路证券营业部	南礼士路3号海通大厦34层
华泰证券股份有限公司北京月坛南街证券营业部	月坛南街甲12号万丰怡和商务会馆3层
华鑫证券有限责任公司北京车公庄大街证券营业部	车公庄大街12号核工业建设集团大厦2层
平安证券有限责任公司北京金融大街营业部	金融大街23号平安大厦10层
万联证券有限责任公司北京西单证券营业部	西单横二条3号
方正证券股份有限公司北京阜外大街证券营业部	阜成门外大街甲34号
恒泰证券股份有限公司北京南滨河路证券营业部	广安门外南滨河路1号高新大厦2、5层
华融证券股份有限公司北京金融大街证券营业部	金融大街8号1-2层
西部证券股份有限公司北京德胜门外大街证券营业部	德胜门外大街乙10号太福大厦4层
西藏同信证券有限责任公司北京陶然亭路证券营业部	陶然亭路16号
招商证券股份有限公司北京金融街证券营业部	金融大街33号通泰大厦C座609
招商证券股份有限公司北京新街口外大街证券营业部	新街口外大街12号
中山证券有限责任公司北京车公庄大街证券营业部	车公庄大街乙1号富通大厦2层
五矿证券有限责任公司北京广安门外大街证券营业部	广安门内大街248号机械大厦508
浙商证券有限责任公司有限责任公司北京骡马市大街证券营业部	骡马市大街14号甲1
安信证券股份有限公司北京复兴门外大街证券营业部	复兴门外大街A2号中化大厦11层
广发证券股份有限公司北京广安门内大街证券营业部	广安门内大街316号京粮大厦6层
广发证券股份有限公司北京阜成门南大街证券营业部	阜成门南大街甲3号
国金证券股份有限公司北京金融街证券营业部	金融街27号投资广场B座4层
和兴证券经纪有限责任公司北京百万庄大街证券营业部	百万庄大街19号
中信证券股份有限公司北京复外大街证券营业部	白云路1号3层、8层
中银国际证券有限责任公司北京宣外大街证券营业部	宣武门外大街甲1号环球财讯中心E座3层

期货公司

金鹏期货经纪有限公司	复兴门内金融街投资广场B座9层
北京首创期货有限责任公司	闹市口大街1号长安兴融中心4号楼11层
宏源期货有限公司	太平桥大街19号4层
第一创业期货有限责任公司	平安里西大街26号新时代大厦4层南侧
银河期货有限公司	复兴门外大街A2号中化大厦8层
经易期货经纪有限公司	百万庄北街6号
格林期货有限公司	金融大街27号投资广场B座5层和20层
京都期货有限公司	德胜门外大街115号德胜尚城E座1层
国投中谷期货有限公司北京西直门南小街营业部	西直门南小街147号5层
光大期货有限公司北京营业部	月坛北街2号月坛大厦东配楼3层
江苏弘业期货经纪有限公司北京营业部	月坛南街甲12号北京万丰怡和商务会馆3层
浙江新世纪期货经纪有限公司北京营业部	黄寺大街23号北广大厦1111号
万达期货经纪有限公司北京营业部	德胜门外大街123号德胜尚城G座2层
鲁证期货有限公司北京平安里西大街营业部	平安里西大街28号楼701-01、09室
北京中期期货经纪有限公司北京金融街营业部	金融街7号百盛写字楼7019号
乾坤期货经纪有限公司月坛北街营业部	月坛北街2号月坛大厦A座7层A706-A707号

金瑞期货经纪有限公司北京金融街营业部	金融街5号新盛大厦1102房
海通期货有限公司南礼士路营业部	南礼士路66号1号楼建威大厦812-815室
民生期货有限公司北京北三环中路营业部	北三环中路23号燕莎盛世大厦4层409、410室
中国国际期货有限公司北京金融大街营业部	金融大街1号金亚光大厦11层05、06室
国金期货有限责任公司北京金融大街营业部	金融大街27号投资广场B1106、B1108
金鹏期货经纪有限公司北京太平桥营业部	太平街6号富力摩根中心D座1012、1015
大华期货有限公司北京北三环中路营业部	北三环中路6号3栋13层1306

基金公司

华夏基金管理有限公司	金融大街33号通泰大厦B座8层
泰达宏利基管理有限公司	金融大街7号英蓝国际中心2-3层
建信基金理有限责任公司	金融大街7号英蓝国际中心16层
东方基金管有限责任公司	金融大街28号盈泰商务中心2号楼16层
华商基金理有限公司	阜成门北大街6号国际投资大厦C座15层
方正富基金管理有限公司	太平桥大街18号丰融国际大厦北区11层

境内邮政局所

中南海邮电局	府右街乙27号
大会堂邮电所	人民大会堂内
复外大街邮电局	复兴门外南礼士路头条5号
复外南大街邮电所	复兴门外南大街3号楼
西长安街邮电局	宣武门内大街6号美爵酒店1层
新华社邮电所	宣武门西大街57号
工信部邮电所	西长安街13号
金隅大厦邮电所	宣武门西大街甲129号202室
金融大厦邮电所	复兴门内大街156号
远洋大厦邮电所	复兴门内大街158号
图书大厦邮电所	西长安街17号图书大厦地下1层
明珠市场邮电所	西单横二条59号明珠大厦5层
中国教育电视台邮电所	复兴门内大街160号
长椿街邮电所	宣武门西大街131号
西单邮电局	西单北大街109号
金融街邮电局	丰汇园小区17号楼
平安大厦邮电所	金融大街23号
国企大厦邮电所	金融大街35号
通泰大厦邮电所	金融大街33号C座

富凯大厦邮电所	金融大街19号
英蓝国际邮电所	金融大街英蓝国际大厦
邮政集团邮电所	金融大街甲3号金鼎大厦B1层
西四邮电局	西四南大街16号
白塔寺邮电所	赵登禹路397号
新街口邮电局	西直门内大街32号
车公庄邮电所	西直门南大街甲18号
平安里邮电所	地安门西大街乙28号
百万庄邮电局	百万庄大街18号
万通邮电所	阜成门外大街2号1815室
马尾沟邮电所	北礼士路62号
木樨地邮电局	复兴门外大街25号
国宏大厦邮电所	木樨地北里甲11号
西外大街邮电局	西直门外大街德宝新园甲22号
文兴街邮电所	文兴东街甲1号
京鼎邮电所	西直门外大街132号特42室
金开利德邮电所	动物园公交枢纽大厦5层西南角
世纪天乐邮电所	西直门外大街南路甲28号B座15层15A12
北京动物园邮电局	西直门外大街137号动物园正门西侧
三里河邮电局	月坛南街65号
光大大厦邮电所	复兴门外大街6号
中化大厦邮电所	复兴门外大街甲2号
天照天邮电所	南礼士路丁9号
月坛大厦邮电所	月坛北街2号月坛大厦内
建威大厦邮电所	南礼士路66号建威大厦内
阜成门邮电局	阜成门北大街19号
百盛大厦邮电所	金融大街37号
职工之家邮电所	真武庙1号职工之家
永安路邮局	永安路173号
和平门邮局	前门西大街12号楼
骡马市邮局	骡马市大街100号
牛街邮局	牛街4号
里仁街邮局	里仁街14号
马连道邮局	广安门外大街411号
珠市口邮电所	珠市口西大街120号
天桥邮电所	永安路121号
福长街邮电所	福长街52号
琉璃厂邮电所	东琉璃厂东街3号
椿树园邮电所	椿树园18号楼甲5号
陶然亭邮电所	黑窑厂西里1号楼
宣外大街邮电所	宣武门外大街临99号
西便门西里邮电所	西便门西街14号北侧
鸭子桥邮电所	鸭子桥南里1号楼

天宁寺邮电所	天宁寺西里7号楼
红居街邮电所	广安门外大街175号
南区邮票公司	牛街4号
南区邮政函件分局	红莲南里甲24号

学　校

高等院校

北京市行政学院	车公庄大街6号
中央音乐学院	鲍家街43号
中央广播电视大学	复兴门内大街160号
中国人民公安大学	木樨地南里1号
中国道教学院	白云观内
外交学院	展览馆路24号
北京建筑工程学院	展览馆路1号
北京军地专修学院	新风街7号
公安部高级警官学院	木樨地南里甲1号
北京教育学院	德胜门外黄寺大街什坊街2号
北京市西城经济科学大学	西直门内南草厂22号
北京联合大学继续教育学院	丰盛胡同13号
北京广播电视大学宣武分校	菜园街13号
北京宣武红旗业余大学	右安门内大街79号

中　学

北京市第三中学高中部	富国街3号
北京市第三中学初中部	大红罗厂街甲25号
北京市第四中学高中部	西黄城根北街甲2号
北京市第四中学初中部	地安门西大街教场胡同4号
北京市第七中学	安德路69号
北京市第八中学高中部	太平桥大街学院小街2号
北京市第八中学初中部	西便门东街乙2号
北京市第八中学分校	复兴门外大街乙20号
北京市第十三中学初中部	鼓楼西大街148号
北京市第十三中学分校	西绦胡同59号
北京市第十四中学	广安门外大街305号
北京市第十四中学初中部	老墙根65号

北京市第十五中学	育新街 2 号
北京市第三十一中学	西绒线胡同 33 号
北京市第三十五中学	二龙路小口袋胡同 19 号
北京市第三十九中学	西黄城根北街 6 号
北京市第四十一中学	西四北二条 58 号
北京市第四十三中学	后孙公园胡同 37 号
北京市第四十四中学	三里河南横街 1 号
北京市第五十六中学	文兴街 3 号
北京市第六十二中学	太平街西巷 4 号
北京市第六十三中学	白广路 33 号
北京市第六十六中学	枣林前街 111 号
北京市第一四〇中学	盆儿胡同 58 号
北京市第一五四中学	百万庄南街 14 号
北京市第一五六中学	太平仓胡同 16 号
北京市第一五九中学	王府仓胡同 23 号
北京市第一六一中学	北长街 113 号
北京市第二一四中学	月坛北街 18 号
北京市二龙路中学	大木仓胡同 39 号
北京市鲁迅中学	新文化街 45 号
北京教育学院附属中学	新街口四条 48 号
北京市月坛中学	南礼士路二条 1 号
北京市裕中中学	德胜门外裕民路裕中西里 21 号
北京市西城区实验学校	德胜门外六铺炕一巷 2 号
北京市实美职业学校	百万庄大街 19 号
北京市外事学校	西直门内永祥胡同 3 号
北京师范大学附属实验中学	二龙路甲 14 号
北京师范大学附属实验中学分校	辟才胡同 80 号
北京师范大学第二附属中学	新街口外大街 12 号
北京市铁路第二中学	月坛西街 5 号
北京市西城外国语学校	百万庄大街 37 号
北京市三帆中学	德胜门外新风街 7 号
北京市徐悲鸿中学初中部	永安路寿长街 1 号
北京市徐悲鸿中学	右安门西街甲 10 号
北京师范大学附属中学	南新华街 18 号
北京市北纬路中学	梁家园 5 号
北京市育才学校	东经路 21 号
北京市广安中学	枣林斜街 55 号
北京市回民学校	广安门内大街 225 号
北京市华夏女子中学	广安门外红莲中里 12 号
北京市宣武外国语实验学校	莲花河胡同 4 号
北京市财会学校	西便门内大街 69 号
北京市实验职业学校	广安门外三义里 5 号；菜园街 13 号
北京市宣武培智学校（职业教育部）	南马道 17 号

北京启喑实验学校	东教场胡同5号
北京市新光中学	西黄城根北街6号

小　学

北京市西城区自忠小学	府右街丙27号
北京市西城区力学小学	力学胡同47号
北京市西城区北长街小学	北长街71号
北京市西城区长安小学	东绒线胡同41号
北京市西城区顺城街第一小学	前门西大街135号
北京市西城区柳荫街小学	西煤厂胡同7号
北京市西城区什刹海小学	恭俭胡同41号
北京市西城区护国寺小学	护国寺东巷7号
北京市西城区黄城根小学	西黄城根北街3号
北京市西城区西什库小学	刘兰塑胡同14号
北京市西城区厂桥小学	地安门西大街167号
北京市西城区德胜门外第二小学	德胜里西街3号
北京市西城区民族团结小学	德胜门外大街安德路142号
北京市西城区五路通小学	德胜门外什坊街甲6号
北京市西城区育翔小学	马甸南村乙14号
北京市西城区裕中小学	裕中西里小区29号
北京市西城区玉桃园小学	玉桃园小区3区10号
北京市西城区新街口东街小学	新街口东街5号
北京市西城区鸦儿胡同小学	鸦儿胡同25号、63号
北京雷锋小学	旧鼓楼大街西绦胡同甲2号
北京市西城区官园小学	官园胡同甲1号
北京市西城区四根柏小学	赵登禹路58号
北京市西城区西四北四条小学	西四北四条47号
北京市西城区中华路小学	前半壁街48号
北京市西城区宏庙小学	宏庙胡同13号
北京市西城区华嘉小学	华嘉胡同19号
北京市西城区西单小学	中京畿道1号
北京市西城区奋斗小学	闹市口大街月台胡同15号
北京第二实验小学	新文化街111号
北京市西城区涭水河小学	受水河胡同45号旁门
北京市西城区三里河第三小学	三里河三区36号
北京市西城区中古友谊小学	三里河一区39栋
北京市西城区复兴门外第一小学（低年级部）	地藏庵23号
北京市西城区复兴门外第一小学（高年级部）	南礼士路三条7号
北京市西城区育民小学	真武庙头条8号
北京市西城区白云路小学	白云路2号
北京市西城区青龙桥小学	复兴门外真武庙四条六里71号
北京市西城区阜成门外第一小学	阜成门外大街甲10号

北京市西城区银河小学	阜成门外北营房中街57号
北京市西城区展览路第一小学	百万庄中里7号
北京市西城区文兴街小学	文兴街4号
北京市西城区北礼士路第一小学	北礼士路133号
北京市西城区进步小学	西直门外南大街榆树馆胡同1号
北京市西城区后孙公园小学	后孙公园胡同3号
北京市西城区琉璃厂小学	琉璃巷3号
北京第一实验小学	南新华街17号
北京第一实验小学前门分校	和平门外东街甲5号
北京市宣武回民小学	牛街西里一区5号
北京市西城区登莱小学	登莱胡同29号
北京市西城区上斜街小学	上斜街37号
北京市西城区康乐里小学	储库营康乐里2号
北京小学	槐柏树街9号
北京小学走读部	北线阁街2号
北京市西城区红莲小学	红莲中里14号
北京市西城区三义里小学	三义里4号
北京市西城区椿树馆小学	广安门外南街43号
北京市西城区天宁寺小学	天宁寺前街35号
北京市西城区青年湖小学	鸭子桥北里13号
北京市西城区广安门外第一小学	广安门外红居南街2号
北京市西城区福州馆小学	福州馆街3号
北京市西城区陶然亭小学	龙泉胡同5号
北京市西城区太平街小学	太平街西巷6号
北京市西城区半步桥小学	白纸坊东街27号
北京市宣武师范学校附属第一小学	右安门内大街26号
北京市西城区右安门大街第二小学	右安门内大街67号
北京市西城区白纸坊小学	白广路乙27号
北京市西城区南菜园小学	菜园街28号
北京市西城区香厂路小学	香厂路31号
北京市西城区新世纪小学	南纬路2号
北京市宣武培智学校（义务教育部）	新桥胡同1号
北京市西城区炭儿胡同小学	炭儿胡同11号
北京市西城区师范学校附属小学	六铺炕北小街3号

幼儿园

北京市北海幼儿园	地安门西大街22号
北京市第六幼儿园	大石桥胡同43号
北京市西城区棉花胡同幼儿园	棉花胡同78号
北京市西城区长安幼儿园	前门西大街139号
北京市西城区曙光幼儿园	小后仓胡同36号
北京市西城区洁民幼儿园	裕中西里36号楼

北京市西城区西四北幼儿园	西四北三条 11 号
北京市西城区民族团结幼儿园	黄寺大街 23 号
北京洁如幼儿园	成方街 29 号
北京市西城区马连道幼儿园	红莲中里 10 号
北京市西城区小百合幼儿园	长椿街甲 1 号
北京市西城区实验幼儿园	南新华街 21 号
北京市西城区三义里第一幼儿园	三义里东里 9 号
北京市西城区三义里第二幼儿园	三义西里 7–2 号
北京市西城区长椿街幼儿园	西便门东里小区 11 号
北京市西城区三教寺幼儿园	里仁街 12 号
北京市西城区虎坊路幼儿园	虎坊路甲 14 号
北京市宣武回民幼儿园	南横西街 119 号
北京市西城区名苑幼儿园	红居街 16 号
北京市第四幼儿园	南樱桃园樱桃三条 7 号
北京市西城区槐柏幼儿园	槐柏树街南里 10 号楼
北京市西城区培智中心学校（展览路幼儿园）	西直门外大街德宝新园 23 号
北京市西城区和平门幼儿园	上斜街 66 号

直属单位

北京市西城区中学劳动技术教育中心	安平巷 75 号
北京市西城区中小学卫生保健所	福绥境 45 号
北京市西城区教育考试中心	西直门内大街 186 号
西城区（北区）特殊教育指导中心	东教场胡同 5 号
北京市西城区教育委员会房管基建处	大红罗厂街甲 2 号
北京市西城区中学生国防教育中心	房山区长阳镇西场村
北京市西城区教育会计核算中心	北礼士路甲 62 号
北京市宣武区教育委员会房管所	小沙土园 12 号
北京市西城区人才交流服务中心教育分中心	南草厂街 63 号
北京市西城区老教育工作者协会	广义街 2 号；西四北三条甲 26 号
北京市西城区校办产业管理中心	育强胡同 1 号
北京市西城区现代教育信息技术中心	广义街 2 号
北京市宣武区教育委员会中小学卫生保健所	韩家胡同 25 号
北京市宣武区校办企业管理中心	菜园街 26 号
北京市西城区教育研修学院	西直门内大街东新开胡同 67 号
北京市西城区职业与成人教育中心	二龙路中京畿道 1 号 2 号楼 3 层
北京市西城区教育委员会教师住宅建设管理中心	冠英园西区 28 号楼西门
北京市西城区教育技术装备中心	宏英园 17 号楼 6 层

校外活动场所

北京市宣武青少年科学技术馆	上斜街 36 号
北京市宣武少年宫	陶然亭路 51 号

北京市西城区椿树少年宫	椿树园4号楼1层；培英胡同22号
北京市西城区德胜少年宫	安德路140号
北京市西城区丰盛少年宫	阜成门内大街315号
北京市西城区金融街少年宫	鲍家街甲2号
北京市西城区青少年美术馆	和平门外东街甲1号
北京市西城区西长安街少年宫	力学胡同47–8
北京市西城区少年宫	新街口前公用胡同15号
北京市西城区新街口少年宫	西四北三条甲16号
北京市西城区展览路少年宫	月坛北街25号院

卫生机构

区属卫生机构

首都医科大学附属复兴医院	复兴门外大街甲20号
北京市宣武中医医院	万明路甲8号
北京市第二医院	宣武门内大街油坊胡同36号
北京市西城区展览路医院	西直门外大街桃柳园西巷16号
北京市丰盛中医骨伤专科医院	阜成门内大街306号
北京中医药大学附属护国寺医院	棉花胡同83号
北京市西城区平安医院	赵登禹路169号
北京市肛肠医院	下岗胡同1号
北京市西城区广外医院	广安门外三义里甲2号
北京市西城区妇幼保健院	平原里19号
北京市回民医院	右安门内大街11号
北京市西城区妇幼保健所	德胜门外大街38号
北京市西城区结核病防治所	油坊胡同52号
北京市西城区疾病预防控制中心（北区）	德胜门外大街38号
北京市西城区疾病预防控制中心（南区）	长椿街34号
北京市西城区卫生局卫生监督所	白云观街北里6号
北京市西城区动物卫生监督所	太平桥大街官房胡同17号
北京市西城区椿树社区卫生服务中心	西琉璃厂63号
北京市西城区金融街社区卫生服务中心	阜成门内大街306号
北京市西城区广内社区卫生服务中心	校场五条49号
北京市西城区德胜社区卫生服务中心	德胜门外大街34号
北京市西城区新街口社区卫生服务中心	赵登禹路54号
北京市西城区大栅栏社区卫生服务中心	煤市街152号
北京市西城区展览路社区卫生服务中心	阜成门外北大街201号

北京市西城区什刹海社区卫生服务中心	正觉夹道甲 13 号
北京市西城区陶然亭社区卫生服务中心	南横街 103 号
北京市西城区天桥社区卫生服务中心	万明路甲 8 号
北京市西城区牛街社区卫生服务中心	右安门内大街 11 号
北京市西城区广外社区卫生服务中心	广安门外三义里甲 2 号
北京市西城区月坛社区卫生服务中心	真武庙四条六里 7 号楼
北京市西城区西长安街社区卫生服务中心	油坊胡同 52 号
北京市西城区白纸坊社区卫生服务中心	新安中里 4 号
北京市西城区社区卫生服务管理中心	广安门外三义东里 8 号楼

辖区三级医院

北京大学第一医院	西什库大街 8 号
北京大学人民医院	西直门南大街 11 号
中国医学科学院阜外心血管病医院	北礼士路 167 号
北京积水潭医院	新街口东街 31 号
首都医科大学附属北京安定医院	德胜门外安康胡同 5 号
首都医科大学附属北京儿童医院	南礼士路 56 号
首都医科大学附属北京友谊医院	永安路 95 号
中国中医科学院广安门医院	北线阁 5 号
首都医科大学宣武医院	长椿街 45 号
中国医学科学院北京协和医院	大木仓胡同 41 号
北京急救中心	前门西大街 103 号
中国人民解放军第 305 医院	文津街甲 13 号
中国人民武装警察部队北京市总队第二医院	月坛北街丁 3 号
中国人民解放军第二炮兵总医院	新街口外大街 16 号

律师事务所及公证处

安诺律师事务所	西直门南大街 2 号成铭大厦 B10S
安和利律师事务所	六铺炕三区 9 号院 203-207
安迪律师事务所	民路 18 号北环中心 A 座 2703、2707、2708
博恒律师事务所	黄寺大街 23 号北广大厦 1205
宝华德律师事务所	广安门内大街广信嘉园 C 座-13C
北人律师事务所	广安门南街 36 号天缘公寓 B604
包银律师事务所	右安门内大街辛 10 号楼地下室 27 号
博金律师事务所	阜成门外大街 1 号四川大厦东塔 1314-1319
八都律师事务所	广安门内大街 6 号枫桦豪景 A 座 7 单元 1101

博昌律师事务所	新街口西里二区 1 号楼地上 1 层 3/3-6,N-D
邦恒律师事务所	宣武门西大街乙 97 号尚座大厦 3C 单元
贝浩律师事务所	莲花池东路 106 号汇融大厦 B 座 1102 室
宝盛律师事务所	新街口西里三区 2 号楼 11 号
重光律师事务所	广宁伯街 2 号金泽大厦 7 层
成竺律师事务所	新街口西里二区 1 号楼 1 号
才良律师事务所	太平街 6 号富力摩根中心 E 座 318 室
敕燚律师事务所	阜成门外大街甲 6 号中建对外贸易大楼 325
赐诚律师事务所	广安门外小红庙南里 2 号 1302
诚辉律师事务所	西直门南大街 2 号成铭大厦 B2 座 14G
大地律师事务所	阜成门外大街 22 号外经贸大厦 6 层 601-604 号
大煊律师事务所	天宁寺前街 2 号
迪莱律师事务所	广安门内大街 6 号枫桦豪景 A 座 8 单元 802
德恒律师事务所	金融大街 19 号富凯大厦 B 座 12 层
东方律师事务所	西绒线胡同 9 号
东易律师事务所	车公庄大街 9 号五栋大楼 A3-1003
鼎知律师事务所	宣武门西大街乙 129 号金隅大厦 1709-1710
大理律师事务所	裕民路 18 号北环中心 A1708
丰友律师事务所	金融大街 1 号金亚光大厦 A 座 702
非凡鑫源律师事务所	手帕口南街 1 号院郎琴园 11 号楼 1006 室
法度律师事务所	广宁伯街 2 号铁通大厦 5 层
富华邦律师事务所	国英园 1 号 716
观韬律师事务所	金融大街 28 号盈泰中心 2 号楼 17 层
国舜律师事务所	广安门外朗琴国际大厦 A 座 15B11
观澜律师事务所	广义街 5 号院广益大厦 C308 室
高宏道律师事务所	牛街西里泰和嘉苑 2 区 10 号楼 717 号
高默克律师事务所	月坛北街 2 号月坛大厦 A608b
国源律师事务所	二七剧场路乙 6 号楼 6 层
冠衡律师事务所	复兴门内大街 158 号远洋大厦 F402B
冠英律师事务所	车公庄大街 9 号院五栋大楼 5 号楼 1101 室
国首律师事务所	平原里 21 号亚泰中心 B1017 号
国枫律师事务所	金融大街 1 号写字楼 A 座 12 层
华鹏律师事务所	车公庄大街 9 号院五栋大楼 B 座 1 单元 503 室
海拓律师事务所	黄寺大街 26 号院德胜置业大厦 1 号楼 17 层 1706
海弘达律师事务所	平原里 21 号亚泰中心 A1107 室
汉达律师事务所	三里河东路 1-2（1 号楼院 2 号）
汉龙律师事务所	金融大街 19 号富凯大厦 B 座 707
华堂律师事务所	阜成门外大街 11 号国宾酒店写字楼 308
华文通用律师事务所	百万庄大街丁 19 号妇联活动中心 1 层
魂鹤律师事务所	北三环中路甲 29 号华尊大厦 B 座 303 室
惠康律师事务所	复兴门内大街 45 号 2 号楼 809
汇源律师事务所	南滨河路 31 号华亨大厦 538 室
惠诚律师事务所	太平桥大街 218 号

华策律师事务所	新街口外大街2号有研大厦B-401
泓理律师事务所	都市晴园816室
慧学律师事务所	西直门外大街135号北展宾馆松竹园
昊衡律师事务所	姚家井3巷34号
浩伟律师事务所	广安门南滨河路27号贵都国际中心A座1711
何贵富律师事务所	新街口西里一区1号楼地上底商8号
瀚岳律师事务所	成铭大厦C1707
和思律师事务所	广安门内大街6号枫桦豪景D座1单元1203
华朝律师事务所	车公庄大街6号院3号楼312房间
海创律师事务所	佟麟阁路尚座大厦
嘉源律师事务所	复兴门内大街158号远洋大厦F407
经纬律师事务所	复兴门内大街158号远洋大厦F302AB室
京徽律师事务所	半步桥街48号金泰开阳大厦327室
金台律师事务所	南滨河路1号高新大厦13层1307-1313
纪凯律师事务所	宣武门西大街甲129号金隅大厦6层
京豪律师事务所	新街口西里3区2号楼2-2
建诚律师事务所	广安门内大街广信嘉园C座23A-C
聚和律师事务所	黄寺大街26号德胜置业1号楼607室
江山律师事务所	陶然亭路53号南楼430室
聚信律师事务所	宣武门西大街甲129号金隅大厦507
京通律师事务所	裕民路18号北环中心A座608室
瑾瑞律师事务所	太平街6号富力摩根中心D座707室
京典律师事务所	月坛北街14号恒华国际商务中心A座805室
京泽律师事务所	广安门外大街168号朗琴国际大厦A座805
景运律师事务所	闹市口大街13号B座7层
季诺律师事务所	马连道11号北京一商大厦1402
君泽君律师事务所	金融大街9号金融街中心南楼6层
金石律师事务所	半步桥街13号院
京龙律师事务所	车公庄大街6号院2号楼504
京泰律师事务所	白纸坊西街20号圣都大厦309室
居庸律师事务所	阜成门外大街2号万通新世界A座24层
凯誉律师事务所	车公庄北里五栋大楼A3座1101、1104室
凯基律师事务所	广安门内大街200号东华金座西塔1单元2704
凯文律师事务所	金融大街7号英蓝国际金融中心
科瀚律师事务所	闹市口大街1号长安兴融中心C座908室
李晓光律师事务所	西直门南大街6号国二招B座5222室
李晓斌律师事务所	宣武门外大街28号富卓大厦B座706室
莱博律师事务所	新街口外大街2号有研大厦A座217室
隆平律师事务所	广安门内大街6号枫桦豪景A座2单元802
隆鼎律师事务所	黄寺大街26号2号楼2层
兰普瑞那律师事务所	莲花池东路甲53号院1号楼白云时代大厦2单元1207
力行律师事务所	西直门大街2号成铭大厦B座8C
茂源律师事务所	车公庄大街五栋大楼E1106

明海律师事务所	月坛南街26号
莫少平律师事务所	广安门内大街167号翔达大厦写字楼8层809室
母树峰律师事务所	宣武门外大街20号海格国际大厦A座
铭德律师事务所	德胜门外大街甲11号美江大厦417室
农权律师事务所	广安门南街36号天缘公寓A座1901室
欧亚律师事务所	新街口西里二区1号楼9号
权达律师事务所	黄寺大街德胜置业大厦1号楼809
乾贞律师事务所	车公庄大街6号院3号楼
乾木文辰律师事务所	半步桥街13号乙2层221、226室
琪山律师事务所	马连道路一商大厦1223室
乾源律师事务所	西直门南大街2号成铭大厦A座12S室
仁杰律师事务所	新街口西里二区1号楼
睿鹏律师事务所	宣武门外大街28号富卓大厦B座1001室
任大农律师事务所	半步桥街13号院4号楼2单元102室
瑞天律师事务所	莲花池东路甲5号院1号楼18层1单元1805
仁人德赛律师事务所	闹市口大街1号长安1号院4号楼4A、4B
尚格律师事务所	北展北街华远企业号D座2单元601室
绅特律师事务所	丰汇园11号楼丰汇时代大厦东冀12层1202
时代九和律师事务所	复兴门内大街158号远洋大厦F412室
世银律师事务所	月坛北街25号院1–1723
晟翔律师事务所	车公庄大街9号院五栋大楼1号楼1门501室
上泽律师事务所	德胜门外新风街2号天成科技大厦A座905室
晟信律师事务所	广安门内6号枫桦豪景A座6单元1001室
尚淳律师事务所	平安里西大街28号光大国际中心1号楼1808室
四惠律师事务所	前半壁街66号祺祥园写字楼211室
首信律师事务所	马甸南村甲18号
泰德律师事务所	月坛南街26号1号楼1021、5051、5053
天铎律师事务所	西直门内南小街国英1号309
天理律师事务所	月坛北街26号恒华国际商务中心A709
天宁律师事务所	国英园小区14号楼102室
天依律师事务所	黄寺大街26号德胜置业大厦5号楼8层
天瀚律师事务所	广安门内大街319号广信嘉园D–3D
天路律师事务所	裕民路18号北环中心910
统理律师事务所	白纸坊西街圣都大厦802室
天元律师事务所	金融大街35号国际企业大厦C座11层
维泰律师事务所	阜成门外大街2号万通新世界广场写字楼B705号
未名律师事务所	阜成门外大街2号万通新世界广场B座2002
伟石律师事务所	新街口西里三区2号楼2–5层底商
威宇律师事务所	宣武门外6号庄胜广场3A19、3A20室
王良律师事务所	马连道10号院世纪茶贸中心1号楼2门0933
万森律师事务所	西经路1号宝山商务酒店4层
卫之平律师事务所	阜成门外大街2号万通大厦A1206
万瑞律师事务所	金融街国际企业大厦B座16层1420号

吴栾赵阎律师事务所	月坛北街 2 号月坛大厦 A506
雄志律师事务所	北三环中路甲 29 号华尊大厦 A 座 505
新元律师事务所	通泰大厦 C 座 603 室
响宇律师事务所	平原里 21 号楼亚泰中心 B 座 909
鑫诺律师事务所	西长安街 88 号首都时代广场 824、826、827 室
信格律师事务所	莲花池东路甲 5 号白云时代大厦东座 1208
谢金龙律师事务所	新文化街 213 号
鑫河律师事务所	太平街 6 号富力摩根中心 D 座 918 室
旭伟律师事务所	马连道南街 6 号院 1 号楼华睦大厦 1518
鑫盾律师事务所	德胜门内大街 265 号
星河律师事务所	裕民东路 5 号瑞得大厦 6 层 601
英岛律师事务所	西直门外大街 123 号凯旋大厦 C 座 2 层
雨仁律师事务所	月坛北街 26 号恒华国际商务中心 1605
逸峰律师事务所	广安门内大街广信嘉园 A 座 3-A
怡德亨律师事务所	铁树斜街 90 号远东饭店西楼 1-2 层
亦德律师事务所	菜市口南大街陶然居 A 座 1005 室
易凯律师事务所	前半壁街 66 号祺祥园写字楼 302-303 室
义方律师事务所	广安门南滨河路 23 号立恒名苑 3 号楼 701
永新智财律师事务所	金融大街 27 号投资广场 A 座 1801
正理律师事务所	车公庄大街 9 号院五栋大楼 B1 座 1103 室
中满律师事务所	西直门南小街国英 1 号楼 628
中喆律师事务所	广安门外大街 168 号朗琴国际大厦 B 座 517A
中实律师事务所	西单大木仓北一巷 1 号西单饭店 3 层
中同律师事务所	北三环中路甲 29 号华尊大厦 A 座 18 层
中旭律师事务所	东官房胡同 35 号丙
中调律师事务所	广安门外大街 248 号机械大厦 1403、1404 号
中咨律师事务所	平安里西大街 26 号新时代大厦 6-8 层
兆源律师事务所	宣武门西大街甲 129 号金隅大厦 1209-1211
兆亿律师事务所	黄寺西街 26 号德胜置业大厦 1 号楼 701
铸成律师事务所	北展北街华远企业号 A 座 8 层
中治律师事务所	金融大街 28 号院 2 号楼 3 层
中盈律师事务所	西直门外大街新兴东巷 15 号主楼 7 层
中里通律师事务所	三里河一区 5-5
中今律师事务所	阜成门外大街甲 9 号国宾酒店 B 座 502 单元
周涛律师事务所	德胜门外大街新风街 2 号天成科技大厦 A 座 806 室
中合律师事务所	广安门南街 36 号天缘公寓 B 座 1104 室
中尊律师事务所	阜成门万通新世界 A 座 2109
智多鑫律师事务所	红居街恒昌花园 1 号楼 201 室
张浩然律师事务所	黄寺大街 26 号德胜置业大厦 4 号楼 6 层 710 室
中高盛律师事务所	广义街 5 号广益大厦 B907
昭德律师事务所	宣武门外大街 6 号庄胜（6-713）
智正律师事务所	复兴门内大街 158 号远洋大厦 F218
中轩律师事务所	南滨河路 23 号立恒名苑 3 号楼 2105 室

致诺律师事务所	太平街8号院7号楼3门101室
紫光达律师事务所	后广平胡同38号国英公寓11D
山西科贝律师事务所北京分所	金融大街27号投资广场B座9层
上海通力律师事务所北京分所	金融大街7号英蓝国际金融中心9楼02-03单元
江苏博爱星律师事务所北京分所	白云时代大厦9层
天津金诺（北京）律师事务所	宣武门西大街129号金隅大厦1118室
北京市国立公证处	德胜门西大街68号
北京市中信公证处	金融街广宁伯路2号铁通大厦5层
北京市精诚公证处	菜园街24号

文物保护单位及文化设施

全国重点文物保护单位

名称	时代	地址	公布时间
北海及团城	明、清	文津街1号	1961.3.4
妙应寺白塔	元	阜成门内大街171号	1961.3.4
宋庆龄故居	现代	后海北沿46号	1982.2.23
恭王府及花园	清	前海西街17号、柳荫街14号、甲14号	1982.2.23
郭沫若故居	现代	前海西街18号	1982.2.23
大高玄殿	明	景山西街21号、23号	1996.11.20
历代帝王庙	明、清	阜成门内大街131号	1996.11.20
南　堂	明、清	前门西大街141号	1996.11.20
景　山	明、清	景山前街、景山西街44号、景山后街14号	2001.6.25
白云观	明、清	北滨河路西白云观街	2001.6.25
中南海	明、清	西长安街	2006.6.1
德胜门箭楼	明、清	北二环中路	2006.6.1
北京鲁迅旧居	民国	阜成门内宫门口二条19号	2006.6.1
清农事试验场旧址	清	西直门外大街137号	2006.6.1
月　坛	明	南礼士路	2006.6.1
醇亲王府	清	后海北沿44号	2006.6.1
广济寺	明	阜成门内大街25号	2006.6.1
北平图书馆旧址	民国	文津街7号	2006.6.1
北京国会旧址	民国	宣武门西大街57号	2006.6.1
京师女子师范学堂旧址	民国	新文化街45号	2006.6.1
利玛窦和外国传教士墓地	明、清	车公庄大街6号	2006.6.1
西什库教堂	清	西什库大街33号	2006.6.1
国立蒙藏学校旧址	清	小石虎胡同33号	2006.6.1

关岳庙	民国	鼓楼西大街 149 号	2006.6.1
天宁寺塔	辽	天宁寺前街甲 3 号	1988.1.3
牛街礼拜寺	明、清	牛街 18 号	1988.1.3
先农坛	明	东经路 21 号	2001.6.25
法源寺	清	法源寺前街 5 号	2001.6.25
安徽会馆	清	后孙公园 17、19、21、23、25、27 号	2006.5.25
报国寺	清	报国寺前街 1 号	2006.5.25
国民政府财政部印刷局旧址	清	白纸坊街西街 23 号	2006.5.25
大栅栏商业建筑			
瑞蚨祥	民国	大栅栏街 5 号	2006.5.25
谦祥益	民国	珠宝市街 5 号	2006.5.25
劝业场	清	廊房头条 17 号	2006.5.25
祥义号门面	民国	大栅栏街 1 号	2006.5.25

北京市文物保护单位

名称	时代	地址	公布时间
李大钊故居	民国	文华胡同 24 号	1979.8.21
梅兰芳故居	现代	护国寺街 9 号	1984.5.24
程砚秋故居	现代	西四北三条 39 号	1984.5.24
齐白石故居	民国	跨车胡同 13 号	1984.5.24
明北京城城墙遗迹	明	复兴门南大街	1984.5.24
万宁桥（后门桥）	元、明	地安门外大街	1984.5.24
升平署戏楼	清	西长安街 1 号、大宴乐胡同 11 号	1984.5.24
郑王府	清	大木仓胡同 35 号	1984.5.24
礼王府	清	西黄城根南街 7 号、9 号，颁赏胡同甲 19 号	1984.5.24
克勤郡王府	清	新文化街 53 号	1984.5.24
庆王府	清	定阜街 3 号、德胜门内大街甲 254 号	1984.5.24
福佑寺	清	北长街 20 号	1984.5.24
广化寺	元、明	鸦儿胡同 31 号	1984.5.24
护国寺金刚殿	元	护国寺西巷	1984.5.24
都城隍庙（寝殿）	元、明、清	成方街 33 号	1984.5.24
吕祖阁	清	明光胡同 6 号、新壁胡同 41 号	1984.5.24
火德真君庙	元、明、清	地安门外大街 77 号	1984.5.24
昭显庙	清	北长街 71 号	1984.5.24
辅仁大学	民国	定阜街 1 号	1984.5.24
天主教圣母会法文学校	清末	前门西大街 137 号	1984.5.24
西四北三条 11 号四合院	民国	西四北三条 11 号	1984.5.24
西四北六条 23 号四合院	民国	西四北六条 23 号	1984.5.24
前公用胡同 15 号四合院	民国	前公用胡同 15 号	1984.5.24
西四北三条 19 号四合院	民国	西四北三条 19 号	1984.5.24
西交民巷 87 号、北新华街 112 号四合院	民国	西交民巷 87 号、北新华街 112 号	1984.5.24

盛新中学及佑贞女中	民国	教场胡同 2 号、教场胡同 4 号	1990.2.23
涛贝勒府	清	柳荫街 25、27、乙 27	1995.10.20
万松老人塔	元	西四南大街 43 号旁门	1995.10.20
北京水准原点旧址	民国	西安门大街 1 号	1995.10.20
富国街 3 号四合院	清	富国街 3 号	1995.10.20
平绥铁路西直门车站旧址	清末	西直门外北滨河路 1 号	1995.10.20
中央银行旧址	民国	西交民巷 17 号（西）	1995.10.20
大陆银行旧址	民国	西交民巷 17 号（东）	1995.10.20
保商银行旧址	民国	西交民巷 17 号（中）	1995.10.20
中国农工银行旧址	民国	西交民巷 50 号	1995.10.20
中华圣公会教堂	民国	佟麟阁路 85 号	2001.9.5
百万庄路 8 号墓园石刻	清末	阜成门外百万庄路 8 号	2001.9.5
贤良祠	清	地安门西大街 103 号	2001.9.5
旧式铺面房	清末	地安门外大街 50、52 号	2001.9.5
会贤堂	清	前海北沿 18 号	2003.12.11
拈花寺	明	大石桥胡同 61 号	2003.12.11
地安门西大街 153 号四合院	清	地安门西大街 153 号	2003.12.11
阜成门内大街 93 号四合院	民国	阜内大街 93 号	2003.12.11
雪池冰窖	清	雪池胡同 10 号	2003.12.11
恭俭冰窖	清	恭俭五巷 5 号	2003.12.11
皇城墙遗址（西城区）	明、清	西长安街	2003.12.11
长椿寺	明	长椿街 9、11 号	2001.9.5
三圣庵	清	黑窑厂胡同 14 号	2001.9.5
陶然亭慈悲庵	元	陶然亭公园内	1979.8.21
湖广会馆	清	虎坊路 3、5 号	1984.5.24
湖南会馆	清	烂漫胡同 101、103 号	1984.5.24
中山会馆	清	珠朝街 5 号	1984.5.24
正乙祠戏楼	清	西河沿 220 号	2001.9.5
杨椒山祠（松筠庵）	明	达智桥胡同 12 号及旁门校场三条 2 号	1984.5.24
康有为故居	清	米市胡同 43 号	1984.5.24
朱彝尊故居（顺德会馆）	清	海柏胡同 16 号	1984.5.24
京报馆	民国	魏染胡同 30、32 号	1984.5.24
盐业银行旧址	民国	前门西河沿 7 号	1995.10.20
交通银行旧址	民国	前门西河沿 9 号	1995.10.20
粮食店街第十旅馆	清	粮食店街 73 号	2001.9.5
金中都太液池遗址	金	广安门外南街 77 号	1984.5.24
云绘楼·清音阁	清	陶然亭公园内	1984.5.24
德寿堂药店	民国	珠市口西大街 75 号	2003.12.11
纪晓岚故居	清	珠市口西大街 241 号	2003.12.11
京华印书局	民国	南新华街 177 号	2003.12.11

西城区文物保护单位

名称	时代	地址	公布时间
三官庙	明	西海北沿29号	1989.8.1
净业寺	明	德胜门内西顺城街46号	1989.8.1
双　寺	明	双寺胡同11号	1989.8.1
普济寺	明	西海南沿48号	1989.8.1
棍贝子府花园	清	新街口东街31号	1989.8.1
德胜桥	明	德胜门内大街	1989.8.1
摄政王府马号	清	后海北沿43号	1989.8.1
大藏龙华寺	明	后海北沿23号	1989.8.1
寿明寺	明	鼓楼西大街79号	1989.8.1
小石桥胡同24号宅园（盛园）	清	小石桥胡同24号、后马厂胡同17号	1989.8.1
广福观	明	烟袋斜街37号、大石碑胡同6号	1989.8.1
银锭桥	明、清	后海北沿东端	1989.8.1
鉴　园	清	小凤翔胡同5号	1989.8.1
正觉寺	明	正觉胡同甲9号	1989.8.1
魁公府	清	宝产胡同甲23、23、25、27、29号；赵登禹路58、60号；四根柏胡同18号	1989.8.1
旌勇祠	清	旌勇里3号	1989.8.1
保安寺	元	地安门西大街133、135号	1989.8.1
天寿庵	明	龙头井街42号	1989.8.1
玉皇阁	元	育强胡同甲22号	1989.8.1
翠花街5号四合院	民国	翠花街5号	1989.8.1
元大都下水道	元	西四路口	1989.8.1
清真普寿寺	明	锦什坊街63号	1989.8.1
永佑庙	清	府右街1号、3号	1989.8.1
万寿兴隆寺	明	北长街39号	1989.8.1
张自忠故居	民国	府右街丙27号	1989.8.1
洵贝勒府	清	背阴胡同37号	1989.8.1
仪亲王府	清	府右街137号、西长安街7号	1989.8.1
清学部	清	教育街1号	1989.8.1
霱公府	清	西绒线胡同51号	1989.8.1
醇亲王府（南府）	清	鲍家街43号、宗帽胡同甲2号	1989.8.1
清真永寿寺	明	三里河前巷1号	1989.8.1
马尾沟教堂	民国	车公庄大街6号	1989.8.1
陆谟克堂	民国	西直门外大街141号	1989.8.1
护国双关帝庙	元、明、清	西四北大街167号、甲167号	2007.7.20
阿拉善王府	清	毡子胡同7号	2007.7.20
兆惠府遗存	清	前井胡同3号	2007.7.20
法源清真寺	清	德胜门外大街200号	2007.7.20
清稽查内务府御史衙门	清	陟山门街5号	2007.7.20

镶红旗满洲都统衙门	清	新文化街 137 号	2007.7.20
吕祖宫	清	复兴门内北顺城街 15 号	2007.7.20
西四街楼	清	西四北大街 255 号	2007.7.20
圆广寺大殿	明、清	阜成门外大街 7、8 号楼之间	2007.7.20
清端顺长公主墓碑	清	德胜门外冰窖口胡同 75 号	2007.7.20
清乾隆汇通祠诗碑	清	北二环路汇通祠内	2007.7.20
天主教圣母圣衣堂	清、民国	西直门内大街 130 号	2007.7.20
中央医院旧址	民国	阜成门内大街 133 号	2007.7.20
平民中学	民国	西四北二条 58 号	2007.7.20
民国地质调查所旧址	民国	兵马司胡同 15 号	2007.7.20
为宝书局	民国	地安门外大街 156 号	2007.7.20
粤东新馆	清	南横西街 13 号	1986.12.10
绍兴会馆	清	南半截胡同 7 号	1990.12.26
谭嗣同故居	清	北半截胡同 41 号、南半截胡同 6、8 号	1990.12.26
沈家本故居	清	金井胡同 1 号	1986.12.10
荀慧生故居	清	山西街甲 13 号	1986.12.10
崇效寺藏经阁	明	崇效胡同 9 号	1990.12.26
宝应寺	明	登莱胡同 29 号	1986.12.10
东南园四合院	清	东南园胡同 49 号	1990.12.26
师大旧址	近代	南新华街 13、15、17 号	1986.12.10
师大附小旧址	近代	南新华街 18 号	1986.12.10
林白水故居	近代	骡马市大街 9 号东侧	1990.12.26
萧长华故居	清	西草厂街 88 号	2009.7.23
谭鑫培故居	清	大外廊营 1 号及旁门	2009.7.23
王瑶卿故居	清	培英胡同 20 号	2009.7.23
钱市胡同传统建筑群	清	珠宝市街 37、39 号；钱市胡同 1—8、10 号	2009.7.23
前门清真礼拜寺	清	扬威胡同 9 号、茶儿胡同 2 号、笤帚胡同甲 1 号	2009.7.23
琉璃厂火神庙	清	琉璃厂东街 29 号	2009.7.23
五道庙	清	铁树斜街 143—149 号、樱桃斜街 96—104 号	2009.7.23
梨园公会	民国	樱桃斜街 65 号	2009.7.23
裕兴中银号	民国	施家胡同 11 号	2009.7.23
青云阁	民国	大栅栏西街 33 号	2009.7.23
护国观音寺	清	樱桃斜街 4、6、8 号	2009.7.23
泰丰楼饭庄西楼	清	煤市街 33 号、杨梅竹斜街 4 号	2009.7.23
晋江会馆（林海音故居）	清	南柳巷 40、42 号	2009.7.23
北京东方饭店初期建筑	民国	万明路 11 号	2009.7.23
宜兴会馆	清	效尉营胡同 44 号	2009.7.23
新市区泰安里	民国	天桥仁寿路 6—16 号	2009.7.23
圣安寺	金	南横西街 119 号	2009.7.23
莲花寺	明	永庆胡同 37 号	2009.7.23
商务印书馆	民国	琉璃厂西街 36 号	2009.7.23
永兴庵	明	南柳巷 45 号	2009.7.23
余叔岩故居	清	异地迁移待复建	1986.12.10

尚小云故居	清	异地迁移待复建	1986.12.10

文化广场

西单文化广场	西单北大街
金融街街道城隍庙文化广场	城隍庙东侧
德胜街道人定湖文化广场	六铺炕街
什刹海街道护国寺居委会广场	什刹海德内
新街口街道玉桃园文化广场	新街口前桃园
展览路街道朝阳庵老来乐花园	三里河路22号朝阳庵小区
月坛街道碧溪公园文化广场	白云路
什刹海街道厂桥小学广场	厂桥小学操场
什刹海街道爱民街文化广场	爱民街正门
什刹海街道后海健身乐园	宋庆龄故居对面
什刹海街道前海北沿文化广场	前海北沿11号门前小广场
什刹海街道什刹海文化广场	什刹海小广场
什刹海街道雨来散广场	什刹海雨来散文化广场
什刹海街道野鸭岛南岸广场	野鸭岛南岸
大观园奥运城市文化广场	大观园南门
宣武艺园奥运露天剧场	宣武艺园东门
天桥市民广场	天桥剧场东侧
牛街东里文化广场	牛街东里1区
大栅栏文体广场	晋阳饭庄西侧
白纸坊文化广场	南樱桃园路口
广外红莲文体广场	红莲北里社区南侧
椿树园文化广场	椿树园小区
枫桦豪景文化广场	菜市口十字路口西南角枫桦豪景大厦前
广内长椿苑	长椿苑街心公园

文化馆

西城区文化馆	西直门内大街147号
宣武文化馆	姚家井3巷20号

博物馆

中国地质博物馆	西四羊肉胡同15号
中国钱币博物馆	西交民巷17号
中国印钞造币博物馆	西直门外大街凯旋大厦
中国古动物馆	西直门外大街142号
民族文化宫博物馆	复兴门内大街49号
恭王府	柳荫街甲14号
首都博物馆	复兴门外大街16号

北京天文馆	西直门外大街 138 号
白塔寺	阜成门内大街 171 号
北京古代钱币博物馆	北二环中路德胜门箭楼
北京历代帝王庙管理处	阜成门内大街 131 号
北京李大钊故居	文华胡同 24 号
宋庆龄故居	后海北沿 46 号
北京鲁迅博物馆	阜成门内宫门口二条 19 号
郭沫若纪念馆	前海西街 18 号
梅兰芳纪念馆	护国寺街 9 号
徐悲鸿纪念馆	新街口北大街 53 号
郭守敬纪念馆	德胜门西大街甲 60 号
北京古代建筑博物馆	东经路 21 号
北京红楼文化艺术博物馆	南菜园街 12 号
陶然亭慈悲庵	太平街 19 号
北京戏曲博物馆	虎坊路 3 号
北京佛教图书文物馆	法源寺前街 27 号
古陶文明博物馆	南菜园西街 12 号
北京宣南文化博物馆	长椿街 11 号
北京空竹博物馆	小星胡同 9 号
纪晓岚故居	珠市口西大街 241 号

图书馆

西城区图书馆	后广平胡同 26 号
金融街街道图书馆	太平桥大街 107 号地下 2 层
金融街街道丰汇园图书馆	丰汇园小区 15 号楼
西长安街街道图书馆	罗贤胡同 27 号
西长安街街道和平门图书馆	西绒线 20 号楼 21 门 104 号
月坛街道图书馆	月坛南街甲 49 号
月坛社区教育学校图书馆	三里河三区 32 号
新街口街道图书馆	西直门内大街 235 号
新街口街道福绥境图书馆	宫门口三条乙 1 号
展览路街道图书馆	展览馆路甲 18 号
展览路社区教育学校图书馆	月坛北街 25 号
什刹海街道图书馆	刘海胡同 11 号
德胜街道图书馆	新明胡同甲 1 号
德胜社区教育学校图书馆	安德路 140 号
宣武图书馆	教子胡同 8 号
广内街道分馆	感化胡同 3 号院 5 楼 1 层
牛街街道分馆	牛街东里 18 号楼 302
白纸坊街道分馆	半步桥街 13-1
大栅栏街道分馆	石头胡同 9 号
天桥街道分馆	北纬路 9 号 3 层 308 室

椿树街道分馆	前孙公园东夹道 4 号 2 层
陶然亭街道分馆	四平园 9 号楼 1 层
广外街道分馆	广安门外马连道中里 1 区 1 号
文化馆分馆	菜市口大街临 80 号

电影院

北京首都华融影院有限责任公司	西单北大街 131 号
北京青年宫电影城	西直门南小街 68 号
首都时代电影城	西长安街 88 号
北京地质礼堂	西四羊肉胡同 30 号
北京国宾菁英电影放映有限公司	月坛南街 24 号
北京市新街口电影院	西直门内大街 69 号
北京华业伟成文化发展有限公司	西单文化广场 B1 层 4D
北京市胜利、红楼电影院	西安门大街 156 号
北京市胜利、红楼电影院	西四东大街 55 号
北京市广安门电影院	白广路 8 号
北京大观楼影城	前门外大栅栏街 36 号
北京市宣武中华电影娱乐宫	天桥市场 85 号
北京市工人俱乐部	虎坊路 7 号
北京鑫融文体俱乐部有限责任公司	白纸坊街 16 号
北京春晖剧场	陶然亭路 51 号

营业性演出场所

北京音乐厅	北新华街 1 号
解放军歌剧院	德胜门西大街 60 号
北京展览馆剧场	西直门外大街 135 号
国家大剧院	西长安街 2 号
中央音乐学院音乐厅	鲍家街 43 号
北京梅兰芳大剧院	平安里西大街 32 号
北京地质礼堂	西四羊肉胡同 30 号
民族宫文化经贸发展总公司北京大剧院	复兴门内大街 49 号
国家京剧院（实验剧场）	平安里西大街 22 号 8 层
北京天艺同歌国际文化艺术有限公司	抄手胡同 64 号 26 幢
北京市西城区文化馆（首层小剧场）	西直门内大街 147 号
北京市西城区文化馆（二层多功能剧场）	西直门内大街 147 号
北京市天桥剧场	北纬路 30 号
北京市工人俱乐部	虎坊路 7 号
北京首都旅游国际酒店集团有限公司前门梨园剧场	永安路 175 号
北京市邦克实业公司鑫融文化俱乐部	白纸坊街 16 号
北京天桥杂技剧场	天桥市场 95 号
北京湖广会馆大戏楼	虎坊路 3 号

北京老舍茶馆	前门西大街正阳市场3号楼
北京老舍茶馆新京调食坊	前门西大街正阳市场3号楼
德云社剧场	北纬路甲1号
北京春晖剧场	陶然亭路51号
北京大观园戏楼	南菜园街12号
正乙祠戏楼	西河沿220号
北京广德楼娱乐产业有限责任公司	大栅栏街39号

非物质文化遗产代表作名录

国家级

序号	类别	编号	项目名称	申报地区或单位	批次	备注
1	民间文学	I–78	童谣（北京童谣）	北京市原宣武区	二批	
2	传统舞蹈（民间舞蹈）	III–5	狮舞（白纸坊太狮）	北京市	一批扩展	
3	传统戏剧	IV–1	昆曲	北京市	一批	
4		IV–22	河北梆子	北京市河北梆子剧团	一批扩展	
5		IV–91	皮影戏（北京皮影戏）	北京市原宣武区	一批扩展	
6	曲艺	V–47	相声	北京市歌剧舞剧院有限责任公司	二批	
7		V–48	京韵大鼓	北京市歌剧舞剧院有限责任公司	二批	
8		V–49	单弦牌子曲（含岔曲）	北京市歌剧舞剧院有限责任公司	二批	
9				北京市西城区	二批	
10		V–57	北京评书	北京市原宣武区	二批	
11	传统体育、游艺与杂技（杂技与竞技）	VI–3	天桥中幡	北京市	一批	
12		VI–4	抖空竹	北京市原宣武区	一批	
13		VI–21	天桥摔跤	北京市原宣武区	二批	
14		VI–25	八卦掌	北京市西城区	三批扩展	
15		VI–70	口技	北京市西城区	三批	

续表

序号	类 别	编 号	项 目 名 称	申报地区或单位	批次	备注
16	传统美术（民间美术）	VII–15	内画（北京内画鼻烟壶）	北京市西城区	一批扩展	
17	传统技艺（传统手工技艺）	VIII–77	木版水印技艺	北京市荣宝斋	一批	
18		VIII–110	地毯织造技艺（北京宫毯织造技艺）	北京市	二批	
19		VIII–115	内联升千层底布鞋制作技艺	北京市	二批	
20		VIII–136	装裱修复技艺（古字画装裱修复技艺）	北京市荣宝斋	二批	
21			装裱修复技艺（古籍修复技艺）	中国书店	二批	
22		VIII–147	花茶制作技艺（张一元茉莉花茶制作技艺）	北京张一元茶叶有限责任公司	二批	
23		VIII–157	腐乳酿造技艺（王致和腐乳酿造技艺）	北京市	二批	
24		VIII–158	酱菜制作技艺（六必居酱菜制作技艺）	北京六必居食品有限公司	二批	
25		VIII–168	牛羊肉烹制技艺（北京烤肉制作技艺）	北京市聚德华天控股有限公司	二批	
26			牛羊肉烹制技艺（鸿宾楼全羊席制作技艺）	北京市鸿宾楼餐饮有限责任公司	二批	
27		VIII–169	天福号酱肘子制作技艺	北京天福号食品有限公司	二批	
28		VIII–204	仿膳（清廷御膳）制作技艺	北京市西城区	三批	
29	传统医药	IX–6	中医正骨疗法（宫廷正骨）	北京市护国寺中医医院	一批扩展	
30		IX–11	传统中医药养生文化（鹤年堂中医药养生文化）	北京鹤年堂医药有限责任公司	二批	
31		IX–2	中医诊法（葛氏捏筋拍打疗法、王氏脊椎疗法	北京市西城区	三批扩展	
32	民 俗	X–42	厂甸庙会	北京市原宣武区	一批	

注：第一批国家级非遗项目公布时间为 2006 年 5 月 20 日

第二批国家级非遗项目公布时间为 2008 年 6 月 7 日

第三批国家级非遗项目公布时间为 2011 年 5 月 23 日

北京市级

序号	类 别	编 号	项 目 名 称	申报地区或单位	批次	备注
1	民间文学	BJI–1	北京童谣	原宣武区师范学校附属第一小学	二批	
2	传统音乐（民间音乐）	BJII–2	白纸坊挎鼓	白纸坊街道文体工作协会	二批	
3		BJII–1	京都北韵禅乐	北京市佛教协会	三批	
4	传统舞蹈（民间舞蹈）	BJIII–7	白纸坊太狮	原宣武区文化委员会	一批	
5		BJIII–8	大栅栏五斗斋高跷秧歌	原宣武区文化委员会	一批	
6	传统戏剧	BJIV–1	昆曲	北京市艺术研究所	一批	补入
7		BJIV–3	河北梆子	北京市文化局	一批	补入
8		BJIV–2	北京皮影戏	北京京都文化投资管理公司	二批	
9	曲艺	BJV–1	相声	北京市文化局	一批	补入
10		BJV–2	岔曲	北京市西城区文化馆	一批	
11		BJV–3	单弦	北京市文化局	一批	补入
12		BJV–4	京韵大鼓	北京市文化局	一批	补入
13		BJV–1	北京评书	原宣武区文化馆	二批	
14		BJV–2	北京琴书	天桥街道社区服务中心	二批	
15		BJV–3	联珠快书	原宣武区文化馆	二批	
16		BJV–2	梅花大鼓	北京歌剧舞剧院有限责任公司（北京曲艺团）	三批	
18		BJV–2	抖空竹	原宣武区文化委员会宣武区人民政府广安门内街道办事处	一批	
17	传统体育、游艺与杂技（杂技与竞技）	BJV–1	天桥中幡	北京傅氏天桥宝三民俗艺术团宣武区文化委员会	一批	
19		BJVI–1	天桥摔跤	北京傅氏天桥宝三民俗艺术团	二批	
20		BJVI–6	北京鬃人	什刹海街道办事处	二批	
21		BJVI–1	口技	北京杂技家协会	三批	
22		BJVI–2	八卦掌	北京市武术运动协会八卦掌研究会	三批	
23		BJVI–3	太极拳（孙式太极拳）	北京市西城区体育总会	三批	
24		BJVI–5	六合拳	北京市武术运动协会六合拳研究会	三批	
25		BJVI–6	通背拳	北京市武术运动协会通背拳研究会	三批	

续表

序号	类别	编号	项目名称	申报地区或单位	批次	备注
26	传统美术（民间美术）	BJVII-2	京派内画鼻烟壶	北京市长城美术品厂	二批	
27		BJVII-5	北京宫廷补绣	北京工美集团有限责任公司工艺品厂	二批	
28		BJVII-2	内画鼻烟壶	陶然亭街道办事处	二批扩展	
29		BJVII-2	北京刻瓷	原宣武区非物质文化遗产保护中心	三批	
30		BJVII-4	北京砖雕	原宣武区非物质文化遗产保护中心	三批	
31		BJVII-5	北京仿古瓷	鼎盛陶琦（北京）艺术品有限公司	三批	
32	传统技艺（传统手工技艺）	BJVIII-3	荣宝斋木版水印技艺	北京市荣宝斋	一批	
33		BJVIII-4	北京宫毯织造技艺	北京市地毯五厂	二批	
34		BJVIII-11	戴月轩湖笔制作技艺	北京戴月轩湖笔徽墨有限责任公司	二批	
35		BJVIII-12	一得阁墨汁制作技艺	北京一得阁墨业有限责任公司	二批	
36		BJVIII-13	荣宝斋装裱修复技艺	北京市荣宝斋	二批	
37		BJVIII-14	肄雅堂古籍修复技艺	中国书店	二批	
38		BJVIII-21	瑞蚨祥中式服装手工制作技艺	北京瑞蚨祥绸布店有限责任公司	二批	
39		BJVIII-23	马聚源手工制帽技艺	北京步瀛斋鞋帽有限责任公司	二批	
40		BJVIII-24	内联升千层底布鞋制作技艺	北京内联升鞋业有限公司	二批	
41		BJVIII-26	六必居酱菜制作技艺	北京六必居食品有限公司	二批	
42		BJVIII-27	王致和腐乳酿造技艺	北京王致和食品集团限公司王致和食品厂	二批	
43		BJVIII-28	张一元茉莉花茶窨制技艺	北京张一元茶叶有限责任公司	二批	
44		BJVIII-32	天福号酱肘子制作技艺	北京天福号食品有限公司	二批	
45		BJVIII-34	鸿宾楼全羊席制作技艺	北京鸿宾楼餐饮有限责任公司	二批	
46		BJVIII-35	北京烤肉制作技艺	聚德华天控股有限公司 北京聚德华天烤肉宛饭庄	二批	
47		BJVIII-4	正兴德清真茉莉花茶制作技艺	北京市正兴德茶叶有限公司	三批	
48		BJVIII-6	传统药香制作技艺	北京羽亮手工制香研究工作室	三批	
49		BJVIII-9	护国寺清真小吃制作技艺	北京华天饮食集团公司	三批	
50		BJVIII-10	砂锅居全猪席制作技艺	北京华天饮食集团公司	三批	
51		BJVIII-11	柳泉居京菜制作技艺	北京华天饮食集团公司	三批	
52	传统医药	BJIX-1	鹤年堂中医药养生文化	北京鹤年堂医药有限责任公司	二批	
53		BJIX-2	宫廷正骨	北京中医药大学附属护国寺中医医院	二批	
54		BJIX-1	王氏脊椎疗法	北京达康神韵技术发展公司	三批	
55		BJIX-4	清华池修治脚病传统技艺	北京翔达投资管理有限公司清华池浴池	三批	
56	民俗	BJX-1	厂甸庙会	北京市原宣武区人民政府	一批	

注：第一批北京市级非遗项目公布时间为 2006 年 11 月 19 日

第二批北京市级非遗项目公布时间为 2007 年 6 月 20 日

第三批北京市级非遗项目公布时间为 2009 年 10 月 12 日

区 级

序号	类别	编 号	项目名称	申报地区或单位	批次
1	民间文学	BXWI-1	北京童谣	原宣武区师范学校附属第一小学 北京市原宣武区图书馆	一批
2		BXCI-2	北京回族民间故事	北京市西城区民族教育研究会 北京市回民学校	三批
3	传统音乐（民间音乐）	BXWII-3	白纸坊挎鼓	白纸坊街道文体协会	一批
4		BXWX-1	京都北韵禅乐	原宣武区非物质文化遗产保护中心	二批
5		BXCII-2	北京道教音乐	北京市道教协会	三批
6		BXCII-3	古代诗词歌曲	中国古典诗词歌曲研究中心	三批
7	传统舞蹈（民间舞蹈）	BXWII-1	白纸坊太狮	北京印钞公司	一批
8		BXWII-2	大栅栏五斗斋高跷秧歌	北京市原宣武区文化委员会	一批
9	传统戏剧	BXCIV-1	西城皮影（德顺班）	什刹海街道办事处	一批
10		IV-1	昆曲	北方昆曲剧院	补入
11		IV-22	河北梆子	北京市河北梆子剧团	补入
12		BXWIII-1	北京皮影戏	北京京都文化投资 管理公司北京皮影剧团	一批
13	曲艺	V-47	相声	北京市歌剧舞剧院有限责任公司	补入
14		V-48	京韵大鼓	北京市歌剧舞剧院有限责任公司	补入
15		V-49	单弦	北京市歌剧舞剧院有限责任公司	补入
16		BXCV—2	岔曲	西城区文化馆	一批
17		BXWIV-1	北京评书	原宣武区文化馆	一批
18		BXWIV-2	北京琴书	天桥街道社区服务中心	一批
19		BXWIV-3	联珠快书	原宣武区文化馆	一批
20		BXWIV-4	天桥拉洋片	北京傅氏天桥宝三民俗文化艺术团	一批
21		BXWIV-5	天桥双簧	原宣武区文化馆	一批
22		BXWIV-6	梅花大鼓	北京歌舞剧院北京曲艺团	二批
23		BXCV-11	评书（北京）	北京市西城区曲艺家协会	三批

续表

序号	类别	编号	项目名称	申报地区或单位	批次
24	传统体育、游艺与杂技（杂技与竞技）	BXCVI-1	孙氏太极拳	西城区体育总会	二批
25		BXWV-1	天桥中幡	北京傅氏天桥宝三民俗文化艺术团	一批
26		BXWV-2	抖空竹	广内街道办事处	一批
27		BXWV-3	天桥赛活驴	北京学明艺术团	一批
28		BXWV-4	天桥摔跤	北京傅氏天桥宝三民俗文化艺术团	一批
29		BXWV-5	天桥穆派戏法	北京学明艺术团	一批
30		BXWV-6	牛街掷子	牛街街道社区服务中心	一批
31		BXWV-7	口技	北京杂技家协会	二批
32		BXWV-8	八卦掌	北京市武术运动协会八卦掌研究会	二批
33		BXWV-9	三皇炮锤拳	北京市原宣武区体育运动协会武术分会北京市武术运动协会三皇炮锤研究会	二批
34		BXWV-10	牛街白猿通背拳	北京市武术运动协会通背拳研究会	二批
35		BXWV-11	祁家通背拳	北京市武术运动协会通背拳研究会	二批
36		BXWV-12	六合拳	北京市武术运动协会六合拳研究会	二批
37		BXWV-13	踢花毽	天桥街道办事处	二批
38		BXWV-14	天桥盘杠	天桥街道办事处	二批
39		BXWV-15	陈氏太极拳	北京乾坤神韵太极文化发展有限公司	二批
40		BXWV-16	七巧板	北京姚毓智潜能教育咨询工作室	二批
41		BXWV-17	天桥摔跤	北京宝三体育文化发展中心	一扩
42		BXCVI-19	古彩戏法（杨小亭）	北京杂技家协会	三批
43		BXCVI-20	形意拳	北京市武术运动协会形意拳研究会	三批

续表

序号	类别	编　号	项目名称	申报地区或单位	批次
44	传统美术（民间美术）	BXCVII-1	北京宫廷补绣	月坛街道办事处	一批
45		BXCVII-2	京派内画鼻烟壶（西城）	德胜街道办事处	一批
46		BXCVII-3	北京彩塑	北京市长城美术品厂	一批
47		BXCVII-4	面塑	什刹海街道办事处	一批
48		BXCVII-5	北派雕钮	什刹海街道办事处	一批
49		BXCVII-6	京派剪纸（申沛农）	金融街街道办事处	二批
50		BXCVII-7	泥塑彩绘脸谱	什刹海街道办事处	二批
51		BXCVII-8	北京玉雕（一魔）	月坛街道办事处	二批
52		BXCVII-9	裕氏草编	新街口街道办事处	二批
53		BXWVI-1	内画鼻烟壶	陶然亭街道社区服务中心	一批
54		BXWVI-2	铜印钮雕刻	北京市印章艺术公司萃文阁艺术商店	一批
55		BXWVI-3	毛猴	天桥街道办事处	二批
56		BXWVI-4	金石篆刻	北京市印章艺术公司萃文阁印章艺术商店	二批
57		BXWVI-5	北京砖雕	原宣武区非物质文化遗产保护中心	二批
58		BXWVI-6	脸谱绘制	原宣武区非物质文化遗产保护中心	二批
59		BXWVI-7	面人	原宣武区非物质文化遗产保护中心	二批
60		BXWVI-8	彩蛋绘制	原宣武区天桥街道办事处	二批
61		BXWVI-9	北京刻瓷	原宣武区非物质文化遗产保护中心	二批
62		BXWVI-10	北京仿古瓷	北京盛翔得雅工艺品有限公司	二批
63		BXCVII-20	传统灯彩	北京雁翔腾缘美术工艺品商店	三批
64		BXCVII-21	绳结艺术	北京市西城区民间艺术家协会	三批
65		BXCVII-22	象牙雕刻	北京泓羽文化艺术有限公司	三批
66		BXCVII-23	北京绒鸟（绒花）	北京盛佳国际拍卖有限公司	三批
67		BXCVII-24	古建油漆彩绘	北京汉业园林古建工程有限责任公司	三批
68		BXCVII-25	彩砂工艺	北京九合坊技术开发中心	三批

续表

序号	类别	编号	项目名称	申报地区或单位	批次
69	传统技艺（传统手工技艺）	BXCVIII-1	北京宫毯（盘金毯）制作技艺	北京市地毯五厂	一批
70		BXCVIII-2	毛猴制作技艺	西长安街街道办事处	一批
71		BXCVIII-3	鬃人制作技艺	什刹海街道办事处	一批
72		BXCVIII-4	金属工艺品锻錾工艺	北京市金属工艺品厂	一批
73		BXCVIII-5	绢人制作技艺	德胜街道办事处	一批
74		BXCVIII-6	仿膳满汉全席烹制技艺	北京市仿膳饭庄	一批
75		BXCVIII-7	天福号酱肉制作技艺	北京华天饮食集团公司	一批
76		BXCVIII-8	烤肉季烤羊肉制作技艺	北京华天饮食集团公司	一批
77		BXCVIII-9	烤肉宛烤羊肉制作技艺	北京华天饮食集团公司	一批
78		BXCVIII-10	鸿宾楼全羊席烹制技艺	北京华天饮食集团公司	一批
79		BXCVIII-11	护国寺清真小吃制作技艺	北京华天饮食集团公司	一批
80		BXCVIII-12	砂锅居全猪席烹制技艺	北京华天饮食集团公司	一批
81		BXCVIII-13	同和居鲁菜烹制技艺	北京华天饮食集团公司	一批
82		BXCVIII-14	峨嵋酒家川菜烹制技艺	北京华天饮食集团公司	一批
83		BXCVIII-15	戏曲盔头制作技艺（李继宗）	什刹海街道办事处	二批
84		BXCVIII-16	柳泉居京菜制作技艺	北京华天饮食集团公司	二批
85		BXCVIII-17	桂香村南味食品制作技艺	北京桂香村食品有限公司	二批
86		BXCVIII-18	宫廷奶制品制作技艺	北京三元梅园乳品发展有限公司	二批
87		BXWVII-1	木版水印技艺	北京市荣宝斋	一批
88		BXWVII-2	装裱修复技艺	北京市荣宝斋	一批
89		BXWVII-3	荣宝斋装帧技艺	北京市荣宝斋	一批
90		BXWVII-4	古籍修复技艺	中国书店	一批
91		BXWVII-5	内联升千层底布鞋制作技艺	北京内联升鞋业有限公司	一批
92		BXWVII-6	瑞蚨祥中式服装手工制作技艺	北京瑞蚨祥绸布店有限公司	一批
93		BXWVII-7	马聚源手工制帽技艺	北京步瀛斋鞋帽有限责任公司	一批
94		BXWVII-8	一得阁墨汁制作技艺	北京一得阁墨业有限责任公司	一批
95		BXWVII-9	戴月轩湖笔制作技艺	北京戴月轩湖笔有限责任公司	一批
96		BXWVII-10	王致和腐乳酿造技艺	北京王致和食品集团有限公司王致和食品厂	一批

续表

序号	类别	编号	项目名称	申报地区或单位	批次
97	传统技艺（传统手工技艺）	BXWVII–11	六必居酱菜制作技艺	北京六必居食品有限公司	一批
98		BXWVII–12	张一元茉莉花茶制作技艺	北京张一元茶叶有限责任公司	一批
99		BXWVII–13	锦匣制作技艺	大栅栏街道社区服务中心	一批
100		BXWVII–14	京胡制作技艺	大栅栏街道社区服务中心	一批
101		BXWVII–15	小肠陈卤煮火烧制作技艺	北京小肠陈餐饮有限责任公司	一批
102		BXWVII–16	羊头马白水羊头制作技艺	北京市原宣武区饮食行业协会	一批
103		BXWVII–17	马家老铺酱烧牛羊肉制作技艺	马家月盛食品技术开发中心（牛街）	一批
104		BXWVII–18	叭叭鼓制作技艺（张氏）	原宣武区非物质文化遗产保护中心	二批
105		BXWVII–19	正兴德清真茉莉花茶制作技艺	北京市正兴德茶叶有限公司	二批
106		BXWVII–20	北京花茶拼配工艺	北京茶叶总公司	二批
107		BXWVII–21	“爆肚冯”爆肚制作技艺	北京爆肚冯饮食服务有限责任公司	二批
108		BXWVII–22	“户部街马记”酱烧牛羊肉制作技艺	北京户部街马记餐饮管理有限公司	二批
109		BXWVII–23	“年糕钱”年糕制作技艺	原宣武区饮食行业协会	二批
110		BXWVII–24	“豆腐脑白”豆腐脑制作技艺	原宣武区饮食行业协会	二批
111		BXWVII–25	天源酱菜制作技艺	北京六必居食品有限公司	二批
112		BXWVII–26	传统药香制作技艺	北京羽亮手工制香研究工作室	二批
113		BXWVII–27	汲古阁拓片制作技艺	北京汲古阁艺术品有限公司	二批
114		BXCVIII–46	北京雕漆	北京东祥和合艺术品有限公司 北京贡元堂漆艺文化传播有限公司	三批
115		BXCVIII–47	金漆镶嵌	北京和马咨询有限责任公司	三批
116		BXCVIII–48	花丝镶嵌	北京华远长实商贸有限责任公司	三批
117		BXCVIII–49	传拓技艺	北京马国庆文化艺术工作室	三批
118		BXCVIII–50	曹氏风筝	北京刘氏三石斋风筝文化传播中心	三批
119		BXCVIII–51	北京风味小吃制作技艺	北京老字号协会	三批
120		BXCVIII–52	曲园酒楼湘菜制作技艺	聚德华天控股有限公司	三批
121		BXCVIII–53	丰泽园鲁菜制作技艺	北京市丰泽园饭店有限责任公司	三批
122		BXCVIII–54	翰林谭家菜制作技艺	北京世纪谭府酒楼有限公司	三批
123		BXCVIII–55	门框胡同褡裢火烧制作技艺	北京市瑞宾楼饭庄有限公司	三批
124		BXCVIII–56	大和恒米面加工技艺	北京大和恒粮油贸易有限公司	三批

续表

序号	类别	编号	项目名称	申报地区或单位	批次
125		BXCIX-1	上驷院绰班处宫廷正骨医术	北京中医药大学附属护国寺中医医院	一批
126	传统医药	BXCIX-2	凤阳门正骨千手大法	北京中医药学会凤阳门 正骨第二十五代传承人	二批
127	传统医药	BXWVIII-1	鹤年堂中医药养生文化	北京鹤年堂医药有限责任公司	一批
128	传统医药	BXWVIII-2	王氏脊椎疗法	世界中医药学会联合会 中医特色诊疗研究专业委员会	二批
129	传统医药	BXWVIII-3	清华池修治脚病传统技艺	北京翔达投资管理有限公司清华池浴池	二批
130	传统医药	BXWVIII-4	正筋疗法	原宣武区非物质文化遗产保护中心	二批
131	传统医药	BXCIX-7	北京马应龙眼药制药技艺	北京西河沿马氏文化传播有限公司	
132	民俗	BXCX-1	鸿宾楼“老堂经”	北京华天饮食集团公司	二批
133	民俗	BXWIX-1	厂甸庙会	北京市原宣武区人民政府	一批
134	民俗	BXWIX-2	老北京叫卖	北京学明艺术团	一批

西城区入选国家级非物质文化遗产代表性传承人名单

序号	编号	项目名称	传承人姓名	性别	出生年份	批次	备注
民间舞蹈							
1		白纸坊太狮	王建文	男	1964	三批	
传统戏剧							
2		昆曲	丛兆桓	男	1931	三批	
3		昆曲	韩建成	男	1939	三批	
4		昆曲	侯少奎	男	1940	二批	
5		昆曲	杨凤一	女	1964	二批	
曲艺							
6		北京评书	连丽如	女	1943	三批	
杂技与竞技							
7		天桥中幡	傅文刚	男	1961	一批	
8		抖空竹	张国良	男	1955	一批	
9		抖空竹	李连元	男	1946	一批	
民间美术							
10	VII-1	京派内画鼻烟壶	刘守本	男	1943	三批	

续表

序号	编号	项目名称	传承人姓名	性别	出生年份	批次	备注
传统手工技艺							
11	VIII–1	北京宫毯织造技艺	康玉生	男	1933	三批	
12		内联升千层底布鞋制作技艺	何凯英	男	1955	三批	
13		六必居酱菜制作技艺	杨银喜	男	1954	三批	
14		装裱修复技艺（古籍修复技艺）	王辛敬	男	1958	三批	
15		木板水印技艺	崇德福	男	1953	一批	
16		木板水印技艺	王丽菊	女	1958	一批	
17		木板水印技艺	高文英	女	1956	三批	
18		张一元茉莉花茶窨制技艺	王秀兰	女	1955	三批	
传统医药							
19	IX–1	宫廷正骨	刘钢	男	1952	三批	

注：第一批国家级非遗代表性传承人公布时间为 2007 年 5 月 23 日

第二批国家级非遗代表性传承人公布时间为 2008 年 1 月 26 日

第三批国家级非遗代表性传承人公布时间为 2009 年 5 月 26 日

西城区入选北京市级非物质文化遗产代表性传承人名单

序号	编号	项目名称	传承人姓名	性别	出生年份	批次	备注
民间舞蹈							
1		白纸坊太狮	王建文	男	1964	一批	
2		白纸坊太狮	杨敬伟	男	1958.11	三批	
3		大栅栏五斗斋高跷秧歌	张全增	男	1934	二批	
传统戏剧							
4		河北梆子	刘玉玲	女	1946	二批	
5		河北梆子	王凤芝	女	1941	二批	
6		河北梆子	李二娥	女	1947.7	三批	
7		昆曲	丛兆桓	男	1931	二批	
8		昆曲	白士林	男	1938	二批	
9		昆曲	韩建成	男	1939	二批	
10		昆曲	马玉森	男	1940	二批	
11		昆曲	周万江	男	1940	二批	
12		昆曲	张毓文	女	1946	二批	
13		昆曲	侯少奎	男	1940	国补	
14		昆曲	杨凤一	女	1964	国补	
15		昆曲	沈世华	女	1941.4	三批	
16		昆曲	王大元	男	1941.8	三批	
17		昆曲	乔燕和	女	1943.9	三批	
18		昆曲	杨凤一	女	1964	国补	

续表

序号	编号	项目名称	传承人姓名	性别	出生年份	批次	备注
曲艺							
19		岔曲	张蕴华	女	1948	二批	
20		北京评书	连丽如	女	1943	二批	
21		联珠快书	章学楷	男	1936	二批	
22		北京琴书	王树才	男	1968.4	三批	
杂技与竞技							
23	IV–1	北京鬃人	白大成	男	1939	一批	
24		天桥中幡	傅文刚	男	1961	一批	
25		抖空竹	张国良	男	1955	一批	
26		抖空竹	李连元	男	1946	一批	
27		口技	牛玉亮	男	1938.7	三批	
28		孙式太极拳	孙婉蓉	女	1928.6	三批	
29		八卦掌	孙志均	男	1933.8	三批	
30		通背拳	李占华	男	1942.9	三批	
31		北京仿古瓷	白莉	女	1955.7	三批	
32		传统药香制作技艺	李时亮	男	1980.8	三批	
33		北京宫毯织造技艺	王国英	女	1967.7	三批	
34		荣宝斋装裱修复技艺	李淑珍	女	1968.10	三批	
民间美术							
35	VII–1	京派内画鼻烟壶	刘守本	男	1943	一批	
传统手工技艺							
36	VIII–1	鸿宾楼全羊席制作技艺	佟建国	男	1952	一批	
37	VIII–1	天福号酱肘子制作技艺	冯君堂	男	1960	一批	
38	VIII–1	北京宫毯织造技艺	康玉生	男	1933	一批	
39	VIII–2	北京烤肉制作技艺（烤肉季）	白士清	男	1946	一批	
40	VIII–2	北京烤肉制作技艺（烤肉宛）	万春生	男	1962	一批	
41		内联升千层底布鞋制作技艺	何凯英	男	1955	一批	
42		马聚源手工制帽技艺	盛秉伦	男	1927	一批	
43		六必居酱菜制作技艺	杨银喜	男	1954	一批	
44		装裱修复技艺（古籍修复技艺）	王辛敬	男	1958	一批	
45		木板水印技艺	崇德福	男	1953	一批	
46		木板水印技艺	王丽菊	女	1958	一批	
47		瑞蚨祥中式服装手工制作技艺	邹秋明	女	1953	二批	
48		肆雅堂古籍修复技艺	汪学军	男	1965	二批	
49		木板水印技艺	赵慧萍	女	1964	二批	
50		木板水印技艺	高文英	女	1956	二批	
51		张一元茉莉花茶窨制技艺	王秀兰	女	1955	二批	
传统医药							
52	IX–1	宫廷正骨	吴定寰	男	已故	一批	
53	IX–1	宫廷正骨	刘钢	男	1952	二批	
54		“鹤年堂”中医药养生文化	雷雨霖	男	1927	二批	
55		“鹤年堂”中医药养生文化	王国宝	男	1954.10	三批	
56		清华池修治脚病传统技艺	王建生	男	1957.5	三批	
57		王氏脊椎疗法	王兴治	男	1953.6	三批	

注：第一批市级代表性传承人公布时间为2007年
　　第二批市级代表性传承人公布时间为2009年4月
　　第三批市级代表性传承人公布时间为2011年11月9日

第一批西城区级非物质文化遗产项目代表性传承人名单
（2010 年 6 月由西城区文化委员会公布）

序号	项目编号	项目名称	代表性传承人			申报单位或个人
			姓名	性别	出生年份	
1	BXCIV–1	西城皮影（德顺班）	路连达	男	1938	个人
2	BXCV–2	岔曲	张蕴华	女	1948	西城区文化馆
3	BXCV–2	岔曲	希婉英	女	1952	西城区文化馆
4	BXCV–2	岔曲	马　岐	男	1940	西城区文化馆
5	BXCV–2	岔曲	马小祥	男	1969	西城区文化馆
6	BXCVII–1	宫廷补绣	杜康民	男	1947	个人
7	BXCVII–1	宫廷补绣	孙石芬	女	1948	个人
8	BXCVII–2	京派内画鼻烟壶	刘守本	男	1943	北京长城美术品厂
9	BXCVII–2	京派内画鼻烟壶	杨志刚	男	1963	北京长城美术品厂
10	BXCVII–3	北京彩塑	双起翔	男	1931	个人
11	BXCVII–3	北京彩塑	双　彦	男	1958	个人
12	BXCVII–4	面塑	张宝琳	男	1954	个人
13	BXCVII–4	面塑	冯慧芸	女	1954	个人
14	BXCVII–5	北派雕钮	韩宝玉	男	1942	个人
15	BXCVIII–1	北京宫毯织造技艺	康玉生	男	1933	北京地毯五厂
16	BXCVIII–1	北京宫毯织造技艺	褚长海	男	1942	北京地毯五厂
17	BXCVIII–1	北京宫毯织造技艺	王国英	女	1967	北京地毯五厂
18	BXCVIII–1	北京宫毯织造技艺	高春荣	女	1962	北京地毯五厂
19	BXCVIII–3	北京鬃人	白大成	男	1939	个人
20	BXCVIII–3	北京鬃人	白　霖	男	1979	个人
21	BXCVIII–7	天福号酱肘子制作技艺	冯君堂	男	1960	北京天福号食品有限公司
22	BXCVIII–7	天福号酱肘子制作技艺	郭景田	男	1959	北京天福号食品有限公司
23	BXCVIII–7	天福号酱肘子制作技艺	王金杠	男	1952	北京天福号食品有限公司
24	BXCVIII–7	天福号酱肘子制作技艺	耿　仁	男	1956	北京天福号食品有限公司
25	BXCVIII–8	北京烤肉制作技艺	白士清	男	1946	北京聚德华天控股有限公司烤肉季饭庄
26	BXCVIII–8	北京烤肉制作技艺	甄德禄	男	1958	北京聚德华天控股有限公司烤肉季饭庄
27	BXCVIII–9	北京烤肉制作技艺	万春生	男	1962	北京聚德华天控股有限公司烤肉宛饭庄
28	BXCVIII–9	北京烤肉制作技艺	张振民	男	1968	北京聚德华天控股有限公司烤肉宛饭庄

续表

序号	项目编号	项目名称	代表性传承人			申报单位或个人
			姓名	性别	出生年份	
29	BXCVIII-10	鸿宾楼全羊席制作技艺	佟建国	男	1952	北京聚德华天控股有限公司北京鸿宾楼餐饮有限责任公司
30	BXCVIII-10	鸿宾楼全羊席制作技艺	朱长安	男	1960	北京聚德华天控股有限公司北京鸿宾楼餐饮有限责任公司
31	BXCVIII-10	鸿宾楼全羊席制作技艺	许仁礼	男	1963	北京聚德华天控股有限公司北京鸿宾楼餐饮有限责任公司
32	BXCVIII-11	护国寺清真小吃制作技艺	马国华	男	1952	北京聚德华天控股有限公司北京护国寺小吃店
33	BXCVIII-11	护国寺清真小吃制作技艺	李秀云	女	1964	北京聚德华天控股有限公司北京护国寺小吃店
34	BXCVIII-12	砂锅居全猪席制作技艺	刘为永	男	1969	北京聚德华天控股有限公司北京砂锅居饭庄
35	BXCVIII-12	砂锅居全猪席制作技艺	杨树松	男	1954	北京聚德华天控股有限公司北京砂锅居饭庄
36	BXCVIII-13	同和居鲁菜烹制技艺	于晓波	男	1955	北京华天饮食集团公司同和居饭庄
37	BXCVIII-13	同和居鲁菜烹制技艺	武根深	男	1963	北京华天饮食集团公司同和居饭庄
38	BXCVIII-14	峨嵋酒家川菜烹制技艺	毛春和	男	1962	北京聚德华天控股有限公司北京峨嵋酒家
39	BXCIX-1	宫廷正骨	刘　钢	男	1952	北京中医药大学附属护国寺中医医院

第二批西城区级非物质文化遗产项目代表性传承人名单
(2010 年 11 月由西城区文化委员会公布)

传统音乐

序号	项目名称	代表性传承人		
		姓名	性别	年龄
1	京都北韵禅乐	朱锡泉	男	84
2		吴颖超	女	77

传统舞蹈

序号	项目名称	代表性传承人		
		姓名	性别	年龄
1	白纸坊太狮	杨敬伟	男	52

传统戏剧

序号	项目名称	代表性传承人		
		姓名	性别	年龄
1	昆曲	王建平	男	46
2		侯宝江	男	64
3		刘国庆	男	67
4		乔燕和	女	67
5		王大元	男	69
6		王德林	男	67
7		白晓华	女	67
8		张敦义	男	65
9		张国泰	男	67
10	河北梆子	李二娥	女	63
11		彭艳琴	女	54

曲艺

序号	项目名称	代表性传承人		
		姓名	性别	年龄
1	北京评书	贾建国	男	68
2	联珠快书	王玥波	男	32
3	京韵大鼓	李　想	女	26
4	相声	张志强	男	51
5		康有纯	男	53

传统体育、游艺与杂技

序号	项目名称	代表性传承人		
		姓名	性别	年龄
1	口技	牛玉亮	男	72
2	八卦掌	孙志均	男	77
3		赵大元	男	66
4		王尚智	男	63
5	通臂拳	戴振川	男	55
6		马启华	男	56
7		李占华	男	68
8	孙式太极拳	孙宝亨	男	77
9		孙婉容	女	82

传统美术

序号	项目名称	代表性传承人		
		姓名	性别	年龄
1	内画鼻烟壶	姚桂新	女	56
2	北京砖雕	张　彦	男	45
3	北京仿古瓷	王　立	女	60
4		白　莉	女	55
5	泥塑彩绘脸谱	佟秀芬	女	54

传统技艺

序号	项目名称	代表性传承人		
		姓名	性别	年龄
1	木版水印技艺	刘宝祥	男	47
2	戴月轩湖笔制作技艺	王后显	男	34
3	六必居酱菜制作技艺	薛洪兰	女	51
4	传统药香制作技艺	时雅莉	女	55
5	北京烤肉制作技艺	杨玉泉	男	51
6	北京烤肉制作技艺	王芸生	男	54
7	柳泉居京菜制作技艺	屈德森	男	52
8	宫廷正骨（上驷院绰班处）	吴　冰	男	32
9	砂锅居全猪席制作技艺	曹东鹏	男	32
10	戏曲盔头制作技艺	李继宗	男	71
11	北京玉雕（一魔）	刘春江	男	52
12	裕氏草编	裕　庸	男	71
13	京派剪纸（申沛农）	靳鹤年	男	66
14		杨莹莹	女	56
15	金属工艺品锻錾工艺	孟德仁	男	67

传统医药

序号	项目名称	代表性传承人		
		姓名	性别	年龄
1	鹤年堂中医药养生文化	王国宝	男	56
2	王氏脊椎疗法	王兴治	男	57
3	清华池修治脚病传统技艺	王建生	男	53
4	凤阳门正骨千手大法	佟乐康	男	62

主要宾馆、饭店

名称	地址	电话
北京金融街丽思卡尔顿酒店	金城坊东街1号	66016666
北京金融街威斯汀大酒店	金融大街乙9号	66068866
北京国宾酒店有限责任公司	阜外大街甲9号	58585588
北京金融街洲际酒店	金融街11号	58525888
北京翔达国际商务酒店有限公司	广安门内大街169号	83172288
北京首都旅游股份有限公司前门饭店	永安路175号	63016688
北京国二招宾馆	西直门南大街6号	66186688
北京国谊宾馆	文兴东街1号	68316611
国宏宾馆	木樨地北里甲11号	63908866
北京西单美爵酒店	宣武门内大街6号	66036688
北京港中旅维景国际大酒店	广内大街338号	83529999
深圳大厦有限公司	广安门外大街1号	63271188
建设大厦	广莲路甲5号	63986611
中国职工之家	真武庙路1号	68576699
民族饭店	复兴门内大街51号	66014466
金台饭店	地安门西大街38号	66529988
北京德宝饭店	德宝新园22号	68318866
北京首创股份有限公司新大都饭店	车公庄大街21号	68319988
北京金都假日饭店有限公司	北礼士路98号	68338822
北京广州大厦	西单横二条甲3号	58559988
北京广安宾馆有限责任公司	广安门内大街321号	83153388
北京珠穆朗玛宾馆	鼓楼西大街149号	64018822
北京什刹海国际公寓有限公司	地安门西大街57号	83228766
北京中油宾馆	六铺炕二巷1号	62045522
明苑酒店	复兴门内大街99号	58399999
北京中邮苑宾馆有限公司	右安门内大街17号	63522211
齐鲁饭店	地安门西大街103号	83229988
北京圣豪酒店有限责任公司	鸭子桥路35号	51926699
北京市德胜饭店	北三环中路14号	62368866
北京西华京兆饭店	煤市街81号	52171900
北京新北纬饭店	西经路11号	63012266
北京气象宾馆	马连道南街12号	68406699
北京东方饭店	万明路11号	63014466
广运饭店	广安门外大街甲122号	51936688
深能商务酒店	白纸坊东街甲29号	63556688

北京市京滨饭店	阜外大街24号	68582233
竹园宾馆	旧鼓楼大街小石桥胡同24号	58520088
北京展览馆宾馆	西直门外大街135号	68316633
圆山大酒店	裕民路2号	62010033
北京辽宁饭店	德胜门外大街1号	62015588
北京潇湘大厦	北纬路42号	83161188
诺林大酒店	广安门南街甲12号	63551188
北京苏源大厦有限责任公司	广安门外大街3号	63267788
北京宣武门商务酒店有限公司	宣武门东大街24号	63014499
银龙苑宾馆	展览路甲5号	68351166

街道社区居(家)委会

德胜街道

石油社区	六铺炕二区38号楼南平房
六铺炕水电社区	六铺炕二区39号楼1层
六铺炕煤炭社区	安德路南67号旁门
安德路南社区	安德路124楼东侧地下室
安德路北社区	教场口6号院1号楼1门003室
德外大街东社区	教场口9号院5号楼1层
德外大街西社区	冰窖口胡同73号-4
人定湖西里社区	塔院胡同丙2号
新外大街南社区	新街口外大街28号院新4楼前平房
新外大街北社区	新街口外大街甲8号29楼4-2
德胜里社区	德胜里一区9楼4门2号
新明家园社区	新明胡同2号楼平房
新康社区	新康街3号院平房
新风中直社区	新风南里9号楼前平房
北广社区	双旗杆东里2号楼下平房
马甸社区	马甸南村
双旗杆社区	双旗杆东里12号楼1层
裕中西里社区	裕中西里27楼甲1号
裕中东里社区	裕中西里15楼1层中间
黄寺大街西社区	德胜门外大街乙12号院8号楼1层
黄寺大街24号社区	人定湖北巷（敬老院北）

阳光丽景社区	黄寺大街23号院3楼东平房
新风街1号社区	新风街1号院10号楼107

什刹海街道

西四北社区	中毛家湾55号
西安门社区	西四东大街8号
西什库社区	刘兰塑胡同16号
爱民街社区	爱民二巷1号
大红罗社区	小拐棒胡同18号
西巷社区	护国寺东巷22号
护国寺社区	德胜门内大街251号
簸箩仓社区	德胜门内大街221号
前铁社区	德胜门内大街303号
柳荫街社区	柳荫街甲7号
兴华社区	厂桥胡同8号
松树街社区	弘善胡同18号
前海北沿社区	南官房胡同59号
前海东沿社区	后小井胡同18号
白米社区	白米斜街12号
景山社区	景山西街15号
米粮库社区	油漆作胡同21号
旧鼓楼社区	旧鼓楼大街145号
双寺社区	西绦胡同甲15号
鼓西社区	鼓楼西大街128号
后海社区	后海北沿13号东
后海西沿社区	东明胡同16号
西海社区	水车胡同甲9号
苇坑社区	苇坑胡同53号
四环社区	新街口东街22号

西长安街街道

义达里社区	义达里42号
西单北社区	东斜街53号2楼
光明社区	府右街西巷22号
西黄城根南街社区	西黄城根南街一区9号楼1层
府右街南社区	太仆寺街33号楼5号院
钟声社区	南安里7号
太仆寺街社区	横二条2号303
南北长街社区	南长街58号
北新华街社区	东安福20号

西交民巷社区	东新帘子胡同 2 号
和平门社区	西绒线胡同 8 号
六部口社区	小六部口 26 号
未英社区	佳慧雅园 3 号楼

大栅栏街道

前门西河沿社区	西河沿 224 号
大安澜营社区	大安澜营 9 号
大栅栏西街社区	杨梅竹斜街 65 号
铁树斜街社区	樱桃斜街 61 号
煤市街东社区	甘井胡同 19 号
延寿街社区	延寿街 21 号
三井社区	煤市街 21 号
百顺社区	百顺胡同 11 号
石头社区	石头胡同 29 号

天桥街道

留学路社区	灵佑胡同 4 号
香厂路社区	仁民路 8 号
永安路社区	阡儿路 71 号
虎坊路社区	虎坊路 12 号楼北侧
天桥小区社区	东经路 6 号院内
禄长街社区	禄长街头条 19 号院内
先农坛社区	南纬路 2 号院内
太平街社区	太平街 8 号 18 号楼院内

新街口街道

西四北三条社区	赵登禹路 140 号
西四北六条社区	西四北六条 35 号
育德社区	后车胡同 9 号
前公用社区	后帽胡同 1 号
宫门口社区	宫门口三条 1 号（福绥境大楼内）
北顺社区	青塔胡同 43 号
富国里社区	玉廊园 8 号楼 2-001
安平巷社区	白塔寺东夹道胡同甲 8 号
官园社区	育强胡同甲 8 号
冠英园社区	冠英园西区 27 号楼 4-D01、D02
南小街社区	安成胡同 35 号
半壁街社区	小后仓胡同 1 号楼北侧平房

中直社区	西直门南大街 10 号楼 105
大觉社区	大觉 31 号
西里三区社区	新街口西里三区 2 号楼南小楼 1 层
北草厂社区	玉桃园三区 8 号楼 4–004
玉桃园社区	前桃园 1 号楼院内
西里四区社区	新街口西里三区 2 号楼南小楼 3 层
西里一区社区	新街口西里一区 3 号楼西侧底商
西里二区社区	新街口西里一区 9 号楼西侧底商

金融街街道

砖塔社区	砖塔胡同 53 号
大院社区	大院胡同 18 号
宏汇园社区	宏汇园 8 号楼 2–3 门
教育部社区	大木仓胡同 35 号
京畿道社区	京畿道小区甲 1 号
手帕社区	东铁匠胡同甲 8 号
新文化街社区	新文化街 36 号
受水河社区	众益胡同 46 号旁门
新华社社区	佟麟阁路 62 号
丰盛社区	太平桥大街西城晶华底商 8–7
丰融园社区	丰融园小区 15 号楼底商 20 号
丰汇园社区	丰汇园 11 号楼甲 1 号
二龙路社区	太平桥大街甲 230 号
文昌社区	闹市口中街 33 号
东太平街社区	新文化街 127 号楼后院平房
温家街社区	区光彩胡同 29 号
民康社区	民康胡同 30 号院 2 号楼 108 室
西太平街社区	鲍家街甲 2 号
中央音乐学院社区	鲍家街 43 号新 7 楼 1 门 D101 室

椿树街道

梁家园社区	前孙公园 56 号
红线社区	红线胡同 21 号
香炉营社区	香炉营东巷 2 号院 3–5–103
椿树园社区	椿树园小区 4 号楼 1 层
宣武门外东大街社区	宣武门外东大街 22 号楼 2–109
四川营社区	四川营胡同 8 号
琉璃厂西街社区	前孙东夹道 4 号

陶然亭街道

米市社区	南大吉巷14号
果子巷社区	南大吉巷14号
粉房琉璃街社区	粉房琉璃街100号
福州馆社区	福州馆前街4号楼前平房
新兴里社区	南华里13号
黑窑厂社区	黑窑厂街临字16号
龙泉社区	龙泉胡同甲22号
红土店社区	红土店南里6号楼前平房

展览路街道

德宝社区	德宝新园1号楼7-001、8-001
朝阳庵社区	朝阳庵3号楼前平房
文兴街社区	车公庄中里1号楼下平房
团结社区	西直门外团结大院7号楼地下室
榆树馆社区	榆树馆西里4号楼地下室
新华东社区	北礼士路乙56号楼3门地下室
新华里社区	新华里10号院1号楼1门101-102室
车公庄社区	车公庄北里36号楼101室
百万庄西社区	百万庄北里1号平房
百万庄东社区	百万庄中里8号楼6门及7门地下室
三塔社区	展览馆路34号东侧平房
新华南社区	北礼士路135号楼院内平房
黄瓜园社区	黄瓜园东10门后院平房
露园社区	北露园4号楼楼下平房
北营房西里社区	北营房西里11号楼地下室及南侧平房
北营房东里社区	北营房东里11楼105室、109室
阜外西社区	月坛北街25号楼3楼前车库
洪茂沟社区	月坛北街15号楼院内供暖所煤厂院内平房
阜外东社区	南礼士路甲1号院内平房
南营房社区	月坛北街5号楼2门103号
万明园社区	万明园7号楼2-104

月坛街道

三里河社区	三里河北街5号院西平房
三里河一区社区	3号院5号楼半地下
月坛社区	月坛西街22号院

社会路社区	月坛南街 19 号院 4 号楼 1 层
铁三社区	月坛西街西里 16 栋 2 门 2 号
三里河二区社区	三里河二区 B 区 6 号楼 105 室
三区一社区	三里河三区 40 楼 4 门 3 号
三区三社区	三里河三区甲 1–2–001
铁二一社区	二七剧场路东里新 19 号楼 205 室
铁二二社区	二七剧场路东里新 3 楼 6 门 103 室
南礼士路社区	南礼士路三条北里 14–3–3
二炮社区	复成门外大街甲 7 号院 11 号楼 2 门 2 号
复北社区	复兴门北大街 11 号楼旁
广一社区	真武庙二条 7 号院 7 门 1 号
广二社区	西便门外大街 4 号院 4 号楼 2 门 D101 号
复外社区	复兴门外大街 6 号楼 107 室
真武庙社区	真武庙六里二栋 003 号
西便门社区	西便门外东街 8 号楼 101 室
铁四社区	西便门外大街 7 号院 11 楼 2 号
汽南社区	白云路西里 15 号楼 101 室
汽北社区	白云路西里甲 12 楼 3 门 0021 室
白云观社区	白云观街南里 5–4–101
木樨地社区	木樨地北里甲 2 号平房
公安社区	木樨地南里（公安大学西小区）29 号楼地下室
南沙沟社区	月坛南街南沙沟社区 18 楼 1 层
全总社区	真武庙二里甲 10–2

广安门内街道

西便门内社区	西便门内大街 77 号
长西社区	长椿街西里 18 楼西侧
槐北社区	槐柏树街 11 号楼 1 单元底商
西便门东里社区	便门东里东平房 1 号
西便门西里社区	便门西里 1–102 号
报国寺社区	胜利一巷 27 号
核桃园社区	核桃园东街 6 号
槐南社区	槐柏树南里 9–2–002 号
长椿里社区	长椿街 8 号楼 3–1 号
上斜街社区	上斜街乙 46 号
校场社区	校场小七条 10 号
宣西社区	宣武门西大街 4 号楼地下室
三庙社区	长椿街东里 24 楼前
老墙根社区	建学新楼 4 门 103 号
长椿街社区	感化 3 号院内平房
广安东里社区	广安门内大街 159 号

大街东社区	广安门内大街223号楼内东侧
康乐里社区	康乐里小区1号楼地下室

牛街街道

枫桦社区	牛街西砖胡同2号院8-1
法源寺社区	南横西街65号后楼
牛街东里社区	牛街东里一区5号楼南侧
春风社区	小寺街6号院
牛街西里一区社区	牛街西里一区2号楼北侧
牛街西里二区社区	牛街西里二区6号楼东侧
钢院社区	白广路6号院12号楼北侧
白广路社区	白广路二条4号院内
南线阁社区	南线里4号楼1层
菜园北里社区	菜园北里甲21号

白纸坊街道

平原里社区	平原里小区12号楼对面地下室
双槐里社区	万寿公园南门东侧小院
右北大街社区	益民巷大楼1层
樱桃园社区	樱桃三条新安北里1号楼底商
菜园街社区	崇效胡同18号
崇效寺社区	白纸坊西街17号院7号楼101室
建功北里社区	南菜园19-1
建功南里社区	南菜园乙35号
新安中里社区	白纸坊西街20号楼底商-3
新安南里社区	白纸坊街25号院内
右内后身社区	右安门内西街丙1号
右内西街社区	右安门内西街甲10号院5号楼西侧平房
自新路社区	信建里宿舍6号平房
光源里社区	宏建北里20号
半步桥社区	半步桥街13号院
万博苑社区	万博苑小区5号楼地下室
里仁街社区	里仁街6号院外北平房
清芷园社区	清芷园3号楼1层1-I

广安门外街道

鸭子桥社区	鸭子桥路47号
青年湖社区	鸭子桥北里14号楼3单元B01
椿树馆社区	车站东街15号院2-1-102

白菜湾社区	广安门外南街甲 59–3
车站东街社区	广安门外大街 6 号楼 1 层南侧
手帕口南街社区	手帕口南街 36 号院平房
朗琴园社区	广外手帕口南街 1 号院 11 号楼南侧 1 层
红居街社区	远见名苑 4 号楼 A1
红居南街社区	小红庙 3 号楼下平房
车站西街 15 号院社区	车站西街 15 号院社区西侧平房
车站西街社区	车站西街 17 号院 1 号楼南侧平房
乐城社区	广外红莲南路 6 号院 2 号楼 105
红莲北里社区	红莲北里 5–3–101
红莲中里社区	红莲中里 28 楼南侧平房
红莲南里社区	红莲南里 8 号
三义东里社区	广安门外马连道中街甲 3 号楼 1 层北侧
三义里社区	三义里 8 号楼南侧
马连道中里社区	马连道中街甲 3 号楼
马连道社区	马连道路 5 号院北侧平房
湾子街社区	马连道路 15 号院 3–8
依莲轩社区	依莲轩 D 座 103
小马厂社区	小马厂路 1 号院 1 号楼北侧
手帕口北街社区	手帕口北街 11 号院南平房
天宁寺北里社区	天宁寺前街北里 5–1–103
二热社区	小马厂东里 2–101
天宁寺南里社区	天宁寺南里小区 12 号楼旁
莲花河社区	莲花河胡同 2 号院 1 号楼 1 单元
荣丰社区	荣丰 5 号楼 C01 室
蝶翠华庭社区	广安门外大街 305 号二区 5 号楼地下 1 层 6 号

（责任编辑　杨桂敏）

索　　引

说明：1. 本索引基本按汉语拼音音序排列，汉字打头的主题词按首字的音序音调依次排列，首字相同时，则以第二字排序，依此类推；以阿拉伯数字打头的主题词，排在最前面。

2. 主题词后的阿拉伯数字表示该词所在页码，其后的小写英文字母 a、b、c 表示正文中的栏别（从左至右）。

3. 部分主题词后面有若干个页码或栏别，则表示该词在这些地方均有出现。

4. 特载、人物、统计资料、附录等栏目内容不在标引范围内。

A

B

C

D

G

H

J

K

L

M

N

Q

Y

Z